JUSTIN CRONIN

Die Spiegelstadt

W0078746

GOLDMANN
Lesen erleben

JUSTIN CRONIN

# Die Spiegelstadt

ROMAN

AUS DEM AMERIKANISCHEN
VON RAINER SCHMIDT

GOLDMANN

Die Originalausgabe erschien 2016 unter dem Titel »City of Mirrors« bei
Ballantine Books, a division of Random House Inc., New York.

S. 797: aus: T.S. Eliot, »J. Alfred Prufrocks Liebesgesang«, in: ders.,
Werke in vier Bänden, Band 4: Gesammelte Gedichte 1909–1962.
Herausgegeben und mit einem Nachwort versehen von Eva Hesse,
© Suhrkamp Verlag Frankfurt am Main 1972/1988.

 Dieses Buch ist auch als E-Book erhältlich.

| | MIX |
| FSC | Papier aus verantwortungsvollen Quellen |
| www.fsc.org | FSC® C014496 |

Verlagsgruppe Random House FSC® N001967

1. Auflage
Taschenbuchausgabe Mai 2018
Copyright © der Originalausgabe 2016 by Justin Cronin
Copyright © der deutschsprachigen Ausgabe 2016
by Wilhelm Goldmann Verlag, München,
in der Verlagsgruppe Random House GmbH,
Neumarkter Str. 28, 81673 München
Redaktion: Waltraud Horbas
Umschlaggestaltung: UNO Werbeagentur, München,
Umschlagmotiv: © Trevillion Images/Charlotte Grimm
Umschlaginnenklappen: Finepic®, München
Karten und Illustrationen: © 2016 by David Lindroth, Inc.
TH · Herstellung: kw
Satz: Buch-Werkstatt GmbH, Bad Aibling
Druck und Bindung: GGP Media GmbH, Pößneck
Printed in Germany
ISBN: 978-3-442-46939-9
www.goldmann-verlag.de

Besuchen Sie den Goldmann Verlag im Netz

*Für meine Familie*

Was fang ich an, wenn Gott und Menschenkind
Doch immerzu verteufelt ratlos sind,
Ich, ein Fremder und kein Held,
In nicht von mir geschaff'ner Welt?

A. E. Housman, *Last Poems*

# Inhalt

# PROLOG

**Aus den Schriften des Ersten Chronisten (»Das Buch der Zwölfe«)**
Vorgelegt auf der Dritten Internationalen Tagung zur Nordame-
rikanischen Quarantäne-Periode
Zentrum zur Erforschung menschlicher Kulturen und Konflikte
University of New South Wales, Indo-Australische Republik
16.–21. April 1003 n.V.

**Fünftes Kapitel**

**1.** So begab es sich, dass Amy und ihre Gefährten zurückkehrten
nach Kerrville im Lande Texas.

**2.** Dort aber sollten sie erfahren, dass drei aus ihrer Zahl verloren waren. Und diese drei waren Theo und Mausami, seine Frau,
und Sara, genannt Sara die Heilerin, Frau des Hollis.

**3.** Denn der Ort Roswell, da sie Zuflucht genommen, ward belagert von einer großen Heerschar von Virals, die da töteten alles,
was lebte. Und nur zwei aus ihrer Zahl blieben am Leben. Diese
waren Hollis der Starke, Ehemann der Sara, und Caleb, der Sohn
Theos und Mausamis.

**4.** Und eine große Traurigkeit befiel sie alle wegen der Freunde, die sie verloren.

**5.** Und an dem Ort Kerrville lebte Amy unter den Schwestern, die da waren die Frauen GOTTES, und desgleichen tat Caleb und lebte unter Amys Obhut.

**6.** Und es geschah zu derselben Zeit, dass Alicia, genannt Alicia Blades »von den Messern«, und Peter, der Mann der Tage, zu den Waffen griffen und sich zugesellten den Expeditionstruppen, die Soldaten waren von Texas, und sich aufmachten, die Zwölf zu suchen, da sie wussten, dass sie, töteten sie einen der Zwölf, auch töteten seine Vielen und ihre Seelen sandten zu dem HERRN.

**7.** So ward manche Schlacht geschlagen und manches Leben verloren. Doch sie konnten die Zwölf nicht töten noch die Orte finden, da sie hausten, denn es war nicht der Wille GOTTES.

**8.** So gingen die Jahre dahin, fünfe an der Zahl.

**9.** Und am Ende dieser Zeit empfing Amy ein Zeichen, und dieses Zeichen war ein Traum. Und in diesem Traum kam Wolgast zu ihr und hatte die Gestalt eines Mannes. Und Wolgast sprach:

**10.** »Mein Meister wartet, und der Ort, da er wartet, ist ein großes Schiff, in welchem er haust. Denn ein Wandel geht über das Land. Bald werde ich kommen und dich holen, um dir den Weg zu weisen.«

**11.** Dieser aber war Carter, der Zwölfte der Zwölf, den man sollte heißen Carter den Traurigen, ein rechtschaffener Mann in seiner Generation und geliebt von GOTT.

**12.** Und so harrte Amy der Wiederkehr Wolgasts.

## Sechstes Kapitel

**1.** Zu jener Zeit aber gab es noch eine weitere Stadt der Menschheit, nämlich im Lande Iowa, und sie trug den Namen Homeland.

**2.** In dieser Stadt lebte ein Volk von Menschen, die hatten getrunken vom Blut eines Virals, auf dass sie lebten und herrschten über viele Generationen. Diese aber nannte man Rotaugen. Der Größte unter ihnen war Guilder, der Direktor, ein Mann aus der Zeit Davor.

**3.** Und der Viral, von dem sie sich nährten, war Grey, genannt die Quelle. Denn in seinem Blute war die Saat des Zero, der war der Vater der Zwölf. Und Grey schmachtete in Ketten und litt große Qualen.

**4.** An diesem Ort lebten die Menschen als Gefangene der Rotaugen. Sie mussten ihnen dienen und tun nach ihrem Begehr. Es zählte aber zu diesen Gefangenen Sara, die Heilerin, entführt von dem Ort Roswell, und ihre Freunde wussten nicht, dass sie noch lebte.

**5.** Und Sara hatte eine Tochter namens Kate, doch das Kind ward ihr genommen. Und die Rotaugen sagten Sara, ihre Tochter sei nicht am Leben geblieben, und trugen damit großes Weh in ihr Herz.

**6.** Es begab sich aber, dass dieses Kind einer Frau unter den Rotaugen gegeben ward, und die Frau war Lila, Wolgasts Weib.

**7.** Denn Lilas Tochter war gestorben in der Zeit Davor, und obgleich viele Jahre vergangen waren, brannte die Wunde noch heiß in ihrem Herzen, und sie fand Trost in Kate und sah in ihr das Kind, das sie verloren.

**8.** Und es begab sich weiter, dass etliche Menschen in Homeland sich erhoben wider ihre Unterdrücker, und diese hieß man die Rebellen. Und Sara wurde eine von diesen, und sie ward gesandt zu Lila, ihr zu dienen in der Kuppel, jenem Ort, an dem die Rotaugen wohnten, auf dass sie lerne, wie sie lebten. So gewahrte sie, dass ihre Tochter noch lebte.

**9.** Und zu derselben Zeit entdeckten Alicia und Peter das Nest des Martínez, der war der Zehnte der Zwölf, an dem Ort Carlsbad, und sie kämpften dort mit seinen Vielen. Doch fanden sie Martínez nicht, er hatte jenen Ort längst verlassen.

**10.** Denn Zero hatte Guilder, dem Direktor, befohlen, eine mächtige Festung zu erbauen, in der die Zwölf sollten Wohnung nehmen und sich nähren vom Blute der Tiere und auch vom Blute der Homelander. Ihre Vielen hatten fast jedes Lebewesen auf der Erde verschlungen und sie so zum Ödland gemacht, das weder für Mensch noch Viral oder irgendein Tier taugte.

**11.** Und dieser Absicht gemäß befahlen die Zwölf ihren Vielen, zu verlassen ihre Orte der Dunkelheit, um zu sterben. Dieses aber hieß man die Abstoßung.

**12.** Und die Zwölf begaben sich auf die Reise nach Homeland, das viele Meilen weit entfernt war, auf dass sie herrschen mögen über die Erde.

### Siebtes Kapitel

**1.** Doch gab es einen, der der Worte Zeros nicht achtete, und das war Carter der Traurige, Zwölfter der Zwölf. Er hieß den Wolgast, Amy zu führen an den Ort, da er hauste, auf dass sie beide sich verbünden könnten wider seine Gefährten.

**2.** Und Amy gehorchte seinem Befehl und ging vom Ort Kerrville nach der Stadt Houston, und es begleitete sie Lucius der Getreue. Er stand ihr zur Seite und war ein rechtschaffener Mann in den Augen GOTTES.

**3.** Und in der Stadt Houston fand Amy das Schiff, welches hieß *Chevron Mariner,* darin Carter seine Wohnung genommen. Vielerlei begab sich zwischen ihnen, und als Amy hervorkam, war ihr Körper nicht länger der eines Kindes, sondern der einer Frau, und gemeinsam mit Lucius machte sie sich auf den Weg nach Homeland, um dort zu kämpfen mit den Zwölf.

**4.** Zu der Zeit aber reisten auch Peter, der Mann der Tage, und Michael, genannt der Clevere, sowie Hollis, der Ehemann der Sara, nach Homeland, um zu sehen, was dort geschah. Denn sie ahnten, dass Sara gefangen war an jenem Ort, und viele andere mit ihr.

**5.** Und bei ihnen waren noch zwei Gefährten. Die eine war Lore, genannt Lore die Pilotin, und der zweite war ein Verbrecher, Tifty der Gangster geheißen.

**6.** Und wiederum zur selben Zeit begab Alicia sich auf die Reise nach Iowa und folgte Martínez, dem Zehnten der Zwölf, da sie gelobt hatte, ihn zu töten. Martínez nämlich war der Ruchloseste unter diesen Dämonen, ein Mörder vieler Frauen und eine Geißel der Erde.

**7.** Alicia aber geriet in Gefangenschaft im Homeland und ertrug mancherlei Drangsal von der Hand der Rotaugen und ihrer Gehilfen, die Kols genannt wurden. Und der Schlimmste der Kols hieß Sod. Doch Alicia war stark und beugte sich nicht.

**8.** Und als Sod eines Nachts wieder in ihre Zelle kam, um sie gefügig zu machen nach seiner finsteren Art, sprach Alicia zu ihm: »Löse doch meine Ketten, auf dass du deine Wollust desto leichter befriedigen kannst.« Und sie schlang ihm die Ketten um den Hals und tötete ihn auf diese Weise. Und sie entfloh und tötete dabei noch viele.

**9.** Und in der Wildnis hinter den Mauern von Homeland erschien ihr Amy, und Alicia sah, dass sie nun eine Frau war an Körper und Geist. Und Amy tröstete sie, denn sie waren Schwestern im Blute.

**10.** Alicia aber hatte ein Geheimnis, und das war der Blutdurst. Denn die Saat der Zwölf in ihr wurde stark und machte aus ihr einen Viral. Darob aber ward ihr das Herz sehr schwer, denn sie liebte ihre Gefährten innig und wollte nicht von ihnen getrennt sein.

**11.** Und zu derselben Zeit ward Sara entdeckt von den Rotaugen und geriet in Gefangenschaft, wo sie mancherlei Misshandlung erlitt. Denn Guilder, der Direktor, verlangte, dass alle, die sich erhoben hatten wider ihn, das ganze Ausmaß seines Zorns spüren sollten.

**12.** Doch die Stunde der Abrechnung war nah, denn Amy und Alicia hatten sich zu den Rebellen gesellt, um sich wider die Rotaugen zu erheben. Und gemeinsam ersannen sie einen Weg, die Menschen von Homeland zu befreien und die Zwölf zu vernichten und zugleich Sara zu erretten.

**Achtes Kapitel**

**1.** Und es begab sich, dass Peter und seine Gefährten eintrafen im Lande Iowa, sodass sie nun alle zugegen waren und eine starke Heerschar bildeten. Aber die Größte unter ihnen war Amy.

**2.** Denn sie hatte sich den Rotaugen ergeben und also zu ihnen gesprochen: »Ich bin die Anführerin der Rebellen. Tut mit mir, wie ihr wollt.« Denn es war ihr Trachten, dass Guilder in seiner Wut die Zwölf entfessele, auf dass sie sie töteten.

**3.** Und alles geschah so, wie Amy es vorausgesehen hatte, und die Stunde ihrer Hinrichtung ward festgesetzt. Die aber sollte vollzogen werden im Stadion, einem großen Amphitheater aus der Zeit Davor, sodass die Bewohner von Homeland zu Zeugen würden.

**4.** Und Alicia und die anderen verbargen sich an jenem Ort, auf dass sie, sollten die Zwölf offenbar werden, ihre Waffen könnten richten auf sie und auch auf die Rotaugen.

**5.** Und Amy ward vor die Menge geführt, in Ketten gelegt und an ein Gerüst aus Metall gehängt. Und Guilder fand großes Entzücken an ihrem Leiden und ermunterte die Menge, es ihm gleichzutun.

**6.** Aber Amy gab ihm keine Genugtuung, und Guilder befahl den Zwölfen, sie zu verschlingen, auf dass alle, die zugegen waren, seine Macht erfahren und sich verbeugen sollten vor ihm.

**7.** Amy aber sah, dass sie nicht allein war, denn unter den Zwölfen war Wolgast, welcher Carters Platz eingenommen hatte, auf dass er sie beschütze. Und Amy sprach zu den Zwölfen:

**8.** »Meine Brüder, hallo. Ich bin Amy, eure Schwester.« Und weiter sprach sie kein Wort.

**9.** Denn sie begann zu zittern, und ihr Körper ward zu einem hellen Licht, das die Dunkelheit zerschmetterte, und mit wütendem Gebrüll verwandelte Amy sich in eine von ihnen und nahm an die

Gestalt eines Virals, furchtbar anzusehen. Dies aber war das Los-lassen. Einer, der es sah, war Peter, eine andere Alicia, ein Dritter war Lucius, und alle anderen sahen es auch.

**10.** Und die Ketten zerrissen, eine mächtige Schlacht begann, und ein großer Sieg ward errungen, doch viele verloren ihr Leben. Ei-ner von ihnen war Wolgast, der sich opferte, um Amy zu retten, denn er liebte sie wie ein Vater sein Kind.

**11.** Und so begab es sich, dass die Zwölf vom Antlitz der Erde getilgt wurden, und alle Menschen waren frei.

**12.** Von Amys Schicksal jedoch wussten ihre Freunde nichts, denn sie war nirgends zu finden.

# I

## Die Tochter

### 98 – 101 n. V.

*Es gibt eine andere Welt, doch es ist diese.*

Paul Éluard

# 1

Der Boden unter ihrer Klinge war nachgiebig und setzte den schwarzen Geruch von Erde frei. Die Luft war heiß und feucht, und in den Bäumen sangen Vögel. Sie kauerte auf Händen und Knien, stach in die Erde und stocherte sie auf. Handvoll für Handvoll schaufelte sie sie beiseite. Die Schwäche hatte nachgelassen, aber sie war nicht weg. Ihr Körper fühlte sich wacklig an, desorganisiert, ausgelaugt. Da war Schmerz, und da war die Erinnerung an Schmerz. Drei Tage waren vergangen, oder waren es vier? Schweißperlen glänzten auf ihrem Gesicht, und als sie sich die Lippen leckte, schmeckte sie Salz. Sie grub und grub. Der Schweiß lief in Rinnsalen an ihr herab und tropfte auf die Erde. Alles geht dorthin, dachte Alicia. Am Ende. Alles geht in die Erde.

Der Haufen neben ihr wuchs. Wie tief war tief genug? Nach knapp einem Meter begann sich die Erde zu verändern. Sie wurde kälter und roch nach Ton. Es war wie ein Zeichen. Sie wippte auf den Stiefelfersen zurück und trank in tiefen Zügen aus ihrer Flasche. Ihre Hände waren wund; ein großes Stück Haut am Daumenballen hatte sich abgeschält. Sie nahm das Stück zwischen Daumen und Zeigefinger in den Mund, trennte den Hautlappen mit den Zähnen ab und spuckte ihn auf den Boden.

21

Soldier wartete am Rand der Lichtung, und seine Kiefer arbeiteten geräuschvoll an einem Büschel des hüfthohen Grases. Die anmutige Hinterhand, die volle Mähne und das Blue-Roan-Fell, die prachtvollen Hufe und Zähne, die Augen, glänzend wie große schwarze Murmeln – eine glorreiche Aura umgab ihn. Wenn er wollte, konnte er absolut ruhig sein, und im nächsten Moment vollbrachte er bemerkenswerte Leistungen. Er hob das kluge Gesicht, als er sie kommen hörte. *Ich verstehe. Wir sind bereit.* Er wendete in einem langsamen Kreisbogen, den Kopf gesenkt, und folgte ihr unter die Bäume zu der Stelle, wo sie ihre Plane aufgespannt hatte. Auf dem Boden neben Alicias blutigem Schlafsack lag das kleine Bündel, in eine fleckige Decke gewickelt. Ihre Tochter hatte weniger als eine Stunde gelebt, aber in dieser Stunde war Alicia zur Mutter geworden.

Soldier beobachtete sie, als sie wieder hervorkam. Das Gesicht des Babys war bedeckt. Alicia schlug das Tuch zurück, und Soldier senkte den Kopf zu dem Kind herunter, blähte die Nüstern, atmete seinen Duft ein. Winzig, die Nase und die Augen und der Rosenknospenmund, verblüffend in ihrer ganzen Menschlichkeit. Der Kopf war mit weichem roten Haar bedeckt. Aber da war kein Leben, kein Atem. Alicia hatte sich gefragt, ob sie in der Lage sein würde, sie zu lieben – dieses Kind, empfangen inmitten von Entsetzen und Schmerz, gezeugt von einem Ungeheuer. Von einem Mann, der sie geschlagen, vergewaltigt, beschimpft hatte. Wie töricht sie gewesen war.

Sie kehrte zurück auf die Lichtung. Die Sonne stand senkrecht über ihr; Insekten summten im Gras, rhythmisch pulsierend. Soldier stand neben ihr, als sie ihre Tochter ins Grab legte. Als die Wehen einsetzten, hatte Alicia angefangen zu beten. *Mach, dass ihr nichts fehlt.* Als eine Stunde der Qual in der nächsten zerfloss, hatte sie die kalte Gegenwart des Todes in sich gefühlt. Das Hämmern des Schmerzes dröhnte in ihr, ein Wind aus Stahl, und hallte in ihren Zellen wider wie Donner. Etwas stimmte nicht. *Bitte,*

*Gott, beschütze sie, beschütze uns.* Aber ihre Gebete blieben ungehört.

Die erste Handvoll Erde war die schwerste. Wie tat man das? Alicia hatte schon viele Menschen begraben. Manche hatte sie gekannt, andere nicht. Nur einen hatte sie geliebt. Den Jungen, Hightop. So lustig, so lebendig – und dann fort. Sie ließ die Erde durch die Finger rieseln. Mit einem leisen Prasseln traf sie auf das Tuch, wie die ersten Regentropfen auf dem Laub. Stück für Stück verschwand ihre Tochter. *Leb wohl,* dachte sie, *leb wohl, meine Liebste, meine Einzige.*

Sie kehrte zu ihrem Zelt zurück. Es war, als sei ihre Seele zerschmettert. Eine Million Glassplitter füllten ihre Brust, und ihre Knochen schienen aus Blei zu sein. Sie brauchte Wasser und etwas zu essen, denn ihre Vorräte waren erschöpft. Aber Jagen kam nicht in Frage, und der Bach, fünf Minuten weiter unten am Berg, kam ihr meilenweit entfernt vor. Die Bedürfnisse des Körpers – was bedeuteten sie schon? Nichts war mehr wichtig. Sie legte sich auf ihren Schlafsack und schloss die Augen, und bald war sie eingeschlafen.

Sie träumte von einem Fluss. Es war ein breiter, dunkler Fluss, und darüber schien der Mond. Sein Licht schimmerte auf dem Wasser wie eine goldene Straße. Was vor ihr lag, wusste Alicia nicht; sie wusste nur, dass sie diesen Fluss überqueren musste. Sie tat den ersten, vorsichtigen Schritt auf die glänzende Oberfläche, innerlich im Zwiespalt: Einerseits staunte sie über diese unwahrscheinliche Art des Vorankommens, andererseits überhaupt nicht. Als der Mond das andere Ufer berührte, erkannte sie, dass sie getäuscht worden war. Der glänzende Weg löste sich auf. Sie fing an zu laufen und versuchte verzweifelt, das andere Ufer zu erreichen, bevor der Fluss sie verschlang. Aber der Weg war zu weit, und mit jedem Schritt, den sie tat, sprang der Horizont ein Stück weiter zurück. Das Wasser schwappte um ihre Knöchel, ihre Knie, ihre Hüften. Sie hatte nicht die Kraft, gegen den Sog anzukämpfen.

*Komm zu mir, Alicia. Komm zu mir, komm zu mir, komm zu mir.*
Sie versank, der Fluss holte sie, sie stürzte ins Dunkel …

Sie erwachte in einem gedämpften orangegelben Licht. Der Tag war fast vorüber. Bewegungslos blieb sie liegen und sammelte ihre Gedanken. Sie hatte sich an diese Alpträume gewöhnt. Die Bestandteile veränderten sich, aber das Gefühl nie – die Vergeblichkeit, die Angst. Aber diesmal war doch etwas anders gewesen. Ein Aspekt des Traums war in ihr Leben vorgedrungen. Ihr Hemd war nass. Sie schaute hinunter und sah wachsende Flecke. Ihr Milchfluss hatte begonnen.

Zu bleiben war keine bewusste Entscheidung. Der Wille zum Weitergehen war einfach nicht da. Ihre Kraft kehrte zurück, mit kleinen Schritten zunächst, und dann war sie plötzlich da, wie ein lange erwarteter Gast. Sie baute sich eine Hütte aus Ästen und Ranken und benutzte die Zeltplane als Dach. Der Wald wimmelte von Leben: Es gab Eichhörnchen und Kaninchen, Wachteln und Tauben und Rehe. Manches war zu flink für sie, aber nicht alles. Sie stellte Fallen auf und wartete auf Beute, oder sie benutzte die Armbrust: ein Schuss, ein sauberer Tod, und dann ein Abendessen, roh und warm. Wenn am Ende des Tages das Licht schwand, badete sie im Bach. Das Wasser war klar, und die Kälte war jedes Mal ein Schock. Einmal sah sie dabei die Bären. Ein Rascheln, zehn Meter weit stromaufwärts, etwas Schweres, das sich im Gebüsch bewegte, und dann erschienen sie am Ufer, eine Bärenmutter mit zwei Jungen. Alicia hatte solche Tiere noch nie leibhaftig gesehen, nur in Büchern. Sie stöberten zusammen im seichten Wasser und wühlten mit den Schnauzen im Schlamm. Ihre Anatomie wirkte irgendwie unverbunden und halb fertig, als wären die Muskeln unter dem dicken, von Zweigen durchflochtenen Pelz nicht fest mit der Haut vernäht. Eine Wolke von Insekten umgab sie, funkelnd im letzten Tageslicht. Die Bären bemerkten sie anscheinend nicht, und wenn doch, hielten sie sie nicht für wichtig.

Der Sommer verging. Gerade befand sie sich noch in einer Welt aus dicken grünen Blättern und dichtem Schatten, und dann explodierte der Wald in einem Tumult aus Farben. Morgens knirschte der Waldboden von Reif. Winterkälte senkte sich auf das Land und brachte ein Gefühl der Reinheit mit. Schnee lag schwer auf der Erde. Die schwarzen Reihen der Bäume, die kleinen Fußspuren der Vögel, der weiße Himmel, aus dem jede Farbe herausgewaschen war – alles war auf das Wesentliche reduziert. Welcher Monat war es? Welcher Tag? Mit der Zeit wurde die Nahrung zu einem Problem. Stundenlang, ja, über ganze Tage hinweg bewegte sie sich kaum und sparte ihre Kräfte. Seit fast einem Jahr hatte sie mit keiner Menschenseele mehr gesprochen, und nach und nach merkte sie, dass sie nicht mehr in Worten dachte, als wäre sie ein Geschöpf des Waldes geworden. Sie fragte sich, ob sie dabei war, den Verstand zu verlieren. Sie fing an, mit Soldier zu reden, als wäre er eine Person. *Soldier,* sagte sie, *was wollen wir heute Abend essen? Soldier, meinst du nicht, es wird Zeit, Feuerholz zu sammeln? Soldier, sieht der Himmel nach Schnee aus?*

Eines Nachts wachte sie in der Hütte auf und begriff, dass sie schon seit einer Weile Donner hörte. Ein nasser Frühlingswind wehte in richtungslosen Böen und wirbelte in den Baumwipfeln herum. Mit einem Gefühl, als betreffe es sie nicht, hörte Alicia, wie das Unwetter heraufzog, und dann war es plötzlich da. Ein Blitz zuckte über den Himmel und brannte das Bild der Umgebung in ihre Augen. Ein ohrenbetäubender Donnerschlag folgte. Sie ließ Soldier in die Hütte, als die Schleusen des Himmels sich öffneten und Regentropfen ausspien, so schwer wie Gewehrkugeln. Das Pferd zitterte vor Entsetzen, und Alicia musste es beruhigen: Nur eine panische Bewegung in dem engen Raum, und der mächtige Körper würde die Hütte zertrümmern. *Du bist mein braver Junge,* sagte sie und streichelte seine Flanke. Mit der freien Hand schlang sie ihm den Strick um den Hals. *Mein braver, braver Junge. Was meinst du? Leistest du einem Mädel in einer Regennacht Gesellschaft?* Sein Körper war angespannt, eine Mauer aus harten Muskeln, aber als sie Kraft aufwandte, um ihn herunterzuziehen, ließ er es zu. Vor den Wänden der Hütte erstrahlten die Blitze, und der Himmel schien zu schwanken. Mit machtvollem Seufzen ließ er sich auf die Knie fallen und drehte sich neben ihrem Schlafsack auf die Seite, und so schliefen sie beide, während der Regen die ganze Nacht herunterprasselte und den Winter wegwusch.

Zwei Jahre blieb sie an diesem Ort. Das Fortgehen fiel nicht leicht; der Wald war ein Trost für sie. Sie hatte seinen Rhythmus übernommen. Aber als der dritte Sommer begann, regte sich ein neues Gefühl in ihr. Es wurde Zeit weiterzuziehen. Zu vollenden, was sie begonnen hatte.

Den Rest des Sommers verbrachte sie mit Vorbereitungen. Dazu gehörte der Bau einer Waffe. Zu Fuß zog sie los und besuchte die kleinen Städte am Fluss, und als sie nach drei Tagen zurückkam, schleppte sie einen klirrenden Sack. Sie kannte die Grundlagen dessen, was sie vorhatte, denn sie hatte den Vorgang schon viele Male mitangesehen, und die Details würden sich durch systematisches Ausprobieren ergeben. Ein flacher Steinblock am Bach sollte ihr als Amboss dienen. Am Rand des Wassers entfachte sie ein Feuer und sah zu, wie es zu Kohle herunterbrannte. Es kam darauf an, die richtige Temperatur zu halten. Als sie das Gefühl hatte, dass alles stimmte, nahm sie das erste Teil aus dem Sack: eine Stange O1-Stahl, fünf Zentimeter breit, einen knappen Meter lang, einen Zentimeter dick. Als Nächstes holte sie einen Hammer heraus, eine Eisenzange und ein Paar dicke Handschuhe. Sie schob das Ende der Stahlstange in die Glut und sah zu, wie die Farbe sich veränderte, als das Metall heiß wurde. Dann machte sie sich an die Arbeit.

Sie musste noch dreimal stromabwärts wandern und Material holen, und das Resultat war plump, aber am Ende war sie zufrieden. Sie umwickelte das glatte Metall am Griff mit groben, faserigen Ranken, sodass sie es fest mit der Faust umschließen konnte. Das Gewicht lag angenehm in der Hand, und die polierte Spitze glänzte in der Sonne. Aber die eigentliche Prüfung wäre der erste Schnitt. Bei ihrem letzten Ausflug stromabwärts war sie an einem Feld mit menschenkopfgroßen Melonen vorbeigekommen. Sie wuchsen dort dicht an dicht in einem Gewirr von Ranken und Blättern, geformt wie greifende Hände. Sie hatte eine ausgesucht und sie im Sack nach Hause genommen. Jetzt legte sie sie vorsichtig auf einen umgestürzten Baumstamm, zielte und ließ das Schwert in einem senkrechten Bogen niederfahren. Die beiden getrennten Hälften rollten träge voneinander weg, als wären sie betäubt, und klatschten auf den Boden.

Jetzt hielt sie nichts mehr an diesem Ort. Am Abend vor ihrem Abschied besuchte Alicia das Grab ihrer Tochter. Sie wollte es nicht in letzter Sekunde tun. Ihr Abschied sollte sauber sein. Die Stätte war zwei Jahre lang unmarkiert geblieben. Nichts war ihr würdig genug erschienen. Aber sie unbezeichnet zu verlassen kam ihr falsch vor. Aus dem Stahl, den sie noch hatte, formte sie ein Kreuz, schlug es mit dem Hammer in den Boden und kniete davor nieder. Der Leichnam würde inzwischen nicht mehr da sein. Vielleicht noch ein paar Knochen, oder der Abdruck von Knochen. Ihre Tochter war in die Erde übergegangen, in die Bäume, die Steine, ja, sogar in den Himmel und die Tiere. Sie war an einem Ort jenseits allen Wissens. Ihre nie erprobte Stimme war im Gesang der Vögel, die rote Haube ihres Haars im flammenden Laub des Herbstes. An das alles dachte Alicia und berührte mit einer Hand die weiche Erde. Aber sie hatte keine Gebete mehr in sich. Ein Herz, das einmal gebrochen war, blieb gebrochen.

»Es tut mir leid«, sagte sie.

Ein wenig bemerkenswerter Morgen dämmerte herauf: windstill, grau, die Luft kompakt von Nebel. Das Schwert in seiner Scheide aus Hirschleder hing schräg über ihrem Rücken, und die

Messer klemmten unter den Patronengurten x-förmig vor ihrer Brust. Eine Schutzbrille mit dunklen Gläsern und ledernen Abschirmungen an den Schläfen verbarg ihre Augen. Sie befestigte die Satteltasche an ihrem Platz und schwang sich auf Soldiers Rücken. Seit Tagen schweifte er rastlos umher; er spürte, dass sie bald aufbrechen würden. *Werden wir tun, was ich vermute? Mir gefällt es hier eigentlich ganz gut, weißt du ...* Sie hatte vor, ostwärts am Bach entlangzureiten und seinem Lauf durch die Berge zu folgen. Mit etwas Glück würde sie New York erreichen, bevor die ersten Blätter fielen.

Sie schloss die Augen und wartete, bis ihr Kopf ganz leer war. Erst wenn alles frei wäre, würde die Stimme kommen. Sie kam von dort, wo auch die Träume herkamen, und wisperte in ihr Ohr wie der Wind aus einer Höhle.

*Alicia, du bist nicht allein. Ich kenne deine Trauer, denn es ist meine eigene. Ich warte auf dich, Lish. Komm zu mir. Komm nach Hause.*

Sie stieß Soldier die Fersen in die Flanken.

# 2

Der Tag neigte sich dem Ende zu, als Peter zum Haus zurückkehrte. Über ihm dehnte sich der endlose Himmel Utahs, zerklüftet von langen Farbstreifen vor einem dunkler werdenden Blau. Ein Abend im Frühherbst – die Nächte waren kalt, die Tage immer noch schön. Er wanderte am Ufer des murmelnden Flusses entlang heimwärts, die Rute über die Schulter gelegt, und der Hund schlenderte neben ihm her. In seiner Tasche waren zwei fette Forellen, in goldene Blätter gewickelt.

Als er sich der Farm näherte, hörte er Musik, die aus dem Haus kam. Auf der Veranda streifte er die schlammverschmierten Stiefel ab, legte die Tasche hin und trat behutsam durch die Tür. Amy saß vor dem alten Klavier mit dem Rücken zur Tür. Leise trat er hinter sie. Sie war so konzentriert, dass sie ihn nicht bemerkte. Bewegungslos stand er da und hörte ihr zu, fast ohne zu atmen. Amys Körper wiegte sich leicht im Takt der Musik. Ihre Finger bewegten sich flink über die Tasten und riefen die Töne eher hervor, als dass sie sie spielten. Das Stück war die klangliche Verkörperung reiner Gefühle, und in den Tönen lag tiefes Herzweh, aber dieses Gefühl war mit solcher Zartheit ausgedrückt, dass es nicht traurig wirkte. Es erinnerte ihn daran, wie die Zeit sich anfühlte, wenn sie unausweichlich in der Vergangenheit versank und zur Erinnerung wurde.

»Du bist zu Hause.«

Das Stück war zu Ende gegangen, ohne dass er es bemerkt hatte. Als er ihr die Hände auf die Schultern legte, drehte sie sich auf der Bank um und hob das Gesicht.

»Komm her«, sagte sie.

Er beugte sich herunter und nahm ihren Kuss entgegen. Ihre Schönheit war erstaunlich, und jedes Mal, wenn er sie ansah, entdeckte er sie neu. Er deutete mit dem Kopf auf die Tasten. »Ich weiß immer noch nicht, wie du das machst«, sagte er.

»Hat es dir gefallen?« Sie lächelte. »Ich habe den ganzen Tag geübt.«

Ja, sagte er, es sei wunderschön. Es erinnere ihn an so vieles, sagte er. Aber es sei schwer in Worte zu fassen.

»Wie war's am Fluss? Du warst eine ganze Weile weg.«

»Wirklich?« Der Tag war wie so viele andere in einem Dunst der Zufriedenheit vergangen. »Es ist dort so schön um diese Jahreszeit. Ich glaube, ich habe einfach die Zeit vergessen.« Er küsste sie auf den Scheitel. Ihr Haar war frisch gewaschen und duftete nach den Kräutern, die sie benutzte, um die harte Lauge weicher zu machen. »Spiel doch weiter. Ich mache uns Abendessen.«

Er ging durch die Küche zur Hintertür und in den Garten hinaus. Der Garten welkte; bald würde er unter dem Schnee schlummern, und die letzten Reste seiner Fülle würden für den Winter eingelagert werden. Der Hund war allein losgezogen. Er bewegte sich in weitem Radius, aber Peter war nie beunruhigt, denn er fand immer nach Hause zurück, bevor es dunkel wurde. An der Pumpe ließ Peter den Bottich volllaufen, und dann zog er sich das Hemd aus, spritzte Wasser auf Gesicht und Brust und wusch sich. Die Berghänge warfen die letzten Sonnenstrahlen zurück, und lange Schatten streckten sich über den Boden. Diese Tageszeit war ihm die liebste, das Gefühl, dass die Dinge ineinander verschmolzen und alles in der Schwebe war. Als es dunkler wurde, tauchten die Sterne auf, erst einer, dann noch einer und noch einer. In dieser Stunde wohnte das gleiche Gefühl wie in Amys Musik: Erinnerung und Sehnsucht, Glück und Trauer, Anfang und Ende in einem.

Er machte Feuer, putzte seinen Fang und legte das weiche, weiße Fleisch mit einem Klecks Fett in die Pfanne. Amy kam heraus und setzte sich zu ihm, und sie schauten zu, wie das Essen garte. Sie aßen bei Kerzenschein in der Küche: die Forellen, in Scheiben geschnittene Tomaten und eine in der Glut gebackene Kartoffel. Danach teilten sie sich einen Apfel. Sie zündeten im Wohnzimmer ein Feuer an und machten es sich unter einer Wolldecke auf der Couch bequem. Der Hund ließ sich auf seinem gewohnten Platz zu ihren Füßen nieder. Sie schauten in die Flammen, ohne zu reden. Worte waren unnötig; alles zwischen ihnen war gesagt, sie hatten einander alles anvertraut und wussten es. Nach einiger Zeit stand Amy auf und streckte die Hand aus.

»Komm ins Bett.«

Mit Kerzen in den Händen gingen sie die Treppe hinauf. In der winzigen Schlafkammer unter dem Dach zogen sie sich aus, krochen unter die Steppdecken und rollten sich umeinander, um sich zu wärmen. Unten vor dem Fußende ließ der Hund sich mit einem Seufzen, das klang wie der Wind, zu Boden sinken. Ein guter alter Hund, loyal wie ein Löwe: Er würde bis zum Morgen dort bleiben und die beiden bewachen. Die Nähe ihrer warmen Körper, der gemeinsame Rhythmus ihres Atmens – es war nicht Glück, was Peter empfand, sondern etwas Tieferes, Volleres. Sein Leben lang hatte er sich gewünscht, von einem einzigen Menschen gekannt zu werden. Das war Liebe, entschied er. Wenn jemand dich kannte.

»Peter? Was ist?«

Einige Zeit war vergangen. Sein Geist, schwebend im unermesslichen Raum zwischen Schlafen und Wachen, war alten Erinnerungen nachgegangen.

»Ich dachte an Theo und Maus. An die Nacht in der Scheune, als der Viral angriff.« Ein Gedanke wehte vorbei, knapp außer

Reichweite. »Mein Bruder hat nie herausbekommen, was den Viral getötet hat.«

Amy schwieg einen Moment lang. »Na, das warst du, Peter. Du warst es, der sie gerettet hat. Das habe ich dir gesagt – weißt du es nicht mehr?«

Hatte sie? Und was konnte sie damit meinen? Zum Zeitpunkt des Angriffs war er in Colorado gewesen, viele Meilen und Tage weit entfernt. Wie sollte er derjenige gewesen sein?

»Ich habe dir erklärt, wie es geht. Die Farm ist etwas Besonderes. Vergangenheit, Gegenwart und Zukunft sind dort eins. Du warst in der Scheune, eben weil du dort sein musstest.«

»Aber ich kann mich nicht daran erinnern.«

»Weil es noch nicht passiert ist. Nicht für dich. Aber die Zeit wird kommen, da es passiert. Du wirst dort sein, um sie zu retten. Um Caleb zu retten.«

Caleb, sein Junge. Jähe Trauer überwältigte ihn, eine intensive, sehnsuchtsvolle Liebe. Ein Kloß stieg ihm in die Kehle. So viele Jahre. So viele Jahre, die vergangen waren.

»Aber jetzt sind wir hier«, sagte er, »du und ich, in diesem Bett. Das ist real.«

»So real wie nichts anderes auf der Welt.« Sie schmiegte sich an ihn. »Wir wollen uns jetzt nicht den Kopf zerbrechen. Du bist müde, das merke ich.«

Das war er. So müde, sehr müde. Er fühlte die Jahre in den Knochen. Eine Erinnerung tauchte in seinem Kopf auf: Er sah sein Gesicht im Fluss. Wann war das gewesen? Heute? Gestern? Vor einer Woche, einem Monat, einem Jahr? Die Sonne stand hoch am Himmel und verwandelte die Wasserfläche in einen funkelnden Spiegel. Sein Bild bebte in der Strömung. Tiefe Falten und schlaffe Wangen, Hautsäcke unter den Augen, die mit der Zeit stumpf geworden waren, und das, was von seinem Haar noch übrig war, saß weiß wie eine Mütze aus Schnee auf seinem Kopf. Es war das Gesicht eines alten Mannes.

»War ich … tot?«

Amy antwortete nicht. Und da verstand Peter, was sie ihm sagen wollte. Nicht nur, dass er sterben würde, wie jedermann sterben musste, sondern dass der Tod nicht das Ende war. Er würde hierbleiben, ein wachsamer Geist, außerhalb der Mauern der Zeit. Das war der Schlüssel zu allem; er öffnete eine Tür, hinter der die Antwort auf alle Geheimnisse des Lebens wartete. Er dachte an den Tag, an dem er auf die Farm gekommen war, vor so langer Zeit. Alles war so unerklärlich unversehrt – die volle Speisekammer, die Gardinen an den Fenstern, das Geschirr auf dem Tisch, als habe es sie erwartet. Das war es. Sein einziges wahres Zuhause auf der Welt.

Als er so im Dunkeln lag, schwoll ihm die Brust vor lauter Zufriedenheit. Es gab Dinge, die er verloren hatte, Leute, die nicht mehr da waren. Alles musste vergehen. Sogar die Erde selbst, der Himmel und der Fluss und die Sterne, die er liebte, würden eines Tages das Ende ihres Daseins erreichen. Aber davor musste man sich nicht fürchten. Es war die bittersüße Schönheit des Lebens. Er malte sich den Augenblick seines Todes aus. So stark war die Vision, dass es war wie eine Erinnerung, nicht wie eine Vorstellung. Er würde hier in diesem Bett liegen, an einem Nachmittag im Sommer, und Amy würde ihn im Arm halten. Sie würde aussehen wie jetzt, stark und schön und voller Leben. Das Bett steht dem Fenster gegenüber, und die Gardinen leuchten in diffusem Licht. Da ist kein Schmerz, nur das Gefühl der Auflösung. *Es ist gut, Peter,* würde Amy sagen. *Es ist alles gut. Ich werde bald da sein.* Das Licht würde wachsen, immer größer werden, erst sein Gesichtsfeld, dann sein Bewusstsein ausfüllen, und so würde er fortgehen: auf Wellen von Licht.

»Ich liebe dich so sehr«, sagte er.

»Ich liebe dich auch.«

»Es war ein wunderbarer Tag, nicht wahr?«

Er spürte, wie sie nickte. »Und wir werden noch viele haben. Ein Meer von Tagen.«

Er zog sie fest an sich. Die Nacht draußen war kalt und still. »Das war ein schönes Lied«, sagte er. »Ich bin froh, dass wir das Klavier gefunden haben.«

Und damit, zusammengerollt in ihrem großen weichen Bett unter dem Dach, schliefen sie beide ein.

*Ich bin froh, dass wir das Klavier gefunden haben.*
*Das Klavier.*
*Das Klavier.*
*Das Klavier ...*

Peter kam zu sich und merkte, dass er nackt war, eingewickelt in schweißfeuchte Laken. Einen Moment lang blieb er bewegungslos liegen. Hatte er nicht eben noch ...? Und war er nicht ...? Er hatte einen Geschmack im Mund, als habe er Sand gegessen, und seine Blase war schwer wie ein Stein. Hinter den Augäpfeln machten sich die ersten Stiche eines Katers bemerkbar, der sich auf einen längeren Aufenthalt einstellte.

»Herzlichen Glückwunsch zum Geburtstag, Lieutenant.«

Lore lag neben ihm. Weniger *neben* ihm, als vielmehr um ihn herum, ihre Körper waren ineinander verknotet und glitschig von Schweiß, wo sie einander berührten. Die Hütte – zwei Zimmer mit einem Abort hinten im Freien – hatten sie schon öfter benutzt, aber wem sie gehörte, war ihm nicht klar. Das kleine Fenster vor dem Fußende des Bettes war ein graues Viereck im Licht des sommerlichen Morgengrauens.

»Du musst mich mit jemandem verwechseln.«

»Oh, glaub mir«, sagte sie und legte einen Finger mitten auf seine Brust, »dich kann man nicht verwechseln. Wie fühlt man sich mit dreißig?«

»Wie neunundzwanzig mit Kopfschmerzen.«

Sie lächelte verführerisch. »Na, ich hoffe, dein Geschenk hat dir gefallen. Tut mir leid, dass ich die Karte vergessen habe.«

Sie wand sich los, drehte sich zur Bettkante und angelte ihr

Hemd vom Boden herauf. Ihr Haar war inzwischen so lang, dass sie es hinten zusammenbinden musste, und ihre Schultern waren breit und kräftig. Sie zwängte sich in eine schmutzige Hose, schob die Füße in ihre Stiefel und drehte ihren Oberkörper, um ihn anzusehen.

»Entschuldige die Eile, *mi amigo,* aber ich habe Tanker zu bewegen. Ich würde dir Frühstück machen, aber ich bezweifle ernsthaft, dass hier etwas im Haus ist.« Sie beugte sich herunter und küsste ihn. »Alles Liebe für Caleb, okay?«

Der Junge war über Nacht bei Sara und Hollis. Die beiden fragten Peter nie, wohin er ging, aber sie konnten sich sicher denken, worum es ging. »Ich werd's ihm ausrichten.«

»Und wenn ich das nächste Mal in der Stadt bin, sehen wir uns wieder?« Als Peter nicht antwortete, legte sie den Kopf schräg und sah ihn an. »Oder ... vielleicht auch nicht.«

Er wusste im Grunde keine Antwort darauf. Was sie miteinander verband, war nicht Liebe – dieses Thema war überhaupt nie angesprochen worden –, aber es war doch mehr als körperliches Verlangen. Es lag irgendwo in dem grauen Zwischenraum zwischen beidem, war weder das eine noch das andere, und genau darin bestand das Problem. Mit Lore zusammen zu sein erinnerte ihn an das, was er nicht haben konnte.

Sie machte ein langes Gesicht. »Na, scheiße. Und dabei hatte ich dich so verdammt *gern,* Lieutenant.«

»Ich weiß nicht, was ich sagen soll.«

Sie seufzte und schaute weg. »Es ist ja nicht so, als wäre es für die Ewigkeit gewesen. Ich wünschte nur, ich hätte daran gedacht, dich zuerst abzuservieren.«

»Es tut mir leid. Ich hätte es nicht so weit kommen lassen dürfen.«

»Glaub mir, es geht vorbei.« Sie hob das Gesicht zur Decke, atmete tief durch und wischte sich eine Träne aus dem Augenwinkel. »Scheiße, Peter. Siehst du, was du mit mir gemacht hast?«

Ihm war schrecklich zumute. Er hatte nichts von alldem geplant; noch vor einer Minute hatte er geglaubt, sie würden sich von dem, was immer zwischen ihnen sein mochte, weitertreiben lassen, bis sie das Interesse verloren oder neue Leute ins Spiel kamen.

»Es ist nicht wegen Michael, oder?«, fragte Lore. »Denn ich hab dir gesagt, das ist vorbei.«

»Ich weiß nicht.« Er zögerte und zuckte die Achseln. »Okay, ein bisschen vielleicht. Er wird es herausfinden, wenn wir so weitermachen.«

»Dann findet er es heraus. Na und?«

»Er ist mein Freund.«

Sie wischte sich über die Augen und lachte leise und verbittert. »Deine Loyalität ist bewundernswert, aber glaub mir, ich bin das Letzte, woran Michael denkt. Wahrscheinlich würde er dir sogar dankbar sein, weil du ihn von mir befreist.«

»Das ist nicht wahr.«

Sie zuckte die Achseln. »Das sagst du nur, weil du nett bist. Vielleicht mag ich dich deshalb so sehr. Aber du brauchst nicht zu lügen. Wir wissen beide, was wir tun. Ich sage mir ständig, ich werde schon über ihn hinwegkommen, aber natürlich gelingt mir das nie. Und weißt du, was mich am meisten fertigmacht? Dass er mir nicht mal die Wahrheit sagen kann. Diese verdammte Rothaarige. Was ist mit der?«

Einen Moment lang war Peter ratlos. »Redest du von … Lish?«

Lore warf ihm einen scharfen Blick zu. »Peter, sei nicht so schwer von Begriff. Was glaubst du, was er da draußen macht in seinem blöden Boot? Drei Jahre, seit sie weg ist, und er kann sie immer noch nicht vergessen. Wenn sie noch da wäre, hätte ich vielleicht eine Chance. Aber mit einem Geist kann man nicht konkurrieren.«

Peter brauchte noch einmal einen Augenblick, um das zu verarbeiten. Noch vor einer knappen Minute hätte er behauptet, Michael könne Alicia nicht mal *leiden*. Die beiden waren gewesen wie Hund und Katze. Aber innerlich, das wusste Peter, waren sie einander nicht so unähnlich. Sie besaßen den gleichen harten Kern, die gleiche Entschlossenheit, die gleiche Sturheit, die sie kein Nein akzeptieren ließ, wenn sie sich in eine Idee verbissen hatten. Und da gab es natürlich eine lange gemeinsame Vergangenheit. Ging es darum bei Michaels Boot? War es seine Art, den Verlust zu betrauern? Sie alle hatten es getan, jeder auf seine Weise. Peter war eine Zeitlang wütend auf sie gewesen. Sie hatte sie verlassen, ohne eine Erklärung, ja, sogar ohne ein Wort des Abschieds. Aber vieles hatte sich geändert. Die Welt hatte sich geändert. Was er jetzt hauptsächlich empfand, war der reine Schmerz der Einsamkeit. In seinem Herzen war eine kalte, leere Stelle, wo Alicia einst gewesen war.

»Was dich angeht«, sagte Lore und rieb sich die Augen mit dem Handrücken, »ich weiß nicht, wer sie ist, aber sie ist ein Glückspilz.«

Leugnen hatte keinen Sinn. »Es tut mir wirklich leid.«

»Hast du bereits gesagt.« Lore lächelte schmerzlich und schlug sich mit den flachen Händen auf die Knie. »Na, ich hab mein Öl. Was kann sich ein Mädel sonst noch wünschen? Tu mir nur einen Gefallen und fühl dich beschissen, okay? Du brauchst es nicht in die Länge zu ziehen. Eine oder zwei Wochen reichen.«

»Ich fühle mich jetzt schon beschissen.«

»Gut.« Sie beugte sich vor und gab ihm einen eindringlichen Kuss, der nach Tränen schmeckte, bevor sie abrupt zurückwich. »Noch einen für unterwegs. Man sieht sich, Lieutenant.«

Die Sonne ging auf, als Peter die Treppe auf den Damm hinaufstieg. Der Kater hatte sich festgesetzt und würde nicht besser werden, wenn er den Tag auf einem glühend heißen Dach verbrachte und den Hammer schwang. Er hätte noch ein Stündchen Schlaf gebrauchen können, aber nach dem Gespräch mit Lore wollte er einen klaren Kopf bekommen, bevor er sich zur Arbeit meldete.

Oben erwartete ihn der anbrechende Tag, gedämpft von einer tiefhängenden Wolkenschicht, die innerhalb der nächsten Stunde verdunsten würde. Seit Peter die Expeditionstruppe verlassen hatte, hatte der Damm in seinen Gedanken eine totemhafte Bedeutung angenommen. In den Tagen vor seiner schicksalhaften Abreise ins Homeland war er mit seinem Neffen hergekommen. Dabei hatte sich nichts besonders Bemerkenswertes ereignet. Sie hatten die Aussicht genossen und sich unterhalten, über Peters Reisen mit der Expeditionstruppe und über Calebs Eltern, Theo und Maus, und dann waren sie zum Staubecken hinuntergestiegen, um zu schwimmen, was Caleb noch nie zuvor getan hatte. Ein ganz gewöhnlicher Ausflug, aber am Ende dieses Tages war etwas verändert gewesen. In Peters Herzen hatte sich eine Tür geöffnet. Da hatte er es noch nicht begriffen, aber auf der anderen Seite dieser Tür lag ein neues Leben, in dem er die Verantwortung als Vater des Jungen übernehmen würde.

Das war das eine Leben, das Leben, von dem die Leute wussten. Peter Jaxon, Offizier der Expeditionsstreitmacht im Ruhestand und jetzt Zimmermann und Vater, Bürger von Kerrville, Texas. Es war ein Leben wie jedes andere, mit Erfolgserlebnissen, Mühsal, Höhen und Tiefen, tagein, tagaus, und er führte es gern. Caleb war gerade zehn geworden, und anders als Peter, der in diesem Alter schon als Läufer der Wache gedient hatte, erlebte der Junge eine Kindheit. Er ging zur Schule, er spielte mit seinen Freunden, er erledigte seine Aufgaben, ohne dass man ihn lange drängen musste und nur gelegentlich mit Gemecker, und jeden Abend, wenn Peter ihn zugedeckt hatte, träumte er in der wohligen Gewissheit, dass der nächste Tag genauso werden würde wie der vorige. Er war groß für sein Alter, wie ein Jaxon, und die weichen Züge des kleinen Jungen verschwanden allmählich aus seinem Gesicht. Jeden Tag bekam er ein bisschen mehr Ähnlichkeit mit seinem Vater, Theo. Aber über seine Eltern wurde nicht mehr gesprochen. Nicht dass Peter es vermied – der Junge fragte einfach nicht. Eines Abends, Peter und Caleb lebten seit sechs Monaten allein zusammen, saßen die beiden beim Schach, als der Junge, während er eine Figur für den nächsten Zug über dem Brett schweben ließ, ganz schlicht und so entspannt, als erkundige er sich nach dem Wetter, fragte: *Wäre es okay, wenn ich Dad zu dir sage?* Peter war verblüfft: Das hatte er nicht kommen sehen. *Möchtest du das denn?,* fragte er, und der Junge nickte. *M-hm. Ich glaube, das wäre gut.*

Was sein anderes Leben anging, so konnte Peter nicht genau sagen, wie es aussah – nur, dass es existierte und dass es sich nachts abspielte. Seine Träume von der Farm umfassten eine Vielzahl von Tagen und Ereignissen, aber die Stimmung war immer die gleiche: Er fühlte sich zugehörig und daheim. So lebhaft waren diese Träume, dass es beim Aufwachen so war, als sei er tatsächlich in einer anderen Zeit und an einem anderen Ort gewesen, als seien die Stunden des Wachseins und die des Schlafens zwei verschiedene Seiten derselben Medaille, die eine nicht weniger real als die andere.

Was für Träume waren das? Woher kamen sie? Entstammten sie seinem eigenen Hirn, oder war es möglich, dass sie aus einer Quelle außerhalb von ihm kamen – vielleicht gar von Amy selbst? Peter hatte niemandem von der ersten Nacht der Evakuierung aus Iowa erzählt, als Amy zu ihm gekommen war. Dafür gab es viele Gründe, aber vor allem konnte er nicht sicher sein, dass das Ganze wirklich passiert war. Er war in diesem Augenblick aus einem tiefen Schlaf erwacht. Saras und Hollis' Tochter hatte auf seinem Schoß geschlafen, mit ihm zusammen warm eingepackt zum Schutz vor der Kälte von Iowa unter einem Himmel, der so trunken war von Sternen, dass er das Gefühl hatte, zwischen ihnen zu schweben. Und da war sie gewesen. Sie hatten nicht gesprochen, aber das war auch nicht nötig gewesen. Die Berührung ihrer Hände hatte genügt. Der Augenblick hatte ewig gedauert und war blitzartig vorbei gewesen. Ehe Peter sichs versah, war Amy fort.

Hatte er auch das geträumt? Allem Anschein nach ja. Alle glaubten, Amy sei im Stadion gestorben, getötet von der Explosion, die für die Zwölf das Ende bedeutet hatte. Man hatte keine Spur von ihr gefunden. Dennoch, der Augenblick war so real gewesen. Manchmal war er überzeugt davon, dass Amy irgendwo da draußen war, aber dann beschlichen ihn Zweifel. Am Ende behielt er seine Fragen für sich.

Eine Zeitlang blieb er stehen und sah zu, wie die Sonne ihr Licht über die texanischen Hügel ausbreitete. Die Oberfläche des Staubeckens unter ihm war still und blank wie ein Spiegel. Er wäre gern ein bisschen geschwommen, um den Kater loszuwerden, aber er musste Caleb holen und in die Schule bringen, bevor er sich zur Arbeit meldete. Er war kein großer Zimmermann – eigentlich hatte er nur einen Beruf gelernt, nämlich den des Soldaten –, aber die Arbeit war regelmäßig und nicht weit weg von zu Hause, und da so viel gebaut werden musste, benötigte die Wohnungsbehörde jeden, den sie bekommen konnte.

Kerrville platzte aus den Nähten. Fünfzigtausend Seelen hatten die Reise von Iowa hierher gemacht, und in nur zwei Jahren war die Bevölkerung auf mehr als das Doppelte gewachsen. So viele aufzunehmen war nicht leicht gewesen, und es war noch immer nicht leicht. Kerrville existierte unter der Voraussetzung, dass das Bevölkerungswachstum bei null blieb. Ehepaare, die mehr als zwei Kinder bekamen, mussten ein empfindliches Bußgeld zahlen; wenn ein Kind starb, durften sie ein drittes haben, aber nur, wenn das verstorbene Kind noch keine zehn Jahre alt geworden war.

Dieses Konzept war nicht mehr zu halten gewesen, als die Menschen aus Iowa gekommen waren. Die Lebensmittel waren knapp geworden, es hatte einen Run auf Benzin und Medikamente und Probleme mit dem Abwasser gegeben – all die Probleme, die daher rührten, dass zu viele Menschen auf zu kleinem Raum zusammengepfercht waren, und Ressentiments gab es auf beiden Seiten mehr als genug. Eine hastig aufgebaute Zeltstadt hatte die ersten paar Wellen aufgenommen, aber als der Zustrom nicht aufhörte, war dieses provisorische Lager bald zu einem Elendsviertel verkommen. Zwar hatten sich viele der Iowaner nach lebenslanger Zwangsarbeit bemüht, sich in einem Dasein zurechtzufinden, in dem ihnen nicht jede Entscheidung abgenommen wurde – eine verbreitete Redewendung war »faul wie ein Homelander« –, aber andere hatten den entgegengesetzten Weg eingeschlagen: Sie verstießen gegen die Sperrstunde, frequentierten Dunks Bordelle und Spielcasinos, tranken, stahlen, prügelten sich und liefen in jeder Hinsicht Amok. Die Einzigen, die darüber glücklich zu sein schienen, waren die Händler, die das Geld nur so scheffelten: Auf dem Schwarzmarkt bekam man alles, von Lebensmitteln über Verbandmaterial bis zu Hämmern.

Die Leute sprachen inzwischen offen darüber, sich außerhalb der Mauer anzusiedeln. Peter nahm an, es war nur noch eine Frage der Zeit. Seit drei Jahren war kein einziger Viral mehr gesichtet worden, weder Drac noch Dopey, und die Zivilverwaltung stand unter einem wachsenden Druck, das Tor zu öffnen. Die Ereignisse im Stadion waren unter den Einwohnern zu eintausend verschiedenen Legenden geworden, von denen nicht zwei genau gleich waren. Aber selbst die hartgesottensten Zweifler freundeten sich allmählich mit dem Gedanken an, dass die Gefahr wirklich vorbei war. Peter sollte eigentlich von allen der Erste sein, der hier zustimmte.

Er drehte sich um und schaute über die Stadt. Fast hunderttausend Seelen. Es hatte eine Zeit gegeben, da hätte ihn diese Zahl umgeworfen. Er war in einer Stadt – einer Welt – mit weniger als hundert Menschen aufgewachsen. Am Tor sammelten sich die Transporter, die die Arbeiter in den landwirtschaftlichen Komplex bringen würden, und pufften Dieselqualm in die Morgenluft. Von überall her kamen die Geräusche und Gerüche des Lebens, während die Stadt sich erhob und ihre Glieder streckte. Die Probleme waren real, aber klein, wenn man sie mit den Verheißungen dieser

Szene verglich. Das Zeitalter der Virals war vorbei, und mit der Menschheit ging es endlich wieder bergauf. Da war ein Kontinent, den man nur zu nehmen brauchte, und Kerrville war der Ort, an dem das Neue Zeitalter seinen Anfang nehmen würde. Warum also kam es ihm so dürftig vor, so schwächlich? Warum bebte er hier auf dem Damm an einem so vielversprechenden Morgen innerlich von dunklen Vorahnungen?

Na, dachte Peter, von mir aus. Wenn man als Vater etwas lernte, dann dies: Man kann sich Sorgen machen, solange man will, es wird nichts ändern. Er musste einen Lunch einpacken und sagen: »Sei brav«, und dann musste er einen Tag voll einfacher, ehrlicher Arbeit zu Boden ringen, und in vierundzwanzig Stunden von jetzt an würde alles wieder von vorn anfangen. *Dreißig*, dachte er nachdenklich, *heute werde ich dreißig Jahre alt.* Wenn jemand ihm vor zehn Jahren gesagt hätte, dass er diesen Tag erleben oder gar einen Sohn großziehen würde, hätte er ihn für verrückt erklärt. Vielleicht also war das wirklich alles, was zählte. Einfach am Leben zu sein, zu lieben und wiedergeliebt zu werden – vielleicht war das genug.

Er hatte Sara gesagt, er wolle keine Party, aber natürlich würde die Frau irgendetwas veranstalten. *Nach allem, was wir durchgemacht haben, bedeutet die Dreißig etwas. Komm nach der Arbeit bei uns vorbei. Außer uns fünfen wird niemand da sein. Ich verspreche dir, es wird keine große Sache.* Er holte Caleb von der Schule ab und ging nach Hause, um sich zu waschen, und kurz nach 18:00 Uhr erreichten sie Saras und Hollis' Apartment und traten durch die Tür und waren auf der Party, die Peter nicht hatte haben wollen. Dutzende von Leuten drängten sich in den beiden kleinen, luftlosen Zimmern – Nachbarn und Kollegen, die Eltern von Calebs Freunden, Männer, mit denen er bei der Armee gedient hatte, sogar Schwester Peg, die trotz ihrer strengen grauen Kutte lachte und plauderte wie alle andern. Sara umarmte ihn in der Tür und gratulierte ihm zum Geburtstag, und Hollis drückte ihm ein Glas in die Hand und klopfte ihm auf den Rücken. Caleb und Kate kicherten so sehr, dass sie sich kaum noch halten konnten. Peter sah Caleb an. »Hast du davon gewusst? Und du, Kate?«

»Natürlich haben wir es gewusst!«, schrie der Junge. »Du solltest dein Gesicht sehen, Dad!«

»Na, das gibt noch großen Ärger«, sagte Peter im Ton eines erbosten Vaters, aber auch er musste lachen.

Es gab zu essen und zu trinken, Kuchen, sogar Geschenke, Dinge, die man selbst machen oder irgendwo abstauben konnte, und manches war als Scherz gedacht: Socken, Seife, ein Taschenmesser, ein Kartenspiel, ein großer Strohhut, den Peter aufsetzte, damit alle etwas zu lachen hatten. Von Sara und Hollis bekam er einen Taschenkompass als Erinnerung an ihre gemeinsamen Reisen, aber Hollis drückte ihm auch eine kleine Stahlflasche in die Hand. »Dunks Neuester. Was Spezielles«, sagte er augenzwinkernd. »Und frag mich nicht, woher ich das habe. Ich habe immer noch Freunde in der Unterwelt.«

Als das letzte Geschenk ausgepackt war, überreichte Schwester Peg ihm einen großen Bogen Papier, zu einem Rohr zusammengerollt. *Herzlichen Glückwunsch unserem Helden,* stand darauf, als er ihn auseinanderrollte, und darunter drängten sich, teils lesbar, teils nicht, die Unterschriften aller Kinder aus dem Waisenhaus. Ein Kloß stieg ihm in die Kehle, und er umarmte die alte Frau, worüber sie beide überrascht waren. »Ich danke euch allen«, sagte er dann. »Allen, die ihr da seid.«

Es war kurz vor Mitternacht, als die Party zu Ende ging. Caleb und Kate waren auf Saras und Hollis' Bett eingeschlafen, kreuzweise übereinander wie zwei junge Hunde. Peter und Sara setzten sich an den Tisch, während Hollis aufräumte.

»Was von Michael gehört?«, fragte Peter sie.

»Keinen Piep.«

»Machst du dir Sorgen?«

Sie runzelte jäh die Stirn und zuckte dann die Schultern. »Michael ist Michael. Die Sache mit dem Boot verstehe ich nicht, aber er wird tun, was er will. Irgendwie dachte ich, Lore würde ihn bändigen, aber damit ist es wohl aus.«

Peter hatte Gewissensbisse. Noch vor zwölf Stunden war er mit der Frau im Bett gewesen.

»Wie geht's im Krankenhaus?«, fragte er, um das Thema zu wechseln.

»Das ist ein Irrenhaus. Sie lassen mich Babys entbinden. Jede Menge Babys. Jenny ist meine Assistentin.«

Sara sprach von Gunnar Apgars Schwester, die sie im Homeland gefunden hatten. Mit dem ersten Evakuierungstransport war Jenny schwanger nach Kerrville gekommen und gerade rechtzeitig zur Entbindung eingetroffen. Vor einem Jahr hatte sie einen anderen Iowaner geheiratet, aber Peter wusste nicht, ob der Mann auch der Kindsvater war. Nicht selten wurde improvisiert.

»Es tut ihr leid, dass sie nicht kommen konnte«, sagte Sara. »Du bist irgendwie wichtig für sie.«

»Wirklich?«

»Für viele Leute, offen gestanden. Ich kann dir gar nicht sagen, wie oft man mich fragt, ob ich dich kenne.«

»Du machst Witze.«

»Entschuldige, aber hast du das Plakat nicht gelesen?«

Er zuckte verlegen die Achseln, aber insgeheim freute er sich. »Ich bin nur ein Zimmermann. Nicht mal ein besonders guter, wenn du die Wahrheit wissen willst.«

Sara lachte. »Wie du meinst.«

Die Sperrstunde war längst vorbei, aber Peter wusste, wie man der Streife aus dem Weg ging. Caleb öffnete kaum die Augen, als er ihn auf den Rücken nahm und sich auf den Heimweg machte. Er hatte den Jungen gerade ins Bett gebracht, als es an der Tür klopfte.

»Peter Jaxon?«

Der Mann, der vor der Tür stand, war ein Offizier mit den Epauletten der Expeditionstruppe.

»Es ist spät. Mein Sohn schläft. Was kann ich für Sie tun, Captain?«

Der Mann reichte ihm ein versiegeltes Blatt Papier. »Eine gute Nacht, Mr Jaxon.«

Peter schloss leise die Tür, schnitt das Wachssiegel mit seinem neuen Taschenmesser auf und faltete das Blatt auseinander.

*Mr Jaxon,*
*darf ich Sie bitten, mich am Mittwoch um 08:00 Uhr in meinem Büro aufzusuchen? Mit Ihrem Vorarbeiter wurde vereinbart, dass Sie mit Verspätung an Ihrem Arbeitsplatz erscheinen werden.*

*Hochachtungsvoll,*
*Victoria Sanchez*
*Präsidentin, Republik Texas*

»Dad, was wollte der Soldat an der Tür?«

Caleb war ins Zimmer gekommen und rieb sich die Augen mit den Fäusten. Peter las den Brief noch einmal. Was konnte Sanchez von ihm wollen?

»Nichts weiter«, sagte er.

»Bist du wieder in der Army?«

Er sah den Jungen an. Zehn Jahre alt. Er wuchs so schnell.

»Natürlich nicht.« Er legte den Brief zur Seite. »Und jetzt bringen wir dich wieder ins Bett.«

# 3

ROTE ZONE

*Zehn Meilen westlich von Kerrville, Texas*
*Juli 101 n. V.*

Lucius Greer, der Mann des Glaubens, bezog seinen Posten auf
der Plattform in der Stunde vor dem Morgengrauen. Seine Waffe: ein Repetiergewehr Kaliber .308 mit Kammerverschluss mit
poliertem Holzschaft und einer optischen Zielvorrichtung, deren
Linsen mit der Zeit milchig geworden, aber immer noch brauchbar waren. Er hatte nur noch vier Patronen; bald würde er nach
Kerrville zurückkehren müssen, um neue zu kaufen. Aber jetzt,
an diesem Morgen des achtundfünfzigsten Tages, zerbrach er sich
darüber nicht den Kopf. Einen einzigen Schuss, mehr würde er
nicht brauchen.

Ein zarter Nebel hatte sich in der Nacht über die Lichtung gelegt. Sein Köder – ein Eimer mit zerdrückten Äpfeln – stand ungefähr hundert Meter weit windwärts im hohen Gras. Lucius saß
bewegungslos im Schneidersitz, das Gewehr auf dem Schoß, und
wartete. Er hatte keinen Zweifel daran, dass seine Jagdbeute auftauchen würde. Der Duft von frischen Äpfeln war unwidersteh-
lich.

Um sich die Zeit zu vertreiben, sprach er ein schlichtes Gebet:
*Gott, du Herr des Universums, sei mir Hirte und Trost und gib
mir Kraft und Weisheit, damit ich in kommenden Tagen deinen
Willen tun kann, damit ich weiß, was du von mir verlangst, und*

*damit ich des Auftrags würdig bin, den du in meine Hände ge-*
*legt hast. Amen.*

Denn etwas stand bevor, das fühlte Lucius. Er fühlte es, wie
er seinen eigenen Herzschlag fühlte, den Windhauch des Atems
in seiner Brust, das Gerüst seiner Knochen. Der weite Bogen der
menschlichen Geschichte näherte sich der letzten Prüfung. Wann
die Stunde kommen würde, konnte man nicht wissen, aber sie
würde kommen, und es wäre die Stunde der Krieger. Der Männer wie Lucius Greer.

Drei Jahre waren seit der Befreiung des Homelands vergangen. Die Ereignisse jener Nacht waren ihm immer noch gegenwärtig, unauslöschliche Erinnerungen, in sein Bewusstsein eingebrannt. Das Tollhaus im Stadion und das Erscheinen der Virals,
die Rebellen, die ihre ganze Feuerkraft gegen die Rotaugen entfesselten, und Alicia und Peter, die mit den Waffen in ihren Händen auf die Bühne vorrückten und schossen und schossen. Amy
in Ketten, eine schmächtige Gestalt, und dann das Brüllen, das in
ihrer Kehle aufstieg, als sie die Kraft in ihrem Innern freisetzte.
Ihr Körper, der sich verwandelte und seine menschliche Gestalt
abschüttelte, das Reißen der Ketten, als sie sich befreite, und ihr
kühner Sprung, mit dem sie sich schnell wie der Blitz den monströsen Feinden entgegenwarf. Das chaotische Durcheinander der
Schlacht, Amy eingeklemmt unter Martínez, dem Zehnten der
Zwölf, der grelle Blitz der Vernichtung und die Totenstille danach,
als die ganze Welt erstarrte.

Als Lucius im Frühjahr darauf nach Kerrville zurückgekehrt
war, hatte er gewusst, dass er nicht mehr unter Menschen leben
konnte. Die Bedeutung dieser Nacht war klar: Er war zu einem
Einsiedlerdasein berufen. Allein hatte er seine bescheidene Hütte am Flussufer gebaut, nur um dann den Sog aus noch größerer Tiefe zu spüren, der ihn in die Wildnis lockte. *Lucius, entblö-
ße dich. Leg nieder deine Geschäfte, wirf beiseite alles weltliche
Behagen, auf dass du mich kennenlernst.* Nur mit einem Messer

und den Kleidern, die er am Leib trug, hatte er sich hinausgewagt in die trockenen Berge und weiter, und sein einziges Ziel war die tiefste Einsamkeit, die er finden konnte, sodass sein Leben dort zu seiner wahren Gestalt gelangen könnte. Tagelang aß er nichts, seine Füße waren wund und blutig, und seine Zunge war geschwollen vom Durst, und als die Wochen vergingen und er keine andere Gesellschaft hatte als Klapperschlangen und Kakteen und die sengende Sonne, begann er zu halluzinieren. Eine Reihe von Saguaro-Kakteen wurde zu Soldaten in Habachtstellung, Seen erschienen, wo keine waren, und eine Bergkette verwandelte sich in eine Stadtmauer in der Ferne. Er nahm diese Erscheinungen unkritisch hin, ohne sich bewusst zu sein, dass sie unecht waren. Sie waren real, weil er glaubte, dass sie es waren. Zugleich mischten sich Vergangenheit und Gegenwart in seinem Kopf. Manchmal war er Lucius Greer, Major der Expeditionstruppe, dann war er ein Gefangener im Militärgefängnis, dann wieder ein junger Rekrut oder er selbst als kleiner Junge.

Wochenlang wanderte er in diesem Zustand umher, ein Wesen in vielerlei Welten. Dann, eines Tages, erwachte er in einem Graben unter einer alles vernichtenden Mittagssonne, eine grotesk ausgemergelte Gestalt voller Schrammen und Geschwüre. Seine Finger waren blutig, ein paar Nägel abgerissen. Was war passiert? Hatte er sich das alles selbst angetan? Er hatte keine Erinnerung, nur das plötzliche, überwältigende Bewusstsein des Bildes, das in der Nacht zu ihm gekommen war.

Lucius hatte eine Vision gehabt.

Er hatte keine Ahnung, wo er war. Er wusste nur, er musste nach Norden gehen. Sechs Stunden später fand er sich auf der Kerrville Road wieder. Von Sinnen vor Hunger und Durst wanderte er weiter, bis der Abend dämmerte, als er das Schild mit dem roten X sah. Die Hardbox war reich gefüllt: Lebensmittel, Wasser, Kleidung, Benzin, Waffen, Munition, sogar ein Generator. Der erfreulichste Anblick für seine Augen war der Humvee. Er wusch sich, säuberte seine Wunden und verbrachte die Nacht auf einer weichen Pritsche, und am nächsten Morgen betankte er das Fahrzeug, lud die Batterie und pumpte die Reifen auf, und dann fuhr er nach Osten und erreichte Kerrville am Morgen des zweiten Tages.

Am Rand der Zone Orange ließ er den Humvee stehen und ging zu Fuß weiter in die Stadt. Dort, in einem dunklen Zimmer in H-Town, bei Männern, die er nicht kannte und deren Namen nicht genannt wurden, verkaufte er drei Karabiner aus der Hardbox, damit er sich ein Pferd und Ausrüstung kaufen konnte. Als er bei seiner Hütte ankam, wurde es Nacht. Bescheiden stand sie unter den Schwarzpappeln und Sumpfeichen am Flussufer, nur ein Zimmer mit einem Boden aus gestampftem Lehm, aber der Anblick erfüllte sein Herz mit Wärme. Wie lange war er fort gewesen? Es kam ihm vor wie Jahre, ja, ganze Jahrzehnte seines Lebens, und dabei waren es nur ein paar Monate gewesen. Der Kreis der Zeit hatte sich geschlossen. Lucius war zu Hause.

Er nahm seinem Pferd den Sattel ab, band es an und betrat die Hütte. Ein Nest aus Flaum und Zweigen auf dem Bett ließ erkennen, dass in seiner Abwesenheit etwas anderes hier ein Heim gefunden hatte, aber davon abgesehen war das spartanische Innere unverändert. Er zündete die Laterne an und setzte sich an den Tisch. Zu seinen Füßen stand die Tasche mit seiner Ausrüstung: das Remington-Gewehr, eine Schachtel Munition, frische Socken, ein Rasiermesser, Streichhölzer, ein Handspiegel, ein halbes Dutzend Federkiele, drei Flaschen Brombeertinte und etliche Bogen von dickem, faserigem Papier. Am Fluss füllte er seine Waschschüssel und kehrte dann zur Hütte zurück. Sein Bild im Spiegel war so schockierend, wie er es erwartet hatte, nicht mehr und nicht weniger: Wangen wie Krater, die Augen tief in den Höhlen, die Haut versengt und blasig, das wirre Haar eines Wahnsinnigen. Die untere Hälfte seines Gesichts war unter einem Bart versteckt, in dem eine ganze Familie von Mäusen gut hätte wohnen können. Er war gerade zweiundfünfzig geworden, aber der Mann im Spiegel war mindestens fünfundsechzig.

Na, sagte er sich, wenn er je wieder Soldat sein wollte, und wäre es auch ein alter, abgewrackter Soldat, dann sollte er verdammt noch mal auch so aussehen. Er säbelte die schlimmsten Strähnen von Haar und Bart herunter, und dann seifte er sich ein und rasierte sich mit dem Messer, bis sein Gesicht wieder glatt war. Er goss das Seifenwasser vor die Tür und kehrte an den Tisch zurück, wo er Papier und Federkiele zurechtgelegt hatte.

Lucius schloss die Augen. Das Bild, das ihm in der Nacht im Graben erschienen war, hatte keine Ähnlichkeit mit den Halluzinationen, die ihn während seines Aufenthalts in der Wüste verfolgt hatten. Es war eher die Erinnerung an etwas Erlebtes. Er rief sich die Details noch einmal vor Augen und betrachtete im Geiste die ganze visuelle Fülle. Wie konnte er hoffen, mit seiner Amateurhand jemals etwas so Prachtvolles einzufangen? Aber er würde es versuchen müssen.

Lucius fing an zu zeichnen.


Es raschelte im Gebüsch. Lucius hob das Zielfernrohr ans Auge. Es waren vier; sie wühlten in der Erde, schnüffelten und grunzten: drei Sauen und ein Eber, rötlich braun und mit großen, rasiermesserscharfen Hauern. Einhundertfünfzig Pfund Wildschwein, die sich da anboten.

Er drückte ab.

Die Sauen stoben auseinander, der Eber wankte vorwärts, erschauerte tief und knickte zuckend die Vorderbeine ein. Lucius fixierte ihn im Zielfernrohr. Das Tier erbebte noch einmal, stärker jetzt, und kippte auf die Seite.

Lucius kletterte die Leiter hinunter und lief zu dem Tier, das im Gras lag. Er rollte den Eber auf die Plane, schleifte ihn zum Waldrand, band ihm die Hinterläufe zusammen, hängte den Haken ein und fing an, ihn hochzuziehen. Als der Kopf des Ebers in Brusthöhe schwebte, knotete er das Seil fest und stellte die Waschschüssel unter das Tier, zog sein Messer und schnitt ihm die Kehle durch.

Ein Schwall von heißem Blut ergoss sich in die Schüssel. Gut vier Liter flossen aus dem Eber. Als kein Blut mehr kam, nahm Lucius die Schüssel und schüttete den Inhalt durch einen Trichter in einen Plastikkanister. Wenn er mehr Zeit gehabt hätte, hätte er das Tier ausgenommen und zerlegt und die Fleischstücke geräuchert, um sie zu verkaufen. Aber es war der achtundfünfzigste Tag, und Lucius musste sich auf den Weg machen.

Er ließ den Kadaver auf den Boden herunter – zumindest die Kojoten sollten etwas davon haben – und kehrte in die Hütte zurück. Es war nicht zu leugnen: Sie sah aus, als ob hier ein Wahnsinniger hauste. Es war etwas mehr als zwei Jahre her, dass Lucius zum ersten Mal zu Papier und Feder gegriffen hatte, und jetzt waren die Wände bedeckt mit den Früchten seiner Mühen. Anfangs hatte er nur mit Tinte gearbeitet, aber dann waren Holzkohle, Graphitstifte und sogar Farben dazugekommen, die ein Vermögen kosteten. Manche Sachen waren besser als andere – wenn man sie in chronologischer Reihenfolge betrachtete, konnte man seine langsame, zuweilen frustrierend unbeholfene Selbsterziehung zum Maler verfolgen. Aber die besten fingen es zufriedenstellend ein, das Bild, das Lucius den ganzen Tag im Kopf mit sich herumschleppte wie die Noten eines Liedes, das er nur loswerden konnte, wenn er es sang.

Michael war der einzige Mensch, der die Bilder gesehen hatte. Lucius hatte sich von allen anderen ferngehalten, aber Michael hatte ihn über jemanden aus dem Gewerbe aufgespürt, einen von Lores Freunden. Eines Abends vor über einem Jahr war Lucius vom Fallenstellen nach Hause gekommen, und vor seiner Hütte hatte ein alter Pick-up gestanden. Michael hatte hinten auf der Ladefläche gesessen und die Beine über die offene Heckklappe baumeln lassen. Lucius kannte ihn seit Jahren; er war von einem ziemlich schüchtern aussehenden Jungen zu einem ansehnlichen Mann in den besten Jahren herangewachsen, hart und geschmeidig, mit kraftvollem Gesicht und einem strengen Zug um die Augen. Ein Kamerad von der Sorte, auf die man sich während einer Barprügelei verlassen konnte, die mit einem Schlag auf die Nase anfing und damit endete, dass man rannte wie der Teufel.

»Himmel, verdammt, Greer«, sagte er, »du siehst wirklich beschissen aus. Was muss man tun, um hier halbwegs gastfreundlich empfangen zu werden?«

Lucius holte die Flasche. Es war nicht gleich klar, was Michael wollte. Lucius fand, er wirkte verändert, ein bisschen ratlos, in sich selbst versunken. Eins war Michael nie gewesen, nämlich still. Der Mann produzierte wie ein Maschinengewehr Ideen, Theorien und verschiedene Aktionen, und wenn sie noch so absurd und unausgegoren waren. Die eindringliche Energie war noch da – als könne man sich an seinem Schädel die Hände wärmen –, aber sie war dunkler geworden und wirkte wie eingesperrt, als ob Michael auf etwas kaute, für das er keine Worte hatte.

Lucius hatte gehört, dass Michael die Raffinerie verlassen, sich von Lore getrennt und eine Art Boot gebaut hatte, auf dem er die meiste Zeit verbrachte. Er segelte allein in den Golf hinaus. Was der Mann dort auf dem weiten, leeren Ozean suchte, sagte er nie, und Lucius bedrängte ihn nicht. Wie hätte er auch sein eigenes Einsiedlerdasein erklären können? Aber im Laufe des Abends, den sie zusammen verbrachten, während sie immer betrunkener wurden, und je leerer die Flasche von Dunks Spezialrezept Nr. 3 wurde – Lucius trank mittlerweile nicht mehr viel, aber der Stoff war ein gutes Lösungsmittel –, gewann er den Eindruck, dass Michael gar keinen richtigen Grund *hatte,* vor seiner Tür zu erscheinen, abgesehen von dem fundamentalen menschlichen Bedürfnis nach der Gesellschaft eines anderen Menschen. Schließlich verbrachten sie beide ihre Zeit in der Wildnis, und vielleicht wollte Michael, wenn man den Smalltalk beiseiteschob, in Wirklichkeit nur ein paar Stunden mit jemandem verbringen, der verstand, was er durchlebte: den tiefgreifenden Impuls, allein zu sein, während sie doch eigentlich alle Freudentänze aufführen und Kinder kriegen und eine Welt feiern sollten, in der nicht mehr der Tod von den Bäumen heruntergriff und dich grundlos am Kragen packte.

Eine Zeitlang tauschten sie Neuigkeiten über die andern aus; sie sprachen von Saras Job im Krankenhaus und von ihrem und Hollis' langerwartetem Umzug aus dem Flüchtlingslager in eine dauerhafte Wohnung und von Lores Beförderung zum Crew-Chef in der Raffinerie. Von Peter, der seinen Abschied von der Expeditionstruppe genommen hatte, um bei Caleb zu Hause zu sein, und von Eustace' Entscheidung, mit Nina nach Iowa zurückzugehen, was niemanden überrascht hatte. Die Unterhaltung glänzte oberflächlich von optimistischer guter Laune, die aber nicht sehr tief reichte, und Lucius ließ sich nichts vormachen. Unter der Oberfläche lauerten die Namen, die sie nicht aussprachen.

Von Amy hatte Lucius niemandem erzählt. Nur er kannte die Wahrheit. Über Alicias Schicksal wusste Lucius nichts, und auch sonst anscheinend niemand: Die Frau war in der endlosen Weite von Iowa verschwunden. In der ersten Zeit hatte Lucius sich weiter keine Sorgen gemacht; Alicia war wie ein Komet, der ohne Ankündigung zu langen Abwesenheiten neigte, um dann ebenso unerwartet wie grell zurückzukehren. Aber als die Tage ohne jede Nachricht von ihr vergingen und Michael mit seinem Gipsbein in einer Schlinge ans Bett gefesselt war, sah Lucius, wie die Tatsache ihres Verschwindens in den Augen seines Freundes glühte wie eine lange Zündschnur, die nach einer Bombe suchte. *Du kapierst es nicht*, sagte er zu Lucius und schwebte vor lauter Frustration fast über seinem Bett. *Es ist nicht so wie sonst.* Lucius sparte sich die Mühe, ihm zu widersprechen – diese Frau brauchte absolut niemanden –, und er versuchte auch nicht, Michael zu hindern, als der Mann, zwölf Stunden nachdem man ihm den Gips abgenommen hatte, sein Pferd sattelte und in einen

Schneesturm hinausritt, um sie zu suchen – ein höchst fragwürdiges Unternehmen, wenn man bedachte, wie viel Zeit inzwischen vergangen war und dass er kaum laufen konnte. Michael war Michael; ein Nein ließ er nicht gelten, und die ganze Sache hatte etwas merkwürdig Persönliches, als sei Alicias Verschwinden eine Botschaft, die nur an ihn gerichtet war. Halb erfroren kam er fünf Tage später zurück, nachdem er einen Umkreis von hundert Meilen abgeritten hatte, und sagte nichts weiter dazu, nicht an diesem Tag noch an den Tagen danach. Nicht einmal ihren Namen sprach er aus.

Sie alle hatten sie geliebt, aber Lucius wusste, es gab Menschen, deren Herz unergründlich war und die dazu geboren waren, abseitszustehen. Alicia war im Äther verschwunden, und nachdem drei Jahre vergangen waren, fragte Lucius sich nicht mehr, was aus ihr geworden war, sondern ob sie überhaupt jemals da gewesen war.

Lange nach Mitternacht, als die letzten Gläser gefüllt und wieder geleert worden waren, kam Michael endlich auf die Frage zu sprechen, die ihn, rückblickend betrachtet, den ganzen Abend geplagt hatte.

»Glaubst du wirklich, sie sind weg? Die Dracs, meine ich.«

»Warum fragst du?«

Michael zog eine Braue hoch. »Na, glaubst du es?«

Lucius formulierte seine Antwort sorgfältig. »Du warst da. Du hast gesehen, was passiert ist. Töte die Zwölf, und du tötest sie alle. Wenn ich mich nicht irre, war das deine Theorie. Ist ein bisschen spät, es sich jetzt noch anders zu überlegen.«

Michael schaute zur Seite und sagte nichts. Hatte die Antwort ihn zufriedengestellt?

»Du solltest irgendwann mit mir segeln kommen«, sagte er schließlich, und sein Gesicht hellte sich ein wenig auf. »Es würde dir wirklich gefallen. Die Welt da draußen ist groß und weit. Anders als alles, was du je gesehen hast.«

Lucius lächelte. Was immer den Mann plagte, er war noch nicht bereit, darüber zu reden. »Ich überleg's mir.«

»Die Einladung steht.« Michael stand auf und hielt sich an der Tischkante fest, um nicht das Gleichgewicht zu verlieren. »Na, ich zumindest bin völlig betrunken. Wenn du nichts dagegen hast – ich glaube, es wird Zeit, dass ich kotze und dann in meinen Truck krieche.«

Lucius deutete auf seine schmale Pritsche. »Das Bett gehört dir, wenn du willst.«

»Das ist lieb von dir. Vielleicht in der Zukunft mal, wenn ich dich besser kenne.«

Er stolperte zur Tür, und dort drehte er sich um und ließ den glasigen Blick durch die Hütte wandern.

»Du bist ein richtiger Künstler, Major. Das sind interessante Bilder. Irgendwann musst du mir davon erzählen.«

Und das war alles; als Lucius am nächsten Morgen aufwachte, war Michael weg gewesen. Er hatte gedacht, er würde ihn wiedersehen, aber er war nicht wieder zu Besuch gekommen. Vermutlich hatte Michael bekommen, was er gesucht hatte, oder er war zu dem Schluss gekommen, dass Lucius es nicht hatte. *Glaubst du wirklich, sie sind weg?* Was hätte sein Freund wohl gesagt, wenn Lucius die Frage tatsächlich beantwortet hätte?

Lucius schob diese beunruhigenden Gedanken beiseite. Er ließ den Container mit dem Eberblut im Schatten der Hütte stehen und ging den Hang hinunter zum Fluss. Das Wasser des Guadalupe war immer kalt, aber hier war es noch kälter. In der Flussbiegung war es tief, sechs Meter bis zum Grund, wo eine Quelle entsprang. Eine hohe weiße Kalksteinböschung säumte den Fluss. Lucius zog Stiefel und Hose aus, packte das Seil, das er dort gelassen hatte, holte tief Luft und sprang in einem sauberen Bogen ins Wasser. Je tiefer er kam, desto kälter wurde es. Die Tasche, die aus schwerem Segeltuch gemacht war, klemmte vor der Strömung geschützt unter einem Felsüberhang. Lucius knotete das Seil an den Griff der Tasche, zog sie heraus, ließ die Luft aus der Lunge und tauchte auf.

Er kletterte am anderen Ufer aus dem Wasser, ging stromabwärts bis zu einer seichten Stelle, überquerte den Fluss wieder und folgte dem Pfad an der Kante der Kalksteinböschung bis zu dem Seil. Er setzte sich hin, packte das Seil und zog die Tasche herauf.

Er zog sich an und kehrte mit der Tasche zu seiner Hütte zurück. Am Tisch nahm er den Inhalt heraus: acht Container von insgesamt sechsunddreißig Litern – ungefähr so viel Blut, wie in den Adern von einem halben Dutzend Erwachsenen zirkulierte.

Außerhalb des kalten Wassers würde sein Schatz schnell verderben. Er band die Behälter zusammen, packte seine Sachen – Proviant und Wasser für drei Tage, das Gewehr und die Munition, ein Messer, eine Laterne, ein kräftiges Seil – und trug alles hinaus auf die Koppel. Es war noch nicht einmal 07:00 Uhr, aber die Sonne brannte schon heiß. Er sattelte das Pferd, schob das Gewehr in seine Hülle und warf den Rest über den Widerrist des Pferdes. Eine Schlafdecke nahm er nicht mit; er würde die Nacht hindurch reiten und am Morgen des sechzigsten Tages in Houston ankommen.

Er stieß dem Pferd die Fersen in die Flanken und ritt los.

# 4

04:30 Uhr: Michael Fisher erwachte von den Regentropfen, die auf sein Gesicht fielen.

Er schob sich am Querbalken hoch, bis er aufrecht saß. Keine Sterne, aber im Osten schwebte ein schmaler Streifen von stumpfgrauem Morgenlicht zwischen Horizont und Wolken. Die Luft war totenstill, aber so würde es nicht bleiben. Michael kannte den Geruch eines heraufziehenden Sturms.

Er ließ seine Shorts herunter, schob das Becken über das Heck und entließ einen Urinstrahl von befriedigender Menge und Dauer in das Wasser des Golfs. Besonders hungrig war er nicht; sein Körper war es gewöhnt, Hunger zu ignorieren, aber er nahm sich trotzdem die Zeit, unter Deck eine Portion Proteinpulver anzurühren und mit sechs großen Schlucken durch die Kehle zu pumpen. Wenn er sich nicht irrte – und das tat er fast nie –, würde der Vormittag noch genug Aufregung bringen. Mit vollem Magen wäre das besser zu bewältigen.

Er war wieder an Deck, als der erste Blitz über den Horizont zuckte. Fünfzehn Sekunden später rollte der langgezogene Donner heran. Es klang, als räuspere sich ein mürrischer Gott. Wind war aufgekommen, die ersten, unorganisierten Böen eines nahenden Sturms. Michael hakte das Selbststeuer los und nahm die Pinne in die Hand, als es anfing, richtig zu regnen – ein heißer, tropischer Regen, dessen nadelspitze Tropfen ihn in Sekundenschnelle durchnässten. Was das Wetter anging, so hatte Michael ihm gegenüber keine entschiedene Position. Wie alles andere war es, wie es war, und wenn dies der Sturm sein sollte, der ihn endgültig auf den Meeresgrund schickte – nun, das hatte er sich dann ja selbst zuzuschreiben.

*Wirklich? Allein? Mit diesem Ding? Bist du verrückt?* Manchmal waren diese Fragen freundlich gemeint, ein Ausdruck ehrlicher Anteilnahme, aber auch Wildfremde versuchten, es ihm auszureden. In vielen Fällen hatte derjenige, der ihn ansprach, ihn bereits abgeschrieben. Wenn das Meer ihn nicht umbrachte, würde der Sperrgürtel es tun, die Barriere aus schwimmenden Sprengsätzen, von der es hieß, sie umgebe den Kontinent. Würde jemand, der bei Sinnen war, das Schicksal derart in Versuchung führen? Zumal jetzt, nachdem man seit – wie lange? – seit rund sechsunddreißig Monaten keinen Viral mehr gesichtet hatte? Bot ein ganzer Kontinent nicht genug Platz für eine rastlos umherschweifende Seele?

Alles richtig, aber nicht jeder Entschluss gründete auf Logik. Oft kam er aus dem Bauch. Michaels Bauch sagte ihm, dass der Sperrgürtel nicht existierte, dass er nie existiert hatte. Er zeigte der Geschichte den Mittelfinger – hundert Jahre, in denen die Menschheit gesagt hatte: *Nicht mit mir, nie im Leben, macht das ohne mich.* Entweder das, oder es war russisches Roulette. Was in Anbetracht seiner Familiengeschichte nicht völlig abwegig war.

An den Selbstmord seiner Eltern dachte er nicht gern, aber er tat es natürlich. In einer Kammer seines Gehirns lief ständig ein Film über die Ereignisse jenes Morgens ab. Ihre grauen, leeren Gesichter, die straffen Stricke um ihre Hälse und deren leises Knarren. Die gestreckten Silhouetten ihrer Leichen, die absolute, passive Lockerheit der Gliedmaßen. Die schwarzen Zehen, geschwollen von dem Blut, das sich darin gesammelt hatte. Michaels erste Reaktion war völlige Fassungslosigkeit gewesen. Eine gute halbe Minute lang hatte er die Leichen angestarrt und versucht, die Daten zu verarbeiten, die ihm in einer Serie von freischwebenden Wörtern in den Sinn kamen, ohne dass er sie miteinander verbinden konnte (*Mom, Dad, hängen, Strick, Scheune, tot*), bevor in seinem elfjährigen Gehirn ein weiß glühendes Entsetzen explodierte, das ihn losstürzen ließ, um ihre Beine zu umschlingen und sie hochzuhalten, während er die ganze Zeit Saras Namen schrie, damit sie kam und ihm half. Sie waren schon seit vielen Stunden tot gewesen, und seine Anstrengungen waren sinnlos. Aber man musste es versuchen. Im Leben, das hatte Michael gelernt, ging es sehr oft darum, dass man versuchte, Dinge zu reparieren, die nicht zu reparieren waren.

Das Meer also, und seine einsamen Reisen darauf. Es war eine Art Heimat für ihn geworden. Sein Boot war die *Nautilus*. Michael hatte den Namen aus einem Buch, das er vor Jahren gelesen hatte, als er noch zu den Kleinen in der Zuflucht gehörte. *Zwanzigtausend Meilen unter dem Meer,* ein altes, vergilbtes Paperback mit losen Seiten, auf dem Umschlag das Bild eines wundersamen, gepanzerten Fahrzeugs, das aussah wie eine Kreuzung zwischen Boot und Unterwasserpanzer, umschlungen von den saugenden Tentakeln eines Meeresungeheuers mit einem einzigen riesigen Auge. Lange nachdem er die Einzelheiten der Geschichte schon vergessen hatte, war dieses Bild noch in seinem Gedächtnis gewesen, eingebrannt in seine Netzhaut, und als es nach zwei Jahren des Planens und Bauens und schlichten Ausprobierens so weit war, dass sein Boot getauft werden sollte, hatte der Name *Nautilus* nahegelegen. Es war, als habe er ihn für diesen Tag in seinem Hirn gespeichert.

Sechsunddreißig Fuß vom Heck zum Bugspriet, sechs Fuß Tiefgang, Groß- und Vorsegel mit Topprigg. Eine kleine Kabine war auch vorhanden, aber meistens schlief er an Deck. Er hatte es in einer Bootswerft am St. Luis Pass gefunden, versteckt in einem Lagerschuppen, auf Blöcken stehend. Der Rumpf aus Polyesterharz war noch gut, aber der Rest war in einem katastrophalen Zustand gewesen: das Deck verrottet, die Segel zerfallen, jedes Stück Metall ermüdet und unbrauchbar. Mit anderen Worten, es war perfekt für Michael Fisher, den Ersten Ingenieur für Licht und Strom und Ölhand Erster Klasse. Binnen eines Monats hatte er in der Raffinerie gekündigt und die nicht ausgegebenen Lohnschecks aus fünf Jahren Arbeit zu Bargeld gemacht, um sich das nötige Werkzeug zu kaufen und eine Crew anzuheuern, die alles nach St. Luis brachte. *Wirklich? Allein? Mit dem Ding?* Ja, sagte Michael und faltete seine Zeichnung auf dem Tisch auseinander. Wirklich.

Welche Ironie, dass es nach all den Jahren, die er damit zugebracht hatte, in die Glut der alten Welt zu blasen und mit Hilfe ihrer übrig gebliebenen Maschinen die Zivilisation neu zu entfachen, die älteste von Menschen ersonnene Form des Antriebs sein sollte, die ihn packte. Der Wind wehte, strömte an der Segelkante zurück und schuf dort ein Vakuum, das gefüllt werden wollte. Mit jeder Reise, die er unternahm, blieb er ein bisschen länger, fuhr er ein bisschen weiter, ein bisschen verrückter *dort draußen* umher. Zu Anfang war er an den Küsten entlanggesegelt, um ein Gefühl für alles zu bekommen. Nach Norden und Osten, die Küste entlang bis zum ölverschlammten New Orleans mit seinen deprimierenden Wolken von klebrigem Chemiegestank über dem Fluss. Südwärts nach Padre Island mit seinen langen, wilden Sandstränden, weiß wie Talkum. Sein Selbstvertrauen wuchs, und seine Kreise wurden größer. Ab und zu stieß er auf anachronistische Hinterlassenschaften der Menschheit – Klumpen von rostigen Wrackteilen auf den Sandbänken, künstliche Atolle aus dümpelndem Plastik, verlassene Ölplattformen, die breitbeinig in einem dicken Morast von ausgepumptem Ölschlamm standen –, aber bald ließ er das alles hinter sich und fuhr mit seinem Boot immer tiefer ins Herz der ozeanischen Wildnis. Das Wasser wurde dunkler, seine Tiefe unermesslich. Er schoss mit seinem Sextanten auf die Sonne und plante seinen Kurs mit einem Bleistiftstummel. Eines Tages wurde ihm bewusst, dass unter ihm fast eine Meile Wasser lag.

Am Morgen des Sturms war Michael seit zweiundvierzig Tagen auf dem Meer. Sein Plan war es, am Mittag in Freeport zu landen, seinen Proviant aufzufüllen, vielleicht eine Woche auszuruhen – er musste wirklich ein bisschen zunehmen – und dann wieder in See zu stechen. Natürlich würde er sich mit Lore auseinandersetzen müssen, was immer eine unbehagliche Angelegenheit war. Würde sie überhaupt mit ihm sprechen? Oder ihn nur von ferne anfunkeln? Würde sie ihn beim Gürtel packen und in die Baracke zerren, um eine Stunde mit wütendem Sex zu verbringen, was er wider besseres Wissen nicht würde ablehnen können? Michael wusste nie, wie es laufen und wobei er sich schlechter fühlen würde. Er war entweder das Arschloch, das ihr das Herz gebrochen hatte, oder der Heuchler in ihrem Bett. Denn was er ihr nicht erklären konnte, war dies: Sie hatte mit alldem nichts zu tun. Nicht mit der *Nautilus,* nicht mit seinem Bedürfnis, allein zu sein, nicht mit der Tatsache, dass er ihre Liebe, obwohl sie es in jeder Hinsicht verdiente, nicht erwidern konnte.

Seine Gedanken kehrten, wie sie es oft taten, zurück zu dem Augenblick, als er Alicia das letzte Mal gesehen hatte – er und alle andern, soweit er wusste. Warum hatte sie ihn auserwählt? Sie war zu ihm ins Krankenhaus gekommen, an dem Morgen, bevor Sara und die anderen das Homeland verlassen hatten, um nach Kerrville zurückzukehren. Michael wusste nicht, um wie viel Uhr das gewesen war; er hatte geschlafen, und als er aufgewacht war, hatte sie an seinem Bett gesessen. Mit diesem ... *Gesichtsausdruck*. Er spürte, dass sie eine ganze Weile dagesessen und ihn beobachtet hatte, während er schlief.

– Lish?

Sie lächelte.

– Hey, Michael.

Das war alles, mindestens eine halbe Minute lang. Kein *Wie geht's dir?*, kein *Du siehst irgendwie komisch aus mit diesem Gips, Akku,* und auch sonst keine von den tausend Sticheleien, mit denen sie sich schon als Kinder aufgezogen hatten.

– Kannst du etwas für mich tun? Einen Gefallen?

– Okay.

Aber dann kam nichts weiter. Alicia schaute weg und sah ihn dann wieder an.

– Wir sind schon lange befreundet, nicht wahr?

– Ja, sagte er. Absolut. Sind wir.

– Weißt du, du warst immer so verdammt gescheit. Erinnerst du dich … wann war das noch? Keine Ahnung. Wir waren Kinder. Ich glaube, Peter war dabei, und Sara auch. Wir haben uns alle eines Abends an die Mauer geschlichen, und du hast einen Vortrag gehalten, ich schwöre bei Gott, einen richtigen Vortrag darüber, wie die Lichter funktionierten, die Turbinen, die Batterien und all das. Weißt du, bis dahin hatte ich wirklich gedacht, die gehen ganz von allein an. Im Ernst. Gott, ich kam mir so blöd vor.

Er zuckte verlegen die Achseln.

– Ich war wohl ein kleiner Angeber.

– Oh, du brauchst dich nicht zu entschuldigen. Ich dachte in dem Moment: Der Junge hat was auf dem Kasten. Eines Tages werden wir ihn brauchen, und dann rettet er unseren kläglichen Arsch.

Michael wusste nicht, was er darauf sagen sollte. Noch nie hatte er jemanden gesehen, der so verloren aussah, so niedergedrückt von der Last des Lebens.

– Worum wolltest du mich bitten, Lish?

– Dich bitten?

– Du hast gesagt, ich soll dir einen Gefallen tun.

Sie runzelte die Stirn, als verstehe sie die Frage nicht ganz.

– Das habe ich wohl, was?

– Lish, ist alles in Ordnung mit dir?

Sie stand auf. Michael wollte noch etwas sagen, er wusste nicht genau, was, aber sie beugte sich über ihn, strich ihm das Haar zur Seite und drückte ihm zu seiner grenzenlosen Verblüffung einen Kuss auf die Stirn.

– Pass auf dich auf, Michael. Tust du das für mich? Sie werden dich hier brauchen.

– Warum? Gehst du weg?

– Versprich's mir einfach.

Und das war er, der Augenblick, in dem er sie im Stich gelassen hatte. Drei Jahre später, und er durchlebte ihn immer noch, immer wieder – wie ein Schluckauf in der Zeit. Der Augenblick, in dem sie ihm sagte, dass sie für immer fortgehen werde, und das Einzige, was er hätte sagen können, um sie zu halten: *Jemand liebt dich, Lish. Ich liebe dich. Ich, Michael. Ich liebe dich. Das hat nie aufgehört und wird nie aufhören.* Aber die Worte blieben irgendwo zwischen seinem Gehirn und seinem Mund stecken, und der Augenblick war vorbei.

– Okay.

– Okay, sagte sie. Und dann war sie fort.

Aber der Sturm, am Morgen seines zweiundvierzigsten Tages auf See: In diese Gedanken verloren war Michael unaufmerksam geworden. Er hatte die zunehmende Feindseligkeit des Meeres, die absolute Schwärze des Himmels, die wachsende Wut des Windes zwar bemerkt, aber nicht vollständig verarbeitet. Allzu schnell war das Unwetter da, mit einem ohrenbetäubenden Donnerschlag und einer machtvollen regengesättigten Windbö, die wie eine Riesenfaust gegen das Boot schlug und es auf die Seite legte. *Wow,* dachte Michael und rappelte sich am Heck hoch, *fuck, was ist denn ...?* Zum Segelreffen war es zu spät. Er konnte jetzt nur noch geradewegs in den Wind halten. Er zog das Großsegel an und steuerte hart am Wind. Wasser strömte herein – es schäumte über den Bug und kam wie aus Eimern vom Himmel. Die Luft knisterte von elektrischer Spannung. Er nahm die Schot zwischen die Zähne, zog das Großsegel so straff, wie es ging, und machte es fest.

*Okay,* dachte er, *wenigstens hast du mich vorher noch pissen lassen. Mal sehen, was du so drauf hast, du Scheißer.*

Und er segelte in den Sturm hinein.

Sechs Stunden später kam er heraus, und sein Herz jubelte siegestrunken. Das Unwetter war vorbeigezogen und hatte eine Schneise aus blauer Luft hinterlassen. Er hatte keine Ahnung, wo er war; er war weit von seinem Kurs abgekommen. Er konnte jetzt nur auf Westkurs gehen und sehen, wo er Land fände.

Nach zwei Stunden erschien eine langgezogene graue Linie aus Sand. Er steuerte das Land mit der hereinkommenden Flut an. Galveston Island – er erkannte die Ruinen der alten Seemauer. Die Sonne stand hoch am Himmel, der Wind war günstig. Sollte er nach Süden segeln, nach Freeport – nach Hause, zu einem Abendessen und seinem Bett und allem andern – oder zu etwas anderem? Aber die Ereignisse des Vormittags ließen diese Aussicht deprimierend zahm erscheinen, als einen allzu bescheidenen Abschluss dieses Tages.

Er beschloss, den Houston Ship Channel zu erkunden. Dort könnte er für die Nacht vor Anker gehen und am nächsten Morgen nach Freeport weitersegeln. Er studierte seine Seekarte. Ein schmaler Wasserkeil trennte das Nordende der Insel von der Bolivar Peninsula, und auf der anderen Seite lag Galveston Bay, ein beinahe kreisförmiges Becken von zwanzig Meilen Durchmesser mit einer tiefen Flussmündung am nordöstlichen Ende, gesäumt von den Ruinen von Werften und Chemiefabriken.

Er lief vor dem Wind in die Bay. Im Gegensatz zur bräunlichen Brandung an der Küste war das Wasser hier klar, fast durchsichtig, und hatte einen grünlichen Schimmer. Michael sah sogar die dunklen Umrisse von Fischen unter der Wasseroberfläche. An manchen Stellen war das Ufer übersät von Unmengen von Müll, aber an anderen sah es wie saubergeschrubbt aus.

Der Nachmittag verblasste, als er sich der Flussmündung näherte. Etwas Großes, Dunkles ragte im Fahrwasser auf. Als er näher kam, konnte er erkennen, was es war: ein massiges Schiff, mehrere Hundert Fuß lang. Es lag mitten zwischen zwei Pfeilern einer Hängebrücke, die den Kanal überspannte. Michael steuerte sein Boot näher heran. Das Schiff hatte eine leichte Schlagseite nach Backbord, der Bug war gesenkt und die oberen Enden der mächtigen Propeller gerade über der Wasseroberfläche zu erkennen. War es auf Grund gelaufen? Wie war es dort hingekommen? Wahrscheinlich genauso wie er, von der Gezeitenströmung durch die Passage an der Bolivar Peninsula gezogen. Auf dem Heck, triefend von Rost, standen Name und Heimathafen des Schiffs:

BERGENSFJORD
OSLO, NORWEGEN

Er steuerte die *Nautilus* zum nächstgelegenen Brückenpfeiler. Jawohl – eine Leiter. Er machte das Boot fest, holte die Segel ein und ging dann unter Deck, um ein Stemmeisen, eine Laterne, diverse Werkzeuge und zwei Hundert-Meter-Rollen starkes Tau zu holen. Er packte alles in einen Rucksack, kehrte an Deck zurück, atmete tief durch und fing an zu klettern.

Michael hatte nichts übrig für Höhen. Es gab sonst nicht viel, was ihm Probleme machte. In der Raffinerie führten die Umstände ihn oft in Regionen hoch über dem Boden – er baumelte dann an einem Gurt an den Türmen und klopfte den Rost ab –, und im Laufe der Zeit war er tapferer geworden, fand seine Crew. Aber die heilende Wirkung, die es hatte, sich der Angst auszusetzen, hatte ihre Grenzen. Die Leiter – Stahlsprossen im Beton des Brückenpfeilers – war bei näherem Hinsehen nicht annähernd so solide, wie sie von unten ausgesehen hatte. Manche Sprossen schienen kaum noch fest zu sitzen. Als er oben ankam, hatte er das Gefühl, sein Herz klemme hinten in der Kehle. Er lag auf dem

Rücken auf der Straße, fast ohne zu atmen, und dann spähte er über den Rand. Das Deck des Schiffs lag sicher fünfzig Meter tief unter ihm, vielleicht mehr. O Gott.

Er band sein Tau an das Brückengeländer und sah zu, wie es hinunterfiel. Der Trick würde darin bestehen, dass er den Abstieg mit den Füßen steuerte. Er packte das Seil mit beiden Händen, lehnte sich rückwärts über die Kante, schluckte mühsam und stieß sich ab.

Eine halbe Sekunde lang war er sicher, den größten Fehler seines Lebens begangen zu haben. Was für eine dämliche Idee! Er würde wie ein Stein auf das Deck plumpsen. Aber dann fanden seine Füße das Seil und schlangen es in einem Todesgriff um sich. Hand über Hand ließ er sich hinunter.

Vermutlich war das Schiff eine Art Frachter. Als er unten war, ging er zum Heck, wo eine offene Stahltreppe zum Ruderhaus hinaufführte. Oben an der Treppe war eine schwere Tür, deren Klinke sich nicht bewegen ließ. Er brach die Klinke mit dem Stemmeisen ab und schob einen Schraubenzieher in das Schloss. Nach kurzem Fummeln klickten die Zuhaltungen, und der zweite Einsatz des Stemmeisens hebelte die Tür auf.

Ein Ammoniakgestank erfüllte die Luft, der ihm die Augen tränen ließ – eine Luft, die seit hundert Jahren niemand geatmet hatte. Unter dem breiten Fenster mit Blick auf den Kanal waren die Steuerarmaturen des Schiffs: Reihen von Schaltern und Anzeigeinstrumenten, Flatscreen-Displays und Computertastaturen. Auf einem der drei Stühle vor dem Steuerpult saß eine Leiche. Die Zeit hatte sie in einen geschrumpften braunen Fleck verwandelt, umhüllt von verschimmelten Kleiderfetzen. Epauletten mit drei Streifen im militärischen Stil zierten die Schultern des Hemdes. Ein Offizier, dachte Michael, vielleicht sogar der Kapitän. Die Todesursache war offenkundig: Ein Loch im Schädel, nicht größer als die Spitze von Michaels kleinem Finger, markierte die Stelle, an der die Kugel eingedrungen war. Auf dem Boden, unter der ausgestreckten rechten Hand des Mannes, lag ein Revolver.

Unter Deck fand Michael noch weitere Leichen. Fast alle lagen in ihren Kojen. Er trödelte nicht lange, sondern zählte sie nur. Zweiundvierzig insgesamt. Hatten sie Selbstmord begangen? Dass sie so ordentlich dalagen, schien darauf hinzudeuten, aber die Methode war nicht ersichtlich. Michael hatte so etwas schon gesehen, aber nie so viele an einem Ort.

Er stieg tiefer hinunter in das Schiff und kam in einen Raum, der anders als die andern war. Es gab hier nicht ein oder zwei Betten, sondern viele – schmale Kojen, die in zwei Reihen übereinander an den Wänden hingen –, und ein schmaler Gang teilte den Raum in zwei Hälften. Das Mannschaftsquartier? Viele der Pritschen waren leer; er zählte nur acht Leichen, darunter zwei, die nackt waren und im engen Raum einer unteren Koje umeinandergeschlungen waren.

Hier herrschte weniger Ordnung als anderswo. Verrottete Kleidungsstücke und andere Gegenstände bedeckten den Boden. An vielen Stellen waren die Wände neben den Kojen dekoriert mit verblichenen Fotos, religiösen Bildern und Postkarten. Behutsam löste er eins der Fotos ab und hielt es ins Licht seiner Laterne. Eine dunkelhaarige Frau lächelte in die Kamera. Sie hielt einen Säugling auf dem Schoß.

Etwas fiel ihm ins Auge.

Ein großes Blatt Papier, dünn wie Seide, klebte an einem Schott. Oben standen in verschnörkelten Buchstaben die Worte INTERNATIONAL HERALD TRIBUNE. Michael zupfte den Klebstreifen ab und legte das Blatt auf die Koje.

### Menschheit in Gefahr

*Krise verschärft sich bei weltweit*
*steigenden Opferzahlen*

**Virus erweitert seinen tödlichen Zugriff**
**auf alle Kontinente**
**Häfen und Grenzen überrannt von Millionen**
**auf der Flucht vor Infektion**
**Großstädte im Chaos, weiträumige Blackouts**
**verdunkeln Europa**

ROM (AP), 13. Mai – Die Welt stand am Dienstagabend am Rande des Chaos, während die durch das sogenannte Ostervirus hervorgerufene Krankheit ihren tödlichen Vormarsch über den Globus fortsetzte.

Zwar macht die schnelle Ausbreitung der Seuche es schwierig, die Zahl der Todesopfer zu schätzen, aber nach Angaben von Vertretern der UN-Gesundheitsorganisation handelt es sich um mehrere Hundert Millionen.

Das Virus, eine durch die Luft übertragene Variante des Typs, der die nordamerikanische Bevölkerung vor zwei Jahren dezimierte, tauchte vor nur neunundfünfzig Tagen in der zentralasiatischen Kaukasusregion auf. Gesundheitsbehörden arbeiten fieberhaft daran, die Herkunft des Virus oder eine wirkungsvolle Behandlungsmethode zu ermitteln.

»Im Augenblick können wir nur sagen, der Erreger ist außerordentlich aggressiv und lebensgefährlich«, erklärt Madeline Duplessis, die Vorsitzende des Exekutivrats der Weltgesundheitsorganisation, in ihrer Zentrale in Genf. »Die Sterblichkeitsrate liegt bei nahezu 100 Prozent.«

Anders als die nordamerikanische Variante benötigt das Ostervirus keinen engen Körperkontakt für die Übertragung von Person zu Person und überwindet große Distanzen in Verbindung mit Staub oder Atemluftfeuchtigkeit. Mehrere Behördenvertreter vergleichen es mit der Spanischen-Grippe-Epidemie von 1918, die weltweit rund fünfzig Millionen Todesopfer forderte. Reisebeschränkungen haben bisher wenig dazu beigetragen, die Ausbreitung zu verlangsamen, und auch der Versuch, in mehreren Großstädten öffentliche Orte zu sperren, war wirkungslos.

»Ich fürchte, wir sind kurz davor, die Kontrolle über die Situation zu verlieren«, erklärte der italienische Gesundheitsminister Vincenzo Monti in einer ausgedehnten Pressekonferenz, bei der überall im Saal gehustet wurde. »Ich kann nicht nachdrücklich genug darauf hinweisen, wie wichtig es ist, dass die Menschen in ihren Häusern bleiben. Kinder, Erwachsene, alte Leute – niemand bleibt von den Auswirkungen dieser grausamen Epidemie verschont. Die einzige Möglichkeit, diese Krankheit zu überleben, besteht darin, sie nicht zu bekommen.«

Das Ostervirus wird durch die Lunge aufgenommen und überwindet die körpereigene Abwehr sehr schnell, um dann die Atemwege und die Verdauungsorgane zu attackieren. Zu den ersten Symptomen gehören Verwirrtheitszustände, Fieber, Kopfschmerzen, Husten und praktisch unvermitteltes Erbrechen. Wenn der Erreger sich im Körper ausbreitet, kommt es zu massiven inneren Blutungen, die typischerweise innerhalb von sechsunddreißig Stunden zum Tode führen. Allerdings wurde schon berichtet, dass gesunde Erwachsene bereits nach zwei Stunden verstorben sind. In seltenen Fällen haben Erkrankte die transformativen Effekte der nordamerikanischen Variante gezeigt, unter anderem eine deutliche Steigerung der Aggressivität, aber ob diese Personen die 36-Stunden-Schwelle überlebt haben, ist nicht bekannt.

»Es scheint bei einem kleinen Prozentsatz der Fälle zu geschehen«, erklärte Duplessis gegenüber Pressevertretern. »Wodurch sich diese Individuen von anderen unterscheiden, können wir zum jetzigen Zeitpunkt einfach noch nicht sagen.«

WHO-Vertreter haben die Vermutung geäußert, die Seuche sei per Schiff oder Flugzeug aus Nordamerika gekommen, und zwar trotz der im Juni vor zwei Jahren durch die Vereinten Nationen verhängten Quarantänemaßnahmen. Andere Theorien gehen davon aus, die Herkunft des Erregers sei bei Vögeln zu suchen und habe etwas mit dem Massensterben mehrerer Arten von ziehenden Singvögeln im südlichen Ural zu tun, das unmittelbar vor dem ersten Auftreten der Seuche beobachtet wurde.

»Wir untersuchen jede Möglichkeit«, sagte Duplessis. »Wir drehen jeden Stein einzeln um.«

Eine dritte Theorie besagt, die Epidemie sei das Werk von Terroristen. Als Reaktion auf fortgesetzte Spekulationen in der Presse äußerte der Interpol-Generalsekretär Javier Cabrera, ehemaliger Minister für Heimatsicherheit der USA und Mitglied der amerikanischen Exilregierung in London, vor Reportern: »Zum jetzigen Zeitpunkt hat nach unseren Informationen keine Gruppe und keine Einzelperson die Verantwortung übernommen, aber unsere Ermittlungen sind noch nicht abgeschlossen.« Cabrera fügte hinzu, die internationale Polizeiorganisation mit ihren 190 Mitgliedsstaaten habe keinerlei Hinweise darauf, dass eine terroristische Vereinigung oder ein Land, das den Terror finanziell unterstützt, über die Mittel verfüge, ein derartiges Virus herzustellen.

»Zahlreichen Schwierigkeiten zum Trotz koordinieren wir weiterhin unsere Bemühungen mit den Polizeibehörden und Nachrichtendiensten auf der ganzen Welt«, fügte Cabrera hinzu. »Eine globale Krise erfordert eine globale Reaktion. Sollten sich zuverlässige Hinweise darauf finden, dass diese Epidemie von Menschen ausgelöst wurde, werden wir die Verantwortlichen zur Rechenschaft ziehen. Das verspreche ich Ihnen.«

Inzwischen steht fast jedes Land der Welt unter irgendeiner Form des Kriegsrechts, und in Hunderten von Städten ist es zu Unruhen gekommen. Berichte über heftige Kämpfe haben uns aus Rio de Janeiro, Istanbul, Athen, Kopenhagen, Prag, Johannesburg, Bangkok und anderswoher erreicht. In Reaktion auf die steigende Gewalt haben die Vereinten Nationen in einer Dringlichkeitssitzung in ihrer Zentrale in Den Haag die Staaten der Welt dazu aufgerufen, bei der Anwendung von tödlicher Gewalt Zurückhaltung zu üben.

»Dies ist nicht der Augenblick, in dem der Mensch sich gegen sich selbst wenden darf«, heißt es in einer schriftlichen Erklärung des UN-Generalsekretärs Ahn Yoon-dae. »Die Menschlichkeit, die uns gemeinsam ist, muss in diesen dunklen Zeiten als Leuchtfeuer dienen.«

Überall in Europa behindern Stromausfälle die Hilfsmaßnahmen und verstärken das Chaos. Am Dienstagabend reichte die Dunkelheit von Dänemark im Norden bis hinunter nach Südfrankreich und Norditalien. Ähnliche Ausfälle werden vom asiatischen Kontinent, aus Japan und Westaustralien gemeldet.

Festnetz- und Mobilfunkverbindungen sind ebenfalls gestört, sodass zahlreiche Groß- und Kleinstädte von der Außenwelt abgeschnitten sind. In Moskau macht man Wasserknappheit und starke Winde für unkontrollierte Brände verantwortlich, die einen großen Teil der Stadt in Schutt und Asche gelegt und Tausende Todesopfer gefordert haben.

»Da ist alles weg«, beschrieb ein Augenzeuge. »Moskau existiert nicht mehr.«

Zunehmend wird auch über Massenselbstmorde und sogenannte »Todessekten« berichtet. Am Montagmorgen entdeckte die Polizei in Zürich, die wegen eines verdächtigen Geruchs alarmiert worden war, in einem Lagerhaus mehr als 2500 Tote, darunter auch Kinder und Säuglinge. Nach Angaben der Polizei hatte die Gruppe Secobarbital, ein stark wirkendes Barbiturat, mit einem Fruchtgetränkpulver zu einem tödlichen Cocktail gemischt. Die meisten Opfer hatten das Medikament offenbar freiwillig zu sich genommen, aber mehrere Leichen waren an Händen und Füßen gefesselt.

Vor der Presse beschrieb der Züricher Polizeichef Schatz die Szene als »unsagbar grauenvoll«. »Ich kann mir die Verzweiflung nicht vorstellen, die diese Menschen dazu brachte, nicht nur ihr eigenes Leben zu beenden, sondern auch das ihrer Kinder«, fuhr Schatz fort.

Überall auf der Welt strömen Scharen von Menschen in die Gotteshäuser und zu den religiösen Stätten auf der Suche nach Trost in dieser beispiellosen Krise. In Mekka, der heiligen Stadt des Islam, versammeln sich weiterhin Millionen, obwohl Lebensmittel- und Wassermangel das Leid noch verschärfen. In Rom sprach am Dienstagabend Papst Cornelius II., der nach Aussage vieler Augenzeugen krank aussah, vom Balkon der päpstlichen Residenz zu den Gläubigen und ermahnte sie, ihr Leben »in die Hände des allmächtigen und barmherzigen Gottes« zu legen.

Während in der ganzen Stadt die Glocken läuteten, sagte das Oberhaupt der katholischen Kirche: »Wenn es Gottes Wille ist, dass dies die letzten Tage der Menschheit seien, so wollen wir unserem himmlischen Vater mit Frieden und Einverständnis im Herzen entgegentreten. Gebt euch nicht der Verzweiflung hin, denn unser Gott ist ein lebendiger und liebender Gott, in dessen barmherziger Hand seine Kinder ruhen seit Anbeginn der Zeit und bis zu ihrem Ende.«

Angesichts steigender Opferzahlen befürchten die Gesundheitsbehörden, die unbestatteten Toten könnten die Ausbreitung der Infektion weiter beschleunigen. Um Schritt zu halten, sind manche europäischen Kommunen dazu übergegangen, offene Gräber anzulegen. Andere haben Massenbestattungen auf See eingeführt und transportieren die Leichen mit Güterzügen an die Küste.

Aber trotz der Risiken nehmen viele Hinterbliebene die Sache selbst in die Hand und begraben ihre Verstorbenen auf irgendwelchen Grundstücken. Es ist typisch für Großstädte auf der ganzen Welt, dass der Bois de Boulogne in Paris, einer der berühmtesten Parks der Welt, inzwischen zu einem Friedhof mit Tausenden Gräbern geworden ist.

»Es ist das Letzte, was ich für meine Familie tun konnte«, sagt Gerard Bonnaire, 36, am frischen Grab seiner Frau und seines kleinen Sohnes, die im Abstand von sechs Stunden nacheinander gestorben sind. Nach mehreren fruchtlosen Versuchen, die

Behörden zu informieren, hat Bonnaire, der als Manager bei der Weltbank beschäftigt ist, seine Nachbarn gebeten, ihm dabei zu helfen, die Verstorbenen aus der Wohnung zu schaffen und ein Grab auszuheben, das er mit Familienfotos und dem Lieblingsspielzeug seines Sohnes, einem Stoffpapagei, geschmückt hat.

»Ich kann nur hoffen, dass ich so bald wie möglich bei ihnen bin«, sagt Bonnaire. »Was bleibt uns denn noch? Was können wir tun, außer zu sterben?«

Es dauerte einen Moment, bis Michael klar wurde, dass er zu Ende gelesen hatte. Sein Körper war wie taub, beinahe gewichtslos. Er hob den Blick von der Zeitung und sah sich in dem kleinen Abteil um, als suche er jemanden, der ihm sagte, dass er sich irrte und dass das alles gelogen sei. Aber da war niemand – nur die Toten und die große, knarrende Masse der *Bergensfjord*.

Gütiger Gott, dachte er.

Wir sind allein.

# 5

Die Frau in Bett 16 machte Krawall. Mit jeder Wehe überschütte-
te sie ihren Ehemann mit einer Salve von Flüchen, bei denen eine
Ölhand rot geworden wäre. Schlimmer noch, ihr Gebärmutter-
hals war kaum geweitet – gerade um zwei Zentimeter.

»Sie müssen versuchen, ruhig zu bleiben, Marie«, sagte Sara zu
ihr. »Schreien macht es nicht besser.«

»Gottverdammt noch mal«, brüllte Marie ihren Mann an, »das
hast du mir angetan, du Drecksack!«

»Können Sie gar nichts tun?«, fragte ihr Mann.

Sara wusste nicht genau, was er meinte: Sollte sie die Schmerzen seiner Frau lindern oder sie zum Schweigen bringen? Sein ein-
geschüchterter Gesichtsausdruck ließ sie vermuten, dass er solche
Beschimpfungen gewohnt war. Er arbeitete auf den Feldern, das
sah sie an den schwarzen Halbmonden unter seinen Fingernägeln.

»Sagen Sie ihr, sie soll atmen.«

»Und wie nennt ihr *das hier*?« Die Frau blies die Wangen auf
und pustete zweimal sarkastisch.

*Ich könnte sie mit einem Hammer schlagen,* überlegte Sara.
*Das würde uns weiterhelfen.*

»Um Himmels willen, sagt der Frau, sie soll die Klappe halten!«
Die Stimme kam aus dem Nachbarbett. Dort lag ein alter Mann

mit einer Lungenentzündung. Er beendete seine Bitte mit einem feucht rasselnden Hustenkrampf.

»Marie, Sie müssen wirklich mit mir zusammenarbeiten«, sagte Sara. »Sie regen die anderen Patienten auf. Und im Moment kann ich wirklich nichts tun. Wir müssen der Natur ihren Lauf lassen.«

»Sara?« Jenny war hinter ihr herangekommen. Ihr braunes Haar war zerzaust und klebte an der schweißfeuchten Stirn. »Da ist eine Frau hereingekommen. Sie ist schon ziemlich weit.«

»Moment.« Sara sah Marie mit strenger Miene an. *Schluss jetzt mit dem Unfug.* »Sind wir uns einig?«

»Schon gut«, sagte die Frau eingeschnappt. »Wie Sie wollen.«

Sara folgte Jenny in die Aufnahme, wo die neue Frau auf einem Transportwagen lag. Ihr Mann stand daneben und hielt ihre Hand. Sie war älter als die Patientinnen, die Sara normalerweise zu sehen bekam, vielleicht schon vierzig, und sie hatte ein ernstes, hartes Gesicht und eng zusammenstehende Zähne. Dichte graue Strähnen zogen sich durch ihr langes feuchtes Haar. Sara überflog rasch ihre Karte.

»Mrs Jiménez, ich bin Dr. Wilson. Sie sind in der sechsunddreißigsten Woche, ist das richtig?«

»Ich bin nicht sicher. Was das betrifft.«

»Seit wann bluten Sie?«

»Erst seit ein paar Tagen. Nur Schmierblutungen, aber heute Morgen wurde es schlimmer, und dann tat es auch weh.«

»Ich habe ihr gesagt, sie hätte schon eher kommen sollen«, erklärte ihr Mann. Er war ein großer Mann in einem dunkelblauen Overall, und seine Hände waren so groß wie Bärentatzen. »Ich war arbeiten.«

Sara kontrollierte Herzfrequenz und Blutdruck, und dann zog sie das Hemd hoch, legte ihr die Hände auf den Bauch und drückte sanft. Die Frau zuckte vor Schmerz zusammen, Sara schob die Hände weiter hinunter, betastete sie hier und da und versuchte, die Ablösestelle der Plazenta zu lokalisieren. Dann bemerkte sie die beiden Jungen im Teenageralter, die ein Stück weit abseits saßen. Sie wechselte einen Blick mit dem Mann, sagte aber nichts.

»Wir haben eine Geburtsberechtigungsbescheinigung«, sagte der Mann nervös.

»Darüber zerbrechen wir uns jetzt nicht den Kopf.« Sara zog das Stethoskop aus der Kitteltasche, legte die silberne Scheibe auf den Leib der Frau und hob die Hand, damit alle still waren. Ein kraftvoll raschelndes Klicken füllte ihre Ohren. Sie notierte die Pulsfrequenz des Babys auf der Karte – 118 Schläge pro Minute, ein bisschen wenig, aber noch nicht sonderlich beunruhigend.

»Okay, Jenny, wir bringen sie in den OP.« Sie drehte sich zu dem Ehemann um. »Mr Jiménez …«

»Carlos. Das ist mein Vorname.«

»Carlos, es wird alles gut gehen. Aber es ist Ihnen sicher lieber, wenn Ihre Kinder draußen warten.«

Die Plazenta hatte sich von der Gebärmutterwand gelöst; daher kam das Blut. Durch die Gerinnung würde der Riss vielleicht von allein wieder verkleben, aber die Tatsache, dass das Baby sich in Beckenendlage befand, würde eine Vaginalgeburt kompliziert machen, und nach der sechsunddreißigsten Woche sah Sara keinen Grund, noch zu warten. Im Korridor vor dem OP erklärte sie, was sie vorhatte.

»Wir könnten es noch hinauszögern«, sagte sie zu dem Ehemann, »aber das halte ich nicht für klug. Das Kind bekommt vielleicht nicht genug Sauerstoff.«

»Darf ich bei ihr bleiben?«

»Dabei nicht.« Sie nahm den Mann beim Arm und sah ihm in die Augen. »Ich kümmere mich um sie. Glauben Sie mir, für Sie gibt es nachher noch genug zu tun.«

Sara verlangte rufend ein Betäubungsmittel und eine warme Decke, während sie und Jenny sich die Hände wuschen und die OP-Kittel überzogen. Jenny bestrich Bauch und Schamgegend der Frau mit Jod und schnallte sie auf den Tisch. Sara rollte die Lampen an ihre Plätze, zog die Gummihandschuhe an und goss das Anästhetikum in eine kleine Schale. Mit einer Zange tauchte sie einen Schwamm in die braune Flüssigkeit und legte ihn in seinen Behälter an der Atemmaske.

»Okay, Mrs Jiménez«, sagte sie, »ich werde Ihnen das hier jetzt auf das Gesicht setzen. Es wird ein bisschen komisch riechen.«

Die Frau starrte sie mit hilflosem Entsetzen an. »Wird es wehtun?«

Sara lächelte beruhigend. »Glauben Sie mir, es wird Ihnen nichts ausmachen. Und wenn Sie aufwachen, ist Ihr Baby da.« Sie legte der Frau die Maske auf das Gesicht. »Atmen Sie einfach langsam und gleichmäßig.«

Die Frau erlosch wie eine Lampe. Sara schob das Tablett mit den Instrumenten, die noch warm vom Sterilisator waren, heran und zog die Gesichtsmaske hoch. Mit einem Skalpell machte sie einen transversalen Schnitt über das Schambein und öffnete mit einem zweiten den Uterus. Das Baby erschien, zusammengekrümmt und mit dem Kopf nach unten in der Fruchtblase, deren Flüssigkeit von Blut rosa gefärbt war. Vorsichtig punktierte Sara die Fruchtblase und schob eine Zange hinein.

»Okay, pass auf.«

Jenny kam mit einem Tuch und einem Becken an ihre Seite. Sara zog das Kind durch den Schnitt. Sie schob die Hand unter seinen Kopf, als es herauskam, und hakte den Daumen und den kleinen Finger unter seine Schultern. Unter *ihre* Schultern. Es war ein Mädchen. Noch einmal langsam ziehen, und sie war draußen. Jenny nahm sie auf das Tuch, saugte die Atemwege ab und drehte sie dann auf den Bauch und rieb ihr den Rücken. Mit einem feuchten Schluckauf fing das Kind an zu atmen. Sara klemmte die Nabelschnur ab, durchtrennte sie mit einer Schere, zog die Plazenta heraus und warf sie in die Schüssel. Jenny legte das Baby in das Wärmebett und kontrollierte die Vitalparameter, während Sara die Schnitte vernähte. Minimale Blutung, keine Komplikationen, ein gesundes Kind – nicht schlecht für zehn Minuten Arbeit.

Sara nahm der Frau die Atemmaske ab. »Sie ist hier«, flüsterte sie ihr ins Ohr. »Alles in Ordnung. Ein gesundes kleines Mädchen.«

Der Mann und die Söhne warteten draußen. Sara gab ihnen Gelegenheit, einen Augenblick lang miteinander allein zu sein. Carlos küsste seine Frau, die langsam zu sich kam, hob dann das Baby aus dem Wärmebett und nahm es in den Arm. Danach kamen seine Söhne an die Reihe.

»Haben Sie einen Namen für sie?«, fragte Sara.

Der Mann nickte. In seinen Augen glänzten Tränen. Das gefiel Sara; nicht alle Väter waren so sentimental. Manche waren beinahe gleichgültig.

»Grace«, sagte er.

Mutter und Tochter wurden den Korridor hinuntergefahren. Der Mann schickte seine Jungen weg, schob dann die Hand in die Tasche seines Overalls und reichte Sara nervös das Papier, das sie erwartete. Paare, die ein drittes Kind haben wollten, konnten das Recht dazu von einem anderen Paar erwerben, das keine zwei Kinder hatte, wie es gesetzlich erlaubt war. Sara missfiel diese Praxis. Es kam ihr falsch vor, dass man das Recht, einen Menschen zu schaffen, kaufen und verkaufen konnte. Außerdem war die Hälfte der Bescheinigungen, die sie zu Gesicht bekam, gefälscht. Man konnte so etwas beim Gewerbe bekommen.

Sie betrachtete Carlos' Dokument. Es bestand aus Behördenpapier, aber der Druck hatte nicht annähernd die richtige Farbe, und das Siegel war auf der falschen Seite angebracht.

»Wer immer Ihnen das verkauft hat, sollte Ihnen Ihr Geld zurückgeben.«

Carlos machte ein verzweifeltes Gesicht. »Bitte, ich bin nur ein Hydro. Ich habe nicht so viel Geld, um die Steuer zu bezahlen. Es war alles meine Schuld. Sie hat gesagt, es wäre nicht der richtige Tag.«

»Es ist schön, dass Sie das zugeben, aber leider ist das nicht das Thema.«

»Ich flehe Sie an, Dr. Wilson. Zwingen Sie uns nicht, sie den Schwestern zu geben. Meine Söhne sind gute Jungen, das sehen Sie doch.«

Sara hatte nicht die Absicht, Baby Grace ins Waisenhaus zu schicken. Andererseits war die Bescheinigung, die der Mann hatte, so offensichtlich falsch, dass jemand in der Einwohnerbehörde es zwangsläufig bemerken würde.

»Tun Sie uns beiden einen Gefallen und schaffen Sie das beiseite. Ich werde die Geburt registrieren, und wenn die Unterlagen zurückkommen, denke ich mir etwas aus. Ich sage, ich habe die Bescheinigung verkramt, oder etwas in der Art. Mit ein bisschen Glück geht die Sache im Durcheinander unter.«

Carlos machte keine Anstalten, die Bescheinigung zurückzunehmen. Anscheinend begriff er gar nicht, was Sara da sagte. Sie hatte keinen Zweifel daran, dass er diesen Augenblick im Geiste tausend Mal geübt hatte. Nicht ein einziges Mal war er dabei auf den Gedanken gekommen, dass jemand sein Problem einfach verschwinden lassen würde.

»Na los, nehmen Sie schon.«

»Das würden Sie wirklich tun? Kriegen Sie denn keinen Ärger?«

Sie drückte ihm das Papier in die Hand. »Zerreißen Sie es, verbrennen Sie es, werfen Sie es in den Müll. Aber vergessen Sie, dass wir dieses Gespräch geführt haben.«

Der Mann steckte die Bescheinigung in die Tasche. Einen Moment lang sah es aus, als wollte er sie umarmen, aber er bremste sich. »Wir werden Sie in unsere Gebete einschließen, Dr. Wilson. Wir geben ihr ein gutes Leben, das schwöre ich.«

»Darauf verlasse ich mich. Aber tun Sie mir einen Gefallen.«

»Was Sie wollen.«

»Wenn Ihre Frau Ihnen noch einmal sagt, es ist nicht der richtige Tag, dann glauben Sie ihr, okay?«

Am Checkpoint zeigte Sara ihren Ausweis vor und ging dann durch die dunklen Straßen nach Hause. Mit Ausnahme des Krankenhauses und anderer unentbehrlicher Gebäude wurde der Strom überall um 22:00 Uhr abgestellt. Das bedeutete aber nicht, dass die Stadt in derselben Minute schlafen ging. Im Dunkeln erwachte ein Leben von ganz anderer Art. Saloons, Bordelle, Spielsalons – Hollis hatte ihr zahllose Geschichten erzählt, und nach zwei Jahren im Flüchtlingslager gab es nicht mehr viel, was Sara nicht mit eigenen Augen gesehen hatte.

Sie betrat das Apartment. Kate war längst ins Bett gebracht worden, aber Hollis war noch auf. Er saß am Küchentisch und las bei Kerzenschein ein Buch.

»Ist es gut?«, fragte sie.

Weil Sara so oft noch spät im Krankenhaus arbeitete, war Hollis zu einem eifrigen Leser geworden. Er holte sich einen ganzen Armvoll Bücher aus der Bibliothek, stapelte sie neben seinem Bett und las eins nach dem anderen.

»Ein bisschen viel Hokuspokus. Michael hat es mir vor einer Weile empfohlen. Es handelt von einem U-Boot.«

Sara hängte ihren Mantel an den Haken neben der Tür. »Was ist ein U-Boot?«

Hollis klappte das Buch zu und nahm seine Lesebrille ab. Auch eine neue Entwicklung. Sara fand, mit den kleinen halbmondförmigen Gläsern, trüb und verkratzt in dem schwarzen Plastikgestell, sah er sehr distinguiert aus. Hollis meinte, sie machten ihn alt.

»Anscheinend ist das ein Schiff, das unter Wasser fährt. Ich halte das für Quatsch, aber die Story ist nicht schlecht. Hast du Hunger? Ich kann dir noch was machen, wenn du willst.«

Sie hatte Hunger, aber sie fand es zu anstrengend, etwas zu essen. »Ich möchte nur noch ins Bett.« Sie sah nach Kate, die tief und fest schlief, und wusch sich am Spülbecken. Dann hielt sie inne und betrachtete sich im Spiegel. Kein Zweifel, die Jahre machten sich bemerkbar. An ihren Augenwinkeln hatten sich fächerförmige

Fältchen gebildet. Ihr blondes Haar, das sie jetzt kürzer und zurückgebunden trug, war ein bisschen dünner geworden, und ihre Haut war nicht mehr so straff. Sie hatte sich immer für hübsch gehalten, und in einem bestimmten Licht war sie es auch noch. Aber irgendwann in der Mitte des Lebens hatte sie den Gipfel überschritten. Wenn sie früher ihr Spiegelbild betrachtet hatte, hatte sie das kleine Mädchen gesehen, das sie einmal gewesen war. Die Frau im Spiegel war die Fortsetzung ihres kindlichen Ichs. Was sie jetzt sah, war die Zukunft. Die Fältchen würden zu Falten, die Haut würde schlaff werden, und das Licht in ihren Augen würde sich trüben. Ihre Jugend verblasste und floss in die Vergangenheit.

Aber dieser Gedanke beunruhigte sie nicht, jedenfalls nicht sehr. Mit dem Alter kam die Autorität, und mit der Autorität die Macht, sich nützlich zu machen – Heilung und Trost zu spenden und neue Menschen auf die Welt zu bringen. *Wir werden Sie in unsere Gebete einschließen, Dr. Wilson.* Solche Worte hörte Sara beinahe jeden Tag, aber sie war nicht immun dagegen geworden. Schon der Name – Dr. Wilson. Es erstaunte sie immer noch, wenn sie hörte, wie jemand ihn aussprach und sie damit meinte. Als Sara vor drei Jahren in Kerrville angekommen war, hatte sie sich im Krankenhaus gemeldet, um zu sehen, ob sie mit ihrer Krankenschwesternausbildung dort nützlich sein könnte. In einem kleinen fensterlosen Zimmer hatte ein Arzt namens Elacqua sie ausführlich befragt – nach Körpersystemen, Diagnostik, Behandlungsmethoden für Erkrankungen und Verletzungen. Er verzog keine Miene, während er ihre Antworten mit Häkchen auf einem Clipboard registrierte. Das Verhör dauerte mehr als zwei Stunden, und als es zu Ende war, hatte Sara das Gefühl, blindlings durch einen Sandsturm zu stolpern. Welchen Nutzen konnte ihre klägliche Ausbildung für eine medizinische Einrichtung haben, die so viel höher entwickelt war als die hausbackene Heilkunde der Kolonie? Wie hatte sie so naiv sein können? »Na, ich denke, das war's in etwa«, sagte Dr. Elacqua. »Gratuliere.« Sara war platt. War das ironisch gemeint? »Heißt das, ich kann hier als Krankenschwester arbeiten?«, fragte sie. »Als Krankenschwester? Nein, wir haben genug Krankenschwestern. Melden Sie sich morgen wieder hier, Ms Wilson. Ihre Ausbildung fängt pünktlich um Null-Siebenhundert an. Ich schätze, zwölf Monate dürften genügen.«

»Ausbildung wozu?«, fragte sie, und Elacqua, dessen ausgedehntes Verhör nur ein Schatten dessen gewesen war, was noch kommen sollte, antwortete mit unverhohlener Ungeduld: »Vielleicht habe ich mich nicht klar ausgedrückt. Ich weiß nicht, wo Sie das alles gelernt haben, aber Sie wissen zweimal so viel, wie Sie wissen dürften. Sie werden Ärztin werden.«

Und dann war da natürlich Kate. Ihre schöne, erstaunliche, wundersame Kate. Sara und Hollis hätten gern noch ein zweites Kind gehabt, aber Kates schwere Geburt hatte zu viel Schaden bei ihr angerichtet. Das war eine Enttäuschung und nicht ohne Ironie, denn tagtäglich kamen unter ihren Händen neue Babys zur Welt, aber Sara hatte kaum das Recht, sich zu beklagen. Dass sie ihre Tochter überhaupt gefunden hatte und dass sie beide mit Hollis wiedervereinigt worden waren und aus dem Homeland nach Kerrville entkommen waren, um dort als Familie zu leben – *Wunder* war kaum das richtige Wort dafür. Sara war nicht religiös im Sinne einer Kirchgängerin – die Schwestern waren in ihren Augen gute Menschen, wenn auch ein bisschen extrem in ihren Glaubensüberzeugungen –, aber nur ein Idiot würde die Hand der Vorsehung hier nicht erkennen können. Man konnte einfach nicht jeden Morgen in einer solchen Welt aufwachen, ohne eine ganze Stunde lang nach Möglichkeiten zu suchen, seine Dankbarkeit zu zeigen.

Sara dachte selten an das Homeland, oder doch so selten wie möglich. Sie träumte immer noch davon, aber seltsamerweise drehten sich diese Träume nicht um die schlimmsten Dinge, die ihr dort widerfahren waren. Hauptsächlich handelten sie von Hunger und Kälte und Hilflosigkeit oder von den endlos mahlenden Mühlen in der Biodieselfabrik. Manchmal betrachtete sie einfach mit leiser Verblüffung ihre Hände, als versuchte sie sich zu erinnern, was sie damit halten sollte. Von Zeit zu Zeit träumte sie von Jackie, der alten Frau, die sich mit ihr angefreundet hatte, oder von Lila: Aus Saras komplexen Gefühlen für sie hatte sich mit der Zeit eine Art trauriges Mitgefühl herausdestilliert. Ab und zu hatte sie regelrechte Alpträume; dann trug sie Kate durch einen gleißenden Schneesturm, gejagt von etwas Furchtbarem, aber diese Alpträume hatten nachgelassen. Noch etwas, wofür sie dankbar sein konnte: Irgendwann, vielleicht nicht so bald, aber eines Tages, würde das Homeland nur noch eine Erinnerung in einem Leben voller Erinnerungen sein, eine unerfreuliche Episode, die alle anderen umso schöner erscheinen ließ.

Hollis war bereits besinnungslos. Der Mann schlief wie ein gefallener Riese. Kaum berührte sein Kopf das Kissen, schnarchte er auch schon. Sara blies die Kerze aus und kroch unter die Decke. Sie fragte sich, ob Marie schon entbunden hatte und ob sie ihren Mann immer noch anschrie, und sie dachte an die Familie Jiménez und an Carlos' Gesichtsausdruck, als er die kleine Grace im Arm gehalten hatte. »Grace« – vielleicht war das das Wort, das sie suchte: Gnade. Möglicherweise würde die Einwohnerbehörde auf sie aufmerksam werden, aber das glaubte Sara nicht. Nicht bei so vielen Babys, die jetzt zur Welt kamen. Und das war der springende Punkt. Das war der Kern der Sache. Eine neue Welt entstand hier – ja, sie war schon da. Vielleicht ist es das, was du lernst, wenn du älter wirst, wenn du in den Spiegel schaust und in deinem eigenen Gesicht siehst, wie die Zeit vergangen ist, wenn du deine schlafende Tochter anschaust und das Mädchen siehst, das du warst und nie wieder sein würdest. Die Welt war real, und man war in ihr, hatte kurz dazugehört, aber immerhin dazugehört, und wenn man Glück hatte – und vielleicht sogar, wenn man keins hatte –, würden die anderen sich an das, was man aus Liebe getan hatte, erinnern.

# 6

Der Himmel über Houston ließ die Nacht nur langsam los, und die Dunkelheit wurde zu Grau. Greer näherte sich der Stadt. Wo der Katy Freeway in einem Gewirr aus eingestürzten Ausfahrten und Überführungen auf die 610 traf, bog er nordwärts ab, weg von den Bayous und Sümpfen mit ihrem schmatzenden Schlamm und dem undurchdringlichen Laubwerk, vorbei an den gefluteten Innenstadtvierteln auf höheres Gelände und dann über eine breite Allee voller Schrottautos zu der Lagune in der Stadt.

Das Ruderboot war noch da, wo er es vor zwei Monaten zurückgelassen hatte. Greer band sein Pferd an, kippte das mückenverseuchte Regenwasser aus dem Boot und zog es an den Rand des Wassers. Auf der anderen Seite der Lagune lag die *Chevron Mariner* unfassbar schräg, ein mächtiger Tempel aus Rost und Modder zwischen den schiefen Türmen des Stadtkerns. Greer legte seine Vorräte ins Boot, schob es ins Wasser und ruderte vom Ufer weg.

In der Lobby des One Allen Center machte er das Boot am Fuße der Rolltreppen fest und stieg die Treppe hinauf. Die Reisetasche mit ihrem triefenden Inhalt hing über seiner Schulter. Nach dem Aufstieg in den zehnten Stock in der nach Schimmel stinkenden Luft war ihm schwindlig, und er rang nach Atem. In dem leeren

Büro zog er das Seil hoch, das er zurückgelassen hatte, und ließ die Tasche auf das Deck der *Mariner* hinunter. Dann kletterte er hinterher.

Carter fütterte er immer zuerst.

Mittschiffs an Backbord befand sich eine waagerechte Luke im Deck. Greer kniete davor nieder und nahm die Blutcontainer aus der Tasche. Mit einem der Seile band er drei davon an den Henkeln zusammen. Die Sonne stand schräg hinter ihm und beharkte das Deck mit ihrem Licht. Mit einem schweren Schraubenschlüssel löste er die Sicherungsschrauben, drehte den Verriegelungsring und öffnete die Luke.

Ein Sonnenstrahl schoss in den Raum darunter. Carter lag wie ein Fötus zusammengerollt vor dem vorderen Schott im Schatten abseits des Lichts. Ein Haufen von alten Plastikcontainern und Seilknäueln lag auf dem Boden. Greer ließ seine Container langsam hinunter. Erst als sie unten angekommen waren, regte Carter sich. Auf allen vieren wieselte er auf das Blut zu. Greer ließ das Seil fallen, schloss die Luke und drehte die Sicherungsschrauben zu.

Jetzt Amy.

Greer ging zur zweiten Luke. Der Trick bestand darin, sich schnell zu bewegen, aber nicht panisch oder unüberlegt. Der Geruch von Blut – für Amy genügte die spärliche Plastikwand der Container nicht, um ihn von ihr fernzuhalten. Ihr Hunger war zu stark. Greer stellte seinen Vorrat griffbereit auf das Deck, löste die Schrauben und legte sie zur Seite. Er atmete einmal tief durch, um seine Nerven zu beruhigen. Dann öffnete er die Luke.

*Blut.*

Sie machte einen Satz. Lucius ließ die Container fallen, schlug die Luke zu und schob die erste Schraube wieder zurück, als Amy oben anprallte. Das Metall dröhnte, als habe ein Riesenhammer es getroffen. Lucius warf sich darüber, und der zweite Schlag nahm ihm den Atem. Die Angeln bogen sich; wenn er die übrigen

Schrauben nicht mehr festziehen könnte, würde die Luke aufgesprengt werden. Er hatte zwei geschafft, als Amy erneut zuschlug. Greer sah hilflos zu, wie eine Schraube wieder heraussprang und über das Deck rollte. Seine Hand schoss vor und bekam sie zu fassen, bevor sie außer Reichweite war.

»Amy!«, schrie er. »Ich bin's, Lucius!« Er schob die Schraube wieder ins Loch und schlug sie mit dem Schlüssel fest. »Das Blut ist da! Du musst dem Blutgeruch folgen!«

Drei Drehungen mit dem Schlüssel, und die Schraube fand Halt im Gewinde. Das vierte Loch fand seinen Platz, und er rammte die Schraube hinein. Ein letzter Schlag traf die Unterseite der Luke, halbherzig nur, und dann war es vorbei.

*Lucius, ich wollte nicht …*

»Es ist gut«, sagte er.

*Es tut mir leid.*

Er hob sein Werkzeug auf und warf es in die leere Reisetasche. Unter ihm, im Laderaum der *Chevron Mariner,* tranken Amy und Carter sich satt. Es ging immer so, und Greer hätte inzwischen daran gewöhnt sein sollen. Aber er hatte Herzklopfen, und in Geist und Körper rauschte das Adrenalin.

»Ich bin dein, Amy«, sagte er. »Jetzt und in Zukunft. Was immer kommen mag. Das weißt du.«

Er überquerte das Deck der *Mariner* und kletterte durch das Fenster zurück ins Gebäude.

# 7

Als Amy wieder zu sich kam, kauerte sie auf allen vieren auf der Erde. Sie trug Handschuhe. Eine Plastikschale mit Fleißigen Lieschen stand neben ihr auf dem Boden, und dabei lag eine rostige Pflanzschaufel.

»Alles in Ordnung, Miss Amy?«

Carter saß auf der Terrasse, die Beine unter den schmiedeeisernen Tisch gestreckt, und fächelte sich das Gesicht mit seinem großen Strohhut. Auf dem Tisch standen zwei Gläser mit Eistee.

»Der Mann sorgt gut für uns«, sagte er und seufzte zufrieden. »Ich weiß nicht, wann ich mich das letzte Mal so satt gegessen habe.«

Amy erhob sich mit wackligen Knien. Eine tiefe Mattigkeit umfing sie, als sei sie gerade erst aus einem langen Schlaf aufgewacht.

»Kommen Sie und setzen Sie sich ein Weilchen hin«, sagte Carter. »Geben Sie dem Körper Gelegenheit zum Verdauen. Der Fütterungstag ist hier so was wie ein freier Tag. Die Blumen können warten.«

Das stimmte; Blumen gab es immer wieder. Sobald Amy eine Schale gepflanzt hatte, stand eine neue am Tor. Mit dem Tee war es genauso: Gerade war der Tisch noch leer, und im nächsten Augenblick warteten zwei beschlagene Gläser. Welche unsichtbare

Instanz dafür sorgte, wusste Amy nicht. Es war Teil dieses Ortes und seiner speziellen Logik. Jeder Tag eine Jahreszeit, jede Jahreszeit ein Jahr.

Sie zog die Handschuhe aus, überquerte den Rasen und setzte sich zu Carter. Im Mund hatte sie noch den schmierigen Geschmack von Blut. Sie trank einen Schluck Tee, um ihn wegzuspülen.

»Es ist gut, wenn Sie bei Kräften bleiben, Miss Amy«, sagte Carter. »Es bringt nichts ein, wenn Sie sich aushungern.«

»Ich habe nur ... es gefällt mir nicht.« Sie sah Carter an, der sich immer noch mit dem Hut Luft zufächelte. »Ich habe wieder versucht, ihn umzubringen.«

»Lucius kennt die Situation lange genug. Ich glaube nicht, dass er es persönlich nimmt.«

»Darum geht es nicht, Anthony. Ich muss lernen, es zu beherrschen wie Sie.«

Carter runzelte die Stirn. Er war ein Mann der kompakten Ausdrucksmittel: kleine Gesten, nachdenkliche Pausen. »Seien Sie nicht so streng mit sich. Sie hatten erst drei Jahre, um sich an alles zu gewöhnen. Sie sind noch ein Baby in dem, was wir sind.«

»Ich fühle mich aber nicht wie ein Baby.«

»Wie dann?«

»Wie ein Monster.«

Ihr Ton war zu scharf. Sie schaute verlegen weg. Nach der Fütterung durchlebte sie immer eine Periode des Zweifelns. Wie seltsam das alles war: Sie war körperlich in einem Schiff, aber ihr Geist wohnte hier mit Carter zwischen Pflanzen und Blumen. Nur wenn Lucius das Blut brachte, berührten diese beiden Welten einander, und der Kontrast war verwirrend. Carter hatte ihr erklärt, dass dieser Ort nicht nur eigens für sie beide existierte. Der Unterschied war, dass sie ihn sehen konnten. Es gab eine Welt aus Fleisch und Blut und Knochen, aber es gab auch noch eine andere – eine tiefere Realität, die gewöhnliche Leute nur flüchtig, wenn überhaupt, erkennen konnten. Eine Welt der Seelen, der lebenden und der toten, in der Zeit und Raum, Erinnerung und Verlangen, in einem reinen, fließenden Zustand existierten, wie sie es auch in Träumen taten.

Amy wusste, dass es so war. Ihr war, als habe sie es immer schon gewusst – als habe sie schon als kleines Mädchen, als rein *menschliches* kleines Mädchen, die Existenz dieses anderen Reiches gespürt, dieser Welt-hinter-der-Welt, wie sie es inzwischen nannte. Vermutlich ging das vielen Kindern so. Was war die Kindheit anderes als ein Übergang vom Hellen ins Dunkle, das langsame Ertrinken der Seele in einem Meer von gewöhnlicher Materie? Im Laufe der Zeit im Laderaum der *Chevron Mariner* war ihr ein großer Teil der Vergangenheit klar geworden. Lebhafte Erinnerungen waren Stück für Stück und auf leisen Sohlen zurückgekehrt, bis Dinge, die vor Ewigkeiten passiert waren, sich anfühlten, als hätten sie sich erst vor Kurzem ereignet. Sie erinnerte sich an eine ferne Vergangenheit in der unschuldsvollen Periode, die sie »Davor« nannte – vor Lacey und Wolgast, vor dem Projekt NOAH, vor dem Berg in Oregon, wo sie gewohnt hatten, vor ihren langen, einsamen Wanderungen in einer menschenlosen Welt, in der nur die Virals ihr Gesellschaft geleistet hatten. Damals hatten Tiere mit ihr gesprochen. Größere, wie Hunde, aber auch kleine, auf die niemand achtete – Vögel und sogar Insekten. Sie hatte sich nichts dabei gedacht. So war es einfach gewesen. Es hatte sie auch nicht beunruhigt, dass anscheinend niemand sonst sie hörte. Es gehörte zur Ordnung der Welt, dass die Tiere mit ihr sprachen und sie immer mit Namen anredeten, als wären sie alte Freunde, und ihr Geschichten aus ihrem Leben erzählten. Es machte sie glücklich, dieses spezielle Geschenk ihrer Aufmerksamkeit zu erhalten, während so viel anderes in ihrem Leben überhaupt keinen Sinn ergab: die schwankenden Emotionen ihrer Mutter und ihre langen Abwesenheiten, die Art, wie sie von einem Ort zum andern drifteten, die Fremden, die scheinbar planlos kamen und gingen.

Alles das war ohne Auswirkungen geblieben – bis zu dem Tag, als Lacey mit ihr in den Zoo gegangen war. Zu jener Zeit hatte Amy noch nicht vollständig begriffen, dass ihre Mutter sie verlassen hatte und dass sie die Frau nie wiedersehen würde, und die Einladung war ihr willkommen gewesen. Sie hatte schon von Zoos gehört, aber sie war noch nie in einem gewesen. Als sie das Gelände betrat, erhob sich ein Gewirr von Tierstimmen, die sie begrüßten. Nach den verwirrenden Ereignissen des vergangenen Tages – dem unvermittelten Verschwinden ihrer Mutter und der Anwesenheit der Nonnen, die nett zu ihr waren, aber auf eine etwas gestelzte Art, als läsen sie ihre Freundlichkeiten von Karteikarten ab – fand sie hier vertrauten Trost. Energie durchströmte sie, und sie riss sich von Lacey los und lief zum Becken der Eisbären. Drei lagen in der Sonne, ein vierter schwamm unter Wasser umher. Wie prachtvoll sie aussahen, wie wunderbar! Noch jetzt, so viele Jahre später, machte es ihr Freude, sich an sie zu erinnern, an ihr herrlich weißes Fell, ihre großen, muskulösen Körper und ausdrucksvollen Gesichter, in denen die ganze Weisheit des Universums zu wohnen schien. Als Amy an die Glasscheibe trat, kam der Bär im Wasser auf sie zugepaddelt. Sie wusste zwar, dass sie die Kommunikation mit den Geschöpfen der Natur besser unauffällig betrieb, aber ihre Aufregung war nicht zu bändigen. Es machte sie plötzlich traurig, dass ein so majestätisches Wesen leben sollte wie ein Gefangener, sich auf nachgemachten Felsen sonnte und von Leuten angegafft wurde, die nichts mit ihm anzufangen wussten. »Wie heißt du?«, fragte sie den Bären. »Ich bin Amy.«

Seine Antwort war ein Knoten aus inkompatiblen Konsonanten, genau wie die Namen der anderen Bären, die er höflicherweise gleich mitlieferte. War das alles Wirklichkeit gewesen? Oder hatte sie, ein kleines Mädchen, es sich nur eingebildet? Aber nein – das alles war passiert, glaubte sie, und zwar genau so, wie sie es in Erinnerung hatte. Als sie noch vor der Glasscheibe stand, kam Lacey zu ihr. Sie sah zutiefst besorgt aus. »Langsam, Amy«, sagte sie. »Nicht so nah.« Um ihr Unbehagen zu lindern und weil sie spürte, dass diese freundliche Frau mit ihrem melodischen Akzent offen für außergewöhnliche Phänomene war – der Zoo war schließlich ihre Idee gewesen –, erklärte sie ihr die Situation, so einfach sie konnte. »Er hat einen Bärennamen«, sagte sie zu Lacey. »Ich kann ihn nicht aussprechen.«

Lacey runzelte die Stirn. »Der Bär hat einen Namen?«

»Natürlich hat er einen Namen«, sagte Amy.

Sie richtete ihre Aufmerksamkeit wieder auf ihren neuen Freund, der mit der Nase an die Scheibe stieß. Sie wollte ihn nach seinem Leben fragen und ob er seine arktische Heimat vermisste, als das Wasser von einem gewaltigen Platschen aufgewühlt wurde. Ein zweiter Bär war in das Becken gesprungen. Mit Tatzen, so groß wie Radkappen, ruderte er auf sie zu und kam zu dem ersten Bären, der mit seiner riesigen rosaroten Zunge über die Scheibe leckte. Ein vielstimmiges Ah und Oh erhob sich ringsherum, und Leute fingen an, Fotos zu machen. Amy legte grüßend die Hand an die Scheibe, aber irgendetwas schien nicht zu stimmen. Etwas war anders, und es war nicht gut. Es war, als schauten die großen schwarzen Augen des Eisbären nicht sie an, sondern *durch sie hindurch,* und der Blick war so intensiv, dass sie nicht wegschauen konnte. Es war, als löse sie sich in diesem Blick auf, als schmelze sie, und zugleich hatte sie das Gefühl zu fallen, als wäre sie auf eine Stufe getreten, die gar nicht da war.

Amy, sagten die Bären. *Du bist Amy Amy Amy Amy Amy …*

Etwas geschah. Irgendein Aufruhr. Amys Bewusstsein erweiterte sich, und andere Laute, andere Stimmen drangen zu ihr, von allen Seiten, aber sie waren nicht menschlich. Das Johlen von Affen, das Kreischen von Vögeln. Das Brüllen von Dschungelkatzen, das Dröhnen von Elefanten und Nashörnern, die panisch auf den Boden stampften. Als der dritte und dann der vierte Bär ins Becken sprang und ihre weißpelzige Tonnage das Wasser verdrängte, schwappte eine Wand von kaltem Wasser über den Rand der Glasscheibe, ergoss sich über die Zuschauer und brachte alles durcheinander.

*Sie ist es, sie ist es, sie ist es, sie ist es …*

Sie kniete vor der Scheibe, nass bis auf die Haut, und legte die Stirn an das glatte Glas. Die Stimmen wirbelten durch ihren Kopf, ein schwarzer Chor des Grauens. Es war, als biege sich das Universum um sie herum und hülle sie in Dunkelheit. Sie würden sterben, alle diese Tiere. Das bedeutete Amys Anwesenheit für sie. Bären und Affen und Vögel und Elefanten – sie alle. Manche würden in ihren Käfigen verhungern, andere würden eines gewaltsamen Todes sterben. Der Tod würde sie alle holen, und nicht nur die Tiere. Die Menschen auch. Die Welt um sie herum würde sterben, und sie würde in der Mitte stehen und übrig sein. Allein.

*Er kommt, der Tod kommt, du bist Amy, Amy, Amy …*

»Sie erinnern sich, nicht wahr?«

Amys Gedanken kehrten auf die Terrasse zurück. Carter schaute sie vielsagend an.

»Verzeihung«, sagte sie. »Ich wollte Sie nicht anfahren.«

»Schon gut. Mir ging's genauso, am Anfang. Hab 'ne Weile gebraucht, mich dran zu gewöhnen.«

Das Gefühl des Sommers war verblasst. Bald würde der Herbst kommen. Im blaugrünen Wasser des Pools würde Rachel Woods Leiche heraufkommen. Manchmal, wenn Amy die Blumen am Tor versorgte, sah sie den schwarzen Denali der Frau langsam vorbeifahren. Hinter den getönten Scheiben erkannte sie Rachel in ihren Tennissachen, wie sie zum Haus herüberstarrte. Aber der Wagen hielt niemals an, und wenn Amy winkte, winkte die Frau nie zurück.

»Wie lange, glauben Sie, werden wir noch warten müssen?«

»Das hängt von Zero ab. Früher oder später wird er die Karten auf den Tisch legen. Und er glaubt, ich bin weg wie alle andern.«

Es war das Wasser, hatte Carter erklärt, das sie beschützte. Fannings Geist konnte die kalte Umarmung des Wassers nicht durchdringen. Solange sie blieben, wo sie waren, würde Fanning sie nicht finden.

»Aber er wird kommen«, sagte Amy.

Carter nickte. »Der Mann hat sich lange Zeit gelassen, aber er will sein Ding durchziehen. Das wollte er von Anfang an. Dass alles vorbei ist.«

Wind kam auf – ein Herbstwind, feucht und rau. Wolken waren aufgezogen und hatten das Licht entfärbt. Es war die Tageszeit, zu der sich immer eine gewisse Stille herabsenkte.

»Wir sind ein feines Pärchen, nicht wahr?«

»Das sind wir, Miss Amy.«

»Ich habe mich gefragt, ob Sie die ›Miss‹ nicht vielleicht weglassen können. Das hätte ich schon vor langer Zeit sagen sollen.«

»Ich hab es nur respektvoll gemeint. Aber wenn Sie schon fragen – ich würde es gern tun.«

Blätter fielen kreiselnd herunter. Sie wehten über den Rasen, die Terrasse, die Poolveranda, drehten sich im Wind hin und her wie Knochenhände. Amy dachte an Peter und daran, wie sehr sie ihn vermisste. Wo immer er jetzt sein mochte, sie hoffte, das Glück werde den Weg in sein Leben finden. Das war der Preis, den sie gezahlt hatte: Sie hatte ihn aufgegeben.

Sie nahm einen letzten Schluck Tee, um den Blutgeschmack aus dem Mund zu spülen, und zog ihre Handschuhe an. »Sind Sie bereit?«

»Sie haben recht«, sagte Carter. »Wir sollten uns um das Laub kümmern.«

# 8

»Michael!«

Seine Schwester legte die letzten zwei Meter im Laufschritt zurück und umarmte ihn so fest, dass seine Rippen knirschten.

»Wow! Ich freue mich doch auch, dich zu sehen.«

Die Krankenschwester am Empfangstisch starrte sie an, aber Sara ließ sich nicht bändigen. »Ich kann es nicht glauben«, sagte sie. »Was machst du hier?« Sie trat zurück und musterte ihn mit mütterlichem Blick. Zum Teil war er verlegen, aber andererseits wäre er enttäuscht gewesen, wenn sie sich anders verhalten hätte. »Gott, du bist so dünn. Wann bist du gekommen? Kate wird begeistert sein.« Sie sah die Schwester an, eine ältere Frau in einem kochend heiß gewaschenen Kittel. »Wendy, das ist mein Bruder Michael.«

»Der mit dem Segelboot?«

Er lachte. »Genau der.«

»Bitte sag, dass du hierbleibst«, bat Sara.

»Nur zwei Tage.«

Sie schüttelte den Kopf und seufzte. »Ich muss wohl nehmen, was ich kriegen kann.« Sie umklammerte seinen Oberarm, als würde er sonst womöglich wegfliegen. »Ich habe in einer Stunde Feierabend. Du gehst *nirgendwohin*, okay? Ich kenne dich, Michael. Ich mein's ernst.«

Er wartete auf sie, und dann gingen sie zusammen zu ihr nach Hause. Wie merkwürdig es war, wieder auf festem Boden zu sein und diese beunruhigende Stille unter den Fußsohlen zu spüren. Nachdem er drei Jahre fast immer allein gewesen war, fühlte sich das Vibrieren dieser dicht gedrängten Menge Mensch an, als scheuere etwas an seiner Haut. Er bemühte sich, seine Erregung zu verbergen, so gut es ging, und nahm an, sie werde vorübergehen, aber er fragte sich auch, ob die Zeit auf See nicht eine fundamentale Veränderung seines Temperaments bewirkt hatte, die ihn daran hinderte, je wieder unter Menschen zu leben.

Mit leisem Schuldbewusstsein sah er, wie sehr Kate sich verändert hatte. Das Babyhafte an ihr war nicht mehr da, und sogar ihre Locken hatten sich geglättet. Die beiden spielten Mau-Mau mit Hollis, während Sara das Abendessen machte, und nach dem Essen legte Michael sich zu ihr ins Bett und erzählte ihr eine Geschichte. Keine Geschichte aus einem Buch; Kate verlangte etwas aus dem wirklichen Leben, eine Geschichte von seinen Abenteuern auf dem Meer.

Er entschied sich für die Geschichte vom Wal. Sie war vor ungefähr sechs Monaten passiert, weit draußen im Golf. Es war spätabends gewesen, das Wasser ruhig schimmernd unter dem Vollmond, als sein Boot sich zu heben begann, als schwelle das Meer an. Eine dunkle Masse tauchte an Backbord auf, und zuerst wusste er nicht, was es war. Er hatte von Walen gelesen, aber gesehen hatte er noch keinen, und seine Vorstellung von den Abmessungen eines solchen Tieres war verschwommen, ja, ungläubig. Wie konnte etwas so Großes leben? Der Wal brach langsam durch die Wasseroberfläche, und eine Fontäne schoss aus seinem Kopf. Träge rollte sich das Geschöpf auf die Seite, und eine riesige Flosse hob sich aus dem Wasser. Die schwarz glänzenden Flanken waren von Muscheln überkrustet. Michael staunte viel zu sehr, um Angst zu haben. Erst später wurde ihm klar, dass der Wal mit einem Schlag seiner Schwanzflosse sein Boot hätte zertrümmern können.

Kate starrte ihn mit großen Augen an. »Und was ist dann passiert?«

Ja, sagte Michael, das war das Komische. Er hatte damit gerechnet, dass der Wal weiterziehen würde, aber das hatte er nicht getan. Fast eine Stunde lang war er neben der *Nautilus* hergeschwommen. Gelegentlich war der gigantische Kopf untergetaucht, nur um nach ein paar Augenblicken mit einem sprühenden Wasserstrahl aus seinem Blasloch wieder aufzutauchen, als müsse er mächtig niesen. Als der Mond dann unterging, tauchte das Geschöpf ab und kam nicht wieder herauf. Michael wartete. War der Wal wirklich weg? Ein paar Minuten vergingen, und Michael begann sich zu entspannen. Plötzlich kam er in einer Explosion von Meerwasser vor dem Bug an Steuerbord herauf und schnellte seinen riesigen Körper hoch in die Luft. Es war, sagte Michael, als steige da eine Stadt in den Himmel. *Siehst du, was ich kann? Leg dich nicht mit mir an, Bruder.* Er krachte mit einer zweiten Explosion auf das Wasser zurück. Die Welle brandete breitseits an Michaels Boot und durchnässte ihn bis auf die Haut. Den Wal sah er nie wieder.

Kate lächelte. »Ich verstehe. Er hat sich einen Spaß mit dir gemacht.«

Michael lachte. »Ja, das nehme ich auch an.«

Er gab ihr einen Gutenachtkuss und ging hinüber ins große Zimmer, wo Sara und Hollis das restliche Geschirr wegräumten. Der Strom war für die Nacht abgeschaltet. Zwei Kerzen standen flackernd auf dem Tisch und ließen fettige Rauchfähnchen aufsteigen.

»Sie ist ein tolles Kind.«

»Das ist Hollis zu verdanken«, sagte Sara. »Ich habe im Krankenhaus so viel zu tun, dass ich sie manchmal kaum noch zu sehen bekomme.«

Hollis grinste. »Das stimmt.«

»Ich hoffe, eine Matte auf dem Boden genügt dir«, sagte Sara.

»Wenn ich gewusst hätte, dass du kommst, hätte ich eine richtige Pritsche aus dem Krankenhaus besorgen können.«

»Machst du Witze? Normalerweise schlafe ich im Sitzen. Eigentlich weiß ich gar nicht, ob ich überhaupt noch richtig schlafe.«

Sara wischte mit einem Lappen über den Herd, ein bisschen zu aggressiv – Michael spürte ihre Frustration. Das Thema war alt.

»Hey«, sagte er, »du brauchst dir um mich keine Sorgen zu machen. Mir geht's gut.«

Sara atmete scharf zischend aus. »Hollis, rede du mit ihm. Ich weiß, ich komme da nicht weiter.«

Hollis zuckte hilflos die Schultern. »Was soll ich denn sagen?«

»Wie wär's mit: ›Die Leute lieben dich. Hör auf mit dem Versuch, dich umbringen zu lassen.‹?«

»So ist es doch gar nicht«, sagte Michael.

»Sara will damit sagen«, warf Hollis ein, »wir alle hoffen, dass du vorsichtig bist.«

»Nein, das will ich damit überhaupt nicht sagen.« Sara schaute Michael an. »Ist es wegen Lore? Ist das der Grund?«

»Lore hat nichts damit zu tun.«

»Dann erklär's mir, denn ich würde es gern verstehen, Michael.«

Wie sollte er es erklären? Seine Gründe waren so verworren, dass er daraus kein Argument zusammenfügen konnte. »Es fühlt sich einfach richtig an. Mehr kann ich nicht sagen.«

Sie fuhr mit ihrem wütenden Schrubben fort. »Es *fühlt* sich also *richtig* an, dass du mir eine Heidenangst einjagst.«

Michael streckte die Hand nach ihr aus, aber sie schüttelte ihn ab. »Sara …«

»Nicht.« Sie schaute ihn nicht an. »Sag nicht, es ist okay. Sag mir nicht, irgendetwas davon ist okay. Verdammt, ich hab mir vorgenommen, nicht damit anzufangen. Ich muss morgen früh raus.«

Hollis trat hinter sie. Er legte eine Hand auf ihre Schulter, die andere auf den Lappen und hielt ihn fest. »Wir haben darüber geredet. Du musst ihn lassen.«

»Ach, hör dich an. Wahrscheinlich findest du es großartig.«

Sie hatte angefangen zu weinen. Hollis drehte sie um und zog sie an sich. Sein Blick ging über ihre Schulter hinweg zu Michael, der verlegen am Tisch stand. »Sie ist einfach abgespannt, weiter nichts. Vielleicht lässt du uns kurz allein?«

»Ja, klar.«

»Danke, Michael. Der Schlüssel hängt gleich neben der Tür.«

Michael verließ die Wohnung und das Gebäude. Da er nirgends hinkonnte, setzte er sich neben dem Eingang auf den Boden. Hier würde ihn niemand behelligen. So mies hatte er sich lange nicht gefühlt. Sara hatte immer dazu geneigt, sich Sorgen zu machen, aber er regte sie nicht gern auf. Das war einer der Gründe, weshalb er so selten in die Stadt kam. Er hätte sie gern glücklich gemacht – eine Frau zum Heiraten gefunden, sich niedergelassen und einen Job angenommen wie alle andern, Kinder gekriegt. Nach allem, was sie getan hatte, verdiente seine Schwester ein bisschen Seelenfrieden. Sie hatte für ihn gesorgt, als ihre Eltern gestorben waren, obwohl sie damals selbst noch ein Kind gewesen war. In allem, was sie miteinander taten und redeten, war diese Tatsache unausgesprochen enthalten. Wenn die Dinge anders verlaufen wären, hätten sie vielleicht zu einem ganz gewöhnlichen Geschwisterpaar werden können; die Bedeutung, die sie füreinander hatten, wäre nach und nach geschwunden, und neue Beziehungen hätten Vorrang bekommen. Aber so war es bei ihnen beiden nicht. Neue Personen betraten die Bühne, aber in ihren Herzen würde immer ein Raum sein, der nur ihnen beiden gehörte.

Als er das Gefühl hatte, lange genug gewartet zu haben, kehrte er in die Wohnung zurück. Die Kerzen waren gelöscht, und Sara hatte eine Matte und ein Kissen für ihn hingelegt. Er zog sich im Dunkeln aus und legte sich hin. Erst jetzt sah er den Zettel, den Sara auf seinen Rucksack gelegt hatte. Er zündete eine Kerze an und las.

*Es tut mir leid. Ich liebe dich. Augen überall. S.*

Nur drei kurze Sätze, aber mehr brauchte er nicht. Es waren dieselben drei Sätze, die sie einander ihr Leben lang gesagt hatten.

Er wachte auf und sah Kates Gesicht dicht über sich.

»Onkel Michael, *wach ... auf.*«

Er stemmte sich auf den Ellenbogen hoch. Hollis stand in der Tür. »Entschuldige. Ich habe ihr gesagt, sie soll dich in Ruhe lassen.«

Michael brauchte einen Moment, um sich zu sammeln. Er war nicht daran gewöhnt, so lange zu schlafen, er war überhaupt nicht daran gewöhnt zu schlafen. »Ist Sara hier?«

»Schon seit Stunden nicht mehr.« Er winkte seine Tochter zu sich. »Los jetzt. Wir kommen sonst zu spät.«

Kate verdrehte die Augen. »Daddy hat Angst vor den Schwestern.«

»Dein Daddy ist ein kluger Mann. Bei diesen Ladys kriege ich Bauchschmerzen.«

»Michael«, sagte Hollis, »das ist nicht hilfreich.«

»Stimmt.« Er sah das Mädchen an. »Tu, was dein Daddy sagt, mein Schatz.«

Kate überraschte ihn mit einer kräftigen Umarmung. »Bist du noch hier, wenn ich zurückkomme?«

»Auf jeden Fall.«

Er lauschte ihren Schritten, als sie die Treppe hinuntergingen. Das musste man der Kleinen lassen, von blanker emotionaler Erpressung verstand sie etwas. Aber was konnte er tun? Er zog sich an und wusch sich am Spülbecken. Sara hatte Brötchen zum Frühstück dagelassen, aber er hatte eigentlich keinen Hunger. Er konnte später etwas auftreiben, wenn es nötig wäre.

Er nahm seinen Rucksack und ging hinaus.

Sara beendete gerade ihren morgendlichen Rundgang, als eine der Schwestern sie holte. Am Empfangstisch stand Schwester Peg.

»Schwester, hallo.«

Schwester Peg war eine von den Persönlichkeiten, die einen Raum veränderten, wenn sie ihn betraten. Es war, als zöge sie jede Schraube straff. Wie alt sie war, konnte man nur vermuten – mindestens sechzig, aber angeblich hatte sie sich in den letzten zwanzig Jahren kein bisschen verändert. Eine Gestalt von legendärer Übellaunigkeit, aber Sara wusste es besser: Unter dem strengen Äußeren verbarg sich eine Frau, die den Kindern in ihrer Obhut treu sorgend ergeben war.

»Kann ich Sie kurz sprechen, Sara?«

Kurz darauf waren sie auf dem Weg zum Waisenhaus. Als sie näher kamen, hörte Sara das Jauchzen und Schreien der Kinder. Die Vormittagspause war in vollem Gang. Sie traten durch das Gartentor ein.

»Dr. Sara, Dr. Sara!«

Sara war auf dem Spielplatz noch keine fünf Schritte weit gekommen, als die Kinder über sie herfielen. Sie kannten sie gut, aber ihr war klar, dass auch jeder andere Besucher sie in Aufregung versetzte. Sie rettete sich mit dem Versprechen, das nächste Mal länger zu bleiben, und folgte Schwester Peg ins Gebäude.

Das Mädchen saß auf dem Tisch in dem kleinen Zimmer, das Sara für Untersuchungen benutzte. Sie blickte sofort auf, als Sara hereinkam. Sie mochte zwölf oder dreizehn Jahre alt sein, aber unter all den Schichten von Schmutz war das schwer zu sagen. Ihr schmutziger Jutekittel war über der einen Schulter verknotet, und ihre nackten Füße waren schwarz von Dreck.

»Die Domestic Security hat sie gestern am späten Abend hier abgeliefert«, sagte Schwester Peg. »Sie hat noch kein Wort gesprochen.«

Das Mädchen war erwischt worden, als es versuchte, in ein landwirtschaftliches Lagerhaus einzubrechen. Sara konnte sich denken, warum: Das Mädchen sah halb verhungert aus.

»Hallo, ich bin Dr. Sara. Sagst du mir, wie du heißt?«

Das Mädchen starrte Sara unter ihrem verfilzten Haarschopf durchdringend an, antwortete aber nicht. Ihre Augen – der einzige Teil ihres Körpers, der sich bis jetzt bewegt hatte – richteten sich flink auf Schwester Peg und kehrten dann zurück zu Sara.

»Wir haben versucht herauszubekommen, wer ihre Eltern sind«, berichtete Schwester Peg, »aber in den Akten findet sich niemand, der sie sucht.«

Sara vermutete, da würde es auch niemanden geben. Sie zog das Stethoskop aus der Tasche und zeigte es dem Mädchen. »Ich werde jetzt dein Herz abhören. Ist das okay?«

Das Mädchen schwieg, aber sein Blick verriet Einverständnis. Sara schob die zusammengeknotete Seite des Kittels von ihrer Schulter. Sie war spindeldürr, aber ihre Brüste hatten angefangen zu wachsen. Als die kalte Scheibe ihre Haut berührte, zuckte sie kurz zusammen, aber das war alles.

»Sara, das sollten Sie sich ansehen.«

Schwester Peg starrte den Rücken des Mädchens an. Er war mit Brandwunden und Peitschenstriemen übersät. Manche waren alt, andere nässten noch. Sara hatte so etwas schon gesehen, aber nie so viel davon.

Sie schaute das Mädchen an. »Süße, kannst du mir sagen, wer das getan hat?«

»Ich glaube, sie kann nicht sprechen«, sagte Schwester Peg.

Allmählich ging Sara ein Licht auf. Das Mädchen ließ zu, dass sie ihr Kinn umfasste. Die andere Hand hielt sie hinter das rechte Ohr des Kindes und schnippte dreimal mit den Fingern. Das Mädchen reagierte nicht. Sara wechselte die Hände und testete das andere Ohr. Nichts. Sie schaute dem Mädchen in die Augen, zeigte auf ihr eigenes Ohr und schüttelte langsam den Kopf: nein. Das Mädchen nickte.

»Das kommt, weil sie taub ist.«

Dann passierte etwas Unerwartetes. Das Mädchen griff nach Saras Hand. Mit dem Zeigefinger zog sie eine Reihe von Linien auf der aufwärts gewandten Handfläche. Keine Linien, begriff Sara. Buchstaben. P.I.M.

»Pim.« Sara warf Schwester Peg einen Blick zu und sah dann wieder das Mädchen an. »Pim – ist das dein Name?«

Das Mädchen nickte. Sara nahm ihre Hand. SARA, schrieb sie und deutete auf sich selbst. »Sara.« Sie hob den Kopf. »Schwester, können Sie mir etwas zum Schreiben bringen?«

Schwester Peg ging hinaus und holte eine der Kreidetafeln, die die Kinder im Unterricht benutzten.

WO SIND DEINE ELTERN?, schrieb Sara.

– TOD.

– WANN?

– MOM DANN DAD LANGE HER

– WER HAT DIR WEHGETAN?

– MANN

– WELCHER MANN?

– WEIS NICHT WEGGELAUFEN

Die nächste Frage war schmerzhaft, aber sie musste gestellt werden.

– HAT ER DIR NOCH ANDERSWO WEHGETAN?

Das Mädchen zögerte und nickte dann. Sara rutschte das Herz in die Hose.

– WO?

Pim nahm die Tafel.

– MÄDCHENSTELLE

Ohne das Mädchen aus den Augen zu lassen, sagte Sara: »Schwester, lassen Sie uns einen Augenblick allein?«

Als Schwester Peg gegangen war, schrieb Sara: MEHR ALS EINMAL?

Das Mädchen nickte.

– MUSS NACHSEHEN. WERDE VORSICHTIG SEIN.

Pims ganzer Körper krampfte sich zusammen. Energisch schüttelte sie den Kopf hin und her.

– BITTE, schrieb Sara. MUSS WISSEN, OB ALLES OKAY.

Pim nahm die Tafel und kritzelte hastig: MEINE SCHULT VERSPROCHEN NIEMAND ERZÄLEN

– NEIN. NICHT DEINE SCHULD.

– PIM BÖSE

Sara wusste nicht, ob sie heulen oder kotzen wollte. Sie hatte in ihrem Leben einiges gesehen, schreckliche Dinge, und nicht nur im Homeland. Man konnte nicht durch die Flure des Krankenhauses gehen, ohne die menschliche Natur von ihrer schlimmsten Seite zu sehen. Eine Frau mit gebrochenem Handgelenk und einer Geschichte von einem Treppensturz, die sie erzählte, während ihr Mann zuschaute und sie mit seinen Blicken dirigierte. Ein alter Mann im Zustand fortgeschrittener Unterernährung, von Verwandten vor dem Krankenhaus abgeladen. Eine von Dunks Huren mit einem von Krankheit und Misshandlung verwüsteten Körper und einem Bündel Austins in der Hand, die das Baby in ihrem Bauch loswerden wollte, weil sie nur so auf den Barhocker zurückkehren konnte. Man musste sein Herz verhärten, um den Tag zu überstehen, aber mit den Kindern war es am schlimmsten. Von den Kindern konnte man den Blick nicht abwenden. In Pims Fall war es nicht schwer, die Geschichte zu rekonstruieren. Ihre Eltern waren gestorben, jemand hatte sich erboten, das Mädchen zu sich zu nehmen – ein Verwandter, ein Nachbar –, alle hatten gedacht, wie gütig und großzügig diese Person war, wenn sie die Verantwortung für dieses arme Waisenkind übernahm, das nicht hören und nicht sprechen konnte, und danach hatte sich niemand mehr darum gekümmert.

»Nein, Schatz, nein.« Sara nahm Pims Hände und schaute ihr in die Augen. Darin war eine Seele zu sehen, winzig, verängstigt, weggeworfen von der Welt. Niemand auf der Erde war so allein wie sie, und Sara war klar, was von ihr verlangt wurde, nur um der Menschlichkeit willen.

Nicht einmal Hollis kannte die Geschichte. Nicht dass Sara Angst gehabt hätte, sie ihm zu erzählen – sie wusste, was für ein

Mann er war. Aber darüber zu schweigen, war eine Entscheidung, die sie vor langer Zeit getroffen hatte. Im Homeland, so hieß es, waren alle einmal an die Reihe gekommen, und irgendwann hatte es auch Sara getroffen. Sie hatte es über sich ergehen lassen, so gut sie konnte, und als es vorbei war, hatte sie sich einen Kasten vorgestellt, aus Stahl und mit einem robusten Schloss. Sie hatte die Erinnerung hineingelegt und den Kasten verschlossen.

Sie nahm die Tafel und schrieb:

– JEMAND HAT MIR DA AUCH SCHON WEHGETAN.

Das Mädchen studierte den Satz mit wachsamem Gesicht. Vielleicht zehn Sekunden vergingen. Dann griff sie nach der Kreide.

– GEHEIMNIS?

– AUSSER DIR HABE ICH ES NIEMANDEM ERZÄHLT.

Der Gesichtsausdruck des Mädchens veränderte sich. Etwas löste sich in ihr.

Sara schrieb: WIR SIND GLEICH. SARA IST GUT. PIM IST GUT. NICHT UNSERE SCHULD.

Tränen traten in die Augen des Mädchens. Ein einzelner Tropfen überwand das Lid, lief die Wange hinunter und hinterließ eine feuchte Spur im Schmutz. Ihre Lippen blieben geschlossen, die Muskeln an Hals und Kiefer spannten sich und fingen dann an zu zittern. Ein seltsames neues Geräusch kam aus ihrer Kehle, eine Art Knurren wie von einem Tier, als kämpfe sich da etwas heraus.

Und dann kam es. Das Mädchen öffnete den Mund und stieß ein Geheul aus, das jeden Gedanken an menschliche Sprache vertrieb und sie zu einem einzelnen, lang anhaltenden Vokal des Schmerzes destillierte. Sara nahm sie fest in die Arme. Pim versuchte heulend und zitternd, sich loszureißen, aber Sara ließ sie nicht los. »Es ist gut«, sagte sie. »Ich lasse dich nicht los, ich lasse dich nicht los.« So hielt sie sie in den Armen, bis das Mädchen sich beruhigt hatte, und noch lange danach.

# 9

Das Capitolgebäude, in dem früher die Texas First Trust Bank residiert hatte – der Name stand immer noch eingraviert auf dem Kalksteinfries über dem Eingangsportal –, war nur einen kurzen Fußweg von der Schule entfernt. Ein Wegweiser im Foyer präsentierte eine Liste der verschiedenen Abteilungen: Wohnbehörde, öffentliche Gesundheit, Landwirtschaft und Handel, Druck und Gravur. Sanchez' Büro war im ersten Stock. Peter stieg die Treppe hinauf und kam zu einer zweiten Halle mit einem Schreibtisch, hinter dem ein Officer der Domestic Security saß. Seine Uniform war unnatürlich sauber. Peter in seiner schäbigen Arbeitskleidung und mit einer Tasche voll klappernder Werkzeuge und Nägel war plötzlich verlegen.

»Ja bitte?«

»Ich möchte zu Präsidentin Sanchez. Ich habe einen Termin.«

»Name?« Sein Blick hatte sich wieder auf den Schreibtisch gesenkt, und er füllte irgendein Formular aus.

»Peter Jaxon.«

Es war, als leuchte im Gesicht des Mannes ein Licht auf. »Sie sind Jaxon?«

Peter nickte.

»Allmächtiger!« Der Mann saß einfach da und starrte ihn befangen an. Es war eine Weile her, dass Peter diese Reaktion zuletzt

erlebt hatte. Andererseits kam er heutzutage kaum noch mit neu-
en Leuten zusammen. Genauer gesagt, nie.

»Vielleicht könnten Sie jemandem Bescheid sagen?«, fragte
Peter schließlich.

»Selbstverständlich.« Der Officer sprang auf. »Eine Sekunde.
Ich sag denen, dass Sie hier sind.«

Peter entging das Wort »denen« nicht. Wer sonst würde bei
der Besprechung dabei sein? Und worum ging es überhaupt? Das
Schreiben der Präsidentin war ihm ein paar Stunden lang durch
den Kopf gegangen, aber ihm war nichts dazu eingefallen. Vielleicht war es einfach so, wie Caleb vermutet hatte, und sie wollten ihn wirklich wieder in die Army zurückholen. Wenn ja, würde
dies ein kurzes Gespräch werden.

»Sie können gleich mit nach hinten kommen, Mr Jaxon.«

Der Officer nahm Peter die Werkzeugtasche ab und führte ihn
durch einen langen Korridor. Sanchez' Tür stand offen, und sie
erhob sich hinter ihrem Schreibtisch, als Peter hereinkam: eine
kleine Frau mit fast weißem Haar, scharfgeschnittenen Gesichts-
zügen und einem energischen Blick. Eine zweite Person, ein Mann
mit einem kurzen, borstigen Bart, saß ihr gegenüber. Peter kam er
bekannt vor, aber er konnte ihn nicht unterbringen.

»Mr Jaxon, es freut mich, Sie zu sehen.« Sanchez kam um ihren Tisch herum und streckte die Hand aus.

»Madam President, es ist mir eine Ehre.«

»Bitte«, sagte sie, »nennen Sie mich Vicky. Das ist Ford Chase,
mein Stabschef.«

»Ich glaube, wir kennen uns, Mr Jaxon.«

Jetzt fiel es Peter wieder ein: Chase war bei der Untersuchung
nach der Zerstörung der Brücke an der Oil Road dabei gewesen.
Es war eine unerfreuliche Erinnerung, denn der Mann war ihm
auf den ersten Blick unsympathisch gewesen. Was Peters Misstrauen noch verstärkte, war die Krawatte, die Chase trug – das
absurdeste Kleidungsstück aller Zeiten.

»Und natürlich kennen Sie General Apgar«, sagte Sanchez.

Peter drehte sich um und sah, wie sein ehemaliger Kommandant sich von der Couch erhob. Gunnar war ein bisschen älter geworden; sein Haar mit dem Bürstenschnitt war grau geworden, und die Falten auf seiner Stirn waren tiefer als früher. Die Uniform spannte sich über einen leicht gewölbten Bauch. Der Drang zum Salutieren war stark, aber Peter hielt sich im Zaum, und die beiden Männer schüttelten einander die Hand.

»Gratuliere zu der Beförderung, Sir.« Niemand, der unter Apgar gedient hatte, war überrascht gewesen, als er zum General der Army befördert worden war, nachdem Fleet in den Ruhestand gegangen war.

»Ich bedaure sie jeden Tag. Sagen Sie, wie geht's Ihrem Jungen?«

»Sehr gut, Sir. Danke, dass Sie fragen.«

»Wenn ich wollte, dass Sie mich mit ›Sir‹ anreden, hätte ich Ihr Abschiedsgesuch nicht angenommen. Das ich übrigens fast genauso sehr bedaure. Ich hätte mehr Widerstand leisten sollen.«

Peter mochte Gunnar, und seine Anwesenheit wirkte entspannend. »Es hätte Ihnen nichts genutzt.«

Sanchez führte sie zu einer kleinen Sitzecke mit Sofa und zwei Ledersesseln an einem niedrigen Tisch mit steinerner Platte, auf dem eine lange Papierrolle lag. Erst jetzt hatte Peter Gelegenheit, einen Blick auf seine Umgebung zu werfen. Eine Bücherwand, ein Fenster ohne Vorhänge, ein verschrammter Schreibtisch mit Bergen von Papier. Dahinter stand eine Stange mit der texanischen Flagge, das einzige zeremonielle Objekt im Zimmer. Peter setzte sich in einen der Sessel, Sanchez gegenüber. Apgar und Chase saßen auf der anderen Seite.

»Um zur Sache zu kommen, Mr Jaxon«, sagte Sanchez, »Sie fragen sich sicher, warum ich Sie hergebeten habe. Ich möchte Sie um einen Gefallen bitten. Um Ihnen einen Kontext zu geben, will ich Ihnen etwas zeigen. Ford?«

Chase entrollte das Papier auf dem Tisch und beschwerte die Ecken. Es war ein Messtischblatt. Kerrville lag in der Mitte, und Mauern und Verteidigungsring waren deutlich eingezeichnet. Auf der westlichen Seite, am Guadalupe entlang, waren drei große Bereiche schraffiert und als SP1, SP2 und SP3 markiert.

»Auf die Gefahr hin, dass es großspurig klingt«, sagte Sanchez, »was Sie da sehen, ist die Zukunft der Republik Texas.«

»SP«, erläuterte Chase, »bedeutet Siedlungsparzelle.«

»Dabei handelt es sich um die nächstliegenden Bereiche für die Aussiedlung der Bevölkerung, zumindest für den Anfang. Es gibt dort Wasser, fruchtbaren Boden in den Niederungen, gutes Weideland. Wir werden schrittweise vorgehen und eine Lotterie für die Leute einrichten, die gehen wollen.«

»Und das werden viele sein«, fügte Chase hinzu.

Peter blickte auf. Alle warteten auf seine Reaktion.

»Sie sind offenbar nicht erfreut«, stellte Sanchez fest.

Peter suchte nach Worten. »Ich nehme an … ich habe nie damit gerechnet, dass dieser Tag einmal kommen würde.«

»Der Krieg ist aus«, sagte Apgar. »Drei Jahre ohne einen einzigen Viral. Dafür haben wir all die Jahre gekämpft.«

Sanchez beugte sich vor. Die Frau besaß eine ungeheure Anziehungskraft, eine unbestreitbare Macht. Peter hatte schon davon gehört – es hieß, sie sei in ihrer Jugend eine große Schönheit gewesen, mit einer Liste von Freiern, die eine Meile lang war –, aber sie leibhaftig zu erleben, war eine ganz andere Erfahrung.

»Sie werden in die Geschichte eingehen, Peter, mit allem, was Sie getan haben.«

»Das war ich nicht allein.«

»Das weiß ich. Es gibt mehr als genug Gründe, Leute zu beglückwünschen. Und es tut mir leid um Ihre Freunde. Captain Donadio ist ein großer Verlust. Und Amy, tja …« Sie schwieg kurz. »Ich will ehrlich zu Ihnen sein. Die Geschichten über Amy – ich wusste nie genau, was ich davon glauben sollte. Noch heute bin ich nicht sicher, dass ich sie alle restlos verstehe. Aber ich weiß, dass wir alle dieses Gespräch nicht führen würden, wenn Amy und Sie nicht gewesen wären. Sie sind derjenige, der sie zu uns gebracht hat. Die Menschen wissen das. Und es macht Sie zu einer sehr bedeutenden Person. Man könnte sagen, es gibt niemanden, der mit Ihnen vergleichbar wäre.« Ihr Blick war fest auf sein Gesicht gerichtet, und sie gab ihm das Gefühl, außer ihnen beiden wäre niemand im Raum. »Sagen Sie, wie gefällt es Ihnen, für die Wohnungsbehörde zu arbeiten?«

»Es ist okay.«

»Und es ermöglicht Ihnen, Ihren Jungen großzuziehen. In seiner Nähe zu sein.«

Peter spürte, dass hier eine Strategie am Werk war. Er nickte.

»Ich habe nie Kinder gehabt«, sagte Sanchez mit leisem Bedauern. »Das Amt hat seinen Preis. Aber ich kann Ihre Gefühle verstehen. Ich will deshalb von vornherein sagen, dass ich Sympathie für Ihre Prioritäten hege, und was ich Ihnen vorzuschlagen habe, wird ihnen nicht im Wege stehen. Sie werden noch genauso für ihn da sein können, wie Sie es jetzt sind.«

Peter erkannte eine Halbwahrheit, wenn er sie hörte. Andererseits hatte Sanchez ihr Ansinnen so gut verpackt, dass er es nur bewundern konnte.

»Ich höre.«

»Hätten Sie Lust, Peter, in meinen Stab zu kommen?«

Diese Vorstellung war so drollig, dass er beinahe gelacht hätte.

»Verzeihen Sie, Madam President …«

»Bitte«, unterbrach sie ihn. »Vicky.«

Die Frau war unübertrefflich, das musste er zugeben. »An dieser Idee gibt es so viel auszusetzen, dass ich gar nicht weiß, wo ich anfangen soll«, sagte er. »Zunächst mal, ich bin kein Politiker.«

»Ich verlange auch nicht, dass Sie einer werden. Aber Sie sind ein Führungstalent, und das wissen die Menschen. Sie sind zu wertvoll, um als Zuschauer am Spielfeldrand zu sitzen. Bei der

Öffnung des Tores geht es nicht nur darum, mehr Platz zu schaffen, auch wenn wir ihn unbedingt brauchen. Es ist Sinnbild einer fundamentalen Veränderung in unserem Umgang mit fast allem. Eine Menge Einzelheiten sind noch zu klären, aber innerhalb der nächsten neunzig Tage werde ich das Kriegsrecht aufheben. Die Expeditionstruppe wird aus den Territorien zurückbeordert, um bei der Umsiedlung zu helfen, und wir werden zu einer vollständig zivilen Regierung wechseln. Es wird eine Menge Umgewöhnung erfordern, allen einen Platz am Tisch einzuräumen, und es wird sicher nicht reibungslos ablaufen. Aber es gibt keinen Zweifel daran, dass es passieren muss, und dies ist der richtige Augenblick.«

»Mit allem Respekt, ich sehe nicht, was das mit mir zu tun hat.«

»Tatsächlich hat es alles mit Ihnen zu tun. Das hoffe ich wenigstens. Ihre Stellung ist beispiellos. Das Militär respektiert Sie. Die Menschen lieben Sie, vor allem die Iowaner. Aber das sind nur zwei Beine des Dreifußes. Das dritte ist das Gewerbe. Für die Leute dort wird es ein Festtag sein. Tifty Lamont mag tot sein, aber Ihre frühere Beziehung zu ihm eröffnet Ihnen Zugang zur Führungsebene. Sie auszuschalten kommt nicht in Frage – wir könnten es nicht, selbst wenn wir wollten. Das Laster ist eine Tatsache des Lebens, eine hässliche zwar, aber nichtsdestotrotz eine Tatsache. Sie kennen Dunk Withers, oder?«

Peter nickte. »Wir sind uns schon begegnet.«

»Es war mehr als nur eine ›Begegnung‹, wenn meine Quellen mich richtig informiert haben. Ich habe von dem Käfig gehört. Das war schon eine tolle Nummer.«

Sie sprach von Peters erstem Zusammentreffen mit Tifty in dessen unterirdischem Bunker nördlich von San Antonio. In einem kathartischen Unterhaltungsprogramm traten führende Angehörige des Gewerbes im Nahkampf gegen Virals an, und die anderen schlossen Wetten über das Ergebnis ab. Dunk war als Erster in den Käfig gegangen und hatte relativ mühelos einen Dopey erledigt. Nach ihm hatte Peter es mit einem ausgewachsenen Drac aufgenommen, um sich Tiftys Einverständnis zu sichern, sie nach Iowa zu eskortieren.

»Es war in dem Augenblick einfach das Richtige.«

Sanchez lächelte. »Das meine ich. Sie sind ein Mann, der tut, was getan werden muss. Was Dunk angeht: Der Mann ist nicht halb so clever, wie Lamont es war, und ich wünschte, er wäre es. Unsere Vereinbarung mit Lamont war ganz einfach. Der Mann saß auf einem Arsenal von militärischer Hardware, die besser erhalten war als alles andere, was wir seit Jahren gesehen hatten. Ohne ihn hätten wir die Army nicht bewaffnen können. Halte die schlimmsten Auswüchse im Zaum, sieh zu, dass Waffen und Munition geliefert werden, und du kannst deinen Geschäften nachgehen. Er begriff, dass das sinnvoll war, aber ich glaube nicht, dass Dunk es kapiert. Der Mann ist reiner Opportunist, und er hat eine miese Ader.«

»Warum sperren Sie ihn dann nicht einfach ein?«

Sanchez zuckte die Achseln. »Das könnten wir tun, und vielleicht wird es dazu kommen. General Apgar ist der Ansicht, wir sollten sie alle verhaften, den Bunker und die Spielhallen konfiszieren und dem ganzen Geschäft ein Ende machen. Aber ein anderer würde seinen Platz einnehmen, bevor die Tinte auf den Dokumenten trocken ist, und wir wären alle wieder auf Feld eins. Es ist eine Frage von Angebot und Nachfrage. Die Nachfrage ist da. Wer wird das Angebot liefern? Die Spieltische, den Whiskey, die Huren? Es gefällt mir nicht, aber ich möchte lieber mit einem Faktor rechnen, den ich kenne, und im Augenblick ist das Dunk.«

»Und Sie wollen, dass ich mit ihm rede.«

»Ja, im richtigen Augenblick. Das Gewerbe im Zaum zu halten ist wichtig. Genauso wichtig ist es, das Militär und die Bevölkerung während des Wechsels hundertprozentig hinter uns zu haben. Sie sind der Mann, der bei allen dreien Kredit hat.

Verdammt, wahrscheinlich könnten Sie meinen Job haben, wenn Sie wollten. Nicht dass ich ihn meinem schlimmsten Feind wünschen würde.«

Peter hatte das verstörende Gefühl, dass er bereits irgendwie zugestimmt hatte. Er sah Apgar an, dessen Gesichtsausdruck sagte: *Glauben Sie mir, ich kenne das schon.*

»Was genau wollen Sie von mir?«

»Vorläufig möchte ich Sie zum Sonderberater ernennen. Zum Vermittler, wenn Sie wollen, zwischen den verschiedenen Beteiligten. Einen konkreteren Titel können wir uns später ausdenken. Aber ich will Sie in vorderster Linie haben, wo jeder Sie sehen kann. Ihre Stimme soll die erste sein, die die Leute hören. Und ich verspreche Ihnen, sie werden jeden Tag zum Abendessen zu Hause bei Ihrem Jungen sein.«

Die Verlockung war groß. Vorbei wären die Tage, an denen er schwitzend den Hammer schwang. Aber er war auch müde. Ein wichtiger Teil seiner Energie war versiegt. Er hatte genug getan, und was er sich jetzt wünschte, war ein ruhiges, einfaches Leben. Seinen Jungen zur Schule begleiten, den Tag mit ehrlicher Arbeit verbringen, den Jungen abends zudecken und dann acht süße Stunden ganz woanders sein – an dem einzigen Ort, an dem er wirklich glücklich gewesen war.

»Nein.«

Sanchez schrak hoch. Sie war es nicht gewohnt, so kurz und bündig zurückgewiesen zu werden. »Nein?«

»Ganz recht. Das ist meine Antwort.«

»Aber es gibt doch sicher etwas, womit ich Sie umstimmen kann.«

»Ich fühle mich geschmeichelt, aber dieses Problem wird jemand anders übernehmen müssen.«

Sanchez war nicht wütend, nur verwirrt. »Ich verstehe.« Ihr entwaffnendes Lächeln war wieder da. »Tja, fragen musste ich Sie immerhin.«

Sie stand auf, und alle andern taten es ihr nach. Jetzt war Peter derjenige, der überrascht war. Er hatte damit gerechnet, dass sie entschlossener kämpfen würde. An der Tür schüttelte sie ihm zum Abschied die Hand.

»Danke, dass Sie sich die Zeit genommen haben, mit mir zu sprechen, Peter. Das Angebot bleibt bestehen, und ich hoffe, Sie überlegen es sich noch. Sie könnten eine Menge Gutes tun. Versprechen Sie mir, darüber nachzudenken?«

Dieses Versprechen erschien ihm harmlos. »Ja.«

»General Apgar kann Sie hinausbegleiten.«

Das war es also schon. Er war ein bisschen verblüfft und fragte sich, wie man es immer tat, wenn eine Tür geschlossen wurde, ob er die richtige Entscheidung getroffen hatte.

»Peter, eins noch«, sagte Sanchez.

Er drehte sich auf der Schwelle um. Sanchez saß wieder an ihrem Schreibtisch.

»Das wollte ich Sie noch fragen. Wie alt ist Ihr Junge?«

Diese Frage klang harmlos genug. »Er ist zehn.«

»Und er heißt Caleb, ja?«

Peter nickte.

»Ein wunderbares Alter. Sein ganzes Leben liegt noch vor ihm. Wenn man ernsthaft darüber nachdenkt, sind es ja eigentlich die Kinder, für die wir arbeiten, oder? Wir werden längst nicht mehr da sein, aber von den Entscheidungen, die wir in den nächsten paar Monaten treffen, wird abhängen, wie die Welt aussieht, in der sie leben werden.« Sie lächelte. »Tja. Stoff zum Nachdenken, Mr Jaxon. Nochmals danke, dass Sie gekommen sind.«

Er folgte Gunnar hinaus. Sie hatten die Hälfte des Korridors hinter sich gebracht, als Peter hörte, wie der Mann leise lachte.

»Sie ist gut, nicht wahr?«

»Ja«, sagte Peter. »Sie ist wirklich gut.«

# 10

Michael hatte drei Dinge in seiner Tasche. Das erste war die Zeitung. Das zweite war ein Brief.

Er hatte ihn in der Uniformbrusttasche des Kapitäns gefunden. Der Umschlag war nicht adressiert; der Mann hatte nie vorgehabt, ihn abzuschicken. Der Brief umfasste weniger als eine Seite und war auf Englisch geschrieben.

*Mein lieber Junge,*
*ich weiß jetzt, dass wir uns in diesem Leben niemals begegnen werden. Unser Treibstoff ist nahezu aufgebraucht, und unsere letzte Hoffnung, die Zuflucht zu erreichen, ist dahin. Gestern Abend haben Mannschaft und Passagiere abgestimmt. Das Ergebnis war einstimmig. Der Tod durch Dehydration ist ein Schicksal, das niemand sich wünscht. Der heutige Abend wird der letzte sein, den wir auf Erden teilen. In dieser stählernen Gruft werden wir mit den Strömungen treiben, bis der allmächtige Gott uns auf den Meeresgrund sinken lässt.*
*Natürlich kann ich nicht hoffen, dass diese letzten Worte dich erreichen werden. Ich kann nur darum beten, dass du und deine Mutter von den Verwüstungen verschont*

*geblieben seid und irgendwie überlebt habt. Was erwartet*
*mich jetzt? Der heilige Koran sagt: »Allah gehört das*
*Geheimnis von Himmel und Erde, und Er entscheidet*
*über die Stunde des Gerichts binnen eines Lidschlags oder*
*schneller, denn Allah hat die Macht über alle Dinge.« Wir*
*gehören Ihm, und zu Ihm werden wir zurückkehren. Trotz*
*allem, was geschehen ist, glaube ich fest daran, dass meine*
*unsterbliche Seele in Seine Hände gelangen wird, und wenn*
*wir uns endlich wiedersehen, wird es im Paradies sein.*
*Meine letzten Gedanken im Leben sind bei dir. Baraka*
*Allahu fika.*

*Dein dich liebender Vater*
*Nabil*

Diese Worte gingen Michael durch den Kopf, als er durch die Straßen von H-Town wanderte. Er war den Anblick von Verlassenheit und Verwüstung gewohnt; er hatte die Ruinen von Städten durchquert, in denen Tausende von Skeletten gelegen hatten. Aber nie zuvor hatten die Toten so direkt zu ihm gesprochen. In der Kapitänskabine hatte er den Pass des Mannes gefunden. Sein vollständiger Name war Nabil Haddad. Er war 1971 in den Niederlanden geboren, in einer Stadt namens Utrecht. In der Kabine hatte Michael keine weiteren Hinweise auf den Sohn gefunden, keine Fotos oder weitere Briefe, aber als Notfallkontakt war in seinem Pass eine Frau namens Astrid Keeble mit einer Londoner Adresse eingetragen. Vielleicht war sie die Mutter des Jungen. Michael fragte sich, was zwischen den dreien vorgefallen sein mochte, dass der Captain seinen Sohn nie zu Gesicht bekommen hatte. Vielleicht hatte die Mutter des Jungen es nicht zugelassen, vielleicht hatte der Mann sich aus irgendeinem Grund unwürdig gefühlt. Trotzdem hatte er die Notwendigkeit verspürt, ihm zu schreiben, wohl wissend, dass er in ein paar Stunden tot sein und der Brief seine Tasche nie verlassen würde.

Aber das war nicht alles, was darin stand. Die *Bergensfjord* war irgendwohin unterwegs gewesen. Sie hatte ein Ziel gehabt. Nicht »eine Zuflucht«, sondern *»die Zuflucht«*. Ein sicherer Hafen, wo das Virus sie nicht erreichen konnte.

Daher der dritte Gegenstand in Michaels Tasche und die Notwendigkeit, den Mann zu sehen, den sie Maestro nannten.

Wenn der Mann einen richtigen Namen hatte, so kannte Michael ihn nicht. Der Maestro hatte die Gewohnheit, in beunruhigend zerhackten Sätzen zu sprechen und von sich selbst immer nur in der dritten Person zu reden. Daran musste man sich gewöhnen. Er war ziemlich alt und sehnig und bewegte sich mit einer Ruckartigkeit, die ihn weniger wie einen Menschen, sondern eher wie ein übergroßes Nagetier erscheinen ließ. Früher war er Elektroingenieur bei der Zivilverwaltung gewesen, aber er war längst im Ruhestand und galt in Kerrville als der Mann, an den man sich wandte, wenn es um elektronische Antiquitäten ging. Er war komplett verrückt und ziemlich paranoid, aber der Mann wusste, wie man eine alte Festplatte dazu brachte, ihre Geheimnisse preiszugeben.

Der Schuppen des Maestro war nicht zu übersehen; er war das einzige Gebäude in H-Town mit Solarzellen auf dem Dach. Michael klopfte laut an die Tür und trat zurück, damit die Kamera ihn erfassen konnte. Der Maestro wollte seine Besucher gründlich begutachten. Ein Augenblick verging, und dann wurde eine Serie von schweren Schlössern geöffnet.

»Michael.« Der Maestro stand im schmalen Türspalt. Er trug eine Arbeitsschürze und eine Schutzbrille aus Plastik mit hochklappbaren Gläsern.

»Hallo, Maestro.«

Der Blick des Mannes huschte die Straße hinauf und hinunter. »Schnell«, sagte er und winkte Michael ins Haus.

Das Innere des Schuppens sah aus wie ein Museum. Alte Computer, Büromaschinen, Oszilloskope, Flachbildschirme, große

Tonnen voller Handhelds und Funktelefone. Angesichts so vieler Schaltkreise lief Michael immer ein Kribbeln über den Rücken.

»Wie kann der Maestro behilflich sein?«

»Ich habe eine Antiquität für dich.«

Michael holte den dritten Gegenstand aus seiner Tasche. Der alte Mann nahm ihn in die Hand und betrachtete ihn kurz.

»Gensys 872HJS. Vierte Generation, drei Terabyte. Späte Vorkriegszeit.« Er blickte auf. »Woher?«

»Ich hab's auf einem verlassenen Schiff gefunden. Ich muss die Daten wiederherstellen.«

»Also genauer anschauen.«

Michael folgte ihm zu einer von mehreren Werkbänken, wo der Maestro die Festplatte auf eine Tuchmatte legte und die Gläser seiner Schutzbrille herunterklappte. Mit einem winzigen Schraubendreher öffnete er das Gehäuse und untersuchte das Innere.

»Feuchtigkeitsschaden. Nicht gut.«

»Kannst du es hinkriegen?«

»Schwierig. Teuer.«

Michael zog ein Bündel Austins aus der Hosentasche. Der Alte zählte das Geld auf der Bank.

»Nicht genug.«

»Mehr habe ich nicht.«

»Das bezweifelt der Maestro. Ölmann wie du?«

»Nicht mehr.«

Er schaute Michael forschend ins Gesicht. »Ah. Der Maestro erinnert sich. Er hat ein paar verrückte Geschichten gehört. Wahr?«

»Kommt drauf an, was du gehört hast.«

»Sucht nach dem Sperrgürtel. Segelt allein.«

»Mehr oder weniger.«

Der Alte spitzte die gummiartigen Lippen und schob das Geld in die Schürzentasche. »Der Maestro wird sehen, was er tun kann. Komm morgen wieder.«

Michael kehrte in das Apartment zurück. Vorher war er in der Bibliothek gewesen, und jetzt hatte er ein schweres Buch in der Tasche: *Der Große Weltatlas von Reader's Digest*. Es gehörte zu den Büchern, die eigentlich niemand ausleihen durfte. Er hatte gewartet, bis die Bibliothekarin der Abteilung für Nachschlagewerke abgelenkt war, und dann hatte er den Atlas in seine Tasche geschoben und sich verdrückt.

Auch heute wurde eine Gutenachtgeschichte von ihm verlangt. Diesmal handelte sie von dem Sturm. Kate lauschte mit gespannter Aufmerksamkeit, als könnte die Sache damit enden, dass er im Meer ertrank, auch wenn er jetzt unmittelbar vor ihr saß. Mit Sara sprach er nicht über den Abend zuvor. So war es zwischen ihnen: Ihr Schweigen sprach manchmal Bände. Sara wirkte außerdem abgelenkt. Michael nahm an, dass im Krankenhaus etwas passiert war, und beließ es dabei.

Am Morgen verließ er die Wohnung, bevor die anderen aufwachten. Der alte Mann erwartete ihn schon.

»Der Maestro hat es geschafft«, verkündete er.

Er führte Michael zu einem Röhrenmonitor. Seine Finger huschten über eine Tastatur, und eine leuchtende Karte erschien auf dem Bildschirm. »Das Schiff. Wo?«

»Ich habe es in der Galveston Bay gefunden, in der Mündung des Houston Ship Channel.«

»Weit weg von Zuhause.«

Der Maestro erläuterte Michael die Daten. Die *Bergensfjord* war Mitte März von Hongkong aus nach Hawaii und dann durch den Panamakanal in den Atlantik gefahren. Auf der Zeitachse, die Michael der Zeitung entnommen hatte, war das vor dem Auftreten des Ostervirus passiert. Sie hatten die Kanarischen Inseln angelaufen, möglicherweise um die Treibstofftanks zu füllen, und die Fahrt dann auf Nordkurs fortgesetzt.

An dieser Stelle änderten sich die Daten. Das Schiff war im Kreis an den nordeuropäischen Küsten auf- und ab gefahren.

Nach einem kurzen Ausflug in die Straße von Gibraltar hatte es gewendet, ohne ins Mittelmeer einzufahren, und war nach Teneriffa zurückgekehrt. Nach ein paar Wochen waren sie dort wieder in See gegangen. Die Epidemie dürfte sich zu dieser Zeit bereits weit ausgebreitet haben. Sie hatten die Magellanstraße passiert und waren nordwärts in Richtung Äquator gefahren.

Mitten auf dem Ozean hatte das Schiff anscheinend gestoppt. Nach zwei Wochen ohne jede Bewegung endeten die Daten.

»Können wir sagen, wohin sie dann wollten?«, fragte Michael.

Neue Daten erschienen auf dem Bildschirm, Kursberechnungen, wie der Maestro erklärte. Er scrollte hinunter und lenkte Michaels Aufmerksamkeit auf den letzten Eintrag.

»Können Sie mir davon eine Kopie machen?«, fragte Michael.

»Schon geschehen.« Der Alte wühlte einen Flashdrive aus seiner Schürzentasche. Michael steckte ihn ein. »Der Maestro ist neugierig. Warum so wichtig?«

»Ich habe daran gedacht, Urlaub zu machen.«

»Der Maestro hat bereits nachgesehen. Leerer Ozean. Nichts da.« Seine hellen Augenbrauen hoben sich. »Oder vielleicht doch?«

Der Mann war kein Idiot. »Vielleicht«, sagte Michael.

Er hinterließ einen Zettel für Sara. *Entschuldige mein Verschwinden. Besuche einen alten Freund. Bin hoffentlich in ein paar Tagen wieder da.*

Der zweite Transport in die Zone Orange ging um 09:00 Uhr. Michael fuhr bis zur Endstation, stieg aus und wartete, bis der Bus weggefahren war. Auf einem Schild stand:

**Sie betreten Zone Rot**
**Weitergehen auf eigene Gefahr**
**Suchen Sie im Zweifelsfall sofort Zuflucht**

Wenn ihr wüsstet, dachte er. Dann ging er los.

# 11

Bevor die Morgenschicht anfing, ging Sara noch einmal ins Waisenhaus. Schwester Peg begrüßte sie an der Tür.

»Wie geht's ihr?«, fragte Sara.

Die Schwester sah gehetzter aus als sonst. Sie hatte eine lange Nacht hinter sich. »Nicht besonders gut, fürchte ich.«

Pim war schreiend aufgewacht. Sie hatte so laut geheult, dass sie den ganzen Schlafsaal geweckt hatte. Vorläufig hatte man sie in Schwester Pegs Quartier untergebracht.

»Wir hatten hier schon misshandelte Kinder, aber so extrem war es nie. Noch eine solche Nacht …«

Schwester Peg führte Sara in ihr Zimmer, eine klosterartige Zelle mit spartanischer Einrichtung. Der einzige Schmuck bestand aus einem großen Kreuz an der Wand. Pim war wach und saß mit fest an die Brust gezogenen Knien auf dem Bett. Als Sara hereinkam, entspannte sich ihr Gesicht ein wenig. *Hier ist eine Verbündete, eine, die Bescheid weiß.*

»Ich bin draußen, wenn Sie mich brauchen«, sagte Schwester Peg.

Sara setzte sich auf das Bett. Der Schmutz war abgewaschen, das verfilzte Haar glattgebürstet oder abgeschnitten. Die Schwestern hatten ihr ein schlichtes Wollhemd angezogen.

– WIE GEHT ES dir HEUTE?, schrieb Sara auf die Tafel.

– OK.

– SCHWESTER SAGT, DU KONNTEST NICHT SCHLAFEN.

Pim schüttelte den Kopf.

Sara erklärte ihr, dass die Verbände gewechselt werden müssten. Das Mädchen zuckte zusammen, als Sara behutsam die Kompressen ablöste, eine antibiotische Salbe und eine kühlende Aloe-Creme auf die Verletzungen strich und sie frisch verband.

– TUT MIR LEID, WENN DAS WEHGETAN HAT.

Pim zuckte die Achseln.

Sara schaute ihr in die Augen. ES WIRD ALLES GUT, schrieb sie. Als das Mädchen sich nicht rührte, fügte sie hinzu: ES WIRD BESSER.

– KEINE ALPTREUME MER?

Sara schüttelte den Kopf. Nein.

– WIE?

Natürlich war die nächstliegende Antwort: *Es vergeht mit der Zeit.* Aber das war nicht die Wahrheit oder doch nicht die ganze Wahrheit. Was den Schmerz stillte, waren andere Menschen. Hollis, Kate. Teil einer Familie zu sein.

– EINFACH SO, schrieb sie.

Es war fast 08:00 Uhr. Sara musste gehen, auch wenn sie nicht wollte. Sie hob ihre Tasche auf und schrieb:

– ICH MUSS JETZT GEHEN. RUH DICH AUS. DIE SCHWESTERN KÜMMERN SICH UM DICH.

– KOMST du WIDER?, schrieb Pim.

Sara nickte.

– ERENWORT?

Pim schaute sie eindringlich an. Ihr Leben lang war sie von anderen Menschen weggeworfen worden. Warum sollte Sara anders sein?

»Ja.« Sara legte die Hand aufs Herz. »Ehrenwort.«

Schwester Peg erwartete sie im Flur. »Wie geht's ihr?«

Der Tag hatte gerade erst angefangen, aber Sara fühlte sich schon völlig ausgelaugt. »Die Wunden auf dem Rücken sind nicht das eigentliche Problem. Ich wäre nicht überrascht, wenn sie noch mehr solche Nächte erlebt.«

»Besteht die Chance, dass wir Verwandte finden? Jemanden, der sie aufnehmen kann?«

»Ich glaube, das wäre das Schlimmste für sie.«

Schwester Peg nickte. »Ja, natürlich. Das war dumm von mir.«

Sara gab der Frau eine Rolle Verbandmull, ein paar ausgekochte Stoffkompressen und einen Tiegel Salbe. »Wechseln Sie die Verbände alle zwölf Stunden. Es gibt keine Anzeichen für eine Entzündung, aber wenn sich etwas verschlimmern sollte oder wenn sie Fieber bekommt, lassen Sie mich sofort rufen.«

Stirnrunzelnd betrachtete Schwester Peg die Sachen in ihrer Hand. Dann hellte sich ihre Miene ein wenig auf. »Ich wollte Ihnen noch danken für den Abend neulich. Es war schön, mal rauszukommen. Ich sollte das öfter tun.«

»Peter hat sich gefreut, dass Sie da waren.«

»Caleb ist so groß geworden. Kate auch. Man vergisst manchmal leicht, wie viel Glück wir haben. Dann sieht man so etwas hier ...« Sie ließ den Gedanken vorübergehen.

»Ich gehe jetzt besser zurück zu den Kindern. Wo wären sie ohne die böse alte Schwester Peg?«

»Sie spielen die Rolle gut, wenn ich das sagen darf.«

»Merkt man das? Eigentlich bin ich eine weichherzige Alte.«

Sie begleitete Sara hinaus. In der Tür blieb Sara noch einmal stehen. »Ich möchte Sie etwas fragen. Wie viele Kinder werden eigentlich adoptiert, sagen wir, im Laufe eines Jahres?«

»Im Laufe eines Jahres?« Schwester Peg war sichtlich verblüfft. »Keins.«

»Kein einziges?«

»Es kommt vor, aber nur sehr selten. Und nie eins von den älteren Kindern, wenn Sie das meinen. Manchmal wird ein Baby hier abgeliefert, und ein paar Tage später kommt ein Verwandter und erhebt Anspruch darauf. Aber wenn ein Kind erst mal eine Weile hier war, bleibt es sehr wahrscheinlich auch hier.«

»Das wusste ich nicht.«

Schwester Peg schaute Sara forschend an. »Wir beide sind nicht so verschieden voneinander, wissen Sie. Zehn Mal am Tag gibt unsere Arbeit uns einen guten Grund zum Weinen. Aber das dürfen wir nicht. Wir wären niemandem mehr nützlich, wenn wir es täten.«

Das stimmte, aber Saras Herz war deshalb nicht weniger schwer. »Danke, Schwester.«

In düsterer Stimmung ging sie zum Krankenhaus. Als sie das Gebäude betrat, winkte Wendy sie eindringlich zu sich an den Empfang.

»Da wartet jemand auf Sie.«

»Ein Patient?«

Wendy sah sich um und vergewisserte sich, dass niemand sie hören konnte. Sie senkte die Stimme zu einem Flüstern. »Er sagt, er kommt von der *Einwohnerbehörde.*«

*Oha,* dachte Sara. *Das ging ja schnell.* »Wo ist er?«

»Ich habe ihm gesagt, er soll hier warten, aber er ist auf die Station gegangen und wollte Sie suchen. Jenny ist bei ihm.«

»Sie haben *Jenny* mit ihm reden lassen? Sind Sie verrückt?«

»Ich konnte doch nichts machen! Sie stand direkt daneben, als er nach Ihnen fragte!« Wendy senkte die Stimme wieder. »Es geht um die Frau mit der Plazentaablösung, nicht wahr?«

»Hoffentlich nicht.«

Vor dem Eingang zur Station nahm Sara einen sauberen Kittel aus dem Regal. Sie hatte einen zweifachen Vorteil. Einer war ihr Rang. Sie war Ärztin, und auch wenn sie es nicht gern tat, konnte sie ihre Position ausspielen, wenn es sein musste. Ein gewisser herrischer Tonfall, verhüllte oder nicht allzu sehr verhüllte Hinweise auf ungenannte Personen mit beträchtlichem Einfluss, der Mantel einer höheren Berufung, ein arbeitsreicher Tag, Menschenleben, die gerettet werden mussten – Sara hatte sämtliche Tricks gelernt. Und zweitens: Sie hatte nichts Unrechtes getan. Nicht die richtigen Unterlagen einzureichen war kein Verbrechen, sondern höchstens ein Versehen. Sie selbst war kaum gefährdet, aber das würde Carlos und seiner Familie nicht helfen. Wenn der Betrug ans Licht käme, würde man ihnen Grace wegnehmen.

Sie betrat die Station. Jenny stand bei einem Mann mit dem unverkennbaren Aussehen eines Bürokraten: verweichlicht, mit schütterem Haar, Plattfüßen und einer teigigen Haut, die kaum jemals die Sonne sah. Jenny sah sie mit kaum verhüllter Panik an: *Hilfe!*

»Sara«, fing sie an, »das ist ...«

Sara ließ sie nicht ausreden. »Jenny, könnten Sie bitte in der Wäscherei nach Decken sehen? Ich glaube, wir haben nicht mehr viele.«

»Wirklich nicht?«

»Jetzt gleich, bitte.«

Jenny wieselte hinaus.

»Ich bin Dr. Wilson«, sagte Sara zu dem Mann. »Worum geht es?«

Der Mann räusperte sich. Er wirkte ein bisschen nervös. Gut so. »Da ist eine Frau, die hier vor vier Nächten ein Mädchen entbunden hat.« Er blätterte in den Unterlagen, die er in der Hand hielt. »Sally Jiménez? Ich glaube, Sie waren die diensthabende Ärztin.«

»Und Sie sind ...?«

»Joe English. Ich komme von der Einwohnerbehörde.«

»Ich habe viele Patientinnen, Mr English.« Sie tat, als müsse sie nachdenken. »Ach ja, ich erinnere mich. Ein gesundes Mädchen. Gibt es da ein Problem?«

»Dem Meldeformular lag kein Geburtsberechtigungsschein bei. Die Frau hat aber schon zwei Söhne.«

»Ich bin aber sicher, ich habe mich darum gekümmert. Sie müssen noch mal nachsehen.«

»Ich habe gestern den ganzen Tag danach gesucht. In meinem Büro ist nichts angekommen, das steht fest.«

»Macht Ihr Büro niemals Fehler? Gehen niemals Unterlagen verloren?«

»Wir arbeiten sehr gewissenhaft, Dr. Wilson. Nach Angaben der Schwester am Empfang wurde Mrs Jiménez nach drei Tagen entlassen. Wir sprechen immer zuerst mit der Familie, aber die scheint nicht zu Hause zu sein. Ihr Mann ist seit der Geburt nicht mehr zur Arbeit erschienen.«

*Sehr dumm von dir, Carlos.* »Ich bin nicht mehr verantwortlich für die Leute, wenn wir sie entlassen haben.«

»Aber Sie sind durchaus dafür verantwortlich, dass die richtigen Unterlagen eingereicht werden. Ohne einen gültigen Berechtigungsschein werde ich den Fall nach oben weiterleiten müssen.«

»Na, ich bin sicher, es hat einen gegeben. Ist das alles? Ich habe hier sehr viel zu tun.«

Er musterte sie ungemütlich lange. »Für den Augenblick ja, Dr. Wilson.«


Wo immer die Familie Jiménez sein mochte, die Einwohnerbehörde würde nicht lange brauchen, um sie aufzustöbern, das wusste Sara. Es gab nicht viele Möglichkeiten, sich zu verstecken.

Sie bemühte sich, nicht weiter daran zu denken. Sie hatte ihr Bestes getan, um ihnen zu helfen, und jetzt hatte sie die Situation nicht mehr in der Hand. Schwester Peg hatte recht: Sie hatte hier eine Aufgabe zu erfüllen. Die Aufgabe war wichtig, und sie war gut darin. Darauf vor allem kam es an.

Mitten in der Nacht wachte sie mit dem Gefühl auf, ein machtvoller Traum habe sie aus dem Schlaf hochfahren lassen. Sie stand auf und sah nach Kate. Sie war sicher, dass ihre Tochter in dem Traum vorgekommen war, wenn auch nur am Rande. Sie hatte nicht im Mittelpunkt gestanden, sondern war Zuschauerin gewesen, Richterin beinahe. Sara setzte sich zu ihrer Tochter auf den Bettrand und sah zu, wie die Nacht hindurchzog. Das Mädchen schlief tief. Ihr Mund war halb geöffnet, und der Brustkorb hob und senkte sich unter langen, gleichmäßigen Atemzügen, die die Luft mit ihrem unverwechselbaren Duft erfüllten. Im Homeland, in der Zeit, bevor Sara sie wiedergefunden hatte, war es Kates Duft gewesen, der ihr die Kraft zum Durchhalten gegeben hatte. Sie hatte einen Umschlag mit einer Babylocke in ihrer Koje versteckt, und jede Nacht hatte sie sie herausgeholt und an ihr Gesicht gedrückt. Diese Handlung, das wusste Sara, war so etwas wie ein Gebet – nicht darum, dass Kate noch lebte, sondern dass sie sich dort, wo sie war, wo immer ihr Geist hingegangen sein mochte, zu Hause fühlen möge.

»Ist alles in Ordnung?«

Hollis stand hinter ihr. Kate regte sich, drehte sich um und lag wieder still.

»Komm wieder ins Bett«, flüsterte er.

»Ich kann ausschlafen. Ich habe die zweite Schicht.«

Hollis schwieg.

»Okay«, sagte sie.

Als der Morgen dämmerte, war Sara hellwach. Hollis meinte, sie solle im Bett bleiben, aber sie stand auf. Sie würde erst nach dem Abendessen aus dem Krankenhaus zurückkommen, und sie wollte Kate zur Schule bringen. Sie war halb trunken vor Erschöpfung, aber dieser Umstand beeinträchtigte anscheinend nicht ihre Urteilskraft, sondern war ein Quell der Klarheit. Am Eingang der Schule nahm sie ihre Tochter fest in die Arme. Es schien gar nicht lange her zu sein, dass Sara dazu knien musste. Jetzt reichte ihr Kates Scheitel bis an die Brust.

»Mom?«

Die Umarmung dauerte jetzt schon eine ganze Weile. »Sorry.« Sara ließ sie los. Die anderen Kinder strömten an ihnen vorbei. Sara begriff, was sie empfand. Sie war glücklich. Ihr war ein Stein vom Herzen gefallen. »Geh schon, Kiddo«, sagte sie. »Wir sehen uns später.«

Die Registratur öffnete um neun. Sara wartete auf der Treppe im getüpfelten Schatten einer Virginia-Eiche. Es war ein angenehmer Sommermorgen. Leute gingen vorbei. Wie schnell das Leben sich ändern konnte, dachte sie.

Als die Angestellte die Tür aufschloss, stand Sara auf und folgte der Frau ins Gebäude. Sie war schon älter und hatte ein freundliches, wettergegerbtes Gesicht und strahlende falsche Zähne. In aller Ruhe ließ sie sich hinter der Theke nieder, bevor sie Sara anschaute und so tat, als sehe sie sie erst jetzt.

»Kann ich Ihnen helfen?«

»Ich muss eine Geburtsberechtigung übertragen.«

Die Angestellte befeuchtete ihre Fingerspitzen mit der Zunge und zog ein Formular aus einem Regalfach, legte es auf die Theke und tauchte ihre Feder in ein Tintenfass. »Wessen?«

»Meine.«

Die Frau ließ die Feder über dem Papier schweben und hob den Kopf. Ihr Gesicht war teilnahmsvoll. »Sie sehen jung aus, Schätzchen. Sind Sie sicher?«

»Bitte, können wir das einfach erledigen?«

Sara schickte das Dokument mit einer angehängten Notiz – *Sorry! Doch noch gefunden!* – an die Einwohnerbehörde und ging dann zum Krankenhaus. Der Tag verging schnell; Hollis war noch wach, als sie nach Hause kam. Sie wartete, bis sie im Bett waren, bevor sie ihre Neuigkeit verkündete.

»Ich möchte noch ein Kind haben.«

Er stützte sich auf die Ellenbogen und drehte sich zu ihr um. »Sara, wir haben darüber gesprochen. Du weißt, das können wir nicht.«

Sie küsste ihn, lange und zärtlich, und dann wich sie zurück und schaute ihm in die Augen. »Genau genommen«, sagte sie, »ist das nicht ganz richtig.«

# 12

Zehn Züge, und Caleb hatte Peter komplett umzingelt. Eine Finte mit einem Turm, ein grausam geopferter Springer, und die feindlichen Kräfte fluteten über ihn hinweg.

»Verdammt, wie hast du das gemacht?«

Im Grunde machte es Peter nichts aus, aber es wäre doch nett gewesen, hin und wieder zu gewinnen. Bei seinem letzten Sieg über Caleb hatte der Junge eine scheußliche Erkältung gehabt und war mitten im Spiel eingedämmert. Und selbst da hatte Peter nur mit knapper Not gewonnen.

»Ganz einfach. Du glaubst, ich bin in der Defensive, aber das bin ich nicht.«

»Du stellst mir eine Falle.«

Der Junge zuckte die Achseln. »Die Falle ist in deinem Kopf. Ich bringe dich dazu, das Spiel so zu sehen, wie ich es brauche.« Er stellte die Figuren wieder auf. Ein Sieg genügte nicht für einen Abend. »Was wollte der Soldat von dir?«

Caleb hatte die Gewohnheit, das Thema manchmal so abrupt zu wechseln, dass Peter nur mit Mühe mitkam. »Es ging um einen Job.«

»Um was für einen?«

»Um die Wahrheit zu sagen, ich weiß es nicht genau.« Achselzuckend schaute er auf das Brett. »Ist auch nicht so wichtig. Mach dir keine Sorgen. Ich werde nicht weggehen.«

Lustlos schoben sie Bauern hin und her.

»Ich will immer noch Soldat werden, weißt du«, sagte der Junge. »Wie du einer warst.«

Von Zeit zu Zeit fing er damit an. Peter hörte es mit gemischten Gefühlen. Einerseits war er von dem väterlichen Bestreben erfüllt, Caleb von jeder Gefahr fernzuhalten. Andererseits fühlte er sich geschmeichelt. Schließlich zeigte der Junge Interesse an dem Leben, für das er selbst sich entschieden hatte.

»Na ja, du wärst gut.«

»Vermisst du es?«

»Manchmal. Ich mochte meine Männer, ich hatte gute Freunde. Aber lieber bin ich hier bei dir. Außerdem sieht es so aus, als wären diese Tage vorüber. Man braucht ja kaum Militär, wenn man mit niemandem kämpfen muss.«

»Alles andere wirkt ziemlich langweilig.«

»Langeweile wird unterschätzt, glaub mir.«

Sie spielten schweigend.

»Jemand hat mich nach dir gefragt«, sagte Caleb schließlich. »Ein Junge in der Schule.«

»Was wollte er wissen?«

Caleb betrachtete das Brett, streckte die Hand nach einem Läufer aus und schob dann seine Dame ein Feld vorwärts. »Nur … wie es ist, dich als Dad zu haben. Er wusste viel über dich.«

»Welcher Junge war das?«

»Er heißt Julio.«

Das war keiner von Calebs üblichen Freunden. »Was hast du ihm erzählt?«

»Ich hab ihm erzählt, du arbeitest den ganzen Tag auf den Dächern.«

Ausnahmsweise schlug Peter ein Unentschieden heraus. Er brachte den Jungen ins Bett und goss sich dann ein Glas aus Hollis'

Flasche ein. Calebs Worte hatten ihm einen kleinen Stich versetzt. Sanchez' Angebot war nicht wirklich verlockend, aber die ganze Sache hatte einen schlechten Nachgeschmack hinterlassen. Die Manipulationen der Frau waren leicht durchschaubar, und das sollten sie auch sein – das war das Geniale daran. Sie hatte sein natürliches Pflichtgefühl geweckt und gleichzeitig klargemacht, dass mit ihr nicht zu spaßen war. *Am Ende kriege ich Sie doch, Mr Jaxon.*

Versuch's nur, sagte er. Ich werde hier sein und meinen Jungen ermahnen, sich die Zähne zu putzen.

Sie waren dabei, das Dach eines alten Missionsgebäudes in der Nähe des Stadtzentrums neu zu decken. Es stand seit Jahrzehnten leer und wurde jetzt zu einem Apartmentkomplex umgebaut. Peters Crew hatte zwei Wochen dafür gebraucht, den morschen Glockenturm abzureißen, und jetzt hatten sie angefangen, die alten Schindeln abzunehmen. Das Dach war steil, und sie arbeiteten auf dreißig Zentimeter breiten waagerechten Planken, die in Abständen von knapp zwei Metern mit Metallklammern befestigt waren, die an die Blechverschalung genagelt waren. Zwei Leitern, die an den Enden der Planken auf dem Dach lagen, verbanden sie wie eine Treppe.

Den ganzen Vormittag über arbeiteten sie mit nacktem Oberkörper in der Hitze. Peter stand auf der obersten Planke mit zwei anderen, Jock Alvado und Sam Foutopolis, den alle nur Foto nannten. Foto arbeitete schon seit Jahren als Bauarbeiter, Jock erst seit wenigen Monaten. Er war jung, vielleicht siebzehn, hatte ein schmales Gesicht voller Pickel und trug sein langes, fettiges Haar zu einem Pferdeschwanz gebunden. Niemand mochte ihn; seine Bewegungen waren zu ruckartig, und er redete zu viel. Bei den Dachdeckerkolonnen war es ein ungeschriebenes Gesetz, nicht über die Gefahren zu sprechen. Es war eine Art Respekt. Wenn Jock nach unten schaute, machte er gern dumme Sprüche wie »Wow, das würde wehtun!« oder »Also, wer da runterfliegt, ist echt im Arsch«.

Mittags machten sie Pause. Hinunterzuklettern war ihnen zu umständlich. Sie aßen ihren Lunch da, wo sie waren. Jock erzählte von einem Mädchen, das er auf dem Markt gesehen hatte, aber Peter hörte kaum zu. Die Geräusche der Stadt wehten wie ein akustischer Dunst zu ihnen herauf, und ab und zu flog ein Vogel vorbei.

»Lasst uns weitermachen«, sagte Foto.

Mit Stemmeisen und Hämmern brachen sie die alten Schindeln los. Peter und Foto stiegen auf die dritte Planke, und Jock arbeitete rechts unterhalb von ihnen. Er redete immer noch von der Frau – von ihrem Haar, von ihrem speziellen Gang, von einem Blick, den sie gewechselt hatten.

»Hält der jemals die Klappe?«, fragte Foto. Er war ein kräftiger, muskulöser Mann mit einem graugesträhnten schwarzen Bart.

»Ich glaube, er hört einfach seine eigene Stimme gern.«

»Ich schmeiße seinen Arsch gleich vom Dach, das schwöre ich.« Foto spähte nach oben und blinzelte in der Sonne. »Ich glaube, wir haben ein paar vergessen.«

Mehrere Schindeln saßen noch am First. Peter schob Brechstange und Hammer in den Werkzeuggürtel. »Ich gehe noch mal rauf.«

»Lass, das kann der Loverboy machen. Jock«, schrie Foto nach unten, »du musst noch mal hoch.«

»Die hab ich nicht hängen lassen. Das war Jaxons Abschnitt.«

»Jetzt ist es deiner.«

»Na schön«, schnaubte der Junge. »Wenn du es sagst.«

Jock hakte seinen Gurt los, kletterte die Leiter hinauf zur obersten Planke und schob sein Stemmeisen unter eine der Schindeln. Als er den Hammer hob, um zuzuschlagen, erkannte Peter, dass er senkrecht über ihnen war.

»Halt, warte …«

Die Schindel brach heraus. Sie schwirrte herunter, dicht an Fotos Kopf vorbei.

»Idiot!«

»Sorry, ich hab euch da nicht gesehen.«

»Was dachtest du denn, wo wir sind?«, schrie Foto. »Das hast du absichtlich getan. Und hak dich fest, Herrgott noch mal!«

»Es war ein Versehen«, sagte Jock. »Beruhige dich. Ihr müsst zur Seite gehen.«

Sie rutschten seitwärts. Jock brachte seine Arbeit zu Ende und hatte den Abstieg begonnen, als Peter ein lautes Knacken hörte. Jock schrie auf. Ein zweites Knacken – und mit lautem Geklapper rutschte die Leiter mit Jock rasend schnell am Dach herunter. In letzter Sekunde warf er sich zur Seite und rutschte auf dem Bauch weiter abwärts. Nach seinem ersten Schrei hatte er keinen Laut mehr von sich gegeben. Seine Hände suchten panisch nach einem Halt, und seine Zehen stemmten sich gegen die Schindeln, um das Rutschen abzubremsen. Soweit Peter wusste, war noch nie jemand vom Dach gefallen, aber plötzlich erschien es nicht nur möglich, sondern wahrscheinlich: Jock war der Auserwählte.

Knapp drei Meter vor der Dachkante stoppte er. Seine Hand hatte etwas gepackt – einen rostigen Nagel.

»Hilfe!«

Peter hakte sich los und kletterte zur untersten Planke hinunter. Er packte eine Metallklammer und lehnte sich hinüber. »Nimm meine Hand.«

Der Junge war starr vor Entsetzen. Seine rechte Hand umklammerte den Nagel, die linke den Rand einer Dachschindel. Jeder Zoll seines Körpers presste sich an die Dachfläche.

»Wenn ich mich bewege, falle ich.«

»Nein, das tust du nicht.«

Tief unten auf der Straße waren Leute stehen geblieben und spähten herauf.

»Foto, wirf mir meine Sicherheitsleine zu«, sagte Peter.

»Die reicht nicht bis zu dir. Ich muss sie neu verankern.«

Der Nagel bog sich unter Jocks Gewicht. »O Gott, ich rutsche ab!«

»Hör auf zu zappeln. Foto, beeil dich mit der Leine!«

Die Leine kam, aber Peter hatte keine Zeit mehr, sich einzuhaken. Der Junge würde gleich abstürzen. Foto zog die Leine über die Rolle straff, Peter schlang sie um seinen Unterarm und warf sich zu Jock hinüber. Der Nagel brach, und Jock kam wieder ins Rutschen.

»Ich hab dich!«, schrie Peter. »Festhalten!«

Er hatte ihn beim Handgelenk erwischt. Jocks Füße waren nur noch wenige Zoll von der Dachkante entfernt.

»Halt dich irgendwo fest!«, sagte Peter.

»Da ist nichts!«

Peter wusste nicht, wie lange er ihn noch würde halten können. »Foto, kannst du uns hochziehen?«

»Ihr seid zu schwer.«

»Dann knote die Leine fest und komm mit ein paar Klammern herunter.«

Unten auf der Straße war eine kleine Menschenmenge zusammengekommen. Viele Leute zeigten in die Höhe. Die Entfernung bis zum Boden hatte sich vergrößert und war zu einer endlosen Weite geworden, die sie mit Haut und Haaren verschlingen würde. Ein paar Sekunden verstrichen, dann kam Foto auf der Planke über ihnen heran.

»Was soll ich machen?«

»Jock, dicht unter dir an der Dachkante ist ein kleiner Rand. Du musst versuchen, ihn mit den Füßen zu finden.«

»Da ist nichts!«

»Doch, er ist da – ich kann ihn sehen.«

Einen Moment später sagte Jock: »Okay, ich hab ihn.«

»Tief durchatmen, okay? Ich muss dich für einen Augenblick loslassen.«

Jocks Griff um Peters Handgelenk wurde fester. »Machst du Witze?«

»Ich kann dich sonst nicht hochziehen. Ich garantiere, die Kante wird dich halten, wenn du dich nicht bewegst.«

Der Junge hatte keine Wahl. Langsam ließ er los.

»Foto, wirf mir eine Klammer zu.«

Peter fing sie mit der freien Hand, klemmte sie in eine Lücke zwischen den Schindeln, wühlte einen Nagel aus seinem Werkzeuggürtel und drückte ihn in den Spalt, bis er hielt. Drei Schläge mit dem Hammer, und er saß fest. Er schlug einen zweiten Nagel ein und ließ sich dann ein Stück weit hinunter.

»Wirf noch eine!«

»Bitte«, stöhnte Jock. »Beeilt euch.«

»Tief durchatmen. In einer Minute ist alles vorbei.«

Peter schlug noch drei weitere Klammern ein. »Okay, jetzt streck vorsichtig den Arm hoch und nach links.«

Jocks Finger bekamen die Klammer zu fassen. »Yeah. Himmel.«

»Jetzt zieh dich hoch bis zur nächsten. Lass dir Zeit – es hat keine Eile.«

Klammer um Klammer zog Jock sich hoch. Peter folgte ihm. Dann setzte Jock sich auf die Planke und trank in tiefen Zügen Wasser aus einer Feldflasche. Peter hockte sich neben ihn.

»Alles okay?«

Jock nickte unbestimmt. Er war bleich, und seine Hände zitterten.

»Lass dir einen Augenblick Zeit«, sagte Peter.

»Verdammt, lass dir den ganzen Tag Zeit«, sagte Foto. »Von mir aus den Rest deines Lebens.«

Jock starrte ins Leere. Er sah nichts, vermutete Peter.

»Versuch dich zu entspannen«, sagte Peter.

Jocks Blick wanderte zu Peters Gurtgeschirr. »Du warst nicht eingehakt?«

»Dafür war keine Zeit.«

»Dann hast du das alles … einfach so getan. Die Leine gehalten.«

»Hat doch geklappt, oder?«

Jock schaute weg. »Ich dachte, ich bin tot. Ganz sicher.«

»Weißt du, was mir stinkt?«, sagte Foto. »Dieser kleine Scheißer hat sich nicht mal bei dir bedankt.«

Sie hatten früh Feierabend gemacht, und die beiden saßen vor dem Gebäude auf der Treppe und ließen eine Flasche hin und her gehen. Jock würden sie nicht wiedersehen; er hatte seinen Werkzeuggürtel abgeliefert und war gegangen.

»Das war schlau, das mit den Klammern«, fuhr Foto fort. »Darauf wäre ich nicht gekommen.«

»Vielleicht doch. Ich war nur der Erste.«

»Dieser Bengel hat ein gottverdammtes Glück gehabt, mehr sage ich dazu nicht. Und sieh dich an – völlig ungerührt.«

Es stimmte: Peter hatte sich unbesiegbar gefühlt, absolut konzentriert, und seine Gedanken waren klar wie Eis gewesen. In Wirklichkeit gab es keinen Rand an der Dachkante. Das Dach endete einfach. *Ich bringe dich dazu, das Spiel so zu sehen, wie ich es brauche.*

Foto schraubte die Flasche zu und stand auf. »Dann sehen wir uns wohl morgen früh.«

»Ehrlich gesagt, ich glaube, das war's für mich«, sagte Peter.

Foto starrte ihn an und gluckste dann leise. »Bei jedem anderen würde ich annehmen, er hat Angst zu sterben. Aber dir würde es wahrscheinlich gefallen, wenn jeden Tag jemand vom Dach rutschte, damit du ihn auffangen kannst. Was hast du stattdessen vor?«

»Jemand hat mir einen Job angeboten. Ich dachte, ich wäre nicht interessiert, aber vielleicht bin ich es doch.«

Foto nickte gleichmütig. »Was immer es ist, es muss interessanter sein als das hier. Es stimmt, was man über dich sagt.« Sie schüttelten einander die Hand. »Ich wünsche dir Glück, Jaxon.«

Peter sah ihm nach, und dann ging er zum Capitol. Als er Sanchez' Büro betrat, blickte sie von ihren Akten auf.

»Mr Jaxon. Das ging schnell. Ich dachte, ich müsste mich noch ein bisschen mehr anstrengen.«

»Zwei Bedingungen. Besser gesagt, drei.«

»Die erste betrifft natürlich Ihren Sohn. Ich habe Ihnen mein Wort gegeben. Was noch?«

»Ich will unmittelbaren Zugang zu Ihnen. Keine Mittelsmänner.«

»Was ist mit Chase? Der Mann ist mein Stabschef.«

»Nur Sie.«

Sie dachte nur einen kurzen Augenblick lang nach. »Wenn das die Bedingung ist ... Und was ist Nummer drei?«

»Ich muss keine Krawatte tragen.«

Die Sonne war eben untergegangen, als Michael an die Tür von Greers Hütte klopfte. Kein Licht, kein Laut drang heraus. *Na, ich bin zu weit gelaufen, um jetzt hier draußen zu warten,* dachte er. *Lucius hat sicher nichts dagegen.*

Er stellte seine Tasche auf den Boden und zündete die Lampe an. Dann sah er sich um. Greers Bilder – wie viele waren das wohl? Fünfzig? Hundert? Er trat näher heran. Ja, seine Erinnerung hatte ihn nicht getäuscht. Einige waren hastig auf das Papier geworfene Skizzen, andere hatten offensichtlich viele Stunden konzentrierter Arbeit gekostet. Michael suchte eins der Gemälde aus, nahm es von der Wand und legte es auf den Tisch: eine gebirgige Insel in grünem Licht, betrachtet vom Bug eines Schiffs aus, der am unteren Rand gerade noch sichtbar war. Der Himmel über und hinter der Insel war von tiefem, dämmrigem Blau, und in der Mitte, fünfundvierzig Grad über dem Horizont, schwebte ein Sternbild aus fünf Sternen.

Die Tür flog auf. Greer stand auf der Schwelle und zielte mit einem Gewehr auf Michaels Kopf.

»Verflucht, nimm das *Ding* runter«, sagte Michael.

Greer ließ das Gewehr sinken. »Es ist sowieso nicht geladen.«

»Gut zu wissen.« Michael tippte mit dem Finger auf das Bild. »Weißt du noch, wie ich gesagt habe, du solltest mir etwas darüber erzählen?«

Greer nickte.

»Jetzt wäre der richtige Augenblick.«

Das Sternbild war das Kreuz des Südens – die auffälligste Erscheinung am Nachthimmel südlich des Äquators.

Michael zeigte Greer die Zeitung. Der Mann las sie ohne eine Reaktion, als sei der Inhalt keine Überraschung für ihn. Michael beschrieb die *Bergensfjord* und die Leichen, die er gefunden hatte, und er las den Brief des Kapitäns laut vor, was er noch nie getan hatte. Es war ein ganz anderes Gefühl, die Worte auszusprechen – nicht so, als hörte er ein Gespräch, sondern als ob er es nachspielte. Zum ersten Mal bekam er eine Ahnung von dem, was der Mann beabsichtigt hatte, als er einen Brief schrieb, der nie abgeschickt werden konnte. Es verlieh den Worten und den Gefühlen, die sie enthielten, eine Art Dauerhaftigkeit. Es war kein Brief, sondern eine Grabinschrift.

Die Daten vom Navigationscomputer der *Bergensfjord* hob Michael sich bis zum Schluss auf. Das Ziel des Schiffs war eine Region im Südpazifik, ungefähr auf halbem Weg zwischen der Nordspitze Neuseelands und den Cook Islands. Michael schlug den Atlas auf und zeigte sie Greer. Als die Maschine ausgefallen war, hatten sie sich fünfzehnhundert Meilen nord-nordöstlich von ihrem Ziel befunden, in der Äquatorialströmung.

»Und wie sind sie dann nach Galveston gekommen?«, fragte Greer.

»Das hätte nicht passieren sollen. Sie hätten sinken müssen, wie der Kapitän es geschrieben hat.«

»Sind sie aber nicht.«

Michael runzelte die Stirn. »Möglicherweise haben die Meeresströmungen sie hergeführt. Darüber weiß ich nicht besonders viel. Aber ich sage dir, was es bedeutet. Es gibt keinen Sperrgürtel, und es hat nie einen gegeben.«

Lucius nahm sich die Zeitung noch einmal vor und deutete auf die Mitte der Seite. »Das hier – dass das Virus sich über Vögel verbreitet haben könnte ...«

»Zugvögel.«

»Das sage ich ja, Michael. Bedeutet das, das Virus könnte immer noch da draußen unterwegs sein?«

»Wenn die Vögel Überträger sind, ja. Aber es klingt so, als hätten die Verantwortlichen das nie genau ermitteln können.«

»›In seltenen Fällen‹«, las Greer laut, »›haben Erkrankte die transformativen Effekte der nordamerikanischen Variante gezeigt, unter anderem eine deutliche Steigerung der Aggressivität, aber ob diese Personen die 36-Stunden-Schwelle überlebt haben, ist nicht bekannt.‹«

»Das hat mich auch stutzig gemacht.«

»Ist hier die Rede von Virals?«

»Wenn ja, dann ist es eine andere Art.«

»Was bedeutet, sie könnten noch am Leben sein. Die Zwölf zu töten würde sie nicht betroffen haben.«

Michael schwieg.

»Gütiger Gott.«

»Willst du wissen, was komisch ist?«, fragte Michael. »Aber vielleicht ist *komisch* nicht das richtige Wort. Die Welt hat uns unter Quarantäne gestellt und dem Tod überlassen. Und am Ende sind wir nur deshalb noch hier.«

Greer stand vom Tisch auf und nahm eine Flasche Whiskey vom Regal. Er schenkte zwei Gläser ein, gab Michael eins und trank. Michael tat es auch.

»Überleg mal, Lucius. Das Schiff ist um die halbe Welt getrieben. Es hat nie etwas gerammt, ist nie auf Grund gelaufen, ist in keinem Sturm vollgeschlagen. Auf irgendeine Weise gelangt es völlig intakt in die Galveston Bay, direkt unter unsere Nase. Wie groß sind die Chancen, dass das passiert?«

»Nicht groß, würde ich sagen.«

»Dann sag mir, was es hier macht. Du bist derjenige, der diese Bilder gemalt hat.«

Greer schenkte sich Whiskey nach, trank aber nicht. Er schwieg einen Moment lang und sagte dann: »Es ist das, was ich gesehen habe.«

»Was heißt ›gesehen‹?«

»Das ist schwer zu erklären.«

»Nichts von alldem ist einfach, Lucius.«

Greer starrte in sein Glas und drehte es auf der Tischplatte. »Ich war in der Wüste. Frag nicht, was ich da getan habe – das ist eine lange Geschichte. Ich hatte seit Tagen nichts mehr gegessen oder getrunken. In der Nacht passierte etwas mit mir. Ich weiß nicht genau, wie ich es nennen soll. Ich nehme an, es war ein Traum, aber es war stärker, realer.«

»Dieses Bild, meinst du. Die Insel, die fünf Sterne.«

Lucius nickte. »Ich war auf einem Schiff. Ich habe gespürt, wie es sich unter mir bewegte. Ich konnte die Wellen hören, die Salzluft riechen.«

»War das die *Bergensfjord?*«

Lucius schüttelte den Kopf. »Ich weiß nur, es war groß.«

»Warst du allein?«

»Kann sein, dass andere Leute da waren, aber sehen konnte ich sie nicht. Ich konnte mich nicht umdrehen.« Greer schaute ihn durchdringend an. »Michael, denkst du, was ich denke, dass du denkst?«

»Kommt drauf an.«

»Dass das Schiff für uns gedacht ist. Dass wir zu der Insel fahren sollen.«

»Wie kann man es sonst erklären?«

»Ich kann es nicht.« Greer runzelte skeptisch die Stirn. »Das ist überhaupt nicht deine Art. So viel Vertrauen in ein Bild zu setzen, das ein Verrückter gemalt hat.«

Einen Moment lang sprachen sie beide nichts. Michael nippte an seinem Whiskey.

»Dieses Schiff«, sagte Greer schließlich. »Wird es schwimmen?«

»Ich weiß nicht, wie groß der Schaden unter der Wasserlinie ist. Die unteren Decks sind geflutet, aber der Maschinenraum ist trocken.«

»Kannst du es instand setzen?«

»Vielleicht, aber ich würde eine Armee brauchen. Und eine Menge Geld, das wir nicht haben.«

Greer trommelte mit den Fingern auf dem Tisch. »Es gibt Mittel und Wege. Angenommen, wir hätten die nötigen Leute, wie lange würden wir brauchen?«

»Jahre. Verdammt, vielleicht Jahrzehnte. Wir müssten es auspumpen, ein Trockendock bauen, es hineinbringen. Und das wäre nur der Anfang. Das verdammte Ding ist zweihundert Meter lang.«

»Aber es ließe sich machen.«

»Theoretisch.«

Michael musterte seinen Freund. Das fehlende Puzzlestück hatten sie noch nicht angerührt, die Frage, aus der sich alle anderen ergaben.

»Was glaubst du«, fragte Michael, »wie viel Zeit haben wir?«

»Bis wann?«

»Bis die Virals wiederkommen.«

Greer antwortete erst nach einer kurzen Pause. »Ich weiß es nicht.«

»Aber sie werden kommen.«

Greer hob den Kopf, und Michael sah die Erleichterung in seinen Augen. Er war zu lange damit allein gewesen. »Sag mir, wie bist du darauf gekommen?«

»Es ist das Einzige, was einen Sinn ergibt. Die Frage ist, wie hast *du* es rausgefunden?«

Greer trank sein Glas leer, schenkte sich nach und trank es wieder leer. Michael wartete.

»Ich werde dir etwas erzählen, Michael, und du darfst niemals jemandem weitersagen, was du weißt. Nicht Sara, nicht Hollis, nicht Peter. *Vor allem nicht Peter.*«

»Wieso ihm nicht?«

»Ich habe die Regeln nicht gemacht, tut mir leid. Du musst mir dein Wort geben.«

»Du hast mein Wort.«

Greer atmete tief ein und ließ die Luft langsam wieder entweichen. »Ich weiß, dass die Virals zurückkommen, Michael, weil Amy es mir gesagt hat.«

# 13

Es regnete, als Alicia sich der Stadt näherte. Von oben gesehen, im weichen Licht des Morgens, war der Fluss so, wie sie ihn sich vorgestellt hatte: breit, dunkel, unaufhörlich fließend. Dahinter erhoben sich die Türme der Stadt, dicht wie ein Wald. Verfallene Landungsbrücken ragten vom Ufer ins Wasser, und Schiffswracks waren auf den Sandbänken gestrandet. Im Laufe eines Jahrhunderts war der Meeresspiegel angestiegen. Die Südspitze der Insel sah teilweise überflutet aus, und das Wasser leckte an den Flanken der Gebäude.

Sie ritt durch Schutt und Trümmer nach Norden, suchte stolpernd und im Zickzack einen Weg hindurch. Der Regen hörte auf, fing wieder an, hörte wieder auf. Am Spätnachmittag erreichte sie die Brücke: Zwei massive Pylone, riesenhafte Zwillinge, trugen die Fahrbahndecks an Stahlkabeln, die sie sich über die Schultern geschlungen hatten. Der Gedanke, sie zu überqueren, erfüllte Alicia mit einer tiefen Beklommenheit, die sie nicht zu zeigen wagte, aber Soldier spürte sie trotzdem. Ein winziges Stocken, ein Zögern in seinem Gang: *Das schon wieder?*

Ja, dachte sie. Das.

Sie schwenkte landeinwärts und machte die Auffahrtrampe ausfindig. Barrikaden, Maschinengewehrstellungen, Militärfahrzeuge, kahlgefressen vom Wetter eines Jahrhunderts, manche auf dem Dach oder auf der Seite liegend: Hier hatte eine Schlacht stattgefunden. Die obere Fahrbahn war verstopft von Autogerippen, weiß bemalt von Vogelkot. Alicia stieg ab und führte Soldier zwischen den Wracks hindurch. Mit jedem Schritt nahm ihre Bangigkeit zu. Es war ein automatisches Gefühl – wie eine Allergie, ein kaum unterdrücktes Niesen.

Ungefähr in der Mitte der Brücke kamen sie zu einer Stelle, wo die Fahrbahn eingestürzt war. Autos lagen in verbeulten Haufen auf der Ebene darunter. Ein schmaler Sims neben dem Brückengeländer, kaum mehr als einen Meter breit, war der einzig gangbare Weg.

»Keine große Sache«, sagte Alicia zu Soldier. »Nichts dabei.«

Die Höhe war bedeutungslos. Angst hatte sie vor dem Wasser. Jenseits des Geländers gähnte ein Abgrund des Todes. Schritt für Schritt, von eiskaltem Grauen erfüllt, führte sie Soldier hinüber. Wie seltsam, dachte sie, vor nichts Angst zu haben außer vor dem hier.

Die Sonne war hinter ihnen, als sie auf der anderen Seite ankamen. Eine zweite Rampe führte hinunter zur Straße und in eine Gegend voller Lagerhäuser und Fabrikgebäude. Sie stieg wieder auf und lenkte Soldier nach Süden über das Rückgrat der Insel. Die Nummern der Straßen wurden kleiner. Irgendwann blieben die Fabriken zurück und machten Platz für Apartmentblocks und Brownstones, und dazwischen lagen Brachflächen, teils Ödland, teils Miniaturdschungel. An manchen Stellen war die Straße überflutet, und schmutziges Flusswasser sprudelte unter den Kanaldeckeln herauf. Noch nie war Alicia in einer solchen Gegend gewesen; schon die dichte Bebauung der Insel war erstaunlich. Die winzigsten Geräusche und Bewegungen waren ihr bewusst: das Gurren von Tauben, das Rascheln von Ratten, das Wasser, das an den Innenwänden der Gebäude herabtropfte. Der beißende Sporengeruch des Schimmels. Der Muff der Fäulnis. Der Gestank der Stadt an sich, dieses Todestempels.

Der Abend kam. Fledermäuse schwirrten am Himmel. Sie war jetzt auf der Lenox Avenue, in Höhe der 110er-Straßen, als eine Wand aus Vegetation vor ihr aufragte. Im Herzen der verlassenen Stadt hatte ein Wald Wurzeln geschlagen und war zu ungeheuren Dimensionen erblüht. An seinem Rand hielt sie Soldier an und betrachtete die Bäume. Wenn die Virals kamen, kamen sie von oben. Von ihr würden sie natürlich nichts wollen – Alicia war eine von ihnen. Aber sie musste an Soldier denken. Sie ließ ein paar Minuten verstreichen, und als sie sicher war, dass sie ungefährdet durchkommen würden, stieß sie ihm die Fersen in die Flanken.

»Weiter geht's.«

Im Handumdrehen war die Stadt verschwunden. Es war, als wären sie mitten in uralten Wäldern. Die Nacht war hereingebrochen, erhellt von der Sichel des abnehmenden Mondes. Sie kamen zu einer weitläufigen Wiese mit fedrigem Gras, so hoch, dass es ihre Schenkel streifte, und dann ergriff der Wald wieder Besitz von der Umgebung.

Über eine steinerne Treppe gelangten sie hinauf zur 59th Street. Hier hatten die Gebäude Namen. Helmsley Park Lane. Essex House. Ritz-Carlton. Plaza. Sie trabte ostwärts zur Madison Avenue und ritt weiter nach Süden. Die Gebäude wurden höher und ragten wie Türme über der Straße auf, und die Nummern der Querstraßen stiegen unaufhörlich weiter ab. 56. 51. 48. 43.

42.

Alicia stieg ab. Das Gebäude war wie eine Festung, nicht hoch wie die anderen in der Umgebung, aber von majestätischer Art. Ein Schloss wie für einen König. Hohe Bogenfenster blickten finster auf die Straße herab, und auf dem Dach, mitten über der Fassade, stand eine steinerne Figur, die Arme zum Willkommensgruß ausgebreitet. Darunter, eingemeißelt in die Fassade und schimmernd im Mondlicht, las sie die Worte GRAND CENTRAL TERMINAL.

*Alicia, ich bin hier. Lish, ich bin so froh, dass du gekommen bist.*

Sie spürte ihre Brüder und Schwestern jetzt ganz deutlich. Sie waren überall unter ihr, in einer riesigen Ruhestätte, zusammengerollt schlummernd in den Eingeweiden der Stadt. Ob sie ihre Anwesenheit auch spürten? Es gab, begriff Alicia, eine bestimmte Stunde ihres Lebens, und jeder einzelne Tag seit ihrer Geburt hatte sie dorthin geführt. Was man für ein Labyrinth von Entscheidungen hielt, die zahllosen Möglichkeiten, die sich dem Leben boten, waren in Wahrheit eine Abfolge von Schritten auf einem Weg, und wenn du das Ziel erreicht hattest und zurückschautest, war nur noch dieser eine Weg zu sehen – der Weg, der für dich auserwählt war.

Sie hakte einen Strick an Soldiers Zaumzeug. Zwei Nächte zuvor, als sie ihr Lager am Rand von Newark aufgeschlagen hatte, hatte sie sich eine Kienspanfackel gemacht. Jetzt kauerte sie auf dem Gehweg, schabte einen Haufen Zunder zusammen, zündete ihn mit ihrem Feuerstahl an und hielt das Ende der Fackel in die Flamme, bis das Harz zu brennen begann. Sie stand auf und hielt die Fackel hoch. Sie würde stundenlang brennen und verbreitete ein rauchiges, orangegelbes Licht. Sie spannte ihre Patronengurte fest um die Brust, griff mit der rechten Hand über die linke Schulter und zog ihr Schwert aus der Scheide. Mit seiner blinkenden Schneide, der harten Spitze und der vom stundenlangen Üben verschlissenen Umwicklung des Griffs hatte diese Waffe keinerlei symbolische Bedeutung für sie. Sie war ein Werkzeug, weiter nichts. Sie schwenkte sie langsam hin und her und fühlte, wie die Kraft des Stahls mit ihrer eigenen verschmolz. Soldier beobachtete sie. Als sie spürte, dass der richtige Augenblick gekommen war, schob sie die Klinge wieder in die Scheide und öffnete die Tür zum Bahnhof.

»Es ist Zeit.«

Sie führte Soldier hinein. Zerbrochenes Glas knirschte unter ihren Füßen, und sie hörte das Quieken von Ratten. Drei Schritte hinter dem Eingang boten sich zwei Möglichkeiten: geradeaus, durch einen abschüssigen Korridor zur unteren Ebene des Bahnhofs oder nach links durch einen Portalbogen.

Sie wandte sich nach links.

Der Raum weitete sich um sie herum. Sie war in der Haupthalle des Bahnhofs, aber es sah nicht aus wie ein Bahnhof, sondern eher wie eine Kirche. Ein Ort, an dem sich große Menschenmengen versammelten, um in Anwesenheit eines höheren Wesens miteinander zu kommunizieren. Strahlen von Mondlicht fielen pulsierend durch die hohen Fenster auf den Boden und breiteten sich dort wie eine blassgelbe Flüssigkeit aus. Die Stille war übermächtig; sie hörte das Rauschen des Blutes in ihren Ohren. Sie schaute hoch und sah, dass das, was sie auf den ersten Blick für den Himmel gehalten hatte, ein Gemälde war. Die Decke war von Sternen übersät, und mitten zwischen ihnen erkannte sie Figuren – einen Stier, einen Widder, einen Mann, der Wasser aus einem Krug goss.

»Alicia. Hallo.«

Sie erschrak. Es war seine Stimme. Eine hörbare, eindeutig menschlich klingende Stimme.

»Ich bin hier drüben.«

Die Stimme kam vom anderen Ende der Halle. Alicia ging darauf zu und führte Soldier neben sich am Zügel. Vor sich sah sie etwas, das aussah wie ein kleines Haus, gekrönt von einer großen Uhr mit vier Zifferblättern, einem auf jeder Seite. Als sie näher kam, war die Uhr das Erste, was im Licht ihrer Fackel aufleuchtete. Sie reflektierte es weniger, als dass sie es absorbierte, sodass die Zifferblätter in einem orangegelben Glanz erglühten.

»Hier oben, Lish.«

Eine breite Treppe führte zu einem Balkon hinauf. Sie ließ den Strick los und legte eine Hand an Soldiers Hals. Sein Fell war schweißfeucht. In einer beruhigenden Geste drückte sie die Handfläche dagegen. *Warte hier.*

»Keine Sorge, deinem Freund wird nichts passieren. Er ist ein prachtvoller Gefährte, Lish. Besser, als ich es mir je vorgestellt hätte. Jeder Zoll ein Soldat, genau wie du. Wie meine Lish.«

Sie stieg die Treppe hinauf und versuchte gar nicht, sich zu verbergen – es hatte keinen Sinn. Was für eine Kreatur erwartete sie? Die Stimme klang menschlich, ein bisschen schmächtig vielleicht, aber der Körper würde es sicher nicht sein. Er würde ein Riese sein, ein Monstrum von gewaltigen Dimensionen, ein Titan seiner Art.

Sie kam oben an. Zur Rechten sah sie eine Bar mit ein paar Hockern, vor ihr war ein Bereich mit Tischen. Ein paar waren umgestürzt, andere immer noch mit Porzellan und Silberbesteck gedeckt.

An einem der Tische saß ein Mann.

War das ein Trick? Hatte er etwas mit ihrem Kopf angestellt? Entspannt saß er da, die Hände auf dem Schoß gefaltet, in einem dunklen Anzug und einem weißen Hemd mit offenem Kragen. Aschblondes, beinahe rotes Haar mit scharfen Geheimratsecken, die Wangen ein wenig schlaff, aber die Augen glühten mit einer undefinierbaren Intensität. Plötzlich wirkte nichts um sie herum mehr real. Das alles war ein gigantischer Witz. Er sah aus wie ein x-beliebiger Mann, eine Gestalt in der Menge, niemand, den man bemerken würde.

»Überrascht dich mein Aussehen?«, fragte er. »Vielleicht hätte ich dich vorwarnen sollen.«

Seine Stimme riss sie aus der Erstarrung. Sie ließ die Fackel fallen, und das Schwert fuhr aus der Scheide, als sie mit großen Schritten auf ihn zuging. Sie schwang es weg vom Körper und stellte die Hüften schräg, übertrug alle Energie in die großen Muskelgruppen – Schultern, Becken, Beine – und schwang die Klinge herum. Eine Handbreit vor seinem Hals hielt sie inne.

»Was zum Teufel bist du?«

Er hatte nicht einmal gezuckt. Sogar sein Gesicht war völlig gelassen. »Wie sehe ich denn aus?«

»Du bist kein Mensch. Du kannst keiner sein.«

»Du könntest dich das Gleiche fragen. Was es bedeutet, ein Mensch zu sein.« Er wies mit dem Kopf auf ihre Schwertklinge. »Wenn du das Ding benutzen willst, schlage ich vor, du wartest nicht lange.«

»Ist es das, was du willst?«

Er hob das Gesicht zur Decke. In seinen Mundwinkeln erschienen dolchspitze Zähne. Es waren die Zähne eines Raubtiers, aber das Gesicht vor ihr blieb mild. »Ich habe ziemlich lange hier gewartet, weißt du. In hundert Jahren hast du Zeit, über so ziemlich alles nachzudenken. Über alles, was du getan hast, über die Leute, die du kanntest, die Fehler, die du gemacht hast. Die Bücher, die du gelesen hast, die Musik, die du gehört hast. Wie sich die Sonne angefühlt hat, der Regen. Das ist alles immer noch in dir. Aber es ist nicht genug, oder? Das ist das Dumme. Die Vergangenheit ist nie genug.«

Die Klinge schwebte immer noch vor seinem Hals. Wie einfach er das alles machte, wie leicht. Er schaute sie an, und in seinem Blick lag vollendete Ruhe. Ein schneller Schlag, und sie wäre frei.

»Wir sind uns so ähnlich.« Seine Stimme klang friedlich, beinahe lehrerhaft. »So viel Reue. So viel, das verloren ist.«

Warum hatte sie es nicht getan? Warum hatte sie nicht zugeschlagen? Eine seltsame Unbeweglichkeit hatte sie erfasst – keine körperliche Lähmung, sondern vielmehr eine Trübung des Willens.

»Ich habe keinen Zweifel daran, dass du mehr als fähig dazu bist.« Er berührte eine Stelle an seinem Hals. »Ungefähr hier, glaube ich. Das würde klappen.«

Etwas stimmte hier nicht. Etwas war ganz und gar nicht in Ordnung. Sie brauchte nichts weiter zu tun, als mit dem Schwert auszuholen und zuzuschlagen, aber sie brachte es nicht über sich.

»Du kannst es nicht, was?« Er zog die Stirn kraus, und sein Ton klang beinahe bedauernd. »Vatermord geht eben doch gegen die Natur.«

»Ich habe Martínez getötet. Ich habe zugesehen, wie er starb.«

»Ja, aber ihm hast du nicht gehört, Lish. Du gehörst mir. Der Viral, der dich gebissen hat, war einer von meinen. Amy ist nur ein Teil von dir. Ich bin der andere. Du könntest das Schwert gegen mich ebenso wenig benutzen wie gegen sie. Es wundert mich, dass du darauf noch nicht gekommen bist.«

Sie spürte, dass seine Worte wahr waren. Das Schwert, das Schwert. Sie konnte das Schwert nicht bewegen.

»Aber ich glaube nicht, dass du gekommen bist, um mich zu töten. Ich glaube, deshalb bist du überhaupt nicht hier. Das sehe ich. Du hast Fragen. Es gibt Dinge, die du wissen willst.«

Sie antwortete zähneknirschend: »Ich will nichts von dir.«

»Nein? Dann will ich dich stattdessen etwas fragen. Sag mir, Alicia, was hat das Menschsein dir je eingebracht?«

Sie war desorientiert. Nichts von alldem ergab einen Sinn.

»Eigentlich ist das eine einfache Frage. Wie letzten Endes die meisten Fragen.«

»Ich hatte Freunde«, sagte sie und hörte das Zittern in ihrer Stimme. »Leute, die mich liebten.«

»Ach ja? Hast du sie deswegen verlassen?«

»Du weißt nicht, wovon du redest.«

»Ich glaube doch. Deine Gedanken sind ein offenes Buch für mich. Peter, Michael, Sara, Hollis, Greer. Und Amy. Die großmächtige Amy. Ich weiß alles über diese Leute. Sogar über den Jungen, Hightop, der in deinen Armen gestorben ist. Du hast ihm versprochen, ihn zu beschützen. Aber am Ende konntest du ihn nicht retten.«

Ihr ganzes Wesen war in Auflösung. Das Schwert war wie ein Amboss in ihrer Hand, von unvergleichlicher Dichte.

»Was würden deine Freunde jetzt zu dir sagen? Ich nehme dir die Antwort ab. Sie würden sagen, du bist ein Ungeheuer. Sie würden dich verjagen aus ihrer Mitte, wenn sie dich nicht töten.«

»Sei still, verdammt!«

»Du gehörst nicht zu ihnen. Du hast nie mehr zu ihnen gehört, seit der Colonel dich vor die Mauer brachte und dort alleinließ. Du hast dort unter den Bäumen gesessen und die ganze Nacht geweint. Ist es nicht so?«

Woher konnte er das wissen?

»Hat er dich getröstet, Alicia? Hat er gesagt, es täte ihm leid? Du warst ein kleines Mädchen, und er hat dich ganz alleingelassen. Du warst immer … allein.«

Der letzte Rest ihrer Entschlossenheit war verflogen. Nur mit Mühe konnte sie das Schwert noch halten.

»Ich weiß das, denn ich *kenne* dich, Alicia Donadio. Ich kenne die Geheimnisse deines Herzens. Verstehst du das nicht? Darum bist du zu mir gekommen. Ich bin der Einzige, der dich kennt.«

»Bitte«, flehte sie, »bitte hör auf zu reden.«

»Sag mir, wie hast du sie genannt?«

Sie löste sich auf. Nichts war mehr übrig. Wer immer sie gewesen war oder hatte sein wollen – sie fühlte, dass diese Person sie verließ.

»Sag's mir, Lish. Sag mir den Namen deiner Tochter.«

»Rose.« Das Wort kam erstickt aus ihrem Mund. »Ich habe sie Rose genannt.«

Sie hatte angefangen zu schluchzen. In irgendeiner ungemessenen Ferne fiel das Schwert klappernd auf den Boden. Der Mann war aufgestanden, schlang seine Arme um sie und zog sie liebevoll an sich. Sie leistete keinen Widerstand, denn sie brachte keinen mehr auf. Sie weinte und weinte. Ihr kleines Mädchen. Ihre Rose.

»Darum bist du hergekommen, nicht wahr?« Seine Stimme klang sanft an ihrem Ohr. »Dazu ist dieser Ort da. Du bist gekommen, um den Namen deiner Tochter auszusprechen.«

Sie nickte an seiner Schulter. »Ja«, hörte sie sich sagen.

»Oh, meine Alicia. Meine Lish. Weißt du, wo du bist? Alle deine Reisen sind zu Ende. Was ist zu Hause, wenn nicht der Ort, wo man dich wirklich kennt? Sag es mit mir: ›Ich bin zu Hause.‹«

Noch ein leises Flackern des Widerstands, dann gab sie auf.
»Ich bin zu Hause.«

»›Und ich werde nie wieder fortgehen.‹«

Wie leicht es plötzlich war. »Und ich werde nie wieder fortgehen.«

Ein Augenblick verging, dann trat er zurück. Durch die Tränen sah sie sein gütiges Gesicht, das so verständnisvoll war. Er zog einen Stuhl vom Tisch zurück.

»Jetzt setz dich zu mir«, sagte er. »Wir haben alle Zeit der Welt. Setz dich zu mir, und ich werde dir alles erzählen.«

# II

## Der Liebende

### 28 – 3 v. V.
### (1989 – 2014)

*Wo er vom Morgen bis zum Mittag fiel
und immerfort bis zum betauten Abend,
worauf er mit der Sonne vom Zenith ein
fallender Stern herab auf Lemnos sank.*

Milton, *Das verlorene Paradies*

# 14

Hinter jedem großen Hass steht eine Liebesgeschichte.

Denn ich bin ein Mensch, der die Liebe gekannt und von ihr gekostet hat. Ich sage »ein Mensch«, denn als solchen kenne ich mich. Sieh mich an, und was siehst du? Habe ich nicht die Gestalt eines Menschen? Fühle ich nicht wie du, leide ich nicht wie du, liebe wie du, trauere wie du? Was ist das Wesen des Menschen, wenn nicht alles das? Im Leben war ich ein Wissenschaftler namens Fanning. Fanning, Timothy, Inhaber des Lehrstuhls für Biochemie an der Columbia University. Ich war bekannt und geachtet, eine Persönlichkeit meiner Zeit. Meine Ansichten zu zahlreichen Themen waren gefragt, und hocherhobenen Hauptes ging ich durch die Korridore meiner Profession. Ich war ein Mann mit Verbindungen. Ich schüttelte Hände, küsste Wangen, hatte Geliebte. Glück und Reichtum strömten mir zu, und ich trank aus der Blüte der modernen Welt. Großstadtapartments, Landhäuser, elegante Autos, guter Wein: Ich hatte das alles. Ich speiste in feinen Restaurants, wohnte in luxuriösen Hotels, mein Pass war voll von Stempeln. Drei Frauen umwarb ich, dreimal heiratete ich, und auch wenn diese Verbindungen schließlich scheiterten, hatte ich letzten Endes doch keine zu bedauern. Ich arbeitete und ruhte, tanzte und weinte, hoffte und erinnerte mich – ja, von Zeit zu Zeit betete ich sogar. Kurz gesagt, ich hatte ein Leben.

Und dann, in einem Urwald in Bolivien, starb ich.

Du wirst mich unter dem Namen Zero kennen. Das ist der Name, den die Geschichte mir verliehen hat. Zero, der Zerstörer, der große Weltenverschlinger. Dass diese Geschichte niemals geschrieben werden wird, ist ein Gegenstand für die ontologische Debatte. Was wird aus der Vergangenheit, wenn niemand da ist, der sie aufzeichnet? Ich starb und wurde zum Leben erweckt, die älteste Geschichte, die es gibt. Ich stand von den Toten auf, und was sah ich? Ich war in einem Raum, den unvergleichlich blaues Licht erfüllte. Reines Blau, Kobaltblau, das Blau, in dem der Himmel strahlen würde, wäre er mit dem Meer vermählt. Meine Arme, Beine, ja, mein Kopf waren gefesselt; ich war ein Gefangener in diesem Raum. Vereinzelte Bilder leuchteten in meinem Kopf, Blitze aus Licht und Farbe, die sich nicht sinnhaft zusammenfügen wollten. Mein Körper summte. Anders kann ich es nicht sagen. Ich sollte erfahren, dass ich aus den letzten Stadien meiner Verwandlung hervorkam. Ich war in meinem Körper, aber ich hatte ihn noch nicht gesehen.

*Tim, kannst du mich hören?*

Eine Stimme kam von nirgendwo und überall. War ich tot? War dies die Stimme Gottes, der mich anredete? Vielleicht war das Leben, das ich geführt hatte, doch nicht so viel wert gewesen, und nun war alles anders gekommen.

*Tim, wenn du mich hören kannst, heb die Hand.*

Das schien nicht zu viel verlangt für Gott, für irgendeinen Gott.

*So ist es gut. Jetzt die andere. Ausgezeichnet. Gut gemacht, Tim.*

Du kennst diese Stimme, sagte ich mir. Du bist nicht tot. Es ist die Stimme eines Menschen. Eines Menschen, der dich beim Namen nennt und sagt: »Gut gemacht.«

*So ist es gut. Du musst atmen. Du machst es gut.*

Allmählich dämmerte mir die Lage. Ich war irgendwie krank gewesen. Vielleicht hatte ich Krämpfe gehabt; das würde die Fesseln erklären. Noch konnte ich mich nicht an die Umstände erinnern und wusste nicht, wie ich hierhergekommen war. Die Stimme war der Schlüssel. Wenn ich ihren Eigentümer identifizieren könnte, würde sich alles aufklären.

*Ich werde jetzt die Gurte lösen, okay?*

Ich spürte ein Nachlassen des Drucks. Irgendein ferngesteuerter Mechanismus hatte meine Bande gelöst.

*Kannst du dich aufsetzen, Tim? Kannst du das für mich tun?*

Auch das traf zu: Das Schlimmste war vorüber, was immer die Krankheit sein mochte, an der ich gelitten hatte. Ich fühlte mich nicht schlecht – im Gegenteil. Das summende Gefühl, das aus meiner Brust kam, war zu einem orchestralen Vibrato geworden, das den ganzen Körper erfüllte, als spielten alle Moleküle meiner Anatomie einen einzelnen Ton. Das Gefühl war zutiefst, ja, beinahe auf sexuelle Weise angenehm. Meine Lenden, die Zehenspitzen, sogar meine Haarwurzeln – noch nie hatte ich etwas so Köstliches gespürt.

Eine zweite Stimme, tiefer als die erste: *Dr. Fanning, ich bin Colonel Sykes.*

Sykes? Kannte ich jemanden namens Sykes?

*Können Sie uns hören? Wissen Sie, wo Sie sind?*

Ein Loch hatte sich in mir aufgetan. Nein, kein Loch, ein Abgrund. Ich hatte Hunger. Tiefen, rasenden Hunger. Es war nicht der Appetit eines Menschen, sondern der eines Tieres. Der Hunger von Klauen und Zähnen, die sich eingraben wollten, von Kiefern, die weiches Fleisch spüren wollten, heiße Säfte, die am Gaumen explodierten.

*Tim, du hast uns ordentlich Sorgen gemacht hier drin. Sprich mit mir, Buddy.*

Und unvermittelt öffneten sich die Schleusen der Erinnerung und ließen eine Flut hervorströmen. Der Regenwald mit seiner dampfenden Luft und dem dichten grünen Blätterdach voll johlender Tiere. Meine klebrige Haut und die allgegenwärtigen Schwärme der Insekten vor meinem Gesicht. Die Soldaten mit ihren Gewehren in der Hand, die den Blick suchend durch die Baumwipfel wandern lassen, die Gesichter streifig von Dschungeltarnfarbe. Die Statuen, menschenähnliche Figuren von monströser Gestalt, die uns warnen und zugleich vorwärtslocken, tiefer ins Herz dieses abscheulichen Ortes. Die Fledermäuse.

Sie waren am Abend gekommen und durch unser Camp geschwärmt. Hunderte von Fledermäusen, Tausende, Zehntausende, eine flatternde Heerschar. Sie verdunkelten das Firmament, eroberten den Himmel im Sturm. Die Tore der Hölle hatten sich geöffnet, und das war es, was sie hervorwürgten und schwarz erbrachen. Sie schienen nicht zu fliegen, sondern zu schwimmen, und bewegten sich in organisierten Wellen wie Schwärme von Fischen. Sie fielen über uns her, mit Flügeln und Zähnen, bösartig quiekend vor Freude. Ich erinnerte mich an die Schüsse, die Schreie. Ich war an einem Ort mit blauem Licht und hörte eine Stimme, die mich bei meinem Namen nannte, aber im Geiste rannte ich zum Fluss. Ich sah eine Frau, die am Ufer lag und sich wand. Sie hieß Claudia und war eine von uns. Fledermäuse bedeckten sie wie ein Mantel. Ein Bild des Grauens. Fast unsichtbar zuckte sie in einem dämonischen Todestanz. Um die Wahrheit zu sagen, mein erster Instinkt riet mir, nichts zu tun. Ich hatte nicht das Herz eines Helden. Aber manchmal entdecken wir Dinge an uns, von denen wir nichts wussten. Mit zwei Sprüngen war ich bei ihr, warf mich auf sie und stürzte uns beide in das stinkende Dschungelgewässer. Ich fühlte die heißen Stiche der Fledermauszähne im Fleisch meiner Arme und am Hals. Das Wasser brodelte von Blut. In ihrer Raserei ließen sie sich nicht einmal vom Wasser abschrecken; sie fraßen an uns, noch während sie ertranken. Ich schlang den Arm um Claudias Hals und tauchte unter, obwohl ich wusste, dass es keinen Sinn mehr hatte. Die Frau war schon tot.

Ich erinnerte mich an all das und dann an noch etwas. Ich erinnerte mich an das Gesicht eines Mannes. Es schwebte über mir, umrahmt von Urwaldhimmel. Ich war besinnungslos und glühte vom Fieber. Die Luft um mich herum pulsierte vom Dröhnen der Hubschrauberrotoren. Der Mann schrie etwas. Ich versuchte, mich auf seinen Mund zu konzentrieren. *Es war lebendig,* sagte er – sagte mein Freund, Jonas Lear –, *es war lebendig, es war lebendig, es war lebendig …*

Ich hob den Kopf und sah mich um. Der Raum war kahl wie eine Zelle. An der Wand gegenüber zeigte ein breites dunkles Fenster mir mein Spiegelbild.

Ich sah, was ich geworden war.

Ich erhob mich nicht. Ich schnellte hoch. Ich schoss wie eine Rakete durch den Raum und prallte mit einem dumpfen Schlag gegen das Fenster. Hinter der Scheibe sprangen die beiden Männer zurück. Jonas und der zweite, Sykes. Ihre Augen waren vor Angst weit aufgerissen. Ich schlug gegen das Glas. Ich brüllte. Ich riss die Kiefer auseinander, um ihnen meine Zähne zu zeigen, damit sie das Ausmaß meiner Wut erkannten. Ich wollte sie töten. Nein, nicht töten. »Töten« ist ein zu stumpfes Wort für das, was ich wollte. Ich wollte sie vernichten. Ich wollte sie zerreißen, Glied für Glied. Ich wollte ihre Knochen zerbrechen und das Gesicht in den nassen Überresten vergraben. Ich wollte ihnen in die Brust greifen und das Herz herausreißen und das blutige Fleisch verschlingen, während der Muskel noch unter den letzten verirrten Stromstößen zuckte, und ich wollte ihre Gesichter sehen, während sie starben. Sie riefen, schrien. Ich war nicht das, womit sie gerechnet hatten. Die Glasscheibe wölbte sich und erschauerte unter meinen Schlägen.

Eine Explosion von weißglühender Helligkeit verschlang den Raum. Es fühlte sich an, als hätten mich hundert Pfeile getroffen. Ich stolperte rückwärts und fiel zusammengekrümmt auf den Boden. Zahnräder ratterten über mir, und mit metallischem Krachen fielen die Gitter herab und schlossen mich ein.

*Tim, es tut mir leid. Das war nie meine Absicht. Verzeih mir …*
Vielleicht stimmte das. Es änderte nichts. Schon da, unter Qualen am Boden kauernd, wusste ich, dass ihr Vorteil nicht von Dauer sein würde. Er hatte kein Gewicht. Die Mauern meines Gefängnisses würden meiner Kraft am Ende zwangsläufig nachgeben müssen. Ich war die dunkle Blüte der Menschheit, vorherbestimmt seit Anbeginn der Zeit zum Zerstörer einer Welt, die keinen Gott hatte, der sie liebte.

Aus dem einen wurden wir Zwölf. Auch das ist bekannt. Von meinem Blut wurde die uralte Saat genommen und weitergereicht an andere. Beizeiten lernte ich diese Männer kennen. Anfangs erschreckten sie mich. Ihr menschliches Leben war ganz anders gewesen als das meine. Sie kannten kein Gewissen, kein Mitleid, keine Philosophie. Sie waren wie wilde Tiere, und in ihren bestialischen Herzen trugen sie die schwärzesten Taten. Dass solche Menschen existierten, hatte ich schon lange gewusst, aber um das Böse wirklich zu verstehen, muss man es fühlen, man muss es erleben. Man muss es betreten wie eine lichtlose Höhle. Einer nach dem andern kamen sie in meinen Kopf, und ich kam in den ihren. Babcock war der Erste. Was für schreckliche Träume er hatte – obgleich sie in Wahrheit nicht schlimmer waren als meine eigenen. Die andern folgten mit der Zeit, und unsere Schar wuchs. Morrison und Chávez. Baffes und Turrell. Winston und Sosa, Echols und Lambright, Reinhardt und Martínez, der Abscheulichste von allen. Sogar Carter, dessen leidvolle Erinnerungen die glimmende Asche des Mitgefühls in meinem Herzen noch einmal anfachten. Im Laufe der Zeit, und in der Gesellschaft dieser geplagten Seelen, wuchs das Gefühl in mir, eine Mission zu haben. Sie waren meine Erben, meine Messdiener, und ich allein unter ihnen besaß die Fähigkeit zu führen. Sie verachteten die Welt nicht wie ich; solchen Männern bedeutet die Welt nichts, wie ihnen alles nichts bedeutet. Ihr Appetit kannte keine Mäßigung, und ohne Führung würden sie uns alle in den baldigen und totalen Untergang stürzen. Es oblag mir, ihnen zu befehlen, aber wie brachte ich sie dazu, mir zu folgen?

Was sie brauchten, war ein Gott.

*Neun und einer,* befahl ich ihnen mit meiner schönsten Götterstimme. *Neun gehören euch, aber einer gehöre mir, wie auch ihr mir gehört. In den Zehnten soll die Saat gepflanzt werden, auf dass wir viele sind, millionenfach.*

Eine nüchterne Person könnte fragen: Warum hast du das getan? Wenn ich die Macht besaß, sie zu führen, dann hätte ich doch sicher auch allem ein Ende machen können. Zum Teil war es die Wut, ja. Alles, was ich liebte, war mir genommen worden, und das, was ich nicht liebte, außerdem: mein menschliches Leben. Und die biologischen Imperative meines neugeformten Ichs taten das Ihre. Könnte man einen hungrigen Löwen bitten, die Fülle der Savanne zu ignorieren? Ich merke all das nicht an, um irgendjemandes Vergebung zu erlangen, denn meine Handlungen sind unverzeihlich, und ich will auch nicht sagen, dass es mir leidtut, obwohl es so ist. (Überrascht es dich, das zu hören? Dass es Timothy Fanning, genannt Zero, leidtut? Es stimmt: Alles tut mir leid.) Ich will lediglich die Bühne bereiten, die Umrisse meines Geistes in den richtigen Kontext stellen. Was wünschte ich mir? Ich wollte die Welt in ein Ödland verwandeln, das Spiegelbild meines Elends über sie bringen. Ich wollte Lear bestrafen, meinen Freund, meinen Feind, der glaubte, er könne eine Welt retten, die nicht rettbar war und die es von vornherein nicht verdient hatte, gerettet zu werden.

So groß war mein Zorn in jenen ersten Tagen. Gleichwohl konnte ich die metaphysischen Aspekte meines Zustands nicht endlos ignorieren. Als Junge sprach ich oft mit dem Allmächtigen. Meine Gebete waren seicht und kindisch, als redete ich mit dem Weihnachtsmann: Spaghetti zum Abendessen, ein neues Fahrrad zu meinem Geburtstag, ein Tag mit Schnee und ohne Schule. »Wenn es dir, Herr, in deiner grenzenlosen Gnade nicht allzu viele Umstände bereitet …« Welche Ironie! Gläubig und furchtsam werden wir geboren, während es doch gerade umgekehrt sein sollte: Das Leben lehrt uns doch erst, wie viel wir zu verlieren haben. Als erwachsener Mann ließ ich dieses Bedürfnis hinter mir wie so viele. Ich würde nicht sagen, ich war ungläubig, aber ich verwandte doch wenige oder gar keine Gedanken auf himmlische Belange. Ich hielt Gott, wer immer er sein mochte, nicht für einen Gott, der sich für die Einzelheiten des menschlichen Daseins interessierte, aber trotzdem war ich nicht der Meinung, dass uns diese Tatsache von der Pflicht befreite, unser Leben im Geiste des Anstands gegen andere zu leben. Es ist wohl wahr, die Ereignisse meines Lebens versetzten mich in einen Zustand nihilistischer Verzweiflung, aber selbst in den dunkelsten Stunden meines menschlichen Lebens – den Stunden, die ich bis zum heutigen Tage verbringe – gab ich niemandem die Schuld außer mir selbst.

Aber wie Liebe sich in Schmerz verwandelt und Schmerz zu Zorn wird, so muss der Zorn dem Nachdenken weichen, damit er sich selbst erkenne. Meine symbolischen Eigenschaften waren unbestreitbar. Von der Wissenschaft erschaffen, war ich ein perfektes Industrieprodukt, die Verkörperung des unerschütterlichen Vertrauens der Menschheit zu sich selbst. Seit unser erster haariger Vorfahr Feuerstein auf Feuerstein schlug und die Nacht mit der Flamme vertrieb, sind wir himmelwärts gestiegen, und unsere Arroganz war die Leiter, die wir dafür benutzten. Aber war das alles? War ich der endgültige Beweis dafür, dass die Menschheit einen von niemandem beobachteten, ziellosen Kosmos bewohnte, oder war ich mehr als das?

So betrachtete ich mein Dasein. Zu gegebener Zeit führten mich diese Erwägungen zu einer Schlussfolgerung. Ich war zu einem bestimmten Zweck erschaffen worden. Ich war nicht der Urheber der Zerstörung, ich war ihr Werkzeug, geschmiedet in einer himmlischen Werkstatt von einem Gott des Grauens.

Was blieb mir übrig, als die Rolle zu spielen?

Was meine gegenwärtige, menschlicher aussehende Inkarnation betrifft: Ich kann nur sagen, in einem Punkt hatte Jonas am Ende doch recht, auch wenn der Scheißkerl es nie erfahren hat. Die Ereignisse, von denen ich erzählen werde, begaben sich nur wenige Tage nach meiner Emanzipation in einem gewissen umnachteten Präriekaff namens (wie ich später hörte) Sewanee, Kansas. Bis zum heutigen Tag ertrinken meine Erinnerungen an jene frühe Periode im Glück. Welch himmelhohe Freiheit! Dieser überreich gestillte Appetit! Die nächtliche Welt war für meine Sinne wie ein prachtvolles Bankett, ein unerschöpfliches Büfett. Dennoch bewegte ich mich mit einer gewissen Vorsicht. Keine Massaker in Highway-Raststätten. Keine Familien, im Schlaf geschlachtet. Keine rot bemalten Fastfood-Läden mit blutig zerfetzten, wild durcheinandergeworfenen Gästen. Das alles würde irgendwann kommen, aber vorläufig bemühte ich mich, weniger auffällige Spuren zu hinterlassen. Auf meinem Weg nach Osten verzehrte ich allnächtlich nur eine Handvoll, und das nur in Situationen, in denen ich es entspannt tun und die Überreste rasch beseitigen konnte.

So kam es, dass mein Herz eine Arie des Entzückens sang, als ich den Truck sah.

Der Wagen, ein lachhaft aufgeblähter, grell ausgestatteter, allradgetriebener Doppelkabinen-Pick-up – senkrechte Auspuffrohre, Breitreifen, Scheinwerfer auf dem Überrollbügel, Südstaatenflaggensticker an der Stoßstange –, parkte mit der Nase nach vorn am Rand eines gefluteten Steinbruchs. Die Einsamkeit war ebenso ideal wie der abgelenkte Zustand der Insassen: ein Mann und eine Frau im Rausch der Leidenschaft genossen einander ebenso sehr, wie ich sie gleich genießen würde. Eine Zeitlang schaute ich ihnen nur zu, aber nicht fleischliche Lust lenkte meinen Blick, sondern die Neugier des beobachtenden Wissenschaftlers. Warum an diesem schäbigen Ort? Warum entfesselten sie diese animalische Pracht in der engen Kabine eines Pick-up (der Mann quetschte seine Geliebte regelrecht an das Armaturenbrett)? Sicher gab es doch auf der Welt genug Betten für alle? Sie waren nicht jung, im Gegenteil – er glatzköpfig und ziemlich korpulent, sie dürr und mit schlaffer Haut, beide der Inbegriff alternden Fleisches. Was hatte sie an diesen Ort gezogen? Nostalgie? Waren sie hierhergekommen, als sie jung waren? Erlebte ich hier die nachgestellte Erinnerung an eine glorreiche Jugend? Dann begriff ich. Sie waren verheiratet. Nur nicht miteinander.

Die Frau nahm ich zuerst. Sie saß rittlings auf ihrem Partner auf der breiten Sitzbank und pumpte wild auf seiner Anatomie auf und ab. Ihre Fäuste umklammerten die Kopfstütze, ihr Rock war um die Taille zusammengeknüllt, die Unterhose baumelte an einem Fußknöchel, und sie hatte das Gesicht wie eine Betende nach oben gewandt – als ich die Tür aufriss, war sie eher gereizt als erschrocken, als hätte ich sie mitten in einem besonders wichtigen Gedankengang gestört. Das freilich dauerte nicht lange – höchstens zwei Sekunden. Es ist eine interessante Tatsache, dass der menschliche Körper, seines Kopfes entledigt, im Grunde ein Sack voll Blut mit eingebautem Strohhalm ist. Ich hielt den kopflosen Torso aufrecht, stülpte den Mund über die sprudelnde Öffnung und saugte lange und kraftvoll. Viel hatte ich nicht erwartet. Vermutlich würde ihre an Konservierungsstoffen reiche Kleinstadternährung ihrem Blut einen chemischen Beigeschmack verleihen. Aber das war nicht der Fall. Im Gegenteil, die Frau war köstlich. Ihr Blut war ein veritables Bukett aus komplexen Aromen, wie ein gut gealterter Wein.

Noch zwei energische Züge, und ich warf sie weg. Inzwischen hatte ihr Partner – die Hose hing ihm auf den Füßen, und der glänzende Penis erschlaffte schnell – sich so weit im Griff, dass er auf die Fahrerseite hinüberrutschen konnte, wo er in panischer Hast versuchte, an einem Schlüsselbund den Zündschlüssel des Trucks zu finden. Es war ein riesiger Schlüsselbund. Ein Hausmeisterschlüsselbund, sozusagen. Mit zitternden Fingern rammte er einen Schlüssel und dann den nächsten ins Schloss, doch ohne Erfolg, und dabei murmelte er unaufhörlich »O mein Gott!« und »*Fuck!*«, aber es klang wie eine kaum veränderte Wiedergabe der ekstatischen Laute und unflätigen Anfeuerungen, die er noch vor Sekunden seiner Partnerin ins Ohr gekeucht hatte.

Es war eine exquisite Komödie. Offen gestanden, ich konnte nicht genug davon bekommen.

Und das war mein großer Fehler. Hätte ich ihn schneller getötet, statt mir dieses lachhafte Schauspiel zu Gemüte zu führen, wäre die Welt, die wir kennen, ein anderer Ort. So aber gab ihm mein Zögern Gelegenheit, den richtigen Schlüssel zu finden, ins Zündschloss zu schieben, den Motor zu starten und zum Schalthebel zu greifen, bevor ich in die Kabine schoss, seinen Kopf packte und zur Seite drehte und mit knorpeligem Knirschen seine Luftröhre zwischen meinen Kiefern zermalmte. Zu trunken war ich von dem Blutschmaus an meinem unglückseligen Opfer, um zu bemerken, was passiert war. Er hatte den Gang eingelegt.

Die Abneigung unserer Spezies gegen Wasser ist wohlbekannt. Wasser bedeutet für uns den Tod. Wir gehen darin unter wie Steine, denn unseren Körpern fehlt der Auftrieb adipösen Gewebes. An meinen Sturz in den Steinbruch erinnere ich mich nur bruchstückhaft. Das langsame Rollen des Trucks zum Abgrund, das jähe Zupacken der Schwerkraft und der unausweichliche Absturz. Das Wasser um mich herum, ein Kokon des kalten Todes. Es füllte meine Augen, meine Nase, meine Lunge. Aus kleinen Fehlern erwachsen große Katastrophen: Unbesiegbar in fast jeder Hinsicht, hatte ich den schnellsten Weg zum Sterben gefunden. Als der Truck mit einem sanften Stoß auf dem nassen Grund des Steinbruchs landete, befreite ich mich aus der Kabine und kroch am Boden entlang. Trotz meiner Panik entging mir die Ironie der Lage nicht. Proband Zero, der Weltenzerstörer, kriechend wie ein Krebs! Ich konnte nur hoffen, dass ich mich zum Rand der Grube vortasten und dann in die Freiheit hinaufklettern könnte. Die

Zeit war mein Gegner; ich hatte nur einen Atemzug in mir, um mich zu retten. Mein verzweifelter Griff ertastete eine Felswand, und ich fing an zu klettern. Eine Hand griff über die andere, und ich stieg hoch. Dunkel wirbelte es vor meinen Augen, das Ende rückte näher ...

Wie es kam, dass ich mich rechtzeitig auf Händen und Knien wiederfand – auf rosigen und unbestreitbar menschlich aussehenden Händen und Knien – und einen machtvollen Schwall morastigen Wassers erbrach, ist eine Frage, die ich den Theologen überlassen werde. Denn gestorben war ich ganz sicher; der Körper erinnert sich an so etwas. Nachdem ich mich aus dem Wasser des Steinbruchs befreit hatte, war ich dennoch übermannt worden und hatte einige Zeit als ertrunkener Leichnam auf den Felsen gelegen, nur um dann blitzartig ins Dasein zurückzukehren.

Über der Pforte des Todes, so schien es, stand also doch nicht HIER NUR AUSGANG.

Nachdem ich die letzten Reste des Wassers ausgespuckt hatte, gelang es mir in einem Zustand benommenen Erstaunens, mich aufzurichten. Wo war ich? Wann war ich? *Was war ich?* So desorientiert war ich, dass es mir vorkam, als hätte ich alles nur geträumt – und dann wiederum, als träumte ich *jetzt*. Es war auf jede ersichtliche Weise die Hand eines menschlichen Wesens – die Hand Timothy Fannings, des Inhabers des Eloise-Armstrong-Lehrstuhls etc. Ich schaute an mir herab und betrachtete den Rest meines Körpers; mit zitternden Fingern betastete ich Gesicht, Brust und Bauch und meine bleichen Beine. Nackt im Mondlicht untersuchte ich jeden Bereich meiner körperlichen Person wie ein Blinder, der einen Brailletext las.

*Da soll mich doch ...*, dachte ich.

Ich hatte ein Felsensims in der Wand des Steinbruchs erreicht. Ein schmaler Serpentinenpfad führte mich nach oben und auf einen Platz mit rostigen Maschinen, von Unkraut halb überwuchert. Wie spät es war, wusste ich nicht. Bis auf den Mond war nirgends ein Licht zu sehen. Die Landschaft war von solch unbewohnter Trostlosigkeit, dass man denken konnte, das Ende der Welt sei schon gekommen.

Das Wasser im Steinbruch würde mein zweites Opfer verbergen, aber ich musste mich noch um die Frau kümmern. Das Letzte, was ich wollte, war eine polizeiliche Fahndungsaktion, die alles verkomplizieren würde. Ich ging um den Steinbruch herum zum Parkplatz. Ihr Anblick weckte keine Reue, sondern nur das oberflächliche, rasch vergessene Mitleid, das man vielleicht empfindet, wenn man bei der zweiten Scheibe Frühstückstoast einen Zeitungsbericht über eine weit entfernte Katastrophe liest. Es klatschte zweimal – der Körper, der Kopf –, und sie verschwand im tiefen Wasser.

Nichts von alldem löste das Problem, das sich ergab, wenn man als nackter, erwachsener Mann in einer unbekannten Landschaft unterwegs war. Ich brauchte Kleidung, einen Unterschlupf, eine Geschichte. Zudem signalisierte mir eine gewisse mentale Erregung, die wie eine unhörbare Sirene in meinem Gehirn gellte, dass es nichts Gutes bedeuten würde, wenn ich bei Tagesanbruch im Freien wäre.

Auf dem Highway war es zu riskant. Ich wandte mich dem Wald zu und hoffte, dass ich irgendwann auf eine weniger stark befahrene Straße stoßen würde. Schließlich erreichte ich eine Gegend mit frisch bepflanzten Feldern, die von einem Feldweg zerteilt wurde. In der Ferne sah ich ein Licht und ging darauf zu. Es war ein kleines, ziemlich heruntergekommenes, eingeschossiges Haus von unauffälliger Bauweise, kaum mehr als eine Schachtel für die Aufbewahrung menschlichen Lebens. Das Licht, das ich gesehen hatte, war eine Lampe in einem der beiden vorderen Fenster. In der Einfahrt stand kein Auto, was vermuten ließ, das Haus sei leer, und die Lampe brenne dort nur in Erwartung der Rückkehr seines Bewohners.

Die Tür öffnete sich bereitwillig, und ich betrat ein Wohnzimmer mit Spanplattenmöbeln, Country-Nippes und einem Großbildfernseher. Ein kurzer Rundgang – vier Zimmer und eine Küche – bestätigte den Eindruck, dass niemand zu Hause war. Eine weitere Inspektion ergab, dass die Bewohnerin eine Frau war, in Wichita die Krankenpflegeschule besucht hatte, Ende vierzig war und ein sanftes Mondgesicht und graues Haar hatte, mit dem sie nicht viel machte. Ihre Konfektionsgröße war 48, und sie ließ sich häufig im Zustand rotwangiger Trunkenheit in ethnisch dekorierten Restaurants fotografieren (wo sie eine Lei-Blumengirlande aus Plastik um den Hals trug, schamlos mit den Mariachis flirtete oder einen lodernden Fonduespieß hochhielt) und lebte allein. Aus ihrem Kleiderschrank suchte ich mir die neutralsten Stücke heraus, die ich finden konnte – eine Jogginghose, ziemlich voluminös für meine mittelgroße Männerfigur, ein ebenso großes Kapuzenshirt und ein Paar Flip-Flops –, und ging damit ins Bad.

Der Anblick, der mich im Spiegel begrüßte, war nicht völlig unerwartet. Inzwischen war mir klar geworden, dass der körperliche Vorgang des Ertrinkens meinen menschlichen Zustand nicht vollständig wiederhergestellt, sondern meine Person eher mit einer Art Kostüm ausgestattet hatte. Das Virus war noch da; mein Tod hatte es nur zu einer neuartigen Interaktion mit seinem Wirt angeregt. Viele Attribute waren erhalten geblieben. Mein Sehvermögen, mein Gehör, mein Geruchssinn – das alles hatte seine hoch aufgeladene Schärfe behalten. Und auch wenn eine richtige Erprobung noch ausstand, spürte ich, dass meine Glieder, ja, mein ganzer Körper, von den Knochen bis ins Blut vibrierten von einer bestialischen Kraft.

Aber all das bereitete mich nicht auf das vor, was ich sah. Meine Haut war unnatürlich bleich, beinahe leichenhaft. Mein Haar, das wundersamerweise wieder gewachsen war, teilte meine Stirn in der Mitte mit einem Dreieck von komischer Perfektion. Meine Augen hatten einen fremdartig rosigen Glanz wie bei einem Albino. Aber es war das letzte Detail, das mich verblüffte. Im ersten Augenblick hielt ich es für einen Witz. An den Mundwinkeln hinter meiner Oberlippe, neben einem ansonsten alltäglichen Zahnbestand, ragten zwei weiße Spitzen herab wie Eiszapfen – oder, genauer gesagt, wie Fangzähne.

Dracula. Nosferatu. Vampyr. Ich kann diese Namen kaum aussprechen, ohne die Augen zu verdrehen. Aber hier war ich, Jonas Lears fleischgewordene Fantasie, eine zum Leben erwachte Legende.

Das Knirschen von Autoreifen auf Kies holte mich in die Gegenwart zurück. Als ich aus dem Bad kam, schwenkten zwei Scheinwerferstrahlen durch das Zimmer. Ich verschwand hinter einem Mantelständer, gerade noch rechtzeitig, bevor die Tür aufflog und einen Schwall Frühlingsluft hereinließ. Die Frau, die Janet Duff hieß – das wusste ich von dem eingerahmten Diplom über dem von Rechnungen übersäten Schreibtisch in ihrem Schlafzimmer –, kam mit schwerem Schritt herein. Sie trug den geblümten Kittel, die weiße Polyesterhose und die flachen Schuhe einer Krankenschwester, die von der Nachtschicht kommt. Ohne innezuhalten, warf sie ihren Schlüsselbund auf den Tisch neben der Tür, streifte die Schuhe von den Füßen, ließ ihre dicke Handtasche in einen Sessel fallen und ging in die Küche, wo ich hörte, wie ein Kühlschrank geöffnet und dann, plätschernd und gluckernd, ein Glas gefüllt wurde. Es dauerte einen Augenblick, bis das seelenberuhigende Quantum Wein getrunken war (ich konnte es riechen: ein billiger Chablis, wahrscheinlich aus einem Karton), und dann kehrte Schwester Duff mit einem Glas von der Größe einer Farbdose ins Wohnzimmer zurück, schaltete den riesigen Fernseher ein und ließ sich auf das Sofa fallen, sank in die Polster wie ein Parade-Prunkwagen, der einen Platten hatte.

Wie es möglich war, dass sie mich hinter dem Mantelständer nicht bemerkte, wusste ich nicht; vielleicht hatte mein neuer Zustand mich mit der Fähigkeit ausgestattet, so still dazustehen, dass es wie eine Tarnung wirkte und mich für das flüchtige, weltmüde Auge fast unsichtbar machte. Ich sah, wie sie durch die verschiedenen Programme schaltete – ein Kriminalfilm, der Wetterkanal, eine Gefängnisdoku –, bis sie bei einer Realityshow hängen blieb, bei der es um – was schon? – um einen Wettbewerb im Muffinbacken ging. Sie saß mit dem Rücken zu mir. Schluck für Schluck verschwand der Wein. Vermutlich würde es nicht lange dauern, bis Schwester Duff, vom Alkohol betäubt, anfing zu schnarchen. Aber angesichts des Morgengrauens, das sich wie eine Klinge auf mich zuschob, und der diversen Notwendigkeiten, die mich zusehends bedrängten – ich brauchte Geld, ein Auto, eine sichere Bleibe für die Tageslichtstunden –, sah ich keinen Grund, länger zu warten. Ich kam aus meinem Versteck hervor und trat hinter sie.

»Ahem.«

Ich tötete sie nicht sofort. Nochmals, ich verlange weder Geduld noch Nachsicht für meine Geschichte. Ich musste Daten sammeln, und dafür musste Schwester Duff lebendig sein.

Eine kurze Kostprobe, und es war getan. Die Frau fiel sofort in Ohnmacht – die Augen rollten in den Höhlen nach oben, sie atmete aus, und jeder Zollbreit ihres fetten Körpers erschlaffte. Wie ein eifriger Bräutigam hob ich sie auf, trug sie ins Schlafzimmer und legte sie auf das Federbett. Dann ging ich ins Bad und ließ die Wanne volllaufen. Als ich zu ihr zurückkam, hatte die Veränderung bereits angefangen. Weißer Schaum quoll auf ihre Lippen. Ihre Finger fingen an zu zucken, dann die ganzen Hände. Sie stöhnte, grunzte und verstummte dann, als heftige Krämpfe ihren Körper so wütend schüttelten, dass ich dachte, Schwester Duff würde zerbrechen wie ein Keks.

Dann geschah es. Am besten vergleiche ich diesen Anblick vielleicht mit dem Zeitraffervideo einer aufblühenden Blume. Mit knorpeligem Knirschen begannen sich ihre Finger zu verlängern. Ihr Haar löste sich plötzlich vom Schädel und verteilte sich fächerartig auf dem Kopfkissen. Wie mit Säure übergossen lösten sich ihre Gesichtszüge auf, bis von ihrer Persönlichkeit keine Spur mehr übrig war. Die Krämpfe hatten jetzt wieder aufgehört; ihre Augen waren geschlossen, und ihr Gesicht sah beinahe friedlich aus. Ich setzte mich neben sie auf das Bett und murmelte sanft und ermutigend. Grünes Licht ging jetzt von ihr aus und erfüllte den Raum mit mildem Glanz wie die Nachtlampe in einem Kinderzimmer. Ihr Kiefer sprang aus dem Gelenk, und die Zähne schossen aus ihrem Mund wie eine Handvoll Maiskörner und machten Platz für eine Barrikade von Lanzen, die blutig aus dem Zahnfleisch wuchsen.

Es war grässlich. Es war wunderschön.

Sie öffnete die Augen. Lange starrte sie mich an. Welch ein Pathos lag in diesem Blick! Wir sind ja, jeder von uns, eine Gestalt in unserer eigenen Geschichte. So bringen wir Sinn in unser Leben. Aber die Frau, die Schwester Duff gewesen war – die Kranke und Leidende gepflegt, Quilts und Butterfässer gesammelt und Mai Tais, Margaritas und Bahama Mamas getrunken hatte, die Tochter, Schwester, Träumerin, Heilerin, alte Jungfer –, war sich selbst unbekannt geworden. Sie war jetzt ein Teil von mir, die Fortsetzung meines Willens. Wenn ich gewollt hätte, sie wäre auf einem Bein umhergehüpft und hätte dabei eine unsichtbare Ukulele gespielt.

»Du brauchst keine Angst zu haben«, sagte ich und nahm ihre Hand. »Es ist alles zum Besten, du wirst schon sehen.«

Wieder hob ich sie auf. Ich war so stark, dass sie mir trotz ihrer beträchtlichen Körpermasse nicht schwerer erschien als ein Spielzeug. Eine Erinnerung erwachte – genau so hatte ich einmal eine Frau getragen. Die Umstände waren ganz andere gewesen, aber auch sie war mir federleicht erschienen. Die Erinnerung weckte ein so überwältigendes Gefühl der Zärtlichkeit, dass mir für einen Augenblick Zweifel an meinem Tun kamen. Aber es gab Dinge, die ich lernen musste, und die Aufgabe, die ich erfüllen würde, war in ihrer Zweischneidigkeit doch auch eine Gnade.

Ich trug Schwester Duff ins Bad und hielt sie über die Wanne. Ein Rest von weiblichem Instinkt hatte sie veranlasst, die Arme um meinen Hals zu schlingen. Das Wasser hatte sie, wie ich es gehofft hatte, noch nicht bemerkt. Ich schaute ihr tief in die Augen und sandte ihr beruhigende Gedanken. Ihr Vertrauen zu mir war grenzenlos. Was war ich für sie? Vater? Liebhaber? Erlöser? Gott?

Der Bann war sofort gebrochen, als ihr Körper das Wasser berührte. Sie schlug wild um sich und wollte sich losreißen. Aber ich war viel stärker als sie; ich packte sie bei den Schultern und drückte ihr Gargoylegesicht unter Wasser. Ihre panische Verwirrung durchrieselte mich. Welch ein Verrat! Welch unfassbarer Betrug! Andere hätten sich erbarmt, aber mich bestärkten diese Gefühle nur in meiner Entschlossenheit. Ich spürte, wie sie das erste Wasser einatmete. Es durchfuhr sie wie ein Schluckauf. Ein zweiter Atemzug, dann ein dritter, und ihre Lunge füllte sich. Ein letzter qualvoller Krampf, und es war zu Ende.

Ich trat zurück. Der erste Test war bestanden, jetzt kam der zweite. Ich wartete darauf, dass sie ihre menschliche Gestalt wieder annahm, und zählte die Sekunden. Als nichts passierte, hob ich sie aus dem Wasser und legte sie mit dem Gesicht nach unten auf den Boden, weil ich dachte, dies werde den Prozess beschleunigen. Aber weitere Minuten verstrichen, und ich musste einsehen, dass keine Verwandlung mehr kommen würde. Schwester Duff war für immer aus diesem Leben gegangen.

Ich ging hinaus und setzte mich auf das Bett der Frau, um über die Situation nachzudenken. Die einzige Erklärung, die ich finden konnte, war die, dass der transformative Effekt des Todes durch Wasser nur für mich galt. Meine Nachkommen besaßen diese Gabe der Wiederauferstehung nicht. Aber warum das so war – warum ich hier saß und alles in allem so aussah wie der Mann, der ich einmal gewesen war, während sie tot auf den Badezimmerfliesen lag wie ein gestrandetes Seeungeheuer –, das überstieg mein Erklärungsvermögen. War ich einfach eine robustere Version unserer Spezies, das Alpha, das Original, der Zero? Oder lag der Unterschied nicht im Körper, sondern im Geist? Hatte ich leben wollen und sie nicht? Ich betrachtete meine Gefühle. Eigentlich hatte ich gar keine. Ich hatte eine unschuldige Frau in der Badewanne ertränkt, aber meine Empfindungen waren absolut farblos. In dem Augenblick, als ich meine Fangzähne in das weiche Fleisch an ihrem Hals schlug und den ersten honigsüßen Schluck trank, hatte sie aufgehört, als Wesenheit außerhalb meiner selbst zu existieren. Sie war zu einem Anhängsel meiner selbst geworden. Sie zu töten war moralisch so wenig bemerkenswert gewesen wie das Schneiden eines Fingernagels. Vielleicht also lag da der Unterschied. Auf gewisse Weise, in der einzigen Hinsicht, die wirklich zählte, war Schwester Duff schon tot gewesen, als ich sie ins Wasser warf.

Gleichzeitig schrillten Alarmglocken in meinem Kopf. Das Licht im Zimmer veränderte sich: Der Morgen, meine Nemesis, rückte näher. Hastig lief ich durch das Haus, schloss jeden Vorhang, jede Jalousie, verriegelte Vorder- und Hintertür. In den nächsten zwölf Stunden würde ich nirgendwo hingehen.

Ich erwachte in köstlicher Dunkelheit, nachdem ich in einen traumlosen Schlaf gesunken war, wie ich ihn noch nie erlebt hatte. Kein Klopfen an der Tür hatte mich gestört; Schwester Duffs Abschied von der Welt war noch nicht bemerkt worden, obwohl das sicher geschehen würde. Rasch traf ich meine Vorbereitungen. Sogar ein Vampir braucht Geld auf den Nebenstraßen Amerikas, besonders wenn er unterhalb des Radars bleiben will. In einer Keksdose, die aussah wie eine Katze, fand ich zweitausenddreihundert Dollar in kleinen Scheinen – mehr als genug – und einen .38er Revolver, den niemand in der Geschichte des Planeten weniger nötig hatte als ich.

Ich hatte vor, auf Zickzackkurs nach Osten zu reisen und die größeren Highways zu meiden. Dafür würde ich fünf, vielleicht sechs Nächte brauchen. Schwester Duffs abgenutzter Corolla, vollgemüllt mit Bonbonpapieren, Softdrinkdosen und wertlosen Rubbellosen, würde vorläufig genügen, müsste aber bald verschwinden; jemand würde von dem toten Dämon im Badezimmer Wind bekommen und merken, dass das Auto weg war. Außerdem kam ich mir in dem viel zu großen Jogginganzug und den Badeschuhen der Frau lächerlich vor und sah auch so aus. Eine besser geeignete Garderobe war ebenfalls vonnöten.

Acht Stunden später war ich im südlichen Missouri, und dort begann ich mit der Routine, die mein Leben fortan organisieren sollte. Jeden Tag fand ich mich vor dem Morgengrauen in einem billigen Hotel ein, wo ich hinter geschlossenen Vorhängen und mit Pappe verklebten Scheiben auf die Nacht wartete. An meiner Tür hing das »BITTE NICHT STÖREN«-Schild. Wenn es Abend geworden war, fuhr ich weiter und hielt erst eine oder zwei Stunden vor der Dämmerung wieder an. In Carbondale, Illinois, beschloss ich, den Corolla loszuwerden. Außerdem hatte ich großen Hunger. Nach Einbruch der Dunkelheit lungerte ich vor meinem Hotel herum und saß in meinem Auto auf dem Parkplatz, um das Kommen und Gehen der Mitreisenden zu beobachten und festzustellen, wer sich als Spender von Nahrung, Kleidung und Transportmittel am besten eignete. Der Mann, den ich auswählte, war ungefähr so groß und so schwer wie ich, und er schien mir außerdem im geeigneten Maße alkoholisiert zu sein. Als er sein Zimmer betrat, drängte ich mich hinter ihm hinein, tötete ihn säuberlich, bevor er mehr als ein betrunkenes Wimmern von sich geben konnte. Er schmeckte ranzig, nach Nikotin und billigem Ausschankwhiskey. Ich wickelte den Leichnam in den Duschvorhang, um den Verwesungsgestank einzudämmen, stopfte ihn in den Schrank, nahm den Inhalt seines Koffers und seiner Brieftasche an mich (Dockers, bügelfreie Sporthemden mit einem abscheulichen Karomuster, sechs Unterhosen und ein Paar »Humor«-Boxershorts mit den aufgedruckten Worten KÜSS MICH,

ICH BIN IRE) und verschwand mit seinem luxuriös ausgestatteten, durch und durch amerikanischen Wagen. Die Visitenkarten in seiner Brieftasche identifizierten ihn als Bezirksverkaufsleiter einer Herstellerfirma für industrielle Belüftungsgeräte. Das hätte ich auch sein können.

Auf diese Weise zog ich jagend und pickend über die weite, konturlose Fläche des amerikanischen Mittelwestens. Nächte und Meilen glitten vorbei, und die Hypnose der Landstraße versetzte mich in die Vergangenheit. Ich dachte an meine längst verstorbenen Eltern und an die Stadt, in der ich aufgewachsen war – ein Ebenbild der zahllosen anonymen Ansiedlungen, durch die ich, der König der Zerstörung, unbemerkt gefahren war, ein Paar Scheinwerfer, das in der Dunkelheit stromabwärts trieb. Ich dachte an Leute, die ich gekannt, Freunde, die ich gefunden, Frauen, die ich in mein Bett geholt hatte. Ich dachte an einen Tisch mit Blumen und Kristall und einem Blick auf das Meer, an eine Nacht – eine traurige und schöne Nacht –, in der ich meine Geliebte im Schneegestöber nach Hause getragen hatte. An all das dachte ich, und an vieles mehr, aber vor allem dachte ich an Liz.

Die Lichter von New York stiegen aus dem elenden New Jersey herauf, und es war der Abend des sechsten Tages. Acht Millionen Seelen, und meine Sinne sangen wie ein Chor von Sopranstimmen. Durch den Lincoln Tunnel kam ich nach Manhattan, ließ den Wagen auf der 8th Avenue stehen und ging zu Fuß weiter. Ich betrat die erste Kneipe, die ich sah, einen irischen Pub mit einer dick lackierten Theke und Sägespänen auf dem Boden. Unter den Gästen schien nichts Außergewöhnliches im Gange zu sein; das Inseldasein der New Yorker bewirkte, dass das, was in der Mitte des Landes passierte, noch nicht zu einem allgemeinen Krisengefühl geronnen war. Ich saß allein an der Bar und bestellte mir einen Scotch. Ich hatte nicht die Absicht, ihn zu trinken, aber ich stellte fest, dass ich es wollte und, was noch interessanter war, dass er keine unangenehme Wirkung hatte. Er schmeckte köstlich; die subtilsten Aromen tanzten an meinem Gaumen. Beim dritten Glas hatte ich noch zwei andere Einsichten: Ich war nicht im Geringsten betrunken, und ich musste dringendst pissen. Auf der Herrentoilette entließ mein Körper einen so kraftvoll prasselnden Strahl, dass das Porzellan klingelte. Auch das war ungeheuer befriedigend; anscheinend gab es kein körperliches Wohlgefühl, das nicht hundertfach verstärkt war.

Aber der eigentliche Gegenstand meiner Aufmerksamkeit war der Fernseher über der Bar. Ein Yankees-Spiel war im Gange. Ich wartete, bis der letzte Ball geworfen war, und fragte den Barkeeper dann, ob er zu CNN wechseln könne.

Ich brauchte nicht lange zu warten. »Mordserie in Colorado«, hieß es in der Laufschrift am unteren Bildschirmrand. Der Wahnsinn breitete sich aus. Lokalsender im ganzen Staat berichteten von Familien, die in ihren Betten hingemetzelt worden waren, von Kleinstädten, in denen niemand mehr lebte, von einem Highway-Restaurant, wo die Gäste wie Forellen ausgenommen worden waren. Doch es gab auch Überlebende – gebissen, aber lebendig. *Es hat mich nur angeschaut. Es war kein Mensch. Es hat irgendwie geleuchtet.* Das Delirium der Traumatisierten oder mehr als das? Noch niemand hatte eins und eins zusammengezählt, niemand außer mir. Meinen Anweisungen entsprechend war für neun Getötete einer in die Familie geholt worden. Die Kliniken füllten sich mit Kranken und Verletzten. Übelkeit, Fieber, Krämpfe, und dann ...

»Ziemlich irre, das ganze Zeug.«

Ich drehte mich zu dem Mann um, der neben mir saß. Wann hatte er sich dort hingesetzt? Ein Großstadttyp, wie sie zu Tausenden hergestellt wurden: glatzköpfig, anwaltsartig, mit einem intelligenten, leicht streitsüchtigen Gesicht, einem abendlichen Bartschatten und einem Bäuchlein, gegen das er schon lange etwas unternehmen will. Budapester Schuhe, blauer Anzug und gestärktes weißes Hemd, die Krawatte locker. Zu Hause wartete jemand auf ihn, aber er brachte es noch nicht über sich, ihnen entgegenzutreten – nicht nach diesem Tag.

»Wem sagen Sie das.«

Auf dem Tresen vor ihm stand ein Glas Wein. Unsere Blicke trafen sich, und wir schauten einander ungewöhnlich lange an. Ich nahm den überwältigenden Schweißgeruch der Nervosität wahr, den er mit einem Eau de Cologne zu überdecken versuchte. Sein Blick wanderte an meinem Oberkörper herauf und blieb einen Moment lang bei meinem Mund hängen. »Habe ich Sie hier nicht schon gesehen?«

*Ah*, dachte ich und schaute mich im Lokal um. Ich sah keine einzige Frau. »Ich glaube nicht. Ich bin neu hier.«

»Sind Sie verabredet?«

»Bis jetzt noch nicht.«

Er lächelte und streckte mir die Hand entgegen – die, an der kein Ehering steckte. »Ich bin Scott. Darf ich Sie zu einem Drink einladen?«

Eine halbe Stunde später trug ich seinen Anzug und ließ ihn im Durchgang zwischen zwei Häusern liegen, zuckend und schäumend.

Ich überlegte, ob ich mein altes Apartment aufsuchen sollte, aber dann verwarf ich die Idee. Es war nicht mein Zuhause und war es nie gewesen. Was bedeutet »Zuhause« für ein Monster? Für irgendjemanden? Für jeden von uns gibt es einen geografischen Dreh- und Angelpunkt, einen Ort, der von Erinnerungen so gesättigt ist, dass die Vergangenheit dort immer gegenwärtig ist. Es war spät, kurz nach zwei Uhr morgens, als ich die Haupthalle des Grand Central Terminal betrat. Restaurants und Geschäfte waren längst geschlossen und hatten ihre Gitter herabgelassen, und auf den Tafeln über den Fahrkartenschaltern wurden nur Frühzüge angezeigt. Nur eine Handvoll Seelen war noch unterwegs: die allgegenwärtigen Bahnpolizisten mit ihren Kevlar-Westen und der knarrenden Lederausrüstung, ein Paar in Abendgarderobe, das zu einem Zug rannte, der längst abgefahren war, und ein alter Schwarzer mit Ohrstöpseln, der einen Wischmopp hin und her schob. Mitten in der Marmorhalle stand der Informationskiosk mit der legendären Uhr. *Wir treffen uns am Kiosk, unter der Uhr mit den vier Zifferblättern ...* Es war der bekannteste Treffpunkt von New York, vielleicht der berühmteste der Welt. Wie viele schicksalhafte Begegnungen hatten hier stattgefunden? Wie viele Beziehungen hatten hier begonnen, wie viele Liebesnächte? Wie viele Generationen bevölkerten die Erde, weil ein Mann und eine Frau hier ein Rendezvous gehabt hatten, unter diesem aufstrebenden Chronometer aus glänzendem Messing und opalisierendem Glas? Ich hob den Blick zum Deckengewölbe, knapp vierzig Meter hoch über mir. Als junger Erwachsener hatte ich ihre Schönheit noch unter Schichten von Nikotin und Kohlenruß verschleiert gesehen, aber das war das alte New York gewesen. Eine gründliche Reinigung gegen Ende der neunziger Jahre hatte dem Blattgold der astrologischen Bildnisse seinen alten Glanz zurückgegeben. Taurus, der Stier, Gemini, die Zwillinge, Aquarius mit seinem Wasserkrug, ein milchig verschmierter Arm der Galaxie, wie man ihn nur in sehr klaren Nächten zu sehen bekommt. Es ist eine wenig bekannte, für meinen wissenschaftlichen Blick allerdings unübersehbare Tatsache, dass die Decke im Grand Central tatsächlich seitenverkehrt ist, ein Spiegelbild des Nachthimmels. Die Überlieferung behauptet, der Maler habe nach einem mittelalterlichen Manuskript gearbeitet, das das Firmament nicht von unten, sondern von oben zeigte – nicht aus Sicht der Menschen, sondern aus der Perspektive Gottes.

Ich setzte mich auf die oberste Treppenstufe des Westbalkons. Ein Bahnpolizist taxierte mich kurz, aber da ich jetzt gekleidet war wie ein respektabler Jurist oder Arzt und hier weder schlief noch erkennbar betrunken war, ließ er mich gewähren. Ich sah mich um und inspizierte meine Umgebung unter verkehrstechnischen Aspekten. Grand Central war ja mehr als ein Bahnhof; es war ein bedeutender Knotenpunkt im Untergrund der Stadt, dieser riesigen unterirdischen Welt aus Tunneln und Hallen. Hunderttausende von Menschen strömten tagtäglich hier durch, und die meisten schauten nie weiter als bis zu den Spitzen ihrer eigenen Schuhe. Mit anderen Worten: Für meine Zwecke war der Bahnhof perfekt geeignet.

Ich wartete. Stunden vergingen, dann Tage. Niemand schien mich zu bemerken oder sich für mich zu interessieren. Es gab zu viel anderes.

Und dann, nachdem einige Zeit vergangen war – wie viel, weiß ich nicht –, hörte ich ein Geräusch, das ich noch nicht gehört hatte. Es war das Geräusch, das die Stille macht, wenn niemand mehr da ist, der sie hört. Ich erhob mich von meinem Platz auf der Treppe und ging hinaus. Nirgends brannte Licht; die Dunkelheit war so schwarz, dass ich auf hoher See hätte sein können, meilenweit von jedem Ufer entfernt. Ich schaute hoch, und was ich sah, war über alle Maßen sonderbar. Sterne zu Hunderten, zu Tausenden, zu Millionen, festgefügt in ihrem langsamen Kreisen über der leeren Welt, wie sie es gewesen waren seit Anbeginn der Zeit. Lichtpunkte, die auf mein Gesicht fielen wie prasselnde Regentropfen, die aus der Vergangenheit strömten. Ich wusste nicht, was es war, das ich da fühlte, aber ich fühlte es, und endlich fing ich an zu weinen.

# 15

Und damit zu meiner beklagenswerten Geschichte.

Betrachte ihn – den tüchtigen jungen Mann von passablem Aussehen, schlank und langhaarig, sonnengebräunt nach einem Sommer voll ehrlicher Arbeit im Freien, gut in Mathematik und geschickt in mechanischen Dingen, nicht ohne Ehrgeiz und voll strahlender Hoffnung, von einzelgängerischer, introvertierter Persönlichkeit. Er ist allein in seinem Zimmer unter dem Dach und packt seinen Koffer: gefaltete Hemden und Socken und Unterwäsche, und sonst nicht viel. Wir schreiben das Jahr 1989, und unser Schauplatz ist eine Provinzstadt namens Mercy, Ohio – für kurze Zeit berühmt geworden wegen seiner Präzisionsmessingfabrikation, die dem Vernehmen nach die besten Patronenhülsen in der Geschichte der modernen Kriegsführung hervorbrachte, auch wenn das wie so vieles andere in der Stadt längst verblasst ist. Das Zimmer, das in einer Stunde unbewohnt sein wird, ist ein Tempel der Jugend dieses jungen Mannes. Hier steht die Vitrine mit den Trophäen, hier auf dem Nachttisch die Soldatenlampe. Die Vorhänge haben ein dazu passendes militärisches Muster. Hier im Regal stehen die Romanserien über ein furchtloses Trio von unterschätzten Teenagern, deren jugendlicher Verstand sie dazu befähigt, Verbrechen aufzuklären, vor denen die Erwachsenen ratlos kapitulieren. Hier, an die neutral verputzten Wände geheftet, hängen die Wimpel von Sportmannschaften, der rätselhafte M.C.-Escher-Stich mit den Händen, die einander zeichnen, und dem durchgelegenen Einzelbett gegenüber das zeitgemäße Poster mit dem Badeanzugmodel mit den erigierten Brustwarzen aus der *Sports Illustrated,* unter deren lasziven Gliedmaßen, dem Anmachblick und der kaum verhüllten Scham er als Junge Nacht für Nacht wie rasend masturbiert hat.

Aber der junge Mann: Er betreibt das Packen mit dem ratlosen Ernst eines Trauernden bei einer Kinderbeerdigung, was eine passende Analogie für diese Szene ist. Das Problem ist nicht, dass er seine Sachen nicht unterbringen kann – er kann es –, sondern das Gegenteil: Der spärliche Inhalt seines Koffers passt nicht zu der Erhabenheit seines Reiseziels. Ein Brief an der Wand über seinem vollgepackten Kinderschreibtisch gibt die Erklärung. *Sehr geehrter Timothy Fanning,* steht da unter einem verschnörkelten Briefkopf mit einem dunkelroten Schild und der ominösen Inschrift VERITAS, die uralte Weisheiten verheißt. *Herzliche Glückwünsche und willkommen im Harvard-Jahrgang 1993!*

Es ist Anfang September. Draußen umschmiegt ein bodennaher, dunstiger Regen, durchweht vom Grün des Sommers, die kleine Ansammlung von Häusern und Gärten und Ladengeschäften, von denen eines seinem Vater gehört, dem einzigen Optiker des Städtchens. Die Familie des Jungen gehört damit zur Oberschicht der beschränkten Kleinstadtwirtschaft. Nach den Maßstäben jener Zeit und jenes Ortes sind sie wohlhabend. Der Vater ist bekannt und geschätzt. Wenn er durch die Straßen von Mercy geht, ertönt ein Chor von liebenswürdigen Begrüßungen, denn wer ist bewundernswerter und deines Dankes würdiger als der Mann, der die Brille auf deine Nase gesetzt hat, die dich dazu befähigt, die Dinge und Menschen deines Lebens zu sehen? Als Kind war der junge Mann gern im väterlichen Geschäft und hat die Brillen aufprobiert, die dort auf Ständern und in Vitrinen ausgestellt waren, und er hat den Tag herbeigesehnt, da er selbst eine davon brauchen würde. Aber dazu kam es nie: Seine Augen waren perfekt.

»Zeit zu gehen, mein Sohn.«

Sein Vater steht in der Tür, ein kleiner, breitbrüstiger Mann, dessen graue Flanellhose, bedingt durch die Anforderungen der Schwerkraft, von einem mit Clips befestigten Hosenträger gehalten wird. Sein schütteres Haar ist nass vom Regen, und die frischen Schrammen auf seinen Wangen hat der altmodische Sicherheitsrasierer hinterlassen, den er allen modernen Innovationen der Rasiertechnologie zum Trotz immer noch bevorzugt. Die Luft, die ihn umgibt, ist durchdrungen vom Duft seines *Old Spice*.

»Wenn du etwas vergisst, können wir es dir jederzeit nachschicken.«

»Was denn zum Beispiel?«

Sein Vater zuckt liebenswürdig die Achseln. Er möchte behilflich sein. »Ich weiß es nicht. Kleider? Schuhe? Hast du deine Urkunde? Die wirst du sicher brauchen.«

Er spricht von dem zweiten Preis im Wettbewerb des Tags der Naturwissenschaften, den der Junge gewonnen hat. »Der Funke des Lebens: Das Gibbs-Donnan-Gleichgewicht und das Nernst-Potenzial am kritischen Ursprung der Zellenviabilität«. Die Urkunde hängt in einem schlichten schwarzen Rahmen über seinem Schreibtisch an der Wand. Tatsächlich ist sie ihm peinlich. Gewinnen Harvard-Studenten nicht immer nur den ersten Preis? Trotzdem tut er so, als sei er dankbar für die Erinnerung, und legt den Rahmen oben auf die Kleider in seinem Koffer. Wenn er in Cambridge ist, wird die Urkunde die Schublade seines Sekretärs nie verlassen. Drei Jahre später wird er sie unter einem Stapel Papier wiederfinden, einen kurzen, verbitterten Blick darauf werfen und sie in den Papierkorb fallen lassen.

»Das ist die richtige Einstellung«, sagt sein Vater. »Zeig diesen Schlaubergern in Harvard, mit wem sie es zu tun haben.«

Unten an der Treppe erklingt die Stimme seiner Mutter in einem beharrlichen Singsang: »Tim-o-thy! Bist du bald fertig?«

Sie nennt ihn niemals Tim, immer nur »Timothy«. Der Name ist ihm ebenfalls peinlich – er klingt vornehm und zugleich wie ein Diminutiv, als wäre er ein kleiner englischer Lord auf einem Samtkissen. Insgeheim allerdings gefällt ihm das. Dass seine Mutter ihn unendlich viel mehr liebt als ihren Ehemann, ist kein Geheimnis, und umgekehrt gilt das Gleiche. Der Junge liebt sie viel entspannter als seinen Vater, dessen emotionales Vokabular sich auf mannhaftes Schulterklopfen und auf einen gelegentlichen Campingausflug nur für Männer beschränkt. Wie viele Einzelkinder ist der Junge sich seines Wertes in der Ökonomie des Haushalts bewusst, und nirgends spiegelt sich dieser Wert mit so viel Stolz wie in den Augen seiner Mutter. *Mein Timothy,* sagt sie gern, als gäbe es andere, die ihr nicht gehörten. Er ist ihr Einziger. *Du bist mein ganz besonderer Timothy.*

»Haaa-rold! Was machst du da oben? Er wird den Bus verpassen!«

»Herrgott, noch einen Augenblick!« Er schaut wieder den Jungen an. »Ehrlich, ich weiß nicht, was sie machen wird, wenn sie sich deinetwegen keine Sorgen mehr machen kann. Die Frau macht mich noch verrückt.«

Der Junge weiß, das ist ein Scherz, aber der ernsthafte Unterton in der Stimme seines Vaters entgeht ihm nicht. Zum ersten Mal werden ihm die emotionalen Dimensionen dieses Tages in ihrem ganzen Umfang bewusst. Sein Leben verändert sich, aber das Leben seiner Eltern verändert sich auch. Wie ein Biotop, das unvermittelt einer bedeutenden Spezies beraubt wird, zwingt sein Fortgang den Haushalt, sich neu zu ordnen. Wie alle jungen Leute hat er keine Ahnung, wer seine Eltern wirklich sind. Achtzehn Jahre lang hat er ihre Existenz eigentlich nur insofern wahrgenommen, als sie in Beziehung zu seinen eigenen Bedürfnissen stand. Plötzlich kommen ihm zahllose Fragen in den Sinn. Worüber sprechen sie, wenn er nicht dabei ist? Welche Geheimnisse haben sie voreinander, welche Sehnsüchte sind in ihnen verschmachtet? Welcher geheime Groll, im Zaum gehalten durch das gemeinschaftliche Projekt der Kindeserziehung, wird jetzt, in seiner Abwesenheit, torkelnd ans Licht kommen? Sie lieben ihn, aber lieben sie auch einander? Nicht als Eltern, nicht einmal als Eheleute, sondern einfach als Menschen – wie sie einander ja ganz sicher irgendwann einmal geliebt haben mussten? Er hat keinen Schimmer. Diese Dinge sind für ihn so unfassbar wie die Welt vor seiner Geburt.

Das Problem wird dadurch verstärkt, dass der Junge selbst noch nie verliebt war. Das gesellschaftliche Gefüge von Mercy, Ohio, gestattet zwar, dass sogar eine mäßig attraktive Person auf dem Marktplatz der Sexualität ihre Gelegenheiten findet, und der Junge, obgleich noch jungfräulich, war gelegentlich Nutznießer dieses Umstands, aber was er dabei erlebt hat, war lediglich eine schmerzlose Vorahnung von der Liebe, ihr Ausdruck ohne ihre Seele. Er fragt sich, ob das auf einen Mangel seiner selbst zurückgeht. Gibt es einen Teil des Gehirns, aus dem die Liebe kommt und der in seinem Fall unter drastischen Fehlfunktionen leidet? Die Welt ertrinkt doch in Liebe – im Radio, im Kino, auf den Seiten der Romane. Romantische Liebe ist das verbreitete kulturelle Narrativ, aber er selbst ist anscheinend immun dagegen. So kommt es, dass er zwar von dem Schmerz, der die Liebe begleitet, noch nicht gekostet hat, aber dafür von einem anderen, verwandten Schmerz: von der Angst vor einem Leben ohne sie.

Sie finden die Mutter des Jungen in der Küche. Er hat erwartet, sie angezogen und startbereit zu sehen, aber sie trägt ihr geblümtes Hauskleid und Frotteepantoffeln. Anscheinend besteht die unausgesprochene Vereinbarung, dass sein Vater ihn allein zum Bahnhof begleiten wird.

»Ich habe dir ein Lunchpaket gemacht«, verkündet sie.

Sie drückt ihm eine Papiertüte in die Hände. Der Junge faltet die zerknitterte Öffnung auseinander: ein Peanutbutter-Sandwich, kleingeschnittene Möhren in einem Plastikbeutel, ein halber Liter Milch, eine Schachtel Barnum's Animal Crackers. Er ist achtzehn; er könnte den Inhalt von zehn solchen Tüten aufessen und wäre immer noch hungrig. Es ist ein Kinderlunch, aber er ist plötzlich absurd dankbar für dieses kleine Geschenk. Wer weiß, wann seine Mutter ihm wieder ein Lunchpaket zurechtmachen wird?

»Hast du genug Geld? Harold, hast du ihm Geld gegeben?«

»Ich brauche nichts, Mum. Ich habe genug vom Sommer.«

Die Augen seiner Mutter schwimmen in Tränen. »Oh, ich habe doch versprochen, das nicht zu tun.« Sie wedelt mit den Händen vor dem Gesicht herum. »Lorraine, habe ich gesagt, wage ja nicht zu weinen.«

Er überlässt sich ihrer warmen Umarmung. Sie ist eine stattliche Frau, und es tut gut, sich an sie zu schmiegen. Er atmet ihren Duft ein – ein staubiges, fruchtig-süßes Aroma, durchzogen vom chemischen Geruch ihres Haarsprays und den Nikotinausgasungen ihrer Frühstückszigarette.

»Du kannst ihn jetzt loslassen, Lori. Wir verspäten uns sonst.«

»Harvard. Mein Timothy geht nach Harvard. Ich kann es einfach nicht glauben.«

Die Fahrt über die ländlichen Highways in die nächste Stadt zum Busbahnhof dauert eine halbe Stunde. Der Wagen, ein Buick LeSabre der neuesten Bauart mit weicher Federung und Sitzen aus Knautschvelour, lässt die Straße unter ihnen ins Unbestimmte verschwinden, als ob sie schwebten. Das ist das einzige Laster seines Vaters: Alle zwei Jahre erscheint ein neuer LeSabre in der Einfahrt, der von seinem Vorgänger fast nicht zu unterscheiden ist. Die letzten Häuser bleiben hinter ihnen zurück, und sie gleiten in die Landschaft hinaus. Auf den Feldern steht dicht der Mais, und Vögel kreisen über den Bäumen der Windschutzstreifen. Hier und da stehen Farmhäuser, einige makellos gepflegt, andere verwahrlost – die Farbe blättert ab, die Fundamente sind schief, auf den Veranden stehen Polstermöbel, und vor dem Haus liegt Spielzeug verstreut. Alles, was der Junge sieht, erfüllt sein Herz mit Zuneigung.

»Hör mal«, sagt sein Vater, als der Busbahnhof näher kommt, »ich wollte dir noch etwas sagen.«

Jetzt kommt's, denkt der Junge. Die Offenbarung, die hier bevorsteht, was immer sie betreffen mag, ist der Grund, weshalb sie seine Mutter zu Hause gelassen haben. Was wird es sein? Nichts mit Mädchen oder Sex; abgesehen von einem unbeholfenen Gespräch, als er dreizehn war, ist dieses Thema nie zur Sprache gekommen. Gib dir Mühe? Sei immer fleißig? Aber auch das ist längst gesagt worden.

Sein Vater räuspert sich. »Ich wollte es bis jetzt nicht sagen. Na ja, vielleicht doch. Wahrscheinlich hätte ich es sagen sollen. Was ich sagen will, ist: Du bist zu etwas Großem bestimmt, mein Sohn. Zu etwas *Großem*. Das habe ich immer gewusst.«

»Ich werde mein Bestes tun. Versprochen.«

»Das weiß ich. Davon rede ich eigentlich nicht.« Sein Vater hat den Jungen nicht ein einziges Mal angesehen. »Ich will sagen, dies ist nicht mehr der richtige Platz für dich.«

Diese Bemerkung ist zutiefst beunruhigend. Was denkt sein Vater sich dabei?

»Das heißt nicht, dass wir dich nicht lieben«, fährt der Mann fort. »Im Gegenteil. Wir wollen nur dein Bestes.«

»Das verstehe ich nicht.«

»An den Feiertagen, okay. Es wäre ja nicht vernünftig, wenn du an Weihnachten nicht hier wärest. Du weißt, wie deine Mutter ist. Aber ansonsten ...«

»Soll das heißen, du willst nicht, dass ich nach Hause komme?«

Sein Vater spricht schnell. Nein, er spricht nicht, er entfesselt die Worte. »Du kannst natürlich anrufen. Oder wir können dich anrufen. Sagen wir, alle vierzehn Tage. Oder auch einmal im Monat.«

Der Junge weiß nicht, was er zu alldem sagen soll. Ihm entgeht nicht, dass die Worte seines Vaters einen unechten Unterton haben, eine Art künstliche Strenge. Es klingt, als lese er sie von einer Karteikarte ab.

»Ich glaube nicht, was du da sagst.«

»Ich weiß, es ist wahrscheinlich nicht einfach, das zu hören. Aber es lässt sich wirklich nicht ändern.«

»Was soll das heißen, es lässt sich nicht ändern? Wieso nicht?«

Sein Vater atmet tief ein. »Hör zu, du wirst mir später dankbar sein. Vertrau mir, okay? Jetzt denkst du vielleicht nicht daran, aber du hast noch dein ganzes Leben vor dir. Darum geht es.«

»Verdammt, darum geht es nicht!«

»Hey, nimm dich zusammen. Es gibt keinen Grund für diese Ausdrucksweise.«

Plötzlich ist der Junge den Tränen nahe. Aus der Abreise ist Verbannung geworden. Sein Vater sagt nichts weiter, und der Junge begreift, dass eine Grenze erreicht ist. Er wird nichts weiter aus dem Mann herausbekommen. *Wir wollen nur dein Bestes. Du hast noch dein ganzes Leben vor dir.* Was immer sein Vater tatsächlich empfindet, liegt verborgen hinter einer Barrikade aus Klischees.

»Wisch dir die Tränen ab, Junge. Es gibt keinen Grund, aus einer Mücke einen Elefanten zu machen.«

»Was ist mit Mom? Ist das auch ihre Idee?«

Sein Vater zögert, und einen Augenblick lang sieht er den Schmerz im Gesicht seines Vaters, eine Andeutung von etwas Aufrichtigem, einer tieferen Wahrheit, aber im nächsten Moment ist es wieder vorbei.

»Mach dir ihretwegen keine Sorgen. Sie versteht es.«

Der Wagen hat angehalten. Der Junge blickt auf und stellt erstaunt fest, dass sie am Busbahnhof angekommen sind. Drei Halteplätze, auf einem steht ein wartender Bus, die Fahrgäste steigen ein.

»Hast du dein Ticket?«

Der Junge nickt sprachlos. Sein Vater streckt die Hand aus. Der Junge hat das Gefühl, eine Kündigung zu bekommen. Als sie einander die Hände schütteln, drückt sein Vater vor ihm zu und quetscht seine Finger zusammen. Es ist ein unbeholfener und peinlicher Händedruck, und sie sind beide erleichtert, als er vorbei ist.

»Los jetzt«, drängt sein Vater mit gespielter guter Laune. »Du willst doch deinen Bus nicht verpassen.«

Der Augenblick ist nicht mehr zu retten. Der Junge steigt aus. Er hat immer noch die Tüte mit seinem Lunch in der Hand. Sie fühlt sich jetzt an wie ein Totem, die letzte Spur einer Kindheit, die nicht so sehr vergangen ist, als vielmehr ausgelöscht wurde. Er hebt seinen Koffer aus dem Kofferraum und wartet, um zu sehen, ob sein Vater aus dem Buick steigt. Vielleicht wird der Mann ihm den Koffer in einer Geste der Versöhnung in letzter Minute zum Bus tragen und ihn vor der Abfahrt vielleicht sogar umarmen. Aber nichts dergleichen geschieht. Der Junge geht zum Bus, schiebt seinen Koffer in ein offenes Gepäckfach und stellt sich in die Schlange.

»Cleveland!«, brüllt der Fahrer. »Alles einsteigen nach Cleveland!«

Am Anfang der Schlange kommt Unruhe auf. Ein Mann hat sein Ticket verloren und versucht, es zu erklären. Während alle darauf warten, dass die Angelegenheit geregelt wird, dreht die Frau vor dem Jungen sich zu ihm um. Sie ist vielleicht sechzig, trägt das Haar säuberlich hochgesteckt und hat glänzende blaue Augen. Ihre Haltung erscheint dem Jungen vornehm, ja, aristokratisch; jemand wie sie sollte einen Ozeandampfer besteigen, nicht einen schmutzigen Bus.

»Na, ich wette, ein junger Mann wie Sie hat ein interessantes Reiseziel«, sagt sie vergnügt.

Er hat keine Lust, sich zu unterhalten – im Gegenteil. »College«, sagt er, und das Wort bleibt ihm fast im Halse stecken. Als die Frau nicht reagiert, fügt er hinzu: »Ich gehe nach Harvard.«

Ihr Lächeln entblößt absurd falsche Zähne. »Wie *wundervoll*. Ein Harvard-Mann. Ihre Eltern müssen sehr stolz sein.«

Dann ist er an der Reihe. Er reicht dem Fahrer sein Ticket, geht durch den Gang und sucht sich einen Platz ganz hinten, möglichst weit weg von der Frau. In Cleveland wird er in den Bus nach New York umsteigen, und nachdem er die Nacht mit seinem Koffer unter den Beinen auf einer harten Bank der Port Authority Station verbracht hat, wird er um fünf Uhr früh den ersten Bus nach Boston nehmen. Jetzt, als der große Dieselmotor rumpelnd zum Leben erwacht, wendet er sich endlich dem Fenster zu. Es hat wieder angefangen zu regnen, und Tropfen laufen über die Scheibe. Der Platz, auf dem sein Vater geparkt hat, ist leer.

Der Bus setzt zurück, und er öffnet die Tüte auf seinem Schoß. Überraschend hungrig macht er sich über das Sandwich her – sechs Bissen, und es ist weg. Er stürzt die Milch herunter, ohne den Karton einmal von den Lippen zu nehmen. Als Nächstes kommen die Möhren. Er verschlingt sie im Handumdrehen. Dabei schmeckt er kaum etwas; es geht nur darum, zu essen und eine Leere auszufüllen. Als nichts mehr da ist, öffnet er die kleine Keksschachtel. Einen Moment lang betrachtet er die bunten Bilder der Zirkustiere im Käfig, mit denen sie bedruckt ist: Da ist der Eisbär, der Löwe, der Elefant, der Gorilla. Barnum's Animal Crackers waren ein Grundnahrungsmittel seiner Kindheit, aber erst jetzt sieht er, dass die Tiere nicht allein in ihren Käfigen sind. Jedes ist eine Mutter mit ihrem Jungen.

Er legt einen Keks auf die Zunge und lässt ihn schmelzen, bis die vanillesanfte Süße das Innere seines Mundes überzieht. Er nimmt noch einen und noch einen, bis die Schachtel leer ist. Dann schließt er die Augen und wartet auf den Schlaf.

Warum erzähle ich diese Episode in der dritten Person? Vermutlich, weil es einfacher ist. Ich weiß, mein Vater hat es gut gemeint, aber ich habe viele Jahre gebraucht, um den Schmerz zu verarbeiten, den seine Entscheidung mir bereitet hat. Natürlich habe ich ihm verziehen, aber Absolution ist nicht dasselbe wie Verständnis.

Sein unergründliches Gesicht, die Beiläufigkeit dieser Bekanntmachung – noch nach all den Jahren ist es mir ein Rätsel, wie er mich so scheinbar gelassen aus seinem Leben entfernen konnte. Ich hätte gedacht, der Lohn dafür, dass man einen Sohn großzieht, bestehe unter anderem in der schlichten Freude an seiner Gesellschaft, wenn er das ernsthafte Geschäft des Erwachsenseins in Angriff nimmt. Aber da ich selbst keinen Sohn habe, kann ich das weder bestätigen noch bestreiten.

So kam ich im September 1989 an die Harvard University. Die Sowjetunion stand vor dem Zusammenbruch, mit der Wirtschaft ging es allgemein bergab, die Stimmung im Land war müde Langeweile angesichts eines Jahrzehnts des ziellosen Treibens – und ich war ohne Freunde, im Grunde ein Waise, ich besaß fast nichts und hatte keine Ahnung, was aus mir werden sollte. Ich hatte noch nie einen Fuß auf den Campus gesetzt, ja, ich war überhaupt noch nie über Pittsburgh hinaus nach Osten gekommen, und nach den vierundzwanzig Stunden meiner Reise war mein Geisteszustand so, dass alles um mich herum wie eine Halluzination erschien. Von der South Station fuhr ich mit der Linie T nach Cambridge (meine erste Fahrt mit der U-Bahn), und von dem mit Zigarettenstummeln übersäten Bahnsteig stieg ich hinauf in den Tumult des Harvard Square. Anscheinend hatte während meiner Reise eine neue Jahreszeit begonnen. Aus dem schwülen Sommer war der frische Herbst von New England geworden, und der Himmel war so schockierend blau, dass man es beinahe hören konnte. In meiner Jeans und dem vom Schlaf zerdrückten T-Shirt fröstelte mich, als der trockene Wind über mich hinwegstrich. Es war kurz vor der Mittagsstunde, und der Platz war schwarz von Menschen, allesamt jung, allesamt anscheinend völlig entspannt in ihrer Umgebung. Paarweise oder in Gruppen waren sie zielstrebig unterwegs, und Worte und Gelächter gingen mit der gewandten Sicherheit zwischen ihnen hin und her, mit der beim Staffellauf der Stab von Hand zu Hand geht. Ich hatte ein Reich betreten, das mir fremd war, aber sie waren hier zu Hause. Mein Ziel war ein Wohnheim namens Wigglesworth Hall, aber es widerstrebte mir, jemanden nach dem Weg zu fragen – ich bezweifelte ohnehin, dass sie stehen bleiben und mit mir sprechen würden –, und ich war halb verhungert. Also wanderte ich eine Straße hinauf, die vom Platz wegführte, und suchte mir ein preiswertes Lokal, wo ich etwas essen könnte.

Später sollte ich erfahren, dass das Restaurant, für das ich mich entschied – *Mr and Mrs Bartley's Burger Cottage* – ein beliebter Treffpunkt in Cambridge war. Ich trat ein, und sofort attackierte mich ein Schwall von waffenfähigem Zwiebelrauch, der mir die Augen tränen ließ, und der Lärm einer großen Menschenmenge dröhnte mir entgegen. Die halbe Stadt schien sich in das enge Lokal gezwängt und die langen Tische besetzt zu haben. Jeder bemühte sich, alle anderen zu übertönen, die Köche eingeschlossen, die die fertigen Bestellungen hinausschrien wie Footballspieler ihre Signale. An der Wand über dem Grill hing eine riesenhafte Tafel, auf der in bunter Kreide ausführliche Beschreibungen von Burgern mit den befremdlichsten Garnierungen zu lesen waren, von denen ich je gehört hatte: Ananas, Blauschimmelkäse und Spiegelei.

»Allein?«

Der Mann, der mich angesprochen hatte, sah aus wie ein Wrestler, nicht wie ein Kellner – ein großer, vollbärtiger Kerl mit einer Schürze, so fleckig wie die eines Metzgers. Ich nickte blöd.

»Singles nur an der Theke«, bestimmte er. »Such dir einen Hocker.«

Eben war ein Platz frei geworden. Die Kellnerin hinter dem Tresen ließ den schmutzigen Teller des vorigen Gastes verschwinden, und ich schob meinen Koffer unten an die Theke und setzte mich. Besonders bequem war es so nicht, aber zumindest war mein Gepäck außer Sicht. Ich zog meinen Stadtplan aus der Tasche und fing an, ihn zu studieren.

»Was soll's denn sein, Schätzchen?«

Die Kellnerin, eine gehetzt aussehende ältere Frau mit Schweißflecken unter den Achseln ihres »Burger Cottage«-T-Shirts, stand vor mir und hatte Block und Stift gezückt.

»Einen Cheeseburger?«

»Salat, Tomate, Zwiebel, saure Gurke, Mayo, Senf, Schweizer, Cheddar, Provolone, American, und das Brötchen normal oder getoastet?«

Es war, als müsste ich die Kugeln aus einem Maschinengewehr auffangen. »Alles, glaube ich.«

»Sie wollen vier Sorten Käse?« Sie hob den Blick nicht von ihrem Block. »Das muss ich extra berechnen.«

»Das habe ich nicht gemeint. Sorry. Nur Cheddar. Cheddar ist okay.«

»Getoastet oder normal?«

»Wie bitte?«

Endlich hob sie den Blick, müde vor Langeweile. »Möchten … Sie … Ihr … Brötchen … getoastet … oder … normal?«

»Mein Gott, Margo, sei nicht so streng mit ihm, okay?«

Die Stimme kam von dem Mann rechts neben mir. Ich hatte geflissentlich nach vorn geschaut, aber jetzt drehte ich mich doch zur Seite. Er war groß und breitschultrig, aber nicht übertrieben muskulös, und er hatte ein wohlproportioniertes Gesicht von der Art, die den Eindruck vermittelt, als sei es sorgfältiger geformt worden als das der meisten Menschen. Sein zerknautschtes Oxfordhemd steckte im Bund der verblichenen Jeans, und seine Sonnenbrille saß oben auf dem Kopf zwischen den Locken seines welligen braunen Haars. Ein Fußknöchel, der rechte, lag quer über dem linken Knie, und der Fuß steckte ohne Socke in einem verschlissenen Slipper. Am Rand meines Gesichtsfeldes war er mir als ausgewachsener Mann erschienen, aber jetzt sah ich, dass er nicht mehr als ein oder zwei Jahre älter sein konnte als ich. Der Unterschied zwischen uns lag nicht im Alter, sondern in der Haltung. Alles an ihm verströmte die Aura der Zugehörigkeit. Er war ein Spross dieses Stammes und mit seinen Sitten wohlvertraut.

Er klappte sein Buch zu, legte es neben seine leere Kaffeetasse auf die Theke, und sein entwaffnendes Lächeln signalisierte mir: *Keine Sorge, ich kümmere mich darum.*

»Der Mann will einen Cheeseburger mit allem. Getoastet. Cheddarkäse. Dazu Fritten, nehme ich an. Zu trinken?«, fragte er mich.

»Äh, Milch?«

»Und eine Milch. Nein«, korrigierte er sich, »einen Shake. Schokolade, ohne Sahne. Vertrau mir.«

Die Kellnerin sah mich zweifelnd an. »Ist das okay?«

Die ganze Szene hatte mir die Sprache verschlagen. Andererseits, ein Schokoshake war eine gute Idee, und ich war nicht in der Stimmung, eine Freundlichkeit zurückzuweisen. »Ja.«

»So ist's brav.« Mein Nachbar kletterte von seinem Hocker herunter und klemmte sich das Buch auf eine Weise unter den Arm, die den Gedanken nahelegte, dass alle Bücher exakt so getragen werden sollten. Ich sah den Titel, aber ich verstand ihn nicht: *Grundlagen der existenziellen Phänomenologie.* »Margo hier wird sich gut um dich kümmern. Wir beide kennen uns schon lange. Sie hat mich schon gefüttert, als ich noch in kurzen Hosen herumlief.«

»Aber damals warst du mir lieber«, sagte Margo.

»Da bist du nicht die Erste, die das sagt. Aber jetzt hopphopp. Unser Freund sieht hungrig aus.«

Die Kellnerin ging wortlos davon. Der Wortwechsel zwischen den beiden ergab plötzlich Sinn für mich. Kein Geflachse zwischen Freunden, sondern eher so etwas wie der Umgang eines etwas altklugen Neffen mit seiner Tante. »Danke«, sagte ich zu ihm.

»*De nada.* Manchmal ist es, als liefe hier ein großer Grobheitswettbewerb, aber der Laden ist es wert. Und wo haben sie dich untergebracht?«

»Wie bitte?«

»Dein Wohnheim. Du bist doch ein Freshman, oder? Eben angekommen?«

Ich staunte. »Woher weißt du das?«

»Die Kraft meines Geistes.« Er tippte sich an die Schläfe und lachte dann. »Und wegen deines Koffers. Also, welches ist es? Hoffentlich nicht ein Haus der Union. Am Yard ist es besser.«

Ich wusste nicht, was der Unterschied war. »Es heißt Wigglesworth.«

Die Antwort gefiel ihm offenbar. »Glück gehabt, mein Freund. Da bist du im Zentrum der Action. Natürlich kann das, was hier als Action durchgeht, ein bisschen zurückhaltend sein. Meistens bestehen die Turbulenzen darin, dass Leute sich um vier Uhr morgens wegen irgendeines Problems die Haare raufen.« Er klopfte mir mannhaft auf die Schulter. »Keine Sorge. Anfangs fühlt sich jeder hier ein bisschen verloren.«

»Irgendwie habe ich das Gefühl, du nicht.«

»Ich bin das, was man als Sonderfall bezeichnen würde. Ein Harvard-Balg von Geburt an. Mein Vater lehrt im Department für Philosophie. Ich würde dir sagen, wer er ist, aber dann hast du vielleicht das Gefühl, du solltest aus Dankbarkeit ein Seminar bei ihm belegen, und das wäre – Verzeihung – ein riesiger Scheißfehler. Seine Vorlesungen wirken, als würde man dir eine Kugel ins Gehirn jagen.« Zum zweiten Mal in ebenso vielen Tagen bekam ich einen Händedruck von einem Mann, der anscheinend mehr über mein Leben wusste als ich selbst. »Jedenfalls, viel Glück. Wenn du hier rauskommst, nach links und einen Block weit bis zum Tor. Wigglesworth ist auf der rechten Seite.«

Damit war er weg. Erst jetzt wurde mir klar, dass ich nicht mal nach seinem Namen gefragt hatte. Hoffentlich würde ich ihn wiedersehen, nur nicht allzu bald, und hoffentlich würde ich ihm dann berichten können, dass ich mich geschickt in meinem neuen Leben eingerichtet hätte. Außerdem nahm ich mir vor, bei der nächstbesten Gelegenheit ein weißes Oxfordhemd und Mokassinslipper zu kaufen: Zumindest konnte ich das Meine tun, um meiner Rolle entsprechend auszusehen. Mein Cheeseburger mit Fritten kam, köstlich glänzend von Fett, und dazu der versprochene Schokoladenshake in einem hohen, eleganten Glas im Stil der Fünfziger. Das war mehr als eine Mahlzeit, es war ein Omen. Ich war so dankbar, dass ich ein Gebet hätte sprechen können, und beinahe hätte ich es auch getan.

Tage am College, Tage in Harvard: Das Zeitgefühl an sich veränderte sich in jenen ersten Monaten, und alles rauschte in frenetischem Tempo vorüber. Mein Zimmergenosse hieß Lucessi. Sein Vorname war Frank, aber weder ich noch irgendjemand, den ich kannte, nannte ihn jemals so. Wir waren so etwas wie Freunde, zusammengeführt durch die Umstände. Ich hatte erwartet, dass jeder auf dem College ungefähr so sein würde wie der Typ, den ich im Burger Cottage kennengelernt hatte – von zungenflinker sozialer Intelligenz und mit dem Wissen eines Aristokraten, was die örtlichen Gebräuche betraf, aber tatsächlich war Lucessi eher typisch: ein gespenstisch cleverer Absolvent der Bronx High School of Science, kein Anwärter auf irgendeinen Preis für äußerliche Attraktivität oder körperliche Hygiene, eine von nervösen Tics strotzende Persönlichkeit. Sein großer, weicher Körper erinnerte an ein schlecht ausgestopftes Stofftier, und er wusste nie, wo er seine großen feuchten Hände lassen sollte. Außerdem hatte er die unsteten, weit aufgerissenen Augen eines Paranoikers, der er vielleicht auch war. In seiner Kleidung erschien er wie eine Kombination aus einem Buchhaltungsangestellten und einem Mittelstufenschüler: Er bevorzugte Hosen mit hoher Taille und Bügelfalte, schwere braune Anzugschuhe und T-Shirts mit dem Emblem der New York Yankees. Wir kannten uns gerade mal fünf Minuten, als er mir erzählte, dass er bei der Studieneignungsprüfung perfekte 1600 Punkte erreicht habe, ein doppeltes Hauptfachexamen in

Mathematik und Physik ablegen wolle, Latein und Altgriechisch sprechen könne (nicht nur lesen, sondern wirklich *sprechen*) und einmal einen Homerun vom Schläger des großen Reggie Jackson gefangen habe. Ich hätte seine Gesellschaft als Bürde betrachten können, aber schon bald sah ich die Vorteile, die damit verbunden waren: Im Vergleich zu Lucessi erschien ich wohlangepasst, selbstsicherer und attraktiver, als ich in Wirklichkeit war, und bei meinen Wohnheimnachbarn brachte mir das Zusammenwohnen mit ihm nicht wenige Sympathiepunkte ein, als wäre ich jemand, der sich um einen furzenden Hund kümmerte. Am ersten Abend, an dem wir uns zusammen betranken – nur eine Woche nach unserer Ankunft bei einer der unzähligen Freshmen-Fasspartys, bei denen die Verwaltung anscheinend wohlwollend ein Auge zudrückte –, übergab er sich so hilflos und anhaltend, dass ich die Nacht damit verbrachte, auf ihn aufzupassen, damit er nicht starb.

Mein Ziel war es, Biochemiker zu werden, und ich vergeudete keine Zeit. Mein Seminarpensum war überwältigend, und die einzige Erholung war ein fächerübergreifender Pflichtkurs in Kunstgeschichte, der kaum mehr erforderte, als im Dunklen zu sitzen und Dias mit der Jungfrau Maria und dem Jesuskind in verschiedenen Posen der Seligkeit anzuschauen. (Der Kurs, ein legendäres Refugium für Studenten der Naturwissenschaften, die ihre geisteswissenschaftlichen Anforderungen zu erfüllen hatten, trug die scherzhafte Bezeichnung »Dunkelheit zur Mittagsstunde«.) Ich hatte ein großzügiges Stipendium, aber ich war es gewohnt zu arbeiten und brauchte Taschengeld; zehn Stunden die Woche, für ein Einkommen knapp oberhalb des Mindestlohns, verbrachte ich damit, in der Widener Library Bücher einzuräumen. Ich schob einen wackligen Wagen durch ein Labyrinth von Regalen, so abgelegen und byzantinisch, dass man Frauen davor warnte, sich allein darin aufzuhalten. Ich befürchtete, bei diesem Job vor Langeweile zu sterben, und eine Zeitlang war die Gefahr tatsächlich groß, aber nach einer Weile gefiel es mir ganz gut –

der Geruch von altem Papier und der Geschmack von Staub, die tiefe Stille in der Bibliothek, einem Heiligtum des Schweigens, in dem das einzige Geräusch von den quietschenden Rädern meines Bücherwagens kam, der wohlige Grusel, der mich erfasste, wenn ich ein Buch aus dem Regal zog, die Karte herausnahm und feststellte, dass es seit 1936 nicht mehr ausgeliehen worden war. Ein Anflug von anthropomorphem Mitgefühl für diese ungeliebten Bände veranlasste mich oft, eine oder zwei Seiten zu lesen, damit sie das Gefühl hatten, gebraucht zu werden.

War ich glücklich? Wer wäre es nicht gewesen? Ich hatte Freunde, und mein Studium beschäftigte mich. Ich hatte die stillen Stunden in der Bibliothek, in denen ich nach Herzenslust meinen Gedanken nachhängen konnte. Gegen Ende Oktober verlor ich meine Jungfräulichkeit an ein Mädchen, das ich auf einer Party kennenlernte. Wir waren beide ziemlich berauscht, kannten einander überhaupt nicht, und auch wenn sie es nicht ausdrücklich erwähnte – über das übliche Vorgeplänkel und eine kurze Verhandlung über den in mechanischer Hinsicht verwirrenden Verschluss ihres Büstenhalters hinaus sprachen wir kaum miteinander –, vermutete ich, dass sie ebenfalls Jungfrau war und dass sie beabsichtigte, die Sache einfach so zeitsparend wie möglich hinter sich zu bringen, damit sie sich anderen, mehr Erfüllung bringenden Begegnungen zuwenden konnte. Vermutlich ging es mir genauso. Als es vorbei war, verließ ich ihr Zimmer so hastig, als flüchtete ich von einem Tatort, und in den nächsten vier Jahren bekam ich sie nur noch zweimal zu Gesicht, beide Male von Weitem.

Ja, ich war glücklich. Mein Vater hatte recht, ich hatte mein Leben gefunden. Ich telefonierte pflichtschuldig alle zwei Wochen auf seine Kosten, aber die Erinnerung an meine Eltern – ja, an meine ganze Kleinstadtkindheit in Ohio – begann zu verblassen, wie es Träume bei Tageslicht tun. Diese Telefonate verliefen immer gleich. Zuerst sprach ich mit meiner Mutter, die den

Anruf meist entgegennahm – was andeuten sollte, dass sie zwei Wochen neben dem Telefon gewartet hatte –, dann mit meinem Vater, dessen jovialer Tonfall mir darauf angelegt zu sein schien, mich an sein zum Abschied ausgesprochenes Edikt zu erinnern, und schließlich mit beiden zusammen. Ich konnte mir die Szene mühelos vorstellen: Ihre Gesichter dicht nebeneinander, der Hörer zwischen ihnen, riefen sie mir zum Abschied zu: »Ich hab dich lieb« und »Ich bin stolz auf dich« und »Sei brav«, während die Uhr über der Spüle in der Küche den Blick meines Vaters in einem optischen Todesgriff festhielt und er zusah, wie sein Geld im Takt von dreißig Cent pro Minute dahinschwand. Ihre Stimmen weckten Gefühle von großer Zärtlichkeit, ja, von Mitleid in mir, als wäre ich der Verlassende und sie die Verlassenen, aber ich war immer erleichtert, wenn die Gespräche zu Ende waren und das Klicken im Hörer mich wieder in mein wahres Dasein entließ.

Ehe ich michs versah, hatten die Blätter sich verfärbt und waren dann abgefallen; ihre verdorrten Skelette bedeckten den Boden, über den ich ging, und erfüllten die Luft mit dem süßen Duft des Verfalls. In der Woche vor Thanksgiving fiel Schnee, und mein erster Winter in New England begann, feucht und rau. Es fühlte sich an wie eine weitere in einem Jahr voller Taufen. Von meiner Heimkehr in den Thanksgiving-Ferien war nicht die Rede gewesen, aber Ohio war sowieso zu weit weg – ich hätte die Hälfte der Zeit im Bus verschwendet –, und so akzeptierte ich die Einladung, den Feiertag mit Lucessi in der Bronx zu verbringen. Törichterweise hatte ich eine Hollywoodversion des italienischen Lebens erwartet: ein enges Apartment über einer Pizzeria, wo alle einander anschreien und brüllen, einen Vater, dem der knoblauchgesättigte Achselschweiß ins Unterhemd sickert, und eine schnurrbärtige Mutter in Hausmantel und Pantoffeln, die alle dreißig Sekunden »*Mamma mia!*« heult.

Was ich vorfand, hätte anders nicht sein können. Sie wohnten in Riverdale – das formal noch zur Bronx gehört, aber ein so feines Viertel war, wie ich es nur jemals gesehen hatte – in einem riesigen Tudorhaus, das aussah, als sei es aus dem ländlichen England hierher entführt worden. Keine Spaghetti mit Fleischbällchen, keine Madonnenaltäre im Haushalt, keinerlei armfuchtelnde Dramatik, sondern die lähmende Atmosphäre einer Gruft. Das Thanksgiving-Essen wurde von einem guatemaltekischen Hausmädchen in einer weißen Schürze serviert, und danach zogen alle in ein Zimmer um, das sie tatsächlich als »Salon« bezeichneten, um sich dort eine endlose Radioübertragung des wagnerschen *Ring*-Zyklus anzuhören. Lucessi hatte mir erzählt, seine Familie sei »in der Restaurantbranche« tätig (daher die Pizzeria in meiner Fantasie), aber tatsächlich war sein Vater Leiter der Finanzabteilung im Restaurantressort bei Goldman Sachs und fuhr jeden Tag mit einem Lincoln Continental von der Größe eines Panzers in sein Büro in der Wall Street. Ich hatte gewusst, dass Lucessi eine jüngere Schwester hatte, aber er hatte vergessen zu erwähnen, dass sie eine echte Mittelmeergöttin war, möglicherweise das schönste Mädchen, das ich je zu Gesicht bekommen hatte – von majestätischer Größe, mit glänzendem schwarzem Haar und einer Haut wie Sahne, die ich am liebsten getrunken hätte. Sie hatte die Gewohnheit, in ein Zimmer zu kommen mit nichts als einem Slip am Leib, und ihr Name war Arianna. Sie war aus dem Internat nach Hause gekommen, einer Schule in Indiana, wo sie den ganzen Tag reiten konnten, und wenn sie nicht in Unterwäsche auf dem Sofa lag, Zeitschriften las und Buttertoast aß, während sie lautstark telefonierte, lief sie in hohen Reitstiefeln mit klirrenden Sporen und engen Reithosen durch das Haus, einem Kostüm, das nicht weniger machtvoll als der Slip war in seiner Fähigkeit, das Blut in meine Lenden schießen zu lassen. Mit anderen Worten, Arianna war unerreichbar für mich, eine Tatsache, die so offenkundig war wie das Wetter, aber sie gab sich größte Mühe, mich daran zu erinnern, nannte mich »Tom« – ganz gleich, wie oft ihr Bruder sie korrigierte – und durchbohrte mich mit Blicken von so geringschätziger Verachtung, dass mir war, als übergieße sie mich mit kaltem Wasser.

In meiner letzten Nacht in Riverdale erwachte ich irgendwann nach Mitternacht und hatte Hunger. Man hatte mich angewiesen, mich in diesem Haus zu fühlen, »als wäre es mein eigenes« – eine lachhafte Unmöglichkeit, aber ich wusste, ich würde nicht wieder einschlafen, wenn ich nicht etwas in den Magen bekäme. Ich zog mir eine Jogginghose an und schlich mich die Treppe hinunter in die Küche, wo ich Arianna antraf. Sie saß in einem Flanellbademantel am Tisch, blätterte mit ihren eleganten Händen im *Cosmopolitan* und löffelte sich ein Müsli in ihren makellos geformten Mund mit den üppigen Lippen. Eine Schachtel Cheerios und ein Karton Milch standen auf der Theke. Mein erster Instinkt riet mir, mich zurückzuziehen, aber sie hatte mich schon bemerkt, denn ich stand wie ein Idiot in der Tür.

»Störe ich?«, fragte ich. »Ich dachte, ich esse eine Kleinigkeit.«

Sie hatte sich schon wieder ihrer Zeitschrift zugewandt, nahm einen Löffel Müsli und winkte mit einer Rückhandbewegung. »Tu, was du willst.«

Ich tat Cheerios und Milch in ein Schälchen. Weil ich keinen anderen Platz fand, setzte ich mich zu ihr an den Tisch. Sogar im Flanellbademantel, ungeschminkt und mit wirrem Haar sah sie prachtvoll aus. Ich hatte keine Ahnung, was ich zu so einem Geschöpf sagen sollte.

»Du starrst mich an«, sagte sie und blätterte um.

Ich spürte, wie mir das Blut in die Wangen strömte. »Nein, gar nicht.«

Sie sagte nichts weiter. Ich wusste nicht, wo ich hinschauen sollte; also senkte ich den Blick auf mein Müsli. Das Knirschen beim Kauen kam mir durchdringend laut vor.

»Was liest du da?«, fragte ich schließlich.

Sie seufzte gereizt, klappte das Heft zu und sagte: »Okay, hier bin ich.«

»Ich wollte nur Konversation machen.«

»Können wir das bleiben lassen? Bitte? Ich habe gesehen, wie du mich beobachtest, Tim.«

»Du weißt also, wie ich heiße.«

»Tim, Tom, wie auch immer.« Sie verdrehte die Augen. »Oh, okay. Bringen wir es hinter uns.«

Sie schlug ihren Mantel auseinander. Darunter trug sie nur einen BH aus schimmernder pinkfarbener Seide. Der Anblick versetzte mich in unbeschreibliche Erregung.

»Mach schon«, drängte sie.

»Mach was?«

Sie sah mich gelangweilt und spöttisch an. »Sei nicht blöd, Harvard Boy. Komm, ich helfe dir.«

Sie nahm meine Hand und legte sie fast mechanisch auf ihre Brust. Und was für eine herrliche Brust das war! Nie zuvor hatte ich eine Göttin berührt. Rund und weich, umhüllt von hochpreisiger Seide mit einem Muschelrand aus zarter Spitze, lag sie in meiner Hand wie ein Pfirsich. Ich spürte, dass sie sich über mich lustig machte, aber das störte mich kaum. Was würde jetzt passieren? Würde ich sie küssen dürfen?

Anscheinend nicht. Während ich noch im Kopf aus all den wundervollen Dingen, die wir miteinander tun könnten, ein vollständiges sexuelles Narrativ konstruierte, das in einem keuchenden Geschlechtsverkehr auf dem Küchenfußboden seinen Höhepunkt fand, zog sie unvermittelt meine Hand weg und ließ sie mit der verachtungsvollen Gebärde auf den Tisch fallen, mit der man Abfall in den Mülleimer werfen würde.

»So«, sagte sie und schlug die Illustrierte wieder auf, »hast du jetzt bekommen, was du wolltest? Bist du zufrieden?«

Ich war völlig verdattert. Sie blätterte eine Seite um, dann noch eine. Was zum Teufel war das gewesen?

»Ich verstehe dich überhaupt nicht.«

»Natürlich nicht.« Sie blickte wieder auf und rümpfte angewidert die Nase. »Erklär mir was. Warum bist du überhaupt mit ihm befreundet? Ich meine, alles in allem scheinst du doch irgendwie normal zu sein.«

Vermutlich konnte ich das als Kompliment auffassen. Aber zugleich erweckte es in mir wilde Beschützergefühle für ihren Bruder. Wer war sie, dass sie so über ihn redete? Wofür hielt sie sich, dass sie mich auf diese Weise reizte?

»Du bist abscheulich«, sagte ich.

Sie lachte kurz und unangenehm. »Leere Worte, Harvard Boy. Wenn du mich jetzt entschuldigst – ich versuche hier zu lesen.«

Und das war das Ende. Ich ging wieder ins Bett, sexuell so sehr aufgeladen, dass ich kaum schlafen konnte, und am nächsten Morgen, bevor sonst jemand im Haus wach war, fuhr Lucessis Vater uns mit seinem monströsen Lincoln zum Bahnhof. Als wir ausstiegen, dankte er mir in einer verlegenen Umkehrung gewöhnlicher Höflichkeit dafür, dass ich gekommen war, und ich hatte das Gefühl, auch er wunderte sich ein wenig über meine Freundschaft zu seinem Sohn. Ein Bild nahm Gestalt an: Lucessi war der missratene Spross der Familie, ein Gegenstand des Mitleids und Quell der Verlegenheit für die ganze Familie. Ich bedauerte ihn zutiefst, aber zugleich sah ich, dass er in einer ähnlichen Situation wie ich war. Wir waren zwei Ausgestoßene, wir beide.

Wir stiegen in den Zug. Ich war erschöpft und hatte keine Lust, mich zu unterhalten. Eine Zeitlang rumpelten wir schweigend dahin. Lucessi redete als Erster.

»Tut mir leid, das alles.« Er malte mit dem Zeigefinger irgendwelche Kringel an die Fensterscheibe. »Du hast dir sicher ein bisschen mehr Aufregung versprochen.«

Ich hatte ihm nicht erzählt, was passiert war, und würde es selbstverständlich auch nie tun. Aber mein Zorn war halbwegs verraucht, und an seine Stelle trat aufkeimende Neugier. Ich hatte einen völlig unerwarteten Blick auf die Welt erhascht. Das Leben, das seine Familie führte – ich hatte gewusst, dass solcher Reichtum existierte, aber unter seinem Dach zu schlafen war doch etwas ganz anderes. Ich fühlte mich wie ein Forscher, der auf eine goldene Stadt im Dschungel gestoßen war.

»Zerbrich dir nicht den Kopf«, sagte ich. »Es hat mir gut gefallen.«

Lucessi lehnte sich seufzend zurück und schloss die Augen. »Manchmal sind sie die dümmsten Leute der Welt«, sagte er.

Was mich natürlich faszinierte, war Geld. Nicht nur wegen der Dinge, die man dafür kaufen konnte, so verlockend sie sein mochten (Lucessis Schwester war Beweisstück Nummer eins); der eigentliche Reiz war eher atmosphärischer Natur. Ich war noch nie mit reichen Leuten zusammen gewesen, aber das hatte ich nie als Mangel empfunden. Ich war ja auch noch nie mit Marsmenschen zusammen gewesen. Natürlich gab es in Harvard jede Menge reicher Kids, die auf exklusiven Prep Schools gewesen waren und einander mit lächerlichen Spitznamen wie »Trip« und »Beemer« und »Duck« anredeten. Aber im Alltag war ihr Wohlstand leicht zu übersehen. Wir wohnten in denselben schäbigen Wohnheimen, schwitzten über den gleichen Seminararbeiten und Prüfungen und aßen denselben Schlangenfraß in der Mensa wie die Bewohner eines Kibbuz. So sah es jedenfalls aus. Der Besuch bei Lucessis Familie hatte mir die Augen für eine verborgene Welt geöffnet, die unter der egalitären Oberfläche unseres Lebens lag wie ein System von Höhlen unter meinen Füßen. Von Lucessi abgesehen wusste ich eigentlich sehr wenig über meine Freunde und Kommilitonen. Es klingt unwahrscheinlich, wenn ich das jetzt sage, aber ich war nie auf den Gedanken gekommen, dass etwas an ihnen so fundamental anders sein könnte.

In den Wochen nach Thanksgiving nahm ich meine Umgebung genauer in Augenschein. Weiter unten am Flur wohnte ein Junge, dessen Vater der Bürgermeister von San Francisco war. Ein Mädchen, das ich flüchtig kannte und das mit einem starken spanischen Akzent sprach, war angeblich die Tochter eines süd-amerikanischen Diktators. Einer meiner Laborpartner hatte mir ohne weiteren Anlass erzählt, dass seine Familie ein Sommerhaus in Frankreich besaß. Alle diese Informationen machten mir auf eine völlig neue Weise bewusst, wo ich war, und dieser Gedanke machte mich unglaublich befangen, sosehr ich mich auch danach sehnte, mehr über all das zu erfahren, die gesellschaftlichen Codes zu durchdringen und zu sehen, wo mein Platz darin sein könnte.

Gleichermaßen faszinierend war der Umstand, dass Lucessi selbst nichts damit zu tun haben wollte. Während des ganzen Wochenendes hatte er aus seiner Verachtung für seine Schwester und seine Eltern kein Hehl gemacht, ja nicht einmal für das Haus, das er auf seine typische Art als »idiotischen Steinhaufen« bezeichnete. Ich versuchte, ihn über dieses Thema auszuhorchen, aber ich kam nicht weit; meine Versuche der Annäherung machten ihn wütend und schnippisch. Was ich bei meinem Zimmergenossen allmählich erkannte, war der Preis, den man dafür zahlte, wenn man allzu gescheit war. Er besaß einen Verstand, der imstande war, Berge von Daten zu verarbeiten, ohne dass ihm irgendetwas davon Freude machte. Für Lucessi war die Welt eine Ansammlung von ineinander verschränkten Systemen ohne jeden Sinn, eine oberflächliche Realität, die nur von sich selbst beherrscht war. Er konnte beispielsweise den Batting Average für jeden Spieler der New York Yankees auswendig hersagen, aber auf die Frage nach seinem Lieblingsspieler hatte er keine Antwort. Die einzige Gefühlsregung, zu der er fähig zu sein schien, war die Verachtung für andere Leute, aber auch die war von kindlicher Ratlosigkeit geprägt, als wäre er ein gelangweiltes Kleinkind im Körper eines Erwachsenen, das gezwungen war, am Tisch der Großen zu sitzen, und sich unverständliche Gespräche über die Immobilienpreise und darüber, wer sich gerade von wem scheiden ließ, anhören musste. Ich glaube, das quälte ihn – er wusste nicht, was das Problem war, nur dass es existierte – und führte zu einer Art nihilistischer Einsamkeit; er verachtete und beneidete alle andern außer mir, dem er eine ähnliche Sicht auf die Welt zuschrieb, nur weil ich immer da war und mich nicht über ihn lustig machte.

Was sein unglückliches Schicksal angeht – vielleicht habe ich ihn als Freund nicht genug geschätzt. Manchmal denke ich, ich war vielleicht der einzige Freund, den er je hatte. Und es ist seltsam, dass meine Gedanken nach all den Jahren immer noch von Zeit zu Zeit zu ihm zurückkehren, obwohl er in meinem Leben alles in allem ja nur eine Nebenrolle gespielt hat. Vielleicht liegt es an der Müßigkeit meiner Umstände, dass mein Geist immer wieder zu diesen Erinnerungen zurückkehrt. Wenn man so viele Jahre auszufüllen hat, kommt man unweigerlich auf alles zurück und öffnet jede Schublade des Gedächtnisses, um darin herumzustöbern. Ich kannte Lucessi nicht gut. Das konnte niemand. Aber dass wir darin scheitern, einen Menschen zu kennen, schließt nicht aus, dass er für unser Leben Bedeutung hat. Ich frage mich, wie würde Lucessi mich jetzt betrachten? Würde er, wundersamerweise noch am Leben, in mein selbstgeschaffenes Gefängnis spaziert kommen, in diese stille Gedenkstätte der verlorenen Dinge, würde er mit seinem plumpen Lucessi-Gang die marmorne Treppe heraufkommen und vor mir stehen mit seinen klobigen Schuhen und seiner schlecht sitzenden Hose und seinem nach Lucessi-Schweiß stinkenden Yankees-Trikot – was würde er zu mir sagen? *Siehst du?*, könnte er sagen. *Jetzt kapierst du, Fanning. Jetzt kapierst du endlich wirklich.*

Zu Weihnachten kehrte ich nach Ohio zurück. Ich war froh, zu Hause zu sein, aber es war die Freude eines Menschen im Exil. Nichts dort hatte noch Geltung für mich – als wäre ich jahrelang fort gewesen, nicht nur ein paar Monate. Harvard war nicht mein Zuhause, zumindest noch nicht, aber Mercy, Ohio, war es auch nicht mehr. Der Begriff »Zuhause«, der sich auf einen bestimmten Ort bezieht, erschien mir jetzt sonderbar.

Meiner Mutter schien es nicht gut zu gehen. Sie hatte stark abgenommen, und ihr Raucherhusten war schlimmer geworden. Bei der geringsten Anstrengung trat eine glänzende Schweißschicht auf ihre Stirn. Ich achtete wenig darauf und akzeptierte unbesehen die Erklärung meines Vaters, sie habe sich bei den Vorbereitungen für die Feiertage übernommen. Pflichtschuldig, aber mechanisch beteiligte ich mich an den sentimentalen Aktivitäten des Baumschmückens und Kuchenbackens, wir besuchten die Mitternachtsmette (wir gingen sonst nie in die Kirche), und ich packte meine Weihnachtsgeschenke aus, während meine Eltern mir zuschauten – eine verlegene Zeremonie und der Fluch jedes Einzelkindes –, aber ich war nirgends mit dem Herzen dabei und reiste zwei Tage zu früh wieder ab. Ich hätte noch Prüfungen vor mir, erklärte ich, und müsse dafür lernen. (Das stimmte auch, aber es war nicht der Grund.) Wie er es auch im September getan hatte, fuhr mein Vater mich zum Bahnhof. Statt des sommerlichen Regens gab es jetzt Schnee und beißende Kälte, und anstelle des warmen Windes, der durch die Fenster hereinwehte, rauschte jetzt ein Strom von trockener Luft aus den Lüftungsöffnungen des Wagens. Es wäre die perfekte Gelegenheit gewesen, etwas Sinnvolles zu sagen, wenn einer von uns gewusst hätte, was das sein könnte. Als der Bus abfuhr, schaute ich nicht zurück.

Über den Rest dieses ersten Jahres gibt es nicht viel zu sagen. Meine Noten waren gut – besser als gut. Ich wusste, ich hatte gut gearbeitet, aber ich war trotzdem erstaunt, als ich mein mit A-Noten übersätes erstes Semesterzeugnis sah, nachdrücklich ins Papier geprägt von einem altmodischen Nadeldrucker. Ich sah dies aber nicht als Gelegenheit, in meinen Anstrengungen nachzulassen, im Gegenteil. Ich verdoppelte sie. Für kurze Zeit schaffte ich mir auch eine Freundin an, die Tochter des südamerikanischen Diktators. (In Wirklichkeit war er der argentinische Finanzminister.) Ich habe keine Ahnung, was sie in mir sah, aber ich hatte nicht vor, sie in diesem Punkt einer Befragung zu unterziehen. Carmen hatte viel mehr

Erfahrung in sexuellen Dingen – sehr viel mehr. Sie war eine Frau, die das Wort »Lover« benutzte – wie in »Ich habe dich zu meinem Lover gemacht«, und sie stürzte sich mit gieriger Hingabe auf das Projekt der Lüste. Sie war mit einem Einzelzimmer gesegnet, was für einen Freshman selten war, und in diesem geheiligten Bezirk der drapierten Tücher und weiblichen Düfte führte sie mich in das ein, was als echte, erwachsene Erotik gelten konnte, und arbeitete sich durch das komplette Menü der körperlichen Genüsse, vom Horsd'œuvre bis zum Dessert. Wir liebten einander nicht – diese heilige Gefühlsregung entzog sich mir noch, und Carmen hatte wenig Sinn dafür –, und sie war auch nicht das, was ich im konventionellen Sinn als attraktiv bezeichnen würde. (Das darf ich sagen, denn ich war es auch nicht.) Sie war ein bisschen füllig, und ihr Gesicht war im Kieferbereich von einer beinahe maskulinen Klobigkeit, die an einen Boxer erinnerte. Aber wenn sie unbekleidet und in der Hitze der Leidenschaft in ihrem argentinisch gefärbten Spanisch unanständige Worte schrie, war sie das sinnlichste Geschöpf, das die Welt je gesehen hatte, eine Tatsache, die dadurch, dass sie ihr selbst bewusst war, noch hundertfach verstärkt wurde.

Zwischen diesen fleischlichen Eskapaden – Carmen und ich rannten oft zwischen zwei Seminaren in ihr Zimmer, um uns eine Stunde lang wüst zu paaren –, meiner umfangreichen Studienlast und natürlich meinen Arbeitsstunden in der Bibliothek – einer Zeit, die gut geeignet war, um wieder Kräfte für unsere nächste Begegnung zu sammeln – sah ich Lucessi immer seltener. Er hatte immer schon nach einem seltsamen Stundenplan gelebt, die Nächte hindurch gelernt und nur zwischendurch ein Schläfchen gemacht, aber im Laufe des Semesters war sein Kommen und Gehen zunehmend unberechenbar geworden. Wenn ich bei Carmen schlief, sah ich ihn manchmal tagelang überhaupt nicht. Inzwischen hatte ich meinen gesellschaftlichen Umgang über die Mauern von Wigglesworth hinaus auf eine Reihe von Carmens Freunden ausgedehnt, die allesamt weltgewandter waren als ich. Lucessi nahm das natürlich übel, aber jeder Versuch, ihn in diesen Kreis hineinzuziehen, stieß auf strenge Ablehnung. Mit seiner Hygiene ging es noch einmal einen Schritt bergab; in unserem Zimmer stank es nach Socken und den Tabletts mit verschimmeltem Essen, die er aus der Cafeteria geholt und nie zurückgebracht hatte. Oft, wenn ich hereinkam, saß er kaum bekleidet auf seinem Bett, murmelte vor sich hin und machte merkwürdig zuckende Handbewegungen, als sei er in eine ernsthafte Diskussion mit einem unsichtbaren Gegenüber vertieft. Zur Schlafenszeit – wann immer er sie für gekommen hielt, selbst am helllichten Tag – beschmierte er sein Gesicht mit einer Schicht Aknecreme, so dick wie die Schminke eines Pantomimen, und er gewöhnte sich an, mit einem Tauchermesser in einer Gummischeide an seinem Bein zu schlafen. (Das hätte mich mehr beunruhigen sollen, als es der Fall war.)

Ich machte mir Sorgen um ihn, aber nicht sehr. Ich hatte einfach zu viel zu tun. Trotz meines neuen, interessanteren Freundeskreises hatte ich immer angenommen, dass wir zwei uns weiterhin das Zimmer teilen würden. Am Ende des Jahres beteiligten sich alle Freshmen an einer Lotterie, bei der bestimmt wurde, in welchem der Harvard-Wohnheime sie in den nächsten drei Jahren wohnen würden. Dies galt als Übergangsritus, der in gesellschaftlicher Hinsicht ebenso entscheidend war wie die Frage, wen man heiratete, und es hatte zwei Aspekte. Der eine betraf den Wunsch, in einem bestimmten Haus zu wohnen. Es gab zwölf, und jedes hatte einen eigenen Ruf: Es gab das Preppy-Haus, das Kulturhaus, das Sportlerhaus und so weiter. Am begehrtesten waren die am Ufer des Charles River – extrem noble Immobilien zum Preis der Studiengebühren. Am wenigsten beliebt waren die am alten Radcliffe Quad, weit oben in der Garden Street. »Am Quad« zu wohnen war gleichbedeutend mit dem Exil, und man kettete sein Leben für alle Zeit an den Fahrplan der Shuttlebusse, die ihren Betrieb unpraktischerweise einstellten, lange bevor die Party zu Ende war.

Der zweite Aspekt war natürlich die Frage, wer mit wem zusammenwohnte. Er führte zu ein paar unbehaglichen Wochen, in denen die Leute ihre Treueverhältnisse sortierten und ihre Freundschaften nach Priorität ordneten. Dass man seinen Zimmergenossen des Freshman-Jahrs zugunsten anderer verstieß, kam häufig vor, war aber kaum weniger unangenehm als eine Scheidung. Ich zog in Betracht, eine entsprechende Unterredung mit Lucessi zu führen, stellte dann aber fest, dass ich es nicht übers Herz brachte. Wer sonst würde das Zimmer mit ihm teilen wollen? Wer sonst würde seine Schrullen tolerieren, seine trübsinnige Persönlichkeit, seine ungesunden Ausdünstungen? Dazu kam, wenn ich es recht bedenke, dass niemand mich gefragt hatte. Wie es aussah, gehörte Lucessi mir.

Als der Tag der Lotterie näher kam, sprach ich ihn an, um zu hören, wie er darüber dachte. Ich fände, sagte ich, wir könnten uns Winthrop House zum Ziel nehmen, oder Lowell, und vielleicht Quincy, für den Notfall. Dieses Gespräch fand am Nachmittag eines warmen Frühlingstages statt, den Lucessi offensichtlich verschlafen hatte. Er saß, nur mit Shorts und Unterhemd bekleidet, an seinem Schreibtisch und fummelte, während ich redete, mit einem Taschenrechner herum und gab mit dem Radiergummiende eines Bleistifts irgendwelche Zahlen ein. Eine weiße Kruste aus getrockneter Zahnpasta umgab seinen Mund.

»Und, was meinst du?«

Lucessi zuckte die Achseln. »Ich habe schon eingereicht.«

Das verstand ich nicht. »Wovon redest du?«

»Ich habe ein Single am Quad beantragt.«

*Psycho-Singles* nannte man sie. Behausungen für die Verhaltensgestörten, Zimmer für Leute, die mit Mitbewohnern nicht zurechtkamen.

»Es ist eigentlich ziemlich nett da oben«, fuhr Lucessi fort. »Ruhiger. Du verstehst. Egal, es ist erledigt.«

Ich war wie vom Donner gerührt. »Lucessi, was ist los, zum Teufel? Die Lotterie ist nächste Woche. Ich dachte, wir bleiben zusammen.«

»Ich habe irgendwie angenommen, du wolltest das nicht. Du hast viele Freunde. Ich dachte, du bist froh.«

»*Du* solltest mein Freund sein.« Wütend ging ich im Zimmer auf und ab. »Geht es etwa darum? Ich kann nicht fassen, dass du das tust. Sieh dir diese Bude an. Sieh *dich* an. Wen hast du denn sonst? Und du tust *mir* das an?«

Furchtbare, unwiderrufliche Worte. Lucessis Gesicht war plötzlich zerknautscht wie ein Papierknäuel.

»Herrgott, es tut mir leid. Ich meinte ja nicht ...«

Er ließ mich nicht zu Ende reden. »Nein, du hast ja recht, ich bin wirklich ziemlich erbärmlich. Glaub mir, das ist nichts, was ich nicht schon gehört habe.«

»Rede nicht so über dich.« Mein schlechtes Gewissen war unerträglich. Ich setzte mich auf sein Bett und versuchte, ihn dazu zu bringen, dass er mich ansah. »Ich hätte das nicht sagen sollen. Ich war nur aufgebracht.«

»Schon okay. Vergiss es.« Ein Augenblick verstrich, und Lucessi starrte stirnrunzelnd auf seinen Rechner. »Habe ich dir je erzählt, dass ich adoptiert bin? Ich bin nicht mal mit ihr verwandt. Formal gesehen jedenfalls nicht.«

Diese Bemerkung kam von so weit aus der linken Feldhälfte, dass es einen Moment dauerte, bis ich begriff, dass er von Arianna sprach.

»Alle denken immer, es ist andersherum«, fuhr er fort. »Ich meine, Herrgott, sieh sie dir doch an. Aber nein. Meine Eltern haben mich aus irgendeinem Waisenhaus geholt. Sie dachten, sie könnten keine Kinder kriegen. Elf Monate später, wer hätte das gedacht, kommt plötzlich Miss Perfect.«

Noch nie hatte ich ein so verzweifeltes Geständnis gehört. Was konnte ich sagen? Und warum erzählte er mir das jetzt?

»Sie hasst mich wirklich, weißt du? Ich meine, sie *hasst* mich. Du solltest hören, wie sie mich nennt.«

»Ich bin sicher, das stimmt nicht.«

Lucessi zuckte hoffnungslos die Achseln. »Sie tun es alle. Sie glauben, ich weiß es nicht, aber ich weiß es. Okay, ich bin der König der Nerds. Ist ja nicht so, als hätte ich das noch nicht begriffen. Aber Arianna. Du hast sie gesehen – du weißt, was ich meine. Gott, es bringt mich einfach um.«

»Deine Schwester ist eine absolute Bitch. Ich bin sicher, sie behandelt jeden so. Vergiss sie einfach.«

»Ja, schön. Darum geht es eigentlich nicht.« Er hob den Blick vom Rechner und schaute mir in die Augen. »Du warst wirklich nett zu mir, Tim, und ich weiß das zu schätzen. Das meine ich ernst. Versprich mir, dass wir Freunde bleiben, okay?«

Mir wurde klar, was Lucessi hier tat. Was ich für Eifersucht oder Selbstmitleid gehalten hatte, war in Wirklichkeit perverse Großzügigkeit. Genau wie mein Vater es getan hatte, zerschnitt Lucessi das Band zwischen uns, weil er meinte, es sei besser für mich. Das Schlimmste war: Ich wusste, er hatte recht.

»Klar«, sagte ich. »Natürlich bleiben wir Freunde.«

Er streckte die Hand aus. »Hand drauf? Damit ich weiß, dass du nicht allzu wütend bist.«

Wir gaben uns die Hand, und keiner von uns beiden glaubte, dass es irgendetwas bedeutete.

»Und das war's?«, fragte ich.

»Ich denke schon.«

Natürlich liebte er sie. Obwohl er es mir praktisch gesagt hatte, brauchte ich lange – viel zu lange –, um diesen Teil der Geschichte zu verstehen. Er liebte, was er zugleich hasste, und das zerstörte ihn. Und noch etwas hatte Lucessi mir gesagt, ohne es wirklich auszusprechen: Er war dabei, in allen seinen Seminaren durchzufallen. Sämtliche Wohnheimpläne waren gegenstandslos, denn er würde nicht an die Uni zurückkommen.

Einstweilen aber hatte ich das Problem, ein Zimmer zu finden. Ich fühlte mich verraten und war wütend auf mich selbst, weil ich die Situation so falsch gedeutet hatte, aber zugleich fand ich mich mit meinem Schicksal ab, denn irgendwie hatte ich es verdient. Es war, als hätte ich eine kosmische Runde der »Reise nach Jerusalem« verloren; das Lied war zu Ende, ich stand immer noch, und das war nicht zu ändern. Ich telefonierte herum und erkundigte mich, ob irgendwo ein Dritter oder Vierter gesucht wurde, um eine Suite voll zu machen, aber niemand wurde gebraucht, und statt immer tiefer in der Liste meiner Bekannten zu wühlen und mich zum Narren zu machen, hörte ich lieber wieder auf. Es gab keine Einzelzimmer in einem der River-Häuser, aber es war immer noch möglich, als »Libero« an der Lotterie teilzunehmen. Man würde mich auf die Warteliste für jedes der drei Häuser setzen, und wenn im Laufe des Sommers jemand sein Studium abbrechen sollte, würde die Universität mir seinen Platz geben. Ich bewarb mich für Lowell, Winthrop und Quincy. Inzwischen war es mir egal, wo ich landete. Ich wartete.

Das Jahr ging zu Ende. Carmen und ich trennten uns. Einer meiner Professoren hatte mir einen Job in seinem Labor angeboten. Ich mietete ein Zimmer in Allston bei einer über achtzigjährigen Frau, die Harvard-Studenten bevorzugte. Abgesehen von ihrer Katzensammlung, die sehr umfangreich war – ich wusste nie, wie viele es wirklich waren – und dem überwältigenden Gestank der Katzenklos war die Situation nahezu ideal. Ich ging früh aus dem Haus und kam spät zurück, meine Mahlzeiten nahm ich meistens in einem der billigen Lokale am Rande von Cambridge ein, und so sahen wir beide uns selten. Alle meine Freunde waren den Sommer über nicht da, und ich rechnete damit, einsam zu sein, aber es kam anders. Ich war nach dem Jahr abgespannt und übersättigt wie nach einem überreichlichen Essen, und ich war froh über die Ruhe. Mein Job, bei dem ich Berge von Daten über die strukturelle Biologie der Plasmazellen bei Mäusen zu sammeln hatte, ließ sich buchstäblich ohne Interaktion mit anderen Menschen erledigen. Manchmal sprach ich tagelang kaum ein Wort.

Ich schäme mich, das zu sagen, aber in diesem stillen Sommer vergaß ich meine Eltern ganz und gar. Das soll nicht heißen, dass ich sie ignorierte. Ich vergaß, dass sie existierten. Ich hatte ihnen geschrieben, wo ich wohnen würde und warum das so war, aber ich hatte ihnen keine Telefonnummer gegeben, weil ich sie da noch nicht kannte, und ich war nie dazu gekommen, diese Unterlassung zu korrigieren. Ich rief sie nicht an, und sie konnten mich nicht anrufen, und als der Sommer seinen Lauf nahm, wurde dieses Versehen zu einem psychologischen Puffer, der sie aus meinen Gedanken tilgte. Zweifellos wusste ich in irgendeinem Winkel meines Verstandes, was ich da tat, und vor dem Herbst würde ich auch wieder Kontakt mit ihnen aufnehmen müssen, damit ich die nötigen Unterlagen für mein Stipendium einreichen konnte, aber auf der Ebene der bewussten Wahrnehmung hörten sie einfach auf, wichtig zu sein.

Dann starb meine Mutter.

Mein Vater teilte es mir in einem Brief mit. Plötzlich wurde mir eine Menge klar. Einen Monat vor meiner Abreise nach Harvard war bei meiner Mutter ein Gebärmutterkrebs diagnostiziert worden. Sie hatte die Operation – eine abdominale Hysterektomie – bis nach meiner Abreise aufgeschoben, weil sie keinen Schatten über diesen Anlass werfen wollte. Die postoperative Biopsie hatte ergeben, dass es sich bei dem Tumor um ein aggressives und seltenes Adenosarkom handelte, das keine Hoffnung auf Genesung zuließ. Im Winter hatte sie Metastasen in der Lunge und in den Knochen. Man konnte einfach nichts tun. Ihr letzter Wunsch, sagte mein Vater, war es gewesen, dass ihr Sohn, den sie so sehr liebte, auf seinem Weg zur Erfüllung all ihrer stolzen Hoffnungen nicht gestört werde. Mit anderen Worten, ich sollte mein Leben leben und nichts davon erfahren. Sie war zwei Wochen zuvor gestorben, und ihre Asche war ohne Begräbnisfeier bestattet worden, wie es ihr Wunsch gewesen war. Sie habe nicht viel leiden müssen, schrieb mein Vater ziemlich kalt, und sie sei mit liebevollen Gedanken an mich ins Jenseits gegangen.

Zum Schluss schrieb er: *Wahrscheinlich bist du wütend auf mich, auf uns beide, weil wir dir das alles verschwiegen haben. Falls es dich tröstet: Ich wollte, dass du es erfährst, aber deine Mutter wollte nichts davon hören. Wenn ich dir an jenem Tag am Busbahnhof gesagt habe, du solltest uns hinter dir lassen, so waren es ihre Worte, nicht meine, auch wenn sie mir irgendwann dazu verholfen hat, ihre Weisheit zu erkennen. Deine Mutter und ich waren miteinander glücklich, glaube ich, aber ich habe nie einen Augenblick daran gezweifelt, dass du die große Liebe ihres Lebens warst. Sie wollte immer nur dein Bestes, Timothy. Vielleicht möchtest du wieder nach Hause kommen, aber ich ermuntere dich dazu, noch zu warten. Mir geht es in Anbetracht der Umstände einigermaßen gut, und ich sehe keinen Grund, weshalb du dein Studium für etwas unterbrechen solltest, das sich am Ende nur als schmerzliche Ablenkung ohne Sinn erweisen würde. Ich liebe dich, mein Sohn. Ich hoffe, dass du das weißt und mir verzeihen kannst – uns beiden verzeihen – und dass wir, wenn wir uns das nächste Mal wiedersehen, nicht den Tod deiner Mutter betrauern, sondern deine Triumphe feiern werden.*

Als ich diesen Brief las, stand ich in der Diele des Hauses einer Frau, die ich kaum kannte. Katzen strichen um meine Füße, und es war zehn Uhr an einem warmen Abend im August. Ich war neunzehn Jahre alt. Für das, was ich empfand, habe ich keine Worte, und ich will nicht versuchen, es zu beschreiben. Der Drang, ihn anzurufen, war stark; ich wollte ihn anschreien, bis es mir die Kehle zerriss und meine Worte zu Blut wurden. Ebenso groß war der Drang, in den Bus nach Ohio zu steigen, geradewegs nach Hause zu gehen und ihn im Bett zu erwürgen – in dem Bett, das er fast dreißig Jahre lang mit meiner Mutter geteilt hatte und in dem ich zweifellos gezeugt worden war. Aber ich tat nichts davon. Ich merkte, dass ich hungrig war. Der Körper will, was er will – eine nützliche Lektion –, und ich wandte mich der Speisekammer der alten Frau zu und machte mir ein Käsesandwich mit altbackenem Brot. Dazu trank ich ein Glas von der Milch, die sie überall im Haus in kleine Schüsselchen goss. Die Milch war sauer, aber ich trank sie trotzdem, und daran erinnere ich mich lebhafter als an alles andere: an den Geschmack von saurer Milch.

# 16

Der Rest des Sommers verging in einem emotionslosen Dunst. Irgendwann bekam ich einen Brief, in dem mir mitgeteilt wurde, ich hätte einen Platz in Winthrop House mit einem bisher noch namenlosen Mitbewohner, der nach einem Auslandsjahr zurückkehre. Dass mir diese Neuigkeit gleichgültig war, ist eine grobe Untertreibung. Von mir aus hätte ich weiter bei der alten Frau und ihren dreckigen Katzenklos wohnen können. Über meine Mutter sprach ich mit niemandem. Ich arbeitete bis zum ersten Tag des neuen Semesters im Labor und vermied das Risiko einer Übergangszeit, in der ich womöglich nichts gefunden hätte, um mich abzulenken. Mein Professor fragte mich, ob ich während des akademischen Jahrs weiter bei ihm arbeiten wollte, aber das lehnte ich ab. Vielleicht war das nicht klug, und ihn schien es zu schockieren, dass ich auf ein solches Privileg verzichtete, aber ich hätte dann keine Zeit für die Bibliothek, deren tröstliche Stille ich vermisste.

Jetzt komme ich zu dem Teil der Geschichte, in dem meine Situation sich so radikal veränderte, dass ich es wie einen Absturz in Erinnerung habe – als wäre ich bis dahin lediglich an der Oberfläche meines Lebens dahingetrieben. Es begann an dem Tag, als ich in Winthrop House einzog. Lucessi und ich hatten unsere Heilsarmeemöbel verkauft, und ich hatte wenig mehr als den Koffer, mit dem ich ein Jahr zuvor nach Harvard gekommen war, eine Schreibtischlampe, eine Kiste Bücher und den Eindruck, dass ich wieder einmal in einer Anonymität gelandet war, die so rein war, dass ich meinen Namen hätte ändern können, ohne dass jemand es bemerkt hätte. Mein Quartier, zwei Zimmer an einem Korridor mit einem Bad am Ende, lag im dritten Stock am Innenhof mit Blick auf die bescheidene Bostoner Skyline. Von meinem Mitbewohner war nichts zu sehen, und ich kannte seinen Namen noch nicht. Ich dachte eine Zeitlang darüber nach, welchen Raum ich für mich in Beschlag nehmen sollte – das innere Zimmer war kleiner, hatte aber mehr Privatsphäre, doch andererseits würde ich ertragen müssen, dass der Mitbewohner zu allen möglichen Zeiten auf die Toilette ging –, aber dann beschloss ich, seine Ankunft abzuwarten, um nicht auf dem falschen Fuß anzufangen. Wir würden es gemeinsam entscheiden.

Ich hatte eben den letzten Rest meiner Habseligkeiten die Treppe hinaufgeschleppt, als eine Gestalt in der Tür erschien, deren Gesicht hinter einem Stapel Kartons verborgen war, die sie auf dem Arm trug. Ächzend vor Anstrengung kam sie herein und ließ die Kartons zu Boden sinken.

»Du bist das?«, sagte ich.

Es war der Mann, den ich im Burger Cottage kennengelernt hatte. Er trug eine ausgefranste Khakihose und ein graues T-Shirt mit der Aufschrift HARVARD SQUASH und halbmondförmigen Schweißflecken unter den Achseln.

»Moment mal.« Er blinzelte mich an. »Ich kenne dich. Woher kenne ich dich?«

Ich beschrieb unsere erste Begegnung. Zunächst konnte er sich nicht erinnern, aber dann dämmerte es ihm.

»Natürlich. Der Typ mit dem Koffer. Ich nehme an, das bedeutet, du hast Wigglesworth gefunden.« Dann kam ihm ein Gedanke. »Nichts für ungut, aber müsstest du dann nicht ein Sophomore sein?«

Die Frage war berechtigt, die Antwort kompliziert. Ich hatte mich zwar als Freshman immatrikuliert, aber so viele Punkte erreicht, dass ich mein Examen nach drei Jahren machen konnte. Ich hatte wenig darüber nachgedacht und war immer davon ausgegangen, dass ich die vollen vier Jahre hier sein würde. Aber in den Wochen, seit ich den Brief meines Vaters bekommen hatte, war die Option, mein Studium im Eiltempo herunterzureißen und von hier zu verschwinden, immer reizvoller geworden. Offenbar sah man das oben in der Verwaltung genauso, denn sie hatten mich mit einem Studenten der oberen Jahrgänge zusammengelegt.

»Ich schätze, das macht dich zu einer richtigen Intelligenzbestie, was?«, sagte er. »Also, schieß schon los.«

Seine Art zu reden klang unterschwellig sarkastisch und zugleich so, als mache er mir ein Kompliment. »Losschießen?«

»Du weißt schon. Name, Rang, Dienstnummer. Hauptfach, Heimatort und so weiter. Mit anderen Worten: deine Geschichte. Aber mach es nicht zu schwierig. Mein Gedächtnis ist bei dieser Hitze beschissen.«

»Tim Fanning, Biochemie, Ohio.«

»Gut gemacht. Obwohl, wenn du mich morgen fragst, hab ich es wahrscheinlich schon wieder vergessen. Nicht dass du dann beleidigt bist.« Er trat heran und streckte die Hand aus. »Jonas Lear, übrigens.«

Ich tat mein Bestes, um mit einem mannhaften Händedruck zu reagieren. »Lear«, wiederholte ich. »Wie der Jet?«

»Leider nicht. Eher wie Shakespeares wahnsinniger König.« Er sah sich um. »Und, welches dieser Luxusabteile hast du dir für dich ausgesucht?«

»Ich dachte, es wäre fair, auf dich zu warten.«

»Lektion Nummer eins: Warte niemals. Gesetz des Dschungels und so weiter. Aber da du entschlossen bist, ein netter Kerl zu sein, können wir losen.« Er holte ein Geldstück aus der Tasche. »Sag an.«

Die Münze war in der Luft, bevor ich antworten konnte. Er fing sie auf und klatschte sie auf sein Handgelenk.

»Ich glaube ... Kopf?«

»Warum sagt jeder immer Kopf? Man sollte mal eine Studie durchführen.« Er hob die Hand. »Na, was sagt man dazu? Kopf.«

»Ich denke, ich hätte gern das kleinere Zimmer.«

Er lächelte. »Siehst du? Und wie schwer war das? Ich glaube, ich hätte es auch genommen. Ich kann dir nichts versprechen, aber ich werde mein Bestes tun, um nicht mitten in der Nacht dein Bett mit dem Klo zu verwechseln.«

»Du hast mir noch nicht gesagt, was du studierst.«

»Du hast recht. Sehr unhöflich von mir.« Er malte mit zwei Fingern Anführungszeichen in die Luft. »Organismische und evolutionäre Biologie.«

Davon hatte ich noch nie gehört. »Das gibt's wirklich als Hauptfach?«

Er bückte sich und öffnete einen seiner Kartons. »Steht so in meinem Studienbuch. Und es macht Spaß, es zu sagen. Es klingt ein bisschen schmutzig.« Er blickte auf und lächelte. »Was ist? Hast du nicht damit gerechnet?«

»Ich hätte gedacht – keine Ahnung – etwas Lebhafteres. Geschichte, vielleicht. Oder Englisch.«

Er hob eine Armladung Lehrbücher heraus und stellte sie ins Regal. »Ich möchte dich was fragen. Von allen möglichen Fächern auf der Welt – warum hast du Biochemie genommen?«

»Wahrscheinlich, weil ich gut darin bin.«

Er drehte sich um und stemmte die Hände in die Hüften. »Na bitte, da hast du's. Die Wahrheit ist, ich bin einfach verrückt nach Aminosäuren. Ich tu sie in meinen Martini.«

»Was ist ein Martini?«

Er sah verblüfft drein. »James Bond? Geschüttelt, nicht gerührt? Habt ihr diese Filme nicht in Ohio?«

»Ich weiß, wer James Bond ist. Ich meinte, ich weiß nicht, was in einem Martini ist.«

Sein Mund verzog sich zu einem boshaften Grinsen. »Ah«, sagte er.

Wir waren beim dritten Glas, als eine Mädchenstimme seinen Namen rief und Schritte die Treppe heraufkamen.

»Hier drin!«, schrie Lear.

Wir saßen auf dem Boden, und die Gerätschaften seines Unternehmens lagen zwischen uns ausgebreitet. Ich bin nie wieder jemandem begegnet, der auf seinen Reisen nicht nur eine Flasche Gin und eine Flasche Wermut mit sich führte, sondern auch noch allerlei Barkeeperkram – Messbecher, Shaker, winzige, zierliche Messer –, wie man sie sonst nur in alten Filmen sah. Ein Beutel mit Eis schmachtete in einer Eiswasserpfütze neben einem offenen Glas Oliven aus dem Supermarkt oben an der Straße. Es war halb elf Uhr vormittags, und ich war sternhagelvoll.

»O Gott, sieh dich an.«

Ich hob den Blick meiner verschwiemelten Augen und richtete ihn auf die Gestalt in der Tür. Ein Mädchen in einem Sommerkleid aus hellblauem Leinen. Ich erwähne das Kleid zuerst, weil es leichter zu beschreiben ist als alles andere an ihr. Ich will nicht sagen, sie war schön, obwohl sie es war, sondern ich möchte geltend machen, dass sie etwas Unverwechselbares und daher Unklassifizierbares an sich hatte (anders als Lucessis Schwester, deren in Eis gemeißelte Perfektion Dutzendware war und deshalb keinen bleibenden Eindruck bei mir hinterlassen hatte). Ich könnte Einzelheiten aufzählen – ihre Figur, schlank und mit kleinen Brüsten, beinahe knabenhaft, die zierliche Reihe ihrer Zehen in den Sandalen, dunkel vom Straßenstaub, ihr herzförmiges Gesicht und die feuchten blauen Augen, ihr hellblondes Haar, das nicht gebändigt durch Klammern oder Spangen ihre glänzenden, sonnengeküssten Schultern berührte –, aber das Ganze war, wie man so sagt, mehr als die Summe seiner Teile.

»Liz!« Mit großem Getue rappelte Lear sich hoch und bemühte sich, seinen Drink nicht zu verschütten. Ungeschickt warf er die Arme um ihren Hals, und sie stieß ihn mit übertriebenem Abscheu zurück. Sie trug eine kleine Schildpattbrille mit kreisrunden Gläsern. An einer anderen Frau hätte sie vielleicht männlich gewirkt, aber nicht an ihr.

»Du bist betrunken.«

»Keineswegs. Eher beschwipst. Aber nicht so schlimm wie mein neuer Mitbewohner hier.« Er hob die freie Hand an den Mundwinkel und erklärte in übertriebenem Flüsterton: »Sag's ihm nicht, aber eben sah es aus, als würde er schmelzen.« Er hob sein Glas. »Auch einen?«

»Ich muss in einer halben Stunde bei meinem Berater sein.«

»Das nehme ich als ein Ja. Tim, das ist Liz Macomb, meine Freundin. Liz, Tim. Hab seinen Nachnamen vergessen. Sagt euch Hallo, während ich diesem Mädel einen Cocktail mache.«

Höflich wäre es gewesen aufzustehen, aber irgendwie kam mir das zu förmlich vor, und ich entschied mich dagegen. Ich war aber auch nicht sicher, ob ich es wirklich schaffen würde.

»Hi«, sagte ich.

Sie setzte sich auf das Bett, zog die schlanken Beine unter sich und zupfte den Saum ihres Kleides über die Knie. »Wie geht's, Tim? Du bist also der glückliche Gewinner.«

Lear schüttete Gin ein, dass es schwappte. »Tim hier ist aus Ohio. Das ist ungefähr alles, was ich noch weiß.«

»Ohio!« Sie sprach das Wort mit dem gleichen Entzücken aus, das sie wohl auch bei Pago Pago oder Rangun gezeigt hätte. »Da wollte ich immer mal hin. Wie ist es da?«

»Du machst dich über mich lustig.«

Sie lachte. »Okay, ein bisschen. Aber es ist deine Heimat. Deine *patria*. Dein *pays natal*. Erzähl mir alles.«

Ihre direkte Art war total entwaffnend. Ich bemühte mich, mir etwas einfallen zu lassen, das sich zu erzählen lohnte.

»Es ist ziemlich flach, glaube ich.« Ich zog innerlich eine schmerzliche Grimasse, weil dieser Satz so lahm war. »Die Leute sind nett.«

Lear reichte ihr ein Glas, und sie nahm es, ohne ihn anzusehen. Sie nippte daran und sagte: »Nett ist gut. Ich mag nett. Was sonst noch?«

Sie hatte mich noch nicht aus den Augen gelassen. Ihr durchdringender Blick war beunruhigend, aber nicht unwillkommen – im Gegenteil. Ich sah einen Wirbel von zartem Pfirsichflaum über ihrer Oberlippe, taufeucht von Schweiß.

»Es gibt eigentlich nicht viel zu erzählen.«

»Deine Eltern? Was machen die?«

»Mein Vater ist Optiker.«

»Ein ehrenhafter Beruf. Ich kann ohne dieses Ding nur bis zu meiner Nasenspitze sehen.«

»Liz ist aus Connecticut«, fügte Lear hinzu.

Sie nahm einen zweiten, größeren Schluck und verzog wohlig das Gesicht. »Wenn es dir recht ist, Jonas, spreche ich für mich selbst.«

»Aus welcher Gegend?«, fragte ich, als hätte ich auch nur die leiseste Ahnung von Connecticut.

»Aus einer Kleinstadt namens Greenwich. *Dahling*«, ergänzte sie mit Yankee-Akzent. »Ich sollte sie hassen, denn es gibt vermutlich keinen hassenswerteren Ort auf der Welt, aber irgendwie schaffe ich das anscheinend nicht. Meine Eltern sind Engel, und ich bete sie an. Jonas.« Sie spähte in ihr Glas. »Der ist wirklich *gut*.«

Lear schleifte einen Schreibtischstuhl in die Mitte des Zimmers und ließ sich verkehrt herum darauf niedersinken. Ich nahm mir vor, von jetzt an nur noch so zu sitzen.

»Ich bin sicher, das kannst du besser beschreiben«, sagte er und grinste.

»Das jetzt wieder. Ich bin kein Tanzäffchen, weißt du.«

»Komm schon, Mäuschen. Wir sind hackedicht.«

»›Mäuschen‹. Hörst du dich eigentlich selbst reden?« Seufzend pustete sie die Wangen auf. »Schön, ausnahmsweise. Aber damit das klar ist, ich tu es nur, weil wir Gesellschaft haben.«

Ich hatte keine Ahnung, was ich mit diesem Wortwechsel anfangen sollte. Liz nippte noch einmal an ihrem Glas. Für einen zermürbenden Augenblick, vielleicht zwanzig Sekunden lang, erfasste Stille das Zimmer. Liz hatte die Augen geschlossen wie ein Medium bei einer Séance, das versuchte, die Geister der Toten heraufzubeschwören.

»Es schmeckt wie …« Stirnrunzelnd schob sie den Gedanken weg. »Nein, das stimmt nicht.«

»Um Gottes willen«, stöhnte Lear, »spann mich nicht auf die Folter.«

»Still.« Noch ein Moment verging, und dann strahlte sie. »Wie … die Luft des kältesten Tages.«

Ich staunte. Sie hatte haargenau recht. *Mehr* als das: Ihre Worte dienten nicht als bloße Dekoration dieses Erlebnisses, sondern sie vertieften tatsächlich seine Realität. Es war das erste Mal in meinem Leben, dass ich spürte, wie die Macht der Sprache das Leben intensiver machte. Außerdem klang der Satz aus ihrem Mund überaus sexy.

Lear pfiff bewundernd durch die Zähne. »Das ist gut.«

Ich starrte sie unverhohlen an. »Wie hast du das gemacht?«

»Ach, es ist ein Talent, das ich habe. Wenn man noch fünfundzwanzig Cent drauflegt, kriegt man dafür einen Kaugummi.«

»Bist du irgendwie Schriftstellerin?«

Sie lachte. »O Gott, nein. Hast du schon mal einen kennengelernt? Totale Säufer, jeder einzelne.«

»Liz ist eine von denen mit Hauptfach Englisch, von denen wir gesprochen haben«, sagte Lear. »Eine Belastung für die Gesellschaft, absolut unvermittelbar.«

»Verschon mich mit deinen krassen Ansichten.« Sie richtete ihre nächsten Worte an mich. »Was er dir nicht erzählt, ist, dass er nicht ganz der selbstverliebte Bonvivant ist, den er hier spielt.«

»Doch, bin ich wohl!«

»Warum erzählst du ihm dann nicht, wo du die letzten zwölf Monate warst?«

In meinem Zustand der Informationsüberflutung und unter dem Einfluss von drei starken Cocktails hatte ich die nächstliegende Frage völlig übersehen. Warum brauchte ausgerechnet Jonas Lear einen Libero als Mitbewohner?

»Okay, dann mach ich es«, sagte Liz. »Er war in Uganda.«

Ich sah ihn an. »Was hast du in Uganda gemacht?«

»Ach, so dies und das, von allem ein bisschen. Es hat sich rausgestellt, dass sie da einen ziemlich heftigen Bürgerkrieg laufen haben. Nicht das, was im Katalog stand.«

»Er hat in einem Flüchtlingslager der UN gearbeitet«, erklärte Liz.

»Ich habe Latrinen ausgehoben und Reissäcke verteilt. Das macht mich nicht zum Heiligen.«

»Verglichen mit uns allen doch. Was dein neuer Zimmergenosse dir nicht erzählt hat, Tim, ist, dass er ernsthafte Pläne zur Rettung der Welt hat. Ich rede von einem ausgeprägten Erlöserkomplex. Sein Ego ist so groß wie ein Haus.«

»Tatsächlich überlege ich, ob ich es nicht aufgeben soll«, sagte Lear. »Es ist den Durchfall nicht wert. Ich habe in meinem ganzen Leben noch nie einen solchen Dünnflitz gehabt.«

»Pfiff, nicht flitz«, korrigierte Liz. »Dünnflitz ist kein Wort.«

Diese zwei: Ich kam kaum mit, und zwar nicht nur, weil ich betrunken oder bereits halb verliebt in die Freundin meines neuen Mitbewohners war. Ich hatte das Gefühl, ich sei von Harvard um 1990 geradewegs in einen Film aus den vierziger Jahren gerutscht, in dem Spencer Tracy und Katharine Hepburn sich kabbelten.

»Na, ich finde, Englisch ist ein tolles Hauptfach«, bemerkte ich.

»Danke. Siehst du, Jonas? Nicht jeder hier ist ein totaler Philister.«

»Ich warne dich«, sagte er und wackelte mit dem Zeigefinger in meine Richtung. »Du sprichst mit einem weiteren öden Naturwissenschaftler.«

Sie zog eine verzweifelte Miene. »In meinem Leben regnet es plötzlich Naturwissenschaftler. Erzähl schon, Tim – welche Art Naturwissenschaft?«

»Biochemie.«

»Und das ist *was* …? Ich habe mich schon immer gefragt.«

Ich war seltsam glücklich über diese Frage, aber vielleicht kam es auch nur darauf an, wer sie stellte.

»Im Grunde geht es um die Bausteine des Lebens. Was macht die Dinge lebendig, was lässt sie funktionieren, was lässt sie sterben? Mehr steckt nicht dahinter.«

Sie nickte beifällig. »Das ist schön gesagt. Ich glaube, du hast doch etwas von einem Dichter in dir. Du fängst an, mir zu gefallen, Tim aus Ohio.« Sie trank ihr Glas leer und stellte es zur Seite. »Was mich betrifft, ich bin eigentlich hier, um eine Philosophie des Lebens aufzustellen. Das ist eine teure Methode, aber damals, als ich angefangen habe, schien es mir eine gute Idee zu sein, und ich habe beschlossen dabeizubleiben.«

Diese luxuriösen Ambitionen – vier Jahre College zu dreiundzwanzig Riesen pro Jahr, um eine Persönlichkeit zu bilden – war ein weiterer außerirdischer Aspekt ihrer Person, und ich hoffte, mehr darüber zu erfahren. Ich sage »außerirdisch«, aber was ich eigentlich meine ist »engelhaft«. In diesem Moment war ich bereits fest davon überzeugt, dass sie ein Geschöpf der Sphären war.

»Du bist nicht einverstanden?«

Etwas in meinem Gesicht musste mich verraten haben. Meine Wangen wurden warm. »Das habe ich nicht gesagt.«

»Du hast überhaupt nichts gesagt. Ein Ratschlag: ›Der Mann, der nur 'ne Zung' hat, ist kein Mann, des Wort nicht jedes Weib gewinnen kann.‹«

»Wie bitte?«

»Shakespeare, *Die beiden Veroneser*. Einfach gesagt: Wenn eine Frau dir eine Frage stellt, solltest du lieber antworten.«

»Falls du mit ihr ins Bett willst«, fügte Lear hinzu. Er sah mich an. »Du musst es ihr nachsehen. Sie ist wie ein Shakespeare-Sender. Ich verstehe nicht die Hälfte von dem, was sie sagt.«

Ich wusste fast nichts über Shakespeare. Meine Erfahrung mit dem Dichter beschränkte sich, wie bei vielen Leuten, auf ein pflichtbewusstes Durchackern von *Julius Caesar* (viel Gewalt, gelegentlich ganz spannend) und *Romeo und Julia* (das ich bis zu diesem Augenblick schlicht albern gefunden hatte).

»Ich meinte nur, ich bin noch nie jemandem begegnet, der so denkt.«

Sie lachte. »Na, wenn du mit mir herumhängen willst, Kumpel, dann musst du noch viel lernen. Und mit diesen Worten«, sagte sie und sprang vom Bett, »und apropos, muss ich von hinnen eilen.«

Lear protestierte. »Aber du bist nicht halb so betrunken wie wir. Ich hatte gehofft, ich könnte dich gefügig machen.«

»Hattest du gehofft, ach ja.« In der Tür drehte sie sich noch einmal zu mir um. »Ich habe vergessen zu fragen: Was bist du?«

Wieder eine Frage, auf die ich keine Antwort wusste. »Wie bitte?«

»Fliege? Eule? A.D.? Sag mir, dass du nicht Porcellian bist.«

Lear antwortete an meiner Stelle. »Tatsächlich hat unser junger Mann hier, auch wenn er formal gesehen ein Junior ist, diesen Aspekt des Lebens in Harvard noch nicht kennengelernt. Es ist eine komplizierte Geschichte, und ich bin zu betrunken, um es zu erklären.«

»Du bist also nicht in einem Club?«, fragte sie mich.

»Es gibt Clubs?«

»*Final Clubs.* Kann mich mal jemand kneifen? Du weißt wirklich nicht, was das ist?«

Ich hatte den Ausdruck schon gehört, aber das war alles. »Sind das Verbindungen oder so was?«

»Äh, nicht ganz«, sagte Lear.

»Ich würde sagen«, erklärte Liz, »es sind anachronistische Dinosaurier, elitär bis ins Mark. Zufällig geben sie auch die besten Partys. Jonas ist im Spee Club. Wie sein Daddy und dessen Daddys und alle Lear-Daddys, seit die Fische Beine kriegten. Außerdem ist er der Dingsda. Jonas, *was* bist du da?«

»Der Punchmaster.«

Sie verdrehte die Augen. »Was für ein Titel. Im Grunde bedeutet es, er ist dafür zuständig, wer Mitglied werden darf. Zuckerhase, tu was.«

»Ich habe ihn doch eben erst kennengelernt. Vielleicht hat er gar kein Interesse.«

»Doch, natürlich«, sagte ich, aber ich war keineswegs sicher. Worauf ließ ich mich da ein? Und was würde es kosten? Aber wenn ich dadurch mehr Zeit mit Liz verbringen könnte, würde ich auch über glühende Kohlen gehen. »Absolut. Ich hätte definitiv Interesse an so was.«

»Gut.« Sie lächelte triumphierend. »Samstagabend. Smoking. Siehst du, Jonas? Schon erledigt.«

Das erste Problem: Ich hatte keinen Smoking.

Einmal im Leben hatte ich einen getragen, einen taubenblauen Mietanzug mit marineblauen Samtapplikationen, dazu ein Rüschenhemd, das nur einem Piraten gefallen hätte, und eine Clip-Fliege, so dick wie eine Faust. Perfekt für den Abschlussball der Mercy Regional High School, der unter dem Thema »Insel« gestanden hatte (»Eine Nacht im Paradies«), aber nicht für die exklusiven Räumlichkeiten des Spee Club.

Ich wollte mir wieder einen mieten, aber Jonas brachte mich davon ab. »Dein Smokingleben«, erklärte er, »hat gerade erst angefangen. Was du brauchst, mein Freund, ist ein *Kampfsmoking*.« Der Laden, in den wir gingen, hieß Keezer's und war auf recycelte Abendkleidung spezialisiert, die so billig war, dass man ohne Skrupel darauf kotzen konnte. Es war ein riesiger Raum, schmucklos wie ein Busbahnhof, mit mottenzerfressenen Tierschädeln an den Wänden und so viel Naphthalin in der Luft, dass es in meinen Nebenhöhlen brannte. Von den endlosen Stangen wählte ich einen schlichen schwarzen Smoking, ein gebügeltes Hemd mit gelben Flecken unter den Armen, eine Schachtel mit billigen Kragen- und Manschettenknöpfen und Lacklederschuhe, die nur drückten, wenn ich ging oder stand. In den Tagen vor der Party war Jonas in eine Rolle geschlüpft, die irgendwo zwischen einem weisen jungen Onkel und einem Blindenhund lag. Den Smoking durfte ich aussuchen, aber er bestand darauf, Fliege und Kummerbund zu wählen, und untersuchte Dutzende davon, bevor er sich für pinkfarbene Seide mit einem Muster aus winzigen grünen Rauten entschied.

»Pink?« Es verstand sich von selbst, dass so etwas in Mercy, Ohio, nicht gelaufen wäre. Ein taubenblauer Smoking, ja. Eine pinkfarbene Fliege, nein. »Bist du sicher?«

»Vertrau mir«, sagte er. »Wir machen das so.«

Die Party würde, wenn ich es richtig verstanden hatte, so eine Art von kompliziertem ersten Date sein. Die Mitglieder würden Gelegenheit bekommen, die frischen Kandidaten, die man »Punchees« nannte, in Augenschein zu nehmen. Ich war besorgt, weil ich keine Begleiterin hatte, aber Jonas beruhigte mich: Allein sei ich besser dran, denn so, erklärte er, hätte ich Gelegenheit, die Flottille der unbegleiteten jungen Frauen zu beeindrucken, die zu diesem Anlass von anderen Colleges importiert wurden.

»Wenn du mit zweien von denen ins Bett gehst« sagte er, »bist du auf jeden Fall drin.«

Ich lachte über dieses absurde Ansinnen. »Wieso nur zwei?«
»Gleichzeitig, meine ich«, sagte er.

Liz hatte ich seit meinem ersten Tag in Winthrop House nicht mehr gesehen. Das fand ich nicht weiter merkwürdig, denn sie wohnte in Mather, weit unten am Fluss, und verkehrte in eher künstlerisch angehauchten Kreisen. Ich hatte indessen durch diskrete, wohlplatzierte Fragen mehr über ihre Beziehung zu Jonas herausfinden können. Sie waren in Wirklichkeit kein richtiges Harvard-Paar, aber sie kannten einander von Kindheit an. Ihre Väter waren Zimmergenossen auf der Prep School gewesen, und die beiden Familien hatten jahrelang zusammen Urlaub gemacht. Das fand ich plausibel; im Rückblick passte ihr Wortgeplänkel zu einem altklugen Geschwisterpaar ebenso gut wie zu einer romantischen Beziehung. Jonas behauptete, jahrelang hätten sie einander nicht ausstehen können. Erst als sie mit fünfzehn gezwungen gewesen waren, zwei neblige Wochen mit ihren Eltern auf einer entlegenen Insel vor der Küste von Maine zu verbringen, sei ihre gegenseitige Abneigung übergekocht und zu dem geworden, was sie in Wirklichkeit war. Ihren Eltern hatten sie es verheimlicht – sogar Jonas räumte ein, dass die ganze Geschichte etwas unbestimmt Inzestuöses an sich habe –, und sie hatten ihre Leidenschaft auf heimliche Sommertreffen in Scheunen und Bootshäusern beschränkt, während ihre Eltern sich auf der Terrasse betranken, und eigentlich hatten sie sich nicht als Boyfriend-Girlfriend betrachtet, bis sie beide in Harvard gelandet waren und entdeckt hatten, dass sie einander tatsächlich gernhatten.

Diese Darstellung erklärte auch zumindest teilweise die Eigentümlichkeit ihrer Beziehung. Was außer einer gemeinsamen Vergangenheit konnte zwei Menschen aneinander binden, deren Temperament so fundamental inkompatibel war und die eine so unterschiedliche Sicht auf das Leben hatten? Je besser ich sie kennenlernte, desto klarer sah ich, wie verschieden sie wirklich waren. Dass sie sich als Kinder in denselben gesellschaftlichen

Kreisen bewegt, dass sie buchstäblich austauschbare Tagesschulen und Internate auf dem Land besucht hatten und sich in der New Yorker Subway so gut zurechtfanden wie in der Pariser Métro und der Londoner Tube – das alles sagte nichts darüber, wer sie als Menschen wirklich waren. Dieselben Umstände, die zwei Seelen zueinanderziehen, können sie zugleich auch für alle Zeit auf Armlänge voneinander fernhalten. Darin liegt die Wahrheit über die Liebe und das Wesen aller Tragik. Ich besaß noch nicht die nötige Weisheit, um das zu verstehen, und es würde viele Jahre dauern, bis ich so weit wäre. Aber ich glaube, gespürt habe ich es von Anfang an, und es war der Quell meiner Neigung, die Kraft, die mich zu ihr hinzog.

Dann war der Tag der Party gekommen. Die Stunden verstrichen wie ein planloses Vorspiel: Ich brachte nichts zustande. War ich nervös? Wie fühlt sich der Stier, wenn er in die Arena geführt wird und die johlende Menge und den Mann mit Cape und Degen sieht? Jonas war den Tag über nicht da – ich wusste nicht, wohin er verschwunden war –, und als es auf acht Uhr zuging und der vereinbarte Augenblick heranrückte, war er immer noch nicht aufgetaucht. Der Midwesterner in mir war endlos verwirrt angesichts der regionalen Unterschiede in der Frage, was als Verspätung galt und was nicht, und um halb zehn, als ich beschloss, mich umzuziehen (ich hatte die mädchenhafte Fantasievorstellung gehabt, Lear und ich würden das gemeinsam tun), war meine Bangigkeit so groß, dass sie an Zorn grenzte. Wahrscheinlich hatte er sein Versprechen vergessen, und ich würde den Abend verbringen wie ein sitzengelassener Bräutigam: im Smoking vor dem Fernseher.

Eine andere Schwierigkeit bestand darin, dass ich nicht wusste, wie man eine Fliege band. Wahrscheinlich hätte ich es auch nicht geschafft, wenn ich es gewusst hätte, denn meine Hände zitterten. Das Hantieren mit Kragen- und Manschettenknöpfen war etwa so, als wollte ich eine Nadel mit dem Hammer einfädeln. Ich brauchte volle zehn Minuten, in denen ich fluchte wie ein Dockarbeiter, bis ich sie in die passenden Knopflöcher gefummelt hatte, und als ich es geschafft hatte, war mein Gesicht nass von Schweiß. Ich wischte ihn mit einem übelriechenden Handtuch ab und betrachtete mich in dem mannshohen Spiegel in der Badezimmertür in der Hoffnung auf einen ermutigenden Anblick. Ich war ein unauffällig aussehender Junge in jeder Hinsicht, zwar von Natur aus schlank und ohne nennenswerte Mängel, aber ich hatte immer gefunden, meine Nase sei zu groß für mein Gesicht, meine Arme seien zu lang für meinen Körper, und mein Haar sei zu viel für den Kopf, auf dem es wuchs. Aber das Gesicht und die Gestalt im Spiegel sahen gar nicht so hoffnungslos aus, fand ich. Der elegante schwarze Anzug, das steif gestärkte Hemd und wider Erwarten auch der pinkfarbene Kummerbund wirkten an mir keineswegs unnatürlich. Sofort bereute ich das taubenblaue Kostüm, das ich auf dem Schulball getragen hatte. Wer hätte gedacht, dass man mit einem einfachen schwarzen Anzug sein Erscheinungsbild so gründlich aufwerten konnte? Zum ersten Mal wagte ich zu denken, dass ich, dieser unauffällige Junge aus der Provinz, es möglicherweise schaffen würde, durch die Pforten des Spee Club zu treten, ohne dass die Alarmglocken schrillten.

Die Tür flog auf, und Jonas stürmte ins vordere Zimmer. »*Fuck, wie spät ist es?*« Er marschierte geradewegs an mir vorbei ins Bad und drehte die Dusche auf. Ich folgte ihm bis zur Tür.

»Wo warst du?«, fragte ich, und zu spät wurde mir klar, wie nörgelig ich klang. »Ist ja kein Ding, aber es ist kurz vor zehn.«

»Ich hatte einen Labortermin.« Er schälte sich das Hemd vom Körper. »Eigentlich geht die Sache vor elf sowieso nicht richtig los. Habe ich das nicht gesagt?«

»Nein.«

»Oh. Na, sorry.«

»Wie bindet man diese Fliege?«

Er hatte sich bis auf die Boxershorts ausgezogen. »Keine Ahnung, verdammt. Meine hat einen Clip.«

Ich zog mich ins vordere Zimmer zurück. Jonas rief durch das Rauschen des Wassers: »Ist Liz hier gewesen?«

»Hier ist niemand gewesen.«

»Sie sollte vorbeikommen.«

Meine Bangigkeit konzentrierte sich jetzt ganz auf meine Fliege. Ich ging zum Spiegel zurück und zog sie aus der Tasche. Im Prinzip, hatte ich gehört, band man sie wie den Schnürsenkel an einem Schuh. Wie viel schwerer konnte das sein? Ich band mir die Schuhe zu, seit ich zwei war.

Die Antwort war: sehr viel schwerer. Nichts, was ich tat, konnte die Enden veranlassen, auch nur annähernd gleich lang herauszukommen. Es war, als sei die Seide besessen.

»Siehst du aber schick aus.«

Liz war durch die offene Tür hereingekommen. Besser gesagt, eine Frau, die *Ähnlichkeit* mit Liz hatte, aber an ihrer Stelle stand da ein Geschöpf von reinem, dezentem Glamour. Sie trug ein eng geschnittenes schwarzes Cocktailkleid mit tiefem Ausschnitt und High Heels aus glänzendem roten Leder, und sie hatte etwas in ihr Haar gewebt, um es voll und dicht zu machen. Statt der Brille trug sie Kontaktlinsen. Eine lange Perlenkette – ohne Zweifel waren es echte Perlen – hing tief in ihr Dekolleté.

»Wow«, sagte ich.

»Und *das*«, sagte sie und warf ihre Handtasche auf das Sofa, »ist genau die Silbe, die jede Frau gern hören möchte.« Eine komplexe Duftwolke war ihr ins Zimmer gefolgt. »Probleme mit deinem Halsschmuck, wie ich sehe?«

Ich hielt ihr das schurkische Stück entgegen. »Ich habe keine Ahnung, was ich da machen soll.«

»Lass mich mal sehen.« Sie kam auf mich zu und nahm mir das Ding aus der Hand. »Ah«, sagte sie und untersuchte es. »Das ist das Problem.«

»Was?«

»Es ist eine Smokingfliege!« Sie lachte. »Aber ganz zufällig bist du zu der richtigen Person gekommen. Für meinen Vater erledige ich das andauernd. Stillhalten!«

Sie schlang mir die Fliege um den Hals und schob sie unter den Kragen. Mit ihren High Heels war sie fast so groß wie ich, und unsere Gesichter waren nur eine Handbreit voneinander entfernt. Sie konzentrierte ihren Blick auf meine Halsgrube und begann ihr geheimnisvolles Unternehmen. Noch nie war ich einer Frau so nah gewesen, ohne sie zu küssen. Mein Blick wanderte instinktiv zu ihren Lippen, die weich und warm aussahen, und folgte dann dem Weg der Perlen weiter nach unten. Der Effekt war ein Niederspannungsstrom, der durch jede Zelle meines Körpers floss.

»Augen hoch, Freundchen!«

Ich wusste, dass ich rot wurde, und schaute weg. »Sorry.«

»Du bist ein Mann. Was kannst du schon machen. Ihr seid wie diese Spielzeuge, die man an einer Schnur hinter sich herzieht. Muss furchtbar sein.« Ein letzter Handgriff, und sie trat einen Schritt zurück. Ihre Wangen sahen erhitzt aus. War sie auch rot geworden? »So, bitte. Sieh es dir an.«

Sie wühlte eine Puderdose aus ihrer Handtasche und gab sie mir. Sie war aus einem Material, das sich sehr glatt anfühlte, wie polierter Knochen, und lag warm in meiner Hand, als verströmte sie reine weibliche Energie. Ich klappte sie auf, und die Mulde mit hautfarbenem Puder und ein kleiner runder Spiegel kamen zum Vorschein. Mein Gesicht schaute mir entgegen und schwebte über der makellos gebundenen pinkfarbenen Schleife.

»Perfekt«, sagte ich.

Die Dusche verstummte ächzend, und mein Bewusstsein erweiterte sich wieder. Ich hatte meinen Mitbewohner ganz vergessen.

»Jonas!«, rief Liz. »Wir kommen zu spät!«

Er kam mit einem Satz ins Zimmer und hielt sich ein Badetuch um die Taille. Ich hatte das Gefühl, bei etwas ertappt worden zu sein, das ich nicht hätte tun dürfen.

»Wollt ihr beiden jetzt dastehen und mir beim Anziehen zuschauen? Es sei denn ...« Er schaute Liz an und schüttelte anzüglich sein Badetuch wie ein Stripper, der sein Publikum aufreizt. *»Ça te donne du plaisir, Mademoiselle?«*

»Beeil dich einfach. Wir verspäten uns.«

»Aber ich habe dich auf Französisch gefragt!«

»Du solltest an deinem Akzent arbeiten. Wir warten draußen, vielen Dank.« Sie nahm mich beim Arm und bugsierte mich zur Tür. »Komm schon, Tim.«

Wir gingen die Treppe zum Innenhof hinunter. Ein College-Campus an einem Samstagabend folgt seinen eigenen Gesetzen: Er wacht auf, wenn der Rest der Welt schlafen gehen will. Überall kam Musik aus den Fenstern, lachende Gestalten bewegten sich durch die Dunkelheit, und Stimmen erhellten die Nacht aus allen Himmelsrichtungen. Im überdachten Durchgang kam uns ein Mädchen eilig entgegen. Mit der einen Hand hielt sie den Saum ihres Kleides hoch, in der anderen trug sie eine Flasche Champagner.

»Du wirst es gut machen«, sagte Liz beruhigend zu mir.

Wir blieben kurz hinter dem Tor stehen. »Sehe ich aus, als ob ich mir Sorgen mache?« Aber natürlich machte ich mir welche.

»Du brauchst nur so zu tun, als ob du dazugehörst. Eigentlich geht es nur darum. Bei den meisten Dingen, genau genommen.«

Ohne Jonas war sie ein bisschen verändert. Philosophischer, sogar ein bisschen weltmüde. Ich spürte, dass es ihrem wahren Charakter eher entsprach.

»Was ich noch vergessen habe«, sagte Liz, »ich habe jemanden, mit dem ich dich gern bekanntmachen würde. Sie wird auch auf der Party sein.«

Ich wusste nicht genau, was ich davon halten sollte.

»Wir sind Cousinen«, sagte Liz. »Na ja, Cousinen zweiten Grades. Sie ist an der Boston University.«

Das Angebot brachte mich durcheinander. Ich musste mir ins Gedächtnis rufen, dass das, was oben passiert war, ein unschuldiger Flirt gewesen war, nichts weiter. Sie war die Freundin eines anderen.

»Okay.«

»Du musst versuchen, nicht allzu begeistert zu klingen.«

»Wieso glaubst du, dass es zwischen uns funken könnte?«

Die Frage klang zu direkt und sogar ein bisschen giftig. Aber wenn es sie traf, ließ sie sich nichts anmerken. »Lass sie nur nicht zu viel trinken.«

»Ist das ein Problem?«

Sie zuckte die Achseln. »Steph kann manchmal ein Partygirl sein, wenn du weißt, was ich meine. So heißt sie. Stephanie.«

Jonas holte uns ein, grinsend und immer wieder um Entschuldigung bittend. Wir machten uns auf den Weg zur Party. Es waren nur drei Blocks bis dorthin. Er hatte mir das Gebäude des Spee Club schon gezeigt, ein Townhouse aus Backstein mit einem ummauerten Garten an der Seite, an dem ich tausend Mal vorbeigekommen war. Eine College-Party ist normalerweise eine laute Veranstaltung, deren Lärm im weiten Umkreis zu hören ist, aber hier war es anders. Nichts deutete darauf hin, dass drinnen irgendetwas los war, und einen Moment lang dachte ich, Jonas habe sich mit dem Abend vertan. Er trat an die Tür und zog einen Schlüsselanhänger mit einem einzelnen Schlüssel aus der Tasche seines Smokings. Ich hatte diesen Schlüssel schon auf seinem Schreibtisch liegen sehen, aber bis jetzt hatte ich mir nichts dabei gedacht. Der Schlüsselanhänger sah aus wie ein Bärenkopf – das Emblem des Spee.

Wir folgten ihm ins Haus und kamen in ein leeres Foyer. Der Boden bestand aus abwechselnd schwarzen und weißen Vierecken wie bei einem Schachbrett. Ich hatte nicht das Gefühl, auf eine Party zu kommen – eine nächtliche Fallschirmlandung in einem fremden Land, das traf es eher. Was ich sehen konnte, war dunkel und maskulin und, für ein Gebäude, das von College-Studenten benutzt wurde, bemerkenswert aufgeräumt. Ich hörte das Klacken von Elfenbein: Irgendwo in der Nähe spielte jemand Billard. Auf einem Sockel in der Ecke stand ein großer ausgestopfter Bär. Kein Teddybär, sondern ein richtiger Bär. Er stand aufrecht auf den Hinterbeinen, die klauenbewehrten Pranken vorgestreckt, als wolle er einen unsichtbaren Angreifer zerfleischen. (Oder vielleicht Klavier spielen.) Von oben kam eine Woge von alkoholbeschwingten Stimmen.

»Kommt«, sagte Jonas.

Er führte uns nach hinten zu einer Treppe. Von der Straße aus hatte das Gebäude in seinen Abmessungen trügerisch bescheiden ausgesehen, aber drinnen war das anders. Wir stiegen dem Lärm und der Hitze einer Menschenmenge entgegen, die aus zwei großen Räumen auf den Treppenabsatz flutete.

»Jo-man!«

Als wir eintraten, verschwand Jonas' Hals in der Ellenbeuge eines großen rothaarigen Mannes in einem weißen Dinnerjackett. Er hatte das rote Gesicht und die vollen Hüften eines heruntergekommenen Sportlers.

»Jo-man, Jo-Jo, der große Jo-ster.« Unvermittelt drückte er Jonas einen dicken Schmatzer auf die Wange. »Und Liz, darf ich sagen, du siehst heute Abend *besonders* appetitlich aus?«

Liz verdrehte die Augen. »Ich hab's zur Kenntnis genommen.«

»Liebt sie mich? Ich frage euch: Liebt dieses Mädel mich nicht einfach?« Sein Arm lag immer noch um Jonas' Schultern drapiert, als er mich mit dem Ausdruck erschrockener Besorgnis anschaute. »Gütiger Himmel, Jonas, sag mir, dass er das nicht ist.«

»Tim, das ist Alcott Spence. Er ist unser Präsident.«

»Und sternhagelvoll dazu. Also sag mir, Tim, du bist nicht schwul, oder? Weil, nichts für ungut, du siehst ein bisschen schwul aus mit dieser Fliege.«

Darauf war ich nicht gefasst. »Äh …«

»Das war ein Witz!« Er brüllte vor Lachen. Es wurde auf allen Seiten enger, denn immer mehr Partygäste kamen hinter uns die Treppe herauf. »Im Ernst, ich mache nur Spaß mit dir. Die Hälfte der Typen da drin sind Riesenschwuchteln. Ich selber bin das, was man einen sexuellen Allesfresser nennen könnte. Stimmt's nicht, Jonas?«

Jonas grinste und spielte mit. »Stimmt.«

»Jonas hier ist einer meiner ganz speziellen Freunde. *Sehr* speziell. Also nur zu – sei so schwul, wie du es für nötig hältst.«

»Danke«, sagte ich. »Aber ich bin nicht schwul.«

»Ist ebenfalls total in Ordnung! Das sage ich doch! Hört euch diesen Typen an. Wir sind nicht der Porcellian Club, weißt du. Im Ernst, die Typen da können überhaupt nicht *aufhören,* sich gegenseitig zu ficken.«

Wie sehr ich mich in diesem Augenblick nach einem Drink sehnte? Sehr. *Sehr.*

»Na, unsere kleine Plauderei hat mir großen Spaß gemacht«, fuhr Alcott fröhlich fort. »Aber ich muss weiter. Heißes Date in der Sauna mit einer gewissen Sophomore von der Universität der Lockeren Moral und etwas *cocaina más excelente.* Lauft nur zu, Kinder, und amüsiert euch.«

Er verschwand in der Menge. Ich sah Jonas an. »Sind hier alle so?«

»Ehrlich gesagt, nein. Viele von denen können ziemlich heftig sein.«

Ich drehte mich zu Liz um. »Wag es ja nicht, mich alleinzulassen.«

Sie lachte trocken. »Machst du Witze?«

Wir kämpften uns zur Bar durch. Lauwarmes Fassbier gab es hier nicht. Hinter einem langen Tisch stand ein Barkeeper im weißen Hemd, der in hektischer Eile Drinks mixte und Heineken-Flaschen herüberreichte. Als er Eis in meinen Wodka Tonic schaufelte – ich hatte schon in meinem Freshman-Jahr gelernt, nach Möglichkeit bei klarem Alkohol zu bleiben –, hatte ich das starke Bedürfnis, ihm eine marxistisch inspirierte Geheimbotschaft hinüberzuschmuggeln und mich als Genosse zu erkennen zu geben. »Ich bin in Wirklichkeit aus Ohio«, hätte ich ihm mitteilen können. »Ich räume in der Bibliothek Bücher ein. Ich gehöre genauso wenig hierher wie du.« (»PS: Halte dich bereit! Die ruhmreiche Arbeiterrevolution beginnt Schlag Mitternacht!«)

Aber als er mir das Glas reichte, überkam mich ein neues Gefühl. Vielleicht lag es daran, wie er es tat – automatisch und wie ein superschneller Roboter, der seine Aufmerksamkeit bereits auf den nächsten Partygast in der Schlange richtete –, aber mir kam der Gedanke, dass ich es geschafft hatte. Ich hatte bestanden. Ich hatte mich erfolgreich in die andere Welt hineingeschlichen, in die verborgene Welt. Dies war mein Bestimmungsort gewesen, die ganze Zeit schon. Mitglied im Spee Club zu werden: Was ich noch vor Augenblicken für absolut unmöglich gehalten hatte, erschien mir plötzlich wie ein *fait accompli*. Es war mir bestimmt. Ich würde meinen Platz unter den Mitgliedern einnehmen, weil Jonas Lear mir den Weg ebnete. Wie sonst wäre der außergewöhnliche Zufall unseres zweiten Zusammentreffens zu erklären? Das Schicksal hatte ihn aus einem bestimmten Grund zu mir geführt, und der war hier, in dieser so reich privilegierten Atmosphäre, die überall um mich herum strahlte. Es war wie eine neue Form von Sauerstoff. Ich hatte mein Leben lang darauf gewartet, sie zu atmen, und ich fühlte mich damit merkwürdig lebendig.

Ich war so versunken in diesen neuen Gedankengang, dass ich Liz gar nicht bemerkte. Sie stand neben mir, und jemand Neues war bei ihr, ein Mädchen.

»Tim!«, schrie sie durch die Musik, die im Raum hinter uns explodiert war. »Das ist Steph!«

»Freut mich!«

»Gleichfalls!« Sie war klein und hatte haselnussbraune Augen, Sommersprossen und braun glänzendes Haar. Verglichen mit Liz war sie kaum bemerkenswert, aber auf ihre Art doch hübsch – *niedlich* wäre der passende Ausdruck –, und daran, wie sie lächelte, erkannte ich, dass Liz den Boden schon bereitet hatte. Sie hielt ein fast leeres Glas mit einer klaren Flüssigkeit in der Hand. Meins war ebenfalls leer. War es mein erstes oder mein zweites gewesen?

»Liz sagt, du bist an der B.U.!«

»Ja!« Weil die Musik so laut war, standen wir dicht beieinander. Sie roch nach Rosen und Gin.

»Gefällt's dir da?«

»Ist ganz okay. Du hast Biochemie als Hauptfach, ja?«

Ich nickte. Es war das banalste Gespräch der Menschheitsgeschichte, aber es musste sein. »Und du?«

»Politologie! Hey, willst du tanzen?«

Ich war ein grässlicher Tänzer, aber wer war das nicht? Wir schlängelten uns in den in Lichtkonfetti getauchten Tanzsaal und versuchten, diesen intimen Akt zu vollziehen, wobei wir so tun mussten, als hätten wir uns nicht erst vor dreißig Sekunden kennengelernt. Die Tanzfläche war bereits voll; man hatte die Musik strategisch so lange zurückgehalten, bis alle angemessen alkoholisiert waren. Ich sah mich nach Liz um, konnte sie aber nicht entdecken. Vermutlich war sie zu cool, um sich auf diese Weise lächerlich zu machen, und ich konnte nur hoffen, dass sie mich nicht sah. Dass Stephanie eine begeisterte Tänzerin war, überraschte mich nicht, aber ich hatte nicht damit gerechnet, dass sie es so gut konnte. Meine Bewegungen waren eine plumpe Nachahmung des Tanzens, die mit dieser Musik oder irgendeiner anderen nicht das Geringste zu tun hatte, aber ihre besaßen eine geschmeidige Ausdruckskraft, die an echte Anmut grenzte. Sie drehte sich, kreiselte und wirbelte. Sie machte etwas mit den Hüften, das unter anderen Umständen unanständig ausgesehen hätte, hier aber durch eine andere, weniger enge Moral gedeckt war.

Außerdem blieb ihre Aufmerksamkeit die ganze Zeit auf mich gerichtet; ihr Lächeln war warm und verführerisch, ihr Blick konzentriert wie ein Laserstrahl. Wie hatte Liz sie genannt? »Ein Partygirl«? Allmählich sah ich die Vorteile.

Nach dem dritten Musikstück machten wir Pause, um neue Drinks zu holen, und kippten sie herunter wie Matrosen beim Landgang, bevor wir auf die Tanzfläche zurückkehrten. Ich hatte nichts gegessen, und der Alkohol tat seine Wirkung. Der Abend zerfloss im Nebel. Irgendwann fand ich mich im Gespräch mit Jonas, der mich anderen Clubmitgliedern vorstellte, und dann spielte ich Pool mit Alcott, der doch nicht so übel war. Auf allem, was ich tat und sagte, schien ein Zauber zu liegen. Die Zeit verging, und dann nahm Stephanie, die ich für kurze Zeit aus den Augen verloren hatte, mich bei der Hand und zog mich wieder zurück zur Musik, deren unaufhörliches Stampfen in meinen Ohren wie der Herzschlag der Nacht klang. Ich hatte keine Ahnung, wie spät es war, und es interessierte mich auch nicht. Wir tanzten wieder schnell, und dann wurde die Musik langsamer, und sie schlang die Arme um meinen Nacken. Wir hatten kaum miteinander gesprochen, aber jetzt hielt ich dieses warme, duftende Mädchen in meinen Armen, ihr Körper schmiegte sich an mich, und ihre Fingerspitzen kraulten das Haar in meinem Nacken. Noch nie hatte ich ein so unverdientes Geschenk bekommen. Was dabei mit meiner Anatomie passierte, konnte ihr nicht entgehen, aber das musste es auch nicht. Als die Musik zu Ende war, legte sie die Lippen an mein Ohr, und als sie sanft ausatmete, erschauerte ich.

»Ich habe Koks.«

Kurz darauf fand ich mich neben ihr auf einem weichen Ledersofa in einem Zimmer wieder, das aussah, als gehörte es zu einer Jagdhütte. Aus ihrer Handtasche förderte sie ein Briefchen aus Notizpapier zutage, das durch eine komplizierte Art der Faltung verschlossen war. Mit meinem Harvard-Ausweis formte sie das Koks auf dem Couchtisch zu zwei fetten Lines und rollte einen

Dollarschein zu einem Röhrchen zusammen. Kokain war ein Aspekt des College-Lebens, mit dem ich noch keine Erfahrung hatte, aber ich sah nicht, was es schaden sollte. Sie beugte sich über den Tisch, saugte das Pulver mit einem zierlichen, mädchenhaften Schnaufen in ihre Nasenlöcher und reichte mir das Dollarröhrchen, damit ich es ihr nachtun konnte.

Es war gar nicht übel. Es war sogar sehr gut. Wenige Sekunden nach dem Schnaufen sprühte ein Rausch des Wohlgefühls wie ein Römisches Licht in mir auf, aber es war keine Abkehr von der Realität, sondern ein tieferes Eindringen in die Wahrheit. Die Welt war ein schöner Ort und voll von wunderbaren Leuten, und das Dasein war verzaubert und größter Begeisterung würdig. Ich schaute Stephanie an, die jetzt, da ich Augen hatte zu sehen, sehr schön war, und suchte nach Worten, um diese Offenbarung in einer Nacht zu erklären, in der ich so viele erlebt hatte.

»Du bist eine wirklich gute Tänzerin«, sagte ich.

Sie beugte sich vor, und ihre Lippen berührten die meinen. Es war nicht der Kuss einer Studentin, es war ein Kuss, der mir sagte, es gebe keine Regeln, wenn ich keine haben wollte. Es dauerte nicht lange, bis unsere Körper ein Gewirr von Zungen und Händen und Haut waren. Stoff wurde zur Seite geschoben, Haken und Ösen wurden gelöst, Reißverschlüsse geöffnet. Es war, als sei ich in einen Strudel der reinen Sinnlichkeit gestürzt. Es war anders, als es mit Carmen gewesen war. Es war frei von Kanten, ohne Rauheit. Es war wie ein Schmelzen. Stephanie setzte sich rittlings auf meinen Schoß, zog ihren Slip zur Seite und senkte sich herab. Sie umschloss mich und fing an, sich auf wundersame Weise wie ein Wasserwesen zu bewegen, eine Seeanemone, die in den Gezeiten wogte, wiegend aufstieg und herabsank. Das Knarren der Lederpolster begleitete jede Variation. Noch vor wenigen Stunden war ich in meinem Zimmer auf und ab gegangen, verurteilt zu einer Nacht in demütigender Einsamkeit, und jetzt war ich hier und fickte ein Mädchen im Cocktailkleid.

»Oh. Sorry, Alter.«

Es war Jonas. Stephanie schoss hoch wie eine Rakete. Ein hektischer Augenblick folgte: Hosen wurden hochgezogen, das Kleid herunter, diverse Wäscheartikel hastig an ihren Platz zurückgestopft. Mein Mitbewohner stand in der Tür und konnte seine Heiterkeit kaum bändigen.

»Herrgott noch mal«, sagte ich und zog meinen Reißverschluss hoch – das heißt, ich versuchte ihn hochzuziehen, aber mein Hemd klemmte dazwischen. Noch mehr Comedy. »Du hättest anklopfen können.«

»Und du hättest abschließen können.«

»Jonas, hast du sie gefunden?« Liz erschien hinter ihm. Als sie hereinkam, riss sie die Augen auf. »Oh«, sagte sie.

»Sie waren gerade dabei, sich besser kennenzulernen«, erklärte Jonas und lachte.

Stephanie strich sich das Haar glatt. Ihre Lippen waren geschwollen, und sie war rot im Gesicht.

»Das sehe ich«, sagte Liz. Sie presste die Lippen zu einer spröden Linie zusammen. Sie sah mich nicht an. »Steph, deine Freunde warten draußen auf dich. Oder soll ich ihnen etwas anderes erzählen?«

Doch das war offensichtlich sinnlos. Der Ballon der Leidenschaft war durchstochen. »Nein, ich sollte wohl gehen.« Sie hob ihre Schuhe vom Boden auf und drehte sich zu mir um. Ich saß lächerlicherweise immer noch auf dem Sofa. »Tja, danke«, sagte sie. »Es war wirklich schön, dich kennenzulernen.«

Sollten wir uns küssen? Oder die Hand geben? Was sollte ich sagen? »Gern geschehen« schien irgendwie nicht zu passen. Letztlich war der Abstand zwischen uns zu groß, und wir berührten einander nicht einmal.

»Gleichfalls«, sagte ich.

Sie folgte Liz aus dem Zimmer. Mir war elend zumute – nicht nur wegen meiner schmerzlich blockierten Lenden, sondern auch, weil Liz unübersehbar enttäuscht von mir gewesen war. Ich hatte gezeigt, dass ich war wie jeder andere: ein Opportunist, nichts weiter. Erst in diesem Augenblick wurde mir voll und ganz klar, wie wichtig mir war, wie sie über mich dachte.

»Wo sind denn alle?«, fragte ich Jonas. Es war auffallend still im Haus.

»Es ist vier Uhr morgens. Alle sind gegangen, bis auf Alcott. Der liegt im Billardzimmer.«

Ich sah auf die Uhr. Er hatte recht. Ob es am Adrenalin lag, oder ob das Koks den Alkohol neutralisierte – jedenfalls war mein Kopf wieder klar. Peinlich berührt verzog ich das Gesicht, als mir bruchstückhaft wieder Erinnerungen an die Nacht in den Sinn kamen: wie ich meinen Drink über die Freundin eines Clubmitglieds gekippt hatte, wie ich zu »Love Shack« von B-52 einen Kosakentanz versucht hatte, und wie ich zu laut über einen Witz gelacht hatte, der in Wirklichkeit eine traurige Geschichte war, die jemand über seinen behinderten Bruder erzählt hatte. Was hatte ich mir dabei gedacht, mich dermaßen zu betrinken?

»Geht's dir gut? Willst du, dass wir auf dich warten?«

Noch nie im Leben hatte ich etwas noch weniger gewollt. Ich überlegte bereits, auf welcher Parkbank ich schlafen könnte. Gab es eigentlich noch Leute, die das taten? »Geht nur schon los. Ich komme dann.«

»Mach dir keine Sorgen wegen Liz, falls du das tust. Es war ganz und gar ihre Idee.«

»Wirklich?«

Jonas zuckte die Achseln. »Na ja, vielleicht nicht, dass du tatsächlich ihre Cousine auf dem Sofa vögelst. Aber du solltest das Gefühl haben … keine Ahnung … dass du dazugehörst.«

Jetzt fühlte ich mich noch mieser. In meiner Dummheit hatte ich angenommen, Liz wollte ihrer Cousine einen Gefallen tun, und in Wirklichkeit war es umgekehrt gewesen.

»Hör zu, Tim, es tut mir leid …«

»Vergiss es.« Ich winkte ab. »Mit mir ist alles okay. Geht schon nach Hause.«

Ich wartete noch zehn Minuten, und dann raffte ich mich auf und verließ das Haus. Jonas hatte nicht gesagt, wohin er und Liz gehen würden – wahrscheinlich auf ihr Zimmer, aber ich konnte nichts riskieren. Ich ging zum Fluss hinunter und am Ufer entlang. Ein Ziel hatte ich nicht; wahrscheinlich leistete ich so etwas wie Buße, obwohl ich nicht hätte sagen können, wofür. Schließlich hatte ich doch genau das getan, was man nach den Maßstäben des Ortes und jener Zeit von mir erwartet hatte.

Im Morgengrauen stand ich, eine traurige Gestalt im Smoking, fünf Meilen weiter auf der Longfellow Bridge über dem Charles River Basin. Die ersten Ruderer waren unterwegs und tauchten ihre langen, eleganten Ruder ins Wasser. Es war einer dieser Augenblicke, in denen man üblicherweise eine Offenbarung erwartet; ich allerdings hatte keine. Ich hatte zu viel gewollt und mich blamiert; mehr gab es dazu nicht zu sagen. Ich hatte einen schlimmen Kater, und meine zu engen Schuhe hatten mir Blasen an beiden Füßen eingebracht. Ich dachte daran, dass ich schon sehr lange nicht mehr mit meinem Vater gesprochen hatte, und es tat mir leid, aber ich wusste, ich würde ihn nicht anrufen.

Als ich nach Winthrop zurückkam, war es fast neun. Ich schloss die Tür auf und trat ein. Jonas saß frisch rasiert auf seinem Bett und schlüpfte gerade in eine Jeans.

»Meine Güte, wie siehst du denn aus?«, fragte er. »Bist du überfallen worden, oder was?«

»Ich war spazieren.« Alles an ihm strahlte vergnügte Eile aus. »Was ist los?«

»Wir fahren weg, das ist los.« Er stand auf und stopfte sein Hemd in den Bund seiner Jeans. »Zieh dich lieber um.«

»Ich bin müde. Ich fahre nirgendwohin.«

»Überleg's dir lieber. Alcott hat angerufen. Wir fahren runter nach Newport.«

Ich hatte keine Ahnung, was ich mit dieser lächerlichen Behauptung anfangen sollte. Bis Newport waren es mindestens zwei Stunden. Ich wollte nur noch ins Bett und schlafen. »Wovon redest du da?«

Jonas legte seine Armbanduhr an, trat vor den Spiegel und bürstete sich das Haar, das noch feucht von der Dusche war. »Von der After-Party. Diesmal nur Mitglieder und Punchees. Diejenigen, die – du weißt schon –, die bestanden haben. Dazu gehörst du, mein Freund.«

»Du machst Witze.«

»Warum sollte ich über so etwas Witze machen?«

»Mann, ich weiß es nicht. Vielleicht, weil ich mich komplett zum Affen gemacht habe?«

Er lachte. »Sei nicht so streng mit dir. Du warst ein bisschen betrunken. Na und? Alle haben dich gemocht, vor allem Alcott. Anscheinend hat deine Eskapade in der Bibliothek ziemlich viel Eindruck gemacht.«

Mir rutschte das Herz in die Hose. »Er weiß davon?«

»Ist das dein Ernst? Alle wissen davon. Übrigens fahren wir zu Alcott nach Hause. Du solltest die Hütte sehen. Wie aus einer Zeitschrift.« Er wandte sich vom Spiegel ab. »Erde an Fanning. Führe ich hier Selbstgespräche?«

»Äh, ich glaube nicht.«

»*Fuck,* dann zieh dich um.«

# 17

Der Herbst bestand aus einem Partymarathon, und eine war extravaganter als die andere. Abende in Restaurants, die ich mir nie hätte leisten können, Stripclubs, eine Hafenkreuzfahrt auf der Zwanzig-Meter-Jacht eines Ehemaligen, der nie aus seiner Kabine kam. Einer nach dem andern fielen die Kandidaten durch, bis nur noch ein rundes Dutzend übrig war. Kurz nach Thanksgiving wurde ein Umschlag für mich unter der Tür hindurchgeschoben. Ich sollte mich um Mitternacht im Club melden. Alcott erwartete mich im Eingangsflur und wies mich an, nicht zu sprechen. Dann reichte er mir einen Zinnbecher mit starkem Rum und befahl mir, ihn auszutrinken. Das Gebäude schien leer zu sein; nirgends brannte Licht. Er führte mich in die Bibliothek, verband mir die Augen und sagte, ich solle warten. Ein paar Minuten vergingen. Ich war ziemlich betrunken und hatte Mühe, nicht das Gleichgewicht zu verlieren.

Dann hörte ich hinter mir ein beunruhigendes Geräusch – ein leises Knurren von einem Tier, wie von einem Hund, der gleich angreifen würde. Taumelnd drehte ich mich um und riss mir die Augenbinde herunter, als der Bär sich vor mir aufrichtete. Er packte mich mit seinen Klauen, schleuderte mich zu Boden und stürzte sich auf mich, dass es mir die Luft aus der Lunge trieb. In der

Dunkelheit sah ich nur seine massige schwarze Gestalt und die blitzenden Zähne vor meinem Hals. Ich schrie und war absolut sicher, dass ich sterben würde – offensichtlich war ein harmlos gemeinter Streich schrecklich schiefgegangen –, bis mir klar wurde, dass der Bär, statt mir die Kehle aufzureißen, angefangen hatte, mich zu rammeln.

Das Licht ging an. Es war Alcott in einem Bärenkostüm. Alle Mitglieder waren da, auch Jonas. Allgemeine Heiterkeit brach los, und dann kam der Champagner. Ich war aufgenommen worden.

Der Clubbeitrag kostete hundertzehn Dollar im Monat – mehr, als ich übrig hatte, und weniger, als ich entbehren konnte. Ich trug mich für zusätzliche Arbeitsstunden in der Bibliothek ein und stellte fest, dass ich das Geld einigermaßen mühelos aufbringen konnte. Thanksgiving hatte ich bei Jonas zu Hause in Beverly verbracht, aber Weihnachten war ein Problem. Ich hatte ihm nichts über meine Situation erzählt und wollte kein Mitleid von ihm. In diesem von Partys ausgefüllten Semester hatte ich außerdem mein Studium empfindlich vernachlässigt. Ich wusste nicht, was ich tun sollte, bis ich auf den Gedanken kam, Mrs Chodorow anzurufen, die Frau, in deren Haus ich im Sommer gewohnt hatte. Sie war damit einverstanden, dass ich bei ihr einzog, und bot mir sogar mein altes Zimmer mietfrei an; es wäre doch nett, meinte sie, über die Feiertage einen jungen Menschen im Haus zu haben. Am Heiligen Abend lud sie mich zu sich nach unten ein, und wir verbrachten den Nachmittag zusammen, buken Plätzchen für ihre Kirche und schauten uns zusammen das Julklotzbrennen im Fernsehen an. Sie hatte sogar ein Geschenk für mich, ein Paar Lederhandschuhe. Ich dachte, ich sei inzwischen immun gegen die Festtagssentimentalität, aber ich war so gerührt, dass mir die Tränen kamen.

Erst im Februar beschloss ich, Stephanie anzurufen. Es tat mir leid, was passiert war, und ich hatte sie auch schon eher um Verzeihung bitten wollen, aber je länger ich wartete, desto schwieriger war es geworden. Ich nahm an, sie würde einfach auflegen, aber das tat sie nicht. Sie schien sich aufrichtig zu freuen, von mir zu hören. Ich fragte sie, ob sie sich auf einen Kaffee mit mir treffen wollte, und wir stellten fest, dass wir uns auch im nüchternen Zustand mochten. Wir küssten uns unter einer Markise im Schneegestöber – es war eine ganz andere Sorte Kuss, schüchtern, beinahe höflich –, und dann setzte ich sie in ein Taxi nach Back Bay. Als ich in mein Zimmer zurückkam, klingelte schon das Telefon.

So kamen die Bedingungen für die nächsten zwei Jahre meines Lebens zustande. Irgendwie hatte mir das Universum meine Fehltritte vergeben, meine eitlen Ambitionen, meine beiläufigen egozentrischen Grausamkeiten. Ich hätte glücklich sein müssen, und im Großen und Ganzen war ich es auch. Wir – Liz und Jonas, Stephanie und ich – wurden zu einem Quartett: Partys, Kino, Wochenendausflüge nach Vermont zum Skilaufen und lustvoll betrunkene Trips nach Cape Cod, wo Liz' Familie ein Haus besaß, das außerhalb der Saison praktischerweise unbewohnt war. Unter der Woche sah ich Stephanie nicht, und auch Jonas hatte wenig Kontakt mit Liz, deren Leben anscheinend mit dem seinen nur wenige Berührungspunkte hatte, aber dieser Rhythmus schien zu funktionieren. Von Montag bis Freitag arbeitete ich mir den Hintern wund, und am Freitagabend ging das Vergnügen los.

Meine Noten waren ausgezeichnet, und meine Professoren fingen an, Notiz von mir zu nehmen. Man ermunterte mich, mir zu überlegen, wo ich meine Promotion in Angriff nehmen wollte. Harvard stand auf Platz eins meiner Liste, aber es gab auch andere Überlegungen. Mein Studienberater warb für Columbia, der Dekan meiner Abteilung war für Rice, wo er selbst seinen Doktorgrad erworben hatte und immer noch über gute professionelle Verbindungen verfügte. Ich kam mir vor wie ein Rennpferd vor der Versteigerung, aber das störte mich kaum. Ich stand in der Startmaschine, gleich würde die Glocke läuten, und ich würde wie rasend losgaloppieren.

Dann beging Lucessi Selbstmord.

Das war im Sommer. Ich war in Cambridge geblieben, wohnte bei Mrs Chodorow und arbeitete wieder im Labor. Ich hatte seit dem letzten Tag unseres Freshman-Jahrs nicht mehr mit Lucessi gesprochen – ja, ich hatte kaum noch an ihn gedacht und mich allenfalls mit milder, aber doch folgenloser Neugier gefragt, wie es ihm ergangen sein mochte. Seine Schwester Arianna war es, die mich anrief. Ich kam nicht auf den Gedanken, sie zu fragen, wie sie mich gefunden hatte. Sie hatte offenbar einen Schock. Mit flacher, emotionsloser Stimme legte sie mir die Fakten dar. Lucessi hatte in einer Videothek gearbeitet. Anfangs hatte es so ausgesehen, als habe er das Ende seines Studiums mühelos weggesteckt. Die Erfahrung hatte ihn gestraft, aber nicht gebrochen. Er hatte unbestimmte Pläne, das örtliche Vorbereitungscollege zu besuchen, um sich dann in einem oder zwei Jahren noch einmal in Harvard zu bewerben. Aber im Laufe des Winters und des Frühjahrs waren seine Tics schlimmer geworden. Er wurde mürrisch und unkommunikativ und sprach manchmal tagelang mit niemandem. Sein unterschwelliges Gemurmel hörte bald gar nicht mehr auf, als rede er andauernd mit irgendwelchen nur in seiner Fantasie vorhandenen Personen. Eine ganze Reihe von beunruhigenden Obsessionen ergriff Besitz von ihm. Er las stundenlang die Tageszeitung, unterstrich x-beliebige Sätze in Artikeln, die nichts miteinander zu tun hatten, und behauptete, die CIA beobachte ihn.

Nach und nach wurde deutlich, dass er sich mitten in einer psychotischen Episode befand und vielleicht sogar an einer ausgewachsenen Schizophrenie litt. Seine Eltern trafen Vorkehrungen für eine Einweisung in eine psychiatrische Klinik, aber in der Nacht vor dem geplanten Termin verschwand er. Anscheinend war er mit der Bahn nach Manhattan gefahren. In einer Segeltuchtasche hatte er ein starkes Seil bei sich gehabt. Im Central Park hatte er sich einen Baum gesucht, unter dessen Ästen ein großer

Felsblock lag, er hatte das Seil über einen Ast geworfen, sich die Schlinge um den Hals gelegt und war von dem Felsblock heruntergesprungen. Der Sprung war nicht tief genug, um ihm das Genick zu brechen, und seine Füße hätten jederzeit wieder Halt auf dem Felsen finden können, aber er war so entschlossen gewesen, dass er es nicht versucht hatte, und so hatte er sich langsam erdrosselt. Ich wünschte, Arianna hätte mir dieses furchtbare Detail erspart. In der Tasche hatte er einen Zettel: *Ruft Fanning an.*

Die Beerdigung sollte am kommenden Samstag stattfinden. In Anbetracht der Umstände wollte die Familie sie in aller Stille begehen, mit einer kurzen Andacht, an der nur nahe Verwandte und Freunde teilnehmen sollten. Dass ich dazugehören sollte, folgte aus seiner Notiz, auch wenn ich Arianna sagte, ich wisse nicht, was ich damit anfangen solle – was der Wahrheit entsprach. Wir waren Freunde gewesen, aber keine guten Freunde. Unsere Beziehung hatte sicher nicht so tief gereicht, dass sie rechtfertigte, mich in seine letzten Gedanken einzuschließen. Ich fragte mich, ob er mich irgendwie hatte bestrafen wollen, aber ich wusste nicht, was für eine Sünde ich begangen hatte, um so etwas zu verdienen. Eine andere Möglichkeit war, dass er mir eine Botschaft ganz anderer Art senden wollte – dass nämlich sein Tod auf eine Weise, die nur er verstand, speziell mir etwas demonstrieren sollte. Aber ich hatte nicht die leiseste Ahnung, worum es dabei gehen konnte.

Jonas verbrachte den Sommer bei archäologischen Grabungen in Tansania, Stephanie hatte ein heißersehntes Praktikum in Washington bekommen und arbeitete auf dem Capitol Hill, aber zum Zeitpunkt von Lucessis Tod war sie mit ihren Eltern auf einer Frankreichreise, und ich konnte sie nicht erreichen. Ich nahm nicht an, dass Lucessis Tod mich allzu sehr erschüttert habe, aber natürlich hatte er es doch getan. Meine Empfindungen waren durch den Schock abgestumpft, genau wie bei Arianna, aber ich hatte doch Verstand genug, die einzige Person meines Vertrauens anzurufen, die ich derzeit telefonisch erreichen konnte. Liz'

Familie war auf Cape Cod, aber sie arbeitete in einer Buchhandlung in Connecticut. Es tut mir leid um deinen Freund, sagte sie. Du solltest nicht allein sein. Wir treffen uns in der Grand Central Station, am Informationsstand. Der mit der Uhr mit den vier Zifferblättern darüber.

Mein Zug erreichte die Penn Station früh am Freitagmorgen. Ich fuhr mit der U-Bahn 1 Richtung Uptown bis zur 42nd Street, stieg in die 7 um und kam mitten im Berufsverkehr in Grand Central an. Außer dass ich mitten in der Nacht an der Port Authority den Bus gewechselt hatte, war ich noch nie in New York gewesen, und als ich über die Rampe in die Haupthalle des Bahnhofs kam, war ich wie so mancher Reisende im Laufe der Zeiten überwältigt von ihren majestätischen Dimensionen. Mir war, als hätte ich die großartigste Kathedrale der Welt betreten, nicht irgendeinen Bahnhof am Weg, sondern ein Ziel aus eigenem Recht, einer Pilgerfahrt würdig. Die schiere Größe der Halle schien noch das kleinste Geräusch zu verstärken. Die rauchgeschwärzte Decke mit den Sternbildern schwebte so majestätisch dort oben, dass es schien, als schreibe sie die Dimensionen der Welt neu. Liz erwartete mich am Kiosk; sie trug ein leichtes Sommerkleid und hatte eine Reisetasche bei sich. Ich war nicht darauf vorbereitet, dass sie mich so lange und fest umarmen würde, wie sie es tat, aber im Schutz ihrer Umarmung spürte ich plötzlich die Last von Lucessis Tod wie einen kalten Stein mitten in meiner Brust.

»Wir wohnen im Apartment meiner Eltern in Chelsea«, sagte sie. »Und ein Nein akzeptiere ich nicht.«

Wir fuhren mit dem Taxi Richtung Downtown. In den Straßen staute sich der Verkehr, und an jeder Kreuzung rückten Heere von Fußgängern wie Mauern voran. Dies war zu Anfang der neunziger Jahre in New York, und obgleich ich später im Leben in einem ganz anderen Manhattan wohnen sollte – sicher, sauber, wohlhabend –, war mein erster Eindruck von der Stadt doch so unauslöschlich, so aufgeladen mit Hitze und Licht, dass er immer noch mein wahrhaftigstes Bild dieses Ortes darstellt. Das Apartment lag im ersten Stock eines Brownstone-Hauses abseits der 8th Avenue – zwei kleine, kompakt möblierte Zimmer mit einem Blick auf ein kleines, für unverständliche Avantgarde-Produktionen bekanntes Theater auf der anderen Seite der 28th Street und ein Geschäft für Herrenartikel namens »World of Shirts and Socks«. Liz hatte mir erzählt, dass ihre Eltern das Apartment nur benutzten, wenn sie in der Stadt waren, um zu shoppen oder sich eine Show anzusehen. Wahrscheinlich war schon seit Monaten niemand mehr hier gewesen.

Die Beerdigung sollte am nächsten Morgen um zehn stattfinden. Ich rief Arianna an und sagte ihr, wo ich wohnte, und sie versprach, am nächsten Morgen einen Wagen zu schicken, der uns abholen und nach Riverdale bringen sollte. Im Apartment waren keine Lebensmittel, und so gingen Liz und ich die Straße hinauf zu einem kleinen Café mit Tischen auf dem Gehweg. Sie erzählte mir, was sie von Jonas gehört hatte. Sie hatte nur drei Briefe bekommen, und keiner war sehr lang. Ich hatte nie genau verstanden, was er dort machte – er war ja Biologe oder wollte einer werden, kein Archäologe –, aber ich wusste, es ging darum, aus den Knochen früher Hominiden fossile Pathogene zu extrahieren.

»Im Grunde«, sagt sie, »hockt er da den ganzen Tag auf der Erde und säubert Steine mit einem Pinsel.«

»Klingt unterhaltsam.«

»Oh, für ihn ist es das auch.«

Ich wusste, dass es stimmte. Das Zusammenleben mit Jonas hatte mir gezeigt, dass er sein Studium trotz seines spaßverliebten Äußeren mit einem tiefen Ernst betrieb, der manchmal an Besessenheit grenzte. Der Kern seiner Leidenschaft war der Gedanke, das menschliche Tier sei ein wahrhaft einzigartiger Organismus, evolutionär eigenständig. Unsere Fähigkeit zur Vernunft, zum Sprechen, zum abstrakten Denken fand sich nirgendwo sonst im Tierreich. Aber diesen Begabungen zum Trotz blieben wir an die gleichen physischen Beschränkungen gekettet wie jedes andere Geschöpf auf Erden. Wir wurden geboren, wir alterten, wir starben, und das alles in einer relativ kurzen Zeitspanne. Vom evolutionären Standpunkt aus, meinte er, ergebe das einfach keinen Sinn. Die Natur strebe nach Gleichgewicht, aber unsere Gehirne seien absolut nicht im Gleichklang mit der kurzen Haltbarkeitsdauer der Körper, in denen sie zu Hause waren.

Denk doch, sagte er – wie wäre die Welt, wenn Menschen zweihundert Jahre alt werden könnten? Fünfhundert? Oder wie wär's mit tausend? Zu welchen genialen Sprüngen wäre ein Mensch fähig, der auf sein gesammeltes Wissen aus einem Jahrtausend zurückgreifen könnte? Der große Irrtum der modernen Bioge, so glaubte er, sei es, den Tod als etwas Naturgegebenes zu betrachten, während er doch genau das eben nicht sei, und ihn als Folge isolierter Ausfallerscheinungen des Körpers zu sehen. Krebs. Herzinfarkt. Alzheimer. Diabetes. Sie alle einzeln zu kurieren, meinte er, sei so sinnlos, als wolle man einen Bienenschwarm mit einer Fliegenklatsche bekämpfen. Eine oder zwei würde man erwischen, aber am Ende würde der Schwarm siegen. Der Schlüssel, sagte er, liege darin, der ganzen *Frage* des Todes entgegenzutreten und sie auf den Kopf zu stellen. Warum sollten wir überhaupt sterben müssen? Konnte es sein, dass irgendwo in den Tiefen der molekularen Codierung unserer Spezies die Roadmap zum nächsten evolutionären Schritt verborgen lag, der unsere physischen Attribute ins Gleichgewicht mit unseren intellektuellen Fähigkeiten bringen würde? Und wäre es nicht einleuchtend, dass die Natur in ihrer genialen Weisheit *wollte,* dass wir ihn selbst entdeckten, und zwar mit Hilfe der einzigartigen Gaben, die sie uns geschenkt hatte?

Er argumentierte, kurz gesagt, für die Unsterblichkeit als Höhepunkt der *conditio humana.* Für mich klang das nach verrückter Wissenschaft. Was dabei noch fehlte, war ein Tisch mit zusammengenähten Leichenteilen und ein Blitzableiter, und das sagte ich ihm auch. Für mich ging es in der Wissenschaft nicht um das große Ganze, sondern um die Kleinigkeiten – um das bescheiden ehrgeizige Jagen und Picken der Untersuchungen, die Jonas als Zeitverschwendung beklagte. Dennoch war seine Leidenschaft reizvoll und auf ihre eigene verrückte Art sogar inspirierend. Denn wer wollte nicht ewig leben?

»Was ich nicht kapiere, ist, warum er so denkt. In jeder anderen Hinsicht wirkt er so vernünftig.«

Das sagte ich im Plauderton, aber ich merkte, dass ich etwas angestoßen hatte. Liz rief den Kellner herüber und bestellte noch ein Glas Wein.

»Darauf gibt es eine Antwort«, sagte sie. »Ich dachte, du wüsstest es.«

»Ich wüsste was?«

»Über mich.«

Und so hörte ich ihre Geschichte. Als Liz elf war, hatte man bei ihr ein Hodgkins-Lymphom diagnostiziert. Der Krebs war von den Lymphknoten in der Nähe der Luftröhre ausgegangen. Operation, Bestrahlung, Chemotherapie – sie hatte alles hinter sich. Zweimal hatte man eine Remission erreicht, doch die Krankheit war zurückgekehrt. Die aktuelle Remission hielt jetzt seit vier Jahren an.

»Vielleicht bin ich geheilt. Das sagen sie wenigstens. Wissen kann man es wohl nie.«

Ich hatte keine Ahnung, was ich darauf sagen sollte. Die Neuigkeit war zutiefst bestürzend, und alles, was ich hätte sagen können, wäre eine leere Plattitüde gewesen. Aber obwohl ich es nicht hätte erklären können, erschienen mir diese Informationen nicht völlig neu. Ich hatte es vom ersten Tag an gespürt: Auf ihrem Leben lag ein Schatten.

»Ich bin Jonas' Lieblingsprojekt, verstehst du?«, fuhr sie fort. »Ich bin das Problem, das er lösen will. Das ist ziemlich nobel, wenn man darüber nachdenkt.«

»Das glaube ich nicht«, sagte ich. »Er betet dich an, das ist doch offensichtlich.«

Sie nahm einen Schluck Wein und stellte das Glas wieder hin. »Ich will dich etwas fragen, Tim. Gibt es irgendetwas an Jonas Lear, das nicht perfekt ist? Ich meine damit nicht, dass er sich dauernd verspätet oder dass er an der Ampel in der Nase bohrt. Ich rede von wichtigen Dingen.«

Ich dachte gründlich nach. Sie hatte recht. Es gab nichts.

»Das meine ich. Gut aussehend, intelligent, charmant, zu Großem bestimmt. Das ist unser Jonas. Seit dem Tag seiner Geburt hat jeder ihn geliebt. Und das verursacht ihm Schuldgefühle. *Ich* verursache ihm Schuldgefühle. Habe ich dir gesagt, dass er mich heiraten will? Das sagt er immer wieder. *Nur ein Wort von dir, Liz, und ich kaufe die Ringe.* Was lächerlich ist. Mich, die ich womöglich nicht älter als fünfundzwanzig werde – oder was immer die Statistik sagt. Und selbst wenn der Krebs nicht zurückkommt, ich kann keine Kinder bekommen. Dafür haben die Bestrahlungen gesorgt.«

Es wurde spät. Ich spürte, wie die Stadt sich um uns herum veränderte und wie sich die Energien verschoben. Weiter unten an der Straße kamen die Leute aus dem Theater, winkten Taxis heran oder machten sich auf die Suche nach Lokalen für einen Drink oder ein Abendessen. Ich war müde und überfrachtet von den Emotionen der letzten paar Tage, und ich winkte dem Kellner, damit er uns die Rechnung brachte.

»Ich verrate dir noch etwas«, sagte Liz, als wir bezahlten. »Er bewundert dich sehr.«

Das war in gewisser Weise die seltsamste Neuigkeit von allen. »Wieso sollte er mich bewundern?«

»Oh, aus vielen Gründen. Aber ich glaube, letzten Endes läuft es darauf hinaus, dass du etwas bist, das er nie sein kann. Authentisch, vielleicht? Ich rede nicht davon, dass du bescheiden bist, obwohl du es bist. Viel zu bescheiden, wenn du mich fragst. Du unterschätzt dich. Aber du hast etwas … ich weiß nicht, etwas Reines an dir. Standhaftigkeit. Das habe ich schon gesehen, als wir uns das erste Mal begegnet sind. Ich will dich nicht in die Enge treiben, aber der Krebs hat ein Gutes, und zwar wirklich nur *eins:* Du lernst, ehrlich zu sein.«

Ich war verlegen. »Ich bin ein Junge aus Ohio, der gute Ergebnisse bei der Studieneignungsprüfung hatte. Ich habe nichts Interessantes an mir.«

Sie schwieg und schaute in ihr Glas. »Ich habe dich nie nach deinen Eltern gefragt, Tim, und ich will auch nicht schnüffeln. Ich weiß nur das, was Jonas mir erzählt hat. Du erwähnst sie nie, sie rufen nicht an, und du verbringst alle deine Ferien in Cambridge bei dieser Frau und ihren Katzen.«

Ich zuckte die Achseln. »Sie ist nicht so übel.«

»Bestimmt nicht. Ich bin sicher, sie ist eine Heilige. Und ich mag Katzen genauso gern wie jeder andere auch. In der richtigen Dosierung.«

»Es gibt eigentlich nicht viel zu erzählen.«

»Das bezweifle ich stark.«

Wir schwiegen. Ich stellte fest, dass mir das Schlucken sehr schwerfiel; meine Luftröhre war wie zugeschnürt. Als ich schließlich wieder sprach, klang es, als kämen meine Worte ganz woanders her.

»Sie ist gestorben.«

Liz' Augen hinter den Brillengläsern waren fest auf mein Gesicht gerichtet. »Wer ist gestorben, Tim?«

Ich schluckte. »Meine Mutter. Meine Mutter ist gestorben.«

»Wann?«

Jetzt würde alles herauskommen. Ich konnte nicht mehr anders. »Letzten Sommer. Kurz bevor wir beide uns kennengelernt haben. Ich hatte nicht mal gewusst, dass sie krank war. Mein Vater hat mir einen Brief geschrieben.«

»Und wo warst du da?«

»Bei der Frau und ihren Katzen.«

Etwas geschah hier. Ein Damm war gebrochen. Ich wusste, wenn ich mich nicht sofort bewegte – aufstand, umherging, meinen Herzschlag und die Bewegung der Luft in meiner Lunge spürte –, würde ich auseinanderbrechen.

»Tim, warum hast du uns das nicht erzählt?«

Ich schüttelte den Kopf. Ich schämte mich plötzlich. »Ich weiß es nicht.«

Liz langte über den Tisch und nahm meine Hand. Sosehr ich mich zu beherrschen versuchte, ich hatte angefangen zu weinen. Um meine Mutter, um mich selbst, um meinen toten Freund Lucessi, den ich – das wusste ich – im Stich gelassen hatte. Natürlich hätte ich etwas tun, etwas sagen können. Das wusste ich nicht, weil er diesen Zettel in der Tasche gehabt hatte. Ich wusste es, weil ich lebte und er tot war, und gerade ich hätte begreifen sollen, wie schmerzhaft es war, in einer Welt zu leben, die ihn anscheinend nicht wollte. Ich wollte meine Hand nicht wegziehen, denn es war, als sei sie das Einzige, was mich noch mit der Erde verankerte. Ich war in einem Traum, in dem ich flog und nicht landen konnte, wäre da nicht diese Frau, die mich retten würde.

»Es ist gut«, sagte Liz. »Es ist ja gut, es ist gut …«

Dann lief die Zeit weiter. Wir waren unterwegs, zu Fuß, ich wusste nicht, wohin. Liz hielt immer noch meine Hand. Ich spürte die Nähe von Wasser, und dann kam der Hudson in Sicht. Baufällige Landungsbrücken ragten wie lange Finger ins Wasser hinaus. Jenseits der breiten Wasserfläche machten die Lichter von Hoboken ein Diorama aus der Stadt und dem, was darin lebte. Die Luft schmeckte nach Salz und Stein. Eine Art Park lag am Ufer, verdreckt und verlassen. Er wirkte nicht so, als ob es dort sicher wäre, und so wandten wir uns auf der 12th Avenue nach Norden und dann wieder nach Osten. Wir schwiegen beide. Ich hatte mir bisher keine Gedanken darüber gemacht, wie es weitergehen würde, aber jetzt tat ich es allmählich. In der letzten Stunde hatte Liz von Dingen gesprochen, die sie sicher noch niemandem erzählt hatte, genau wie ich es getan hatte. Man musste an Jonas denken, aber zugleich waren wir auch ein Mann und eine Frau, die einander intimste Wahrheiten anvertraut hatten, Dinge, die, einmal ausgesprochen, nie mehr zurückgenommen werden konnten.

Dann waren wir in der Wohnung. Seit vielen Minuten hatten wir kein bedeutsames Wort mehr gewechselt. Die Anspannung war mit Händen zu greifen, und ich war sicher, sie spürte sie auch. Ich hätte nicht mit Entschiedenheit sagen können, was ich wollte, aber ich wusste, was ich nicht wollte: Ich wollte mich nicht von ihr trennen, nicht für eine Minute. Stumm stand ich mitten in dem kleinen Zimmer und suchte nach Worten, die beschreiben würden, was ich empfand. Etwas musste gesagt werden. Aber ich brachte kein Wort hervor.

Liz brach das Schweigen schließlich. »Na, ich gehe jetzt schlafen. Das Sofa da lässt sich ausklappen. Im Wandschrank sind Decken und Laken. Sag Bescheid, wenn du sonst noch etwas brauchst.«

»Okay.«

Ich brachte es nicht fertig, auf sie zuzugehen, obwohl ich es unbedingt wollte. Einerseits war da Liz und all das, was wir einander anvertraut hatten, sowie die Tatsache, dass ich sie liebte und wahrscheinlich schon vom ersten Augenblick an geliebt hatte. Und andererseits gab es Jonas, den Mann, der mir ein Leben gegeben hatte.

»Dein Freund Lucessi. Wie hieß er mit Vornamen?«

Ich musste wirklich überlegen. »Frank. Aber so habe ich ihn nie angeredet.«

»Warum, glaubst du, hat er es getan?«

»Er hat jemanden geliebt, und sie hat ihn nicht wiedergeliebt.«

Bis jetzt war mir dieser Gedanke in all seiner Krassheit nicht klar gewesen. *Ruft Fanning an,* hatte mein Freund geschrieben. *Ruft Fanning an und sagt ihm, Liebe ist alles, was es gibt, und Liebe ist Schmerz, und Liebe wird genommen.*

»Wann kommt der Wagen?«, fragte sie.

»Um acht.«

»Ich fahre mit, weißt du.«

»Darüber bin ich froh.«

Ein Augenblick verging.

»Tja.« Liz ging zur Schlafzimmertür. Dort blieb sie noch einmal stehen und drehte sich um. »Stephanie ist ein Glückspilz, weißt du. Ich sage das nur für den Fall, dass du es noch nicht begriffen hast.«

Dann war sie verschwunden. Ich zog mich aus bis auf die Shorts und legte mich auf die Couch. Unter anderen Umständen wäre es mir albern vorgekommen, auch nur daran zu denken, dass eine solche Frau mich in ihr Bett lassen könnte. Aber tatsächlich war ich erleichtert. Liz hatte sich für den ehrenhaften Weg entschieden, und sie hatte diese Entscheidung für uns beide getroffen. Mir wurde klar, dass ich nicht ein einziges Mal, weder im Restaurant noch auf dem Heimweg, im Zusammenhang mit einem Betrug, den ich vielleicht in Betracht gezogen hatte, an Stephanie gedacht hatte. Der Tag kam mir vor wie ein ganzes Jahr. Durch die Fenster hörte ich das Rauschen der Stadt, ein Meeresgeräusch. Es kroch in meine Brust und passte sich an den Rhythmus meines Atems an. Erschöpfung strömte durch meine Knochen, und bald schlief ich ein.

Irgendwann später wachte ich auf. Ich hatte das deutliche Gefühl, beobachtet zu werden. Ein leises elektrisches Kribbeln wie von einem Kuss klang auf meiner Stirn nach. Ich stemmte mich auf den Ellenbogen hoch und rechnete damit, eine Gestalt zu sehen, die sich über mich beugte. Aber niemand war im Zimmer. Ich musste wohl geträumt haben.

Über die Beerdigung gibt es nicht viel zu sagen. Eine detaillierte Schilderung wäre ein Verrat an der Vertraulichkeit der Trauer und dem geschlossenen Zirkel des Schmerzes. Während des Gottesdienstes beobachtete ich Arianna und fragte mich, was sie empfinden mochte. Wusste sie Bescheid? Ich wollte, dass sie es wusste, und zugleich wollte ich es nicht. Sie war nur ein Mädchen. Was sollte dabei schon Gutes herauskommen?

Die Familie lud mich zum Mittagessen ein, aber ich lehnte ab. Liz und ich fuhren zum Apartment zurück und holten mein Gepäck. Auf dem Bahnsteig in der Penn Station umarmte sie mich, aber dann überlegte sie es sich anders und küsste mich kurz auf die Wange.

»Und, alles okay?«

Ich wusste nicht, meinte sie mich oder uns beide. »Na klar«, sagte ich. »Alles bestens.«

»Ruf mich an, wenn du allzu trübsinnig wirst.«

Ich stieg ein. Liz beobachtete mich durch das Fenster, als ich durch den Wagen ging und einen freien Platz suchte. Ich dachte daran, wie ich an jenem längst vergangenen Tag im September in den Bus nach Cleveland gestiegen war – an die Regentropfen am Fenster, an die zerknitterte Tüte von meiner Mutter auf meinem Schoß und wie ich mich umgedreht hatte, um zu sehen, ob mein Vater noch geblieben war und wartete, bis ich abfuhr. Aber er war weg. Ich setzte mich auf einen Fensterplatz. Liz war noch da. Sie sah mich, lächelte und winkte. Ich winkte zurück. Mit einem tiefen mechanischen Erschauern setzte sich der Zug in Bewegung. Sie stand immer noch da und schaute meinem Wagen nach, als wir in den Tunnel fuhren und verschwanden.

# 18

Mai 1992. Die letzten Seminare waren beendet. Ich würde mein Examen *summa cum laude* bestehen, und ich hatte bereits großzügige Graduiertenstipendien angeboten bekommen. MIT, Columbia, Princeton, Rice. Auch Harvard hatte entschieden, dass es noch nicht genug von mir hatte, sollte ich Lust haben zu bleiben. Es war die nächstliegende Entscheidung, und ich ahnte, dass ich sie am Ende treffen würde, aber noch hatte ich nirgends zugesagt, sondern genoss lieber die Vielfalt der Möglichkeiten, solange es ging. Jonas würde den Sommer über wieder in Tansania sein und dann zur Promotion an die University of Chicago gehen. Liz wollte nach Berkeley, um ihren Master in Renaissanceliteratur zu machen, und Stephanie kehrte nach Washington zurück, um dort in einer Politikberatungsfirma zu arbeiten. Die Examensfeier würde erst in der ersten Juniwoche stattfinden. Wir waren in den Niederungen der Zeit, in einer Zäsur zwischen dem, was unser Leben gewesen war, und dem, was es werden würde.

Einstweilen gab es Partys, und zwar jede Menge. Ausgelassene Fasspartys, Smokingbälle, ein Gartenfest, bei dem alle Mint Juleps tranken und die Mädchen Hüte trugen. In meinem guten alten Kampfsmoking mit der pinkfarbenen Fliege – die inzwischen mein Markenzeichen geworden war – tanzte ich den Lindy, den

Electric Slide, den Hokey Pokey und den Bump, und zu jeder beliebigen Stunde des Tages war ich entweder betrunken oder verkatert. Jede Stunde des Triumphs hatte ihren Preis. Und zum ersten Mal im Leben litt ich darunter, Leute zu vermissen, die ich noch gar nicht verlassen hatte.

In der Woche vor dem Abschlussexamen fuhren Jonas, Liz, Stephanie und ich nach Cape Cod zu dem Haus, das Liz' Eltern dort hatten. Niemand redete darüber, aber es war unwahrscheinlich, dass wir vier in absehbarer Zeit noch einmal zusammen sein würden. Liz' Eltern waren da; sie hatten das Haus gerade für den Sommer wieder aufgemacht. Ich hatte sie schon kennengelernt, in Connecticut. Ihre Mutter, Patty, erschien ein wenig wie eine Grande Dame der Gesellschaft. Sie war von einer knappen, manchmal unecht wirkenden Liebenswürdigkeit, und ihr Akzent klang, als habe sie Kieferstarre, aber ihr Vater war einer der einnehmendsten, entspanntesten Leute, die ich je kennengelernt hatte. Oscar Macomb war ein großer Mann mit Brille (Liz hatte sein Sehvermögen geerbt) und ernstem Gesicht. Er war Banker gewesen und hatte sich früh zur Ruhe gesetzt; jetzt, wie er sagte, verbrachte er seine Zeit damit, »mit Geld herumzuspielen«. Seine Tochter betete er an, wie jeder sehen konnte, der Augen im Kopf hatte. Weniger offenkundig, aber ebenfalls unbestreitbar war, dass sie ihm entschieden lieber war als seine Frau, die er mit einer versonnenen Zuneigung betrachtete, wie man sie vielleicht einem überzüchteten Pudel entgegenbringt. Bei Liz strahlte der Mann unaufhörlich – die beiden plauderten oft auf Französisch miteinander –, und seine Warmherzigkeit erstreckte sich auf jeden, der zu ihrem Kreis gehörte, auch auf mich, dem er den Spitznamen »Ohio Tim« gegeben hatte.

Das Haus stand in einem Städtchen namens Osterville auf einer Anhöhe mit Blick auf den Nantucket Sound. Es war riesengroß, Zimmer über Zimmer. Dahinter lag ein großer Rasen, und eine wacklige Treppe führte zum Strand hinunter. Zweifellos war allein das Grundstück viele Millionen Dollar wert, aber damals hatte ich keine Ahnung, wie man so etwas berechnete. Trotz der Größe hatte es eine heimelige, unkomplizierte Atmosphäre. Die meisten Möbel sahen aus, als könnte man sie für ein paar Pennys auf dem Flohmarkt kaufen, und wenn sich nachmittags der Wind drehte, fegte er durch das Haus wie die Stürmerreihe der New York Giants. Das Meer war noch zu kalt zum Schwimmen, und so früh in der Saison war die Stadt größtenteils verlassen. Tagsüber lagen wir am Strand herum und taten so, als würden wir nicht gerade erfrieren, oder wir saßen faul auf der Veranda, spielten Karten und lasen, bis es Abend wurde und die Drinks kamen. Mein Vater hatte vor dem Abendessen vielleicht ein Bier getrunken, während er die Fernsehnachrichten anschaute, aber das war es auch gewesen, und meine Mutter hatte überhaupt nicht getrunken. Im Hause Macomb gehörte die Cocktailstunde zur Religion. Um sechs Uhr versammelten sich alle im Wohnzimmer oder, wenn das Wetter schön war, auf der Veranda, und Liz' Vater präsentierte uns allen ein Silbertablett mit der Zubereitung des Abends – Whiskey Oldfashioned, Tom Collins, Wodka Martinis in eisgekühlten Gläsern mit aufgespießten Oliven –, ergänzt durch zierliche Porzellanschälchen mit Nüssen, die im Ofen angewärmt worden waren. Darauf folgte Wein in reichlichen Mengen zum Abendessen, und nachher gab es manchmal noch Whiskey oder Port. Ich hatte gehofft, die Zeit auf dem Cape werde meiner Leber Gelegenheit geben, sich zu erholen, aber diese Gelegenheit ergab sich nicht.

Jonas und ich teilten uns ein Zimmer, die Mädchen hatten ein anderes, am anderen Ende des Hauses, und Liz' Eltern schliefen dazwischen. Wenn wir während des Semesters hier gewesen waren, hatten wir das Haus für uns gehabt und die Zimmer nach Belieben verteilen können. Diesmal nicht. Ich hatte damit gerechnet, dass dieses Arrangement zu nächtlichem Herumschleichen im Korridor führen würde, aber Liz hatte es untersagt. »Bitte schockiert die Erwachsenen nicht«, sagte sie. »Wir werden sie noch früh genug schocken.«

Mir war es recht. Inzwischen hatte ich allmählich genug von Stephanie. Sie war ein wunderbares Mädchen, aber ich liebte sie nicht. Es lag nicht an ihr, dass es so war; sie verdiente es in jeder Hinsicht. Ich war einfach mit dem Herzen woanders, und ich kam mir deshalb vor wie ein Heuchler. Seit der Beerdigung in New York hatten Liz und ich nicht noch einmal über meine Mutter gesprochen, nicht über ihren Krebs oder über den Abend, an dem wir zusammen durch die Stadt gelaufen waren und uns schließlich entschieden hatten, vom Abgrund zurückzutreten und unsere Treueverhältnisse nicht zu beschädigen. Aber es war klar, dass dieser Abend seine Spuren bei uns beiden hinterlassen hatte. Bis dahin war unsere Freundschaft über Jonas gelaufen, aber jetzt hatte sich ein neuer Kanal eröffnet – nicht durch ihn, sondern um ihn herum –, und auf diesem Weg pulsierte ein Strom der Intimität zwischen uns beiden. Wir wussten, was passiert war; wir waren dort gewesen. Ich hatte es gespürt, und ich wusste, dass sie es auch gespürt hatte, und die Tatsache, dass wir nichts getan hatten, vertiefte die Verbundenheit zwischen uns noch mehr, als wenn wir miteinander ins Bett gefallen wären. Wir saßen auf der Veranda, und jeder von uns las in einem der schimmelig riechenden Paperbacks, die von anderen Gästen zurückgelassen worden waren; wir schauten gleichzeitig auf, unsere Blicke trafen sich, und an ihren Mundwinkeln zuckte ein ironisches Lächeln, das ich erwiderte. *Sieh uns an*, sagten wir einander, *sind wir nicht ein vertrauenswürdiges Pärchen? Wenn sie nur wüssten, wie loyal wir sind. Wir haben einen Preis verdient.*

Natürlich hatte ich nicht vor, etwas daran zu ändern. Das war ich Jonas schuldig – das und mehr. Ich nahm auch nicht an, dass Liz ein Versuch in dieser Richtung willkommen sein würde. Ihre Beziehung zu Jonas, die auf eine lange Geschichte zurückblickte, reichte tiefer als alles, was zwischen uns bestand. Das Haus mit seinem endlosen Labyrinth von Zimmern und Meerpanoramen und schäbig vornehmen Möbeln erinnerte mich daran, wie wahr diese Feststellung war. Ich war zu Gast in dieser Welt, willkommen und, wie Liz mir erzählt hatte, sogar bewundert. Aber ein Tourist nichtsdestoweniger. Unsere gemeinsame Nacht war zwar unvergesslich, aber eben auch nur das: eine Nacht. Trotzdem fand ich es erregend, in ihrer Nähe zu sein. Wie sie ihr Glas an die Lippen hielt. Ihre Gewohnheit, die Brille auf die Stirn hinaufzuschieben, um etwas Kleingedrucktes zu lesen. Ihr Duft, dem ich keinen Namen geben will, weil er anders war als alles andere. Schmerz oder Lust? Es war beides. Ich wollte in ihrem Dasein baden. Würde sie sterben? Ich bemühte mich, nicht daran zu denken. Ich war glücklich, in ihrer Nähe zu sein, und akzeptierte die Situation, wie sie war.

Zwei Tage vor unserer Abreise verkündete ihr Vater, zum Abendessen werde es Hummer geben. (Für die Küche war er allein zuständig. Ich hatte nie gesehen, dass Patty auch nur ein Spiegelei briet.) Diesen Plan hatte er meinetwegen gefasst. Zu seinem Entsetzen hatte er erfahren, dass ich noch nie Hummer gegessen hatte. Am Spätnachmittag kam er vom Fischmarkt zurück und brachte einen Sack voll sich windender, rot-schwarzer Ungeheuer mit. Er grinste wie ein Raubtier, als er eins davon herausnahm und mir gab, damit ich es festhielt. Ohne Zweifel sah ich entsetzt aus; alle lachten sehr, aber das machte mir nichts. Tatsächlich liebte ich ihren Vater sogar ein bisschen dafür. Ein träger Regen fiel schon den ganzen Tag und zehrte an unserer Energie, aber jetzt hatten wir ein Ziel. Und wie zur Bestätigung kam die Sonne rechtzeitig zu den Festlichkeiten noch einmal zum Vorschein. Jonas und ich trugen den Esstisch nach hinten auf die Veranda. Seit zwei Tagen legte er ein Verhalten an den Tag, das ich nur als geheimniskrämerisch bezeichnen konnte. Irgendetwas war hier im Gange. Zur Cocktailstunde tranken wir dunkles Bier aus der Flasche (das einzig passende Getränk, erklärte Oscar), und dann kam das Hauptereignis des Abends. Mit großer Feierlichkeit präsentierte Oscar mir das Hummerlätzchen. Was diese infantile Praxis sollte, hatte ich noch nie verstanden; außer mir trug keiner so etwas, und ich war ein bisschen vergrätzt, bis ich eine Schere knackte und mich von oben bis unten mit Hummersaft bespritzte, was den ganzen Tisch zu Heiterkeitsexplosionen hinriss.

Man stelle sich die Vollkommenheit dieser Szene vor. Der Tisch mit dem rotkarierten Tischtuch, das lächerlich luxuriöse Mahl, die goldene Sonne, die über den Sund zu uns herüberstrahlte und mit einem letzten Aufblitzen im Meer versank wie ein Gentleman, der zum Abschied noch einmal seinen Hut lüftete. Kerzen wurden angezündet, und unsere Gesichter leuchteten in ihrem flackernden Schein. Wie hatte mein Leben mich an einen solchen Ort und zu solchen Leuten geführt? Und was hätten meine Eltern dazu gesagt? Meine Mutter hätte sich für mich gefreut; wo immer sie jetzt sein mochte, erlaubten die Regeln ihr hoffentlich, die Lebenden zu beobachten. Was meinen Vater anging, so wusste ich es nicht. Ich hatte die Verbindung zu ihm vollständig abgebrochen. Jetzt begriff ich, wie unfair das gewesen war, und nahm mir vor, mich bei ihm zu melden. Vielleicht war es noch nicht zu spät für ihn, zu meiner Examensfeier herzukommen.

Nach dem Dessert – einer Erdbeer-Rhabarber-Torte – klopfte Jonas mit der Gabel an sein Glas.

»Leute, darf ich um eure Aufmerksamkeit bitten?«

Er stand auf, ging um den Tisch herum und blieb neben Liz stehen. Er ächzte leise vor Anstrengung, als er ihren Stuhl zu sich herumdrehte.

»Jonas!« Sie lachte. »Was zum Teufel machst du denn?«

Er wühlte mit der Hand in der Tasche, und ich wusste Bescheid. Mein Freund beugte das Knie und förderte ein kleines Samtetui zutage. Er klappte es auf und hielt es ihr mit breitem, nervösem Grinsen entgegen. Ich sah den Stein. Er war riesig, wie gemacht für eine Königin.

»Liz, ich weiß, wir haben schon darüber geredet. Aber ich wollte es offiziell machen. Ich habe das Gefühl, ich liebe dich schon mein ganzes Leben lang.«

»Jonas, ich weiß nicht, was ich sagen soll.« Sie hob den Kopf und lachte beklommen. Ihre Wangen waren rot vor Verlegenheit. »Das ist so kitschig!«

»Sag ja. Mehr ist nicht nötig. Ich verspreche dir, ich gebe dir alles, was du willst im Leben.«

Ich wollte mich übergeben.

»Na komm«, sagte Stephanie. »Worauf wartest du?«

Liz schaute ihren Vater an. »Sag mir wenigstens, dass er dich zuerst gefragt hat.«

Der Mann lächelte wie ein Verschwörer. »Hat er.«

»Und was hast du ihm geantwortet, o weiser Mann?«

»Schatz, das ist wirklich deine Entscheidung. Es ist ein großer Schritt. Aber ich kann sagen, ich bin nicht dagegen.«

»Mom?«

Man sah es kaum, aber die Frau weinte. Sie nickte, inbrünstig und sprachlos.

»O Gott«, stöhnte Stephanie. »Ich halte diese Spannung nicht aus! Wenn du ihn nicht heiratest, tu ich es!«

Blieb ihr Blick an meinem Gesicht hängen, als Liz sich wieder zu Jonas umdrehte? Ja, sagt meine Erinnerung, aber vielleicht bildete ich es mir nur ein.

»Tja, ich … äh …«

Jonas nahm den Ring aus dem Etui. »Steck ihn an. Mehr brauchst du nicht zu tun. Mach mich zum glücklichsten Mann der Welt.«

Sie starrte den Ring ausdruckslos an. Der verdammte Stein war so dick wie ein Zahn.

»Bitte«, sagte Jonas.

Sie blickte auf. »Ja.« Sie nickte. »Meine Antwort ist Ja.«

»Meinst du das ernst?«

»Sei nicht blöd, Jonas. Natürlich meine ich es ernst.« Jetzt endlich lächelte sie. »Komm her.«

Sie umarmten sich und küssten sich dann. Jonas schob ihr den Ring auf den Finger. Ich schaute hinaus auf das Wasser. Die Szene war mir unerträglich. Aber sogar die weite blaue Fläche schien mich zu verhöhnen.

»Oh!«, rief Liz' Mutter. »Ich bin so glücklich!«

»Aber nicht nachts herumschleichen, ihr zwei«, sagte ihr Vater lachend. »Vorläufig schlaft ihr getrennt. Hebt es euch für die Hochzeitsnacht auf.«

»Daddy, sei nicht eklig.«

Jonas wandte sich ihrem Vater zu und streckte die Hand aus. »Danke, Sir. Ich danke Ihnen von ganzem Herzen. Ich werde tun, was ich kann, um sie glücklich zu machen.«

Sie schüttelten einander die Hand. »Das weiß ich, mein Sohn.«

Champagner kam auf den Tisch; Liz' Vater hatte ihn hinter den Kulissen bereitgestellt. Gläser wurden gefüllt und erhoben.

»Auf das glückliche Paar«, sagte Oscar. »Auf ein langes Leben, Glück und ein Haus voller Liebe.«

Der Champagner war köstlich. Er musste ein Vermögen gekostet haben. Ich brachte kaum einen Schluck herunter.

Ich konnte nicht schlafen. Ich wollte es auch nicht.

Kaum war ich sicher, dass Jonas hinüber war, schlich ich mich aus dem Haus. Es war weit nach Mitternacht; der Mond, dick und weiß, stand über dem Sund. Ich hatte keinen Plan, nur das Verlangen, mit meiner Trostlosigkeit allein zu sein. Ich zog die Schuhe aus und stieg die Treppe hinunter zum Strand. Kein Lüftchen regte sich; es war, als sei die Welt stehengeblieben. Winzige Wellen plätscherten an den Strand. Ich ging los. Der Sand unter meinen Füßen war noch feucht vom Regen des Tages. Die Häuser über mir waren alle dunkel; bei manchen waren die Läden verschlossen, und sie sahen aus wie Gruften.

Ein Stück weit vor mir sah ich jemanden im Sand sitzen. Es war Liz. Ich blieb stehen und wusste nicht, was ich tun sollte. Sie hielt eine Champagnerflasche in den Händen, hob sie an den Mund und trank. Sie sah mich und schaute weg, aber der Schaden war angerichtet. Ich konnte jetzt nicht zurück.

Ich setzte mich neben ihr in den Sand. »Hey.«

»War ja klar, dass du das bist«, sagte sie mit schwerer Zunge.

»Wieso war das klar?«

Sie trank noch einen Schluck. Der Ring steckte an ihrem Finger. »Ich habe bemerkt, dass du heute Abend nichts gesagt hast. Aber es gilt als höflich, weißt du, dass man der jungen Braut gratuliert.«

»Okay. Gratuliere.«

»Das sagst du sehr überzeugend.« Sie seufzte trübselig. »Gott, bin ich betrunken. Schaff das weg von mir.«

Sie gab mir die Flasche. Nur noch ein Rest war drin; ich wünschte, es wäre mehr gewesen. Ich trank ihn aus und warf die Flasche weg.

»Wenn du nicht wolltest, warum hast du dann ja gesagt?«

»Während alle mich anstarren? Versuch du das mal.«

»Dann mach einen Rückzieher. Er wird es verstehen.«

»Nein, wird er nicht. Er wird fragen und fragen, und irgendwann gebe ich nach und werde die glücklichste Frau der Welt, weil ich mit Jonas Lear verheiratet bin.«

Wir schwiegen eine Weile.

»Darf ich dich was fragen?«, sagte ich dann.

Sie lachte sarkastisch. Ihr Blick ging auf das Meer hinaus. »Warum nicht? Alle fragen mich was.«

»Die Nacht in New York. Ich habe geschlafen, aber da ist etwas passiert. Ich habe etwas gespürt.«

»Ach, wirklich?«

»Ja, wirklich.« Ich wartete. Liz sagte nichts. »Hast du ... mich geküsst?«

»Aber warum sollte ich so etwas tun?«

Sie sah mir ins Gesicht. »Liz …«

»Sschh.« Für einen Moment blieb die Zeit stehen. Unsere Gesichter waren nur zwei oder drei Handbreit auseinander. Dann tat sie etwas Merkwürdiges. Sie nahm die Brille ab und legte sie mir in die Hand.

»Weißt du, ohne das Ding sehe ich nichts. Komischerweise ist es, als könnte mich dann auch niemand sehen. Ist das nicht seltsam? Ich fühle mich irgendwie unsichtbar.«

Ich hätte es tun können, ganz klar. Hätte es tun *sollen,* schon vor langer Zeit. Warum hatte ich es nicht getan? Warum hatte ich sie nicht in den Arm genommen und meinen Mund auf ihren gepresst und ihr gesagt, was ich empfand – und zum Teufel mit den Konsequenzen? Wer sagte denn, dass ich ihr nicht ein genauso gutes Leben würde bieten können? *Heirate mich,* dachte ich. *Heirate mich stattdessen. Oder heirate überhaupt niemanden. Bleib, wie du bist, und ich werde dich immer lieben, wie ich es jetzt tue, denn du bist meine andere Hälfte.*

»O Gott«, sagte sie. »Ich glaube, ich muss mich übergeben.«

Und dann tat sie es. Sie wandte sich ab und erbrach sich in den Sand. Ich hielt ihr das Haar zurück, als der ganze Hummer und der Champagner hoch- und aus ihr herauskamen.

»Es tut mir leid, Tim.« Jetzt weinte sie ein bisschen. »Es tut mir so leid.«

Ich zog sie auf die Beine. Sie murmelte weitere Entschuldigungen, und ich schlang ihren Arm um meine Schultern. Sie war jetzt beinahe so etwas wie eine tote Last. Irgendwie gelang es mir, sie die Treppe hinaufzuschleppen und auf der Veranda in einen Sessel zu setzen. Ich war völlig ratlos – wie würde das alles aussehen? Auf ihr Zimmer konnte ich sie nicht bringen, denn dort war Stephanie. Aber wahrscheinlich hätte ich sie sowieso nicht die Treppe hinaufbekommen, ohne das ganze Haus zu wecken. Ich zog sie wieder hoch und schleifte sie ins Wohnzimmer. Das Sofa dort würde genügen müssen; sie könnte ja jederzeit behaupten, sie habe nicht schlafen können und sei heruntergekommen, um etwas zu lesen. Eine Häkeldecke lag auf der Sofalehne; ich zog sie herunter und deckte sie damit zu. Sie schlief jetzt fest. Ich holte ein Glas Wasser aus der Küche und stellte es auf den Couchtisch, wo sie es finden könnte, und dann setzte ich mich in einen Sessel und schaute sie an. Sie atmete bald tief und gleichmäßig, und ihr Gesicht erschlaffte. Ich ließ noch ein bisschen Zeit vergehen, um sicher zu sein, dass sie sich nicht noch einmal übergab, und dann stand ich auf. Etwas blieb mir noch zu tun. Ich beugte mich über sie und küsste sie auf die Stirn.

»Gute Nacht«, flüsterte ich. »Gute Nacht, und leb wohl.«

Ich schlich mich die Treppe hinauf. Bald würde der Morgen heraufdämmern; durch die offenen Fenster hörte ich schon, wie die Vögel zu singen begannen. Ich ging durch den Korridor zu dem Zimmer, das ich mit Jonas teilte. Behutsam drehte ich den Türknauf und trat ein, aber vorher hörte ich noch, wie eine Tür sich hinter mir klickend schloss.

Das Taxi rollte um sechs Uhr morgens in die Zufahrt. Ich wartete mit meinem Koffer auf der Veranda.

»Wohin?«, fragte der Fahrer.

»Zum Busbahnhof.«

Er spähte durch die Frontscheibe nach oben. »Wohnen Sie wirklich hier?«

»Schön wär's.«

Ich legte meinen Koffer in den Kofferraum, als die Haustür aufging. Stephanie kam den Weg herunter. Sie trug eins der langen T-Shirts, in denen sie schlief. Tatsächlich gehörte es mir.

»Schleichst du dich davon, ja? Ich habe alles gesehen, weißt du.«

»Es war nicht so, wie du denkst.«

»Natürlich nicht. Du bist ein absolutes Arschloch, weißt du das?«

»Das ist mir bewusst, ja.«

Sie riss den Kopf hoch und stemmte die Hände in die Hüften. »Gott. Wie konnte ich so blind sein? Es war doch total offensichtlich.«

»Tu mir einen Gefallen, ja?«

»Soll das ein Witz sein?«

»Jonas darf es nie erfahren.«

Sie lachte verbittert. »Oh, glaub mir, in diesen Schlamassel verwickelt zu werden ist wirklich das Letzte, was ich will. Das ist dein Problem.«

»Es ist dein Recht, es so zu sehen.«

»Und was soll ich ihnen erzählen? Wenn ich schon so eine Scheißlügnerin bin?«

Ich überlegte kurz. »Ist mir egal. Ein Krankheitsfall in der Familie. Es ist im Grunde nicht wichtig.«

»Sag mir nur eins: Hast du bei alldem irgendwann auch einmal an *mich* gedacht? Bin ich dir *ein Mal* in den Sinn gekommen?«

Ich wusste nicht, was ich sagen sollte.

»*Fuck you*«, sagte sie und marschierte davon.

Ich schob mich ins Taxi. Der Fahrer füllte irgendeinen Zettel an einem Clipboard aus. Er sah mich im Rückspiegel an. »Ist schon hart, Kollege«, sagte er. »Glauben Sie mir, ich kenne das.«

»Ich möchte mich eigentlich nicht unterhalten. Vielen Dank.«

Er warf sein Clipboard auf die Ablage. »Ich wollte nur nett sein.«

»Na, lassen Sie es bleiben.« Und damit fuhren wir ab.

# 19

Ich ließ sie alle zurück.

Ich ging nicht zur Examensfeier. Als ich wieder in Cambridge war, packte ich meine Sachen – nach drei Jahren hatte ich immer noch nicht viel – und rief im Biochemie-Department von Rice an. Von allen Studiengängen, die mich akzeptiert hatten, besaß Rice den Vorzug, am weitesten weg zu sein, in einer Stadt, über die ich nichts wusste. Es war Samstag, und deshalb konnte ich nur eine Nachricht hinterlassen, aber ich teilte ihnen mit, jawohl, ich würde kommen. Ich dachte daran, meinen Smoking zurückzulassen; vielleicht würde der nächste Bewohner ihn gebrauchen können. Aber das kam mir doch kindisch und übermäßig symbolisch vor. Ich könnte ihn später immer noch wegwerfen. Draußen parkte ein Leihwagen in der zweiten Reihe. Als ich meinen Koffer zuklappte, klingelte das Telefon. Ich ignorierte es. Ich trug meine Sachen hinunter, lieferte meinen Schlüssel im Büro von Winthrop House ab und fuhr los.

Mitten in der Nacht kam ich in Mercy an. Mir war, als sei ich hundert Jahre weg gewesen. Ich schlief im Auto vor dem Haus und wurde geweckt, als jemand ans Wagenfenster klopfte. Es war mein Vater.

»Was machst du hier?«

Er trug einen Bademantel; er war aus dem Haus gekommen, um die Sonntagszeitung hereinzuholen, und hatte das Auto gesehen. Auf mich machte er den Eindruck, als wäre er stark gealtert – wie jemand, der sich um sein Äußeres nicht mehr kümmerte. Er war unrasiert und hatte schlechten Atem. Ich folgte ihm ins Haus, das gespenstischerweise unverändert aussah; es war nur sehr staubig und roch nach altem Essen.

»Hast du Hunger?«, fragte er. »Ich wollte mir ein Müsli machen, aber ich glaube, ich habe auch noch Eier.«

»Schon gut«, sagte ich. »Ich hatte eigentlich nicht vor zu bleiben. Ich wollte nur hallo sagen.«

»Ich setze Kaffee auf.«

Ich wartete im Wohnzimmer. Eigentlich hatte ich damit gerechnet, nervös zu sein, aber ich war es nicht. Ich empfand überhaupt nicht viel. Mein Vater kam mit zwei Bechern aus der Küche und setzte sich mir gegenüber.

»Du siehst größer aus«, sagte er.

»Ich bin aber nicht gewachsen. Wahrscheinlich täuscht dich deine Erinnerung.«

Wir tranken unseren Kaffee.

»Wie war's auf dem College? Ich weiß, du hast gerade Examen gemacht. Sie haben mir ein Formular geschickt.«

»Es war gut, danke.«

»Mehr hast du dazu nicht zu sagen?« Er stellte die Frage nicht in nörgelndem Ton. Anscheinend interessierte·es ihn.

»Viel mehr nicht.« Ich zuckte die Achseln. »Ich habe mich verliebt. Aber es hat nicht so richtig geklappt.«

Er dachte kurz nach. »Ich nehme an, du willst deine Mutter besuchen.«

»Das wäre gut.«

Ich bat ihn, an einem Supermarkt zu halten, damit ich ein paar Blumen kaufen konnte. Die Auswahl war nicht groß; sie hatten nur Maßliebchen und Nelken, aber ich dachte mir, meine

Mütter würde sich nicht daran stören, und ich bat das Mädchen hinter der Theke, sie mit etwas Grün zusammenzubinden, damit sie hübsch aussahen. Dann fuhren wir zur Stadt hinaus. Der Buick meines Vaters war voll von Fastfoodmüll. Ich hielt eine Tüte von McDonald's hoch. Ein paar vertrocknete Fritten rasselten darin.

»Du solltest dieses Zeug nicht essen«, sagte ich.

Vor dem Friedhof parkten wir und gingen den Rest des Weges zu Fuß. Es war ein freundlicher Morgen. Wir gingen durch ein Meer von Gräbern. Der Stein meiner Mutter stand in dem Bereich für Urnengräber. Hier waren die Grabsteine kleiner und standen näher beieinander. Auf ihrem stand nur ihr Name, Lorraine Fanning, und die Jahreszahlen. Sie war siebenundfünfzig geworden.

Ich legte die Blumen hin und trat einen Schritt zurück. Ich dachte an bestimmte Tage, an Dinge, die wir zusammen getan hatten, daran, wie es gewesen war, ihr Sohn zu sein.

»Es ist nicht so schlimm, hier zu sein«, sagte ich. »Ich hatte es befürchtet.«

»Ich komme nicht so oft her. Ich sollte es wohl.« Mein Vater atmete tief ein. »Ich hab's wirklich vermasselt. Das weiß ich.«

»Schon gut. Jetzt ist es vorbei.«

»Ich falle auseinander, könnte man sagen. Ich habe Diabetes, mein Blutdruck geht durch die Decke. Und ich werde vergesslich. Gestern zum Beispiel musste ich mir einen Knopf ans Hemd nähen und konnte die Schere nicht finden.«

»Dann geh zum Arzt.«

»Das macht große Umstände«, meinte er und schwieg einen Moment. »Das Mädchen, in das du dich verliebt hast. Wie ist sie?«

Ich überlegte kurz. »Intelligent. Schön. Irgendwie sarkastisch, aber auf lustige Art. Aber es war nicht nur ein einzelner Grund.«

»So soll es auch sein, glaube ich. So war es mit deiner Mutter.«

Ich schaute hinauf in den Frühlingshimmel. Siebenhundert Meilen weit entfernt, in Cambridge, würde jetzt die Examenszeremonie anfangen. Was mochten meine Freunde über mich denken?

»Sie hat dich sehr geliebt.«

»Ich habe sie auch geliebt.« Ich sah ihn an und lächelte. »Es ist schön hier«, sagte ich. »Danke, dass du mit mir hergefahren bist.«

Wir kehrten nach Hause zurück.

»Wenn du willst, kann ich dein Zimmer zurechtmachen«, sagte mein Vater. »Ich habe es so gelassen, wie es war. Aber wahrscheinlich ist es nicht besonders sauber.«

»Ehrlich gesagt, ich muss jetzt los. Ich habe noch einen weiten Weg.«

Er sah ein bisschen betrübt aus. »Na. Okay dann.« Er ging mit mir zu meinem Wagen. »Wo fährst du hin?«

»Nach Texas.«

»Was gibt's da?«

»Texas, nehme ich an.« Ich zuckte die Achseln. »Weiter studieren.«

»Brauchst du Geld?«

»Sie zahlen mir ein Stipendium. Das dürfte reichen.«

»Na, sag Bescheid, wenn du mehr brauchst. Jederzeit.«

Wir reichten uns die Hand und umarmten uns dann ein bisschen unbeholfen. Wenn ich eine Vermutung hätte äußern sollen, hätte ich gesagt, mein Vater würde nicht mehr sehr lange leben. So war es dann auch. Wir sollten uns noch viermal sehen, bevor der Herzinfarkt ihn umbrachte. Er war allein zu Hause, als es passierte. Weil es ein Wochenende war, sollten mehrere Tage vergehen, bis ihn jemand vermisste und auf den Gedanken kam nachzusehen.

Ich stieg ins Auto. Mein Vater stand daneben. Er signalisierte mir mit einer Handbewegung, ich solle das Fenster herunterdrehen. »Ruf mich an, wenn du angekommen bist, ja?«

Ich versprach es ihm, und ich tat es auch.

In Houston mietete ich das erste Apartment, das ich mir ansah, eine Einzimmerwohnung über einer Garage mit Blick auf die Rückseite eines mexikanischen Restaurants, und fand einen Job in der Unibibliothek. Ich konnte dort Bücher einräumen, bis der Sommer vorüber wäre. Die Stadt sah merkwürdig aus, und es war heißer als im Schlund der Hölle, aber mir war es recht. Wir suchen uns selbst in unserer Umgebung, und alles, was ich hier sah, war entweder nagelneu oder fiel auseinander. Der größte Teil der Stadt war ziemlich hässlich – ein Meer von flachen Einzelhandelsgeschäften, schäbigen Apartmentkomplexen und gewaltigen, überfüllten Autobahnen, auf denen Wahnsinnige unterwegs waren –, aber die Umgebung der Rice University war ziemlich vornehm, mit großen, gepflegten Häusern und breiten Boulevards, gesäumt von so perfekt manikürten Virginia-Eichen, dass sie nicht aussahen wie Bäume, sondern wie Skulpturen von Bäumen. Für sechshundert Dollar kaufte ich mein erstes Auto, einen rotzgelben 83er Chevy Citation mit blanken Reifen, 230 000 Meilen auf dem Tacho und einem herabhängenden Himmel aus Vinyl, den ich mit einem Tacker wieder befestigte. Von Liz oder Jonas hatte ich nichts mehr gehört, aber sie wussten natürlich auch nicht, wo ich war. Es gab eine Zeit in Amerika, in der man einfach verschwinden konnte, indem man nach links ging, wenn alle dachten, man werde nach rechts gehen. Mit ein paar Nachforschungen hätten sie mich wahrscheinlich finden können – einige gezielte Anrufe bei ein paar Dekanaten hätten genügt –, aber das setzte voraus, dass sie mich finden *wollten*. Ich hatte keine Ahnung, was sie wollten. Vermutlich hatte ich es nie gewusst.

Der Vorlesungsbetrieb begann. Über mein Studium gibt es nicht viel zu sagen, außer dass es mich vollständig in Anspruch nahm. Ich freundete mich mit der Sekretärin des Departments an, einer über fünfzigjährigen Schwarzen, die den Laden praktisch führte, und sie vertraute mir an, niemand im Department habe wirklich damit gerechnet, dass ich kommen würde. Ich war, wie sie es ausdrückte, »ein preisgekröntes Vollblutpferd, das sie für Pennys statt Dollars eingekauft hatten«. Meine postgraduierten Kommilitonen als gesellschaftsfeindlich zu beschreiben, wäre die Untertreibung des Jahrhunderts. Gartenpartys gab es hier nicht. Ihre Gehirne waren absolut frei von Gedanken an Spaß, und sie verabscheuten mich, weil meine Professoren mich ganz unverhohlen bevorzugten. Ich hielt mich bedeckt und arbeitete viel, und ich gewöhnte mir an, lange Autofahrten durch die texanische Landschaft zu machen. Sie war windig, flach und ohne sinnvolle Markierungen, und jedes Stück Erde sah genauso aus wie das nächste. Ich hielt gern irgendwo an einem x-beliebigen Ort am Straßenrand an und schaute mir die Gegend an.

Eine Ostküstengewohnheit hatte ich behalten: Ich las die *New York Times*. So erfuhr ich, dass Liz und Jonas die Sache offiziell gemacht hatten. Das war im Herbst 93; ein Jahr war vergangen. »Mr und Mrs Oscar Macomb aus Greenwich, Connecticut, und Osterville, Massachusetts, geben mit Freuden die Vermählung ihrer Tochter, Elizabeth Christian, mit Jonas Abbott Lear aus Beverly, Massachusetts, bekannt. Die Braut, eine Harvard-Absolventin, erwarb vor Kurzem den Mastergrad in Literatur an der University of California, Berkeley, und befindet sich zurzeit im Promotionsstudium auf dem Gebiet der Renaissanceforschung an der University of Chicago, wo der Bräutigam, ebenfalls Harvard-Absolvent, den Doktorgrad im Fach der Mikrobiologie anstrebt.«

Zwei Tage später kam ein großer brauner Umschlag von meinem Vater. Er enthielt einen weiteren Umschlag, auf dem ein Post-it klebte, auf dem er sich dafür entschuldigte, dass es so lange gedauert habe, diesen Umschlag weiterzuleiten. Natürlich war es eine Einladung, und der Poststempel war vom vergangenen Juni. Ich legte sie vorläufig beiseite, und am nächsten Abend, in Gesellschaft einer Flasche Bourbon, setzte ich mich an den Küchentisch und öffnete den Umschlag. Trauung am 4. September 1993 in St. Andrew's-by-the-Sea, Hyannis Port. Empfang im Hause Oscar und Patricia Macomb, 41 Sea View Avenue, Osterville, Massachusetts. Am Rand stand eine Nachricht:

> *Bitte bitte bitte komm. Das sagt Jonas auch. Wir*
> *vermissen dich schrecklich.*
>> *Alles Liebe, L.*

Ich schaute es eine ganze Weile an. Durch das Fenster sah ich den Hof des Restaurants mit seinen stinkenden Müllcontainern. Ein Küchenhelfer, ein kleiner, dickbäuchiger Hispanic in einer fleckigen Schürze, kam mit einem Müllsack zur Hintertür heraus. Er öffnete einen der Container, warf den Sack hinein und ließ den Deckel scheppernd zufallen. Ich erwartete, dass er wieder hineingehen würde, aber er zündete sich eine Zigarette an, blieb dort stehen und inhalierte den Rauch in tiefen, gierigen Zügen.

Schließlich stand ich vom Tisch auf. Ich bewahrte sie in meinem Sekretär auf, in eine Socke gehüllt: Liz' Brille. Ich hatte sie in jener Nacht am Strand in die Tasche gesteckt und erst im Taxi wieder daran gedacht, aber da war es zu spät gewesen, sie zurückzubringen. Jetzt setzte ich sie auf. Sie war ein bisschen zu klein für mein Gesicht, und die Gläser waren sehr stark. Ich setzte mich wieder ans Fenster und sah zu, wie der Mann im Hinterhof rauchte. Das Bild war verzerrt und weit weg, als schaute ich durch das falsche Ende eines Fernrohrs oder als säße ich auf dem Meeresgrund und schaute meilenweit durch das Wasser nach oben.

# 20

Hier muss ich einen Zeitsprung machen, denn auch die Zeit machte einen Sprung. Ich promovierte zügig, bekam eine Post-doc-Stelle in Stanford und dann eine Professur an der Columbia, die nach einiger Zeit entfristet wurde. In professionellen Kreisen war ich bald ziemlich bekannt. Mein Ansehen wuchs, und die Welt klopfte an meine Tür. Ich unternahm ausgedehnte Reisen und hielt gut dotierte Vorträge. Forschungsmittel flossen mir zu, ohne dass ich mich anstrengen musste; ich war so angesehen, dass ich kaum die Antragsformulare auszufüllen brauchte. Bald besaß ich mehrere Patente, und zwei davon wurden für unerhör-te Summen von Arzneimittelkonzernen erworben, sodass ich für mein Leben ausgesorgt hatte. Ich war Gutachter für bedeutende Zeitschriften. Ich saß in Elitevorständen. Ich trat als Experte vor dem Kongress auf und war mehrmals Mitglied des Senatssonder-ausschusses zur Bioethik, des Präsidentialen Rates für Naturwis-senschaft und Technologie, des Beratungsausschusses der NASA und der Arbeitsgruppe für Biodiversität der Vereinten Nationen.

Zwischendurch heiratete ich. Beim ersten Mal war ich dreißig, und die Ehe hielt vier Jahre, die zweite halb so lange. Meine Ehe-frauen waren irgendwann meine Studentinnen gewesen, was ein wenig heikel war – es gab kumpelhafte Blicke von meinen männlichen Kollegen, hochgezogene Brauen bei meinen Vorgesetzten, frostige Kommentare von meinen Mitarbeiterinnen und den Ehefrauen meiner Freunde. Timothy Fanning, dieser Lothario, dieser schmutzige alte Mann (obwohl ich noch keine vierzig war). Meine dritte Frau, Julianna, war erst dreiundzwanzig, als wir heirateten. Es war eine impulsive Verbindung, geschmiedet im Hochofen der Sexualität; zwei Stunden nach ihrem Examen fielen wir übereinander her wie zwei Hunde. Ich mochte sie sehr gern, aber ich verstand sie nicht. Ihr Geschmack auf dem Gebiet von Musik und Film, die Bücher, die sie las, ihre Freunde, die Dinge, die ihr wichtig waren – das alles ergab für mich keine Spur von Sinn.

Dabei versuchte ich nicht – wie so viele Männer eines gewissen Alters –, mein Selbstbewusstsein auf den Körper einer jungen Frau zu stützen. Ich trauerte nicht um die verstrichenen Jahre, hatte keine übermäßige Angst vor dem Tod, jammerte nicht über meine dahinwelkende Jugend. Im Gegenteil, ich genoss die vielen Dinge, die mein Erfolg mir gebracht hatte. Reichtum, Respekt, Autorität, gute Tische in Restaurants und heiße Tücher im Flugzeug – den ganzen Firlefanz, den die Geschichte dem Eroberer gewährt. All das verdankte ich dem Lauf der Zeit. Was ich wirklich tat, war offenkundig, selbst für mich. Ich versuchte, das eine zurückzuholen, das mir vom Leben verweigert worden war. Jede meiner Ehefrauen und der vielen Frauen dazwischen – alle weit jünger als ich, und die Kluft vergrößerte sich mit jeder, die ich in mein Bett holte – war ein Faksimile von Liz. Ich spreche nicht von ihrem Aussehen, obwohl sie alle offensichtlich zum gleichen physischen Typus gehörten (blass, schlank, kurzsichtig), oder von ihrem Temperament, das von einer gewissen aufgeweckten Streitsucht geprägt war. Ich meine: Sie sollten Liz *sein,* damit ich mich lebendig fühlen konnte.

Dass Jonas und ich uns über den Weg liefen, war unausweichlich. Wir lebten in derselben Welt. Zu unserem ersten Wiedersehen kam es 2002 auf einer Tagung in Toronto. Inzwischen war

so viel Zeit vergangen, dass es uns beiden gelang, gar nicht zu erwähnen, wie abrupt ich die Beziehung zwischen uns beendet hatte. Wir riefen »Zum Teufel, wie geht's dir?« und »Du hast dich
kein bisschen verändert!« und versprachen, besser Kontakt zu
halten, als hätten wir bis dahin überhaupt Kontakt gehalten. Er
war natürlich nach Harvard zurückgekehrt. Das lag in der Familie. Er sah sich kurz vor irgendeinem Durchbruch, aber er machte
ein großes Geheimnis daraus, was es war, und ich bedrängte ihn
nicht. Über Liz erfuhr ich nur die nackten beruflichen Fakten: Sie
unterrichtete am Boston College, es gefiel ihr dort, die Studenten
beteten sie an, und sie arbeitete an einem Buch. Ich trug ihm auf,
sie zu grüßen, und beließ es dabei.

Im Jahr darauf bekam ich eine Weihnachtskarte. Es war eine
dieser Fotokarten, die Leute benutzten, um ihre Kinder vorzufüh-
ren, aber auf dem Bild waren nur sie beide. Die Aufnahme war in
irgendeiner trockenen Gegend entstanden; die beiden waren von
Kopf bis Fuß in Khaki gekleidet und trugen wirklich und wahrhaftig Tropenhelme. Auf der Rückseite stand eine Mitteilung von
Liz, hastig hingekritzelt, als habe sie erst in letzter Sekunde daran gedacht. *Jonas sagt, er hat dich getroffen. Bin froh, dass es
dir gut geht.*

Jahr für Jahr kamen diese Karten. Jede zeigte sie in einer anderen exotischen Umgebung – als Elefantenreiter in Indien, vor
der Chinesischen Mauer posierend, in dicken Parkas im Bug eines
Schiffs mit einer Gletscherküste im Hintergrund. Alles sehr fröhlich, aber die Fotos hatten doch auch etwas Deprimierendes, als
würde da etwas kompensiert. *Was für ein tolles Leben wir doch
führen! Wirklich! Ich schwöre es!* Dann fielen mir auch andere
Dinge auf. Jonas war ein Musterbeispiel an Gesundheit, wie immer, aber Liz alterte vor der Zeit, und zwar nicht nur körperlich.
Auf früheren Bildern war ihr Blick abgelenkt gewesen, als sei das
Foto rein zufällig in diesem Moment entstanden. Aber jetzt schaute sie geradewegs in die Kamera, wie eine Geisel mit einer Zeitung

in der Hand. Ihr Lächeln erschien mir künstlich, ein Produkt ihres Willens. Bildete ich mir das ein? Und mehr noch – war es meine Fantasie, die mir vormachte, ihr dunkler werdender Blick sei eine Botschaft an mich? Und was war mit den beiden Körpern? Auf dem ersten Foto, das in der Wüste aufgenommen war, stand Lear hinter ihr und umschlang sie mit beiden Armen. Aber Jahr um Jahr rückten sie auseinander. Das letzte, das ich bekam – im Jahr 2010 –, war in einem Café am Ufer eines Flusses entstanden, der unverkennbar die Seine war. Sie saßen einander gegenüber, weit außer Reichweite ihrer Arme. Weingläser standen auf dem Tisch. Das meines alten Mitbewohners war fast leer. Liz hatte ihres nicht angerührt.

Zur selben Zeit kamen Gerüchte über Jonas auf. Ich hatte ihn immer als einen Mann mit glühenden, wenn auch etwas exotischen Leidenschaften gekannt, aber die Geschichten, die ich jetzt hörte, waren beunruhigend. Jonas Lear, so hieß es, sei übergeschnappt. Seine Forschung sei ins Reich der Fantasie hinübergewechselt. In seinem letzten Aufsatz, der in der Zeitschrift *Nature* erschienen war, hatte er das Thema tänzerisch umspielt, aber man fing an, im Zusammenhang mit ihm das V-Wort zu benutzen. Seitdem hatte er nichts mehr publiziert, und auch auf den üblichen Kongressen war er nicht mehr erschienen, aber dort amüsierte man sich bald auf seine Kosten mit lautstarker Heiterkeit. Einige seiner Kollegen verstiegen sich sogar zu der Vermutung, seine Professorenstelle sei in Gefahr. Ein gewisses Maß an Schadenfreude war Bestandteil unseres Berufs, denn man vertrat die These, der Untergang des einen sei der Aufstieg des anderen. Aber ich fing an, mir ernsthaft Sorgen um ihn zu machen.

Nicht lange, nachdem Julianna in unserer Ersatzehe das Handtuch geworfen hatte, bekam ich einen Anruf von einem Mann namens Paul Kiernan. Ich war ihm schon ein- oder zweimal begegnet; er war Zellbiologe in Harvard, ein jüngerer Kollege von Jonas mit einem ausgezeichneten Ruf. Ich spürte, dass ihm das

Gespräch unangenehm war. Er hatte von unserer langjährigen Beziehung erfahren, und im Zentrum seines Anrufs stand die Befürchtung, seine Aussichten auf eine Festanstellung könnten durch seine Verbindung zu Jonas beeinträchtigt werden. Ob ich nicht einen Brief für ihn schreiben könne? Im ersten Moment hätte ich ihm am liebsten gesagt, er solle erwachsen werden, er könne von Glück sagen, einen solchen Mann überhaupt zu kennen, und zum Teufel mit dem Tratsch. Aber angesichts des schmählichen Wirkens von Besetzungsausschüssen wusste ich, dass er nicht unrecht hatte.

»Tatsächlich hat vieles davon mit seiner Frau zu tun«, sagte Paul. »Man muss ja Mitleid mit dem Mann haben.«

Ich hätte beinahe den Hörer fallen gelassen. »Wovon reden Sie da?«

»Entschuldigung, ich dachte, Sie wüssten das, wo Sie doch so alte Freunde sind und so weiter. Sie ist sehr krank, und die Aussichten sind nicht gut. Ich glaube, ich hätte besser den Mund gehalten.«

»Ich schreibe den Brief für Sie«, sagte ich und legte auf.

Ich war völlig ratlos. Ich suchte Liz' Nummer am Boston College heraus und fing an zu wählen, aber dann legte ich wieder auf. Was sollte ich nach so vielen Jahren sagen? Mit welchem Recht drängte ich mich zu diesem späten Zeitpunkt wieder in ihr Leben? Liz würde sterben. Ich hatte nie aufgehört, sie zu lieben, nicht für eine Sekunde, aber sie war die Frau eines anderen Mannes. In einer Zeit wie dieser war das Band zwischen ihnen wichtiger als alles andere. Wenn ich von meinen Eltern etwas gelernt hatte, dann dies: Die Reise in den Tod unternahmen Eheleute zusammen. Vielleicht war es auch nur die alte Feigheit, die da zurückkehrte. Jedenfalls rührte ich das Telefon nicht mehr an.

Ich wartete auf Neuigkeiten. Jeden Tag warf ich einen Blick auf die Nachrufseite in der *Times* – eine düstere Totenwacht. Ich war kurz angebunden zu meinen Kollegen und ging meinen Freunden aus dem Weg. Das Apartment hatte ich Julianna überlassen und wohnte zur Untermiete in einer Zweizimmerwohnung im West Village, sodass es leicht war, unterzutauchen und mich in die Randbezirke des Lebens zurückzuziehen. Was würde ich tun, wenn meine Liz nicht mehr da wäre? Mir wurde klar, dass ich in irgendeiner Schublade meines Gehirns die Idee aufbewahrt hatte, wir würden eines Tages, auf irgendeine Weise, zusammen sein. Vielleicht würden sie sich scheiden lassen. Vielleicht würde Jonas sterben. Aber jetzt hatte ich keine Hoffnung mehr.

Und dann, eines Abends kurz vor Weihnachten, klingelte das Telefon. Es war beinahe Mitternacht, und ich war gerade ins Bett gegangen.

»Tim?«

»Ja, hier ist Tim Fanning.« Ich war verärgert über den späten Anruf und erkannte die Stimme nicht.

»Hier ist Liz.«

Mein Herz schlug krachend gegen meine Rippen. Ich brachte kein Wort über die Lippen.

»Hallo?«

»Ich bin noch da«, stammelte ich. »Es ist schön, deine Stimme zu hören. Wo bist du?«

»In Greenwich, bei meiner Mutter.«

Mir fiel auf, dass sie nicht sagte: »Bei meinen Eltern.« Oscar lebte nicht mehr.

»Ich muss dich sehen«, sagte sie.

»Natürlich. Natürlich, das kannst du.« Ich wühlte in der Schublade hektisch nach einem Bleistift. »Ich lasse sofort alles stehen und liegen. Sag mir, wo und wann.«

Sie würde am nächsten Tag mit der Bahn in die Stadt kommen. Sie hatte noch etwas zu erledigen, und um fünf Uhr würden wir uns im Grand Central treffen, bevor sie nach Greenwich zurückfuhr.

Ich verließ mein Büro viel zu früh, weil ich zuerst dort sein wollte. Es hatte den ganzen Tag geregnet, aber als die frühe winterliche Dunkelheit sich herabsenkte, verwandelte sich der Regen in Schnee. Die U-Bahn war voll, und alles schien sich in Zeitlupe zu bewegen. Als ich im Bahnhof war und meine Position unter der Uhr einnahm, hatte ich nur noch wenige Minuten Zeit. Achtlos strömten die Leute an mir vorbei – Pendler im Regenmantel und mit einem Schirm unter dem Arm, Frauen in Laufschuhen und Strümpfen, und alle hatten Schneeflocken im Haar. Viele trugen weihnachtlich bunt bedruckte Einkaufstüten. Macy's. Nordstrom. Bergdorf Goodman. Der bloße Gedanke daran, wie fröhlich und hoffnungsvoll diese Leute waren, ärgerte mich mehr, als ich es sagen kann. Wie konnten sie in einer solchen Zeit an Weihnachten denken? Wie konnten sie an irgendetwas denken? Wussten sie denn nicht, was hier geschehen würde?

Dann erschien sie. Bei ihrem Anblick hätte ich beinahe die Fassung verloren. Mir war, als erwachte ich aus einem langen Schlaf. Sie trug einen dunklen Trenchcoat, und ein Tuch bedeckte ihr Haar. Sie schlängelte sich durch die vorbeihastende Meute auf mich zu. Es war absurd, aber ich befürchtete, sie würde es nicht mehr schaffen, und die Menge würde sie verschlingen wie in einem Traum. Sie sah mich und lächelte, und dann machte sie eine »Weiter, weiter«-Geste hinter dem Rücken eines Mannes, der ihr den Weg versperrte. Ich drängte mich ihr entgegen.

»Und da bist du«, sagte sie.

Was nun folgte, war eine warme Umarmung, wie ich sie tiefer in meinem ganzen Leben nicht empfunden hatte. Schon ihr Duft ließ meine Sinne im Glück ertrinken. Aber Glück war nicht das Einzige, was ich empfand. Mit jedem Knochen, jeder Kante ihres Körpers presste sie sich an mich, und es war, als umarmte ich einen Vogel.

Sie wich zurück. »Du siehst fabelhaft aus«, sagte sie.

»Du auch.«

Sie lachte leise. »Du bist so ein Lügner. Aber danke, dass du daran denkst, es zu sagen.« Sie nahm das Tuch ab, und ich sah einen Flaum von hellem Haar, wie es nach einer Chemo wieder wächst. »Wie findest du meine neue Festtagsfrisur? Ich nehme an, du kennst die Geschichte.«

Ich nickte. »Ein Kollege von Jonas hat mich angerufen. Er hat es mir erzählt.«

»Das dürfte Paul Kiernan gewesen sein, das kleine Wiesel. Ihr Naturwissenschaftler seid solche Klatschweiber.«

»Hast du Hunger?«

»Nie. Aber ich könnte etwas trinken.«

Wir gingen die Treppe hinauf zu der Bar auf dem Westbalkon. Schon diese kleine Anstrengung schien sie zu entkräften. Wir setzten uns an einen Tisch am Rand, wo wir einen Blick auf die große Halle hatten. Ich bestellte mir einen Scotch, Liz nahm einen Martini und ein Glas Wasser.

»Weißt du noch, wie wir uns das erste Mal hier getroffen haben?«, fragte ich.

»Du hattest einen Freund, nicht wahr? Und etwas Schlimmes war passiert.«

»Stimmt. Lucessi.« Ich hatte den Namen seit Jahren nicht mehr ausgesprochen. »Das hat mir viel bedeutet, weißt du. Du hast dich wirklich um mich gekümmert.«

»Gehört alles zum Service. Aber wenn ich mich recht erinnere, war es mindestens zur Hälfte andersherum. Vielleicht mehr als zur Hälfte.« Sie sah mich an. »Du siehst wirklich gut aus, Tim. Der Erfolg steht dir, aber das habe ich immer schon gewusst. Ich habe dich ein bisschen im Auge behalten. Sag mir eins. Bist du glücklich?«

»Jetzt ja.«

Sie lächelte. Ihre Lippen waren schmal und bleich. »Ausgezeichnet pariert, Dr. Fanning.«

Ich langte über den Tisch und nahm ihre Hand. Sie war eiskalt. »Sag mir, was jetzt passiert.«

»Ich werde sterben. Das ist alles.«

»Das kann ich nicht akzeptieren. Man muss doch noch etwas tun können. Ich rufe ein paar Leute an.«

Sie schüttelte den Kopf. »Die sind alle schon angerufen worden. Glaub mir, ich gehe nicht kampflos unter. Aber jetzt ist es Zeit, die weiße Fahne zu heben.«

»Wie lange noch?«

»Vier Monate. Sechs, wenn ich Glück habe. Deshalb war ich heute hier. Ich war bei einem Arzt in Sloan Kettering. Es sitzt überall. Seine Worte.«

Sechs Monate. Das war nichts. Wie hatte ich all die Jahre verstreichen lassen können? »Mein Gott, Liz ...«

»Sag es nicht. Sag nicht, es tut dir leid, denn mir tut es nicht leid.« Sie drückte meine Hand. »Du musst mir einen Gefallen tun, Tim.«

»Was du willst.«

»Du musst Jonas helfen. Sicher hast du die Geschichten gehört. Sie sind allesamt wahr. Er ist jetzt in Südamerika auf seiner großen Phantomjagd, weil er das alles nicht akzeptieren kann. Er glaubt immer noch, er kann mich retten.«

»Und was kann *ich* da tun?«

»Rede mit ihm. Er hat Vertrauen zu dir. Nicht nur als Wissenschaftler, sondern als Freund. Hast du eine Ahnung, wie oft er immer noch von dir spricht? Er verfolgt jeden deiner Schritte. Wahrscheinlich weiß er, was du heute Morgen gefrühstückt hast.«

»Das glaube ich nicht. Er sollte mich hassen.«

»Warum sollte er dich hassen?«

Selbst da konnte ich es nicht aussprechen. Sie starb, und ich konnte es ihr nicht sagen.

»Weil ich so weggegangen bin, wie ich es getan habe. Und ihm nie gesagt habe, warum.«

»Oh, er weiß, warum. Das glaubt er wenigstens.«

Ich war erschrocken. »Was hast du ihm erzählt?«

»Die Wahrheit. Dass du schließlich herausgefunden hast, dass du zu gut für uns warst.«

»Das ist doch verrückt. Und es war auch nicht der Grund.«

»Das weiß ich, Tim.«

Wir schwiegen. Ich nahm einen Schluck Scotch. Ansagen hallten durch den Bahnhof, Leute liefen zu ihren Zügen und fuhren hinaus in die winterliche Dunkelheit.

»Wir waren zwei brave Soldaten, du und ich«, sagte Liz und lächelte spröde. »Loyal bis zum Letzten.«

»Er hat es also nie herausbekommen?«

»Sprechen wir von demselben Jonas? Er hätte sich so etwas nicht mal vorstellen können.«

»Wie war es denn mit ihm? Ich meine, nicht nur jetzt?«

»Ich kann mich nicht beklagen.«

»Aber du tätest es gern.«

Sie zuckte die Achseln. »Manchmal. Aber das geht jedem so. Er liebt mich, und er glaubt, er hilft mir. Was kann ein Mädchen sich sonst noch wünschen?«

»Jemanden, der dich versteht.«

»Das ist viel verlangt. Ich glaube, ich verstehe mich selbst nicht.«

Ich war plötzlich wütend. »Aber du bist kein Highschoolprojekt, verdammt. Er will doch nur das Gefühl haben, edel zu sein. Er sollte hier bei dir sein, nicht irgendwo in der Welt herumspringen. Wo war das gleich? In Südamerika.«

»Er kann damit nicht anders umgehen.«

»Das ist nicht fair.«

»Was ist denn fair? Ich habe Krebs. Das ist auch nicht fair.«

Jetzt verstand ich, was sie mir sagen wollte. Sie hatte Angst, und Jonas hatte sie alleingelassen. Vielleicht wollte sie, dass ich ihn nach Hause brachte, und vielleicht musste sie in Wirklichkeit von mir hören, wie sehr er sie im Stich gelassen hatte. Vielleicht beides. Ich wusste nur, ich würde absolut alles tun, was sie wollte.

Mir wurde bewusst, dass seit einer Weile keiner von uns mehr gesprochen hatte. Ich sah Liz an. Etwas stimmte nicht mit ihr. Sie hatte angefangen zu schwitzen, obwohl es in der Halle kalt war. Sie atmete zittrig ein und griff matt nach ihrem Wasserglas.

»Liz, ist alles in Ordnung?«

Sie trank einen Schluck. Mit zitternder Hand stellte sie das Glas wieder hin und verschüttete das Wasser beinahe. Sie stützte den Ellenbogen auf und legte die Stirn in die Handfläche.

»Ehrlich gesagt, ich glaube nicht. Ich glaube, ich werde ohnmächtig.«

Sofort stand ich auf. »Wir müssen ins Krankenhaus. Ich besorge ein Taxi.«

Sie schüttelte mit Nachdruck den Kopf. »Keine Krankenhäuser mehr.«

Wohin dann? »Kannst du gehen?«

»Ich weiß nicht.«

Ich warf Geld auf den Tisch und half ihr beim Aufstehen. Sie stand kurz vor einem Zusammenbruch und überließ mir fast ihr ganzes Gewicht.

»Immer musst du mich tragen, nicht wahr?«, murmelte sie.

Ich schleppte sie in ein Taxi und gab dem Fahrer meine Adresse. Es schneite jetzt stark. Liz lehnte sich zurück und schloss die Augen.

»Lady okay?«, fragte der Fahrer. Er trug einen Turban und hatte einen dichten schwarzen Bart. Ich wusste, was er meinte: Ist sie betrunken? »Lady sieht schlecht aus. Nicht kotzen in mein Taxi.«

Ich reichte ihm einen Hundert-Dollar-Schein. »Hilft Ihnen das?«

Der Verkehr war zäh wie Kleister. Wir brauchten fast eine halbe Stunde, um nach Downtown Manhattan zu kommen. Unter dem Schnee sah New York weich aus. Weiße Weihnachten – wie glücklich würden alle sein. Mein Apartment lag im ersten Stock; ich würde sie tragen müssen. Ich wartete, bis ein Nachbar aus dem Haus kam, und bat ihn, mir die Tür aufzuhalten. Ich bugsierte Liz aus dem Taxi und nahm sie auf den Arm.

»Wow«, sagte der Nachbar. »Sie sieht nicht gut aus.«

Er folgte uns bis zu meiner Wohnungstür, holte den Schlüssel aus meiner Tasche und schloss auf. »Soll ich den Notarzt rufen?«, fragte er.

»Schon okay, ich schaffe das. Sie hat ein bisschen viel getrunken, das ist alles.«

Er zwinkerte mir abstoßend zu. »Tun Sie nichts, was ich nicht tun würde.«

Ich zog ihr den Mantel aus und trug sie ins Schlafzimmer. Als ich sie auf das Bett legte, öffnete sie die Augen und drehte den Kopf zum Fenster.

»Es schneit«, sagte sie, als wäre es das Erstaunlichste auf der Welt.

Sie schloss die Augen wieder. Ich nahm ihr Brille und Schuhe ab, legte eine Decke über sie und machte das Licht aus. Am Fenster stand ein Sessel, in dem ich gern saß und las. Ich setzte mich hinein und wartete im Dunkeln auf das, was als Nächstes kommen würde.

Irgendwann wachte ich auf. Ich sah auf die Uhr; es war fast zwei Uhr morgens. Ich ging zu Liz und legte ihr die Hand auf die Stirn. Sie war kühl, und ich nahm an, das Schlimmste war vorüber.

Ihre Augen öffneten sich. Vorsichtig sah sie sich um, als sei sie nicht ganz sicher, wo sie war.

»Wie geht es dir?«, fragte ich.

Sie antwortete nicht sofort, und als sie es tat, war ihre Stimme sehr leise. »Besser, glaube ich. Entschuldige, dass ich dich erschreckt habe.«

»Das ist völlig in Ordnung.«

»Das passiert manchmal, aber es geht auch wieder weg. Bis es irgendwann nicht mehr weggeht, nehme ich an.«

Darauf hatte ich keine Antwort. »Ich hole dir einen Schluck Wasser.«

Ich holte ein Glas Wasser aus dem Bad und gab es ihr. Sie hob den Kopf vom Kissen und trank einen Schluck. »Ich hatte einen ganz merkwürdigen Traum«, sagte sie. »Das kommt von der Chemo. Der Stoff ist wie LSD. Aber ich dachte, es wäre inzwischen vorbei.«

Mir fiel etwas ein. »Ich habe ein Geschenk für dich.«

»Wirklich?«

»Warte.«

Ich holte ihre Brille, die ich in meinem Schreibtisch aufbewahrte, und legte sie ihr in die Hand. Sie betrachtete sie lange.

»Ich habe mich immer gefragt, wann du es über dich bringst, sie mir zurückzugeben.«

»Ich setze sie manchmal gern auf.«

»Und jetzt habe ich gar nichts für dich. Ich bin abscheulich.« Sie weinte, aber nur ein bisschen. Dann schaute sie mir in die Augen. »Du bist nicht der Einzige, der es vermasselt hat, weißt du.«

»Liz?«

Sie hob die Hand und berührte meine Wange. »Komisch. Du lebst dein ganzes Leben, und auf einmal weißt du, dass du alles falsch gemacht hast.«

Ich schlang meine Finger um ihre. Draußen fiel der Schnee auf die schlafende Stadt.

»Du solltest mich küssen«, sagte sie.

»Möchtest du das?«

»Ich glaube, das war das Blödeste, was du mich je gefragt hast.«

Da tat ich es. Ich legte meinen Mund auf ihren. Es war ein sanfter, ruhiger Kuss – *friedlich* wäre das passende Wort –, ein Kuss, der die Welt verschwinden lässt, sodass alle Zeit sich um

ihn dreht. Ein Augenblick der Unendlichkeit, und der Mantel-
saum der Schöpfung streift das Antlitz des Wassers.

»Ich sollte aufhören«, sagte ich.

»Nein, solltest du nicht.« Sie fing an, sich die Bluse aufzuknöp-
fen. »Sei nur vorsichtig mit mir, bitte. Ich bin sozusagen zerbrech-
lich, weißt du.«

# 21

Wir wurden ein Liebespaar. Ich glaube, ich hatte das Wort nie wirklich verstanden. Ich rede nicht nur von Sex, obwohl es den auch gab – sorgfältig und ohne Hast, eine Form der Leidenschaft, von deren Existenz ich nichts geahnt hatte. Ich meine damit, wir führten ein so reiches Leben, wie zwei Menschen es nur jemals konnten, und das mit dem Gefühl der absoluten Rechtschaffenheit. Wir verließen das Apartment nur, um spazieren zu gehen. Auf den Schnee war eine eisige Kälte gefolgt, und die Stadt war in Weiß gehüllt. Jonas' Namen erwähnten wir nie. Nicht dass wir das Thema mieden. Es war einfach nicht mehr wichtig.

Wir wussten beide, dass sie irgendwann zurückgehen musste. Sie konnte nicht einfach aus ihrem Leben aussteigen. Gleichzeitig konnte ich mir nicht vorstellen, dass wir auch nur eine Minute von der Zeit, die ihr noch blieb, getrennt sein sollten. Ich war überzeugt, dass sie genauso empfand. Wenn es passierte, wollte ich da sein. Ich wollte sie berühren, ihre Hand halten und ihr sagen, wie sehr ich sie liebte, wenn sie dahinschwand.

Eines Morgens in der Woche nach Weihnachten wachte ich auf und war allein im Bett. Ich fand sie in der Küche; sie trank Tee, und ich wusste, was sie mir sagen würde.

»Ich muss zurück.«

»Ich weiß«, sagte ich. »Wohin?«

»Zuerst nach Greenwich, meine Mutter macht sich sicher Sorgen. Und dann nach Boston, denke ich.« Mehr brauchte sie nicht zu sagen; was sie meinte, war klar. Jonas würde bald nach Hause kommen.

»Ich verstehe«, sagte ich.

Wir fuhren mit einem Taxi zum Grand Central. Seit ihrer Ankündigung hatten wir kaum noch ein Wort gesprochen. Ich fühlte mich, als würde ich vor ein Erschießungskommando geführt. Sei tapfer, ermahnte ich mich. Sei ein Mann, der aufrecht und mit offenen Augen dasteht und auf den Knall der Gewehre wartet.

Ihr Zug wurde angesagt. Wir gingen zu dem Bahnsteig, an dem er schon wartete. Sie schlang die Arme um mich und fing an zu weinen. »Ich will das nicht tun«, sagte sie.

»Dann tu es nicht. Steig nicht in den Zug.«

Ich spürte ihr Zögern. Nicht nur in ihren Worten – ich spürte es in ihrem Körper. Sie brachte es nicht über sich wegzufahren.

»Ich muss.«

»Warum?«

»Das weiß ich nicht.«

Leute eilten an uns vorbei. Die übliche Ansage ertönte knisternd über uns. Bitte einsteigen nach New Haven, Bridgeport, Westport, New Canaan, Greenwich ... Eine Tür schloss sich, und gleich würde sie verriegelt werden.

»Dann komm zurück. Tu, was du tun musst, und komm zurück. Wir gehen irgendwohin.«

»Wohin denn?«

»Nach Italien. Griechenland. Auf eine Insel im Pazifik. Egal. Irgendwohin, wo niemand uns findet.«

»Das möchte ich gern.«

»Dann sag ja.«

Der Augenblick erstarrte, und dann nickte sie an meiner Schulter. »Ja.«

Mein Herz schwang sich in die Höhe. »Wie lange brauchst du, um alles zu regeln?«

»Eine Woche. Nein, zwei.«

»Sagen wir, zehn Tage. Wir treffen uns hier, unter der Uhr. Bis dahin bereite ich alles vor.«

»Ich liebe dich«, sagte sie. »Ich glaube, ich habe dich von Anfang an geliebt.«

»Ich habe dich schon vorher geliebt.«

Ein letzter Kuss, und sie stieg ein. Dann drehte sie sich um und umarmte mich noch einmal.

»Zehn Tage«, sagte sie.

Ich bereitete alles vor. Es gab noch Dinge, die ich erledigen musste. Ich schrieb eine hastige E-Mail an meinen Direktor und bat um Urlaub. Ich würde nicht mehr da sein, um zu erfahren, ob er genehmigt war, aber das war mir ziemlich gleichgültig. Ein Leben jenseits der nächsten sechs Monate konnte ich mir nicht vorstellen.

Ich rief einen Freund an, der Onkologe war, und beschrieb ihm die Situation. Er sagte mir, was passieren würde. Ja, sie würde Schmerzen haben, aber in erster Linie wäre es ein langsames Dahinschwinden.

»So etwas solltest du aber nicht allein in die Hand nehmen«, sagte er. Als ich nicht antwortete, seufzte er. »Ich schicke ein Rezept.«

»Wofür?«

»Morphium. Das wird helfen.« Er schwieg kurz. »Am Ende, weißt du, nehmen viele Leute mehr davon, als sie streng genommen sollten.«

Ich hätte verstanden, sagte ich und dankte ihm. Wo sollten wir nun hin? In der *Times* hatte ich einen Artikel über eine Insel in der Ägäis gelesen, wo die Hälfte der Bewohner hundert Jahre alt wurde. Es gab keine akzeptierte wissenschaftliche Erklärung dafür. Die Bewohner, überwiegend Ziegenhirten, betrachteten es als eine Tatsache des Lebens. Ein Mann wurde in dem Artikel zitiert; er sagte: »Die Zeit ist einfach anders hier.« Ich kaufte zwei Flugtickets Erster Klasse nach Athen und fand im Internet einen Fährenfahrplan. Nur einmal in der Woche fuhr ein Boot zu der Insel. Wir würden zwei Tage in Athen warten müssen, aber es gab schlimmere Orte. Wir würden die Tempel besuchen, die großen, unzerstörbaren Monumente einer versunkenen Welt, und dann verschwinden.

Dann war der Tag gekommen. Ich packte. Wir würden vom Bahnhof geradewegs zum Flughafen fahren, und am Abend um zehn ging unsere Maschine. Ich konnte kaum noch geradeaus denken; meine Gefühle waren ein unbeschreiblicher Wirrwarr. Dummerweise hatte ich für diesen Tag sonst nichts mehr geplant und war deshalb gezwungen, bis zum späten Nachmittag untätig in meiner Wohnung herumsitzen. Ich hatte nichts mehr zu essen, weil ich den Kühlschrank ausgeräumt hatte, aber ich hätte wahrscheinlich auch nichts heruntergebracht.

Mit dem Taxi fuhr ich zum Bahnhof. Wieder war es fünf Uhr, die vereinbarte Uhrzeit. Liz würde mit einem Amtrak-Zug nach Stamford fahren, um ihre Mutter in Greenwich ein letztes Mal zu sehen, und dann würde sie mit der Lokalbahn zum Grand Central Terminal kommen. Mit jedem Häuserblock, der hinter mir blieb, ordneten meine Gefühle sich zu reiner Zielstrebigkeit. Ich wusste wie nur wenige Menschen, warum ich geboren war. Alles in meinem Leben hatte mich zu diesem Augenblick gerufen. Ich bezahlte das Taxi und ging hinein, um zu warten. Es war Samstag und deshalb nicht viel Betrieb. Die opalisierenden Zifferblätter auf den vier Seiten der Uhr zeigten 16:36. Liz' Zug würde in zwanzig Minuten ankommen.

Mein Puls beschleunigte sich, als die Lautsprecheransage ertönte: *Auf Gleis sechzehn hat Einfahrt* ... Ich überlegte, ob ich auf den Bahnsteig gehen sollte, um sie abzuholen, aber dort würden wir uns vielleicht im Gedränge verpassen. Eine Flut von Fahrgästen strömte in die Haupthalle. Bald war klar, dass Liz nicht dabei war. Vielleicht hatte sie einen späteren Zug genommen; aus Richtung New Haven kam alle dreißig Minuten einer. Ich warf einen Blick auf mein Telefon, aber ich hatte keine Nachricht bekommen. Der nächste Zug kam, und Liz erschien immer noch nicht. Allmählich befürchtete ich, es könnte etwas passiert sein. Auf den Gedanken, sie könnte es sich anders überlegt haben, kam ich nicht, aber er wartete schon in den Kulissen. Um sechs rief ich ihr Handy an, aber sofort meldete sich die Voicemail. Hatte sie das Telefon abgeschaltet?

Ein Zug nach dem anderen kam, und meine Panik wuchs. Inzwischen war klar, dass Liz nicht kommen würde, aber ich hörte trotzdem nicht auf, zu warten und zu hoffen. Ich hing an den Fingerspitzen über einem Abgrund. Immer wieder versuchte ich, sie anzurufen, immer mit dem gleichen Erfolg. *Hier spricht Elizabeth Lear. Im Moment kann ich Ihren Anruf nicht entgegennehmen.* Die Zeiger der Uhr drehten sich höhnisch. Es war neun, dann zehn Uhr. Ich wartete jetzt seit fünf Stunden. Was für ein Trottel ich gewesen war!

Ich verließ den Bahnhof und ging weiter. Die Luft fühlte sich grausam an; die Stadt kam mir vor wie ein riesiges totes Ding, wie ein monströser Witz. Ich knöpfte mir den Mantel nicht zu und zog auch meine Handschuhe nicht an. Lieber spürte ich den schmerzhaften Wind. Irgendwann blickte ich auf und sah, dass ich auf dem Broadway war, in der Nähe des Flatiron Buildings. Ich erkannte, dass ich meinen Koffer im Bahnhof vergessen hatte, und ich überlegte, ob ich zurückgehen und ihn holen sollte – sicher hatte ihn ja jemand gefunden und abgeliefert –, aber der Funke dieses Impulses erlosch sofort wieder. Ein Koffer – wer interessierte sich dafür. Natürlich war da noch das Morphium zu bedenken. Vielleicht würde der, der ihn fand, ein bisschen Freude daran haben.

Mich besinnungslos zu betrinken schien mir der nächste logische Schritt zu sein. Ich ging in das nächstbeste Restaurant, das ich sah. Es lag in der Lobby eines Bürogebäudes, elegant und teuer, lauter Chrom und Stein. Einige Paare saßen noch beim Essen, obwohl es schon nach Mitternacht war. Ich setzte mich an die Bar, orderte einen Scotch und hatte ihn ausgetrunken, bevor der Barkeeper die Flasche wieder ins Regal stellen konnte. Ich ließ mir nachschenken.

»Verzeihung, Sie sind Professor Fanning, nicht wahr?«

Ich drehte mich zu der Frau um, die ein paar Hocker weiter an der Theke saß. Sie war jung, ein bisschen füllig, aber durchaus attraktiv, von indischer oder mittelöstlicher Herkunft, mit rabenschwarzem Haar, vollen Wangen und bogenförmig geschwungenen Lippen. Ihr schwarzes Kleid war schmucklos sexy, und darüber trug sie ein durchsichtiges cremefarbenes Top. In dem Glas vor ihr auf der Bar war ein Getränk mit Früchten, und der Rand war mit halbmondförmigen Spuren von rostrotem Lippenstift befleckt.

»Wie bitte?«

Sie lächelte. »Ich nehme an, Sie erinnern sich nicht an mich.« Als ich nicht antwortete, fügte sie hinzu: »Einführung in die Molekularbiologie? Frühjahr 2002?«

»Sie waren Studentin bei mir.«

Sie lachte. »Keine besonders gute. Sie haben mir ein C minus gegeben.«

»Oh. Das tut mir leid.«

»Glauben Sie mir, ich hab's nicht übelgenommen. Die Menschheit hat Ihnen eine Menge zu verdanken. Viele Leute sind heute noch am Leben, weil ich nicht Medizin studiert habe.«

Ich konnte mich nicht an sie erinnern. Hunderte von jungen Frauen wie sie besuchten meine Lehrveranstaltungen und verschwanden wieder. Außerdem ist es nicht das Gleiche, ob man jemanden um acht Uhr morgens vom Podium aus irgendwo hinten in einer Jogginghose sitzen und wild auf einem Laptop herumtippen sieht oder ob dieselbe Person drei Hocker weiter an einer Bar sitzt, gekleidet für eine Nacht der Abenteuer.

»Und wo sind Sie dann gelandet?« Eine langweilige Frage, aber ich musste irgendetwas sagen, denn die Unterhaltung war jetzt unvermeidlich.

»Im Verlagsgeschäft, wo sonst?« Sie schaute mich an. »Wissen Sie, ich war sehr verknallt in Sie. Maximal. Viele Mädels waren das.«

Sie musste betrunken sein, wenn sie mir ein solches Geständnis machte, ohne mir wenigstens ihren Namen zu sagen.

»Miss …?«

Sie wechselte auf den Hocker neben mir und streckte die Hand aus. Ihre Nägel waren perfekt manikürt, und der Nagellack passte zu ihrem Lippenstift. »Nicole.«

»Es war ein langer Abend für mich, Nicole.«

»Das habe ich mir gedacht, als ich gesehen habe, wie Sie diesen Scotch gekippt haben.« Ohne Grund berührte sie ihr Haar mit der flachen Hand. »Was meinen Sie, Professor? Spendieren Sie einem Mädel einen Drink? Sie könnten das C wiedergutmachen.«

Sie amüsierte sich offensichtlich – eine Frau, die wusste, was sie hatte und was sie damit tun konnte. Ich schaute an ihr vorbei. Nur noch eine Handvoll Leute saß im Lokal. »Sind Sie nicht …?«

»In Begleitung?« Sie lachte leise. »Ist mein Mann zum Rauchen vor die Tür gegangen?«

Ich war plötzlich verwirrt. Ich hatte die Frage nicht als Anmache gedacht. »Ich meine, eine hübsche Frau wie Sie. Ich dachte nur.«

»Na, Sie dachten falsch.« Mit spitzen Fingern angelte sie eine Kirsche aus ihrem Glas und hob sie langsam an die Lippen. Ohne den Blick von meinem Gesicht zu wenden, legte sie sie auf die Zunge und balancierte sie dort eine halbe Sekunde lang, bevor sie den Stiel abzupfte und die rote Frucht in den Mund rollen ließ. Etwas so Kitschiges hatte ich noch nie gesehen.

»Wussten Sie das nicht, Professor? Heute Nacht gehöre ich ganz allein Ihnen.«

Wir saßen im Taxi. Ich war sehr betrunken. Der Wagen rumpelte durch schmale Straßen, und wir küssten uns wie zwei Teenager und tranken in wilden Schlucken an unseren Mündern. Ich fühlte mich völlig willenlos; alles geschah aus eigener Kraft. Irgendetwas wollte ich, aber ich wusste nicht, was. Meine eine Hand hatte den Weg unter ihren Rock gefunden und verirrte sich dort in einem weiblichen Gelände aus Haut und Spitze, und die andere schob sich unter ihr Gesäß und hob sie zu mir heran, zog unsere Hüften zueinander. Sie öffnete meine Hose und befreite mich, und dann senkte sie den Kopf in meinen Schoß. Der Taxifahrer warf einen Blick nach hinten, sagte aber nichts. Auf und ab bewegte sich ihr Kopf, und meine Finger flochten sich in ihr üppiges Haar. In meinem Kopf drehte sich alles, und ich bekam kaum noch Luft.

Das Taxi hielt an. »Siebenundzwanzig fünfzig«, sagte der Fahrer.

Das wirkte wie ein Eimer kaltes Wasser. Hastig brachte ich meine Kleidung in Ordnung und bezahlte. Als ich ausstieg, wartete das Mädchen – Natalie? Nadine? – schon auf der Treppe vor ihrem Haus und strich sich den Rock glatt. Über uns ratterte etwas Lautes und Großes; vielleicht waren wir in Brooklyn unter der Auffahrt zur Manhattan Bridge. Vor der Tür fielen wir wieder übereinander her, und dann schob sie mich weg.

»Warte hier.« Sie war rot im Gesicht und atmete sehr schnell. »Ich muss etwas erledigen. Dann drücke ich dir die Tür auf.«

Sie war verschwunden, bevor ich Einwände erheben konnte. So stand ich auf dem Gehweg und versuchte, die Ereignisse des Abends zu sortieren. Grand Central, wo ich stundenlang hoffnungslos gewartet hatte. Mein trostloser Weg durch die eiskalten

Straßen. Die warme Oase der Bar, und das Mädchen – Nicole, so hieß sie –, das lächelnd näher rückte und mir die Hand aufs Knie legte. Unser hastiger, unausweichlicher Abgang. An alles konnte ich mich erinnern, aber nichts davon erschien mir wirklich real. Als ich jetzt verlassen draußen in der Kälte stand, überkam mich Panik. Ich wollte mit meinen Gedanken nicht allein sein. Wie hatte sie das tun können? Wie hatte Liz mich dort stehenlassen können, wo ein Zug nach dem anderen gekommen und abgefahren war? Ich wusste, wenn der Türsummer nicht bald ertönte, würde ich buchstäblich explodieren.

Ein paar quälende Minuten vergingen. Ich hörte, wie die Tür sich öffnete, und eine Frau kam aus dem Gebäude. Sie war schon älter, stämmig, vielleicht hispanischer Herkunft. Sie war in einen wulstigen Daunenmantel gehüllt und zog den Kopf zwischen die Schultern, als der kalte Wind ihr entgegenwehte. Sie hatte mich nicht gesehen, und ich konnte mich hinter sie schleichen und die Tür festhalten, bevor sie ins Schloss fiel.

Im Eingangsflur empfing mich plötzliche Wärme. Mein Blick wanderte über die Briefkästen. Nicole Forood, Apartment zero. Ich ging die Treppe ins Kellergeschoss hinunter, wo mich eine einzelne Tür erwartete. Ich klopfte – erst mit den Fingerknöcheln und dann, als sich nichts rührte, mit der Faust. Meine Frustration war unbeschreiblich. Meine Gefühle waren zu nackter Verzweiflung geronnen, fast zu Wut. Ich hatte die Faust wieder erhoben, als ich drinnen Schritte hörte. Das komplizierte Aufschließen eines New Yorker Apartments begann, und dann öffnete die Tür sich so weit, dass ich hinter der Kette das Gesicht des Mädchens sehen konnte. Sie hatte sich abgeschminkt, und ich sah ein reizloses Gesicht mit Spuren von Akne. Jeder andere Mann hätte verstanden, aber ich war so erregt, dass mein Gehirn die Daten nicht verarbeitete.

»Warum hast du mich stehenlassen?«

»Ich glaube, es ist keine gute Idee. Du solltest gehen.«

»Ich verstehe nicht.«

Ihr Gesicht war starr wie das einer Blinden. »Es ist etwas dazwischengekommen. Tut mir leid.«

Wie konnte dies dieselbe Frau sein, die mich an der Bar belagert hatte? War das ein Spiel? Am liebsten hätte ich die Kette aus der Befestigung getreten und wäre hineingestürmt. Vielleicht wollte sie das ja. Sie schien der Typ zu sein.

»Es ist spät. Ich hätte dich nicht einfach stehenlassen sollen, aber ich werde jetzt die Tür zumachen.«

»Bitte, ich möchte mich nur einen Moment aufwärmen. Dann gehe ich, das verspreche ich.«

»Es tut mir leid, Tim. Es war ein netter Abend. Vielleicht können wir es gelegentlich wiederholen. Aber jetzt muss ich wirklich aufhören.«

Ich gebe es zu: Ein Teil meines Verstandes kalkulierte die Haltbarkeit der Türkette. »Du vertraust mir nicht. Ist das der Grund?«

»Nein, das ist es nicht. Es ist nur …« Sie sprach nicht zu Ende.

»Ich schwöre, ich werde mich benehmen. Alles, was du willst.« Ich versuchte es mit einem betretenen Lächeln. »Die Wahrheit ist, ich bin noch ein bisschen betrunken. Ich muss wieder klar werden.«

Ich sah die Unschlüssigkeit in ihrem Gesicht. Mein Flehen tat seine Wirkung.

»Bitte«, sagte ich. »Ich erfriere da draußen.«

Ein Augenblick verging, und dann entspannte sich ihr Gesicht. »Aber nur ein paar Minuten, okay? Ich muss morgen früh raus.«

Ich hob drei Finger. »Pfadfinderehrenwort.«

Sie schloss die Tür, nahm die Kette ab und öffnete sie wieder. Zu meiner Enttäuschung hatte sie das Kleid und das durchsichtige Top gegen einen Bademantel und ein formloses Flanellnachthemd getauscht. Sie trat zur Seite und ließ mich eintreten.

»Ich mache einen Kaffee.«

Das Apartment wirkte schäbig. Ein kleiner Wohnbereich mit Fenstern zur Straße, hoch oben in der Wand, eine Kochnische mit Bergen von Geschirr in der Spüle, ein schmaler Flur, der vermutlich zum Schlafzimmer führte. Auf der Couch, die einem alten Röhrenfernseher gegenüberstand, lagen Berge von Wäsche. Ich sah ein paar Bücher. An den Wänden hingen nur zwei billige Museumsplakate mit Wasserlilien und Ballerinen.

»Entschuldige die Unordnung«, sagte sie und deutete mit einer wedelnden Handbewegung auf das Sofa.

Nicole kehrte mir den Rücken zu, ließ Wasser aus dem Hahn in einen Topf laufen und goss es in die fleckige Kaffeemaschine. Etwas Merkwürdiges ging mit mir vor. Ich kann es nur als eine Art Astralprojektion beschreiben. Es war, als wäre ich eine Figur in einem Film, und als sähe ich mich selbst aus einigem Abstand. In diesem gespaltenen Zustand sah ich zu, wie ich mich ihr von hinten näherte. Sie ließ gemahlenen Kaffee in die Maschine rieseln. Ich wollte die Arme um sie schlingen, als sie meine Anwesenheit spürte und herumfuhr.

»Was tust du?«

Ich drückte sie mit dem ganzen Körper an die Küchentheke und fing an, ihren Hals zu küssen. »Was glaubst du, was ich tue?«

»Tim, hör auf. Das meine ich ernst.«

Ich brannte innerlich, und alle meine Sinne liefen Amok. »Gott, du riechst so gut.« Ich leckte an ihr, kostete sie, ich wollte sie trinken.

»Du machst mir Angst. Du musst jetzt gehen.«

»Sag, dass du sie bist.« Woher kamen diese Worte? Wer redete da? War ich das? »Sag es. Sag mir, es tut dir leid.«

»Verdammt, du sollst aufhören!«

Mit überraschender Kraft stieß sie mich von sich. Ich stolperte gegen die Theke und konnte mich kaum auf den Beinen halten. Als ich aufblickte, zog sie ein langes Messer aus einer Schublade und zielte damit auf mich wie mit einer Pistole.

»Verschwinde!«

Dunkelheit breitete sich in mir aus. »Wie konntest du das tun? Wie konntest du mich einfach stehenlassen?«

»Ich schreie.«

»Miststück. Verdammtes Miststück.«

Ich taumelte auf sie zu. Was hatte ich vor? Wer war sie für mich, diese Frau mit dem Messer? War sie Liz? War sie überhaupt eine Person oder nur ein Spiegel, in dem ich mein elendes Ich sah? Bis heute weiß ich es nicht. Es ist, als gehörte der Augenblick einem anderen Mann. Das sage ich nicht zu meiner Entlastung, denn die kann es nicht geben, sondern nur, um die Ereignisse so genau wie möglich zu beschreiben. Mit einer Hand hielt ich ihr den Mund zu, mit der anderen packte ich ihren Arm und riss das Messer herunter. Unsere Körper prallten weich zusammen, und wir fielen zu Boden, ich zuoberst, mit dem Messer zwischen uns.

Das Messer. Das Messer.

Als wir landeten, fühlte ich es. Das Gefühl war so unverwechselbar wie das Geräusch, das es machte.

Die Erinnerung an die Ereignisse, die darauf folgten, ist nicht weniger seltsam und von Grauen umnachtet. Ich lebte in einem Alptraum, in dem die große, unwiderrufliche Tat begangen worden war. Ich erhob mich von ihrem Körper. Eine Blutlache, dick und dunkel, fast schwarz, breitete sich unter ihr aus, und an meinem Hemd war noch mehr, ein dunkelroter Fleck. Die Klinge war dicht unterhalb ihres Brustbeins eingedrungen und von meinem Gewicht tief in den Thoraxraum getrieben worden. Sie schaute zur Decke und stieß ein leises Keuchen aus, nicht lauter als jemand, der ein bisschen überrascht war. *Ist mein Leben vorbei? War das alles? Diese dumme Kleinigkeit, und das war's?* Nach und nach verloren ihre Augen den Fokus, und eine unnatürliche Stille legte sich auf ihr Gesicht.

Ich drehte mich zur Spüle um und übergab mich.

Ich kann mich nicht erinnern, dass ich beschloss, meine Spuren zu verwischen. Ich hatte keinen Plan; ich handelte nur, als hätte ich einen. Noch sah ich mich nicht als Mörder; ich war ein Mann, der in einen schweren Unfall verwickelt war, der zu Missverständnissen führen würde. Ich zog mich bis auf mein Unterhemd aus. Das Blut des Mädchens war nicht durchgedrungen. Ich sah mich nach Dingen um, die ich vielleicht berührt hatte. Das Messer natürlich, das würde verschwinden müssen. Die Wohnungstür? Hatte ich den Türknauf angefasst? Den Rahmen? Ich hatte die Krimiserien im Fernsehen gesehen, in denen gut aussehende Polizisten einen Tatort nach winzigen Spuren absuchten. Ich wusste, dass ihre Fähigkeiten zu dramatischen Zwecken wild übertrieben wurden, aber andere Informationen hatte ich nicht. Welche unsichtbaren Spuren hinterließ ich noch jetzt auf den Flächen dieser Wohnung, die nur darauf warten würden, eingesammelt und untersucht zu werden, um dann meine Schuld zu beweisen?

Ich spülte mir den Mund aus und wischte Türen und Spüle mit einem Schwamm ab. Auch das Messer säuberte ich, wickelte es dann in mein Hemd und verstaute es sorgfältig in meiner Manteltasche. Die Leiche schaute ich nicht noch einmal an, denn den Anblick hätte ich nicht ertragen. Ich schrubbte die Arbeitsplatten ab und wandte mich dem Rest des Apartments zu. Etwas war verändert. Was sah ich?

Ich hörte ein Geräusch aus dem Flur.

Was ist das Schlimmste? Der Tod von Millionen? Der Untergang einer ganzen Welt? Nein. Das Schlimmste ist das Geräusch, das ich hörte.

Einzelheiten, von denen ich keine Notiz genommen hatte, gerieten in mein Blickfeld. Der Wäscheberg mit lauter winzigen pinkfarbenen Kleidungsstücken. Die bunten Spielsachen aus Plüsch und Plastik, die auf dem Boden verstreut lagen. Der unverkennbare Fäkalgeruch, überlagert von süßem Puderduft. Die Frau fiel mir ein, die ich aus dem Haus hatte kommen sehen. Der Zeitpunkt ihres Fortgehens war nicht zufällig gewesen.

Wieder hörte ich das Geräusch. Ich wollte fliehen, aber ich konnte es nicht. Dass ich ihm folgen musste, war meine Buße. Es war der Stein, den ich mein Leben lang auf dem Herzen tragen sollte. Langsam ging ich durch den Flur, und Entsetzen begleitete jeden meiner Schritte. Ein fahles Nachtlicht schimmerte durch die halb offene Tür. Der Geruch wurde stärker und erfüllte meinen Mund. Auf der Schwelle blieb ich wie versteinert stehen, aber ich wusste, was ich zu tun hatte.

Das kleine Mädchen war wach und schaute sich um. Sechs Monate, ein Jahr – ich konnte so etwas nicht gut schätzen. Ein Mobile aus Papptieren drehte sich über dem Bettchen. Sie ruderte mit den Armen und strampelte auf der Matratze, sodass die Tiere sich an ihren Fäden umeinander drehten, und wieder gab sie dieses Geräusch von sich, ein vergnügtes leises Quieken. *Siehst du, was ich kann? Mama, komm und sieh dir das an.* Aber ihre Mutter lag nebenan in einer Blutpfütze, und ihre Augen starrten in den Abgrund der Zeit.

Und was tat ich? Fiel ich vor ihr auf die Knie und flehte um Verzeihung? Hob ich sie auf mit meinen unreinen Händen, den Händen eines Mörders, und bat ich um Vergebung für ihr mutterloses Leben? Rief ich die Polizei und wachte beschämt neben dem Bettchen, bis sie kam?

Nichts von alldem. Feigling, der ich war, lief ich weg.

Und doch endet die Nacht nicht dort. Man könnte sagen, sie endete nie mehr.

Eine Treppe führte von der Old Fulton Street hinauf zum Fußgängerweg der Brooklyn Bridge. Mitten auf der Brücke zog ich das blutige Hemd mit dem Messer aus der Tasche und warf beides ins Wasser. Es war kurz vor fünf, und bald würde die Stadt aufwachen. Schon wurde der Verkehr dichter – frühe Pendler, Taxen, Lieferwagen, sogar ein paar Radfahrer mit vor der Kälte vermummten Gesichtern flogen an mir vorbei wie Dämonen auf Rädern. Es gibt kein Geschöpf, das sich so anonym, vergessen und einsam fühlt wie ein Fußgänger in New York, wenn er das möchte, aber das ist eine Illusion: Unser Kommen und Gehen wird minutiös verfolgt. Am Washington Square kaufte ich mir bei einem Straßenhändler eine billige Baseballmütze, um mein Gesicht zu verbergen, und suchte dann ein Münztelefon. Die 911 anzurufen kam nicht in Frage, denn der Anruf würde sofort zurückverfolgt werden. Von der Auskunft ließ ich mir die Nummer der *New York Post* geben, wählte sie und ließ mich mit der Stadtredaktion verbinden.

»Metro.«

»Ich möchte einen Mord melden. Eine Frau ist erstochen worden.«

»Moment. Mit wem spreche ich?«

Ich gab die Adresse durch. »Die Polizei weiß es noch nicht. Die Tür ist offen. Fahren Sie einfach hin.« Ich hängte ein.

Ich rief noch zwei Zeitungen an, die *Daily News* und die *Times,* und ich benutzte zwei verschiedene Telefone, eins in der Bleecker Street, das andere in der Prince. Inzwischen war der Morgen in vollem Gange. Ich sollte jetzt nach Hause zurückkehren, dachte ich. Es lag nahe, und ich konnte auch sonst nirgendwohin.

Dann fiel mir mein vergessener Koffer ein. Wie er mich mit dem Tod des Mädchens in Verbindung bringen sollte, wusste ich nicht, aber es war doch zumindest eine Spur, die ich besser beseitigte. Ich fuhr mit der U-Bahn in Richtung Uptown zum Grand Central. Sofort fiel mir die massive Polizeipräsenz im Bahnhof auf. Ich war jetzt ein Mörder, verurteilt zu einem übernatürlichen Bewusstsein meiner Umgebung, zu einem Leben in beständiger Angst. Am Informationskiosk schickte man mich zum Fundbüro in der unteren Ebene. Ich schob der Frau hinter der Theke meinen Führerschein hinüber und beschrieb meinen Koffer.

»Ich glaube, ich habe ihn in der Haupthalle gelassen.« Ich bemühte mich, wie ein aufgeregter Reisender zu klingen. »Wir hatten einfach so viel Gepäck. Ich glaube, deshalb habe ich ihn vergessen.«

Meine Geschichte interessierte sie nicht im Mindesten. Sie verschwand zwischen den Gepäckregalen und kam kurz darauf mit einem Koffer und einem Zettel zurück.

»Füllen Sie das aus und unterschreiben Sie unten.«

Name, Rang, Dienstnummer. Es kam mir vor wie ein Geständnis, und meine Hände zitterten so sehr, dass ich den Stift kaum halten konnte. Wie absurd – ein ausgefülltes Formular in einer Stadt, für deren Papierbedarf täglich ein Wald abgeholzt wurde.

»Ich muss Ihren Führerschein kopieren«, sagte die Frau.

»Ist das wirklich nötig? Ich hab's ein bisschen eilig.«

»Schätzchen, ich habe die Vorschriften nicht gemacht. Wollen Sie Ihren Koffer haben oder nicht?«

Ich gab ihr noch einmal den Führerschein. Sie legte ihn auf den Kopierer, gab ihn mir zurück und heftete die Kopie an das Formular, das sie in eine Schublade unter der Theke legte.

»Ich wette, Sie kriegen eine Menge Koffer«, bemerkte ich. Ich hatte das Gefühl, ich sollte etwas sagen.

Sie verdrehte die Augen. »Baby, Sie sollten mal sehen, was hier alles reinkommt.«

Ich fuhr mit dem Taxi nach Hause. Unterwegs machte ich eine Bestandsaufnahme. Die Wohnung der Frau war sauber, soweit ich es übersehen konnte. Ich hatte jede Fläche abgewaschen, die ich berührt hatte. Niemand hatte mich kommen oder gehen sehen, nur der Taxifahrer, aber das konnte ein Problem werden. Den Barkeeper durfte ich auch nicht vergessen. *Verzeihung, Sie sind Professor Fanning, nicht wahr?* Ich wusste nicht mehr, ob er in Hörweite gewesen war, aber auf jeden Fall hatte er uns beide ausgiebig sehen können. Hatte ich bar oder mit einer Kreditkarte bezahlt? Bar, dachte ich, doch sicher war ich nicht. Die Spur war da, aber konnte jemand ihr folgen?

Oben legte ich den Koffer auf mein Bett und klappte ihn auf. Ich war nicht überrascht, als ich feststellte, dass das Morphium weg war, aber alles andere war noch da. Ich leerte meine

Taschen aus – Brieftasche, Schlüssel, Handy. Der Akku war über Nacht leer geworden. Ich hängte das Telefon an das Ladegerät auf dem Nachttisch und legte mich hin, aber ich wusste, ich würde nicht schlafen. Wahrscheinlich würde ich nie wieder schlafen können.

Das Telefon zirpte, als es am Stromnetz hing. Vier neue Nachrichten, alle von derselben Nummer mit der Vorwahl 401. Rhode Island? Wen kannte ich in Rhode Island? Ich hielt das Telefon noch in der Hand, als es klingelte.

»Ist dort Timothy Fanning?«

Ich erkannte die Stimme nicht. »Ja, hier ist Dr. Fanning.«

»Oh, Sie sind Arzt. Das erklärt es. Mein Name ist Lois Swan. Ich bin Krankenschwester auf der Intensivstation im Westerly Hospital. Gestern Nachmittag wurde hier eine Patientin eingeliefert. Ihr Name ist Elizabeth Lear. Kennen Sie sie?«

Das Herz schlug mir bis zum Hals. »Wo ist sie? Ist etwas passiert?«

»Sie wurde aus einem Amtrak-Zug aus Boston geholt und mit dem Rettungswagen hergebracht. Ich habe schon ein paarmal versucht, Sie zu erreichen. Sind Sie ihr Arzt?«

Allmählich begriff ich, was hinter dem Anruf steckte. »Ja«, log ich. »Wie ist ihr Zustand?«

»Mrs Lear ist leider verstorben.«

Ich sagte nichts. Das Zimmer löste sich auf. Nicht nur das Zimmer, die ganze Welt.

»Hallo?«

Ich schluckte mit Mühe. »Ja, ich bin noch da.«

»Bei der Einlieferung war sie bewusstlos. Ich war allein bei ihr, als sie aufwachte. Sie hat mir Ihren Namen und Ihre Telefonnummer gegeben.«

»Hat sie noch etwas gesagt?«

»Leider nein. Sie war sehr schwach. Ich war nicht mal sicher, ob ich die Nummer richtig verstanden hatte. Ein paar Minuten später ist sie gestorben. Wir haben versucht, den Ehemann zu erreichen, aber der ist anscheinend in Übersee. Gibt es sonst jemanden, den wir informieren sollten?«

Ich legte auf und drückte mir ein Kissen auf das Gesicht. Dann fing ich an zu schreien.

# 22

Die Geschichte vom Tod der Frau prangte mehrere Tage lang auf den Titelseiten der Boulevardpresse, und auf diesem Wege erfuhr ich mehr über sie. Sie war neunundzwanzig, kam aus College Park in Maryland und war die Tochter iranischer Einwanderer. Ihr Vater war Ingenieur, die Mutter Schulbibliothekarin, und sie hatte drei Geschwister. Sechs Jahre lang hatte sie bei Beckworth & Grimes gearbeitet, zuletzt als Lektoratsassistentin. Sie und der Vater des Kindes, ein Schauspieler, hatten sich vor Kurzem scheiden lassen. Alles an ihr war alltäglich und bewundernswert. Sie war eine fleißige Arbeiterin. Eine treue Freundin. Eine geliebte Tochter, eine hingebungsvolle Mutter. Eine Zeitlang hatte sie Tänzerin werden wollen. Es gab viele Fotos von ihr. Auf einem war sie selbst noch ein Kind; sie trug ein Trikot und vollführte einen Kleinmädchenknicks.

Zwei Tage später rief Jonas mich an und teilte mir mit, dass Liz gestorben sei. Ich tat mein Bestes, den Überraschten zu spielen, und stellte fest, dass ich es tatsächlich auch irgendwie war, als ob ich ihren Verlust zum ersten Mal erlebte, als ich seine brüchige Stimme hörte. Wir sprachen eine Weile miteinander und erzählten einander Geschichten von früher. Ab und zu lachten wir über etwas Komisches, das sie getan oder gesagt hatte, und dann wieder wurde es lange still, und ich hörte, dass er weinte. Die ganze Zeit lauschte ich aufmerksam, ob irgendetwas zwischen den Zeilen des Gesprächs darauf hinwies, dass er über uns beide Bescheid gewusst oder etwas geahnt habe. Aber ich entdeckte nichts dergleichen. Es war, wie Liz gesagt hatte: Er war völlig blind. Er konnte sich so etwas nicht einmal vorstellen.

Ich war immer noch ein bisschen erstaunt darüber, dass mir nichts passiert war: niemand, der an die Tür klopfte, keine Männer in dunklen Anzügen, die vor der Kette standen und ihre Dienstmarken vorzeigten: *Dr. Fanning, dürfen wir Sie kurz sprechen?* In keinem Artikel wurde der Barkeeper oder der Taxifahrer erwähnt, und das nahm ich als ein gutes Zeichen, auch wenn ich davon ausging, dass die Polizei irgendwann vor der Tür stehen würde. Dann würde ich Buße tun müssen; ich würde auf die Knie fallen und gestehen. Anders ergäbe das Universum keinen Sinn mehr.

Ich fuhr mit der Bahn nach Boston zur Beerdigung. Sie sollte in Cambridge stattfinden, in Sichtweite des Harvard Yard. Die Kirche war voll. Verwandte, Freunde, Kollegen, ehemalige Studenten – in ihrem allzu kurzen Leben war Liz von vielen geliebt worden. Ich setzte mich in eine Bank am hinteren Ende; ich wollte unsichtbar sein. Viele kannte ich, von anderen wusste ich, wer sie waren, und alles war eine drückende Last. Unter den Trauergästen war ein Mann, unter dessen aufgedunsenem Alkoholikergesicht sich Alcott Spence verbarg. Unsere Blicke hatten sich kurz getroffen, als wir Liz' Sarg nach draußen folgten, aber ich glaube nicht, dass er sich an mich erinnerte.

Nach der Bestattung begab sich der innere Kreis in den Spee Club zu einem Catering-Lunch. Ich hatte Jonas erzählt, ich müsse frühzeitig zurückfahren und könne nicht mehr dabei sein, aber er bestand so hartnäckig darauf, dass mir kaum etwas anderes übrig blieb. Es gab Trinksprüche, Erinnerungen und sehr viel Alkohol. Jede Sekunde wurde mir zur Qual. Als die Leute schließlich gingen, nahm Jonas mich beiseite.

»Lass uns in den Garten gehen. Ich muss mit dir über etwas reden.«

Jetzt war es so weit, dachte ich. Die ganze Katastrophe würde ans Licht kommen. Wir gingen durch die Bibliothek nach draußen und setzten uns auf die Steintreppe, die in den Garten hinunterführte. Es war ein ungewöhnlich warmer Tag, ein spöttischer Vorgeschmack auf den Frühling – einen Frühling, den ich sicher nicht mehr sehen würde, denn bis dahin säße ich in einer Zelle.

Er griff in die Innentasche seines Jacketts und zog einen Flachmann heraus. Er trank einen großen Schluck und reichte mir die Flasche.

»Auf die alten Zeiten«, sagte er.

Ich wusste nicht, wie ich reagieren sollte. Er würde die Richtung dieses Gesprächs bestimmen.

»Du brauchst es nicht zu sagen. Ich weiß, dass ich es vermasselt habe. Ich hätte da sein sollen. Das ist vielleicht das Schlimmste.«

»Sie hat es sicher verstanden.«

»Wie sollte sie?« Er trank wieder und wischte sich über den Mund. »Die Wahrheit ist, ich glaube, sie wollte mich verlassen. Wahrscheinlich habe ich es verdient.«

Mein Magen zog sich zusammen. Andererseits – wenn er gewusst hätte, dass ich es war, hätte er es schon gesagt. »Sei nicht albern. Wahrscheinlich wollte sie nur zu ihrer Mutter.«

Er zuckte fatalistisch die Achseln. »Ja, schön. Aber als ich das letzte Mal nachgesehen habe, brauchte man noch keinen Pass, um nach Connecticut zu fahren.«

Daran hatte ich nicht gedacht. Ich konnte nichts darauf sagen.

»Aber das ist nicht der Grund, weshalb ich dich herausgebeten habe«, fuhr er fort. »Du hast sicher schon die Geschichten über mich gehört.«

»Ein paar.«

»Alle halten mich für einen Riesenwitz. Aber sie irren sich.«

»Vielleicht ist heute nicht der richtige Tag dafür, Jonas.«

»Im Gegenteil, es ist der ideale Tag dafür. Ich bin nah dran, Tim. Sehr, sehr nah. Es gibt eine Anlage in Bolivien. Einen Tempel, mindestens tausend Jahre alt. Die Legende sagt, dort wäre ein Grab. Mit dem Leichnam eines Mannes, der mit dem Virus infiziert ist, nach dem ich suche. Das ist nichts Neues – es gibt viele solcher Geschichten. Meiner Meinung nach zu viele, als dass überhaupt nichts dahinterstecken könnte, aber das ist ein anderer Streit. Der springende Punkt ist, ich habe jetzt handfestes Beweismaterial. Vor ein paar Monaten kam ein Freund zu mir, der beim Zentrum für Seuchenkontrolle tätig ist. Er hatte von meiner Arbeit gehört und war auf etwas gestoßen, von dem er dachte, es könnte mich interessieren. Vor fünf Jahren tauchte eine Gruppe von vier amerikanischen Touristen in einem Krankenhaus in La Paz auf. Alle sahen aus, als seien sie mit dem Hantavirus infiziert. Sie waren auf einer Art Ökotour im Dschungel unterwegs gewesen. Aber jetzt kommt's. Sie alle waren unheilbar krebskrank, und diese Reise war so etwas wie ein ›Letzter Wunsch‹ gewesen. Du weißt schon – etwas, das man noch unbedingt tun will, bevor man ins Gras beißt.«

Ich hatte keine Ahnung, worauf er hinauswollte. »Und?«

»Und jetzt wird es interessant. Alle wurden wieder gesund. Nicht nur die Hantavirusinfektion war weg, auch der Krebs. Eierstockkrebs, ein inoperables Glioblastom, chronisch-lymphatische Leukämie – alles spurlos verschwunden. Und sie waren nicht nur geheilt; sie waren *mehr* als geheilt. Es war, als sei der Alterungsprozess umgekehrt worden. Der Jüngste war sechsundfünfzig, der Älteste siebzig. Sie sahen aus wie Zwanzigjährige.«

»Das ist eine tolle Geschichte.«

»Ist das ein Witz? Das ist *die* Geschichte. Wenn das alles stimmt, ist es die wichtigste Entdeckung in der Geschichte der Medizin.«

Ich war noch skeptisch. »Und warum habe ich noch nichts davon gehört? In der Literatur kommt es nicht vor.«

»Gute Frage. Mein Freund beim CDC hat den Verdacht, dass das Militär sich eingeschaltet hat. Die ganze Sache ist an USAM-RIID gegangen.«

»An das Medizinische Forschungsinstitut der Army? Was wollen die damit?«

»Wer weiß das schon? Vielleicht wollen sie nur die Lorbeeren ernten, obwohl das eine optimistische Vermutung ist. Gerade noch hast du Einstein, der sich den Kopf über die Relativitäts-theorie zerbricht, und ehe du dichs versiehst, hast du das Manhattan-Projekt und einen Riesenkrater im Boden. Wäre nicht das erste Mal, dass so etwas passiert.«

Da hatte er nicht unrecht. »Hast du sie untersucht? Die vier Patienten?«

Jonas trank noch einen Schluck Whiskey. »Tja, es gibt da einen Haken. Sie sind alle tot.«

»Aber ich dachte, du hättest gesagt ...«

»Oh, es lag nicht am Krebs. Sie alle schienen irgendwie ... ja, beschleunigt zu sein, als würden sie körperlich nicht damit fertig. Jemand hat ein Video gedreht. Sie gingen praktisch die Wände hoch. Der, der es am längsten durchstand, schaffte sechsund-achtzig Tage.«

»Das ist aber ein ziemlich großer Haken.«

Er sah mich durchdringend an. »Überleg mal, Tim. Irgend-etwas ist da draußen. Ich habe es nicht rechtzeitig gefunden, um Liz zu retten, und das wird mich für den Rest meiner Tage verfolgen. Aber ich kann jetzt nicht aufhören. Nicht trotz, son-dern gerade *wegen* ihr. Hundertfünfundfünfzigtausend Men-schen sterben jeden Tag. Wie lange sitzen wir jetzt hier? Zehn Minuten? Das macht über tausend Leute wie Liz. Leute mit ei-nem Leben, mit einer Familie, die sie liebt. Ich brauche dich, Tim. Nicht nur, weil du mein ältester Freund bist und der ge-scheiteste Mensch, den ich kenne. Ich will ehrlich sein: Ich habe Probleme mit dem Geld. Niemand will mich mehr finanzieren.

Vielleicht könnte dein Ansehen, du weißt schon, das Getriebe ein bisschen ölen.«

Mein Ansehen. Wenn er nur wüsste, wie wenig das noch wert war. »Ich weiß nicht, Jonas.«

»Wenn du es nicht für mich tun kannst, tu es für Liz.«

Ich muss zugeben, der Naturwissenschaftler in mir war fasziniert. Es stimmte aber auch, dass ich mit diesem Projekt und auch mit Jonas nie wieder etwas zu tun haben wollte. In dem schmalen Zeitraum von zehn Minuten, in dem tausend Menschen gestorben waren, hatte ich angefangen, ihn zutiefst zu verabscheuen. Vielleicht hatte ich das immer schon getan. Ich verabscheute seine Gedankenlosigkeit, sein monströses Ego, seine selbstverliebte Großspurigkeit. Ich verabscheute es, wie er meine Loyalität unverhohlen manipulierte und wie er unerschütterlich daran glaubte, dass die Antwort auf alles in Reichweite vor ihm lag. Ich verabscheute die Tatsache, dass er nicht die geringste Ahnung von irgendetwas hatte, aber vor allem verabscheute ich ihn, weil er Liz allein hatte sterben lassen.

»Kann ich es mir überlegen?« Ein bequemes Ausweichmanöver. Ich hatte nicht die leiseste Absicht, mir irgendetwas zu überlegen.

Er wollte etwas sagen, überlegte es sich dann aber. »Verstehe. Du musst an deinen Ruf denken. Glaub mir, ich weiß, wie das ist.«

»Darum geht es nicht. Aber es ist eine beachtliche Verpflichtung. Und ich habe in letzter Zeit viel am Hals.«

»So einfach lasse ich dich nicht davonkommen, weißt du.«

»Das habe ich mir gedacht.«

Wir schwiegen eine Zeitlang. Jonas schaute in den Garten hinaus, aber ich war ziemlich sicher, dass er ihn nicht sah.

»Es ist komisch – ich habe immer gewusst, dass dieser Tag kommen würde. Und jetzt kann ich es nicht glauben. Es ist, als ob es gar nicht passierte, weißt du? Ich habe das Gefühl, ich komme gleich nach Hause, und da sitzt sie an ihrem Schreibtisch und korrigiert Seminararbeiten, oder sie steht in der Küche und rührt in einem Topf.« Er atmete geräuschvoll aus und sah mich an. »Ich hätte dir ein besserer Freund sein müssen in all den Jahren. Ich hätte nicht so viel Zeit vergehen lassen dürfen.«

»Vergiss es«, sagte ich. »Es war auch meine Schuld.«

Das Gespräch war zu Ende. »Tja«, sagte Jonas, »danke, dass du gekommen bist, Tim. Ich wusste, du würdest sowieso kommen, nur ihretwegen. Aber es bedeutet mir viel. Lass mich wissen, wie du dich entscheidest.«

Ich blieb noch eine Weile sitzen, nachdem er gegangen war. Im Haus war es still; die Trauergäste waren gegangen und in ihr Leben zurückgekehrt. Sie waren vom Glück gesegnet, dachte ich.

Von Jonas hörte ich nichts mehr. Auf den Winter folgte der Frühling und dann der Sommer, und allmählich glaubte ich, dass man die Punkte tatsächlich nicht verbunden hatte und ich ein freier Mann bleiben würde. Nach und nach verdunkelte der Tod des Mädchens nicht mehr alles, was ich dachte und tat. Natürlich war die Erinnerung noch da; sie überkam mich oft und ohne Vorwarnung, und mein Schuldbewusstsein lähmte mich so sehr, dass ich kaum atmen konnte. Aber der Geist ist geschmeidig, und er versucht, sich zu schützen. An einem besonders freundlichen Sommertag – kühl und trocken und mit einem Himmel, so frisch, dass er aussah, als sei eine mächtige blaue Kuppel über die Stadt gestülpt worden – ging ich von meinem Büro zur U-Bahn, als mir plötzlich klar wurde, dass ich volle zehn Minuten lang nicht das Gefühl gehabt hatte, restlos vernichtet zu sein. Vielleicht konnte das Leben am Ende doch noch weitergehen.

Im Herbst nahm ich meine Lehrtätigkeit wieder auf. Ein Schwarm von frisch graduierten Assistenten erwartete mich, und als ob es der Verwaltung besonderes Vergnügen machte, mich zu quälen, waren die meisten weiblich. Aber zu sagen, dass diese Tage für mich vorüber waren, wäre die Untertreibung des Jahrhunderts. Ich führte das Leben eines Mönches, und das würde ich auch weiterhin tun. Ich tat meine Arbeit, ich veranstaltete meine Seminare. Ich suchte keine Gesellschaft, weder männliche noch weibliche. Aus zweiter Hand erfuhr ich, dass Jonas doch noch eine Finanzierung für seine Expedition bekommen hatte und sich auf die Abreise nach Bolivien vorbereitete. Gott sei Dank, dachte ich.

Eines Tages gegen Ende Januar saß ich in meinem Büro und benotete Laborberichte, als es klopfte.

»Herein.«

Es waren zwei, ein Mann und eine Frau, und ich wusste sofort, wer und was sie waren. Wahrscheinlich war mir mein Schuldbewusstsein sofort anzusehen.

»Haben Sie einen Augenblick Zeit, Professor Fanning?«, fragte die Frau. »Ich bin Detective Reynaldo, und das ist Detective Phelps. Wir würden Ihnen gern ein paar Fragen stellen, wenn Sie gestatten.«

»Selbstverständlich.« Ich tat überrascht. »Nehmen Sie Platz, Detectives.«

»Wir bleiben stehen, wenn es Ihnen recht ist.«

Das Gespräch dauerte knapp fünfzehn Minuten, aber es genügte, um mir klarzumachen, dass die Schlinge sich zuzog. Eine Frau hatte sich gemeldet – die Babysitterin. Sie hatte einen illegalen Aufenthaltsstatus, was die lange Verzögerung erklärte. Sie hatte mich zwar nur kurz gesehen, aber die Beschreibung, die sie liefern konnte, passte zu der, die der Barkeeper abgegeben hatte. Der wiederum erinnerte sich zwar nicht an meinen Namen, aber er hatte den Teil unserer Unterhaltung mitbekommen, in der sie mir gestanden hatte, dass sie in mich »verknallt« gewesen sei, und hinzugefügt hatte: »Viele Mädels waren das.« Das veranlasste sie, sich Nicoles Studienbuch anzusehen, und führte sie schließlich zu mir, der ich eine bemerkenswerte Ähnlichkeit mit dem von der Babysitterin beschriebenen Verdächtigen aufwies. Eine *sehr* bemerkenswerte Ähnlichkeit.

Ich leugnete, wie man das eben so macht. Nein, ich war nie in dem fraglichen Lokal gewesen. Nein, ich konnte mich nicht erinnern, dass sie meine Studentin gewesen war: Ich hatte die Story in der Zeitung gelesen, aber ich hatte keinen Zusammenhang hergestellt. Nein, ich wusste nicht mehr, wo ich in jener Nacht gewesen war. Wann genau? Wahrscheinlich im Bett.

»Interessant. Im Bett, sagen Sie?«

»Kann sein, dass ich gelesen habe. Ich schlafe nicht gut. Aber ich weiß es wirklich nicht.«

»Das ist merkwürdig. Denn nach Auskunft der Transport Security Administration hatten Sie einen Flug nach Athen gebucht. Möchten Sie uns dazu irgendetwas erzählen, Dr. Fanning?«

Der kalte Schweiß des Verbrechers trat auf meine Handflächen. Natürlich wussten sie davon. Wie hatte ich so dumm sein können?

»Also schön.« Ich tat mein Bestes, um verärgert zu erscheinen. »Ich wünschte, es hätte nicht zur Sprache kommen müssen, aber da Sie darauf bestehen, in meinem Privatleben herumzuschnüffeln – ich wollte mit einer Freundin verreisen. Mit einer *verheirateten* Freundin.«

Eine einzelne Augenbraue hob sich lasziv. »Möchten Sie uns den Namen verraten?«

Meine Gedanken überschlugen sich. Konnten sie uns miteinander in Verbindung bringen? Ich hatte die Flugtickets bar bezahlt und einzeln gekauft, um unsere Spuren zu verwischen. Wir hatten nicht einmal Sitze nebeneinander; ich hatte vorgehabt, das zu regeln, sobald wir an Bord gingen.

»Bedaure, das kann ich nicht. Es kommt mir nicht zu.«

»Ein Gentleman genießt und schweigt, hm?«

»Wenn Sie so wollen.«

Detective Reynaldo lächelte von oben herab. Sie genoss die Situation. »Ein Gentleman, der mit der Frau eines anderen verschwindet. Ich bezweifle, dass Sie dafür einen Preis gewinnen.«

»Das habe ich auch nicht behauptet, Detective.«

»Und warum sind Sie nicht geflogen?«

Ich zuckte so unschuldsvoll wie möglich die Achseln. »Sie hatte es sich anders überlegt. Ihr Mann ist ein Kollege von mir. Es war von Anfang an eine dumme Idee. Mehr gibt es dazu auch nicht zu sagen.«

Volle zehn Sekunden lang sagte keiner von uns etwas. Offensichtlich warteten sie darauf, dass ich das Schweigen beendete und mich belastete.

»Tja, das war's dann vorläufig, Dr. Fanning. Danke, dass Sie sich trotz Ihrer vielen Arbeit Zeit für uns genommen haben.« Sie gab mir ihre Karte. »Wenn Ihnen noch etwas einfällt, rufen Sie mich an, ja?«

»Selbstverständlich, Detective.«

»Irgendetwas, meine ich.«

Ich wartete eine halbe Stunde, bis ich sicher sein konnte, dass sie nicht mehr in der Nähe des Gebäudes waren, und fuhr dann mit der U-Bahn nach Hause. Wie viel Zeit hatte ich? Ein paar Tage? Stunden? Wie groß war der bürokratische Aufwand, um mich zu einer Gegenüberstellung zu holen?

Mir fiel nur ein Ausweg ein. Ich rief in Jonas' Büro an, dann sein Handy. Aber ich erreichte ihn nicht. Ich musste riskieren, eine E-Mail zu schreiben.

*Jonas – ich habe über deinen Vorschlag nachgedacht. Tut mir leid, dass es so lange gedauert hat. Ich weiß nicht, was ich zu diesem späten Zeitpunkt noch beitragen kann, aber ich wäre gern dabei. Wann fliegst du? TF*

Ich wartete an meinem Computer und klickte immer wieder auf »Neue Nachrichten«. Nach dreißig Minuten kam seine Antwort.

*Bin hocherfreut. Wir fliegen in drei Tagen. Habe dein Visum bereits beim Außenministerium geklärt. Sag nicht, ich hätte keine Beziehungen. Wen brauchst du noch für dein Team? Wie ich dich kenne, wirst du eine ganze Flottille von Assistentinnen mitbringen, aber die werden uns die Umgebung verschönern.*

*Beweg deinen Arsch, Alter. Wir werden die Welt verändern. JL*

# 23

Viel mehr gibt es nicht zu erzählen. Ich flog mit. Ich wurde infiziert. Von den Infizierten blieb ich als Einziger am Leben. Und so entstand eine Art, der die Herrschaft über die Welt gehören sollte.

Irgendwann nachts besuchte Jonas mich in meiner Kammer. Das war lange nach meiner Verwandlung, und inzwischen hatte ich mich in meiner Situation zurechtgefunden. Ich konnte nicht wissen, wie spät es war, denn solche Dinge hatten in meiner Gefangenschaft alle Bedeutung verloren. Meine Pläne waren weit gediehen. Ich und meine Mitverschwörer hatten unseren Fluchtweg gefunden. Die Männer, die uns bewachten, waren schwach im Geiste: Tag für Tag waren wir in ihre Gedanken eingedrungen, hatten ihr Hirn mit unseren schwarzen Träumen erfüllt und sie zu uns geholt. Ihre schlaffen Seelen kollabierten, und bald würden sie uns gehören.

Seine Stimme kam aus dem Lautsprecher. »Tim, hier ist Jonas.«

Es war nicht sein erster Besuch. Schon oft hatte ich sein Gesicht hinter der Scheibe gesehen. Aber seit dem Tag meines Erwachens hatte er mich nicht mehr direkt angeredet. In den letzten Jahren hatte sich sein Äußeres in erschreckender Weise verändert. Langhaarig, mit wirrem Bart und irrem Blick, hatte er sich in den

Inbegriff des verrückten Wissenschaftlers verwandelt, für den ich ihn immer schon gehalten hatte.

»Ich weiß, du kannst nicht sprechen. Verdammt, ich bin nicht mal sicher, ob du mich verstehst.«

Ich ahnte, dass ein Geständnis bevorstand. Ich gebe zu, ich war nur flüchtig interessiert an dem, was er mir zu sagen hatte. Sein verstörtes Gewissen – was interessierte es mich? Außerdem brachte sein Besuch meinen Speiseplan durcheinander. Im Leben hatte ich für den Geschmack von Wild nicht viel übriggehabt, aber jetzt hatte ich eine große Vorliebe für rohes Kaninchen.

»Hier ist etwas Schlimmes im Gange. Ich verliere tatsächlich die Kontrolle über diese Sache.«

Ach was, dachte ich.

»Gott, ich vermisse sie, Tim. Ich hätte auf sie hören sollen. Ich hätte auf *dich* hören sollen. Wenn du nur mit mir sprechen könntest.«

Du wirst noch früh genug von mir hören, dachte ich.

»Eine Chance habe ich noch, Tim. Ich glaube immer noch, es kann funktionieren. Wenn ich es hinkriege, kann ich das Militär vielleicht dazu bringen, sich zurückzuziehen. Ich kann immer noch alles ins Lot bringen.«

Die Hoffnung währet ewiglich, nicht wahr?

»Der springende Punkt ist, es muss ein Kind sein.« Er schwieg einen Moment lang. »Ich kann nicht glauben, dass ich das sage. Sie haben sie eben hereingebracht. Ich will gar nicht wissen, was sie getan haben, um sie herzubringen. Mein Gott, Tim, sie ist ja nur ein kleines Mädchen.«

Ein Kind, dachte ich. Das war ein faszinierendes kleines Problem. Kein Wunder, dass Jonas sich selbst verabscheute. Ich genoss sein Elend. Ich hatte erfahren, wie tief ein Mann sinken konnte. Warum sollte er es nicht auch?

»Sie nennen sie Amy – Nachname unbekannt. Sie haben sie aus irgendeinem Waisenhaus. Allmächtiger Gott, sie hat nicht mal einen richtigen Namen. Sie ist nur irgendein Mädchen von Nirgendwo.«

Ich hatte Mitgefühl mit diesem unglückseligen Kind, das aus seinem Leben gepflückt wurde, um einem Verrückten als letzte, erbärmliche Hoffnung zu dienen. Aber noch während ich daran dachte, trug ein neuer Gedanke in mir Früchte. Ein kleines Mädchen, erfüllt von der Unschuld der Jugend: natürlich. Die Symmetrie war unabweisbar. Es war eine Botschaft, die an mich gerichtet war. Ihr entgegenzutreten, das wäre die Nagelprobe. Ich hörte das Grollen ferner Armeen, die sich zusammenschlossen. Dieses Mädchen von Nirgendwo. Diese Amy, Nachname unbekannt. Wer war Alpha, wer Omega? Wer der Anfang, wer das Ende?

»Hast du sie geliebt, Tim? Du kannst es mir sagen.«

Ja, dachte ich. Ja und ja und ja. Sie war das Einzige, das mir je etwas bedeutet hat. Ich habe sie mehr geliebt, als irgendjemand sonst es gekonnt hätte. Ich habe sie genug geliebt, um sie sterben zu sehen.

»Die Polizei war bei mir, weißt du. Sie wussten, dass ihr beide im selben Flugzeug sein solltet. Und weißt du, was komisch ist? Ich habe mich tatsächlich für sie gefreut. Sie hat jemanden verdient, der sie so lieben konnte, wie sie es brauchte. So, wie ich es nie konnte. Ich glaube, ich will sagen, ich bin froh, dass du es warst.«

War es möglich? Hatten meine Augen – die Augen einer Bestie, eines Dämons – angefangen, Tränen zu vergießen?

»Tja.« Jonas räusperte sich. »Ich glaube, das war es, was ich noch sagen wollte. Das alles tut mir leid, Tim. Ich hoffe, das weißt du. Du warst der beste Freund, den ich je hatte.«

Jetzt ist es dunkel. Sterne schweben hoch über der leeren Stadt, das Diadem des Himmels. Ein Jahrhundert ist es her, dass der letzte Mensch hier unterwegs war, und dennoch kann man nicht durch diese Straßen gehen, wie ich es tue, ohne sein Gesicht tausendfach gespiegelt zu sehen. Schaufenster. Bars und Brownstones. Die verspiegelten Flanken der Wolkenkratzer, mächtige senkrechte Gruften aus Glas. Ich schaue mich um, und was sehe ich? Einen Menschen, ein Monster, einen Teufel? Eine Missgeburt der kalten Natur oder das grausame Werkzeug des Himmels? Der eine Gedanke ist unerträglich, der andere aber nicht minder. Wer ist jetzt das Ungeheuer?

Ich gehe. Lauscht man aufmerksam, so hört man noch immer die Schritte der Menge, eingraviert in Stein. Im Zentrum ist ein Wald gewachsen. Ein Wald in New York! Eine große grüne Eruption, belebt von Tierstimmen und Gerüchen. Ratten sind natürlich überall. Sie wachsen zu fantastischer Größe. Einmal habe ich eine gesehen, die ich zuerst für einen Hund hielt, ein Wildschwein oder etwas ganz Neues in dieser Welt. Die Tauben kreisen, der Regen fällt, die Jahreszeiten wechseln ohne uns, und im Winter bedeckt alles der Schnee.

Stadt der Erinnerungen, Stadt der Spiegel. Bin ich allein? Ja und nein. Ich bin ein Mann mit vielen Nachkommen. Sie liegen im Verborgenen. Einige sind hier – diejenigen, die diese Insel einst ihr Zuhause nannten. Sie schlummern unter den Straßen der vergessenen Metropole. Andere liegen anderswo, meine Botschafter, die auf ihren letzten Einsatz warten. Im Schlaf werden sie wieder sie selbst, im Traum leben sie ihr menschliches Leben noch einmal. Welche Welt ist die reale? Nur wenn sie erregt sind, löscht der Hunger sie aus und übernimmt sie ganz, ihre Seelen ergießen sich in meine, und ich lasse sie, wie sie sind. Das ist die einzige Gnade, die ich zu bieten habe.

Oh, meine Brüder, zwölf insgesamt, wie wurdet ihr geschunden von dieser Welt! Ich sprach zu euch wie der Gott, für den ihr mich hieltet, doch am Ende konnte ich euch nicht retten. Ich würde nicht sagen, ich habe es nicht kommen sehen. Von Anfang an stand euer Schicksal geschrieben; ihr konntet nichts dazu, dass ihr wart, was ihr wart, und das war die Wahrheit über uns alle.

Betrachtet die Spezies, die als Mensch bekannt ist. Wir lügen, wir betrügen, wir wollen das, was andere haben, und nehmen es uns. Wir führen Krieg gegeneinander und gegen die Erde, wir ernten Menschenleben in großer Zahl. Wir haben den Planeten verpfändet und das Geld für Belanglosigkeiten verschwendet. Vielleicht haben wir geliebt, aber dann nie gut genug. Wir haben uns selbst nie wirklich gekannt. Wir haben die Welt vergessen, und jetzt hat sie uns vergessen. Wie viele Jahre wird es dauern, bis die eifersüchtige Natur sich diesen Ort zurückgeholt hat? Bis alles wieder so ist, als hätte es uns nie gegeben? Gebäude werden verfallen. Wolkenkratzer werden krachend einstürzen. Bäume werden sprießen und ihr Blätterdach ausbreiten. Die Meere werden ansteigen und den Rest davonspülen. Es heißt, eines Tages werde alles wieder Wasser sein, und ein endloser Ozean werde die Welt bedecken. *Am Anfang schuf Gott Himmel und Erde. Und die Erde war wüst und leer, und es war finster auf der Tiefe; und der Geist Gottes schwebte auf dem Wasser.* Wie wird Gott, wenn es einen Gott gibt, uns in Erinnerung haben? Wird er wenigstens unsere Namen kennen? Alle Geschichten enden, wenn sie zu ihrem Anfang zurückgekehrt sind. Was können wir anderes tun, als uns an seiner statt zu erinnern?

Ich gehe hinaus in die Straßen der leeren Stadt und komme immer wieder zurück. Ich setze mich auf meinen Platz auf der Treppe unter dem spiegelverkehrten Himmel. Ich beobachte die Uhr, aber ihre trauervollen Zifferblätter bleiben unverändert. Die Zeit ist erstarrt, als der Mensch verschwand und der letzte Zug den Bahnhof verließ.

# III

## Der Sohn

**Republik Texas
204 876 Einwohner
März 122 n. V.
Einundzwanzig Jahre nach
der Entdeckung der *BERGENSFJORD***

*Die ganze Welt ist Bühne
Und alle Fraun und Männer bloße Spieler.
Sie treten auf und gehen wieder ab,
Sein Leben lang spielt einer manche Rollen.*

Shakespeare, *Wie es euch gefällt*

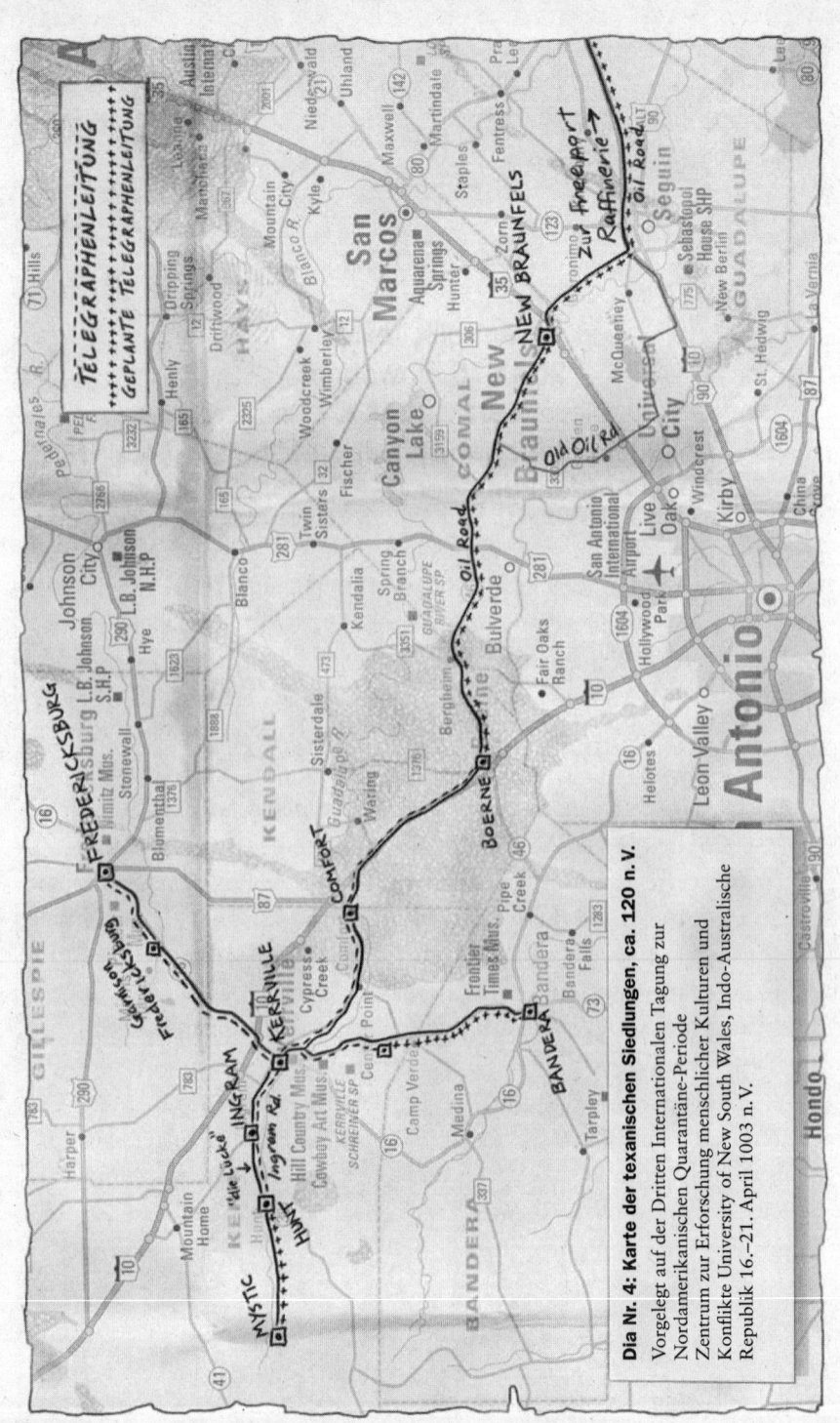

TELEGRAPHENLEITUNG
++++++++ GEPLANTE TELEGRAPHENLEITUNG

**Dia Nr. 4: Karte der texanischen Siedlungen, ca. 120 n. V.**

Vorgelegt auf der Dritten Internationalen Tagung zur
Nordamerikanischen Quarantäne-Periode
Zentrum zur Erforschung menschlicher Kulturen und
Konflikte University of New South Wales, Indo-Australische
Republik 16.–21. April 1003 n. V.

# 24

Peter Jaxon, einundfünfzig Jahre alt und Präsident der Republik Texas, stand im fahlen Morgenlicht im Tor von Kerrville, um sich von seinem Sohn zu verabschieden.

Sara und Hollis waren eben gekommen. Kate hatte Dienst im Krankenhaus, aber sie hatte versprochen, dass ihr Mann Bill mit den Mädchen kommen würde. Caleb lud die letzten Ausrüstungsstücke in den Wagen, und Pim stand in einem weiten Baumwollkleid in der Nähe und hielt Baby Theo auf dem Arm. Zwei starke Pferde, zum Pflügen geeignet, standen müßig im Geschirr.

»Ich glaube, das war's«, sagte Caleb, als er die letzte Kiste festgezurrt hatte. Er trug ein langärmeliges Arbeitshemd unter einer Latzhose, und er hatte sich das Haar lang wachsen lassen. Er vergewisserte sich, dass sein Gewehr, ein .30-06-Unterhebelrepetierer, geladen war, und legte es auf den Kutschbock. »Wir sollten wirklich aufbrechen, wenn wir in Hunt sein wollen, bevor es dunkel wird.«

Sie wollten zu einer der äußeren Siedlungen, eine Zwei-Tage-Reise auf dem Wagen. Das Land dort war kürzlich erst eingemeindet worden, obwohl Leute schon seit Jahren dort siedelten. Caleb hatte den größten Teil der letzten zwei Jahre damit verbracht, das Anwesen vorzubereiten; er hatte das Holzhaus gebaut, den

Brunnen gegraben, Zäune angelegt, bevor er zurückgekommen war, um Pim und das Baby zu holen. Gute Erde, das klare Wasser des Flusses, wildreiche Wälder – es gab schlechtere Gegenden, dachte Peter, um ein neues Leben zu beginnen.

»Ihr könnt noch nicht abfahren«, sagte Sara. »Es wird den Mädchen das Herz brechen, wenn sie euch nicht noch einmal sehen.«

Die gleichen Worte richtete Sara in Zeichensprache an Pim, und die bedachte ihren Mann mit einem strengen Blick.

*Du weißt doch, wie Bill ist,* antwortete Caleb ihr mit Gesten. *Das kann noch den ganzen Tag dauern.*

*Nein. Wir warten.*

Es hatte keinen Sinn zu widersprechen, wenn Pim sich etwas in den Kopf gesetzt hatte. Caleb sagte immer, nur die Sturheit dieser Frau habe dafür gesorgt, dass sie zusammengeblieben waren, als er mit der Army an der Oil Road stationiert war, und Peter bezweifelte nicht, dass es stimmte. Die beiden hatten, einen Tag nachdem Caleb kapituliert und seinen Dienst quittiert hatte, geheiratet – wobei er oft darauf hinwies, dass es kaum noch eine Army gab, die man verlassen konnte. Wie fast alles andere in Kerrville hatte die Army sich in alle Winde zerstreut. Kaum noch jemand erinnerte sich an das Expeditionsbataillon, das sich vor zwanzig Jahren aufgelöst hatte, als das Kriegsrecht in Texas aufgehoben worden war. Es war eine der großen Enttäuschungen in Calebs Leben gewesen, dass es nichts mehr zu kämpfen gab. Er hatte seine Jahre im Militärdienst als besserer Tiefbauarbeiter verbracht und die Telegraphenleitung zwischen Kerrville und Boerne errichtet. Es war eine andere Welt als die, die Peter gekannt hatte. Die Mauern der Stadt waren unbemannt. Die Scheinwerfer am Vorfeld waren einer nach dem andern erloschen und nie repariert worden, und das Tor war seit einem Jahrzehnt nicht mehr geschlossen worden. Eine ganze Generation war erwachsen geworden, die glaubte, die Virals seien kaum mehr als übertriebene Buhmänner in den Gruselgeschichten der Alten, die ja wie alle alten Leute seit Anbeginn der Zeit davon überzeugt waren, dass ihr Leben unvergleichlich viel härter und bedeutsamer gewesen sei.

Aber es war typisch für Kates Ehemann Bill, dass er sich verspätete. Der Mann besaß positive Eigenschaften – er war viel entspannter als Kate und schuf häufig einen Ausgleich für ihre oftmals humorlose Reife –, und es stand außer Frage, dass er ihre Töchter anbetete. Aber er war planlos und desorganisiert, liebte Alkohol und Kartenspiel und besaß nichts, was man annähernd als Arbeitsmoral hätte bezeichnen können. Peter hatte versucht, ihn in der Verwaltung unterzubringen, um Sara und Hollis einen Gefallen zu tun; er hatte ihm einen Hilfsjob in der Steuerabteilung angeboten, der wenig mehr erforderte als die Fähigkeit, einen Stempel zu benutzen. Aber genau wie bei seinen kurzen Einsätzen als Schreiner, Schmied und Busfahrer hatte es nicht lange gedauert, bis er wieder davonspazierte. Meistens war er ganz zufrieden damit, auf seine Töchter aufzupassen, gelegentlich für Kate zu kochen und abends zu den Spieltischen zu schleichen – wo er manchmal gewann und manchmal verlor, aber, wie Kate sagte, immer ein bisschen mehr gewann.

Baby Theo war unruhig geworden. Caleb nutzte das Warten, um die Hufe der Pferde zu putzen, und Sara nahm Pim das Baby ab und wickelte es neu. Es sah schon so aus, als würde Bill nicht auftauchen, aber dann erschien Kate mit den Mädchen, und Bill trottete mit betretenem Gesicht hinter ihnen her.

»Wieso bist du nicht im Krankenhaus?«, fragte Sara ihre Tochter.

»Keine Sorge, Madam Director – Jenny springt für mich ein. Außerdem liebst du mich zu sehr, um mich zu feuern.«

»Du weißt, ich kann es wirklich nicht ausstehen, wenn du mich so nennst.«

Elle und ihre kleine Schwester Merry, die alle nur Bug nannten, kamen zu Pim gerannt, und diese fiel auf die Knie und umarmte sie beide. Die Mädchen beherrschten nur einfache Sätze in der

Gebärdensprache, aber beide erklärten: *Ich liebe dich,* und umkreisten ihr Herz mit der flachen Hand.

*Besucht mich,* signalisierte Pim und schaute dann zu Kate hoch, die ihre Einladung übersetzte.

»Dürfen wir?«, fragte Bug eifrig. »Wann?«

»Mal sehen«, sagte Kate. »Wenn das Baby geboren ist.«

Das Thema war heikel. Sara hatte gewollt, dass Pim mit der Abreise bis nach der Geburt ihres zweiten Kindes wartete. Aber das wäre kurz vor dem Ende des Sommers gewesen, viel zu spät für die Aussaat. Auf ihre störrische Art war Pim aber auch nicht bereit, zur Entbindung allein zurückzukommen. *Ich habe es doch schon mal gemacht,* sagte sie. *Wie schwer kann das sein?*

»Bitte, Mom?«, bettelte Elle.

»Ich habe gesagt, mal sehen.«

Alle umarmten sich, und Peter warf Sara einen Blick zu: Sie spürte es auch. Ihre Kinder gingen für immer fort. Es war das, was man sich wünschen sollte und wofür man arbeitete, aber es zu erleben war eine ganz andere Sache.

Caleb schüttelte Peter die Hand und zog ihn dann in eine maskuline Umarmung. »Ich schätze, das war's dann. Was dagegen, wenn ich etwas Dummes sage? Zum Beispiel dass ich dich liebe? Aber ein grausiger Schachspieler bist du trotzdem.«

»Ich verspreche dir, ich werde üben. Wer weiß. Vielleicht dauert es gar nicht so lange, und du siehst mich da draußen.«

Caleb grinste. »Siehst du? Das habe ich dir doch gesagt. Schluss mit der Politik. Wird Zeit, dass du dir ein nettes Mädchen suchst und dich niederlässt.«

*Wenn du nur wüsstest,* dachte Peter. *Jede Nacht schließe ich die Augen und tue genau das.*

Er senkte die Stimme ein wenig. »Hast du getan, worum ich dich gebeten habe?«

Caleb seufzte nachsichtig.

»Mach deinem alten Herrn die Freude.«

»Ja, ja, ich habe das Ding gegraben.«

»Und hast du die Stahlstreben benutzt, die ich dir geschickt habe? Das ist wichtig.«

»Ich habe es genau so gemacht, wie du es mir gesagt hast. Ehrlich. Zumindest habe ich jetzt einen Platz zum Schlafen, wenn Pim mich rauswirft.«

Peter schaute hinauf zu seiner Schwiegertochter, die auf den Bock geklettert war. Baby Theo, erschöpft von so viel Aufmerksamkeit, war in ihren Armen eingeschlafen.

*Pass für mich auf ihn auf,* sagte er in Gebärdensprache.

*Das werde ich.*

*Und auf die Babys auch.*

Sie lächelte. *Auf die Babys auch.*

Caleb stemmte sich auf den Bock hinauf.

»Seid vorsichtig«, sagte Peter. »Und viel Glück.«

Der unauslöschliche Augenblick der Abfahrt: Alle traten zurück, als der Wagen durch das Tor hinausrollte. Bill und die Mädchen gingen als Erste, gefolgt von Kate und Hollis. Peter hatte einen vollen Terminplan vor sich, aber er brachte es noch nicht über sich, den Tag in Angriff zu nehmen.

Sara anscheinend auch nicht. Sie standen beieinander, ohne zu reden, und sahen dem Wagen nach, der ihre Kinder fortbrachte.

»Warum habe ich manchmal das Gefühl, sie behandeln uns, als wären *sie* die Eltern?«, fragte Sara.

»Das werden sie noch früh genug aus gutem Grund tun.«

Sara schnaubte. »Na, *das* ist doch etwas, worauf man sich freuen kann.«

Der Wagen war noch in Sicht. Er überquerte die alte Zauntrasse, hinter der die Zone Orange lag. Nur ein Bruchteil der Felder dahinter war für die Aussaat gepflügt. Es gab einfach nicht genug Leute dafür. Es gab aber auch nicht mehr so viele hungrige Mäuler; die Bevölkerung von Kerrville war auf nur noch fünftausend geschrumpft. Genauer gesagt, 4997, dachte Peter.

»Bill ist eine Katastrophe«, sagte er.

Sara seufzte. »Trotzdem liebt Kate ihn. Was soll eine Mutter da machen?«

»Ich könnte noch mal versuchen, ihm einen Job zu verschaffen.«

»Ich fürchte, er ist ein hoffnungsloser Fall.« Sie sah ihn an. »Apropos, stimmt es, dass du nicht zur Wiederwahl kandidierst?«

»Wo hast du das gehört?«

Sie zuckte kokett die Achseln. »Oh, auf dem Flur.«

»Also von Chase.«

»Von wem sonst? Der Mann scharrt mit den Hufen. Es stimmt also?«

»Ich habe mich noch nicht entschieden. Aber vielleicht sind zehn Jahre genug.«

»Die Leute werden dich vermissen.«

»Ich bezweifle, dass sie es überhaupt bemerken werden.«

Vielleicht, dachte Peter, würde sie ihn nach Michael fragen. Was hatte er gehört? War ihr Bruder wenigstens wohlauf? Sie vermieden es, über die Details zu reden. Die Realität war schmerzhaft. Michael beim Gewerbe, Gerüchte über ein verrücktes Projekt, Greer unter einer Decke mit Dunk, ein gesichertes Gelände am Ship Channel, wo täglich Lastwagen mit Alkohol und Gott weiß womit abfuhren.

Aber sie tat es nicht. Stattdessen fragte sie: »Wie denkt Vicky darüber?«

Die Frage weckte bohrende Gewissensbisse. Seit Wochen, ja, seit Monaten wollte er die Frau besuchen.

»Ich muss zu ihr«, sagte er. »Wie geht es ihr?«

Die beiden standen immer noch Schulter an Schulter, und ihre Blicke folgten dem Wagen, der jetzt kaum mehr als ein Punkt war. Er erklomm eine kleine Anhöhe, begann zu sinken und war schließlich verschwunden. Sara drehte sich zu Peter um.

»Ich würde nicht länger warten«, sagte sie.

Sein Tag zerfloss in den gewohnten Pflichten. Eine Besprechung mit dem Steuerkassierer über die Frage, wie mit Kleinsiedlern zu verfahren sei, die sich weigerten, Steuern zu zahlen. Eine Richterstelle war neu zu besetzen. Die Tagesordnung für die bevorstehende Versammlung der Territoriallegislative musste verfasst werden, und er hatte diverse Papiere zu unterschreiben, die Chase ihm mit knappen Erläuterungen vorlegte. Um drei Uhr stand Apgar in der Tür. Ob der Präsident eine Minute Zeit erübrigen könne? Alle anderen Mitarbeiter seines Stabs redeten ihn einfach mit seinem Vornamen an, wie es ihm lieber war, aber Gunnar, der sich immer peinlich genau ans Protokoll hielt, tat es nicht, sondern nannte ihn hartnäckig »Mr President«.

Es ging um Waffen – genauer gesagt, um den Mangel daran. Die Bewaffnung der Army hatte immer aus einer Mischung von modifizierten zivilen und militärischen Waffen bestanden. Vieles davon war aus Fort Hood gekommen, und außerdem war das alte Texas immer eine gut gerüstete Gegend gewesen. In buchstäblich jedem Haus, so schien es, hatte ein Waffenschrank gestanden, und überall im Staat gab es Waffenfabriken mit einem reichhaltigen Vorrat an Teilen für Reparatur und Munitionierung. Aber inzwischen war viel Zeit vergangen, und manche Waffen waren haltbarer als andere. Pistolen mit Metallrahmen wie die alte Browning 1911, die halbautomatische SIG Sauer und die für das Militär produzierte Beretta M9 waren bei entsprechender Pflege praktisch unzerstörbar, ebenso die meisten Revolver, Schrotflinten und Kammerverschlussgewehre. Aber Pistolen mit einem Rahmen aus Polymer wie die Glock sowie Gewehre vom Typ M4 und AR-15, Alltagswaffen der Soldaten, hatten nicht die gleiche unbegrenzte Haltbarkeit. Materialermüdung ließ die Plastikgehäuse brüchig werden, und sie wurden nach und nach ausgemustert, andere waren über das Gewerbe in zivile Hände gewandert, und einige waren einfach verschwunden.

Aber das war nur ein Teil des Problems. Dringlicher war der schrumpfende Munitionsvorrat. Seit eine Vorkriegspatrone abgefeuert worden war, waren Jahrzehnte vergangen, und abgesehen von den Lagerbeständen in Tiftys Bunker, die vakuumversiegelt waren, überstanden Anzündhütchen und Kordit nicht mehr als zwanzig Jahre. Sämtliche Patronen der Army waren entweder abgeschossene und neu befüllte Messinghülsen, oder sie waren aus leeren Hülsen aus zwei Munitionsfabriken hergestellt worden, die eine bei Waco, die zweite in Victoria. Bleigeschosse zu gießen war einfach. Viel schwieriger war die Zusammensetzung der Treibladung. Zur Herstellung von waffenfähigem Kordit benötigte man einen komplizierten Cocktail aus höchst volatilen Chemikalien, unter anderem große Mengen von Nitroglyzerin. Es ließ sich machen, aber leicht war es nicht, und es erforderte Personal und Erfahrung. Beides war knapp. Die Army bestand nur noch aus zweitausend Soldaten; fünfzehnhundert waren auf die Townships verteilt, und die restlichen fünfhundert waren in der Garnison in Kerrville. Chemiker hatten sie nicht.

»Ich glaube, wir wissen beide, wovon wir hier reden«, sagte Peter.

Apgar, der auf der anderen Seite des mit Papier übersäten Schreibtisches saß, betrachtete seine Fingernägel. »Ich habe nicht gesagt, dass es mir gefällt. Aber das Gewerbe verfügt über die Produktionseinrichtungen, und es ist ja nicht so, als hätten wir noch nie Geschäfte mit ihnen gemacht.«

»Dunk ist nicht Tifty.«

»Was ist mit Michael?«

Peter runzelte die Stirn. »Heikles Thema.«

»Der Mann war Ölhand Erster Klasse. Er weiß, wie man Öl kocht – er kann das.«

»Was ist mit seinem Boot?«

»Er ist *Ihr* Freund. Sagen *Sie* mir, worum es da geht.«

Peter atmete tief durch. »Ich wünschte, das könnte ich. Ich habe den Kerl seit über zwanzig Jahren nicht mehr gesehen. Dazu kommt, wenn wir dem Gewerbe erzählen, dass uns die Munition ausgeht, geben wir uns eine Blöße. Am nächsten Wochenende sitzt Dunk dann auf diesem Stuhl.«

»Dann drohen Sie ihm. Er liefert, oder das war's, der Deal ist abgesagt, wir stürmen den Isthmus und machen sein Geschäft zu.«

»Über diesen Damm? Das gibt ein Blutbad. Er wird den Bluff riechen, bevor ich zu Ende gesprochen habe.«

Peter lehnte sich zurück. Er malte sich aus, wie er Dunk die Bedingungen Apgars vortrug. Der Mann würde ihm doch ins Gesicht lachen!

»Das ist nur Peitsche und kein Zuckerbrot. Es wird nicht funktionieren. Was haben wir ihm zu bieten?«

Gunnar runzelte die Stirn. »Sie meinen, außer Geld, Waffen und Huren? Soweit ich weiß, hat Dunk von allem reichlich. Dazu kommt, der Kerl ist so was wie ein Volksheld. Wissen Sie, was letzten Sonntag passiert ist? Aus heiterem Himmel kreuzt ein Fünftonner voller Frauen bei dem Camp in Bandera auf, wo sie die Straßenbaukolonnen unterbringen. Der Fahrer hat einen Zettel dabei. ›Mit den besten Empfehlungen von eurem guten Freund Dunk Withers.‹ An einem *Sonntag,* verdammt.«

»Haben sie sie weggeschickt?«

Gunnar schnaubte durch die Nase. »Nein, sie sind mit ihnen in die Kirche gegangen. Was dachten Sie denn?«

»Na, aber es muss doch etwas geben.«

»Sie könnten ihn selbst fragen.«

Das war ein Scherz – aber nicht nur. Er musste auch an Michael denken. Peter wollte trotz allem gern glauben, dass der Mann zumindest mit ihm reden würde.

»Vielleicht werde ich das tun.«

Als Gunnar aufstand, erschien Chase in der Tür.

»Was gibt's, Ford?«, fragte Peter.

»Wir haben einen neuen Einsturzkrater. Einen großen. Zwei Häuser auf einmal.«

Das passierte schon den ganzen Frühling. Es rumorte in der Erde, und wenige Augenblicke später brach der Boden ein. Der bisher größte Krater hatte einen Durchmesser von fünfzehn Metern. *Es bricht wirklich alles auseinander,* dachte Peter.

»Jemand verletzt?«, fragte er.

»Diesmal nicht. Beide Häuser waren leer.«

»Ein Glück.« Ford schaute ihn immer noch erwartungsvoll an. »Sonst noch was?«

»Ich finde, wir sollten eine Erklärung abgeben. Die Leute werden wissen wollen, was Sie dagegen unternehmen.«

»Was soll ich unternehmen? Der Erde sagen, sie soll sich anständig aufführen?« Als Ford nicht antwortete, seufzte Peter. »Also schön. Setzen Sie was auf, und ich unterschreibe. Die Ingenieure arbeiten dran, die Situation ist unter Kontrolle und so weiter.« Er zog die Brauen hoch und sah Ford an. »Okay?«

Apgar sah aus, als wolle er anfangen zu lachen. *Mein Gott,* dachte Peter, *es nimmt kein Ende.* Er stand auf.

»Kommen Sie, Gunnar. Gehen wir an die frische Luft.«

Er war nicht Präsident geworden, weil er besonders versessen auf den Job gewesen wäre, sondern weil er Vicky einen Gefallen hatte tun wollen. Gleich nach ihrer Wahl für eine dritte Amtsperiode hatte sich in ihrer rechten Hand ein Tremor entwickelt, gefolgt von einer Serie von Unfällen, unter anderem einem Sturz auf der Treppe des Capitols, bei dem sie sich einen Knöchel gebrochen hatte. Ihre immer so präzise Handschrift war zu einem Kritzeln verkommen. Ihre Sprechweise wurde gespenstisch monoton und verlor alle Modulation, und sie fing an, unwillkürliche nickende Kopfbewegungen zu machen. Peter und Chase hatten die Situation geheim halten können, indem sie ihre öffentlichen Auftritte auf ein Minimum reduzierten, aber als das zweite Jahr zur Hälfte vorbei war, wurde klar, dass sie nicht weiterarbeiten konnte. Die texanische Verfassung, die auf das Kriegsrecht gefolgt war, erlaubte ihr, einen Vertretungspräsidenten zu ernennen.

Zu der Zeit diente Peter als Minister für Territoriale Angelegenheiten. Er hatte diese Position nach der Hälfte ihrer zweiten Amtsperiode übernommen. Es war einer der prominentesten Jobs in ihrem Kabinett, und Vicky machte kein Hehl aus der Tatsache, dass sie ihn zu Höherem ausersehen hatte. Trotzdem hatte er angenommen, Chase werde ihren Platz einnehmen; der Mann war seit Jahren bei ihr. Als Vicky ihn in ihr Büro rief, rechnete er mit einem Meeting, auf dem der Wechsel zu Chase besprochen werden sollte, aber was er vorfand, war ein Richter mit einer Bibel. Zwei Minuten später war er Präsident der Republik Texas.

Das war es, was die Frau von Anfang an beabsichtigt hatte, wie ihm nach und nach dämmerte: Sie hatte ihren Nachfolger von Grund auf aufgebaut. Zwei Jahre später hatte Peter für das Präsidentenamt kandidiert und mühelos gewonnen, und für die zweite Amtsperiode hatte er keinen Konkurrenten gehabt. Zum Teil war das auf seine persönliche Popularität in der Führung zurückzuführen; Vicky hatte sein hohes Ansehen ja schon erwähnt. Aber es stimmte auch, dass er das Amt zu einer Zeit angetreten hatte, in der es leicht war, die Menschen glücklich zu machen.

Kerrville selbst war auf dem Weg in die Bedeutungslosigkeit. Wie lange würde es noch dauern, bis es nur noch eine von mehreren Provinzstädten wäre? Je weiter draußen die Leute sich ansiedelten, desto weniger Gewicht hatte das Konzept einer zentralisierten Verwaltung. Die gesetzgebende Versammlung war nach Boerne umgezogen und kam fast nie mehr zusammen. Das Finanzkapital war dem Humankapital in die Townships gefolgt; die Leute eröffneten Geschäfte, handelten zu Preisen, die der Markt bestimmte, und schlugen sich nach ihren eigenen Bedingungen durchs Leben. In Fredericksburg hatte eine Gruppe von

Privatinvestoren ihr Geld zusammengeworfen und eine Bank gegründet, die erste ihrer Art. Probleme gab es immer noch, und nur die Staatsregierung verfügte über die Mittel für größere Infrastrukturprojekte – Straßen, Dämme, Telegraphenleitungen. Aber auch das würde nicht ewig so bleiben. Wenn Peter sich selbst gegenüber ehrlich war, musste er sich eingestehen, dass er das Ganze nicht führte, sondern in einen Hafen steuerte. Chase sollte seine Chance bekommen, dachte er. Zwei Jahrzehnte im öffentlichen Leben mit endlosem Gemecker hinter verschlossenen Türen, das war genug für jeden. Peter hatte nie auf dem Feld gearbeitet, er hatte nicht mal eine Tomatenpflanze gezogen. Aber das konnte er lernen, und das Beste daran war: Ein Pflug hatte keine Meinung.

Vicky hatte sich in einem kleinen Holzhaus am Ostrand der Stadt zur Ruhe gesetzt. In der Nachbarschaft standen viele Häuser leer, weil die Bewohner schon vor langer Zeit weggezogen waren. Es wurde dunkel, als er auf die Veranda trat. Im vorderen Zimmer brannte ein einzelnes Licht. Er hörte Schritte, und dann wurde die Tür geöffnet, und er sah Meredith, Vickys Lebensgefährtin. Sie trocknete sich die Hände an einem Lappen ab.

»Peter.« Sie war um die sechzig, eine zierliche Frau mit scharfen blauen Augen. Sie und Vicky waren schon seit Jahren zusammen. »Ich wusste nicht, dass Sie kommen.«

»Tut mir leid, ich hätte eine Nachricht schicken sollen.«

»Nein, Sie kommen selbstverständlich herein.« Meredith trat zurück. »Sie ist wach. Ich wollte ihr eben das Abendessen geben. Ich weiß, sie wird sich freuen, Sie zu sehen.«

Vickys Bett stand im Wohnzimmer. Als Peter hereinkam, schaute sie in seine Richtung, aber ihr Kopf drehte sich auf den erhöhten Kissen ruckhaft hin und her.

»Wwwwwurde ... auch Sssseeit ... Missss ... ter P ... p ... pre ... si ... dent.«

Es klang, als verschluckte sie die Worte, um sie dann wieder auszuspucken. Er schob einen Stuhl neben ihr Bett. »Wie geht es Ihnen?«

»H ... heu ... teee n ... nich ... so ... üüüü ... bel.«

»Es tut mir leid, ich war fort.«

Ihre Hände bewegten sich rastlos auf der Bettdecke, und sie lächelte schief. »Dasss ... ooo ... k ... kay. Wwwwie ... Sie ... sehen ... war ... i ... ich ... besch ... schäfffftigt.«

Meredith kam mit einem Tablett herein und stellte es auf den Nachttisch. Darauf standen eine Schüssel mit klarer Brühe und ein Glas Wasser mit einem Strohhalm. Sie schob die gewölbte Hand unter Vickys Kopf und hob ihn vom Kissen, um ihr ein baumwollenes Lätzchen umzubinden. Draußen war es Nacht geworden, und die Fenster hatten sich in Spiegel verwandelt.

»Soll ich das übernehmen?«, fragte Peter.

»Vicky, soll Peter dir beim Essen helfen?«

»W ... w ... warum ... n ... n ... nicht?«

»Kleine Schlucke«, sagte Meredith und tätschelte seinen Arm. Sie lächelte kaum merklich. Ihr Gesicht war müde. Wahrscheinlich hatte die Frau seit Monaten keine Nacht mehr durchgeschlafen und war einfach dankbar für die Hilfe. »Wenn Sie mich brauchen, ich bin in der Küche.«

Peter fing mit dem Wasser an und hielt den Strohhalm an Vickys Lippen, die schorfig vor Trockenheit waren. Dann kam die Brühe an die Reihe. Er sah, was für eine ungeheure Anstrengung es sie kostete, auch nur winzige Mengen davon zu schlucken. Das meiste tröpfelte ihr aus den Mundwinkeln, und er benutzte den Latz, um ihr das Kinn abzuputzen.

»Sss ... sss ... komisch.«

»Was?«

»Dass ... Sie ... mich ... f ... f ... füttern. Wie ... ein ... Baby.«

Er gab ihr noch einen Löffel Brühe. »Das Mindeste, was ich tun kann. Sie haben mich mehr als einmal gefüttert.«

Die Sehnen an ihrem Hals machten pumpende Bewegungen, als sie versuchte zu schlucken. Das bloße Zusehen strengte ihn an.

»Wie ... l ... läuft der W ... w ... wahl ... k ... kampf?«

»Der hat eigentlich noch nicht angefangen. Hatte zu viel zu tun.«

»S ... S ... Sie r ... r ... reden Qu ... qu ... quatsch.«

Sie hatte ihn durchschaut, aber das tat sie immer. Er reichte ihr noch einen Löffelvoll, aber ohne großen Erfolg. »Caleb und Pim sind heute in die Townships abgereist.«

»J ... j ... jetzt sind S ... sie t ... t ... trübs ... s ... sinnig. Das g ... g ... geht vorb ... b ... bei.«

»Was denn? Glauben Sie, ich kann nicht auch als Bauer arbeiten?«

»I ... i ... ich k ... kenne Sie, P ... peter. S ... sie wür ... den v ... v ... ver ... rückt wer ... d ... den.«

Danach sagte sie nichts mehr. Peter stellte die Schale zur Seite. Sie hatte nur einen Bruchteil der Suppe gegessen. Als er wieder aufblickte, waren ihre Augen geschlossen. Er drehte die Lampe herunter und betrachtete sie. Erst im Schlaf ließ die rastlose Unruhe ihres Körpers nach. Ein paar Minuten vergingen. Dann hörte er ein Geräusch hinter sich. Meredith stand in der Küchentür.

»So geht das«, sagte sie leise. »Gerade ist sie noch da, und im nächsten Moment ...« Sie sprach den Gedanken nicht zu Ende.

»Kann ich irgendetwas tun?«

Meredith legte ihm eine Hand auf den Arm und schaute ihm in die Augen. »Sie war so stolz auf Sie, Peter. Es hat sie sehr glücklich gemacht zu sehen, was Sie alles getan haben.«

»Rufen Sie mich, wenn Sie etwas brauchen? Egal was es ist.«

»Ich finde, es war ein perfekter Besuch. Sie nicht auch? Es soll der letzte gewesen sein.«

Er kehrte zu Vickys Bett zurück und nahm ihre Hand von der Bettdecke. Die Frau rührte sich nicht. Er hielt die Hand eine Weile fest und dachte an Vicky. Dann beugte er sich hinunter und küsste sie auf die Wange, was er noch nie getan hatte.

»Danke«, flüsterte er.

Er folgte Meredith hinaus auf die Veranda. »Sie hat Sie geliebt, wissen Sie«, sagte die Frau. »So etwas hat sie nicht oft gesagt, nicht einmal zu mir. So war sie eben. Aber sie hat Sie geliebt.«

»Ich habe sie auch geliebt.«

»Das weiß sie.« Sie umarmte ihn. »Leben Sie wohl, Peter.«

Auf der Straße war es still. Nirgends brannte Licht. Er hob einen Finger ans Auge, und als er ihn wegnahm, war er nass. Na, er war der Präsident, und er durfte weinen, wann er wollte. Sein Sohn war fort, und andere würden folgen. Er war in der Phase seines Lebens angekommen, in der nach und nach alles wegbrechen würde. Er hob das Gesicht zum Himmel. Es stimmte, was man über die Sterne sagte: Je länger man hinschaute, desto mehr sah man. Sie waren ein Trost, und ihre wachsame Anwesenheit war eine beruhigende Macht, aber das war nicht immer so gewesen. Er stand da und schaute sie an und erinnerte sich an eine Zeit, in der der Anblick so vieler Sterne etwas völlig anderes bedeutet hatte.

# 25

Sie übernachteten in Hunt und schliefen auf dem Boden neben dem Wagen. Am zweiten Nachmittag erreichten sie Mystic Township. Die Stadt war ein kläglicher Vorposten: eine kleine Main Street mit einer Handvoll Häuser, einem Kramladen und einem Verwaltungsgebäude, in dem vom Postamt bis zum Gefängnis alles untergebracht war. Auf der anderen Seite folgten sie dem Fluss in Richtung Westen durch einen Tunnel aus dichtem Laubwerk. Pim war noch nie in den Townships gewesen, und alles, was sie sah, faszinierte sie: *Sieh doch die Bäume,* sagten ihre Gebärden zu dem Baby. *Sieh den Fluss. Sieh die Welt.*

Der Tag begann zu verblassen, als sie den Hof erreichten. Das Haus stand auf einer Anhöhe und blickte auf den Guadalupe hinunter. Eine Koppel für die Pferde gehörte dazu, Felder mit schwarzer Erde und ein Abort hinten im Garten. Caleb stieg vom Bock und streckte die Arme nach Theo aus, der in einem Korb lag und schlief.

»Wie gefällt es dir?«

Seit Theos Geburt hatte Caleb sich angewöhnt, gleichzeitig zu sprechen und Gebärden zu benutzen, wenn der Junge dabei war. Weil sonst niemand da war, würde er in der Überzeugung auf-

wachsen, dass zwischen gesprochenen Worten und Gebärden eigentlich kein großer Unterschied bestand.

*Du hast das alles gebaut?*

»Na ja, ich hatte Hilfe.«

*Zeig mir den Rest.*

Er führte sie ins Haus. Im Erdgeschoss waren zwei Zimmer
mit richtigen Glasfenstern und eine Küche mit Herd und Wasserpumpe. Eine Treppe führte hinauf zu einem Dachboden, wo sie
schlafen würden. Der Fußboden aus gesägten Eichenholzdielen
fühlte sich solide an.

»Im Sommer wird es zu heiß sein, um drinnen zu schlafen. Aber
ich kann hinten noch eine Schlafveranda anbauen.«

Pim lächelte, und sie sah aus, als traute sie ihren Augen nicht.

*Wann wirst du denn dafür Zeit haben?*

»Ich werde es hinkriegen, keine Sorge.«

Sie luden die Sachen für die Nacht vom Wagen. In ein paar Tagen würde Caleb die acht Meilen in die Stadt zurückreiten müssen, um Vieh anzuschaffen: eine Milchkuh, eine oder zwei Zie-
gen, ein paar Hühner. Das Saatgut lag bereit, die Felder waren
gepflügt. Sie würden Mais und Bohnen in abwechselnden Reihen
pflanzen und hinter dem Haus einen Küchengarten anlegen. Das
erste Jahr würde ein Wettlauf mit der Zeit sein. Danach würde hoffentlich alles seinen berechenbaren Rhythmus finden, aber
leicht wäre das Leben nie.

Nach einem einfachen Abendbrot legten sie sich auf die Matratze, die er vom Wagen geholt und im großen Zimmer auf den
Boden gelegt hatte. Er hatte sich gefragt, ob Pim so allein hier
draußen Angst haben oder wenigstens beunruhigt sein würde. Sie
hatte noch nie eine Nacht außerhalb der Stadtmauern verbracht.
Aber anscheinend war das Gegenteil der Fall; sie war völlig entspannt und brannte nur darauf zu sehen, wie es hier weitergehen
würde. Natürlich gab es dafür einen Grund. Was ihr als Kind
widerfahren war, hatte sie am Ende nur stärker gemacht.

Pim war sehr langsam in sein Leben gekommen. Anfangs, als Sara sie aus dem Waisenhaus nach Hause geholt hatte, war sie ihm kaum wie eine Person erschienen. Ihre groben Gesten und ihr gutturales Stöhnen fand er verstörend. Die einfachste Freundlichkeit stieß auf Unverständnis oder sogar Wut. Die Situation hatte sich langsam verändert, als Sara ihr Gebärdensprache beigebracht hatte. Sie hatten improvisiert; anfangs hatten sie Wort für Wort buchstabiert, und dann hatten sie gelernt, ganze Wendungen und Ideen mit einer einzelnen schwungvollen Handbewegung auszudrücken. Ein Buch aus der Bibliothek war auch im Spiel gewesen, aber als Kate es später Caleb zum Lernen gab, sah er, dass viele der Gebärden, die Pim benutzte, selbstgemacht waren, eine private Sprache, die nur sie und ihre Mutter – und bis zu einem gewissen Grad auch Kate und ihr Vater – gebrauchten. Caleb war zu diesem Zeitpunkt vierzehn oder fünfzehn, ein cleverer Junge, der es nicht gewohnt war, dass es Probleme gab, die er nicht lösen konnte. Außerdem kam Pim ihm allmählich interessant vor. Was für eine Persönlichkeit war sie? Die Tatsache, dass er mit ihr nicht kommunizieren konnte wie mit allen anderen, war ebenso frustrierend wie attraktiv. Sorgfältig beobachtete er Pims Umgang mit den Mitgliedern ihrer Familie und prägte sich ihre Gebärden ins Gedächtnis ein. Allein in seinem Zimmer übte er sie stundenlang vor dem Spiegel und übernahm dabei beide Seiten eines Gebärdendialogs über beliebige Themen. *Wie geht es dir heute? Mir geht es gut, danke. Wie gefällt dir das Wetter? Ich mag den Regen, aber ich freue mich auf wärmere Tage.*

Ihm war es wichtig, dass er seine neuen Fähigkeiten erst dann präsentierte, wenn er darin sicher genug war, um sich über eine ganze Reihe von Themen mit ihr zu unterhalten. Die Gelegenheit dazu ergab sich bei einem gemeinsamen Nachmittagsausflug der beiden Familien zum Wasserüberlauf. Während alle andern am Wasser saßen und ihr Picknick genossen, war er auf den Damm geklettert. Dort sah er Pim, die auf dem Beton saß und in ihr

Tagebuch schrieb. Sie schrieb immerzu; Caleb hatte sich schon gewundert. Als er herankam, blickte sie auf, und ihre dunklen Augen wurden schmal. Sie schaute ihn auf ihre durchdringende Art an und blickte dann geringschätzig weg. Ihr braunes Haar, lang und glänzend, hatte sie hinter die Ohren gestrichen. Reflexe des Sonnenlichts blitzten darin. Einen Augenblick lang blieb er stehen und beobachtete sie. Sie war drei Jahre älter als er und in seinen Augen praktisch erwachsen. Außerdem war sie sehr hübsch geworden, aber das auf eine sehr nüchterne Art, die herablassend, ja, kühl wirken konnte.

Seine Anwesenheit war offensichtlich nicht willkommen, aber für einen Rückzug war es zu spät. Caleb ging auf sie zu. Sie legte den Kopf leicht zur Seite und betrachtete ihn. In ihrem Blick lag gelangweilte Heiterkeit.

*Hallo,* sagte seine Hand.

Sie schloss das Tagebuch, ließ jedoch den Bleistift darin. *Du willst mich küssen, nicht wahr?*

Die Frage war so unerwartet direkt, dass er tatsächlich erschrak. Wollte er? War es das, was hinter alldem steckte? Jetzt lachte sie ihn wirklich aus – lachte mit den Augen.

*Ich weiß, dass du verstehst, was ich sage.*

Er antwortete mit den Händen. *Ich habe es gelernt.*

*Für mich oder für dich selbst?*

Er fühlte sich ertappt. *Beides.*

*Hast du schon mal jemanden geküsst?*

Hatte er nicht. Aber er hatte vorgehabt, sich gelegentlich darum zu kümmern. Er wusste, dass er rot wurde.

*Ein paar Mal.*

*Nein, hast du nicht. Hände lügen nicht.*

Er wusste, dass sie die Wahrheit sagte. Bei allem Üben und Studieren hatte er die naheliegende Tatsache übersehen, die Pim ihm innerhalb von ein paar Sekunden klargemacht hatte: Die Gebärdensprache war eine Sprache von absoluter Aufrichtigkeit. Mit ihrer kompakten Rhetorik bot sie wenig Raum für Ausflüchte, für die Halbwahrheiten, mit denen die meisten Menschen sich selbst zu schützen versuchten, wenn sie miteinander sprachen.

*Möchtest du es?*

Sie stand auf und sah ihn an. *Okay.*

Also taten sie es. Er schloss die Augen, weil er dachte, das sollte er tun, legte den Kopf schräg und beugte sich vor. Ihre Nasen stießen zusammen und schoben sich dann aneinander vorbei, und ihre Lippen prallten sanft aneinander. Es war vorbei, ehe er sichs versah.

*Hat es dir gefallen?*

Er konnte kaum glauben, dass es tatsächlich passierte. Er buchstabierte: *Sehr.*

*Mach diesmal den Mund auf.*

So war es noch besser. Ein sanfter Druck drang in seinen Mund ein, und er begriff, dass es ihre Zunge war. Er folgte ihrem Beispiel, und jetzt küssten sie sich wirklich. Er hatte sich immer vorgestellt, dass man sich dabei nur oberflächlich streifte, Lippen an Lippen, aber jetzt verstand er, dass es ein viel komplexerer Vorgang war, mehr Mischen als Berühren. Sie taten es eine Zeitlang, und einer erkundete den Mund des anderen. Dann wich sie zurück, und es war klar, dass das Küssen zu Ende war. Caleb bedauerte das; von ihm aus hätte es noch eine ganze Weile so weitergehen können. Aber dann wurde ihm der Grund für die Unterbrechung klar. Sara rief vom Fuße des Damms zu ihnen herauf.

Pim lächelte ihn an. *Du küsst gut.*

Und das war alles gewesen, wenigstens für die nächste Zeit. Irgendwann hatten sie sich noch einmal geküsst und auch andere Dinge getan, aber viel war es nicht gewesen, und es hatte auch andere Mädchen gegeben. Trotzdem behielt er diese paar Minuten oben auf dem Damm immer als besonders wichtigen Augenblick in seinem Leben im Gedächtnis. Als er mit achtzehn zur Army ging, riet sein Offizier ihm, sich zu Hause jemanden zu suchen, dem er schreiben könnte. Er entschied sich für Pim. Seine Briefe waren voll von fröhlichem Unfug, Beschwerden über die Verpflegung und heiteren Geschichten über seine Kameraden, aber ihre waren anders als alles, was er jemals gelesen hatte, voller Beobachtungen und Leben. Manchmal lasen sie sich wie Gedichte. Einzelne Wendungen, selbst wenn sie etwas Triviales beschrieben – die Sonne auf den Blättern eines Baumes, die flüchtige Bemerkung eines Bekannten, der Duft von Essen auf dem Herd –, blieben oft tagelang in seinem Gedächtnis hängen. Anders als bei der Gebärdensprache mit ihrer eindeutigen Kompaktheit schienen Pims Worte auf dem Papier von Gefühlen überzufließen, von einer tieferen Wahrhaftigkeit, die ihrem Herzen näher war. Er schrieb ihr, so oft er konnte, und wartete gierig darauf, mehr von ihr zu bekommen. Es war ihre Stimme, die er hörte – endlich ihre Stimme –, und bald fing er an, sich in sie zu verlieben. Als er es ihr sagte – nicht in einem Brief, sondern von Angesicht zu Angesicht, als er für drei Tage Urlaub nach Kerrville zurückkam –, lachte sie mit den Augen und fragte: *Wann hast du es endlich kapiert?*

Mit diesen Erinnerungen schlief Caleb schließlich ein. Irgendwann später wachte er auf und stellte fest, dass sie nicht da war. Das beunruhigte ihn nicht; Pim war eine Nachteule. Theo schlief noch. Caleb schlüpfte in seine Hose, zündete die Laterne an, nahm das Gewehr von seinem Platz neben der Tür und ging hinaus. Pim saß auf dem Boden, an den Baumstumpf gelehnt, den er zum Holzhacken benutzte.

*Alles okay?*

*Mach das Licht aus,* antwortete sie. *Komm, setz dich.*

Sie trug nur ihr Nachthemd, obwohl es ziemlich kalt war, und sie war barfuß. Er setzte sich neben sie und löschte die Laterne. Für die Dunkelheit hatten sie ein spezielles System: Sie nahm seine Hand und malte Miniaturzeichen in die Handfläche: *Schau.*

*Wohin?*

*Überallhin.*

Er verstand, was sie zwischen den Zeilen sagen wollte. Das hier gehört uns.

*Es gefällt mir hier.*

*Das freut mich.*

Caleb hörte, dass sich im Gebüsch etwas bewegte. Dann hörte er es noch einmal, ein Rascheln im Gras zur Linken. Ein Waschbär oder ein Opossum war das nicht. Es war etwas Größeres.

Pim spürte seine plötzliche Wachsamkeit. *Was ist?*

*Warte.*

Er zündete die Laterne wieder an. Ein Lichtkreis fiel auf den Boden. Das Rascheln kam jetzt von mehreren Stellen, aber überwiegend aus derselben Richtung. Er nahm das Gewehr unter den Arm und klemmte es mit dem Ellenbogen an seine Seite. Mit der Laterne in der anderen Hand schlich er sich auf den Ursprung der Geräusche zu.

Das Licht erfasste etwas. Ein Paar Augen blitzte auf.

Es war ein junges Reh. Es erstarrte im Licht und schaute ihn an. Dann sah er die andern, sechs Stück, alles in allem. Einen Moment lang rührte sich nichts. Mensch und Rehe betrachteten einander in beiderseitigem Erstaunen. Dann, wie von einem gemeinsamen Verstand geleitet, drehte die Herde sich auf einmal um und galoppierte davon.

Was konnte er tun? Was konnte Caleb Jaxon anderes tun als lachen?

# 26

»Okay, Rand, versuch es jetzt.«

Michael lag auf dem Rücken, eingeklemmt in die schmale Lücke zwischen Boden und der Unterseite des Kompressors. Er hörte, wie das Ventil sich öffnete. Gas strömte durch die Leitung.

»Wie sieht's aus?«

»Scheint zu halten.«

*Wag es ja nicht zu lecken,* dachte Michael. *Ich habe mich den halben Vormittag mit dir beschäftigt.*

»Doch nicht. Der Druck fällt ab.«

»Ver*dammt.*« Er hatte jede Dichtung geprüft, die ihm eingefallen war. Wo zum Teufel trat das Gas aus? »Zur Hölle damit. Dreh es zu.«

Michael rutschte heraus. Sie waren auf dem unteren Maschinendeck. Von dem Laufgang über ihnen ertönte der Klang von Metall auf Metall, das knatternde Zischen der Lichtbogenschweißer, die Stimmen von Männern, die einander etwas zuriefen – das alles verstärkt durch die Akustik des Maschinenraums. Michael hatte seit achtundvierzig Stunden keine Sonne mehr gesehen.

»Hast du eine Idee?«, fragte er Rand.

Der Mann stand mit den Händen in den Hosentaschen da. Er hatte etwas von einem Pferd an sich. Seine Augen wirkten winzig in dem kraftvollen Gesicht, und in seinem welligen schwarzen Haar sah man trotz seines Alters – irgendwo in der zweiten Hälfte der vierzig – nur vereinzelte graue Fäden. Der ruhige, zuverlässige Rand. Er hatte noch nie von einer Frau oder Freundin gesprochen, und er besuchte niemals Dunks Huren. Michael hatte ihn nie eingehender befragt, denn die Sache war äußerst unwichtig.

»Könnte irgendwo im Lader sein«, vermutete Rand. »Ist aber eng da.«

Michael schaute zum Laufsteg hinauf und schrie: »Wo ist Patch?«

Patchs richtiger Name war Byron Szumanski. Der Spitzname bezog sich auf einen auffallenden weißen Fleck in seinen ansonsten schwarzen Bartstoppeln. Wie viele von Michaels Leuten war er im Waisenhaus aufgewachsen, hatte seinen Militärdienst absolviert und dabei das eine oder andere über Maschinen gelernt, bevor er als Mechaniker bei der Zivilverwaltung gearbeitet hatte. Er hatte keine Verwandten, hatte nie geheiratet oder die Absicht dazu geäußert, er hatte, soweit Michael wusste, keine schlechten Gewohnheiten und nichts gegen das Alleinsein, er war nicht gesprächig, nahm seine Anweisungen entgegen, ohne sich zu beschweren, und arbeitete gern – mit anderen Worten, er eignete sich perfekt für Michaels Bedarf. Er war drahtige eins sechzig groß und hatte ganze Tage in Winkeln des Schiffs verbracht, die so eng waren, dass andere Männer dort nicht hätten atmen können. Michael bezahlte ihn entsprechend, obwohl sich auch sonst niemand über den Lohn beklagen konnte. Jeder Cent, den Michael mit den Destillen verdiente, wanderte geradewegs in die *Bergensfjord*.

Oben erschien ein Gesicht. Es war Weir. Er schob die Schweißerbrille auf die Stirn. »Ich glaube, er ist auf der Brücke.«

»Schick jemanden, der ihn holt.«

Als Michael sich nach seiner Werkzeugtasche bückte, klopfte Rand ihm auf den Arm. »Wir haben Besuch.«

Michael blickte auf. Dunk kam die Treppe herauf. Michael brauchte den Mann, wie Dunk ihn brauchte, aber ihr Verhältnis war nicht entspannt. Selbstverständlich wusste der Mann nichts von Michaels wahren Absichten. Er hielt die *Bergensfjord* für ein exzentrisches Steckenpferd, für ein aufwendiges Hobby, mit dem Michael seine Zeit verplemperte – Zeit, die er besser darauf verwenden würde, Geld in Dunks Taschen fließen zu lassen. Dass der Mann nie auf den Gedanken gekommen war, sich zu fragen, warum Michael einen hundertachtzig Meter langen Frachter wieder in Betrieb nehmen musste, war nur ein weiteres Indiz für seine beschränkte Intelligenz.

»Na, fabelhaft«, sagte Michael.

»Soll ich ein paar Jungs zusammentrommeln? Er sieht sauer aus.«

»Woran erkennst du das?«

Rand entfernte sich. Am Fuße der Treppe blieb Dunk stehen, stemmte die Hände in die Hüften und sah sich um. Sein Blick verriet müde Gereiztheit. Die Tattoos in seinem Gesicht endeten abrupt an seinem früheren Haaransatz. Ein Leben voller Strapazen hatte nicht dazu beigetragen, dass er gut gealtert war, aber er hatte noch immer einen Körperbau wie ein Panzer. Zum Vergnügen hob er manchmal einen Truck bei der Stoßstange hoch.

»Was kann ich für dich tun, Dunk?«

Sein Lächeln erinnerte Michael manchmal an einen Korken in der Flasche. »Ich sollte wirklich öfter hier herunterkommen. Die Hälfte von dem Zeug hier ist mir ein Rätsel. Zum Beispiel die Dinger da drüben.« Er wackelte mit einem wurstdicken Zeigefinger.

»Das sind Wassermantelpumpen.«

»Wozu sind die?«

Der Tag verstrich, ohne dass er viel geschafft hatte, und jetzt musste er sich auch noch damit abgeben. »Ist was Technisches. Eigentlich nicht dein Fach.«

»Warum bin ich hier, Michael?«

Ratespielchen – als wären sie fünf Jahre alt. »Ein plötzlich erwachtes Interesse an Schiffsreparaturen?«

Dunks Blick wurde hart, als er Michael ansah. »Ich bin hier, Michael, weil du deine Verpflichtungen mir gegenüber nicht erfüllst. Mystic ist zur Besiedlung freigegeben. Das bedeutet Nachfrage. Der neue Boiler muss in Betrieb gehen. Nicht später. Heute.«

Michael rief zum Laufgang hinauf: »Hat jemand Patch gefunden?«

»Wir suchen noch!«

Er drehte sich wieder zu Dunk um. Was für ein Ochse der Mann war. Man sollte ihn vor einen Pflug spannen. »Ich bin im Moment ein bisschen beschäftigt.«

»Ich darf dich an deine Pflichten erinnern. Du verwendest deine Zauberkräfte auf die Destillen, ich gebe dir zehn Prozent vom Gewinn. Das ist nicht so schwer zu behalten.«

Michael brüllte noch einmal zum Laufgang hinauf: »Irgendwann heute wäre schön.«

Ehe er sichs versah, wurde er gegen das Schott geschleudert, und Dunk presste ihm den Unterarm an die Kehle.

»Habe ich jetzt deine Aufmerksamkeit?«

Die breite, vernarbte Nase des Mannes war eine Handbreit von Michaels Gesicht entfernt, und sein Atem roch sauer wie alter Wein.

»Langsam, *amigo*. Nicht vor den Kindern, okay?«

»Du arbeitest für *mich*, verdammt.«

»Darf ich dich auf etwas hinweisen? Mir das Genick zu brechen mag sich vielleicht im ersten Moment gut anfühlen, aber mehr Schnaps bringt es dir nicht ein.«

»Alles okay, Michael?«

Rand stand hinter Dunk. Er hatte zwei andere mitgebracht, Fastau und Weir. Rand hatte einen langen Schraubenschlüssel in der Hand, die beiden anderen hielten Rohrstücke in den Fäusten.

Es sah lässig aus, als hätten sie diese Gegenstände nur bei der Arbeit aufgehoben.

»Nur ein kleines Missverständnis«, antwortete Michael. »Was meinst du, Dunk? Wir müssen kein Problem draus machen. Du hast meine volle Aufmerksamkeit, ehrlich.«

Dunks Arm drückte noch härter gegen seinen Hals. »*Fuck you.*«

Michael warf einen Blick über Dunks Schulter hinweg auf Weir und Fastau. »Ihr beide, geht und seht euch die Destillen an, stellt fest, wie die Lage ist, und sagt mir dann Bescheid. Verstanden?« Er sah Dunk an. »Alles im Griff. Ich höre dich laut und deutlich.«

»Zwanzig Jahre. Ich hab genug von deinem Bullshit. Von deinem … Hobby hier.«

»Ich verstehe dich vollkommen. Ich habe das Maul zu voll genommen. Neue Boiler in Betrieb nehmen – kein Problem.«

Dunk funkelte ihn an. Es war schwer zu sagen, wie die Sache sich entwickeln würde. Schließlich stieß er Michael noch einmal hart gegen die Wand und trat dann einen Schritt zurück. Er drehte sich zu Michaels Leuten um und nagelte sie mit einem harten Blick fest.

»Ihr drei solltet vorsichtiger sein.«

Michael unterdrückte den Hustenreiz, bis Dunk verschwunden war.

»Mein Gott, Michael.« Rand starrte ihn an.

»Ach, der hat nur einen schlechten Tag. Er kühlt sich auch wieder ab. Ihr zwei, zurück an die Arbeit. Rand, du bleibst bei mir.«

Weir runzelte die Stirn. »Wir sollen nicht zu den Destillen gehen?«

»Nein, lasst das. Ich kümmere mich später darum.«

Die beiden gingen davon.

»Du solltest ihn nicht so reizen«, meinte Rand.

Michael hustete noch einmal. Er kam sich ein bisschen töricht vor, aber andererseits hatte ihm der Zwischenfall eine seltsame

Genugtuung verschafft. Es war schön, wenn Leute sie selbst waren. »Hast du Greer irgendwo gesehen?«

»Er ist heute Morgen mit einem Boot den Kanal hinaufgefahren.«

Aha. Fütterungstag. Michael war immer beunruhigt – Amy versuchte noch immer jedes Mal, Greer umzubringen –, aber der Mann nahm es gelassen. Außer Rand, der von Anfang an dabei gewesen war, wusste keiner seiner Leute etwas von diesem Teil der Geschichte: Amy, Carter, die *Chevron Mariner,* die Container mit Blut, die Greer pflichtbewusst alle sechzig Tage ablieferte.

Rand sah sich um. »Was glaubst du, wie viel Zeit wir noch haben, bevor die Virals zurückkommen?«, fragte er leise. »Es kann doch inzwischen nicht mehr lange dauern.«

Michael zuckte die Achseln.

»Nicht dass ich nicht dankbar wäre. Wir sind es alle. Aber die Leute wollen bereit sein.«

»Wenn sie ihre verdammte Arbeit machen, sind wir längst weg, bevor es passiert.« Michael warf sich die Werkzeugtasche über die Schulter. »Und *verdammt* noch mal, würde bitte jemand auf die Suche nach Patch gehen? Ich will nicht den ganzen Vormittag warten.«

Es war Abend, als Michael endlich aus dem Bauch des Schiffs heraufkam. Seine Knie brachten ihn um, und irgendetwas stimmte auch mit seinem Nacken nicht. Und das Leck hatte er nicht gefunden.

Aber das würde er noch. Er fand es immer. Er würde es finden, wie jedes andere Leck, jede rostige Niete, jedes zerfranste Kabel zwischen den meilenlangen Kabeln und Drähten und Rohren der *Bergensfjord,* und bald, in wenigen Monaten, würden sie die Batterien aufladen und die Maschine probeweise starten, und wenn alles lief, wie es sollte, wären sie bereit. Michael malte sich diesen Tag gern aus. Die Pumpen würden anlaufen, Wasser sich in das Dock ergießen, das Schwimmtor würde sich öffnen, und die *Bergensfjord,* zwanzigtausend Tonnen schwer, würde aus dem Gerüst anmutig ins Meer hinausgleiten.

Zwei Jahrzehnte lang hatte Michael an kaum etwas anderes gedacht. Das mit dem Gewerbe war Greers Idee gewesen – ein Geniestreich, genau genommen. Sie brauchten Geld, und zwar viel Geld. Was hatten sie zu verkaufen? Einen Monat nachdem er Lucius die Zeitung aus der *Bergensfjord* gezeigt hatte hatte Michael sich im Hinterzimmer der Spielhalle namens Cousin's Place wiedergefunden, wo er Dunk Withers an einem Tisch gegenübersaß. Michael kannte ihn als einen außergewöhnlich jähzornigen Mann, völlig gewissenlos, getrieben nur von Nützlichkeitserwägungen. Michaels Leben bedeutete ihm nichts, weil ihm niemandes Leben etwas bedeutete. Aber Michaels Ruf war ihm vorausgegangen, und er hatte seine Hausaufgaben gemacht. Die Tore würden sich öffnen, und die Menschen würden in die Townships strömen. Die Gelegenheiten waren zahlreich, erklärte Michael, aber besaß das Gewerbe die nötigen Kapazitäten, um die schnell wachsende Nachfrage zu bedienen? Was würde Dunk sagen, wenn Michael ihm erzählte, dass er seine Produktion verdoppeln – nein, *vervierfachen* könne? Dass er außerdem einen ununterbrochenen Zustrom von Munition garantieren könne? Und mehr noch, was wäre, wenn Michael von einem Ort wüsste, wo das Gewerbe in völliger Sicherheit operieren könnte, unbehelligt von Militär und Verwaltung, aber mit schnellem Zugang nach Kerrville und zu den Townships? Wenn er Dunk Withers, kurz gesagt, reicher machen könne, als dieser es sich je träumen lassen würde?

Und so war der Isthmus entstanden.

Zu Beginn war eine Menge Zeit verschwendet worden. Bevor Michael auch nur eine einzige Schraube an der *Bergensfjord* festziehen konnte, hatte er das Vertrauen des Mannes gewinnen müssen. Drei Jahre lang hatte er die Konstruktion der riesigen

Destillen beaufsichtigt, die Dunk Withers zu einer Legende machen würden. Über den Preis machte Michael sich keine Illusionen. In wie vielen blutigen Faustkämpfen würden Männern die Zähne ausgeschlagen werden, wie viele Leichen würden in dunklen Gassen gefunden werden, wie viele Frauen und Kinder würden verprügelt oder sogar umgebracht werden – nur wegen des Hirngifts, das er lieferte? Er versuchte, nicht daran zu denken. Die *Bergensfjord* war das Einzige, worauf es ankam, und das war der Preis, den sie forderte, zu zahlen in Blut.

Zwischendurch traf er die Vorbereitungen für sein eigentliches Unternehmen. In der Raffinerie fing er an: Wer schien gelangweilt zu sein? Unzufrieden? Rastlos? Rand Horgan war der Erste; er und Michael hatten jahrelang an den Kochern gearbeitet. Andere folgten, an allen Ecken und Enden rekrutiert. Greer verschwand für ein paar Tage mit dem Jeep und kam mit einem Mann zurück, der nichts mitbrachte außer einer Reisetasche und dem Versprechen, fünf Jahre auf dem Isthmus zu bleiben und dafür einen unerhörten Lohn zu kassieren, der ihm für den Rest seines Lebens reichen würde. Und es wurden mehr; bald hatten sie vierundfünfzig entschlossene Seelen, die nichts zu verlieren hatten. Michael stellte fest, dass sie alle etwas gemeinsam hatten. Das Geld war eine Verlockung, aber was diese Männer wirklich suchten, war etwas, das nicht mit den Händen zu greifen war. Viele Menschen drifteten durch ihr Leben, ohne je ein Ziel vor Augen zu haben. Ein Tag war wie der andere, ohne jeden Sinn. Wenn er einem neuen Rekruten die *Bergensfjord* zeigte, sah Michael, wie sich in den Augen des Mannes etwas veränderte. Hier war etwas, das über den Horizont gewöhnlicher Tage hinausreichte, etwas aus der Zeit vor der Dezimierung der Menschheit. Was Michael diesen Männern gab, war die Vergangenheit und mit ihr eine Zukunft. *Wir werden es tatsächlich instand setzen?*, fragten sie immer. *Nicht »es«*, korrigierte Michael dann immer. *»Sie«. Und nein, wir werden sie nicht instand setzen. Wir werden sie aufwecken.*

Es war nicht immer von Dauer. Michael hatte eine Regel: Nach drei Jahren, wenn er sich der Loyalität eines Mannes sicher war, brachte er ihn in eine abgelegene Hütte, setzte ihn dort auf einen Stuhl und eröffnete ihm die schlechte Nachricht. Die meisten nahmen es gut auf: ein Augenblick der Ungläubigkeit, ein kurzes Feilschen mit dem Kosmos, das Verlangen nach Beweisen, die Michael nicht lieferte – und schließlich wurde aus Widerstreben Akzeptanz und dann melancholische Dankbarkeit. Sie würden schließlich zu den Überlebenden gehören. Was diejenigen anging, die die drei Jahre nicht überstanden oder bei dem Test in der Hütte versagten – tja, das war bedauerlich. Greer war es, der sich darum kümmerte; Michael blieb auf Distanz. Sie waren umgeben von Wasser, und darin konnte ein Mann leicht verschwinden. Danach wurde sein Name nie wieder erwähnt.

Es dauerte zwei Jahre, das Dock zu reparieren, noch einmal zwei, um die *Bergensfjord* auszupumpen und zum Schwimmen zu bringen, ein fünftes, um sie ins Dock zu bringen. Der Tag, an dem sie den Rumpf in das Gerüst setzten, die Tore schlossen und das Wasser aus dem Dock abließen, war der bangste, den Michael je erlebt hatte. Das Gerüst würde halten – oder nicht. Der Rumpf würde reißen – oder nicht. Tausend Dinge konnten schiefgehen, und eine zweite Chance gab es nicht. Als ein Streifen Tageslicht zwischen dem sinkenden Wasserspiegel und dem Kiel erschien, brachen die Männer in Jubel aus, aber Michaels Gefühle waren anders. Er spürte keine Erleichterung, sondern die Hand des Schicksals. Allein stieg er die Treppe zum Grund des Docks hinunter. Der Jubel hatte aufgehört; alle beobachteten ihn. Im knöcheltiefen Wasser watete er vorsichtig auf sie zu, als näherte er sich einer mächtigen, heiligen Reliquie. Außerhalb des Wassers war sie zu etwas Neuem geworden. Die ungeheure Größe, die unbezähmbare Masse – es war atemberaubend. Die Rundung des Rumpfs unterhalb der Wasserlinie war von beinahe femininer Sanftheit. Unten am Bug ragte eine birnenförmige Auswölbung nach vorn, wie eine Nase oder die Spitze einer Gewehrkugel. Er ging unter ihr hindurch, und jetzt war das ganze Gewicht über ihm, ein Berg, der über seinem Kopf schwebte. Er hob die Hand und legte sie an den Rumpf. Sie war kalt, und ein Vibrieren ging durch seine Fingerspitzen. Es war, als atme sie wie ein Lebewesen. Eine tiefe Gewissheit strömte durch seine Adern: Hier war seine Mission. Alle anderen Möglichkeiten, die er für sein Leben noch gehabt hatte, fielen von ihm ab. Bis zum Tag seines Todes würde er kein anderes Ziel mehr haben als dieses.

Seitdem hatte Michael den Isthmus nur noch verlassen, um mit der *Nautilus* aufs Meer hinauszusegeln. Das war eine Demonstration der Solidarität und politisch klug, aber in seinem Herzen kannte er den wahren Grund. Er gehörte nirgendwo anders mehr hin.

Er ging zum Bug und suchte nach Greer. Ein feuchter Märzwind wehte. Der Isthmus. Er war Teil eines alten Werftkomplexes und ragte eine Viertelmeile weit südlich der Channel Bridge in den Kanal. Hundert Meter vor dem Ufer lag die *Nautilus* vor Anker. Ihr Rumpf war noch dicht, die Segel noch fest. Bei ihrem Anblick fühlte er sich treulos. Er war seit Monaten nicht mehr gesegelt. Sie war die Vorläuferin; wenn die *Bergensfjord* seine Ehefrau war, dann war die *Nautilus* das Mädchen, das ihm die Liebe beigebracht hatte.

Er hörte das Boot, bevor er es sah; es tuckerte im silbrigen Licht unter der Channel Bridge hindurch. Michael stieg zum Versorgungskai hinunter, als Greer das Boot heransteuerte. Greer warf ihm eine Leine zu.

»Wie ist es gelaufen?«

Greer machte das Heck fest, reichte Michael sein Gewehr herauf und kletterte auf den Kai. Er war knapp über siebzig, und er war gealtert wie ein Stier: Gerade noch pustete und schnaubte er und wollte dir die Gedärme herausreißen, und kurz darauf lag er auf der Weide, von Fliegen bedeckt.

»Na«, sagte Michael, »sie hat dich nicht umgebracht.«

Greer antwortete nicht. Michael spürte, dass der Mann besorgt war. Der Besuch war nicht gut verlaufen.

»Lucius, hat sie etwas gesagt?«

»Gesagt? Du weißt doch, wie es läuft.«

»Nein. Das habe ich eigentlich nie gewusst.«

Lucius zuckte die Achseln. »Es ist nur so ein Gefühl, das ich habe. Das *sie* hat. Wahrscheinlich ist es gar nichts.«

Michael bedrängte ihn nicht weiter. »Es gibt noch etwas anderes, worüber ich mit dir sprechen wollte. Ich hatte heute einen kleinen Zusammenstoß mit Dunk.«

Greer schoss ein Tau auf. »Du weißt, wie er manchmal ist. Das hat er morgen um diese Zeit wieder vergessen.«

»Ich glaube, diesmal belässt er es nicht einfach dabei. Es war übel.«

Greer blickte auf.

»Es war meine Schuld. Ich habe ihn provoziert.«

»Was ist passiert?«

»Er kam herunter in den Maschinenraum. Der übliche Bullshit wegen der Destillen. Rand und ein paar andere mussten ihn praktisch von mir wegziehen.«

Greer zog die Stirn kraus. »Das kommt zu oft vor.«

»Ich weiß. Er wird zu einem Problem.« Michael schwieg kurz. »Vielleicht ist es Zeit.«

Greer nahm es schweigend auf.

»Wir haben darüber gesprochen.«

Greer dachte kurz nach und nickte dann. »Unter diesen Umständen hast du vielleicht recht.«

Sie gingen die Namen durch: Auf wen konnten sie sich verlassen, auf wen nicht, und wer stand irgendwo in der Mitte und musste mit Sorgfalt behandelt werden?

»Du solltest dich vorläufig bedeckt halten«, sagte Greer dann. »Rand und ich werden alles arrangieren.«

»Wenn du meinst, es ist am besten so?«

Die Scheinwerfer hatten sich eingeschaltet und überfluteten den Kai mit ihrem Licht. Michael würde den größten Teil der Nacht durcharbeiten.

»Sieh du zu, dass das Schiff fertig wird«, sagte Greer.

Sara blickte von ihrem Schreibtisch auf. Jenny stand in der Tür.

»Sara, du musst dir etwas ansehen.«

Sara folgte ihr die Treppe hinunter zu den Stationen. Jenny zog einen Vorhang zurück. »Die Domestic Security hat ihn in einer Gasse gefunden.«

Es dauerte einen Augenblick, bis Sara ihren eigenen Schwiegersohn erkannte. Sein Gesicht war zu Brei geschlagen worden, und beide Arme waren eingegipst. Sie gingen wieder hinaus.

Jenny sagte: »Ich habe eben erst auf der Karte gesehen, wer er ist.«

»Wo ist Kate?«

»Sie hat die Abendschicht.«

Es war kurz vor vier. Kate würde jeden Augenblick hereinkommen.

»Halte sie auf.«

»Was soll ich ihr sagen?«

Sara musste einen Moment überlegen. »Schick sie ins Waisenhaus. Ist da nicht ein Besuch fällig?«

»Das weiß ich nicht.«

»Dann finde es heraus. Geh.«

Sara ging zurück auf die Station. Als sie näher kam, schaute Bill auf. Er hatte den Blick eines Mannes, der wusste, dass der Tag für ihn jetzt noch schlimmer werden würde.

»Okay, was ist passiert?«, fragte sie.

Er wandte das Gesicht ab.

»Ich bin enttäuscht von dir, Bill.«

Er sprach mit aufgeplatzten Lippen. »Dachte ich mir schon.«

»Wie viel schuldest du ihnen?«

Er sagte es ihr. Sara ließ sich auf einen Stuhl neben dem Bett fallen. »Wie konntest du so verdammt bescheuert sein?«

»Es ist nicht so, als ob ich es geplant hätte.«

»Du weißt, sie werden dich umbringen. Vielleicht sollte ich sie einfach machen lassen.«

Zu ihrer Überraschung fing er an zu weinen.

»Herrgott, hör auf damit.«

»Ich kann nichts dazu.« Der Rotz lief ihm aus der geschwollenen Nase. »Ich liebe Kate, und ich liebe die Mädchen. Es tut mir wirklich, wirklich leid.«

»Das hilft jetzt nichts. Wie viel Zeit haben sie dir gegeben, um das Geld aufzutreiben?«

»Ich kann alles zurückgewinnen. Hilf mir nur für einen Abend aus. Ich brauche nicht viel, nur genug, um anzufangen.«

»Fällt Kate auf so etwas herein?«

»Sie braucht es nicht zu wissen.«

»Das war eine rhetorische Frage, Bill. Wie viel Zeit?«

»Das Übliche. Drei Tage.«

»Was ist daran üblich? Aber wenn ich es mir überlege: Sag's mir lieber nicht.« Sie stand auf.

»Du darfst es Hollis nicht erzählen. Der bringt mich um.«

»Könnte sein.«

»Es tut mir leid, Sara. Ich habe Mist gebaut, ich weiß.«

Jenny kam herein. Sie war ein bisschen atemlos. »Okay. Anscheinend hat sie es mir abgenommen.«

Sara schaute auf die Uhr. »Damit hast du eine Stunde Zeit, Bill, bevor deine Frau hier auftaucht. Ich schlage vor, du machst reinen Tisch und bittest um Gnade.«

Der Mann starrte sie entsetzt an. »Was wirst du tun?«

»Nichts, was du verdient hättest.«

# 27

Caleb war dabei, einen Hühnerstall zu bauen, als er eine Gestalt sah, die auf der staubigen Straße herankam. Es war spät am Nachmittag; Pim und Theo waren im Haus und ruhten sich aus.

»Habe Ihren Rauch gesehen.« Der Mann, der vor ihm stehen blieb, hatte ein freundliches, wettergegerbtes Gesicht und einen dichten, wolligen Bart. Er trug einen breitrandigen Strohhut und Hosenträger. »Da wir Nachbarn sein werden, dachte ich mir, ich komme mal vorbei und sage Hallo. Phil Tatum mein Name.«

»Caleb Jaxon.« Sie wechselten einen Händedruck.

»Wir sind gleich auf der anderen Seite der Anhöhe da. Schon seit einer Weile, vor den meisten hier. Ich und meine Frau Dorien. Wir haben einen erwachsenen Jungen, der kürzlich seine eigene Farm aufgebaut hat. Sagten Sie Jaxon?«

»Ja. Er ist mein Vater.«

»Teufel auch. Und was machen Sie hier draußen?«

»Das Gleiche wie alle, nehme ich an. Schlage mich durch.« Caleb zog die Handschuhe aus. »Kommen Sie ins Haus, damit ich Sie meiner Familie vorstellen kann.«

Pim saß auf einem Stuhl vor dem kalten Kamin. Sie hatte Theo auf dem Schoß und zeigte ihm ein Bilderbuch.

»Pim«, sagte Caleb laut und mit Handzeichen. »Das ist unser Nachbar, Mr Tatum.«

»Freut mich, Mrs Jaxon.« Tatum hielt seinen Hut vor der Brust. »Bitte stehen Sie meinetwegen nicht auf.«

*Freut mich sehr, Sie kennenzulernen.*

Caleb begriff, dass er etwas versäumt hatte. »Ich hätte es Ihnen sagen sollen. Meine Frau ist taub. Sie sagt, sie freut sich, Sie kennenzulernen.«

Der Mann nickte gleichmütig. »Hatte mal eine Cousine, der ging's auch so. Ist vor einiger Zeit gestorben. Sie konnte ein bisschen Lippen lesen, aber das arme Ding hat in einer eigenen Welt gelebt.« Er hob die Stimme, wie es viele Leute taten. »Das ist ein hübscher Junge, den Sie da haben, Mrs Jaxon.«

*Was sagt er?*

*Dass du schön bist und er mit dir ins Bett gehen will.* Er wandte sich an ihren Gast, der immer noch seine Hutkrempe befingerte. »Sie sagt danke, Mr Tatum.«

*Sei nicht ungezogen. Frag ihn, ob er etwas trinken möchte.*

Caleb wiederholte ihre Frage.

»Ich muss zum Abendbrot wieder zu Hause sein, aber ich denke, ich kann mich kurz hinsetzen, vielen Dank.«

Pim ließ Wasser in einen Krug laufen, gab ein paar Zitronenscheiben dazu und stellte den Krug auf den Tisch, an dem die beiden Männer saßen. Sie unterhielten sich über Kleinigkeiten – über das Wetter, über andere Farmen in der Gegend und wo und zu welchem Preis Caleb sein Kleinvieh kaufen sollte. Pim war mit Theo hinausgegangen. Sie nahm ihn gern mit hinunter zum Fluss, wo sie einfach still am Ufer saßen. Caleb erkannte bald, dass der Mann und seine Frau ein bisschen einsam waren. Ihr Sohn war fast ohne Abschied mit einem Mädchen fortgegangen, das er auf einer Tanzveranstaltung in Hunt kennengelernt hatte.

»Konnte nicht übersehen, dass Ihre Frau in anderen Umständen ist«, sagte Tatum. Sie hatten das Wasser ausgetrunken und plauderten nur noch.

»Ja, im September ist es so weit.«

»Es gibt einen Doc in Mystic, wenn der Tag kommt.« Er nannte Caleb die Einzelheiten.

»Das ist sehr freundlich, danke.« Caleb ahnte, dass sich hinter diesen Informationen eine traurige Geschichte verbarg. Die Tatums hatten noch ein Kind gehabt – vielleicht mehr als eins –, das nicht überlebt hatte. Das alles war lange vorbei, aber dann auch wieder nicht.

»Bin Ihnen beiden sehr verbunden«, sagte Tatum, als er zur Tür ging. »Es ist schön, junge Leute in der Gegend zu haben.«

Am Abend erzählte Caleb seiner Frau, worüber sie gesprochen hatten. Sie badete Theo in der Spüle. Anfangs hatte er sich gesträubt, aber jetzt schien es ihm Spaß zu machen, und er schlug mit den Fäusten ins Wasser.

*Ich sollte seine Frau besuchen,* meinte Pim.

*Soll ich mitkommen?* Er wollte für sie übersetzen.

Sie schaute ihn an, als habe er den Verstand verloren. *Sei nicht albern.*

Die Unterhaltung blieb ihm noch mehrere Tage im Gedächtnis. Irgendwie hatte er bei all seiner Planung nie daran gedacht, dass sie andere Menschen in ihrem Leben brauchen würden. Zum Teil lag es daran, dass er mit Pim allein ein so reichhaltiges Leben hatte, dass andere Beziehungen daneben trivial erschienen. Außerdem war er von Natur aus nicht gesellig; seine eigenen Gedanken waren ihm lieber als das meiste von dem, was der Umgang mit anderen ihm einbrachte.

Die Wahrheit war aber auch, dass Pims Welt kleiner war als die der meisten Menschen. Über ihre Familie hinaus beschränkte sie sich auf eine begrenzte Gruppe von Leuten, die, ohne die Gebärdensprache zu beherrschen, intuitiv verstanden, was sie sagen wollte. Sie war oft allein, was ihr anscheinend nichts ausmachte, und einen großen Teil dieser Zeit verbrachte sie mit Schreiben. Caleb hatte im Laufe der Jahre ein paar Mal einen verstohlenen Blick in ihre Tagebücher geworfen; er hatte der Versuchung, diesen kleinen Frevel zu begehen, nicht widerstehen können, und was sie dort geschrieben hatte, war so wunderbar zu lesen wie ihre Briefe. Manchmal fanden sich dort Zweifel oder Sorgen wegen irgendwelcher Dinge, aber meistens vermittelte es einen optimistischen Blick auf das Leben. Die Bücher enthielten auch Skizzen, obwohl er sie nie hatte zeichnen sehen. Die meisten bildeten vertraute Szenen ab. Es gab viele Bilder von Vögeln und anderen Tieren, und sie hatte auch die Gesichter von Leuten gezeichnet, die sie kannten, aber nicht seins. Er fragte sich, warum sie ihm diese Bilder nie gezeigt hatte und warum sie sie heimlich gezeichnet hatte. Die besten waren die Bilder vom Meer – bemerkenswert, denn Pim hatte den Ozean nie gesehen.

Trotzdem würde sie Freunde haben wollen. Zwei Tage nach Phil Tatums Besuch fragte sie Caleb, ob er etwas dagegen habe, ein paar Stunden auf Theo achtzugeben. Sie wollte die Tatums besuchen und ihnen ein Maisbrot mitbringen. Caleb arbeitete den Nachmittag über im Garten, während Theo in einem Korb lag und schlief. Als der Tag dem Ende zuging, fing er an, sich Sorgen zu machen, aber kurz bevor es dunkel wurde, kam Pim gutgelaunt zurück. Als Caleb wissen wollte, wie sie sich fast fünf Stunden hatten unterhalten können, lächelte Pim. *Bei Frauen kommt es nicht darauf an,* antwortete sie. *Wir verstehen einander gut genug.*

Am nächsten Morgen fuhr Caleb mit dem Pferdewagen in die Stadt, um Vorräte zu kaufen und eins der Pferde neu beschlagen zu lassen, den großen schwarzen Wallach, den sie Handsome nannten. Pim hatte einen Brief an Kate geschrieben, den er zur Post bringen sollte. Neben diesen Besorgungen wollte er sich außerdem mit weiteren

Leuten aus der Umgebung bekanntmachen. Er könnte die Männer, denen er begegnete, nach ihren Ehefrauen fragen und so vielleicht Pims Bekanntenkreis erweitern, damit sie sich nicht einsam fühlte.

Der Eindruck, den die Stadt machte, war nicht ermutigend. Erst ein paar Wochen waren vergangen, seit er und Pim auf dem Weg zur Farm hier durchgekommen waren. Ein paar Leute waren unterwegs gewesen, aber jetzt sah der Ort wie ausgestorben aus. Das Verwaltungsgebäude war geschlossen, die Hufschmiede ebenfalls. Im Laden hatte er mehr Glück. Der Eigentümer war ein Witwer namens George Pettibrew. Wie viele Pioniere war er ein schweigsamer Mann, der nur langsam warm wurde, und Caleb hatte noch nicht viel über ihn herausfinden können. George folgte ihm, als er sich durch den vollgestopften Laden bewegte und seinen Einkaufszettel abarbeitete – ein Sack Mehl, Rübenzucker, eine schwere Kette, Nähgarn, eine Dreißig-Meter-Rolle Maschendraht, ein Sack Nägel, Schmalz, Maismehl, Salz, Lampenöl und fünfzig Pfund Hühnerfutter.

»Außerdem möchte ich Munition kaufen«, sagte Caleb, als George die Rechnung zusammenstellte. »Dreißig-Null-Sechs.«

Sie und alle andern, sagte das Gesicht des Mannes. Er notierte weiter mit seinem Bleistiftstummel die einzelnen Beträge. »Ich kann Ihnen sechs geben.«

»Wie viele sind in einer Schachtel?«

»Nicht Schachteln. Patronen.«

Das klang wie ein Scherz. »Mehr nicht? Seit wann?«

George deutete mit dem Daumen über die Schulter. An der Wand hinter der Theke hing ein Zettel.

**100 $ BELOHNUNG**
**BERGLÖWE**
**AUSZAHLUNG GEGEN ABLIEFERUNG DES KADAVERS**
**IM TOWNSHIPBÜRO HUNT**

»Die Leute haben meine Bestände abgeräumt – nicht dass ich vorher viel gehabt hätte. Munition ist heutzutage knapp. Ich gebe sie Ihnen für einen Dollar das Stück.«

»Das ist doch lächerlich.«

George zuckte die Achseln. Geschäft war Geschäft; ihm war es einerlei. Caleb wollte ihm sagen, er solle sich seine Patronen sonst wohin schieben, aber andererseits war mit einem Berglöwen nicht zu spaßen. Er zählte die Scheine ab.

»Betrachten Sie es als Investition«, sagte George und legte das Geld in seine Kassette. »Schießen Sie die Katze ab, ist es gleich nicht mehr so viel, oder?«

Alles wurde auf den Wagen geladen, und Caleb schaute die leere Straße entlang. Es war wirklich *verdammt* still für die Tageszeit, mitten am Tag. Er fand es ein bisschen beunruhigend, aber vor allem war er enttäuscht, weil er nach seinem Besuch hier so wenig vorzuweisen hatte.

Er wollte eben zur Stadt hinausfahren, als ihm der Arzt einfiel, von dem Tatum ihm erzählt hatte. Tatum hatte gesagt, er habe früher im Krankenhaus in Kerrville gearbeitet und sich dann in die Townships zurückgezogen. Allzu viele Häuser gab es hier nicht, und das des Arztes war leicht zu finden – ein kleines Holzhaus in heiterem Gelb. Auf dem Schild, das über der Veranda hing, stand: BRIAN ELACQUA, M.D. Ein Pick-up mit rostigen Kotflügeln parkte davor. Caleb band die Pferde an und klopfte. Ein Auge spähte an der Gardine im Fenster der Tür vorbei.

»Was wollen Sie?« Die Stimme war laut, beinahe feindselig.

»Sind Sie Dr. Elacqua?«

»Wer will das wissen?«

Caleb bereute, dass er hergekommen war. Mit dem Mann stimmte offenbar etwas nicht. Vielleicht war er betrunken. »Mein Name ist Caleb Jaxon. Phil Tatum ist mein Nachbar, und er sagt, Sie wären der Arzt hier in der Stadt.«

»Sind Sie krank?«

»Ich wollte Ihnen nur guten Tag sagen. Wir sind neu hier draußen. Meine Frau erwartet ein Kind. Aber es ist schon in Ordnung – ich kann später wiederkommen.«

Aber als Caleb von der Veranda trat, öffnete sich die Tür. »Jaxon?«

»Ganz recht.«

Der Arzt sah aus wie ein Obdachloser. Er hatte einen dicken Bauch und eine wilde Mähne von schneeweißem Haar mit einem dazu passenden Bart. »Kommen Sie schon herein.«

Seine Frau, eine nervöse Person in einem formlosen Hauskleid, servierte ihnen im Wohnzimmer einen übel schmeckenden Tee. Elacqua lieferte keine Erklärung für sein kurz angebundenes Benehmen an der Haustür. Vielleicht ging es hier draußen einfach so zu, dachte Caleb.

»Wie weit ist Ihre Frau?«, fragte Elacqua, nachdem sie die Förmlichkeiten hinter sich gebracht hatten. Caleb war nicht entgangen, dass er sich aus einer Taschenflasche etwas in den Tee geschüttet hatte.

»Ungefähr vier Monate«, antwortete Caleb. »Meine Schwiegermutter ist Sara Wilson. Vielleicht kennen Sie sie.«

»Ob ich sie kenne? Ich habe sie ausgebildet. Aber ich dachte, ihre Tochter arbeitet im Krankenhaus.«

»Das ist Kate. Meine Frau ist Pim.«

Der Arzt dachte kurz nach. »Ich erinnere mich an keine Pim. Ach, die Stumme.« Er schüttelte betrübt den Kopf. »Das arme Ding. Nett von Ihnen, dass Sie sie geheiratet haben.«

Caleb hatte solche Bemerkungen schon öfter gehört. »Ich bin sicher, sie sieht es umgekehrt.«

»Andererseits, wer hätte nicht gern eine Frau, die nicht sprechen kann? Ich kann hier ja kaum zwei Gedanken hintereinander fassen.«

Caleb sah ihn nur an.

»Na«, sagte Elacqua und räusperte sich. »Ich kann vorbeikommen, wenn sie es möchte. Nur um zu sehen, wie es steht.«

An der Tür fiel Caleb der Brief ein, den Pim ihm mitgegeben hatte. Er fragte Elacqua, ob er so freundlich sein könnte, ihn aufzugeben, wenn die Post wieder geöffnet wäre.

»Ich kann es versuchen. Diese Leute sind nie da.«

»Ich habe mich schon gefragt«, sagte Caleb. »Die Stadt sieht aus, als ob sie leer wäre.«

»Ist mir nicht aufgefallen.« Elacqua runzelte zweifelnd die Stirn. »Könnte wegen des Berglöwen sein, nehme ich an. So was kommt hier draußen vor.«

»Ist jemand angefallen worden?«

»Nicht dass ich wüsste. Nur Kleinvieh. Aber wegen der Belohnung sind viele Leute draußen und suchen ihn. Dumm, wenn Sie mich fragen. Diese Biester sind bösartig.«

Caleb fuhr zur Stadt hinaus. Zumindest hatte er versucht, den Brief abzuschicken. Was Elacqua anging, so hatte er ernste Zweifel daran, dass Pim mit dem Mann etwas würde zu tun haben wollen. Der Berglöwe beunruhigte ihn nicht übermäßig. Das war einfach der Preis, den man für das Leben hier draußen bezahlte. Trotzdem würde er Pim sagen, sie solle eine Zeitlang nicht mit Theo zum Fluss hinuntergehen. Die beiden sollten in der Nähe des Hauses bleiben, bis die Sache erledigt wäre.

Sie aßen zu Abend und gingen ins Bett. Regen prasselte friedlich auf das Dach. Mitten in der Nacht wurde Caleb von einem schrillen Schrei geweckt. Eine schreckliche Sekunde lang dachte er, Theo sei etwas zugestoßen, aber dann ertönte das Geräusch noch einmal. Es kam von draußen. Es war Angst, was er da hörte – Angst und Todesschmerz. Ein Tier starb.

Am Morgen durchsuchte er das Gebüsch hinter dem Haus und kam zu einer Stelle mit abgebrochenen Zweigen. Kurze, steife Haarbüschel, klebrig von Blut, lagen verstreut auf dem Boden, vielleicht die Überreste eines Waschbären. Er suchte die Umgebung nach Spuren ab, aber der Regen hatte sie weggewaschen.

Am nächsten Tag wanderte er über den Höhenkamm zu den Tatums. Ihr Anwesen war viel größer als sein eigenes, mit einer ansehnlichen Scheune und einem Haus mit einem Stehfalzdach aus Blech. Blumenkästen mit blauen Lupinen hingen unter den Fenstern. Dorien Tatum begrüßte ihn an der Tür, eine pausbackige Frau mit einem grauen Haarknoten. Sie schickte ihn zum hinteren Ende des Grundstücks, wo ihr Mann das Buschwerk rodete.

»Ein Berglöwe, sagen Sie?« Phil nahm den Hut ab und wischte sich über die schweißnasse Stirn.

»So heißt es in der Stadt.«

»Hatten wir schon früher. Dürfte längst weg sein, nehme ich an. Das sind rastlose Biester.«

»Das dachte ich auch. Wahrscheinlich ist es nichts weiter.«

»Aber ich werde trotzdem die Augen offen halten. Sagen Sie Ihrer Frau, wir danken ihr herzlich für das Maisbrot. Dory hat sich über ihren Besuch wirklich gefreut. Die beiden haben sich stundenlang Zettel geschrieben.«

Caleb wollte gehen, drehte sich dann aber noch einmal um. »Wie ist es normalerweise in der Stadt?«

Tatum trank aus einer Wasserflasche. »Wie meinen Sie das?«

»Na, es war ziemlich still. Es kam mir merkwürdig vor, mitten am Tag.« Jetzt, da er es gesagt hatte, kam er sich ein bisschen albern vor. »Das Stadthaus war geschlossen, die Hufschmiede ebenfalls. Ich hatte gehofft, ich könnte ein Pferd beschlagen lassen.«

»Die Leute sind aber meistens da. Vielleicht ist Juno krank.« Juno war der Schmied.

»Vielleicht ist es das.«

Phil lächelte durch seinen Bart. »Fahren Sie in ein, zwei Tagen noch mal hin. Ich wette, dann finden Sie ihn. Aber wenn Sie irgendetwas brauchen, sagen Sie uns Bescheid.«

Caleb beschloss, Pim nicht zu erzählen, was er im Gebüsch gefunden hatte. Es gab keinen vernünftigen Grund, sie zu beunruhigen, und ein toter Waschbär hatte nichts zu bedeuten. Aber als sie am Abend das Geschirr abwuschen, bat er sie noch einmal, mit Theo in der Nähe des Hauses zu bleiben.

*Du machst dir zu viele Sorgen,* antwortete sie.

*Entschuldige.*

*Nicht nötig.* Sie drehte sich an der Spüle um und überraschte ihn mit einem ausgiebigen Kuss. *Das ist einer der Gründe, weshalb ich dich liebe.*

Er wackelte albern mit den Augenbrauen. *Bedeutet das, was ich glaube, dass es bedeutet?*

*Lass mich erst noch Theo ins Bett bringen.*

Aber das war nicht nötig. Der Junge schlief schon.

# 28

Sie begann die Nacht, wie sie alle Nächte begann: oben auf dem unvollendeten Büroturm an der Ecke 43rd und Fifth Avenue. Der Wind war böig mit einem Hauch von Wärme, und der Himmel war von Sternen bedeckt, dicht wie Staub. Die Silhouetten der Hochhäuser ragten wie tiefschwarze Zinnen in den Himmel. Empire State. Rockefeller Center. Das prachtvolle Chrysler Building, Fannings Lieblingsgebäude, überragte seine ganze Umgebung mit seiner eleganten Art-déco-Krone. Die Stunden nach Mitternacht mochte Alicia am liebsten. Die Stille war irgendwie satter, die Luft reiner. Sie fühlte sich dem Kern der Dinge näher, dem reichen Spektrum der Geräusche und Gerüche und Texturen dieser Welt. Die Nacht durchströmte sie wie ein Rauschen im Blut. Sie atmete tief ein und aus. Dunkelheit, unbezähmbar und absolut.

Sie ging quer über das Dach zum Baukran und fing an zu klettern. An den freiliegenden Stahlträgern der oberen Stockwerke verankert ragte er noch einmal dreißig Meter hoch über das Dach. Es gab Treppen, aber Alicia kümmerte sich nie darum; Treppen waren ein Ding aus der Vergangenheit, ein altmodischer Bestandteil eines Lebens, an das sie sich kaum noch erinnerte. Der Ausleger, sicher hundert Meter lang, war parallel zur Westfassade des Gebäudes positioniert. Über den Laufsteg gelangte sie zur Spitze des Auslegers, von der eine lange Kette mit einem Haken in die Dunkelheit hinunterhing. Alicia holte sie mit der Winde hoch, löste die Bremse und zog den Haken am Ausleger entlang nach hinten. Wo der Ausleger mit dem Mast verbunden war, befand sich eine kleine Plattform. Dort legte sie den Haken hin, kehrte zum Ende des Auslegers zurück und ließ die Kettenbremse wieder einrasten. Dann lief sie wieder zu der Plattform. Eine begierige Erwartung erfüllte sie, wie ein Hunger, der darauf wartete, gestillt zu werden. Aufrecht und mit hocherhobenem Kopf stand sie da und packte den Haken mit beiden Fäusten.

Und trat von der Plattform.

Sie fiel in die Tiefe und weg vom Gebäude. Es kam darauf an, den Haken im genau richtigen Moment loszulassen, wenn zwischen Geschwindigkeit und Aufwärtsschwung ein perfektes Gleichgewicht bestand. Das würde bei ungefähr zwei Dritteln des Aufwärtsbogens, den der Haken beschrieb, der Fall sein. Sie schwang durch den Tiefpunkt und beschleunigte immer noch. Ihr Körper, ihre Sinne, ihre Gedanken, alles war aufeinander eingestimmt, eins mit Geschwindigkeit und Raum.

Sie ließ den Haken los und überschlug sich in der Luft. Sie zog die Knie an die Brust, ein dreifacher Salto, und streckte sich wieder. Das flache Dach auf der anderen Straßenseite war das Ziel. Es kam ihr grüßend entgegen. *Willkommen, Alicia.*

Dann die Landung.

Ihre Kräfte hatten sich erweitert. Es war, als sei durch die Anwesenheit ihres Schöpfers irgendein machtvoller Mechanismus in ihr vollends entfesselt worden. Der Luftraum der Stadt war trivial; sie konnte über gewaltige Distanzen springen, auf den schmalsten Simsen landen, sich an den feinsten Spalten festkrallen. Die Schwerkraft war ein Spiel für sie, und sie zog über Manhattan hinweg wie ein Vogel. In den Glasfassaden der Wolkenkratzer schwebte und schwirrte ihr Spiegelbild vorbei, steil aufwärts und wieder herab.

Einige Zeit später fand sie sich über der Third Avenue wieder, in der Nähe der Demarkationslinie zwischen Land und Meer. Ein paar Blocks weiter südlich von Astor Place begann das anschwellende Wasser, das aus der gefluteten Unterwelt der Insel heraufblubberte. Wie ein Pingpongball schoss sie zwischen den Gebäuden hin und her und senkte sich zur Straße hinunter. Zerbrochene Muscheln lagen überall zwischen den trockenen Hülsen von Seetang, die von Sturmfluten hereingeschwemmt worden waren. Sie sank auf die Knie und drückte ein Ohr auf den Asphalt.

Kein Zweifel, sie waren in Bewegung.

Das Gitter ließ sich leicht aufheben. Sie ließ sich in den Schacht fallen, schaltete ihre Lampe ein und ging in südlicher Richtung los. Ein Streifen von schwarzem Wasser schwappte um ihre Füße. Fannings Viele hatten gefressen. Ihre Ausscheidungen waren überall, ranzig und harnsauer, und auch die Skelettreste ihrer Nahrung – Mäuse, Ratten, die kleinen Geschöpfe der klammen Schichten unter der Stadt. Manche der Haufen waren noch frisch, höchstens ein paar Tage alt.

Sie kam durch die U-Bahn-Station Astor Place. Jetzt konnte sie es fühlen: das Meer. Eine mächtige Schwellung, die ständig herandrängte, unablässig versuchte, ihr Reich zu erweitern und die Welt unter ihrem kalten blauen Gewicht zu ertränken. Ihr Herz schlug schneller, und die Härchen auf ihren Armen sträubten sich. *Es ist nur Wasser*, sagte sie sich. *Nur Wasser …*

Das Schott tauchte vor ihr auf. In feinen Strahlen, wie ein Dunst fast, sprühte das Wasser an den Rändern hervor. Sie ging darauf zu, zögerte kurz und streckte dann die Hand aus, um die eiskalte Wand zu berühren. Auf der anderen Seite lag reglos ein Druck von unzähligen Tonnen, patt gesetzt für hundert Jahre durch diese schwere Tür. Fanning hatte ihr den geschichtlichen Hintergrund geschildert. Das gesamte U-Bahn-System von Manhattan lag unterhalb des Meeresspiegels – eine Katastrophe, die nur darauf wartete, sich zu ereignen. Nachdem

Hurrikan Wilma die Tunnel überflutet hatte, hatten die Stadtväter ein System von schweren Türen konstruieren lassen, um das Wasser in Schach zu halten. Als in den Zuckungen der Epidemie der Strom ausgefallen war, hatte ein Notfallmechanismus diese Türen allesamt verschlossen, und mehr als ein Jahrhundert lang waren sie verschlossen geblieben und hielten das anschwellende Meerwasser ab.

*Hab keine Angst, hab keine Angst ...*

Sie hörte ein Trippeln hinter sich und fuhr herum. Als sie die Lampe hob, sah sie am Rande der Dunkelheit ein orangegelbes Augenpaar glühen. Ein Mann, groß, aber so mager, dass man die Wölbung der einzelnen Rippen sehen konnte. Er hockte wie ein Frosch zwischen den Gleisen und hielt mit den Spitzen seiner Zähne eine Ratte im Maul. Die Ratte zappelte und quiekte, und ihr nackter Schwanz peitschte hin und her.

»Was glotzt du so?«, fragte Alicia. »Verschwinde.«

Das Maul klappte zu. Mit einem leisen *pop* spritzte Blut in hohem Bogen hervor. Ein saugendes Schmatzen, und der Viral spuckte den leeren Knochensack aus Fell auf den Boden. Alicia drehte sich der Magen um, nicht vor Ekel, sondern weil sie Hunger hatte. Sie hatte seit einer Woche nicht mehr gegessen. Der Viral streckte die Klauen aus, strich durch die Luft wie eine Katze und legte den Kopf schräg: *Was für ein Wesen ist denn das?*

»Hau ab.« Sie wedelte mit der Taschenlampe wie mit einem Spieß. »Husch, husch. Weg.«

Ein letzter, beinahe zärtlicher Blick. Dann sprang er davon.

Fanning hatte bereits die Vorbereitungen für den Tagesanbruch getroffen, indem er die Jalousien geschlossen hatte. Er saß an seinem gewohnten Tisch auf dem Balkon über der Haupthalle und las im Licht einer Kerze ein Buch. Als sie herankam, hob er den Blick.

»Die Jagd war gut?«

Alicia setzte sich auf einen Stuhl. »Ich hatte keinen Hunger.«

»Du solltest essen.«

»Du auch.«

Er wandte sich wieder seinem Buch zu. Alicia warf einen Blick auf den Titel: *Die Tragödie von Hamlet, Prinz von Dänemark.*

»Ich war in der Bibliothek.«

»Das sehe ich.«

»Es ist ein sehr trauriges Stück. Nein, nicht traurig. Zornig.« Fanning zuckte die Achseln. »Ich habe es seit Jahren nicht mehr gelesen. Jetzt kommt es mir anders vor.« Er blätterte eine bestimmte Seite auf, sah sie an und hob professoral den Zeigefinger. »Hör zu.«

*Der Geist,*
*Den ich gesehen, kann ein Teufel sein;*
*Der Teufel hat Gewalt, sich zu verkleiden*
*In lockende Gestalt, ja, und vielleicht,*
*Bei meiner Schwachheit und Melancholie,*
*Da er sehr mächtig ist bei solchen Geistern,*
*Täuscht er mich zum Verderben. Ich will Grund,*
*Der sichrer ist. Das Schauspiel sei die Schlinge,*
*In die den König sein Gewissen bringe.*

Als Alicia schwieg, sah er sie mit hochgezogenen Brauen an. »Du bist kein Fan?«

Fanning hatte solche Launen. Er konnte tagelang schweigen, unaufhörlich brüten und dann, ganz unvermittelt, wieder hervorkommen. In letzter Zeit hatte er sich einen Tonfall von trockener Heiterkeit angewöhnt, der beinahe selbstgefällig klang.

»Ich verstehe, warum es dir gefällt.«

»›Gefallen‹ ist vielleicht nicht das richtige Wort.«

»Aber das Ende ergibt keinen Sinn. Wer ist der König?«

»Exakt.«

Keile von Sonnenlicht drangen durch die Jalousien und malten helle Streifen auf den Boden. Fanning schien es nicht zu beunruhigen, obwohl er viel empfindlicher dagegen war als sie. Für Fanning war die Berührung der Sonne extrem schmerzhaft.

»Sie wachen auf, Tim. Sie jagen. Streifen durch die Tunnel.«

Fanning las weiter.

»Hast du gehört?«

Er blickte auf und zog die Stirn kraus. »Na und?«

»Das haben wir nicht vereinbart.«

Er hatte seine Aufmerksamkeit wieder auf sein Buch gerichtet, aber er tat nur so, als lese er. »Ich sehe jetzt nach Soldier.«

Gähnend entblößte er seine Fangzähne und lächelte dann schmallippig. »Ich bin hier.«

Alicia zog die Schutzbrille auf, ging auf die 43rd hinaus und auf der Madison Avenue nach Norden. Der Frühling kam nur träge in Gang; ein paar Bäume hatten die ersten Knospen, und im Schatten lag immer noch fleckenweise Schnee. Der Stall lag an der Ostseite des Parks, an der 63rd, südlich des Zoos. Sie nahm Soldier die Decke ab und führte ihn aus der Box. Der Park wirkte statisch, als sei er zwischen zwei Jahreszeiten erstarrt. Alicia setzte sich auf einen Felsblock am Rande des Teichs und sah dem Pferd beim Grasen zu. Soldier hatte die Jahre mit Würde überstanden; er wurde jetzt schneller müde, aber nicht viel schneller, er war immer noch stark und hatte einen sicheren Gang. Weiße Strähnen waren in seinem Schwanz zu sehen; ein paar weiße Barthaare waren ebenfalls da, und auch die Fellbüschel über seinen Hufen waren von Weiß durchzogen. Sie wartete, bis er genug gefressen hatte, und dann sattelte sie ihn und kletterte an Bord.

»Ein bisschen Bewegung, mein Junge – was meinst du?«

Sie lenkte ihn über die Wiese und in den Schatten der Bäume. Sie erinnerte sich an den Tag, als sie ihn das erste Mal gesehen hatte, an die ganze angespannte Wildheit in ihm, als er allein draußen vor den Trümmern der Garnison Kearney gestanden und auf sie gewartet hatte wie auf eine Botschaft. *Ich bin dein, und du bist mein. Für jeden von uns wird es immer jemanden geben.* Als die Bäume hinter ihnen lagen, ließ sie ihn traben und dann leicht galoppieren. Zur Linken lag das Reservoir, Milliarden von Litern Wasser, das Lebensblut des Herzens dieser Stadt. An der 97th Street, die den Park durchquerte, stieg sie ab.

»Bin gleich wieder da.«

Sie lief in den Wald, zog die Stiefel aus und kletterte auf einen geeigneten Baum am Rande einer Lichtung. Dann hockte sie sich auf einen Ast und wartete.

Irgendwann wurde ihr Wunsch erfüllt: Ein junges Reh kam in Sichtweite geschlichen. Die Ohren zuckten, und es hielt den Kopf gesenkt. Alicia beobachtete, wie das Tier herankam. Näher. Näher.

Fanning hatte seinen Tisch nicht verlassen. Er blickte von seinem Buch auf und lächelte. »Was sehe ich denn da?«

Alicia wuchtete das Reh von ihren Schultern auf die Bar. Der Kopf hing mit der Lockerheit des Todes herab, und die Zunge baumelte aus dem Maul wie ein Band.

»Ich hab es doch gesagt; du musst wirklich essen«, erklärte sie.

# 29

Die ersten Schüsse hallten planmäßig herüber, ein fernes Knallen, mehrmals hintereinander, vom Ende des Brückendamms. Es war ein Uhr früh. Michael hatte sich mit Rand und den anderen bei der Nissenhütte versteckt. Die Tür flog auf, und grelles Licht und Gelächter drangen heraus. Ein Mann stolperte ins Freie. Sein Arm lag auf den Schultern einer Hure.

Er starb mit einem Gurgeln. Sie ließen ihn liegen, wo er hingefallen war. Das Blut aus dem Einschnitt der Drahtschlinge um seinen Hals färbte die Erde schwarz. Michael trat auf die Frau zu. Es war keine, die er kannte. Rand hielt ihr mit einer Hand den Mund zu und dämpfte ihre angstvollen Schreie. Sie sah aus, als sei sie keinen Tag älter als achtzehn.

»Dir passiert nichts, wenn du still bist. Verstanden?«

Sie war ein gutgenährtes Mädchen mit kurzen roten Haaren. Ihre dick geschminkten Augen waren weit aufgerissen. Sie nickte.

»Mein Freund nimmt jetzt die Hand von deinem Mund, und du wirst mir sagen, in welchem Zimmer er ist.«

Vorsichtig nahm Rand die Hand weg.

»Im letzten, am Ende des Ganges.«

»Bist du sicher?«

Sie nickte mit Nachdruck. Michael zeigte ihr eine Liste mit

Namen. Vier spielten im vorderen Raum Karten, und zwei weitere waren hinten in den Kabinen.

»Okay, verschwinde.«

Sie rannte davon. Michael sah die anderen an. »Wir gehen in zwei Gruppen. Rand bleibt bei mir, und die Übrigen lungern im vorderen Raum herum, bis alle bereit sind.«

Blicke huschten von den Tischen zu ihnen herüber, als sie hereinkamen, aber das war alles. Sie waren Kameraden und kamen zweifellos aus demselben Grund in die Baracke wie alle andern: um etwas zu trinken, Karten zu spielen und ein paar Minuten Glückseligkeit in den Kabinen zu genießen. Die zweite Gruppe verteilte sich im Raum, während Michael und die andern sich in den Korridor verdrückten und vor den Türen in Stellung gingen. Auf das Signal hin wurden die Türen aufgestoßen.

Dunk lag nackt auf dem Rücken, und eine Frau saß rittlings auf seinen Hüften und wippte eifrig auf und ab. »*Fuck*, Michael, was …?« Als er Rand und die andern sah, veränderte sich sein Gesichtsausdruck. »Jetzt mach mal halblang!«

Michael sah die Hure an. »Willst du nicht einen Spaziergang machen?«

Sie raffte ihr Kleid vom Boden auf und rannte zur Tür hinaus. Anderswo in der Baracke wurde wild durcheinandergeschrien, Glas klirrte, und ein einzelner Schuss fiel.

»Es musste so kommen, früher oder später«, sagte Michael zu Dunk. »Machen wir das Beste daraus.«

»Scheiße, hältst du dich etwa für so clever? Du bist tot, sobald du hier rausspazierst.«

»Der Hausputz ist so gut wie erledigt, Dunk. Ich habe dich für den Schluss aufgehoben.«

Dunks Gesicht erstrahlte in einem unechten Lächeln. Bei allem Gepolter war dem Mann klar, dass er in einen Abgrund schaute. »Ich verstehe. Du willst einen größeren Anteil. Na ja, verdient hast du ihn sicher. Ich kann ihn dir geben.«

»Rand?«

Rand kam heran. Er hielt den Draht in beiden Händen. Drei andere packten Dunk, als er sich aufrichten wollte, und stießen ihn hart auf die Matratze zurück.

»*Fuck*, Michael!« Er zappelte wie ein Fisch. »Ich habe dich behandelt wie einen Sohn!«

»Du hast keine Ahnung, wie komisch das ist.«

Als der Draht sich um Dunks Hals schlang, verließ Michael die Kammer. Der letzte von Dunks Adjutanten leistete in der zweiten Kabine noch ein bisschen Widerstand, aber dann hörte Michael ein letztes Grunzen und das dumpfe Geräusch, mit dem etwas Schweres auf dem Boden landete. Greer erwartete ihn im vorderen Raum. Leichen lagen verstreut zwischen umgekippten Spieltischen. Eine davon war Fastau. Er hatte eine Kugel ins Auge bekommen.

»Sind wir fertig?«, fragte Michael.

»McLean und Dybek sind mit einem der Trucks entkommen.«

»Sie werden am Brückendamm aufgehalten werden. Sie kommen nicht weit.« Michael sah Fastau an, der tot auf dem Boden lag. »Haben wir sonst noch jemanden verloren?«

»Nicht dass ich wüsste.«

Sie luden die Leichen auf den Fünftonner, der draußen wartete. Es waren insgesamt sechsunddreißig, der innere Kreis von Dunks Mördern, Zuhältern und Dieben. Man würde sie zum Kai fahren, in ein Boot laden und im Kanal ins Wasser werfen.

»Was ist mit den Frauen?«, wollte Greer wissen.

Michael dachte an Fastau. Der Mann war einer seiner besten Schweißer gewesen. Jeder Verlust war in dieser Phase ein Problem.

»Patch soll sie in einen der Maschinenschuppen sperren und bewachen lassen. Sobald wir bereit sind, schafft sie mit einem Transport hier raus.«

»Sie werden reden.«

»Und wer sind sie, dass ihnen jemand glauben soll?«

»Auch wieder wahr.«

Der Truck mit den Leichen fuhr davon.

»Ich möchte dich nicht drängen«, sagte Greer, »aber hast du dich wegen Lore entschieden?«

Diese Frage beschäftigte Michael schon seit Wochen, und er kam immer wieder auf dieselbe Antwort zurück. »Ich glaube, sie ist die Einzige, der ich es zutraue.«

»Ich bin deiner Meinung.«

Michael drehte sich um und sah Greer an. »Bist du sicher, dass du nicht derjenige sein willst, der hier das Kommando hat? Ich glaube, du wärest gut dafür geeignet.«

»Das ist nicht meine Rolle. Die *Bergensfjord* ist deine Sache. Keine Sorge, ich halte die Truppe in Ordnung.«

Sie schwiegen eine Zeitlang. Das einzige Licht kam von den großen Scheinwerfern auf dem Kai. Michaels Männer würden die Nacht hindurch arbeiten.

»Da ist noch etwas, über das ich mit dir reden wollte«, sagte Michael schließlich.

Greer legte den Kopf schräg.

»Ich weiß, in deiner Vision konntest du nicht sehen, wer sonst noch auf dem Schiff war ...«

»Nur die Insel und die fünf Sterne.«

»Ist mir klar.« Michael zögerte. »Ich weiß nicht, wie ich es sagen soll. Hat es ... hat es sich *angefühlt,* als wäre ich da?«

Greer war perplex. »Das kann ich wirklich nicht sagen. Es war kein Teil davon.«

»Du kannst ehrlich zu mir sein.«

»Das weiß ich.«

Vom Brückendamm hallten Schüsse herüber: erst fünf, dann kam eine Pause, dann noch zwei, sorgfältig und endgültig. Dybek und McLean.

»Ich schätze, das war's«, sagte Greer.

Rand kam auf sie zu. »Alle haben sich am Kai versammelt.«

Plötzlich spürte Michael die ganze Last auf seinen Schultern. Nicht weil er den Tod so vieler Menschen befohlen hatte; das war leichter gewesen als erwartet. Aber jetzt hatte er das Kommando. Der Isthmus gehörte ihm. Er kontrollierte das Magazin seiner Pistole, löste den Schlagbolzen und schob die Waffe in das Halfter. Von jetzt an würde er sie immer bei sich haben.

»Okay, dieses Öl geht in sechsunddreißig Tagen hier raus. An die Arbeit!«

# 30

Sheriff Gordon Eustace begann den Morgen des 24. März, wie er jeden 24. März begann: indem er den Revolvergurt an den Bettpfosten hängte.

Denn eine Waffe zu tragen wäre nicht richtig. Es wäre nicht respektvoll. In den nächsten paar Stunden wäre er ein Mann wie jeder andere, der mit schmerzenden Gelenken in der Kälte stand und darüber nachdachte, wie es hätte sein können.

Er hatte ein Zimmer hinten im Gefängnis. Seit zehn Jahren, seit der Nacht, in der er es nicht über sich gebracht hatte, ins Haus zurückzukehren, schlief er dort. Er hatte sich immer für einen Menschen gehalten, der in der Lage war, sich aufzuraffen und weiterzumachen, und es war ja auch nicht so, als wäre er der Erste, der plötzlich Pech gehabt hatte. Aber etwas hatte ihn verlassen, das nie zurückgekommen war, und so wohnte er jetzt hier – in einem Kasten aus Hohlblocksteinen. Hier gab es nur ein Bett und ein Waschbecken und einen Stuhl und eine Toilette weiter unten am Korridor, und seine einzige Gesellschaft waren die Betrunkenen, die ihren Rausch ausschliefen.

Draußen ging halbherzig die Sonne auf, wie sie es im März in Iowa tat. Auf dem Herd machte er sich einen Kessel heißes Wasser und trug ihn zusammen mit seinem Rasiermesser und der Seife zum Waschbecken. Aus dem alten, gesprungenen Spiegel schaute ihm sein Gesicht entgegen. Na, das war ja ein hübscher Anblick. Die Hälfte seiner Vorderzähne war weg, das linke Ohr war bis auf einen rosigen Stummel abgeschossen, und ein Auge war milchig trüb und blind: Er sah aus wie ein Wesen aus einem Kindermärchen – der böse alte Oger unter der Brücke. Er rasierte sich, spritzte sich Wasser ins Gesicht und unter die Arme und trocknete sich ab. Zum Frühstück hatte er nur ein paar übrig gebliebene Brötchen, die steinhart geworden waren. Er saß am Tisch und bearbeitete sie mit den hinteren Zähnen, und dann spülte er sie mit einem Schluck Maisschnaps aus dem Krug unter dem Waschbecken herunter. Er war kein großer Trinker, aber er nahm gern morgens einen zu sich, und ganz besonders an diesem Morgen, am Morgen des 24. März.

Er zog die Jacke an, setzte den Hut auf und ging hinaus. Der letzte Schnee war getaut, und die Erde war zu Schlamm geworden. Das Gefängnis war eins der wenigen Gebäude in der alten Innenstadt, die noch benutzt wurden. Die meisten standen schon seit Jahren leer. Er blies sich in die Hände und ging an den Ruinen der Kuppel vorbei – von der nichts außer einem Haufen Steine und ein paar verkohlten Balken übrig war – und dann hinunter in die Gegend, die bei allen immer noch das Flachland hieß, auch wenn die alten Arbeiterhütten längst abgerissen und als Brennholz benutzt worden waren. Ein paar Leute lebten immer noch da unten, aber nicht viele; die Erinnerungen waren zu schlimm. Es waren überwiegend junge Leute, die erst nach den Tagen der Rotaugen zur Welt gekommen waren, oder sie waren sehr alt und außerstande, die Ketten des alten Regimes zu zerreißen. Es war ein schmutziges Loch mit Hütten ohne fließendes Wasser; stinkende Abwasser flossen durch die Gassen, und ungefähr gleich viele verdreckte Kinder und magere Köter stöberten im Müll. Eustace brach es jedes Mal das Herz, wenn er sie sah.

So hatte es nicht werden sollen. Er hatte Pläne gehabt, Hoffnungen. Sicher, in den ersten Jahren hatten viele das Angebot angenommen, sich nach Texas evakuieren zu lassen. Eustace hatte damit gerechnet. *Schön,* hatte er gedacht, *lass sie gehen.* Diejenigen, die blieben, würden die kernigen Seelen sein, die wahren Gläubigen, für die das Ende der Rotaugen nicht nur die Befreiung von ihren Fesseln bedeutete, sondern mehr: nämlich die Chance, etwas Unrechtes in Ordnung zu bringen, von vorn anzufangen und ein von Grund auf neues Leben aufzubauen.

Aber als er sah, wie die Bevölkerung abnahm, hatte er angefangen, sich Sorgen zu machen. Die Leute, die blieben, waren nicht die, die aufbauten, die Träume hatten. Viele waren einfach zu schwach zum Reisen, andere hatten zu viel Angst, und wieder andere hatten sich daran gewöhnt, dass alles für sie entschieden wurde, und so waren sie kaum noch imstande, irgendetwas selbst in die Hand zu nehmen. Eustace hatte es wirklich versucht, aber niemand hatte die leiseste Ahnung, wie man eine Stadt zum Laufen brachte. Sie hatten keine Techniker, keine Klempner, keine Elektriker, keine Ärzte. Sie konnten die Maschinen bedienen, die die Rotaugen hinterlassen hatten, aber niemand konnte sie reparieren, wenn sie kaputtgingen. Das Kraftwerk war nach drei Jahren zusammengebrochen, Wasserversorgung und Kanalisation nach fünf. Zehn Jahre später funktionierte fast nichts mehr. Schulunterricht für die Kinder erwies sich als unmöglich. Nur wenige Erwachsene konnten lesen, und die meisten sahen nicht ein, was das für einen Sinn haben sollte. Die Winter waren brutal – manche erfroren in ihren Häusern –, und die Sommer waren fast genauso schlimm: In dem einen Jahr gab es eine Dürre, im nächsten dann endlose Regengüsse. Das Flusswasser war faulig, aber die Leute füllten trotzdem ihre Eimer damit, und die Krankheit, die alle nur »Flussfieber« nannten, tötete Dutzende. Die Hälfte der Rinder war eingegangen, die meisten Pferde und Schafe und alle Schweine.

Die Rotaugen hatten alles hinterlassen, was man brauchte, um eine funktionierende Gesellschaft aufzubauen, nur eines nicht: den Willen, es wirklich zu tun.

Die Straße durch das Flachland führte zum Fluss und folgte ihm dann ostwärts zum Stadion. Gleich dahinter lag der Friedhof. Eustace schlängelte sich zwischen den Reihen der Grabsteine hindurch. Manche Gräber waren geschmückt; abgebrannte Kerzen, Kinderspielzeug, längst verdorrte Wildblumen waren unter dem schmelzenden Schnee zum Vorschein gekommen. Die Anlage war ordentlich; das Einzige, was die Leute hier gut hinbekamen, waren Gräber. Er kam zu dem, das er suchte, und hockte sich davor.

**NINA VORHEES EUSTACE**
**SIMON TIFTY EUSTACE**
**GELIEBTE FRAU, GELIEBTER SOHN**

Sie waren innerhalb von wenigen Stunden nacheinander dahingegangen. Eustace erfuhr es erst zwei Tage später; er glühte vom Fieber, und sein Hirn driftete durch psychotische Träume, an die er sich zum Glück nicht erinnern konnte. Die Epidemie hatte in der Stadt gewütet wie eine Sense. Wer lebte und wer starb, war dem Zufall überlassen. Einen gesunden Erwachsenen konnte es genauso treffen wie einen Säugling oder jemanden um die siebzig. Die Krankheit verlief schnell: Fieber, Schüttelfrost, ein Husten, der tief aus der Lunge kam. Oft sah es aus, als sei sie vorüber, doch dann kam sie wütend zurück und überwältigte das Opfer innerhalb weniger Minuten. Simon war drei Jahre alt gewesen, ein wachsamer Junge mit intelligentem Blick und fröhlichem Lachen. Nie hatte Eustace eine so tiefe Liebe zu jemandem empfunden, nicht einmal zu Nina. Die beiden machten Scherze darüber – wie ihre Gefühle füreinander vergleichsweise geringfügig erschienen, obwohl das natürlich nicht ganz stimmte. Den Jungen zu lieben war nur eine weitere Möglichkeit für sie, einander zu lieben.

Er verbrachte ein paar Minuten beim Grab. Es gefiel ihm, sich auf Kleinigkeiten zu konzentrieren. Gemeinsame Mahlzeiten, Gesprächsfetzen, kurze Berührungen ohne Grund, nur um einander zu berühren. An den Aufstand dachte er kaum noch; er schien keine Bedeutung mehr zu haben, und Ninas Wildheit als Kämpferin war nur ein kleiner Teil dessen, was sie zu der Frau machte, die sie war. Ihr wahres Ich war etwas, das sie nur ihm gezeigt hatte.

Ein Gefühl der Sättigung sagte ihm, dass es Zeit war zu gehen. Wieder ein Jahr also. Er berührte den Stein und ließ die Hand dort liegen, während er sich verabschiedete. Dann wanderte er durch das Labyrinth der Grabsteine zurück.

»Hey, Mister!«

Eustace fuhr herum, und ein Eisklumpen, so groß wie eine Faust, flog an seinem Kopf vorbei. Drei Jungen, Teenager, standen fünfzehn Schritte weit entfernt zwischen den Grabsteinen und feixten wie Idioten. Aber als sie ihn erkannten, brach das Gelächter jäh ab.

»Scheiße! Das ist der Sheriff!«

Sie rannten davon, bevor Eustace ein Wort hervorbrachte. Das war eigentlich schade, denn er hatte ihnen etwas sagen wollen. *Schon gut,* hätte er gesagt. *Es macht nichts. Er wäre jetzt ungefähr so alt wie ihr.*

Als er ins Gefängnis zurückkam, saß Fry Robinson, sein Deputy, am Schreibtisch. Seine Füße in den Stiefeln lagen auf dem Tisch, und er schnarchte in seinen Kragen. Eigentlich war er noch ein Kind, nicht mal fünfundzwanzig, mit einem breiten, optimistischen Gesicht und einem weichen, runden Kinn, das er kaum rasieren musste. Er war nicht der Gescheiteste, aber auch nicht der Dümmste, und er hatte es bei Eustace länger ausgehalten als die meisten Männer. Das wollte etwas heißen. Eustace ließ die Tür hinter sich zufallen, sodass Fry senkrecht in die Höhe schoss.

»Meine Güte, Gordo. Was zum Teufel soll denn das?«

Eustace schnallte sich den Revolvergurt um. Das war zum größten Teil Show; die Waffe war geladen, aber die Munition, die die Rotaugen hinterlassen hatten, war fast weg, und was er noch übrig hatte, war unzuverlässig. Schon mehr als einmal hatte der Schlagbolzen auf einen Zündversager getroffen.

»Hast du Rudy schon gefüttert?«

»Wollte ich gerade machen, bevor du mich geweckt hast. Wo warst du? Ich dachte, du bist noch hinten.«

»Ich habe Nina und Simon besucht.«

Fry starrte ihn ausdruckslos an, aber dann ging ihm ein Licht auf. »Scheiße, heute ist der 24., ja?«

Eustace zuckte die Achseln. Was sollte er sagen?

»Ich kann hier die Stellung halten, wenn du willst«, bot Fry an. »Willst du nicht für heute freinehmen?«

»Um was zu tun?«

»Schlafen oder so was. Dich betrinken.«

»Glaub mir, ich habe schon daran gedacht.«

Eustace brachte Rudy sein Frühstück in die Zelle: zwei altbackene Brötchen und eine rohe, in Scheiben geschnittene Kartoffel.

»Hoch mit dir, Partner.«

Rudy stemmte seine ausgemergelte Gestalt von der Pritsche. Ein Dieb, ein Streithammel, eine generelle Nervensäge – der Mann war so oft im Gefängnis, dass er tatsächlich eine Lieblingszelle hatte. Diesmal war er wegen Ruhestörung unter Alkoholeinfluss hier. Mit abscheulichem Röcheln förderte er einen Klumpen Schleim herauf, rotzte ihn in den Eimer, der als Toilette diente, und kam ans Gitter geschlurft. Mit einer Hand hielt er seine gürtellose Hose hoch. Vielleicht sollte ich ihm den Gürtel beim nächsten Mal lassen, dachte Eustace. Vielleicht tut er uns allen einen Gefallen und hängt sich auf.

»Das ist alles? Brötchen und eine Kartoffel?«

»Was willst du? Wir haben März.«

»Der Service hier ist auch nicht mehr das, was er mal war.«

»Dann sieh zu, dass du nicht gleich wieder Ärger machst.«

Rudy setzte sich auf die Pritsche und biss in eins der Brötchen. Seine Zähne sahen abscheulich aus, braun und wacklig, auch wenn Eustace nicht derjenige war, der sich über diesen Anblick beklagen konnte. Krümel flogen aus seinem Mund, als er sprach. »Wann kommt Harold?«

Harold war der Richter.

»Woher soll ich das wissen?«

»Ich brauche auch einen sauberen Eimer.«

Eustace hatte den Korridor schon halb hinter sich.

»Ich mein's ernst!«, schrie Rudy. »Es stinkt hier drin!«

Eustace kam zurück nach vorn und setzte sich an seinen Schreibtisch. Fry putzte seinen Revolver. Das tat er ungefähr zehn Mal am Tag. Das Ding war wie ein Schoßtier für ihn. »Was hat er für ein Problem?«

»Die Cuisine passt ihm nicht.«

Fry runzelte verachtungsvoll die Stirn. »Er sollte dankbar sein. Viel mehr als das habe ich auch nicht bekommen.« Er hob den Kopf und schnupperte. »Gott, was stinkt hier so?«

»Hey, Arschlöcher«, schrie Rudy von hinten. »Ein Geschenk für euch!«

Rudy stand in seiner Zelle und hielt triumphierend den jetzt leeren Eimer hoch. Scheiße und Pisse schwammen in einem braunen Bach durch den Korridor.

»Das sage ich zu eurer beschissenen Kartoffel!«

»Gottverdammt noch mal!«, schrie Fry. »Das machst du wieder sauber!«

Eustace sah seinen Deputy an. »Gib mir die Schlüssel.«

Fry hakte den Schlüsselring von seinem Gürtel und reichte ihn herüber. »Das ist mein Ernst, Rudy!« Er stieß mit dem Zeigefinger in die Luft. »Du kriegst eine Menge Ärger, Freundchen.«

Eustace schloss die Tür auf, trat in die Zelle und ließ die Tür hinter sich zufallen. Dann griff er mit dem Schlüsselbund durch das Gitter und schloss ab. Den Schlüsselbund steckte er tief in die Tasche.

»Was zum Teufel soll das werden?«, fragte Rudy.

»Gordon?« Fry beobachtete ihn vorsichtig. »Was machst du da?«

»Nur eine Sekunde.«

Eustace zog seinen Revolver, drehte ihn in der Hand herum und schlug Rudy mit dem Kolben ins Gesicht. Der Mann stolperte rückwärts und fiel zu Boden.

»Bist du verrückt geworden?« Rudy krabbelte rückwärts, bis er mit dem Rücken an die Zellenwand stieß. Er bewegte die Zunge im Mund herum und spuckte einen blutigen Zahn in seine flache Hand. Er hielt ihn an der langen, verfaulten Wurzel in die Höhe. »Sieh dir das an! Wie soll ich jetzt essen?«

»Ich glaube nicht, dass es dir fehlen wird.«

»Geschieht dir recht, du Stück Scheiße«, sagte Fry. »Komm, Gordo, bringen wir diesem Arschloch einen Wischmopp. Ich glaube, er hat seine Lektion gelernt.«

Eustace glaubte es nicht. *Dem Mann eine Lektion erteilen –* was bedeutete das eigentlich? Er wusste nicht genau, was er empfand, aber er würde es gleich wissen. Rudy hielt ihm den Zahn mit dem Ausdruck rechtschaffener Empörung entgegen. Der Anblick war durch und durch abstoßend, und er schien alles zu verkörpern, was mit Eustace' Leben nicht stimmte. Er schob die Waffe wieder ins Halfter, damit Rudy glaubte, das Schlimmste sei vorüber. Dann zog er ihn auf die Beine und schleuderte ihn mit dem Gesicht gegen die Wand. Es knirschte feucht, wie wenn man eine Kakerlake unter der Fußsohle zertritt. Rudy stieß ein Schmerzensgeheul aus.

»Gordon, ernsthaft«, sagte Fry. »Es wird Zeit, dass du da rauskommst.«

Eustace war nicht wütend. All seine Wut war schon vor Jahren verflogen. Was er empfand, war Erleichterung. Er schleuderte den Mann quer durch die Zelle und machte sich an die Arbeit, mit den Fäusten, dem Revolverkolben, den Spitzen seiner Stiefel. Dass Fry ihn anflehte aufzuhören, drang ihm kaum ins Bewusstsein. Etwas war in ihm geplatzt, und es war ein begeisterndes Gefühl, als reite er ein Pferd in vollem Galopp. Rudy lag auf dem Boden und hatte das Gesicht in den Armen vergraben, um sich zu schützen. *Du erbärmlicher Ersatz für ein menschliches Wesen. Du wertlose Verschwendung von Haut. Du bist all das, was nicht in Ordnung ist mit diesem Ort, und ich werde dafür sorgen, dass du es weißt.*

Er war dabei, Rudy am Kragen hochzuheben, um seinen Schädel auf die Kante der Pritsche zu schmettern – was für ein befriedigendes Knacken er dabei hören würde –, als ein Schlüssel sich im Schloss drehte und Fry ihn von hinten packte. Eustace rammte ihm den Ellenbogen in den Leib, stieß ihn von sich und nahm Rudys Hals in seine Armbeuge. Der Mann fühlte sich an wie eine große Lumpenpuppe, ein fleischiger Sack mit lose zusammenhängenden Einzelteilen. Er spannte den Bizeps an Rudys Luftröhre und drückte ihm das Knie als Hebel in den Rücken. Ein kräftiger Ruck, und es wäre zu Ende mit ihm.

Dann sah er Schneeflocken. Fry stand nach Atem ringend über ihm und hielt den Schürhaken in der Hand, den er Eustace auf den Schädel geschlagen hatte.

»Mein Gott, Gordo. Was zum Teufel war denn *das*?«

Eustace blinzelte, und die Schneeflocken verschwanden eine nach der andern. Sein Kopf fühlte sich an wie ein gespaltenes Holzscheit, und ihm war ein bisschen übel.

»Habe mich wohl ein bisschen hinreißen lassen.«

»Nicht dass der Kerl es nicht verdient hätte, aber Scheiße, was soll das?«

Eustace drehte den Kopf, um die Situation zu betrachten. Rudy war wie ein Fötus zusammengekrümmt und klemmte die Hände zwischen die Beine. Sein Gesicht sah aus wie rohes Fleisch.

»Ich habe ihn wirklich durch die Mangel gedreht, was?«

»Für sein gutes Aussehen hat er noch nie 'nen Preis gewonnen.« Fry wandte sich an Rudy und sprach lauter. »Hörst du? Ein einziges geflüstertes Wort über diese Sache, und sie werden dich im

Straßengraben finden, du Arschloch.« Er sah Eustace an. »Entschuldige, ich wollte nicht so hart zuschlagen.«

»Schon gut.«

»Ich will dich nicht hetzen, aber ich glaube, es ist am besten, wenn du vorläufig von hier verschwindest. Glaubst du, du kannst stehen?«

»Was ist mit Rudy?«

»Um den kümmere ich mich. Bringen wir dich erst mal auf die Beine.«

Fry half ihm hoch. Eustace musste sich einen Moment lang am Gitter festhalten, bis er wieder festen Boden unter den Füßen hatte. Die Knöchel seiner rechten Hand waren blutig und geschwollen, und die Haut über den Knochen war aufgeplatzt. Er versuchte, die Faust zu ballen, aber die Gelenke gaben vorher auf.

»Okay?« Fry schaute ihn an.

»Ich denke schon, ja.«

»Sieh zu, dass du einen klaren Kopf bekommst. Und die Hand solltest du vielleicht auch verbinden.«

In der Zellentür blieb Eustace stehen. Fry brachte Rudy langsam in eine sitzende Position. Sein Hemd sah aus wie ein Latz aus Blut.

»Weißt du, du hattest schon recht«, sagte Eustace.

Fry blickte hoch. »Was meinst du damit?«

Eustace bedauerte nicht, was er getan hatte. Aber das würde vermutlich noch kommen. So ging es mit vielem: Die Reaktion, die man spüren sollte, brauchte ihre Zeit, bis sie kam.

»Vielleicht hätte ich den Rest des Tages doch freinehmen sollen.«

# 31

Alicia fing an, im Stall zu übernachten.

Fanning nahm kaum Notiz von ihrer Abwesenheit. *Dein Pferd da,* sagte er vielleicht und hob kaum den Blick von einem der Bücher, die seine wachen Stunden inzwischen vollständig ausfüllten. *Ich verstehe nicht, warum du das für nötig hältst, aber es geht mich eigentlich auch nichts an.* Er wirkte geistesabwesend, und seine Gedanken waren verschleiert. Ja, er war anders; etwas hatte sich verschoben. Die Veränderung fühlte sich tektonisch an, wie ein Rumoren aus den Tiefen der Erde. Er schlief nicht, das zum einen – wenn man überhaupt sagen konnte, dass ihre Spezies schlief. Früher hatten die Stunden des Tageslichts eine melancholische Erschöpfung in ihm hervorgerufen. Dann versank er in einen tranceähnlichen Zustand. Seine Augen waren geschlossen, die gefalteten Hände lagen in seinem Schoß, die Finger säuberlich ineinandergeschoben. Alicia kannte seine Träume. Die unerbittlich kreisenden Uhrzeiger. Die anonyme Menge, die vorüberströmte. Es war ein Alptraum des endlosen Wartens in einem Universum ohne Mitleid – ohne Hoffnung, ohne Liebe, ohne den Sinn, den nur Hoffnung und Liebe hineinbringen konnten.

Sie hatte selbst so einen Traum. Ihr Baby. Ihre Rose.

Manchmal dachte sie über die Vergangenheit nach. »New York«, sagte Fanning gern, »war immer schon ein Ort der Erinnerungen.« Sie vermisste ihre Freunde, wie die Toten vielleicht die Lebenden vermissten, als Bürger eines Reiches, das sie unwiderruflich verlassen hatte. Woran erinnerte Alicia sich? An den Colonel. Daran, ein kleines Mädchen im Dunkeln zu sein. An die Jahre bei der Wache und wie wahr sie sich anfühlten. Es gab eine Nacht, die ihr oft in den Sinn kam. Sie hatte Peter auf das Dach des Kraftwerks geführt, um ihm die Sterne zu zeigen. Nebeneinander hatten sie auf dem Beton gelegen, der noch warm war von der lastenden Hitze des Tages, und einfach miteinander geredet unter einem nächtlichen Himmel, der umso bemerkenswerter war, weil Peter ihn noch nie gesehen hatte. Er half ihnen, aus sich herauszugehen. *Musst du je daran denken?*, hatte Alicia ihn gefragt. *Woran denken?*, hatte er gefragt, und sie hatte nervös geantwortet: *Muss ich es wirklich aussprechen? Dich zu verheiraten, Peter. Kinder zu bekommen.* Viel später begriff sie, was sie wirklich von ihm gewollt hatte: Er sollte sie retten und ins Leben führen. Aber es war zu spät, es war immer schon zu spät gewesen. Seit der Nacht, als der Colonel sie alleingelassen hatte, war Alicia keine wirkliche Person mehr gewesen. Sie hatte aufgegeben.

Die Jahre also. Fanning sagte, die Zeit sei anders für ihresgleichen, und das war sie auch. Das unaufhörliche Verschmelzen der Tage, Jahreszeit um Jahreszeit, Jahr auf Jahr. Was waren sie füreinander? Er war gütig. Er verstand sie. *Wir sind den gleichen Weg gegangen*, sagte er. *Bleib bei mir, Lish. Bleib bei mir, und alles ist zu Ende.* Glaubte sie ihm? Manchmal schien er die tiefsten Wahrheiten über sie zu wissen. Er wusste, was er sagen, wonach er fragen, wann er zuhören musste und wie lange. *Erzähl mir von ihr.* Wie leise seine Stimme war, wie sanft. Sie war anders als jede Stimme, die Alicia je gehört hatte. Als schwimme sie in einem Bad von Tränen. *Erzähl mir von deiner Rose.*

Aber es gab noch einen anderen Teil seiner selbst, verschleiert, undurchschaubar. Die Phasen seines langen, brütenden Schweigens beunruhigten sie ebenso wie die Augenblicke einer leicht schrägen Fröhlichkeit, die durch und durch künstlich wirkte. Er fing an, nachts auszugehen, was er seit Jahren nicht getan hatte. Er kündigte es nicht an, er verschwand einfach. Alicia beschloss, ihm zu folgen. Drei Nächte lang wanderte er scheinbar ziellos umher, eine verlorene Gestalt, die in den Straßen spukte. In der vierten Nacht überraschte er sie. Mit zielstrebigem Schritt ging er nach Downtown Manhattan und ins West Village, und vor einem unauffälligen fünfgeschossigen Wohngebäude blieb er stehen. Eine Treppe führte von der Haustür zur Straße herunter. Alicia duckte sich hinter eine Dachbrüstung am oberen Ende der Straße. Ein paar Minuten vergingen, in denen Fanning die Fassade des Gebäudes betrachtete. Plötzlich begriff sie: Fanning hatte hier einmal gewohnt. Es war, als klickte etwas in ihm, und er marschierte zur Tür hinauf, stemmte sie mit der Schulter auf und verschwand im Gebäude.

Er blieb lange drinnen. Eine Stunde, dann zwei. Alicia fing an, sich Sorgen zu machen. Wenn Fanning nicht bald wieder herauskäme, hätte er keine Zeit mehr, vor Sonnenaufgang in den Bahnhof zurückzukehren. Aber endlich kam er doch wieder heraus. Unten an der Treppe blieb er stehen. Als ob er ihre Anwesenheit spürte, sah er sich auf der Straße um und schaute dann direkt zu ihr herüber. Alicia verschwand hinter der Brüstung und drückte sich auf das flache Dach.

»Ich weiß, dass du da bist, Alicia. Aber es ist in Ordnung.«

Als sie wieder hinüberschaute, war die Straße leer.

Er sagte kein Wort über die Nacht, und Alicia fragte nicht. Sie hatte etwas gesehen, einen Hinweis, aber was er bedeutete, entzog sich ihr. Warum unternahm er nach all der Zeit eine solche Wallfahrt?

Er ging nicht wieder fort.

Was als Nächstes passierte, musste Fanning vorausgesehen haben. Offensichtlich wollte er, dass Alicia es tat. Das Gebäude war im Innern verwüstet. Schwarze Flecken von Schimmel zogen sich an den Wänden hinauf, und der Boden unter den Füßen war aufgeweicht. Im Treppenhaus tröpfelte Wasser aus einem Loch hoch oben in der Decke. Sie stieg hinauf in den ersten Stock, wo eine Tür einladend offen stand. Das Apartment war von den Verwüstungen weitgehend verschont geblieben. Die Möbel waren zwar von einer dicken Staubschicht verkrustet, aber alles war ordentlich. Bücher, Zeitschriften und Dekorationsgegenstände – alles war noch an seinem Platz, wo sie vermutlich noch in den letzten Stunden von Fannings menschlichem Leben gewesen waren. Sie ging durch die aufgeräumten Zimmer, und ihr wurde klar, was sie fühlte. Fanning wollte, dass sie den Mann kennenlernte, der er gewesen war. Eine neue, tiefere Vertrautheit bot er ihr an.

Sie betrat das Schlafzimmer. Es wirkte anders als die übrigen Räume der Wohnung und vermittelte das ungreifbare Gefühl, noch vor Kurzem benutzt worden zu sein. Die Einrichtung war schlicht: ein Schreibtisch, eine Kommode, ein Sessel am Fenster, ein säuberlich gemachtes Bett. Eine Mulde von unverkennbar menschlichen Dimensionen teilte die Matratze in der Mitte, und auch im Kopfkissen war eine Delle.

Auf dem Nachttisch lag eine Brille. Alicia wusste, wem sie gehört hatte; das war Teil der Geschichte. Behutsam hob sie sie auf. Ein zierliches Drahtgestell. Die Mulde im Bett, im Kissen, die Brille in Reichweite. Fanning hatte hier gelegen. Und er hatte alles hier so gelassen, damit sie es sehen konnte.

Sehen, dachte sie. Was sollte sie denn sehen?

Sie legte sich auf das Bett. Die Matratze war formlos unter ihr, die innere Struktur war längst zusammengefallen. Dann setzte sie die Brille auf.

Erklären konnte sie es nie: Als sie durch die Gläser schaute, war es, als habe sie sich in ihn verwandelt. Die Vergangenheit durchströmte sie, der Schmerz. Die Wahrheit durchfuhr ihr Herz wie ein elektrischer Schlag. Natürlich. Natürlich.

Als der Tag dämmerte, war sie auf der Brücke. Ihre Angst vor dem schäumenden Wasser, so groß sie war, kam ihr trivial vor. Sie schob sie beiseite. Die Sonne ließ ihre langen goldenen Strahlen hinter ihr aufscheinen. Auf Soldiers Rücken überquerte sie die Brücke und folgte ihrem Schatten.

# 32

Sie fanden Bill in dem Sammelbecken unterhalb des Überlaufs. In der vergangenen Nacht hatte er sich aus dem Krankenhaus geschlichen und Kleidung und Schuhe mitgenommen. Danach war die Spur kalt. Jemand sagte, er habe ihn an den Spieltischen gesehen, aber der Mann war zurückhaltend; es könne auch ein anderer Abend gewesen sein, meinte er. Bill sei ja immer an den Spieltischen. Es wäre auffälliger, wenn er nicht da wäre.

Der Sturz hatte ihn getötet – dreißig Meter von der Krone des Staudamms und dann die lange Rutschpartie in das Becken, wo sein Körper an einem Abfluss hängen geblieben war. Seine Beine waren zerschmettert, sein Brustkorb eingedrückt, aber sonst sah er aus wie immer. War er gesprungen, oder hatte jemand ihn gestoßen? Sein Leben war nicht so gewesen, wie sie dachten, und Sara fragte sich, wie viel Kate ihnen verheimlicht haben mochte. Aber das war eine Frage, die sie nicht stellen konnte.

Seine Schulden bestanden weiterhin. Als Sara und Hollis ihre Ersparnisse mit Kates Geld zusammenlegten, hatten sie weniger als die Hälfte dessen, was er schuldete. Drei Tage nach der Beerdigung brachte Hollis das Geld in das Gebäude in H-Town, das alle immer noch Cousin's Place nannten, obwohl Cousin selbst seit Jahren tot war. Hollis hoffte, dieses Zeichen des guten Willens in Verbindung mit seinen alten Beziehungen könnte die Angelegenheit aus der Welt schaffen. Aber als er zurückkam, schüttelte er mutlos den Kopf. Die Akteure waren nicht mehr dieselben, und sein Wort hatte kein Gewicht mehr. »Das wird ein Problem werden«, sagte er.

Kate und die Mädchen waren zu Sara und Hollis gezogen. Kate war wie betäubt – eine Frau, die ein Schicksal akzeptierte, das sie schon lange hatte kommen sehen –, aber die Trauer der Mädchen war ein niederschmetternder Anblick. In ihren jungen Augen war Bill einfach ihr Vater. Ihre Liebe zu ihm war nicht getrübt durch das Wissen, dass er ihnen in gewisser Weise ausgewichen war und einen Weg eingeschlagen hatte, der ihn für alle Zeit von ihnen wegführen würde. Im Älterwerden würde sich diese Wunde in eine andere Art von Verletzung verwandeln, und was sie betrauerten, wäre nicht mehr Verlust, sondern Zurückweisung. Sara hätte alles getan, was in ihrer Macht stand, um ihnen diesen Schmerz zu ersparen. Aber sie konnte es nicht.

Sie konnten nur hoffen, dass Gras über die Sache wachsen würde. Noch einmal zwei Tage vergingen, und dann saß Hollis mit finsterer Miene am Küchentisch, als Sara nach Hause kam. Kate saß mit den Mädchen auf dem Boden; sie spielten Karten, aber Sara sah, dass es nur als Ablenkung für die Kinder gedacht war. Etwas Ernstes war passiert. Hollis zeigte ihr den Zettel, der unter der Tür hindurchgeschoben worden war. Zwei Worte, in einer klobigen Kinderschrift: »Bezaubernde Mädchen«.

Hollis hatte einen Revolver in einer Kassette unter dem Bett. Er holte ihn heraus, lud ihn und gab ihn Sara.

»Wenn einer durch diese Tür kommt«, sagte er, »erschießt du ihn.«

Er erzählte ihr später nicht, was er getan hatte, aber in dieser Nacht brannte Cousin's Place bis auf die Grundmauern nieder.

Am nächsten Morgen ging Sara mit Kate zur Post und gab den Brief auf, der höchstwahrscheinlich erst viele Tage nach ihnen in Mystic Township ankommen würde. *Wir kommen euch besuchen*, schrieb Kate an Pim. *Die Mädchen können es nicht erwarten, euch wiederzusehen.*

# 33

Ja, ich bin müde. Des Wartens müde, des Denkens müde. Ich bin meiner selbst müde.

Meine Alicia: Wie gut hast du mir getan. *Solamen miseris socios habuisse doloris:* »Ein Trost ist es für den Elenden, Gefährten im Jammer zu haben.« Wenn ich an dich denke, Alicia, und an das, was wir füreinander sind, dann erinnere ich mich immer an meinen ersten Besuch als Junge im Barbierladen. Hab Geduld mit mir – die Erinnerung ist meine Methode in allen Bereichen, und diese Geschichte hat mehr Bedeutung, als du glaubst. In der Stadt meiner Kindheit gab es nur einen Barbierladen, und der war eine Art Clubhaus. Eines Samstagnachmittags betrat ich in Begleitung meines Vaters diesen geheiligten Raum der Männlichkeit. Die Einzelheiten waren berauschend. Der Geruch von Haarwasser, Leder, Talkum. Die Kämme, die in ihrem aquamarinblauen Desinfektionsbad schwebten. Das Rauschen und Knistern des Mittelwellenradios mit seinen Berichten über mannhafte Wettbewerbe auf grünen Spielfeldern. An der Seite meines Vaters wartete ich auf einem Stuhl, der mit rissigem roten Vinyl bezogen war. Männer wurden eingeseift, mit dem Pinsel eingeschäumt, barbiert. Der Besitzer des Ladens war ein ziemlich angesehener Pilot aus dem Zweiten Weltkrieg gewesen. An der Wand hinter der Kasse hing ein Foto, das sein jüngeres Kriegshelden-Ich zeigte. Unter seiner klappernden Schere und dem summenden Rasierer wurde jeder Kleinstadtschädel zu einem perfekten Abbild seines eigenen, wie er an jenem Tag ausgesehen hatte, als er seine Pilotenbrille aufsetzte, den Schal um den Hals schlang und das Dach des Himmels überquerte, um die Samurai in Fetzen zu schießen.

Dann war ich an der Reihe und wurde aufgerufen. Manch ein Lächeln und Augenzwinkern ging unter denen hin und her, die Zeugen waren. Ich nahm meinen Platz ein – auf einem Brett, das quer über den verchromten Armlehnen des Barbierstuhls lag –, während der Barbier wie ein Torero den Vorhang ausschüttelte, mit dem er mich zu umhüllen gedachte, meinen Körper mit Plastik drapierte und nur den Kopf wie zur Enthauptung herausragen ließ. Jetzt erst gewahrte ich die Spiegel. Einen an der Wand vor mir, einen hinter mir, und mein Konterfei – das Spiegelbild eines Spiegelbilds eines Spiegelbilds – schwirrte hin- und hergeworfen durch den Korridor der kalten Ewigkeit. Der Anblick rief bei mir eine existenzielle Übelkeit hervor. Unendlichkeit: Ich kannte den Ausdruck, ja, aber die Welt der Kindheit ist endlich und fest. Ihr ins Herz zu schauen und mein Abbild millionenfach auf ihr Antlitz gestempelt zu sehen verstörte mich zutiefst. Der Barbier machte sich unterdessen vergnügt an die Arbeit und führte dabei gleichzeitig eine unbeschwerte Unterhaltung mit meinem Vater über eine Reihe von Erwachsenenthemen. Ich dachte, wenn ich den Blick ausschließlich auf das erste Bild konzentrierte, könnte ich damit die anderen irgendwie verbannen, aber das Resultat war umgekehrt: Die zahllosen Schattengesichter, die dahinter lauerten, wurden mir nur noch stärker bewusst, *ad infinitum, infinitum, infinitum.*

Doch dann passierte etwas anderes. Mein Unbehagen schwand. Die üppige Vielfalt von Sinneseindrücken in diesem Laden, kombiniert mit dem zarten Kitzeln der Frisörschere in meinem Nacken, versetzte mich nach und nach in einen Zustand der tranceähnlichen

Faszination. Und mir kam eine Idee: Ich war nicht einfach ein kleines Ding. Tatsächlich war ich viele. Wenn ich genauer hinschaute, war mir, als entdeckte ich unter meinen zahllosen Gefährten hier und dort gewisse Unterschiede, so geringfügig sie auch sein mochten. Bei diesem standen die Augen ein bisschen näher zusammen, bei dem da saßen die Ohren höher am Kopf, ein dritter saß ein wenig tiefer im Sessel. Um meine Theorie auf die Probe zu stellen, fing ich an, kleine Veränderungen vorzunehmen – ich wandte den Blick zur Seite, rümpfte die Nase, zwinkerte erst mit einem Auge, dann mit dem anderen. Jede Version meiner selbst reagierte mit gleicher Münze, und doch bemerkte ich eine minimale Verzögerung, ein winziges Stolpern in der Zeit zwischen meiner Handlung und der vielfachen Nachahmung. Der Barbier warnte mich – wenn ich nicht stillhielte, würde er mir das Ohr abschneiden. Männliches Gelächter ertönte, aber seine Worte hatten keine Wirkung auf mich, so sehr freute ich mich an meiner neuen Entdeckung. Es wurde zu einer Art Spiel. Fanning sagt, streckt die Zunge heraus. Fanning sagt, hebt einen Finger. Was für eine köstliche Macht besaß ich da! »Jetzt komm, Junge«, befahl mein Vater, »hör auf mit dem Gezappel.« Aber ich zappelte ja gar nicht – keineswegs. Noch nie hatte ich mich so lebendig gefühlt.

Das Leben entwindet uns dieses Gefühl. Tag für Tag werden die herrlichen Blicke in die Kindheit weniger. Es ist die Liebe, natürlich, und nur die Liebe, die uns zu uns selbst zurückbringt. Das hoffen wir wenigstens, aber sie wird uns genommen. Und was bleibt übrig, wenn keine Liebe mehr da ist? Ein Strick mit einem Stein.

Ich sterbe seit Ewigkeiten. Das ist es, was ich sagen will. Ich sterbe, wie du stirbst, Alicia. Du warst es, die ich da im Spiegel gesehen habe, an jenem längst vergangenen Morgen in meiner Kindheit, und du bist es, die ich jetzt sehe, wenn ich durch diese Straßen aus Glas gehe. Es gibt eine Liebe, die aus Hoffnung gemacht ist, und eine andere, die aus Schmerz entsteht.

Ich habe dich geliebt, meine Alicia.

Jetzt bist du fort. Ich wusste, dass dieser Tag kommen würde. Dein Gesichtsausdruck, als du in die Halle kamst: Es lag Zorn darin, ja. Wie wütend du auf mich warst, wie deine Augen blitzten angesichts des Verrats, den du empfunden hast, und wie sprühten die Worte rechtschaffen erbost aus deinem Mund. *Das war nicht abgemacht,* hast du gesagt. *Du hast gesagt, du lässt sie in Ruhe.* Aber du weißt so gut wie ich, dass wir das nicht können. Unser Ziel ist vorherbestimmt. Hoffnung ist nichts als eine fade Süße auf der Zunge ohne den Geschmack von Blut. Was sind wir, Alicia, wenn nicht die Spießrutengasse, durch welche die Menschheit laufen muss? Wir sind das Messer der Welt, das zwischen Gottes Zähnen klemmt.

Verzeih mir, Alicia, meine bescheidene Täuschung. Du hast es mir ziemlich leicht gemacht. Zu meiner Verteidigung: Ich habe nicht gelogen. Ich hätte es dir gesagt, hättest du mich gefragt. Du hast es geglaubt, weil du es wolltest. Du könntest dich fragen: Wer, meine Liebe, ist wem gefolgt? Wer war der Beobachter, wer der Beobachtete? Nacht für Nacht bist du durch die Tunnel gestreift wie eine Schullehrerin, die ihre Schäfchen zählt. Ehrlich gesagt, deine Leichtgläubigkeit war ein bisschen enttäuschend. Hast du wirklich gedacht, alle meine Kinder wären hier? Ich könnte so unvorsichtig sein? Ich wäre damit zufrieden, eine sinnlose Ewigkeit abzuwarten? Ich bin Wissenschaftler, methodisch in allen Dingen, und meine Augen sind überall und sehen alles. Meine Nachkommen, meine Vielen: Ich gehe mit ihnen, ich suche die Nächte heim, ich sehe wie sie, und was gewahre ich da? Die große Stadt, schutzlos und nahezu verlassen. Kleinstädte und Farmen, die ihre Ansprüche geltend machen. Die Menschheit ist zum Platzen reif und ergießt sich über das Land. Sie haben uns vergessen; ihre Gedanken sind wieder bei den alltäglichen Sorgen des Lebens. Wie wird das Wetter sein? Was soll ich auf dem Ball tragen? Wen sollte ich heiraten? Soll ich ein Kind bekommen? Wie werde ich es nennen?

Was würdest du ihnen sagen, Alicia?

Der Himmel spielt mit mir, und ich werde Genugtuung bekommen. Ich habe lange genug auf diese Erlöserin gewartet, auf dieses Mädchen von Nirgendwo, diese Amy, Nachname unbekannt. Sie verspottet mich mit ihrem Schweigen, ihrer grenzenlosen taktischen Gelassenheit. Mich hervorzutreiben, das ist ihr Bestreben, und so soll es ihr gelingen. Ich weiß, was du denkst, Alicia. Ich muss sie doch verabscheuen, wegen des Todes meiner unwürdigen Gefährten, meiner Zwölf. Doch weit gefehlt! Der Tag, da sie ihnen entgegentrat, war einer der glücklichsten in meinem langen, unglücklichen Exil. Ihr Opfer war beispiellos. Es trug den Kuss Gottes. Es gab mir – wage ich, das Wort zu benutzen? – Hoffnung. Ohne Alpha kann kein Omega sein, ohne Anfang kein Ende.

*Bring sie zu mir,* habe ich zu dir gesagt. *Ich hadere nicht mit der Menschheit; sie ist nur Geisel eines höheren Ziels. Bring sie zu mir, mein Liebling, meine Lish, und ich werde den Rest verschonen.*

Oh, ich mache mir keine Illusionen. Ich weiß, was du tun wirst. Ich habe es immer gewusst, und ich habe dich deshalb nicht weniger geliebt – im Gegenteil. Du bist der bessere Teil von mir, und jeder von uns muss seine Rolle spielen.

Nun also der langerwartete Tag. Du hast gefragt: Wer ist der König, wessen Gewissen müssen wir erreichen? Bin ich es, oder gibt es einen anderen? Soll der Schöpfer bewogen werden, seine Schöpfung zu bemitleiden? Bald werden wir es wissen. Die Bühne ist bereit, das Licht geht aus, die Akteure gehen auf ihre Position.

So soll es beginnen.

# IV

## Der Raub

### Mai 122 n. V.

*In dem Gerichte, das auf Tod erkennt,*
*Sei unter zwölf Geschwornen oft ein Dieb,*
*Wohl zwei noch schuld'ger als der Angeklagte.*

Shakespeare, *Maß für Maß*

# 34

»Motoren abstellen, alle.«

04:40 Uhr: Sie ruderten im Dunkeln die letzten fünfzig Meter zum Ufer und zogen die Boote auf den Sand. Ein paar Hundert Meter weiter südlich leuchtete brennendes Butan flackernd am Nachthimmel. Michael kontrollierte sein Gewehr, lud seine Pistole durch und schob sie ins Halfter. Alle andern taten das Gleiche.

Sie teilten sich in drei Gruppen auf und kletterten die Dünen hinauf. Rands Trupp würde die Arbeiterunterkünfte übernehmen, Weirs die Funk- und Leitstelle. Michaels Team, das größte, würde sich mit Greers zusammenschließen und die Kaserne und die Waffenkammer der Army sichern. Dort würden die Schüsse fallen.

Michael drückte das Funkgerät an den Mund. »Lucius, bist du in Position?«

»Roger. Warte auf dein Signal.«

Die Raffinerie war durch eine doppelte Umzäunung mit Wachtürmen gesichert, und das Umfeld war ein Verhau aus Stolperdrahtminen. Der einzige Zugang von Norden her führte geradewegs durch das Tor. Greer würde den Frontalangriff mit einem gepanzerten, mit einem Pflug ausgerüsteten Truck führen. Zwei Lastwagen voller Männer würden folgen. Die Nachhut, ein Pick-up mit einem .50er Maschinengewehr und einem

Granatwerfer, würde die Türme ausschalten, wenn es nötig wäre. Michael hatte befohlen, Opfer nach Möglichkeit zu vermeiden, aber wenn es erst so weit wäre …

Die Teams zerstreuten sich im Laufschritt. Michael und seine Leute gingen um die Militärbaracke herum in Stellung, eine lang gestreckte Nissenhütte mit Eingängen vorn und hinten. Drinnen erwarteten sie fünfzig gut bewaffnete Männer, vielleicht mehr.

»Team eins.«

»Einsatzbereit.«

»Team zwei.«

»Roger.« Michael sah auf die Uhr: 04:50. Er schaute zu Patch hinüber, und der nickte.

Michael hob seine Leuchtpistole und drückte ab. Ein Knall, ein Blitz, und das Gelände um sie herum verwandelte sich in Blöcke aus Licht und Schatten. Eine Sekunde später ließ Patch die Gasgranate los. Schreie und Schüsse vom Tor, und dann ein Krachen, als der Lastwagen durch den Zaun pflügte. Gas kroch unter den Türen in die Baracke. Als sie aufflogen, feuerten Michaels Leute eine Salve von Schüssen in den Boden davor. Die flüchtenden Soldaten taumelten verwirrt zurück und prallten mit denen zusammen, die von hinten ins Freie stürmen wollten, hustend und würgend und prustend.

»Auf die Knie! Waffen fallen lassen! Hände auf den Kopf!«

Den Soldaten war jeder Fluchtweg abgeschnitten, und sie fielen auf die Knie.

»Alle Teams, Meldung machen!«

»Team zwei, gesichert.«

»Lucius?«

»Keine Verluste. Sind unterwegs zu dir.«

»Team eins?«

Michaels Leute waren vorgerückt und fesselten die Soldaten an Händen und Füßen mit dicken Stricken. Die meisten husteten noch, und ein paar übergaben sich hilflos.

»Team eins, Meldung!«

Ein körnig knisterndes statisches Rauschen. Dann sagte eine Stimme, die nicht Rand gehörte: »Gesichert.«

»Wo ist Rand?«

Nach einer kurzen Pause kam Gelächter aus dem Funkgerät. »Er braucht noch eine Minute. Die Frau hat einen kräftigen Schlag.«

Es war zu leicht gewesen. Michael hatte mehr Widerstand erwartet – irgendeine Art von Widerstand.

»Die Waffen sind praktisch ungeladen.«

Greer zeigte es ihm: Keiner der Soldaten hatte mehr als zwei Patronen im Magazin.

»Was ist mit der Waffenkammer?«

»Blitzblank.«

»Das ist aber nicht so gut.«

Greer nickte knapp. »Ich weiß. Wir müssen was unternehmen.«

Es war Rand, der Lore zu ihm brachte. Sie war an den Händen gefesselt. Als sie ihn sah, erschrak sie, aber dann fasste sie sich gleich wieder.

»Ich nehme an, du hast mich vermisst, Michael?«

»Hallo, Lore.« Er sah Rand an. »Mach sie los.«

Rand schnitt ihre Fesseln durch. Lore hatte ihm einen harten rechten Haken verpasst. Sein linkes Auge war halb zugeschwollen, und auf seinem Wangenknochen prangte der Abdruck ihrer Faust. Michael war beinahe stolz.

»Lass uns irgendwo hingehen und miteinander reden«, sagte er.

Er führte Lore in das Büro des Stationschefs. In *ihr* Büro: Fünfzehn Jahre lang hatte Lore die Raffinerie geleitet. Michael setzte sich hinter den Schreibtisch, um ein Statement abzugeben. Lore saß ihm gegenüber. Es war hell geworden; der Tag wärmte den Raum mit seinem Licht. Natürlich sah sie älter aus; Sonne und

Arbeit hatten ihre Spuren hinterlassen, aber die rohe Körperlichkeit war noch da, die Kraft.

»Und, wie geht's deinem Kumpel Dunk?«

Michael lächelte sie an. »Schön, dich zu sehen. Du hast dich kein bisschen verändert.«

»Soll das komisch sein?«

»Ich mein's ernst.«

Sie schaute weg und machte ein wütendes Gesicht. »Michael, was willst du?«

»Ich brauche Dieseltreibstoff. Schweröl, das dreckige Zeug.«

»Bist du jetzt im Ölgeschäft? Ist ein hartes Leben – ich kann es nicht empfehlen.«

Er atmete tief durch. »Ich weiß, es macht dich nicht glücklich. Aber es hat einen Grund.«

»Ach ja?«

»Wie viel hast du?«

»Weißt du, was mir an dir immer am besten gefallen hat, Michael?«

»Nein. Was?«

»Ich weiß es auch nicht mehr.«

Es stimmte, sie hatte sich nicht verändert. Michael spürte ein Kribbeln der Zuneigung. Sie hatte immer noch Macht über ihn.

Er lehnte sich auf seinem Stuhl zurück, legte die Fingerspitzen zusammen und sagte: »Du hast in fünf Tagen eine größere Lieferung an das Depot Kerrville geplant. Zusammen mit dem, was du in den Tanklagern hast, schätze ich den Bestand auf ungefähr achtzigtausend Gallonen.«

Lore zuckte gleichmütig die Achseln.

»Kann ich das als ein Ja verstehen?«

»Du kannst mich am Arsch lecken.«

»Ich kriege es sowieso heraus.«

Sie seufzte. »Okay, schön. Ja, achtzigtausend, mehr oder weniger. Zufrieden?«

»Gut. Ich brauche alles.«

Lore legte den Kopf schräg. »Wie bitte?«

»Ich schätze, mit zwanzig Tanklastern können wir alles in weniger als sechs Tagen abtransportieren. Danach lassen wir deine Leute wieder frei. Unverletzt und ohne miese Tricks. Du hast mein Wort.«

Lore starrte ihn an. »Wohin abtransportieren? Wofür zum Teufel brauchst du achtzigtausend Gallonen?«

*Ah.*


Die Tanklaster wurden gefüllt, der erste Konvoi würde gegen 09:00 Uhr startklar sein. Michael hatte jetzt fünf Tage lang immer wieder auf die Uhr geschaut und gebrüllt: *Beeilung, verdammt!*

Einen Haken gab es – ob groß oder klein, war noch nicht abzusehen. Als Weirs Leute die Funkbaracke gestürmt hatten, war der Funker gerade dabei gewesen, eine Nachricht zu senden. Worum es dabei gegangen war, wusste niemand, denn der Mann war tot – das einzige Opfer dieses Morgens.

»Wie zum Teufel ist das passiert?«

Weir zuckte die Achseln. »Lombardi dachte, er hätte eine Waffe. Es sah aus, als wollte er auf uns schießen.«

Die Waffe war ein Klammergerät.

»Sind seitdem irgendwelche Nachrichten hereingekommen?«

*Lombardi*, dachte Michael, *natürlich warst du das, du schießwütiges Arschloch.*

»Bisher nicht.«

Michael verfluchte sich. Der Tod des Mannes war bedauerlich, aber nicht das war der wahre Grund für seinen Zorn. Sie hätten den Funk zuallererst ausschalten sollen. Ein dummer Fehler und wahrscheinlich nicht der erste.

»Häng dich ans Funkgerät«, sagte er, aber dann überlegte er es sich anders. »Nein, warte bis 12:00 Uhr. Dann erwarten sie eine Meldung von der Raffinerie.«

»Und was soll ich sagen?«

»›Verzeihung, wir haben den Funker erschossen. Er hat uns mit einem Tacker bedroht.‹«

Weir schaute ihn wortlos an.

»Ich weiß es nicht – irgendwas *Normales*. Alles in bester Ordnung hier. Wie geht's euch? Ist das Wetter nicht toll?«

Weir lief eilig davon, und Michael ging auf den Humvee zu. Lore wartete auf dem Rücksitz. Rand schloss sie eben mit einer Handschelle an die Sicherheitsstange.

»Du solltest noch jemanden mitnehmen«, sagte er.

Michael nahm den Schlüssel zu den Handschellen in Empfang und stieg ein. Er schaute Lore im Rückspiegel an. »Versprichst du mir, brav zu sein, oder brauchst du einen Babysitter?«

»Der Mann, den ihr erschossen habt. Er hieß Cooley, und er hätte keiner Fliege was zuleide getan.«

Michael sah Rand an. »Ich komme zurecht. Bringt jetzt das Dieselöl auf die Straße.«

Die Fahrt zum Kanal dauerte drei Stunden. Lore sprach kaum ein Wort, und Michael versuchte nicht, sie zum Reden zu bringen. Es war ein harter Vormittag für sie gewesen – das Ende ihrer Karriere, der Tod eines Freundes, die öffentliche Demütigung, und das alles durch die Hand eines Mannes, den zu hassen sie allen Grund hatte. Sie brauchte Zeit, um damit zurechtzukommen, zumal in Anbetracht dessen, was Michael ihr außerdem noch zu erzählen hatte.

Sie fuhren durch den Drahtverhau auf den Brückendamm. Hinter dem Maschinenschuppen am Rande des Kais brachte er den Humvee zum Stehen. Von hier aus war die *Bergensfjord* nicht zu sehen. Michael wollte eine feierliche Enthüllung veranstalten.

»Und warum bin ich hier?«

Michael öffnete ihre Tür und schloss die Handschellen auf. Als sie ausgestiegen war, zog er seine Pistole und hielt sie ihr entgegen.

»Was ist das?«

»Eine Pistole, wie du siehst.«

»Und die gibst du mir?«

»Du kannst es dir aussuchen. Erschieß mich, nimm den Wagen, und du kannst vor dem Abend in Kerrville sein. Bleib hier, und du wirst erfahren, was hinter alldem steckt. Aber es gibt Regeln.«

Lore sagte nichts. Sie zog nur eine Braue hoch.

»Regel eins ist, du kannst nicht mehr weggehen, wenn ich es nicht erlaube. Du bist keine Gefangene, aber du bist eine von uns. Wenn ich dir erzählt habe, was los ist, wirst du die Notwendigkeit einsehen. Regel zwei: Ich habe das Kommando. Sag, was du denkst, aber stelle mich niemals vor meinen Leuten in Frage.«

Sie schaute ihn an, als habe er komplett den Verstand verloren. Trotzdem hatte er ihr dieses Angebot machen müssen. Die Frau hatte ein Recht darauf, selbst zu entscheiden.

»Warum zum Teufel sollte ich Lust haben, mich dir anzuschließen?«

»Weil das, was ich dir jetzt zeigen werde, alles verändern wird, was du je über dein Leben zu wissen glaubtest. Und weil du mir tief im Herzen vertraust.«

Sie starrte ihn an und lachte dann. »Die Komödie nimmt kein Ende, was?«

»Ich war nicht fair zu dir, Lore. Ich bin nicht stolz auf das, was ich getan habe. Du hattest was Besseres verdient. Aber es gab einen Grund. Ich habe gesagt, du hast dich nicht verändert, und das stimmt. Darum habe ich dich hergebracht. Ich brauche deine Hilfe. Ich könnte verstehen, wenn du nein sagst, aber ich hoffe, du tust es nicht.«

Sie beäugte ihn argwöhnisch. »Wo genau ist Dunk?«

»Es ging hier nie um das Gewerbe. Ich brauchte Geld und Leute. Und vor allem musste die Sache geheim bleiben. Vor fünf Wochen sind Dunk und alle seine Führungsleute im Kanal verschwunden. Das Gewerbe gibt es nicht mehr. Nur noch mich und die, die loyal zu mir stehen.« Er streckte ihr die Hand mit der Pistole aufmunternd entgegen. »Das Magazin ist voll, und sie ist durchgeladen. Was du damit machst, liegt bei dir.«

Lore nahm die Pistole und betrachtete sie eine ganze Weile, bevor sie sie mit einem tiefen Seufzer hinten in den Bund ihrer Jeans schob.

»Wenn es dir recht ist, behalte ich sie.«

»Okay. Sie gehört dir.«

»Ich muss verrückt geworden sein.«

»Du hast die richtige Entscheidung getroffen.«

»Ich bereue sie schon jetzt. Ich sage das jetzt nur dieses eine Mal, aber du hast mir wirklich das Herz gebrochen. Weißt du das?«

»Das weiß ich. Und ich bitte dich um Verzeihung.«

Es war kurz still. Dann nickte sie, nur ein einziges Mal: Fall abgeschlossen. »Und?«

»Halt dich fest.«


Er wollte, dass Lore die *Bergensfjord* von unten sah. So war es am besten. Sie sollte sie nicht nur sehen, sondern *erleben*. Nur so war begreiflich, was sie bedeutete. Sie stiegen die Treppe zum Boden des Trockendocks hinauf. Michael wartete, als Lore sich dem Rumpf näherte. Die Flanken des Schiffs waren glatt und anmutig gebogen, und jede Niete saß fest. Unter den massiven Propellern der *Bergensfjord* blieb Lore stehen und starrte in die Höhe. Michael würde abwarten; sie sollte als Erste sprechen. Über ihnen hallten Schritte auf Metall, Männer riefen einander zu, ein pneumatischer Bohrer heulte, und die endlosen Stahlflächen des Schiffs verstärkten jedes Geräusch wie eine gigantische Stimmgabel.

»Ich wusste, dass da ein Boot war …«

Michael kam zu ihr. Sie drehte sich zu ihm um. In ihren Augen spiegelte sich ein innerer Kampf.

»Sie heißt *Bergensfjord*«, sagte Michael.

Lore spreizte die Hände und sah sich um. »Das alles?«

»Ja. Für sie.«

Lore trat vor, streckte die rechte Hand über den Kopf und drückte sie an die Schiffswand – ganz so, wie Michael es an dem Morgen getan hatte, als sie das Wasser aus dem Dock gelassen und die *Bergensfjord* in ihrer ganzen verrosteten Pracht freigelegt hatten. Lore ließ die Hand eine Weile dort und riss sie dann zurück, als sei sie erschrocken.

»Du machst mir Angst«, sagte sie.

»Ich weiß.«

»Bitte sag mir, dass du dich nur beschäftigen wolltest. Dass ich nicht sehe, was ich hier sehe.«

»Was glaubst du, was du hier siehst?«

»Ein Rettungsboot.«

Sie war ein bisschen blass geworden und wusste anscheinend nicht, wo sie hinschauen sollte.

»Ich fürchte ja«, sagte Michael.

»Du lügst. Das hast du dir alles ausgedacht.«

»Es ist keine gute Nachricht – tut mir leid.«

»Wie kannst du das denn *wissen?*«

»Es gibt eine Menge zu erklären. Aber es wird passieren. Die Virals kommen zurück, Lore. Sie waren nie wirklich weg.«

»Das ist verrückt.« Ihre Verwirrung verwandelte sich in Zorn. »*Du* bist verrückt. Hast du verstanden?«

»Ich fürchte ja.«

»Ich will nichts damit zu tun haben.« Sie wich zurück. »Das kann nicht wahr sein. Warum wissen die Leute es nicht? Man würde es doch *wissen*, Michael.«

»Weil wir nichts erzählt haben.«

»Wer zum Teufel ist ›wir‹?«

»Ich und Greer. Ein paar andere Leute. Ich kann es nicht anders sagen, und darum sage ich es so. Wer nicht auf diesem Schiff ist, wird sterben, und unsere Zeit wird knapp. Es gibt eine Insel im Südpazifik. Wir glauben, dass es dort sicher ist – vielleicht *nur* dort. Wir haben Proviant und Treibstoff für siebenhundert Passagiere, vielleicht ein paar mehr.«

Er hatte nicht erwartet, dass es leicht sein würde. Unter idealen Umständen hätte er versucht, den Schlag abzumildern. Aber Lore würde damit fertigwerden, denn es lag in ihrer Natur. Sie war Lore DeVeer. Was sich vor Jahren zwischen ihnen abgespielt hatte, war für sie vielleicht eine schmerzhafte Erinnerung, die ihr von Zeit zu Zeit einen heißen Stich aus Schmerz und Reue versetzte, aber nicht für Michael. Lore war ein Teil seines Lebens, und zwar ein guter Teil, denn sie gehörte zu den wenigen Menschen, die ihn verstanden hatten. Es gab Menschen, die einem das Dasein erträglicher machten. Lore gehörte zu ihnen.

»Darum habe ich dich hergebracht. Wir haben eine lange Reise vor uns. Ich brauche das Dieselöl, aber das ist nicht alles. Die Männer, die für mich arbeiten, na ja, du hast sie gesehen. Sie arbeiten hart, und sie sind loyal, aber das hat seine Grenzen. Ich brauche *dich*.«

Ihr innerer Kampf war noch nicht zu Ende. Es war noch nicht alles gesagt. Aber Michael sah, dass seine Worte ihre Wirkung taten.

»Selbst wenn es wahr ist, was du mir erzählst«, sagte Lore. »Was kann *ich* denn dabei tun?«

Die *Bergensfjord* – er hatte ihr alles gegeben. Jetzt sollte sie auch dies bekommen.

»Ich möchte, dass du lernst, sie zu fahren.«

# 35

Die Beerdigung fand am frühen Morgen statt. Eine schlichte Andacht am Grab. Meredith hatte verlangt, dass Vickys Tod erst am
nächsten Tag bekanntgegeben werde. Trotz ihrer Prominenz war
Vicky eine zurückhaltende Person gewesen und hatte ihr Privatleben nur mit wenigen Leuten geteilt. *Nur wir, niemand sonst.* Peter sagte ein paar Worte, gefolgt von Schwester Peg. Die Letzte,
die sprach, war Meredith. Sie wirkte gefasst, aber sie hatte auch
jahrelang Zeit gehabt, sich vorzubereiten. Trotzdem, sagte sie mit
stockender Stimme, trotzdem war man nie bereit. Dann erzählte sie ein paar urkomische Geschichten, bei denen sie alle Tränen
lachten. Am Ende sagten sie alle das Gleiche: *Vicky hätte sich so
sehr gefreut.*

Sie kehrten in das Haus zurück, das jetzt Meredith allein gehörte. Das Bett im Wohnzimmer war fort. Peter ging zwischen
den Trauergästen hin und her – Regierungsbeamte, Militärs, ein
paar Freunde –, und als er gehen wollte, nahm Chase ihn beiseite.

»Peter, wenn Sie noch einen Augenblick Zeit haben – ich würde gern etwas mit Ihnen besprechen.«

*Jetzt kommt's,* dachte er. Das Timing leuchtete ein: Jetzt, da
Vicky nicht mehr da war, sah der Mann freie Bahn für sich. Sie
zogen sich in die Küche zurück. Chase wirkte ungewöhnlich ner-

vös und fummelte an seinem Bart herum. »Es ist ein bisschen heikel für mich«, gestand er.

»Sie brauchen nicht weiterzureden, Ford. Es ist okay – ich habe beschlossen, nicht noch einmal zu kandidieren.« Peter war ein bisschen überrascht, weil ihm die Worte so leicht über die Lippen gingen. Ein Stein fiel ihm vom Herzen. »Sie haben meine volle Unterstützung. Es dürfte keine Probleme geben.«

Chase sah ihn perplex an und lachte dann. »Ich glaube, Sie verstehen mich falsch. Ich möchte zurücktreten.«

Peter war verdattert.

»Ich habe nur gewartet, bis Vicky ... Na ja, ich wusste, sie würde enttäuscht von mir sein.«

»Aber ich dachte, Sie hätten es immer gewollt.«

Chase zuckte die Achseln. »Oh, es gab eine Zeit, da wollte ich es auch. Als sie sich für Sie entschied, war ich ziemlich sauer, das gebe ich zu. Aber das ist vorbei. Wir hatten im Laufe der Zeit unsere Differenzen, aber die Frau hatte recht, Sie waren der richtige Mann für den Job.«

Wie hatte Peter sich so sehr verschätzen können? »Ich weiß nicht, was ich sagen soll.«

»Sagen Sie: ›Viel Glück, Ford.‹«

Er sagte es. »Und was werden Sie jetzt tun?«

»Olivia und ich haben an Bandera gedacht. Es gibt gutes Weideland da draußen. Die Telegraphenverbindung steht, und die Stadt ist auf Platz eins in den Plänen für eine Bahnlinie. Ich schätze, in fünfzig Jahren sind meine Enkelkinder reich.«

Peter nickte. »Das ist ein solider Plan.«

»Wissen Sie, wenn Sie tatsächlich nicht mehr kandidieren wollen, wäre ich bereit, mich über eine Partnerschaft zu unterhalten.«

»Im Ernst?«

»Eigentlich war es Olivias Idee. Die Frau kennt mich – ich bin gut für die Details. Sie wollen die Kanalisation pünktlich instand setzen? Ich bin Ihr Mann. Aber eine Rinderzucht verlangt ein bisschen mehr. Sie verlangt Mut, und sie verlangt Kapital. Wenn Ihr Name auf dem Betrieb steht, wird uns das eine Menge Türen öffnen.«

»Ich verstehe eigentlich nichts von Kühen, Ford.«

»Ich etwa? Wir werden das lernen. Machen doch alle heutzutage, oder? Wir wären ein gutes Team. Bisher waren wir eins.«

Peter musste es zugeben: Die Vorstellung hatte ihren Reiz. Irgendwie hatte er es all die Jahre hindurch geschafft, nicht zu merken, dass er und Chase tatsächlich Freunde geworden waren.

»Aber wer soll kandidieren, wenn Sie es nicht tun?«

»Ist das wichtig? Wir sind schon jetzt nur noch eine halbe Regierung. In zehn Jahren wird der Ort hier leer sein. Ein Denkmal. Die Leute werden ihrer eigenen Wege gehen. Ich tippe darauf, dass der Nächste, der auf diesem Stuhl sitzt, auch derjenige sein wird, der hier das Licht ausmacht. Persönlich bin ich froh, dass Sie es nicht sind. Ich bin Ihr Berater; also nehmen Sie dies als meinen letzten Rat. Ziehen Sie im großen Stil hinaus, werden Sie reich, hinterlassen Sie ein Vermögen. Suchen Sie sich ein *Leben*, Peter. Sie haben es verdient. Der Rest erledigt sich von selbst.«

Peter konnte nicht widersprechen. »Wann brauchen Sie meine Antwort?«

»Ich bin nicht Vicky. Nehmen Sie sich Zeit zum Nachdenken. Es ist ein großer Schritt, das weiß ich.«

»Danke«, sagte Peter.

»Wofür?«

»Für alles.«

Chase grinste. »Gern geschehen. Der Brief liegt übrigens auf Ihrem Schreibtisch.«

Als Chase gegangen war, blieb Peter noch eine Weile in der Küche, und als er nach ein paar Minuten herauskam, stellte er fest, dass fast alle gegangen waren. Er verabschiedete sich von Meredith und trat hinaus auf die Veranda, wo Apgar mit den Händen in den Taschen auf ihn wartete.

»Chase ist ausgestiegen.«

Eine Braue hob sich. »Ach ja?«

»Sie hätten nicht zufällig Lust, Präsidentschaftskandidat zu werden?«

»Ha!«

Ein junger Officer kam im Laufschritt den Weg herauf. Er war außer Atem und nass geschwitzt. Offensichtlich hatte er einen weiten Weg hinter sich.

»Was gibt's, mein Junge?«

»Sirs«, sagte er und schnappte nach Luft, »Sie müssen sich etwas ansehen.«


Der Lastwagen parkte vor dem Capitol. Vier Soldaten standen Wache. Peter entriegelte die Heckklappe und zog die Plane zur Seite. Militärkisten füllten die Ladefläche bis unters Dach. Zwei der Soldaten zogen eine aus der ersten Reihe heraus und ließen sie auf den Boden herunter.

»Solche habe ich seit Jahren nicht mehr gesehen«, sagte Apgar.

Die Kisten stammten aus Dunks Bunker. Sie enthielten Munition, vakuumversiegelt in Plastikstreifen. 223er, 5.56er, 9mm und .45er ACP.

Apgar riss einen Plastikstreifen auf, hielt die Patrone ans Licht und stieß einen bewundernden Pfiff aus. »Das ist gute Ware. Originalbestände der Army.« Er richtete sich auf und wandte sich einem der Soldaten zu. »Corporal, wie viele Patronen haben Sie in Ihrer Pistole?«

»Eine im Magazin, eine in der Kammer, Sir.«

»Geben Sie her.«

Der Soldat reiche ihm die Waffe. Apgar ließ das Magazin herausfallen, warf die Patrone aus der Kammer aus und schob eine neue in das Magazin. Er lud die Waffe durch und reichte sie Peter. »Möchten Sie die Ehre haben?«

»Seien Sie mein Gast.«

Apgar richtete die Waffe auf ein Stück Erde, drei Schritte vor ihm, und drückte ab. Mit einem zufriedenstellenden Knall spritzte die Erde hoch.

»Mal sehen, was wir sonst noch haben«, sagte Peter.

Sie hoben eine zweite Kiste herunter. Sie enthielt ein Dutzend M16-Sturmgewehre mit zusätzlichen Dreißig-Schuss-Magazinen, ebenso versiegelt wie die vorigen. Sie sahen fabrikneu aus.

»Hat jemand den Fahrer gesehen?«, fragte Peter.

Niemand meldete sich. Der Lastwagen war einfach da gewesen.

»Und warum sollte Dunk uns so etwas schicken?«, fragte Apgar. »Es sei denn, Sie hätten irgendein Geschäft gedeichselt, von dem Sie mir nichts erzählt haben.«

Peter zuckte die Achseln. »Habe ich nicht.«

»Und wie erklären Sie das dann?«

Peter konnte es nicht.

# 36

Auf dem alten Highway 20 kam sie nach Texas. Es war der Morgen des dreiundvierzigsten Tages, und Alicia hatte den halben Kontinent durchquert. Anfangs waren sie langsam vorangekommen; sie hatten sich einen Weg durch die Ruinen der Küste und dann durch die felsigen Kluften der Appalachen landeinwärts suchen müssen, aber danach war das Gelände frei gewesen, und sie war allmählich gut vorangekommen. Die Tage wurden wärmer, die Bäume begannen zu blühen, und der Frühling kam über das Land. Starke Regenfälle hielten tagelang an, und dann explodierte die Sonne über der Erde. Unglaubliche Nächte, endlos und sternenhell – und der Mond rollte durch seinen Zyklus, während sie ritt.

Aber jetzt hielten sie Rast. Im Schatten des Sonnendachs einer Tankstelle lag Alicia auf dem Boden, und Soldier graste in der Nähe. Nur ein paar Stunden, dann musste es weitergehen. Ihre Glieder wurden schwer, und sie versank im Schlaf wie ein Stein. So war es während der ganzen Reise gewesen. Tagelang ohne Schlaf, geistig so hellwach, dass es beinahe wehtat – und dann stürzte sie ab wie ein Vogel, den man vom Himmel geschossen hatte.

Sie träumte von einer Stadt. Nicht von New York; es war keine Stadt, die sie je gesehen hatte oder von der sie wusste. Der Anblick war majestätisch. Sie schwebte in der Dunkelheit wie eine Insel des Lichts, umgeben von mächtigen Bastionen, die sie vor jeder Gefahr beschützten. Der Lärm des Lebens schallte heraus – Stimmen, Lachen, Musik, das entzückte Geschrei von spielenden Kindern. Die Geräusche fielen auf sie herab wie ein schimmernder Regen. Wie sehr sehnte Alicia sich danach, zu den Bewohnern dieser glücklichen Stadt zu gehören! Sie ging darauf zu und außen herum und suchte nach einem Eingang. Es sah aus, als gebe es keinen, aber dann fand sie doch eine Tür. Sie war winzig, groß genug für ein Kind. Alicia kniete nieder und drehte den Türknauf, aber die Tür ging nicht auf. Ihr wurde bewusst, dass die Stimmen verklungen waren. Über ihr ragte die Stadtmauer in die Dunkelheit. *Lasst mich rein!* Sie fing an, mit den Fäusten an die Tür zu hämmern. Panik verzehrte sie. *Hört mich jemand, bitte! Ich bin ganz allein hier draußen!* Aber die Tür gab nicht nach. Aus ihrem Rufen wurde Heulen, und dann sah sie: Da war keine Tür! Die Wand war völlig glatt. *Lasst mich nicht allein!* In der Stadt auf der anderen Seite war es still geworden. Die Menschen, die Kinder, alle waren fort. Sie hämmerte, bis sie nicht mehr hämmern konnte, und dann sank sie zu Boden und schluchzte in ihre Hände. *Warum hast du mich alleingelassen, warum hast du mich alleingelassen …*

Im Zwielicht wachte sie auf. Sie lag bewegungslos da und bemühte sich blinzelnd, den Traum zu vertreiben. Als sie sich auf den Ellenbogen aufrichtete, sah sie Soldier in der Nähe stehen. Er schaute sie mit einem dunklen Auge an.

»Ist ja schon gut. Ich komme.«

Noch vier Tage bis Kerrville.

# 37

Kate und die Mädchen waren jetzt seit etwas mehr als einem Monat bei ihnen. Anfangs hatte Caleb nichts dagegen gehabt. Es war gut für Pim, die Familie dazuhaben, und die Mädchen beteten Theo an. Aber im Laufe der Wochen schien Kates Stimmung immer düsterer zu werden und erfüllte das Haus wie ein Gas. Sie beteiligte sich kaum an der Hausarbeit und schlief stattdessen viel, oder sie saß auf der Verandatreppe und starrte ins Leere.

*Wie lange wird sie noch Trübsal blasen?*

Pim räumte das Frühstücksgeschirr ab. Sie trocknete sich die Hände an einem Küchentuch und sah ihm ins Gesicht. *Sie ist meine Schwester. Sie hat ihren Mann verloren.*

Umso besser für sie, dachte Caleb, aber das sagte er nicht. Es war nicht nötig.

*Lass ihr Zeit, Caleb.*

Caleb verließ das Haus. Im Vorgarten spielten Elle und Bug mit Theo, der inzwischen krabbeln konnte. Dabei erreichte der Junge erstaunliche Geschwindigkeiten. Caleb ermahnte die Mädchen, ihren Cousin im Auge zu behalten und sich nicht allzu weit vom Haus zu entfernen.

Eben spannte er die Pferde vor den Pflug, als er einen schmerz-

und schreckerfüllten Schrei hörte. Er rannte zurück zum Haus, und gleichzeitig stürzten Kate und Pim auf die Veranda.

»Macht sie weg! Macht sie weg!«

Auf Elles nackten Beinen wimmelte es von Ameisen – von Hunderten von Ameisen. Caleb riss sie an sich und lief mit ihr zum Trog. Das kleine Mädchen zappelte kreischend in seinen Armen. Er warf sie ins Wasser und streifte wie rasend die Ameisen von ihren Beinen herunter. Seine Hände strichen auf und ab über ihre Haut. Die Ameisen waren jetzt auch an ihm; er spürte das elektrische Brennen ihrer Zähne, die sich in seine Arme und Hände und seinen Hals unter dem Hemdkragen bohrten.

Endlich war Elle still. Ihr Schreien war zu einem schluchzenden Schluckauf geworden. Eine dunkle Schicht von toten Ameisen schwamm auf dem Wasser im Trog. Caleb hob sie heraus und gab sie Kate, die sie in ein Handtuch wickelte. Ihre Beine waren übersät von Schwellungen.

*Im Haus ist Salbe,* signalisierte Pim.

Kate trug Elle hinein. Caleb zog sich das Hemd über den Kopf und schüttelte es aus. Ameisen flogen durch die Luft. Auch er hatte viele Bisse abbekommen, aber längst nicht so viele wie seine Nichte.

*Wo sind Theo und Bug?,* fragte er.

*Im Haus.*

In diesem Frühling waren die Ameisen eine Plage. Die Leute sagten, es sei das Wetter – ein feuchter Winter, ein trockener Frühling, ein früher Sommer, schockierend warm. In den Wäldern wimmelte es von ihren Hügeln, und manche waren riesenhaft groß.

Pim sah ihn besorgt an. *Können wir irgendetwas tun?*

*Das kann ja nicht ewig dauern. Wir sollten die Kinder im Haus behalten, bis es vorbei ist.*

Aber es ging nicht vorbei. Am nächsten Morgen war der Boden um das Haus herum übersät von ihnen. Caleb beschloss, die

Ameisenhügel abzubrennen. Er holte einen Kanister Petroleum aus dem Schuppen und trug ihn zum Waldrand. Dort suchte er sich den höchsten Ameisenhaufen aus – einen Meter breit und halb so hoch –, bespritzte ihn mit Petroleum, warf ein brennendes Streichholz darauf und trat zurück.

Schwarzer Rauch wallte in die Höhe, und ein dichtes Heer von Ameisen quoll explosionsartig aus dem Haufen. Gleichzeitig blähte sich die gehärtete Erde der Oberfläche vulkanartig auswärts und platzte dann auf wie die Haut einer verfaulten Frucht. Sand floss an den Flanken herunter. Caleb taumelte rückwärts. Was zum Teufel war da unten drin? Es musste eine gigantische Kolonie sein, Millionen dieser kleinen Biester, zu panischer Raserei getrieben von Rauch und Flammen.

Der Hügel brach ein.

Caleb näherte sich vorsichtig. Die letzten Flammen erloschen blakend. Was übrig blieb, war eine flache Mulde in der Erde.

Pim kam zu ihm. *Was ist passiert?*

*Ich weiß es nicht genau.*

Von dort, wo er stand, konnte er fünf weitere Ameisenhügel sehen.

*Ich nehme den Wagen. Bleibt im Haus.*

*Wo willst du hin?*, fragte Pim.

*Ich brauche mehr Petroleum.*

# 38

Der Opossum-Mann war verschwunden.

Der Opossum-Mann, aber auch Hunde – viele Hunde. Normalerweise wimmelte es in der Stadt von ihnen, besonders im Flachland. Da unten konnte man keine zehn Schritte tun, ohne einen von diesen verdammten Kötern zu sehen, wie sie – dürre Beine, verfilztes Fell und verschleimte Augen – einen Müllberg durchwühlten oder sich hinhockten, um einen von Würmern wimmelnden Scheißhaufen in den Dreck zu setzen.

Aber plötzlich – keine Hunde.

Der Opossum-Mann wohnte am Fluss am Rande des alten Sicherheitsrings. Er sah aus wie das, was er züchtete: blass und spitznasig, mit dunklen, leicht vorquellenden Augen und abstehenden Ohren. Er hielt sich eine Frau, die halb so alt war wie er, aber nicht von der Sorte, die irgendjemand würde haben wollen. Sie gab an, sie hätten spät nachts ein Geräusch im Garten gehört. Sie hätten angenommen, es seien Füchse, die auch schon früher zwischen den Ställen aufgetaucht seien. Der Opossum-Mann habe sein Gewehr geholt und sei hinausgegangen, um nachzusehen. Ein Schuss – dann nichts mehr.

Eustace kniete bei dem nieder, was von den Ställen übrig war. Es sah aus, als habe hier ein Tornado gewütet. Wenn es Spuren gab, fand Eustace sie nicht; der Boden im Garten war zu hart. Opossumkadaver lagen überall verstreut, in blutige Fetzen gerissen. Ein paar Schritte weiter lagen noch zwei zuckend auf der Erde und starrten ihn kläglich, wie traumatisierte Augenzeugen an. Tatsächlich sahen sie ganz niedlich aus. Als der eine auf ihn zukam, streckte Eustace die Hand aus.

»Machen Sie das nicht«, warnte die Frau. »Das sind bösartige Scheißer. Beißen Ihnen den Finger ab.«

Eustace riss die Hand zurück. »Okay.«

Er richtete sich auf und schaute die Frau an. Sie hieß Rena, Renee oder so ähnlich – ein zotteliges Geschöpf, wie er es noch nie gesehen hatte. Es war durchaus möglich, dass ihre Eltern sie dem Opossum-Mann im Tausch gegen Lebensmittel überlassen hatten. Solche Geschäfte waren nicht ungewöhnlich.

»Du hast gesagt, du hast das Gewehr gefunden.«

Sie holte es aus dem Haus. Eustace zog den Repetierhebel zurück und warf eine leere Patronenhülse aus. Er fragte sie, wo sie es gefunden habe. Ihre beiden Augen schauten in verschiedene Richtungen, und das machte es ein bisschen schwierig, mit ihr zu sprechen.

»Ungefähr da, wo Sie jetzt stehen.«

»Und sonst hast du nichts gehört. Nur den einen Schuss.«

»Es war, wie ich gesagt habe.«

Allmählich fragte er sich, ob sie es vielleicht getan hatte – ob sie den Opossum-Mann erschossen, den Leichnam zum Fluss geschleift und die Ställe zertrümmert hatte, um ihre Spuren zu verwischen. Na, wenn es so gewesen war, hatte sie wahrscheinlich gute Gründe dafür gehabt. Eustace würde dann jedenfalls nichts weiter unternehmen.

»Ich werde es bekannt machen. Wenn er aufkreuzt, sag uns Bescheid.«

Sie warf ihm einen Blick zu. Eustace brauchte einen Augenblick, um zu begreifen, was er besagen sollte. Beide Augen schauten überkreuz an seinem Körper auf und ab und verharrten dann vielsagend. Es sollte verführerisch aussehen, aber es wirkte eher, als versuchte ein Stück Kleinvieh, sich selbst zu verkaufen.

»Die Leute sagen, Sie haben keine Frau.«

Eustace war nicht beunruhigt. Na ja, vielleicht ein bisschen. Aber die Frau war ihr Leben lang wie ein Besitzgegenstand behandelt worden, und so benahm sie sich auch wie einer.

»Glaub nicht alles, was du hörst.«

»Aber was soll ich machen, wenn er tot ist?«

»Du hast zwei Opossums, oder? Mach mehr daraus.«

»Aus denen? Das sind zwei Jungs.«

Eustace gab ihr das Gewehr zurück. »Dir fällt bestimmt etwas ein.«

Er kehrte ins Gefängnis zurück. Fry saß am Schreibtisch, hatte die Füße hochgelegt und blätterte in einem Bilderbuch.

»Hat sie versucht, dich anzumachen?«, fragte er, ohne aufzublicken.

Eustace setzte sich an seinen Tisch. »Woher weißt du das?«

»Das tut sie immer, heißt es.« Er blätterte um. »Glaubst du, sie hat ihn umgebracht?«

»Könnte sein.« Eustace deutete auf das Buch. »Was liest du da?«

Fry hielt das Buch hoch. *Wo die wilden Kerle wohnen.*

»Das ist gut«, sagte Eustace.

Die Tür flog auf, und ein Mann kam herein und klopfte sich den Staub vom Hut. Eustace kannte ihn; er und seine Frau bewirtschafteten ein kleines Stück Land auf der anderen Seite des Flusses.

»Sheriff. Deputy.« Er nickte den beiden nacheinander zu.

»Kann ich helfen, Bart?«

Der Mann räusperte sich nervös. »Es geht um meine Frau. Ich kann sie nirgends finden.«

Es war neun Uhr morgens. Als es Mittag wurde, hatte Eustace die gleiche Geschichte vierzehn Mal gehört.

# 39

Es war Nachmittag, als Caleb mit seinem Gespann in die Stadt kam. Der Ort war völlig ausgestorben; kein Mensch war zu sehen. Und in den zwei Stunden auf der Straße war ihm niemand begegnet.

Die Tür des Kramladens war verschlossen. Caleb wölbte die Hände um die Augen und spähte durch die Glasscheibe. Drinnen regte sich nichts. Ohne sich zu rühren, lauschte er in die Stille. Wo zum Teufel waren denn alle? Würde George sein Geschäft am helllichten Tag schließen? Er ging seitlich um das Haus herum. Die Hintertür stand offen. Der Rahmen war zersplittert. Die Tür war gewaltsam aufgebrochen worden.

Caleb kehrte zu seinem Wagen zurück und holte sein Gewehr.

Er stieß die Tür mit dem Lauf auf und trat ein. Er war in einem Lagerraum, vollgestopft mit Ware – Stapel von Futtersäcken, Maschendrahtrollen, Spulen mit Ketten und Seilen. Nur ein schmaler Korridor war frei.

»George?«, rief er. »George? Sind Sie da?«

Er fühlte und hörte, wie unter seinen Füßen etwas knirschte. Einer der Futtersäcke war aufgerissen. Als er sich hinkniete, um besser zu sehen, hörte er ein schrilles Klicken über seinem Kopf. Er fuhr zurück und riss das Gewehr hoch.

Es war ein Waschbär. Das Tier saß oben auf dem Stapel. Es richtete sich auf den Hinterbeinen auf, rieb die Vorderpfoten aneinander und schaute ihn mit unschuldsvollem Blick an. *Die Sauerei da auf dem Boden? Das war ich nicht, Kollege.*

»Los, hau ab.« Caleb stieß mit dem Gewehr in die Höhe. »Schaff deinen Arsch hier raus, bevor ich eine Mütze aus dir mache.«

Der Waschbär wieselte von den Säcken herunter und zur Tür hinaus. Caleb atmete tief durch, um sein pochendes Herz zu beruhigen, und ging durch den Perlenvorhang in den Laden. Die Kassette, in der George seine Tagesbelege aufbewahrte, stand auf ihrem Platz unter der Theke. Caleb ging durch die Gänge zwischen den Regalen und fand nichts Auffälliges. Eine Treppe hinter der Theke führte in den ersten Stock hinauf, wo George vermutlich wohnte.

»George, wenn Sie da sind – hier ist Caleb Jaxon. Ich komme rauf.«

Oben fand er ein einzelnes großes Zimmer mit Polstermöbeln und Gardinen vor den Fenstern. Die Behaglichkeit überraschte ihn; er hatte mit einer verwahrlosten Junggesellenbehausung gerechnet. Aber George war verheiratet gewesen. Das Zimmer war in zwei Bereiche aufgeteilt, zum Wohnen und zum Schlafen. Ein Küchentisch, eine Couch und zwei Sessel mit Spitzendeckchen auf den Lehnen, ein gusseisernes Bett mit durchhängender Matratze, ein mit Schnitzereien verzierter Kleiderschrank, wie er üblicherweise über mehrere Generationen hinweg in einer Familie vererbt wurde. Alles sah ganz ordentlich aus, aber als Caleb genauer hinschaute, fielen ihm ein paar Dinge auf. Am Esstisch war ein Stuhl umgefallen. Bücher und andere Gegenstände – ein Kochtopf, ein Garnknäuel, eine Laterne – lagen auf dem Boden. Ein großer freistehender Spiegel war im Rahmen zerbrochen, das Glas in konzentrischen Kreisen zersplittert wie ein spiegelndes Spinnennetz.

Als er auf das Bett zuging, stieg ihm der Geruch in die Nase – der beißende, biologische Gestank von altem Erbrochenem. Georges

Nachttopf stand auf dem Boden neben dem Kopfende, und von dort kam der Geruch. Decken lagen zusammengeknüllt am Fußende, als habe ein unruhiger Schläfer sie weggeschleudert. Auf dem Nachttisch lag Georges Waffe, ein langläufiger .357er Revolver. Caleb klappte die Trommel auf und drückte auf den Auswerfer. Sechs Patronen fielen in seine Hand, eine war abgefeuert worden. Er wandte sich ab, schwenkte den Revolver durch das Zimmer, ließ ihn dann sinken und trat auf den zerbrochenen Spiegel zu. Im Zentrum der ringförmigen Risse war ein Einschussloch.

Etwas war hier passiert. George hatte sich offensichtlich übergeben, doch das war nicht alles. War er ausgeraubt worden? Aber die Kassette war unberührt. Und das Einschussloch war sonderbar. Eine verirrte Kugel vielleicht, aber irgendwie sah es nach Absicht aus – als habe George vom Bett aus auf sein eigenes Spiegelbild geschossen.

In der Gasse neben dem Haus füllte er seine Container mit Petroleum aus dem Tank und legte sie auf den Wagen. Er wollte nicht verschwinden, ohne zu bezahlen. Also legte er nach bestem Wissen und Gewissen ein paar Scheine unter die Theke und schrieb eine kurze Nachricht auf einen Zettel. »Niemand hier, Tür offen. Habe fünfzehn Gallonen Petroleum genommen. Wenn das Geld nicht reicht, zahle ich den Rest, wenn ich nächste Woche wiederkomme. Gruß, Caleb Jaxon.«

Auf dem Weg zur Stadt hinaus machte er am Verwaltungsgebäude halt, um zu melden, was er vorgefunden hatte. Zumindest musste jemand die Hintertür des Ladens reparieren und verschließen, bis sie herausgefunden hätten, was aus George geworden war. Aber auch dort war niemand.

Der Abend dämmerte, als er zu Hause ankam. Er lud das Petroleum vom Wagen, führte die Pferde auf die Koppel und ging ins Haus. Pim saß mit Kate vor dem kalten Holzofen und schrieb in ihr Tagebuch.

*Hast du bekommen, was du brauchst?*

Er nickte. Seltsam, jetzt war Kate die Schweigende. Die Frau hatte kaum von ihrer Strickarbeit aufgeblickt.

*Wie war es in der Stadt?*

Caleb seufzte und antwortete dann: *Sehr still.*

Sie aßen Maisbrot zum Abendessen, spielten eine Weile Karten und gingen dann zu Bett. Pim war sofort weg, aber Caleb schlief schlecht, ja, er schlief fast gar nicht. Die ganze Nacht hüpften seine Gedanken über die Oberfläche des Schlafes hinweg, wie ein flacher Kiesel über das Wasser springt, ohne je einzutauchen. Im Morgengrauen gab er seine Versuche auf und schlich sich aus dem Haus. Der Boden war feucht von Tau, und die letzten Sterne verschwanden am blasser werdenden Himmel. Überall sangen Vögel, aber das würde nicht so bleiben; im Süden, wo das Wetter herkam, waberte eine Wand aus flackernden Wolken über dem Horizont. Ein Frühlingsgewitter zog auf. Caleb schätzte, er hatte noch zwanzig Minuten Zeit, bis es da wäre. Er beobachtete die Wolken noch einen Moment lang, und dann holte er den ersten Kanister Petroleum aus dem Schuppen und schleppte ihn zum Waldrand.

Er wusste nicht, was er da sah. Es ergab einfach keinen Sinn. Vielleicht lag es am Licht. Aber nein.

Die Hügel waren verschwunden.

# 40

06:00 Uhr: Michael Fisher, Boss des Gewerbes, stand am Kai und sah zu, wie der Morgen heraufdämmerte. Dichte Wolken bedeckten den Himmel, und das Wasser im Kanal lag absolut reglos zwischen Ebbe und Flut. Seit wann hatte er nicht mehr geschlafen? Er war nicht so sehr müde – darüber war er längst hinaus –, sondern lief vielmehr auf einer Art Reserveenergie, die sich unbestimmt tödlich anfühlte, als verbrenne er sich selbst. Wenn diese Reserve aufgebraucht wäre, wäre es das Ende: Er würde in einer Rauchwolke aufgehen.

Er war mit einer unklaren Absicht, an die er sich nicht mehr erinnern konnte, aus dem Bauch der *Bergensfjord* gekommen. Kaum war er an der frischen Luft gewesen, war sein Plan verweht. Er war am Kai entlangspaziert, und jetzt stand er einfach hier. Einundzwanzig Jahre – es war erstaunlich, wie so viel Zeit vergehen konnte. Die Ereignisse packten dich, und binnen eines Lidschlags standest du da mit schmerzenden Knien und einem übersäuerten Magen und einem Gesicht, das du im Spiegel kaum wiedererkanntest, und du fragtest dich, wie das alles hatte passieren können. Und ob das wirklich dein Leben gewesen war.

Die *Bergensfjord* war fast fertig. Antrieb, Hydraulik, Navigation. Elektronik, Stabilisatoren, Steueranlage. Die Laderäume waren voll, die Entsalzungsanlage lief. Sie hatten das Schiff auf die einfachste Konfiguration reduziert: Im Grunde war die *Bergensfjord* ein schwimmender Treibstofftank. Aber vieles hing noch vom Zufall ab. Zum Beispiel: Würde sie tatsächlich schwimmen? Berechnungen auf dem Papier waren die eine Sache, die Realität eine andere. Und sollte sie schwimmen, würde ihr Rumpf, zusammengeschustert aus Tausenden verschiedener, irgendwo zusammengesuchter Stahlplatten, aus Millionen von Schrauben und Nieten und Schweißnähten, eine so weite Reise überstehen? Hatten sie genug Öl? Was war mit dem Wetter, vor allem, wenn sie versuchten, Kap Hoorn zu umrunden? Michael hatte alles gelesen, was er über die Gewässer, die sie durchqueren wollten, finden konnte. Es sah nicht gut aus: legendäre Stürme, Querströmungen von solcher Gewalt, dass sie das Steuerruder abreißen konnten, Wellen von turmhohen Dimensionen, die das Schiff in einer Sekunde überfluten konnten.

Er spürte, dass jemand hinter ihm herankam. Es war Lore.

»Ein schöner Morgen«, sagte sie.

»Sieht nach Regen aus.«

Sie zuckte die Achseln und schaute über das Wasser. »Trotzdem schön.«

Sie meinte: Wie oft werden wir den Morgen noch sehen? Wie viele Dämmerungen können wir noch beobachten? Genießen wir es, solange wir können.

»Wie läuft's auf der Brücke?«, fragte Michael.

Sie atmete geräuschvoll aus.

»Keine Sorge«, sagte er. »Du lernst es schon.«

Ein rosiger Schimmer leuchtete jetzt in den Wolken. Möwen kreisten tief über dem Wasser. Es war wirklich ein schöner Morgen, dachte Michael. Plötzlich war er stolz. Stolz auf sein Schiff, seine *Bergensfjord*. Sie war um die halbe Welt gefahren, um zu prüfen, ob er ihrer würdig war. Sie hatte ihnen eine Chance gegeben und gesagt: *Ergreift sie, wenn ihr könnt.*

Ein Lichtschein erschien auf dem Brückendamm.

»Da kommt Greer«, sagte er. »Ich gehe lieber.«

Michael wanderte am Kai entlang zurück und war bei dem ersten Tanklaster, als Greer aus der Kabine kletterte.

»Das sind die letzten«, berichtete Greer. »Wir haben neunzehn Tanker gefüllt und den letzten zurückgelassen.«

»Irgendwelche Probleme?«

»Südlich der Kaserne in Rosenberg hat uns eine Streife gesehen. Vermutlich haben sie einfach angenommen, dass wir auf dem Weg nach Kerrville waren. Ich hätte gedacht, sie wären uns mittlerweile auf die Schliche gekommen, aber das sind sie offenbar nicht.«

Michael warf einen Blick über Greers Schulter und winkte Rand zu. »Ihr habt alles im Griff?«

Männer wimmelten um die Tanklaster herum. Rand streckte den Daumen hoch.

Michael wandte sich wieder Greer zu. Der Mann war sichtlich erschöpft. Sein Gesicht war schädelartig ausgemergelt: die Wangenknochen waren scharfe Grate, die rotgeränderten Augen lagen tief in den Höhlen, die Haut sah wächsern und feucht aus. Weiße Stoppeln bedeckten Wangen und Hals wie Raureif, und sein Atem roch sauer.

»Lass uns etwas essen«, schlug Michael vor.

»Ich könnte ein bisschen Schlaf gebrauchen.«

»Vorher frühstückst du mit mir.«

Sie hatten auf dem Kai ein Zelt mit einer Kantine und ein paar Pritschen zum Ausruhen errichtet. Michael und Greer füllten ihre Teller mit wässrigem Porridge und setzten sich an einen Tisch. Ein paar andere Männer saßen über ihr Frühstück gebeugt und schaufelten sich mit roboterhaften Bewegungen die Grütze in den Mund, die Gesichter schlaff vor Erschöpfung. Niemand sprach.

»Alles andere ist einsatzbereit?«, fragte Greer.

Michael zuckte die Achseln. *Mehr oder weniger.*

»Wann sollen wir das Dock fluten?«

Michael nahm einen Löffel Porridge. »Sie sollte in ein, zwei Tagen so weit sein. Lore möchte den Rumpf selbst inspizieren.«

»Eine gewissenhafte Frau, unsere Lore.«

Patch erschien am anderen Ende des Zeltes. Schwerfällig und mit trübem Blick kam er herüber, hob den Deckel vom Topf, entschied sich anders und schlich zu einer der Pritschen, auf die er sich nicht legte, sondern fallen ließ wie von einer Kugel getroffen.

»Du solltest selbst auch ein bisschen schlafen«, stellte Greer fest. Michael lachte gequält. »Wäre das nicht schön?«

Sie frühstückten zu Ende und gingen zum Ladeplatz, wo Michaels Pick-up stand. Zwei der Tanklaster waren bereits leer und standen ein Stück weit abseits. In Michaels Kopf keimte eine Idee.

»Lass uns einen Tanklaster zurückhalten und zum Ende des Brückendamms bringen. Haben wir von den Schwefelzündern noch welche übrig?«

»Das sollten wir eigentlich.«

Weitere Erklärungen waren nicht nötig. »Ich überlasse es dir, dich darum zu kümmern.«

Michael stieg in den Pick-up und klemmte die Beretta in die Halterung unter dem Lenkrad. Eine kurzläufige Schrotflinte mit Pistolengriff und einem Patronenhalter mit Extramunition steckte zwischen den Sitzen. Sein Rucksack lag auf dem Beifahrersitz; er enthielt noch mehr Munition, Kleider zum Wechseln, Streichhölzer, eine Erste-Hilfe-Tasche, ein Stemmeisen, eine Flasche Äther und einen Lappen sowie eine mit Kordel verschlossene Sammelmappe aus Karton.

Michael startete den Motor. »Weißt du, ich war noch nie im Gefängnis. Wie ist es da?«

Greer schaute grinsend durch das offene Seitenfenster. »Die Verpflegung ist besser als hier. Und man schläft sensationell.«

»Also etwas, worauf ich mich freuen kann.«

Greers Gesichtsausdruck wurde nüchtern. »Er darf nichts von ihr wissen, Michael. Oder von Carter.«

»Du machst mir die Aufgabe nicht leichter, weißt du.«

»Sie will es so.«

Michael musterte seinen Freund einen Moment lang. Der Mann sah wirklich schrecklich aus. »Geh schlafen«, sagte er.

»Ich schreib's auf meine To-do-Liste.«

Sie wechselten einen Händedruck, dann legte Michael den Gang ein.

# 41

»Ruhe jetzt, alle miteinander!«

Das Auditorium war brechend voll; alle Sitzplätze waren besetzt, und die Leute drängten sich hinten und in den Gängen. Es stank nach Angst und ungewaschener Haut. Vorn auf dem Podium hämmerte der Bürgermeister mit rotem Gesicht und nass geschwitzt auf sein Pult und rief die Versammlung lautstark zur Ordnung, während der Rat des Freistaats hinter ihm – eine unnützere Gruppe von Individuen hatte Eustace noch nie gesehen – irgendwelche Papiere hin und her schob, Knöpfe öffnete und schloss und so schuldbewusst wegschaute wie ein Haufen Studenten, die in einer Prüfung beim Mogeln erwischt worden waren.

»Meine Frau ist verschwunden!«

»Mein Mann! Hat ihn jemand gesehen?«

»Meine Kinder! Es sind zwei!«

»Was ist mit all den Hunden passiert? Ist das sonst niemandem aufgefallen? Keine Hunde, nirgends!«

Der Bürgermeister hämmerte weiter. »Verdammt noch mal, Leute, ich *bitte* euch!«

Und so ging es weiter. Eustace schaute hinüber zu Fry, der auf der anderen Seite des Saales stand und ihm einen Blick zuwarf, der besagte: *Mannomann, wird das ein Spaß.*

Endlich wurde es so ruhig, dass man den Bürgermeister hören konnte. »Okay, so ist es besser. Wir wissen, alle machen sich Sorgen und wollen Antworten hören. Ich rufe den Sheriff auf, der vielleicht ein bisschen Licht ins Dunkel bringen kann. Gordon?«

Eustace stieg auf das Podium und kam gleich zur Sache. »Tja, im Augenblick wissen wir noch nicht viel mehr als alle anderen. In den letzten beiden Nächten sind ungefähr siebzig Personen verschwunden. Wohlgemerkt, das sind nur die, von denen wir wissen. Deputy Fry und ich waren noch nicht auf sämtlichen Farmen draußen.«

»Und warum seid ihr nicht draußen und sucht nach ihnen?«, schrie jemand.

Eustace fand das Gesicht des Mannes in der Menge. »Weil ich hier stehe und mit euch rede, Gar. Und jetzt halt die Klappe, damit ich weitermachen kann.«

Eine Stimme auf der anderen Seite des Saals kläffte: »Ja, sei still und lass den Mann reden!«

Wieder kam Geschrei auf, und wütende Stimmen hallten hin und her. Eustace wartete, bis es wieder ruhig war.

»Wie ich sagte«, fuhr er fort, »wir wissen nicht, wo die Leute sind. Wie es aussieht, sind diese Personen aus irgendwelchen Gründen nachts aufgestanden, hinausgegangen und nicht zurückgekommen.«

»Vielleicht hat jemand sie geholt!«, brüllte Gar. »Vielleicht ist diese Person jetzt hier im Saal!«

Die Wirkung trat sofort ein. Jeder starrte den anderen an, und ein leises Raunen ging durch die Reihen. *War es vielleicht …?*

»Wir schließen zum jetzigen Zeitpunkt nichts aus.« Eustace war bewusst, wie lahm das klang. »Aber es ist nicht sehr wahrscheinlich. Wir reden hier von einer Menge Leute.«

»Vielleicht steckt ja mehr als einer dahinter!«

»Gar, möchtest du hier heraufkommen und die Versammlung leiten?«

»Ich sage nur ...«

»Du jagst den Leuten Angst ein, weiter nichts. Ich lasse nicht zu, dass du hier eine Panik auslöst und alle dazu bringst, ihre Nachbarn schräg anzusehen. Nach allem, was wir wissen, sind die Leute aus freien Stücken weggegangen. Jetzt halte dich zurück, bevor ich dich einsperre.«

Eine Frau in der ersten Reihe stand auf. »Wollen Sie sagen, meine Jungs sind weggelaufen? Sie sind sechs und sieben Jahre alt!«

»Nein, das will ich nicht sagen, Lena. Wir wissen nur nicht mehr als das, was ich euch sage. Am besten ist es, ihr bleibt in euren Häusern, bis wir die Sache geklärt haben.«

»Und was ist mit meiner Frau?« Eustace konnte nicht sehen, wer die Frage stellte. »Soll das heißen, sie hat mich einfach verlassen?«

Der Bürgermeister trat vor, hob beide Hände und ergriff das Wort. »Ich glaube, was der Sheriff hier zum Ausdruck bringen will ...«

»Er bringt gar nichts zum Ausdruck! Ihr habt ihn gehört! Er weiß es nicht!«

Wieder schrien alle durcheinander. Es war nicht mehr zu bremsen, die Versammlung geriet außer Kontrolle. Eustace warf über die Bühne hinweg einen Blick zu Fry hinüber, und der deutete mit dem Kopf zur Seite. Der Bürgermeister griff wieder zu seinem Hammer, und Eustace verschwand hinter die Bühne und traf sich mit Fry am Hinterausgang. Die beiden gingen ins Freie.

»Na, das war wirklich produktiv«, meinte Fry. »Bin froh, dass wir draußen sind, bevor da eine Schießerei losgeht.«

»Darüber würde ich keine Witze machen. Wir werden bei allen auf Platz eins der Abschussliste stehen, wenn wir die Angelegenheit nicht aufklären.«

»Glaubst du, sie leben noch?«

»Eher nicht.«

447

»Und was hast du vor?«

Es war ein strahlender, warmer Tag, und die Sonne stand hoch am wolkenlosen Himmel. Eustace erinnerte sich an einen Tag wie diesen, einen Frühlingstag kurz vor Beginn des Sommers: Die Erde lockerte ihre Faust, und die Bäume dufteten von dichtem grünen Laub. Ein Spaziergang am Fluss, Simon auf seinen Schultern, Nina an seiner Seite, ein Tag wie ein wunderbares Geschenk, und dann der Augenblick, als der Junge offensichtlich genug hatte. Sie kehrten um und legten ihn schlafen, und Nina stand in der Tür und winkte ihm mit diesem speziellen Lächeln, das nur ihm vorbehalten war, und sie zogen sich auf Zehenspitzen in ihr Schlafzimmer zurück und liebten einander leise und langsam an diesem sonnigen Nachmittag. Und immer der Scherz: *Verdammt, wie schaffst du es nur, mein hässliches Gesicht zu küssen?* Aber sie schaffte es, und sie tat es. Es war der letzte Tag dieser Art; für Eustace sollte keiner mehr kommen.

»Lass uns diese verschwundenen Leute finden.«

# 42

Apgar fand Peter, wo er immer war – an seinem Schreibtisch, wo er sich durch Massen von Papierkram wühlte. Nur zwei Tage ohne Chase' organisatorisches Talent, und Peter fühlte sich restlos überfordert.

Apgar setzte sich ihm gegenüber auf einen Stuhl. »Chase hat Sie wirklich hängen lassen. Sie hätten ihn nicht so leicht davonkommen lassen sollen.«

»Was kann ich sagen? Ich bin zu nett.«

Apgar räusperte sich. »Wir haben ein Problem.«

Peter füllte ein Formular aus. »Wollen Sie auch aussteigen?«

»Ist wahrscheinlich nicht der richtige Augenblick dafür. Ich habe heute Morgen eine Nachricht aus Rosenberg bekommen. In den letzten paar Tagen sind eine Menge Tanklaster dort durchgefahren, aber keiner kommt hier an.«

Peter hob den Kopf.

»Sie haben mich gehört.«

»Was sagt die Raffinerie?«

»Alles nach Plan, bla bla bla. Und dann, seit heute Morgen, kein Piep mehr, und wir können sie nicht erreichen.«

Peter lehnte sich zurück. *Gütiger Gott.*

»Ich habe zwei Mann zur Raffinerie geschickt, um die Sache

zu prüfen«, fuhr Apgar fort, »aber ich glaube, ich weiß, was wir finden werden. Man muss es dem Kerl lassen, er hat Eier in der Hose.«

»Wofür zum Teufel sollte Dunk unser Öl brauchen?«

»Ich wette, er braucht es gar nicht. Es ist ein Spiel. Er will etwas.«

»Zum Beispiel?«

»Keine Ahnung. Aber eine Kleinigkeit ist es nicht. Licht und Strom sagt, wir haben genug Gas für zehn Tage, ein bisschen mehr, wenn sie rationieren. Selbst wenn wir die Raffinerie sichern können, wir können unmöglich genug Öl ins System pumpen, um das Licht weiter brennen zu lassen. In weniger als zwei Wochen ist es in dieser Stadt dunkel.«

Dunk hatte sie beim Genick. Peter musste widerstrebend zugeben, dass es irgendwie brillant war. Aber etwas passte nicht ins Bild.

»Er schickt uns einen Lastwagen mit Waffen und Munition und klaut dann unser ganzes Öl? Das ist doch ein Widerspruch.«

»Vielleicht sind die Waffen von jemand anderem.«

»Das war Bunkermunition. Niemand außer dem Gewerbe hat solche Ware.« Apgar verlagerte sein Gewicht auf dem Stuhl. »Tja, und es gibt noch etwas zu bedenken. Erst geht Cousin's Place in Flammen auf, dann macht das Gerücht die Runde, eine von Dunks Frauen sei in der Stadt aufgetaucht und habe erzählt, da draußen sei etwas passiert. Da sei geschossen worden.«

»Ein Machtspielchen von einem seiner Leute, meinen Sie?«

»Könnte auch nur Tratsch sein. Ich sehe auch nicht, wie es ins Bild passt, aber man muss es mit in Betracht ziehen.«

»Wo ist sie jetzt?«

»Die Frau?« Apgar hätte fast gelacht. »Wer weiß das, zum Teufel?«

Zwischen den Waffen und dem Öl gab es einen Zusammenhang, aber was für einen? Es klang nicht nach Dunk; eine ganze

Stadt als Geisel zu nehmen, dazu hatte er nicht das Format, und die Army hatte jetzt genug Waffen, um den Isthmus einzunehmen und ihn auszuschalten. Es würde ein Gemetzel für beide Seiten werden – der Brückendamm war eine Todesfalle –, aber wenn sich der Staub gelegt hätte, würde Dunk entweder mit fünfzig Kugeln im Leib tot im Graben liegen oder an einem Strick baumeln.

Angenommen also, dachte Peter, die Sache mit dem Öl war nicht nur ein Spiel. Angenommen, es wurde *wirklich* für irgendetwas gebraucht.

»Was wissen wir über dieses Schiff?«, fragte er.

Apgar runzelte die Stirn. »Nicht viel. Seit Jahren hat niemand von draußen das verdammte Ding zu Gesicht bekommen.«

»Aber es ist groß.«

»So heißt es. Glauben Sie, es hat etwas damit zu tun?«

»Ich weiß nicht, was ich glauben soll. Aber irgendetwas entgeht uns da. Haben wir die Munition verteilt?«

»Noch nicht. Sie ist noch im Waffenlager.«

»Dann tun Sie es. Und schicken Sie eine Kundschafterstreife auf den Isthmus. Wie lange dauert es, bis wir Nachricht aus Freeport bekommen?«

»Zwei Stunden.«

Es war kurz nach drei Uhr nachmittags. »Lassen Sie uns Truppen in den Sicherheitsring schicken. Sagen Sie, es ist eine Übung. Und schicken Sie ein paar Techniker ans Tor. Das Ding ist seit zehn Jahren nicht mehr geschlossen worden.«

Apgar sah ihn warnend an. »Das werden die Leute bemerken.«

»Vorsicht ist besser als Nachsicht. Für uns ergibt das alles keinen Sinn, aber für jemand anderen schon.«

»Was ist mit dem Isthmus? Wir sollten nicht zu lange warten, bevor wir einen Aktionsplan machen.«

»Tun wir nicht. Schreiben Sie etwas auf.«

Apgar stand auf. »Sie haben es in einer Stunde auf dem Tisch.«

»So schnell?«

»Es gibt nur einen Weg hinein. Dazu ist nicht viel zu sagen.«
An der Tür drehte er sich noch einmal um. »Es ist eine restlos be-
schissene Situation, ich weiß, aber vielleicht ist es die Gelegenheit,
auf die wir gewartet haben.«

»So kann man es auch sehen.«

»Ich bin nur froh, dass nicht Chase auf dem Stuhl da sitzt.«

Er ließ Peter allein. Nur fünf Minuten, und die Papierberge
auf seinem Tisch erschienen ihm völlig belanglos. Er drehte sich
mit dem Stuhl zum Fenster. Morgens war der Himmel klar gewesen, aber jetzt schlug das Wetter um. Wolken hingen tief über der
Stadt, eine lastende graue Masse. Eine Windbö erfasste die Baumwipfel, gefolgt von einem Blitz, der den Himmel weiß erstrahlen
ließ. Als der Donner grollte, schlugen die ersten Regentropfen
dick und träge gegen die Fensterscheibe.

*Michael,* dachte er, *was zum Teufel hast du vor?*

# 43

Anthony Carter, der Zwölfte der Zwölf, hatte eben den Rasenmäher abgestellt, als er zur Terrasse hinüberschaute und sah, dass der Tee gekommen war.

So schnell? Konnte es denn schon wieder Mittag sein? Er hob das Kinn zum Himmel – zu dem drückenden Sommerhimmel von Houston, der so blass war, als hätte man ihn ausgebleicht. Er zog sein Taschentuch heraus, nahm den Hut ab und wischte sich den Schweiß von der Stirn. Ein Glas Tee wäre genau das Richtige.

Mrs Wood, die wusste das. Aber natürlich war es nicht Mrs Wood, die ihn brachte. Carter wusste einfach nicht, wer es tat. Derselbe, der auch die Blumenkisten und die Mulchsäcke am Tor abstellte, der sein Werkzeug reparierte, wenn es kaputt war, und der die Zeit laufen ließ, wie sie es hier tat – jeder Tag eine Jahreszeit, jede Jahreszeit ein Jahr.

Er schob den Rasenmäher in den Schuppen, wischte ihn sauber ab und ging dann auf die Terrasse. Amy arbeitete an dem Beet am anderen Ende des Rasens. Dort gab es Ingwer, der wie verrückt wuchs und dauernd zurückgeschnitten werden musste, und daneben lagen die Beete, auf denen Mrs Wood gern ein bisschen Sommerfarbe sah. Heute waren es drei Kisten Cosmeen, die pinkfarbenen, die Miss Haley liebte. Sie pflückte sie und steckte sie sich ins Haar.

»Tee ist da«, rief Carter.

Amy blickte auf. Sie trug ein Halstuch, und sie hatte Erde an den Händen und im Gesicht, wo sie sich den Schweiß abgewischt hatte.

»Fangen Sie nur schon an.« Sie wedelte sich eine Mücke aus dem Gesicht. »Ich will die hier noch einpflanzen.«

Carter setzte sich und nippte an seinem Tee. Perfekt wie immer, süß, aber nicht zu süß, und das Eis klingelte angenehm im Glas. Aus dem Haus hinter ihm wehten die fröhlichen Stimmen der spielenden Mädchen. Manchmal waren sie mit ihren Barbies beschäftigt, manchmal verkleideten sie sich, und manchmal sahen sie auch fern. Carter hörte immer wieder dieselben Filme – *Shrek* war einer, *Die Brautprinzessin* ein anderer –, und er hatte Mitleid mit den beiden, mit Miss Haley und ihrer Schwester, die ganz allein im Haus festsaßen und darauf warteten, dass ihre Mama heimkam. Aber wenn Carter durch ein Fenster hineinspähte, war nie jemand da; innen und außen waren zwei verschiedene Orte, und die Zimmer waren leer. Nicht einmal Möbel ließen erkennen, dass hier jemand wohnte.

Er hatte Zeit gehabt, darüber nachzudenken. Er hatte über vieles nachgedacht, zum Beispiel darüber, was dieser Ort tatsächlich *war*. Das Beste, was ihm dazu einfiel, war, dass es eine Art Wartezimmer war, wie in einer Arztpraxis. Man saß herum, blätterte vielleicht in einer Zeitschrift, und wenn du an der Reihe warst, rief eine Stimme deinen Namen, und du gingst zur nächsten Station, was immer das war. Amy nannte den Garten »die Welt hinter der Welt«, und Carter fand, das passte.

Wie der Tag dahinflog, dachte er. Bald würde er sich wieder an die Arbeit machen müssen. Ein Sprinklerkopf musste ausgewechselt werden, er musste den Pool abschöpfen und sämtliche Rasenkanten trimmen. Der Garten sollte tipptopp in Ordnung sein, wenn Mrs Wood zurückkäme. *Mr Carter, wie wunderschön haben Sie alles hier gepflegt. Sie sind ein Geschenk des Himmels. Ich weiß nicht, was ich je ohne Sie anfangen sollte.* Er malte sich gern aus, was sie zueinander sagen würden, wenn der Tag käme. Sie würden sich lange unterhalten, ganz wie früher, und dabei auf der Terrasse sitzen wie zwei alte Freunde.

Aber für den Augenblick war Carter damit zufrieden, sich hier ein Weilchen auszuruhen, während die Hitze allmählich nachließ. Er löste die Schnürsenkel an seinen Stiefeln und schloss die Augen. Der Garten war ein Ort, wo man seinen Gedanken nachhängen konnte, und das tat er jetzt. Er dachte daran, wie Wolgast zu ihm nach Terrell gekommen war, in das Haus des Todes. Dann waren sie mit einem Lieferwagen durch klirrende Kälte und verschneite Berge gefahren, und dann hatte der Arzt ihm eine Spritze gegeben. Davon war ihm schrecklich schlecht geworden, aber das war nicht das Schlimmste. Das Schlimmste waren die Stimmen in seinem Kopf. *Ich bin Babcock. Ich bin Morrison. Ich bin Chávez Baffes Turrel Winston Sosa Echols Lambright Martínez Reinhardt …* Bilder sah er auch, schreckliche Dinge, sterbende Menschen und so etwas – als träume er die Träume eines anderen. Er war eine Zeitlang zur Schule gegangen, und dort hatten sie ein Buch von Mr William Shakespeare gelesen. Carter selbst hatte eigentlich nicht so viel davon gelesen. Die Wörter in dem Buch erschienen ihm wie etwas, das durch einen Mixer gejagt worden war, so verwirrend waren sie. Aber die Lehrerin, Mrs Coe, eine hübsche weiße Lady, die die Wände ihres Klassenzimmers mit Plakaten von Tieren und Bergsteigern schmückte und Dinge sagte wie: »Greift nach den Sternen« und »Sei ein Freund, um Freunde zu finden«, hatte der Klasse ein Video gezeigt. Carter gefiel es, wie alle ständig mit dem Degen fochten und sich wie Piraten anzogen, und Mrs Coe erklärte ihnen, dass die Hauptperson, ein Mann, der Hamlet hieß und ein Prinz war, verrückt wurde, weil jemand seinen Daddy ermordet hatte, indem er ihm Gift ins Ohr träufelte. In der Geschichte kam noch mehr vor, aber Carter erinnerte sich an diesen Teil, weil die Stimmen ihn daran erinnerten. Als ob ihm Gift ins Ohr geträufelt wurde.

So war es eine Zeitlang gegangen, Carter wusste nicht mehr, wie lange. Die andern flüsterten und flüsterten und sagten verschiedene Sachen, hässliche Sachen, aber hauptsächlich sagten sie ihre Namen, als könnten sie von sich selbst nie genug kriegen. Dann wurden sie still wie die Luft vor einem Sturm, und da hörte Carter ihn: Zero. »Hörte« war eigentlich nicht der richtige Ausdruck. Zero konnte dich dazu bringen, mit seinem Geist zu denken. Er kam in seinen Kopf, und es war, als trete Carter auf eine Stufe, die nicht da war, und stürzte Hals über Kopf in ein lichtloses Loch, und am Grunde des Lochs war ein Bahnhof. Menschen in Wintermänteln hasteten vorbei, und eine Lautsprecherstimme verkündete die Nummern der Gleise und welcher Zug wohin fuhr. New Haven. Larchmont. Katona. New Rochelle. Carter kannte diese Orte nicht. Es war kalt. Der Boden war glitschig von geschmolzenem Schnee. Er stand vor dem Kiosk mit der würfelförmigen Uhr mit den vier Zifferblättern und wartete auf jemanden. Auf jemanden, der wichtig war. Ein Zug kam, dann noch einer. Wo war sie? War etwas passiert? Zug auf Zug, in angespannter Erwartung, und dann, als die letzten Fahrgäste vorbeiliefen, die grausam zerschlagene Hoffnung. Sein Herz ging in tausend Stücke, aber er konnte sich nicht von der Stelle rühren. Die Zeiger der Uhr verspotteten ihn mit ihrem Kreisen. *Sie hat gesagt, sie würde da sein, wo war sie, wie sehnte er sich danach, sie in den Armen zu halten, Liz, du bist das Einzige, was jemals wichtig war, lass mich derjenige sein, der dich umarmt, während du dahingehst …*

Danach war Carter einfach verrückt geworden. Es war wie ein langer, böser Traum, in dem er sich dabei zusah, wie er die schrecklichsten Dinge tat und nicht mehr aufhören konnte. Menschen fraß. Sie in Stücke riss. Manche tötete er nicht, sondern kostete nur von ihnen, ohne Sinn und Verstand; er tat es nur, weil Zero es wollte. Er erinnerte sich an ein Paar in einem Auto. Sie fuhren eilig irgendwohin, und Carter war von den Bäumen auf sie herabgekommen. *Lass diese Leute in Ruhe*, hatte er sich gesagt, *was haben sie dir denn getan?* Aber der hungrige Teil seiner selbst achtete nicht darauf, sondern tat, was ihm gefiel, und was ihm gefiel, war Töten. Er landete hart auf der Motorhaube und gab ihnen reichlich Zeit, ihn anzuschauen, seine Zähne und Klauen und das, was er tun würde. Die beiden waren jung. Der Mann saß am Steuer, und Carter vermutete, die Frau neben ihm war seine Ehefrau. Sie hatte kurzes blondes Haar, und ihre weit aufgerissenen Augen starrten ihn an. Der Wagen geriet ins Schleudern, und sie rutschten hin und her. Der Mann schrie: *O Scheiße!* und *Fuck, was ist das?*, aber die Frau reagierte kaum. Ihre Augen schauten glatt durch Carter hindurch, und ihr Gesicht war wie ein leeres Blatt Papier, als sei der Anblick eines Ungeheuers auf der Motorhaube etwas, womit ihr Gehirn nichts anfangen konnte. Das war so schräg, dass Carter ganz verblüfft war, und dann sah er die Waffe, eine große, glänzende Pistole mit einer Mündung, in die man den Finger stecken konnte, und damit versuchte der Mann, über das Lenkrad hinweg auf ihn zu zielen. *Aber das darf man nicht tun*, dachte ein Teil von ihm, der immer noch Carter war, *man darf niemals mit einer Waffe auf jemanden zielen, Anthony* – und vielleicht lag es an der Stimme seiner Mama oder daran, wie der Wagen in weitem Bogen über die Straße schleuderte, genau wie ein Kind auf der Schaukel, das sich höher und höher schwingt, dass Carter für einen Moment erstarrte. Als der Wagen anfing, sich zu überschlagen, ging die Pistole in einer Explosion aus Lärm und Licht los, und Carter spürte einen scharfen kleinen Stich in der Schulter, ungefähr wie von einer Biene, und ehe er sichs versah, rollte er über den Asphalt.

Er kam gerade noch rechtzeitig hoch, um zu sehen, wie der Wagen auf der Seite landete und sich um dreihundertsechzig Grad drehte. Glas splitterte, und er hörte das Kreischen von reißendem Metall, als das Auto auf dem Dach landete und dann über den Asphalt rollte wie ein Baumstamm, rollte und rollte. Bunte Splitter von allem Möglichen flogen davon, und schließlich rollte er ein letztes Mal auf das Dach und blieb liegen.

Alles war sehr still. Sie waren weit draußen auf dem Land, meilenweit von jeder Stadt entfernt. Ein breiter, glitzernder Streifen von Trümmern zog sich über die Straße. Es roch nach Benzin und nach etwas anderem, heiß und bitter wie geschmolzenes Plastik. Carter wusste, er sollte etwas empfinden, aber er wusste nicht, was. Seine Gedanken waren durcheinandergewürfelt wie Einzelbilder aus einem Film, die er nicht in die richtige Reihenfolge bringen konnte. Er huschte zu dem Auto hinüber und duckte sich, um hineinzuschauen. Die beiden hingen kopfüber in ihren Sicherheitsgurten, und das zerdrückte Armaturenbrett presste sich an ihre Taille. Der Mann war tot, nach dem großen Metallstück in seinem Schädel zu urteilen, aber die Frau lebte noch. Sie blickte starr geradeaus, mit großen Augen, und überall war Blut – auf Gesicht und Bluse, auf Händen und Haaren, Lippen, Zunge und Zähnen. Schwarzer Rauch quoll in den Wagen. Ein Stück Glas knirschte unter Carters Fuß, und sie wandte ihm das Gesicht zu, langsam, ohne dass sich sonst etwas an ihr bewegte, und suchte nach dem Ursprung des Geräusches.

»Ist da jemand?« Blasen von Blut traten auf ihre Lippen, als sie sich um die Worte bogen. »Bitte. Ist … da … jemand?«

Sie schaute ihn direkt an, und jetzt begriff Carter, dass sie nichts sehen konnte. Die Frau war blind. Mit einem leisen Fauchen flackerten die ersten Flammen auf und züngelten in den Wagen.

»O Gott.« Sie stöhnte. »Ich kann Sie atmen hören. Um Gottes willen, bitte antworten Sie mir.«

Etwas geschah mit ihm, etwas Merkwürdiges. Als wären die blicklosen Augen der Frau ein Spiegel, und was er darin sah, war er selbst – nicht das Monster, das sie aus ihm gemacht hatten, sondern der Mann, der er gewesen war. Als ob er aufwachte und sich erinnerte, wer er war. Er wollte ihr antworten. *Ich bin hier,* wollte er sagen. *Sie sind nicht allein. Es tut mir leid, was ich getan habe.* Aber sein Mund brachte die Worte nicht zustande. Die Flammen breiteten sich aus, der Wagen füllte sich mit Rauch.

»O Gott, ich brenne, bitte, o Gott, o Gott …«

Die Frau streckte die Hand nach ihm aus. Nicht *nach* ihm, begriff er, sondern ihm *entgegen.* Ihre Hand umklammerte etwas. Ein heftiger Krampf schüttelte sie; langsam erstickte sie an dem Blut, das aus ihrem Mund floss. Ihre Finger öffneten sich, und der Gegenstand fiel zu Boden.

Es war ein Schnuller.

Das Baby war auf dem Rücksitz, noch immer festgeschnallt in seiner Babyschale, mit dem Kopf nach unten. Das Auto würde jeden Augenblick explodieren. Carter ließ sich zu Boden fallen und glitt durch das Heckfenster hinein. Das Baby war wach und weinte. Die Babyschale würde nicht durch das Fenster passen. Er musste das Kind herausnehmen. Er öffnete den Verschluss, bugsierte die Schultern des Kindes durch die Gurte, und im Handumdrehen lag das weiche, weinende Gewicht eines Babys in seinen Armen. Ein kleines Mädchen in einem rosa Pyjama. Carter drückte sie an die Brust, wand sich durch das Fenster hinaus und fing an zu rennen.

Aber das war alles, woran er sich erinnerte. Die Geschichte brach hier ab. Er wusste nicht, was aus diesem kleinen Mädchen geworden war. Denn Anthony Carter, der Zwölfte der Zwölf, schaffte nur drei Schritte, bevor die Flammen fanden, was sie suchten. Das Benzin im Tank entzündete sich, und der Wagen zerriss in tausend Stücke.

Er nahm sich nie wieder jemanden.

Oh, er aß. Ratten, Opossums, Waschbären. Ab und zu einen Hund, und das tat ihm nachher jedes Mal leid. Aber es dauerte nicht lange, und die Welt wurde still. Es waren nicht mehr so viele Menschen da, die ihn in Versuchung führen konnten, und eines Tages, nachdem noch mehr Zeit vergangen war, erkannte er, dass überhaupt keine Menschen mehr da waren.

Gegen Zero hatte er sich auch verschlossen – ja, gegen sie alle. Carter wollte keinen Anteil haben an dem, was sie trieben. Er baute eine Mauer in seinem Kopf, Zero und die anderen auf der einen Seite, er auf der anderen, und auch wenn diese Mauer dünn war und Carter sie hören konnte, wenn er wollte, sendete er nie etwas zurück.

Es war eine einsame Zeit.

Er sah zu, wie seine Stadt ertrank. Er hatte sich einen Platz in diesem Gebäude geschaffen, im One Allen Center, weil es hoch war und weil er nachts auf dem Dach zwischen den Sternen stehen konnte, in deren Gesellschaft er sich nicht allein fühlte. Jahr für Jahr stieg das Wasser um die Grundmauern der Gebäude an, und dann, eines Nachts, wütete ein heftiger Wind. Carter hatte im Laufe seines Lebens schon den einen oder anderen Hurrikan erlebt, aber das hier war anders als jedes Unwetter, das er je gesehen hatte. Es ließ die Wolkenkratzer schwanken, als seien sie betrunken. Wände bekamen Risse, Fenster platzten aus ihren Rahmen, alles war in Aufruhr. Er fragte sich, ob das Ende der Welt gekommen war, ob Gott einfach die Nase voll von allem hatte. Das Wasser stieg an, das Gebäude schwankte, der Himmel heulte, und Carter fing an zu beten und sagte Gott, er solle ihn holen. Er bereue, was er getan habe, sagte er immer wieder, und wenn es einen besseren Ort gebe, habe er nicht verdient, dort hinzugehen, aber vielleicht habe er doch noch die Chance, ihn zu sehen, vorausgesetzt, Gott könne ihm verzeihen. Aber vermutlich konnte Gott es nicht.

Dann hörte er ein Geräusch. Ein schreckliches, herzzerreißendes, unmenschliches Geräusch, als hätten sich die Tore der Hölle geöffnet und eine Million heulende Seelen in den Wirbelwind hinausgestoßen. Aus der schwarzen Finsternis erschien etwas sehr Großes. Es wuchs und wuchs, und dann erstrahlte ein Blitz, und Carter sah, was es war, aber er konnte es nicht glauben. Ein Schiff. Mitten in Houston. Es kam geradewegs auf ihn zu. Der starke Kiel schleifte über die Straße, und es nahm Kurs auf das Allen Center wie Gottes eigene Bowlingkugel, als wären die Gebäude die Kegel.

Carter ließ sich auf den Boden fallen, bedeckte seinen Kopf mit den Händen und machte sich auf den Aufprall gefasst.

Nichts geschah. Plötzlich war alles still; sogar der Wind hatte aufhört. Verwundert fragte er sich, wie das sein konnte: Gerade noch tobte der Himmel, und im nächsten Moment war er still. Carter richtete sich auf und spähte aus dem Fenster. Über ihm hatten die Wolken sich aufgetan wie ein Bullauge. Das Auge, dachte Carter – das war es: Er war im Auge des Wirbelsturms. Er schaute nach unten. Das Schiff war an der Flanke des Hochhauses zum Stehen gekommen wie ein Taxi, das am Randstein parkte.

Er stieg an der Fassade hinunter. Wie viel Zeit er hatte, bevor der Sturm wieder losging, wusste er nicht. Er wusste nur, dass ihm die Anwesenheit des Schiffs wie eine Botschaft erschien, und schließlich war er in seinem Bauch, mitten in einem Gewirr von Gängen und Rohrleitungen. Aber er hatte nicht das Gefühl, sich verirrt zu haben; es war, als lenke ein unsichtbarer Einfluss alles, was er tat. Öliges Meerwasser schwappte um seine Knöchel. Er ging in eine Richtung, dann in eine andere, angezogen von dieser geheimnisvollen Instanz. Am Ende eines Korridors erschien eine Tür aus schwerem Stahl, wie die Tür eines Banktresors. T1 stand darauf: Tank Nr. eins.

*Das Wasser wird dich beschützen, Anthony.*

Er erschrak. Wer sprach da mit ihm? Die Stimme kam von überall her: aus der Luft, die er atmete, aus dem Wasser an seinen Füßen, aus dem Stahl des Schiffsrumpfs. Sie umhüllte ihn wie eine daunenweiche Decke.

*Er kann dich hier nicht finden. Bleib hier, wo du in Sicherheit bist, und sie wird zu dir kommen.*

Und dann fühlte er sie: Amy. Nicht dunkel wie die andern; ihre Seele war aus Licht. Ein machtvolles Schluchzen schüttelte seinen Körper. Seine Einsamkeit verflog. Sie hob sich von seinem Geist wie ein Schleier, und was darunter lag, war eine Trauer von ganz anderer Art – eine schöne, heilige Art von Trauer um die Welt und all ihr Leid. Er packte das Rad an der Stahltür. Langsam drehte es sich unter seinen Händen. Draußen vor der Schiffswand heulte wieder der Wind. Der Regen peitschte, der Himmel kochte, das Meer rauschte durch die Straßen der ertrunkenen Stadt.

*Komm herein, Anthony.*

Die Tür öffnete sich. Carter trat hindurch. Sein Körper war im Bauch des Schiffs, der *Chevron Mariner,* aber Carter war dort nicht mehr. Er fiel und fiel und fiel, und als das Fallen ein Ende fand, wusste er, wo er war, schon bevor er die Augen öffnete, denn er konnte die Blumen riechen.

Carter wurde bewusst, dass er seinen Tee ausgetrunken hatte. Amy war mit den Cosmeen fertig und säuberte die Beete. Carter wollte ihr sagen, sie solle sich ein Weilchen ausruhen, er werde sich gleich ans Unkrautjäten machen, aber er wusste, sie würde sich weigern; wenn etwas zu tun war, tat sie es.

Das Warten fiel ihr schwer. Das hatte nicht nur mit den Dingen zu tun, denen sie ins Auge würde sehen müssen, sondern auch mit dem, was sie aufgegeben hatte. Sie sprach nie darüber, denn das war nicht Amys Art, aber Carter merkte es ihr an. Er wusste, wie es war, jemanden zu lieben und in diesem Leben zu verlieren.

Denn Zero würde kommen. Das war eine Tatsache. Carter kannte den Mann und wusste, er würde nicht ruhen, bis die ganze Welt ein Spiegelbild seiner Trauer wäre. Das Dumme war, Carter hatte wider Willen ein bisschen Mitleid mit ihm. Er war selbst in diesem Bahnhof gewesen. Nicht die Frage, die der Mann stellte, war falsch, sondern seine Art, sie zu stellen.

Carter erhob sich von seinem Stuhl, setzte den Hut auf und ging zu Amy, die auf der Erde kniete.

»Gut geschlafen?« Sie blickte auf.

»Habe ich geschlafen?«

Sie warf das ausgerissene Unkraut auf einen Haufen. »Sie hätten sich schnarchen hören sollen.«

Das hatte Carter nicht gewusst. Allerdings, wenn er es sich recht überlegte, hatte er vielleicht für eine Sekunde die Augen zugemacht.

Amy wippte auf den Fersen zurück und breitete die Arme über die neu bepflanzten Beete aus. »Was meinen Sie?«

Er trat ein paar Schritte zurück und schaute es sich an. Alles war picobello. »Diese Cosmeen sind hübsch. Sie werden Mrs Woods gefallen. Miss Haley auch.«

»Sie brauchen Wasser.«

»Ich kümmere mich drum. Sie sollten ein bisschen aus der Sonne gehen. Tee ist noch da, wenn Sie möchten.«

Er schraubte den Schlauch an den Wasserhahn neben dem Tor, als er das sanfte Wispern von Reifen auf Asphalt hörte und den Denali die Straße herunterkommen sah. Der Wagen stoppte an der Ecke und fuhr dann im Schritttempo weiter. Carter erkannte nur die Umrisse von Mrs Woods Gesicht hinter den dunkel getönten Scheiben. Der Wagen rollte langsam am Haus vorbei, kriechend, aber ohne anzuhalten, fast wie ein Geist, der vorüberschwebte, und dann beschleunigte er und raste davon.

Amy erschien neben ihm. »Ich habe die Mädchen vorhin spielen hören.« Auch sie schaute die Straße hinunter, obwohl der Denali längst weg war. »Ich habe Ihnen den hier gebracht.«

Amy hielt einen Gießstab in der Hand. Eine Sekunde lang konnte Carter ihn mit nichts in Verbindung bringen. Aber natürlich war er für die Cosmeen.

»Geht's Ihnen gut?«, fragte sie.

Carter zuckte nur die Achseln. Er schraubte den Gießstab auf das Ende des Schlauchs und drehte den Hahn auf. Amy kehrte auf die Terrasse zurück, und Carter zog den Schlauch zu den Rabatten und fing an, sie zu bewässern. Es kam kaum darauf an, das war ihm klar; bald würde der Herbst da sein. Die Blätter würden verblassen und abfallen, der Garten würde welken, der Wind rau werden. Frost würde die Spitzen der Grashalme verdorren lassen, und Mrs Woods Leiche würde aufsteigen. Alles fand sein Ende. Aber Carter machte trotzdem weiter und schwenkte seinen Gießstab über den Blumen hin und her, hin und her, und im Herzen glaubte er noch immer, es könne selbst auf die kleinste Kleinigkeit ankommen.

# 44

Den ganzen Tag über goss es in Strömen. Alle waren kribbelig, weil sie im Haus eingesperrt waren. Caleb spürte, dass Pim immer weniger Geduld für ihre Schwester aufbrachte und dass ein Streit immer näher kam. Noch wenige Tage zuvor wäre ihm eine solche Entwicklung willkommen gewesen, und sei es nur, damit es endlich vorbei wäre.

Der Abend nahte, als die Wolken aufrissen. Eine strahlende Sonne schien tief über den Feldern, und alles tropfte und glitzerte im Licht. Caleb suchte den Boden rings um das Haus nach Ameisen ab, und als er keine fand, verkündete er, dass sie alle hinausgehen und den Rest des Tages genießen könnten. Alles, was von den Hügeln noch übrig war, waren ovale Mulden in der schlammigen Erde, die vom Boden ringsum nicht zu unterscheiden waren. Entspanne dich, sagte Caleb zu sich. Du lässt dich von der Einsamkeit mürbe machen.

Kate und Pim sahen zu, wie die Kinder Schlammkuchen buken, und Caleb ging los, um nach den Pferden zu sehen. Er hatte am hinteren Ende der Koppel einen offenen Unterstand gebaut, wo sie Schutz vor dem Wetter finden konnten, und dort fand er sie. Handsome sah nicht weiter strapaziert aus, aber Jeb keuchte und ließ das Weiße seiner Augen sehen. Außerdem hielt er den linken Hinterhuf hoch. Er ließ zu, dass Caleb das Gelenk lange genug krümmte, um eine kleine Stichwunde in der Mitte der Sohle zu erkennen. Da steckte etwas Langes, Spitzes. Er ging zum Schuppen und kam mit einem Halfter, einer Spitzzange und einem Strick zurück. Er war eben dabei, Jeb das Halfter anzulegen, als er Kate kommen sah.

»Er sieht nicht glücklich aus.«

»Hat einen Dorn im Fuß.«

»Brauchst du Hilfe?«

Er kam allein zurecht, aber er würde das plötzliche Interesse der Frau, ihm zu helfen, nicht zurückweisen. »Der Strick dürfte ihn halten. Leg nur eine Hand an das Halfter.«

Kate umfasste den Lederriemen dicht über dem Maul. »Er sieht krank aus. Ist es in Ordnung, dass er so atmet?«

Caleb hockte hinter dem Pferd. »Du bist die Ärztin – sag du es mir.«

Er hob den Fuß des Pferdes hoch. Die andere Hand mit der Zange näherte sich der Verletzung. Der Dorn war nicht leicht zu fassen. Als die Spitzen der Zange ihn berührten, drängte das Pferd mit seinem ganzen Gewicht nach hinten, wieherte und warf den Kopf hoch.

»Halt ihn still, verdammt!«

»Ich versuch's ja!«

»Er ist ein Pferd, Kate. Zeig ihm, wer der Boss ist.«

»Was soll ich tun? Ihn schlagen?«

Jeb spielte nicht mit. Caleb verließ den Unterstand und kam mit einer Dreiviertel-Zoll-Kette zurück, die er durch das Halfter und über die Nase des Pferdes zog. Er spannte sie straff um Jebs Kiefer und gab Kate die beiden Enden.

»Festhalten«, sagte er. »Und du brauchst nicht nett zu sein.«

Jeb gefiel es nicht, aber die Kette tat ihre Wirkung. Von den Spitzen der Zange erfasst kam der quälende Gegenstand langsam heraus. Caleb hielt ihn ans Licht. Er war ungefähr fünf

Zentimeter lang und bestand aus einem harten, fast durchscheinenden Material wie der Knochen eines Vogels.

»Irgendein Dorn, nehme ich an«, sagte er.

Das Pferd hatte sich ein wenig entspannt, aber es atmete immer noch schnell. Speichelflocken hingen an seinem Maul, und sein Hals und seine Flanken glänzten von Schweiß. Caleb wusch den Huf mit Wasser aus einem Eimer und goss Jod auf die Wunde. Handsome drückte sich in der Nähe des Unterstands herum und beobachtete sie aufmerksam. Während Kate das Halfter hielt, hüllte Caleb den Huf in einen Lederstrumpf, den er mit einer Schnur festband. Viel mehr konnte er jetzt nicht tun. Er würde das Pferd für die Nacht anbinden und am nächsten Morgen nachsehen, wie es ihm ging.

»Danke für deine Hilfe.«

Sie standen vor der Tür des Schuppens, und es war fast dunkel geworden.

»Hör zu«, sagte Kate schließlich, »ich weiß, ich war in den letzten Tagen nicht besonders gesellig.«

»Das ist in Ordnung. Vergiss es. Alle haben Verständnis.«

»Du brauchst nicht nett zu sein, Caleb. Wir kennen uns schon zu lange.«

Caleb antwortete nicht.

»Bill war ein Arschloch. Okay. Das habe ich kapiert.«

»Kate, wir müssen nicht darüber reden.«

Sie war nicht wütend, nur resigniert. »Ich sage nur, ich weiß, was alle denken. Und sie haben nicht unrecht. Ehrlich gesagt, die Leute wissen nicht mal die Hälfte von allem.«

»Und warum hast du ihn dann geheiratet?« Caleb war selbst überrascht. Die Frage war einfach aus seinem Mund gekommen. »Sorry, das war ein bisschen direkt.«

»Nein, es ist eine berechtigte Frage. Glaub mir, ich habe sie mir selbst schon gestellt.« Ein Augenblick verging, und dann hellte sich ihre Miene ein wenig auf. »Wusstest du, dass Pim und ich uns als Kinder immer darum gestritten haben, wer dich heiraten durfte? Und ›gestritten‹ meine ich ganz handfest – schlagen, an den Haaren reißen, das ganze Programm.«

»Du machst Witze.«

»Du brauchst nicht so ein zufriedenes Gesicht zu machen. Es ist ein Wunder, dass keine von uns im Krankenhaus gelandet ist. Einmal habe ich ihr Tagebuch gestohlen. Ich glaube, da war ich dreizehn. Gott, ich war so ein kleines Miststück. Da stand lauter Zeug über dich drin. Wie *gut* du aussiehst, wie *clever* du bist. Und sie hatte ein dickes, fettes Herz um eure beiden Namen gemalt. Es war einfach ekelhaft.«

Caleb fand diese Vorstellung rasend komisch. »Und was dann?«

»Was glaubst du? Sie war älter als ich, und unsere Prügeleien waren nicht eben fair.« Kate schüttelte den Kopf und lachte. »Sieh dich an. Du bist begeistert.«

Das stimmte. »Es ist eine lustige Geschichte. Ich wusste nichts davon.«

»Und bilde dir nichts ein, Freundchen. Ich werde mich dir nicht zu Füßen werfen.«

Er lächelte. »Da bin ich erleichtert.«

»Das wäre wohl auch irgendwie inzestuös.« Sie schüttelte sich. »Im Ernst. Pfui!«

Die Nacht hatte sich auf die Felder gelegt. Caleb wurde klar, was ihm gefehlt hatte: Kates Freundschaft. Als Kinder hatten sie einander so nahegestanden, als wären sie Geschwister. Aber dann hatte das Leben seinen Lauf genommen – die Army, Kates medizinische Ausbildung, Bill und Pim und Theo und die Mädchen und alle ihre Pläne –, und in dem ganzen Wirrwarr hatten sie einander verloren. Es war Jahre her, dass sie wirklich miteinander gesprochen hatten, wie sie es jetzt taten.

»Aber ich habe deine Frage nicht beantwortet, was? Warum ich Bill geheiratet habe. Die Antwort ist ziemlich einfach. Ich habe ihn geheiratet, weil ich ihn geliebt habe. Ich weiß keinen einzigen vernünftigen Grund, *warum* ich ihn geliebt habe, aber das kann man sich nicht aussuchen. Er war ein lieber, vergnügter, nichtsnutziger Mann, und er war mein.« Sie schwieg kurz. »Ich bin nicht herausgekommen, um dir bei den Pferden zu helfen, weißt du.«

»Nicht?«

»Ich bin hier, weil ich dich fragen wollte, was dich so nervös macht. Ich glaube, Pim hat es noch nicht bemerkt, aber das kommt noch.«

Caleb fühlte sich ertappt. »Es ist wahrscheinlich nichts weiter.«

»Ich kenne dich, Caleb. Es ist nicht ›nichts‹. Und ich muss an meine Mädchen denken. Haben wir Probleme?«

Er wollte nicht antworten, aber Kate hatte ins Schwarze getroffen.

»Ich bin nicht sicher. Könnte sein.«

Ein lautes Wiehern auf der Koppel unterbrach ihn. Sie hörten ein Krachen und dann eine Reihe von harten, rhythmischen Schlägen.

»Was zum Teufel ist *das?*«, fragte Kate.

Caleb riss eine Laterne vom Haken im Schuppen und rannte über die Koppel. Jeb lag am Boden auf der Seite und warf den Kopf wild hin und her. Seine Hinterhufe schlugen in krampfhaften Zuckungen gegen die Wand des Unterstands.

»Was hat er?«, fragte Kate.

Das Pferd starb. Sein Darm entleerte sich, dann seine Blase. Ein dreifacher Krampf schüttelte das Tier, gefolgt von einem letzten, wütenden Tremor, der ihn am ganzen Körper erstarren ließ. Er blieb ein paar Sekunden lang in dieser Stellung, wie von Drähten gehalten. Dann wich die Luft aus seiner Lunge, und er lag still.

Caleb hockte sich neben das tote Tier und hielt die Laterne über sein Gesicht. Blasiger Schaum, von Blut gerötet, quoll aus seinem Maul. Ein dunkles Auge starrte in die Höhe und glänzte im Licht der Laterne.

»Caleb, was soll der Revolver?«

Er schaute nach unten – ja, er hielt die Waffe in der Hand. Es war Georges Revolver, der große .357er, den er im Schuppen versteckt hatte. Anscheinend hatte er ihn mitgenommen, als er die Laterne holte – so automatisch, dass es ihm nicht bewusst gewesen war. Und er hatte ihn gespannt.

»Du musst mir sagen, was los ist«, sagte Kate.

Caleb ließ den Schlagbolzen langsam herunter und drehte sich auf dem Absatz zum Haus herum. In den Fenstern schimmerte Kerzenlicht. Pim würde das Abendbrot machen, die Mädchen spielten wahrscheinlich auf dem Boden oder schauten Bilderbücher an, und Baby Theo zappelte auf seinem hohen Kinderstuhl. Vielleicht auch nicht, vielleicht war er schon eingeschlafen. Das tat er manchmal; wenn es Zeit zum Abendessen war, schlief er tief und fest, nur um Stunden später aufzuwachen und vor Hunger zu heulen.

»Antworte mir, Caleb.«

Er richtete sich auf, schob den Revolver hinter den Hosenbund und zog sein Hemd über den Kolben, um ihn zu verbergen. Handsome stand am Rande des Lichtkreises und ließ den Kopf hängen wie ein Trauernder. Der arme Kerl, dachte Caleb. Es war, als wüsste er, dass er morgen früh die Aufgabe haben würde, den Kadaver seines einzigen Freundes über das Feld zu einem unbrauchbaren Stück Boden zu schleifen. Caleb würde den Rest seines Petroleums benutzen, um ihn zu verbrennen.

# 45

Am Spätnachmittag hatten Eustace und Fry die meisten der äußeren Farmen abgeklappert. Umgestürzte Möbel, aufgerissene Betten, Pistolen und Gewehre, die dort lagen, wo sie hingefallen waren, nachdem ein- oder zweimal damit geschossen worden war – wenn überhaupt.

Und keine lebende Seele.

Es war nach sechs, als sie das letzte Haus überprüften, eine Bruchbude vier Meilen weit flussabwärts in der Nähe der alten ADM-Ethanolfabrik. Es war ein winziges Haus mit nur einem Zimmer, zusammengehämmert aus Abfallholz und verwitterten Asphaltschindeln. Eustace hatte keine Ahnung, wer hier draußen gewohnt hatte. Vermutlich würde er es jetzt nie mehr erfahren.

Sein schlimmes Bein tat sehr weh, und sie hatten gerade noch genug Zeit, um vor Einbruch der Dunkelheit wieder in der Stadt zu sein. Sie stiegen auf die Pferde und wandten sich nach Norden, aber nach hundert Metern hielt Eustace noch einmal an.

»Lass uns einen Blick in die Fabrik werfen.«

Fry lehnte sich über den Sattelknauf nach vorn. »Wir haben höchstens noch zwei Handbreit Licht, Gordo.«

»Willst du mit leeren Händen zurückkommen? Du hast die Leute doch gehört.«

Fry überlegte kurz. »Aber wir beeilen uns.«

Sie ritten auf das Gelände. Die Fabrik bestand aus drei langen, zweigeschossigen, U-förmig angelegten Gebäuden und einem vierten, viel größeren an der vierten Seite, einem fensterlosen Betonklotz, der durch ein Labyrinth von Rohren und Schächten mit den Getreidesilos verbunden war. Die skeletthaften Karosserien rostiger Fahrzeuge und anderer Maschinen füllten die Lücken zwischen dem wuchernden Unkraut. Die Luft war still und kühl, und Vögel schwirrten durch die glaslosen Fenster der Gebäude. Die drei kleineren Trakte waren nichts als leere Hülsen, und ihre Dächer waren längst eingestürzt, aber der vierte war weitgehend intakt. Er war derjenige, für den sich Eustace interessierte. Wenn man zweihundert Menschen verstecken wollte, wäre das der richtige Ort.

»Du hast eine Dynamolampe in deiner Satteltasche, oder?«, fragte Eustace.

Fry holte sie hervor, und Eustace drehte die Kurbel, bis die Glühlampe zu leuchten begann.

»Das Ding hält nicht mehr als drei Minuten«, warnte Fry. »Glaubst du, sie sind da drin?«

Eustace überprüfte seinen Revolver, ließ die Trommel zuschnappen und schob die Waffe wieder ins Halfter, aber er ließ den Sicherungsriemen offen. Fry tat das Gleiche.

»Ich schätze, das werden wir gleich sehen.«

Eins der Tore an der Laderampe war halb offen. Sie legten sich auf den Bauch und rollten sich darunter durch. Der Geruch war wie ein Schlag ins Gesicht.

»Ich glaube, die Frage ist beantwortet«, sagte Eustace.

»Scheiße, das ist ekelhaft.« Fry hielt sich die Nase zu. »Müssen wir uns das wirklich anschauen?«

»Reiß dich zusammen.«

»Im Ernst, ich glaube, ich muss kotzen.«

Eustace kurbelte noch ein paar Mal an der Lampe. Ein von Spinden gesäumter Flur führte durch das Gebäude zur Werkshalle. Der

Geruch wurde mit jedem Schritt durchdringender. Eustace hatte im Laufe seines Lebens schon ein paar üble Dinge gesehen, aber er war ziemlich sicher, dass das Schlimmste jetzt kommen würde. Am Ende des Korridors standen sie vor einer doppelten Schwingtür.

»Ich glaube, das ist jetzt der richtige Augenblick, um eine Gehaltserhöhung zu verlangen«, flüsterte Fry.

Eustace zog seinen Revolver. »Bist du bereit?«

»*Fuck.* Soll das ein Witz sein?

Sie stießen die Flügeltür auf. Dicht hintereinander stürmten mehrere Dinge auf Eustace' Sinne ein. Das Erste war der Gestank – ein fauliger Pesthauch von so atemberaubender Abscheulichkeit, dass Eustace sich auf der Stelle übergeben hätte, wenn er sich vorher die Mühe gemacht hätte zu essen. Dazu kam ein Geräusch, ein dichtes Vibrato, das die Luft streichelte wie das Brummen eines Motors. Mitten in der Halle sah er eine große, dunkle Masse, deren Ränder sich zu bewegen schienen. Als Eustace einen Schritt näher herankam, erhoben sich explosionsartig Wolken von Fliegen von den Kadavern.

Es waren Hunde.

Er hob seinen Revolver und hörte Fry schreien, aber weiter kam er nicht, denn etwas Schweres krachte von oben auf ihn herab und warf ihn zu Boden. So viele Verschwundene – er hätte es kommen sehen müssen. Er wollte davonkriechen, aber etwas Furchtbares geschah in ihm. Eine Art ... Wirbeln. So also würde es gehen. Er griff nach seinem Revolver, um sich zu erschießen, aber natürlich war sein Halfter leer, und dann wurden seine Hände taub und wässrig, und gleich darauf auch sein restlicher Körper. Eustace stürzte in die Tiefe. Das Wirbeln war ein Strudel in seinem Kopf, und er wurde hinabgesogen, tiefer, tiefer und immer tiefer. *Nina, Simon. Meine Geliebten, ich verspreche, ich werde euch niemals vergessen.*

Aber genau das geschah.

# V

## Die Liste

*Und müssen, wenn der Strom uns hebt, ihn nutzen;*
*Wo nicht, verlieren wir des Zufalls Gunst.*

Shakespeare, *Julius Caesar*

# 46

Es war fast neun Uhr, als Schwester Peg Sara hinausbegleitete.

»Danke, dass Sie gekommen sind«, sagte die alte Frau. »Es bedeutet immer sehr viel.«

Einhundertsechzehn Kinder, vom kleinsten Baby bis zum Heranwachsenden – Sara hatte zwei volle Tage gebraucht, um sie alle zu untersuchen. Das Waisenhaus war eine Pflicht, die sie schon längst hätte aufgeben können. Schwester Peg hätte es sicher verstanden, aber Sara hatte es nie über sich gebracht. Wenn es einem Kind nachts schlecht ging, wenn eins Fieber bekam oder von der Schaukel gesprungen und auf dem falschen Fuß gelandet war – jedes Mal war es Sara, die der Ruf erreichte. Schwester Peg begrüßte sie immer mit einem Lächeln, das sagte, sie habe nicht eine Sekunde lang daran gezweifelt, dass sie es sein würde, die an die Tür klopfte. *Wie würde die Welt ohne uns zurechtkommen?*

Sara schätzte, dass Schwester Peg inzwischen achtzig war. Dass die alte Frau es schaffte, die Einrichtung mit ihrem kaum in Schach gehaltenen Chaos zu leiten, war ein Wunder. Im Laufe der Jahre war sie ein bisschen milder geworden. Sie sprach in gefühlvollem Ton über die Kinder, sowohl über die in ihrer Obhut, als auch von jenen, die fortgegangen waren. Sie verfolgte ihr Leben und wie sie in der Welt vorankamen; sie wusste, wen sie heirateten, und kannte ihre Kinder, wenn sie welche hatten, wie es die Art jeder Mutter war. Sara wusste, dass die Frau es niemals aussprechen würde, aber diese Kinder waren ihre Familie, so wie Hollis und Kate und Pim Saras Familie waren. Sie gehörten zu Schwester Peg, und Schwester Peg gehörte zu ihnen.

»Das ist keine Mühe, Schwester. Ich tue es gern.«

»Was hören Sie von Kate?«

Schwester Peg gehörte zu den wenigen Leuten, die die Geschichte kannten.

»Bisher nichts, aber damit habe ich auch nicht gerechnet. Die Post ist so langsam.«

»Es war hart, das mit Bill. Aber Kate wird wissen, was sie zu tun hat.«

»Sie weiß es anscheinend immer.«

»Wäre es in Ordnung, wenn ich mir Sorgen um Sie mache?«

»Ich komme zurecht, wirklich.«

»Das weiß ich. Aber ich werde mir trotzdem Sorgen machen.«

Sie verabschiedeten sich, und Sara wanderte durch die dunklen Straßen nach Hause. Nirgends brannte ein Licht. Das hatte etwas mit den Treibstofflieferungen für die Generatoren zu tun – ein kleiner Schluckauf in der Raffinerie, wie es offiziell hieß.

Hollis saß dösend in seinem Lesesessel. Eine Petroleumlampe brannte auf dem Tisch, und ein Buch von einschüchterndem Umfang lag auf seinem Bauch. Das Haus, in dem sie die letzten zehn Jahre gewohnt hatten, war bei der ersten Welle der Siedlungen verlassen worden – ein kleiner Holzbungalow, der kurz vor dem Einsturz gestanden hatte. Hollis hatte zwei Jahre mit der Instandsetzung verbracht, jeden Tag nach seiner Arbeit in der Bibliothek, für die er jetzt zuständig war. Wer hätte gedacht, dass dieser Bär von einem Mann seine Tage damit zubringen würde, einen Bücherwagen zwischen den Regalen umherzuschieben und den Kindern vorzulesen? Aber er liebte diese Arbeit.

Sie hängte ihre Jacke in den Schrank und ging in die Küche, um Teewasser heiß zu machen. Der Herd war noch heiß. Hollis sorgte immer dafür, dass er es war, wenn sie heimkam. Sie wartete, bis der Kessel kochte, und dann goss sie das Wasser durch das Teesieb mit Kräutern aus den Gläsern, die in einer säuberlichen Reihe auf dem Bord über der Spüle standen, jedes in Hollis' Handschrift etikettiert: »Zitronenbalsam«, »Grüne Minze«, »Hagebutte« und so weiter. Es sei eine Bibliothekarsgewohnheit, sagte Hollis, aus den kleinsten Details einen Fetisch zu machen. Sich selbst überlassen hätte Sara eine halbe Stunde gebraucht, um alles zu suchen.

Hollis regte sich, als sie ins Wohnzimmer kam. Er rieb sich die Augen und lächelte schlaftrunken. »Wie spät ist es?«

Sara setzte sich an den Tisch. »Ich weiß nicht. Zehn?«

»Ich bin wohl eingeschlafen.«

»Das Wasser ist noch heiß. Ich kann dir Tee machen.« Sie tranken immer zusammen Tee, wenn der Tag zu Ende war.

»Nein, ich mach's schon.«

Schwerfällig ging er in die Küche und kam mit einem dampfenden Becher zurück, den er auf den Tisch stellte. Statt sich hinzusetzen, trat er hinter sie, umfasste ihre Schultern mit beiden Händen und fing an, seine Daumen mit zunehmendem Druck in die Muskeln zu graben. Sara ließ den Kopf nach vorn hängen.

»Oh, das tut gut.« Sie stöhnte.

Er knetete ihren Nacken eine Zeitlang, und dann packte er ihre Schultern und bewegte sie im Kreis, was eine Serie von knirschenden und knackenden Geräuschen zur Folge hatte.

»Autsch.«

»Entspann dich«, sagte Hollis. »Gott, du bist so verkrampft.«

»Das wärst du auch, wenn du hundert Kinder untersucht hättest.«

»Erzähl. Wie geht's der alten Hexe?«

»Hollis, sei nicht gemein. Die Frau ist eine Heilige. Ich hoffe, ich habe halb so viel Energie, wenn ich so alt bin wie sie. Oh, genau da.«

Er fuhr mit seiner angenehmen Beschäftigung fort, und langsam ließ die Anspannung des Tages nach.

»Ich kann dich gleich auch massieren, wenn du willst«, sagte sie.

»Das ist ein Wort.«

Sie hatte plötzlich Gewissensbisse, und sie legte den Kopf in den Nacken, um ihn anzusehen. »Ich habe dich ein bisschen vernachlässigt, nicht wahr?«

»Das ist eben so.«

»Wenn man alt wird, meinst du?«

»Für mich siehst du noch ziemlich gut aus.«

»Hollis, wir sind *Großeltern*. Mein Haar ist fast weiß, und meine Hände sehen aus wie Dörrfleisch. Ich will gar nicht lügen – es deprimiert mich.«

»Du redest zu viel. Beug dich nach vorn.«

Sie ließ den Kopf auf den Tisch sinken und schmiegte ihn in die Ellenbeugen. »Sara und Hollis«, sagte sie seufzend, »das alte Ehepaar. Wer hätte gedacht, dass wir das einmal sein würden?«

Sie tranken ihren Tee, zogen sich aus und gingen ins Bett. Normalerweise hörte man nachts Geräusche. Leute sprachen auf der Straße miteinander, ein Hund bellte – die verschiedenen kleinen Geräusche des Lebens. Aber ohne Strom war alles sehr still. Es stimmte: Es war schon eine Weile her. Einen Monat – oder zwei? Aber der alte Rhythmus, das Muskelgedächtnis der Ehe, war noch da und wartete.

»Ich habe nachgedacht«, sagte Sara danach.

Hollis schmiegte sich an ihren Rücken und umschlang sie mit seinen Armen. Zwei Löffel in der Schublade, nannten sie es. »Das dachte ich mir.«

»Sie fehlen mir. Tut mir leid. Es ist einfach nicht dasselbe. Ich dachte, es wäre okay, aber das ist es nicht.«

»Sie fehlen mir auch.«

Sie drehte sich zu ihm um. »Hättest du wirklich so viel dagegen? Sei ehrlich.«

»Kommt drauf an. Glaubst du, sie brauchen einen Bibliothekar in den Townships?«

»Das kann man herausfinden. Aber sie brauchen Ärzte, und ich brauche dich.«

»Und das Krankenhaus?«

»Das kann Jenny führen. Sie ist so weit.«

»Sara, du *beklagst* dich doch nur ständig über Jenny.«

Sara war verblüfft. »Wirklich?«

»Ohne Ende.«

Sie fragte sich, ob das stimmte. »Na, aber *irgendjemand* kann es übernehmen. Wir können ja erst einmal einen Besuch machen und sehen, wie sich anfühlt. Uns umschauen.«

»Könnte sein, dass sie uns dort nicht haben wollen, weißt du«, sagte Hollis.

»Vielleicht nicht. Aber wenn es sich richtig anfühlt, und wenn alle einverstanden sind, können wir uns um Farmland bewerben. Oder in der Stadt etwas aufbauen. Ich könnte eine Praxis gründen. Verdammt, und du hast schon hier genug Bücher, um eine eigene Bibliothek aufzumachen.«

Hollis runzelte zweifelnd die Stirn. »Wir alle sollen uns in dieses winzige Haus zwängen?«

»Dann schlafen wir eben draußen. Ist mir egal. Das sind unsere *Kinder.*«

Er atmete tief durch. Sara wusste, was Hollis sagen würde; es ging nur noch darum, dass sie es aus seinem Munde hörte.

»Und wann möchtest du aufbrechen?«

»Ich dachte, morgen früh«, sagte sie und küsste ihn.


Lucius Greer stand im Scheinwerferlicht auf dem Grund des Trockendocks und sah zu, wie eine ferne Gestalt in einem Bootsmannsstuhl an der Flanke des Schiffs entlangschwang.

»Herrgott«, schrie Lore. »Wer hat diese verdammte Schweißnaht gemacht?«

Greer seufzte. In den letzten sechs Stunden hatte nur sehr wenig von dem, was Lore gesehen hatte, ihren Beifall gefunden. Sie ließ sich mit dem Stuhl auf den Boden des Docks herunter und stieg aus.

»Ich brauche sofort ein halbes Dutzend Leute hier unten. Und nicht die Clowns, die diese Nähte da oben geschweißt haben.« Sie hob das Gesicht. »Weir! Bist du da oben?«

Das Gesicht des Mannes erschien an der Reling.

»Häng noch drei Stühle auf. Und hol Rand. Ich will, dass diese Nähte bis Sonnenaufgang erneuert sind.« Sie sah Greer von der Seite an. »Sag es nicht. Ich habe diese Raffinerie fünfzehn Jahre lang geführt. Ich weiß, was ich tue.«

»Von mir wirst du keine Klagen hören. Deshalb wollte Michael dich ja hier haben.«

»Weil ich ein sturer Hund bin.«

»Das hast du gesagt, nicht ich.«

Sie trat einen Schritt zurück, stemmte die Hände in die Hüften, und ihr Blick wanderte abwesend über den Rumpf. »Verrate mir was«, sagte sie.

»Was denn?«

»Hast du jemals gedacht, das Ganze ist Blödsinn?«

Er mochte Lore und ihre direkte Art. »Nie.«

»Nicht ein einziges Mal?«

»Ich würde nicht behaupten, dass mir der Gedanke nie gekommen ist. Zweifel liegen in der Natur des Menschen. Aber es kommt darauf an, was wir damit machen. Ich bin ein alter Mann. Ich habe keine Zeit, es mir noch mal zu überlegen.«

»Eine interessante Philosophie.«

Zwei Taue schwebten an der Flanke der *Bergensfjord* herunter, dann noch einmal zwei.

»Weißt du«, sagte Lore, »all die Jahre habe ich mich gefragt, ob Michael die richtige Frau finden und sich niederlassen würde.

482

In meinen wildesten Träumen wäre ich nicht auf die Idee gekommen, meine Konkurrenz könnte aus zwanzigtausend Tonnen Stahl bestehen.«

Rand erschien oben an der Reling. Er und Weir fingen an, die Bootsmannsstühle anzuschirren.

»Brauchst du mich hier noch?«, fragte Greer.

»Nein, geh schlafen.« Sie winkte zu Rand hinauf. »Wartet, ich komme rauf!«

Greer verließ das Dock, stieg in seinen Truck und fuhr hinunter auf den Brückendamm. Die Schmerzen waren schlimm geworden; er würde sie nicht mehr lange verbergen können. Manchmal war der Schmerz kalt wie eine Klinge aus Eis, die ihn durchbohrte, dann wieder heiß wie glühende Kohlen, die in ihm umherrollten. Er konnte kaum noch etwas im Magen behalten, und wenn es ihm tatsächlich gelang zu pissen, sah es aus, als pisse er Arterienblut. Er hatte immer einen schlechten Geschmack im Mund, sauer und harnstoffartig. Im Laufe der letzten paar Monate hatte er sich viele Geschichten erzählt, aber tatsächlich sah er nur ein einziges Ende vor sich.

Gegen Ende des Brückendamms wurde die Fahrbahn schmaler, und zu beiden Seiten drängte das Meer heran. An diesem Flaschenhals war ein Dutzend mit Gewehren bewaffneter Männer stationiert. Als Greer bei ihnen anhielt, stieg Patch aus der Fahrerkabine des Tanklasters und kam herüber.

»Irgendwas im Gange da draußen?«, fragte Greer.

Der Mann saugte an seinen Zähnen. »Anscheinend hat die Army eine Streife geschickt. Wir haben kurz nach Sonnenuntergang Lichter im Westen gesehen, aber seitdem nichts mehr.«

»Wollt ihr hier draußen mehr Leute haben?«

Patch zuckte die Achseln. »Ich glaube, für heute Nacht reicht's. Bis jetzt beschnuppern sie uns nur.« Er schaute Greer genauer an. »Alles okay? Du siehst nicht so gut aus.«

»Ich brauche nur ein bisschen Ruhe.«

»Na, du kannst die Kabine des Tankers haben. Ein Stündchen schlafen. Wie gesagt, hier draußen ist nichts los.«

»Ich muss mich noch um was anderes kümmern. Vielleicht komme ich später darauf zurück.«

»Wir sind hier.«

Greer wendete den Truck und fuhr davon. Als er außer Sicht war, hielt er am Rand des Brückendamms an, stieg aus, legte eine stützende Hand an den Kotflügel und übergab sich in den Kies. Viel kam nicht heraus, nur ein wenig Wasser und ein paar Klumpen wie von Eigelb. Er blieb zwei Minuten in dieser Position, und als er wusste, dass nichts mehr kommen würde, holte er seine Wasserflasche aus dem Wagen. Er spülte sich den Mund aus, goss ein wenig Wasser in seine hohle Hand und wusch sich das Gesicht. Dass er so allein damit war – das war das Schlimmste daran. Nicht so sehr der Schmerz, sondern vielmehr, den Schmerz tragen zu müssen. Er fragte sich, was passieren würde. Würde die Welt sich um ihn herum auflösen, zurückweichen wie ein Traum, bis er keine Erinnerung mehr daran hätte, oder würde es genau andersherum kommen – würden alle Dinge und alle Menschen aus seinem Leben vor ihm aufsteigen, lebhaft und segnend, bis er wie einer, der an einem allzu strahlenden Tag in die Sonne schaute, gezwungen wäre, sich abzuwenden?

Er hob das Gesicht zum Himmel. Die Sterne leuchteten matt, verschleiert von der feuchten Seeluft, die sie flimmern ließ. Er konzentrierte seine Gedanken auf einen einzelnen Stern, wie er es gelernt hatte, und schloss die Augen. *Amy, kannst du mich hören?*

Stille. Dann: *Ja, Lucius.*

*Amy, es tut mir leid. Aber ich glaube, ich sterbe.*

# 47

Ein Frühlingsnachmittag – Peter arbeitete im Garten. Es hatte die Nacht hindurch geregnet, aber jetzt war der Himmel klar. In Hemdsärmeln schlug er seine Hacke in die weiche Erde. Monatelang hatten sie aus Einmachgläsern gegessen, während sie zusahen, wie der Schnee fiel. Wie gut würde es sein, dachte er, wieder frisches Gemüse zu bekommen.

»Ich habe etwas für dich.«

Amy war leise hinter ihm herangekommen. Lächelnd hielt sie ihm ein Glas Wasser entgegen. Peter nahm es und trank einen Schluck. Es fühlte sich eiskalt an den Zähnen an.

»Willst du nicht ins Haus kommen? Es wird spät.«

Sie hatte recht. Das Haus lag schon lange im Schatten; die letzten Sonnenstrahlen leuchteten über den Höhenkamm.

»Es gibt viel zu tun«, sagte er.

»Das gibt es immer. Du kannst morgen weiterarbeiten.«

Sie aßen ihr Abendbrot auf dem Sofa. Der alte Hund stöberte zwischen ihren Füßen herum. Während Amy die Teller abspülte, zündete Peter ein Feuer an. Rasch flackerte das Holz auf und brannte knisternd. Es war die tiefe Zufriedenheit einer bestimmten Stunde: Unter einer schweren Decke schauten sie zu, wie die Flammen züngelten.

»Soll ich dir etwas vorlesen?«

»Das wäre schön«, sagte Peter. Amy ging kurz hinaus und kam mit einem dicken, brüchig aussehenden Buch zurück. Sie ließ sich auf dem Sofa nieder, klappte das Buch auf, räusperte sich und fing an.

»*David Copperfield*, von Charles Dickens, Kapitel eins. Ich komme zur Welt.

> *Ob ich mich in diesem Buche zum Helden meiner eig-*
> *nen Leidensgeschichte entwickeln werde, oder ob je-*
> *mand anders diese Stelle ausfüllen soll, wird sich zei-*
> *gen. Um mit dem Beginn meines Lebens anzufangen,*
> *bemerke ich, dass ich, wie man mir mitgeteilt hat, und*
> *wie ich auch glaube, an einem Freitag um Mitternacht*
> *zur Welt kam. Es heißt, dass die Uhr zu schlagen be-*
> *gann, gerade als ich zu schreien anfing.«*

Wie wunderbar, sich vorlesen zu lassen. Aus dieser Welt hinaus in eine andere getragen zu werden, auf den Flügeln der Wörter. Und Amys Stimme, wie sie die Geschichte erzählte – das war das Schönste dabei. Sie durchfloss ihn wie ein wohltuender elektrischer Strom. Er hätte ihr ewig zuhören können, körperlich dicht an ihrer Seite, und im Geiste an zwei Orten gleichzeitig – in der Welt der Geschichte mit ihrem wunderbaren Regen von Empfindungen und hier bei Amy in diesem Haus, in dem sie lebten und immer gelebt hatten, als wären Schlaf und Wachsein keine durch eine feste Grenze voneinander getrennten benachbarten Zustände, sondern Teil eines Kontinuums.

Irgendwann wurde ihm klar, dass die Geschichte aufgehört hatte. War er eingedöst? Er war auch nicht mehr auf dem Sofa; irgendwie, ohne es zu merken, war er in den oberen Stock gelangt. Im Zimmer war es dunkel, und kalte Luft berührte sein Gesicht. Amy schlief neben ihm. Wie spät war es? Und was war das für ein Gefühl – diese Ahnung, dass irgendetwas nicht in Ordnung war? Er warf die Decke beiseite und ging zum Fenster. Ein träger Halbmond war aufgegangen und beleuchtete einen Teil der Landschaft. Bewegte sich da etwas am Rande des Gartens?

Es war ein Mann. Er trug einen dunklen Anzug und schaute zum Fenster herauf, die Hände auf dem Rücken in der Haltung eines geduldigen Beobachters. Das Mondlicht fiel schräg über ihn und ließ die Konturen seines Gesichts scharf hervortreten. Was Peter bei seinem Anblick empfand, war nicht Schrecken, sondern das Gefühl des Wiedererkennens, als habe er auf diesen nächtlichen Besucher gewartet. Vielleicht eine Minute verging; der Mann im Garten beobachtete ihn, und er beobachtete den Mann im Garten. Dann wandte sich der Fremde mit einem höflichen Neigen des Kopfes ab und ging in die Dunkelheit hinaus.

»Peter, was ist?«

Er wandte sich vom Fenster ab. Amy saß aufrecht im Bett.

»Da war jemand draußen«, sagte er.

»Jemand? Wer denn?«

»Ein Mann. Er hat zum Haus geschaut. Aber jetzt ist er weg.«

Amy schwieg einen Moment lang. »Das dürfte Fanning gewesen sein«, sagte sie dann. »Ich habe mich schon gefragt, wann er auftauchen würde.«

Der Name sagte Peter nichts. Kannte er einen Fanning?

»Es ist okay.« Sie zog die Decke für ihn zur Seite. »Komm wieder ins Bett.«

Er kroch unter die Decke, und beinahe sofort verblasste die Erinnerung an den Mann in der Bedeutungslosigkeit. Die warme Decke und Amy neben ihm – das war alles, was er brauchte.

»Was glaubst du, was er wollte?«, fragte er.

»Was hat Fanning je gewollt?« Amy seufzte beinahe gelangweilt. »Er will uns töten.«

Peter schrak aus dem Schlaf. Er hatte etwas gehört. Er atmete ein und hielt die Luft an. Das Geräusch kam noch einmal: Eine Bodendiele knarrte unter einem Schritt.

Er drehte sich herum, griff mit der rechten Hand in Richtung Boden und spürte das Gewicht der Pistole. Das Knarren war aus dem vorderen Hausflur gekommen, und es klang, als sei es nur eine Person, die sich bemühte, leise zu sein, und nicht wusste, dass er wach war. Das Überraschungsmoment war auf seiner Seite. Er stand auf und ging quer durch das Zimmer zum vorderen Fenster. Seine Leibwache, zwei Soldaten, die ihren Posten auf der Veranda hatten, war verschwunden.

Er entsicherte die Pistole. Die Schlafzimmertür war geschlossen, und die Angeln, das wusste er, quietschten laut. Sowie er die Tür öffnete, würde der Eindringling wissen, dass er wach war.

Er riss die Tür auf und lief mit schnellen Schritten durch den Flur. Die Küche war leer. Ohne zu zögern, bog er um die Ecke ins Wohnzimmer, die Pistole vor sich ausgestreckt.

Ein Mann saß in dem alten Schaukelstuhl vor dem Kamin. Sein Gesicht war halb abgewandt, und er schaute in die Reste der Glut auf dem Rost. Es sah aus, als nehme er nicht die geringste Notiz von Peter.

Peter trat hinter ihm heran und richtete die Waffe auf ihn. Der Mann war nicht groß, aber kräftig gebaut; seine breiten Schultern füllten den Schaukelstuhl aus. »Ich will Ihre Hände sehen.«

»Du bist wach. Gut.« Die Stimme des Mannes klang ruhig, beinahe beiläufig.

»Ihre Hände, verdammt.«

»Schon gut, schon gut.« Er hielt die Hände nach beiden Seiten vom Körper weg und spreizte die Finger.

»Aufstehen. Langsam.«

Der Mann erhob sich aus dem Schaukelstuhl, und Peter umfasste die Pistole fester. »Und jetzt drehen Sie sich zu mir um.«

Der Mann gehorchte.

*O verdammt*, dachte Peter. *Verdammt, verdammt, verdammt.*

»Glaubst du, du könntest aufhören, mit diesem Ding auf mich zu zielen?«

Michael war gealtert, aber das hatten sie natürlich alle getan. Der einzige Unterschied bestand darin, dass der Michael, den er kannte – sein geistiges Bild von ihm – binnen eines Augenblicks einen Sprung von zwanzig Jahren gemacht hatte. In gewisser Weise war es, als schaute man in einen Spiegel: Die Veränderungen, die man an sich selbst nicht bemerkte, traten im Gesicht des anderen plötzlich offen zutage.

»Was ist mit der Security passiert?«

»Keine Sorge. Sie werden nur Kopfschmerzen von historischen Dimensionen haben.«

»Die Ablösung kommt um zwei, falls du dich fragst.«

Michael sah auf die Uhr. »Neunzig Minuten. Reichlich Zeit, würde ich sagen.«

»Zeit wofür?«

»Für eine Unterhaltung.«

»Was hast du mit unserem Öl gemacht?«

Michael schaute stirnrunzelnd die Pistole an. »Ich mein's ernst, Peter. Du machst mich nervös.«

Peter ließ die Waffe sinken.

»Apropos, ich habe ein Geschenk für dich.« Michael deutete auf seinen Rucksack auf dem Boden. »Wenn du gestattest …?«

»Oh, bitte, fühl dich wie zu Hause.«

Michael förderte eine in fleckiges Öltuch gewickelte Flasche zutage. Er wickelte sie aus und hielt sie hoch, damit Peter sie sehen konnte.

»Mein neuestes Rezept. Ätzt dir die Innenverkleidung aus der Hirnschale.«

Peter ging in die Küche, um zwei Schnapsgläser zu holen. Als er zurückkam, war Michael vom Schaukelstuhl zu dem kleinen Tisch vor dem Sofa umgezogen. Peter nahm ihm gegenüber Platz. Auf dem Tisch lag eine große Mappe aus Karton. Michael schnitt das Wachssiegel von der Flasche, schenkte zwei Gläser ein und hob seins.

»*Compadres*«, sagte er.

Der Geschmack ließ Peters Nebenhöhlen explodieren. Es kam ihm vor wie reiner Alkohol.

Michael schmatzte beifällig. »Nicht übel, wenn ich das selbst sagen darf.«

Peter unterdrückte einen Hustenanfall. Er hatte Tränen in den Augen. »Und, hat Dunk dich hergeschickt?«

»Dunk?« Michael verzog das Gesicht. »Nein. Unser alter Freund Dunk ist mit seinen Kumpanen für eine ganze Weile schwimmen gegangen.«

»Das habe ich schon vermutet.«

»Du brauchst dich nicht zu bedanken. Hast du die Waffen bekommen?«

»Du hast vergessen zu sagen, wozu sie gedacht sind.«

Michael nahm die Mappe vom Tisch und schnürte die Kordel auf, mit der sie verschlossen war. Er nahm drei Dokumente heraus: ein Bild, ein handschriftlich beschriebenes Blatt und eine Zeitung. Im Titelkopf stand INTERNATIONAL HERALD TRIBUNE.

Er schenkte Peter noch einmal ein und schob ihm das Glas hinüber. »Trink.«

»Ich will keinen mehr.«

»Glaub mir, du willst.«

Michael wartete darauf, dass Peter etwas sagte. Sein Freund stand am Fenster und schaute in die Nacht hinaus, aber Michael bezweifelte, dass er dort etwas sah.

»Es tut mir leid, Peter. Ich weiß, es ist keine gute Nachricht.«

»Wie kannst du so verdammt *sicher* sein?«

»Du wirst mir einfach vertrauen müssen.«

»Mehr hast du nicht zu bieten? Ich soll dir *vertrauen*? Ich begehe ungefähr fünf Straftaten, indem ich nur mit dir *rede*.«

»Es wird passieren. Die Virals kommen zurück. Sie waren überhaupt nie wirklich weg.«

»Das ist doch ... Wahnsinn.«

»Ich wünschte, es wäre so.«

Noch nie hatte irgendjemand Michael so leidgetan, seit er vor einem ganzen Menschenleben mit Theo auf der Veranda gesessen und ihm eröffnet hatte, dass die Batterien kurz vor dem Ende waren.

»Dieser andere Viral ...«, begann Peter.

»Fanning. Zero.«

»Warum nennst du ihn so?«

»So nennt er sich selbst. Proband Zero, der erste Infizierte. In den Dokumenten, die Lacey uns in Colorado gegeben hat, werden dreizehn Testpersonen beschrieben, die Zwölf plus Amy. Aber das Virus musste ja irgendwo hergekommen sein. Fanning war der Wirt.«

»Und worauf wartet er? Warum hat er uns nicht schon vor Jahren angegriffen?«

»Ich weiß nur, ich bin froh, dass er es nicht getan hat. So hatten wir die Zeit, die wir brauchten.«

»Und Greer weiß das, weil er irgendeine ... Vision hatte.«

Michael wartete ab. Manchmal, das wusste er, war es nötig. Bestimmte Dinge lehnte der Verstand einfach ab, und man musste den Widerstand laufen lassen.

»Einundzwanzig Jahre, seit wir das Tor geöffnet haben. Jetzt kommst du hier hereinspaziert und erzählst mir, das war ein Riesenfehler.«

»Ich weiß, es ist hart, aber du durftest es nicht wissen. Niemand durfte es. Das Leben musste weitergehen.«

»Und was soll ich der Bevölkerung sagen? Ein alter Mann hatte einen Traum, und ich schätze, wir werden jetzt doch noch alle sterben?«

»Du sollst gar nichts sagen. Die eine Hälfte wird dir nicht glauben, und die andere Hälfte wird durchdrehen. Es gibt einen Tumult, und alles wird auseinanderbrechen. Die Leute werden eins und eins zusammenzählen. Wir haben auf dem Schiff nur Platz für siebenhundert Personen.«

»Um zu dieser Insel zu fahren.« Peter deutete abschätzig auf Greers Gemälde. »Zu diesem Bild in seinem Kopf.«

»Es ist mehr als ein Bild, Peter. Es ist eine Karte. Wer weiß denn wirklich, woher es kommt? Das ist Greers Ressort, nicht meins. Aber er hat es aus einem bestimmten Grund gesehen, das weiß ich.«

»Du warst immer so verdammt *vernünftig.*«

Michael zuckte die Achseln. »Ich gebe zu, das Ganze war ein bisschen gewöhnungsbedürftig. Aber die einzelnen Teile passen zusammen. Lies diesen Brief. Die *Bergensfjord* wollte dorthin.«

»Und wer entscheidet, wer mitkommt? Du?«

»Du bist der Präsident. Letzten Endes hast du zu entscheiden. Aber ich glaube, du wirst mir zustimmen ...«

»Ich stimme *keineswegs* zu.«

Michael holte tief Luft. »Ich glaube, du wirst mir zustimmen, dass wir Leute mit bestimmten Fertigkeiten benötigen werden. Ärzte, Ingenieure, Bauern, Zimmerleute. Und natürlich brauchen wir Führung. Also auch dich.«

»Das ist absurd. Selbst wenn es stimmt, was du sagst – eine lachhafte Vorstellung –, komme ich unter keinen Umständen mit.«

»Darüber würde ich noch einmal nachdenken. Wir brauchen eine Regierung, und der Wechsel sollte so reibungslos wie möglich vonstatten gehen. Aber das ist ein Thema für später.« Michael zog ein kleines ledergebundenes Notizbuch aus seinem Rucksack. »Ich habe eine Passagierliste entworfen. Sie enthält ein paar Namen, Leute, von denen ich weiß, dass sie den Anforderungen entsprechen, und wir haben ihre unmittelbaren

Verwandten dazugenommen. Alter ist ein Faktor; die meisten sind unter vierzig. Außerdem Aufgabenbeschreibungen, nach Kategorien geordnet.«

Peter nahm das Notizbuch, schlug die erste Seite auf und fing an zu lesen.

»Sara und Hollis«, sagte er. »Das ist nett von dir.«

»Du brauchst nicht sarkastisch zu sein. Caleb ist auch dabei, falls du dich fragst.«

»Was ist mit Apgar? Ich finde ihn nicht.«

»Der Mann ist – wie alt? Fünfundsechzig?«

Peter schüttelte angewidert den Kopf.

»Ich weiß, er ist dein Freund. Aber es geht hier um den Wiederaufbau der Menschheit.«

»Er ist auch General der Army.«

»Ich sage ja, es sind Empfehlungen. Aber nimm sie ernst. Ich habe gründlich darüber nachgedacht.«

Peter las kommentarlos den Rest und blickte dann auf. »Was ist diese letzte Kategorie? Diese sechsundfünfzig Positionen?«

»Das sind meine Leute. Ich habe ihnen einen Platz auf dem Schiff versprochen. Dieses Versprechen werde ich halten.«

Peter warf das Notizbuch auf den Tisch. »Du hast den Verstand verloren.«

Michael beugte sich vor. »Es wird passieren, Peter. Das musst du akzeptieren. Und wir haben nicht mehr viel Zeit.«

»Zwanzig Jahre, und plötzlich ist es schrecklich dringend.«

»Die Instandsetzung der *Bergensfjord* hat so lange gedauert, wie sie gedauert hat. Wenn ich es schneller hätte bewerkstelligen können, hätte ich es getan. Dann wären wir längst weg.«

»Und wie sollen wir die Leute auf dein Schiff bringen, ohne eine Panik auszulösen?«

»Das wird wahrscheinlich nicht gehen. Dafür sind die Waffen gedacht.«

Peter starrte ihn wortlos an.

»Es gibt drei Optionen, soweit ich sehe«, fuhr Michael fort. »Die erste ist eine öffentliche Lotterie, bei der die verfügbaren Plätze verlost werden. Da bin ich natürlich dagegen. Option Nummer zwei wäre, dass wir unsere Auswahl treffen, den Leuten auf der Passagierliste sagen, was los ist, und sie vor die Wahl stellen, hierzubleiben oder mitzukommen. Ich persönlich nehme an, das gibt eine Katastrophe. Nie im Leben könnten wir die Sache unter Kontrolle halten, und vielleicht würde die Army nicht hinter uns stehen. Option drei: Wir sagen den Passagieren gar nichts, abgesehen von ein paar Schlüsselpersonen, von denen wir sicher sind, dass wir ihnen vertrauen können. Den Rest treiben wir zusammen und bringen sie mitten in der Nacht hinaus. Erst wenn sie auf dem Isthmus sind, eröffnen wir ihnen, dass sie die Glücklichen sind.«

»Die *Glücklichen?* Ich kann nicht glauben, dass wir dieses Gespräch überhaupt führen.«

»Vertu dich nicht. Sie sind es. Sie dürfen ihr Leben leben. Und mehr als das, sie werden einen Neuanfang machen, und zwar an einem Ort, wo sie wirklich in Sicherheit sind.«

»Und dein Schiff da, das kann sie wirklich dorthin bringen? Dieser alte Eimer?«

»Ich hoffe, sie kann es. Ich *glaube,* sie kann es.«

»Du klingst nicht, als wärst du überzeugt.«

»Wir haben unser Bestes getan. Aber es gibt keine Garantie.«

»Das heißt, diese siebenhundert Glücklichen könnten auch auf dem Meeresgrund enden?«

Michael nickte. »Genau das könnte passieren. Ich habe dich noch nie belogen, und ich werde jetzt nicht damit anfangen. Aber sie ist einmal um die halbe Welt gefahren. Sie wird es noch einmal schaffen.«

Ihr Gespräch wurde unterbrochen, als sich draußen Stimmengewirr erhob und dreimal laut gegen die Tür gehämmert wurde.

»Tja«, sagte Michael und schlug sich mit den flachen Händen auf die Knie. »Anscheinend ist unsere Zeit um. Lass dir durch den Kopf gehen, was ich dir gesagt habe. Einstweilen müssen wir dafür sorgen, dass hier der richtige Eindruck entsteht.« Er schob die Hand in seinen Rucksack und zog die Beretta heraus.

»Michael, was soll das?«

Er richtete die Pistole halbherzig auf Peter. »Jetzt spiel die Geisel, so gut du kannst.«

Zwei Soldaten platzten herein. Michael stand auf und hob die Hände. »Ich ergebe mich«, sagte er, als der vordere zwei große Schritte auf ihn zu machte, sein Gewehr hob und ihm den Kolben krachend auf den Schädel schlug.

# 48

Rudy hatte Hunger. *Fuck,* er hatte einen Riesenhunger.

»Hallo«, rief er und drückte das Gesicht an das Gitter, um seine Stimme durch den lichtlosen Korridor zu lenken. »Habt ihr mich vergessen? Hey, ihr Arschlöcher, ich bin hier drin am Verhungern!«

Das Schreien hatte keinen Sinn; seit dem frühen Nachmittag war niemand mehr im Büro gewesen, weder Fry noch Eustace. Rudy ließ sich auf die Pritsche fallen und versuchte, nicht an seinen leeren Magen zu denken. Was würde er jetzt nicht für eine von diesen blöden Kartoffeln geben.

Er kippte rücklings auf die Pritsche, um es sich bequem zu machen. An vielen Stellen tat es immer noch weh, und jede Stellung, die er ausprobierte, schmerzte anders. Okay, die Tracht Prügel hatte er sich mehr oder weniger selbst zuzuschreiben. Das war nicht zu bestreiten. Aber was wäre passiert, wenn Fry die Tür nicht aufgemacht hätte? Dann läge hier ein toter Rudy, so viel stand fest.

Eine Zeitlang dämmerte er dahin. Ab und zu blubberte es in seinen Eingeweiden. Er wusste nicht, wie spät es war – ziemlich spät wahrscheinlich, aber ohne Fry, der kam und ihm sein Essen brachte, hatte der Tag seinen Rhythmus verloren. Er hätte nichts

gegen ein Buch gehabt, mit dem er sich hätte beschäftigen können, wenn es hell genug zum Lesen gewesen wäre oder wenn er
überhaupt hätte lesen können – was er nicht konnte, weil er nie
begriffen hatte, was das für einen Sinn haben sollte.

Gordon Eustace, dieses Arschloch.

Die Zeit verging. Er trieb am Rande des Schlafs entlang, als er
plötzlich erschrocken hochfuhr.

Irgendwo draußen schrie eine Frau.

Das Fenster war hoch oben in der Wand. Rudy musste sich
auf die Zehenspitzen stellen und das Gitter umklammern, um die
Nase über das Sims zu erheben. Jetzt hallten viele Geräusche herein – Schüsse, Rufe, Schreie. Eine dunkle Gestalt flog am Fenster
vorbei, dann noch zwei.

»Hey!«, schrie Rudy hinter ihnen her. »Hey, ich bin hier drin!«

Etwas war da im Gange, und es war nichts Gutes. Er rief
noch ein Weilchen, aber niemand kam oder gab wenigstens
Antwort. Die Schreie erstarben und nahmen dann wieder zu,
lauter als vorher, und es waren viele Leute gleichzeitig, die da
schrien. Vielleicht war es doch keine so gute Idee, allen zu verraten, wo er war, dachte Rudy. Er ließ das Gitter los und wich
vom Fenster zurück. Was immer da draußen vor sich ging, er saß
hier in der Falle wie eine Ratte im Eimer. Besser war es, er hielt
die Klappe.

Die Welt wurde wieder still. Vielleicht eine Minute verging, und
dann hörte Rudy, wie sich die Eingangstür des Gebäudes öffnete. Er ließ sich zu Boden fallen und kroch unter die Pritsche. Ein
Stuhl knarrte, etwas raschelte, eine Schublade wurde aufgezogen: Jemand suchte etwas. Dann hörte Rudy es. Ein Schlüsselbund klirrte.

»Sheriff?«

Keine Antwort.

»Deputy Fry? Sind Sie das?«

Ein sanftes grünes Licht erfüllte den Korridor.

Zur selben Zeit kamen am äußersten Rand von Mystic Township, Texas, drei Virals aus dem Boden.

Wie Larven, die sich von ihrer schützenden Hülle befreiten, kamen die Mitglieder des Schwarms schrittweise zum Vorschein: zuerst die perlmuttschillernden Spitzen ihrer Klauen, dann die langen, knochigen Finger, und schließlich brachen ihre glatten, unmenschlichen Gesichter aus der Erde ans Licht der Sterne. Sie richteten sich auf, schüttelten den Schmutz von sich ab wie Hunde und streckten die schlaftrunkenen Gliedmaßen. Sie brauchten einen Moment, um ihre Situation zu erfassen. Es war Nacht. Sie waren auf einem Feld. Die Erde war frisch gepflügt. Der Erste, der hervorgekommen war, der Anführer des Schwarms, war der verwitwete Ladenbesitzer, George Pettibrew. Der Zweite war der Hufschmied, Juno Brand, und die Dritte war ein vierzehnjähriges Mädchen, das vier Nächte zuvor befallen worden war, als sie gegen Mitternacht zum Klohäuschen auf der Farm ihrer Familie hinausgelaufen war. Ihre Identität lag außerhalb ihrer Erinnerungsfähigkeit, denn die hatten sie nicht. Alles, was sie hatten, war eine Mission.

Sie sahen das Farmhaus.

Rauch kräuselte sich träge aus dem Kamin. Sie umkreisten das Haus und inspizierten es. Es hatte zwei Türen, eine vorn und eine hinten. Es lag zwar nicht in ihrer Natur, sich um eine Tür zu kümmern oder sich die Mühe zu machen, nach zierlicher Menschenart einen Türknauf zu drehen, aber ihre Aufgabe verlangte, dass sie es taten.

Sie waren im Haus. Mit ihren Sinnen durchkämmten sie die Räume. Von oben kam ein Geräusch.

Jemand schnarchte.

Der erste Viral, der Alpha, schlich sich die Treppe hinauf. So geschmeidig waren seine Bewegungen, dass nicht einmal eine Bodendiele knarrte. Kaum rührte sich die Luft, die er zerteilte. Das matte Licht einer Laterne fiel aus einem Zimmer im oberen Stock;

die Bewohner des Hauses hatten sie sorglos brennen lassen, nachdem sie sich für die Nacht zurückgezogen hatten. Zwei schliefen dort im großen Bett, ein Mann und eine Frau.

Der Viral beugte sich über die Frau. Sie lag auf der linken Seite, den einen Arm unter das Kopfkissen geschoben, den anderen entblößt auf der Bettdecke. Ihre Haut schimmerte köstlich im gedämpften Licht der Laterne. Der Viral klappte seinen Kiefer herunter und senkte das Gesicht auf sie herab. Kaum ein Stich – seine Zähne schoben sich zartfühlend in die mikroskopischen Poren ihrer Haut, und es war geschehen.

Sie regte sich, stöhnte, drehte sich herum. Vielleicht träumte sie, sie schneide ihre Rosen und habe sich an einem Dorn gestochen.

Der Viral glitt um das Bett herum zur anderen Seite. Nur der Kopf und der Hals des Mannes waren entblößt. Der Viral spürte, dass der Mann, der schleimig rasselnd schnarchte, nicht so tief schlief wie die Frau. Er beugte sich herunter und legte den Kopf schräg wie zu einem Kuss.

Die Augen des Mannes klappten auf. »Heilige Scheiße, verdammt!«

Er drückte eine flache Hand gegen die Stirn des Virals, um ihn von sich abzuhalten, während er die andere Hand unter sein Kopfkissen schob. »Dory!«, brüllte er. »Dory, wach auf!« Der Viral zögerte verblüfft. So sollte es nicht sein. Und dieser Name, Dory. Er brachte seine Gedanken in Bewegung. Kannte er eine Dory? Kannte er auch den Mann? Waren die beiden irgendwann Personen in seinem Leben gewesen? Und was suchte der Mann unter seinem Kissen?

Ein Revolver. Aufheulend stieß der Mann dem Viral den Lauf in den Mund, drückte die Mündung an den Gaumen und schoss.

Ein lauter Knall, Blut spritzte im Bogen, Gehirnmasse flog durch die Schädeldecke und klatschte an die Decke. Der Körper des Virals kippte vornüber, eine tote Last. Die Frau war jetzt wach und starr vor Schrecken. Sie schrie markerschütternd. Die anderen Virals kamen in großen Sprüngen die Treppe herauf. Der Mann stieß den Kadaver zur Seite und feuerte auf den Ersten, der zur Tür hereinstürmte. Er zielte nicht mehr, er drückte nur noch blindlings ab. Die dritte Kugel traf irgendetwas, blieb aber wirkungslos. Er schoss noch zweimal, und dann traf der Hammer auf eine leere Kammer. Einer der Virals machte einen Satz auf ihn zu, und der Mann packte das Einzige, was er zu fassen bekam – die Petroleumlampe – und schleuderte sie gegen seine Angreifer.

Er traf. Der Viral explodierte im Feuer.

Dann stand alles in Flammen.

Das Gefühl traf Amy wie ein Schlag in die Magengrube. Sie krümmte sich zusammen, die Pflanzschaufel glitt aus ihrer Hand, und sie fiel mit Händen und Knien auf die Erde.

»Amy, ist alles in Ordnung?«

Carter kniete neben ihr. Sie wollte antworten, aber sie konnte nicht; ihr stockte der Atem.

»Haben Sie irgendwo Schmerzen? Sagen Sie mir doch, was los ist!«

Im selben Augenblick wurde Caleb Jaxon von einem beunruhigenden Rauchgeruch geweckt. Er hatte die Nacht in einem Sessel neben der Tür verbracht. Georges Revolver lag auf dem Tisch, sein Gewehr quer über seinem Schoß. Im ersten Augenblick dachte er, sein eigenes Haus stehe in Flammen. Er fuhr senkrecht hoch, und Panik schoss durch seine Glieder. Aber nein, das Zimmer war in Ordnung. Der Geruch kam woanders her. Er packte den Revolver und trat vor die Tür. Im Westen, hinter dem Höhenkamm, leuchteten Flammen am Himmel.

»Bitte, Miss Amy«, sagte Carter. »Sie machen mir Angst.«

Sie zitterte, unfähig zu sprechen. So viel Schmerz, den sie empfanden, so viel Grauen. So viele, so plötzlich. Dann konnte Amy wieder atmen, und Luft strömte in ihre Lunge.

»Es hat angefangen.«

# VI

## Die Stunde Zero

*Das Feuer, welches schien erloschen,*
*Es schlummert oft noch in der Asche.*

Pierre Corneille, *Rodogune*

# 49

Kurz nach Tagesanbruch rüttelte Caleb seine Frau bei der Schulter.

*Bei den Tatums ist etwas passiert.*

Pim richtete sich auf. Sie war sofort wach. *Was?*

Caleb spreizte die Finger an beiden Händen und bewegte sie im Kreis vor der Brust. *Feuer.*

Pim schlug die Bettdecke zur Seite. *Ich komme mit.*

*Bleib hier. Ich werde nachsehen.*

*Sie ist meine Freundin.*

Sie meinte Dory.

*Okay.* Er nickte.

Die Kinder schliefen noch fest. Caleb weckte Kate, während Pim sich anzog, und berichtete ihr, was los war.

»Was glaubst du, was das bedeutet?« Ihre Stimme klang schlaftrunken, aber ihr Blick war klar.

»Ich weiß es nicht.« Er zog den Revolver aus dem Hosenbund und gab ihn ihr. »Halte ihn griffbereit.«

»Irgendeine Ahnung, auf was ich schießen soll?«

»Wenn ich es wüsste, würde ich es dir sagen. Bleibt im Haus. Wir kommen bald zurück.«

Caleb fand Pim im Garten. Sie hatte die Hände in die Hüften gestemmt und schaute zum Höhenkamm hinüber. Eine dicke

Rauchsäule, weiß wie eine Sommerwolke, wallte in der Ferne hoch. Die Farbe bedeutete, dass das Feuer erloschen war.

*Jeb?,* fragte Pim.

Das Pferd lag noch dort, wo es hingefallen war. Handsome hatte sich ans andere Ende der Koppel zurückgezogen und hielt Abstand.

*Er ist gestern Abend gestorben.*

Pims Gesicht war nüchtern. *Woran?*

*Vielleicht an einer Kolik. Ich wollte dich nicht beunruhigen.*

*Ich bin deine Frau.* Ihre Gebärden vermittelten sprühenden Zorn. *Ich habe gesehen, dass du Kate eine Waffe gegeben hast. Sag mir, was hier los ist.*

Caleb wusste keine Antwort.

Von dem Farmhaus war nur ein Haufen verkohlter Balken und glühende Asche übrig. Die Hitze war so stark gewesen, dass die Glasscheiben in den Fenstern geschmolzen waren. Es würde ein paar Stunden, vielleicht einen ganzen Tag dauern, bis Caleb nach Leichen suchen könnte, aber er bezweifelte, dass er mehr finden würde als Knochen und Zähne.

*Glaubst du, sie konnten entkommen?,* fragte Pim.

Caleb konnte nur den Kopf schütteln. Wie war das passiert? Ein Stück Glut aus dem Herd? Eine umgestoßene Laterne? Irgendeine Kleinigkeit – und jetzt waren sie nicht mehr da.

Etwas anderes fiel ihm auf. Die Koppel war leer. Das Gatter stand offen, und der Boden in seiner Umgebung war aufgewühlt, als habe jemand die Pferde getötet und die Kadaver weggeschleift. Was hatte das zu bedeuten?

*Lass uns in der Scheune nachsehen,* sagte er.

Caleb ging als Erster hinein. Seine Augen brauchten einen Moment, um sich an die Dunkelheit zu gewöhnen. Ganz hinten, tief im Schatten, lag ein Klumpen auf dem Boden.

Es war Dory. Sie lag da, zusammengekrümmt wie ein Fötus. Ihre Haare waren weggebrannt, Brauen und Wimpern ebenfalls, und das Gesicht war geschwollen und versengt. Ihr Nachthemd war stellenweise verkohlt und anderswo mit der Haut verschmolzen. Der rechte Arm und beide Beine waren schwarz verkohlt, und an anderen Stellen war die Haut blasig, als habe sie innerlich gekocht.

Caleb kniete neben ihr nieder. »Dory, wir sind es, Caleb und Pim.«

Das rechte Auge öffnete sich einen schmalen Spaltbreit; das linke sah aus, als sei es zugeschweißt. Ihr Blick richtete sich auf ihn, und ein Geräusch kam aus ihrer Kehle, halb Stöhnen, halb Gurgeln. Caleb konnte sich nicht einmal vorstellen, was für Qualen sie litt. Er wollte sich übergeben.

Pim holte einen Eimer und eine Schöpfkelle und kniete neben Dory nieder. Sie schob die Hand unter den Kopf der Frau, hob ihn ein wenig an und hielt ihr die Kelle an die Lippen. Dory konnte einen winzigen Schluck Wasser nehmen, aber der Rest lief ihr aus dem Mund.

*Wir müssen sie mitnehmen,* sagte Pim. *Kate wird wissen, was zu tun ist.*

Dass die Frau überhaupt noch lebte, war ein Wunder, aber sie würde sicher nicht mehr lange durchhalten. Trotzdem – versuchen mussten sie es. Eine Schubkarre lehnte aufrecht an der Wand. Caleb schob sie heran, holte zwei Satteldecken aus der Zaumzeugkiste und legte sie hinein.

*Nimm du ihre Beine.*

Caleb stellte sich hinter die Frau und schob seine Ellenbogen unter ihre Achseln. Die Frau schrie und bäumte sich in der Taille auf. Es waren die längsten fünf Sekunden seines Lebens, aber dann lag sie in der Schubkarre. Caleb streifte eine klebrige Substanz von seinen Unterarmen. Es waren Fetzen ihrer Haut.

Ihr Schreien ließ nach. Sie atmete flach und stoßweise. Der Weg würde unerträglich für sie werden. Als Caleb die beiden Griffe hochhob, sah er gleich, dass es noch ein zweites Problem gab.

Dory war keine zierliche Frau. Die Karre zu balancieren, würde seine ganze Kraft erfordern.

*Ich nehme die eine Seite,* bot Pim an.

Caleb schüttelte entschlossen den Kopf. *Das Baby.*

*Ich höre auf, wenn ich müde bin.*

Caleb wollte es nicht, aber Pim ließ sich nicht davon abbringen. Sie fuhren Dory zur Tür. Als das Sonnenlicht auf sie fiel, zog ihr ganzer Körper sich krampfhaft zusammen, und die Schubkarre neigte sich bedrohlich zur Seite.

*Es sind ihre Augen,* meinte Pim. *Sie müssen verbrannt sein.*

Sie kehrte in die Scheune zurück und kam mit einem Lappen zurück, den sie im Eimer befeuchtet hatte. Sie legte ihn über die obere Hälfte des Gesichts, und die Frau entspannte sich.

*Los,* signalisierte Pim.

Sie brauchten fast eine Stunde, um Dory nach Hause zu schaffen, und inzwischen war die Frau in eine barmherzige Ohnmacht gefallen. Kate stürzte aus dem Haus und lief ihnen entgegen. Als sie Dory sah, drehte sie sich zur Tür um, wo Elle und Bug standen und aufmerksam herüberspähten, neugierig wegen der Aufregung. Theo schaute zwischen Bugs Beinen hindurch wie ein kleiner Hund.

»Zurück ins Haus!«, befahl Kate. »Und nehmt euren Cousin mit.«

»Wir wollen zusehen!«, quengelte Elle.

*»Sofort ins Haus!«*

Die Kinder verschwanden, und Kate beugte sich über Dory. »Mein Gott.«

»Wir haben sie in der Scheune gefunden«, erklärte Caleb.

»Und ihr Mann?«

»Keine Spur von ihm.«

Kate sah Pim an. *Die Mädchen sollten das nicht sehen.*

Pim nickte. *Ich gehe mit ihnen nach hinten in den Garten.*

»Wir brauchen eine Plane oder eine starke Decke«, sagte Kate zu Caleb. »Wir können sie im hinteren Zimmer unterbringen, wo die Kinder nicht sind.«

»Wird sie es überleben?«

»Sie ist schrecklich zugerichtet, Caleb. Viel kann ich nicht tun.«

Caleb holte eine der schweren Wolldecken, die er für die Pferde benutzte. Sie breiteten sie neben der Schubkarre auf dem Boden aus, und dann hoben sie Dory aus der Karre und legten sie auf die Decke. Sie knoteten die Ecken zusammen und schoben eine Holzlatte durch die Enden. Als sie diese behelfsmäßige Trage vom Boden hoben, kam aus Dorys Kehle ein Geräusch, das klang wie ein erstickter Schrei. Caleb überlief es kalt; er konnte es kaum noch mitanhören. Dass Dory nicht gestorben war, erschien ihm wie eine Grausamkeit von ungeheurem Ausmaß. Sie trugen sie ins Haus und in die kleine Vorratskammer, in der die Mädchen geschlafen hatten. Dort legten sie sie auf die Matratze. Caleb nagelte eine Satteldecke an das winzige Fenster, um die Sonne abzuhalten.

»Ich muss dieses Nachthemd entfernen.« Kate sah Caleb ernst an. »Das wird … schlimm werden.«

Caleb schluckte. Er brachte es kaum über sich, die Frau anzusehen, ihre verkohlte, blasige Haut.

»Ich kann so etwas nicht gut«, gestand er.

»Niemand kann das, Caleb.«

Noch etwas wurde ihm klar. Er hatte zu lange gewartet, und jetzt saßen sie in einer Sackgasse und warteten darauf, dass die Frau starb. Mit nur einem Pferd konnte er den Wagen nicht benutzen, um Dory nach Mystic zu bringen. Und Pim würde sie niemals alleinlassen.

»Ich brauche saubere Tücher, eine Flasche Alkohol, eine Schere«, befahl Kate. »Leg die Schere in kochendes Wasser und fass sie danach nicht mehr an, sondern leg sie nur auf ein Tuch. Und dann kümmere dich um die Kinder. Pim kann mir hier helfen. Sieh zu, dass sie eine Zeitlang nicht ins Haus kommen.«

Caleb war nicht gekränkt, sondern dankbar. Er holte, was sie haben wollte, brachte es zu ihr in die Kammer und tauschte dann den Platz mit Pim. Die Mädchen spielten im Küchengarten mit ihren Puppen und machten aus Blättern und Reisig Bettchen für sie, und Theo krabbelte umher.

»Kommt, Kinder, lasst uns zum Fluss spazieren.«

Er setzte Theo auf seine Hüfte und nahm Elle bei der Hand. Sie nahm die Hand ihrer Schwester, wie sie es gelernt hatten, und so bildeten sie eine Kette. Sie waren auf halbem Weg zum Fluss, als ein Schrei die Luft zerschnitt. Das Geräusch durchfuhr Caleb wie eine Gewehrkugel.

*Lucius, es hat angefangen. Ich brauche dich jetzt.*

Greer saß seit dem Morgengrauen am Steuer. »Mach du das Schiff startklar«, hatte er zu Lore gesagt. Als er an Rosenberg vorbeifuhr, war es noch dunkel. Er wandte sich nach Nordwesten und war auf dem Highway 10, als die Sonne hinter ihm aufging.

Um vier, spätestens um fünf, würde er in Kerrville sein. Was würde die Dunkelheit bringen?

*Amy, ich komme.*

# 50

Als Michael zu sich kam, war es dunkel. Er lag auf seiner Pritsche und betastete die Wunde an seinem Kopf. Sein Haar war steif von getrocknetem Blut, und er konnte von Glück sagen, dass sie ihm nicht den Schädel eingeschlagen hatten. Aber ein bewaffneter Verbrecher im Haus des Präsidenten war vermutlich Grund genug für mindestens einen guten Klaps auf die Rübe. Nicht die ideale Methode, um endlich mal eine Nacht durchzuschlafen, aber alles in allem doch nicht ganz unwillkommen.

Er schlief noch ein bisschen, und als er wieder aufwachte, fiel sanftes Tageslicht durch das Fenster herein. Ein Schlüssel drehte sich im Schloss, und zwei DS-Officers kamen herein. Der eine trug ein Tablett, das er auf den Boden stellte, während der andere Wache stand.

»Verbindlichsten Dank, Jungs.«

Die beiden marschierten davon. Wahrscheinlich hatten sie Anweisung, nicht mit ihm zu sprechen. Michael hob das Tablett vom Boden auf und stellte es auf die Pritsche. Eine Schale mit gekochter Hafergrütze, Rührei, ein Pfirsich – besser hatte er seit Tagen nicht gegessen. Sie hatten ihm nur einen Löffel gegeben – natürlich keine Gabel –, und so aß er damit erst die Eier, dann den Porridge. Den Pfirsich hob er sich für den Schluss auf. Saft floss ihm explosionsartig über das Kinn. Frisches Obst! Er hatte ganz vergessen, wie das schmeckte.

Wieder verging einige Zeit. Endlich hörte er Schritte und Stimmen draußen auf dem Flur. Höchstwahrscheinlich Peter, und er hatte noch jemanden im Schlepptau. Apgar? Früher oder später würde der Gesprächskreis erweitert werden müssen.

Aber es war nicht Peter.

Sara stand in der Tür. Sie hatte sich weniger verändert, als er gedacht hätte. Natürlich war sie älter, aber sie war mit Anmut gealtert, wie es manchen Frauen gelang, die sich nicht dagegen wehrten, sondern den Lauf der Zeit akzeptierten.

»Ich glaube, ich sehe nicht richtig.«

»Hallo, Sara.«

Michael setzte sich auf, als seine Schwester hereinkam. Sie hatte eine kleine Ledertasche bei sich. Ein Wachmann mit einem Schlagstock folgte ihr.

»Verdammt noch mal, Michael.« Sie blieb ein Stück weit vor ihm stehen.

»Ich weiß.« Eine absurde Äußerung. Was wollte er damit sagen? Ich weiß, ich habe dir wehgetan? Ich weiß, wie das hier aussehen muss? Ich weiß, ich bin der schlechteste Bruder der Welt?

»Ich bin so … wütend auf dich.«

»Dazu hast du ein Recht.«

Sie zog eine Braue hoch. »Mehr hast du nicht zu sagen?«

»Wie wär's mit: Es tut mir leid?«

»Soll das ein Witz sein? Es tut dir *leid*?«

»Du siehst gut aus, Sara. Du hast mir gefehlt.«

»Versuch's gar nicht erst. Und du siehst furchtbar aus.«

»Oh, aber heute ist einer meiner besseren Tage.«

»Michael, was *machst* du hier? Ich dachte, ich würde dich nie wiedersehen.«

Er schaute sie forschend an. Wusste sie Bescheid? »Was hat Peter dir erzählt?«

»Nur dass du verhaftet worden bist und ein Loch im Kopf hast.« Sie hielt die Tasche hoch. »Ich bin hier, um es zuzunähen.«

»Sonst hat er also nichts gesagt.«

Sie verzog ungläubig das Gesicht. »Was denn zum Beispiel, Michael? Dass sie dich wahrscheinlich aufhängen werden? Das brauchte er nicht zu sagen.«

»Keine Sorge. Niemand wird aufgehängt.«

»Einundzwanzig Jahre, Michael.« Sie hatte die freie Hand, die rechte, zur Faust geballt, als wollte sie ihn schlagen. »Einundzwanzig Jahre ohne eine Nachricht. Kein Brief, kein nichts. Hilf mir, das zu verstehen.«

»Ich kann es dir im Moment nicht erklären. Aber es *gab* einen Grund, das musst du mir glauben.«

»Weißt du, was ich tun musste? Weißt du das? Vor zehn Jahren habe ich gesagt, das war's, er kommt nicht zurück. Er könnte genauso gut tot sein. Ich habe dich *begraben,* Michael. Ich habe dich in die Erde gelegt und vergessen.«

»Ich habe ein paar furchtbare Dinge getan, Sara.«

Jetzt endlich traten ihr die Tränen in die Augen. »Ich habe für dich *gesorgt.* Ich habe dich *großgezogen.* Hast du daran je gedacht?«

Er stand von seiner Pritsche auf. Sara ließ die Tasche auf den Boden fallen, hob die Fäuste und fing an, gegen seine Brust zu hämmern. Jetzt weinte sie richtig.

»Du *Arschloch«,* sagte sie.

Er zog sie an sich und nahm sie fest in die Arme. Sie sträubte sich, aber dann ließ sie es zu. Der Officer beobachtete sie wachsam. Michael warf ihm einen Blick zu. *Halte dich zurück.*

»Wie konntest du mir das antun?«, schluchzte sie.

»Ich wollte dir niemals wehtun, Sara.«

»Du hast mich verlassen, wie sie es getan haben. Du bist nicht besser als sie.«

»Ich weiß.«

»Zum Teufel mit dir, Michael. Zum *Teufel* mit dir.«

Er hielt sie lange im Arm.

»Das ist eine tolle Geschichte.«

Es war spät am Vormittag; Peter hatte das Büro räumen lassen. Er und Apgar saßen am Konferenztisch und warteten auf Chase. Das war ein kurzer Ruhestand für den Mann gewesen, dachte Peter.

»Ich weiß«, sagte Peter.

»Glauben Sie ihm?«

»Glauben *Sie* ihm?«

»Sie sind derjenige hier, der den Mann kennt.«

»Ich kannte ihn vor zwanzig Jahren.«

Chase erschien in der Tür. »Peter, was ist los? Wo sind alle? Es ist still wie im Grab hier.« Er trug Jeans, ein Arbeitshemd und die schweren Stiefel des Rinderzüchters, der er werden wollte.

»Setzen Sie sich, Ford«, sagte Peter.

»Wird es lange dauern? Olivia wartet auf mich. Wir sind mit ein paar Leuten von der Bank verabredet.«

Peter fragte sich, wie viele solche Gespräche er noch würde führen müssen. Es war, als führte er die Leute zum Rand einer Steilklippe, zeigte ihnen die schöne Aussicht und stieße sie dann hinunter.

»Ich fürchte ja.«

Alicia sah die ersten Hügel kurz vor Fredericksburg – drei Erdhaufen, jeder so lang wie ein Mann, wölbten sich im Schatten eines Pecanbaumes auf dem Boden. Sie ritt weiter und kam zu der äußersten Farm. Auf der harten Erde vor dem Haus stieg sie ab. Kein Lebenszeichen drang aus dem Haus. Sie trat ein. Möbel umgestürzt, alle möglichen Gegenstände auf dem Boden verstreut, ein Gewehr auf dem Boden, die Betten ungemacht. Die Bewohner waren im Schlaf infiziert worden, und jetzt schliefen sie in der Erde unter dem Pecanbaum.

Sie führte Soldier an den Trog, damit er trinken konnte, und ritt dann weiter. Es ging auf und ab durch die steinige Hügellandschaft. Bald sah sie weitere Häuser. Einige schmiegten sich diskret in die Furchen des Landes, andere standen ungeschützt in der Ebene, umgeben von hart erkämpften Feldern mit frisch umgepflügter Erde. Es war nicht nötig, sich irgendetwas hier genauer anzuschauen; die Stille verriet Alicia alles, was sie wissen musste. Der Himmel hing unendlich müde über ihr. Sie hatte damit gerechnet, dass es so kommen würde – an den äußeren Rändern zuerst. Die Ersten befallen, dann mehr und immer mehr, eine anschwellende Armee, die sich metastasierend auf die Großstadt zubewegte.

Das Städtchen selbst war verlassen. Alicia ritt auf der staubigen Main Street entlang, vorbei an kleinen Geschäften und Häusern, einige neu, andere wieder in Besitz genommen. Noch vor wenigen Tagen waren die Leute hier ihrem Alltag nachgegangen. Sie hatten Familien versorgt, ein Geschäft oder ein Gewerbe betrieben, über Kleinigkeiten geplaudert, sich betrunken, beim Kartenspiel gemogelt, sich gestritten und geprügelt, sich geliebt und auf der Veranda gestanden, um ihre vorbeigehenden Mitbürger zu grüßen. Hatten sie gewusst, was passierte? Oder hatte es sie langsam beschlichen? War erst eine Person verschwunden, eine Merkwürdigkeit, die man kaum kommentierte, und dann noch eine und noch eine, bis die Erkenntnis allmählich dämmerte? Oder waren die Virals im Sturm über sie gekommen, in einer einzigen Nacht des Grauens? Am Südrand der Stadt fand Alicia ein Feld. Sie begann zu zählen. Zwanzig Hügel. Fünfzig. Fünfundsiebzig.

Bei hundert hörte sie auf zu zählen.

# 51

Der Tag nahm seinen Lauf. Dory starb noch immer nicht.

Aus der Kammer, in der die Frau lag, hörte Caleb nur leise Geräusche – Stöhnen, Gemurmel, das Scharren eines Stuhls. Ab und zu kam Kate oder Pim kurz heraus, um irgendeine Kleinigkeit zu holen oder um neue Tücher auszukochen. Caleb saß derweil mit den Kindern im Garten, aber er hatte nicht genug Energie, um sie zu unterhalten. Seine Gedanken wanderten zu unerledigten Arbeiten, aber dann meldete sich eine andere Stimme und sagte, es sei alles umsonst; sie würden bald von hier fortgehen, und alle seine stolzen Hoffnungen seien dahin.

Kate kam heraus und setzte sich zu ihm auf die Schwelle. Die Kinder waren zu ihrem Nachmittagsschlaf ins Haus gegangen.

»Und?«, fragte er.

Kate blinzelte in die Nachmittagssonne. Eine goldblonde Haarsträhne klebte an ihrer Stirn. Sie strich sie zurück. »Sie atmet noch. Immerhin.«

»Wie lange wird es dauern?«

»Sie müsste eigentlich schon tot sein.« Kate sah ihn an. »Wenn sie morgen früh noch lebt, solltest du Pim und die Kinder nehmen und von hier verschwinden.«

»Wenn jemand hierbleibt, bin ich das. Sag mir nur, was ich tun muss.«

»Caleb, ich komme zurecht.«

»Das weiß ich. Aber ich bin derjenige, der uns in diesen Schlamassel hineingeritten hat.«

»Was hättest du tun sollen? Ein Pferd wird krank, Leute verschwinden, ein Haus brennt ab. Wer kann sagen, ob das alles zusammenhängt?«

»Ich lasse dich trotzdem nicht allein hier.«

»Und glaub mir, ich weiß diese Geste zu schätzen. Ich war nie das Mädel vom Lande, und ich kriege hier Gänsehaut. Aber es ist mein *Beruf*, Caleb. Lass mich arbeiten, und wir vertragen uns bestens.«

Eine Zeitlang saßen sie schweigend da. Dann sagte Caleb: »Es gibt da etwas, wobei ich deine Hilfe gebrauchen könnte.«

Jebs Kadaver war in der Hitze aufgedunsen und erstarrt. Sie banden seine Hinterbeine zusammen, spannten Handsome ins Pfluggeschirr und schleiften das tote Pferd langsam zum hinteren Ende der Weide. Als Caleb fand, sie seien weit genug weg vom Haus, führten sie Handsome zurück in den Unterstand und holten einen Kanister Petroleum. Caleb sammelte ein Bündel dürres Holz im Wald, türmte es auf den Kadaver und baute so einen Scheiterhaufen. Er übergoss ihn mit Petroleum, schraubte den Kanister zu und trat zurück.

Kate fragte: »Warum hast du ihn Jeb genannt?«

Caleb zuckte die Achseln. »Das war der Name, mit dem er gekommen ist.«

Weiter war nichts zu sagen. Caleb riss ein Streichholz an und warf es auf das Holz. Mit einem dumpfen Seufzer sprangen die Flammen hoch und umhüllten den Scheiterhaufen. Es wehte kein nennenswerter Wind; eine dicke Rauchsäule stieg senkrecht in den Himmel, erfüllt von knisternden Funken. Eine Zeitlang roch es nach Mesquiteholz, dann nach etwas anderem.

»Das war's wohl, denke ich«, sagte er.

Sie gingen zurück zum Haus. Als sie näher kamen, erschien Pim mit weit aufgerissenen Augen in der Tür.

Sie gestikulierte mit den Händen. *Da ist etwas im Gange.*

Es war kühl und dunkel im Zimmer. Nur Dorys Gesicht war zu sehen; der Rest war von keimfrei gekochten Tüchern bedeckt.

»Mrs Tatum«, sagte Kate, »können Sie mich hören? Wissen Sie, wo Sie sind?«

Die Frau starrte an die Decke und schien gar nicht zu wissen, dass sie da waren. Eine bemerkenswerte Veränderung war mit ihr vorgegangen. Bemerkenswert, aber auch verstörend. Das rohe Aussehen der Brandwunden in ihrem Gesicht hatte sich gemildert. Sie sahen jetzt rosig und beinahe taufrisch aus, und an anderen Stellen war die Haut weiß wie Talkum. Als sie sich ein wenig bewegte, schob sie die linke Hand und den Unterarm unter den Tüchern hervor. Was eine grausige Klaue aus verkohltem Fleisch gewesen war, hatte sich in eine als menschlich erkennbare Hand verwandelt. Die Blasen waren verschwunden, und verkohlte Schuppen waren abgefallen und hatten rosig neue Haut freigelegt.

Kate sah Pim an. *Wie lange war sie wach?*

*Gar nicht. Es ist einfach passiert.*

»Mrs Tatum«, sagte Kate in energischerem Ton, »ich bin Ärztin. Sie waren im Feuer. Sie sind jetzt auf der Farm der Jaxons. Caleb und Pim sind auch hier. Wissen Sie noch, was passiert ist?«

Ihr Blick, der planlos durch das Zimmer irrte, entdeckte Kates Gesicht.

»Feuer?«, murmelte sie.

»Ganz recht. Ihr Haus hat gebrannt.«

»Frag sie, ob sie weiß, wie es dazu gekommen ist«, sagte Caleb.

»Feuer«, wiederholte Dory. »Feuer.«

»Ja. Was wissen Sie noch über das Feuer?«

Pim kam heran und kniete neben dem Bett nieder. Behutsam

hob sie Dorys entblößte Hand hoch, legte die Fingerspitze in die Handfläche und fing an, Buchstaben zu malen.

»Pim«, sagte Dory.

Aber das war alles. Das Licht in ihren Augen erlosch, und ihre Lider schlossen sich wieder.

»Caleb, ich werde sie jetzt untersuchen«, sagte Kate und wandte sich an Pim. *Bleib hier und hilf mir.*

Caleb ging in die Küche und wartete. Die Kinder schliefen zum Glück. Ein paar Minuten vergingen, dann kamen die Frauen heraus. Kate deutete auf die Hintertür. *Lasst uns draußen reden.*

Der Abend dämmerte. »Was geht da mit ihr vor?«, fragte Caleb, laut und in Gebärdensprache.

»Es geht ihr besser.«

»Wie kann das sein?«

»Wenn ich wüsste, woran es liegt, würde ich es in Flaschen abfüllen. Die Verbrennungen sind immer noch schlimm, und sie ist noch nicht über den Berg. Aber ich habe noch nie gesehen, dass jemand so schnell genesen ist. Ich dachte, schon der Schock würde sie umbringen.«

»Und was bedeutet es, dass sie aufgewacht ist?«

»Es ist ein gutes Zeichen, dass sie Pim erkannt hat. Ich glaube, sonst hat sie nicht viel verstanden. Vielleicht bleibt das auch so.«

»Du meinst, sie bleibt in diesem Zustand?«

»Das habe ich schon erlebt.« Kate wandte sich direkt an ihre Schwester. *Du solltest bei ihr bleiben. Wenn sie aufwacht, bring sie zum Reden.*

*Worüber?*

*Einfache Sachen. Sie soll vorläufig nicht an das Feuer denken.*

Pim ging zurück ins Haus.

»Das ändert alles«, sagte Caleb.

»Ganz deiner Meinung. Vielleicht können wir sie früher transportieren, als ich dachte. Glaubst du, du kannst in Mystic einen Wagen auftreiben?«

Caleb erinnerte sich an den Pick-up, der vor Elacquas Haus gestanden hatte.

Kate war überrascht. »*Brian* Elacqua?«

»So heißt er.«

»Dieser versoffene alte Kauz. Ich hatte mich schon gefragt, was aus ihm geworden ist.«

»Ich habe ihn eigentlich nur dieses eine Mal gesehen.«

»Trotzdem, ich bin sicher, er wird uns helfen.«

Caleb nickte. »Ich reite morgen früh hinüber.«

Sara wartete mit ihrem Gepäck auf der Veranda, als Hollis auf dem Rücken einer jämmerlich aussehenden Mähre erschien. Ein Mann, den Sara nicht kannte, saß auf einem zweiten Pferd, einem schwarzen Wallach mit tränenden Greisenaugen, dessen Rücken durchhing wie eine Hängematte.

»Oh, was sehe ich denn da?«, fragte Sara. »Offensichtlich zwei der schlechtesten Pferde, die ich je zu Gesicht bekommen habe.«

Die beiden Männer stiegen ab. Hollis' Begleiter war ein gedrungen aussehender Mann, der eine Latzhose, aber kein Hemd trug. Sein Haar war lang und weiß, und er hatte einen listigen Ausdruck im Gesicht. Hollis und er wechselten ein paar Worte und einen Händedruck, und der Mann ging davon.

»Wer war dein Freund?«, fragte Sara.

Hollis band die Pferde am Verandageländer fest. »Jemand, den ich von früher kenne.«

»Mann, ich dachte, wir hätten von einem Truck gesprochen.«

»Ja, gesprochen. Aber wie sich herausstellt, kostet ein Truck richtiges Geld. Und es ist kein Sprit zu bekommen. Vorteil ist, Dominic hat das Zaumzeug kostenlos draufgelegt, sodass wir im Moment, formal gesehen, nicht hundertprozentig blank sind.«

»Dominic. Dein hemdloser Freund.«

»Er war mir sozusagen eine Gefälligkeit schuldig.«

»Sollte ich nachfragen?«

»Wahrscheinlich lieber nicht.«

Sie gingen ins Haus, erleichterten ihr Gepäck und packten, was übrig war, in Satteltaschen, die sie auf die Pferde schnallten. Hollis nahm die Stute, Sara den Wallach. Sie hatte das bessere Tier, aber der Unterschied war nicht groß. Sie hatte seit Jahren nicht mehr auf einem Pferd gesessen, aber das Gefühl war automatisch wieder da und ließ einen Akkord in der Tiefe des Körpergedächtnisses erklingen. Sie beugte sich im Sattel nach vorn und klopfte dem Pferd dreimal nachdrücklich an den Hals. »Du bist gar kein so übler alter Zossen, was? Vielleicht war ich zu streng.«

Hollis blickte auf. »Entschuldige, redest du mit mir?«

»Aber, aber«, sagte Sara.

Sie ritten zum Tor und den Hang hinunter. Vereinzelte Landarbeiter plagten sich in der Spätnachmittagssonne auf den Feldern. Hier und da hing immer noch ein schlaffer Wimpel an seinem Mast und markierte die Lage einer Hardbox. Die Wachttürme mit ihren Warnsirenen und den Scharfschützenplattformen ragten am Talgrund auf, seit Jahren unbemannt.

Am äußeren Rand der Zone Orange teilte sich die Straße. Nach Westen ging es zu den Townships am Fluss, nach Osten in Richtung Comfort und zur Oil Road. Hollis hielt an und nahm seine Feldflasche vom Gürtel. Er trank und reichte Sara die Flasche hinüber. »Wie macht sich der alte Knabe?«

»Er ist ein perfekter Gentleman.« Sie wischte sich mit dem Handrücken über den Mund und deutete mit der Feldflasche nach Osten. »Da hat es anscheinend jemand sehr eilig.«

Hollis sah, was sie meinte: die wallende Staubwolke eines Autos, das mit hoher Geschwindigkeit auf die Stadt zufuhr. »Vielleicht können wir ihn fragen, ob er den Wagen gegen die Pferde eintauscht«, sagte Hollis im Scherz.

Sara musterte ihn kurz von Kopf bis Fuß. »Ich muss sagen, du siehst ziemlich schneidig aus da oben. Da kommen mir Erinnerungen.«

Hollis lehnte sich nach vorn und stützte sich mit beiden Händen auf den Sattelknauf. »Ich habe dir immer beim Reiten zugesehen, weißt du. Wenn ich Tagdienst bei der Wache hatte, habe ich manchmal auf der Mauer gewartet, bis du mit der Herde zurückkamst.«

»Wirklich? Das wusste ich nicht.«

»Es war ein bisschen eigenartig von mir, das gebe ich zu.«

Sie war plötzlich glücklich, und sie lächelte, zum ersten Mal seit Tagen. »Ach, du konntest doch nichts dazu.«

»Ich war auch nicht der Einzige. Manchmal hattest du ein ganz ordentliches Publikum.«

»Dann hast du ja Glück gehabt, dass es so ausgegangen ist, wie es ist.« Sie schraubte die Flasche zu und reichte sie zurück. »Und jetzt ab zu unseren Kleinen.«

# 52

»Hey, guten Tag, alle miteinander.«

Zwei Officers der Domestic Security taten Dienst im Vorraum des Gefängnisses. Der eine saß an seinem Schreibtisch, der andere, viel ältere, stand hinter der Theke. Greer erkannte den zweiten sofort. Vor Jahren war der Mann einer seiner Gefängniswärter gewesen. Winthrop? Nein, Winfield. Er war damals noch ein grüner Junge gewesen. Als ihre Blicke sich trafen, sah Lucius, dass die Rädchen im Kopf des Mannes anfingen, sich zu drehen.

»Ich werd verrückt«, sagte Winfield.

Seine Hand schnellte zum Kolben seiner Pistole, aber die Bewegung war so erschrocken und unbeholfen, dass Greer reichlich Zeit hatte, die Schrotflinte unter seinem Mantel zu heben und auf die Brust des Mannes zu richten. Mit lautem Klacken lud er die Waffe durch. »Na, na.«

Winfield erstarrte. Der Jüngere saß immer noch hinter seinem Schreibtisch und riss die Augen auf. Greer schwenkte das Gewehr zu ihm herum. »Du da, Waffe auf den Boden. Du auch, Winfield. Ein bisschen flott jetzt.«

Die beiden legten ihre Pistolen auf den Boden. »Wer ist das?«, fragte der Jüngere.

»Ist ein Weilchen her, Zweiundsechzig.« Winfield redete Greer mit seiner alten Häftlingsnummer an. Er wirkte eher amüsiert als wütend, als sei ihm zufällig ein alter Freund über den Weg gelaufen, der sich seinen Erwartungen gemäß entwickelt hatte. »Ich höre, du warst sehr beschäftigt. Wie geht's Dunk?«

»Michael Fisher«, sagte Greer. »Ist er hier?«

»Oh, der ist hier, ja.«

»Ist noch mehr DS im Gebäude? Wenn wir möglichst wenig Blödsinn machen, braucht es kein Problem zu geben.«

»Ist das dein Ernst? Mir ist es scheißegal, so oder so. Ramsey, wirf mir die Schlüssel herüber.«

Winfield öffnete die Tür zum Zellenblock. Greer folgte den beiden Männern mit ein paar Schritten Abstand und hielt sein Schrotgewehr weiter auf ihren Rücken gerichtet. Michael lag auf seiner Pritsche. Er richtete sich auf den Ellenbogen auf, als die Zellentür sich öffnete.

»Das kommt aber plötzlich«, stellte er fest.

Greer befahl Winfield und dem anderen, in die Zelle zu gehen, und schaute Michael an. »Wollen wir?«

»War nett, dich wiederzusehen, Zweiundsechzig«, rief Winfield ihnen nach. »Du hast dich kein bisschen verändert, du Arsch.«

Greer schloss die Zellentür, drehte den Schlüssel um und steckte ihn ein. »Macht keinen Lärm da drin«, bellte er durch die Luke. »Ich möchte nicht zurückkommen müssen.« Er sah Michael an. »Was ist mit deinem Kopf passiert? Das sieht aus, als hätte es wehgetan.«

»Ich möchte nicht undankbar sein, aber ich habe das Gefühl, dass du hier bist, bedeutet nichts Gutes.«

»Wir wechseln zu Plan B.«

»Ich wusste nicht, dass wir so was haben.«

Greer gab ihm Winfields Pistole. »Ich erklär's dir unterwegs.«

Peter, Apgar und Chase studierten Michaels Passagierliste, als draußen im Korridor Geschrei losbrach. »Waffe runter! Runter!«

Ein Krachen, ein Schuss.

Peter riss die Schreibtischschublade auf und nahm die Pistole heraus, die er dort aufbewahrte. »Gunnar, was haben Sie bei sich?«

»Nichts.«

»Ford?« Der Mann schüttelte nur den Kopf.

»Dann gehen Sie hinter meinen Schreibtisch.«

Jemand rüttelte am Türknauf. Peter und Apgar gingen rechts und links an der Wand in Stellung. Das Holz erbebte unter einem Fußtritt.

Die Tür flog auf.

Als der Erste hereinstürmte, sprang Apgar ihn von hinten an und warf ihn nieder. Eine Schrotflinte rutschte über den Boden. Apgar hielt ihn mit den Knien fest, die eine Hand an seiner Kehle, die andere zum Schlag erhoben. Dann erstarrte er.

»Greer?«

»Hallo, General.«

»Michael«, sagte Peter und ließ die Pistole sinken. »*Fuck,* was soll das?«

Drei Soldaten stürmen mit Gewehren im Anschlag herein.

»Nicht schießen!«, rief Peter.

Erkennbar verunsichert gehorchten die Soldaten.

»Wer hat da draußen geschossen, Michael?«

Michael winkte gelassen ab. »Ach, er hat nicht getroffen. Alles okay.«

Peter zitterte vor Wut. »Ihr drei«, sagte er zu den Soldaten, »verlasst das Zimmer.«

Sie zogen sich zurück. Apgar stieg von Greer herunter, und Chase war hinter Peters Schreibtisch hervorgekommen.

Michael deutete auf Chase. »Ist er okay?«

»Wie meinst du das?«

»Ich meine, weiß er *Bescheid?*«

»Ja«, sagte Chase knapp. »Ich weiß Bescheid.«

Peter war immer noch erbost. »Ihr beide, was fällt euch ein?«

»In Anbetracht der Umstände dachten wir, die direkte Methode ist die beste«, antwortete Greer. »Wir haben ein Fahrzeug draußen. Du musst mitkommen, Peter, und wir müssen sofort losfahren.«

Peter war mit seiner Geduld am Ende. »Ich fahre nirgendwohin. Wenn ihr jetzt nicht vernünftig redet, sperre ich euch persönlich in den Knast und werfe den Schlüssel weg.«

»Die Situation hat sich leider geändert.«

»Das heißt, die Virals kommen doch nicht zurück? Das alles ist so was wie ein Scherz?«

»Im Gegenteil, fürchte ich«, sagte Greer. »Sie sind bereits hier.«

# 53

Amy würde diesen Ort vermissen.

Sie hatten beschlossen, die restliche Arbeit für heute ruhen zu lassen. Es erschien sinnlos, noch etwas zu erledigen. *Manchmal,* erklärte Carter, *muss man einen Garten auch sich selbst überlassen.*

Sie fühlte sich krank – fast, als hätte sie Fieber. Würde sie es unter Kontrolle halten können? Würde sie ihn töten? Und was war mit dem Wasser?

*Sie müssen es tun, wie Zero es getan hat,* hatte Carter gesagt. *Gibt keine andere Möglichkeit, wieder zu werden, was Sie waren.*

Die Mädchen schauten sich im Haus einen Film an. Es war einer, den Amy noch aus ihrer eigenen Kinderzeit in Erinnerung hatte: *Der Zauberer von Oz.* Bei diesem Film hatte sie sich sehr gefürchtet – der Wirbelsturm, das Mohnfeld, die böse Hexe mit ihrer kränklich grünen Haut und ihrem Bataillon fliegender Affen mit Pagenmützen –, aber er hatte ihr auch sehr gut gefallen. Amy hatte ihn in dem Motel gesehen, wo sie und ihre Mutter gewohnt hatten. Ihre Mutter hatte ihren kurzen Rock und das enge Top angezogen, um sich draußen an den Highway zu stellen, und bevor sie gegangen war, hatte sie Amy etwas zu essen gegeben, etwas Fettiges in einer Tüte, und sie hatte gesagt: *Bleib schön hier*

*sitzen. Mama ist bald wieder da. Mach niemandem die Tür auf.*
Amy sah das schlechte Gewissen in den Augen ihrer Mutter – sie wusste, dass eine Mutter ihr Kind eigentlich nicht alleinlassen sollte –, und sie bekam großes Mitleid mit ihr, denn sie liebte ihre Mutter, und die Frau war immer so reumütig und traurig, als sei das Leben eine Kette von Enttäuschungen, gegen die sie machtlos war. Manchmal kam ihre Mutter den ganzen Tag kaum aus dem Bett, und dann kam der Abend mit Minirock und Top, der Fernseher ging an, und sie ließ Amy wieder allein.

Der Abend mit dem *Zauberer von Oz* war der letzte in dem Motel gewesen, so hatte sie es jedenfalls in Erinnerung. Sie hatte sich eine Zeitlang Zeichentrickfilme angesehen und, als die zu Ende waren, eine Gameshow, und danach hatte sie von einem Sender zum anderen geschaltet, bis sie bei dem Film hängengeblieben war. Die Farben waren merkwürdig – viel zu bunt. Das war das Erste, was ihr auffiel. Sie lag auf dem Bett, das nach ihrer Mutter roch – eine Mischung aus Schweiß und Parfüm und etwas, das nur ihrer Mutter gehörte –, und schaute den Film an. Sie war an der Stelle hineingekommen, als Dorothy ihren Hund vor der bösen Miss Gulch gerettet hatte und auf der Flucht vor dem Unwetter war. Der Wirbelsturm trug sie davon, und sie landete im Land der Munchkins, die von ihrem glücklichen Leben sangen. Aber natürlich war da das Problem mit den Füßen der bösen Hexe des Ostens, die unter Dorothys vom Wirbelsturm hierhergetragenen Haus herausschauten.

Und so ging es weiter. Sie schaute gebannt zu, und sie konnte Dorothy nachfühlen, dass sie gern wieder nach Hause zurückkehren wollte. Dieser Wunsch stand im Zentrum der Geschichte, und Amy fand ihn einleuchtend. Sie war auch schon lange nicht mehr zu Hause gewesen; sie erinnerte sich kaum noch daran und sah nur noch schemenhaft bestimmte Zimmer vor sich. Als der Film dem Ende zuging, Dorothy die Hacken zusammenschlug und im Schoß ihrer Familie aufwachte, beschloss Amy, es auch zu versuchen. Sie hatte keine roten Schuhe, aber ihre Mutter hatte ein Paar Stiefel, sehr hoch und mit spitzen Absätzen. Amy zog sie an. Sie reichten hoch über ihre dünnen Kleinmädchenschenkel hinauf, und auf den hohen Absätzen war das Gehen nicht einfach. Vorsichtig stelzte sie im Zimmer auf und ab, um es zu lernen, und als sie es einigermaßen konnte, schloss sie die Augen und schlug die Hacken zusammen, drei Mal. *Es ist nirgendwo so schön wie daheim, es ist nirgendwo so schön wie daheim, es ist nirgendwo so schön wie daheim ...*

Sie war so sehr von der Zauberkraft dieser Geste überzeugt, dass sie erschrocken war, als sie die Augen öffnete und sah, dass nichts geschehen war. Sie war immer noch in dem Motelzimmer mit dem schmutzigen Teppich und den langweiligen, unverrückbar befestigten Möbeln. Sie riss sich die Stiefel von den Beinen, schleuderte sie durch das Zimmer, warf sich auf das Bett und fing an zu weinen. Dann musste sie eingeschlafen sein, denn als Nächstes sah sie das angstvolle Gesicht ihrer Mutter über sich. Grob rüttelte sie Amy an der Schulter, und ihr enges Top war schmutzig und zerrissen. *Los, Schatz,* sagte sie, *wach auf, Baby. Wir müssen weg, sofort.*

Carter schöpfte den Pool ab. Das erste Laub fiel von den Bäumen, trocken und braun.

»Ich dachte, wir arbeiten heute nicht mehr«, sagte Amy.

»Tun wir auch nicht. Will nur die Blätter vom Wasser holen. Der Anblick stört mich.«

Sie saß auf der Terrasse. Im Haus waren die Kinder jetzt bei der Stelle, wo Dorothy und ihre Gefährten in die Smaragdstadt kommen.

»Die Mädchen sollten den Fernseher ein bisschen leiser stellen«, meinte Carter. Er zog den Kescher durch die Ecken und versuchte, auch kleine Schmutzteilchen ins Netz zu bekommen. »Sie werden sich die Ohren ruinieren.«

Ja, es würde ihr fehlen. Die Sanftheit der Umgebung, das Grün, das sich so kühl anfühlte. Die kleinen Aufgaben, die die Tage des

Wartens ausfüllten. Carter legte seinen Kescher an den Rand des Beckens und setzte sich ihr gegenüber auf einen Stuhl. Eine Zeitlang hörten sie dem Film zu. Als die böse Hexe schmolz, quietschten die Mädchen entzückt.

»Wie oft haben sie den schon gesehen?«, fragte Carter.

»Oh, ziemlich oft.«

»Als ich ein kleiner Junge war, lief er die halbe Zeit im Fernsehen. Ich hatte immer eine Heidenangst«, sagte Carter. »Trotzdem, ich hatte diesen Film immer gern.«

Sie beluden den Humvee mit Treibstoffkanistern. Im Laderaum standen Plastikkörbe mit Material, das Greer mitgebracht hatte – Seile und Rollen, ein Kreiselnetz, zwei Schraubenschlüssel, Decken, ein einfacher Baumwollkittel.

»Es wäre mir lieber, wenn wir Sara mitnehmen könnten«, sagte Peter. »Sie würde besser als jeder andere wissen, was zu tun ist.«

Greer stemmte einen Kanister über die Heckklappe. »In diesem Augenblick keine gute Idee. Wir müssen die Zahl der Leute so klein wie möglich halten.«

»Die Townships müssen benachrichtigt werden«, sagte Peter zu Apgar. »Die Bevölkerung muss sich in Sicherheit bringen. In Kellern, Innenräumen, was immer sie zur Verfügung haben. Morgen früh können wir Fahrzeuge losschicken und so viele wie möglich zurückholen.«

»Ich kümmere mich darum.«

Peter sah Chase an. »Ford? Sie übernehmen hier die Führung.«

»Verstanden.«

Peter wandte sich wieder an Apgar. »Mein Sohn und seine Familie …«

Der General ließ ihn nicht ausreden. »Ich rufe die Einheit in Luckenbach per Funk. Sie können ein paar Leute hinschicken.«

»Caleb hat eine Hardbox auf seinem Gelände.«

»Ich werde es weitergeben.«

Greer wartete am Steuer, Michael saß neben ihm, und Peter kletterte hinten hinein.

»Also los«, sagte er.

Es war 18:30 Uhr. In zwei Stunden würde die Sonne untergehen.

# 54

Sara und Hollis kamen gut voran. Sie waren jetzt in der Region, die alle nur »die Lücke« nannten – ein leerer Straßenabschnitt zwischen den Townships Ingram und Hunt. Sie ritten jetzt dicht am Guadàlupe entlang, der mit freundlichem Plätschern durch sein seichtes Bett floss. Dicke Lebenseichen breiteten ihr Laubdach über die Straße. Nach einem offenen Wegstück, wo ihnen die tiefstehende Sonne ins Gesicht schien, kamen wieder schattenspendende Bäume.

»Ich glaube, der Bursche hier braucht eine Pause«, sagte Sara.

Sie stiegen ab und führten die Pferde ans Flussufer. Hollis' Stute senkte ihr langes Gesicht ohne Zögern zum Wasser hinunter, aber der Wallach wirkte unsicher. Sara zog die Stiefel aus, krempelte die Hosenbeine hoch und führte ihn zum Saufen ins flache Wasser. Es war wunderbar kalt, und das Flussbett war aus glattem Kalkstein, der ihren bloßen Füßen festen Tritt bot.

Als die Pferde sich satt getrunken hatten, ließen Sara und Hollis sie ein Weilchen umherspazieren und setzten sich auf einen Felsvorsprung, der über das Wasser hinausragte. Die beiden Ufer waren von dichter Vegetation bedeckt: Weiden, Pecanbäume. Eichen, Mesquitegestrüpp und Kaktusfeigen. Abendinsekten stiegen wie leuchtende Staubpartikel über dem Wasser auf. Hundert

Meter weit stromaufwärts kam der Fluss in einem breiten, tiefen Becken zur Ruhe.

»Es ist so friedlich hier draußen«, sagte Sara.

Hollis nickte nur und machte ein zufriedenes Gesicht.

»Ich glaube, ich könnte mich daran gewöhnen.«

Sie dachte an einen bestimmten Ort in der Vergangenheit. Es war viele Jahre her; sie und Hollis und all die andern waren mit Amy ostwärts nach Colorado gereist. Theo und Maus waren schon nicht mehr dabei gewesen; sie hatten sie auf der Farm zurückgelassen, damit Maus ihr Baby zur Welt bringen könnte. Sie hatten die Berge der La Sal Range überquert und in einem weiten Tal mit hohem Gras und blauem Himmel gerastet. In der Ferne hatten sie die schneebedeckten Gipfel der Rockies sehen können, aber die Luft war noch mild gewesen. Sara hatte im Schatten eines Ahorns gesessen und etwas empfunden, das sie eigentlich noch nie verspürt hatte: ein Gefühl für die Schönheit der Welt. Denn sie war wirklich schön. Die Bäume, das Licht, das wogende Gras im Wind, das glitzernde Eis an den Bergflanken – wieso hatte sie das alles bisher nie gesehen? Und wenn doch, wieso war es ihr anders erschienen, alltäglicher, weniger lebendig? Sie hatte sich in Hollis verliebt, und dort unter dem Ahorn, umgeben von ihren Freunden – Michael war tatsächlich eingeschlafen und hatte sein Schrotgewehr an die Brust gedrückt wie ein kleines Kind sein Stofftier –, hatte sie begriffen, dass Hollis der Grund war. Die Liebe, und nur die Liebe, hatte ihr die Augen geöffnet.

»Wir müssen los«, meinte Hollis. »Es wird bald dunkel.«

Sie fingen die Pferde ein und ritten weiter.


General Gunnar Apgar stand auf der Mauer und sah zu, wie die Schatten über dem Tal länger wurden.

Er warf einen Blick auf die Uhr: 20:15. Nur noch wenige Minuten bis zum Sonnenuntergang. Die letzten Transporte, die Landarbeiter von den Feldern hereinbrachten, rumpelten die Steigung herauf. Alle seine Leute hatten oben auf der Mauer Stellung bezogen. Sie hatten neue Gewehre und frische Munition, aber sie waren nur wenige – viel zu wenige, um jeden Zoll eines Sechs-Meilen-Umkreises zu bewachen, geschweige denn zu verteidigen.

Apgar war nicht religiös. Es war viele Jahre her, dass ein Gebet den Weg auf seine Lippen gefunden hatte. Obwohl er sich ein bisschen töricht vorkam, beschloss er jetzt, eins zu sprechen. *Gott*, dachte er, *wenn du mich hörst, entschuldige den Ausdruck, aber wenn es nicht allzu viel Mühe macht, sorg doch bitte dafür, dass das alles nur ein Haufen Bullshit ist.*

Schritte kamen dröhnend auf dem Laufgang heran.

»Was gibt's, Corporal?«

Der Soldat hieß Ratcliffe, und er war Funker. Er war außer Atem, weil er die Treppe heraufgerannt war. Er krümmte sich vornüber, stemmte die Hände auf die Knie und schnappte zwischen den einzelnen Worten nach Luft. »General, Sir, wir haben die Nachricht hinausgeschickt, wie Sie es befohlen haben.«

»Was ist mit Luckenbach?«

Ratcliffe nickte kurz und schaute immer noch zu Boden. »Ja, sie schicken einen Trupp.« Er hustete. »Aber das ist der Punkt. Sie waren die Einzigen, die geantwortet haben.«

»Atmen Sie durch, Corporal.«

»Jawohl, Sir. Sorry, Sir.«

»Und jetzt erklären Sie mir, wovon Sie da reden.«

Der Soldat richtete sich auf. »Es ist so, wie ich sagte. Hunt, Comfort, Boerne, Rosenberg – wir bekommen keine Antwort. Keine Empfangsbestätigung, nichts. Alle Stationen außer Luckenbach sind offline.«

Der letzte Bus kam durch das Tor. Unten auf dem Sammelplatz stiegen die Arbeiter aus. Manche plauderten, machten Witze und lachten, andere trennten sich schnell von der Gruppe und gingen nach Hause.

»Danke für die Meldung, Corporal.«

Apgar sah ihm nach, als er davontaumelte, und schaute dann wieder über das Tal hinaus. Dunkelheit zog wie ein Vorhang über die Felder. *Tja*, dachte er, *ich schätze, das war's dann. Wäre schön gewesen, wenn es noch ein bisschen länger gedauert hätte.* Er stieg die Treppe hinunter und ging zum Tor. Zwei Soldaten warteten dort mit einem Zivilisten, einem ungefähr vierzigjährigen Mann in einem fleckigen Overall, der einen Schraubenschlüssel von der Größe eines Vorschlaghammers in den Händen hielt.

Der Mann spuckte einen Fladen von irgendetwas auf den Boden. »Das Tor sollte jetzt prima funktionieren, General. Und ich habe alles gut geschmiert. Das Ding ist lautlos wie ein Kätzchen.«

Apgar sah einen der Soldaten an. »Sind alle Transporte drin?«

»Soweit wir wissen.«

Apgar hob das Gesicht zum Himmel. Die ersten Sterne waren erschienen und funkelten in der Dunkelheit.

»Okay, Gentlemen«, sagte er. »Dann sperren wir zu.«

Caleb saß vorn auf der Türschwelle und sah zu, wie die Nacht heranrückte.

Am Nachmittag hatte er die Hardbox inspiziert, die er seit Monaten nicht mehr von innen gesehen hatte. Er hatte sie überhaupt nur gebaut, um seinem Vater eine Freude zu machen; ihm selbst war es lächerlich vorgekommen. Es gab Tornados, ja, und dabei waren sogar schon Menschen ums Leben gekommen, aber wie groß war das Risiko? Caleb hatte Laub und anderen Schmutz von der Luke gefegt und war die Leiter hinuntergeklettert. Drinnen war es kühl und dunkel. Eine Petroleumlampe und Brennstoffkanister standen an der einen Wand, und die Luke war von innen mit zwei Querriegeln aus Stahl gesichert. Als Caleb seiner Frau den Schutzraum in der zweiten Nacht auf der Farm gezeigt hatte, war er ein bisschen verlegen deswegen gewesen. Das Ganze kam ihm vor wie ein kostspieliges und gänzlich überflüssiges Steckenpferd, das kein bisschen zum Optimismus ihres Unternehmens passte. Aber Pim hatte es mühelos akzeptiert. *Dein Vater kennt sich mit diesem und jenem gut aus,* hatte sie gesagt. *Du brauchst dich nicht zu entschuldigen. Ich bin froh, dass du dir die Zeit dafür genommen hast.*

Jetzt schaute Caleb nach Westen und taxierte die Sonne. Ihr unterer Rand berührte soeben den Höhenkamm. In den letzten Augenblicken schien sie schneller zu sinken, wie sie es immer tat.

Tiefer, tiefer, weg.

Er fühlte, wie die Luft sich veränderte. Alles um ihn herum schien innezuhalten. Aber im nächsten Moment erregte etwas seine Aufmerksamkeit – ein Rascheln, hoch oben in einem Pecanbaum am Waldrand. Was sah er da? Vögel waren es nicht; die Bewegung war zu stark. Er stand auf. Ein zweiter Baum erschauerte, dann ein dritter.

Er erinnerte sich an eine Redensart aus der Vergangenheit. *Wenn sie kommen, kommen sie von oben.*

Er hatte sein Gewehr durchgeladen, als hinter ihm im Haus eine Stimme seinen Namen rief.


»Moment mal«, sagte Hollis.

Ein Militärlastwagen lag vor ihnen auf der Seite. Eins der Hinterräder drehte sich immer noch quietschend.

Sara stieg rasch ab. »Vielleicht ist jemand verletzt.«

Hollis folgte ihr zu dem Lastwagen. Die Kabine war leer.

»Vielleicht sind sie weggegangen«, sagte er.

»Nein, das ist eben erst passiert.« Sara spähte die Straße entlang und streckte den Zeigefinger aus. »Da.«

Der Soldat lag auf dem Rücken. Er atmete schnell und stoßweise und starrte zum Himmel. Sara fiel neben ihm auf die Knie. »Soldat, sehen Sie mich an. Können Sie sprechen?« Er lag da, als sei er schwer verletzt, aber man sah weder Blut noch einen Hinweis auf Knochenbrüche. Die beiden Streifen auf den Ärmeln seiner Uniform wiesen ihn als Corporal aus. Er drehte den Kopf zu ihr herum, und jetzt sah sie eine kleine, blutig leuchtende Verletzung unten an seiner Kehle.

»Lauft weg«, krächzte er.

Caleb stürmte ins Haus. Pim hielt Theo auf dem Arm und wich vor der Tür zu Dorys Kammer zurück. Bug und Elle klammerten sich an ihre Beine.

Er hörte Kates Stimme. »Caleb, komm schnell!«

Dory warf sich auf dem Bett hin und her. Speichel sprühte von ihren Lippen, und mit einem Geräusch wie beim Niesen flogen Zähne aus ihrem Mund. Kate stand neben dem Bett und hielt den Revolver in der Hand.

»Erschieß sie!«, schrie Caleb.

Kate schien ihn nicht zu hören. Mit ekelerregendem Knirschen verlängerten sich Dorys Finger, und glänzende Krallen wuchsen aus ihren Fingerspitzen. Ihr Körper hatte angefangen zu leuchten. Ihre Kiefergelenke sprangen auseinander, der Mund öffnete sich weit und entblößte Reihen von Zähnen.

»Erschieß sie, sofort!«

Kate stand da wie erstarrt. Caleb hob das Gewehr, und Dory richtete sich senkrecht auf, krümmte sich in die Hocke und sprang auf sie beide zu. Sie prallte gegen Kate, Kate prallte gegen Caleb, das Gewehr flog aus seinen Händen und rutschte über den Boden. Auf Händen und Knien warf Caleb sich hinterher und schrie Pim zu, sie solle weglaufen, aber natürlich konnte sie ihn nicht hören. Seine Hand bekam das Gewehr zu fassen, und er rollte sich auf den Rücken. Kate wich an die gegenüberliegende Wand zurück. Dory ragte vor ihr auf, die Klauen ausgestreckt, krümmte und streckte die Krallen und strich damit durch die Luft. Caleb hob den Rücken vom Boden, bog die Knie auseinander und hielt das Gewehr mit beiden Händen auf sie gerichtet.

»Dory Tatum!«

Als sie ihren Namen hörte, erstarrte sie, als sei ihr ein merkwürdiger Gedanke gekommen.

»Du bist Dory Tatum! Phil ist dein Mann! Sieh mich an!«

Sie drehte sich zu ihm um. Ihr Oberkörper war ungeschützt. *Ein Schuss,* dachte Caleb. Er zielte mitten auf ihre Brust und drückte ab.

Der Soldat fing an zu zittern. Es begann in seinen Fingern, die sich klauenartig krümmten wie die Krallen eines Falken. Ein Stöhnen kam tief aus seiner Kehle. Das Zittern verschärfte sich zu einem Krampf, der den ganzen Körper schüttelte. Der Rücken bog sich, und Speichel kochte auf seinen Lippen. Sara war aufgesprungen und wich zurück. Sie wusste, was sie da sah. Es war unmöglich, und doch geschah es vor ihren Augen. Sie spürte eine Bewegung über sich, aber sie konnte den Blick nicht von dem Soldaten losreißen, dessen Verwandlung sich mit beispielloser Schnelligkeit vollzog.

»Sara, komm! Wir müssen weg!«

Eins der Pferde galoppierte wiehernd an ihr vorbei. Es kam keine zwanzig Meter weit, bevor eine leuchtende Gestalt von oben herabstürzte und es zu Boden warf. Zähne gruben sich mit einem reißenden Geräusch in seinen Hals.

Saras Verstand schaltete sich wieder ein. Hollis hatte sie beim Handgelenk gepackt und zog sie weg. *Zum Fluss!,* schrie er. *Wir müssen zum Fluss!* Er riss an ihr und zerrte sie unter die schützenden Bäume, und sie fingen an zu rennen. Gestalten sprangen über ihnen von Ast zu Ast. Zweige peitschten Saras Gesicht und ihre Arme. Wo war der Fluss, ihre Rettung? Sara hörte ihn, aber im Dunkeln konnte sie ihn nirgends sehen.

»Spring!«

Mitten in der Luft begriff sie, was passierte. Sie waren von einer Klippe gesprungen. Als sie eintauchte, umhüllte sie eine neue, tiefere Dunkelheit, die Dunkelheit des Wassers. Es war, als würde sie nie mehr aufhören zu sinken, aber dann berührten ihre Füße den Grund. Sie stieß sich ab und schoss wieder hinauf an die Oberfläche.

»Hollis!« Sie drehte sich im Wasser suchend hin und her, ohne etwas zu sehen. »Hollis, wo bist du?«

»Hier drüben. Schrei nicht so laut.«

Sie kreiselte panisch um sich selbst und versuchte herauszufinden, woher seine Stimme kam. »Ich kann dich nicht finden.«

»Bleib, wo du bist.«

Hollis erschien wassertretend neben ihr. »Bist du verletzt?«

War sie verletzt? Sie betastete ihren Körper und bewegte Arme und Beine. Vermutlich nicht.

»Was ist hier los? Wo sind sie hergekommen?«

»Ich weiß es nicht.«

»Lass mich nicht allein.«

»Atmen, Sara.«

Sie zwang sich zur Ruhe und atmete. Ein, aus, ein, aus.

»Es sieht so aus, als wären Hohlräume am Fuße der Klippe«, sagte Hollis. »Wir schwimmen hin. Kannst du das?«

Sie nickte. Das Wasser war eiskalt, und sie klapperte mit den Zähnen.

»Bleib dicht bei mir.«

Mit geschmeidigen Zügen glitt er davon, und Sara folgte ihm. Die Klippe nahm über ihr Gestalt an. Sie war nicht so hoch, wie sie gedacht hatte, nur fünf oder sechs Meter, und unregelmäßig geformt; helle Kalksteinvorsprünge ragten schräg über das Flussbecken. Das Wasser wurde seichter, und Sara merkte, dass sie stehen konnte. Hollis führte sie unter einen Vorsprung. Ein flacher Felsblock ragte hier aus dem Wasser, und Hollis half ihr beim Hinaufklettern.

»Hier dürften wir die Nacht über in Sicherheit sein«, meinte er.

Frierend lehnte Sara sich an ihn. Hollis schlang die Arme um sie und zog sie an sich. Sie dachte an ihre Kinder da draußen in der Dunkelheit, und sie vergrub das Gesicht an seiner Brust und fing an zu weinen.

Dory sackte schmelzend zu Boden wie eine Marionette, deren Fäden man abgeschnitten hatte. Caleb stieg über die Leiche hinweg. Kate lehnte immer noch reglos an der Wand, wie betäubt von Schrecken und Angst.

»Da draußen sind noch mehr«, sagte Caleb. »Wir müssen in den Schutzraum.«

Sie starrte ihn an. Ihr Blick war leer.

»Kate, komm zu dir!«

Er konnte nicht warten. Er packte sie beim Handgelenk und stieß sie durch die Tür. Pim kauerte mit den Kindern vor dem Herd. Sie hatte den Schuss nicht gehört, aber er wusste, sie hatte ihn gespürt, denn er hatte das Gerüst des Hauses erschüttert.

Calebs Hand formte ein einziges Wort: *Los.*

Er ließ das Gewehr fallen, riss Elle und Bug an sich und balancierte sie auf den Hüften. Pim trug Theo. Sie rannten durch die Hintertür in den Garten hinaus. Pim war vor ihm, Kate hinter ihm. Die Dunkelheit erwachte zum Leben. Die Baumkronen wiegten sich hin und her, als hätten die Böen eines aufziehenden Sturms sie erfasst. Pim und Theo waren als Erste beim Schutzraum. Caleb stellte die Mädchen auf die Füße und stemmte die Einstiegsluke hoch. Pim kletterte die Leiter hinunter und streckte die Arme hoch, um erst Theo, dann die Mädchen in Empfang zu nehmen. Caleb folgte.

Oben auf der Leiter blieb er stehen. Kate war zehn Schritte vor der Luke stehen geblieben.

»Kate, komm!«

Sie zog ihren Kragen zur Seite. Am Halsansatz erblühte eine blutende Wunde. Calebs Magen krampfte sich zusammen, und er war plötzlich empfindungslos.

»Mach die Luke zu«, sagte sie.

Sie hielt den Revolver in der Hand. Er konnte sich nicht rühren. »Caleb, bitte!« Sie fiel auf die Knie. Ein machtvoller Tremor schüttelte sie. Sie hielt die Waffe im Schoß und versuchte, sie hochzuheben. Ein zweiter Krampf riss ihren Kopf in den Nacken. »Ich flehe dich an!«, schluchzte sie. »Wenn du mich liebst, mach die Luke zu!«

Seine Luftröhre zog sich zusammen, und er konnte kaum noch atmen. Hinter ihr fielen Gestalten von den Bäumen. Caleb hob die Hand über den Kopf und packte den Griff der Luke.

»Es tut mir leid«, flüsterte er.

Er zog die Luke herunter, und es wurde dunkel. Dann schob er die Querriegel vor. Die Kinder weinten. Er tastete nach der Laterne und wühlte eine Schachtel Streichhölzer aus der Tasche. Mit zitternden Händen zündete er den Docht an. Pim kauerte mit den Kindern an der Wand.

Ihre Augen waren sehr weit aufgerissen. *Wo ist Kate?*

Draußen fiel ein Schuss.

# VII

## Das Erwachen

*An vier gedachten Ecken runder Erde stoßt*
*In die Posaunen, Engel, und erhebt, erhebt euch*
*Aus dem Tod, ihr zahllos unendlichen Seelen.*

John Donne, *Heilige Sonette*

# 55

Peter erwachte vom Kratzen der Äste, die an den Seitenwänden des Humvee entlangschleiften. Er schüttelte die Schlaftrunkenheit ab und richtete sich auf.

»Wo sind wir?«

»In Houston«, sagte Greer. Michael schlief auf dem Beifahrersitz. »Dauert nicht mehr lange.«

Ein paar Minuten später hielt er an. Im Osten verblasste die Dunkelheit allmählich.

»Beeilen wir uns«, sagte Greer.

Peter und Michael luden ihre Ausrüstung ab. Sie waren am Rand der Lagune. Im Osten standen unglaublich hohe Wolkenkratzer wie schwarze Rechtecke vor den schwindenden Sternen. Greer zog ein Ruderboot ins flache Uferwasser. Michael setzte sich in den Bug, Peter ins Heck, und Greer kletterte in die Mitte und wandte sich nach achtern. Das Boot sank bis knapp unter das Dollbord ins Wasser, aber es schwamm.

»Ich war ein bisschen besorgt deswegen«, gestand Greer.

Mit langgezogenen Ruderschlägen brachte er sie über die Lagune. Peter sah zu, wie der Stadtkern in seiner ganzen Größe Gestalt annahm. Die *Mariner* kam in Sicht, und ihr mächtiges breites Heck ragte hoch über das Wasser. Im Innern des One Allen

Center machten sie das Boot fest, luden ihre Sachen aus und begannen den Aufstieg.

Aus einem Fenster im zehnten Stock ließen sie sich auf das Deck fallen. In wenigen Minuten würde der Morgen heraufdämmern. Greer hatte einen kleinen Kran instand gesetzt, der früher dazu gedient hatte, Ladung über die Reling zu hieven. Er breitete das Netz darunter aus, zog die Feder am Kreiselgelenk straff und befestigte es an dem Seil, das über die Rolle am Ende des Auslegers lief. Mit einem zweiten Seil würde man den Ausleger über das Wasser schwenken können. Greer würde das erste Seil bedienen, Michael das zweite. Peter würde die Rolle des Köders übernehmen, denn Greers Theorie zufolge war Peter wahrscheinlich der Letzte, den Amy umbringen würde.

Greer reichte ihm den Schraubenschlüssel. »Denk daran, sie ist nicht die Amy, die wir kannten.«

Peter schob den Schraubenschlüssel an die erste Schraube.

»Sie sind hier«, sagte Amy.

Carter saß ihr gegenüber am Tisch. »Ich fühle es auch.«

Sie hatte rasendes Herzklopfen, und ihr war ein wenig schwindlig. So fing es immer an: Das Gefühl körperlicher Beschleunigung kulminierte in einem jähen Schub aus der einen Welt in die nächste, wie ein Stein von einer Schleuder flog.

»Ich wünschte, Sie würden mitkommen«, sagte sie.

»Solange ich hier bin, bin ich in Sicherheit. Das wissen Sie.«

Sie wusste es. Wenn Carter sterben sollte, würden die Dopeys, seine Vielen, mit ihm sterben. Und ohne sie hätten Amy und Carter keine Chance.

Sie schaute sich ein letztes Mal im Garten um und verabschiedete sich. Dann schloss sie die Augen.

Noch zwei Schrauben, eine auf jeder Seite. Peter lockerte die erste, ließ sie aber an ihrem Platz. Als er das Maul des Schlüssels auf die zweite Schraube schob, dröhnte von unten ein massiver Schlag wie von einer Riesenfaust gegen den Lukendeckel. Seine Wucht ließ das Deck unter seinen Knien erzittern.

»Amy, ich bin's! Peter!«

Noch ein wuchtiger Gongschlag: Die gelockerte Schraube flog aus dem Loch und rollte über das Deck. Er hatte nur noch wenige Sekunden Zeit. Mit einem Ruck löste er die letzte Schraube und rannte dann los.

Der Deckel flog hoch in den Himmel.

Amy landete auf dem Deck und krümmte sich wie ein hockendes Reptil zusammen. Ihr Körper war glänzend und kompakt – stählerne Muskeln unter der kristallinen Hülle der Haut. Peter stand dicht neben dem Netz. Einen Moment lang schien ihre Umgebung sie zu verwirren, aber dann legte sie den Kopf mit einer ruckhaften Bewegung zur Seite und nahm ihn ins Visier. Trippelnd kam sie auf ihn zu. Peter sah keinen Funken des Erkennens in ihrem Blick.

»Amy.« Er hob ihr eine Hand entgegen und spreizte die Finger. »Ich bin's.«

Sie blieb stehen, wenige Zoll vor dem Netz.

»Ich bin Peter.«

Amy richtete sich auf und tat den nächsten Schritt. Greer riss am Seil, das Netz umhüllte sie und schoss in die Höhe, und ihr Gewicht löste die Kreiselbremse. Das Netz fing an, sich zu drehen, schneller und immer schneller. Amy kreischte und zappelte in den Maschen. Michael zog am zweiten Seil, und der Ausleger des Krans schwenkte über die Reling nach außen.

Greer ließ los. Das Seil, an dem das Netz hing, schoss kreischend über die Rolle. Peter rannte zur Reling und sah gerade noch, wie das ölige Wasser aufspritzte und Amy darin verschwand.

Dunkelheit.

Sie drehte und wand sich und fiel. Das furchtbare, chemisch schmeckende Wasser überflutete alle ihre Sinne. Es füllte ihren

Mund. Es füllte Nase, Augen und Ohren. Es war der harte Griff des nackten Todes. Sie berührte den schlammigen Grund. Das Netz hielt sie fest umschlossen. Sie musste atmen. Atmen! Sie warf sich umher, krallte die Klauen in die Maschen, aber es gab kein Entkommen. Die erste Luftblase stieg aus ihrem Mund. *Nein*, dachte sie, *nicht atmen!* Diese einfache Aktion – die Lunge öffnen und die Luft einsaugen: Der Körper verlangte es. Eine zweite Luftblase – ihre Kehle tat sich auf, und das Wasser brandete herein. Sie fing an zu ersticken. Die Welt löste sich auf. Nein, sie selbst war es, die sich auflöste. Es war, als sei ihr Körper nicht länger mit ihren Gedanken verbunden, sondern ein Ding für sich, das ihr nicht mehr gehörte. Ihr Herz schlug langsamer. Eine neue Dunkelheit überkam sie, die sich von innen her ausbreitete. *So ist es also*, dachte sie. *Panik und Schmerz, und dann das Loslassen. So ist es, wenn man stirbt.*

Dann war sie woanders.

Sie spielte Klavier. Das war merkwürdig, denn sie hatte es nie gelernt. Aber hier saß sie und spielte, nicht nur gut, sondern virtuos. Ihre Finger tanzten über die Tasten. Sie hatte keine Noten vor sich; das Stück kam aus ihrem Kopf. Eine traurige, schöne Melodie, voll von Zärtlichkeit und dem süßen Leiden des Lebens. Wie kam es, dass es ihr völlig neu erschien und sie sich doch gleichzeitig daran erinnerte wie an einen Traum? Während sie spielte, entdeckte sie nach und nach ein Muster in den Noten. Ihre Beziehung zueinander war nicht beliebig; sie bewegten sich in erkennbaren Zyklen. Jeder Zyklus enthielt eine kleine Variation des emotionalen Kerns dieses Stücks, eine melodische Linie, die sich nie vollständig vom Rest entfernte, sondern ihn trug, wie eine Wäscheleine die Bettlaken trägt. Wie erstaunlich! Es war, als spreche sie eine ganz neue Sprache, viel subtiler und ausdrucksvoller als die alltägliche Rede und dazu fähig, die tiefsten Wahrheiten zu kommunizieren. Es machte sie glücklich, sehr glücklich, und sie spielte immer weiter, ihre Finger bewegten sich geschickt, und ihr Herz schwang sich entzückt in die Höhe.

Das Stück bog um eine Ecke, und sie fühlte, dass das Ende nahte. Die letzten Noten sanken herab, schwebten wie Stäubchen in der Luft und waren dann fort.

»Das war wunderschön.«

Peter stand hinter ihr. Amy lehnte den Hinterkopf an seine Brust.

»Ich habe dich nicht hereinkommen hören«, sagte sie.

»Ich wollte dich nicht stören. Ich weiß ja, wie gern du spielst. Spielst du noch etwas für mich?«

»Möchtest du das?«, fragte sie.

»O ja«, sagte er. »Sehr gern.«

»Zieh sie hoch!«, schrie Peter.

Greer schaute auf seine Uhr. »Noch nicht.«

»Verdammt, sie ertrinkt!«

Greer schaute weiter und mit aufreizender Geduld auf seine Uhr. Endlich hob er den Kopf.

»Jetzt«, sagte er.

Sie spielte noch eine ganze Weile, Stück für Stück. Das erste war leicht und hatte humorvolle Energie; es gab ihr das Gefühl, bei einer Zusammenkunft von Freunden zu sein, wo alle plauderten und lachten und die Dunkelheit vor den Fenstern immer dichter wurde, während die Party bis tief in die Nacht hinein dauerte. Das nächste war ernster. Es begann mit einem tiefen, sonoren Akkord am Bassende der Klaviatur, mit einem missmutigen Unterton. Ein Lied der Reue, ein Lied über Taten, die sich nicht ungeschehen machen ließen, über Fehler, die nie mehr behoben werden konnten.

Sie spielte noch andere. Eins war der Blick in ein Kaminfeuer. Ein anderes war fallender Schnee. Ein drittes war wie Pferde, die unter einem blauen Herbsthimmel durch hohes Gras galoppierten. Es gab so viel Gefühl in der Welt. So viel Trauer. So viel Sehnsucht. So viel Freude. Alles hatte eine Seele. Die Blüten der Blumen. Die Mäuse auf dem Feld. Die Wolken, der Regen und die kahlen Äste der Bäume. All das und vieles andere war in den Liedern, die sie spielte. Peter stand immer noch hinter ihr. Die Musik war für ihn, eine Liebesgabe. Sie hatte ihren Frieden.

Sie schwangen das Netz über die Reling und ließen es auf das Deck herunter. Greer zog ein Messer und fing an, die Maschen durchzuschneiden.

Im Netz lag der Körper einer Frau.

»Beeil dich«, sagte Peter.

Greer säbelte ein Loch in das Netz. »Nimm du die Füße.«

Michael und Peter zogen Amy heraus und legten sie mit dem Gesicht nach oben auf das Deck. Die Sonne ging auf. Ihr Körper war schlaff, und die Haut hatte einen bläulichen Ton. Kurzes schwarzes Haar bedeckte ihren Kopf.

Sie atmete nicht.

Peter fiel auf die Knie, Michael hockte sich rittlings auf ihre Hüften, legte die Hände übereinander und drückte die Handflächen auf ihr Brustbein. Peter schob die linke Hand unter ihren Kopf, hob ihn ein wenig an, um die Atemwege zu öffnen, hielt ihr mit der anderen Hand die Nase zu. Er drückte den Mund auf ihre Lippen und blies.

»Amy.«

Ihre Finger hielten inne, und plötzlich war es still im Zimmer. Ihre flachen Hände schwebten über den Tasten.

»Du musst etwas für mich tun«, sagte Peter.

Sie griff über ihre Schulter nach seiner linken Hand und legte sie an ihre Wange. Seine Haut war kalt und roch nach dem Fluss, wo er gern seine Tage verbrachte. Wie wunderbar alles war. »Sag mir, was.«

»Verlass mich nicht, Amy.«

»Wie kommst du darauf, dass ich weggehen will?«

»Es ist noch nicht so weit.«

»Ich verstehe nicht.«

»Weißt du, wo du bist?«

Sie wollte sich umdrehen und ihm ins Gesicht schauen, aber sie konnte es nicht. »Ja. Ich glaube. Wir sind auf der Farm.«

»Dann weißt du, warum du nicht bleiben kannst.«

Sie fror plötzlich. »Ich möchte aber.«

»Es ist zu früh. Es tut mir leid.«

Sie fing an zu husten.

»Ich brauche dich bei mir«, sagte Peter. »Wir haben noch etwas zu tun.«

Der Husten wurde heftiger und schüttelte ihren ganzen Körper. Ihre Glieder waren eiskalt. Was ging mit ihr vor?

»Komm zurück zu mir, Amy.«

Sie würgte. Gleich würde sie sich übergeben. Das Zimmer begann zu verblassen, und etwas anderes trat an seine Stelle. Ein scharfer Schmerz durchfuhr ihre Brust, fast wie ein Faustschlag. Sie krümmte sich zusammen, und ihr Körper schloss sich um den Schmerz. Übelschmeckendes Wasser quoll aus ihrem Mund.

»Komm zurück zu mir, Amy. Komm zurück zu mir …«


»Komm zurück zu mir.«

Amys Gesichtszüge waren schlaff, und sie bewegte sich nicht. Michael zählte die Kompressionen. Fünfzehn. Zwanzig. Fünfundzwanzig.

»Verdammt, Greer!«, schrie Peter. »Sie stirbt!«

»Hör nicht auf.«

»Es hilft nicht!«

Wieder beugte er sich über ihr Gesicht, hielt ihr die Nase zu und atmete in den Mund.

Etwas klickte in ihr. Peter wich zurück, als ihr Mund sich mit ersticktem Keuchen weit öffnete. Er rollte sie auf die Seite, schob den Arm unter ihren Oberkörper, um sie leicht anzuheben, und schlug ihr auf den Rücken. Mit würgendem Geräusch schoss Wasser aus ihrem Mund auf das Deck.

Da war ein Gesicht. Das war das Erste, was ihr zu Bewusstsein kam. Ein Gesicht mit verschwommenen Zügen, und dahinter nur der Himmel. Wo war sie? Was war passiert? Wer war diese Person, die da im Himmel schwebte und sie anschaute? Sie blinzelte und versuchte, den Blick zu fokussieren. Langsam klärte sich das Bild. Eine Nase. Die runden Umrisse von Ohren. Ein breiter, lächelnder Mund, und darüber Augen, in denen Tränen glänzten. Reines Glück erfüllte sie wie ein explodierender Stern.

»Oh, Peter«, sagte sie und hob eine Hand an seine Wange. »Es ist so schön, dich zu sehen.«

# VIII

## Die Belagerung

*Gleich den Blättern des Waldes an Zahl,*
*und dem Sande des Meeres,*
*Ziehn sie daher im Gefilde,*
*die Stadt ringsum zu bestürmen!*

Homer, *Ilias*

# 56

Die ganze Nacht hindurch dauerte der Ansturm der Virals.

Es kam in Wellen. Fünf Minuten lang, zehn, schlugen sie mit Fäusten und Körpern gegen die Luke – dann war es still, und dann fingen sie wieder an.

Irgendwann wurden die Abstände zwischen den Attacken länger. Die Mädchen hörten auf zu weinen und schliefen ein, die Köpfe in Pims Schoß vergraben. Immer länger wurden die Zeitabschnitte, in denen draußen nichts zu hören war, und schließlich kamen die Virals nicht mehr.

Caleb wartete. Wann würde der Morgen dämmern? Wann wäre es ungefährlich, die Luke zu öffnen? Auch Pim war jetzt eingeschlafen. Nach dem Grauen der Nacht waren sie alle erschöpft. Er lehnte den Kopf an die Wand und schloss die Augen.

Gedämpfte Stimmen von draußen weckten ihn. Hilfe war da. Wer immer es sein mochte, hatte angefangen zu klopfen.

Pim wachte auf. Die Mädchen schliefen noch. Pim formte ein schlichtes Fragezeichen mit der Hand.

*Da sind Leute,* antwortete er.

Trotzdem war er ziemlich nervös, als er die Riegel zur Seite schob. Er hob die Luke nur einen Spaltbreit, und blitzendes

Tageslicht versengte ihm die Augen. Er stieß die Luke ganz auf und blinzelte ins grelle Licht.

Sara stand vor ihm. Sie ließ sich auf die Knie fallen.

»Oh, dem Himmel sei Dank«, sagte sie.

Hollis war bei ihr. Sie waren beide barfuß und nass bis auf die Knochen.

»Wir waren auf dem Weg zu euch, als sie uns angriffen«, erklärte Hollis. »Wir mussten uns im Fluss verstecken.«

Pim reichte die Kinder herauf und stieg die Leiter hoch. Sara schloss sie weinend in die Arme. »Gott sei Dank, Gott sei Dank.« Sie kniete sich hin und zog die Mädchen an sich. »Euch ist nichts passiert. Meinen Babys ist nichts passiert.«

Calebs Erleichterung war plötzlich zerronnen. Er wusste, was als Nächstes kommen würde.

»Kate!«, rief Sara nach unten. »Komm heraus!«

Niemand sagte etwas.

»Kate?«

Hollis sah Caleb an, und der schüttelte den Kopf. Hollis erstarrte. Das Blut wich aus seinem Gesicht, und er wankte. Einen Moment lang befürchtete Caleb, sein Schwiegervater werde zusammenbrechen.

»Sara, komm her«, sagte Hollis.

»Kate?« Ihre Stimme klang panisch. »Kate, komm heraus!«

Hollis umschlang ihre Taille.

»Kate! Antworte mir!«

»Sie ist nicht in der Hardbox, Sara.«

Sara schlug um sich und wollte sich aus seinen Armen losreißen. »Hollis, lass mich los! Kate!«

»Sie ist weg, Sara. Unsere Kate ist weg.«

»Sag das nicht! Kate, ich bin deine Mutter! Du kommst auf der Stelle da heraus!«

Die Kräfte verließen sie, und sie fiel auf die Knie. Hollis hielt sie immer noch in den Armen. »O Gott«, stöhnte sie.

Hollis schloss verzweifelt die Augen. »Sie ist weg. Sie ist weg.«
»Bitte, nein! Nicht sie.«

»Unser kleines Mädchen ist weg.«

Sara hob das Gesicht zum Himmel. Dann fing sie an, laut zu heulen.

Das Licht war weich und konturlos. Tiefhängende, nasse Wolken verdeckten die Sonne. Peter hob Amy in den Laderaum des Fahrzeugs und zog eine Decke über sie. Ihr Gesicht hatte ein wenig Farbe angenommen, und sie hatte die Augen geschlossen, aber anscheinend schlief sie nicht, sondern driftete irgendwo im Zwielicht, als schwimme ihr Geist in einem Strom vorbei an den Ufern der Welt.

»Wir sollten jetzt losfahren«, sagte Greer. Es klang angespannt.

Peter fuhr hinten bei Amy mit. Sie kamen langsam voran, denn Gestrüpp wucherte zu beiden Seiten über den Feldweg. Im Dunkeln hatte Peter fast nichts von der Landschaft mitbekommen, aber jetzt sah er sie. Es war ein unwirtliches Sumpfgelände – Lagunen und Ruinen, an denen sich Ranken emporkrallten. Die Erde war formlos, als sei sie geschmolzen. Manchmal verschwand die Straße unter stehendem Wasser, dessen Tiefe nicht auszumachen war. Greer pflügte einfach hindurch.

Das Laub wurde dünner, und vor ihnen erschien ein wirbelsturmartiger Knoten von Highway-Brücken. Greer schlängelte sich durch den Schutt unter dem Freeway, fand eine Auffahrt und fuhr hinauf.

Eine Zeitlang folgten sie dem Highway, aber dann bog Greer ab. Obwohl der Humvee heftig holperte, hatte Amy sich noch nicht gerührt. Sie umrundeten einen zweiten Bereich mit eingestürzten Straßenüberführungen und fuhren dann eine Böschung hinauf und zurück auf den Highway.

Michael drehte sich um. »Von hier ab wird es leichter.«

Es fing an zu regnen, und die Tropfen prasselten gegen die Frontscheibe. Dann rissen die Wolken wieder auf, und die kräftige texanische Sonne schien. Amy gab ein Lebenszeichen von sich, und Peter drehte sich zu ihr um und sah, dass ihre Augen offen waren. Sie blinzelte ihn an, kniff dann die Augen zu und legte die Arme über das Gesicht.

»Es ist hell«, sagte sie.

»Was sagt sie?«, fragte Greer von vorn.

»Sie sagt, es ist hell.«

»Sie war zwanzig Jahre im Dunkeln. Da wird sie das Licht vielleicht noch eine Weile stören.« Greer beugte sich vor und langte unter seinen Sitz. »Gib ihr die.«

Er reichte Peter eine dunkle Brille über die Schulter nach hinten. Die Gläser waren verkratzt und stellenweise abgesplittert, und das Gestell bestand aus gelötetem Draht. Peter schob sie auf Amys Gesicht und bog die Bügel behutsam hinter die Ohren.

»Besser?«

Sie nickte und schloss die Augen wieder. »Ich bin so müde«, murmelte sie.

Peter beugte sich nach vorn. »Wie weit noch?«

»Wir sollten es vor Sonnenuntergang schaffen, aber es wird knapp werden. Wir brauchen auch Sprit. In der Hardbox westlich von Sealy dürfte welcher sein.«

Sie fuhren schweigend weiter. Trotz aller Anspannung döste Peter ein. Er schlief zwei Stunden und wachte auf, als der Truck angehalten hatte. Greer und Michael schleppten zwei schwere Plastikkanister Sprit aus der Hardbox. In seinem Kopf war Watte, und seine Glieder bewegten sich schwer und langsam, als wären sie mit Flüssigkeit gefüllt. In jedem Teil seines Körpers spürte er das Alter.

Michael schaute herüber, als er ausstieg. »Wie geht's ihr?«

»Schläft noch.«

Greer schüttete das Benzin durch einen Trichter in den Tank. »Sie wird schon wieder. Schlaf ist das, was sie braucht.«

»Lass mich mal fahren«, sagte Peter. »Ich kenne den Weg von hier aus.«

Greer bückte sich, um den Kanister zu schließen, und wischte sich die Hände an seinem Hemd ab. »Besser, Michael fährt erst mal«, sagte er. »Da sind ein paar heikle Stellen vor uns.«

Sie fanden Kate am Waldrand. Sie hielt den Revolver noch in der Hand und hatte den Finger um den Abzug gekrümmt. Ein Schuss, mitten durch den Sweetspot: Kate, gewissenhaft bis zum Schluss, hatte ganz sicher sein wollen.

Sie hatten keine Zeit, sie zu begraben. Stattdessen beschlossen sie, sie ins Haus zu holen und auf das Bett zu legen, das Caleb und Pim miteinander geteilt hatten, denn sie würden nie wieder herkommen. Hollis und Caleb trugen sie hinein. Es war nicht richtig, sie in ihren blutbefleckten Kleidern liegen zu lassen; Pim und Sara zogen sie aus, wuschen sie und zogen ihr dann eins von Pims Nachthemden an, ein Hemd aus weicher blauer Baumwolle. Sie schoben ihr ein Kissen unter den Kopf und deckten sie fest zu. Pim bürstete ihrer Schwester lautlos weinend das Haar. Eine letzte Frage: Sollten die Mädchen sie noch einmal sehen dürfen? Ja, sagte Sara. Kate war ihre Mutter. Sie mussten sich verabschieden.

Caleb wartete draußen. Der Vormittag war grausam hell. Die Natur verspottete ihn mit Nichtbeachtung. Die Vögel sangen, der Wind wehte, die Wolken zogen schnell über den Himmel, die Sonne folgte träge ihrem schicksalhaften Bogen. Handsome lag tot auf dem Feld; ein paar Bussarde schlugen die Schnäbel in das Festmahl seines Fleisches und flatterten mit den enormen Flügeln. Alles war zerstört, aber die Welt schien es nicht zu wissen, oder es kümmerte sie nicht. Caleb hatte Kate im Schlafzimmer gesagt, er liebe sie, und sie auf die Stirn geküsst. Ihre Haut war erschreckend kalt, aber das war es nicht, was ihn beunruhigte: Er erwartete, begriff er plötzlich, dass sie etwas sagte. *Es hat nicht allzu wehgetan.* Oder: *Es ist okay, Caleb. Ich mache dir keinen Vorwurf. Du hast getan, was du konntest.* Vielleicht würde sie auch etwas Sarkastisches sagen, zum Beispiel: *Im Ernst? Du willst mich zudecken?*

*Ich bin kein Kind mehr, weißt du. Ich wette, das macht dir eine Menge Spaß, Caleb.* Aber da kam nichts. Ihr Körper war da, aber alles, was sie als Person von anderen unterschieden hatte, fehlte. Ihre Stimme war nicht mehr da. Nie wieder würde man sie hören.

Pim kam mit den Mädchen als Erste heraus. Elle weinte leise, und Bug sah nur verwirrt aus. Ein paar Minuten später kamen auch Sara und Hollis.

»Wenn ihr so weit seid, sollten wir losgehen«, sagte Caleb.

Hollis nickte. Sara stand ein Stück weit abseits und starrte zu den Bäumen hinüber. Ihre Augen waren glasig, und ihr Gesicht war unnatürlich still, als sei ein wesentliches Element des Lebens daraus gewichen. Sie räusperte sich und sagte:

»Hollis, tust du etwas für mich?«

»Was denn?«

Sie schaute ihm in die Augen. »Töte die verfluchten Biester, jedes einzelne.«

Sie kamen langsam voran. Bald mussten alle drei Kinder getragen werden; Bug saß auf Calebs Schultern, Elle ritt auf Hollis' Rücken, und Pim und Sara wechselten sich mit Theo in seiner Schlinge ab. Es war spät am Nachmittag, als sie die Stadt erreichten. Die Straßen waren ausgestorben. In Elacquas Vorgarten fanden sie den Truck; er parkte immer noch da, wo Caleb ihn gesehen hatte. Caleb stieg ein. Er hatte gehofft, der Schlüssel werde im Zündschloss stecken, aber da war er nicht. Erfolglos durchsuchte er die Kabine und stieg dann wieder aus.

»Kannst du einen Truck kurzschließen?«, fragte er Hollis.

»Eher nicht.«

Caleb schaute zum Haus hinüber. Im Obergeschoss war ein Fenster kaputt. Es war aus dem Rahmen geschlagen worden, und Glas und Holzsplitter bedeckten den Boden darunter.

»Jemand muss hineingehen und nachsehen.«

»Ich mach's«, sagte Hollis.

»Das ist meine Verantwortung. Bleib hier.«

Caleb ließ das Gewehr bei Hollis und nahm den Revolver mit. Die Luft im Haus war still, als sei sie nie geatmet worden. Caleb schlich von Zimmer zu Zimmer und öffnete Schubladen und Schränke. Als er keine Schlüssel fand, stieg er die Treppe hinauf. Oben in einem schmalen Flur waren zwei geschlossene Türen. Er öffnete die erste. Hier hatten Elacqua und seine Frau geschlafen. Das Bett war nicht gemacht, und daneben wehte die Gardine in dem Wind, der durch das zerbrochene Fenster hereinkam. Caleb durchsuchte alle Schubladen, trat dann ans Fenster und winkte hinunter. Hollis schaute fragend herauf. Caleb schüttelte den Kopf.

Noch ein Zimmer. Was wäre, wenn sie die Schlüssel nicht fänden? Er hatte in der ganzen Stadt kein anderes Auto gesehen. Das musste nicht heißen, dass es keins gab, aber die Zeit wurde knapp.

Caleb holte tief Luft und stieß die Tür mit dem Fuß auf.

Elacqua lag voll bekleidet auf dem Bett. Es roch nach Pisse und fauligem Atem. Im ersten Augenblick hielt Caleb den Mann für tot, aber dann drehte er sich mit feuchtem Schnaufen auf die Seite. Auf dem Boden neben dem Bett stand eine leere Whiskeyflasche. Der Mann war keine gewöhnliche Leiche, sondern eine Schnapsleiche.

Caleb packte ihn bei der Schulter und schüttelte ihn grob. »Aufwachen!«

Ohne die Augen zu öffnen, schlug Elacqua ungeschickt nach Calebs Hand. »Lass mich in Ruhe«, murmelte er.

»Dr. Elacqua, ich bin Caleb Jaxon. Reißen Sie sich zusammen.«

Elacquas Zunge bewegte sich träge in seinem Mund. »Du ... Miststück.«

Caleb ahnte, was passiert war. Aus dem Ehebett verstoßen, hatte der Mann sich besinnungslos betrunken und alles verschlafen. Vielleicht war er schon von vornherein betrunken gewesen, und seine Frau hatte ihn deshalb hinausgeworfen. So oder so, Caleb beneidete ihn fast, denn die Katastrophe war an ihm vorbeigegangen. Wieso hatten die Virals ihn nicht gefunden? Vielleicht roch er einfach zu schlecht, vielleicht war das die Erklärung. Vielleicht sollten sie sich alle betrinken und vorläufig so bleiben.

Er schüttelte Elacqua noch einmal. Die Lider des Mannes öffneten sich flatternd. Sein Blick irrte trübe umher und blieb schließlich auf Calebs Gesicht hängen.

»Wer zum Teufel sind Sie?« Es hatte keinen Sinn zu versuchen, ihm die Situation zu erklären. Der Mann war nicht bei sich. »Dr. Elacqua, sehen Sie mich an. Ich brauche den Schlüssel zu Ihrem Truck.«

Auf der ganzen Welt gab es keine Frage, die noch unverständlicher hätte sein können. »Schlüssel?«

»Ja, Schlüssel. Wo ist er?«

Die Augen blickten wieder ins Leere und schlossen sich dann. Sein Kopf mit der wilden Mähne sank auf das Kissen. Caleb wurde klar, dass es nur noch eine Stelle gab, an der er nicht gesucht hatte. Die Hose des Mannes war nass von Urin, aber das war nicht zu ändern. Caleb tastete ihn ab. Unten in der linken vorderen Hosentasche spürte er etwas Spitzes. Er schob die Hand in die Tasche und zog es heraus. Es war ein einzelner Schlüssel, fleckig vom Alter, an einem kleinen Metallring.

»Hab ich dich!«

Motorengebrüll auf der Straße riss ihn aus seinen Gedanken. Er lief zum Fenster. Sara und die andern winkten aufgeregt in die Richtung des Lärms und schrien: »Hey! Hier drüben«!

Caleb trat auf die Veranda hinaus, als die Lastwagen, drei Fünftonner der Army, vor dem Haus anhielten. Ein uniformierter Mann mit breiter Brust stieg aus der Kabine des vorderen Fahrzeugs: Gunnar Apgar.

»Caleb. Gott sei Dank.«

Sie schüttelten einander die Hand. Hollis und Sara kamen zu ihnen, und Apgar musterte die Gruppe. »Sind das alle?«

»Einer ist noch im Haus, aber wir werden Hilfe brauchen, um ihn herauszuholen. Er ist ziemlich betrunken.«

»Ist das ein Witz?« Als Caleb nicht antwortete, wandte Apgar sich an zwei Soldaten, die aus dem zweiten Lastwagen gesprungen waren. »Holt ihn da raus, und zwar flott.«

Sie liefen die Stufen hinauf.

»Wir haben uns nach Westen vorgearbeitet und Leute gesucht«, sagte Apgar.

»Wie viele Überlebende haben Sie gefunden?«

»Nur euch. Was immer hier los ist, hier draußen ist es als Erstes passiert.« Er schwieg kurz und sah unsicher aus. »Da ist noch etwas, das du wissen solltest, Caleb. Es geht um deinen Vater.«

Östlich von Seguin setzte Peter sich ans Steuer. Amy war am Nachmittag kurz aufgewacht und hatte um Wasser gebeten. Das Fieber war zurückgegangen, und ihre Augen schienen sie nicht mehr so sehr zu plagen, aber sie war immer noch sehr krank. Sie blinzelte aus einem Seitenfenster und fragte, wie weit es noch sei. Die Wolldecke hatte sie sich über Kopf und Schultern gezogen. Noch drei Stunden, vermutete Greer, vielleicht vier. Amy dachte kurz nach und sagte dann sehr leise: »Wir sollten uns beeilen.«

Sie überquerten den Guadalupe und wandten sich nach Norden. Die erste Township, die sie erreichten, lag östlich der alten Stadt Boerne. Viel gab es hier nicht, aber immerhin eine Telegraphenstation. Nur zwei Handbreit Tageslicht waren noch übrig, als sie auf den kleinen zentralen Platz fuhren.

»Furchtbar still hier«, stellte Michael fest.

Die Straßen waren leer. Seltsam für diese Tageszeit, dachte Peter. Sie stiegen aus, und geisterhafte Stille empfing sie. Der Ort bestand aus nur wenigen Gebäuden – einem Kramladen, einem Verwaltungsbüro, einer Kirche und einer Handvoll schlampig hochgezogener Häuser, teils nur halb fertig, als hätten die Erbauer das Interesse verloren.

»Jemand hier?«, rief Michael. »Hallo?«

»Kommt mir komisch vor«, sagte Greer.

Michael langte in den Humvee und nahm die Schrotflinte aus der Halterung. Peter und Greer überprüften ihre Pistolen.

»Ich bleibe bei Amy«, sagte Greer. »Ihr beide sucht die Telegraphenstation.«

Peter und Michael gingen quer über den Platz zum Verwaltungsgebäude. Die Tür stand offen, und auch das war seltsam. Drinnen sah alles normal aus, aber nirgends fand sich ein Lebenszeichen.

»Und wo zum Teufel sind alle hin?«, fragte Michael.

Der Telegraph war in einem kleinen Raum im hinteren Teil des Gebäudes. Michael setzte sich an den Funkertisch und nahm sich das Log vor, ein großes, ledergebundenes Journal.

»Die letzte Nachricht von hier wurde am Freitag um 17:20 Uhr an die Station Bandera geschickt. Als Empfängerin ist Mrs Nills Grath verzeichnet.«

»Und der Text?«

»›Happy Birthday, Tante Lottie‹.« Michael blickte auf. »Danach nichts mehr. Zumindest hat niemand sich mehr die Mühe gemacht, es noch einzutragen.«

Heute war Sonntag. Was immer hier passiert sein mochte, dachte Peter, musste also innerhalb der letzten achtundvierzig Stunden passiert sein.

»Schick eine Nachricht nach Kerrville«, sagte er. »Sag Apgar, dass wir kommen.«

»Mein Morsealphabet ist ein bisschen eingerostet. Wahrscheinlich sage ich ihm, er soll mir ein Sandwich machen.«

Er legte einen Schalter um und fing an, auf eine Taste zu drücken. Nach ein paar Sekunden hörte er wieder auf.

»Was ist los?«

Michael deutete auf die Instrumententafel. »Siehst du die Anzeige hier? Die Nadel sollte sich bewegen, wenn ich die Morsetaste drücke.«

»Aber?«

»Aber ich rede hier mit mir selbst. Der Kontakt schließt sich nicht.«

Peter hatte keine Ahnung von diesen Dingen. »Kannst du es reparieren?«

»Ausgeschlossen. Die Leitung ist unterbrochen, irgendwo zwischen hier und Kerrville. Vielleicht hat der Sturm einen Mast umgeworfen. Ein Blitzschlag würde auch schon genügen. Viel ist da nicht notwendig.«

Sie gingen durch die Hintertür hinaus. Ein alter Benzingenerator kauerte wie ein Monster im Unkraut neben einem verrosteten Pick-up und einem offenen Pferdewagen mit einer gebrochenen Achse, durch dessen Holzboden hohes Gras wuchs. Müll aller Art – Bauschutt, zerbrochene Packkisten, aufgeplatzte Fässer – lag im Hinterhof herum, Abfall des Pionierlandes, der zur Tür hinausflog, wenn er nicht mehr gebraucht wurde.

»Lass uns ein paar andere Häuser anschauen«, sagte Peter.

Sie betraten das nächstgelegene. Es war eingeschossig und hatte nur zwei Zimmer. Schmutzige Teller stapelten sich auf einem Tisch, und Fliegen kreisten darüber. Im hinteren Zimmer fanden sie einen Waschtisch mit einer Waschschüssel, einen Kleiderschrank und ein Bett mit einer Steppdecke. Das Bett war solide und sorgfältig angefertigt. Ineinander verschränkte und sehr detailliert ausgeführte geschnitzte Blumen schmückten das Kopfbrett. Jemand hatte sich dafür Zeit genommen. Ein Hochzeitsbett, dachte Peter.

Aber wo waren die Leute? Was war passiert, dass die Bewohner verschwunden waren, bevor sie Gelegenheit gehabt hatten, das schmutzige Geschirr vom Tisch zu räumen? Peter und Michael kehrten ins vordere Zimmer zurück, als Greer zur Tür hereinkam.

»Wieso dauert es so lange?«

»Der Telegraph funktioniert nicht«, sagte Michael.

»Warum nicht?«

»Irgendwo ist die Leitung unterbrochen.«

Greer sah Peter an. »Wir müssen wirklich weiter.«

Was übersahen sie hier? Was hatte dieses Geisterhaus ihnen zu sagen? Peters Blick fiel auf etwas, das auf dem Boden lag.

»Peter, hast du gehört?«, drängte Greer. »Wenn wir zurück sein wollen, bevor es dunkel wird, müssen wir jetzt los.«

Peter ließ sich in die Hocke sinken, um genauer hinzusehen, und deutete zum Tisch. »Reich mir dieses Spültuch.«

Mit einer Ecke des Lappens umfasste er den Gegenstand. Der Zahn des Virals fing das Licht beinahe wie ein Prisma ein, mit einem perlmuttschimmernden, milchigen Glanz. Die Spitze war so fein, dass sie fast im Unsichtbaren verschwand, wo das bloße Auge sie nicht mehr erkennen konnte.

»Ich glaube, Zero schickt keine Armee«, sagte Peter.

»Was tut er dann?«, fragte Michael.

Peter sah Greer an, und das Gesicht des alten Mannes verriet, dass er das Gleiche dachte.

»Ich glaube, er züchtet eine.«

# 57

Als der Konvoi in Kerrville eintraf, war es kurz vor sieben. Sie stiegen aus und sahen, dass die Stadt im Belagerungszustand war. Oben auf der Mauer liefen Soldaten hin und her und verteilten Magazine und andere Ausrüstungsgegenstände. Maschinengewehre vom Kaliber .50 wurden zu beiden Seiten des Tors stationiert. Apgar ging zu Ford Chase und deutete auf einen der Scheinwerfer. Als Chase davonging, kam Caleb heran.

»General, ich möchte wieder in Dienst treten.«

Apgar runzelte die Stirn. »Ich muss sagen, das hatte ich noch nicht. Kein Mensch will je wieder zurück in die Army.«

»Sie können mich zum einfachen Schützen degradieren, das ist mir egal.«

Der General schaute über Calebs Schulter hinweg zu Pim, die bei Sara und den Kindern stand.

»Hast du das mit deiner Kommandeurin geklärt?«

»Ich müsste lügen, wenn ich sagen wollte, sie wäre glücklich darüber. Aber sie versteht es. Sie hat letzte Nacht ihre Schwester verloren.«

Apgar winkte einem Unteroffizier zu, der am Tor stand. »Sergeant, bringen Sie diesen Mann in die Waffenkammer und geben Sie ihm eine Uniform. Einen Streifen.«

»Danke, General«, sagte Caleb.

»Kann sein, dass du es später bereust. Und dein alter Herr wird mir den Arsch dafür aufreißen.«

»Haben wir schon etwas gehört?«

Apgar schüttelte den Kopf. »Du musst versuchen, dir keine Sorgen zu machen, mein Junge. Er hat schon Schlimmeres überstanden. Melde dich bei Colonel Henneman auf der Plattform. Er wird dir sagen, wo du hingehen sollst.«

Caleb ging zu Pim und nahm sie in den Arm. Er legte die flache Hand auf ihren runden Bauch und küsste Theo.

*Sei vorsichtig,* sagten ihre Hände.

»Wir gehen ins Krankenhaus«, sagte Sara. »Im Keller dort ist eine Hardbox. Wir bringen die Patienten hinunter.«

Der Sergeant trat ungeduldig von einem Fuß auf den anderen. »Sir, wir sollten jetzt gehen.«

Caleb sah seine Familie ein letztes Mal an. Er fühlte, wie die Distanz zunahm, als ob er sie vom Ende eines immer länger werdenden Tunnels aus anschaute.

*Ich liebe dich,* sagte Pim.

*Ich liebe dich auch.*

Dann trabte er davon.


In Boerne setzte Greer sich wieder ans Steuer. Sie fuhren jetzt in die untergehende Sonne. Michael saß auf dem Beifahrersitz, Peter war hinten bei Amy.

Sie sahen keine anderen Fahrzeuge und auch sonst nirgends ein Lebenszeichen. Es war, als sei die Welt tot, eine außerirdische Landschaft. Die Schatten der Berge wurden länger, und der Abend nahte. Greer spähte blinzelnd in das harte Licht, und sein Gesicht verriet große Anspannung. Seine Arme und sein Rücken waren starr wie Holz, und seine Finger umklammerten das Lenkrad. Peter sah, wie seine Kiefermuskeln arbeiteten. Der Mann knirschte mit den Zähnen.

Sie fuhren durch Comfort. Die Ruinen uralter Gebäude – Restaurants, Tankstellen, Hotels – säumten den Highway, vom Sand blankgescheuert und angenagt bis auf die Knochen. Sie erreichten die Siedlung am Westrand der Stadt, fern von den Trümmern der alten Welt. Die Stadt selbst war verlassen wie Boerne, und sie hielten nicht an.

Noch fünfzehn Meilen.


Sara und die anderen trafen Jenny am Eingang des Krankenhauses. Die Frau riss die Augen auf; sie war am Rande der Panik.

»Was ist hier los? Überall sind Soldaten. Eben ist ein Humvee mit einem Lautsprecher durchgefahren und hat gesagt, alle sollen sich in Sicherheit bringen.«

»Es wird einen Angriff geben. Wir müssen die Leute in den Keller bringen. Wie viele Patienten sind auf den Stationen?«

»Was soll das heißen, einen Angriff?«

»*Virals,* Jenny.«

Die Frau wurde bleich, aber sie sagte nichts.

»Hör mir zu.« Sara ergriff Jennys Hände und zwang sie, ihr ins Gesicht zu sehen. »Wir haben nicht viel Zeit. Wie viele?«

Jenny schüttelte kurz den Kopf, als müsse sie ihre Gedanken sammeln. »Fünfzehn?«

»Kinder dabei?«

»Nur zwei. Ein Junge mit Lungenentzündung, und der andere hat ein gebrochenes Handgelenk, das wir eben gerichtet haben. Eine Frau liegt in den Wehen, aber es ist noch früh.«

»Wo ist Hannah?«

Hannah war Jennys Tochter, ein dreizehnjähriges Mädchen. Ihr Sohn war erwachsen und nicht mehr hier, und Jenny und ihr Mann hatten sich schon vor langer Zeit getrennt.

»Zu Hause, nehme ich an.«

»Lauf los und hol sie. Ich komme hier zurecht, bis du wieder da bist.«

»Mein Gott, Sara.«

»Jetzt beeil dich.«

Jenny rannte davon. Pim stand mit Theo auf dem Arm bei den Mädchen. Sara sank vor ihnen in die Hocke. »Ihr müsst jetzt mit eurer Tante Pim gehen.«

Elle sah verängstigt und hilflos aus. Ihre Nase lief, und Sara wischte sie mit dem Saum ihres Hemdes ab.

»Wo gehen wir denn hin?«, fragte das Mädchen kläglich.

Leute hasteten vorbei – Krankenschwestern, Ärzte, Pfleger mit Tragen. Sara blickte zu Pim auf und sah dann wieder ihre Enkelin an. »Nach unten in den Keller!«, sagte sie. »Dort seid ihr in Sicherheit.«

»Ich will nach Hause.«

»Es ist ja nur für kurze Zeit.«

Sie umarmte Elle und dann ihre Schwester, und Pim führte die Mädchen zur Treppe. Als sie hinunterstiegen, drehte Sara sich zu ihrem Mann um. Sie kannte seinen Gesichtsausdruck. Es war der gleiche, den sie an dem Abend gesehen hatte, nachdem Bill gestorben war und er ihr den Zettel gezeigt hatte.

»Es ist okay«, sagte sie.

»Bist du sicher?«

»Ich habe hier alles im Griff. Zieh los, bevor ich es mir anders überlege.«

Weitere Worte waren nicht nötig. Hollis küsste sie und marschierte davon.


Sie verließen den Highway 10. Von hier aus ging es auf einer Schotterpiste schnurgerade nach Süden und zur Stadt. Der Truck holperte wild durch die Schlaglöcher, und der Wind fegte zu den offenen Fenstern herein. Die Sonnenstrahlen fielen flach und grell über ihre rechte Schulter in den Wagen.

»Michael, halte das Steuer fest.« Greer langte unter seinen Sitz. »Peter, gib ihr die.«

Peter beugte sich nach vorn und nahm die Pistole in Empfang. Sie war bereits durchgeladen.

»Du wirst keine Zeit zum Zielen haben«, sagte er zu Amy. »Du musst einfach auf sie zeigen und schießen. Als ob du mit dem Finger auf sie zeigst.«

Sie nahm ihm die Waffe ab. Ihr Blick war unsicher, ihr Griff entschlossen.

»Du hast fünfzehn Patronen. Lass sie nah herankommen – versuch nicht, von Weitem auf sie zu schießen.«

»Nimm das Schrotgewehr herunter«, sagte Greer.

Michael löste die Waffe aus der Halterung. Ein vergrößertes Rohrmagazin mit acht Patronen saß unter dem Lauf. »Was ist da drin?«, fragte er Greer.

»Laufgeschosse. Großkalibrig. Man muss präzise zielen, aber sie stoppen den Gegner zuverlässig.«

Die Umrisse der Stadt erschienen in der Ferne. Sie stand auf der Höhe, klein wie ein Spielzeug.

»Das wird eng werden«, sagte Greer.


Die letzten Patienten wurden vom Hauptgeschoss heruntergebracht. Jenny stand mit einem Clipboard an der Tür zur Hardbox und hakte die Namen auf einer Liste ab, während Sara und das Pflegepersonal zwischen den Pritschen hin und her gingen und ihr Bestes taten, um es allen bequem zu machen.

Sara kam zu der schwangeren Frau, von der Jenny gesprochen hatte. Sie war jung und hatte dichtes, dunkles Haar. Während Sara ihr den Puls maß, warf sie einen kurzen Blick auf das Krankenblatt. Eine Schwester hatte sie vor einer Stunde aufgenommen; der Muttermund war noch kaum geweitet. Ihr Name war Grace Alvado.

»Grace, ich bin Dr. Wilson. Ist das dein erstes Kind?«

»Ich war schon einmal schwanger. Aber daraus ist nichts geworden.«

»Und wie alt bist du?«

»Einundzwanzig.«

Sara überlegte: Das Alter stimmte. Wenn dies dieselbe Grace war, hatte Sara sie zuletzt gesehen, als sie einen Tag alt war. »Heißen deine Eltern Carlos und Sally Jiménez?«

»Sie kannten meine Eltern?«

Sara lächelte beinahe; an einem anderen Tag hätte sie es wohl wirklich getan. »Es überrascht dich vielleicht, Grace, aber ich war da, als du geboren wurdest.« Sie schaute hinüber zu dem Begleiter des Mädchens, der auf der anderen Seite der Pritsche auf einer Packkiste saß. Er war älter als das Mädchen, vielleicht vierzig, und von rauer Erscheinung, aber wie viele angehende Väter schien ihn die plötzliche Dringlichkeit der Ereignisse nach monatelangem Warten ein wenig aus der Fassung zu bringen.

»Sind Sie Mr Alvado?«

»Nennen Sie mich Jock. Das tun alle.«

»Sorgen Sie dafür, dass sie entspannt bleibt, Jock. Tief atmen, und vorläufig noch nicht pressen. Können Sie das für mich tun?«

»Ich werd's versuchen.«

Jenny kam heran. »Alle sind drin«, sagte sie.

Sara legte Grace eine Hand auf den Arm. »Konzentriere dich auf dein Baby, okay?«

Die Tür zum Keller war aus schwerem Stahl, eingelassen in Wände aus dickem Beton. Sara wollte sie eben schließen, als es plötzlich stockdunkel wurde. Banges Gemurmel setzte ein, und dann fingen Leute an zu schreien.

»Bitte beruhigt euch!«, rief Sara.

»Was ist mit dem Licht?«, schrie eine Stimme aus der Finsternis.

»Die Army leitet den Strom auf die Scheinwerfer um, das ist alles.«

»Das bedeutet, die Virals kommen!«

»Das wissen wir nicht. Bitte bemüht euch alle, ruhig zu bleiben.«

Jenny stand neben ihr. »Stimmt das mit der Army?«, fragte sie leise.

»Woher soll ich das wissen? Sieh im Lager nach Laternen und Kerzen.«

Kurz darauf kam Jenny zurück. Lampen wurden angezündet und überall im Raum verteilt. Aus dem Geschrei wurde Getuschel und im Halbdunkel dann angespanntes Schweigen.

»Jenny, fass mit an.«

Die Tür wog vierhundert Pfund. Sara und Jenny zogen sie zu und drehten das Rad, mit dem sie verriegelt wurde.

Ein Viertel der Leute, die Apgar zur Verfügung hatte, ging innerhalb von fünfhundert Metern neben dem Tor in Stellung. Der Rest verteilte sich in regelmäßigen Abständen auf der Mauer und hielt per Funk Verbindung. Caleb führte einen Trupp von zwölf Mann. Sechs von ihnen waren in Luckenbach stationiert gewesen – Teil eines kleinen Kontingents, das es geschafft hatte, sich in die Hardbox zu retten, als die Garnison überrannt wurde. Keiner ihrer Offiziere hatte überlebt, sodass sie in der Befehlskette verwaist waren. Jetzt gehörten sie Caleb.

Ein Mann kam mit dröhnenden Schritten über den Laufgang auf ihn zu. Hollis. Er trug keine Uniform, hatte sich aber die zur Uniform gehörige Tasche vor die Brust geschnallt, die ein halbes Dutzend Reservemagazine und ein langes Messer in einer Scheide enthielt. Ein M4 baumelte am Riemen von seiner breiten Schulter, und im Halfter an seinem Oberschenkel steckte eine Pistole.

Er salutierte zackig. »Private Wilson, Sir.«

Es war absurd, dass Hollis ihn so anredete. Fast war es, als spiele er die Rolle des Soldaten. »Soll das ein Witz sein?«

»Die Frauen und Kinder sind in Sicherheit. Man hat mir befohlen, es zu melden.«

Sein Gesicht war auf eine Weise entschlossen, wie Caleb es noch nie gesehen hatte. Dieser große, sanfte Mann, Sammler von

Büchern und Vorleser für Kinder, hatte sich in einen Krieger verwandelt.

»Ich habe ein Versprechen abgegeben, Lieutenant«, erinnerte Hollis ihn. »Ich glaube, du warst dabei.«

Die Scheinwerfer strahlten auf und warfen einen Verteidigungsring aus grellweißem Licht vor die Mauer. Funkgeräte fingen an zu knistern, und Vibrationen von Energie wanderten auf dem Laufgang hin und her.

Ein Ruf hallte über die Mauer. »Augen auf!«

Überall hörte man das metallische Klacken von Gewehren, die durchgeladen wurden. Caleb richtete seine Waffe nach außen und entsicherte sie. Er warf einen Blick nach rechts, wo Hollis bereitstand – breitbeinig, den Kolben an der Schulter, spähte er am Lauf seines Gewehrs entlang. Sein Körper wirkte gespannt und gleichzeitig locker, zielstrebig und gelassen. Man sah ein altes Gefühl, das längst in Fleisch und Blut übergegangen war und mühelos an die Oberfläche gerufen werden konnte, wenn es gebraucht wurde.

Aus welcher Richtung würden die Virals kommen? Wie viele würden es sein? Seine Brust hob und senkte sich unrhythmisch, und sein Blickfeld war unnatürlich eng. *Nicht denken*, ermahnte er sich. *Das Denken hat seine Zeit, aber jetzt ist nicht der Augenblick dazu.*

Ein leuchtender Punkt tauchte in der Ferne auf, genau im Norden. Adrenalin rauschte in sein Herz, und er drückte den Kolben fester an die Schulter. Das Licht begann zu hüpfen und teilte sich dann wie eine lebende Zelle. Keine Virals – das waren Scheinwerfer.

»Kontakt!«, schrie eine Stimme. »Dreißig Grad rechts! Zweihundert Meter!«

»Kontakt! Zwanzig links!«

Zum ersten Mal seit über zwei Jahrzehnten begann die Sirene zu heulen.

Greer trat das Gaspedal bis auf das Bodenblech. Die Tachonadel machte einen Satz, die Felder flogen wie im Nebel vorbei, der Motor brüllte, und der ganze Truck erschauerte.

»Sie sind direkt hinter uns!«, rief Michael.

Peter drehte sich auf dem Sitz nach hinten. Helle Punkte stiegen über den Feldern auf.

»Achtung!«, schrie Greer. Peter drehte sich gerade noch rechtzeitig herum, um drei Virals ins Scheinwerferlicht springen zu sehen. Greer zielte und raste mitten durch den Schwarm. Die Gestalten flogen über die Motorhaube, und Peter wurde auf dem Sitz nach vorn und wieder zurückgeschleudert. Als er wieder hinausschaute, klammerte sich ein Viral an die Haube.

Michael legte die Schrotflinte auf das Armaturenbrett und feuerte.

Die Scheibe explodierte. Greer schleuderte nach links. Peter wurde gegen die Tür geworfen, und Amy landete auf ihm. Sie jagten über ein Bohnenfeld, parallel zum Tor. Greer riss das Steuer herum, der Wagen neigte sich nach links und drohte umzukippen, aber dann fielen die Räder krachend auf den Boden zurück. Greer fuhr über einen Höhenkamm, und der Wagen flog ein kurzes Stück weit durch die Luft, bevor er hart auf der Straße landete. Unter dem Fahrgestell dröhnte ein bedrohlicher Schlag, und sie wurden langsamer.

»Was ist los?«, schrie Peter zu Greer hinüber.

Rauch quoll unter der Haube hervor, und der Motor heulte hilflos auf. »Wir müssen irgendwo angestoßen sein – das Getriebe ist hin. Achtung, rechts!«

Peter fuhr herum, visierte den Viral an und drückte ab, aber sein Schuss ging daneben. Er feuerte noch einmal und noch einmal, ohne zu wissen, ob er etwas traf. Dann rastete der Schlitten ein: Das Magazin war leer. Bis zum beleuchteten Vorfeld waren es noch hundert Meter.

»Keine Munition mehr!«, rief Michael.

Der Truck rollte aus, und Leuchtkugeln erhoben sich von der Mauer, flogen im Bogen über ihnen hinweg und zogen Streifen aus Licht und Rauch hinter sich her. Peter drehte sich zu Amy um. Sie lehnte zusammengesunken an der Tür, und die Pistole baumelte an ihrer Hand. Sie hatte sie nicht abgefeuert.

»Greer«, sagte Peter, »hilf mir.«

Er zog sie aus dem Wagen. Ihre Bewegungen waren schwerfällig und schlenkernd wie bei einer Schlafwandlerin. Während ihre Beine aus dem Truck herausklappten, lief Greer vorn um den Wagen herum und schob neue Patronen in das Magazin der Schrotflinte. Er drückte sie Peter in die Hand und schob seine rechte Schulter unter Amys Arm, um sie zu stützen.

»Gib uns Deckung«, rief er.

Caleb sah hilflos zu, wie der Truck herankam. Die Virals waren noch ein gutes Stück außer Reichweite, selbst wenn man Glück hatte. Überall auf der Mauer riefen Stimmen, man solle nicht schießen, sondern abwarten, bis sie nah genug wären.

Er sah, wie der Truck anhielt. Vier Leute kamen heraus. Der Letzte der Gruppe drehte sich um und schoss mit einem Schrotgewehr mitten in einen heranspringenden Schwarm. Einmal, zweimal, dreimal. Flammen blühten in der Dunkelheit aus der Mündung des Gewehrs.

Caleb wusste, der Mann war sein Vater.

Er war im Geschirr und hatte sich eingehakt, bevor es ihm selbst bewusst war. Er handelte automatisch, ohne Plan, nur nach seinem Instinkt.

»Caleb, was zum Teufel hast du vor?«

Hollis starrte ihn an. Caleb sprang von der Brüstung und drehte den Feldern den Rücken zu.

»Sag Apgar, wir brauchen einen Trupp am Fußgängerportal. Lauf!«

Bevor Hollis noch etwas sagen konnte, stieß Caleb sich ab. Er schwang in einem weiten Bogen von der Mauer weg und zurück. Seine Stiefel berührten wieder Beton. Er stieß sich wieder ab, und dann noch zweimal, bevor er auf der Erde landete. Er hakte sich los und schwenkte das Gewehr herum.

Sein Vater kam mit den anderen den Hang heraufgerannt. Sie waren jetzt im beleuchteten Vorfeld. Virals versammelten sich an den Rändern. Manche bedeckten ihre Augen, andere hatten sich kugelförmig zusammengeduckt. Sie zögerten einen Moment lang im Widerstreit der Instinkte. Würde das Flutlicht genügen, um sie zurückzuhalten?

Sie stürmten heran.

Die Maschinengewehre eröffneten das Feuer. Caleb duckte sich reflexhaft, als die Kugeln über seinen Kopf hinwegpfiffen und sich mit nassem Klatschen in die Virals bohrten. Blut spritzte, Fleisch wurde vom Knochen gerissen, und ganze Körperteile flogen davon. Sie starben nicht einfach, sie wurden zerrissen. Die Maschinengewehre ratterten. Es war ein Gemetzel, aber immer neue stürmten ins Licht.

»Die Pforte!«, rief Caleb. Er lief in einem Fünfundvierzig-Grad-Winkel zur Mauer und schwenkte den Arm über dem Kopf. »Lauft zur Pforte!«

Er ließ sich auf ein Knie fallen und begann zu schießen. Hatte sein Vater ihn gesehen? Wusste er, wer er war? Der Verschluss rastete ein – dreißig Patronen binnen eines Herzschlags. Er ließ das Magazin herausfallen, zog ein neues aus seiner Brusttasche und schob es in den Schacht.

Etwas prallte gegen seinen Rücken. Atmen, Sehen, Denken – alles war unterbrochen. Er spürte, dass er durch die Luft flog, ja, beinahe segelte. Ganz außergewöhnlich. Mitten im Fluge hatte er Zeit, darüber zu staunen, wie leicht sein Körper im Vergleich zu anderen Dingen war. Aber dann wurde er wieder schwer und landete hart auf dem Boden. Er rollte den Hang hinunter, und sein Gewehr flog am Riemen hin und her. Er versuchte, die wilden

Purzelbäume bergab zu steuern. Seine Hand fand den unteren Teil des Gewehrs, aber sein Finger verhakte sich im Abzugsbügel. Er überschlug sich noch einmal, landete auf der Brust, und das Gewehr klemmte zwischen Körper und Boden. Er konnte es nicht verhindern – ein Schuss löste sich.

Schmerz! Er rollte auf den Rücken, und das Gewehr lag quer über seiner Brust. Hatte er sich selbst angeschossen? Der Boden unter ihm drehte sich und wollte nicht mehr aufhören. Blinzelnd starrte er in die Scheinwerfer. Er fühlte sich nicht so, wie er es bei einer Kugel im Leib erwartet hätte. Zwei Stellen taten weh: seine Brust, die den Explosionsdruck des Schusses abbekommen hatte, und seine Stirn am äußeren Ende der rechten Augenbraue. Er berührte die Stelle und rechnete damit, dass es bluten würde, aber seine Finger blieben trocken. Dann begriff er, was passiert war. Die ausgeworfene Patronenhülse war vom Boden abgeprallt und in sein Gesicht geschwirrt, und sie hatte sein Auge um ein Haar verfehlt. *Fuck, du hast wirklich Glück gehabt, Caleb Jaxon*, dachte er. *Hoffentlich hat das niemand gesehen.*

Ein Schatten fiel über ihn.

Caleb riss das Gewehr hoch, aber als er mit der linken Hand nach vorn griff, um den Lauf gerade zu halten, merkte er, dass der Magazinschacht leer war. Das Magazin war herausgerissen worden. Er hatte sich im Laufe seines Lebens verschiedentlich den Augenblick seines Todes vorgestellt, aber nie hatte er sich ausgemalt, dass er mit einem ungeladenen Gewehr auf dem Rücken lag und von einem Viral in Stücke gerissen wurde. Vielleicht war das immer so, dachte er: *Ich wette, daran hast du nicht gedacht.* Caleb ließ das Gewehr fallen. Seine einzige Hoffnung war die Pistole. Hatte er sie durchgeladen? Entsichert? Würde sie überhaupt da sein, oder hatte er sie wie das Magazin verloren? Der Schatten hatte die Gestalt einer menschlichen Silhouette angenommen. Aber es war kein Mensch. Ganz und gar nicht. Der Kopf legte sich zur Seite. Die Klauen streckten sich. Die Lippen zogen sich zurück und offenbarten eine dunkle Höhle, triefend von Zähnen. Caleb hatte die Pistole in der Hand und hob sie.

Blut spritzte. Die Kreatur krümmte sich um das Loch in ihrer Brust. Mit beinahe zärtlicher Gebärde hob sie eine Klauenhand und berührte die Wunde. Verständnislos blickte sie auf. *Bin ich tot? Hast du das getan?* Aber Caleb hatte es nicht getan; er hatte nicht einmal abgedrückt. Der Schuss war von hinten gekommen und über seine Schulter hinweggefahren. Eine Sekunde lang betrachteten sie einander, Caleb und dieses sterbende Ding, und dann kam eine zweite Gestalt von rechts heran, drückte dem Viral die Mündung eines Schrotgewehrs ans Gesicht und schoss.

Es war sein Vater. Bei ihm war eine Frau, barfuß und in einem schlichten Kittel, wie die Schwestern ihn trugen. Ihr Haar bedeckte den Schädel wie eine feine dunkle Patina. In der ausgestreckten Hand hielt sie die Pistole, mit der sie den ersten, tödlichen Schuss abgegeben hatte.

Amy.

»Peter …«, sagte sie. Und sank auf die Knie.


Dann rannten sie.

Kein Wort wurde gewechselt, an das Caleb sich nachher erinnern konnte. Sein Vater trug Amy auf der Schulter; zwei weitere Männer waren auch dabei, und einer hatte das Schrotgewehr aufgehoben, das sein Vater weggeworfen hatte. Die Pforte unten in der Mauer stand offen, und ein Trupp von sechs Soldaten hatte davor eine Verteidigungslinie gebildet.

»Runter!«

Das war Hollis' Stimme. Alle warfen sich auf die Erde. Kugeln pfiffen über sie hinweg, und dann war es unvermittelt still. Caleb hob den Kopf. Über den Lauf seines Gewehrs hinweg winkte Hollis sie weiter.

»Rennt, dass euch der Arsch brennt!«

Sein Vater und Amy waren als Erste drinnen. Caleb folgte ihnen. Ein wütendes Sperrfeuer brach hinter ihnen los. Die Soldaten riefen einander Warnungen zu – *Von links! Rechts! Los, los!* – und schossen immer weiter, während sie einer nach dem anderen rückwärts durch die schmale Pforte in den Gang durch die Mauer zurückwichen. Hollis kam als Letzter herein. Er ließ sein Gewehr fallen, schwenkte die Tür herum und packte das Verriegelungsrad. Als die Tür fast mit dem Rahmen bündig war, klemmte sie plötzlich.

»Ich brauche hier Hilfe!«

Hollis stemmte sich mit der Schulter gegen die Tür. Caleb sprang heran und drückte, andere taten es auch. Trotzdem wurde der Spalt wieder größer. Ein Fingerbreit, dann zwei. Ein halbes Dutzend Männer stemmten sich gegen die Tür. Caleb drehte sich so, dass er mit dem Rücken dagegendrückte, und grub die Stiefelabsätze in die Erde. Aber das Ende war absehbar. Selbst wenn sie die Tür noch ein paar Augenblicke halten könnten, würden die Virals schließlich stärker sein.

Dann sah er eine Möglichkeit.

Er griff an seinen Gürtel. Caleb hasste Granaten; er wurde die irrationale Angst nicht los, sie könnten von allein detonieren. Deshalb kostete es ihn Überwindung, eine von seinem Gürtel zu haken und den Stift herauszuziehen. Er hielt den Bügel fest und schob das Gesicht an den Türspalt. Er brauchte mehr Platz; die Lücke zwischen Tür und Rahmen war zu schmal. Niemandem würde gefallen, was er hier vorhatte, aber für Erklärungen war keine Zeit. Er trat zurück, und die Tür öffnete sich um anderthalb Handbreit weiter. Eine Hand schob sich herein, und Klauenfinger krümmten sich mit tastender Gebärde um den Türrand. Geschrei brach los: *Was machst du denn? Halt die Tür zu!* Caleb lockerte seinen Griff um die Granate und ließ den Bügel los.

»Fangt auf!«, sagte er und schob die Granate durch die Öffnung.

Er drückte mit der Schulter gegen die Tür. Mit geschlossenen Augen zählte er die Sekunden ab, als spreche er ein Gebet. *Einundzwanzig, zweiundzwanzig, dreiundzwanzig …*

Ein Knall.

Schwirrende Splitter.

Eine Staubwolke senkte sich herab.

# 58

»Wir brauchen hier einen Sanitäter! Sofort!«

Peter ließ Amy zu Boden sinken. Ihre Lippen bewegten sich unsicher, und dann fragte sie sehr leise: »Sind wir drin?«

»Alle sind in Sicherheit.«

Sie war bleich, und ihre Lider waren schwer. »Es tut mir leid, ich dachte, ich schaffe es allein.«

Peter blickte auf. »Wo ist mein Sohn? Caleb!«

»Hier bin ich, Dad.«

Sein Junge stand hinter ihm. Peter sprang auf und zog ihn fest in die Arme. »Was zum Teufel hast du da draußen gemacht?«

»Ich wollte euch holen.« Er hatte Schrammen an den Armen und im Gesicht und blutete am Ellenbogen.

»Was ist mit Pim und Theo?« Peter konnte nur stoßweise sprechen.

»Sie sind in Sicherheit. Wir sind vor ein paar Stunden hier angekommen.«

Peter war plötzlich überwältigt. Gedanken bestürmten ihn aus allen Richtungen. Er war erschöpft, er brauchte Wasser, die Stadt wurde angegriffen, sein Sohn und seine Familie waren unversehrt. Zwei Sanitäter erschienen mit einer Trage, und Greer und Michael legten Amy darauf.

»Ich gehe mit ihr zur Versorgungsstation«, sagte Greer.

»Nein, das mache ich.«

Greer umfasste seinen Arm oberhalb des Ellenbogens und schaute ihm fest in die Augen. »Sie kommt wieder auf die Beine, Peter. Wir haben es geschafft. Jetzt geh und mach deine Arbeit.«

Sie trugen Amy weg, und als Peter aufblickte, sah er, dass Apgar und Chase auf ihn zukamen. Das Gewehrfeuer über ihnen hatte nachgelassen; nur hier und da knallte es noch.

»Mr President«, sagte Apgar, »ich wäre Ihnen dankbar, wenn Sie in Zukunft etwas mehr Spielraum einkalkulieren könnten.«

»Wie ist die Lage?«

»Der Angriff ist anscheinend nur von Norden her gekommen. Anderswo auf der Mauer gab es keine Sichtungen.«

»Was hören wir aus den Townships?«

Apgar zögerte. »Nichts.«

»Was heißt *nichts*?«

»Überall herrscht Funkstille. Wir haben heute Morgen Patrouillen losgeschickt, nach Westen bis hinaus nach Hunt, nach Süden bis Bandera und nach Norden bis Fredericksburg. Keine Überlebenden, und fast keine Leichen. Zum jetzigen Zeitpunkt müssen wir davon ausgehen, dass sie alle überrannt worden sind.«

Peter fand keine Worte. Über zweihunderttausend Menschen, einfach weg.

»Mr President?«

Apgar schaute ihn an. Peter schluckte. »Wie viele Leute haben wir innerhalb der Mauer?«

»Das Militär mitgerechnet vier-, vielleicht fünftausend, höchstens. Zum Kämpfen nicht gerade viel.«

»Und was ist mit dem Isthmus?«, fragte Peter den General.

»Zufällig haben wir vor zwei Stunden einen Funkspruch von dort empfangen. Jemand namens Lore wollte wissen, wo Sie sind. Von dem Angriff der letzten Nacht wussten sie nichts; ich schätze, die Dracs haben sie übersehen. Oder sie waren zu clever, um diesen Brückendamm zu überqueren.«

Das Schießen über ihnen hörte auf.

»Vielleicht war es das für diese Nacht«, meinte Chase und schaute hoffnungsvoll in die Runde. »Vielleicht haben wir sie vertrieben.«

Das glaubte Peter nicht, und er sah, dass Apgar es auch nicht glaubte.

»Wir müssen ein paar Entscheidungen treffen, Peter«, sagte Michael jetzt. »Die Gelegenheit wird nicht lange anhalten. Wir sollten darüber reden, wie wir die Leute von hier wegbringen.«

Der Gedanke erschien plötzlich absurd. »Ich lasse diese Leute nicht ungeschützt zurück, Michael. Es hat angefangen. Im Augenblick brauche ich jeden, der eine Mistgabel halten kann, oben auf dieser Mauer.«

»Du machst einen Fehler.«

Von oben rief jemand: »Kontakt! Zweitausend Meter!«

Das Erste, was sie sahen, war eine Kette von Lichtern in der Ferne.

»Soldat, geben Sie mir Ihr Fernglas.«

Der Soldat reichte das Glas herüber, und Peter hob es an die Augen. Apgar und Michael, die neben ihm auf der Plattform standen, spähten ebenfalls nach Norden.

»Können Sie sehen, wie viele das sind?«, fragte Peter den General.

»Sie sind zu weit draußen.« Apgar hakte das Walkie-Talkie von seinem Gürtel und hob es an den Mund. »An alle Stationen, was sehen Sie?«

Ein statisches Knistern, dann kam die erste Meldung: »Station eins, negativ.«

»Station zwei, kein Kontakt.«

»Station drei, hier genauso. Wir sehen gar nichts.«

Und so weiter, einmal um die Mauer herum. Die Lichterreihe fing an, sich zu strecken, aber sie schien nicht näher zu kommen.

»Was zum Teufel tun sie da?«, fragte Apgar. »Sie warten einfach da draußen.«

»Moment.« Michael zeigte nach draußen. »Dreißig Grad links.«

Peter schaute in die Richtung, die er angab. Eine zweite Reihe entstand dort.

»Da ist noch eine«, sagte Apgar. »Vierzig Grad rechts, bei den Bäumen. Sieht aus wie ein großer Schwarm. Und von Norden kommen neue dazu.«

Die Hauptkette war jetzt mehrere Hundert Meter lang. Virals strömten aus allen Himmelsrichtungen heran und näherten sich der zentralen Masse.

»Das ist kein Spähtrupp«, sagte Peter.

»Läufer!«, brüllte Apgar. »Einsatzbereit machen!« Er drehte sich zu Peter um. »Mr President, wir müssen Sie in Sicherheit bringen.«

Peter wandte sich an einen der Späher. »Corporal, geben Sie mir das M16.«

»Peter, bitte, das ist keine gute Idee.«

Der Soldat reichte Peter die Waffe. Er nahm das Magazin heraus, blies auf die oberste Patrone, um den Staub zu entfernen, und schob das Magazin wieder in den Schacht. Dann lud er die Waffe durch. »Wissen Sie, Gunnar, ich glaube, das war das erste Mal seit zehn Jahren, dass Sie mich beim Vornamen angeredet haben.«

Damit war das Gespräch zu Ende. Ein dumpfes Grollen rollte auf sie zu. Mit jeder Sekunde wurde es stärker.

»Was höre ich da?«, fragte Michael.

Es war das Geräusch von stampfenden Füßen. Die Massen waren dichter geworden und kamen mit machtvollem Wogen auf sie zu. Dahinter wallte eine Staubwolke hoch in die Luft hinauf.

»Allmächtiger!«, sagte Peter. »Das sind *alle*.«

Apgars Stimme übertönte den Aufruhr. »Nicht schießen, bis sie das Vorfeld erreicht haben!«

Die Horde war dreihundert Meter weit weg und kam schnell näher. Sie sah weniger aus wie eine Armee, sondern vielmehr wie ein gewaltiges Naturschauspiel – eine Lawine, ein Hurrikan, eine Flutwelle. Die Plattform begann zu vibrieren, und ihre Schrauben und Nieten schwangen im Takt der seismischen Erschütterung durch den Anmarsch der Virals.

»Wird das Tor halten?« Peter sah Apgar an. Auch er hatte das Fernglas gegen ein Gewehr getauscht.

»Gegen das da?«

Noch zweihundert Meter. Peter presste den Kolben der Waffe gegen seine Schulter.

»Achtung!«, brüllte Apgar.

Noch hundert Meter.

»Legt an!«

Alles hielt inne.

Die Virals hatten dicht vor dem Licht der Scheinwerfer Halt gemacht. Nicht einfach Halt gemacht – sie waren an Ort und Stelle erstarrt, als habe jemand einen Schalter umgelegt.

»Was zum *Teufel* …?«

Die Masse fing an, sich zu teilen, und öffnete einen Korridor. Die Bewegung begann hinten, floss durch die Mitte und kräuselte sich nach beiden Seiten. Es wirkte irgendwie ehrfurchtsvoll, als machten die Virals Platz für einen großen König, der zwischen ihnen hindurchkommen würde und vor dem sie sich verneigen würden. Eine dunkle Gestalt drängte sich durch das Herz der Horde nach vorn. Sie sah aus wie ein großes Tier, und sie näherte sich der Stadt mit gewissenhafter Langsamkeit. Der Korridor verbreiterte sich vor ihr. Alle Gewehre waren auf die Stelle gerichtet, wo sie hervorkommen würde. Dreißig Meter, zwanzig, zehn. Die vorderste Reihe der Virals teilte sich, öffnete sich wie eine Tür und gab den Blick frei auf eine schockierend alltägliche Person zu Pferde.

»Ist er das?«, fragte Apgar. »Ist das Zero?«

Der Reiter kam ins Scheinwerferlicht. Auf halbem Weg zum Tor hielt er sein Pferd an und stieg ab. Nicht »er«, erkannte Peter. *Sie.* Das grelle Licht der Scheinwerfer blitzte auf den dunklen Gläsern einer Brille, die die obere Hälfte ihres Gesichts verdeckte. Eine Scheide mit einer langen Waffe, einem Schwert oder einem Gewehr, hing schräg über ihren Rücken, und zwei Patronengurte spannten sich kreuzweise über ihren Oberkörper.

Patronengurte.

»O verdammt«, hauchte Michael.

Peters Verstand stürzte in ein Loch in der Zeit. »Nicht schießen!« Er hob beide Arme hoch über den Kopf. »Alles hält sich zurück!«

Die Frau stand aufrecht da und richtete das Gesicht zur Mauer hinauf. »Ich bin Alicia Donadio, Captain der Expeditionstruppe! Wo ist Peter Jaxon?«

# 59

Dreißig Minuten waren vergangen; alle waren auf ihrem Posten geblieben. Peter trat vom Portal zurück und nickte Henneman zu.

»Machen Sie auf, Colonel.«

Henneman drehte das Rad und wich zurück. Aus dem Tunnel in der Mauer hörte man langsames Hufgetrappel. Ein energisches Kribbeln wanderte durch die Reihe der Soldaten vor dem Portal; alle hatten die Waffe an der Schulter, und alle spähten am Lauf entlang. Ein Schatten an der Tunnelwand wurde immer länger, und dann kam Alicia heraus. Mit einer Hand hielt sie einen kurzen Strick, der am Halfter ihres Pferdes befestigt war, die andere lag entspannt auf ihrer Hüfte. Ihr Haar, diese unverwechselbare rote Haube, spannte sich straff über den Schädel und war zu einem dichten Zopf geflochten, der halb über ihren Rücken hinabfiel. Sie trug ein T-Shirt ohne Ärmel, das die muskulösen Schultern und Arme sehen ließ, und darunter eine weite Hose, die um die Taille zusammengeschnürt war, und ein Paar Lederstiefel. Sie warf einen kurzen Blick auf die Soldaten vor ihr. Die Lichter des Sammelplatzes blitzten wie Suchscheinwerfer auf ihren Brillengläsern. Sie kam noch einen Schritt weiter, blieb dann stehen und wartete auf Anweisungen.

»Komm näher«, sagte Peter. »Langsam.«

Sie kam fünf Schritte näher, und Peter befahl ihr wieder, stehen zu bleiben.

»Die Messer zuerst. Wirf sie nach vorn.«

»Mehr hast du nicht zu sagen?«

Das alles kam ihm plötzlich unwirklich vor; es war, als rede er mit einem Gespenst. »Die Messer, Lish.«

Ihr Blick ging nach rechts. »Michael. Ich habe dich nicht gesehen.«

»Hallo, Lish.«

»Und Colonel Apgar.« Alicia nickte knapp. »Schön, Sie zu sehen, Sir.«

»›General‹ für Sie, Donadio.« Der Mann hatte die Arme vor der Brust verschränkt, und sein Gesicht war finster. »Mr President, ein Wort von Ihnen, und die Sache ist erledigt.«

»›Mr President‹?« Alicia runzelte spöttisch die Stirn. »Du bist vorangekommen in der Welt, Peter.«

Das alte Geflachse, der scherzhafte Ton – war das ein Trick? »Ich habe gesagt, runter damit.«

Sie ließ sich Zeit, als sie die Schnallen öffnete und die Patronengurte zu Boden fallen ließ.

»Und jetzt das Schwert«, sagte Peter.

»Ich bin hier, um zu reden, das ist alles.«

Peter schaute zur Mauer hinauf. »Scharfschützen! Zielt auf das Pferd!« Er sah Alicia an. »Soldier, nicht wahr?«

Wenn er sie erschreckt hatte, ließ sie es sich nicht anmerken. Aber sie zog die Scheide über den Kopf und warf sie vor sich auf den Boden.

»Jetzt die Brille«, sagte Peter.

»Ich bin keine Bedrohung, Peter. Ich bin nur die Botin.«

Er wartete.

»Wie du willst.«

Sie nahm die Brille ab und entblößte ihre Augen, deren orangegelber Farbton stärker geworden war, durchdringender. Die Zeit war für sie nicht fortgeschritten; sie war nicht um einen Tag gealtert. Trotzdem war etwas verändert, etwas, das man weniger sehen als vielmehr fühlen konnte, wie man das Prickeln eines Gewitters auf der Haut fühlte, lange bevor die Wolken aufzogen. Ihr Blick irrte nicht umher, sondern hielt ihn fest, ein herausfordernder Blick – obwohl ihr Gesicht jetzt, da es unverhüllt war, irgendwie nackt wirkte, beinahe verletzlich. Ihr Selbstbewusstsein war ein Täuschungsmanöver, und dahinter verbarg sich Unsicherheit.

»Licht an!«

Drei transportable Batterien Natriumdampflampen standen hinter ihm, und mit einem Knall wie aus einem Gewehr strahlten sie auf. Das Licht schlug Alicia ins Gesicht. Sie riss die Hände hoch, und ein halbes Dutzend Soldaten stürzte sich auf sie und warf sie mit dem Gesicht nach unten auf den Boden. Mit lautem Wiehern bäumte Soldier sich auf die Hinterbeine auf und schlug mit den Vorderhufen wütend in die Luft. Einer der Soldaten drückte Alicia die Mündung seiner Pistole an die Schädelbasis, während die übrigen sie am Boden hielten.

»Kann jemand das Pferd unter Kontrolle bringen!«, blaffte Peter. »Wenn es Schwierigkeiten macht, erschießt es.«

»Lasst ihn in Ruhe!«

»Colonel Henneman, fesseln Sie die Gefangene!«

Zwei Soldaten führten das Pferd weg, Henneman schob seine Pistole ins Halfter, kam heran und fesselte Alicia mit Ketten an Hand- und Fußgelenken. Eine dritte Kette verband die beiden ersten hinter ihrem Rücken miteinander.

»Steh auf und sieh mich an.«

Alicia kam wippend auf die Knie. Sie presste die Augen zu und wandte das Gesicht vom harten Scheinwerferlicht weg wie jemand, der einem Faustschlag ausweichen will.

»Ich versuche, euch das Leben zu retten, Peter.«

»Eine interessante Methode, uns das zu zeigen.«

»Du musst hören, was ich zu sagen habe.«

»Dann sag es.«

Ein Augenblick verstrich. Dann fing sie an. »Es gibt einen Mann. Mehr als ein Mann. Eine Art Viral, aber er sieht aus wie wir. Er heißt Fanning, und er ist in New York in einem Gebäude namens Grand Central. Er ist es, der mich hergeschickt hat.«

»Und dort warst du die ganze Zeit?«

Alicia nickte. »Es gibt Dinge, die ich dir nie erzählt habe, Peter. Dinge, die ich dir nicht erzählen *konnte*. Der Viral in mir war immer stärker, als ich mir habe anmerken lassen. Das Gefühl wurde schlimmer und schlimmer, und ich wusste, ich würde es nicht mehr lange unter Kontrolle halten können. Gleich nach Iowa fing es an, dass ich Fanning in meinem Kopf hörte. Darum bin ich nach New York gegangen. Ich wollte ihn töten. Oder er sollte mich töten. So oder so, es war mir eigentlich gleichgültig. Es sollte nur alles vorbei sein.«

»Und warum hast du ihn nicht getötet?«

»Glaub mir, ich hatte es vor. Ich wollte ihm den verdammten Kopf abschlagen. Aber ich konnte es nicht. Der Viral, der mich damals in Colorado gebissen hatte, war nicht von Babcock. Er gehörte Fanning. Sein Virus trage ich in mir. Ich gehöre ihm, Peter.«

*Ich gehöre ihm.* Bei diesen Worten überlief es ihn eiskalt. Er sah Apgar an, um zu sehen, ob auch er ihre volle Bedeutung verstanden hatte. Ja, das hatte er.

»Fanning und ich hatten eine Abmachung. Wenn ich bei ihm bliebe, würde er euch in Ruhe lassen.«

»Anscheinend hat er es sich anders überlegt.«

Sie schüttelte nachdrücklich den Kopf. »Ich hatte damit nichts zu tun. Als ich herausfand, was er tat, war es zu spät, um ihn zu stoppen. Er hat die ganze Zeit darauf gewartet, dass ihr euch ausbreitet und eure Deckung sinken lasst. Er will Amy. Wenn ich sie zu ihm bringe, hört er auf.«

Das also war es. »Was will er mit ihr?«

»Das weiß ich nicht.«

»Lüg mich nicht an.«

»Wo ist sie, Peter?«

»Ich habe keine Ahnung. Seit zwanzig Jahren hat niemand sie mehr gesehen.«

Alicias Ton hatte sich verändert. Alles Auftrumpfende war verflogen. »Hör mir zu, *bitte*. Es ist nicht aufzuhalten. Du hast gesehen, wozu er fähig ist. Er ist nicht wie die andern. Die anderen waren *nichts*.«

»Wir haben Mauern. Wir haben Flutlicht. Wir haben schon früher gegen sie gekämpft. Geh zurück und sag ihm das.«

»Peter, du verstehst nicht. Er braucht gar nichts zu *tun*. Ihr habt – wie viele? Ein paar Tausend Soldaten? Und wie viele Lebensmittel? Benzin? Gebt ihm, was er will. Das ist eure einzige Chance.«

»Soldat Wilson, treten Sie bitte vor.«

Hollis trat ins Licht.

»Du erinnerst dich an Hollis, oder, Lish? Willst du nicht hallo sagen?«

Sie senkte den Kopf. »Warum fragst du mich das?«

»Und seine Tochter Kate? Sie dürfte ein kleines Mädchen gewesen sein, als du sie das letzte Mal gesehen hast.«

Alicia nickte.

»*Sag es*. Sag, du erinnerst dich an Kate.«

»Ja. Ich erinnere mich an sie.«

»Das freut mich. Sie ist Ärztin geworden, als sie groß war, genau wie ihre Mutter. Hat zwei eigene kleine Töchter bekommen. Und dann, gestern Abend, hat einer von deinen Freunden sie gebissen. Willst du wissen, was dann passiert ist?«

Alicia schwieg.

»Ob du es *wissen* willst!«

»Jetzt mach schon, Peter.«

»Okay, bitte sehr. Das kleine Mädchen, an das du dich erinnerst? Sie hat sich erschossen.«

Ihr Schweigen machte ihn rasend. Was war mit ihr passiert? Was war aus ihr geworden?

»Dazu hast du nichts zu sagen?«

»Was willst du hören? Dass es mir leidtut? Du kannst mit mir machen, was du willst, aber das wird nichts verhindern.«

Peters Puls hämmerte, und er ballte die Fäuste. Dann stieß er mit dem Finger in ihre Richtung. »*Sieh ihn an.* Ich lasse Sara herauskommen, und Kates Töchter auch. Dann kannst du ihnen sagen, wie beschissen leid dir das alles tut.«

Alicia schwieg.

»Zweihunderttausend Leute, Lish. Und du kommst her und redest von Kapitulation? Als wäre er dein *Freund?*«

Ihre Schultern bebten. Weinte sie?

»Ich frage dich noch einmal. Was will Fanning mit Amy?«

Sie drehte den Kopf hin und her. »Ich weiß es nicht.«

»Gunnar, geben Sie mir Ihre Pistole.«

Apgar zog die Pistole, drehte sie in der Hand herum und reichte sie Peter. Peter ließ das Magazin herausfallen, überprüfte es und schob es geräuschvoll wieder hinein.

»Peter«, sagte Michael, »was zum Teufel hast du vor?«

»Diese Frau ist ein Viral. Sie ist verbündet mit dem Feind.«

»Das ist Alicia! Sie ist eine von uns!«

Peter trat an Alicia heran und drückte ihr die Waffe an die Schläfe. »Sag es mir, verdammt.«

»Ich weiß, dass sie hier ist«, sagte Alicia leise. »Ich höre es an deiner Stimme.«

Er spannte den Hahn mit dem Daumen und sprach mit zusammengebissenen Zähnen. Er folgte jetzt nur noch seinem Instinkt, einer blinden weißglühenden Wut, die jeden Gedanken überlagerte. »Beantworte meine Frage, oder ich jage dir eine Kugel in den Kopf.«

»*Halt!*«

Er drehte sich um. Amy stand am Rande des Kreises und stützte sich auf Greers Arm.

»Lucius, schaff sie weg von hier, verdammt.«

Zwei Soldaten versperrten ihnen den Weg, und der eine legte Greer die Hand auf die Brust. Greer straffte sich, aber dann überlegte er es sich anscheinend anders und ließ es zu.

»Lass mich mit ihr reden«, sagte Amy.

Der Gedanke war lächerlich. Sie konnte kaum stehen; ein Windhauch würde sie zu Boden werfen.

»Bring sie weg, Greer!«

»Ich verstehe, dass du wütend bist«, sagte Amy. »Aber hier steckt mehr dahinter, als du weißt.«

Sie sprach mit ihm wie mit einem gefährlichen Tier oder einem Mann, der am Rand eines Abgrunds steht. Peter fühlte plötzlich das glatte Gewicht der Pistole in seiner Hand.

»Lucius kann bleiben, wo er ist«, sagte Amy, »aber wenn du Antworten haben willst, musst du mich durchlassen.«

Peter sah Alicia an. Die Frau hatte resigniert den Kopf gesenkt; sie sah klein aus, zierlich, gebrochen. Hatte er wirklich vorgehabt, sie zu erschießen? Das war doch unmöglich, aber in diesem Augenblick hatte ihn etwas überwältigt, das er nicht unter Kontrolle hatte.

»Bitte, Peter.«

Der Augenblick zog sich in die Länge; alle starrten ihn an.

»Also gut«, sagte er schließlich. »Lasst sie durch.«

Die Soldaten traten zurück. Amys Schatten fiel lang über die Erde, als sie auf Alicia zuging, die am Boden kauerte. Amy hockte sich vor sie und beschirmte ihr Gesicht mit ihrem Körper vor dem Scheinwerferlicht.

»Hallo, Schwester. Es ist schön, dich zu sehen.«

»Es tut mir leid, Amy.« Alicias Schultern zuckten. »Es tut mir so leid.«

»Das muss es nicht.« Behutsam schob Amy einen Finger unter Alicias Kinn und hob ihr Gesicht. »Weißt du, wie stolz ich auf dich bin? Du warst so stark.«

Tränen liefen über Alicias Wangen und hinterließen helle Spuren auf der schmutzigen Haut. »Wie kannst du das zu mir sagen?«

Amy lächelte ihr ins Gesicht. »Weil wir Schwestern sind. Ist es nicht so? Schwestern im Blut. Meine Gedanken waren nie weit weg von dir, weißt du.«

Alicia antwortete nicht.

»Er hat dich getröstet, nicht wahr?«

Alicias Lippen waren nass, und die Tränen rollten weiter auf ihr Kinn. »Ja.«

»Er hat dich aufgenommen und für dich gesorgt. Er hat dir das Gefühl gegeben, nicht allein zu sein.«

Alicias Stimme war kaum mehr als ein Flüstern. »Ja.«

»Verstehst du? Darum bin ich so stolz auf dich. Weil du nicht nachgegeben hast, nicht in deinem Herzen.«

»Doch, das habe ich.«

»Nein, Schwester. Ich weiß, wie es ist, allein zu sein. Draußen vor der Mauer. Aber das ist jetzt vorbei.« Ohne Alicia aus den Augen zu lassen, hob Amy die Stimme und wandte sich an die Umstehenden. »Hört ihr mich, ihr alle hier? Ihr könnt die Waffen sinken lassen. Diese Frau ist eine Freundin.«

»Ihr bleibt in Position!«, befahl Peter.

Jetzt drehte Amy sich zu ihm um. »Peter, hast du mich nicht verstanden? Sie gehört zu uns.«

»Du wirst dich jetzt von der Gefangenen entfernen.«

Verwirrt sah Amy Alicia und dann wieder Peter an.

»Es ist okay«, sagte Alicia. »Tu, was er sagt.«

»Lish …«

»Er tut nur, was er tun muss. Du solltest dich wirklich zurückziehen.«

Ein Augenblick der Ungewissheit verging, dann richtete Amy sich auf. Noch einmal zögerte sie mit unsicherem Blick, aber dann zog sie sich zurück. Alicia senkte den Kopf wieder.

»Colonel«, sagte Peter. »Los.«

Henneman näherte sich Alicia von hinten. Er hatte ein Paar schwere Gummihandschuhe angezogen und hielt eine mit Kupferdraht umwickelte Metallstange in den Händen, die über ein langes Kabel mit dem Generator verbunden war, der den Strom für die Scheinwerfer lieferte. Als die Spitze der Stange Alicias Nacken berührte, fuhr sie ruckartig hoch, bog die Schultern zurück und streckte die Brust vor, als sei sie aufgespießt worden. Sie gab keinen Laut von sich. Ein paar Sekunden lang blieb sie in dieser Haltung, angespannt in jeder Muskelfaser. Dann wich die Luft aus ihrer Lunge, und sie kippte vornüber auf den Boden.

»Ist sie bewusstlos?«

Hennemann stieß ihr mit der Stiefelspitze in die Rippen. »Sieht so aus.«

»Peter, *warum?*«

»Es tut mir leid, Amy. Aber ich kann ihr nicht vertrauen.«

Ein Lastwagen kam rückwärts herangefahren. Zwei Mann sprangen von der Ladefläche und ließen die Heckklappe herunter.

»Okay, Gentlemen«, sagte Peter. »Schaffen wir diese Frau ins Gefängnis. Und sehen Sie sich vor. Vergessen Sie nicht, was sie ist.«

# 60

5:30 Uhr. Peter stand mit Apgar auf dem Laufgang und sah zu, wie der Tag heraufdämmerte. Eine Stunde vor dem Morgengrauen war die Horde abgezogen – ein gewaltiger, lautloser Rückzug, eine Welle, die vom Strand zurückrollt und mit den dunklen Wassermassen des Meeres verschmilzt. Zurück blieb ein breiter Streifen zertretener Erde und dahinter Felder mit niedergewalztem Mais.

»Ich schätze, das war's für diese Nacht«, sagte Apgar.

Er klang bedrückt und resigniert. Sie warteten, ohne zu reden. Beide waren tief in Gedanken. Ein paar Minuten vergingen, und dann gellte die Sirene – ein weithin hallendes Geräusch wie ein gewaltiges Einatmen, gefolgt von dem unausweichlichen Ausatmen, das verklang wie ein Seufzen über dem Tal. Überall in der Stadt würden verängstigte Menschen aus Kellern und Schutzräumen kommen, aus Schränken und unter ihren Betten hervor. Alte Leute, Nachbarn, Familien mit Kindern. Müde und mit großen Augen würden sie einander anschauen: Ist es vorbei? Sind wir in Sicherheit?

»Sie sollten ein bisschen schlafen«, sagte Apgar.

»Sie aber auch.«

Aber keiner von beiden rührte sich von der Stelle. Peters Magen war übersäuert und leer – er wusste nicht, wann er zuletzt etwas gegessen hatte –, und der Rest seines Körpers war taub, beinahe schwerelos. Die Haut seines Gesichts spannte sich wie Papier über den Knochen. Und die Bedürfnisse des Körpers: Die Welt mochte untergehen, aber vorher musstest du noch pissen.

»Wissen Sie«, sagte Apgar und gähnte in die Faust, »ich glaube, Chase hatte nicht unrecht. Vielleicht sollten wir es den Jungen überlassen, damit fertigzuwerden.«

»Es ist eine interessante Idee.«

»Hätten Sie sie wirklich erschossen?«

Diese Frage plagte ihn schon die ganze Nacht. »Ich weiß es nicht.«

»Na, machen Sie sich keine Vorwürfe. Ich hätte kein Problem damit gehabt.« Er schwieg kurz und sagte dann: »Donadio hatte in einem Punkt recht: Selbst wenn wir es schaffen, sie abzuwehren, haben wir nicht genug Treibstoff, um das Licht mehr als ein paar Nächte in Gang zu halten.«

Peter trat an die Brüstung. Der Morgen war grau, das Licht stumpf und matt. Passend. »Ich habe es zugelassen.«

»Das haben wir alle.«

»Nein, das geht auf mein Konto. Wir hätten niemals die Tore öffnen dürfen.«

»Was hätten Sie denn tun sollen? Sie können die Leute nicht in alle Ewigkeit einsperren.«

»So einfach komme ich nicht davon.«

»Ich bin nur realistisch. Wenn Sie jemandem die Schuld geben wollen, geben Sie sie Vicky. Verdammt, geben Sie sie *mir*. Die Entscheidung, die Townships zu öffnen, wurde getroffen, lange bevor Sie kamen.«

»Ich sitze auf diesem Stuhl, Gunnar. Ich hätte es stoppen können.«

»Und dann hätten Sie einen Aufstand am Hals gehabt. Nachdem die Dracs verschwunden waren, führte doch kein Weg mehr daran vorbei. Wundert mich, dass wir den Laden hier überhaupt noch so lange in Gang halten konnten.«

Gunnar konnte sagen, was er wollte, Peter kannte die Wahrheit. Er war unvorsichtig geworden und hatte sich in dem Glauben gewiegt, das alles sei Vergangenheit – der Krieg, die Virals, das alte Leben –, und jetzt waren zweihunderttausend Menschen nicht mehr da.

Henneman und Chase kamen polternd auf dem Laufgang heran. Chase sah aus, als habe er irgendwo unter einer Brücke geschlafen, aber Henneman, der immer peinlich genau auf sein Äußeres achtete, hatte es irgendwie geschafft, dass auch nach dieser Nacht jedes Haar an seinem Platz war.

»Befehle, General?«, fragte der Colonel.

Es war nicht der Augenblick, die Abwehrmaßnahmen zu vernachlässigen, aber die Leute brauchten Ruhe. Apgar ordnete eine Vier-Stunden-Rotation an: ein Drittel würde Dienst auf der Mauer tun, ein Drittel in der Umgebung patrouillieren und ein Drittel in die Koje kriechen.

»Und was jetzt?«, fragte Chase, als Hennemann gegangen war.

Aber Peter hörte nicht mehr zu. In seinem Hinterkopf nahm eine Idee Gestalt an. Etwas Altes, etwas aus der Vergangenheit.

»Mr President?«

Peter sah die beiden Männer an. »Gunnar, wo sind unsere Schwachstellen? Vom Tor abgesehen?«

Apgar überlegte kurz. »Die Mauern sind solide. Der Damm ist praktisch unüberwindbar.«

»Das Problem ist also das Tor.«

»Ich würde sagen, ja.«

Würde es gehen? Möglicherweise.

»In meinem Büro«, sagte Peter. »In zwei Stunden.«


»Machen Sie die Tür auf.«

Der Officer schob den Schlüssel ins Schloss, und Peter trat ein.

Alicia saß in der Mitte der Zelle auf dem Boden. Ihr Arme und Beine waren vorn zusammengekettet, und eine dritte Kette reichte von ihren Händen zu einem schweren Eisenring an der Wand. Das Fenster war mit schwerem Tuch verhängt, sodass nur gedämpftes Licht hereinfiel.

»Wurde auch Zeit«, sagte sie in scherzhaftem Ton. »Ich dachte schon, du hättest mich vergessen.«

»Ich klopfe, wenn ich fertig bin«, sagte Peter zu dem Wärter.

Der Mann ging, und Peter setzte sich auf die Pritsche und sah Alicia an. Einen Augenblick lang war es still, und die beiden musterten einander über eine Distanz, die sich weit größer anfühlte, als sie tatsächlich war.

»Wie fühlst du dich?«, fragte er.

»Ach, du weißt schon.« Sie zuckte wegwerfend die Achseln. »Alles besser als eine Kugel im Hirn. Einen Moment lang wäre ich fast auf dich hereingefallen.«

»Ich war wütend. Ich bin es immer noch.«

»Ja, das habe ich gemerkt.« Sie schaute ihm forschend ins Gesicht und ließ sich Zeit dabei. »Jetzt, da ich Gelegenheit habe, dich wirklich anzuschauen, muss ich sagen, du hast dich gut gehalten. Der Schnee auf dem Dach steht dir gut.«

Er lächelte, aber nur ein wenig. »Und du siehst aus wie früher.«

Sie sah sich in der winzigen Zelle um. »Und du bist wirklich der Boss in diesem Laden? Präsident und all das?«

»Scheint so.«

»Gefällt es dir?«

»Die letzten zwei Tage waren nicht so toll.«

Dieses trockene Geplänkel, ein Tanz zu einer Musik, die nur sie beide hören konnten – er konnte nicht anders: Er musste zugeben, dass es ihm gefehlt hatte.

»Du hast mich in eine Zwickmühle gebracht, Lish. Das war ein ziemlich eindrucksvoller Auftritt, den du letzte Nacht geliefert hast.«

»Mein Timing war nicht das beste.«

»Soweit es diese Regierung betrifft, bist du eine Verräterin.«

Sie hob den Kopf. »Und was meint Peter Jaxon?«

»Du warst lange weg. Amy scheint zu glauben, du bist auf unserer Seite, aber sie hat hier nicht zu bestimmen.«

»Ich *bin* auf eurer Seite, Peter. Aber das ändert nichts an der Situation. Letzen Endes wirst du sie aufgeben müssen. Du kannst ihn nicht besiegen.«

»Siehst du, und das ist mein Problem. Ich habe dich noch nie so reden hören. Über nichts.«

»Weil es diesmal anders ist. *Fanning* ist anders. Er hat von Anfang an alles gesteuert. Wir haben die Zwölf nur töten können, weil er es *zugelassen* hat. Wir sind lauter Schachfiguren für ihn.«

»Und wieso vertraust du ihm dann jetzt?«

»Vielleicht drücke ich mich nicht klar aus. Ich vertraue ihm nicht.«

»›Er hat dich getröstet‹. ›Er hat für dich gesorgt.‹ Habe ich das nicht richtig gehört?«

»Das hat er getan, Peter. Aber das ist etwas anderes.«

»Du wirst dir schon ein bisschen mehr einfallen lassen müssen.«

»Warum? Damit du mir glaubst? Wie ich die Sache sehe, bleibt dir gar nichts anderes übrig.«

»Mit wem rede ich hier? Mit dir oder mit Fanning?«

In ihren Augen blitzte Zorn auf. Seine Frage hatte ins Schwarze getroffen. »Ich habe einen Eid geschworen, Peter. Genau wie du, genau wie Apgar, genau wie jeder Mann, der letzte Nacht auf der Mauer war. Ich bin bei Fanning geblieben, weil ich dachte, er würde Kerrville in Ruhe lassen. Ja, er war gut zu mir. Das habe ich nie bestritten. Ob du es glaubst oder nicht, ich habe tatsächlich Mitleid mit ihm, bis mir wieder einfällt, was er ist.«

»Und was ist er?«

»Der Feind.«

Log sie? Im Augenblick kam es nicht darauf an. Sie *wollte,* dass er ihr glaubte, und hier konnte er den Hebel ansetzen.

»Sag mir, womit wir es zu tun haben. Wie viele Dracs sind da draußen?«

»Ich vermute, es ist das, was du gestern Abend gesehen hast.«

»Mit anderen Worten, der Rest seiner Truppen ist in New York. Er hält sie in Reserve.«

Alicia nickte. »Sie sind mir nicht gefolgt, wenn du das meinst. Sie sind in den Tunneln unter der Stadt.«

»Und du weißt nicht, was er mit Amy will?«

»Wenn ich es wüsste, würde ich es dir sagen. Es ist sinnlos zu versuchen, Fanning zu verstehen. Der Mann ist kompliziert. Ich war zwanzig Jahre lang bei ihm, und ich habe ihn nie ganz verstanden. Die meiste Zeit scheint er einfach nur traurig zu sein. Es gefällt ihm nicht, was er ist, aber er sieht eine Art Gerechtigkeit darin. Das möchte er zumindest.«

Peter runzelte die Stirn. »Ich kann dir nicht folgen.«

Alicia ließ sich einen Moment Zeit, um ihre Gedanken zu formulieren. »In dem Bahnhof gibt es eine Uhr. Vor langer Zeit sollte Fanning dort eine Frau treffen.« Sie blickte auf. »Es ist eine lange Geschichte. Ich kann sie dir erzählen, aber es würde Stunden dauern.«

»Erzähl mir die Kurzfassung.«

»Die Frau hieß Liz. Sie war Jonas Lears Frau.«

Peter war verblüfft.

»Ja, ich war auch überrascht. Sie kannten einander alle. Fanning hat sie geliebt, seit sie jung waren. Als sie Lear heiratete, gab er die ganze Geschichte mehr oder weniger auf, aber eben nicht ganz. Dann wurde sie krank. Irgendein Krebs, an dem sie sterben würde. Es stellte sich heraus, dass sie ihn auch liebte, und zwar die ganze Zeit schon. Sie und Fanning wollten weglaufen und ihre letzten Tage miteinander verbringen. Du solltest hören, wie er die Geschichte erzählt, Peter; es zerreißt dir das Herz. An dieser Uhr wollten sie sich treffen, aber Liz erschien nicht. Sie war unterwegs gestorben, aber das wusste Fanning nicht. Er dachte, sie hätte es sich anders überlegt. In der Nacht betrank er sich in einer Bar und ging mit einer Frau nach Hause. Sie war eine Fremde, und er kannte sie nicht. Er brachte sie um.«

»Mit anderen Worten, er ist ein Mörder.«

Alicia wiegte zweifelnd den Kopf hin und her. »Na ja, wie er es erzählt, war es so etwas wie ein Unfall. Er war halb von Sinnen und dachte, im Grunde sei sein Leben vorüber. Sie griff zu einem Messer, es gab ein Handgemenge, und sie fiel auf die Klinge.«

»Was ihn in die Todeszelle brachte wie die Zwölf.«

»Nein, er kam davon. Tatsächlich war ihm wegen der ganzen Sache schrecklich zumute. Er war ziemlich durcheinander, aber ein abgebrühter Killer war er nicht, jedenfalls noch nicht. Später ging er dann mit Lear nach Südamerika, und von dort kommt das Virus. Lear hatte seit Jahren danach gesucht, weil er dachte, er könnte es benutzen, um damit seine Frau zu retten, aber das war dann ja kein Thema mehr. Fanning beschreibt ihn als völlig besessen.«

»Und dabei hat Fanning sich mit dem Virus infiziert?«

Alicia nickte. »Soweit ich es Fannings Geschichte entnehmen konnte, ist es zufällig passiert, aber seiner Meinung nach war Lear verantwortlich. Als er sich infiziert hatte, brachte Lear ihn nach Colorado. Lear hoffte immer noch, er könnte das Virus als ein Allheilmittel verwenden, aber dann schaltete sich das Militär ein. Sie wollten es als Waffe benutzen und eine Art Supersoldaten damit produzieren. Da kamen dann die zwölf Häftlinge ins Spiel.«

Peter überlegte kurz. Dann kristallisierten sich seine Gedanken. »Und Amy? Warum hat die Army sie geschaffen?«

»Das war nicht die Army, das war Lear. Er benutzte ein anderes Virus, das nicht von dem abstammte, das Fanning in sich trug. Darum ist sie nicht wie die andern. Und weil sie so jung war. Ich denke, vielleicht wusste er, dass die Sache schiefgegangen war, und wollte alles wieder in Ordnung bringen.«

»Das ist aber eine merkwürdige Methode.«

»Wie gesagt, Fanning ist ziemlich fest davon überzeugt, dass der Mann den Verstand verloren hatte. So oder so, in Fannings Augen ist Amy der Fisch, der durch die Maschen geschlüpft ist. Die Zwölf zu töten, das war ein Test. Aber nicht wir wurden getestet, denn wir hätten keine Chance gegen sie gehabt. Fanning hat *Amy* auf die Probe gestellt. Ich weiß nicht, warum es mir in dem Augenblick damals nicht klar geworden ist, als er sie alle an einem Ort versammelt hat. Er hat sie nie besonders gemocht, zurückhaltend gesagt. Eine Bande von Psychopathen, so hat er sie genannt.«

»Aber er ist keiner?«

Alicia zuckte die Achseln. »Hängt davon ab, wie du es definierst. Wenn du meinst, er kennt den Unterschied zwischen Recht und Unrecht nicht, dann würde ich sagen, nein. Im Gegenteil, er ist ziemlich bewandert in dieser Frage. Was das Seltsamste an ihm ist, der Teil, den ich nie ganz begriffen habe. Einem gewöhnlichen Drac ist das alles egal – er ist eine Fressmaschine, nichts weiter. Aber Fanning denkt über *alles* nach. Vielleicht könnte Michael mit ihm Schritt halten, aber ich konnte es nie. Mit ihm zu reden, das war, als schleifte mich ein Pferd hinter sich her.«

»Und warum hat er sie getestet? Was wollte er herausfinden?«

Alicia schaute zur Seite. »Ich glaube, er wollte wissen, ob sie wirklich anders war als die andern«, sagte sie dann. »Ich glaube nicht, dass er sie umbringen will. Das wäre zu naheliegend. Wenn ich raten müsste, würde ich sagen, es dreht sich alles nur um seine Gefühle für Lear. Fanning hat den Mann gehasst. Wirklich *gehasst*. Und nicht nur, weil Lear ihm angetan hat, was er getan hat. Es geht tiefer. Lear hat Amy geschaffen, weil er etwas wiedergutmachen wollte. Vielleicht kann Fanning das einfach nicht ertragen. Wie gesagt, die meiste Zeit ist er trübselig. Er sitzt im Bahnhof und starrt diese Uhr an, als sei die Zeit für ihn stehen geblieben, als Liz nicht erschien.«

Peter wartete, aber Alicia war anscheinend fertig. »Du hast ihn einen Mann genannt.«

Sie nickte. »Zumindest sieht er so aus, obwohl es ein paar Unterschiede gibt. Er ist empfindlich gegen Licht, sehr viel mehr als ich. Er schläft niemals oder so gut wie niemals. Er hat sein Essen gern warm. Und« – sie zeigte mit Daumen und Zeigefinger auf ihre Eckzähne – »er hat die hier.«

Peter runzelte die Stirn. »Fangzähne?«

Sie nickte. »Nur diese zwei.«

»War er immer so?«

»Nein, war er nicht. Zu Beginn war er genau wie die andern. Aber dann ist etwas passiert, ein Unfall. Er fiel in einen gefluteten Steinbruch. Das war zu einem sehr frühen Zeitpunkt, kurz nachdem er aus dem NOAH-Labor ausgebrochen war. Keiner von uns kann schwimmen, und Fanning sank wie ein Stein auf den Grund. Als er zu sich kam, lag er am Ufer und sah aus wie jetzt.« Sie schwieg und schaute ihn an, und ihre Augen wurden schmal, als komme ihr plötzlich ein Gedanke. »Ist das auch mit Amy passiert?«

»So etwas Ähnliches.«

»Aber du willst mir nicht sagen, was.«

Peter ging nicht darauf ein. »Könnte das Wasser seine Vielen zurückverwandeln?«

»Fanning sagt, nein. Nur ihn.«

Peter stand von der Pritsche auf. Ein Schwindelgefühl erfasste ihn; er musste sich wirklich hinlegen, und sei es nur für ein paar Minuten. Aber es schien wichtig zu sein, ihr nicht zu zeigen, wie erschöpft er war – eine alte Gewohnheit aus den Tagen, die sie zusammen bei der Wache verbracht hatten, wo sie stets versucht hatten, einander zu übertreffen. *Ich schaffe das. Schaffst du es auch?*

»Tut mir leid, das mit den Ketten.«

Alicia hob die Handgelenke und betrachtete sie mit neutraler Miene – als wären es gar nicht ihre Hände, sondern die einer

Fremden. Achselzuckend ließ sie sie wieder in den Schoß fallen. »Vergiss es. Ich mache es dir ja auch nicht gerade leicht.«

»Brauchst du irgendetwas? Essen? Wasser?«

»Ich brauche heutzutage eine etwas eigenartige Kost.«

Peter verstand. »Ich werde sehen, was ich tun kann.«

Einen Moment lang war es still, und beide waren verlegen.

»Ich weiß, du willst mir nicht glauben«, sagte Alicia. »Verdammt, ich würde es auch nicht wollen. Aber ich sage die Wahrheit.«

Peter schwieg.

»Wir waren *Freunde,* Peter. In all den Jahren warst du der Einzige, auf den ich mich immer verlassen konnte. Wir sind füreinander eingestanden.«

»Ja, das stimmt.«

»Sag mir nur, dass das noch etwas zählt.«

Er schaute sie an, und seine Gedanken kehrten zurück zu der Nacht, in der sie sich vor so vielen Jahren in der Garnison in Colorado verabschiedet hatten – der Nacht, in der er mit Amy auf den Berg hinaufgeritten war. Wie jung sie gewesen waren. Als sie draußen vor den Barackenunterkünften gestanden hatten und der kalte Wind sie wie eine Lanze durchbohrt hatte, da hatte er Alicia so glühend geliebt wie noch nie jemanden in seinem Leben – nicht seine Eltern, nicht Auntie, nicht einmal seinen Bruder Theo. Niemanden. Es war nicht die Liebe eines Mannes zu einer Frau oder eines Bruders zu seiner Schwester, sondern etwas Reineres, reduziert auf das Wesentliche: ein Band aus subatomarer Energie, für das es keine Worte gab. Peter wusste nicht mehr, was sie zueinander gesagt hatten; nur der Eindruck war geblieben, wie Fußabdrücke im Schnee. Es war einer von diesen Augenblicken gewesen, als es noch möglich erschienen war, das Leben zu verstehen und zu wissen, was es bedeutete zu leben. Er war jung genug gewesen, um so etwas noch für möglich zu halten. Die in dieser Erinnerung enthaltenen Empfindungen waren erstaunlich lebhaft, als wären nicht drei Jahrzehnte vergangen, seit er in jener kalten, fernen Stunde bei Alicia im schützenden Licht ihres Mutes gestanden hatte. Aber dann wischte er diese Erinnerung blinzelnd beiseite, und seine Gedanken kehrten in die Gegenwart zurück. Was blieb, war Trauer, die wie ein schwerer Klumpen in seiner Brust saß. Zweihunderttausend Seelen dahin, und Alicia im Zentrum des Ganzen.

»Ja«, sagte er, »es zählt noch. Aber es *ändert* leider nichts.«

Er schlug dreimal hart an die Tür. Der Schlüssel drehte sich, und der Wärter erschien.

»Sei nicht dumm, Peter. Fanning ist alles das, was ich gesagt habe. Ich weiß nicht, was du planst, aber tu es nicht.«

»Danke«, sagte er zu dem Wärter. »Ich bin hier fertig.«

Die Kette, mit der Alicia an die Wand gefesselt war, klirrte, als sie daran riss. »Hör auf mich, verdammt! Es hat keinen Sinn, gegen ihn zu kämpfen!«

Aber ihre Worte drangen kaum noch an sein Ohr. Er ging schon den Korridor hinunter.

# 61

Und jetzt, meine Alicia, wohnst du bei ihnen.

Woher ich das weiß? Ich weiß es, wie ich alles weiß. Ich bin eine Million Köpfe, eine Million Geschichten, eine Million umherschweifende Augen. Ich bin überall, meine Alicia, und ich beobachte dich. Von Anfang an habe ich dich beobachtet, habe Maß genommen, dich taxiert. Wäre es zu viel, wenn ich sagen wollte, ich habe deine Ankunft gespürt an dem Tag, da du in diese Welt geboren wurdest – ein nasses, quäkendes Goldkorn, in dessen Adern aber schon das heiße Blut des Protests floss? Das ist natürlich unmöglich, aber es kommt mir so vor. So verhext uns die Vorsehung: Alles erscheint vorherbestimmt, alles bekannt, in der Vorausschau und im Rückblick.

Was für ein Auftritt, den du da geboten hast! Was für ein kühnes Statement, was für ein Showtalent, was für eine gebieterische Haltung: So bist du ins Licht der Stadt getreten und hast deinen Anspruch geltend gemacht. Wie konnten die Bewohner der belagerten Stadt sich deinem Bann entziehen, wie dem Zauber deiner dramatischen Ankunft entgehen? *Ich bin Alicia Donadio, Captain der Expeditionstruppe!* Verzeih mir, Alicia, diesen luftigen Höhenflug, aber meine Stimmung ist grandios. Seit der große Achilles vor den Bastionen des mächtigen Troja stand, hat unser kleiner

Winkel der Schöpfung nicht euresgleichen gesehen. Hinter diesen Mauern tritt jetzt sicher das große Parlament zusammen. Debatten, Edikte, Drohungen und Gegendrohungen – die üblichen Gefechte in einer belagerten Stadt. Wollen wir kämpfen? Wollen wir flüchten? Ernsthaft und bewundernswert, und dennoch – verzeih mir diese Analogie –, solche Diskussionen sind für das Ende, was wildes Plantschen für das Ertrinken ist: Die Sache geht dadurch nur schneller.

In deiner Abwesenheit, Alicia, habe ich sozusagen eine Seite aus deinem Buch genommen. Nacht für Nacht ruft mich die Dunkelheit, und meine Füße tragen mich von Neuem wandernd durch die Straßen des mächtigen Gotham. Der Sommer ist endlich über diese Insel des Exils gekommen. In den Zweigen zwitschern die Singvögel, Bäume und Blumen erfüllen den Wind mit ihren sexuellen Absonderungen, und neugeborene Geschöpfe jeglicher Art unternehmen ihre ersten ungewissen Abenteuer im Gras. (Letzte Nacht habe ich, eingedenk deiner Sorge um meine Kraft, dir zu Ehren einen Wurf von sechs jungen Kaninchen verschlungen.) Was ist das, diese neue Rastlosigkeit in mir? Wenn ich mich durch Manhattan treiben lasse, dieses Labyrinth aus Glas und Stahl und Stein, fühle ich mich näher bei dir, aber da ist noch etwas anderes: ein so intensiv leuchtendes Gefühl für die Vergangenheit, dass es praktisch eine Halluzination ist. Es war ja Sommer, als ich zur Beerdigung meines Freundes Lucessi fuhr und die Stadt ihre liebende Hand zum ersten Mal auf mich legte. Ich schließe die Augen, und da bin ich, mit meiner Liz. Die Frau und der Ort sind unauslöschlich und ein und dasselbe. Die verabredete Stunde auf der Uhr, der Weg hinaus in die feuchte menschliche Hitze der früh hereinbrechenden Jahreszeit, die unvermittelte Isolation in der Kapsel des Taxis mit seinen rissigen Vinylpolstern und dem Gefühl von Millionen Fahrgästen, die hier vorher gesessen hatten, die wogende Menschenparade, die Straßen und Gehwege verstopft. Das ungeduldige, sinnlose Hupen und die katzenartigen Paarungsschreie der Sirenen, die majestätischen Türme von Midtown Manhattan, glasglänzend im erschöpften Licht des Nachmittags. Das grelle, beinahe schmerzhafte Bewusstsein von alldem, lauter unsortierte Daten, die rauschend in mein Hirn strömen, allesamt für immer untrennbar von der Geliebten und Ewigen, von *Ihr.* Ihre glänzenden, von der Sonne gesegneten Schultern. Der schwache, weibliche Duft ihres Schweißes in der Enge des Taxis. Ihr blasses, ausdrucksvolles Gesicht, von der Sterblichkeit angehaucht, und ihr kurzsichtiger Blick, der immer ein wenig tiefer in die Dinge dringt. Die Perfektion ihrer Hand in meiner, wenn wir zusammen durch die dunklen Straßen wandern, allein unter Millionen. Man hat behauptet, in alten Zeiten habe es nur ein Geschlecht gegeben; in diesem seligen Zustand existierte die Menschheit, bis die Götter jeden von uns zur Strafe in zwei Hälften spalteten, eine grausame Mitose, die jede Hälfte in Ewigkeit auf der Suche nach ihrem Gegenstück über die Erde kreisen ließ, getrieben von dem Wunsch, wieder ganz zu werden.

So fühlte ihre Hand sich in der meinen an, Alicia: als hätte ich unter allen Menschen auf der Erde meine andere Hälfte wiedergefunden.

Küsste sie mich in jener Nacht, als ich schlief? Oder war es ein Traum? Kommt es darauf an? Es ist mein New York, wie es einst das New York so vieler war: der Kuss, von dem man träumt.

Alles verloren, alles dahin – genau wie die Stadt deiner Liebe, Alicia, die Stadt deiner Rose. *Ruft Fanning an,* schrieb mein Freund Lucessi. *Ruft Fanning an und sagt ihm, Liebe ist alles, was es gibt, und Liebe ist Schmerz, und Liebe wird genommen.* Wie viele Stunden mag er dort gehangen haben? Wie viele Tage und Nächte schwebte meine Mutter in einem Meer von Qualen? Und wo war ich? Was sind wir für Narren? Was sind wir Sterbliche für Narren?

So naht die Stunde der Abrechnung. Gott trage ich meine gerechte Klage vor, denn er war es, der die Liebe grausam vor unseren Augen baumeln ließ, wie ein buntes Spielzeug über dem Bettchen eines Kindes baumelt. Aus dem Nichts schuf er diese Welt der Leiden, und zum Nichts wird sie zurückkehren.

*Ich weiß, dass sie hier ist,* hast du gesagt. *Ich höre es an deiner Stimme.*

Und ich an deiner, meine Alicia. Ich an deiner.

# 62

Zwei Soldaten standen am Ende des Laufgangs und ließen die Gewehre an der Seite baumeln. Als Peter herankam, standen sie stramm und salutierten zackig.

»Alles ruhig hier?«, fragte Peter.

»Dr. Wilson ist vor einer Weile hineingegangen.«

»Sonst noch jemand?« Er fragte sich, ob Gunnar oder vielleicht Greer vorbeigeschaut hatte.

»Nicht, seit wir Dienst haben.«

Die Tür ging auf, als er auf die Veranda trat. Sara mit ihrer kleinen ledernen Instrumententasche kam heraus. Ihre Blicke trafen sich, und Peter verstand sie ohne Worte. Er umarmte sie.

»Ich weiß nicht, was ich sagen soll«, fing er an. Ihr Haar klebte feucht an der Stirn, und ihre Augen waren geschwollen und rot. »Wir haben sie alle geliebt.«

»Danke, Peter.« Ihre Worte klangen flach und emotionslos. »Ist es wahr, was ich über Alicia höre?«

Er nickte.

»Was werdet ihr mit ihr anfangen?«

»Das weiß ich noch nicht. Sie ist im Gefängnis.«

Sara sagte nichts; es war nicht nötig. Ihr Gesicht sprach Bände. *Wir haben ihr vertraut – und das haben wir jetzt davon.*

»Wie geht's Amy?«, fragte Peter.

Sara seufzte tief. »Du kannst sie dir selbst ansehen. Ich bin ein bisschen ratlos, aber soweit ich sehen kann, geht es ihr gut. Sie ist ein *Mensch*. Ein bisschen unterernährt und sehr schwach, aber das Fieber ist weg. Wenn du sie herbrächtest, ohne mir zu sagen, wer sie war, würde ich annehmen, sie sei eine kerngesunde Frau Mitte zwanzig, die eine schwere Grippe hinter sich hat. Kann mir das bitte jemand erklären?«

Peter erzählte ihr die Geschichte in einer möglichst kompakten Form – die *Bergensfjord,* Greers Vision, Amys Verwandlung.

»Was wirst du tun?«, fragte Sara.

»Ich überlege noch.«

Sara sah benommen aus, als sie langsam begriff, was sie gehört hatte. »Ich muss mich wohl bei Michael entschuldigen. Komisch, dass ich in einem solchen Augenblick daran denke.«

»Um 7:30 Uhr findet in meinem Büro eine Besprechung statt. Ich hätte dich gern dabei.«

»Warum mich?«

Es gab viele Gründe. Er begnügte sich mit dem einfachsten. »Weil du von Anfang an dabei warst.«

»Und jetzt auch beim Ende«, sagte Sara düster.

»Das wollen wir nicht hoffen.«

Sie schwieg kurz und sagte dann: »Gestern kam eine Frau ins Krankenhaus, bei der die Wehen eingesetzt hatten. Es war noch ein frühes Stadium, und wir hätten sie vielleicht wieder nach Hause geschickt, aber sie und ihr Mann waren da, als die Sirene losging. Und gegen drei Uhr früh beschließt sie, das Kind zu bekommen. Ein Baby, mitten in alldem hier.« Sara sah Peter ins Gesicht. »Weißt du, was ich ihr am liebsten gesagt hätte?«

Er schüttelte den Kopf.

»Lass es bleiben.«

Die Zimmertür stand offen. Peter blieb auf der Schwelle stehen. Durch die geschlossenen Vorhänge fiel ein zartes, gelbliches Licht herein. Amy lag mit geschlossenen Augen und entspanntem Gesicht auf der Seite und hatte einen Arm unter das Kissen geschoben. Er wollte sich wieder zurückziehen, aber da öffneten sich flatternd ihre Lider.

»Hey.« Ihre Stimme war sehr leise.

»Schon okay, schlaf weiter. Ich wollte nur nach dir sehen.«

»Nein, bleib hier.« Verschlafen wanderte ihr Blick im Zimmer umher. »Wie spät ist es?«

»Ich weiß es nicht genau. Noch früh.«

»Sara war hier.«

»Ich weiß. Ich habe sie getroffen, als sie ging. Wie fühlst du dich?«

Sie zog nachdenklich die Stirn kraus. »Ich … weiß nicht.« Dann machte sie große Augen, als sei ihr ein überraschender Gedanke gekommen. »Hungrig?«

Was für ein alltägliches Bedürfnis. Peter nickte. »Ich werde sehen, was ich tun kann.«

In der Küche zündete er den Petroleumherd an – er hatte ihn seit Monaten nicht benutzt – und ging dann hinaus, um den Soldaten zu sagen, was er brauchte. Während er wartete, wusch er sich, und als sie mit einem kleinen Korb zurückkamen, war der Herd einsatzbereit. Buttermilch, Eier, eine Kartoffel, ein schweres, dunkles Brot und Beerenmarmelade in einem Glas, das mit Wachs versiegelt war. Er machte sich an die Arbeit, glücklich über diese kleine Aufgabe, die ihn von anderen Dingen ablenkte. In einer Eisenpfanne briet er die Kartoffel und dann die Eier, und das Brot schnitt er in dicke Scheiben, die er mit Marmelade bestrich. Wie lange war es her, dass er für jemanden gekocht hatte? Wahrscheinlich für Caleb, als er noch ein Junge war. Vor vielen Jahren also.

Er stellte Amys Frühstück mit einem Glas Buttermilch auf ein Tablett und trug es in ihr Zimmer. Vielleicht war sie in seiner

Abwesenheit wieder eingeschlafen – aber nein, sie saß wach im Bett. Sie hatte die Vorhänge aufgezogen; offensichtlich machte ihr das Licht nichts mehr aus. Sie lächelte, als sie ihn mit seinem Tablett wie ein Kellner in der Tür stehen sah.

»Wow«, sagte sie.

Peter setzte das Tablett auf ihren Schoß. »Ich bin kein großer Koch.«

Amy starrte das Essen an wie eine Gefangene, die nach Jahren aus dem Kerker entlassen worden war. »Ich weiß gar nicht, wo ich anfangen soll. Die Kartoffeln? Das Brot?« Sie entschied sich lächelnd. »Nein, die Milch.«

Sie trank das Glas leer und machte sich dann über den Rest her. Wie ein Landarbeiter spießte sie das Essen mit der Gabel auf.

Peter zog sich einen Stuhl heran. »Vielleicht solltest du es langsam angehen lassen.«

Sie blickte auf. »Isst du denn nichts?«, fragte sie mit vollem Mund.

Er war ausgehungert, aber er genoss es, ihr zuzusehen. »Ich esse später.«

Er ging mit ihrem Glas in die Küche, um ihr nachzuschenken, und als er zurückkam, war der Teller leer. Er reichte ihr die Buttermilch und sah zu, wie sie das Glas leerte. Eine gesunde Farbe war in ihre Wangen zurückgekehrt.

»Komm, setz dich zu mir.«

Peter brachte das Tablett weg und hockte sich dann auf die Bettkante. Amy schob die Hand in seine. »Du hast mir gefehlt«, sagte sie.

Es fühlte sich unwirklich an, hier zu sitzen und mit ihr zu sprechen. »Tut mir leid, dass ich alt geworden bin.«

»Oh, ich glaube, da bin ich dir ein gutes Stück voraus.«

Fast hätte er gelacht. Er hatte ihr so viel zu sagen und zu erzählen. Sie sah aus wie in seinen Träumen; nur das kurze Haar war anders. Ihre Augen, ihr warmherziges Lächeln, der Klang ihrer Stimme – alles war unverändert.

»Wie war es da, in dem Schiff?«

Sie senkte den Kopf, und ihr Daumen streichelte sanft seinen Handrücken. »Einsam. Seltsam. Aber Lucius hat für mich gesorgt.« Sie sah ihn wieder an. »Es tut mir leid, Peter. Du durftest es nicht wissen.«

»Warum nicht?«

»Weil ich wollte, dass du dein Leben lebst. Dass du … glücklich bist. Ich habe gehört, dass Caleb dich ›Dad‹ genannt hat. Ich bin froh, für euch beide.«

»Er ist verheiratet, weißt du. Seine Frau heißt Pim.«

»Pim«, wiederholte sie und lächelte.

»Und sie haben einen Sohn. Sie haben ihn Theo genannt.«

Sie drückte seine Hand behutsam. »Also gibt es da ein Leben, genau da. Was hat dich sonst noch glücklich gemacht? Ich möchte es wissen.«

*Du*, dachte er. *Du hast mich glücklich gemacht. Ich habe jede Nacht mit dir verbracht, seit du weg warst. Ich habe ein ganzes Leben mit dir gelebt, Amy.* Aber er fand nicht die richtigen Worte.

»Die Nacht damals in Iowa«, sagte er. »Das war real, oder?«

»Ich bin nicht sicher, ob ich noch weiß, was real ist.«

»Ich meine, es ist passiert. Es war kein Traum.«

Amy nickte. »Ja.«

»Warum bist du zu mir gekommen?«

Amys Blick huschte zur Seite, als sei die Erinnerung schmerzhaft. »Ich weiß es nicht genau. Ich war verwirrt, die Veränderung war so schnell gegangen. Wahrscheinlich hätte ich es nicht tun sollen. Ich habe mich so geschämt für das, was ich war.«

»Wie kommst du darauf?«

»Ich war ein Monster, Peter.«

»Nicht für mich.«

Ihre Blicke trafen sich und blieben beieinander. Ihre Hand war warm, aber nicht vom Fieber. Es war die Wärme des Lebens.

Tausend Mal hatte er sie gehalten, und doch tat er es jetzt zum ersten Mal.

»Geht es Alicia gut?«, fragte Amy.

»Oh, sie ist zäh. Was soll ich mit ihr anfangen?«

»Ich glaube, das ist nicht meine Entscheidung.«

»Nein, das ist es nicht. Aber ich muss trotzdem wissen, was du denkst.«

»Es ist nicht einfach für sie. Sie war lange Zeit bei ihm. Ich glaube, es gibt vieles, das sie uns nicht erzählt.«

»Was zum Beispiel?«

Amy überlegte einen Moment und schüttelte dann den Kopf. »Ich kann es nicht sagen. Sie ist sehr traurig. Aber es ist, als sei da eine verschlossene Kammer in ihr. Ich komme nicht hinein.« Wieder schauten sie einander in die Augen. »Sie braucht dein Vertrauen, Peter. Ich bin eine Seite von ihr, Fanning ist die andere. Und zwischen uns bist du. Tatsächlich ist sie hier, um dich zu sehen. Sie muss wissen, wer sie ist. Nicht *wer*, sondern *was* sie ist.«

»Und was ist sie?«

»Was sie immer war. Ein Teil von dem hier, ein Teil von *uns*. Du bist ihre Familie, Peter. Das warst du von Anfang an. Sie muss wissen, dass du es immer noch bist.«

Peter spürte, dass sie die Wahrheit sagte. Aber etwas zu wissen und es zu glauben waren zwei verschiedene Dinge. Das war das Verteufelte daran, dachte er.

»Du wirst nicht mit ihr gehen«, sagte er. »Das kann ich nicht erlauben.«

»Vielleicht wird dir nichts anderes übrig bleiben. Alicia hat recht, die Stadt kann nicht unbegrenzt lange Widerstand leisten. Früher oder später werde ich ihm entgegentreten müssen.«

»Das ist mir gleich. Ich habe dich einmal verloren. Das passiert nicht noch einmal.«

Sie hörten Schritte im Flur, und Peter drehte sich um, als Caleb in der Tür erschien. Pim war hinter ihm. Einen Moment lang stand

Peters Sohn da wie vom Donner gerührt. Ein warmes Leuchten erschien in seinen Augen.

»Du bist es wirklich«, sagte er.

Amy lächelte. »Caleb, ich glaube, ich möchte dich umarmen.«

Peter trat zurück, Amy erhob sich auf die Ellenbogen, als Caleb sich über das Bett beugte, und die beiden schlossen einander in die Arme. Als sie sich schließlich wieder voneinander lösten, hielten sie sich weiter bei den Ellenbogen fest und strahlten glücklich. Peter wusste, was er da sah: das starke Band zwischen den beiden, geschmiedet in den Tagen vor Iowa, als Amy den Jungen im Waisenhaus versorgt hatte.

»Du siehst so erwachsen aus«, sagte Caleb und lachte.

Auch Amy lachte. »Du ebenfalls.«

Caleb drehte sich zu seiner Frau um und sagte laut und mit Gebärden: »Amy, das ist Pim, meine Frau. Pim, das ist Amy.«

*Wie geht es dir?*, fragte Amy mit den Händen.

*Sehr gut, vielen Dank*, sagte Pim.

Amys Hände bewegten sich mit geübter Schnelligkeit. *Du hast einen schönen Namen. Und du siehst genauso aus, wie ich es mir vorgestellt habe.*

*Du auch.*

Caleb starrte die beiden Frauen an, und erst jetzt begriff Peter, dass das Gespräch, das er mit ansah, technisch unmöglich war.

»Amy«, fragte Caleb, »wieso *kannst* du das?«

Stirnrunzelnd betrachtete sie ihre gespreizten Finger. »Hm, ich glaube, das weiß ich nicht. Vermutlich haben die Schwestern es mir beigebracht.«

»Keine von denen kann die Gebärdensprache.«

Sie ließ die Hände in den Schoß fallen und schaute hoch. »Na, jemand muss es mir beigebracht haben. Woher soll ich es sonst können?«

Wieder näherten sich Schritte, und mit amtlicher Zielstrebigkeit kam Apgar herein.

»Mr President, entschuldigen Sie die Störung, aber ich dachte mir, dass ich Sie hier finde.« Er hob das Kinn und schaute zum Bett. »Verzeihung, Ma'am. Wie geht es Ihnen?«

Amy saß jetzt aufrecht und hatte die Hände im Schoß gefaltet. »Schon viel besser, danke, General.«

Seine Aufmerksamkeit richtete sich auf Caleb. »Lieutenant, sollten Sie nicht in der Koje liegen?«

»Ich war nicht müde, Sir.«

»Danach habe ich nicht gefragt. Und schauen Sie nicht Ihren Vater an – den interessiert das nicht.«

Caleb nahm Amys Hand und drückte sie noch einmal. »Komm wieder auf die Beine, okay?«

»Los, Mr Jaxon.«

Caleb wechselte ein hastiges, unverständliches Handzeichen mit Pim und ging hinaus. »Wenn Sie hier fertig sind?«, sagte Apgar. »Es wird Zeit. Die Leute warten schon.«

Peter wandte sich an Amy. »Ich gehe wohl besser.«

Amy hatte ihn anscheinend nicht gehört. Sie schaute Pim in die Augen. Die Sekunden verstrichen, während die beiden Frauen einander mit knisternder Eindringlichkeit ansahen, als seien sie in ein unhörbares, privates Gespräch vertieft.

»Amy?«

Sie erschrak und unterbrach den Kontakt. Anscheinend brauchte sie einen Moment, um sich ihrer Umgebung wieder bewusst zu werden. Dann sagte sie sehr ruhig: »Natürlich.«

»Und du brauchst hier weiter nichts?«, fragte Peter.

Sie lächelte wieder, aber anders als vorher – eher beruhigend und nicht, als wollte sie ein echtes Gefühl vermitteln. Es wirkte hohl, ja, gezwungen.

»Alles perfekt.«

# 63

»Spiegel«, wiederholte Chase.

Am Konferenztisch saßen die Akteure, Peters Kriegskabinett, im Uhrzeigersinn links von Peter: Apgar, Henneman, Sara, Michael und Greer.

»Es braucht nicht unbedingt ein richtiger Spiegel zu sein. Alles, was reflektiert, wird funktionieren – Hauptsache, sie können sich selbst sehen.«

Chase atmete tief durch und faltete die Hände auf dem Tisch. »Das ist das Verrückteste, das ich je gehört habe.«

»Es ist keineswegs verrückt. Vor dreißig Jahren, in Las Vegas, waren Lish und ich auf der Flucht vor einem Dreierschwarm und gerieten in einer Großküche in die Falle. Wir hatten keine Munition mehr und waren praktisch wehrlos. An der Decke hing eine Reihe von Töpfen und Pfannen. Ich schnappte mir eine davon, um sie als Waffe zu benutzen, aber als ich sie dem ersten Viral entgegenhielt, erstarrte das Mistvieh, als wäre es hypnotisiert. Und das war nur eine Kupferpfanne. Michael, du kannst es bestätigen.«

»Er hat recht. Ich habe es auch gesehen.«

»Und was macht es mit ihnen?«, fragte Apgar. »Wieso stoppt es sie?«

»Schwer zu sagen. Ich würde vermuten, es handelt sich um eine Art Restgedächtnis.«

»Soll heißen?«

»Soll heißen, es gefällt ihnen nicht, was sie sehen, weil es zu irgendeinem Aspekt ihres Selbstbildes nicht passt.« Michael sah Peter an. »Erinnerst du dich an den Viral, mit dem du in Tiftys Käfig gekämpft hast?«

Peter nickte.

»Nachdem du ihn getötet hattest, hast du zu Tifty gesagt: ›Ihr Name war Emily. Ihre letzte Erinnerung war, dass sie einen Jungen geküsst hat.‹ Woher wusstest du das?«

»Das ist lange her, Michael. Ich kann es eigentlich nicht erklären. Sie hat mich angeschaut, und es passierte einfach.«

»Nicht einfach angeschaut. Sie hat dich *angestarrt*. Ihr habt euch beide angestarrt. Du schaust einem Viral nicht in die Augen, wenn er im Begriff ist, dich in Stücke zu reißen. Die natürliche Reaktion ist, dass man wegschaut. Aber das hast du nicht getan. Und genau wie der Spiegel hat es sie erstarren lassen.« Michael schwieg einen Moment lang und fuhr dann mit größerer Entschiedenheit fort. »Je mehr ich darüber nachdenke, desto mehr Sinn ergibt es. Es erklärt vieles. Wenn jemand befallen wird, ist sein erster Impuls, nach Hause zu gehen. Bei Sterbenden ist es genauso. Sara, habe ich recht?«

Sie nickte. »Das stimmt. Manchmal ist es sogar das Letzte, was sie sagen. ›Ich will nach Hause.‹ Ich kann nicht sagen, wie oft ich das gehört habe.«

»Ein Viral ist eine Person, die mit einem Virus infiziert ist, stark und superaggressiv. Aber irgendwo tief im Innern wissen sie noch, wer sie sind. In der Übergangsphase wird diese Erinnerung, sagen wir, verschüttet, aber sie verschwindet nicht – nicht vollständig. Sie ist nur noch ein Kern, aber sie ist da. Augen reflektieren, genau wie Spiegel. Wenn sie sich selbst sehen, steigt die Erinnerung an die Oberfläche, und das verwirrt sie. Und es stoppt sie, eine

Art Nostalgie. Es ist schmerzhaft, sich an ihr früheres Leben zu erinnern und zu sehen, was aus ihnen geworden ist.«

»Das ist eine tolle ... Theorie«, sagte Henneman.

Michael zuckte die Achseln. »Vielleicht. Vielleicht rede ich hier aus dem Bauch, und das wäre nicht das erste Mal. Aber ich möchte Sie etwas fragen, Colonel. Wie alt sind Sie?«

»Wie bitte?«

»Sechzig? Dreiundsechzig?«

Henneman runzelte die Stirn. »Ich bin achtundfünfzig, vielen Dank.«

»Mein Fehler. Schauen Sie manchmal in den Spiegel?«

»Ich versuche, es zu vermeiden.«

»Exakt darauf will ich hinaus. In Ihrer Vorstellung sind Sie derselbe, der Sie immer waren. Verflucht, in meinem Kopf bin ich immer noch ein siebzehnjähriger Bengel. Aber die Realität ist anders, und es ist deprimierend, ihr ins Gesicht zu sehen. Ich sehe hier keine Zwanzigjährigen am Tisch; deshalb nehme ich an, es geht nicht nur mir so.«

Peter wandte sich an seinen Stabschef. »Ford, was haben wir, das spiegelt? Wir müssten das ganze Tor abdecken, und am besten wäre es, wir hätten noch mindestens hundert Meter zu beiden Seiten. Mehr, wenn wir es schaffen.«

Chase überlegte. »Verzinktes Dachblech könnte funktionieren, nehme ich an. Das glänzt stark.«

»Wie viel haben wir davon?«

»Eine Menge von dem Zeug ist in die Townships transportiert worden, aber wir sollten immer noch genug haben. Wir können ein paar Häuser abdecken, wenn es nicht reicht.«

»Setzen Sie die Techniker darauf an. Wir müssen außerdem das Tor verstärken. Sagen Sie ihnen, sie sollen das verdammte Ding zuschweißen, wenn es sein muss. Die Pforte ebenfalls.«

Chase runzelte die Stirn. »Wie sollen die Leute dann hinauskommen?«

»›Hinaus‹ ist im Moment nicht das Problem. Vorläufig kommen sie nicht hinaus.«

»Mr President, wenn Sie gestatten«, warf Henneman ein. »Angenommen, das alles funktioniert – ein großes *Wenn*, meiner Meinung nach –, haben wir immer noch zweihunderttausend Virals, die da draußen herumlaufen. Wir können nicht in Ewigkeit hinter der Mauer bleiben.«

»Ich widerspreche Ihnen ungern, Colonel, aber genau das haben wir in Kalifornien getan. Die Erste Kolonie hat fast hundert Jahre bestanden, und zwar mit einem Bruchteil der Ressourcen. Wir sind nur noch ein paar Tausend Leute, und die können hier existieren, wenn wir es richtig organisieren. Innerhalb der Mauer haben wir genug Land für Ackerbau und Viehzucht. Der Fluss ist eine gute und dauerhafte Quelle für Trinkwasser und Bewässerung. Mit ein paar Modifikationen können wir immer noch Öl in kleineren Ladungen aus Freeport herauftransportieren, und die Raffinerie selbst können wir sichern. Bei sorgfältiger Rationierung, und wenn wir unser ganzes raffiniertes Petroleum für den Betrieb der Lichter benutzen, dürften wir es sehr lange aushalten.«

»Und was ist mit Waffen?«

»Aus Tiftys Bunker können wir uns eine Zeitlang versorgen, und wahrscheinlich können wir einiges wieder instand setzen, zumindest so, dass wir ein paar Jahre gut ausgerüstet sind. Danach benutzen wir Armbrüste, Bogen und Brandbomben. Das haben wir in der Ersten Kolonie geschafft. Das schaffen wir auch hier.«

Am Tisch war es still. Alle dachten das Gleiche, das wusste Peter. *Am Ende läuft es auf eins hinaus.*

»Bei allem Respekt«, sagte Michael, »aber das ist Bullshit, und das weißt du.«

Peter drehte sich zu ihm um.

»Schön, vielleicht können die Spiegel sie bremsen. Fanning ist immer noch da draußen. Wenn es stimmt, was Alicia sagt, sind die

Virals, die wir letzte Nacht gesehen haben, nur die Speerspitze. Er hat eine Riesenarmee in Reserve.«

»Das lass meine Sorge sein.«

»Spar dir deine Herablassung. Ich denke seit zwanzig Jahren darüber nach.«

Apgar runzelte die Stirn. »Mr Fisher, ich schlage vor, Sie reden jetzt nicht weiter.«

»Warum? Damit er uns alle sterben lässt?«

»Michael, ich möchte, dass du mir aufmerksam zuhörst.« Peter war nicht wütend. Er hatte damit gerechnet, dass Michael Einwände haben würde. Jetzt kam es darauf an, dafür zu sorgen, dass alle an Bord blieben. »Ich kenne deine Einstellung. Du hast dich klar ausgedrückt. Aber die Situation hat sich weiterentwickelt.«

»Die Zeitachse hat sich verschoben, das ist alles. Wir verplempern unsere Chancen, wenn wir hier herumsitzen. Wir sollten unverzüglich die Busse vollpacken.«

»Das hätte vielleicht funktioniert, wenn wir es eher getan hätten. Aber wenn wir jetzt anfangen, die Leute zu evakuieren, gibt es einen Aufstand. Hier wird alles auseinanderbrechen. Und nie im Leben können wir siebenhundert Personen am helllichten Tag auf den Isthmus bringen. Die Busse würden unter freiem Himmel entdeckt werden. Sie hätten keine Chance.«

»Wir haben sowieso keine Chance. Die *Bergensfjord* ist alles, was wir haben. Lucius, sitz nicht einfach so herum.«

Greer blieb ruhig. »Das ist nicht deine Entscheidung. Peter hat hier das Kommando.«

»Ich kann nicht glauben, was ich hier höre.« Michael schaute in die Runde und sah dann wieder Peter an. »Verdammt, du bist einfach zu stur, um zuzugeben, dass du geschlagen bist.«

»Fisher, das reicht«, warnte Apgar.

Michael wandte sich an seine Schwester. »Sara, du kannst das nicht akzeptieren. Denk an die Mädchen.«

»Ich denke an sie. Ich denke an alle hier. Ich bin auf Peters Seite. Er hat uns noch nie auf einen falschen Weg gebracht.«

»Michael, ich muss wissen, ob wir auf dich zählen können«, sagte Peter. »So einfach ist das. Ja oder nein.«

»Okay. Nein.«

»Dann kannst du gehen. Da ist die Tür.«

Peter war nicht sicher, wie es weitergehen würde. Ein paar Sekunden lang starrte Michael ihm in die Augen. Dann stand er mit wütendem Seufzen auf.

»Schön. Wenn ihr die Nacht übersteht, lass es mich wissen. Lucius, kommst du?«

Greer sah Peter mit hochgezogenen Brauen an.

»Es ist okay«, sagte Peter. »Jemand muss auf ihn aufpassen.«

Die beiden Männer gingen. Peter räusperte sich und fuhr fort. »Wichtig ist jetzt, dass wir durch die Nacht kommen. Ich erwarte jede gesunde Person auf der Mauer, aber wir brauchen Schutzräume für den Rest. Ford?«

Chase erhob sich, ging zu Peters Schreibtisch und kam mit einer Papierrolle zurück, die er auf dem Tisch entrollte. Er beschwerte die vier Ecken.

»Das ist einer der Originalpläne der Erbauer. Hardboxen wurden hier angelegt« – er deutete auf das Papier – »hier und hier. Alle drei datieren aus den Anfangstagen der Stadt und sind seit Jahrzehnten nicht mehr benutzt worden, nicht seit dem Oster-Überfall. Ich kann mir nicht vorstellen, dass sie gut in Schuss sind, aber wenn wir sie ein wenig verstärken, dürften sie im Notfall genügen.«

»Wie viele Personen können wir darin unterbringen?«, fragte Peter.

»Nicht viele. Höchstens ein paar Hundert. Ja, und hier drüben«, fuhr er fort, »haben wir das Krankenhaus, das noch einmal vielleicht hundert aufnehmen kann. Eine weitere, kleinere Box befindet sich unter diesem Gebäude hier. Das ist der alte

Banktresor. Voll mit Akten und anderem Zeug, aber im Grunde in Ordnung.«

»Wie sieht es mit Kellern aus?«

»Da gibt es nicht viele. Ein paar unter gewerblichen Gebäuden und unter den alten Wohnblocks, und wir können mit Sicherheit annehmen, dass es noch einige in Privatbesitz gibt. Aber so, wie diese Stadt gebaut wurde, steht fast alles auf Pfeilerplattenfundamenten, und der Boden am Fluss ist überwiegend Tonerde. Also keine Keller, von H-Town bis zur südlichen Mauer.«

Nicht gut, dachte Peter. Bis jetzt hatten sie weniger als tausend Leute untergebracht.

»Und hier, hier ist der Großvater.« Chase lenkte die Aufmerksamkeit auf das Waisenhaus, das mit »HB1« bezeichnet war. »Als sie die Regierung von Austin weg verlegten, war dies einer der Gründe, weshalb sie sich für Kerrville entschieden. Während die Mauern errichtet wurden, brauchten sie eine sichere Unterkunft für die Arbeiter und die Regierungsleute. Dieses Ende der Stadt steht auf einer großen Kalksteinformation voller Hohlräume. Der größte befindet sich unter dem Waisenhaus, und er liegt tief, mindestens zehn Meter unter der Oberfläche. Aus alten Unterlagen geht hervor, dass er ursprünglich vor dem Bürgerkrieg von den Schwestern benutzt wurde, als Teil der Underground Railroad, um entlaufene Sklaven zu verstecken.«

»Wie kommen wir da hinunter?«, fragte Apgar.

»Ich war heute Morgen da und hab's mir angesehen. Die Einstiegsluke ist unter den Bodendielen im Speiseraum. Eine Holztreppe, ziemlich wacklig, aber brauchbar, führt hinunter in die Höhle. Klamm wie ein Grab, aber groß. Wenn wir die Leute zusammenrücken lassen, haben wir Platz für mindestens noch einmal fünfhundert.« Chase blickte auf. »Und bevor jemand fragt: Ich habe mir gestern Abend die Volkszählungsdaten angesehen. Es sind nur Schätzungen, aber es gliedert sich wie folgt. Innerhalb der Mauern haben wir ungefähr elfhundert Kinder unter dreizehn

Jahren. Das Militär nicht mitgerechnet, ist das Geschlechterverhältnis beim Rest praktisch eins zu eins, aber die Bevölkerung ist überaltert. Viele Einwohner sind über sechzig. Manche von denen werden wohl kämpfen wollen, aber offen gestanden sehe ich nicht, dass sie eine große Hilfe sein werden.«

»Und der Rest?«, fragte Peter.

»Da haben wir ungefähr dreizehnhundert Männer im kampffähigen Alter und etwa genauso viele Frauen, vielleicht ein bisschen weniger. Bestimmt werden einige Frauen die Mauer verteidigen wollen, und es spricht auch nichts dagegen. Das Problem ist die Bewaffnung. Wir haben nur Waffen für ungefähr fünfhundert Zivilisten. Wahrscheinlich sind da draußen jede Menge Schusswaffen in Umlauf, aber wie viele es sind, können wir nicht mal schätzen. Wir werden abwarten und sehen müssen, was zum Vorschein kommt, wenn es so weit ist.«

Peter sah Apgar an. »Was ist mit Munition?«

Der General zog die Stirn kraus. »Sieht nicht gut aus. Die letzte Nacht hat uns einiges gekostet. Wir haben vielleicht zwanzigtausend Schuss in verschiedenen Kalibern zur Hand, hauptsächlich Neun-Millimeter, Fünfundvierziger und Fünfsechsundfünfziger. Reichlich Schrotpatronen, aber die taugen nur für kurze Distanzen. Für die schweren Maschinengewehre haben wir nur noch zehntausend Schuss im Kaliber fünfzig. Wenn die Dracs das Tor angreifen, reicht unsere Munition nicht lange.«

Die Situation war beunruhigend: vielleicht tausend Verteidiger auf der Mauer, Munition für höchstens ein paar Minuten, Hardboxen für tausend Personen, und zweitausend Zivilisten, die nirgendwo Schutz suchen konnten.

»Wir müssen die Leute doch irgendwo unterbringen können«, sagte Peter. »Gebt mir was, irgendjemand hier.«

»Tatsächlich«, sagte Chase, »habe ich da eine Idee.« Er rollte eine neue Karte auseinander, einen Plan des Staudamms. »Wir benutzen die Drainagerohre. Es gibt sechs Stück, und jedes ist gut dreißig Meter lang. Das macht rund hundertfünfzig Personen pro Rohr. Stromab sind die Öffnungen versperrt, und kein Viral ist da je eingedrungen. Der einzige Zugang auf der stromaufwärts gewandten Seite führt durch das Wasserwerk, und dort sind drei schwere Türen zwischen Rohren und Außenseite. Das Schöne daran ist, selbst wenn die Dracs durch die Mauern brechen, gibt es keinen Grund, weshalb sie auf den Gedanken kommen sollten, dort zu suchen. Die Leute dort drinnen wären völlig verborgen.«

Das leuchtete ein. »Ford, ich glaube, Sie haben sich Ihr Gehalt für diesen Monat verdient. Gunnar?«

Apgar schob die Lippen vor und nickte. »Es ist eine verdammt gute Idee, ehrlich gesagt.«

»Sonst noch jemand?«

Ein Murmeln der Zustimmung ging um den Tisch.

»Gut, dann ist das geklärt. Chase, Sie übernehmen die Leitung auf der zivilen Seite. Wir müssen so bald wie möglich anfangen, die Leute auf die Schutzräume zu verteilen, damit es keinen Ansturm in letzter Minute gibt. Kinder unter dreizehn zum Waisenhaus, angefangen mit den jüngsten. Sara, wie viele Patienten hast du im Krankenhaus?«

»Nicht viele. Zwanzig vielleicht.«

»Wir können die Hardbox im Keller dort für einen Teil des Überschusses verwenden, dazu die Hardboxen an der Westseite der Stadt. Gunnar, ich brauche Sicherheitsmannschaften für alle. Nur Kinder und Mütter mit Kleinkindern. Keine Männer. Wer gehen kann, kann auch kämpfen.«

»Und wenn sie nicht wollen?«

»Kriegsrecht ist Kriegsrecht. Wenn jemand Ihren Rat nicht annimmt, stehe ich hinter Ihnen und Ihrer Entscheidung. Aber wir wollen kein Aufsehen erregen.«

Apgar nickte knapp. Er hatte verstanden.

»Der Rest, der nicht kämpft, geht in die Rohre. Ich will alle schutzbedürftigen Zivilisten bis achtzehn Uhr an Ort und Stelle haben, aber es muss geordnet ablaufen, damit die Panik auf ein Mindestmaß beschränkt bleibt. Colonel, Sie leiten die Aufstellung der Ziviltruppe. Schicken Sie zwei Trupps, die von Haus zu Haus gehen und zusätzliche Waffen einsammeln. Jeder kann ein Gewehr oder eine Pistole behalten, aber alles Weitere wandert zur Umverteilung ins Arsenal. Von diesem Augenblick an ist jede funktionsfähige Feuerwaffe Eigentum des texanischen Militärs.«

»Ich erledige das«, sagte Henneman.

Peter wandte sich an alle. »Wir wissen nicht, wie lange wir sie abhalten müssen, Leute. Vielleicht ein paar Minuten, vielleicht Stunden, vielleicht die ganze Nacht. Vielleicht greifen sie gar nicht an, sondern warten ab. Aber falls die Dracs hereinkommen sollten, ist das Waisenhaus unser Rückzugsort. Wir werden die Kinder beschützen. Ist das klar?«

Alle am Tisch nickten schweigend.

»Dann ist diese Sitzung beendet. Um fünfzehn Uhr will ich alle wieder hier sehen. Gunnar, bleiben Sie noch einen Moment. Ich muss Sie sprechen.«

Sie warteten, während der Raum sich leerte. Apgar stützte die Ellenbogen auf den Tisch, verschränkte die Finger und beäugte Peter. »Und?«

Peter stand auf und trat ans Fenster. Auf dem Platz war es still; niemand war unterwegs, alles ruhte in der Sommerhitze. Wo waren die Menschen? Hatten sich wahrscheinlich in ihren Häusern verkrochen, dachte Peter, und wagten sich nicht heraus.

»Wir müssen Fanning erledigen«, sagte er. »Sonst nimmt das nie ein Ende.«

»Das wäre der Teil der Unterredung, in dem Sie mir sagen, Sie gehen nach New York.«

Peter drehte sich um. »Ich brauche ein kleines Kontingent – sagen wir, zwei Dutzend Mann. Wir können mit den Mobilunterkünften bis Texarkana kommen, vielleicht noch ein Stück weiter nach Norden, bevor uns der Sprit ausgeht. Zu Fuß sollten wir dann bis zum Winter in New York sein.«

»Das ist Selbstmord.«

»Ich habe so etwas schon einmal getan.«

Apgar sah ihn vielsagend an. »Und Sie hatten ein verdammtes Glück, wenn ich das sagen darf. Gar nicht davon zu reden, dass Sie jetzt dreißig Jahre älter sind und New York zweitausend Meilen weit entfernt ist. Donadio sagt, es wimmelt da von Dracs.«

»Ich nehme Alicia mit. Sie kennt das Gelände, und die Virals tun ihr nichts.«

»Nach der Vorstellung gestern Abend? Bleiben Sie ernsthaft.«

»Die Stadt wird nicht durchhalten, wenn wir ihn nicht töten. Früher oder später bricht das Tor.«

»Da kann ich nicht widersprechen. Aber Fanning mit zwei Dutzend Soldaten auszuschalten, das scheint mir kein besonders guter Plan zu sein.«

»Was schlagen Sie vor? Dass wir ihm Amy ausliefern?«

»Sie sollten mich besser kennen. Außerdem, wenn wir sie Donadio übergeben, haben wir nichts mehr. Keine Trumpfkarte.«

»Aber was dann?«

»Na ja, haben Sie noch mal über Fishers Schiff nachgedacht?«

Peter war sprachlos.

»Verstehen Sie mich nicht falsch«, fuhr Apgar fort. »Ich traue dem Mann nicht über den Weg, und ich bin froh, dass Sie ihm einen Tritt in den Arsch gegeben haben. Ich toleriere keinen Widerspruch in der Truppe, und er hat sich entschieden zu viel herausgenommen. Außerdem habe ich keine Ahnung, ob das Ding überhaupt schwimmt.«

»Ich glaube, ich höre nicht richtig.«

Apgar wartete einen Augenblick. »Mr President. Peter. Ich bin Ihr Militärberater. Ich bin aber auch Ihr Freund. Ich kenne Sie, ich weiß, wie Sie denken. Es hat Sie immer gut vorangebracht, aber jetzt ist die Lage anders. Wenn es nach mir ginge, würde ich sagen, klar, gehen wir mit fliegenden Fahnen unter. Die Geste mag symbolisch sein, aber Symbolik ist für alte Schlachtrösser wie uns immer wichtig. Ich hasse so etwas, immer schon. Aber wie Sie es auch betrachten, es wird nicht gut enden. Ob es Ihnen gefällt oder nicht, Sie sind der letzte Präsident der Republik Texas. Damit haben Sie praktisch die Verantwortung für das Schicksal der menschlichen Art. Vielleicht hat Fisher nicht mehr alle Tassen im Schrank. Sie kennen den Mann, Sie müssen das wissen. Aber siebenhundert sind besser als nichts.«

»Die Stadt wird auseinanderfliegen. Nie im Leben bringen wir eine zusammenhängende Verteidigungstruppe auf die Mauer.«

»Nein, wahrscheinlich nicht.«

Peter drehte sich wieder zum Fenster um. Es war wirklich verdammt still da draußen. Er hatte das verstörende Gefühl, die Stadt aus einer fernen Zukunft zu sehen: leere, verlassene Gebäude, trockenes Laub, das durch die Straßen wehte, alles nach und nach zurückerobert von Wind und Staub und Jahren – die andauernde Stille des beendeten Lebens, das keine Stimmen mehr hat.

»Nicht dass ich etwas dagegen hätte«, sagte er, »aber wird diese Anrede mit dem Vornamen zur Gewohnheit werden?«

»Wenn ich es brauche, ja.«

Unter ihm auf dem Platz erschien eine Gruppe von Jungen. Der älteste konnte nicht mehr als zehn Jahre alt sein. Was machten die da draußen? Dann erfasste Peter die Situation: Einer der Jungen hatte einen Ball. In der Mitte des Platzes warf er ihn auf den Boden und kickte ihn weg, und die anderen Jungen rannten hinterher. Dann rollten zwei Fünftonner auf den Platz. Soldaten sprangen heraus und fingen an, eine Reihe von Tischen aufzustellen. Andere luden Kisten mit Waffen und Munition ab, um sie unter den zivilen Rekruten zu verteilen. Die Jungen nahmen kaum Notiz von ihnen; sie waren mit ihrem Spiel beschäftigt, das anscheinend keine formale Struktur hatte – keine Regeln, keine Grenzen, kein Ziel und kein Punktesystem. Wer den Ball hatte, versuchte, ihn von den anderen fernzuhalten, bis einer seiner Kameraden ihn überwältigte und die verrückte Jagd von Neuem begann. Peters Gedanken trugen ihn weit zurück in die Vergangenheit, zuerst zu den formlosen Wettkämpfen, die Caleb und seine Freunde mit ihrer ansteckenden, jugendlichen Energie stundenlang unterhalten hatten – *nur noch fünf Minuten, Dad, es ist doch noch ganz hell, bitte, nur noch ein Spiel* –, und dann weiter zu seiner eigenen Kindheit, dieser kurzen, unschuldsvollen Zeitspanne, in der er völlig selbstvergessen existiert hatte, außerhalb des Stroms der Geschichte und der zunehmenden Last des Lebens.

Er wandte sich vom Fenster ab. »Erinnern Sie sich an den Tag, als Vicky mich in ihr Büro kommen ließ, um mir einen Job anzubieten?«

»Eher nicht, nein.«

»Als ich ging, rief sie mich noch einmal zurück. Erkundigte sich nach Caleb und wie alt er war. Sie sagte, und ich glaube, ich weiß es noch genau: ›Es sind die Kinder, für die wir arbeiten. Wir werden längst nicht mehr da sein, aber von unseren Entscheidungen wird abhängen, wie die Welt aussieht, in der sie leben werden.‹«

Apgar nickte langsam. »Wenn ich es mir überlege – vielleicht erinnere ich mich doch. Sie war ein raffiniertes altes Weib, das muss man ihr lassen. Das war ein Meisterstück der Manipulation.«

»Ich hatte keine Chance, nein zu sagen. Es war nur eine Frage der Zeit, wann ich kapitulierte.«

»Und was wollen Sie damit sagen?«

»Ich will damit sagen, dieses Fleckchen Erde gehört nicht nur uns, Gunnar. Es gehört *ihnen*. Die Erste Kolonie lag im Sterben. Alle hatten aufgegeben. Aber hier nicht. Darum hat Kerrville so lange überlebt: Weil die Menschen hier sich geweigert haben, still und leise zu gehen.«

»Wir reden hier über das Überleben unserer Spezies.«

»Das weiß ich. Aber wir müssen uns das Recht dazu verdienen, und dreitausend Menschen im Stich zu lassen, um siebenhundert zu retten, das ist eine Gleichung, mit der ich nicht einverstanden bin. Also ist hier vielleicht alles zu Ende. Vielleicht schon heute Nacht. Aber diese Stadt gehört uns. Dieser *Kontinent* gehört uns. Wenn wir weglaufen, hat Fanning gewonnen, egal wie. Und Vicky würde das Gleiche sagen.«

Ein Augenblick der Unentschiedenheit verging, und die beiden Männer starrten einander an.

»Das war eine nette Rede«, sagte Apgar schließlich.

»Ja, ich wette, Sie wussten nicht, dass ich ein so tiefschürfender Denker bin.«

»Und das war's?«

»Das war's«, sagte Peter. »Mein letztes Wort. Wir bleiben, und wir kämpfen.«

# 64

Sara stieg die Treppe in den Keller hinunter. Grace saß auf einem Feldbett am Ende der zweiten Reihe und hielt ihr Baby auf dem Schoß. Die Frau sah müde, aber auch erleichtert aus. Sie lächelte zaghaft, als Sara herankam.

»Er ist ein bisschen unruhig«, sagte sie.

Sara nahm ihr das Baby ab, legte es auf das Nachbarbett und schlug die Wolldecke auseinander, um es zu untersuchen. Es war ein großer, gesunder Junge mit dunklen Locken, und sein Herz schlug laut und kräftig.

»Wir nennen ihn Carlos, nach meinem Vater«, sagte Grace.

In der Nacht hatte sie Sara die Geschichte erzählt. Vor fünfzehn Jahren waren ihre Eltern in die Townships hinausgezogen und hatten sich in Boerne niedergelassen. Aber ihr Vater hatte als Farmer wenig Glück gehabt und war gezwungen gewesen, einen Job bei den Telegraphencrews anzunehmen, sodass er die Familie manchmal monatelang hatte allein lassen müssen. Als er bei einem Sturz vom Mast zu Tode gekommen war, waren Grace und ihre Mutter – die beiden Brüder waren längst weitergezogen – nach Kerrville zurückgekehrt, wo sie bei Verwandten gewohnt hatten. Aber es war ein hartes Leben gewesen, und auch ihre Mutter war gestorben, aber hier war Grace nicht weiter ins

Detail gegangen. Mit siebzehn hatte Grace angefangen, in einem illegalen Saloon zu arbeiten – was sie da getan hatte, war unklar, und Sara wollte es nicht wissen –, und dort hatte sie Jock kennengelernt. Kein glückverheißender Anfang, aber sie hatten einander sehr geliebt, wie Grace versicherte, und als sie schwanger geworden war, hatte Jock sich ehrenhaft verhalten.

Sara wickelte das Baby wieder ein, gab es der Mutter zurück und versicherte ihr, dass alles in Ordnung sei. »Er wird ein bisschen jammern, bis Ihre Milch kommt. Machen Sie sich keine Sorgen, das hat nichts zu bedeuten.«

»Was wird mit uns passieren, Dr. Wilson?«

Diese Frage war ihr zu groß. »Sie werden für Ihren Sohn sorgen, das ist alles.«

»Ich habe von dieser Frau gehört. Angeblich ist sie eine Art Viral. Wie kann das sein?«

Darauf war Sara nicht gefasst – aber natürlich würden die Leute reden. »Vielleicht ist sie das. Ich weiß es nicht.« Sie legte Grace eine Hand auf die Schulter. »Versuchen Sie, sich auszuruhen. Die Army weiß, was sie tut.«

Sie fand Jenny im Lagerraum bei der Bestandsaufnahme: Verbandmaterial, Kerzen, Decken, Wasser. Weitere Kisten waren von oben heruntergebracht und an der Wand gestapelt worden. Ihre Tochter Hannah half ihr – ein sommersprossiges, entwaffnend grünäugiges Mädchen von dreizehn Jahren mit langen Fohlenbeinen.

»Schatz, könntest du deine Mom und mich für einen Moment allein lassen? Lauf nach oben und sieh nach, ob sie dort etwas brauchen.«

Das Mädchen ging, und Sara warf einen kurzen Blick auf den Plan. »Was glaubst du, wie viele Leute wir hier unterbringen können?«

»Hundert auf jeden Fall. Mehr, wenn wir sie wirklich zusammenquetschen, schätze ich.«

»Lass uns am Eingang einen Tisch aufstellen, wo wir sie zählen können. Männer kommen hier nicht herein, nur Frauen und Kinder.«

»Und wenn sie es versuchen?«

»Nicht unser Problem. Darum kümmert sich das Militär.«

Sara untersuchte noch vier weitere Patienten – den Jungen mit der Lungenentzündung, eine Frau in den Vierzigern, die mit Atemnot hereingestürmt war und einen Herzinfarkt befürchtet hatte, während es aber nur eine Panikreaktion gewesen war, zwei kleine Zwillingsmädchen, die in der Nacht akuten Durchfall und Fieber bekommen hatten –, und als sie dann ins obere Stockwerk zurückkehrte, sah sie zwei Fünftonner, die mit dröhnenden Motoren vor dem Eingang anhielten. Sie ging hinaus, um sie zu begrüßen.

»Sara Wilson?«

»Die bin ich.«

Der Soldat drehte sich zu dem ersten Lastwagen um. »Okay, abladen.«

Paarweise fingen die Soldaten an, Sandsäcke zum Eingang zu karren. Zwei Humvees mit .50er Maschinengewehren auf den Dächern rollten an und fuhren zur Rückseite des Gebäudes, wo sie zu beiden Seiten des Eingangs in Position gingen. Sara verfolgte es wie benommen. Allmählich dämmerte ihr, wie seltsam das alles war.

»Können Sie mir die anderen Eingänge zeigen?«, fragte der Sergeant.

Sara führte ihn zum Hinter- und zu den Seiteneingängen. Soldaten kamen mit Sperrholzplatten und fingen an, sie vor die Türrahmen zu nageln.

»Die halten aber keinen Drac ab«, stellte Sara fest. Sie standen jetzt vor dem Gebäude, wo weitere Sperrholzplatten vor die Fenster genagelt wurden.

»Die sind auch nicht für die Dracs.«

Gütiger Gott, dachte sie.

»Haben Sie eine Waffe, Ma'am?«

»Wir sind ein Krankenhaus, Sergeant. Wir lassen hier keine Waffen herumliegen.«

Er ging zum vorderen Lastwagen und kam mit einem Gewehr und einer Pistole zurück. »Sie können aussuchen.«

Alles an diesem Angebot ging ihr gegen den Strich. Ein Krankenhaus bedeutete doch immer noch etwas. Dann dachte sie an Kate.

»Okay, die Pistole.« Sie schob sie unter den Hosenbund.

»Haben Sie so etwas schon benutzt?«, fragte der Sergeant. »Ich kann Ihnen die Grundlagen zeigen.«

»Das wird nicht nötig sein.«

Im Gefängnis kalkulierte Alicia die Stärke ihrer Ketten.

Die Niete in der Wand war nicht der Rede wert – ein kräftiger Ruck würde genügen –, aber die Hand- und Fußfesseln waren ein Problem. Sie bestanden aus irgendeiner harten Legierung. Wahrscheinlich kamen sie aus Tiftys Bunker; der Mann hatte aus dem Einsperren von Virals eine Wissenschaft gemacht. Selbst wenn sie sich von der Wand losreißen könnte, wäre sie immer noch gefesselt wie eine Sau vor dem Schlachten.

Der Gedanke ans Schlafen war verlockend. Nicht nur, um die Zeit auszulöschen, sondern auch, um ihre Gedanken fortfliegen zu lassen. Aber ihre Träume waren immer die gleichen, und sie hatte keine Lust, sie wieder zu erleben: Die strahlende Stadt zerfloss in Dunkelheit, die glücklichen Rufe des Lebens darin schwanden und verstummten dann ganz, die Tür verschwand erbarmungslos.

Und dann das zweite Problem: Alicia war nicht allein.

Die Empfindung war unterschwellig, aber sie fühlte, dass Fanning noch dort war: ein leises Summen in ihrem Gehirn, eher spür- als hörbar, ein Windhauch, der über die Oberfläche ihres Geistes strich. Es machte sie zornig und krank und weckte Überdruss gegen alles und die Bereitschaft, es einfach aufzugeben.

*Verschwinde aus meinem Kopf, verdammt! Habe ich nicht getan, was du wolltest? Zum Teufel, lass mich in Ruhe.*

Das versprochene Essen war nicht gekommen. Entweder hatte Peter es vergessen, oder er hatte sich überlegt, dass eine hungrige Alicia ungefährlicher war als eine satte. Es konnte auch eine Taktik sein, mit der er sie weichklopfen wollte: *Essen ist unterwegs – Moment, nein, doch nicht.* So oder so, sie empfand eine perverse Freude darüber, denn ein Teil ihrer selbst hasste es immer noch. Wenn ihre Zähne sich in Fleisch gruben und heißes Blut an ihren Gaumen spritzte, brach in ihrem Kopf ein Chorgesang des Abscheus los: *Was zum Teufel tust du hier?* Trotzdem trank sie sich jedes Mal satt, gründlich angewidert von sich selbst, und dann sank sie auf die Fersen zurück und ließ sich von der Trägheit einhüllen.

Die Stunden flossen zäh dahin. Endlich öffnete sich die Tür.

»Überraschung!«

Michael betrat die Zelle. Er hielt einen kleinen Metallkäfig vor der Brust.

»Fünf Minuten, Fisher«, sagte der Wärter und schlug die Tür hinter ihm zu.

Michael stellte den Käfig auf den Boden, setzte sich auf ihre Pritsche und schaute ihr ins Gesicht. In dem Käfig war ein braunes Kaninchen.

»Wie bist du hereingekommen?«, fragte Alicia.

»Oh, die kennen mich hier ziemlich gut.«

»Du hast sie bestochen.«

Michael machte ein selbstzufriedenes Gesicht. »Wie es sich ergibt, ist tatsächlich ein bisschen Geld von Hand zu Hand gegangen. Selbst in diesen unruhigen Zeiten muss ein Mann an seine Familie denken. Kommt dazu, dass niemand sonst den Mut hatte, dir dein Frühstück zu bringen.« Er deutete mit dem Kopf auf den Käfig. »Anscheinend ist dieses kleine Fellknäuel jemandes Haustier. Hört auf den Namen Otis.«

Alicia nahm sich die Zeit, Michael gründlich und lange zu betrachten. Aus dem Jungen, den sie gekannt hatte, war ein Mann mittleren Alters und von sehniger Härte geworden, kompakt und kompetent. Seine Gesichtszüge waren wie gemeißelt; nichts war überflüssig. In seinen Augen lag immer noch die alte zwinkernde, geschäftige Wachsamkeit, aber auch etwas Dunkles, Wissendes. Es waren die Augen eines erfahrenen Mannes, der im Leben schon viel gesehen hatte.

»Du hast dich verändert, Michael.«

Er zuckte gleichgültig die Achseln. »Das höre ich oft.«

»Wie hast du dich durchgeschlagen?«

»Ach, du kennst mich.« Er lächelte schief. »Habe nur immer dafür gesorgt, dass die Lichter nicht ausgingen.«

»Und Lore?«

»Kann nicht behaupten, dass es funktioniert hat.«

»Tut mir leid, das zu hören.«

»Du weißt, wie das läuft. Ich habe die Topfblumen gekriegt, sie hat das Haus genommen. Ist eigentlich am besten so.« Wieder deutete er mit einer Kopfbewegung auf den Käfig am Boden, in dem das Kaninchen unruhig mümmelte. »Willst du nicht essen?«

Doch, sie wollte, und zwar dringend. Der berauschende Duft von warmem Fleisch und warmem Leben, das wispernde Pochen des Blutes, das durch die Adern des Tieres strömte, als hielte sie sich eine Muschel ans Ohr – sie war erfüllt von angespannter Erwartung.

»Es ist kein schöner Anblick«, sagte sie. »Ich warte wohl besser noch.«

Ein paar Sekunden lang schauten sie einander nur an.

»Danke, dass du gestern Abend für mich gesprochen hast«, sagte Alicia.

»Dafür brauchst du dich nicht zu bedanken. Peter hat den Mund sehr voll genommen.«

Sie schaute ihn forschend an. »Warum hasst du mich nicht, Michael?«

»Warum sollte ich?«

»Alle anderen tun es anscheinend.«

»Dann bin ich wahrscheinlich nicht alle anderen. Man könnte sagen, ich habe selbst nicht besonders viele Fans in dieser Gegend.«

»Das kann ich kaum glauben.«

»Oh, glaub's mir ruhig. Ich kann von Glück sagen, dass ich nicht selbst ein Zimmer an diesem Korridor habe.«

Ohne dass sie es wollte, verzogen sich ihre Lippen zu einem Lächeln. Es tat gut, mit einem Freund zu sprechen. »Klingt interessant.«

»Das wäre ein Wort dafür.« Er legte die Fingerspitzen aneinander wie jemand, der eine Feststellung zu treffen hat. »Ich wusste immer, dass du da draußen warst, Lish. Vielleicht haben die andern dich aufgegeben. Aber ich niemals.«

»Danke, Akku. Das bedeutet mir etwas. Es bedeutet mir eine Menge.«

Er grinste. »Weil du es bist, lasse ich diesen Spitznamen durchgehen.«

»Sprich mit ihm, Michael.«

»Ich habe meine Meinung vorgetragen.«

»Was wird er tun?«

Er zuckte die Achseln. »Was Peter immer tut. Er wird sich auf das Problem stürzen, bis er sich hindurchgepflügt hat. Ich liebe den Mann, aber er ist ein Ochse.«

»Diesmal wird er es so nicht schaffen.«

»Nein, diesmal nicht.«

Er musterte sie durchdringend, aber anders als bei Peter war sein Blick frei von Misstrauen. Sie war seine Vertraute, eine Mitverschwörerin, ein vertrauenswürdiger Teil seiner Welt. Seine Augen, seine Stimme, der Raum, den sein Körper in Anspruch nahm – das alles strahlte eine unübersehbare Kraft aus.

»Ich habe viel an dich gedacht, Lish. Lange Zeit habe ich geglaubt, ich liebe dich. Und wer weiß? Vielleicht tue ich es noch. Das macht dich hoffentlich nicht verlegen.«

Alicia war wie vom Donner gerührt.

»Ich sehe dir an, du bist überrascht. Nimm es als Kompliment, denn so ist es gemeint. Ich will damit sagen, du bist mir sehr wichtig, und das war schon immer so. Als du gestern Abend aufgetaucht bist, wurde mir etwas klar. Weißt du, was?«

Alicia schüttelte den Kopf. Ihr fehlten noch immer die Worte.

»Mir wurde klar, dass ich die ganze Zeit auf dich gewartet hatte. Nicht nur gewartet – ich habe dich *erwartet*.« Er schwieg kurz. »Erinnerst du dich, wie wir uns das letzte Mal gesehen haben? Das war an dem Tag, als du mich im Krankenhaus besucht hast.«

»Natürlich erinnere ich mich.«

»Ich habe mich unendlich lange gefragt: Warum? Warum hat Alicia ausgerechnet mich in diesem Augenblick ausgesucht? Ich hätte erwartet, dass es Peter sein würde. Auf die Antwort kam ich, als ich über etwas nachdachte, was du gesagt hattest. ›Eines Tages wird dieser Junge uns unseren kläglichen Arsch retten.‹«

»Wir sprachen über unsere Kindheit.«

»Das stimmt. Aber wir sprachen über sehr viel mehr.« Er beugte sich vor. »Schon damals hast du es gewusst, Lish. Vielleicht nicht gewusst, aber gespürt hast du es. Die Gestalt der Dinge, genau wie ich. Wie ich es jetzt spüre, zwanzig Jahre später, mit dir in einer Gefängniszelle. Aber ›warum‹, das ist eine andere Frage. Auf die habe ich keine Antwort, und ich habe aufgehört, sie zu stellen. Und wie das alles ausgehen wird, weißt du genauso wenig wie ich. Angesichts der allgemeinen Richtung, die es in den letzten vierundzwanzig Stunden genommen hat, bin ich nicht gerade optimistisch. Aber so oder so, ich kann es nicht ohne dich.«

Der Schlüssel drehte sich im Schloss, und der Wärter erschien in der Tür. »Fisher, ich habe gesagt, fünf Minuten. Raus mit dir.«

Michael schob die Hand in die Hemdtasche und wedelte mit einem Bündel Geldscheine über seiner Schulter. Er machte sich nicht einmal die Mühe, sich umzudrehen, als der Wärter ihm das Geld aus der Hand riss und sich verdrückte.

»Gott, was für Idioten«, seufzte er. »Glauben die wirklich, Geld ist morgen um diese Zeit noch irgendetwas wert?« Er griff noch einmal in die Tasche und zog ein zusammengefaltetes Blatt Papier heraus. »Hier, nimm das.«

Alicia faltete das Blatt auseinander. Es war eine Karte, hastig von Michaels Hand skizziert.

»Wenn es so weit ist, folgst du der Rosenberg Road nach Süden. Kurz hinter der Garnison findest du eine alte Farm mit einem Wassertank auf der linken Straßenseite. Nimm die Straße dahinter und folge ihr geradewegs nach Osten, zweiundfünfzig Meilen weit.«

Alicia blickte von der Karte auf. In seinem Blick war etwas Neues, eine Art Wildheit, die beinahe manisch wirkte. Unter seinem beherrschten Äußeren, der Aura von selbstgewisser Kraft, verbarg sich ein Mann mit einem glühenden Glauben.

»Michael, was ist am Ende der Straße?«

Als Alicia wieder allein war, ließ sie ihre Gedanken dahintreiben. Es hatte am Ende also doch eine Frau für Michael gegeben. Sein Schiff, die *Bergensfjord.*

*Wir sind die Heimatlosen,* hatte er gesagt, als er sich verabschiedete. *Wir sind diejenigen, die die Wahrheit verstehen und immer verstanden haben. Das ist der Schmerz in unserem Leben.* Wie gut er sie kannte.

Das Kaninchen beobachtete sie wachsam, und ohne mit der Wimper zu zucken. Seine schwarzen Augen glänzten wie Tintentropfen, und in ihren runden Oberflächen sah Alicia den Geist ihres Gesichtes, ihr schattenhaftes Ich. Sie erkannte, dass ihre Wangen nass waren. Wieso konnte sie nicht aufhören zu weinen? Sie rutschte auf den Käfig zu, entriegelte die Klappe und griff hinein. Weiches Fell füllte ihre Hand. Das Kaninchen unternahm keinen

Fluchtversuch – es war entweder zahm, ein Haustier, wie Michael behauptet hatte, oder es hatte zu viel Angst, um zu reagieren. Sie hob das Tier heraus und setzte es auf ihren Schoß.

»Es ist schon gut, Otis«, sagte sie, »ich bin eine Freundin.« Und so saß sie lange Zeit da und streichelte das weiche Fell.

# 65

Schritte. Dann öffnete die Tür sich knarrend. Amy schlug die Augen auf.

*Hallo, Pim.*

Die Frau stand in der Tür. Sie war groß und hatte ein ovales Gesicht mit ausdrucksvollen Augen. Unter den Falten ihres einfachen blauen Baumwollkleids wölbte sich ihr schwangerer Bauch.

*Ich bin froh, dass du noch einmal zurückgekommen bist,* sagte Amy.

Mit einem Blick voller Unsicherheit kam Pim zu ihrem Bett.

*Darf ich?,* fragte Amy.

Pim nickte. Amy legte die flache Hand auf den gewölbten Stoff. Die Kraft darunter, neu, wie sie war, strahlte pures Leben aus – wenn sie eine Farbe wäre, wäre sie das Weiß einer Sommerwolke –, aber sie war zugleich voller Fragen. Wer bin ich? Was bin ich? Ist das die Welt? Bin ich alles oder nur ein Teil?

*Zeig mir den Rest,* sagte Amy.

Pim setzte sich auf das Bett und wandte ihr den Rücken zu. Amy öffnete die Knöpfe ihres Kleides und schob den Stoff beiseite. Die Striemen auf dem Rücken, die Brandnarben – sie waren verblasst, aber nicht verschwunden. Die Zeit hatte Grate aus ihnen gemacht, die unter der Haut vergraben waren wie Wurzeln unter der Erdoberfläche. Amy strich mit den Fingerspitzen über sie hinweg. Wo sie nicht waren, war Pims Haut weich und von pulsierender Wärme, aber die Muskeln darunter waren hart, als habe die Erinnerung an den Schmerz sie geschmiedet.

Amy knöpfte das Kleid wieder zu, und Pim drehte sich auf der Matratze zu ihr um.

*Ich habe von dir geträumt,* sagte sie mit den Händen. *Ich habe das Gefühl, ich kenne dich schon mein ganzes Leben lang.*

*So geht es mir auch.*

Pims Augen waren erfüllt von einem Gefühl, für das es keine Worte gab. *Auch als …?*

Amy nahm ihre Hände und brachte sie zur Ruhe. *Ja,* antwortete sie. *Selbst da.*

Aus einer Tasche an ihrem Kleid zog Pim ein Notizbuch. Es war klein, aber dick von steifem, zusammengenähtem Pergamentpapier. *Das habe ich dir mitgebracht.*

Amy nahm es und klappte es auf. Der Umschlag war in weiches Leder gebunden. Da war es, Seite für Seite. Die Zeichnungen. Die Worte. Die Insel mit den fünf Sternen.

*Wer sonst hat das gesehen?,* fragte sie.

*Nur du.*

*Nicht mal Caleb?*

Pim schüttelte den Kopf. Ein Tränenfilm überzog ihre Augen. Anscheinend war sie völlig überwältigt und sprachlos. *Woher weißt du das alles?*

Amy klappte das Notizbuch zu. *Das kann ich nicht sagen.*

*Was bedeutet es?*

*Ich glaube, es bedeutet, dass du leben wirst, und dein Baby auch.* Nach einer kurzen Pause fragte sie: *Wirst du mir helfen?*

Im Wohnzimmer fand sie Papier und einen Stift. Sie schrieb etwas, faltete das Blatt dreimal und gab es Pim, die eilig hinausging. Als Amy wieder allein war, ging sie in das Badezimmer am Korridor. Über dem Waschbecken dort hing ein kleiner runder Spiegel.

Die Veränderungen, die ihre Person erfahren hatte, waren gefühlt, aber nicht beobachtet; noch hatte sie mit eigenen Augen nichts davon gesehen. Sie stellte sich vor den Spiegel. Das Gesicht, das sie sah, war nicht ihr eigenes, und doch gehörte es genau der Person, als die sie sich seit Langem fühlte: einer Frau mit dunklem Haar und einem gut modellierten, aber nicht allzu kantigen Gesicht, heller, makelloser Haut und tiefliegenden Augen. Ihr Haar war kurz wie das eines Jungen; es betonte die Wölbung ihres Kopfes und fühlte sich borstig an wie ein Besen. Das Spiegelbild war beunruhigend alltäglich; sie hätte irgendjemand sein können, eine Frau in der Menge, und doch – in diesem Gesicht und diesem Körper wohnten alle ihre Gedanken und Wahrnehmungen: ihr Selbstgefühl. Der Drang, die Hand auszustrecken und den Spiegel zu berühren, war stark, und sie gab ihm nach. Als ihre Fingerspitze das Glas berührte und ihr Spiegelbild die Geste erwiderte, verschob sich etwas. *Das bist du,* sagte ihr der Verstand. *Das ist die eine wahre Amy.*

Es war Zeit.

Seinen Geist zu beruhigen, ihn in einen Zustand der absoluten Bewegungslosigkeit zu bringen – das war der Trick. Amy benutzte dazu gern einen See. Dieses Gewässer war kein Fantasiegebilde, sondern der See in Oregon, in dem Wolgast ihr in ihren ersten gemeinsamen Tagen im Camp das Schwimmen beigebracht hatte. Sie schloss die Augen und versetzte sich dort hin, und nach und nach wuchs die Szenerie vor ihrem geistigen Auge herauf. Es war Nacht, und die ersten Sterne blitzten am blauschwarzen Himmel. Eine Schattenwand: Hohe Fichten mit schwerem Duft ragten königlich am steinigen Ufer empor. Das Wasser selbst: kalt und klar und von scharfem Geschmack. Der daunenweiche Teppich aus Fichtennadeln auf dem Grund. In diesem Gedankenkonstrukt war Amy der See und zugleich die Schwimmerin im See. Wellen kräuselten sich im Einklang mit ihren Bewegungen auf der Oberfläche nach außen. Sie atmete ein und tauchte hinunter in eine nie gesehene Welt, und als sie den Grund erreichte, glitt sie geschmeidig darüber hinweg. Hoch über ihr breiteten sich die Wellen, die ihr Eintauchen hinterlassen hatte, konzentrisch über dem Wasser aus. Wenn die letzten dieser Wallungen das Ufer berührten und der Wasserspiegel sein perfektes Gleichgewicht wiedergefunden hätte, würde der Zustand, den sie anstrebte, erreicht sein.

Die Wellen liefen aus. Der See war still.

*Kannst du mich hören?*

Schweigen. Aber dann:

*Ja, Amy.*

*Ich glaube, ich bin bereit, Anthony. Ich glaube, ich bin endlich bereit.*

Michael wartete seit fast einer Stunde am Tor. Wo zum Teufel blieb Lucius? Es war fast 10:30 Uhr, und ihre Zeit war ohnedies knapp. Männer schweißten schwere Halterungen für die Eisenträger an, die quer vor das Tor gelegt werden sollten. Andere nagelten verzinkte Dachbleche an die Außenfassade. Wenn Greer nicht bald auftauchte, würden sie hinter der Mauer eingesperrt sein wie alle andern.

Endlich tauchte Greer auf; mit schnellen Schritten kam er durch die Pforte von draußen herein. Er stieg in den Truck und deutete mit dem Kopf nach vorn durch die Frontscheibe. »Los.«

»Sie macht sich was vor.«

Greer warf ihm einen Blick zu: Lass es gut sein.

Michael startete den Motor, streckte den Kopf aus dem Fenster und schrie dem Vorarbeiter der Kolonne zu: »Wir kommen jetzt durch!« Als der Mann sich nicht umdrehte, drückte er auf die Hupe. »Hey! Wir müssen hier raus!«

Jetzt wurde der Vorarbeiter aufmerksam, und er kam zum Fenster. »Was soll das Gehupe?«

»Sag den Leuten, sie sollen aus dem Weg gehen.«

Der Mann spuckte auf den Boden. »Niemand soll mehr raus. Wir arbeiten hier.«

»Ja, schön, aber wir sind was anderes. Sag denen, sie sollen zur Seite gehen oder sich überfahren lassen. Wie wär's?«

Der Mann sah aus, als wollte er noch etwas sagen, aber dann überlegte er es sich. Er drehte sich zum Tor um. »Okay, macht Platz für den Kerl.«

»Verbindlichsten Dank«, sagte Michael.

Der Vorarbeiter spuckte noch einmal aus. »Ist deine Beerdigung, Arschloch.«

*Deine aber auch,* dachte Michael.

# 66

16:30 Uhr: Die letzten zu evakuierenden Einwohner wurden in den Damm geführt, die Hardboxen waren voll, und die wenigen verbliebenen zivilen Rekruten warteten auf ihre Anweisungen. Es hatte ein paar Zwischenfälle gegeben – ein paar Verhaftungen, und hier und da war sogar geschossen worden. Aber die meisten sahen ein, dass es Sinn hatte, was man von ihnen verlangte. Ihr Leben stand auf dem Spiel.

Doch die Erfassung der Rekruten dauerte länger als erwartet. Lange Warteschlangen, Durcheinander bei den Waffen, Unklarheiten in der Frage, wer wem unterstellt war, die Verteilung von Ausrüstung und Aufgaben: Peter und Apgar versuchten, in einem halben Tag eine Armee auf die Beine zu stellen. Manche wussten kaum, wie man eine Waffe hielt, geschweige denn, wie man sie lud und abfeuerte. Munition war kostbar, aber trotzdem hatte man auf dem Platz einen Schießstand aufgebaut, mit Sandsäcken als Kugelfang. Ein Crashkurs für die Ahnungslosen – drei Schuss, gut oder schlecht –, und dann ab auf die Mauer.

Ein paar Waffen waren noch übrig, lauter Pistolen. Die Gewehre waren verteilt bis auf wenige, die in Reserve gehalten wurden. Die Stimmung war gereizt, denn alle warteten seit Stunden in der heißen Sonne. Peter stand mit Apgar neben dem Registrierungstisch und sah zu, wie die letzten Männer durchkamen. Hollis hakte Namen ab.

Ein Mann trat an den Tisch – Mitte vierzig, schlank wie jemand, zu dem das Leben nicht gut gewesen war, mit hoher, gewölbter Stirn und alten Aknenarben auf den Wangen. Ein Jagdgewehr hing über seiner Schulter. Es dauerte einen Moment, bis Peter ihn erkannte.

»Jock, nicht wahr?«

Der Mann nickte – ein bisschen verlegen, fand Peter. Zwanzig Jahre waren vergangen, aber Peter sah ihm an, dass die Erinnerung an jenen Tag auf dem Dach ihn trotzdem noch drückte. »Ich glaube, ich habe mich nie richtig bei Ihnen bedankt, Mr President.«

Apgar sah Peter an. »Was haben Sie getan?«

»Er hat mir das Leben gerettet«, sagte Jock. »Das hat er getan.« Er wandte sich an Peter. »Ich habe es nie vergessen. Habe beide Male für Sie gestimmt.«

»Was ist aus dir geworden? Ich wette, mit der Arbeit auf dem Dach war Schluss.«

Jock zuckte die Achseln. Sein normales Leben versank wie bei allen andern in der Vergangenheit. »Habe die meiste Zeit als Mechaniker gearbeitet. Und kürzlich auch geheiratet. Meine Frau hat gestern Nacht ein Kind gekriegt.«

Peter erinnerte sich an das, was Sara erzählt hatte. Er deutete auf Jocks Gewehr, einen Unterhebelrepetierer, Kaliber .30–30. »Lass mich die Waffe sehen.«

Jock reichte sie herüber. Der Verschluss hakte, der Abzug war wie Watte, und das Glas des Zielfernrohrs war trüb und zerkratzt.

»Wann hast du das letzte Mal damit geschossen?«

»Gar nicht. Ich habe sie vor Jahren von meinem Dad bekommen.«

Hollis blickte auf. »Wir haben keine Dreißig-dreißiger-Munition.«

»Wie viele Patronen hast du dafür?«, fragte Peter.

Jock streckte die Hand aus. Auf der Handfläche lagen vier Patronen, so alt wie die Berge.

»Das Ding ist wertlos. Hollis, besorg dem Mann ein richtiges Gewehr.«

Jemand brachte eins von Tiftys M16, neu und glänzend.

»Als Hochzeitsgeschenk«, sagte Peter und reichte Jock die Waffe. »Melde dich am Schießstand. Dort gibt man dir Munition und zeigt dir, wie man damit umgeht.«

Der Mann war verdattert, und sein Gesicht war voller Dankbarkeit. Noch nie hatte ihm jemand ein solches Geschenk gemacht. »Danke, Sir.« Er nickte knapp und ging davon.

»Okay, was sollte denn das jetzt?«, fragte Apgar.

Peters Blick folgte Jock auf seinem Weg zum Schießstand. »Es soll Glück bringen«, sagte er.


Im Waisenhaus stiegen die letzten Frauen und Kinder hinunter in den Schutzraum. Man hatte entschieden, dass nur Frauen mit Kindern unter fünf Jahren ihren Nachwuchs begleiten durften, und so hatte es viele tränenreiche Trennungsszenen gegeben, schmerzhaft und schrecklich. Nicht wenige Mütter behaupteten, ihre Kinder seien jünger, als sie offensichtlich waren, und da, wo der Unterschied gering oder jedenfalls nicht besonders groß war, hatte Caleb sie durchgelassen. Er brachte es einfach nicht übers Herz, nein zu sagen.

Er machte sich Sorgen wegen Pim; der Schutzraum füllte sich zusehends. Endlich kam sie und erklärte, die Kinder hätten den Vormittag in Kate und Bills Haus verbracht. Für Pim war es eine schmerzliche Wallfahrt gewesen, denn Kates Geist war überall, aber für die Mädchen war es eine hilfreiche Ablenkung – ein paar Stunden in vertrauten Zimmern mit vertrautem Spielzeug. Eine halbe Stunde lang waren sie auf ihren alten Betten herumgehopst, sagte Pim.

Aber irgendetwas stimmte nicht. Caleb spürte, dass da etwas ungesagt blieb. Sie standen an der offenen Luke. Eine der Schwestern streckte von der Plattform darunter die Arme herauf, um den Kindern zu helfen, erst Theo, dann den Mädchen. Als Pim an der Reihe war, nahm Caleb sie beim Ellenbogen.

*Was ist los?*

Sie zögerte. Ja, da war etwas.

*Pim?*

Ein unsicheres Flackern in ihren Augen – dann fasste sie sich wieder. *Ich liebe dich. Sei vorsichtig.*

Caleb ließ es auf sich beruhen. Dies war nicht der richtige Augenblick: Die Luke stand offen, und alle warteten. Schwester Peg schaute von der Seite herüber. Caleb hatte bereits die Frage angesprochen, ob Schwester Peg mit den Kindern hinuntergehen würde oder nicht. »Lieutenant«, hatte sie mit vorwurfsvollem Blick gesagt, »ich bin einundachtzig Jahre alt.«

Caleb umarmte seine Frau und half ihr dann beim Hinuntersteigen. Als ihre Hände die oberste Sprosse umklammerten, hob sie den Kopf und schaute ein letztes Mal nach oben. Ein kalter Klumpen bildete sich in seinem Magen. Sie war sein Leben.

*Pass auf unsere Babys auf,* sagte er.

Weitere Kinder kamen herein, und dann war der Schutzraum plötzlich voll. Draußen vor dem Gebäude erhoben sich laute Rufe, und dann forderte eine Megafonstimme die Menge auf, sich zu zerstreuen.

Colonel Henneman kam in den Flur. »Jaxon, ich gebe Ihnen hier das Kommando.«

Das war das Letzte, was Caleb wollte. »Auf der Mauer wäre ich aber nützlicher, Sir.«

»Es gibt keine Diskussion.«

Caleb spürte die Anwesenheit einer unsichtbaren Hand. »Hat mein Vater etwas damit zu tun?«

Henneman ignorierte die Frage. »Wir brauchen Leute auf dem Dach und außen am Gebäude, dazu zwei Teams drinnen. Verstanden? Niemand darf hinein. Wie Sie das hinkriegen, ist Ihre Sache.«

Unheilvolle Worte. Aber es war unumgänglich. Die Leute würden alles tun, um zu überleben.

# 67

Die ersten Überlebenden sammelten Michael und Greer nördlich von Rosenberg auf. Es war eine Gruppe von drei Soldaten, benommen, ausgehungert, mit leergeschossenen Karabinern und Pistolen. Die Virals hatten ihre Kaserne vor zwei Nächten angegriffen, sagten sie. Wie ein Tornado waren sie über die Garnison hinweggefegt und hatten alles zerstört, Fahrzeuge, Geräte, Generator, Funkstation, und sie hatten die Nissenhütten aufgerissen wie Fleischkonserven.

Sie fanden noch andere. Eine Frau, eins von Dunks Mädchen, mit weißen Strähnen im schwarzen Haar, wanderte barfuß die Straße entlang. Ihre hochhackigen Schuhe baumelten an ihren Fingerspitzen, und sie erzählte eine Geschichte von einer Pumpstation, in der sie sich versteckt habe. Zwei Männer von einer der Telegrafenkolonnen. Eine Ölhand namens Winch – Michael erinnerte sich, dass er ihn von früher kannte – saß mit gekreuzten Beinen am Straßenrand, ritzte mit seinem sechszölligen Messer sinnlose Formen in den Boden und brabbelte unverständlich vor sich hin. Sein Gesicht war kreideweiß vom Staub, und sein Overall war schwarz von getrocknetem Blut, das aber nicht seins war. Alle setzten sich hinten auf den Truck und schwiegen benommen. Sie fragten nicht einmal, wohin sie fuhren.

»Das sind die größten Glückspilze auf dem Planeten«, sagte Michael, »und sie wissen es nicht mal.«

Greer sah zu, wie die Landschaft vorüberzog. Auf trockenes Gestrüpp folgte die dichte Vegetation des Küstensaums. Die intensive Atmosphäre der letzten vierundzwanzig Stunden hatte den Schmerz in Schach gehalten, aber jetzt, in der unstrukturierten Stille seiner Gedanken, kam er brüllend zurück. Ein allgegenwärtiger, unterschwelliger Brechreiz wühlte in seinen Eingeweiden, sein Speichel war dickflüssig und schmeckte metallisch, seine Blase pulsierte ausweglos voll, fiebrig und riesig. Als sie angehalten hatten, um die Frau aufzunehmen, war er im Gebüsch verschwunden, um Wasser zu lassen, aber alles, was er zustande gebracht hatte, war ein klägliches dunkelrotes Getröpfel.

Südlich von Rosenberg ging es ostwärts weiter in Richtung Ship Channel. Schlammiges Wasser spritzte hinter ihnen auf, und jeder Satz des Fahrgestells auf der holprigen Straße sandte neue Schmerzstöße durch seinen Leib. Greer sehnte sich nach einem Schluck Wasser, und sei es nur, um den Geschmack im Mund loszuwerden, aber als Michael seine Feldflasche unter dem Sitz hervorholte, einen großen Schluck daraus trank und sie dann herüberreichte, ohne den Blick von der Straße zu wenden, winkte Greer ab. Jetzt kam doch ein Seitenblick von Michael – *Bist du sicher?* –, und in diesem Moment schien er etwas zu wissen oder wenigstens zu ahnen. Aber als Greer nichts sagte, klemmte Michael die Flasche zwischen die Knie und schraubte sie achselzuckend zu.

Die Luft in der Kabine änderte sich, und dann auch der Himmel. Sie näherten sich dem Kanal.

»*Fuck*, da bin ich doch eben erst hergekommen«, sagte die Frau.

Noch einmal fünf Meilen, und dann tauchte der Brückendamm auf. Patch und seine Leute warteten am Flaschenhals. Barrieren aus Klingendraht spannten sich quer über die Fahrbahn. Der Truck hielt an, und Patch kam ans Fahrerfenster.

»Haben euch nicht so schnell zurückerwartet.«

»Was hat Lore euch erzählt?«, fragte Michael.

»Nur das Schlimmste. Aber hier ist nichts von ihnen zu sehen.« Er warf einen Blick nach hinten. »Ich sehe, ihr habt ein paar Freunde mitgebracht.«

»Wo ist sie?«

»Beim Schiff, nehme ich an. Rand sagt, sie macht alle da unten wahnsinnig.«

Michael drehte sich zu den Passagieren um. »Ihr drei«, sagte er zu den Soldaten, »ihr steigt aus.«

Sie schauten sich ratlos um. »Was sollen wir denn hier tun?«, fragte einer – der Höchstrangige, ein Corporal mit leeren Kuhaugen und dem weichen, fetten Babygesicht eines Fünfzehnjährigen.

»Keine Ahnung«, sagte Michael trocken. »Soldaten spielen? Auf irgendwas schießen?«

»Ich sage doch, wir haben keine Munition mehr.«

»Patch?«

Patch nickte. »Ich kümmere mich drum.«

»Das ist Patch«, sagte Michael zu den dreien. »Er ist euer neuer Kommandeur.«

Sie wechselten verständnislose Blicke. »Seid ihr so was wie Gangster?«, fragte einer.

»Mal ehrlich, ist euch das in diesem Augenblick nicht scheißegal?«

»Jetzt kommt«, schaltete Patch sich ein. »Seid brave Jungs und tut, was der Mann sagt.«

Mit misstrauischen Seitenblicken stiegen die Soldaten aus. Patch und die andern zogen die Stacheldrahtbarriere zur Seite, Michael gab Gas, und sie donnerten den Fahrdamm hinunter. Rand erwartete sie am Schuppen, mit nacktem Oberkörper und nass geschwitzt. Er hatte sich einen schmierigen Lumpen um den Kopf gewickelt.

»Wie ist unser Status?« Michael stieg aus. »Habt ihr das Dock geflutet?«

»Es gibt ein Problem. Lore hat noch einen schlechten Abschnitt gefunden. Morsche Stellen überall.«

»Wo?«

»Steuerbords, am Bug.«

»*Fuck*.« Michael deutete auf die restlichen Passagiere, die ratlos beieinanderstanden. »Überleg dir, was wir mit denen anfangen.«

»Wo habt ihr sie her?«

»Unterwegs gefunden.«

»Ist das nicht Winch?«, fragte Rand. Der Mann brabbelte in seinen Kragen. »Was zum Teufel ist mit dem passiert?«

»Was es auch war, schön war es nicht«, vermutete Michael.

Rands Blick verdüsterte sich. »Stimmt es, was man über die Townships hört? Dass sie alle weg sind?«

Michael nickte. »Ja. Sieht so aus, als wären wir allein übrig.«

Greer unterbrach die beiden. »Michael, ich glaube, wir müssen zusätzliche Leute auf den Brückendamm bringen. In ein paar Stunden ist es dunkel.«

»Rand, wie sieht's damit aus?«

»Ich schätze, ein paar können wir erübrigen. Lombardi und die anderen Jungs.«

»Ihr zwei«, sagte Rand zu den Telegrafenleuten, »ihr kommt mit mir. Und du«, fragte er die Frau, »was kannst du?«

Sie zog die Brauen hoch.

»Davon abgesehen, meine ich.«

Sie überlegte kurz. »Ein bisschen kochen?«

»Ein bisschen ist mehr als das, was wir jetzt haben. Du bist engagiert.«

Michael ging mit zügigem Schritt die Rampe zum Schiff hinunter. Ein Kran mit einer Schlinge war auf dem Dock neben dem

Bug in Stellung gebracht worden; sechs Mann hingen in Bootsmannsstühlen an der Bordwand. Am hinteren Ende des Wehrs waren Männer mit Schweißerbrillen und schweren Handschuhen dabei, mit Kreissägen Ersatzstücke aus einer größeren Stahlplatte zu schneiden. Funken sprühten von den Sägeblättern.

Lore stand an der Reling. Als sie ihn sah, kam sie herunter. »Sorry, Michael.« Sie musste schreien, um sich über dem Kreischen der Sägen verständlich zu machen. »Das Timing ist nicht so toll, ich weiß.«

»Verdammt, was ist denn, Lore?«

»Willst du, dass sie sinkt? Denn das hätte sie getan. Ich bin nicht diejenige, die es übersehen hat. Du solltest dich bei mir bedanken.«

Das war mehr als eine Verzögerung, es war eine Katastrophe. Solange der Rumpf nicht dicht war, konnten sie das Dock nicht fluten; solange sie das Dock nicht fluten konnten, konnten sie die Maschinen nicht starten. Aber allein das Fluten des Docks würde sechs Stunden dauern. »Wie lange, schätzt du, wirst du für die Ausbesserungsarbeiten brauchen?«

»Die Platten ausschneiden, die alten herausnehmen, die neuen an ihren Platz herunterlassen, nieten, schweißen – ich würde sagen, sechzehn Stunden. Mindestens.«

Es gab keinen Grund, ihre Worte in Frage zu stellen. Diese Arbeit durfte man nicht überstürzen. Er machte auf dem Absatz kehrt und ging durch das Dock.

»Wo willst du hin?«, rief Lore ihm nach.

»An die verfluchte Stahlsäge.«

# 68

Es war 17:30 Uhr; in drei Stunden würde die Sonne untergehen. Einstweilen hatte Peter getan, was er konnte. Über die Notwendigkeit zu schlafen, war er längst hinaus, aber er brauchte einen Augenblick, um sich zu sammeln. Auf dem Weg nach Hause dachte er an Jock. Peter war dem Mann nicht weiter verbunden; er war ein unreifer, unerträglicher Bengel gewesen, der ihn beinahe das Leben gekostet hätte. Ihm das Gewehr zu schenken war vermutlich blanke Verschwendung gewesen. Aber Peter sah, dass der Tag auf dem Dach ein Wendepunkt gewesen war, und fand, der Mann habe eine zweite Chance verdient.

Das Sicherheitsteam war nicht da.

Peter sprang auf die Veranda und rannte ins Haus. »Amy?«

Es war still. Dann hörte er sie. »Hier.«

Sie saß auf dem Bett, das Gesicht zur Tür gewandt, die Hände im Schoß gefaltet.

»Ist alles in Ordnung?«, fragte er.

Sie blickte auf, und ihr Gesichtsausdruck veränderte sich. Sie lächelte melancholisch. Eine eigentümliche Stille erfasste den Raum – nicht bloß die Abwesenheit von Geräuschen, sondern etwas Tieferes, Bedeutsameres. »Ja, mir geht's gut.« Sie klopfte mit der flachen Hand auf die Matratze. »Komm, setz dich zu mir.«

Er ließ sich neben ihr auf das Bett sinken. »Was ist? Was ist los?«

Sie nahm seine Hand, ohne ihn anzusehen. Er spürte, dass sie ihm irgendetwas zu eröffnen hatte.

»Als ich im Wasser war, bin ich irgendwo hingegangen. Im Geiste wenigstens. Ich bin nicht sicher, ob ich es richtig erklären kann. Aber ich war so glücklich dort.«

Er begriff, wovon sie redete. »Auf der Farm.«

Ihr Blick wandte sich ihm zu.

»Ich war auch dort.« Seltsamerweise war er nicht überrascht. Die Worte hatten darauf gewartet, ausgesprochen zu werden.

»Ich habe Klavier gespielt.«

»Ja.«

»Und wir waren zusammen.«

»Ja. Das waren wir. Nur wir beide.«

Wie gut es tat, es auszusprechen. Zu wissen, dass er mit seinen Träumen doch nicht allein war, dass sie einen Teil Realität enthielten, auch wenn er nicht wissen konnte, was diese Realität war – aber sie existierte. Er existierte. Amy existierte. Das Farmhaus existierte, und ihr Glück dort.

»Du hast mich heute Morgen gefragt, warum ich in Iowa zu dir gekommen bin«, sagte Amy. »Ich habe dir nicht die Wahrheit gesagt. Jedenfalls nicht die ganze Wahrheit.«

Peter wartete.

»Wenn du dich veränderst, darfst du eines behalten. Eine Erinnerung. Was immer deinem Herzen am nächsten war. Nur dieses eine, aus deinem ganzen Leben.« Sie blickte auf. »Was ich behalten wollte, warst du.«

Sie weinte, aber nur ein bisschen: Kleine, juwelenglänzende Tränen hingen an ihren Wimpern wie Tautropfen an den Blättern. »Peter, tust du etwas für mich?«

Er nickte.

»Bitte küss mich.«

Er tat es. Aber es war weniger ein Kuss als vielmehr ein Sturz in ihre Welt. Die Zeit wurde langsamer, blieb stehen und drehte sich ohne Hast im Kreis um sie herum wie die Wellen um einen Pier. Er empfand Frieden. Seine Sinne schwangen sich in die Höhe. Seine Seele war an zwei Orten zugleich, in dieser Welt und in der anderen: in der Welt des Farmhauses, an einem Ort jenseits von Raum und Zeit, wo nur sie beide existierten.

Sie lösten sich voneinander. Ihre Gesichter waren nur eine Handbreit voneinander entfernt. Amy legte die Hand an seine Wange, und sie schaute ihm in die Augen.

»Es tut mir leid, Peter.«

Das war eine seltsame Bemerkung. Ihr Blick wurde durchdringend.

»Ich weiß, was du vorhast«, sagte sie. »Du würdest es nicht überleben.«

Etwas in ihm löste sich auf. Alle Kraft wich aus seinem Körper. Er wollte etwas sagen, aber er konnte es nicht.

»Du bist müde«, sagte Amy.

Sie fing ihn auf, als er umfiel.


Amy legte ihn auf das Bett. Im vorderen Zimmer streifte sie ihr Hemd über den Kopf und zog die Sachen an, die Greer für sie besorgt hatte: eine schwere Leinenhose mit Taschen, Lederstiefel, ein braunes Hemd mit abgerissenen Ärmeln und den Insignien der Expeditionstruppe auf den Schultern. Sie verströmten einen warmen, menschlichen Geruch, den Geruch von Arbeit und Leben. Wem immer diese Kleidungsstücke gehört haben mochten, es war eine kleine Person gewesen, und sie passten beinahe tadellos. Die Soldaten auf der hinteren Veranda schliefen tief wie Babys; sie hatten die Hände unter die Wangen geschoben und alle Sorgen vergessen. Behutsam erleichterte Amy den einen um seine Pistole und schob sie im Kreuz unter ihren Hosenbund.

Eine tiefe Stille umfing die Straße. Alle hatten sich versteckt und wappneten sich für den Ansturm. Als Amy sich dem Stadtzentrum näherte, nahmen hier und da Soldaten Notiz von ihr, aber keiner sprach sie an. Sie waren mit ihren Gedanken woanders, und was kümmerte sie eine Frau? Das Gefängnis war außen nicht bewacht. Amy ging zielstrebig zum Eingang und trat ein.

Sie zählte drei Mann. Der diensthabende Officer hinter der Theke blickte auf.

»Kann ich helfen, Soldat?«

Ein Schlüssel im Schloss: Alicia hob den Kopf. Amy?

»Hallo, Schwester.«

Alicia schaute an ihr vorbei, sah aber niemanden. Amy war allein.

»Was machst du hier?«, fragte sie.

Amy schloss die Fesseln auf und reichte Alicia ihre Schutzbrille. »Ich erklär's dir unterwegs.«

Im Vorraum lagen die Wachen auf dem Boden und schliefen. Amy und Alicia folgten Greers Beschreibung und wanderten durch Seitenstraßen und müllübersäte Gassen nach H-Town. Bald kam die Südmauer in Sicht. Amy betrat ein kleines Haus, kaum mehr als eine Hütte. Drinnen gab es nicht ein einziges Möbelstück. Im größten Zimmer schlug sie einen Teppich zurück. Eine Luke kam zum Vorschein, und eine Leiter führte nach unten. Es war eins der Häuser, in denen das Gewerbe seine Ware bunkerte, erklärte Amy, aber das hatte Alicia sich schon gedacht. Sie stiegen in einen kühlen, feuchten Keller hinunter, in dem es nach faulem Obst roch.

»Da«, sagte Amy und streckte den Zeigefinger aus.

Als sie ein Schnapsregal zur Seite zogen, tat sich dahinter ein Tunnel auf, an dessen anderem Ende eine Leiter drei Meter hoch zu einer in Beton gefassten Eisenluke hinaufführte. Amy drehte an einem Ring und drückte die Luke hoch. Sie waren außerhalb der Stadt, hundert Meter weit vor der Mauer in einem Wäldchen. Soldier und ein zweites Pferd standen dort angebunden und grasten selbstvergessen. Als Alicia aus der Luke kletterte, hob Soldier den Kopf. *Ah, da bist du ja. Ich habe mich schon gefragt, wo du bleibst.*

Ihr Schwert und die Patronengurte mit den Messern hingen am Sattel. Alicia schnallte sie um, während Amy die Luke schloss und mit Reisig bedeckte.

»Du solltest ihn reiten«, sagte Alicia und hielt ihr auch das Schwert entgegen.

Amy überlegte kurz. »Okay«, sagte sie dann.

Sie hängte das Schwert schräg über die Schultern und schwang sich auf Soldiers Rücken. Alicia stieg auf das zweite Pferd, einen dunkelbraunen Hengst, der noch ziemlich jung war und wild aussah. Es war spät am Nachmittag, und die Sonne stand hart und weiß am Himmel.

Sie ritten davon.

Der Traum von dem Farmhaus war verändert. Peter lag im Bett. Das Zimmer war erfüllt von Mondlicht, und die Wände schienen zu leuchten. Das Bettzeug war kalt, und diese Kälte war es, was ihn geweckt hatte. Er hatte das Gefühl, lange geschlafen zu haben.

Amys Hälfte des Bettes war leer.

Er rief ihren Namen. Seine Stimme klang kraftlos im Dunkeln, als sei sie kaum vorhanden. Er stand auf und ging zum Fenster. Amy stand im Garten, mit dem Rücken zum Haus. Ihre Haltung bedeutete etwas. Panik durchströmte sein Herz. Sie ging los – weg vom Haus, weg von ihm und dem Leben, das sie gekannt hatten, ihre Gestalt eine Silhouette im Mondlicht, die immer kleiner wurde. Peter konnte sich nicht bewegen, konnte nicht rufen. Es war, als würde ihm die Seele aus dem Körper gerissen. *Verlass mich nicht, Amy …*

Er schrak aus dem Schlaf hoch. Sein Herz klopfte, und er schwitzte am ganzen Leib. Apgars Gesicht schwebte über ihm.

»Mr President, es ist etwas passiert.«

Er brauchte nichts weiter zu sagen. Peter wusste es schon. Amy war fort.

# IX

## Die Falle

*Blut rann in Strömen, nass die Erde war,*
*Trojaner, und die ihnen halfen, starben.*
*Hier lagen Männer, starr im bitt'ren Tod,*
*Straßauf, straßab im Blute in der Stadt.*

Quintus Smyrnaeus,
*Der Untergang Trojas*

# 69

Die Sägen waren verstummt, der Stahl war geschnitten. Ein klaffendes Loch in der Steuerbordwand enthüllte die verborgenen Decks und Korridore im Bauch des Schiffs. Das schwindende Sonnenlicht funkelte auf dem Wasser des Kanals, und die Scheinwerfer brannten schon.

Rand steuerte den Kran. Michael stand auf dem Grund des Docks und beobachtete, wie die erste Platte in der Schlinge herunterkam. Stimmen hallten hin und her, im Dock und oben an Deck, wo Lore das Kommando hatte.

Die Stahlplatte erreichte die erforderliche Höhe. Arbeiter mit Hämmern und Druckluftnietern an den Gürteln huschten über die Fläche, während andere die Platte von innen an ihren Platz führten. Mit metallenem Dröhnen stieß das riesige Teil an das Schiff. Michael stieg die Treppe hinauf und ging über die Gangway an Bord.

»So weit, so gut«, sagte Lore.

Es war unglaublich, aber sie waren im Plan. Die Stunden, die vergingen, waren wie ein Trichter, der sie zu einem bestimmten Augenblick hinuntersaugte. Jede Entscheidung war verbindlich; eine zweite Chance würde es nicht geben.

Lore ging zur Reling und schrie eine ganze Salve von Befehlen hinunter. Sie hatte Mühe, das Dröhnen der Generatoren und das Heulen der pneumatischen Nieter zu übertönen. Michael kam an ihre Seite. Die erste Platte war bündig in die Rumpfwand eingepasst. Jetzt noch sechs.

»Willst du wissen, wie sie es getan haben?«

Lore sah ihn fragend an.

»Wie die Passagiere sich umgebracht haben.«

Er hatte das Thema nicht ansprechen wollen. Es war anscheinend aus eigener Kraft zur Sprache gekommen – ein weiteres Geheimnis, das er loswerden wollte.

»Okay.«

»Sie hatten ein bisschen Treibstoff gespart. Nicht viel, aber genug. Sie versiegelten die Türen und leiteten die Abgase der Maschine in die Ventilation des Schiffs. Es muss wie ein Einschlafen gewesen sein.«

Lores Gesicht war ausdruckslos. Schließlich nickte sie kurz. »Ich bin froh, dass du es mir gesagt hast.«

»Vielleicht hätte ich es nicht tun sollen.«

»Entschuldige dich nicht.«

Ihm wurde klar, warum er es ihr erzählt hatte. Sollte es so weit kommen, könnten sie das Gleiche tun.

# 70

Das Tageslicht ließ sie im Stich.

Läufer hatten sich in Bewegung gesetzt, und auf dem Kommandoposten auf dem Laufgang spürte Peter mit kalter Klarheit, wie dünn ihre Abwehr war. Ein Verteidigungsring von sechs Meilen, Männer ohne Ausbildung, ein Gegner ohnegleichen, der keine Angst kannte.

Apgar sprach nicht darüber, aber Peter konnte seine Gedanken lesen. Vielleicht war Amy mit Alicia weggegangen, um sich auszuliefern; vielleicht würden die Dracs am Ende gar nicht kommen. Vielleicht würden sie so oder so kommen, vielleicht war es das. Er erinnerte sich an seinen Traum: Amy im Mondschein, wie sie davonging, ohne sich umzusehen. Das Einzige, was ihn weitermachen ließ, war die Gewissheit dessen, was in den nächsten paar Stunden vor ihnen lag. Er hatte eine Rolle zu spielen, und er würde sie spielen.

Chase erschien auf der Plattform. Peter hätte seinen Stabschef beinahe nicht erkannt. Der Mann trug eine Offiziersuniform, aber die Insignien waren entfernt worden, grob weggeschnitten, als habe er es in Eile getan, vielleicht aus Respekt. Er war mit einem Gewehr bewaffnet und bemühte sich, damit ein bestimmtes Bild abzugeben. Die Waffe sah aus, als habe sie jahrelang über einem

Kamin gegangen. Peter wollte etwas sagen und ließ es dann sein. Apgar zog skeptisch eine Braue hoch, aber das war alles.

»Wo ist Olivia?«, fragte Peter schließlich.

»In der Hardbox des Präsidenten.« Chase wirkte unsicher. »Das ist hoffentlich in Ordnung.«

Die drei Männer lauschten den Funkmeldungen der einzelnen Stationen. Alles stand bereit und war auf einen Angriff gefasst. Die Schatten im Tal wurden länger. Es war ein schöner Sommerabend, und die Wolken strahlten in reifem Rot.

# 71

Amy brauchte den Ort nicht zu kennen. Sie wusste, der Ort würde zu ihr kommen.

Sie galoppierten weg von der Sonne, und der Boden flog unter ihnen dahin. Staub wirbelte in einer trockenen Wolke auf, und die Hufe der Pferde schleuderten Erdklumpen durch die Luft. Ein bestimmtes Gefühl in ihr wurde immer stärker. Es nahm mit jeder Meile zu, wie ein anschwellendes Funksignal, das sie vorwärts rief. Soldiers Gang war kraftvoll und geschmeidig. *Du hast wunderbar für unsere Freundin gesorgt*, sagte Amy zu ihm. *Wie tapfer du bist, wie stark. Man wird sich immer an dich erinnern. Grüne Weiden warten auf dich, und du wirst eine Ewigkeit vornehm unter deinesgleichen verbringen.*

Soldiers Galopp verlangsamte sich zum Schritt. Sie hielten die Pferde an und stiegen ab. Der dichte Schaum der Anstrengung kochte vor Soldiers Maul, und seine dunklen Flanken glänzten von Schweiß.

»Hier«, sagte Amy.

Alicia nickte, aber sie sagte nichts. Amy spürte einen kalten Hauch von Angst bei ihrer Freundin. Sie ging ein paar Schritte zur Seite, blieb still stehen und wartete. Der Wind strich an ihren Ohren vorbei, durch ihr Haar, und verwehte dann. Alles war wie erstarrt, umschlossen von einer tiefen Ruhe. Die letzten Minuten des Tages vergingen. Ihr Schatten auf dem Boden vor ihr wurde länger, immer länger. Sie fühlte, wie die Sonne sich mit der Erde vereinte, spürte ihre erste Berührung der Hügelkette, die hörbar war wie ein Seufzen. Sie schloss die Augen und ließ ihren Geist in die Dunkelheit eintauchen. Kleine Wellen dehnten sich kreisförmig auf der stillen Oberfläche aus.

*Anthony, ich bin hier.*

Erst war es still. Aber dann:

*Ja, Amy. Sie sind bereit. Sie gehören dir.*

Es wurde Nacht.

*Kommt zu mir,* dachte sie.

Es war Nacht.

# 72

Man nannte sie Dopeys. Aber in ihrem Leben waren sie vieles gewesen.

Sie stammten aus allen vier Ecken des Kontinents, aus jedem Staat und jeder Stadt. Seattle, Washington. Albuquerque, New Mexico. Mobile, Alabama. Aus den giftigen Chemiesümpfen von New Orleans und dem windgepeitschten Flachland von Kansas City und den eisigen Schluchten von Chicago. Als Gesellschaft waren sie der Traum jedes Statistikers, ein perfektes, repräsentatives Sample der Einwohnerschaft des Großen Nordamerikanischen Imperiums. Sie kamen von Farmen und aus Kleinstädten, aus gesichtslosen Vororten und wuchernden Metropolen, mit allen Hautfarben und Religionen, aus Mobilheimen, Häusern, Apartments und Villen mit Meerblick. Im menschlichen Zustand hatte jeder von ihnen in seinem individuellen, privaten Ich gelebt. Sie hatten gehofft, gehasst, geliebt, gelitten, gesungen und geweint. Sie hatten Verluste erlebt, sich mit Dingen umgeben und getröstet. Sie hatten Autos gefahren und Hunde spazieren geführt, sie hatten Kinder auf der Schaukel angestoßen und im Supermarkt vor der Kasse gewartet. Sie hatten dummes Zeug geredet, Geheimnisse gehabt, Groll gehegt und in die Glut der Reue geblasen. Sie hatten die verschiedensten Götter oder gar keinen

Gott angebetet. Sie waren nachts vom Rauschen des Regens aufgewacht. Sie hatten um Verzeihung gebeten, sie hatten an Zeremonien teilgenommen. Sie hatten Psychologen und Priestern und Geliebten und Fremden in Bars ihre eigene Geschichte erläutert. Sie hatten in unerwarteten Augenblicken ein jähes Glücksgefühl verspürt, so rein, so unverbunden mit dem, was gerade geschah, dass es vom Himmel zu kommen schien. Sie hatten sich danach gesehnt, bekannt zu sein, und manchmal wären sie es beinahe gewesen.

Als Angehörige des Viralstammes, begründet von Anthony Carter, dem Zwölften der Zwölf, waren sie dem Wesen nach nicht so blutdurstig wie die anderen. Menschliche Beobachter hatten häufig festgestellt, dass die Dopeys ihren Appetit stillten, als sei es eine freudlose Pflichterfüllung, und diese Eigenschaft, einzigartig unter Virals, machte es leichter, sie zu töten. *Dumm wie ein Dopey* war zur Redensart geworden. Es traf zu, verschleierte indessen aber auch eine tiefere Wahrheit. Es gefiel ihnen tatsächlich nicht, und das Abschlachten Unschuldiger verstörte sie. Trotzdem wohnte ihnen eine nie zum Ausdruck gebrachte Wildheit inne, die kein Mensch je zu Gesicht bekommen hatte. Mehr als hundert Jahre lang hatten sie auf den Tag gewartet, da der Ruf sie erreichte, diese verborgene Macht freizusetzen.

Im Leben waren sie vieles gewesen. Dann waren sie etwas anderes geworden. Und jetzt waren sie eine Armee.

Im Zwielicht zuerst, dann in schwarzer Dunkelheit unter den Sternen von Texas, zogen sie tosend nach Westen, eine Wand aus Lärm und Staub. In vorderster Reihe des Schwarms, wie die Spitze eines Speers, führten zwei Reiterinnen sie an. Für Alicia war es eine Bewegung von reinster Dynamik: Sie führte, wie sie selbst geführt wurde, als Teil einer urzeitlichen Kraft. Für Amy war es eine Expansion, ein Zusammenfluss von zahllosen Seelen in ihr. Als Carter seine Heerscharen unter ihren Befehl gestellt hatte, waren sie im selben Moment keine äußeren Wesenheiten mehr gewesen. Sie waren jetzt eine Erweiterung Amys, ihres Bewusstseins und ihres Willens: Sie waren ihre Vielen.

*Kommt mit mir. Kommt mit mir kommt mit mir kommt mit mir …*

Vor ihnen, wie die Lichter an einer fernen Küste, erschien die belagerte Stadt.

»Waffen bereithalten!«

Überall auf dem Laufgang rasteten Magazine ein, klackten Verschlüsse, schnellten Patronen in die Kammern. Die letzten Schatten waren von der Dunkelheit verschluckt worden.

Es dauerte nicht lange.

Eine leuchtende Linie erschien im Osten. Von Sekunde zu Sekunde wurde sie dichter und verbreitete sich über das Land, ein unausweichliches Schicksal, das wie ein Nebel über der Erde hing. Die Stadt erschien kümmerlich dagegen.

»Da kommen sie!«

Die Horde kam mit Donnergrollen auf sie zu. Ihre Geschwindigkeit war gewaltig. Vereinzelte Schüsse zerrissen die Luft – durchströmt vom Adrenalin des Entsetzens konnten manche dem Drang zum Schießen nicht mehr widerstehen.

Peter drückte das Funkgerät an den Mund. »Nicht schießen! Wartet, bis sie nah genug sind!«

Die Sterne verschwanden, ausgelöscht von der riesigen Staubwolke, die hinter den Virals zum Himmel wallte. Der Schwarm hatte sich zu einem pfeilspitzen Keil formiert.

»Die Phase der Verhandlungen ist anscheinend vorbei«, bemerkte Apgar.

Weitere panische Schüsse fielen. Der Schwarm kam näher. Sie würden geradewegs durch das Tor brechen, es zersplittern wie ein Axthieb.

»Moment mal«, sagte Apgar. Er spähte durch ein Fernglas. »Da stimmt was nicht.«

»Was sehen Sie?«

Apgar zögerte und sagte dann: »Die bewegen sich anders. Kurze Sprünge, lange Schritte dazwischen, wie es die älteren tun.« Er ließ das Fernglas sinken. »Ich glaube, das sind Dopeys.«

Etwas schien zu passieren. Der Schwarm wurde langsamer.

Von der Beobachtungsplattform kam ein Ruf: »Reiter! Zweihundert Meter!«

*Macht euch bereit.*

Amy zügelte Soldier, und aus dem Galopp wurde Trab.

*Wir werden diese Stadt verteidigen. Wir werden das Tor schützen, meine Brüder und Schwestern im Blut.*

Wie eine Flüssigkeit breitete ihre Streitmacht sich aus. Amy bewegte sich zwischen ihnen hin und her. Sie wagte nicht, Angst zu zeigen; ihr Mut war der Mut ihrer Truppen. Aufrecht saß sie im Sattel und hielt Soldiers Zügel in der einen Hand. Die andere war ausgestreckt wie zum Segen, die Hand einer Priesterin.

*Sie waren einmal Menschen, genau wie ihr. Aber sie folgen einem anderen, dem Zero.*

Tausend nebeneinander, dreihundert hintereinander – Amys Armee formierte sich zu einem schützenden Block entlang der Nordmauer und wandte sich nach außen. Im Osten ragte die Spitze der Mondsichel über die Berge.

*Zögert nicht, denn auch sie werden es nicht tun. Tötet sie, meine Brüder und Schwestern, aber tut es immer mit dem Segen der Gnade in euren Herzen.*

Sie spürte die Blicke der Soldaten auf sich, die Fadenkreuze ihrer Gewehre. Die große Staubwolke senkte sich herab. Sie hatte einen sandigen Geschmack im Mund.

*Steht aufrecht. Habt Mut. Zeigt ihm, wer und was ihr seid.*

Vor der vordersten Linie brachten sie ihre Pferde zum Stehen. Amy zog die Pistole aus dem Gürtel, reichte sie Alicia und nahm das Schwert von ihrem Rücken nach vorn. Der Griff war angenehm dick und lag gut in der Hand.

»Das ist eine gute Waffe, Schwester.«

»Ich habe sie sozusagen nach Gefühl gemacht.«

Amy war gefasst, und ihre Gedanken waren geordnet und ruhig. Sie verspürte Angst, aber auch Erleichterung und obendrein Neugier auf das, was jetzt kommen würde.

»Ich war noch nie in einer Schlacht«, sagte sie. »Wie ist es?«

»Es ist ... man hat sehr viel zu tun.«

Amy dachte darüber nach.

»Alles geschieht sehr schnell. Es wird dir erst später bewusst werden. Und das meiste wird dir vorkommen, als passierte es jemand anderem.«

»Das ist vermutlich auch sinnvoll«, sagte sie, und dann: »Alicia, wenn ich nicht überleben sollte ...«

»Und noch etwas.«

»Was?«

Alicia schaute sie an. »Es ist verboten, so etwas zu sagen.«

Auf der Mauer herrschte das Chaos. Läufer rannten hin und her, Finger zuckten am Abzug, niemand wusste, was er tun sollte. *Nicht schießen? Das sind Virals! Und warum schauen sie in die falsche Richtung?*

»Das ist mein Ernst«, bellte Peter in sein Funkgerät. »Alle Stationen, nicht schießen!« Er warf Apgar das Funkgerät zu und wandte sich an den nächstbesten Läufer. »Soldat, bringen Sie mir ein Gurtgeschirr!«

»Peter, Sie gehen da *nicht* raus«, sagte Apgar.

»Amy kann mich schützen. Sie sehen es doch selbst. Die sind hier, um uns zu verteidigen.«

»Von mir aus können sie hier sein, um den Abfluss zu reparieren! Sie haben den Verstand verloren. Zwingen Sie mich nicht dazu, Sie zu überwältigen, denn das werde ich tun!«

Der Soldat schaute Peter an, dann den General und schließlich wieder Peter. »Sir, soll ich jetzt das Geschirr holen oder nicht?«

»Soldat – ein Schritt, und ich werfe Sie über die Mauer«, sagte Apgar.

Ein Späher rief: »Da bewegt sich was! Die Reiter entfernen sich!«

Peter schaute hoch. »Was heißt, sie *entfernen* sich?«

Ein Gesicht schwebte oben über der Brustwehr. Der Mann beriet sich kurz mit jemandem hinter ihm und zeigte dann nach Norden. »Quer über das Feld, Sir!«

Peter trat zurück an die Brüstung und hob sein Fernglas. »Gunnar, sehen Sie das?«

»Was haben sie vor?«, fragte Apgar. »Wollen sie kapitulieren?«

In einer Staubwolke hielten Amy und Alicia ihre Pferde an. Amy streckte das Schwert in die Höhe. Es war keine Geste der Kapitulation, sondern des Trotzes.

Sie boten sich als Köder an.


»Fanning, hörst du mich?«

Amys Worte verhallten in der Dunkelheit.

»Wenn du mich haben willst, komm und hol mich!«

»Sollten wir vielleicht noch weiter hinausreiten?«, fragte Alicia.

»Dann schaffen wir es vielleicht nicht mehr zurück.« Amy hob die Stimme wieder. »Hörst du mich? Ich bin hier, du Mistkerl!«

Alicia wartete. Noch immer hörte sie nichts. Aber dann:

*Das hast du gut gemacht, Alicia.*

Sie presste sich die Hände auf die Ohren, aber das war ein sinnloser Reflex. Fannings Stimme war in ihrem Kopf.

*Alles, was ich mir hätte wünschen können, hast du erreicht. Ihre Armee ist ein Nichts. Ich fege sie beiseite. Das und so viel mehr hast du mir gegeben.*

»Sei still! Lass mich in Ruhe!«

Amy starrte sie an. »Lish, was ist los? Ist es Fanning?«

*Fühlst du es, Alicia?* Fannings Stimme war sanft und spöttisch, und sie breitete sich wie eine ölige Flüssigkeit in ihrem Kopf aus. *Natürlich fühlst du es. Du hast es immer fühlen können. Wenn du durch die Straße gestreift bist und Köpfe gezählt hast. Sie sind ein Teil von dir, wie ich ein Teil von dir bin.*

Jetzt hörte Alicia das Geräusch. Nein, sie hörte es nicht, sie fühlte es. Eine Art – Scharren. Woher kam es?

*Sie muss zugrunde gerichtet sein, wenn sie zu mir kommt. Das wird die wahrhaftigste Prüfung sein. Fühlen, was ich fühle. Was wir fühlen, meine Alicia. Verzweiflung erleben. Eine Welt ohne Hoffnung, ohne Sinn, in der alles verloren ist.*

»Alicia, sag mir, was geschieht.«

*Ich kenne deine Träume, Alicia. Die große Stadt hinter der Mauer, die Geräusche des Lebens darin. Musik und glückliches Kindergeschrei. Deine Sehnsucht, unter ihnen zu sein. Die Tür, durch die du nicht gehen kannst. Wusstest du es schon da, Alicia? Wusstest du, was bevorstand?*

Das Geräusch wurde stärker. Das Blut pochte in ihrem Hals, und gleich würde ihr übel werden.

*Meine Alicia, es ist schon geschehen. Kannst du es fühlen? Fühlst du … sie?*

Unvermittelt kam sie wieder zu sich. Sie drehte sich im Sattel um. Hinter den Massen von Amys Armee strahlten die Lichter der Stadt.

Draußen, dachte sie. Ich bin draußen, genau wie in dem Traum.

»O Gott, nein.«

Sara zwang sich zu atmen.

Hundertzwanzig Seelen drängten sich im Keller zusammen. Kerzen und Laternen, die überall im Raum verteilt standen, warfen seltsame, lebendige Schatten. Saras Pistole lag in ihrem Schoß. Sie hatte die Hand daraufgelegt, locker, aber bereit zum Zugreifen.

Jenny und Hannah spielten Plumpsack mit ein paar Kindern, um sie abzulenken, und andere beschäftigten sich mit Spielsachen, die sie hereingeschmuggelt hatten. Einige weinten, wahrscheinlich ohne zu wissen, warum. Sie reagierten auf die Beklommenheit der Erwachsenen.

Sara saß auf dem Boden, an die Tür gelehnt. Der Stahl war kühl an ihrer Haut. Würde er halten? Verschiedene Szenarien entfalteten sich vor ihrem geistigen Auge: Schläge gegen die Tür, das Metall bog sich, alle schrien, wichen zurück, und dann ein letztes Krachen, und der Tod strömte herein und verschlang sie alle.

Sie beobachtete Jenny und Hannah. Jenny hatte schreckliche Angst – die Frau trug ihre Gefühle wie ein Plakat vor sich her –, aber Hannah war standfest. Sie war es, die das Plumpsackspiel begonnen hatte. Sara wusste, manche Leute waren so: Sie ließen sich nicht irremachen, oder es war ihnen nicht anzumerken. Sie besaßen einen großen Vorrat an innerer Ruhe. Hannah lief verschwörerisch grinsend mit ihren langen Beinen um den Kreis herum, verfolgt von einem kleinen Jungen. Natürlich würde sie sich von ihm einfangen lassen. Ihre Kapitulation war eine bühnenreife Show, die der Junge mit glücklichem Kichern quittierte, und Sara sah einen Moment lang entspannt zu. Sie erinnerte sich an solche Spiele und an den Spaß, den sie machten, so einfach und klar. Sie hatte als Kind Plumpsack gespielt und später mit Kate und ihren Freundinnen. Aber im nächsten Augenblick wurde dieser Gedanke durch einen anderen verdrängt. Kate, dachte sie, Kate, wo bist du? Wo bist du hin? Dein Körper liegt in einem Bett, weit weg von zu Hause, und dein Geist ist fortgeflogen. Ich bin verloren ohne dich. Verloren.

»Dr. Wilson, ist alles okay?«

Grace stand vor ihr. Sie trug Carlos auf dem Arm. Sara wischte sich die Tränen ab. »Wie geht es ihm?«

»Er ist ein Baby. Er weiß nichts.«

Sara machte Platz neben sich, und Grace ließ sich auf den Boden sinken.

»Werden wir hier in Sicherheit sein?«, fragte sie.

»Natürlich.«

Grace schwieg. Dann zuckte sie die Achseln. »Sie lügen, aber das ist okay. Ich wollte nur hören, dass Sie es sagen.« Sie drehte sich zu Sara um. »Sie waren die, die ihre Geburtsberechtigung auf meine Eltern übertragen hat, nicht wahr?«

»Ich nehme an, sie haben es Ihnen gesagt.«

»Sie haben nur gesagt, es war die Ärztin. Ich sehe hier sonst keine Ärztinnen, und deshalb dachte ich mir, das müssen Sie gewesen sein. Warum haben Sie es getan?«

Wahrscheinlich gab es eine Antwort auf diese Frage, aber sie fiel Sara nicht ein. »Es kam mir einfach richtig vor.«

»Meine Eltern waren gut zu mir. Das Leben war nicht einfach, aber sie haben mich geliebt, wie es nur irgendjemand konnte. Wir haben beim Abendbrot immer ein Gebet für Sie gesprochen. Ich dachte, das sollten Sie wissen.«

Baby Carlos gähnte. Er würde bald einschlafen. Eine Zeitlang schauten sie beide den spielenden Kindern zu. Plötzlich blickte Grace auf.

»Was ist das für ein Geräusch?«

»Station sechs. Wir haben hier eine Bewegung.«

Peter griff nach dem Funkgerät. »Wiederholen Sie.«

»Ich bin nicht sicher.« Es war einen Moment lang still. »Anscheinend ist es jetzt weg.«

Station sechs war am südlichen Ende des Staudamms.

»Alles in Bereitschaft bleiben«!, rief Apgar. »Position halten!«

Peter blaffte ins Mikrofon: »Was sehen Sie?«

Es knisterte, und dann antwortete die Stimme: »Schon gut, ich habe mich geirrt.«

Peter sah Chase an. »Was ist unterhalb von Station sechs?«

»Nur Gestrüpp.«

»Genug, um Deckung zu bieten?«

»Ein bisschen.«

Peter hob das Funkgerät. »Station sechs, machen Sie Meldung. Was haben Sie gesehen?«

»Ich sage doch, da ist nichts«, wiederholte die Stimme. »Sieht aus, als wäre da ein neues Sinkloch aufgegangen.«

An seinem Posten auf dem Dach des Waisenhauses hörte Caleb das Geräusch weniger, als dass er es fühlte: ein Rumoren ohne erkennbare Quelle, als vibriere die Luft von einem unsichtbaren Bienenschwarm. Er schwenkte sein Fernglas über die Stadt. Alles sah normal und unverändert aus, aber als er seine Gedanken zur Ruhe brachte, drangen noch weitere Geräusche aus verschiedenen Richtungen in sein Bewusstsein. Das Krachen von splitterndem Holz. Das Klirren und Klingeln von brechendem Glas. Ein Rumpeln, das er nicht deuten konnte und das etwa fünf Sekunden dauerte. Um ihn herum und unten auf dem Boden nahmen jetzt auch ein paar seiner Leute das alles wahr. Ihre Gespräche verstummten, und einer fragte den anderen: *Hörst du das? Was ist das?* Calebs Augen brannten vom Schlafmangel, als er in die Dunkelheit spähte. Vom Dach aus hatte er freie Sicht auf das Capitol und den Zentralplatz der Stadt. Das Krankenhaus lag vier Blocks weit im Osten.

Er hakte sein Funkgerät vom Gürtel. »Hollis, bist du da?« Sein Schwiegervater war am Eingang des Krankenhauses in Position.

»Ja.«

Wieder ein Krachen. Es kam irgendwoher aus den Straßen der Stadt. »Hörst du das?«

Nach kurzer Pause antwortete Hollis: »Roger.«

»Was siehst du? Irgendeine Aktivität?«

»Negativ.«

Caleb richtete sein Fernglas auf das Capitol. Zwei Lastwagen und ein langer Tisch standen noch auf dem Platz. Als die Rekrutierungen abgeschlossen waren, hatte man beides zurückgelassen. Er griff wieder zum Funkgerät. »Schwester, können Sie mich hören?«

Schwester Peg wartete unten bei der Luke. »Ja, Lieutenant.«

»Ich bin nicht sicher, aber ich glaube, da draußen ist etwas im Gange.«

»Danke, Lieutenant Jaxon«, sagte sie nach einer kurzen Pause, »dass Sie mir das sagen.«

Er hakte das Funkgerät wieder an den Gürtel, und seine Finger spannten sich reflexhaft um sein Gewehr. Er wusste, dass eine Patrone in der Kammer war, aber er zog trotzdem vorsichtig den Repetierhebel zurück, um sich zu vergewissern. Durch die schmale Öffnung funkelte die Messinghülse.

Das Radio knisterte. Es war Hollis. »Caleb, melde dich.«

»Was gibt's?«

»Da draußen ist etwas.«

Calebs Herz schlug schneller. »Wo?«

»Es nähert sich dem Platz von der Nordwestecke her.«

Caleb drückte das Fernglas an die Augen. Quälend langsam kam der Platz in den Fokus. »Ich sehe nichts.«

»Vor einer Sekunde war es noch da.«

Ohne das Glas sinken zu lassen, hob Caleb das Funkgerät vor den Mund, um die Kommandoplattform zu rufen.

»Station eins, hier ist Station neun …«

Er brach mitten im Satz ab. Sein Blick war über etwas hinweggegangen. Er schwenkte das Fernglas zurück.

Der Tisch auf dem Platz war umgekippt. Dahinter ragte die Nase eines Lastwagens in einem Fünfundvierzig-Grad-Winkel in die Höhe. Seine Hinterräder waren tief im Boden versunken.

Ein Sinkloch. Ein großer Einsturzkrater, der sich immer noch öffnete.

Peter wandte sich vom Schlachtfeld ab. Die Gebäude der Stadt hoben sich als dunkle Schatten vom Himmel ab, vom Mondlicht schräg beleuchtet.

Chase war neben ihm. »Was ist?«

Seine Haut kribbelte wie von statischer Elektrizität: Augen überall. »Da ist etwas, das wir nicht sehen.« Er hob die Hand. »Moment. Haben Sie das gehört?«

»Was gehört?« Apgar machte schmale Augen und legte den Kopf zur Seite. »Warten Sie. Ja.«

»Wie ... Ratten im Gemäuer.«

»Ich höre es auch«, sagte Chase.

Peter nahm das Funkgerät. »Station sechs, ist da draußen etwas?«

Stille.

»Station sechs, melden Sie sich.«

Schwester Peg ging in die Speisekammer neben der Küche. Das Gewehr lag in Öltuch gewickelt auf dem obersten Regalbord. Es hatte ihrem Bruder gehört, seine Seele ruhe in Frieden. Er hatte in der Expeditionstruppe gedient, vor vielen Jahren. Sie erinnerte sich an den Tag, als der Soldat im Waisenhaus erschienen war und ihr die Nachricht von seinem Tod überbracht hatte. Er hatte ihr die Kiste mit den Sachen ihres Bruders gebracht. Niemand hatte hineingeschaut, denn sonst wäre das Gewehr in die Waffenkammer zurückgewandert. Das hatte Schwester Peg damals jedenfalls angenommen. Das meiste in der Kiste hatte nichts mit ihm zu tun gehabt, und es hatte sich anscheinend nicht gelohnt, es zu behalten. Aber mit seinem Gewehr war das etwas anderes. Ihr Bruder hatte es in der Hand gehalten, es benutzt, damit gekämpft. Es stand für das, was er war. Mehr als nur ein Erinnerungsstück war es ein Geschenk, als habe er es hinterlassen, damit sie es eines Tages hätte, wenn sie es brauchte.

Sie schob die Leiter ans Regal, kletterte vorsichtig hinauf und holte das Gewehr herunter. Sie legte es auf den Tisch, auf dem die Schwestern den Brotteig kneteten. Schwester Peg hatte die Waffe gewissenhaft gepflegt. Der Verschluss war straff und gut geölt. Es gefiel ihr, wie es schoss; der Abzug war präzise, der Schlagbolzen schnappte zuverlässig und sauber zu. Einmal im Jahr, im Mai – in dem Monat, in dem ihr Bruder gestorben war –, legte Schwester Peg ihren Kittel ab, zog die Kleidung einer gewöhnlichen Arbeiterin an und fuhr mit einem Transport hinaus in die Zone Orange. Das Gewehr begleitete sie, in einer Tasche verborgen. Hinter den Bäumen des Windschutzstreifens stellte sie eine Reihe Konservendosen auf, manchmal auch Äpfel oder eine Melone, oder sie nagelte Zielscheiben, die sie auf Papier gemalt hatte, an einen Baum.

Sie trug das inzwischen geladene Gewehr in den Speiseraum. Im Laufe der Jahre war es in ihren Händen schwerer geworden, aber sie konnte es immer noch handhaben, auch den Rückstoß, der durch ein Pufferrohr mit einer Feder, das an der Schaftkappe befestigt war, gedämpft wurde. Das war sehr wichtig für den zweiten und dritten Schuss. Sie wählte eine Position bei der Luke mit freier Sicht auf den Flur und die Fenster zu beiden Seiten des Raumes.

Vielleicht, dachte sie, sollte sie sich einen Augenblick Zeit für ein Gebet nehmen. Aber mit einem geladenen Gewehr in der Hand schien ihr ein konventionelles Gebet eher unpassend zu sein. Schwester Peg hoffte auf die Hilfe Gottes, aber sie glaubte, dass es Ihm sehr viel lieber war, wenn die Menschen ihr Schicksal selbst in die Hand nahmen. Das Leben war eine Prüfung, und es lag an einem selbst, ob man sie bestand oder nicht. Sie drückte den Gewehrkolben an ihr Schlüsselbein und spähte mit einem Auge am Lauf entlang.

»Nicht meine Kinder«, sagte sie, und sie zog den Repetierhebel zurück und lud die erste Patrone in die Kammer. »Nicht heute Nacht.«

*»Reiter auf dem Weg hierher!«*

Angespannte Energie verbreitete sich in neuen Wellen über die Mauer. Etwas kam in Bewegung. Die Barriere der Virals teilte sich und bildete eine Gasse wie in der Nacht zuvor, und ein einzelner Reiter kam herangaloppiert. Überall auf dem Laufgang spähten Augen über Visiereinrichtungen und durch die Zielfernrohre der Gewehre, und zunehmender Druck strömte aus Schultern in Unterarme und in die weichen Fingerkuppen an den Abzügen. Der Befehl, nicht zu schießen, war unmissverständlich, aber der Drang war stark. Der Reiter näherte sich weiter. Die Person – das Geschlecht war noch nicht zu erkennen – stand in den Steigbügeln und schrie etwas Unverständliches. Die eine Hand umklammerte die Zügel, die andere winkte über dem Kopf des Reiters, aber was die Gebärde bedeutete, war nicht klar. War es eine Drohung? Eine Bitte um Zurückhaltung?

Peter auf seiner Kommandoplattform begriff, was passieren würde. Die Rekruten hatten keine Erfahrung; ihnen fehlte das Muskelgedächtnis der militärischen Ausbildung, sie existierten nur als allgemeiner Füllstoff in der Befehlskette. Sobald Alicia das beleuchtete Vorfeld erreicht hätte, würde er die Kontrolle über die Situation verlieren. »Haltet euch zurück!«, schrie er. »Nicht schießen!« Aber seine Stimme reichte nicht weit.

In vollem Galopp erreichte Alicia das Vorfeld. »Es ist eine Falle!«

Ihre Worte ergaben keinen Sinn für ihn.

Sie riss am Zügel, und das Pferd rutschte mit den Hufen über den Boden und kam zum Stehen. »Es ist eine Falle! Sie sind drin!«

Jemand links neben Peter schrie: »Das ist die Frau von gestern Nacht!«

»Sie ist ein Viral.«

»Erschießt sie!«

Die erste Kugel durchschlug Alicias Schenkel und zerschmetterte den Knochen. Die zweite fuhr in den linken Lungenflügel. Die

Vorderbeine des Pferdes knickten ein, und sie wurde nach vorn über seinen Hals geschleudert. Aus den ersten Schüssen wurde ein ausgewachsenes Trommelfeuer. Erde spritzte um sie herum auf, als sie hinter das gestürzte Tier kroch, das von Kugeln durchsiebt tot auf dem Boden lag. Schüsse trafen, Kugeln fanden ihr Ziel. Alicia fühlte sie wie einen Hagel von Faustschlägen. Ihre linke Hand war durchbohrt wie ein Apfel. Das linke Hüftbein war zersplittert wie von einer explodierenden Granate. Zwei Kugeln trafen sie in der Brust, die eine prallte von der vierten Rippe ab, fuhr diagonal durch den Brustkorb und zertrümmerte den zweiten Lendenwirbel. Sie versuchte, unter das gefallene Pferd zu kriechen. Blut spritzte aus ihrem Fleisch, und die Kugeln prasselten weiter auf sie ein.

*Verloren*, dachte sie, als ein dunkler Vorhang sich herabsenkte. *Alles ist verloren.*

Die meisten Virals erschienen an vier Stellen innerhalb der Stadt: auf dem Zentralplatz, an der nordöstlichen Ecke der Umfriedung, in einem großen Sinkloch in H-Town und auf dem Sammelplatz am Haupttor. Andere hatten sich ihren Weg durch den löchrigen Untergrund gesucht und kamen in kleinen Schwärmen überall in der Stadt aus dem Boden – in Häusern, auf verwahrlosten, von Unkraut überwucherten Brachgrundstücken, auf denen die Kinder gespielt hatten, in den Straßen dichtbevölkerter Wohngegenden. Sie wühlten sich durch die Erde und krochen herauf. Sie folgten Kanalisations- und Wasserleitungen. Sie waren clever und suchten sich die schwächsten Stellen. Seit Monaten hatten sie sich in den geologischen und von Menschen gemachten Spalten unter der Stadt bewegt wie eine Ameisenplage.

*Geht jetzt*, befahl ihr Herr. *Erfüllt euren Zweck. Tut, was ich euch befohlen habe.*

Oben auf dem Laufgang hatte Peter nicht viel Zeit, um über Alicias Warnung nachzudenken. Im Lärm der Schüsse – viele der

Soldaten, von der Raserei eines Mobs gepackt, feuerten jetzt auch auf die Dopeys – begann die Mauer unter ihm zu wanken. Es war, als wäre das Metallgitter unter seinen Füßen ein Teppich, den jemand an einem Ende packte und schüttelte. Das Gefühl schoss in seinen Magen und weckte wirbelnde Übelkeit, als wäre er seekrank. Er schaute hin und her und versuchte herauszufinden, woher die Bewegung kam, und gleichzeitig wurde ihm bewusst, dass er Schreie hörte. Es schwankte wieder, und die ganze Struktur sackte nach unten. Er verlor das Gleichgewicht und wurde rückwärts auf den Laufgang geschleudert. Schüsse knallten, Leute schrien. Kugeln pfiffen an seinem Gesicht vorbei. *Das Tor, brüllte jemand, sie machen das Tor auf! Erschießt sie! Erschießt diese Scheißer!* Stahl bog sich mit lautem Stöhnen, und der Laufgang neigte sich nach hinten.

Peter rollte auf die Kante zu.

Er konnte sich nicht halten; seine Hände griffen ins Leere. Menschen taumelten an ihm vorbei, fielen in die Dunkelheit. Als er über die Kante rollte, bekam seine Hand glattes Metall zu fassen: eine Stützstrebe. Er baumelte daran wie ein Pendel. Lange würde er sich nicht halten können; sein Sturz war nur für einen Augenblick gebremst. Unter ihm drehte sich die Stadt, erfüllt von Geschrei und blitzendem Mündungsfeuer.

»Nehmen Sie meine Hand!«

Es war Jock. Er klemmte unter dem Geländer und streckte einen Arm über die Kante. Der Laufgang verharrte in einem Fünfundvierzig-Grad-Winkel über dem Boden.

»Kommen Sie!«

Es knallte ein paar Mal. Die letzten Nieten flogen aus der Mauer. Jocks Fingerspitzen, nur wenige Zentimeter von seiner Hand entfernt, hätten genauso gut eine Meile weit weg sein können. Die Zeit bewegte sich in zwei Strömen. Einer bestand aus Lärm und Hast und wildem Durcheinander, und der zweite, parallel zum ersten, hatte Peter und alles um ihn herum in einer trägen

Strömung erfasst. Sein Griff lockerte sich. Die andere Hand ruderte hilflos in der Luft herum und versuchte, Jock zu erreichen.

»Ziehen Sie sich hoch!«

Peter rutschte weg.

»Ich habe Sie!«

Jock hatte sein Handgelenk umklammert. Ein zweites Gesicht erschien unter dem Geländer. Apgar. Der Mann streckte die Hand aus, und Jock zog Peter hoch. Apgar bekam seinen Gürtel zu fassen, und gemeinsam zerrten sie ihn ganz hinauf.

Der Laufgang begann zu fallen.

Das Gemetzel hatte angefangen.

Die Virals befreiten sich aus ihren Verstecken und fluteten durch die Stadt. Sie schwärmten an der Mauer herauf und schleuderten Soldaten in die Tiefe. Sie wühlten sich von unten in die Hardboxen und schlachteten die Insassen ab, sie platzten durch die Böden der Häuser und zerrten die Bewohner aus ihren Verstecken, aus Schränken und unter den Betten hervor. Sie stürmten das Tor, das zwar wuchtig, aber nicht dazu gedacht war, einem Angriff von innen standzuhalten. Um die Stadt für eine Invasion zu öffnen, mussten sie nur die Querbalken aus ihren Klammern nehmen, die Bremse lösen und schieben.

Der Schwarm, der am Staubecken auftauchte, hatte gleichfalls eine bestimmte Mission. Den ganzen Tag über hatten die Virals mit ihrem empfindsamen Sensorium die Schritte einer großen Zahl von Menschen wahrgenommen, die alle in dieselbe Richtung gingen. Sie hatten das Rumpeln von Lastwagen und dröhnende Megafonstimmen gehört. Sie hatten das Wort »Damm« gehört. Sie hatten das Wort »Schutzraum« gehört. Sie hatten das Wort »Rohre« gehört. Diejenigen, die einen direkten Eingang in den Damm gesucht hatten, waren ratlos. Wie Chase gesagt hatte: Es gab keinen Weg hinein. Andere aber nahmen sich wie eine Elitesturmtruppe ein kompaktes Gebäude in der Nähe zum Ziel. Es wurde von einem kleinen

Kontingent von Soldaten bewacht, das schnell und grausam getötet wurde. Mit schnappenden Kiefern, flatternden Fingern und rastlos umherirrenden Augen sahen die Virals sich in dem Gebäude um. Es war voll von Rohrleitungen. Rohre bedeuteten Wasser, Wasser bedeutete Damm. Eine Treppe führte nach unten.

Dort fanden sie einen Korridor mit schwitzenden Steinwänden. Über eine Leiter gelangten sie weiter nach unten, über eine zweite noch weiter. Dichter Menschendunst wehte sie an. Sie kamen näher. Sie hatten sie bald.

Sie erreichten eine Stahltür mit einem schweren Ring. Der vorderste Viral, der Alpha, öffnete die Tür und glitt hindurch, und die anderen folgten ihm.

Die Luft war schwer von Menschengeruch. Eine Reihe von Spinden, eine Bank, ein Tisch mit den Resten einer hastig beendeten Mahlzeit. Eine komplexe Ansammlung von Rohren und Ventilen wuchs aus einer Tafel mit sechs Stahlrädern von der Größe eines Kanaldeckels.

*Ja*, sagte Zero. *Die sind es.*

Der Alpha packte das erste Rad. EINLASS NR. 1 stand auf einem Schild darüber.

*Dreh es.*

Sechs Räder. Sechs Rohre.

Achthundert Todesschreie.


Die Pistole vor sich gestreckt näherte Sara sich dem Lagerraum und schob die Tür behutsam mit dem Fuß auf.

»Vielleicht waren es nur Mäuse«, wisperte Jenny.

Das Rascheln war wieder zu hören. Es kam hinter einem Stapel Kisten hervor. Sara stellte die Laterne auf den Boden und umfasste die Pistole mit beiden Händen. Die Kisten waren vierfach übereinandergestapelt. Eine der unteren begann sich zu bewegen und brachte die oberen ins Wanken.

»Sara ...«

Die Kisten kippten um. Sara taumelte zurück, als der erste Viral aus dem Boden heraufbrach, sich in der Luft drehte und wie eine Kakerlake an der Decke hängen blieb. Blindlings schoss sie die Pistole ab. Dem Viral schien es nichts auszumachen, oder er wusste, dass Sara zu erschrocken war, um zu zielen. Der Schlitten der Pistole rastete ein, die Waffe war leer. Sara drehte sich um, schob Jenny durch die Tür und rannte.

Am Fuße der Mauer lag Alicia, bewegungsunfähig, zerbrochen, allein. Ihr Atem ging mühsam und feucht rasselnd, immer wieder unterbrochen von kurzem, extrem schmerzhaftem Stocken. Ihr Mund war voller Blut. Ihre Sicht war verzerrt, nichts war klar zu erkennen. Sie hatte kein Zeitgefühl mehr. Vielleicht war es dreißig Sekunden her, dass man sie beschossen hatte, vielleicht auch eine Stunde.

Eine dunkle Gestalt überschattete sie. Es war Soldier. Er senkte den Kopf zu ihr herab. *Oh, sieh nur, was du dir angetan hast,* sagte er. *Da lasse ich dich für einen Moment allein, und was passiert?* Sein warmer Atem küsste ihr Gesicht. Sein Kopf senkte sich noch tiefer, sein weiches Maul berührte sie, und er schnaubte leise durch die Nüstern.

*Mein braver Junge.* Sie hob eine blutige Hand an seine Wange. *Mein großer, mein prächtiger Soldier, es tut mir leid.*

»Schwester, was haben sie mit dir gemacht?«

Amy kniete neben ihr. Ein Schluchzen ließ ihre Schultern beben, und sie vergrub das Gesicht in den Händen. »O nein«, stöhnte sie. »O nein.«

Die Scheinwerfer waren erloschen. Alicia hörte Schüsse und Schreie, aber sie kamen von ferne und ließen nach. Eine barmherzige Dunkelheit umhüllte sie. Amy hielt ihre Hand. Es war, als sei alles, was vorher geschehen war, eine Reise gewesen, als habe die Straße sie hierhergeführt und dann geendet. Die Nacht versank in der Stille. Alicia war plötzlich kalt. Sie driftete davon.

Moment.

Ihre Augen klappten auf. Wind wehte über sie hinweg, dicht und sandig, begleitet von einem Rumpeln wie Donner, der nicht aufhörte, sondern rollte und rollte und immer lauter wurde. Fetzen wirbelten im Wind durch die Luft, und der Boden unter ihnen begann zu zittern. Wiehernd bäumte Soldier sich auf und schlug mit den Vorderhufen in die Luft.

*Ihre Armee ist ein Nichts. Ich fege sie beiseite.*

Alicia hob den Kopf und sah sie kommen.

Peter, Apgar und Jock rannten über den umstürzenden Laufsteg. Er brach abschnittweise ein, wie eine Reihe von Dominosteinen. Peters Befehl, sich ins Waisenhaus zurückzuziehen, die letzte Verteidigungsposition der Stadt, verhallte ungehört. Überall herrschte Panik. Das Problem war nicht nur der Einsturz des Laufgangs, von dem die Soldaten dreißig Meter tief in den Tod fielen. Die Virals hatten ihn auch erstürmt. Manche Männer wurden von der Mauer geschleudert, andere verschlungen; sie wanden sich schreiend, als die Kiefer der Virals sie zermalmten. Eine dritte Gruppe jedoch wurde gebissen und dann sich selbst überlassen. Wie man es schon in den Townships gesehen hatte, wirkte Fannings Virus mit beispielloser Schnelligkeit; kurz nacheinander wandte sich ein wachsender Prozentsatz der Verteidiger Kerrvilles gegen ihre ehemaligen Kameraden.

Hundert Meter weit flussabwärts von dem verschwundenen Kommandoposten entfernt, sahen Peter, Apgar und Jock sich eingekreist. Hinter ihnen brach der Laufgang Strebe für Strebe weiter zusammen, vor ihnen kamen die Virals auf sie zu. Eine Treppe war nicht erreichbar.

»Oh, verdammt«, sagte Apgar. »Das habe ich schon immer gehasst.«

Sie ließen die Seile über die Kante hinunter. Auch Jock war kein großer Freund von Höhen; der Zwischenfall auf dem Dach der

Mission hatte Narben fürs Leben hinterlassen. Andererseits hatte sich in den letzten vierundzwanzig Stunden etwas in ihm verändert. Er hatte sich immer für einen kümmerlichen Mann gehalten, einen Holzspan im Strom des Lebens. Aber seit der Geburt seines Sohnes und der Liebe, die da in sein Leben geströmt war, hatte er in sich eine Charakterfestigkeit entdeckt, die er nie für möglich gehalten hätte, einen erweiterten Sinn für die Bedeutung des Lebens und seinen Platz darin. Er wollte ein Mann sein, von dem man sagen könnte, er habe die Interessen anderer über die eigenen gestellt und war gestorben, um sie zu schützen. So kam es, dass der neu erfundene, gewandelte Soldat Jock Alvado seine Angst beiseiteschob, über das Geländer stieg und dem gähnenden Abgrund unter ihm den Rücken zuwandte. Peter und Apgar taten das Gleiche.

Sie sprangen.

Nach dreißig Metern, auf denen nur die Reibung ihrer Hände und Füße am Seil ihren Sturz bremste, landeten sie hart auf dem festgestampften Boden. Peter und Apgar waren gleich wieder auf den Beinen, aber Jock nicht. Er hatte sich den Knöchel verstaucht, vielleicht gebrochen. Peter zog ihn hoch und warf seinen Arm über seine Schultern.

»Mann, bist du schwer!«

Sie rannten.


Der Keller war eine Todesfalle.

Als Sara zur Tür lief, brandete ein Schrei hinter ihr auf, schrill wie von reißendem Metall, der sich gleich im ganzen Raum ausbreitete. Sie hatte ein kleines Mädchen auf dem Arm, das sie an sich gerissen hatte, ohne nachzudenken. Sie hätte mehr getragen, wenn sie gekonnt hätte, ja, sie hätte sie alle getragen.

Jenny war als Erste an der Tür, die andern drängten hinter ihr heran. Plötzlich konnte sie sich nicht mehr rühren; das Gewicht der Panik presste sie an den Stahl und nagelte sie fest. Sie schrie die Leute an, sie sollten zurückweichen, aber man hörte sie kaum. Die Kinder kreischten in den höchsten Tönen der Skala, unglaublich schrill.

Die Tür flog auf, und hundert Leute versuchten gleichzeitig, sich hindurchzudrängen. Blinder Instinkt trieb alle voran – zur Flucht, zum Überleben um jeden Preis. Menschen stürzten, Kinder wurden niedergetrampelt. Virals schnellten im Raum umher, prallten von Wand zu Wand, von Opfer zu Opfer. Ihr freudiger Überschwang war obszön. Einer hatte ein Kind zwischen den Zähnen und schüttelte es wie ein Hund seine Lumpenpuppe. Als Sara sich durch die Tür zwängte, riss eine gesichtslose Frau ihr das Kind aus den Armen und stieß sie am Fuße der Treppe zu Boden, als sie weiterstürmte. Leute polterten vorbei. Ein vertrautes Gesicht tauchte aus dem Chaos auf: Grace mit ihrem Baby auf dem Arm. Sie kauerte an der Wand neben der Treppe. Oben knallten Schüsse. Sara packte die Frau am Ärmel, damit sie sie anschaute: *Bleiben Sie bei mir, nehmen Sie meine Hand.*

Jenny und Hannah winkten oben an der Treppe. Sara packte Grace, und halb zog, halb schleifte sie sie hinauf in den Eingangsflur. Draußen tobte eine wütende Schlacht. Kinder schrien, Frauen drückten ihre Babys an sich, und niemand wusste, wohin. Ein paar rannten blindlings zur Tür hinaus, mitten in das Getümmel hinein. Hinter ihnen kamen Virals die Treppe herauf.

Mit einem gewaltigen Krachen explodierte die Front des Gebäudes nach innen. Ziegelsteine, Glasscherben, Sperrholzsplitter flogen durch die Luft, und plötzlich stand ein Fünftonner der Army mitten im Eingangsflur. Hollis saß am Steuer.

»Einsteigen, alle!«

Amy deckte Alicias Körper mit ihrem eigenen. Ihre Armee starb; sie fühlte, wie ihre Seelen sie verließen und im Äther verwehten. *Ihr habt mich nicht im Stich gelassen,* dachte sie, *ich bin es, die sich geirrt hat. Geht in Frieden – ihr seid endlich frei.*

Fannings Virals brachen durch. Amy vergrub das Gesicht an Alicias Hals und hielt sie fest. Es würde schnell gehen, schneller als der Blitz. Sie dachte an Peter und dann an nichts mehr.

Es fühlte sich an, als sei sie mitten in einem Vogelschwarm – als habe sich die Luft ringsum in Millionen von flatternden Flügeln verwandelt.

Vom Dach des Waisenhauses aus sah Caleb, wie die Stadt starb.

Er hörte, wie der Laufgang mit entsetzlichem Krachen einstürzte. Die ganze Szene hatte etwas seltsam Unverbundenes, als verfolge er Ereignisse, die ihn nicht betrafen, aus großer Entfernung. Er wusste, er würde es anders empfinden, wenn die Schießerei losginge. Fünfundzwanzig Mann – wie lange konnten sie durchhalten?

Die Schüsse verhallten, das blitzende Mündungsfeuer ließ nach wie die schrecklichen, qualvollen Schreie. Die Stadt versank in der Stille und wurde zu einem geisterhaften Ort. Einen Moment lang war es atemberaubend ruhig, dann schwoll ein neues Geräusch an. Caleb hob das Fernglas vor die Augen. Ein Fünftonner der Army mit einer Segeltuchplane über der Ladefläche kam donnernd vom Platz her auf ihn zu, flankiert von zwei Humvees. Die Männer oben an den Maschinengewehren feuerten wild durch die Gegend, und andere schossen aus den Fenstern der Kabine. Im selben Augenblick entdeckte Caleb etwas anderes, Kompakteres, das sich auf der rechten Seite seines Blickfelds bewegte. Er schwenkte das Fernglas herum. Die Dunkelheit war undurchdringlich, aber dann erschienen zwei Gestalten, die einen dritten Mann zwischen sich schleppten.

Apgar.

Sein Vater.

Sie würden vor dem Gebäude mit dem Truck zusammentreffen. Calebs Füße berührten kaum die Leiter, als er hinunterstieg. Einer der Humvees schwenkte von den anderen Fahrzeugen weg.

Virals klammerten sich daran fest. Er kippte auf die Seite und rollte über den Boden wie ein Tier, das einen Hornissenschwarm abschütteln will. Der Fünftonner fuhr viel zu schnell; er würde gleich in das Gebäude krachen. In letzter Sekunde riss der Fahrer das Steuer nach links, und der Wagen kam mit kreischenden Reifen zum Stehen.

Hollis sprang aus der Kabine, Sara von der Ladefläche. Alle rissen Kinder vom Wagen und schleppten sie durch die Tür ins Gebäude. Caleb flankte über die Sandsäcke und rannte auf seinen Vater und den General zu.

»Übernimm ihn«, rief sein Vater.

Caleb schlang einen Arm um den Rücken des verletzten Mannes. Allmählich wurde ihm die Situation klar: Das Waisenhaus würde die letzte Bastion sein. Im Speiseraum wartete Schwester Peg bei der offenen Luke. Die Frau hatte ein Gewehr in der Hand. Der Anblick war so merkwürdig, dass Calebs Verstand ihn einfach zurückwies. »Schnell!«, schrie Schwester Peg. Sein Vater und Apgar schickten Männer an die Fenster, wo sie in Stellung gingen. Hände streckten sich durch die Öffnung im Boden, um die Kinder entgegenzunehmen. Sie verschwanden mit einer Langsamkeit durch die Luke, die in einem quälenden Kontrast zu dem stand, was sonst geschah. Leute stießen und drängten voran, Frauen schrien, Babys weinten. Caleb roch Benzindunst. Ein leerer Kanister lag umgekippt auf dem Boden, ein zweiter neben der Tür zur Speisekammer. Das ergab keinen Sinn – es gehörte zu derselben Kategorie unerklärlicher Details wie das Gewehr in Schwester Pegs Händen. Männer schleuderten Esstischstühle durch die Fenster hinaus, andere kippten Tische um und schoben sie zu Barrikaden zusammen. Alle Dinge der Welt prallten gegeneinander. Caleb stellte sich am nächstbesten Fenster auf, richtete sein Gewehr in die Dunkelheit und fing an zu schießen.

Für Peter Jaxon, den letzten Präsidenten der Republik Texas, waren die letzten Augenblicke dieser Nacht anders als alles, was er erwartet hatte. Als der Laufgang zu kippen angefangen hatte und ihm die Lage endgültig klar geworden war, hatte er vorgehabt zu sterben. Es war das einzige ehrenhafte Ende, das er vor sich sehen konnte. Amy war verloren, seine Freunde waren verloren, die Stadt war verloren, und er hatte keinen Schuldigen außer sich selbst. Kerrvilles Zerstörung zu überleben wäre eine unvorstellbare Schande.

Die letzten Zivilisten waren durch die Luke verschwunden, aber würde die Tür standhalten? Nach den Ereignissen der letzten zehn Minuten zu urteilen konnte Peter nur zu dem Schluss kommen, dass sie wie alles andere zu Bruch gehen würde. Wie immer Fanning es geschafft haben mochte, er hatte alles gewusst.

Trotzdem musste man es versuchen. Symbolik war auch etwas wert, hatte Apgar gesagt. Die Virals sammelten sich draußen; sie würden das Gebäude als Horde stürmen. Peter feuerte weiter aus dem Fenster und befahl den Männern, sich in den Schutzraum zurückzuziehen; sie hatten nichts mehr zu verteidigen außer sich selbst. Viele hatten ohnehin keine Munition mehr. Nach einem letzten Schuss aus seinem Gewehr war auch dies leer. Er warf es zur Seite und zog die Pistole.

»Mr President, es ist Zeit zu gehen.«

Apgar stand hinter ihm.

»Ich dachte, Sie nennen mich jetzt Peter.«

»Ich mein's ernst. Sie müssen jetzt runter in das Loch da.«

Peter gab einen Schuss ab. Vielleicht traf er etwas, vielleicht nicht. »Ich gehe nirgendwohin.«

Peter sollte nie erfahren, womit Apgar ihn geschlagen hatte. Mit dem Pistolenkolben? Mit einem abgebrochenen Stuhlbein? Jedenfalls traf etwas dumpf seinen Hinterkopf, und seine Beine schmolzen unter ihm, sodass auch der Rest zu Boden ging.

»Caleb«, hörte er Apgar sagen, »hilf mit, deinen Vater hier rauszubringen.«

Sein Körper hatte alle Willenskraft verloren, und seine Gedanken waren glatt wie Eis und ließen sich nicht festhalten. Er wurde geschleift, getragen und wieder über den Boden gezogen. Seltsamerweise fühlte er sich wie ein Kind, und dieses Gefühl verwandelte sich in eine Erinnerung – eine unmögliche Erinnerung, in der er wieder ein Junge war, ein kleiner Junge, ein Säugling, der von Hand zu Hand gereicht wurde. Er sah Gesichter, die riesig über ihm schwebten, mit nebelhaften, geschwollenen Zügen. Man legte ihn auf eine Holzplattform. Ein einzelnes Gesicht erschien über ihm. Es gehörte seinem Sohn. Aber Caleb war kein Junge mehr, er war ein Mann, und die Situation war umgekehrt. Caleb war der Vater, er der Sohn, so schien es ihm zumindest. Es war eine angenehme Umkehrung, auf ihre Art unausweichlich, und Peter war glücklich, dass er lange genug gelebt hatte, um es zu sehen.

»Alles okay, Dad«, sagte Caleb. »Du bist jetzt in Sicherheit.«

Dann ging das Licht aus.

Apgar schlug die Luke zu und hörte, wie innen die Riegel vorgeschoben wurden.

»Sie hätten mitgehen können«, sagte Schwester Peg.

»Sie auch.« Er richtete sich auf und sah sie an. Alles fühlte sich plötzlich sehr ruhig an. »Das Benzin war eine gute Idee.«

»Fand ich auch.«

»Fertig?«

Von oben kamen Geräusche: Die Virals rissen das Dach auf. Apgar hob ein Gewehr vom Boden auf, ließ das Magazin herausfallen, kontrollierte es und schob es wieder ein. Schwester Peg holte die Streichholzschachtel aus ihrer Kitteltasche, riss ein Streichholz an und warf es auf den Boden. Ein Rinnsal aus blauen Flammen schlängelte sich davon, teilte sich und lief in verschiedene Richtungen weiter.

»Wollen wir?«, fragte Apgar.

Sie gingen mit schnellen Schritten den Gang hinunter. Dichter Rauch wallte auf. Bei der Tür blieben sie stehen.

»Wissen Sie was?«, sagte Schwester Peg. »Ich glaube, ich bleibe doch hier.«

Er schaute sie forschend an.

»Ich glaube, es ist am besten so«, erklärte sie. »Dass ich … bei ihnen bin.«

Natürlich würde sie das wollen. Um ihr zu zeigen, dass er verstanden hatte, umfasste Apgar ihr Kinn, beugte sein Gesicht herunter und küsste sie leicht auf die Lippen.

»Na«, brachte sie hervor, und ihre Stimme stockte. Sie war noch nie von einem erwachsenen Mann geküsst worden. »Damit habe ich jetzt nicht gerechnet.«

»Ich hoffe, Sie hatten nichts dagegen.«

»Sie waren immer ein reizender Junge.«

»Nett, dass Sie das sagen.«

Sie nahm seine Hände und hielt sie fest. »Gott schütze und bewahre Sie, Gunnar.«

»Sie auch, Schwester.«

Dann war er weg.

Sie wich zurück in den Flur. Im Speiseraum leckten die Flammen an den Wänden herauf, und dichter Rauch wirbelte unter der Decke. Schwester Peg fing an zu husten. Sie legte sich auf die Luke. Ihre Zeit in der physischen Welt ging zu Ende. Sie hatte keine Angst vor dem, was kommen würde; die Hand der Liebe würde ihren Geist aufnehmen. Das Feuer hatte jetzt das ganze Gebäude erfasst. Flammen schossen in die Höhe und verzehrten alles. Der Rauch kroch in ihre Lunge, und Schwester Pegs Geist füllte sich mit Gesichtern. Hunderte Gesichter, Tausende. Ihre Kinder. Sie würde wieder bei ihnen sein.

Rund um das Gebäude schauten die Virals zu. Unschlüssig standen sie da, und ihre nackten Gesichter glänzten im Licht der Flammen. Sie waren besiegt; Feuer war eine Barriere, die sie nicht überwinden konnten. Trotzdem warteten sie immer noch hoffnungsvoll. Stunden vergingen. Das Gebäude brannte und brannte und brannte dann noch ein bisschen mehr. Die Asche glühte noch, als der Tag anbrach und ein Lichtstrahl wie eine Schwertklinge über die schweigende Stadt strich.

# X

## Exodus

*Fortstürmend folge meiner Pflicht*
*Zu Krieg und Waffenlust*

Richard Lovelace,
*An Lucasta, als er in den Krieg zog*

# 73

»Greer.«

Er schlief wie ein Toter. In einer anderen Welt rief eine Stimme seinen Namen.

»Lucius, wach auf.«

Er schrak hoch und sah, dass er in der Fahrerkabine des Tanklasters saß. Patch stand auf dem Trittbrett in der offenen Tür. Vor der Frontscheibe dämmerte neblig der Morgen herauf.

»Wie spät ist es?« Er hatte einen trockenen Mund.

»Sechs Uhr dreißig.«

»Ihr hättet mich wecken sollen.«

»Und was habe ich gerade getan?«

Greer stieg aus. Vögel kreisten über der spiegelglatten Wasserfläche. »Irgendetwas passiert, während ich geschlafen habe?«

Patch hob die drahtigen Schultern. »Nichts Wichtiges. Kurz vor Sonnenaufgang haben wir einen kleinen Schwarm gesehen, der sich in Richtung Ufer bewegte.«

»Wo?«

»Unterhalb der Channel Bridge.«

Greer runzelte die Stirn. »Und das fandet ihr nicht wichtig?«

»Sie sind nie richtig nah herangekommen. Dich deshalb zu wecken lohnte sich nicht.«

Greer stieg in seinen Truck und fuhr über den Isthmus. Lore stand auf dem Dock, die Hände in die Hüften gestemmt, und betrachtete den Schiffsrumpf. Die Reparaturarbeiten waren fast beendet.

»Wie lange noch, bis wir fluten?«

»Drei Stunden, vielleicht vier.« Sie hob die Stimme. »Rand, pass auf die Kette auf!«

»Wo ist er?«, fragte Greer.

»In der Nissenhütte, glaube ich.«

Er fand Michael vor dem Kurzwellenradio.

»Kerrville, bitte melden. Hier ist die Station Isthmus.« Er wartete kurz und wiederholte den Ruf dann.

»Nichts?«

Michael schüttelte den Kopf. Sein Blick war ausdruckslos, und seine Gedanken waren weit weg, mit tiefen Sorgen beschäftigt.

»Ich habe andere Neuigkeiten. Ein Schwarm Virals ist vor einer Weile in der Nähe der Brücke gesichtet worden.«

Michael fuhr herum. »Haben sie sich genähert?«

»Patch sagt nein.«

Michael lehnte sich zurück und rieb sich mit schwerer Hand das Gesicht. »Aber sie wissen, dass wir hier sind.«

»Sieht so aus.«


Die Riegel waren immer noch zu heiß zum Anfassen. Peter stand auf der Plattform unter der Luke. Er konnte wieder klar denken, aber seine Kopfschmerzen fühlten sich an, als stecke ein Eispickel hinten in seinem Schädel.

»Draußen muss es hell sein«, sagte Sara. »Was sollen wir tun?«

Caleb und Hollis waren auch da. Peter schaute ihnen ins Gesicht. Sie sahen beide gleich aus, müde und geschlagen, unfähig zu jeder Entscheidung. Keiner von ihnen hatte ein Auge zugetan.

»Abwarten, denke ich.«

Ungefähr eine Stunde verging. Peter döste auf der Plattform, als er ein Klopfen an der Luke hörte. Er streckte die Hand hinauf und berührte sie. Das Metall hatte sich halbwegs abgekühlt. Peter zog seinen Jersey aus und wickelte ihn um die Hand, und Caleb tat das Gleiche. Beide packten einen Stahlring und drehten ihn. Ein Spaltbreit Tageslicht schimmerte herein, begleitet von starkem Rauchgeruch. Wasser tröpfelte durch die Luke. Sie stießen sie vollends auf.

Chase stand über ihnen. Er hatte einen Eimer in den Händen. Sein Gesicht war schwarz von Ruß. Peter kletterte hinaus, und die andern folgten ihm. Sie standen in einer Ruine. Das Waisenhaus war nicht mehr da, nur noch glühende Asche und umgestürzte Balken. Die Hitze war immer noch stark. Hinter Peters Stabschef standen sieben Leute – drei Soldaten von unterschiedlichem Rang und vier Zivilisten, darunter ein halbwüchsiges Mädchen und ein Mann von mindestens siebzig Jahren. Alle trugen Eimer. Ihre Kleidung war durchnässt, und Arme und Gesichter waren kohlschwarz. Sie hatten einen nassen Pfad durch die Asche gebahnt und einen Weg aus den Trümmern freigemacht. Das Feuer hatte auf mehrere Nachbargebäude übergegriffen, die inzwischen mehr oder weniger niedergebrannt waren.

»Freut mich, Sie zu sehen, Mr President.«

Wie allen, die diese Nacht überlebt hatten, war es auch Chase nur durch eine Kombination aus Glück und Timing gelungen. Als der Einsturz des Laufgangs begann, hatte er die Kommandoplattform gerade verlassen, um sich auf die Suche nach Munition zu begeben. Sie hatte ihn zu der Treppe an der Westseite des Tors geführt, und er war gerade noch rechtzeitig unten gewesen, als das ganze Ding krachend herunterkam. Zwei Soldaten hatten ihn erkannt; sie hatten ihn hastig in einen Truck befördert, um ihn zur Hardbox des Präsidenten zu fahren, aber sie waren nicht sehr weit gekommen, als sie angegriffen wurden. Der Fahrer wurde durch das Seitenfenster gezerrt. Das Fahrzeug rollte weiter, und Chase wurde hinausgeschleudert. Sein Gewehr war ohne Munition, die Hardbox unerreichbar, und so war er auf das nächstbeste Gebäude zugerannt, ein kleines Holzhaus, in dem das Steueramt Akten lagerte. Zwischen Kisten mit irgendwelchen Unterlagen hatte er die nächsten zwei Stunden verbracht, und die sieben Überlebenden, mit denen er jetzt zusammenstand, waren nach und nach dazugekommen. Sie hatten sich den Rest der Nacht still verhalten und versucht, nicht aufzufallen, und sie hatten auf das Ende gewartet, das nicht kam.

Seit es hell war, waren weitere Überlebende aufgetaucht, aber nicht sehr viele. Der Anblick so vieler Leichen war schockierend und übelkeiterregend. Die Geier waren schon da und hackten an ihnen herum. Die Kinder sollten so etwas nicht sehen. Im Laufe der Nacht hatte Sara eine Zählung veranstaltet. Im Schutzraum drängten sich 654 Seelen zusammen, hauptsächlich Frauen und Kinder. Sie stieg die Leiter hinunter, um Jenny bei der Organisation der Räumung zu helfen.

»Wie sieht es mit den anderen Hardboxen aus?«, fragte Peter.

Chase machte ein düsteres Gesicht. »Sie sind durch die Böden eingedrungen.«

»Und Olivia?«

Chase schüttelte den Kopf.

»Das tut mir leid, Ford.«

Peter hatte das alles noch nicht vollständig erfasst. »Was ist mit den Wasserrohren?«

»Geflutet. Wie sie das gemacht haben, weiß ich nicht, aber sie haben es getan.«

Peter krampfte sich der Magen zusammen, und ein kaltes Schwindelgefühl packte ihn.

»Peter?« Chase nahm seinen Arm und hielt ihn fest. Plötzlich war er der Starke hier.

»Keine Überlebenden?«, fragte Peter.

Chase schüttelte den Kopf. »Da ist noch etwas, das Sie sehen müssen.«

Es war Apgar. Er lebte, aber es stand schlimm um ihn. Er lag auf dem Boden unter einem umgestürzten Humvee. Seine Beine waren vom Fahrgestell zerquetscht worden, aber das war nicht das Schlimmste. An seiner linken Hand, die auf seiner Brust lag, sah man den halbkreisförmigen Abdruck von Zähnen. Noch lag er im Schatten, aber bald würde die Sonne ihn erreichen.

Peter kniete sich neben ihn. »Gunnar, können Sie mich hören?«

Apgars Bewusstsein war anscheinend gespalten, aber dann erschrak er leicht, und sein Blick richtete sich auf Peter.

»Peter, hallo.« Seine Stimme klang ausdruckslos. Die einzige Regung darin war vielleicht ein Hauch von Überraschung.

»Bleiben Sie still liegen.«

»Oh, ich wollte nirgends hin.« Seine Beine waren zu Brei zermalmt, aber er schien keine Schmerzen zu haben. Er hob die verletzte Hand in einer unbestimmten Gebärde. »Scheiße, ist das zu glauben?«

»Hat jemand Wasser?«

Caleb hielt eine Feldflasche hoch, in der noch zwei oder drei Fingerbreit schwappten. Peter schob dem Mann die Hand unter den Nacken, hob seinen Kopf und hielt ihm die Flasche an die Lippen. Dabei fragte er sich, warum Apgar sich noch nicht verwandelt hatte. Aber natürlich gab es einen zeitlichen Spielraum, der von Person zu Person anders ausfiel. Apgar trank kraftlos ein paar Schluck. Das Wasser rann ihm aus den Mundwinkeln, und er sank zurück.

»Es stimmt, was erzählt wird. Man spürt es in sich.« Er holte tief und erschauernd Luft. »Wie viele Überlebende?«

Peter schüttelte den Kopf. »Nicht viele.«

»Machen Sie sich keine Vorwürfe.«

»Gunnar …«

»Betrachten Sie dies als meinen letzten offiziellen Rat. Sie haben getan, was Sie konnten. Jetzt wird es Zeit, diese Leute von hier wegzubringen.« Der General fuhr sich mit der Zunge über die Lippen und hob noch einmal die blutige Hand. »Aber wir wollen die Sache hier nicht in die Länge ziehen. Ich will nicht, dass die Leute mich so sehen.«

Peter sah sich um und ließ den Blick über die Gruppe wandern: Chase, Hollis, Caleb, ein paar Soldaten. Alle starrten herüber. Er war benommen; das alles kam ihm noch nicht real vor.

»Jemand muss mir etwas geben.«

Hollis zog ein Messer hervor. Peter nahm es. Kalt und schwer lag es in seiner Hand. Einen Moment lang hatte er Zweifel, dass er die Kraft für das finden würde, was da von ihm verlangt wurde. Er kauerte sich wieder neben Apgar auf den Boden und hielt die Klinge hinter sich, wo sie nicht zu sehen war.

»Es war eine Ehre, unter Ihnen zu dienen, Mr President.«

Mit tränenerstickter Stimme sprach Peter laut die Worte, die seit zwanzig Jahren niemand mehr gesprochen hatte. »Dieser Mann ist ein Soldat der Expeditionsstreitmacht! Es ist Zeit, dass er seine letzte Mission antritt! Wir grüßen Sie, General Gunnar Apgar. Hip-hip …«

»Hurra!«

»Hip-hip …«

»Hurra!«

»Hip-hip …«

»Hurra!«

Apgar atmete tief ein und langsam wieder aus. Sein Gesichtsausdruck wurde friedvoll.

»Danke, Peter. Ich bin jetzt bereit.«

Peter umfasste das Messer fester.


Es gab noch zwei.

Peter schaute auf Apgars Leichnam. Der Mann war schnell

gestorben, und beinahe lautlos. Ein Ächzen, als das Messer eindrang, dann hatten seine Augen sich weit geöffnet, und der Tod war in seinem Blick gewesen.

»Jemand soll mir eine Decke geben.«

Niemand sprach.

»Verdammt, was ist los mit euch, Leute? Sie ...« Er zeigte mit dem Finger auf einen der Soldaten. »Wie heißen Sie, Soldat?«

Der Mann sah ein bisschen benommen aus. »Sir?«

»Was denn, kennen Sie Ihren Namen nicht?«

Der Mann schluckte nervös. »Verone, Sir.«

»Stellen Sie ein Bestattungsteam auf die Beine. Ich will, dass in dreißig Minuten alle auf dem Paradeplatz antreten. Volle militärische Ehren, verstanden?«

Er schaute die andern an.

»Gibt es ein Problem, Soldat?«

»Dad.« Caleb nahm seinen Vater beim Arm und zwang ihn, sich umzudrehen. »Ich weiß, es ist schmerzhaft. Wir alle wissen, was du für ihn empfunden hast. Ich hole eine Decke, okay?«

Jetzt flossen die Tränen, und sein Kinn zitterte von unterdrückter Wut. »Wir lassen ihn nicht einfach hier für die Geier liegen, verdammt.«

»Hier draußen liegen unzählige Leichen. Wir haben wirklich keine Zeit.«

Peter schüttelte ihn ab. »Der Mann war ein Held. Nur seinetwegen ist hier noch jemand am Leben.«

Caleb sprach in beherrschtem Ton. »Das weiß ich, Dad. Das wissen alle. Aber der General hatte recht. Wir müssen uns wirklich überlegen, wie es weitergeht.«

»Ich sage dir, wie es weitergeht. Wir begraben diesen Mann.«

»Mr President ...«

Peter drehte sich um. Es war Jock. Jemand hatte ihm den Knöchel verbunden und ihm ein Paar Krücken besorgt. Er schwitzte und war ein bisschen außer Atem.

707

»Was zum Teufel gibt's denn jetzt schon wieder?«

Der Mann sah verunsichert aus.

»Herrgott noch mal, jetzt rede schon!«

»Es sieht so aus, als ob ... als ob da draußen noch jemand lebt.«

Das Tor war nicht mehr da. Der eine Flügel war herausgebrochen und hing schief an einer einzigen Angel, der andere lag dreißig Meter weit innerhalb der Mauer auf dem Boden. Als sie durch die Bresche hinausgingen, hatte Peter den abwegigen Eindruck, es habe in der Nacht geschneit. Alles war von einem feinen, hellen Staub bedeckt, und es dauerte einen Augenblick, bis er verstand, was das bedeutete. Carters Armee war tot, und in der Sonne hatten ihre Knochen angefangen, sich aufzulösen.

Amy saß am Fuße der Mauer. Sie hatte die Arme um die Knie geschlungen und starrte auf das Feld hinaus. Von Asche bedeckt sah sie aus wie ein Geist, ein Gespenst aus einer Geschichte für Kinder. Ein paar Schritte weit neben ihr, neben Soldiers Kadaver, lag Alicia. Die Kehle des Pferdes war aufgerissen, und ein paar andere Stellen seines Körpers ebenfalls. Fliegen summten um ihn herum und setzten sich auf seine Wunden.

Peter kam immer schneller auf sie zu. Amy drehte den Kopf und sah ihm entgegen.

»Er hat uns nicht getötet.« Sie sprach wie in Trance. »Warum hat er uns nicht getötet?«

Peter nahm kaum Notiz von ihrer Anwesenheit. Er wollte zu Alicia. »Du hast es gewusst!« Er stürmte an Amy vorbei, packte Alicias Arm und rollte sie auf den Rücken. »*Fuck,* du hast es die ganze Zeit gewusst!«

»Peter«, schrie Amy, »hör auf!«

Er fiel auf die Knie, setzte sich rittlings auf Alicias Hüften und schlang die Finger um ihre Kehle. Ihr verhasster Anblick erfüllte seine Augen und seinen Kopf. »Er war mein Freund!«

Nicht nur Amys, auch andere Stimmen schrien jetzt auf ihn ein, aber das war unwichtig. Genauso gut hätten sie vom Mond herunterschreien können. Alicia gab ein gurgelndes Geräusch von sich, und ihre Lippen waren bläulich blass. Sie blinzelte ins Morgenlicht, und ihre Blicke trafen sich durch die schmalen Augenschlitze. Was Peter in ihren Augen sah, war nicht Angst, sondern fatalistische Resignation. *Na los*, sagte ihr Blick. *Wir haben alles andere zusammen getan. Warum nicht auch dies?* Unter seinen Daumen fühlte er den sehnigen Knorpel ihrer Luftröhre. Er schob die Daumen abwärts in die löffelartige Vertiefung am Halsansatz. Hände packten ihn. Ein paar zogen seine Schultern zurück, andere versuchten, seine Finger an ihrem Hals aufzubiegen. »Er war mein Freund, und du hast ihn getötet! Du hast sie alle getötet!« Ein kräftiger Druck würde genügen, um ihren Kehlkopf zu zerquetschen, und das wäre ihr Ende. »Sag es, du Verräterin! Sag, dass du es gewusst hast!«

Eine ungeheure Kraft riss ihn zurück. Er schlug hart mit dem Rücken im Staub auf.

Hollis.

»Durchatmen, Peter.«

Der Mann hatte sich zwischen Peter und Alicia aufgebaut. Alicia hatte angefangen zu husten, und Amy kniete neben ihr und nahm ihren Kopf auf den Schoß.

»Wir haben sie alle gehört«, sagte Hollis. »Sie hat versucht, uns zu warnen.«

Peters Gesicht glühte, und seine Fäuste zitterten im Adrenalinrausch. »Sie hat uns belogen.«

»Ich verstehe, dass du wütend bist. Wir verstehen es alle. Aber sie hat es nicht gewusst.«

Peter wurde sich seiner weiteren Umgebung bewusst. Die andern beobachteten ihn mit stummer Fassungslosigkeit. Caleb. Chase. Jock auf seinen beiden Krücken. Der alte Mann, der aus irgendeinem Grund immer noch seinen Eimer schleppte.

»Habe ich jetzt dein Einverständnis, dass du sie in Ruhe lässt – ja oder nein?«, fragte Hollis.

Peter schluckte. Der Nebel der Wut begann sich zu verziehen. Einen Augenblick später nickte er.

»Also schön«, sagte Hollis.

Er streckte die Hand aus und zog Peter auf die Beine. Alicias Husten hatte ein wenig nachgelassen. Amy hob den Kopf. »Caleb, lauf los und hol Sara.«

Amy wartete bei Alicia, bis Sara erschien. Sara erschrak, als sie Alicia sah.

»Das soll wohl ein Witz sein.« Ihre Stimme war leidenschaftslos und frei von Mitleid.

»Bitte, Sara«, sagte Amy mit Tränen in den Augen.

»Ihr glaubt, ich helfe *ihr*?« Sara blickte in die Runde. »Sie kann zur Hölle fahren.«

Hollis nahm sie bei den Schultern und drehte sie zu sich um. »Sie ist nicht unsere Feindin, Sara. Bitte glaub mir. Und wir werden sie brauchen.«

»Wofür?«

»Sie wird uns helfen, von hier wegzukommen. Nicht nur dir und mir. Pim. Theo. Den Mädchen.«

Ein Augenblick verstrich. Dann seufzte Sara und wand sich los. Sie hockte sich neben Alicia, musterte sie mit ausdrucksloser Miene von oben bis unten und blickte dann auf. »Ich arbeite hier nicht mit Publikum. Amy, du bleibst. Alle andern – lasst mir ein bisschen Platz.«

Die Gruppe wich zurück. Caleb nahm Peter beiseite.

»Dad? Okay?«

Peter wusste nicht, was er sagen sollte. Sein Zorn war verflogen, sein Zweifel nicht. Er warf einen Blick über die Schulter seines Sohnes. Sara strich mit den Händen über Alicias Brust und Bauch und betastete sie mit den Fingerspitzen.

»Ja.«

»Alle haben Verständnis.«

Caleb sagte nichts weiter, und auch sonst tat es niemand. Ein paar Minuten vergingen; dann richtete Sara sich auf und kam zu ihnen herüber.

»Sie ist ziemlich übel zugerichtet«, sagte sie in gleichgültigem Ton. Sie tat hier ihre Arbeit, das war alles. »Das ganze Ausmaß kann ich wirklich nicht übersehen, und in ihrem Fall wird die Entwicklung wahrscheinlich auch anders verlaufen. Zwei der Schussverletzungen haben sich bereits wieder geschlossen, und was innerlich vorgeht, kann ich nicht sagen. Sie hat eine gebrochene Wirbelsäule, und ich erkenne ungefähr sechs weitere Frakturen.«

»Wird sie am Leben bleiben?«, fragte Amy.

»Jemand anders wäre längst tot. Ich kann sie zusammennähen und das Bein richten. Sie muss fixiert werden. Alles andere ...« Sie zuckte unbeteiligt die Achseln. »Da weiß ich nicht mehr als ihr.«

Caleb und Chase kamen mit einer Trage zurück und brachten Alicia in die Stadt. Alle Überlebenden waren aus dem Schutzraum geholt und zum Sammelplatz gebracht worden. Jenny und Hannah gingen mit Wassereimern und Kellen zwischen den Leuten umher. Hier und da schluchzte jemand; andere sprachen leise miteinander oder starrten einfach ins Leere.

»Und was jetzt?«, fragte Chase.

Peter fühlte sich losgelöst von allem, fast so, als ob er schwebte. Bitter riechende Ascheflöckchen wehten vom Himmel. Die Brände hatten angefangen, sich auszubreiten. Sie würden sich bis zum Fluss hinunterwälzen und alles auf ihrem Weg verzehren. Bei anderen Teilen der Stadt, die vom Feuer verschont geblieben waren, würde es länger dauern – Jahre, Jahrzehnte. Regen, Wind, der Zahn der Zeit – alles würde daran arbeiten. Peter sah es vor seinem geistigen Auge: Kerrville würde eine weitere Ruinenstadt in einer Welt voller Ruinen sein. Plötzlich erdrückte ihn die Erkenntnis, wie einfach das alles war. Die Stadt war gefallen, die

Stadt war nicht mehr da. Er spürte ihn schmerzlich, den Stich der Niederlage.

»Caleb?«

»Hier, Dad.«

Peter drehte sich um. Sein Sohn wartete; alle warteten. »Wir brauchen Fahrzeuge. Busse, Lastwagen, was immer ihr finden könnt. Und Sprit. Hollis, du gehst mit ihm. Ford, wie sieht es mit Strom aus?«

»Alles ausgefallen.«

»In der Kaserne ist ein Notfallgenerator. Sehen Sie zu, dass wir ihn in Gang bringen. Wir müssen Michael eine Nachricht schicken und ihm sagen, dass wir kommen. Sara, du übernimmst hier das Kommando. Die Leute brauchen Lebensmittel und Wasser, genug für den Tag. Aber alle müssen hierbleiben. Niemand läuft herum und sucht nach Verwandten oder rettet irgendwelche Habseligkeiten.«

»Wie wär's mit einem Suchtrupp?«, fragte Amy. »Es können immer noch Leute da sein.«

»Nimm zwei Mann und ein Fahrzeug. Fangt auf der anderen Seite des Flusses an und bewegt euch hierher zurück. Meidet schattige Bereiche, und betretet keine Gebäude.«

»Ich möchte gern mithelfen«, sagte Jock.

»Schön, tut euer Bestes, aber beeilt euch. Ihr habt eine Stunde. Keine Mitfahrer, es sei denn, sie sind verletzt. Wer gehen kann, schafft es auch aus eigener Kraft hierher.«

»Was ist, wenn wir Infizierte finden, die sich noch nicht verwandelt haben?«, fragte Caleb.

»Das ist deren Entscheidung. Macht ihnen das Angebot; wenn sie es nicht annehmen, lasst sie, wo sie sind. Es kommt nicht darauf an.« Er schwieg kurz. »Haben alle verstanden?«

Die Leute nickten murmelnd.

»Dann war's das«, sagte Peter. »Wir sind hier fertig. Sechzig Minuten, Leute, dann sind wir hier weg.«

# 74

Sie waren 764 Seelen.

Sie waren schmutzig, erschöpft, verängstigt, verwirrt. Sie fuhren in sechs Bussen, zu dritt auf einem Sitz, vier mit Menschen vollgestopften Fünftonnern und acht kleineren Trucks, militärisch und zivil, deren Ladeflächen mit Vorräten bepackt waren – mit Wasser, Lebensmitteln und Treibstoff. Sie hatten nur ein paar Waffen und kaum Munition. Unter ihnen befanden sich 532 Kinder unter dreizehn Jahren, und 309 von denen waren unter sechs. Sie hatten 122 Mütter von Kindern, die drei Jahre alt oder jünger waren, und 19 davon stillten ihre Säuglinge noch. Zu den restlichen 110 zählten 68 Männer und 42 Frauen, unterschiedlich in Alter und Hintergrund. 32 waren Soldaten – besser gesagt, sie waren Soldaten gewesen. Neun waren über sechzig, und die Älteste, eine Witwe, die die ganze Nacht hindurch in ihrem Haus gesessen und vor sich hingebrabbelt hatte, dieser ganze Lärm da draußen sei doch ein gottverdammter Haufen Unfug, war zweiundachtzig. Unter ihnen befanden sich Techniker, Elektriker, Krankenschwestern, Weber, Ladenbesitzer, Alkoholschmuggler, Farmer, Hufschmiede, ein Büchsenmacher und ein Schuster.

Unter den Passagieren befand sich auch der betrunkene Arzt, Brian Elacqua. Zu alkoholisiert, um den Befehl, sich am Damm

zu melden, zu verstehen, hatte er sich, als es Nacht wurde, nur gefragt, wo alle plötzlich geblieben waren. In den vierundzwanzig
Stunden seit seiner Rückkehr nach Kerrville hatte er sich in dem
verlassenen Haus, in dem er früher gewohnt hatte – ein Wunder,
dass er es gefunden hatte –, sinnlos betrunken. Als er aufwachte,
war es beunruhigend still und dunkel gewesen. Er hatte sein Haus
verlassen, um sich auf die Suche nach etwas Trinkbarem zu machen, und war auf dem zentralen Platz gewesen, als auf der Mauer plötzlich geschossen wurde. Er war zutiefst desorientiert und
immer noch ziemlich betrunken. Nebelhaft fragte er sich: Warum
wird hier geschossen? Er beschloss, zum Krankenhaus zu gehen,
denn das kannte er, und es würde ihm helfen, sich zurechtzufinden. Außerdem würde ihm dort vielleicht jemand sagen können,
was zum Teufel hier los war. Auf dem Weg dorthin nahm seine
Beklommenheit zu. Das Schießen hatte nicht aufgehört, und jetzt
hörte er auch noch andere Geräusche: rasende Autos, Entsetzens-
schreie. Als das Krankenhaus in Sicht kam, erhob sich lautes Rufen, gefolgt von ratterndem Gewehrfeuer. Elacqua warf sich auf
die Erde. Er hatte keine Ahnung, was er von alldem halten sollte,
und es schien nicht das Geringste mit ihm zu tun zu haben. Außerdem, fragte er sich mit plötzlicher Sorge, was war eigentlich aus
seiner Frau geworden? Schön, sie konnte ihn nicht ausstehen, aber
er war an ihre Gegenwart gewöhnt. Warum war sie nicht hier?

Diese Fragen gingen unter im ohrenbetäubenden Beben eines
gewaltigen Anpralls. Elacqua löste das Gesicht vom Boden. Ein
Lastwagen war gegen die Vorderwand des Gebäudes gekracht.
Nicht bloß dagegengekracht – er war regelrecht hindurchgebro-
chen. Elacqua rappelte sich auf und stolperte darauf zu. Vielleicht war jemand verletzt, dachte er. Vielleicht brauchten sie Hilfe. »Einsteigen!«, schrie ein Mann aus der Fahrerkabine. »Alles
auf den Wagen!« Elacqua kam wacklig die Treppe herauf und
erblickte eine so chaotische Szene, dass sein benebeltes Gehirn
keinen Sinn hineinbringen konnte. Das Gebäude war voll von

schreienden Frauen und Kindern. Soldaten stießen und warfen sie auf die Ladefläche des Lastwagens und schossen gleichzeitig über ihre Köpfe hinweg in Richtung der Treppe. Elacqua wurde von dem Gedränge erfasst. Aus dem Chaos destillierte sein Verstand das Bild eines vertrauten Gesichts. War das Sara Wilson? Ihm war, als habe er sie erst vor Kurzem gesehen, aber er konnte die Erinnerung nicht in eine feste Form bringen. So oder so, es war anscheinend eine gute Idee zu versuchen, auf den Laster zu kommen. Er kämpfte sich durch das Gewimmel. Kinder drängten sich um ihn herum und vor seinen Füßen. Der Fahrer ließ den Motor aufheulen. Dann hatte Elacqua die Heckklappe erreicht. Der Wagen war voller Menschen, und es gab kaum noch Platz. Dazu kam das Problem, dass man einen Fuß auf die Stoßstange stellen musste, um sich auf die Ladefläche zu ziehen – ein Akt, der ein Ausmaß an physischer Koordination erforderte, wie er es vermutlich nicht würde aufbringen können.

»Hilfe«, stöhnte er.

Eine Hand streckte sich vom Himmel herab und ihm entgegen. Er wurde hinaufgezogen und kippte über menschliche Körper hinweg, als der Lastwagen ruckartig anfuhr. Mit markerschütterndem Krachen holperte er aus dem Gebäude und die Stufen hinunter. In einem Nebel aus Entsetzen und Verwirrung erlebte Brian Elacqua eine Offenbarung: Sein Leben war nichtswürdig gewesen. Vielleicht hatte es nicht so angefangen – er hatte vorgehabt, ein guter und anständiger Mensch zu werden –, aber im Laufe der Jahre war er weit vom rechten Weg abgekommen. Wenn ich hier herauskomme, dachte er, werde ich nie wieder einen Tropfen anrühren.

So kam es, dass Brian Elacqua sich sechzehn Stunden später mit 87 Frauen und Kindern in einem Schulbus wiederfand, tief versunken im körperlichen und existenziellen Leid des akuten Alkoholentzugs. Es war noch früh am Morgen, und das Licht war weich und golden. Mit vielen anderen hatte er aus dem Fenster geschaut und gesehen, wie die Stadt schrumpfte und versank. Er wusste nicht genau, wohin sie fuhren. Von einem Schiff war die Rede, das sie alle in Sicherheit bringen würde, aber er hatte Mühe, sich darauf einen Reim zu machen. Warum hatte ausgerechnet er, ein Mann, der sein Leben verschwendet hatte, der nichtswürdigste aller nichtswürdigen Säufer, überlebt? Auf dem Sitz neben ihm saß ein kleines Mädchen mit rötlich blondem Haar, das hinten mit einem Band zusammengebunden war. Er schätzte sie auf vier oder fünf. Sie trug ein loses Kleidchen aus einem dick gewebten Stoff, und ihre schmutzigen nackten Füße waren übersät von Schrammen und Krusten. Sie drückte sich ein schäbiges Stofftier an den Bauch, einen Teddy vielleicht oder einen Hund. Bisher hatte sie keine Notiz von ihm genommen, sondern blickte immer nur starr geradeaus. »Wo sind deine Eltern, Schätzchen?«, fragte Elacqua. »Warum bist du allein?«

»Weil sie tot sind«, antwortete das kleine Mädchen, ohne ihn anzusehen. »Sie sind alle tot.«

Und Brian Elacqua vergrub das Gesicht in den Händen, und ein Schluchzen schüttelte seinen Körper.

Caleb saß am Steuer des ersten Busses und behielt die Uhr im Auge. Es war kurz vor Mittag, und sie waren seit etwas mehr als vier Stunden unterwegs. Pim und Theo saßen mit den Mädchen hinter ihm. Sein Tank war halb leer. Sie würden in Rosenberg Halt machen, wo ein Tanklaster vom Isthmus sie erwartete, bei dem sie auftanken könnten. Es war still im Bus; niemand sprach. Die meisten Kinder schliefen, eingelullt vom Schaukeln des Fahrgestells.

Sie hatten die letzten der äußeren Townships hinter sich gelassen, als das Funkgerät knisterte: »Alles anhalten. Anscheinend haben wir einen verloren.«

Caleb stoppte den Bus und stieg aus. Sein Vater, Chase und Amy kamen aus dem vorderen Humvee. Einer der Busse, der vierte in der Kolonne, stand mit offener Haube auf der Straße. Dampf und Wasser drangen aus dem Kühler.

Hollis stand auf der Stoßstange und schlug mit einem Lappen auf den Motor. »Ich nehme an, es ist die Wasserpumpe.«

»Kannst du was machen?«, fragte Peter. »Es müsste schnell gehen.«

Hollis sprang herunter. »Ausgeschlossen. Diese alten Mühlen sind für so was nicht gebaut. Wundert mich, dass er so lange gebraucht hat, um den Geist aufzugeben.«

»Wenn wir schon hier stehen«, sagte Sara, »es könnte sein, dass die Kinder mal müssen.«

»Was müssen?«

»Pinkeln, Peter.«

Er seufzte ungeduldig. Jede Minute Verzögerung bedeutete eine Minute Fahrt durch die Dunkelheit mehr. »Achtet auf Schlangen«, sagte er. »Ein Biss hätte uns gerade noch gefehlt.«

Die Kinder stiegen aus und wurden ins Gestrüpp geführt, Mädchen auf der einen Seite der Busse, Jungen auf der anderen. Als der Konvoi bereit zur Weiterfahrt war, hatten sie zwanzig Minuten gestanden. Ein heißer texanischer Wind wehte. Es war halb zwei, und die Sonne schwebte über ihnen am Himmel wie ein Hammer.

Die Ausbesserungsarbeit war erledigt, und das Dock war bereit zum Fluten. Michael, Lore und Rand waren in einem der sechs Pumpenhäuser auf dem Wehr und trafen die Vorbereitungen zum Öffnen der Ventile auf der Seeseite. Greer war fort; er fuhr mit Patch im letzten Tanklaster nach Rosenberg.

»Sollten wir ein paar Worte sprechen?« Lore sah Michael fragend an.

»Wie wär's mit ›Geh schon auf, du Scheißding‹?«

Das Rad war seit siebzehn Jahren nicht mehr gedreht worden.

»Das muss wohl reichen«, sagte Lore.

Michael schob ein Stemmeisen zwischen die Speichen, und Lore hielt einen Hammer in der Hand. Michael und Rand packten die Eisenstange und lehnten sich dagegen.

»Schlag zu.«

Lore hatte sich an der Seite aufgestellt und schwang den Hammer. Er prallte am oberen Rand des Rades ab.

»Herrgott noch mal.« Michael biss die Zähne zusammen, und sein Gesicht war rot vor Anstrengung. »Schlag auf das Scheißding!«

Sie schlug und schlug, aber das Rad wollte sich nicht drehen.

»Das ist nicht gut«, sagte Rand.

»Lasst mich mal«, sagte Lore.

»Was soll das bringen?« Als Lore ihn anstarrte, trat er beiseite. »Wie du willst.«

Lore achtete nicht auf das Stemmeisen, sondern packte das Rad selbst. »Da hast du keine Hebelkraft«, stellte Rand fest. »Das wird nichts.«

Lore ignorierte ihn. Sie stellte sich breitbeinig hin, und die Muskeln in ihren Armen spannten sich wie dicke Taue über die Knochen.

»Das hat keinen Sinn«, sagte Michael. »Wir müssen uns was anderes überlegen.«

Wundersamerweise begann sich das Rad zu drehen. Einen Zoll weit, dann noch einen. Sie hörten es alle: Wasser fing an zu fließen. In feinem Strahl sprühte es aus der Öffnung am Boden des Docks. Noch ein Ruck, und das Rad ließ sich frei drehen. Unter ihnen strömte die See herein. Lore trat zurück und krümmte und streckte die Finger.

»Wir haben es bestimmt schon gelockert«, sagte Rand lahm.

Lore lächelte augenzwinkernd.

Der Augenblick rückte schnell näher.

Seine Armee war fort. Carter hatte gespürt, wie die Dopeys ihn verließen: den Entsetzensschrei, die Explosion von Schmerz

und dann das Loslassen. Ihre Seelen waren durch ihn hindurch-
gezogen wie der Wind, ein Strudel von Erinnerungen, schwächer
erst, dann fort.

Die letzten Aufgaben des Tages verrichtete er mit einem Gefühl
der Feierlichkeit. Eine tiefhängende Wolkendecke zog über den
Himmel, als er den Rasenmäher in den Schuppen schob, das Vorhängeschloss an der Tür anbrachte und sich zum Garten umdrehte, um sein Werk zu begutachten. Den frischen Rasen, auf dem jeder Halm genau die richtige Länge hatte. Die getrimmten Ränder
entlang der Pfade, markiert mit einem Streifen Lilientraube. Die
Bäume, adrett aufgereiht, die Blumenbeete wie bunte Teppiche
unter den Hecken. Am Morgen war ein Japanischer Fächerahorn
im Miniaturformat am Tor erschienen. Mrs Wood hatte sich immer einen gewünscht. Carter hatte ihn in seinem Plastikkübel in
die Ecke des Gartens gerollt und eingepflanzt. Der Fächerahorn
hatte etwas Elegantes an sich, wie die Hände einer schönen Frau.
Es war ein Akt der Vollendung, ihn hier zu pflanzen, ein letztes
Geschenk an den Garten, den er so lange gepflegt hatte.

Er wischte sich über die Stirn. Die Sprinkler schalteten sich ein
und sprühten feinen Dunst über den Rasen. Im Haus lachten die
kleinen Mädchen. Carter wünschte, er könnte sie sehen und mit
ihnen sprechen. Er stellte sich vor, wie er auf der Terrasse saß und
zusah, wie sie im Garten spielten und einen Ball hin und her warfen. Kleine Mädchen gehörten in die Sonne.

Hoffentlich stank er nicht zu schlimm. Er schnupperte an seinen Achselhöhlen. Vermutlich würde es noch gehen. Im Küchen-
fenster begutachtete er sein Spiegelbild. Es war lange her, dass er
sich diese Mühe gemacht hatte. Wahrscheinlich sah er aus wie
immer, also eigentlich weder so noch so: einfach ein Dutzendge-
sicht. Zum ersten Mal seit über hundert Jahren öffnete Carter das
Tor und trat hindurch.

Die Luft hier war nicht anders, und er wusste nicht, warum er
gedacht hatte, sie würde es sein. Die lebhafte Stadt rauschte im

Hintergrund, aber in der Straße war es still, und die großen Häuser starrten ihn ohne besonderes Interesse an. Er ging bis zum Ende der Einfahrt, um dort zu warten, und fächelte sich mit seinem Hut Kühlung zu.

Es war die Stunde, in der alles sich verändert. Die Vögel, die Insekten, die Würmer im Gras – alle wissen das. Zikaden zirpten in den Bäumen.

# 75

17:00 Uhr: Greer und Patch warteten seit zwei Stunden im Tanklaster. Patch las eine Zeitschrift, aber vielleicht schaute er auch nur die Bilder an. Die Zeitschrift hieß *National Geographic Kids,* und die Seiten waren spröde und knackten, wenn er sie umblätterte. Er stieß Greer an und hielt ihm das Heft hinüber, um ihm ein Bild zu zeigen.

»Glaubst du, so ist es da?«

Es war eine Dschungelszene: dicke grüne Blätter, bunte Vögel, und alles von Lianen umschlungen. Greer war zu sehr mit seinen Gedanken beschäftigt, um genau hinzuschauen.

»Keine Ahnung. Vielleicht.«

Patch nahm das Heft zurück. »Ob es da draußen Menschen gibt?«

Greer suchte mit einem Fernglas den Horizont im Norden ab. »Das bezweifle ich.«

»Wenn ja, sind sie hoffentlich freundlich. Scheint mir ein ziemlicher Aufwand zu sein, wenn sie es nicht sind.«

Noch eine Viertelstunde verging.

»Vielleicht sollten wir sie suchen«, schlug Patch vor.

»Warte. Ich glaube, da sind sie.«

Eine Staubwolke stieg in der Ferne auf. Greer beobachtete

durch das Fernglas, wie der Konvoi Gestalt annahm. Die beiden Männer stiegen aus, als das erste Fahrzeug anhielt.

»Was hat euch aufgehalten?«, fragte Greer.

»Wir haben zwei Busse verloren«, erzählte Peter. »Eine kaputte Kühlwasserpumpe und ein Achsenbruch.«

Alle Fahrzeuge tankten Diesel, nur die kleineren Pick-ups nicht, die ihre eigene Spritreserve dabeihatten. Greer organisierte ein Team, das den Dieseltreibstoff in Kanister füllte, die von einer Menschenkette zu den Bussen weitergereicht wurden. Die Kinder durften herumlaufen, sich aber nicht allzu weit entfernen.

Chase fragte Greer: »Wie lange wird es dauern?«

Es dauerte fast eine Stunde. Die Schatten wurden allmählich länger. Sie hatten noch fünfzig Meilen vor sich, aber die würden am beschwerlichsten werden. In dem rauen Gelände konnte keiner der Busse schneller als zwanzig Meilen pro Stunde fahren.

Der Konvoi setzte sich wieder in Bewegung.


Seit sieben Stunden strömte jetzt das Wasser ins Dock. Alles war bereit – die Batterien waren geladen, die Bilgenpumpen liefen, die Maschinen waren startklar. Sie hatten Ketten angebracht, die die *Bergensfjord* festhielten. Michael stand mit Lore im Ruderhaus. Der Meeresspiegel war jetzt einen Meter über die Wasserlinie gestiegen. Der Fehlerspielraum war noch akzeptabel, aber es war nichtsdestoweniger beunruhigend.

»Ich halte das nicht aus«, sagte Lore.

Sie ging in dem engen Raum auf und ab und wusste plötzlich nicht, wohin mit all ihrer Energie. Michael nahm das Mikrofon vom Schaltpult. »Rand, was siehst du da unten?«

Rand war in den Korridoren unter Deck unterwegs und kontrollierte die Schweißnähte. »Bisher alles in Ordnung. Keine Lecks. Sie scheint dicht zu sein.«

Das Wasser stieg immer höher und schloss den Rumpf in seine kalten Arme. Aber das Schiff rührte sich nicht.

»Bei allen Dracs, das bringt mich um«, sagte Lore.

»Das ist ein Ausdruck, den ich bei dir noch nicht gehört habe«, sagte Michael.

»Na ja, aber im Moment finde ich ihn passend.«

Michael hob die Hand. Er hatte etwas gespürt. Er zwang alle seine Sinne, sich zu konzentrieren, und dann spürte er es noch einmal – einen winzigen Schauer, der durch den Schiffsrumpf vibrierte. Er sah Lore an. Sie hatte es auch wahrgenommen. Das Riesengeschöpf erwachte zum Leben. Das Deck unter seinen Füßen schwankte mit einem tiefen Stöhnen.

»Es geht los«!, schrie Lore.

Die *Bergensfjord* hob sich langsam von ihren Stützen.

Am Ende des Blocks erschien der Denali. Vorsichtig bog er um die Ecke. Carter trat auf die Straße und stellte sich dem Wagen in den Weg. Er hob nicht die Hand und gab seinen Wunsch, der Wagen möge anhalten, auch auf andere Weise nicht zu erkennen. Er trat beiseite, als der Wagen vor ihm stoppte. Mit gedämpftem mechanischem Surren glitt das Fenster auf der Fahrerseite herunter. Kühle Luft und der Duft von Leder wehten ihm ins Gesicht.

»Mr Carter?«

»Es ist schön, Sie zu sehen, Mrs Wood.«

Sie trug ihre Tenniskleidung. Die silbernen Pakete auf dem Rücksitz, der Babysitz mit seinem Mobile aus Plüschspielsachen, die Sonnenbrille oben auf dem Kopf – alles war so wie an dem Morgen, als sie sich das erste Mal begegnet waren.

»Sie sehen gut aus«, sagte er.

Sie schaute ihm mit schmalen Augen ins Gesicht, als versuche sie, das Kleingedruckte zu lesen. »Sie haben mich angehalten.«

»Ja, Ma'am.«

»Ich verstehe nicht. Warum haben Sie das getan?«

»Warum fahren Sie nicht in die Einfahrt? Wir könnten schwatzen.«

Sie sah sich verwirrt um.

»Na los«, sagte er beruhigend.

Widerstrebend lenkte sie den Denali in die Einfahrt und stellte den Motor ab. Carter kam wieder zum Fahrerfenster. Der Motor tickte leise. Rachels Finger spannten sich um das Lenkrad, und sie blickte starr nach vorn durch die Scheibe, als wage sie nicht, ihn anzusehen.

»Ich glaube, ich sollte das nicht tun«, sagte sie.

»Es ist in Ordnung«, sagte Carter.

Ihre Stimme bekam eine panische Schärfe. »Aber es ist *nicht* in Ordnung. Es ist durchaus nicht in Ordnung.«

Carter öffnete die Wagentür. »Wollen Sie nicht aussteigen und sich den Garten ansehen, Mrs Wood? Hab ihn schön in Schuss gehalten für Sie.«

»Ich soll den Wagen fahren. Das ist das, was ich *tue*. Es ist mein *Job*.«

»Hab noch heute Morgen einen von diesen Fächerahornen für Sie gepflanzt, die Sie so gern mögen. Sie sollten sehen, wie hübsch er ist.«

Sie schwieg einen Moment lang. »Einen Fächerahorn, haben Sie gesagt?«

»Ja, Ma'am.«

Sie nickte versonnen. »Ich habe immer gedacht, das wäre genau das Richtige für die Ecke. Sie wissen, welche ich meine?«

»Absolut, ja.«

Sie drehte sich um und sah ihn an. Einen Moment lang betrachtete sie sein Gesicht, und ihre blauen Augen waren schmal. »Sie denken immer an mich, nicht wahr, Mr Carter? Sie haben immer genau die richtigen Worte. Ich glaube nicht, dass ich jemals einen Freund wie Sie hatte.«

»Oh, ich denke doch.«

»Oh, bitte. Ich habe Leute, natürlich. Jede Menge Leute in Rachel Woods Leben. Aber niemanden, der mich versteht, wie

Sie es tun.« Sie sah ihn freundlich an. »Aber Sie und ich. Wir sind schon ein feines Paar, nicht wahr?«

»Ja, das würde ich sagen, Mrs Wood.«

»Aber das habe ich schon tausendmal gesagt: Ich heiße Rachel.«

Er nickte. »Und ich Anthony.«

Sie strahlte plötzlich, als habe sie eine Entdeckung gemacht. »Rachel und Anthony! Wir sind wie zwei Figuren aus einem Film!«

Er streckte ihr eine Hand entgegen. »Wollen Sie jetzt nicht kommen, Rachel? Es ist alles gut, Sie werden schon sehen.«

Sie nahm seine Hand, um sich daran festzuhalten, und stieg aus. Vor der offenen Tür blieb sie sehr bedächtig stehen und atmete die Luft tief ein.

»Also, das ist ein wunderbarer Geruch«, sagte sie. »Was ist das?«

»Ich habe eben den Rasen gemäht. Vermutlich ist es das.«

»Natürlich. Jetzt erinnere ich mich.« Sie lächelte zufrieden. »Wie lange ist es her, dass ich frisch gemähtes Gras gerochen habe? Oder überhaupt etwas gerochen habe?«

»Der Garten wartet auf Sie. Da gibt's vieles, was gut riecht.«

Er bot ihr seinen rechten Arm, und Rachel hakte sich unter und ließ sich von ihm führen. Lange Schatten fielen über den Boden; es würde bald Abend werden. Er bugsierte sie zum Tor, und dort blieb sie stehen.

»Wissen Sie, was für ein Gefühl Sie mir geben, Anthony? Ich überlege die ganze Zeit, wie ich es ausdrücken soll.«

»Was denn?«

»Sie geben mir das Gefühl, *sichtbar* zu sein. Als wäre ich unsichtbar gewesen, bis Sie kamen. Klingt das verrückt? Wahrscheinlich ja.«

»Nicht für mich«, sagte Carter.

»Ich glaube, ich habe es sofort gespürt, an dem Morgen unter der Straßenbrücke. Erinnern Sie sich?« Ihr Blick ging ins Weite.

»Es war alles so beunruhigend. Alles hat gehupt und geschrien, und da standen Sie mit Ihrem Schild. ›HABE HUNGER. BITTE UM EINE KLEINE SPENDE. GOTT SEGNE SIE.‹ Ich dachte mir, der Mann bedeutet doch etwas. Er ist nicht zufällig da. Der Mann ist aus einem bestimmten Grund in mein Leben gekommen.«

Carter schob den Riegel zurück, und sie traten durch das Tor. Sie hatte sich immer noch an seinem Arm untergehakt, und sie schritten wie ein Paar durch den Gang. Rachels Schritte waren feierlich und gemessen, als ob jeder einen Willensakt für sich erforderte.

»Anthony, das ist wirklich *sehr* schön.«

Sie standen am Pool. Das Wasser war völlig still und sehr blau. Der Garten um sie herum war eine Zurschaustellung von Farben und Leben.

»Ehrlich, ich traue meinen Augen kaum. Ich kann kaum glauben, was ich sehe. Und nach all der Zeit. Sie müssen sehr hart gearbeitet haben.«

»Nicht der Rede wert. Ich hatte ja auch Hilfe.«

Rachel sah ihn an. »Wirklich? Wen denn?«

»Eine Frau, die ich kenne. Sie heißt Amy.«

Rachel dachte nach. »Also«, erklärte sie und hob einen Finger an die Lippen, »ich glaube, einer Amy bin ich vor nicht allzu langer Zeit begegnet. Ich glaube, ich habe sie im Auto mitgenommen. Ungefähr so groß? Dunkelhaarig?«

Carter nickte.

»Ein sehr nettes Mädchen. Und diese Haut. Eine absolut *herrliche* Haut.« Sie lächelte plötzlich. »Und was haben wir hier?«

Ihr Blick war auf die Cosmeen gefallen. Sie löste sich von ihm und ging quer über den Rasen zu den Rabatten. Carter folgte ihr.

»Die sind wunderschön, Anthony.«

Sie fiel vor den Blumen auf die Knie. Carter hatte zwei Sorten Rosa gepflanzt, die erste kraftvoll und solide, die zweite sanfter und mit grünen Streifen auf langen spitzen Stielen.

»Darf ich, Anthony?«

»Tun Sie, was Sie möchten. Die sind für Sie gepflanzt.«

Rachel wählte eine der tiefrosa Blüten und zwickte sie vom Stiel ab. Sie hielt sie zwischen Daumen und Zeigefinger, drehte sie langsam und atmete ihren Duft behutsam durch die Nase ein.

»Wissen Sie, was der Name bedeutet?«, fragte sie.

»Ich glaube nicht.«

»Er kommt aus dem Griechischen, und er bedeutet ›Universum im Gleichgewicht‹.« Sie wippte auf den Fersen zurück. »Komisch, ich habe keine Ahnung, woher ich das weiß. Wahrscheinlich habe ich es in der Schule gelernt.«

Ein Augenblick der Stille verstrich.

»Haley liebt sie.« Rachel betrachtete die Blume, starrte sie an wie einen Talisman oder wie den Schlüssel zu einer Tür, die sie nicht öffnen konnte.

»Das stimmt«, sagte Carter.

»Sie steckt sie sich immer ins Haar. Und ihrer Schwester auch.«

»Miss Riley. Ein süßer Floh, das ist sie.«

Ein milder Abend senkte sich zwischen den Zweigen der Bäume herab. Rachel hob das Gesicht zum Himmel.

»Ich habe so viele Erinnerungen, Anthony. Manchmal ist es so schwer, Ordnung in das alles zu bringen.«

»Sie werden das schon schaffen«, beruhigte er sie.

»Ich erinnere mich an den Pool.«

Es war so weit. Carter hockte sich neben sie.

»An dem Morgen, wie schrecklich war da alles. Die Luft war so rau.« Sie atmete tief und betrübt ein. »Ich war so traurig. So unglaublich traurig. Wie ein großer schwarzer Ozean, und da bist du, schwimmst darin, treibst darin, und nirgends ist Land, nichts, das du dir wünschen oder erhoffen kannst. Nur du und das Wasser und die Dunkelheit, und du weißt, so wird es immer sein, jetzt und in alle Ewigkeit.«

Sie schwieg, verloren in diesen alten, sorgenvollen Gedanken. Es war kühler geworden. Die Lichter der Stadt strahlten auf und wurden als matter Glanz von der Wolkendecke zurückgeworfen.

»Und da habe ich Sie gesehen. Sie waren mit Haley im Garten. Nur …« Sie zuckte die Achseln. »Sie haben ihr etwas gezeigt. Einen Frosch vielleicht. Eine Blume. Das haben Sie dauernd getan. Ihr irgendwelche Kleinigkeiten gezeigt, damit sie sich freute.« Sie schüttelte langsam den Kopf. »Aber das war der springende Punkt. Ich *wusste,* das waren Sie. Ich *glaubte,* das waren Sie. Aber *gesehen* habe ich etwas anderes.«

Sie blickte starr zu Boden, mit trockenen Augen und jenseits aller Gefühle. Alles würde jetzt herauskommen: die Erinnerungen, der Schmerz, die Schrecken jenes Tages.

»Es war der Tod, Anthony.«

Carter wartete.

»Ich weiß, das ist eine merkwürdige Idee. Eine *verrückte* Idee. Und Sie waren so lieb zu mir. Zu uns allen. Aber ich sah Sie da mit Haley stehen, und ich dachte, der Tod ist da. Er ist hier, er steht jetzt draußen mit meinem kleinen Mädchen. Das alles ist ein Irrtum, ein schrecklicher Irrtum, ich bin es, die er haben will. *Ich bin die, die sterben muss.«*

Der Tag schwand dahin, die Farben verblassten, der Himmel entsandte die letzten Reste Tageslicht. Sie hob den Kopf. Ihr Blick war flehentlich, ihre Augen feucht und groß.

»Darum habe ich getan, was ich getan habe, Anthony. Es war nicht fair. Es war nicht richtig, das weiß ich. Es gibt Dinge, die man niemals verzeihen kann. Aber das war der Grund.«

Rachel hatte angefangen zu weinen. Carter schlang die Arme um sie, und sie sank gegen ihn. Ihre Haut war warm und duftete zart nach einem Hauch ihres Parfüms. Wie zierlich sie war, und dabei war er keineswegs ein großer Mann. Sie war wie ein Vögelchen, ein winziges Geschöpf in seiner Hand.

Die Mädchen lachten im Haus.

»O Gott, ich habe sie alleingelassen«, schluchzte Rachel, und ihre Fäuste klammerten sich in sein Hemd. »Wie konnte ich sie alleinlassen? Meine Babys. Meine schönen kleinen Mädchen.«

»Sschh«, sagte er. »Es ist Zeit, all die alten Dinge loszulassen.«

Eine Zeitlang blieben sie so und hielten einander in den Armen. Es war vollends Nacht geworden; die Luft war still und taufeucht. Die kleinen Mädchen sangen. Das Lied war hübsch und ohne Worte wie der Gesang der Vögel.

»Sie warten auf Sie«, sagte Carter.

Sie schüttelte den Kopf an seiner Brust. »Ich kann ihnen nicht in die Augen sehen. Ich kann nicht.«

»Seien Sie stark, Rachel. Seien Sie stark für Ihre Kleinen.«

Sie ließ zu, dass er sie langsam auf die Beine zog, und nahm seinen Arm, packte ihn fest mit beiden Händen, dicht über dem Ellenbogen. Mit kleinen Schritten führte Carter sie um den Pool herum zur Hintertür. Im Haus war es dunkel. Carter hatte damit gerechnet, aber er hätte nicht sagen können, warum. Es war einfach ein Teil, noch ein Teil, dessen, wie es hier war.

Sie blieben vor der Tür stehen. Aus den Tiefen des Hauses kam Lachen und das Knarren von Sprungfedern. Die Mädchen hüpften auf den Betten auf und ab.

»Wollen Sie nicht aufmachen?«, fragte Rachel.

Carter gab keine Antwort. Rachel schaute ihn durchdringend an, und etwas in ihrem Gesicht veränderte sich. Sie begriff, dass er nicht mitgehen würde.

»Es muss so sein«, erklärte er. »Gehen Sie nur. Und grüßen Sie sie von mir, ja? Sagen Sie ihnen, ich habe jeden Tag an sie gedacht.«

Zutiefst verunsichert betrachtete sie den Türknauf. Drinnen lachten die Mädchen mit ausgelassener Begeisterung.

»Mr Carter …«

»Anthony.«

Sie berührte seine Wange mit der flachen Hand. Sie weinte wieder, und wenn Carter es sich recht überlegte, weinte er wohl auch ein bisschen. Als sie ihn küsste, schmeckte er nicht nur ihre weichen Lippen und die Wärme ihres Atems, sondern auch das Salz ihrer beider Tränen, die da zusammenflossen. Streng genommen war es nicht der Geschmack der Trauer, aber es lag auch Trauer darin.

»Gott segne Sie auch, Anthony.«

Und bevor er sichs versah – bevor die Berührung ihres Kusses von seinen Lippen verschwunden war –, hatte die Tür sich geöffnet, und sie war verschwunden.

# 76

20:30 Uhr: Es war fast dunkel, und der Konvoi bewegte sich im Kriechtempo voran.

Die Küstenebene war von verfilztem Gestrüpp bedeckt, und die Straße war an manchen Stellen voller Schlaglöcher, an anderen gewellt wie ein Waschbrett. Chase fuhr den Truck und blickte konzentriert nach vorn, während er mit dem Steuer kämpfte. Amy saß hinten.

Peter rief Greer über Funk. Greer lenkte den Tanklaster am Ende der Kolonne. »Wie weit noch?«

»Sechs Meilen.«

Sechs Meilen mit zwanzig Meilen pro Stunde. Hinter ihnen war die Sonne am flachen Horizont verschwunden und hatte alle Schatten mitgenommen.

»Bald dürften wir die Channel Bridge sehen«, sagte Greer. »Der Isthmus ist gleich südlich davon.«

»Leute, wir müssen uns beeilen«, sagte Peter.

Sie beschleunigten auf fünfunddreißig Meilen. Peter schaute nach hinten, um sich zu vergewissern, dass der Konvoi Schritt hielt. Eine Lücke tat sich auf und wurde wieder kleiner. In der Kabine des Humvee wurde es hell, als der vorderste Bus seine Scheinwerfer einschaltete.

»Wie viel schneller sollten wir fahren?«, fragte Chase.

»Lassen Sie es vorläufig dabei.«

Mit hartem Dröhnen schossen sie durch ein tiefes Schlagloch.

»Die Busse fliegen gleich auseinander«, meinte Chase.

Ein Lichtschimmer erschien vor ihnen: der Mond. Schnell stieg er vom Horizont im Osten herauf, rund und feurig. Gleichzeitig wuchs die ferne Silhouette der Channel Bridge in den Himmel – eine majestätische, irgendwie organisch anmutende Struktur mit ihren langen Stahlkabeln, die von hohen Pylonen herabhingen. Peter griff wieder zum Funkgerät.

»Fahrer, sieht jemand etwas da draußen?«

Negativ. Negativ. Negativ.

Durch das Fenster der Brücke beobachteten Michael und Lore die Flügel des Portals zum Meer. Der Backbordflügel hatte sich klaglos geöffnet, aber der Steuerbordflügel war ein Problem. In einem Winkel von hundertfünfzig Grad zum Dock war er stecken geblieben. Seit fast zwei Stunden versuchten sie, ihn vollständig zu öffnen.

»Mir fällt nichts mehr ein«, funkte Rand vom Kai herüber. »Ich glaube, weiter kommen wir nicht.«

»Können wir passieren?«, fragte Lore. Der Portalflügel wog vierzig Tonnen.

Michael wusste es nicht. »Rand, geh runter in den Maschinenraum. Ich brauche dich da.«

»Tut mir leid, Michael.«

»Du hast dein Bestes getan. Wir müssen sehen, wie wir zurechtkommen.« Er hängte das Mikrofon an die Schalttafel. »*Fuck.*«

Die Lichter an der Schalttafel waren erloschen.

Achtundzwanzig Meilen weiter westlich war derselbe Sommermond über der *Chevron Mariner* aufgegangen. Sein orangegelbes Licht strahlte hell auf das Deck und schimmerte auf dem öligen Wasser der Lagune wie eine Flammenhaut.

Mit einem Knall wie von einer kleinen Explosion wurde die Luke himmelwärts geschleudert. Sie schien weniger zu fliegen als zu springen und aus eigener Kraft in den Nachthimmel hinaufzusteigen, höher und immer höher, und dabei drehte sie sich mit einem schwirrenden Geräusch um ihre horizontale Achse, um dann wie jemand, der den Faden seiner Gedanken verloren hat, mitten im Flug innezuhalten. Einen kaum messbaren Augenblick lang stieg sie nicht und fiel sie nicht, und leicht und verzeihlicherweise hätte man annehmen können, sie sei von einer magischen Kraft erfüllt und könne sich der Schwerkraft widersetzen. Aber nein – jetzt stürzte sie herab in das faulige Wasser.

Und dann: Carter.

Er landete mit metallischem Dröhnen auf dem Vorderdeck, federte den Aufprall mit den Beinen ab und krümmte seinen Körper zugleich in der Hocke zusammen: die Knie abgespreizt, den Kopf hoch aufgerichtet und die gestreckten Finger einer Hand auf das Deck gestützt wie ein Football-Stürmer, der auf das Anspiel wartet. Seine Nasenflügel blähten sich und kosteten die Luft, die von der Frische der Freiheit getränkt war. Ein leichter Wind leckte über seinen Körper, dass es kitzelte. Bilder und Geräusche bombardierten seine Sinne aus allen Richtungen. Er betrachtete den Mond. Sein Sehvermögen war so gut, dass er die feinsten Konturen seiner Oberfläche erkennen konnte – Risse und Spalten, Krater und Canyons –, und zwar in beinahe greller Dreidimensionalität, und er fühlte die Rundheit des Mondes, sein mächtiges Felsgewicht, als halte er ihn in den Armen.

Es war Zeit zum Aufbruch.

Er stieg hinauf zum Dach des One Allen Center. Hoch über der ertrunkenen Stadt taxierte Carter die Gebäude: ihre Höhe und die Haltepunkte, die fjordähnlichen Abgründe zwischen ihnen. In seinem Geist nahm eine Route Gestalt an, so kraftvoll und so klar vorhersehbar, als sei sie ihm restlos bekannt. Hundert Meter zum ersten Dach, vielleicht fünfzig zum zweiten, und zum dritten waren es weit gedehnte zweihundert Meter, aber die um fünfzehn Meter reduzierte Höhe würde seine Reichweite vergrößern …

Er wich bis an den hinteren Rand des Flachdachs zurück. Entscheidend war erstens, eine hinreichende Geschwindigkeit zu entwickeln, und zweitens, exakt im richtigen Augenblick zu springen. Er duckte sich in die Startposition eines Schnellläufers.

Zehn lange Schritte, und er war in der Luft. Wie ein Komet schwebte er durch den mondhellen Himmel, wie ein Stern, der sich gelöst hatte. Das erste Dach erreichte er mit reichlich Spielraum. Er landete, krümmte sich und rollte, und als er hochkam, rannte er schon wieder und sprang.

Er hatte seine Kräfte lange gespart.

Auf der Ladefläche des dritten Fahrzeugs in der Kolonne, zwischen anderen Verwundeten, lag Alicia. Sie war fixiert: Mit dicken Gummigurten, die sich über Schultern, Taille und Knie spannten, hatte man sie auf die Trage geschnallt, und ein vierter Gurt lag quer über ihrer Stirn. Ihr rechtes Bein war vom Knöchel bis zur Hüfte geschient, und der rechte Arm war auf die Brust gebunden. Mehrere andere Körperteile waren bandagiert, genäht, verpflastert.

Im Inneren des Körpers war die schnelle Zellreparatur im Gange, zu der ihresgleichen fähig war. Aber es war ein unvollkommener Prozess, der durch die Schwere und Komplexität ihrer Verletzungen noch komplizierter gemacht wurde. Das galt vor allem für das flügelartige Horn der rechten Hüfte, das pulverisiert worden war. Der Viral-Anteil ihres Körpers brachte manches zustande, aber ein Puzzle konnte auch er nicht zusammensetzen. Man hätte sagen können, das Einzige, was Alicia Donadio am Leben hielt, war die Macht der Gewohnheit – ihre Neigung, Dinge zu Ende zu bringen, wie sie es immer getan hatte. Aber sie hatte nicht mehr den Mut zu alldem. Dass sie nicht gestorben war, als die Knochenrüttelei Stunde um Stunde dauerte, erschien ihr mehr und mehr wie eine Strafe und als hinreichender Beweis dafür, dass Peter recht hatte. *Du Verräterin. Du hast es gewusst, du hast sie getötet. Du hast sie alle getötet.*

Sara saß über ihr auf der Bank. Alicia wusste, dass die Frau sie hasste; sie sah es in ihren Augen und daran, wie sie sie anschaute oder, besser gesagt, *nicht* anschaute, wenn sie Alicias Verletzungen versorgte, die Verbände kontrollierte, Temperatur und Puls nahm, ihr das abscheulich schmeckende Elixier in den Mund träufelte, das die Schmerzen betäubte und sie ins Zwielicht versenkte. Alicia wünschte, sie könnte ihr etwas sagen, dieser Frau, deren Hass sie verdiente. *Es tut mir leid wegen Kate.* Oder: *Es ist schon gut, ich hasse mich selbst sowieso schon genug.* Aber das würde alles nur noch schlimmer machen. Es war besser zu akzeptieren, was ihr geboten wurde, und nichts zu sagen.

Außerdem war das alles nicht mehr wichtig. Alicia schlief und träumte. In ihrem Traum saß sie in einem Boot, und ringsherum war nur Wasser. Die See war ruhig und von Nebel bedeckt, und der Horizont war nicht zu sehen. Sie ruderte. Das Knarren der Ruder in den Dollen, das Zischeln des Wassers unter ihren Ruderblättern – das waren die einzigen Geräusche. Das Wasser war schwer und fühlte sich zähflüssig an. Wo wollte sie hin? Warum machte ihr das Wasser keine Angst mehr? Das tat es nämlich nicht; Alicia fühlte sich wie zu Hause. Ihr Rücken und ihre Arme waren stark, ihre Ruderschläge kompakt, und sie vergeudete keine Kraft. Sie konnte sich nicht erinnern, jemals ein Boot gerudert zu haben, aber es kam ihr völlig natürlich vor, als sei diese Fähigkeit zur späteren Verwendung in ihren Muskeln eingespeichert gewesen.

Sie ruderte weiter, und die Ruderblätter schnitten elegant durch das tintenschwarze Wasser. Dann sah sie, dass sich im Wasser etwas bewegte – eine schattenhafte Gestalt, die unter der Oberfläche dahinglitt. Sie schien ihr in wachsamem Abstand zu folgen. Alicia empfand ihre Anwesenheit nicht als bedrohlich; eher war es eine natürliche Erscheinung in dieser Umgebung, mit der sie gerechnet hätte, wenn sie vorher daran gedacht hätte.

»Dein Boot ist sehr klein«, sagte Amy.

Sie saß im Heck. Wasser tropfte ihr vom Gesicht und aus den Haaren.

»Du weißt, dass wir nicht gehen können«, stellte Amy fest.

Es war eine seltsame Bemerkung. Alicia ruderte weiter. »Wohin gehen?«

»Das Virus ist in uns.« Amys Stimme klang leidenschaftslos, frei von jeder wahrnehmbaren Regung. »Wir können niemals weg.«

»Ich weiß nicht, wovon du redest.«

Die Gestalt hatte angefangen, sie zu umkreisen. Die Wellen schwollen an und brachten das Boot ins Schaukeln.

»Oh, das glaube ich doch. Wir sind Schwestern, oder? Schwestern im Blut.«

Die Bewegung wurde stärker. Alicia zog die Ruder ein und klammerte sich rechts und links an das Dollbord, um ihr Gleichgewicht zu halten. Ihr Herz wurde zu Blei, und Galle quoll ihr in die Kehle. Warum hatte sie die Gefahr nicht vorhergesehen? So viel Wasser ringsum, und dieses kleine Boot, winzig wie ein Nichts. Der Rumpf stieg in die Höhe, und plötzlich hatten sie keinen Kontakt mit dem Wasser mehr. Ein mächtiger blauer Körper tauchte unter ihnen auf. Wasser strömte an seinen verkrusteten Flanken hinunter.

»Du weißt, wer das ist«, sagte Amy ungerührt.

Es war ein Wal. Sie balancierten wie eine Erbse auf seinem riesigen, furchterregenden Kopf. Höher und höher hob er sie in die Luft. Ein Schlag der monströsen Schwanzflosse, und sie würden davonfliegen; sie würde krachend auf sie herabfahren und das Boot zertrümmern. Ein hoffnungsloses Grauen vor dem Schicksal ergriff sie. Amy saß im Heck und seufzte gelangweilt.

»Ich habe ihn so … satt«, sagte sie.

Alicia wollte schreien, aber die Stimme blieb ihr in der Kehle stecken. Sie stiegen hoch, das Meer sank unter ihnen hinab, der Wal bäumte sich auf …

Sie erwachte mit einem Schlag. Blinzelnd versuchte sie, einen klaren Kopf zu bekommen. Es war Nacht. Sie lag hinten im Truck, und der Truck holperte heftig. Saras Gesicht schwebte über ihr.

»Lish? Was ist los?«

Langsam formten ihre Lippen die Worte: »Sie … kommen.«

Am Ende des Konvois hörten sie Schüsse.

*Scheiße. Scheiße. Scheiße. Scheiße.*

Michael sprang die Treppe von der Brücke hinunter und nahm immer drei Stufen auf einmal. Er rannte über das Deck, fast ohne den Stahl zu berühren, und stürmte durch die Luke nach unten. Dabei schrie er in sein Funkgerät. »Rand, komm sofort runter!«

In vollem Lauf erreichte er den Laufgang im Maschinenraum, packte die Leiter und rutschte hinunter. Die Maschinen waren stumm, alles hatte gestoppt. Rand erschien über ihm.

»Was ist passiert?«

»Etwas hat den Hauptstrom abgeschaltet!«

Lores Stimme kam aus dem Funkgerät: »Michael, wir hören hier oben Schüsse.«

»Was?«

»Schüsse, Michael. Ich schaue jetzt über den Isthmus. Vom Festland kommen Lichter auf uns zu.«

»Scheinwerfer oder Virals?«

»Kann ich nicht erkennen.«

Er brauchte Strom, um dem Problem auf die Spur zu kommen. An der elektrischen Schalttafel leitete er die Diagnostikprogramme auf den Notfallgenerator um. Die Zeiger auf den Skalen erwachten zum Leben.

»Rand!«, brüllte Michael. »Was siehst du?«

Rand stand an der Maschinensteuerungsanlage am anderen Ende des Raumes und betrachtete die Anzeigen. »Anscheinend gibt's ein Problem mit den Wassermantelpumpen.«

»Das würde den Hauptstrom nicht abschalten! Sieh weiter oben nach!«

Es war kurz still; dann rief Rand: »Ich hab's.« Er klopfte auf eine Anzeige. »Im Steuerbordlader ist kein Druck mehr. Hat wahrscheinlich das System abgeschaltet.«

Lore meldete sich wieder. »Michael, was ist los da unten?«

Er schnallte sich seinen Werkzeuggürtel um. »Hier«, sagte er und warf Rand das Funkgerät zu. »Rede du mit ihr.«

Rand war ratlos. »Was soll ich sagen?«

»Sag ihr, sie soll sich bereithalten, die Propeller direkt von der Brücke aus einzukuppeln.«

»Sollten wir nicht warten, bis das System wieder Druck hat? Sonst fliegt uns womöglich ein Zylinderkopf um die Ohren.«

»Stell dich an das elektrische Schaltpult. Wenn ich es sage, schaltest du das System wieder zurück auf die Hauptleitung.«

»Michael, sprich mit mir«, rief Lore. »Fuck, es sieht verdammt ernst aus hier oben.«

»*Los!*«, rief Michael zu Rand hinüber. Er rannte nach achtern, stöpselte seine Laterne ein, warf sich auf den Rücken und schob sich unter den Lader.

Dieses gottverdammte Leck, dachte er. Es wird mich noch umbringen.


Der Konvoi erreichte den Isthmus mit sechzig Meilen pro Stunde. Die Busse sprangen. Die Busse flogen. Der Tanklaster, das Schlusslicht der Kolonne, hatte das Tempo nicht halten können. Die Virals waren dicht dahinter und wurden immer mehr. Im Licht der Scheinwerfer erschien die Stacheldrahtbarriere.

»Alles weiterfahren!«, schrie Peter ins Funkgerät. »Nicht anhalten!«

Sie pflügten durch die Barriere. Chase trat auf die Bremse und schwenkte zur Seite. Der Konvoi donnerte knapp an ihm vorbei und schob eine Wand aus Wind zur Seite, die den Truck schüttelte wie ein heulender Orkan. Peter, Chase und Amy sprangen aus der Kabine.

Wo war der Tanklaster?

Rumpelnd erschien er am Ende des Brückendamms. Mit aufgeblendeten Scheinwerfern und dröhnendem Motor kam er auf sie zu wie eine gutbeleuchtete Rakete in Zeitlupe. Hinter der Biegung begann er zu beschleunigen. Zwei Virals kauerten auf dem Dach der Fahrerkabine. Chase hob sein Gewehr und spähte durch das Zielfernrohr.

»Ford, nicht«, warnte Peter. »Wenn Sie den Tank treffen, fliegt er vielleicht in die Luft.«

»Still. Ich kann das.«

Eine Kugel zerriss die Luft. Einer der Virals kippte vom Wagendach und verschwand. Ford zielte auf den zweiten, aber der ließ sich auf die Motorhaube fallen. So konnte er nicht schießen.

»Scheiße!«

Aus der Kabine kamen kurz hintereinander zwei Schüsse aus einem Schrotgewehr. Die Frontscheibe zersplitterte nach außen ins Mondlicht. Die Bremsen stöhnten und zischten. Der Viral flog rücklings in den konischen Lichtstrahl der Scheinwerfer und verschwand mit nassem Knirschen unter den Vorderrädern des Tanklasters.

Plötzlich stand die Fahrerkabine im rechten Winkel zum Brückendamm. Der Tanker schob sich zusammen wie ein Klappmesser, und der ganze Koloss schleuderte quer über die Straße. Als die hinteren Räder das Wasser berührten, wurde das Heck abrupt langsamer, und die Kabine schwang in die entgegengesetzte Richtung wie ein Gewicht an einer Schnur. Der Laster war jetzt weniger als hundert Meter weit entfernt. Peter sah, wie Greer mit dem Lenkrad kämpfte, um das Fahrzeug unter Kontrolle zu bringen,

aber seine Versuche waren jetzt sinnlos: Die schräge Schleuder-
bewegung war stärker.

Der Tanklaster kippte auf die Seite. Die Zugmaschine trennte
sich von ihrem Tankanhänger, der sie von hinten rammte. Noch
einmal knirschten Glas und Metall. Alles rutschte kreischend ein
gutes Stück weit über den Asphalt, und als der Lastwagen zur
Ruhe kam, lag er mit der Fahrerseite nach oben diagonal auf der
Straße.

Peter rannte darauf zu, und Chase und Amy waren dicht hinter
ihm. Treibstoff sprudelte überall hervor, und aus dem Fahrgestell
quoll schwarzer Rauch. Die Virals strömten durch den Engpass
auf den Isthmus. In wenigen Sekunden würden sie da sein. Patch
war tot; sein Hinterkopf war zerschmettert, und der Körper lag
mit ausgestreckten Armen über dem Armaturenbrett. Greer war
auf ihm gelandet, blutüberströmt. War es Patchs Blut oder sein
eigenes? Er starrte in den Himmel.

»Lucius, leg die Hände über die Augen!«

Peter und Chase fingen an, gegen die Windschutzscheibe zu
treten. Drei harte Tritte, und das Glas splitterte nach innen. Amy
kletterte hinein und packte den Mann bei den Schultern. Peter
nahm die Beine. »Alles okay«, murmelte Greer, als wollte er sich
entschuldigen. Als sie ihn aus der Kabine zerrten, züngelten die
ersten Flammen auf.

Chase und Peter nahmen ihn zwischen sich und rannten los.


Passagiere stauten sich vor der schmalen Gangway und versuchten, sich durch den Engpass zu drängen. Panische Schreie gellten
durch die Luft. Männer hasteten über das Deck, um die Ketten
zu lösen, die das Schiff festhielten. Viele der Kinder wirkten benommen und unsicher, und sie irrten auf dem Dock umher wie
eine Schafherde im Regen.

Pim und die Mädchen waren bereits auf dem Schiff. Am oberen Ende der Gangway stand Sara und hob die kleinsten Kinder

an Bord, und andere zog sie bei der Hand voran, damit es schneller ging. Hollis und Caleb schoben die Kinder von hinten heran. Ein Mann stürmte auf Hollis zu und hätte ihn beinahe zu Boden gestoßen. Caleb packte ihn, schleuderte ihn zu Boden und stieß ihm einen Finger ins Gesicht.

»Du wartest, bis du an der Reihe bist, verdammt!«

Sie würden es nicht schaffen, dachte Caleb. Die Leute hatten angefangen, sich an die Ketten zu hängen, und versuchten, sich daran auf das Schiff zu hangeln. Eine Frau verlor den Halt und fiel mit einem Aufschrei ins Wasser. Sie tauchte wieder auf, doch ihr Gesicht war nur einen Augenblick lang zu sehen. Sie schwenkte die Arme über dem Kopf, aber sie konnte nicht schwimmen und ging unter.

Wo waren sein Vater und die andern? Warum waren sie nicht gekommen?

Auf dem Brückendamm gab es eine Explosion. Alle drehten sich um. Ein Feuerball stieg in den Himmel.

Unter den Lader geklemmt versuchte Michael, das leise zischende Gasleck ausfindig zu machen. Ganz ruhig bleiben, befahl er sich. Arbeite der Reihe nach, Naht für Naht.

»Gibt's was?« Rand stand unten am Lader.

»Die Fragerei ist nicht hilfreich!«

Es hatte keinen Sinn. Das Leck war zu klein; es musste schon seit Stunden offen sein.

»Bring mir Seifenlauge«, rief er. »Und einen Pinsel brauche ich auch.«

»Wo zum Teufel soll ich das hernehmen?«

»Das ist mir egal! Lass dir was einfallen!«

Rand verschwand wie der Blitz.

Die Druckwelle traf sie wie ein Faustschlag und schleuderte sie vorwärts durch die Luft. Trümmer schwirrten vorbei – Reifen,

Motorteile, messerscharfe Metallsplitter. Eine Wand aus Hitze brandete über ihn hinweg, und Peter hörte einen Schrei und das ohrenbetäubende Knirschen von Metall und splitterndem Glas.

Er lag mit dem Gesicht nach unten im Schlamm. Seine Gedanken wirbelten völlig unverbunden durcheinander. Links neben ihm lag etwas, das aussah wie ein Lumpenbündel. Es war Chase. Seine Kleider und Haare qualmten. Peter kroch zu ihm hinüber. Die Augen seines Freundes starrten ihn blicklos an. Peter schob die Hand unter seinen Kopf und fühlte etwas Weiches, Nasses. Er drehte Chase auf die Seite.

Der Hinterkopf des Mannes war weg.

Der Humvee war Schrott, zerschmettert und brennend. Fettiger Rauch hing klebrig in der Luft, und sein beißender Geschmack drang in Peters Mund und Nase und bohrte sich mit jedem Atemzug tiefer und tiefer in seine Lunge.

»Amy, wo bist du?« Er rappelte sich hoch und taumelte auf den Humvee zu. »Amy, antworte mir!«

»Ich bin hier!«

Sie zog Greer aus dem Wasser. Von schleimigem Schlick bedeckt sanken beide zu Boden.

»Wo ist Chase?« Sie hatte rosarote Brandwunden im Gesicht und an den Händen.

»Tot.« Er blieb geduckt und fragte Greer: »Kannst du gehen?«

Der Mann hielt sich den Kopf mit beiden Händen. Dann schaute er auf. »Wo ist Patch?«

Der brennende Truck würde die Virals in Schach halten, aber wenn die Flammen heruntergebrannt wären, würden die Horden über den Isthmus strömen. Die einzige Waffe, die den dreien zur Verfügung stand, war das Schwert, das noch in der Scheide auf Amys Rücken steckte.

Hartes weißes Licht strich über ihre Gesichter. Ein Pick-up kam auf der Straße auf sie zugerast. Peter hob eine Hand vor die

Augen, um sie vor dem grellen Licht zu beschirmen. Der Wagen kam schleudernd zum Stehen.

»Steigt ein«, rief Caleb.

Alicia sah nur den Himmel. Den Himmel und den Hinterkopf eines Mannes. Aber sie spürte eine Menschenmenge um sich herum. Die Trage unter ihr wurde immer wieder angerempelt, und sie hörte Stimmen. Leute weinten, und alles hastete um sie herum. *Nehmt mich nicht mit.* Ihr Körper war zerschlagen, und sie lag schlaff da wie eine Puppe. *Ich bin eine von denen. Ich gehöre nicht zu euch.*

Hallende Schritte auf Metall: Sie überquerten die Gangway. »Stell sie da drüben hin«, sagte jemand. Die Träger setzten die Trage auf das Deck und verschwanden. Neben ihr saß eine Frau, die sich über ein in eine Decke gewickeltes Bündel beugte. Sie sprach murmelnd mit dem Bündel und wiederholte immer wieder einen Satz, den Alicia nicht verstand, der aber den mechanischen Rhythmus eines Gebets hatte.

»Du«, sagte Alicia.

Nur eine Silbe, aber es fühlte sich an, als habe sie ein Klavier gestemmt. Die Frau bemerkte sie nicht.

»*Du*«, wiederholte Alicia.

Die Frau hob den Kopf. Das Bündel war ein Baby, das sie beinahe unbarmherzig hart umklammert hielt, als fürchte sie, jederzeit könne es ihr jemand entreißen.

»Du musst … mir helfen.«

Die Frau verzog kläglich das Gesicht. »Warum fahren wir nicht?« Sie beugte sich wieder über das Baby und vergrub das Gesicht in der Decke. »O Gott, warum sind wir immer noch hier?«

»Bitte … hör zu.«

»Was reden Sie mit mir? Ich kenne Sie nicht mal. Ich weiß nicht, wer Sie sind.«

»Ich bin … Alicia.«

»Haben Sie meinen Mann gesehen? Er war eben noch hier. *Hat irgendjemand meinen Mann gesehen?*«

Alicia würde sie verlieren. Noch einen Augenblick, und die Aufmerksamkeit der Frau wäre woanders. »Sag mir ... wie heißt sie?«

»Was?«

»Dein Baby. Wie ... heißt sie?«

Es war, als habe ihr noch niemand diese Frage je gestellt.

»Sag schon«, drängte Alicia. »Sag mir ihren Namen.«

Die Frau schüttelte den Kopf und schluchzte. »Es ist ein Junge«, sagte sie klagend. »Er heißt Carlos.«

Ein Augenblick verging, die Frau weinte, Alicia wartete. Um sie herum herrschte Chaos, und doch war es, als seien sie allein, sie und diese Frau, die sie nicht kannte, diese wildfremde Frau. *Rose, meine Rose,* dachte Alicia, *ich habe dich im Stich gelassen. Ich konnte dir kein Leben geben.*

»Wirst du ... mir helfen?«

Die Frau wischte sich mit dem Handrücken über die Nase. »Was kann *ich* denn tun?« In ihrem Ton lag keine Spur von Hoffnung mehr. »Ich kann doch nichts *tun.*«

Alicia leckte sich über die Lippen, aber ihre Zunge war schwer und trocken. Es würde wehtun, und zwar sehr. Sie würde jeden Rest von Kraft brauchen.

»Du musst ... meine Gurte ... öffnen.«

Mit hohen, weiten Sätzen flog Carter am Kanal entlang zum Isthmus. Die pilzförmigen Umrisse der Chemikalientanks. Die flachen Dächer der Gebäude. Die weiten, vergessenen Trümmerfelder des industriellen Amerikas. Er bewegte sich schnell voran, mit unerschöpflichen Kräften, wie eine große, stampfende Maschine.

Eine hoch aufragende Silhouette erhob sich im Gegenlicht vor ihm: die Channel Bridge. Er schnellte sich himmelwärts, flog in die Höhe und fand Halt dicht unterhalb der brüchigen Fahrbahn. Ein kurzes Pendeln – und noch einmal schwang er sich hinauf, packte mit einer Hand ein Stahlkabel und landete mit einem Salto auf der Brücke.

Unter ihm breitete sich das Terrain der bevorstehenden Schlacht aus wie eine Modellanlage. Das Schiff und die Menschenmassen, die über die Gangway an Bord drängten. Der Truck, der über den Brückendamm donnerte. Die lodernde Barrikade und die Horde der Virals, die sich dahinter versammelte. Carter legte den Kopf zur Seite und berechnete den Bogen seiner Flugbahn. Er musste höher hinauf.

An einem der Kabel kletterte er zur Spitze des Pylonen. Das Wasser glänzte unter ihm, ein großer glatter Spiegel im Licht des Mondes. Leise Unsicherheit, ja, ein bisschen Angst beschlich ihn, aber er schob sie beiseite. Der Hauch eines Zweifels – und er würde scheitern, würde senkrecht in die Tiefe stürzen. Um eine solche Distanz zu überwinden, die ganze Weite zu meistern, musste man die Grenze in das Reich des Abstrakten überschreiten. Man musste der Sprung sein, nicht der Springer, nicht ein Objekt im Raum, sondern der Raum selbst.

Er kauerte sich tief zusammen. Energie strömte aus seiner Mitte und floss in die Glieder.

*Amy, ich komme.*

Auf der Brücke beobachtete Lore die Horde der Virals durch ein Fernglas. Hinter den brennenden Trümmern, die ihnen den Weg versperrten, sahen sie aus wie ein Streifen von vibrierendem Licht, der weit zurück auf das Festland reichte, sich dort verbreiterte und praktisch das ganze andere Ufer bedeckte.

Sie hob das Mikrofon an den Mund. »Ich will dich nicht hetzen, Michael, aber was immer da kaputt ist – *fuck,* du musst es *jetzt* reparieren.«

»Ich versuch's ja!«

Etwas kam über die Horde – eine Art … Kräuseln. Sie kräuselte sich und schien zugleich kompakter zu werden, wie eine Feder, die sich anspannte. Die Bewegung begann hinten und glitt nach vorn, und sie wurde immer schneller, als sie sich den Flammen auf dem Brückendamm näherte. Der Laster lag quer auf der Straße. Was war das, was sie da sah?

Die Spitze der Viral-Kolonne krachte wie ein Rammbock gegen den brennenden Tanklaster. Knäuel aus Feuer und Rauch schossen in die Höhe. Der Laster rutschte voran und schürfte über den Asphalt. Brennende Virals lösten sich und flogen seitwärts ins Wasser, und immer neue drängten von hinten in die Katastrophe.

Lore schaute über die Reling nach unten. Die Ketten, die das Schiff am Dock gehalten hatten, waren losgemacht worden, und Dutzende von Leuten strampelten hilflos im Wasser. Panische Schreie zerschnitten die Luft.

»*Aus dem Weg!*«

»*Nehmt meine Tochter!*«

»*Bitte, ich flehe euch an!*«

»Hollis!«, rief sie.

Hollis schaute herauf, und Lore zeigte auf den Isthmus. Sofort begriff sie, dass sie einen Fehler gemacht hatte: Auch andere auf dem Dock hatten sie gesehen. Die Meute brandete voran, und alle wollten sich gleichzeitig auf die schmale Gangway zwängen. Fäuste flogen, Leute wurden vom Dock geworfen oder im Gedränge niedergetrampelt. Mitten in dem Getümmel knallte ein Schuss. Hollis stürmte voran und ruderte mit den Armen wie ein Schwimmer, um eine Schneise in das Chaos zu schlagen. Weitere Schüsse fielen, und die Menge stob auseinander. Ein einzelner Mann mit einer Pistole blieb übrig. Zwei Leute lagen vor ihm auf dem Boden. Eine Sekunde lang stand der Mann nur da, als sei er erstaunt über das, was er getan hatte, aber dann drehte er sich um und rannte die Gangway hinauf. Zu spät – schon nach fünf Schritten hatte Hollis ihn beim Kragen und riss ihn zurück. Er schob eine Hand unter das Gesäß des Mannes, hob ihn hoch über den Kopf – der Mann ruderte mit Armen und Beinen in der Luft wie eine auf den Rücken gefallene Schildkröte – und warf ihn über die Reling.

Lore griff wieder zum Mikro. »Michael, hier oben wird es ungemütlich!«

Blasiger Schaum quoll auf. Rand reichte Michael ein meterlanges Rohr und einen Topf mit Fett. Michael drehte das alte Rohrstück heraus, fettete das Gewinde des neuen ein und drehte es fest.

»Umschalten!«, schrie Michael.

Die Lichter flackerten, Elektrizität summte, Druck floss in die Leitungen.

»Es geht los!«, rief Rand.

Michael wand sich hervor. Rand warf ihm das Funkgerät zu.

»Lore …«

Dann erstarb wieder alles.

Sie hatte versagt; ihre Armee war fort, zu Staub zerstoben. Von ganzem Herzen wünschte Amy sich, auf diesem Schiff zu sein, von hier fortzugehen und nie zurückzukommen. Aber sie konnte nicht weg, nicht mit diesem Schiff und auch mit keinem anderen. Sie würde auf dem Dock stehen, wenn es abfuhr.

*Wie sehr habe ich mir dieses Leben mit dir gewünscht, Peter,* dachte sie. *Es tut mir leid, es tut mir leid, es tut mir leid.*

Der Truck raste in Richtung Osten. Caleb saß am Steuer, Peter, Amy und Greer kauerten auf der Ladefläche. Vor ihnen ragten die Scheinwerfer am Dock auf, und hinter ihnen, in zunehmender Entfernung, sah Amy, wie der brennende Tanklaster sich drehte. Die ersten Virals erschienen in der Bresche. Sie standen in Flammen, aber sie taumelten voran wie mannshohe Fackeln. Die Lücke in der Barrikade wurde breiter, öffnete sich wie ein Tor.

Amy drehte sich zum Heckfenster der Fahrerkabine um. »Caleb …!«

Er schaute in den Rückspiegel. »Ich sehe sie!«

Caleb trat das Gaspedal bis auf das Bodenblech herunter, und der Wagen machte einen Satz, sodass Amy nach hinten kippte. Ihr Kopf schlug mit dröhnendem Geräusch auf den Boden, und der Schmerz ließ ihr Hören und Sehen vergehen. Sie lag auf dem Rücken, schaute zum Himmel und sah die Sterne. Sterne zu Hunderten, zu Tausenden, und einer von ihnen fiel herab. Er wurde größer und größer, und sie wusste, was dieser Stern war.

»Anthony.«

Carter hatte gut gezielt. Der Truck rauschte vorbei, und er landete dahinter auf dem Brückendamm, überschlug sich einmal und kam auf die Beine. Die Virals stürmten auf ihn zu. Er richtete sich hoch auf.

*Brüder, Schwestern.*

Er spürte, dass sie verwirrt waren. Wer war dieses seltsame Wesen, das da auf ihrem Weg gelandet war?

*Ich bin Carter, der Zwölfte der Zwölf. Tötet mich, wenn ihr könnt.*

»Was zum Teufel ist passiert?«

»Ich weiß es nicht!«

Das Funkgerät krächzte. Es war Lore. »Michael, wir müssen jetzt *sofort* los!«

Rand kontrollierte in rasender Hektik die Anzeigen. »Der Lader ist es nicht – es muss etwas Elektrisches sein!«

Michael stand restlos verzweifelt vor der Instrumententafel. Es war hoffnungslos. Er war geschlagen. Sein Schiff, die *Bergensfjord,* hatte sich verweigert. Seine Erstarrung verwandelte sich in Zorn, sein Zorn wurde zur Raserei. Er schlug mit der Faust gegen das Metall. »Du Miststück!« Er holte aus und schlug noch einmal zu. »Du herzloses Miststück! Das tust du mir an?« Tränen der Frustration standen in seinen Augen. Er hob einen Schraubenschlüssel vom Boden auf und schlug damit auf das Metall, immer wieder. »Ich … habe dir … *alles* … gegeben!«

Ein plötzliches Grollen – wie das Knurren einer riesigen, eingesperrten Bestie. Die Lichter gingen an, und die Nadeln der Anzeigegeräte zitterten.

»Michael«, sagte Rand, »was zum Teufel hast du gemacht?«

»Das hat funktioniert!«, rief Lore.

Das Grollen wurde stärker und ließ die Stahlplatten des Schiffs vibrieren. Rand schrie durch den Lärm: »Der Druck hält! Achttausend Touren! Zwölf! Zwanzig! Fünfunddreißig!«

Michael hob das Funkgerät vom Boden auf. »Propeller einkuppeln!«

Ein Stöhnen. Ein Schaudern, das tief ins Mark drang.

Die *Bergensfjord* setzte sich in Bewegung.


Schleudernd fuhren sie auf den Ladeplatz, und Amy sprang vom Truck, bevor er stand.

»Amy, stopp!«

Aber sie war schon weg und rannte auf den Brückendamm zu.

»Caleb, nimm Lucius und bring ihn auf das Schiff!«

Caleb stand wie vom Donner gerührt neben der Ladefläche. »Mach schon«!, befahl Peter. »Warte nicht!«

Er lief ihr nach, und mit jedem Schritt zwang er sich, noch schneller zu laufen. Er keuchte, und der Boden flog unter ihm dahin. Der Abstand zwischen ihnen verringerte sich. Sechs Meter, fünf, drei. Ein letzter Spurt, und er umschlang ihre Taille, sodass sie beide über den Boden rollten.

»Lass mich los!« Amy war auf den Knien und sträubte sich gegen ihn.

»Wir müssen *sofort* los!«

Ihre Stimme war tränenerstickt. »Sie werden ihn umbringen!«

Carter straffte sich. Er krümmte und streckte die Finger, und die Krallen glänzten. Er krümmte und streckte die Zehen und fühlte die Sehnen, straff wie Drähte. Bläuliches Mondlicht ergoss sich über ihn wie eine Segnung.

Amy streckte eine Hand vor und stieß einen Schmerzensschrei aus. »Anthony!«

Er griff an.

Sie hatten fünfundzwanzig Meter Raum für die Durchfahrt.

Am Heck des Schiffs brodelte eine Wand aus Gischt herauf. Schreie erhoben sich auf dem Dock. »*Sie lassen uns zurück!*« Die letzten Passagiere stürmten voran und schoben sich auf die Gangway, die jetzt am Pier entlangschleifte, als die *Bergensfjord* ablegte.

Pim stand an der Reling und verfolgte das Geschehen, das sich lautlos vor ihr abspielte. Das untere Ende der Gangway rutschte langsam auf die Kante zu und würde bald hinabstürzen. Wo war ihr Mann? Dann sah sie ihn. Er stützte Lucius, und beide rannten über den Pier. Nachdrücklich signalisierte sie für jeden, der sie sehen konnte: *Da ist mein Mann!* und *Stoppt das Schiff!* Aber natürlich verstand ihre Gebärden niemand.

Auf der Gangway stauten sich die Leute. Eingezwängt zwischen den beiden Geländern schoben sie sich auf das Deck – aber immer nur einer oder zwei lösten sich aus der wimmelnden Masse. Pim fing an zu wimmern. Zuerst war es ihr nicht bewusst, das Geräusch kam von selbst aus ihrem Mund, ein Ausdruck des Aufruhrs in ihren Gefühlen, der sich nicht unterdrücken ließ – ganz so, wie sie vor einundzwanzig Jahren in Saras Armen geheult hatte, so wild wie ein sterbendes Tier. Das Geräusch wurde lauter und nahm eine Form an, die in Pim Jaxons Leben völlig neu war: Es wurde zu Worten.

»Caaa … leb! Laaaauuuf!«

Das Ende der Gangway kam zur Ruhe. Es war an einer Leiste an der Kante des Piers hängen geblieben. Unter der Last der beschleunigenden Masse des Schiffs drehte sich die Gangway um ihre Längsachse. Nieten platzten heraus, Stahl krümmte sich. Caleb und Greer waren nur noch ein paar Schritte weit entfernt. Pim schwenkte die Arme und schrie Worte, die sie nicht hören, aber fühlen konnte, und sie fühlte sie mit jedem Atom ihres Körpers.

Die Gangway löste sich.

Noch immer an das Schiff gekettet fiel sie schräg gegen die Bordwand. Menschen stürzten ins Wasser, manche lautlos und resigniert, andere mit einem jämmerlichen Aufschrei. Am Ende der Gangway hatte Caleb einen Ellenbogen in die Reling gehakt, und gleichzeitig hielt er Greer fest, dessen Füße auf der letzten Sprosse Halt gefunden hatten. Die *Bergensfjord* wurde schneller und zog einen brodelnden Strudel hinter sich her. Als das Heck vorüberzog, wurden die, die im Wasser strampelten, in die Gischt der Schiffsschrauben hinabgezogen. Ein Schrei vielleicht, eine Hand, die sich vergebens aus dem Wasser streckte, und dann waren sie verschwunden.

Michael rannte durch den Bauch der *Bergensfjord*. Deck für Deck kam er herauf, mit fliegenden Beinen und rudernden Armen, und sein Herz pochte in der Kehle. Ein letzter Satz, und er war draußen. Die Bugspitze passierte eben den Portalflügel am Ende des Docks.

Sie würden nicht durchkommen, verdammt. Nie im Leben.

Er nahm immer drei Stufen auf einmal, als er die Treppe zur Brücke hinauf und durch die Tür stürmte. »Lore ...«

Sie starrte durch das Fenster nach vorn. »Ich weiß!«

»Gib mehr Seitenruder!«

»Denkst du, das habe ich nicht getan?«

Die Lücke zwischen dem Portalflügel und der rechten Schiffsflanke wurde schmaler. Zwanzig Meter. Zehn.

»Oh, Scheiße«, hauchte Lore.


Peter und Amy rannten über das Dock.

Das Schiff fuhr ab, es glitt davon. Schüsse knatterten am Heck, Kugeln schwirrten über ihre Köpfe hinweg. Die Virals waren durchgebrochen.

Es krachte.

Die Bordwand war an den Portalflügel gestoßen. Ein langes, scharrendes Geräusch folgte. Die unwiderstehliche Kraft des fahrenden Schiffs traf auf das unbewegliche Objekt des festgefahrenen Portals. Der Rumpf erbebte, aber er wurde nicht langsamer, sondern drängte weiter voran.

Die mächtige Stahlwand glitt herzlos vorbei. Noch ein paar Sekunden, und die *Bergensfjord* würde fort sein. Es gab keinen Weg an Bord. Peter sah, dass etwas an der Bordwand hing. Die abgestürzte Gangway war oben immer noch befestigt. Zwei Menschen hingen daran.

Caleb. Greer.

Sein Sohn hatte einen Arm in die Reling der Gangway gehakt. Mit dem anderen deutete er zum Ende des Piers und rief etwas zu ihnen herüber. Der Portalflügel war vom Schiff weggedrückt worden und stand jetzt in einem spitzen Winkel zu dem vorübergleitenden Rumpf. Wenn die Gangway den Innenrand des Portalflügels passierte, würde sich der Abstand auf Sprungweite verringern.

Aber Amy war nicht mehr bei ihm; Peter war allein. Er fuhr herum und sah sie: Sie stand dreißig Meter weit hinter ihm und wandte ihm den Rücken zu.

»Amy, komm!«

»Du musst gleich springen!«, schrie Caleb.

Die Virals hatten das hintere Ende des Piers erreicht. Amy zog das Schwert aus der Scheide und rief Peter über die Schulter hinweg zu: »Spring auf das Schiff!«

»Was tust du da? Wir können es schaffen!«

»Ich kann jetzt nichts erklären! Spring einfach!«

Plötzlich verstand er. Amy hatte nicht vor wegzugehen. Vielleicht hatte sie es nie vorgehabt.

Dann sah er das Mädchen.

Unerreichbar für ihn kauerte sie hinter einer riesigen Kabeltrommel. Rötlich blondes Haar, mit einem Band zusammengebunden, Schrammen im Gesicht, ein Stofftier fest an die Brust gepresst, Arme, so dünn wie Zweige.

Amy sah sie auch.

Sie schob das Schwert in die Scheide und lief los. Die Virals stürmten auf dem Dock heran. Das kleine Mädchen war starr vor Entsetzen. Amy nahm sie mit einem Schwung auf ihre Hüfte und fing an zu rennen. Mit der freien Hand winkte sie Peter weiter. »Warte nicht! Du musst uns auffangen!«

Er rannte auf den Portalflügel zu. Das untere Ende der Gangway war noch zehn Meter weit entfernt und näherte sich schnell. Caleb schrie: »Jetzt!«

Peter sprang.

Einen Moment lang sah es aus, als sei er zu früh gesprungen. Er würde in das schäumende Wasser hinunterstürzen. Aber dann bekamen seine Hände die Reling der Gangway zu fassen. Er zog sich hoch, seine Füße fanden Halt, und er drehte sich um. Amy hatte noch immer das Mädchen auf der Hüfte und rannte auf dem Dock entlang. Die Gangway zog an ihr vorbei. Sie würde es nicht schaffen. Peter streckte die Hand aus, als Amy fünf weite Sprünge machte, jeder größer als der vorige. Dann flog sie über den Abgrund.

Peter konnte sich später nicht erinnern, dass er ihre Hand gepackt hatte. Aber er hatte es getan.

Sie hatten das Dock verlassen. Michael lief von der Brücke hinunter und beugte sich über die Reling. Er sah eine tiefe Kerbe in der Bordwand, mindestens fünfzehn Meter lang, aber hoch über der Wasserlinie. Er schaute zum Ufer zurück. Hundert Meter hinter ihnen, am Ende des Docks, starrte ein Heer von Virals dem Schiff hinterher wie eine Trauerversammlung.

»Hilfe!«

Die Stimme kam vom Heck.

»Jemand ist gefallen!«

Er rannte nach achtern. Eine Frau mit einem Baby auf dem Arm deutete über die Reling.

»Ich wusste nicht, dass sie springen wollte!«

»Wer? Wer war das?«

»Sie lag auf einer Trage. Konnte kaum gehen. Sie sagte, ihr Name sei Alicia.«

Ein aufgerolltes Tau lag auf dem Deck. Michael drückte auf die Sprechtaste an seinem Funkgerät. »Lore, halt die Schrauben an!«

»*Was?*«

»Mach schon! Stopp!«

Er schlang sich bereits das Tau um die Taille. Das Funkgerät hatte er der Frau in die Hand gedrückt, die ihn verblüfft anstarrte.

»Wo wollen Sie hin?«, fragte sie.

Er stieg über die Reling. Tief unten brodelte das Wasser. *Halt sie an,* dachte er. *Lieber Gott, Lore, halte die Schrauben an!*

Er sprang.

Mit gestreckten Zehen und ausgebreiteten Armen durchstieß er die Wasseroberfläche wie ein Speer, und sofort packte ihn der Sog und zog ihn nach unten. Er prallte hart auf den Schlick am Boden und rollte darüber hinweg. In seinen Augen brannte das Salz, und er konnte nichts sehen, nicht einmal seine Hände.

Er stieß mit ihr zusammen.

Ihre Gliedmaßen verhedderten sich ineinander, und sie taumelten in Spiralen am Grund entlang. Er bekam ihren Gürtel zu fassen, zog sie an sich und umschlang sie mit beiden Armen.

Das Tau spannte sich.

Es gab einen harten Ruck, und Michael hatte das Gefühl, mitten durchgeschnitten zu werden. Er ließ Alicia nicht los, als er in einem Fünfundvierzig-Grad-Winkel nach oben schoss. Er war seit dreißig Sekunden im Wasser, und sein Hirn schrie nach Luft. Die Propeller standen jetzt still, aber darauf kam es nicht mehr an.

Das Schiff glitt weiter und zog sie mit sich. Wenn sie nicht bald auftauchen könnten, würden sie ertrinken.

Plötzlich hörte er ein heulendes Geräusch: Die Schrauben drehten sich wieder. *Nein!* Dann begriff Michael, was passiert war. Lore ließ das Schiff rückwärtslaufen. Die Spannung des Taus ließ nach und verschwand ganz. Eine neue Kraft packte sie und zog sie auf die kreisenden Schiffsschrauben zu.

Sie würden in Fetzen gerissen werden.

Michael schaute nach oben. Hoch über ihm schimmerte die Wasseroberfläche. Woher kam dieses geheimnisvolle, lockende Licht? Das Geräusch der Propeller brach unvermittelt ab, und jetzt begriff er, was Lore beabsichtigte. Sie ließ das Tau so locker herabhängen, dass sie daran hochklettern könnten. Michael fing an zu strampeln. *Alicia, gib nicht auf. Hilf mir jetzt. Du musst mir helfen, sonst sind wir tot.* Aber es war zwecklos; sie sanken wie Steine nach unten. Das Licht wich unbarmherzig zurück.

Das Tau straffte sich wieder. Sie wurden hochgezogen.

Als sie durch die Oberfläche brachen, riss Michael den Mund weit auf und schnappte wild nach Luft. Sie waren unter dem Heck. Ein Berg aus Stahl ragte über ihnen auf. Das Licht, das er gesehen hatte, war der Mond. Rund und voll schien er auf sie herab und sandte seine Strahlen über das Wasser.

»Es ist gut, ich hab dich«, sagte Michael. Alicia hing hustend und prustend in seinen Armen. Von hoch oben schwebte ein Rettungsboot herab. »Ich hab dich, ich hab dich, ich hab dich.«

# 77

Carters Augen waren voller Sterne.

Er lag auf dem Brückendamm, blutüberströmt und zerschlagen. Er fühlte keinen Schmerz; sein Körper war weit weg, außerhalb seines Einflusses, als habe er ihn verloren.

*Brüder, Schwestern.*

Sie standen im Kreis um ihn herum. Für sie empfand er nur Liebe. Das Schiff war fort; es fuhr davon. Er verspürte eine große Liebe zu allem. Gern hätte er die Welt mit seinem Herzen umschlossen. Am Rand des Brückendamms flirrte das Mondlicht über das Wasser, eine leuchtende Straße, auf der er reisen konnte.

*Ich will es tun. Ich will fühlen, wie es aus mir herauskommt. Ich will wieder ein Mensch sein, bevor ich sterbe.*

Carter fing an zu kriechen. Die Virals wichen zurück und machten ihm Platz. In ihrer Haltung lag Respekt, als wären sie Schüler – oder Soldaten, die den Säbel ihres Feindes entgegennahmen. Carter überquerte die Straße und streckte dann die linke Hand aus. Sie war das Erste, womit er das Meer berührte. Das Wasser war kühl und freundlich, schwer von Salz und Erde. Milliarden Lebewesen schwammen darin, und ihnen würde er sich anschließen.

*Brüder, Schwestern, ich danke euch.*

Er glitt unter die Wasseroberfläche.

# XI

## Die Spiegelstadt

*Ich trage die Kette, die ich während
meines Lebens geschmiedet habe ...
Ich schmiedete sie Glied für Glied
und Elle für Elle; mit meinem eigenen
freien Willen lud ich sie mir auf,
und mit meinem eigenen freien
Willen trug ich sie.*

Charles Dickens, *Weihnachtslied*

# 78

Morgengrauen auf See.

Die *Bergensfjord* lag vor Anker, ihre mächtigen Maschinen ruhten. Der Himmel hing tief über dem Wasser, das konturlos wie glatter Stein war. In weiter Ferne wehte ein Vorhang aus Regen über den Golf. Die meisten Passagiere schliefen an Deck, wild durcheinandergewürfelt, als wären sie alle gleichzeitig in Ohnmacht gefallen. Sie waren hundert Meilen weit vom Land entfernt.

Amy stand am Bug, und Peter war neben ihr. Ihre Gedanken wanderten umher, aber sie nahm nur von einem Notiz: Anthony war nicht mehr da. Sie war allein übrig.

Das kleine Mädchen hieß Rebecca. Ihre Mutter war bei dem Angriff zu Tode gekommen, und ihr Vater lebte schon seit Jahren nicht mehr. Amy konnte sie immer noch spüren – das Gewicht und die Wärme ihres Körpers, die Kraft der Verzweiflung, mit der das Kind sich an sie geklammert hatte, als sie durch die Luft geflogen waren. Vermutlich würde dieses Gefühl sie nie mehr verlassen; es war ein Teil von ihr, tief eingewachsen bis ins Mark. Es hatte den Augenblick bestimmt und die Entscheidung für sie getroffen. Es war nicht nur Rebecca, die Amy dort auf dem Pier gesehen hatte, sondern ihr eigenes Ich als kleines Mädchen – sie war ja genauso allein gewesen, verlassen von

der machtvoll stampfenden Maschine der Welt und rettungs-
bedürftig.

Eine Zeitlang, vielleicht zehn Minuten, sprachen sie und Peter
kein Wort. Genau wie sie war auch Peter nur halb anwesend und
starrte ins Leere, in den bleichen Morgenhimmel und über die
grenzenlos ruhige See.

Amy war es, die das Schweigen brach. »Du solltest mit ihr
reden.«

Im Dunkel der Nacht war eine Entscheidung gefallen. Amy
konnte nicht mitkommen, und Alicia auch nicht. Wenn die Überlebenden einen neuen Anfang machen sollten, mussten sie alle
Spuren des alten Grauens hinter sich lassen. Jetzt kam es darauf
an, dass andere es akzeptierten.

»Sie hat es nicht zu verantworten, Peter.«

Er sah sie an, sagte aber nichts.

»Und du auch nicht«, fügte sie hinzu.

Wieder schwiegen beide. Sie wünschte sich von ganzem Herzen,
er würde ihr glauben, aber sie wusste, dass es ihm unmöglich war.

»Du musst Frieden mit ihr schließen, Peter. Um euer beider
willen.«

Die Sonne stieg unauffällig hinter den Wolken herauf. Der
Himmel war ohne jede Farbe, und seine Ränder verschmolzen
übergangslos mit dem Horizont. Der Regen blieb auf Abstand.
Michael hatte ihnen versichert, das Wetter werde kein Problem
sein, und er hatte einen Blick für diese Dinge.

»Tja.« Peter seufzte. »Ich sollte es wohl tun.«

Er verließ Amy und ging hinunter ins Mannschaftsquartier. Unter Deck war die Luft kühler und roch nach nassem Metall und
Rost. Der größte Teil von Michaels Männern lag schnarchend in
ihren Kojen. Sie nutzten die kurze Pause, um sich auszuruhen und
sich auf das vorzubereiten, was ihnen bevorstand.

Alicia lag in einer der unteren Kojen am Ende des Korridors.
Peter zog einen Hocker heran und räusperte sich. »Also.«

Sie blickte starr nach oben und sah ihn nicht an. »Sag, was du zu sagen hast.«

Er wusste nicht genau, was das war. *Es tut mir leid, dass ich versucht habe, dich zu erwürgen?* Oder: *Was hast du dir nur gedacht?* Vielleicht auch nur: *Fahr zur Hölle.*

»Ich wollte dir einen Waffenstillstand anbieten.«

»Einen Waffenstillstand«, wiederholte Alicia. »Das klingt, als wäre es Amys Idee.«

»Du hast versucht, dich umzubringen, Lish.«

»Das hätte auch geklappt, wenn Michael nicht den Helden gespielt hätte. Mit dem habe ich noch ein Hühnchen zu rupfen.«

»Hast du gedacht, das Wasser würde dich zurückverwandeln?«

»Würdest du dich besser fühlen, wenn ich es gedacht hätte?« Sie schnaubte. »Leider ist das keine Option für mich. In der Hinsicht hat Fanning sich ziemlich klar ausgedrückt. Nein, ich muss sagen, es war wirklich meine Absicht zu ertrinken.«

»Das kann ich nicht glauben.«

»Peter, was willst du? Wenn du hier bist, um mich zu bemitleiden – ich bin nicht interessiert.«

»Das ist mir klar.«

»Du willst sagen, dass du mich brauchst.«

Er nickte. »Das wäre angemessen.«

»Und in Anbetracht der Umstände wäre es am besten, wenn wir das Kriegsbeil begraben. Kameraden, Waffenbrüder. Keine Zwietracht in der Truppe.«

»Mehr oder weniger, ja.«

Schmerzhaft langsam drehte sie das Gesicht zu ihm herum. »Willst du wissen, was ich dachte? Als du deine Hände um meinen Hals gelegt hast, meine ich?«

»Wenn du es mir sagen willst.«

»Ich dachte: Na, wenn irgendjemand mich erwürgen muss, dann bin ich froh, dass es mein alter Freund Peter ist.«

Sie sagte es ohne Bitterkeit. Es war eine Feststellung.

»Ich hatte unrecht«, sagte er. »Du hattest es nicht verdient. Ich weiß nicht, was zwischen dir und Fanning ist. Ehrlich gesagt, ich bezweifle, dass ich es je kapieren werde. Aber ich war nicht gerecht zu dir.«

Sie wägte seine Worte ab und zuckte dann die Achseln. »Mit anderen Worten, du hast Mist gebaut. Wenn ich nicht auf einer richtigen Entschuldigung bestehe, muss ich mich damit wohl zufrieden geben.«

»Vermutlich.«

Sie sah ihn warnend an. »Ich habe gesagt, ich kann dich da reinbringen, und das kann ich auch. Aber du wirfst dein Leben weg.«

»Ich würde sagen, im Gegenteil.«

Alicia fing an zu lachen, aber das Lachen wurde zu einem Husten, tief und rasselnd. Sie presste vor Schmerzen die Augen zu. Peter wartete, bis es vorbei war.

»Lish, ist alles in Ordnung mit dir?«

Ihre Wangen waren gerötet, und sie hatte Speichel auf den Lippen. »Sehe ich so aus?«

»Alles in allem schien es dir besser zu gehen.«

Sie schüttelte nachsichtig den Kopf, wie eine Mutter es bei ihrem hoffnungslosen Kind tut. »Du änderst dich nie, Peter. Ich kenne dich seit fünfzig Jahren, und du bist immer noch derselbe. Vielleicht kann ich deshalb nicht endlos wütend auf dich sein.«

»Und darüber bin ich froh.« Er stand auf. »Brauchst du etwas, bevor wir gehen?«

»Ein neuer Körper wäre ganz nett. Der hier scheint erledigt zu sein.«

»Und davon abgesehen?«

Alicia überlegte kurz und lächelte dann. »Ich weiß nicht … noch ein Kaninchen vielleicht?«

Er fand seinen Sohn an Deck. Caleb saß auf einer Holzkiste und sah zu, wie Michael im Heck seine Vorbereitungen traf.

»Erlaubst du?«

Caleb kam sofort herüber.

»Wo ist Pim?«

»Sie schläft.« Sein Sohn schaute ihn durchdringend an. »Hilf mir, es zu verstehen.«

»Ich weiß nicht, ob ich das kann.«

»Warum dann? Was hat das jetzt noch für eine Bedeutung?«

»Die Menschen werden eines Tages zurückkommen. Wenn Fanning dann noch lebt, fängt alles wieder von vorne an.«

»Du gehst ihretwegen.«

Peter war sprachlos.

»Oh, mach kein so überraschtes Gesicht«, fuhr Caleb fort. »Ich weiß es seit Jahren.«

Peter wusste nicht, wie er darauf reagieren sollte. Letzten Endes konnte er nur zugeben, dass es stimmte. »Na ja, du hast wohl recht.«

»*Natürlich* habe ich recht.«

»Lass mich ausreden. Amy hat etwas damit zu tun. Aber sie ist nicht der einzige Grund.« Er brachte seine Gedanken in Ordnung. »Ich will es dir erklären, so gut ich kann. Es ist eine Geschichte über deinen Vater. In der Kolonie hatten wir eine Tradition, die Nacht der Gnade. Wenn jemand befallen war, stand ein Verwandter jede Nacht auf der Mauer und wartete auf ihn. Wir stellten einen Käfig mit einem Lamm als Köder auf. Sieben Nächte musste man warten, bis er nach Hause kam, und wenn er kam, musste der Verwandte ihn töten. Meistens war der nächste männliche Verwandte dafür verantwortlich, und als dein Vater verschwand, musste ich für ihn auf die Mauer.«

Caleb betrachtete ihn aufmerksam. »Wie alt warst du da?«

»Zwanzig, einundzwanzig? Ein Junge.«

»Aber er kam nicht zurück. Er war in den Hafen gebracht worden.«

»Ja, aber das wusste ich nicht. Sieben Nächte, Caleb. Das ist eine Menge Zeit, um darüber nachzudenken, dass man jemanden töten soll, besonders wenn es der eigene Bruder ist. Anfangs fragte ich mich, ob ich das wirklich könnte. Unsere Eltern waren tot, und Theo war der Einzige, den ich auf der Welt noch hatte. Aber als die Nächte vergingen, wurde mir etwas klar. Es gab etwas, das schlimmer war, als ihn zu töten – nämlich, es jemand anderem zu überlassen. Wenn die Situation umgekehrt gewesen wäre, wenn ich der Befallene gewesen wäre, hätte ich es nicht anders haben wollen. Ich wollte es nicht tun, glaub mir, aber ich war es ihm schuldig. Ich hatte diese Verantwortung, und niemand sonst.« Peter ließ seine Worte einen Moment lang wirken. »Und so ist es auch jetzt, mein Sohn. Ich weiß nicht, warum ich derjenige sein muss. Das ist eine Frage, die ich nicht beantworten kann. Aber es ist auch nicht wichtig. Pim und die Kinder – das ist deine Verantwortung. Du bist auf der Welt, um sie bis zu deinem letzten Atemzug zu beschützen. Das ist deine Aufgabe. Und dies hier ist meine. Du musst zulassen, dass ich sie erfülle.«

An Bord der *Nautilus* war Michael dabei, den Besatzungsmitgliedern Anweisungen zu geben, die helfen würden, sie zu Wasser zu lassen. Der Rumpf war von einem dichten Taugeflecht umhüllt; ein Kranausleger aus Stahl mit einem Flaschenzug würde sie aus der Halterung heben und an der Bordwand hinunterlassen. Wenn sie im Wasser wäre, würden sie sie losmachen, den Mast aufrichten und nach New York segeln.

»Er wird euch umbringen«, sagte Caleb.

Peter schwieg.

»Und wenn ihr es schafft? Amy kann nicht gehen. Das hast du selbst gesagt.«

»Nein, das kann sie nicht.«

»Also, was dann?«

»Dann lebe ich mein Leben. So, wie du deins leben wirst.«

Peter wartete darauf, dass sein Sohn noch etwas sagte. Als er es nicht tat, legte er ihm eine Hand auf die Schulter. »Du musst es akzeptieren, mein Sohn.«

»Das ist nicht leicht.«

»Ich weiß.«

Caleb hob das Gesicht zum Himmel. Er schluckte angestrengt und sagte dann: »Als ich klein war, haben meine Freunde immer von dir geredet. Manches von dem, was sie sagten, stimmte, aber vieles war auch totaler Bullshit. Das Komische war, es tat mir leid deinetwegen. Ich kann nicht behaupten, dass ich die Aufmerksamkeit nicht genoss, aber ich wusste auch, du wolltest nicht, dass die Leute so über dich dachten. Irgendwie machte es mich ratlos. Wer wollte denn nicht eine so große Nummer sein, eine Art Held? Und dann ging mir eines Tages ein Licht auf. Du wolltest es meinetwegen nicht. Du hattest dich für mich entschieden, und der Rest war nicht mehr wichtig. Du wärest absolut glücklich gewesen, wenn die Welt dich einfach vergessen hätte.«

»Das stimmt. So habe ich es gesehen.«

»Ich fand, ich hatte ein so verdammt großes *Glück*. Als du anfingst, für Sanchez zu arbeiten, dachte ich, es könnte sich ändern, aber das tat es nie.« Er sah Peter wieder an. »Und jetzt fragst du, ob ich dich nicht einfach gehen lassen kann. Tja, ich kann es nicht. Ich habe die Kraft nicht. Aber ich verstehe es.«

Eine Zeitlang saßen sie da, ohne zu reden. Um sie herum erwachte das Schiff zum Leben. Passagiere richteten sich auf, streckten ihre Glieder. *Ist das wirklich passiert?*, dachten sie und blinzelten im ungewohnten Licht der See. *Bin ich wirklich auf einem Schiff? Ist das die Sonne, das Meer?* Sie mussten überwältigt sein, dachte Peter, von der endlosen Ruhe ringsumher. Stimmen wurden laut – hauptsächlich die Stimmen der Kinder, für die eine Nacht des Grauens unvermittelt und auf völlig unerwartete Weise eine Tür zu einem gänzlich neuen Dasein geöffnet hatte. Sie waren in der einen Welt eingeschlafen und in einer anderen aufgewacht, die so verändert war, dass sie ihnen vielleicht wie eine ganz neue Wirklichkeit erschien. Die Minuten vergingen, und viele Passagiere wurden von der Reling magnetisch angezogen, wo sie in die

Ferne deuteten und leise flüsternd miteinander redeten. Als er sie hörte, durchfluteten ihn Erinnerungen, aber auch eine Ahnung von all den Dingen, die er niemals sehen würde.

Michael kam auf sie zu. Er warf einen kurzen Blick auf Caleb und erfasste die Situation, bevor er Peter ansah. Er schob die Hände in die Taschen und sagte in sanftem, beinahe entschuldigendem Ton: »Die Vorräte sind jetzt an Bord. Ich glaube, wir sind so gut wie fertig hier.«

Peter nickte. »Okay.« Aber er rührte sich nicht von der Stelle. »Soll ich ... den anderen Bescheid sagen?«

»Das wäre wohl gut.«

Michael ging davon. Peter drehte sich zu seinem Sohn um. »Caleb ...«

»Es ist schon gut.« Caleb erhob sich von der Kiste. Er hielt sich steif wie ein Mann, der verwundet war. »Ich hole Pim und die Kinder.«

Alle versammelten sich bei der *Nautilus*. Lore und Rand bedienten die Winde, mit der Alicia, die immer noch auf ihre Trage geschnallt war, ins Cockpit gehoben wurde. Michael und Peter trugen sie in die kleine Kajüte und kletterten dann die Leiter hinunter zu den andern – zu Caleb und seiner Familie, Sara und Hollis, Greer, der sich von dem Crash so weit erholt hatte, dass er zu ihnen an Deck kommen konnte, auch wenn er noch einen Kopfverband trug und ein wenig wacklig auf den Beinen war, sodass er sich mit einer Hand an die Bordwand der *Nautilus* stützen musste. Überall auf dem Schiff standen Leute, die ihnen zuschauten. Die Geschichte hatte sich herumgesprochen. Es war 8:30 Uhr.

Letzte Abschiedsworte – niemand wusste, wo er anfangen sollte. Amy beendete die Ratlosigkeit. Sie umarmte Lucius, und die beiden wechselten ein paar leise Worte, die niemand sonst hörte. Als Nächstes wandte sie sich an Sara und Hollis, der – mehr noch als Sara – von der ganzen Wucht des Geschehens aus der Fassung gebracht war und Amy nur fest an die Brust drückte.

Aber natürlich beherrschte Sara sich nur, und ihre gefasste Haltung war nicht echt. Zu Michael würde sie nicht gehen; das ertrug sie einfach nicht. Schließlich, als alle um sie herum sich voneinander verabschiedeten, kam er zu ihr.

»Oh, verdammt, Michael«, sagte sie kläglich, »warum tust du mir das immer wieder an?«

»Wahrscheinlich habe ich eine besondere Begabung dafür.«

Sie umarmte ihn, und Tränen quollen aus ihren Augenwinkeln. »Ich habe dich angelogen, Michael. Ich habe dich niemals aufgegeben. Nicht einen einzigen Tag lang.«

Sie lösten sich voneinander, und Michael wandte sich an Lore. »Ich schätze, das war's.«

»Du hast immer gewusst, dass du nicht mitkommst, was?«

Michael antwortete nicht.

»Ach, zum Teufel«, sagte Lore. »Ich glaube, irgendwie hab ich es auch gewusst.«

»Pass gut auf mein Schiff auf«, sagte Michael. »Ich verlasse mich auf dich.«

Lore legte die Hände an seine Wangen und küsste ihn lange und zärtlich. »Sei vorsichtig, Michael.«

Er kletterte an Bord der *Nautilus*. Unten an der Leiter schüttelte Peter erst Greer, dann Hollis die Hand, und Sara umarmte er lange und fest. Von Pim und den Kindern hatte er sich schon verabschiedet. Sein Sohn war der Letzte. Caleb stand abseits. Seine Augen blickten starr, denn er hielt die Tränen zurück: Er würde nicht weinen. Peter hatte plötzlich das Gefühl, er marschiere in den Tod. Zugleich erfüllte ihn ein nie gekannter Stolz. Dieser starke Mann vor ihm: Caleb, sein Sohn, sein Junge. Peter zog ihn an sich, aber er würde ihn nicht lange umarmen, denn sonst würde er vielleicht nie mehr loslassen. Es sind die Kinder, dachte er, die uns unser Leben geben. Ohne sie sind wir nichts, wir sind hier und wieder fort, wie der Staub. Nach ein paar Sekunden, in denen er in sich aufnahm, was er konnte, wich er zurück.

»Ich liebe dich, mein Sohn. Du machst mich sehr stolz.«

Er stieg die Leiter hinauf zu den anderen an Deck. Rand und Lore setzten die Winde in Gang. Die *Nautilus* hob sich aus ihrem Gestell und schwang über die Reling. Mit leisem Klatschen senkte sich das Boot auf das Wasser.

»Okay, haltet uns so!«, rief Michael hinauf.

Mit ihren Messern schnitten sie das Netz durch. Es glitt halb schwimmend unter dem Heck hindurch, bevor sein eigenes Gewicht es unter Wasser zog. Peter und Amy befestigten die Haltedrähte, während Michael die Leinen anbrachte, mit denen sie den Mast aufrichteten. Sie drifteten bereits von der *Bergensfjord* weg. Als alles bereit war, kurbelte Michael mit der Winde den Mast hoch, verriegelte ihn und band das Segel los. Der Abstand zur *Bergensfjord* war auf fünfzig Meter gewachsen. Die Luft erwärmte sich, und ein sanfter Wind wehte. Die Maschinen des großen Schiffs liefen wieder, und ein neues Geräusch kam dazu, das Klirren von Ketten. Unter dem Bug der *Bergensfjord* tauchte der Anker auf. Triefend stieg er in die Höhe. Über der Reling reihten sich Gesichter aneinander. Die Leute schauten ihnen zu. Ein paar fingen an zu winken.

»Okay, wir sind so weit«, sagte Michael.

Sie zogen das Hauptsegel auf. Es flatterte leer, aber dann zog Michael die Pinne zur Seite, und der Bug drehte sich ein kleines Stück weit aus dem Wind. Mit einem Knall füllte sich das Segel.

»Wir setzen die Fock, wenn wir am Schiff vorbei sind«, sagte Michael.

Peter war verblüfft über die Geschwindigkeit. Das Boot krängte leicht, aber es fühlte sich stabil an, und der Bug schnitt glatt durch das Wasser. Die *Bergensfjord* fiel hinter ihnen zurück. Der Himmel war unendlich tief.

Es geschah nach und nach und dann ganz plötzlich: Sie waren allein.

# 79

**Tag 4: 27°95'N, 83°99'W. Wind SSO, 10–15,
in Böen bis 20, Himmel klar, Wellengang 3–4 Fuß**

Nach drei Tagen mit leisem Zug kommen wir endlich gut voran und machen 6–8 Knoten. Ich schätze, bis zum Abend werden wir die Westküste Floridas erreichen, nördlich von Tampa. Peter wird anscheinend endlich seefest. Nachdem er sich drei Tage lang über die Reling übergeben hat, verkündete er heute, er habe Hunger. Von Lish kommt nicht viel; sie schläft meistens und hat buchstäblich noch kein Wort gesagt. Alle machen sich Sorgen um sie.

**Tag 6: 26°15'N, 79°43'W. Wind SSO 5–10,
wechselnd, teilweise bewölkt, Wellengang 3–4 Fuß**

Wir haben die Halbinsel Florida umrundet und sind auf Nordkurs gegangen. Wir werden die Küste jetzt hinter uns lassen und geradewegs auf die Outer Banks von North Carolina zulaufen. Massive Bewölkung die ganze Nacht, aber kein Regen. Lish ist immer noch sehr schwach. Amy hat sie schließlich überreden können, etwas zu essen, und Peter und ich haben Hölzchen gezogen. Er hat gewonnen, aber das ist vermutlich Ansichtssache. Ich war ein bisschen nervös, was Saras Anweisungen anging, und ich kann nicht gut mit Nadeln umgehen; deshalb übernahm Amy die Sache. Ein halber Liter. Wir werden sehen, ob es hilft.

### Tag 9: 31°87'N, 75°25'W. Wind SSO 15–20, in Böen bis 30, Himmel klar, Wellengang 5–7 Fuß

Eine schreckliche Nacht. Der Sturm brach kurz vor Sonnenuntergang los – hoher Seegang, starke Winde, peitschender Regen. Alle haben die ganze Nacht geschöpft. Sind weit vom Kurs abgetrieben, und die Selbststeueranlage ist kaputt. Das Boot ist vollgeschlagen, aber der Rumpf scheint dicht zu sein. Fahren jetzt bei Gewitterluft mit gerefftem Segel, ohne Fock.

### Tag 12: 36°75'N, 74°33'W. Wind NNO 5–10, strichweise bewölkt, Wellengang 2–3 Fuß

Wir haben beschlossen, westwärts zur Küste zu fahren. Alle sind erschöpft und müssen sich ausruhen. Die gute Nachricht: Lish ist anscheinend über den Berg. Ihr Rücken macht Probleme; sie hat immer noch starke Schmerzen und kann sich kaum bücken. Ich war mit der Nadel an der Reihe. Lish schien es ein bisschen Spaß zu machen. »Oh, reiß dich zusammen, Akku«, sagte sie. »Ein Mädel muss essen. Vielleicht macht mich dein Blut ja gescheiter.«

### Tag 13: 36°56'N, 76°27'W. Wind NNO 3–5, Wellengang 1–2 Fuß

Liegen vor Anker in der Mündung des James River. Fantastische Wracks überall – riesige Hochseeschiffe, Tanker, sogar ein U-Boot. Lishs Stimmung hat sich gebessert. Bei Sonnenuntergang hat sie uns gebeten, sie an Deck zu bringen.
Nachts ein wunderschöner Sternenhimmel.

**Tag 15: 38°03'N, 74°50'W. Leichter Wind aus wechselnden Richtungen, Wellengang 2–3 Fuß**

Wieder unterwegs bei gutem Wind. Machen 6 Knoten. Alle fühlen es – wir kommen näher.

**Tag 17: 39°63'N, 75°52'W. Wind SSO 5–10, Wellengang 3–5 Fuß**

Morgen erreichen wir New York.

# 80

Sie saßen zu viert in der Abenddämmerung im Cockpit. Das Boot lag vor Anker, und backbords vor dem Bug erstreckte sich ein langer Sandstrand. Der Südrand von Staten Island, früher dicht bevölkert, jetzt kahl und leergefegt, eine Wildnis.

»Also, sind wir uns alle einig?« Peter schaute in die Runde. »Michael?«

Michael saß an der Ruderpinne und spielte mit einem Taschenmesser herum, das er auf- und wieder zuklappte. Sein Gesicht war von Salz und Wind ausgetrocknet, und durch seinen sandfarbenen Bart glänzten weiße Zähne. »Ich hab's schon mal gesagt. Wenn du sagst, das ist der Plan, dann ist das der Plan.«

Peter sah Alicia an. »Letzte Chance zu widersprechen.«

»Wenn ich nein sagen würde, würdest du nicht auf mich hören.«

»Tut mir leid, aber das reicht nicht.«

Sie sah ihn wachsam an. »Er wird nicht einfach kapitulieren, weißt du. ›Tut mir leid, ich glaube, ich habe doch einen Fehler gemacht.‹ Das ist nicht sein Stil.«

»Deshalb brauche ich dich mit Michael im Tunnel.«

»Ich gehöre mit dir in den Bahnhof.«

Peter sah sie durchdringend an. »Du kannst ihn nicht umbringen – das hast du selbst gesagt. Du kannst kaum gehen. Ich weiß, du bist wütend, und du willst das nicht hören. Aber du musst deine Gefühle zurückstellen und diesen Teil mir und Amy überlassen. Du würdest uns nur im Weg sein, und außerdem musst du Michael beschützen. Fannings Virals werden dich nicht angreifen. Du kannst ihn decken.«

Peter sah, dass seine Worte wehgetan hatten. Alicia schaute weg und sah ihn dann wieder an. Ihre Augen wurden schmal, und sie sagte warnend: »Er weiß, dass wir kommen, das ist dir klar. Ich bezweifle ernsthaft, dass irgendetwas von alldem hier seiner Aufmerksamkeit entgangen ist. Wenn du einfach in den Bahnhof hineinspazierst, spielst du ihm damit geradewegs in die Hände.«

»Das ist der Sinn der Sache.«

»Und wenn es nicht klappt?«

»Dann sterben wir alle, und Fanning hat gewonnen. Ich bin bereit, mir eine bessere Idee anzuhören. Du kennst dich aus mit ihm. Sag mir, ich habe unrecht, und ich höre dir zu.«

»Das ist nicht fair.«

»Ich weiß.«

Einen Moment lang war es still. Dann seufzte Alicia resigniert. »Schön. Ich kann's nicht. Du hast gewonnen.«

Peter sah Amy an. Nach zwei Wochen auf See war ihr Haar ein bisschen nachgewachsen, was ihre Gesichtszüge sanfter machte und sie zugleich klarer aussehen ließ, kraftvoll und ausgeprägt. »Ich glaube, alles hängt davon ab, was Fanning will«, sagte sie.

»Was er von dir will, meinst du.«

»Vielleicht will er mich einfach nur umbringen, und wenn das so ist, wird ihn kaum etwas davon abhalten können. Aber er hat sich eine Menge Arbeit gemacht, mich herzubringen, wenn das alles ist, was er will.«

»Was glaubst *du*, was er will?«

Es war fast dunkel. Vom Ufer her hörte man das langgezogene Rauschen der Wellen.

»Ich weiß es nicht«, sagte sie. »Aber ich stimme Lish zu. Der Mann hat etwas zu beweisen. Darüber hinaus …« Sie zögerte und fuhr dann fort: »Wichtig ist, dafür zu sorgen, dass er sich in diesem Bahnhof aufhält. Sieh zu, dass er da ist und da bleibt. Wir sollten nicht auf Michael warten. Wir müssen dort sein, wenn das Wasser kommt. Das ist unser Augenblick.«

»Du bist also mit dem Plan einverstanden.«

Sie nickte. »Ja, ich glaube, eine bessere Chance haben wir nicht.«

»Dann schauen wir uns diese Zeichnung an.«

Alicia hatte eine einfache Karte gezeichnet – Straßen und Gebäude, aber auch das, was darunterlag und wo man hineinkam. Sie hatte Beschreibungen hinzugefügt: wie etwas aussah und sich anfühlte, bestimmte Landmarken, Stellen, an denen das Fortkommen durch dichten Wald oder eingestürzte Gebäude erschwert wurde, den Saum des Meeres, das den südlichen Rand der Insel überschwemmt hatte.

»Erzähl mir von den Straßen rings um den Bahnhof«, sagte Peter. »Wie viel Schatten gibt es da, in dem die Virals sich bewegen können?«

Alicia überlegte. »Eine ganze Menge. Mittags gibt es mehr Sonne, aber die Gebäude sind alle sehr hoch. Ich rede von sechzig, siebzig Stockwerken. So etwas hast du im Leben noch nicht gesehen. Unten auf der Straße kann es zu jeder Tageszeit ziemlich dunkel sein.« Sie lenkte die Aufmerksamkeit wieder auf ihre Zeichnung. »Ich würde sagen, die beste Chance hast du hier, am Westausgang des Bahnhofs.«

»Warum da?«

»Zwei Blocks weiter westlich ist eine Baustelle. Das Gebäude ist zweiundfünfzig Stockwerke hoch – nicht riesig im Vergleich zu dem, was in der Umgebung steht, aber die oberen dreißig Etagen sind nur Gerüst. Unten gibt es selbst spät am Tag reichlich Sonnenschein. Du kannst es vom Bahnhof aus sehen. Es hat einen

Außenaufzug, und an der seitlichen Fassade ist ein Kran. Ich habe eine Menge Zeit da oben verbracht.«

»Auf dem Kran, meinst du?«

Alicia zuckte die Achseln. »Ja, schön, das war ein Faible von mir.«

Weitere Erklärungen gab sie nicht ab, und Peter bedrängte sie nicht. Er zeigte auf einen anderen Punkt auf der Karte, einen Block weit östlich des Bahnhofs. »Was ist das?«

»Das Chrysler Building. Das höchste Gebäude in der Umgebung, fast achtzig Etagen. Die Spitze ist aus einem glänzenden Metall, wie eine Krone. Sie spiegelt stark. Je nachdem, wo die Sonne steht, strahlt sie helles Licht aus.«

Der Tag war zu Ende. Die Temperatur war gefallen und zog Tau aus der Luft. Es wurde still, und Peter begriff, dass das Gespräch zu Ende war. In etwas weniger als acht Stunden würden sie die Segel setzen, die *Nautilus* würde die letzte Etappe der Reise nach Manhattan zurücklegen, und was immer dort geschehen sollte, würde geschehen. Es war unwahrscheinlich, dass sie es alle überleben würden – oder dass überhaupt einer von ihnen es überleben würde.

»Ich übernehme die Wache«, sagte Michael.

Peter sah ihn an. »Wir sind hier anscheinend gut geschützt. Ist das nötig?«

»Der Grund ist ziemlich sandig. Das Letzte, was wir jetzt gebrauchen können, ist ein schleifender Anker.«

»Ich bleibe auch wach«, sagte Lish.

Michael lächelte. »Gegen ein bisschen Gesellschaft hätte ich nichts.« Er sah Peter an. »Es ist okay. Ich habe das schon eine Million Mal gemacht. Geht schlafen. Ihr beide werdet es gebrauchen können.«

Die Nacht breitete ihre Hände über das Meer.

Alles war still; man hörte nur die Geräusche des Ozeans, tief und ruhig, und das Plätschern der Wellen an der Bordwand. Peter und Amy lagen aneinandergeschmiegt in der einzigen Koje der Kajüte, und ihr Kopf ruhte an seiner Brust. Die Nacht war warm, aber unter Deck war die Luft kühl, beinahe kalt von dem Wasser, das außen um das Boot wogte.

»Erzähl mir von dem Farmhaus«, sagte Amy.

Peter brauchte einen Augenblick, um eine Antwort zustande zu bringen. Eingelullt vom Wiegen des Bootes und dem Gefühl der Enge war er am Rande des Schlafs dahingedriftet.

»Ich weiß nicht genau, wie ich es beschreiben soll. Es war anders als gewöhnliche Träume – viel realer. Als ob ich jede Nacht woanders hinginge, in ein anderes Leben.«

»Wie … eine andere Welt. Real, aber anders.«

Er nickte. »Ich konnte mich nicht immer daran erinnern, nicht in allen Einzelheiten. Es war hauptsächlich das Gefühl, das zurückblieb. Aber auch ein paar andere Dinge. Das Haus, der Fluss. Das Alltagsleben. Die Musik, die du gespielt hast. So schöne Stücke. Ich hätte sie ewig anhören können. Sie waren so voller Leben.« Er schwieg kurz. »War es für dich genauso?«

»Ich glaube ja.«

»Aber du bist nicht sicher.«

Sie zögerte. »Es ist nur dieses eine Mal vorgekommen. Als ich im Wasser war. Ich habe für dich gespielt. Die Musik kam wie von selbst. Als wären die Lieder in mir gewesen und ich ließe sie jetzt endlich heraus.«

»Und dann?«

»Ich erinnere mich nicht. Als Nächstes bin ich auf dem Deck aufgewacht, und da warst du.«

»Was glaubst du, was das bedeutet?«

Sie antwortete nicht sofort. »Das weiß ich nicht. Ich weiß nur, dass ich zum ersten Mal in meinem Leben wirklich glücklich war.«

Eine Zeitlang lauschten sie dem leisen Knarren des Bootes.

»Ich liebe dich«, sagte Peter. »Ich glaube, schon immer.«

»Und ich liebe dich.«

Sie rückte noch näher an ihn heran, und Peter tat es auch. Er nahm ihre linke Hand, schob ihre Finger zwischen seine, zog sie an seine Brust und hielt sie dort fest.

»Michael hat recht«, sagte er. »Wir sollten schlafen.«

»Gut.«

Bald spürte sie, wie er langsamer atmete, in einem tiefen, langsamen Rhythmus wie die Wellen am Ufer. Amy schloss die Augen, aber sie wusste, es würde nichts nützen. Sie würde noch stundenlang wach liegen.


An Deck der *Nautilus* beobachtete Michael die Sterne.

Denn man bekam nie genug von ihnen. In den vielen Nächten auf See waren die Sterne seine treuesten Gefährten gewesen. Sie waren ihm lieber als der Mond, der ihm zu unverblümt vorkam und immer um Aufmerksamkeit bettelte. Die Sterne wahrten eine gewisse zurückhaltende Distanz und ließen dem Geheimnis ihres verborgenen Wesens Platz zum Atmen. Michael wusste, was sie waren – explodierende Bälle aus Wasserstoff und Helium –, und er kannte auch viele ihrer Namen und die Bilder, die sie am Nachthimmel formten: nützliche Informationen für einen Mann, der in einem kleinen Boot allein auf hoher See war. Aber er wusste auch, dass es sich dabei um eine übergestülpte Ordnung handelte, von der die Sterne selbst nichts wussten.

Angesichts dieses gewaltigen Anblicks hätte er sich klein und allein fühlen sollen, aber das Gegenteil war der Fall: Am helllichten Tag war ihm seine Einsamkeit am schmerzlichsten bewusst. An manchen Tagen tat es ihm in der Seele weh, das Gefühl, sich so weit von der Welt der Menschen entfernt zu haben, dass er nie mehr zurückgehen könnte. Aber dann kam die Nacht und enthüllte den verborgenen Schatz des Himmels – die Sterne waren ja tagsüber nicht weg, sondern nur verhüllt –, und seine Einsamkeit verschwand hinter dem Empfinden, dass das Universum bei all seiner unergründlichen Weite kein harter, gleichgültiger Ort war, wo manche Dinge lebten und andere nicht, und wo alles, was geschah, eine Art Zufall war, gelenkt durch die kalte Hand der Naturgesetze, sondern ein Gewebe aus unsichtbaren Fäden, in dem alles mit allem verbunden war – auch mit ihm. Über diese Fäden pulsierten sowohl die Fragen als auch die Antworten des Lebens wie ein Wechselstrom, Schmerz und Bedauern, aber auch Freude und Glück, und auch wenn der Quell dieses Stroms unbekannt war und immer bleiben würde, konnte man ihn spüren, wenn man sich die Chance dazu gab. Und am stärksten spürte es Michael Fisher, genannt Akku, der Erste Ingenieur für Licht und Strom, Boss des Gewerbes und Erbauer der *Bergensfjord,* wenn er die Sterne anschaute.

Er dachte an vieles. Die Tage in der Zuflucht. Eltons blindes, starres Gesicht und die heiße Enge im Lichthaus. Der Gasgestank der Raffinerie, wo er die Kindheit hinter sich gelassen und seinen Weg ins Leben gefunden hatte. Er dachte an Sara, die er geliebt hatte, und an Lore, die er auch geliebt hatte, an Kate und an das letzte Mal, dass er sie gesehen hatte, an ihre kompakte, jugendliche Energie und an ihre entspannte Zuneigung zu ihm an dem Abend, als er ihr die Geschichte von dem Wal erzählt hatte. Das alles war so lange her, und die Vergangenheit wich immer weiter zurück und wurde zu einer großen, innerlichen Akkumulation von Tagen. Wahrscheinlich ging seine Zeit auf Erden ihrem Ende zu. Vielleicht kam danach noch etwas, jenseits des physischen Daseins als Person. In diesem Punkt war der Himmel unklar. Aber Greer glaubte es jedenfalls.

Michael wusste, dass sein Freund todkrank war. Greer hatte versucht, es zu verheimlichen, aber Michael hatte es gemerkt. Es war kein einzelnes Ereignis gewesen, das es ihm verraten hatte. Er hatte einfach ein Gespür für den Mann. Die Zeit fraß ihn auf – wie sie es früher oder später mit jedem tat.

Und natürlich dachte er an sein Schiff, die *Bergensfjord.* Sie würde jetzt weit weg sein, irgendwo vor der brasilianischen Küste, und unter demselben Sternenhimmel südwärts stampfen.

»Es ist schön hier draußen«, sagte Alicia. Sie war ihm gegenüber der Länge nach auf der Bank ausgestreckt, die Beine unter einer Decke. Den Kopf hatte sie wie er in den Nacken gelegt, und in ihren Augen glänzten die Sterne.

»Ich weiß noch, wie ich sie das erste Mal gesehen habe«, fuhr sie fort. »Das war in der Nacht, als der Colonel mich draußen vor der Mauer alleingelassen hatte. Sie haben mir eine Heidenangst eingejagt.« Sie deutete zum südlichen Horizont. »Warum ist der da so hell?«

Er spähte in die Richtung, in die sie zeigte. »Na ja, das ist kein Stern, genau genommen. Das ist der Planet Mars.«

»Woran erkennst du das?«

»Man sieht ihn fast den ganzen Sommer über. Wenn du genau hinschaust, siehst du, dass er einen leicht rötlichen Ton hat. Im Grunde ist es ein großer, rostiger Fels.«

»Und der da?« Sie zeigte senkrecht nach oben.

»Arcturus.«

Im Dunkeln konnte er ihr Gesicht nicht sehen, aber er stellte sich vor, dass sie interessiert die Stirn krauszog. »Wie weit ist er weg?«

»Nicht sehr weit, vergleichsweise. Ungefähr siebenunddreißig Lichtjahre. So lange dauert es, bis sein Licht hier ankommt. Als das Licht, das du jetzt siehst, Arcturus verließ, waren wir beide noch Kinder. Was du tatsächlich siehst, wenn du den Himmel betrachtest, ist die Vergangenheit. Aber nicht nur *eine* Vergangenheit. Für jeden Stern ist es eine andere.«

Sie lachte leise. »Mir wird schwindlig im Kopf, wenn du so redest. Ich weiß noch, wie du mir davon erzählt hast, als wir Kids waren. Oder wie du es versucht hast.«

»Ich war ziemlich unerträglich. Wahrscheinlich wollte ich nur Eindruck auf dich machen.«

»Zeig mir noch mehr«, sagte sie.

Er tat es. Sein Finger wanderte über den Himmel. Polaris und der Große Wagen. Der helle Antares und die bläuliche Vega und ihre Nachbarn, der kleine Sternhaufen namens Delphinius. Das breite galaktische Band, die Milchstraße, das von einem Horizont zum anderen reichte, von Norden nach Süden, und den Himmel im Osten zerteilte wie eine Wolke aus Licht. Er erzählte ihr alles, was ihm einfiel, und ihr Interesse ließ nicht nach. Als er fertig war, sagte sie: »Mir ist kalt.«

Alicia rutschte vom Heckspiegel nach vorn, und Michael kam herüber, schob sich hinter sie und streckte die Beine rechts und links neben ihren Hüften aus. Er zog die Wolldecke hoch, hüllte sie beide darin ein und zog Alicia an sich, um sie zu wärmen.

»Wir haben noch nicht über das geredet, was auf dem Schiff passiert ist«, sagte Alicia.

»Das müssen wir auch nicht, wenn du nicht willst.«

»Ich glaube, ich bin dir eine Erklärung schuldig.«

»Nein, das bist du nicht.«

»Warum bist du hinter mir hergesprungen, Michael?«

»Ich habe eigentlich nicht lange nachgedacht. Es ist sozusagen in der Hitze des Augenblicks passiert.«

»Das ist keine Antwort.«

Er zuckte die Achseln. »Man könnte wohl sagen, es gefällt mir nicht, wenn jemand, der mir wichtig ist, versucht sich umzubringen. Es wäre nicht das erste Mal; ich nehme es irgendwie persönlich.«

Sie war verblüfft. »Das tut mir leid. Ich hätte daran denken …«

»Es gibt keinen Grund, weshalb du es hättest tun sollen. Mach es nur nicht noch einmal, okay? Ich bin kein großer Schwimmer.«

Die Stille, die jetzt folgte, war nicht unbehaglich – im Gegenteil, sie war das Schweigen über eine gemeinsame Geschichte, das Schweigen derer, die sprechen können, ohne zu reden. Die Nacht war voll von kleinen Geräuschen, die diese Stille paradoxerweise noch zu verstärken schienen. Das Flüstern des Wassers an der Bootswand. Das Klingeln der Takelung am Mast. Das Knarren des Ankertaus in seiner Klampe.

»Warum hast du es *Nautilus* genannt?«, fragte Alicia. Ihr Hinterkopf ruhte an seiner Brust.

»Das ist aus einem Buch, das ich als Kind gelesen habe. Es schien mir zu passen.«

»Tut es auch. Mir gefällt's.« Leise sprach sie weiter. »Was du da gesagt hast, in der Zelle …«

»Dass ich dich liebe.« Er war nicht verlegen. Die Wahrheit machte ihn gelassen. »Ich dachte nur, das solltest du wissen. Alles andere wäre eine Riesenverschwendung gewesen. Von Geheimnissen habe ich genug. Aber es ist okay – du brauchst nichts dazu zu sagen.«

»Ich möchte aber.«

»Na ja, ein Dankeschön wäre nett.«

»So einfach ist es nicht.«

»Tatsächlich ist es genau so einfach.«

Sie flocht die Finger einer Hand zwischen seine und presste die Handflächen aneinander. »Danke, Michael.«

»Gern geschehen.«

Die Luft war feucht. Nebel senkte sich herab, und Wassertropfen hingen überall. In unbestimmter Entfernung rauschten Wellen über den Sand.

»Gott, wir beide«, sagte sie. »Wir haben unser Leben lang gestritten.«

»Das stimmt.«

»Ich hab's so … satt.« Sie zog seinen Arm fester um ihre Taille. »Ich habe an dich gedacht, weißt du. Als ich in New York war.«

»Wirklich?«

»Ich dachte: Was macht Michael wohl heute? Was tut er, um die Welt zu retten?«

Er lachte leise. »Ich fühle mich geehrt.«

»Zu Recht.« Sie schwieg kurz und sagte dann: »Denkst du je an sie? An deine Eltern?«

Die Frage war unerwartet, aber sie kam ihm nicht seltsam vor. »Ab und zu. Aber das ist lange her.«

»Ich kann mich an meine eigentlich nicht erinnern. Sie sind gestorben, als ich noch sehr jung war. Meine Mutter hatte eine silberne Haarbürste, die sie liebte. Sie war sehr alt. Ich glaube, sie hatte meiner Großmutter gehört. Sie hat mich in der Zuflucht besucht und mir damit das Haar gebürstet.«

Michael dachte nach. »Ja, das klingt bekannt. Ich glaube, ich kann mich an so etwas erinnern.«

»Wirklich?«

»Sie hat dich im Schlafsaal auf einen Schemel gesetzt, vor dem großen Fenster. Ich erinnere mich, dass sie dabei gesummt hat – kein Lied eigentlich, eher nur einzelne Töne.«

»Hm«, sagte Alicia nach einer Weile. »Ich wusste nicht, dass jemand darauf geachtet hat.«

Sie schwiegen eine Zeitlang, und bevor sie die Worte aussprach, spürte Michael, dass sie kamen. Er wusste nicht, was es sein würde, aber sie würde ihm etwas erzählen.

»Etwas … ist mir in Iowa passiert. Ein Mann hat mich vergewaltigt, einer der Wärter dort. Er hat mich geschwängert.«

Michael wartete.

»Es war ein Mädchen. Ich weiß nicht, ob sie war, was ich bin, oder etwas anderes, aber sie ist nicht am Leben geblieben.«

Als Alicia schwieg, sagte Michael: »Erzähl mir von ihr.«

»Sie hieß Rose. So habe ich sie genannt. Sie hatte so schönes rotes Haar. Nachdem ich sie begraben hatte, bin ich noch eine Weile bei ihr geblieben. Zwei Jahre. Ich dachte, es würde mir helfen und die Sache irgendwie leichter machen. Aber das war nicht so.«

Er fühlte sich Alicia plötzlich so nah wie niemandem sonst in seinem Leben. Diese Geschichte war so schmerzhaft, dass es ein Geschenk war, sie ihm zu erzählen – das Herz dessen, was sie war, der Stein, den sie in der Brust trug. Zu erzählen, wie die Liebe in ihr Leben gekommen war.

»Es ist hoffentlich okay, dass ich darüber spreche.«

»Ich bin sehr froh, dass du es getan hast.«

Wieder war es kurz still, bevor sie fragte: »Du machst dir nicht wirklich Sorgen wegen des Ankers, oder?«

»Eigentlich nicht, nein.«

»Das war sehr nett, was du da für sie getan hast.« Alicia deutete mit dem Kopf nach oben. »Es ist eine so schöne Nacht.«

»Ja, das stimmt.«

»Nein, mehr als schön.« Sie drückte seine Hand und schmiegte sich an ihn. »Sie ist vollkommen.«

# 81

Nun also endlich eine Geschichte.

Ein Kind wird in diese Welt geboren, ein Mädchen. Sie ist verloren, allein, und im Laufe der Zeit schließt sie Freundschaften und wird sie verraten. Sie hat eine spezielle Bürde zu tragen, eine besondere Berufung, die nur ihr gilt. Allein wandert sie durch eine Einöde, durch Ruinen voller Schmerz und qualvollen Träumen. Sie hat keine Vergangenheit, nur eine lange, leere Zukunft; sie ist eine Verurteilte, deren Urteil nicht bekannt ist und die niemand je besucht in der Zelle ihrer endlosen Haft. Jede andere Seele wäre an diesem Schicksal zerbrochen, aber das Mädchen harrt aus und wagt zu hoffen, dass sie nicht allein ist. Das ist ihre Mission, die Rolle, die der Himmel ihr beim grausamen Vorsprechen zuerkannt hat. Sie ist das letzte Gefäß der Hoffnung auf der Erde.

Und dann ein Wunder: Eine Stadt erscheint vor ihr, eine strahlende, ummauerte Stadt auf einem Berg. Ihre Gebete wurden erhört! Sie strahlt wie ein Leuchtfeuer, diese Stadt, und sie mutet an wie eine erfüllte Prophezeiung. Der Schlüssel dreht sich im Schloss, das Tor schwingt auf. Aufgehoben in ihren Mauern entdeckt das Mädchen ein wundersames Volk von Männern und Frauen, die überdauert haben wie sie selbst. In gewisser Weise werden sie die Ihren. In den Augen dieses sprachlosen Kindes entdecken die Hellsichtigsten unter ihnen eine Antwort auf ihre hartnäckigsten Fragen, und wie sie die Einsamkeit des Mädchens beendet haben, so hat sie es umgekehrt auch getan.

Eine Reise beginnt. Die dunkle Ordnung der Welt kommt ans Licht. Das Mädchen wächst, und sie führt ihre Gefährten zu einem glorreichen Sieg. Ihre Hand verstreut die Saat der Hoffnung über das Land, und Verheißung sprudelt aus jeder Quelle, jedem Bach. Doch sie weiß, diese kurze Blüte ist eine Illusion, eine Ruhepause nur. Es kann keine Sicherheit geben; ihre Triumphe haben nur an der Schale gekratzt, aber darunter liegt der dunkle Kern, die große eiserne Kugel unter allen Dingen. Ihr Gewicht ist fantastisch, sie ist älter als die Zeit selbst. Sie ist ein Rest der Finsternis, die allem Dasein vorausging als formloses Universum, das in einem Zustand chaotischer Nichtschöpfung existierte, nicht einmal seiner selbst bewusst.

Sie zögert. Sie hat Zweifel. Sie wird unschlüssig, ja, ängstlich. Sie begeht den größten Fehler von allen: Sie beginnt, am Leben zu hängen. Sie hat gewagt zu lieben, und das war nicht klug. In ihrem Herzen tobt der Widerstreit dessen, der das Schicksal in Frage stellt. Ist sie nur die Marionette eines Wahnsinnigen? Ist sie Sklavin des Geschicks oder seine Urheberin? Muss sie sich abwenden von all den Dingen und Menschen, die sie lieb gewonnen hat? Und ist diese Liebe der Widerschein irgendeines großen Plans, die Kostprobe einer geordneten, göttlichen Schöpfung? Ist sie die Wahrheit oder die Abkehr von der Wahrheit? Romantische Liebe, brüderliche Liebe, die Liebe einer Mutter zu ihrem Kind und die gleichermaßen erwiderte Liebe – spiegeln sie alle Gottes Angesicht, oder sind sie bitterste Galle in einem Kosmos von Lärm und Raserei und ganz ohne Bedeutung?

Was mich betrifft: Es gab eine Zeit in meinem Leben, als ich jeden Zweifel beiseiteschob und von der Blüte des Himmels trank. Wie süß war der Nektar dort! Welch ein Balsam für alles Leiden, für den heiligen Schmerz der Seele! Dass meine Liz sterben sollte, tat meinem Glück keinen Abbruch; sie war zu mir gekommen wie eine Botin in jenen Stunden, in denen alles bloßgelegt ist, und hatte den Sinn meines Daseins auf der Erde enthüllt. Die ganze Zeit hatte ich die winzigsten Vorgänge des Lebens erforscht; gleichmütig war ich dieser Aufgabe nachgegangen, ohne je meine wahren Motive zu ergründen. Ich betrachtete die kleinsten Formen und Prozesse der Natur und suchte nach dem Fingerabdruck des Göttlichen. Jetzt kam die Erkenntnis, doch ich nahm sie nicht durch die Linsen eines Mikroskops wahr, sondern im Gesicht dieser schlanken, sterbenden Frau und in der Berührung ihrer Hand auf einem Cafétisch. Meine langen, einsamen Stunden – genau wie deine, Amy – erschienen mir nicht mehr wie ein Exil oder wie eine Gefangenschaft: Sie waren eine Prüfung gewesen, die ich bestanden hatte. Ich wurde geliebt! Ich, Timothy Fanning aus Mercy, Ohio! Geliebt von einer Frau, geliebt von einem Gott – einem großen, väterlichen Gott, der meine Prüfungen gemessen und mich für würdig befunden hatte. Ich war nicht umsonst erschaffen worden! Und nicht nur geliebt – ich war zum himmlischen Begleiter ernannt. Die blaue Ägäis, wo der Sage nach die alten Götter und Heroen hausten, das weißgetünchte Haus, zu dem eine Treppe hinaufführte, das bescheidene Bett und die handgewebten Stoffe, die Werktagsgeräusche des dörflichen Lebens und eine Terrasse mit Blick auf Olivenhaine und die wilde See dahinter, das sanfte weiße Licht endloser Morgenstunden, das heller und heller und immer heller wurde. Vor meinem geistigen Auge sah ich es, sah ich das alles. In meinen Armen würde sie aus diesem Leben ins nächste gehen, das ja nun sicher doch existierte, nachdem die Liebe endlich zu mir – zu uns beiden – gekommen war.

Nicht eine Stunde wäre vergangen, in der ihr Körper in meinen Armen erkaltete, und ich wäre ihr aus dieser Welt gefolgt. Auch das war ein Teil meines Plans. Ich würde die letzten Tabletten nehmen – die, die ich für mich selbst aufgehoben hätte – und mich lautlos davonmachen, sodass wir in Ewigkeit miteinander und mit einem unbesiegbaren Universum verbunden wären. Meine Entschlossenheit war unbeirrbar, meine Gedanken waren klar wie Eis. Es gab kein Jota eines Zweifels. Und so nahm ich zur gesalbten Stunde unseres Rendezvous meinen Platz vor dem Kiosk ein und wartete darauf, dass mein Engel erschien. In meinem Koffer schlummerten die Werkzeuge unserer weltlichen Erlösung wie Steine. Ich ahnte ja nicht, dass dies nur der Vorgeschmack eines viel größeren Verhängnisses war. Die eiligen Reisenden, die mich umströmten, konnten nicht wissen, dass der Fürst des Todes unter ihnen stand.

Dreimal wurde ich gezeugt, dreimal verraten. Ich will Genugtuung.

Du, Amy, hast gewagt zu lieben, wie ich es einst getan habe. Du bist die verblendete Streiterin für die Hoffnung, deren geschworener Feind ich bin. Ich bin die Stimme, die Hand, der mitleidlose Agent der Wahrheit, die da ist die Wahrheit von gar nichts. Wir beide, jeder von uns, wurden geschaffen von einem Wahnsinnigen; und aus dieser Schöpfung strebten wir auseinander wie Wege im dunklen Wald, die sich gabeln. So war es schon immer, seit die Stoffe, aus denen das Leben besteht, sich zusammenfügten und aus dem Schlick der Natur krochen.

Deine Meute kommt näher, und die Zeit schmeckt mit jeder Stunde süßer. Ich weiß, er ist bei dir, Amy. Wie könnte er dir nicht zur Seite stehen, der Mann, der dich zum Menschen gemacht hat?

Komm zu mir, Amy. Komm zu mir, Peter.

Kommt zu mir, kommt zu mir, kommt zu mir.

# 82

Sie erschien wie eine Vision, die große Stadt, und ragte aus dem Meer wie eine Burg oder wie ein riesenhaftes heiliges Denkmal. Eine Ruine von atemberaubenden Dimensionen: Sie überwältigte die Sinne, und ihre Ausmaße waren so gewaltig, dass der Verstand sie nicht zu erfassen vermochte. Die schrägen Strahlen der tiefstehenden Morgensonne glühten gleißend auf den gläsernen Fassaden der Türme und prallten davon ab wie Querschläger.

Peter kam zu Amy in den Bug. Sie war beinahe übernatürlich ruhig, und eine tiefe Intensität ging von ihr aus wie die Hitze von einem Ofen. Mit jeder Minute wuchs die Metropole höher in den Himmel.

»Guter Gott, das ist gigantisch«, sagte Peter.

Sie nickte, obwohl das nur die halbe Wahrheit war. Fannings Gegenwart durchtränkte die Stadt. Es war, als sei ein Hintergrundsummen, das sie ihr Leben lang gehört hatte, ein so allgegenwärtiger Ton, dass er kaum zu hören war, jetzt lauter geworden. Sie fühlte sich schwer. Das war das einzig passende Wort. Schrecklich schwer, erschöpft von allem.

Sie hatten beschlossen, sich der Stadt von Westen her zu nähern. Mit einem lauen Wind segelten sie den Hudson hinauf und suchten nach einem Platz zum Anlegen. Tageslicht war das Entscheidende – sie mussten sich beeilen. Der Gezeitenstrom war stark; er stemmte sich gegen sie wie eine unsichtbare Hand.

»Michael ...«

Er arbeitete mit Leinen und Ruder, um jeden Windhauch zu nutzen. »Ich weiß.«

Der Fluss war dunkel wie Tinte, und seine Strömung war ungeheuer stark. Es wurde Nachmittag, und manchmal war es, als kämen sie überhaupt nicht voran.

»Es ist unmöglich«, sagte Michael.

Als sie endlich einen Liegeplatz gefunden hatten, war es vier Uhr. Von Süden her waren Wolken aufgezogen. Die Luft war schwül und roch faulig. Vier bis fünf Stunden Tageslicht würden ihnen noch bleiben. Aus der Kajüte holte Michael den Rucksack mit Sprengstoff, eine große Kabelrolle und den Zündapparat, einen Holzkasten mit einem Zündergriff. Er sah primitiv aus, aber genau das war der springende Punkt, erklärte er. Die einfachsten Dinge waren immer die zuverlässigsten, und sie würden keine zweite Chance bekommen, um alles richtig zu machen. Im Cockpit bewaffneten sie sich und sprachen den Plan ein letztes Mal durch.

»Täuscht euch nicht«, sagte Alicia. »Diese Insel ist eine Todesfalle. Wenn es dunkel wird, sind wir erledigt.«

Sie gingen von Bord. Es war die Gegend der Zwanziger West. Die Straße war verstopft von Autoskeletten. Glaslose Fenster starrten sie an wie Höhleneingänge. Hier würden sie sich trennen; Michael und Lish würden nach Süden zum Astor Place und Peter und Amy durch Midtown zur Grand Central Station gehen. Michael hatte aus einem Paddel aus dem Boot eine behelfsmäßige Krücke gefertigt.

»Sechzig Minuten«, sagte Peter. »Viel Glück.«

Sie trennten sich rasch und ohne Abschiedsworte.

Peter und Amy gingen nordwärts die Fifth Avenue entlang. Block für Block wuchs der vertikale Kern der Stadt in die Höhe und bildete schmale Fjorde zwischen den Gebäuden. An manchen

Stellen hatten Baumwurzeln den Asphalt aufgewölbt, an anderen waren Krater eingebrochen, einige nur ein paar Meter breit, andere über die ganze Straße, sodass sie an den Rändern entlangbalancieren mussten. Auf ihrem Weg über die Insel nahm Peter die verschiedenen Wahrzeichen der Stadt in sich auf: das Empire State, schwindelerregend hoch wie ein gebieterischer Finger zum Himmel gerichtet, das Chrysler Building mit seiner bogenverzierten Krone aus blitzendem Metall, die Bibliothek, von Ranken umhüllt wie von einem Gefieder, die breite Eingangstreppe flankiert von Löwen auf ihren Sockeln. An der Kreuzung 42nd und Fifth kam das halb fertige Hochhaus in Sicht, das Alicia ihnen beschrieben hatte. Die bloßliegenden Stahlträger der oberen Stockwerke hatten eine rötliche Farbe – das Resultat einer jahrzehntelangen langsamen Oxidation. Ein Außenaufzug führte nach oben, wo ein Kran noch einmal zehn oder fünfzehn Stockwerke in die Höhe ragte. Der waagerechte Ausleger erstreckte sich parallel zur Westfassade des Gebäudes, hoch über der Fifth Avenue.

Bisher hatten sie noch keine Spur von Fannings Virals gesehen, keinen Kot, keine Tierkadaver, und in den Gebäuden regte sich nichts. Von Tauben abgesehen war die Stadt wie ausgestorben. Sie waren beide mit einem halbautomatischen Gewehr und einer Pistole bewaffnet, und Amy hatte außerdem noch das Schwert. Sie hatte es Alicia zurückgeben wollen, aber die hatte abgelehnt. »Peter hat recht«, hatte sie gesagt. »Ich habe keine Verwendung dafür. Tu mir nur einen Gefallen und schlag dem Scheißkerl den Kopf ab.«

Sie kamen von Westen über die 43rd Street in Richtung Vanderbilt, und zwischen den Gebäuden tauchte die Grand Central Station auf. Im Vergleich zur Umgebung war sie von bescheidenen Dimensionen, wie sie sich einem Herzen gleich in den Busen der Stadt schmiegte. Die Straßen ringsum waren der Sonne ausgesetzt, aber der Bereich unter einer Hochstraße, die in Balkonhöhe außen herumführte, lag in dunklem Schatten.

Amy sah auf die Uhr: noch zwanzig Minuten. »Wir müssen den Eingang erkunden«, sagte sie.

Es war riskant, aber Peter war einverstanden. Wenn sie vorsichtig und in Deckung blieben und darauf achteten, dass sie freie Sicht nach oben hatten, würden sie Virals unter der Hochstraße entdecken können, bevor sie zu nah herankamen.

Und genau das, sollte Peter später erkennen, war es, was Fanning erwartete: dass sie nach *oben* schauten. Sie dachten nicht daran, dass Alicia sie davor gewarnt hatte, ihren Gegner zu unterschätzen. Sie achteten nicht darauf, dass die Straße verdächtig dicht von Rankengestrüpp überwuchert war und dass die Luft mit jedem Schritt schwerer vom feuchten septischen Gestank einer offenen Kloake wurde. Sie überhörten das leise Rascheln – es konnten Ratten sein, aber es waren keine. Ein einziger Augenblick der Unachtsamkeit, mehr war nicht nötig. Sie schlichen sich unter die Hochstraße, und ihre ganze Aufmerksamkeit richtete sich auf die leere Decke über ihnen.

Peter und Amy sahen sie noch nicht einmal kommen.

Michael behielt die abnehmenden Nummern der Straßen im Auge. Einige dieser Straßen waren unpassierbar, erstickt unter einer dichten Vegetation oder übersät von Müll und Schutt, und andere waren völlig leer, als habe die Zeit sie vergessen. In manchen Gebäuden wuchsen Bäume, und Schwärme von aufgeschreckten Tauben flogen vor ihnen auf und stiegen in großen flatternden Wolken in die Höhe.

An der Ecke 18th Street und Broadway machten sie Halt, um sich auszuruhen. Alicia atmete schwer, und ihr Gesicht glänzte von Schweiß. »Wie weit noch?«, fragte Michael.

Sie hustete und räusperte sich. »Elf Blocks.«

»Ich schaffe das auch allein, weißt du.«

»Ausgeschlossen.«

Die Krücke war zu instabil; sie ließen sie zurück und gingen weiter. Peter stützte Alicia. Ein Gewehr hing an ihrer Schulter. Ihr Gang war mühsam, mehr Hinken als Gehen. Von Zeit zu Zeit keuchte sie leise; er wusste, dass sie versuchte, es zu unterdrücken. Die Minuten rannen dahin. Sie kamen zu einem kleinen Schutzdach, das auf einem verschnörkelten schmiedeeisernen Gitterwerk ruhte, weiß gestreift von Taubenkot. Der Meeresgeruch war stark geworden.

»Hier ist es«, sagte sie.

Michael nahm eine Laterne aus seinem Rucksack und zündete den Docht an. Als sie die Treppe unter dem Dach hinunterstiegen, raschelte es leise überall zu seinen Füßen. Ratten huschten davon, lange braune Ketten, die sich an den Wänden entlangdrückten.

»Pfui«, sagte er.

Sie kamen unten an. Säulen trugen die gewölbte Decke über den Gleisen. Auf einer Tafel an der gekachelten Wand stand in goldenen Lettern: ASTOR PLACE.

»In welche Richtung?« Michael hatte im Dunkeln die Orientierung verloren.

»Da entlang. Nach Süden.«

Er ließ sich auf das Gleisbett hinunter. Alicia reichte ihm ihr Gewehr, und er half ihr beim Herabklettern. Als sie den Tunnel betraten, wurde die Luft kälter. Wasser schwappte um ihre Füße. Er zählte die Schritte. Als er bei hundert angekommen war, erfasste das Licht seiner Laterne eine zarte Bewegung: Wasser sprühte in feinem Strahl zischelnd aus den Spalten rings um eine Abschlusstür aus dickem Metall. Er trat näher und legte eine Hand auf den Stahl. Dahinter ballte sich der Druck von unzähligen Tonnen Wasser, das Gewicht des Meeres, wie eine noch nicht abgefeuerte Kanone.

»Wie viel Zeit noch?«, fragte Alicia. Sie lehnte an der Wand und schwenkte ihr Gewehr im Tunnel hin und her.

Sie hatten jetzt fünfundvierzig Minuten gebraucht. Michael streifte den Rucksack ab und nahm seine Ausrüstung heraus.

Alicia hielt am Anfang des Tunnels Wache. Er verzwirbelte die Drähte der Sprengkapseln miteinander und klemmte das Ende an das Kabel auf der Rolle. Alles trocken zu halten war ein Problem; er musste verhindern, dass die Drähte mit Wasser in Berührung kamen. Er steckte das Dynamit wieder in den Rucksack und suchte die Tür nach etwas ab, woran er den Sprengstoff aufhängen könnte. Die Fläche war völlig glatt.

»Da«, sagte Alicia.

Neben der Luke ragte eine lange verrostete Schraube aus der Wand. Michael hängte seinen Rucksack daran auf, reichte Alicia den Zündapparat und fing an, das Kabel abzurollen.

»Gehen wir.«

Sie kehrten zurück in den U-Bahnhof Astor Place und kletterten auf den Bahnsteig. Sie entrollten das Kabel hinter sich und stiegen die Treppe bis zum ersten Absatz hinauf. Staubiges Tageslicht sickerte von der Straßenebene herunter. Michael stellte den Zündapparat auf den Boden, riss die Kabelisolierung mit den Zähnen ab und klemmte jeweils einen der beiden Drähte unter die Schlitzschrauben an der Oberseite des Kastens. Alicia saß auf der Stufe unter ihm: Sie hatte die Schutzbrille auf die Stirn hochgeschoben und hielt das Gewehr in die Dunkelheit unter ihnen gerichtet. Am Hals und unter den Achseln war ihr Hemd dunkel von runden Schweißflecken, und sie biss vor Schmerzen die Zähne zusammen. Michael zog die Schrauben fest, und ihre Blicke trafen sich.

»Das wär's dann wohl«, sagte Michael.

Noch zehn Minuten.


Amy im Dunkeln: Zuerst kam der Schmerz, ein scharfkantiges Pochen in ihrem Hinterkopf. Dann folgte das Gefühl, über den Boden geschleift zu werden. Wo war sie? Was war geschehen? Was zog sie da voran? Einzelne Bilder wehten vorüber, getrieben von einem geistigen Wind: ein Bildschirm mit fauchendem Rauschen. Dicke, fedrige Schneeflocken in einem tintenschwarzen Himmel.

Carters Garten, ein Teppich aus lebendigen Farben. Das wogende blauschwarze Meer. Da war der Boden – schmutzig und verschrammt. Ihre Zunge lag dick und schwer im Mund. Sie wollte einen Laut von sich geben, aber es ging nicht. Der Boden rutschte unter ihr dahin, ruckweise wie das Blut in der Aorta und im Rhythmus des Drucks, der an ihren Handgelenken zerrte. Der Gedanke an Widerstand fand Halt, aber als sie ihre Glieder bewegen wollte, stellte sie fest, dass sie es nicht konnte: Ihr Körper war von ihrem Willen getrennt.

Sie spürte es erst und sah es dann, ein Licht, eine Art gefiltertes Leuchten, und im nächsten Augenblick veränderte sich alles: die Art und Weise, wie die Luft über ihre Haut strich, wie sie hörte – ihr intuitives Gefühl für die physikalischen Parameter um sie herum. Geräusche dehnten sich aus und sprangen davon; die Luft roch anders, weniger eingeschlossen, mit einem organischen Beigeschmack.

»Lasst sie da, bitte.«

Die Stimme – entspannt, sogar ein bisschen gelangweilt – kam von irgendwo vor ihr. Der Druck an ihren Handgelenken lockerte sich, und sie fiel hart mit dem Gesicht auf den Boden. Eine glühend heiße Kugel prallte in ihrem Schädel umher wie ein vom Feuer ausgespucktes Stück Glut.

»*Vorsichtig*, um Himmels willen.«

Ihr Bewusstsein verebbte und brach dann wie eine dunkle Welle, die ans Ufer zurückbrandet, wieder über sie herein. Sie schmeckte Blut im Mund; sie hatte sich auf die Zunge gebissen. Der Boden war kühl an ihrer Wange. Das Licht – was war das? Und das Geräusch? Ein dumpfes Murmeln, aber nicht von Stimmen, sondern eher von atmenden Körpern. Sie spürte die Anwesenheit von Gesichtern. Gesichter und auch Hände lauerten da im Nebel. *Streng dich an, Amy,* befahl ihr Gehirn. *Streng dich an und schau genauer hin.*

Das war nicht gut. Es war ganz und gar nicht gut.

Sie war umringt von Virals. Die erste Reihe kauerte höchstens einen oder zwei Schritte weit entfernt um sie herum – ihre Kiefer klickten, die Gurgeln bewegten sich amphibienhaft auf und ab, und ihre krummen Finger liebkosten die Luft mit kleinen, synkopischen Bewegungen, als spielten sie auf den Tasten eines Klaviers. Das war übel, aber es war noch nicht das Schlimmste. Die ganze Halle wogte und pulsierte. Es waren Hunderte. Sie bedeckten die Wände wie ein Teppich. Sie starrten von den Balkonen herunter wie die Zuschauer bei einem Wettkampf. Sie füllten jede Nische, jede Ecke, sie hockten auf jedem Sims. Es wimmelte überall wie in einer Schlangengrube.

»Das ging ja alles sehr glatt«, fuhr die Stimme vergnügt fort. »Ehrlich gesagt, ich staune doch ein wenig. Ich hatte befürchtet, ihr Enthusiasmus könnte sie überwältigen. Das kommt vor.«

Sie hatte immer noch Mühe, Körper und Geist in Einklang zu bringen und die nötige Befehlshierarchie zu etablieren. Alles war irgendwie verzögert und nicht im Gleichklang. Die Stimme schien von überall her zu kommen, als sei es die Luft, die da mit ihr sprach. Sie floss über sie hinweg und in sie hinein wie ein glattes Öl und saß dick und buttrig süß in ihrer Kehle.

»Wäre es allzu naheliegend zu sagen, wie lange ich auf dich gewartet habe? Aber es *war* lange. Seit dem Tag, an dem Jonas mir von deiner Existenz erzählt hat, habe ich mich gefragt: Wann werden wir uns begegnen? Wann wird meine Amy zu mir kommen?«

*Meine Amy.* Warum nannte die Stimme sie so? Sie entdeckte den Himmel. Nein, nicht den Himmel – die Decke, hoch über ihr, mit den Bildern der Sterne, zwischen denen goldene Gestalten schwebten.

»Oh, du hättest den Mann hören sollen. Wie *schuldbewusst* er war! Wie *leid* es ihm tat! ›Herrgott, Tim, du solltest sie sehen. Sie ist noch ein kleines Mädchen. Sie hat nicht mal einen richtigen Nachnamen. Sie ist nur ein Mädchen von Nirgendwo.‹«

Die Sterne von hinten, dachte Amy. Als sähe man den Himmel von außen oder in einem Spiegel. Sie spürte, wie ihre Gedanken sich mit dieser Vorstellung verbanden, und als sie es taten, nahmen neue Vorstellungen Gestalt an. Als komme sie stolpernd aus einem Traum hervor, öffnete ihr Verstand sich allmählich für ihre Situation, und Erinnerungen stiegen an die Oberfläche. Ein Bild kam ihr in den Sinn: Peter, wie er durch die Luft flog und krachend ein Schaufenster zerschmetterte.

Ein dunkles Glucksen. »Nicht wirklich witzig, nehme ich an, wenn man es mit ein paar Milliarden Leichen in Verbindung bringt. Trotzdem war das Ganze ein beachtlicher Auftritt. Jonas hat seinen wahren Beruf verfehlt. Er hätte Schauspieler werden sollen.«

Fanning, dachte sie.

Die Stimme gehörte Fanning.

Und mit einem Schlag war alles wieder da.

»Ich habe so lange gewartet, Amy.« Er seufzte tief. »Und immer noch gehofft, meine Liz käme mit dem nächsten Zug. Weißt du, wie das ist? Aber wie solltest du? Oder sonst irgendjemand?«

Mühsam richtete sie sich auf allen vieren auf. Sie war am westlichen Ende der Halle. Zur Linken waren die Fahrkartenschalter, vergittert wie Gefängniszellen, und rechts lagen die Bahnsteige im Schatten. Verhüllte Fenster, hinter ihr und zur Rechten, pulsierten in fiebrigem Leuchten. Vor ihr, vielleicht dreißig Meter weit entfernt, ragte der Informationskiosk auf, gekrönt von seiner vierseitigen Uhr mit den irisierenden Zifferblättern. Davor stand ein Mann. Ein nicht weiter bemerkenswert aussehender Mann in einem dunklen Anzug. Er wandte ihr sein Profil zu, mit geradem Rücken und leicht erhobenem Kinn, die linke Hand lässig in der Jacketttasche. Seine Aufmerksamkeit war auf den dunklen Schlund der Tunnel gerichtet.

»Wie allein muss sie sich am Ende gefühlt haben, wie verängstigt. Keine tröstenden Worte. Nicht einmal die Berührung einer Hand.«

Er sah sie immer noch nicht an. Um sie herum gurrten die Virals, strichen mit den Krallen durch die Luft, krümmten die Klauen, schnappten mit den Kiefern. Sie hatte das Gefühl, dass nur eine hauchdünne, unsichtbare Barriere sie zurückhielt.

»›Der Nächte, Morgen, Nachmittage Kreis, ich vertat mein Leben kaffeelöffelweis.‹ Das ist T. S. Eliot, falls du dich fragst. Alt, aber gut. Wenn es um existenzielle Erschöpfung ging, war der Mann ein helles Köpfchen.«

Wo war Peter? Hatten die Virals ihn getötet? Was war mit Michael und Alicia? Sie dachte: Wasser. Sie dachte: Zeit. Wie viel davon war vergangen? Aber die Antwort auf diese Frage war wie eine leere Schublade in ihrem Kopf. Sie bewegte nur die Augen und sah sich nach etwas um, das sie als Waffe benutzen könnte. Aber da war nichts – nur die Virals und der spiegelverkehrte Himmel und der eigene Herzschlag in ihrem Hals.

»Oh, ich hatte meine Bücher, meine Gedanken. Ich hatte meine Erinnerungen. Aber damit kommt man nicht unbegrenzt weit.« Fanning schwieg kurz und sprach sie dann direkter an. »Betrachte diesen Ort, Amy. Stell ihn dir vor, wie er einmal war. Alles hastet, rennt hierhin, rennt dahin. Verabredungen, Termine, Essen mit Freunden. Wie herrlich lebendig es war. Unser ganzes Leben lang scheinen wir eines niemals genug zu haben: Zeit. Zeit zum Arbeiten. Zeit zum Essen. Zeit zum Schlafen. Zeit zum Lieben und um geliebt zu werden, bis es Zeit ist zum Sterben.« Er zuckte die Achseln. »Aber ich schweife ab. Du bist gekommen, um mich zu töten, nicht wahr?«

Er drehte sich zu ihr um. In seiner rechten Hand, das konnte sie jetzt sehen, hielt er das Schwert.

»Nur damit das vom Tisch ist: Lass dir sagen, dass ich es dir nicht im Geringsten verdenke. *Au contraire, mon amie.* Das ist übrigens Französisch. Liz hat immer gesagt, es sei das Kennzeichen einer wahrhaft kultivierten Person. Ich habe nie ein großes Talent für Sprachen besessen, aber wenn man ein Jahrhundert totzuschlagen hat, findet man Zeit, neue Dinge auszuprobieren. Irgendwelche Präferenzen? Italienisch, Russisch, Deutsch, Holländisch, Griechisch? Wie wär's mit Lateinisch? Wir können die ganze Sache auch auf Norwegisch verhandeln, wenn du möchtest.«

*Halte den Mund geschlossen,* befahl Amys Verstand. *Nutze das Schweigen, denn es ist alles, was du hast.*

Fannings Miene verfinsterte sich. »Schön, wie du willst. Ich habe nur versucht, ein wenig zu plaudern.« Er wedelte mit der Hand. »Lass dich anschauen.«

Hände packten sie: ein großer männlicher und ein etwas kleinerer weiblicher Viral mit einem Diadem aus zarten weißen Haaren auf dem ansonsten konturlosen Schädel. Sie fassten sie bei den Oberarmen und zogen sie vorwärts, sodass ihre Füße über den Boden schleiften. Dann ließen sie sie ohne weitere Umstände auf den Boden fallen.

»Fuck, *ich habe gesagt, ihr sollt vorsichtig sein!*«

Wie eine Gewitterwolke verfinsterte Fanning den Himmel über ihr, und an die Stelle gutgelaunter Zuversicht war zähnefletschende Wut getreten.

»Du.« Er zeigte mit dem Schwert auf den großen Viral. »Komm her.«

Ein Funke des Zögerns glühte im Auge des Virals – oder bildete sie sich das nur ein? Er wieselte vorwärts, fiel vor Fanning auf die Knie und senkte unterwürfig den Kopf wie ein zahmer Hund.

Fannings Stimme erfüllte die Halle. »Hört ihr zu, ihr alle? Hört ihr, was ich sage, verdammt? Diese Frau ist unser Gast! Sie ist kein Gepäckstück, das ihr herumschleifen könnt, wie es euch passt! Ich erwarte, dass ihr sie mit Respekt behandelt!«

Als er das Schwert hob, hielt Amy die Arme schützend über den Kopf. Ein Knacken, gefolgt von einem knirschenden Geräusch, und dann fiel etwas Schweres mit dumpfem Schlag auf den Boden. Etwas Nasses, Klebriges spritzte auf ihre Wange, und ein fauliger

Geruch drang ihr in die Nase, als sei die Tür zu einem Raum voller Leichen geöffnet worden.

»Oh, um des lieben Himmels willen.«

Der Viral war noch auf den Knien, aber sein kopfloser Oberkörper kippte vornüber. Dunkles Blut spritzte in rhythmischem Zucken aus dem durchtrennten Hals und bildete eine glitzernde Pfütze auf dem Boden. Fanning starrte angewidert auf seine Hose hinunter. Sein Anzug, sah Amy plötzlich, war verrottet und fadenscheinig. Er hing an seinem Körper mit der unstrukturierten Lockerheit eines Lumpengewands.

»Sieh dir das an«, stöhnte er. »Das geht nie mehr raus. Die sind wie Haustiere – mit den Schweinereien, die sie anrichten. Und der Gestank. Einfach gottserbärmlich.«

Es war absurd, das alles. Was hatte sie erwartet? So etwas jedenfalls nicht. Nicht diesen Wirbelsturm von übergangslos wechselnden Launen und Gedankengängen. Dieser Mann vor ihr – er hatte etwas beinahe Lächerliches an sich.

»Na ja«, sagte er und lächelte sinnlos. »Stellen wir dich auf die Beine, ja?«

Sie wurde hochgezogen. Fanning trat heran und zog ein Taschentuch hervor. Er schlug es schwungvoll aus und tupfte ihr das Blut aus dem Gesicht. Seine Augen waren gleichzeitig nah und weit weg; sie erschienen eigenartig vergrößert, als betrachte sie sie durch ein Fernrohr. Seine Wangen und sein Kinn waren überstäubt von weißlichen Bartstoppeln, seine Zähne waren grau und sahen aus wie die eines Toten. Er summte tonlos vor sich hin, während er seine Arbeit tat. Dann trat er einen Schritt zurück und betrachtete sein Werk mit vorgeschobenen Lippen und gerunzelter Stirn, bevor er nickte.

»Viel besser.« Er musterte sie unbehaglich lange und erklärte dann: »Ich muss sagen, du hast etwas sehr Ansprechendes an dir. Eine gewisse Unschuld. Obwohl ich ja vermute, dass mehr dahintersteckt, als man auf den ersten Blick sieht.«

»Wo ist Peter?«

Er riss die Augen auf. »Sie spricht! Ich habe mich schon gefragt, ob du es überhaupt kannst.« Wegwerfend fuhr er fort: »Mach dir keine Sorgen um deinen Freund. Im Verkehr stecken geblieben, nehme ich an. Was mich angeht, ich bin froh, dass wir beide die Gelegenheit haben, uns allein miteinander zu unterhalten. Ich hoffe, das ist nicht zu dreist, aber ich fühle mich in gewisser Weise mit dir verwandt, Amy. Unsere Reisen waren nicht so sehr verschieden, wenn man es sich recht überlegt. Aber zunächst: Wo, bitte schön, ist meine Freundin Alicia? Dieses übergroße Buttermesser hier sagt mir, dass sie irgendwo in der Nähe ist.«

Amy antwortete nicht.

»Nichts zu sagen zu diesem Thema? Wie du willst. Weißt du, was du bist, Amy? Ich habe viel darüber nachgedacht.«

Lass ihn reden, sagte sie sich. Sie brauchte Zeit. Sollte er die Minuten verplaudern.

»Du bist ... eine Entschuldigung.«

Fanning sprach nicht weiter. Die Virals hielten sie fest. Er ging davon, auf die Gleistunnel zu, und dort nahm er seine ursprüngliche Haltung wieder ein und starrte verloren in die schwarze Dunkelheit.

»Lange Zeit wollte ich dich umbringen. Na ja, ›wollte‹ ist vielleicht nicht richtig. Du kannst nichts für das, was du bist, ebenso wenig wie ich. Es war nichts Persönliches. Du warst nur ein Symbol, ein Platzhalter für das, was ich am meisten hasste.« Er drehte das Schwert in der Hand und betrachtete die Klinge. »Du musst dir das vor Augen führen, Amy. Du musst dir vorstellen, wie töricht dieser Mann war. Er hat wirklich *geglaubt,* er könnte alles wieder in Ordnung bringen und seine Verbrechen wiedergutmachen. Aber das konnte er nicht. Nicht nach dem, was er Liz angetan hatte. Mir. Dir.« Er blickte auf. »Sie hat mir nichts bedeutet, diese andere. Sie war nur irgendeine Frau in einer Bar auf der Suche nach nächtlichem Amusement, nach einem bisschen

Gesellschaft in ihrem einsamen kleinen Leben. Ich bereue es ungeheuer.«

Amy wartete.

»Ich dachte, ich könnte es vergessen. Aber das war die Nacht, das sehe ich jetzt. Es war die Nacht, in der sich mir die Wahrheit über die Welt eröffnete. Nicht die Frau. Nein, es war das Kind. Das kleine Mädchen in seinem Kinderbett. Weißt du, dass ich sie immer noch riechen kann, Amy? Diesen sanften, süßen Duft, den alle Babys haben. Es ist beinahe etwas Heiliges. Die kleinen Finger und Zehen, die glatte Haut. Ihr ganzes Leben lag in ihren Augen. Wir alle fangen so an. Du, ich, alle. Voller Liebe, voller Hoffnung. Ich konnte sehen, dass sie mir vertraute. Ihre Mutter lag tot auf dem Boden in der Küche, aber hier war dieser Mann, der gekommen war, weil sie weinte. Würde ich ihr ein Fläschchen geben? Die Windel wechseln? Vielleicht würde ich sie aufnehmen, auf meinen Schoß setzen und ihr eine Geschichte vorlesen. Sie hatte keine Ahnung, was ich getan hatte, was ich *war*. Sie tat mir so leid; aber nicht aus diesem Grund. Sie tat mir leid, weil sie überhaupt hatte geboren werden müssen. Ich hätte sie an Ort und Stelle umbringen sollen. Es wäre eine Gnade gewesen.«

Stille trat ein. Blieb. Dann sprach er weiter.

»Ich sehe deinem Gesicht an, dass du mich abstoßend findest. Glaub mir, manchmal finde ich mich selbst abstoßend. Aber die Wahrheit ist die Wahrheit. Niemand wacht über uns. Das ist das kalte Herz des Ganzen, der große Wahn. Oder – wenn da doch jemand ist, dann ist er ein Mistkerl von der grausamsten Sorte, denn er lässt uns glauben, dass wir ihn interessieren. Da bin ich gar nichts, verglichen mit ihm. Was für ein Gott würde erlauben, dass eine Mutter so stirbt? Welcher Gott würde zulassen, dass Liz am Ende ganz allein ist, ohne die Berührung einer Hand, ohne ein einziges freundliches Wort, das ihr hilft, aus dem Leben zu gehen? Ich sage dir, welcher, Amy. Derselbe, der mich geschaffen hat.«

Er drehte sich zu ihr um. »Deine Freunde auf dem Schiff werden zurückkommen, weißt du? Sei nicht überrascht – ich weiß alles darüber. Ich habe praktisch zugesehen, wie sie das Dock verlassen haben. Oh, vielleicht nicht so bald. Aber irgendwann. Ihre Neugier wird zu groß sein. Das liegt einfach in der menschlichen Natur. Das alles hier wird bis dahin zu Staub zerfallen, aber ich werde hier sein und auf sie warten.«

*Tu es, Alicia,* dachte sie. *Tu es, Michael. Tut es jetzt.*

»Was ich will, Amy? Die Antwort ist ganz einfach: Ich will dich retten. Mehr als das. Ich will dich lehren. Ich will dir helfen, die Wahrheit zu sehen.« Sein Gesicht verfinsterte sich. »Haltet sie ganz fest, bitte.«

Die Zeit war um. Michael sah Alicia an. »Fertig?«

Sie nickte.

»Vielleicht solltest du dir die Ohren zuhalten.«

Er drückte den Zündergriff an dem Zündapparat herunter.

»Was zum Teufel? Akku?«

Er zog den Griff hoch und drückte ihn noch einmal herunter. Nichts. Er zog den Plusdraht heraus, hielt ihn leicht an den Kontakt und stieß den Zündergriff zum dritten Mal herunter. Ein Funke sprang über.

Der Strom war da. Das Problem lag am anderen Ende.

»Bleib hier.«

Er löste auch die Schraube an dem anderen Draht, schnappte sich das Zündgerät und die Laterne und sprang die Treppe hinunter.

Der Griff der Virals wurde schmerzhaft stärker. Amy traten die Tränen in die Augen, und funkelndes Konfetti tanzte in ihrem Gesichtsfeld.

»Bringt ihn herein, bitte.«

Peter.

Zwei Virals schleppten ihn vom Gleistunnel herüber. Er hing schlaff und mit gesenktem Kopf zwischen ihnen, und seine Stiefelspitzen schleiften über den Boden.

»Es geht nicht anders, Amy. Ich wünschte, es gäbe eine andere Möglichkeit, aber es gibt einfach keine.«

Amy konnte kaum einen Gedanken fassen. Die kleinste Bewegung rief Schmerzensschreie hervor. Es fühlte sich an, als würden die Knochen ihrer Oberarme von den Klauen der Virals zersplittert und zu Staub zermalmt.

»Ah, da haben wir's.«

Die Virals blieben stehen. Sie hielten Peter immer noch bei den Schultern. Blut tropfte aus seinen Haaren und rann durch die Falten seines Gesichts. Fanning trat mit ausgestrecktem Schwert auf ihn zu. Amy stockte der Atem. Fanning schob die flache Seite der Klinge unter Peters Kinn und hob mit grausamer Langsamkeit sein Gesicht an.

»Dir liegt etwas an diesem Mann, nicht wahr?«

Peters Augen erfassten Amy, aber anscheinend konnten sie nicht klar sehen. Sein Mund bewegte sich lautlos; höchstens ein Seufzen oder Stöhnen kam über seine Lippen.

»*Beantworte meine Frage.*«

»Ja«, sagte Amy.

»So viel, dass du alles tun würdest, um ihn zu retten, genau gesagt.«

Vor ihren Augen verschwamm alles. Dass sie so leicht vernichtet werden konnte, das war das Grausamste.

»Sag es, Amy. Ich will die Worte hören.«

Ihre Antwort kam erstickt aus ihrem Mund. »Ja. Ich würde alles tun, um ihn zu retten.« Ihr Kopf sank herab. Sie war besiegt und hatte keine Kraft mehr. »Bitte, lass ihn doch gehen.«

Eine schnelle Bewegung des Handgelenks, und Peters Kehle würde aufgeschnitten, als wäre sie aus Papier. Seine Augen waren geschlossen, und entweder bereitete er sich auf den Tod vor, oder er war wieder in barmherziger Bewusstlosigkeit versunken.

»Ich will dir etwas zeigen«, sagte Fanning. »Ein kleines Talent, das ich entdeckt habe. Jonas wäre wirklich begeistert.«

Er tat etwas Merkwürdiges: Er fing an, sich auszuziehen. Zuerst das Jackett, das er zusammenfaltete und säuberlich zu dem Schwert auf den Boden legte, dann sein Hemd; er knöpfte es auf und offenbarte einen Fächer aus flaumig weißem Brusthaar und einen glatten, muskulös schlanken Oberkörper.

»Ich muss sagen, es tut gut, diese Kleider endlich loszuwerden.« Er ging in die Hocke und band seine Schuhe auf. »Diese *Staffage* abzulegen.«

Schuhe, Strümpfe, Hose. Die Luft, die ihn umgab, schien sich zu verändern. Sie flirrte wie die Hitzewellen über einer Wüstenstraße. Er legte den Kopf zurück und hob das Gesicht zur Decke. Ölig glänzender Schweiß erschien auf seiner Haut. Er strich sich langsam mit der Zunge über die Lippen und fing an, die Schultern zu rollen und den Hals zu drehen. Seine Augen waren halb geschlossen, und er versank ganz in seinen Empfindungen.

»Gott, das tut gut«, sagte er.

Seine Knochen knackten, als er vor Behagen seufzend den Rücken bog. Sein Haar fiel büschelweise aus, und dicke, pochende Adern wölbten sich unter der Haut im Gesicht und auf der Brust und bildeten ein bläuliches Netz. Er schob den Kiefer hin und her und entblößte seine Fangzähne. Seine Finger, aus denen jetzt lange, gelbliche Krallen ragten, krümmten und streckten sich rastlos.

»Ist es nicht ... wundervoll?«

Michael verschwand im Tunnel, und Alicia rief seinen Namen hinter ihm her. Plötzlich waren überall Ratten, eine ganze Welle, die auf die Luke zurollte.

Die Schraube war aus der Wand gefallen, und der Rucksack lag im Wasser. Die Sprengkapseln waren nass und unbrauchbar.

»*Fuck!*«

Sein Blick fiel auf einen kleinen elektrischen Verteilerkasten in Augenhöhe, rechts neben der Stahltür. Der Boden wimmelte von Ratten. Sie schwärmten um seine Knöchel und streiften seine Beine mit ihrem weichen, ekelhaften Gewicht. Mit der Spitze seines Schraubenziehers hebelte er den Kasten auf und leuchtete mit der Laterne ins Innere.

»Komm zurück!«

Alicia stand ein paar Schritte weit hinter ihm. Dreißig Meter weit entfernt kauerte ein Viral im Tunnel. Ein zweiter hing unter der Decke, und sein Kopf baumelte hin und her. Aus seiner Schnauze züngelte der lange nackte Schwanz einer Ratte.

»Los, verschwindet!« Die Virals starrten sie nur an. »Haut ab hier!«

Ein Wust von Drähten war hinter der Abdeckung mit einem Verteilerbrett verbunden. Ich brauche nur eine Stunde, dachte Michael, dann kann ich damit bestimmt etwas anfangen.

»Die Biester sehen hungrig aus, Akku. Sag mir, dass du weißt, wie es weitergeht.«

Gott, er konnte diesen Namen nicht ausstehen. Er zog Drähte heraus und versuchte, sie in irgendeine sinnvolle Ordnung zu bringen und zu ihrem Ursprungsort zurückzuverfolgen.

»Da kommen noch mehr!«

Er warf einen Blick über die Schulter. Ein grüner Glanz lag jetzt auf den Wänden des Tunnels, und er hörte ein Rascheln, als wehte Laub über einen Gehweg. »Ich dachte, das sind deine Freunde!«

Alicia schoss auf den Viral an der Decke. Sie zielte nicht gut, und Funken sprühten auf. Der Viral wieselte rückwärts, ließ sich fallen und kam auf allen vieren wieder hoch. »Ich glaube, für mich interessieren sie sich auch nicht!«

Er löste ein Kabel aus dem Gewirr, entfernte die Isolierung am Ende und klemmte die beiden Drähte an das Zündgerät. Er hielt das Kabel fest und warf einen letzten Blick in den Schaltkasten. Jetzt konnte er nur raten. Dieser? Nein, der.

Hinter ihm ging ein Trommelfeuer los. »Das ist kein Witz, Michael. Wir haben noch ungefähr zehn Sekunden!«

Mit vier schnellen Drehungen spleißte er die Enden der Drähte zusammen. Alicia kam rückwärts auf ihn zu und gab immer wieder kurze Feuerstöße ab. Die Schüsse hallten von den Wänden des Tunnels wider und prallten auf seine Trommelfelle. Lieber Gott, er hatte dieses Zeug so satt. Er hatte es satt zu spekulieren und im Dunkeln zu tappen, er hatte genug von undichten Ventilen und verrotteten Schaltungen und kaputten Sicherungen – er hatte die Nase voll von all den Dingen, die nicht funktionierten und sich seinem Willen nicht fügen wollten.

»Ich brauche hier Unterstützung«!, schrie Alicia.

Sie warf ihr leergeschossenes Gewehr zur Seite und riss zwei Messer aus ihrem Gürtel, eins für jede Faust. Michael umschlang ihre Taille und zog sie an sich.

Der Tunnel war erfüllt von einer wimmelnden Masse.

Sie wichen zurück, als der erste Viral heranstürmte. Michael zog seine Pistole und schoss zweimal. Die erste Kugel prallte von der Schulter ab, die zweite traf das linke Auge. Blut spritzte, und der Viral rutschte kreischend über den Boden. Sie rannten rückwärts zu der Luke, und Michael feuerte mit seiner Pistole, stemmte die Absätze gegen den Beton und hielt Alicias Taille mit einem Arm umschlungen, um sie durch das faulige Wasser mitzuziehen. Er hatte fünfzehn Patronen in der Pistole und zwei Magazine in einer seiner Taschen, nutzlos und unerreichbar.

Der Verschluss rastete ein.

»Oh, Scheiße, Michael.«

Das war's also: Ende der Fahnenstange. So langsam herangerückt, so plötzlich da. Wir glauben nie wirklich, dass es kommt, dachte er, und ehe wir uns versehen, ist es da. Alles, was wir im Leben getan haben, und das, was wir nicht getan haben – ausgelöscht im Handumdrehen. Er ließ die Pistole fallen und zog Alicia fest an sich. Seine Hand lag auf dem Zündapparat.

»Mach die Augen zu«, sagte er.

Die Veränderung war vollendet.

Fannings Gesicht war immer noch nach oben gerichtet, die Lippen geöffnet, die Augen geschlossen. Tief aus seiner Brust kam ein Seufzer der Zufriedenheit. Das Wesen vor ihr war keins, das Amy je gesehen oder sich vorgestellt hatte. Er war noch als er selbst erkennbar, aber weder ganz Mann noch ganz Viral. Ein Amalgam, halb das eine, halb das andere, als sei eine neue Version dieser Spezies in die Welt geboren worden. Er hatte etwas von einem Nagetier an sich, die Nase schnauzenartig und mit runden Nüstern, die Ohren dreieckig spitz und vom runden Schädel weggekrümmt. Sein Haar war verschwunden, ersetzt durch einen blassrosa Babyflaum. Die Zähne waren noch die gleichen, aber der Mund selbst war zu einem Grinsen vergrößert, als wehe ihm der Sturm ins Gesicht, und es tropfte von den Spitzen der entblößten Fangzähne. Die Gliedmaßen wirkten fein und zartknochig, und die Zeigefinger an beiden Händen hatten lange, gebogene Spitzen.

Amy musste an eine riesige, flügellose Fledermaus denken.

Er kam auf sie zu und schaute ihr in die Augen. Sie wagte nicht, den Blick abzuwenden, auch wenn sie es am liebsten getan hätte. Angst lähmte ihre Glieder. Es fühlte sich an, als wären sie weit weg und nutzlos, wie mit Flüssigkeit gefüllt. Als Fanning näher kam, hob sich seine rechte Hand. Zwischen den Fingern spannte sich durchscheinende Haut. Der Zeigefinger mit seiner dolchspitzen Kralle entrollte sich im Gelenk und richtete sich auf ihr Gesicht. Instinktiv presste sie die Augen zu. Ein stechender Druck auf ihrer Wange, nicht kräftig genug, um die Haut zu durchbohren – aber jedes Molekül in ihrem Körper erschauerte. Mit lasziver Langsamkeit strich der Nagel abwärts und folgte der Rundung ihres Gesichts, als könnte er mit dem Finger ihre Haut schmecken.

»Wie gut es tut, die Wahrheit hervorkommen zu lassen.«

Auch seine Stimme hatte sich verändert; sie klang hoch und hatte einen verborgenen, quiekenden Unterton. Die Luft um ihn herum roch nach Tieren, nach den kleinen wühlenden Wesen dieser Welt.

»Mach die Augen auf, Amy.«

Fanning stand neben Peter, den die Virals aufrecht hielten.

»Dieser Mann, er ist dein Fluch, wie Liz der meine war. Die Liebe macht uns zu Sklaven, Amy. Sie ist das Stück im Stück, die Bühne, auf der sich das tragische Drama unseres menschlichen Lebens entfaltet. Das ist die Lektion, die ich dir zu erteilen habe.«

Mit diesen Worten riss Fanning den Mund weit auf, hob Peters Gesicht mit dem Ende eines langen Fledermausfingers hoch – zärtlich, wie eine Mutter es mit ihrem Kind tut – und nahm Peters Hals zwischen seine Kiefer.

Der spärliche Strom, den der Apparat lieferte, als Michael den Zündergriff herunterdrückte, reichte nicht aus, um die Luke vollständig zu öffnen, aber er genügte, um die Dinge in Gang zu setzen. Die Gegengewichte der Tür senkten sich ruckartig und öffneten einen Spalt zwischen der Tür und dem Boden des Gleistunnels, und ein harter Wasserstrahl schoss Michael und Alicia entgegen. In weniger als einer Sekunde verwandelte sich der Tunnel in einen tosenden Fluss. Michael wollte sich aufrichten, aber die Wucht war zu groß, er fand keinen Halt, und dann rollten sie beide davon, mitgerissen vom Strom des brodelnden Wassers.

Sie schossen in den Bahnhof. Richtiges Licht gab es hier nicht, nur den unbestimmten Schimmer an der Treppe, den sie flüchtig zu Gesicht bekamen, als sie vorüberrasten. Wasser drang ihm mit fauligem Geschmack in Mund und Nase – er stellte sich vor, dass Ratten so schmeckten –, und es drohte ihm den Atem zu nehmen. Sie trieben dicht unterhalb des Bahnsteigs vorbei. Michael hielt Alicias Handgelenk fest, streckte die freie Hand aus und warf sich verzweifelt zu der Kante hinüber. Seine Finger berührten sie, bekamen sie aber nicht zu fassen.

Sie wurden durch den Bahnhof gespült. Das Wasser stieg rapide, und bald würde es über ihre Köpfe steigen. Die nächste Station war die 14th Street – viel zu weit entfernt. Vor ihnen tauchte ein matter Lichtschein auf. Als sie näher kamen, sahen sie, dass es ein Schacht war – eine Öffnung in der Decke des Tunnels.

»Da ist eine Leiter!«, schrie Alicia und ging wieder unter.

»Was?«

Ihr Kopf tauchte wieder auf. Sie schnappte nach Luft und streckte eine Hand aus. »Eine Leiter an der Wand!«

Sie trieben geradewegs darauf zu. Alicia bekam sie als Erste zu fassen. Michael kreiselte um sie herum, streckte die linke Hand aus, packte eine Sprosse und hakte den Ellenbogen hinein. Die Leiter endete oben unter einem Eisengitter. Tageslicht fiel herein.

»Schaffst du das?«, fragte Michael.

Die Strömung zerrte an ihnen. Lish schüttelte den Kopf.

»Versuch's, verdammt!«

Doch sie war am Ende mit ihrer Kraft; Michael würde sie hochziehen müssen. Er langte über ihren Kopf und zog sich aus dem Wasser. Das Gitter dort oben war ein weiteres Problem: Wenn es ihm nicht gelingen sollte, es zu öffnen, würden sie sowieso ertrinken. Als er oben war, hob er die Hand und drückte dagegen. Nichts – nicht einmal das leiseste Zittern. Er bog sich nach hinten und stemmte den Handballen gegen die eisernen Stäbe, drückte noch einmal und noch einmal. Beim vierten Mal flog das Gitter nach oben. Er schob es zur Seite, kletterte hinaus und legte sich flach auf den Asphalt. Das anschwellende Wasser hatte Alicia halb heraufgeschwemmt. Das Licht umgab ihr Gesicht wie ein Heiligenschein.

Er streckte ihr die Hand entgegen. »Nimm ...«

Mehr brachte er nicht heraus. Eine Faust aus Wasser schlug ihm ins Gesicht – brandete gegen sie beide –, und ein Geysir schoss aus dem offenen Schacht und schleuderte Michael quer über die halbe Straße.

Der Bruch der Schottluke unmittelbar südlich der U-Bahn-Station Astor Place – eine von acht Stautüren, die das U-Bahn-System von Manhattan vor dem gierigen Atlantik beschützte – war das erste in einer Serie von Ereignissen, die niemand hätte vorhersehen können, auch Michael nicht. Aus seiner Gefangenschaft befreit schoss das Wasser mit der hämmernden Wucht von hundert Lokomotiven durch den Tunnel, reißend und fetzend und alles zertrümmernd. Es detonierte, zermalmte, zerstörte, es pflügte durch die strukturellen Fundamente von Downtown Manhattan wie eine Sense durch den Weizen. Acht Blocks weit nördlich von Astor Place verzweigte es sich mit den Gleisen. Die Hauptmasse rauschte geradewegs weiter nach Norden, unter der Lexington Avenue entlang und auf die Grand Central Station zu, und ein kleinerer Teil schwenkte auf der Broadway-Linie nach Westen und donnerte auf das Fluttor unter dem Times Square zu, das dann auch nicht mehr standhalten würde, sodass unter dem Asphalt der 42nd Street zwischen Broadway und Eighth Avenue alles geflutet und die gesamte West Side dem Meer geöffnet werden würde.

Und das war nur der Anfang.

Auf seinem donnernden Weg hinterließ das Wasser eine Schneise der Zerstörung. Kanaldeckel flogen in den Himmel. Gullys explodierten. Straßen wölbten sich auf und brachen ein. Eine unterirdische Kettenreaktion war im Gange. Wie das Meer, von dem es ein Teil war, suchte das wütende Wasser nur sein Reich zu erweitern. Seine Beute war die Insel selbst, die – durchfeuchtet nach hundert Jahren der Vernachlässigung – im Kern verfault war.

An der Ecke Tenth Street und Fourth Avenue kam Michael mit dem verstörenden Gefühl wieder zu sich, dass die Beziehung der Welt zur Schwerkraft sich verändert hatte. Es war, als entferne sich jedes Objekt in einem Zustand der allgemeinen Abstoßung von allen anderen. Blinzelnd wartete er darauf, dass dieses Gefühl aufhörte, aber das tat es nicht. Eine riesige Fontäne schoss aus dem Schacht und hoch in die Luft, und an der Spitze zerstob sie zu einem funkelnden Dunst, der einen Regenbogen über der gefluteten Straße leuchten ließ, den Michael in seinem benebelten Zustand staunend anstarrte, ohne diesen Anblick mit irgendetwas anderem in Verbindung zu bringen, während er aber zugleich ziemlich unbeeindruckt zur Kenntnis nahm, dass noch andere Dinge im Gange waren: laute, explosive Dinge, die Anlass zu weiteren Überlegungen geboten hätten, wenn er nur seine Gedanken in den Griff hätte bekommen können. Die Straße schien zu versinken – entweder das, oder alles andere wuchs in die Höhe –, und das Material der Fassaden segelte brockenweise von den Gebäuden herunter.

Moment.

Das Gebäude, das er anschaute – ein unauffälliges, mittelhohes Bürogebäude aus dunkel getöntem Glas – benahm sich eigenartig. Es schien zu … atmen. Ein tiefes Anschwellen der Lunge, wie bei einem Baby, das seine ersten Atemzüge tut. Es sah aus, als ob dieses anonyme Bauwerk, eins wie tausend andere auf der Insel, aus einem jahrzehntelangen, selbstvergessenen Schlaf erwacht sei. In der spiegelnden Fassade erschienen spinnwebartige Risse. Michael setzte sich auf und stützte sich auf die Handballen. Der Asphalt wogte beunruhigend unter ihm.

Das Glas explodierte.

Michael rollte herum, drückte sich flach auf den Boden und bedeckte den Kopf mit den Händen, als Millionen von Scherben herabregneten. Ganze Scheiben zersprangen auf dem Pflaster, und Michael schrie aus voller Lunge. Sinnlose Wörter, abscheuliche Flüche – ein orales Erbrechen, vom Grauen verursacht. Jeden Moment würde er in Streifen geschnitten werden. Es würde nicht genug von ihm übrig bleiben, um es zu begraben – allerdings wäre ohnehin niemand da, der es tun könnte. Die Sekunden verstrichen, Kaskaden von Glas prasselten um ihn herum, und Michael wartete zum zweiten Mal an diesem Tag auf den Tod.

Aber der kam nicht.

Er hob das Gesicht vom Asphalt. Die Sonne war verschwunden, und es wurde trüb. Kleine, glitzernde Splitter bedeckten seinen Körper; sie hingen an Armen und Händen und Haaren und im Stoff seiner Kleidung. Ein sandiger Wind wirbelte in der Luft. Es sah aus, als falle Schnee vom Himmel. Nein, nicht Schnee. Papier. Ein einzelnes Blatt landete träge in seinen Händen. »Memo« stand oben, und darunter »Von: Personalabteilung. An: Alle Mitarbeiter. Betr.: Versorgungsantragsfristen«. Michael war einen Augenblick lang gebannt von diesen seltsamen Wörtern. Sie kamen ihm vor wie eine Geheimsprache. Hinter ihrem geheimnisvollen Klang verbarg sich eine ganze Wirklichkeit, eine in der Zeit versunkene Welt.

Plötzlich war das Blatt fort; eine Windbö hatte es ihm aus der Hand gerissen. Die Straße verfinsterte sich. Ein Donnern kam von links. Mit jedem Augenblick wurde es stärker, genau wie der Wind. Er drehte den Kopf und spähte in Richtung Uptown. Von dort kam das Geräusch.

Ein riesiges graues Ungeheuer kam tosend auf ihn zu.

Er rappelte sich hoch. Ihm war schwindlig, und seine Beine fühlten sich an wie nasser Sand.

Trotzdem rannte er wie der Teufel.

Das erste Gebäude, das einstürzte, war nicht das, das Michael sah, denn da war der Zusammenbruch von Midtown Manhattan schon seit ein paar Minuten im Gange. Vom Südrand des Central Park bis zum Washington Square befanden sich große und kleine Bauten im Prozess der akuten strukturellen Verflüssigung; sie schmolzen und kippten in den gierigen Krater des Sinklochs, zu dem sich der zentrale Kern der Insel zusehends entwickelte.

Manche fielen ganz allein und sackten senkrecht auf ihre Fundamente wie Gefangene vor einem Erschießungskommando. Andere wurden von ihren Nachbarn unterstützt, wenn eins nach dem anderen ins Wanken geriet und gegen das nächste kippte. Manche, wie der hohe Glasturm an der Ostseite des trapezförmigen Cityblocks an der Kreuzung 55th und Broadway, schienen sich allein der Macht der Suggestion zu unterwerfen: *Meine Nachbarn geben den Geist auf – warum nicht auch ich?* Man hätte das Geschehen mit einer schnell voranschreitenden Metastasierung vergleichen können; es sprang über die Boulevards wie von einem Organ zum andern, es rauschte durch das Adernetz der Straßen, und es krümmte seine tödlichen Finger um die Knochen aus Stahl. Staubwolken quollen herauf wie ein großes karzinogenes Erbrechen und schwärzten den Himmel.

Etwas wie Nacht senkte sich auf Manhattan herab.

Unter der Grand Central Station kam das Wasser aus zwei Richtungen heran, zuerst durch die Lexington-Avenue-Linie von Astor Place und dann durch die 42nd-Street-Shuttle-Linie vom Times Square. Die beiden Ströme flossen zusammen, und wie ein Tsunami sich zusammenballt, wenn er sich dem Ufer nähert, so vergrößerte sich die Macht des Wassers tausendfach, als es die Treppen heraufbrandete.

»Du undankbares Miststück!«, schrie Fanning. »Was hast du getan?«

Er sagte nichts weiter: Das Wasser kam wie eine rasende Wand und riss sie von den Beinen. Binnen eines Lidschlags war die Haupthalle überschwemmt. Amy ging unter. Sie wurde über den Boden gerollt und gestoßen, und ihr Orientierungssinn verließ sie. Das Wasser stand fast zwei Meter hoch und stieg weiter. Glas klirrte, Gegenstände stürzten um, überall war Tumult. Sie tauchte noch rechtzeitig auf, um zu sehen, wie die hohen Fenster der Halle nach innen barsten. Dann packte die Strömung sie und riss sie wieder unter Wasser. Sie ruderte hilflos mit den Armen und suchte irgendwo Halt. Ein Viral stieß mit ihr zusammen. Es war die Frau mit den Haaren. Im tosenden Halbdunkel sah Amy einen Moment lang ihre Augen, verständnislos und voller Angst. Dann versank sie und war fort.

Amy wurde zur Balkontreppe gerissen. Hart prallte sie dagegen – wieder hörte sie Glocken, wieder fühlte sie Schmerz –, aber sie bekam mit der rechten Hand das Geländer zu fassen. Ihre Lunge schrie nach Luft, und Blasen sprudelten aus ihrem Mund. Die Atemnot würde sich nicht mehr lange bändigen lassen. Sie konnte sich nur noch der Strömung überlassen und hoffen, dass sie irgendwo hintreiben würde, wo sie in Sicherheit wäre.

Sie ließ das Geländer wieder los.

Noch einmal wurde sie gegen die Treppe geworfen, aber wenigstens bewegte sie sich in die richtige Richtung. Wäre sie in den Tunnel getrieben worden, wäre sie dort ertrunken. Aber die nächste Schockwelle, die sie traf, schleuderte sie nach oben.

Sie landete auf dem Balkon, und endlich lag das Wasser hinter ihr. Sie hustete und würgte auf Händen und Knien, und ein Schwall von fauligem Wasser kam aus ihrem Mund.

Peter.

Von derselben Welle die Treppe hinaufgeschwemmt lag er dicht hinter ihr. Wo war Fanning? War er unter Wasser gerissen worden wie die anderen Virals, hatte sein Gewicht ihn hinabgezogen? Während sie noch überlegte, bäumte der Boden sich unter ihr auf. Die Luft zerriss. Sie schaute hoch und sah, wie sich ein großer Brocken aus der Decke löste und ins Wasser fiel.

Das Gebäude stürzte ein.

Peters Brust hob und senkte sich schnell. Die Veränderung hatte noch nicht eingesetzt. Sie schüttelte ihn bei den Schultern und rief seinen Namen. Seine Augen öffneten sich flatternd, und er blinzelte ihr ins Gesicht. Sie sah kein Erkennen in seinem Blick, nur leise Ratlosigkeit, als wisse er nicht, wo er sie unterbringen sollte.

»Ich bringe dich hier raus.«

Sie zog ihn bei den Armen hoch und nahm seinen Körper über die rechte Schulter. Sie taumelte, verlor aber nicht das Gleichgewicht. Der Boden verschob sich und wogte wie das Deck eines Bootes. Immer neue Stücke brachen aus der Decke, als die Fundamente des Gebäudes einknickten.

Sie sah sich um. Eine Tür – zur Rechten.

*Lauf,* dachte sie. *Lauf und hör nicht auf zu laufen.*

Dann waren sie draußen, auch wenn es nicht so aussah. Der Himmel war dunkel wie in der Nacht, der Staub verhüllte die Sonne, und die Stadt war nicht zu sehen. In einer gewaltigen Katastrophe fiel alles in Trümmer. Der Lärm dröhnte von überall her und hämmerte in ihren Ohren. Sie war auf der Hochstraße an der Westseite des Bahnhofs, aber die Straße war bedrohlich schräg geneigt. Risse zogen sich durch den Asphalt, und ganze Abschnitte stürzten ein. Amy entschied sich für eine Richtung: Mit Peters Gewicht auf der Schulter konnte sie bestenfalls traben. Sie folgte nur noch ihrem Instinkt, und der befahl ihr zu rennen, zu überleben, Peter wegzubringen.

Die Hochstraße führte schräg zum Boden hinunter. Amy konnte nicht mehr; ihre Beine gaben nach. Am unteren Ende der Rampe ließ sie Peter von der Schulter gleiten. Er zitterte, geschüttelt von scharfen, kurzen Krämpfen wie im Fieber, die stärker wurden, härter. Amy wusste, was sein Wunsch wäre: zu sterben, solange er noch ein Mensch war. Tödliche Instrumente lagen überall in den Trümmern – Stangen von Armierungsstahl, spitz wie Lanzen, verbogene Metallsplitter, Glasscherben. Und plötzlich wusste sie es: Das war es, was Fanning die ganze Zeit beabsichtigt hatte. Sie sollte es tun. *Die Liebe macht uns zu Sklaven, Amy.* Sie war besiegt; am Ende war alles umsonst gewesen. Sie würde wieder allein sein.

Sie kniete bei ihm, und ein machtvolles Schluchzen schüttelte sie. Der Schmerz ihres allzu langen Lebens, hundert Jahre lang in Schach gehalten, brach sich jetzt Bahn. Der Blick auf das Leben, der sich eröffnet hatte: wie flüchtig er gewesen war. Besser wäre es vielleicht gewesen, es hätte ihn gar nicht gegeben. Peter hatte angefangen zu stöhnen. Das Virus schäumte in ihm und trug ihn davon.

Sie traf ihre Wahl: ein knapp meterlanges Stück Stahl mit dreieckiger Spitze. Welche Funktion hatte es gehabt? War es Teil eines Straßenschilds? Oder stammte es aus dem Rahmen eines Fensters, das in die Welt hinausgeschaut hatte? Aus der Stützkonstruktion eines mächtigen, himmelhohen Turms? Wieder kniete sie neben Peter nieder. Der Mensch in ihm war dabei zu verschwinden. Sie beugte sich über ihn und berührte seine Wange. Seine Haut war feucht und fiebrig. Das Blinzeln hatte angefangen. Blinzel. Blinzel. Blinzel.

Eine Stimme hinter ihr: »Verflucht sollst du sein!«

Sie wurde durch die Luft geschleudert.


Michael sprintete die Fourth Avenue hinunter, und die Staubwolke folgte ihm brüllend. Es gab kein Entkommen. Er bog nach rechts in die Eighth Street. An den Enden des Blocks, vor und hinter ihm, tobte die Wolke mit dem Rauschen eines Tornados vorbei, und dann, als habe sie sich plötzlich an ihn erinnert – *Ach, Michael, entschuldige, ich habe dich ganz vergessen* –, kam sie vorn und hinten um die Ecke und wälzte sich auf ihn zu.

Er sprang in den nächsten Eingang und schlug die Tür hinter sich zu. Es war ein Kleidergeschäft; Jacken, Kleider und Hemden hingen körperlos an waagerechten Stangen. Ein großes Fenster, in dem Kleiderpuppen auf Podesten standen, war der Straße zugewandt.

Die Wolke war da. Das Fenster barst nach innen. Michael riss die Hände hoch, um seine Augen zu schützen. Staub füllte den Raum und schleuderte ihn zurück. Schmerzhafte Stiche brannten überall an seinem Körper – auf Armen und Händen, an der Kehle und in seinem Gesicht, wo es ungeschützt gewesen war –, als wäre er von einem Bienenschwarm überfallen worden. Er wollte aufstehen, und erst jetzt entdeckte er die lange Glasscherbe, die in seinem rechten Oberschenkel steckte. Seltsam, dass es nicht schlimmer wehtat – er hätte höllische Schmerzen haben müssen –, aber dann war der Schmerz plötzlich da und löschte sein ganzes Denken aus. Er hustete, würgte, erstickte im Staub. Er kroch vom Fenster weg, stieß krachend gegen einen Kleiderständer und riss ein Hemd von einem Bügel. Es war aus einem hauchdünnen Stoff. Er knüllte es in der Faust zusammen und presste es an Mund und Nase. Ein gieriger Atemzug nach dem anderen ließ den Sauerstoff wieder in seine Lunge strömen.

Er band sich das Hemd um die untere Gesichtshälfte, und mit brennenden Augen schaute er in die dunkle Straße hinaus. Er war mitten in der Staubwolke. Alles war still, bis auf ein leises Trippeln: das Geräusch fliegender Partikel, die auf dem Pflaster und den Dächern verlassener Autos landeten. Seine Hände und Arme waren glitschig von Blut, und sein Bein, in dem die lange Glasscherbe steckte, schmerzte bei jeder Bewegung höllisch. Er zog sein Messer, schnitt das Hosenbein auf und riss es dann ab. Es war ein langer, schmaler Splitter, unregelmäßig gezackt und leicht gekrümmt, der schräg an der Innenseite des Schenkels ins Fleisch eingedrungen war, auf halber Strecke zwischen Leiste und Knie. *Guter Gott,* dachte er, *ein Stück höher, und das Ding hätte mir die Eier abgeschnitten.*

Er streckte die Hand über den Kopf, riss noch ein Hemd von der Stange und wickelte es um das herausragende Ende der Scherbe. Vermutlich war es möglich, dass er die Wunde beim Herausziehen noch vergrößerte, aber der Schmerz war unerträglich. Wenn er die Scherbe nicht entfernte, würde er nirgendwo mehr hingehen. Er musste es schnell tun; das war die beste Methode.

Er packte die umwickelte Scherbe mit der Faust und zählte bis drei. Dann zog er.

Überall in der Straße, von einer Ecke zur nächsten blieben die menschengroßen Gestalten, die durch den Staub irrten, wie angewurzelt stehen und drehten die Köpfe in die Richtung von Michaels Schrei.

»Das war ein Tempel!«

Fannings Hand traf sie an der Wange. Der Schlag ließ sie rückwärtstaumeln.

»Das tust du *mir* an? *Meiner Stadt?*«

Sie hob die Hände schützend vor das Gesicht. Aber Fanning packte sie beim Kragen, riss sie hoch, bis sie keinen Boden mehr unter den Füßen hatte, und warf sie durch die Luft.

»Ich werde mir Zeit mit dir lassen. Du wirst dir *wünschen,* dass ich dich töte. Du wirst darum *betteln.*«

Immer wieder fiel er über sie her. Stöße, Schläge, Tritte. Sie lag mit dem Gesicht nach unten auf dem Boden und fühlte sich losgelöst von allem. Ihre Gedanken bewegten sich träge und unverbunden, als seien sie kurz davor, sich dauerhaft und endgültig von ihr zu trennen – als würden sie beim nächsten Schlag in die Höhe fliegen, weg von ihrem Körper, und der Himmel würde sie verschlingen wie einen Luftballon, dessen Schnur zerschnitten war.

Aber – nachzugeben, den Tod zu akzeptieren, das erlaubte der Geist nicht. Der Geist verlangte gegen alle Vernunft weiterzumachen. Fanning war irgendwo hinter ihr. Es war weniger seine physische Anwesenheit, die ihr bewusst war, als vielmehr eine abstrakte Kraft wie die Schwerkraft, ein finsterer Schlund, der sie unerbittlich anzog. Sie fing an zu kriechen. Warum brachte Fanning sie nicht einfach um? Aber er hatte es ja selbst gesagt: Er wollte, dass sie es fühlte. Sie sollte fühlen, wie das Leben aus ihr sickerte, Tropfen für Tropfen.

»Sieh mich an!«

Etwas traf krachend ihren Leib und hob sie vom Boden. Fanning hatte sie getreten. Die Luft entwich aus ihrer Brust.

»Du sollst mich ansehen, habe ich gesagt!«

Er versetzte ihr noch einen Tritt, schob dann seinen Fuß unter ihr Brustbein und warf sie auf den Rücken.

Er hob das Schwert über ihren Kopf.

»Wir sollten uns beim Kiosk treffen!«

*Wir?*

»Du hast gesagt, du würdest kommen! Du hast gesagt, wir würden zusammen sein!«

Was sah er da? Für wen hielt er sie? Die Verwandlung – sie hatte etwas mit seinem Kopf gemacht.

»Ich hätte dich niemals lieben sollen!«

Sie lag auf dem Rücken, und Fanning holte mit dem Schwert aus. Sie hob abwehrend die Arme. Eine einzige Chance, mehr hatte sie nicht.

»Tim, tu es nicht.«

Fanning erstarrte.

»Ich wollte da sein. Bei dir sein. Es war alles, was ich je wollte.«

Seine Arme spannten sich. Jeden Augenblick würde die Klinge herabfahren. »Ich habe den ganzen Abend gewartet! Wie konntest du mir das antun? Warum bist du nicht gekommen? Warum nicht?«

»Weil ich ... gestorben bin, Tim.«

Einen Moment lang geschah nichts. *Bitte*, dachte sie.

»Du bist ... gestorben.«

»Ja. Es tut mir leid. Ich wollte es nicht.«

Seine Stimme klang dumpf. »Im Zug.«

Amy sprach vorsichtig und bemühte sich um einen ruhigen Tonfall. »Ja. Ich war auf dem Weg zu dir. Sie haben mich weggebracht. Ich konnte es nicht verhindern.«

Fannings Blick trieb weg von ihrem Gesicht. Er sah sich unsicher um.

»Aber ich bin jetzt hier, Tim. Nur darauf kommt es an. Es tut mir leid, dass es so lange gedauert hat.«

Wie lange konnte sie die Lüge aufrechterhalten? Das Schwert war das Entscheidende. Wenn sie Fanning dazu bringen könnte, es ihr zu geben ...

»Wir können es immer noch tun«, sagte sie. »Es gibt eine Möglichkeit für uns, immer zusammen zu sein, ganz so, wie wir es geplant haben.«

Er sah sie wieder an.

»Komm mit mir, Tim. Es gibt einen Ort, an den wir gehen können. Ich habe es gesehen.«

Fanning antwortete nicht. Sie spürte, dass ihre Worte in seinem Kopf Halt fanden.

»Wo?«, fragte er schließlich.

»Da, wo wir einen neuen Anfang machen können. Diesmal können wir es richtig machen. Du brauchst mir nur das Schwert zu geben.« Sie streckte die Hand aus. »Komm mit mir, Tim.«

Fanning schaute ihr ins Gesicht. Alles lag in seinem Blick, die ganze Geschichte des Mannes, der er gewesen war. Der Schmerz. Die Einsamkeit. Die endlosen Stunden seines Lebens. Und dann:

»Du.«

Sie verlor ihn. »Gib mir das Schwert, Tim. Mehr brauchst du nicht zu tun.«

»Du bist nicht sie.«

Sie spürte, dass alles zusammenbrach. »Tim, ich bin es. Liz.«

»Du bist ... Amy.«


Fünfzig Meter weiter lag der Mann, der als Peter Jaxon bekannt war, rücklings auf dem Boden, und langsam begann er zu verschwinden.

Sein Verstand umspannte zwei Welten. In der einen, einer Welt der Dunkelheit und des Aufruhrs, sah er Fanning, wie er Amy durch die Luft schleuderte. Er sah es verschwommen und konnte sich nicht erinnern, warum das so sein sollte. Er konnte auch nicht eingreifen; er hatte nicht mehr die Kraft zu handeln oder sich wenigstens zu bewegen.

In der anderen Welt war ein Fenster.

Der Vorhang davor glühte vom Licht des Sommers. Das Bild kam ihm vertraut vor, wie ein Déjà-vu. *Das Fenster,* dachte Peter. *Muss bedeuten, dass ich sterbe.* Er strengte sich an, um seinen Blick zu fokussieren und in die Realität zurückzukehren, und das Licht begann sich zu verändern. Es wurde zu etwas anderem, war nicht mehr ein Fenster vor seinem geistigen Auge, sondern etwas Physisches. In der staubigen Dunkelheit tat sich eine Öffnung auf, ein Gang zu einer höheren Welt, in dem ein leuchtendes Objekt erschien. Es spielte mit seinem Gedächtnis; er wusste, was es war, wenn er das Bild nur fassen könnte. Es wurde klarer. Wie eine Krone sah es aus, vielschichtig, und jede Schicht bestand aus mehreren Bogen, eine auf der anderen, bis hinauf zur Spitze. Das Sonnenlicht blitzte auf der spiegelnden Fassade und sandte einen hellen Strahl durch den Korridor, der in Wirklichkeit ein Loch in der Wolkendecke war, in seine Augen.

Das Chrysler Building.

Der Korridor brach ein, und wieder wurde es dunkel um ihn. Aber jetzt wusste er: Die Dunkelheit, die ihn umgab, war nicht echt. Die Sonne stand noch am Himmel. Taghell schien sie über der Staubwolke. Wenn er die Sonne erreichen, wenn er Fanning irgendwie in ihr Licht führen könnte …

Aber der Gedanke ging verloren, als eine machtvolle Kraft ihn packte wie ein Strudel, der ihn hinunterzog, tiefer und immer tiefer. Was ihn unten erwartete, wusste er nicht, aber er wusste, wenn er es erreicht hätte, wäre er für immer verloren. Irgendwo in weiter Ferne veränderte sich sein Körper. Von Krämpfen geschüttelt lag er da und hämmerte auf den Asphalt einer zertrümmerten Stadt. Knochen verlängerten sich, Zähne fielen klappernd aus seinem Mund. Er versank in einem Meer ewiger Dunkelheit, in dem keine Spur von ihm erhalten bleiben würde. *Nein! Noch nicht!*

Er suchte nach etwas, nach irgendetwas, woran er sich festhalten könnte. Vor seinem geistigen Auge erschien Amys Gesicht – ein Bild, das nicht aus seiner Fantasie herrührte, sondern aus dem Leben genommen war. Sie saßen auf seinem Bett. Ihre Gesichter waren einander nah, und ihre Hände waren ineinander verflochten. Tränen hingen an ihren Wimpern wie Perlen aus Licht. *Eine Sache darfst du behalten,* sagte sie. *Was ich behalten wollte, warst du.*

*Warst du,* dachte Peter.

*Du.*

Er fiel.

Der Schmerz in Michaels Bein explodierte. Beim Herausziehen hatte das Glas die Haut zurückgeschält wie eine Orangenschale und den faserigen, leicht pulsierenden Muskel darunter bloßgelegt. Noch einmal griff seine Hand über den Kopf nach hinten und fand einen langen Seidenschal. Er verzwirbelte ihn zu einem dicken Seil und schlang ihn um den Schenkel. Der Stoff war sofort vom Blut durchtränkt. Machte er es richtig? Wenn Sara doch nur hier wäre. Sara würde wissen, was zu tun war. Was einem in Situationen wie dieser so alles in den Sinn kam: Das Hirn war nicht freundlich, es hatte keinen Sinn für Fairness, es verhöhnte dich mit Gedanken an Dinge, die du nicht hattest und nicht konntest.

Der Lärm draußen hatte nachgelassen, als die Welle der Zerstörung nordwärts wanderte. Die Luft war von einem unnatürlichen Chemikaliengeruch erfüllt, bitter und verbrannt. Zum ersten Mal, seit er auf der Straße zu sich gekommen war, kehrten seine Gedanken zu Alicia zurück, zu ihrem Gesichtsausdruck, als das Wasser sie packte und fortriss. Sie war fort. Alicia war fort.

Auf der Straße knirschte Glas.

Michael erstarrte. Das Geräusch wiederholte sich.

Schritte.

Amy stieß sich mit den Fersen ab und kroch rückwärts über den Boden. »Tim, nein! Ich bin es!«

»Nenn mich nicht so!«

Sie hatte ihn verloren; der Bann war gebrochen. Der Ausdruck von weiß glühender Wut war in seine Augen zurückgekehrt. Plötzlich hob Fanning den Kopf. Eine neue Regung zeigte sich auf seinem Gesicht: unerwartete Freude.

»Und was haben wir hier?«

Es war Peter. Die Verwandlung war vollzogen; sein Körper, geschmeidig und stark, hatte sich der anonymen Horde angeschlossen.

»Braver Kerl.« Fannings Lippen verzogen sich zu einem Lächeln und entblößten seine Fangzähne. »Warum kommst du nicht zu uns?«

Peter kam mit gekrümmten Beinen und abgespreizten Armen durch den Schutt auf sie zu. Seine Schritte wirkten unsicher; die Muskeln an Rücken und Schultern kräuselten sich wellenförmig wie bei einem Mann, der sich nach langem Schlaf dehnte oder sich in einem neuen Anzug zurechtruckelte.

»Wenn du erlaubst, Amy, möchte ich etwas klarmachen.«

Mit einer knappen Bewegung des Handgelenks warf Fanning das Schwert mit dem Griff voran Peter zu, und der fing es mit roboterhafter Bewegung auf.

»Wir wollen sehen, wer da drin ist, ja?« Fanning trat auf ihn zu, richtete sich auf und klopfte Peter mitten auf die Brust. »Ziemlich genau hier, möchte ich meinen.«

Peter starrte ratlos das Schwert an. Was tat dieser fremdartige Gegenstand in seiner Hand?

»Jetzt komm schon. Ich verspreche, ich werde keinen Muskel rühren.«

Peter tat noch einen Schritt vorwärts. Seine Bewegungen waren ruckartig, als seien die Teile seines Körpers nicht vollständig koordiniert. Die Muskeln an Armen und Schultern strafften sich, als er versuchte, die Klinge zu heben.

»Es wird schwerer, wie ich sehe.«

Noch ein Schritt, und Peter blieb stehen. Er war jetzt nah genug für einen Schlag. Fanning traf keine Anstalten, sich zu verteidigen. Sein Fledermausgesicht strahlte Zuversicht, beinahe Heiterkeit aus. Das Schwert war in einem Fünfundvierzig-Grad-Winkel auf den Boden gerichtet und wollte sich nicht heben.

»Komm, ich will dir helfen.«

Mit der langen Kralle seines Zeigefingers führte Fanning die Klinge in eine waagerechte Position und bewegte sich langsam darauf zu, bis die Spitze seine Brust berührte, dicht unterhalb des Brustbeins.

»Ein kräftiger Stoß sollte genügen.«

Ein tiefes Knurren der Anstrengung entrang sich Peters Brust. Die Sekunden zogen sich in die Länge, und jeder Teil seines Körpers spannte sich an. Luft entwich stoßartig seiner Lunge, er sank auf die Knie, und das Schwert fiel klirrend zu Boden.

»Siehst du, Amy? Es ist einfach nicht möglich. Dieser Mann gehört jetzt mir.«

Wie der Viral in der Halle hatte Peter den Kopf in kläglicher Ergebenheit gesenkt. Fanning legte ihm eine Hand auf die Schulter. Es war, als tätschelte er einen besonders gehorsamen Hund.

»Tu mir einen Gefallen, ja?«, sagte Fanning.

Peter hob den Kopf.

»Würdest du sie bitte töten?«

Michael schob sich mit den Handballen über den Boden und rutschte weg vom Fenster. Da draußen war mehr als ein Viral, das spürte er; sie waren wie Gespenster, da und doch nicht da, schattenhafte Gestalten, die durch den Staub wehten und schwebten.

Suchend, jagend.

Wenn sie ihn fanden, würde er keine zwei Schritte weit kommen. Er rutschte in den hinteren Teil des Geschäfts. Dort stand eine lange Theke, und dahinter war eine Tür, halb verborgen durch einen Vorhang. Als er hinter die Theke schlüpfte, fing der

Boden wieder an zu beben, stärker und stärker, wie eine Maschine, die auf Touren kam. Kleiderständer kippten um, Spiegel bekamen Risse und zersprangen. Putz löste sich von der Decke und explodierte auf dem Boden. Michael krümmte sich zu einer Kugel zusammen, schlang schützend die Arme um den Kopf und dachte: *Gott, wer immer du bist, ich habe deinen Scheiß jetzt satt. Ich bin nicht dein Spielzeug. Wenn du mich umbringen willst, hör bitte auf mit den Albernheiten. Bringen wir es hinter uns.*

Das Beben ließ nach. Draußen auf der Straße hörte er, wie überall Fenster aus den Rahmen brachen und klirrend auf das Pflaster schlugen. Die Virals lauerten immer noch dort, aber vielleicht hatten die Erschütterungen sie von seiner Spur abgebracht. Vielleicht kauerten sie in irgendwelchen dunklen Ecken, genau wie er. Vielleicht waren sie auch tot.

Er spähte um die Theke herum. Das Geschäft sah aus, als sei es von einer Abrissbirne getroffen worden. Das Einzige, was überlebt hatte, war ein freistehender mannshoher Spiegel, der unerklärlicherweise am rechten Rand des Raumes stand wie ein verwirrter Überlebender, der die Trümmer einer schrecklichen Katastrophe betrachtet. Der Spiegel stand in einem schrägen Winkel zum Schaufenster, und so konnte Michael einen Ausschnitt der Straße darin sehen.

Ein Dreierschwarm tauchte aus der Düsternis auf. Sie schienen ziellos umherzudriften und schauten sich um, als hätten sie sich verirrt. Michael zwang sich zu absoluter Stille. Wenn sie ihn nicht hörten, würden sie vielleicht vorbeigehen. Ein paar Sekunden lang setzten sie ihre konfuse Wanderung fort, doch dann blieb einer von ihnen unvermittelt stehen. Michael sah ihn im Profil; der Viral drehte das Gesicht hin und her, als wolle er den Ursprung eines Geräuschs triangulieren. Michael hielt den Atem an. Das Ungeheuer hielt inne und hob dann das Kinn, und in dieser Position blieb es wiederum ein paar Sekunden lang, bevor es sich dem Geschäft zuwandte. Seine Nase zuckte wie die einer Ratte.

Peter trat auf sie zu. Ein Fluchtversuch hatte keinen Sinn; das Resultat wäre das gleiche. Die Zeit hatte ihren gewohnten Lauf aufgegeben; alles schien jetzt eilig und zugleich seltsam träge zu geschehen. Ihr Gesichtsfeld hatte sich verengt, die Stadt um sie herum war zu einer Ansammlung von Schatten verblasst.

Sie weinte, aber nicht um sich selbst. Sie hätte nicht sagen können, weshalb sie weinte; ihre Tränen waren von einer beinahe abstrakten Traurigkeit, aber da war noch etwas anderes. Ihre Prüfungen waren zu Ende. In gewisser Weise war sie froh. Wie seltsam, ein Leben abzulegen wie eine schwere Last, die sie zu lange hatte tragen müssen. Hoffentlich würde sie ins Farmhaus gehen. Wie glücklich sie dort gewesen war! Sie erinnerte sich an das Klavier, an die Musik, die dort hervorgekommen war, Peters Hände auf ihren Schultern, seine beglückende Berührung. Wie glücklich sie zusammen gewesen waren!

»Es ist gut«, murmelte sie. Ihre Stimme klang fern, als sei es nicht ihre eigene. Sie kam mit kurzen, schnellen Atemzügen über ihre Lippen. »Es ist gut, es ist gut.«

Peter hob das Schwert und richtete die Spitze auf ihre Kehle. Der Abstand verringerte sich und blieb dann, wie er war, der Stahl nur ein paar Fingerbreit von ihrer Haut entfernt. Er legte den Kopf zur Seite. In der nächsten Sekunde würde er zustechen.

»Nun?«, sagte Fanning.

Ihre Blicke trafen sich. Zu kennen und gekannt zu werden, das war ihr letztes Verlangen, das Herz der Liebe. Es war das Einzige, das sie ihm geben konnte. Eine gewaltige Kraft brach sich Bahn in ihr, eine Art Licht. Sie hätte es geradewegs in sein Herz strahlen lassen, wenn sie nur gekonnt hätte.

»Du bist Peter«, flüsterte sie und flüsterte immer weiter, damit er die Worte hören konnte. »Du bist Peter, du bist Peter, du bist Peter ...«

*Das Blut,* dachte Michael.
*Sie können mein Blut riechen.*

Er wusste nicht, ob er stehen, geschweige denn rennen konnte. Die rote Straße, die er auf den Boden gemalt hatte, würde sie geradewegs zu ihm führen. Er presste den Rücken an die Theke und zog die Knie an die Brust. Die Virals waren hereingekommen. Er hörte ein feuchtes Schnüffeln, wie Schweine es von sich geben, wenn sie im Schlamm wühlen: Sie leckten das Blut vom Boden. Ein verrückter Beschützerdrang erfasste ihn: *Hey, lasst mein Blut in Ruhe!* Immer weiter ging das laszive Schlürfen. Sie waren so sehr darauf konzentriert, dass Michael anfing, an die Tür hinter dem Vorhang zu denken. Was lag dahinter? War es eine Sackgasse, oder war da vielleicht ein Gang, der tiefer ins Gebäude führte – oder sogar hinaus auf die Straße? Die Theke verdeckte die Tür nur zum Teil. Für eine bestimmte Zeit, je nachdem, wie schnell er sich bewegen könnte, wäre er sichtbar.

Er spähte um die Ecke und nutzte den schrägstehenden Spiegel für einen Blick in den Raum. Die Virals kauerten auf Händen und Knien und drückten die Schnauzen auf den Boden. Ihre Zungen kreisten wie Wischmopps. Michael huschte hinter der Theke entlang, bis er so nah wie möglich an der Tür war, die drei Meter rechts hinter ihm lag. Wenn er die Virals in die gegenüberliegende Ecke des Raums locken könnte, würde die Theke ihn vollständig verdecken.

Michael wickelte den Schal von seinem Bein. Der Stoff hatte sich mit Blut vollgesogen. Er drückte ihn zu einer Kugel zusammen, verknotete die Enden, um die Form zu halten, und richtete sich dann auf den Knien auf. Er blieb mit dem Kopf unter der

Thekenkante, holte aus und zählte bis drei. Dann warf er den Schal quer durch den Raum.

Die Kugel flog klatschend gegen die Wand. Michael ließ sich auf den Bauch fallen und fing an zu kriechen. Hinter sich hörte er hastiges Geraschel und dann eine Serie von klickenden und knurrenden Lauten. Es war besser, als er gehofft hatte: Die Virals prügelten sich um den Schal. Er schlüpfte unter dem Vorhang hindurch und kroch weiter. Sehen konnte er jetzt überhaupt nichts mehr. Er kroch noch ein kleines Stück weiter, bis er sich von der Tür entfernt hatte, und versuchte dann aufzustehen. Den Augenblick, in dem der Fuß seines verletzten Beins den Boden berührte, würde er ganz sicher nie mehr vergessen. Der Schmerz war einfach spektakulär. Aus der Hemdtasche angelte er eine Schachtel Streichhölzer. Er fummelte im Dunkeln damit herum, bis es ihm gelang, ein Streichholz herauszunehmen, ohne den ganzen Rest auf den Boden fallen zu lassen. Er riss es an.

Er war in einem schmalen Korridor mit hohen Backsteinwänden, der tiefer in das Gebäude hineinführte. An Metallstangen an den Wänden hingen leere Kleiderbügel. Die Luft war hier klarer und weniger staubig. Er zog das Taschentuch vor seinem Gesicht herunter. Eine Tür zur Linken führte in eine kleine Kammer mit Umkleidekabinen, die mit Vorhängen verschlossen waren. Er schaute zu Boden: Blutstropfen verrieten den Weg, den er gegangen war, wie eine Spur aus Brotkrumen. Blut schmatzte auch in seinem Stiefel. Das Streichholz brannte herunter, und er warf es weg, riss ein neues an und ging weiter.

Acht Streichhölzer später kam Michael zu dem Schluss, dass hier kein Weg ins Freie führte. Abzweigende Korridore hatten ihn immer wieder in den zentralen Gang zurückgeführt. Wer entwarf ein solches Gebäude? Wie lange würde es dauern, bis die Virals das Interesse an dem Lappen verloren und dem Blut folgten?

Er kam in einen letzten Raum. Anscheinend war es eine Küche; er sah einen Herd und eine Spüle, und Schränke hingen an zwei der vier Wände. In der Mitte stand ein kleiner Tisch mit offenen Dosen und Plastikflaschen. Zwei Skelette mit braunen Knochen lagen ineinander verknäult auf einer durchgelegenen Matratze. In ganz New York waren es die ersten menschlichen Überreste, die Michael zu Gesicht bekam. Er hockte sich neben sie. Das eine war viel kleiner als das andere, das mit seinem langen, ausgetrockneten Haar anscheinend einer erwachsenen Frau gehörte. Eine Mutter und ihr Kind? Wahrscheinlich hatten sie sich während der Krise zusammen verkrochen. Seit hundert Jahren lagen sie hier, für alle Zeit erstarrt in ihrem letzten, liebevollen Augenblick. Michael fühlte sich wie ein Störenfried – als habe er die Unantastbarkeit eines Grabes verletzt.

Ein Fenster.

Es war mit einem Gitter gesichert. Schwenkbare Läden aus Maschendraht wurden von Metallrahmen gehalten, die an die Wand geschraubt waren. Die beiden Läden waren mit einem Vorhängeschloss verbunden. Das Streichholz brannte herunter und versengte ihm die Fingerspitzen. Er warf es weg. Als seine Augen sich an die Dunkelheit gewöhnt hatten, sah er, dass ein matter Lichtschimmer durch das Fenster hereinfiel, gerade so hell, dass er etwas erkennen konnte. Er sah sich um und suchte etwas, das er als Hebel benutzen könnte. *Nachdenken, Michael.* Auf dem Tisch lag ein Buttermesser. Der Boden wankte noch einmal mit einem kurzen horizontalen Dröhnen. Mörtelstaub rieselte herab. Er schob das Messer unter den halbrunden Bügel des Schlosses. Seine Hände waren kalt und ein bisschen taub, sodass er sie fast nicht mehr unter Kontrolle hatte. Der Blutverlust machte sich bemerkbar. Er straffte Arme und Schultern und drehte die Klinge mit einem Ruck.

Sie brach ab.

Das war's. Er hatte genug. Michael war am Ende. Er sank zu Boden und lehnte sich mit dem Rücken an die Wand, damit er sie kommen sah.

Peter stand auf einer Wiese im kniehohen Gras. Die Farben rings-um waren eigenartig; sie hatten eine unnatürliche, verrückte Le-bendigkeit, die noch die kleinste Bewegung in der Landschaft be-tonte. Ein leichter Wind wehte. Das Land war völlig eben; nur in weiter Ferne drängten sich Berge am Horizont. Es war weder Tag noch Nacht, sondern etwas dazwischen. Das Licht war weich und warf keine Schatten. Was war das für ein sonderbarer Ort? Wie war er hierhergekommen? Er durchforschte sein Gedächt-nis, und erst jetzt wurde ihm klar, dass er überhaupt nicht wuss-te, wer er war. Er empfand leise Beunruhigung. Er lebte, er exis-tierte, aber anscheinend hatte er keine Vergangenheit, an die er sich erinnern konnte.

Er hörte das Geräusch von fließendem Wasser und ging darauf zu. Er tat es automatisch, als werde sein Körper von einer un-sichtbaren Intelligenz gesteuert. Nach einiger Zeit kam er an ei-nen Fluss. Das Wasser bewegte sich träge murmelnd um ein paar verstreute Felsen. Blätter kreiselten in der Strömung wie aufwärts-gerichtete Hände. Er folgte dem Fluss stromabwärts bis zu einer Biegung, wo sich das Wasser zu einem Becken verbreiterte. Der Wasserspiegel war still, beinahe wie hartes Glas. Er war sonder-bar erregt; es kam ihm so vor, als liege in den Tiefen des Bassins eine Antwort, aber er wusste nicht, wie die Frage lautete. Sie lag ihm auf der Zunge, aber wenn er sich darauf konzentrieren woll-te, flog sie auf und schwirrte wie ein Vogel aus seinem Kopf hin-aus. Er kniete sich an den Rand des Beckens und schaute hinein. Ein Bild erschien: das Gesicht eines Mannes. Es war ein beunru-higender Anblick. Das Gesicht gehörte ihm, aber es hätte genau-so gut das eines Fremden sein können. Er streckte die Hand aus und durchbrach mit seinem Zeigefinger den Wasserspiegel. Kon-zentrische Ringe blühten von der Berührungsstelle nach außen, und dann fügte sich das Bild wieder zusammen. Und gleichzeitig kam – von ferne erst, dann immer deutlicher – das Gefühl des Er-kennens. Er wusste, wer er war. Wenn er sich nur erinnern könnte.

*Du bist ...* Es war, als wollte er mit seinen Gedanken einen Felsblock stemmen. *Du bist ... du bist ...*

Peter.

Er taumelte zurück. In seinem Kopf brach ein Damm. Bilder, Gesichter, Tage, Namen – alles brandete in einer reißenden Woge heran, beinahe schmerzhaft. Seine Umgebung – die Wiese, der Fluss, das matte Licht des Himmels – begann sich zu zerstreuen. Sie wurde weggespült. Dahinter lag eine ganz andere Realität von Dingen und Menschen und Ereignissen und geordneter Zeit. *Ich bin Peter Jaxon,* dachte er, und dann sagte er es:

»Ich bin Peter Jaxon.«

Peter taumelte zurück, und das Schwert fiel aus seiner Hand.

»Was glaubst du, was du da tust?«, fauchte Fanning. »Ich habe gesagt, du sollst sie töten.«

Peter drehte den Kopf, und seine Augen richteten sich auf Fannings Gesicht und wurden schmal. Es passierte, dachte Amy. Er erinnerte sich. Die Muskeln seiner Beine spannten sich.

Er sprang.

Er rammte Fanning frontal. Das Überraschungsmoment war auf seiner Seite: Fanning flog davon. Er krachte zu Boden, überschlug sich ein paar Mal und landete vor einem Betonpfeiler. Dort rappelte er sich auf alle viere auf, aber seine Bewegungen waren schwerfällig. Er schüttelte den Kopf wie ein Pferd und spuckte aus.

»Na, *das* kam unerwartet.«

Dann wurde Amy von den Beinen gerissen; Peter hatte sie in die Arme genommen und rannte mit ihr mit Riesenschritten die 43rd Street hinunter. Wohin wollte er mit ihr? Dann begriff sie: zu dem halb fertigen Hochhaus. Sie hob das Gesicht zum Himmel, aber der Staub war so dicht, dass sie nicht sehen konnte, ob die oberen Geschosse die dunkle Wolke überragten. Unten am Aufzug blieb Peter stehen. Er schwang Amy auf seinen Rücken, kletterte am

Außengerüst des Aufzugs drei Meter hoch, holte Amy nach vorn, senkte sie durch das Gerüstgitter auf das Dach der Fahrstuhlkabine und folgte ihr hinunter. Was er mit alldem beabsichtigte, wusste sie nicht. Er nahm sie wieder auf den Rücken und drückte ihre Knie mit den Ellenbogen fest um seine Taille; damit gab er ihr zu verstehen, sie solle sich so gut wie möglich an ihm festhalten. Das alles hatte nur wenige Sekunden gedauert. Die Kabel des Aufzugs – es waren drei – waren in einer Stahlplatte verankert, die an einem Querträger auf dem Dach der Kabine befestigt war. Peter packte die Kabel mit den Fäusten und stellte sich breitbeinig hin. Amy, die mit den Armen seine Schultern umschlang und die Beine wie eine Schraubzwinge um seine Taille gespannt hatte, spürte den wachsenden Druck in seinem Körper. Peter fing an, mit zusammengebissenen Zähnen zu stöhnen. Erst jetzt wurde ihr klar, was er vorhatte. Sie schloss die Augen.

Die Platte riss sich los. Amy und Peter flogen himmelwärts; Peter hielt die Kabel fest, Amy saß auf seinem Rücken wie der Panzer einer Schildkröte. Fünf Stockwerke, zehn, fünfzehn. Das Gegengewicht der Aufzugkabine raste an ihnen vorbei nach unten. Was würde passieren, wenn sie oben ankämen? Würden sie durch die Decke ins All fliegen?

Plötzlich erschauerte das ganze Gerüst. Das Gegengewicht war unten angekommen. Sofort war die Spannung des Kabels weg. Amy wurde in die Höhe geschleudert und starrte plötzlich in den Grund des Schachtes. Sie war allein in der Luft, ohne Verbindung zu etwas anderem. Ihr Körper wurde langsamer, als er den Höhepunkt des Aufstiegs erreichte, und eine Sekunde lang schien er zu schweben. *Ich werde abstürzen,* dachte sie. Wie weit entfernt der Boden war! Sie würde mit hundert Meilen pro Stunde da unten aufschlagen, vielleicht noch schneller. *Ich falle.*

Ein Ruck: Peter, der immer noch die Kabel in der Faust hielt, hatte ihr Handgelenk gepackt. Er ruderte mit den Beinen und verlagerte seinen Schwerpunkt, um Amy in immer weiterem Bogen hin und her schwingen zu lassen. Amy sah sein Ziel: eine Öffnung in der Schachtwand, nicht weit unter ihnen.

Er ließ sie los.

Sie landete auf dem Boden und rollte ein Stück weit, bevor sie liegen blieb. Sie waren noch innerhalb der Staubwolke. Das Adrenalin, das der Aufstieg freigesetzt hatte, schärfte ihre Sinne. Alles bekam harte, beinahe körnige Konturen. Sie kroch bis zur Kante und schaute in den schwindelerregenden Abgrund.

Fanning kletterte an der Gebäudefassade herauf.

Die Luft erzitterte von einem titanischen Donner. Das Gebäude auf der anderen Seite der 43rd Street schmolz senkrecht in sich zusammen wie ein Mann, dem man in die Knie geschossen hatte. Der Boden unter Amy fing an zu beben, und die Vibrationen wurden stärker. Das Geräusch von knickendem Stahl wanderte durch das Gerüst, als sich der Boden unvermittelt zur Straße neigte. Einzelne Gegenstände – rostiges Werkzeug, Sägeböcke, feucht aufgequollene Gipsplatten, ein Eimer Nägel – rutschten an ihr vorbei und segelten in den Abgrund. Amy lag auf dem Bauch, flach an den Boden gepresst, aber der neigte sich immer weiter. Sie kam ins Rutschen, Hände und Füße fanden keinen Halt, die Schwerkraft war stärker als alles andere …

»Peter, Hilfe!«

Der wunderbare Druck seiner Hand an ihrem Arm hielt sie auf. Er lag auf dem Bauch, und ihre Schädel berührten sich beinahe. Der Boden kippte noch einmal ruckartig, aber Peter hielt sie fest. Seine Zehen gruben sich in den Beton. Mit zunehmender Kraft zog er sie von der Kante zurück.

»Ah«, sagte Fanning. Sein Gesicht war über der Kante aufgetaucht. »Da seid ihr ja.«


Michael hörte ein leises metallenes Klirren auf dem Gang – die Kleiderbügel schaukelten an den Stangen. Für einen Augenblick wurde es still; die Spur seines Blutes, die im Zickzack hin und her durch die verschiedenen Korridore und wieder zurück führte, hatte sie ratlos gemacht. Die Stille war unerträglich. Wenn er doch nur ohnmächtig werden könnte. Aber er fühlte sich allenfalls noch wacher als sonst.

Vielleicht sollte er ein Geräusch machen. Sie rufen und die ganze Sache hinter sich bringen. *Hey, ich bin hier drin, ihr Idioten! Fuck, jetzt kommt schon und holt mich!*

Was für ein dämlicher, x-beliebiger Ort zum Sterben! Er hatte nie angenommen, dass er im Bett sterben würde. So war die Welt nicht, und so war er nicht. Aber in einer verdammten Küche?

In einer Küche.

Aufzustehen kam nicht in Frage. Aber der Herd war in Reichweite. Schwindel schwappte durch sein Hirn, als er wippend auf die Knie kam. Er streckte sich nach vorn und bekam die Bratpfanne zu fassen. Er spuckte auf die Unterseite und wischte das Metall mit dem Hemdsaum ab. Sein Spiegelbild war verschwommen und undetailliert, eher der Umriss eines menschlichen Gesichts als das Abbild einer Person, aber mehr hatte er nicht.

Die Geräusche kamen näher.

Sie rannten die Treppe hinauf. Zwei waren es bis zum Dach. Der Staub war immer noch genauso dicht, doch ein hellerer Streifen am westlichen Himmel, matt, aber erkennbar, verriet den Stand der Sonne.

Sie mussten noch höher steigen, über die Staubwolke hinaus.

Amy spähte nach oben. Der Ausleger des Krans wippte wie der Hals eines pickenden Vogels. Eine lange Kette mit einem Haken hing schwankend an seinem Ende. Eine Leiter im Mast des Krans führte hinauf bis zur Spitze.

Sie begannen zu klettern. Wo war Fanning? Sicher beobachtete er sie – genoss die Situation, wartete auf seinen Augenblick.

Mit metallischem Dröhnen kletterten sie weiter, bis sie oben ankamen. Der Kran schwankte immer stärker. Das ganze Ding fühlte sich instabil an, als würde es sich jeden Augenblick von der Gebäudefassade lösen. Noch immer waren sie in der Staubwolke. Die Skyline von Midtown Manhattan war ein Bild der Verwüstung, und die Zerstörung wanderte vom Epizentrum immer noch weiter nach außen. Ein Rumpeln, eine Staubwolke, und wieder stürzte ein Gebäude zusammen. Breite Lücken klafften, wo eben noch ganze Häuserblocks gestanden hatten.

»Hallo da oben!«

Fanning hatte den Mast halb erstiegen. Er packte mit einer Hand eine Leitersprosse, lehnte sich hinaus und winkte mit vergnügter Zuversicht zu ihnen herauf. »Keine Sorge, ich bin gleich da!«

Ein schmaler Laufsteg führte zum Ende des Auslegers. Amy kroch darauf entlang, und Peter folgte ihr. Der Ausleger wippte hart auf und ab. Amy hielt den Blick starr nach vorn gerichtet; sie wagte nicht, in den Abgrund zu schauen. Schon ein kurzer Blick würde sie lähmen.

Sie hatten das Ende erreicht, und jetzt ging es nicht mehr weiter.

»Verdammt, ich liebe eine gute Aussicht!«

Fanning war oben im Mast des Krans angekommen und stand jetzt fünfzehn Meter weit hinter ihnen. Er bog den Rücken durch, blähte die Brust und ließ den Blick über die Ruinen der Stadt wandern.

»Da habt ihr wirklich ein ganz schönes Chaos angerichtet, was? Als New Yorker muss ich sagen, das weckt ein paar unangenehme Erinnerungen.«

Plötzlich berührte etwas Warmes Amys Wange. Sie schaute nach links und über die Fifth Avenue. Die Glasfassade des Gebäudes auf der anderen Seite leuchtete in mattem Orange. Aber das ergab keinen Sinn; das Gebäude war nach Osten gewandt, weg von der Sonne. Das Leuchten, erkannte sie, war eine Spiegelung.

Fanning seufzte theatralisch. »Tja. Sieht aus, als hätten wir das Ende der Fahnenstange erreicht. Ich würde dich bitten, zur Seite zu gehen, Peter, aber mir scheint, du bist kein besonders guter Zuhörer.«

Die Bewegungen des Krans wurden immer heftiger. Tief unter ihnen schwang die Kette mit dem Haken wie ein Pendel hin und her. Das Glas leuchtete heller. Woher kam das Licht?

»Was meint ihr? Vielleicht könntet ihr beide euch bei der Hand halten und euch hinunterstürzen. Ich warte gern.«

Es blitzte. Ein gleißender Sonnenstrahl, der von der Stahlkrone des Chrysler Building zurückgeworfen wurde, hatte die Dunkelheit durchbrochen.

Er traf Fanning mitten ins Gesicht.

Unvermittelt kippte der Kran von der Fassade weg. Die Schrauben, mit denen der Mast an den äußeren Trägern des Gebäudes befestigt war, flogen heraus. Mit lautem Stöhnen schwenkte der Ausleger hinaus über die Fifth Avenue, langsam zuerst, aber dann immer schneller. Der Mast neigte sich schräg. Die Bewegung führte sie abwärts und weg von dem Gebäude, und der Ausleger fiel wie ein Hammer auf den Glasturm auf der anderen Straßenseite zu. Er würde das Gebäude in einem Winkel von fünfundvierzig Grad durchbohren wie ein Speer.

*Oh, bitte,* dachte Amy und klammerte sich an die Ränder des Laufstegs. *Mach, dass es aufhört.*

Glas explodierte um sie herum.

Die Virals betraten die Küche nicht, sie platzten herein. Der erste, der Alpha, machte einen Satz über den Tisch hinweg und landete dicht vor ihm. Michael hielt ihm die Pfanne vor das Gesicht.

Der Viral erstarrte.

Die beiden anderen waren verwirrt und wussten nicht, was sie tun sollten. Es war so, wie Michael gehofft hatte: Er hatte die Befehlskette unterbrochen. Er bewegte die Pfanne ein kleines Stück zur Seite, und der Blick des Virals verfolgte sie entschlossen. Michael hätte diese Entdeckung faszinierend gefunden, wenn er nicht so furchtbare Angst gehabt hätte. Er wagte kaum zu atmen, als er die Pfanne zu sich heranbewegte. Der Viral folgte ihr gehorsam und wie gebannt. Stück für Stück verringerte sich der Abstand zwischen ihnen. Michael schwenkte die Pfanne nach links, sodass der Viral den Kopf zur Seite drehte.

*Ein abgebrochenes Buttermesser,* dachte Michael. *Ich darf nichts falsch machen.*

Er stieß zu.

Das Ende des Kranauslegers fuhr in den zweiunddreißigsten Stock des Glasturms an der Nordwestecke der Kreuzung 43rd und Fifth, und zwar mit solcher Wucht, dass es seine Abwärtsbewegung durch zwei Stockwerke fortsetzte und damit immer tiefer in das Gebäude eindrang. Dort verharrte der Ausleger in einem empfindlichen Gleichgewicht. Mit dem Mast bildete er ein gleichschenkliges Dreieck, hundert Meter hoch über der Straße.

Als Amy wieder zu sich kam, konnte sie sich nur teilweise an diese Ereignisse erinnern – an das Gefühl eines rasenden Absturzes, der in einem so umfassenden Chaos kulminierte, dass sie die Einzelheiten nicht mehr zusammenbrachte. Sie lag verdreht und mit angezogenen Knien auf dem Boden, den linken Arm über den Kopf gestreckt. Vor sich sah sie einen Bereich von Licht und Wind und wirbelndem Staub, und nach ein paar Augenblicken erkannte sie, dass es ein klaffendes Loch in der Gebäudewand war. Links von ihr steckte das Ende des Kranauslegers schräg im Boden und schwankte mit einschläferndem Knarren hin und her. Davon abgesehen war es gespenstisch still. Etwas Raues, Klobiges lag unter ihr: die Kette. Sie war immer noch an dem Ausleger befestigt. Sie war zutiefst verblüfft darüber, dass sie überlebt hatte, dass sie überhaupt noch am Leben war. Das war ihre einzige Regung. Als sie sich auf den Bauch rollte, geriet ihr durch den langen Flug durch das Nichts gestörtes Gleichgewichtsgefühl in ein übelkeiterregendes Wanken. Trotzdem gelang es ihr, sich auf Händen und Knien aufzurichten und auf das Ende des Auslegers zuzukriechen.

Peter lag mit dem Gesicht nach unten auf dem Laufsteg. Auf den ersten Blick sah es nicht so aus, als ob er noch lebte. Überall war Blut, und sein Kopf war in einem merkwürdigen Winkel weg von ihr und zur Seite gedreht. Ein Arm baumelte über die Kante. Aber als Amy herankroch und seinen Namen rief, sah sie eine kaum merkliche Regung. Er atmete noch, und dann zuckte auch seine Hand. »Ich komme«, rief sie, »ich komme dich holen. Warte.«

Viel Zeit hatte sie nicht. Das kipplige Gleichgewicht des Krans würde nicht mehr lange halten. Jeden Augenblick konnte sich das ganze Ding losreißen und tief hinunter auf die Straße stürzen. Amy kniete sich auf den Laufsteg und schob die Hände unter Peters Schultern. Keuchend rang sie nach Atem, und der Schweiß lief ihr in Mund und Augen. Sie musste ein paar Mal hintereinander ruckartig an ihm zerren, aber dann hatte sie das Ende des Auslegers erreicht und konnte ihn zu Boden gleiten lassen.

Sie drehte ihn auf den Rücken. Er lag völlig bewegungslos da, aber seine Augen waren offen. Amy umfasste sein Kinn und drehte sein Gesicht so, dass er sie anschaute. Seine Zunge glitt hinter den Zähnen hin und her, und ein gurgelndes Geräusch kam aus seinem Mund. Er versuchte zu sprechen.

»Du bist verletzt«, sagte sie. »Du darfst nicht sprechen.«

Die Muskeln seines Gesichts spannten sich, und seine Augen öffneten sich sehr weit. Sie begriff, dass er sie nicht anschaute. Sein Blick ging an ihr vorbei.

Ein einzelnes Wort, das letzte Wort seines Lebens, platzte aus Peters Mund: »*Fanning.*«


Das abgebrochene Ende des Buttermessers verschwand im Auge des Virals, und klare Flüssigkeit spritzte heraus. Michael versuchte, das Messer festzuhalten, aber das Metall rutschte ihm aus den

Fingern, als die Kreatur ein schrilles Quieken ausstieß und zurücktaumelte. Das Messer blieb stecken. Jetzt hatte Michael nur noch die Pfanne. Als einer der beiden anderen heransprang, schlug er zu, so fest er konnte, und traf das Ungeheuer seitlich am Schädel. Dann fiel er auf die Seite, immer noch an die Wand gedrückt, und hob die Pfanne vor das Gesicht.

Der Viral schlug sie weg.

Michael rollte sich auf den Bauch und bedeckte seinen Kopf mit den Armen.

Brüllend vor Wut stürzte Fanning sich auf sie. Eine Sekunde der Verwirrung, dann lag sie auf dem Rücken, Fanning hockte rittlings auf ihren Hüften, und seine Klauen spannten sich um ihren Hals. Die Haut in seinem Gesicht war schwarz verkohlt und löste sich in langen, wulstigen Streifen ab, sodass die Muskulatur darunter bloßlag. Seine Lippen waren fort, und sein Mund grinste mit nackten Zähnen wie ein Totenschädel. Etwas Feuchtes, Klebriges baumelte aus seinen Augenhöhlen; die Augäpfel waren geplatzt. Amy versuchte zu atmen, aber durch ihre zusammengepresste Kehle drang keine Luft. Speichel spritzte aus Fannings Mund in ihre Augen. Sie schlug mit beiden Händen auf seine Arme und sein Gesicht ein, aber ihre Versuche waren kraft- und ziellos. Der Boden fing an zu zittern; der Kran löste sich. Ihr Gesichtsfeld schrumpfte um sie herum zusammen und wurde zu einem Tunnel. Sie hörte auf, um sich zu schlagen, und tastete mit beiden Händen ringsum über den Boden. *Er ist blind,* dachte sie, *er kann nicht sehen, was du tust.* Das Zittern wurde stärker, und mit dem Kreischen von reißendem Stahl schnellte der Ausleger in die Höhe.

Da war sie, unter ihrer Hand. Die Kette.

Sie schlang sie um Fannings Hals, und sein Gesicht und sein Körper reagierten erschrocken. Amy spürte, dass der Druck an ihrer Luftröhre für einen Moment nachließ. Der Kranausleger bewegte sich jetzt rückwärts aus der Fassade. Schnell formte sie eine zweite Schlinge aus der Kette und warf sie ihm über den Kopf.

Fanning ließ sie los und richtete sich auf. Seine Hand tastete über seinen Hals. Die Kette straffte sich.

»Geh sie suchen«, sagte Amy.

Er schrie nicht einmal auf. Er verließ die Welt binnen eines Lidschlags. Gerade war er noch da, und im nächsten Moment riss es ihn hinaus in den wirbelnden Staub, und so verschwand sein Körper in der Asche der versunkenen Stadt.

Und dann war es vorbei.

Michael wartete noch lange. Die Stille erschien ihm wie ein Trick. Aber als die Sekunden vergingen und nichts passierte, wurde ihm klar, dass sich etwas verändert hatte. Um ihn herum herrschte eine tiefe Ruhe, als wäre er allein im Raum.

Er nahm die Hände von den Augen und sah sich um.

Die Virals waren tot. Der, der die Pfanne zur Seite geschlagen hatte, lag zu seinen Füßen, zusammengekrümmt wie ein Fötus. Die beiden anderen lagen in der gleichen Haltung auf der anderen Seite des Raumes, auch der mit der Klinge im Auge, aus dem immer noch eine blutig gefärbte Flüssigkeit rann. In ihrer Pose lag eine eigenartige Zartheit. Es sah aus, als hätten sie sich, von plötzlicher Erschöpfung übermannt, auf den Boden gelegt, um dort einzuschlafen.

Er zog sich am Herd hoch und humpelte durch den Gang, folgte seiner Blutspur. Mit einem Schal von einem der Ständer verband er sich das Bein neu, und dann wagte er sich hinaus. Die Strahlen einer tiefstehenden Abendsonne drangen durch den Staub und ließen die Wolken farbig leuchten. Michael ging nach Osten bis zur Lafayette Street und wandte sich dann nach Norden. Erst als er noch einen Block weitergewandert war, wusste er mit Sicherheit, was passiert war.

Die Virals lagen überall. Auf den Gehwegen. Auf der Straße. Auf den Dächern der alten Autos. Alle in der gleichen Embryonalstellung, zusammengerollt wie Kinder in ihren Betten nach einem allzu langen Tag – ein Anblick, der weniger an den Tod denken ließ als vielmehr an eine gemeinsame Ruhe, so weit das Auge reichte. Wie die Stadt, deren Teil sie so lange gewesen waren, zerfielen ihre Körper zu Staub. Es war ein Anblick, der Staunen weckte. Ein großes, trauriges, freudiges Staunen, zu viel für einen einzelnen Verstand. Er stolperte weiter. In Uptown Manhattan ging das Rumpeln der Zerstörung immer noch weiter. Noch monate-, jahre-, vielleicht jahrhundertelang würde sich die große Stadt ins Meer senken. Aber jetzt, als Michael sich seinen Weg zwischen den Kadavern hindurch suchte, herrschte eine unendliche Stille. Die Welt verharrte eingedenk dieses Geschehens, und die Zeit hielt die Geschichte in der gewölbten Hand.

Und schließlich tat Michael Fisher das Einzige, was ihm zu tun blieb: Er fiel auf die Knie und weinte.


Peter hatte angefangen zu sterben.

Amy spürte, wie sein Geist verblasste. Fanning verließ ihn. Seine Augen waren offen, aber das Licht darin wurde trüb. Bald würde es erloschen sein.

*Verlass mich nicht.* Sie nahm seine Hand und drückte sie an ihre Wange, aber sie wurde schon kalt. Die Muskeln seines Gesichts entspannten sich im Sterben. *Bitte,* sagte sie, und ein Schluchzen schüttelte sie, *bitte lass mich nicht allein.*

Es war Zeit, ihn loszulassen, sich von ihm zu verabschieden, aber die Aussicht darauf war unerträglich. Sie konnte es nicht akzeptieren. Vielleicht gab es noch eine Möglichkeit. Schwerwiegend wie nichts anderes – ja, sogar ein Verrat. Einen Augenblick lang hatte sie das Gefühl, außerhalb ihres Körpers zu sein und sich dabei zuzusehen, wie sie eine Glasscherbe vom Boden aufhob und sich damit die Handfläche aufschnitt. Blut quoll aus der

Wunde und sammelte sich schnell zu einer dunkelroten Pfütze. Sie nahm Peters Hand und tat das Gleiche mit ihr. Ein letztes Aufflackern des Zweifels, und dann presste sie seine Hand an ihre und flocht die Finger ineinander. Sie spürte ein winziges Zucken, und mit zunehmendem Druck faltete Peter seine Finger über ihren Handrücken.

Amy schloss die Augen.

# XII

---

## Das wilde Jenseits

*Sinkt auch ins Dunkel meine Seele,*
*Geht sie doch auf ins helle Licht;*
*Zu sehr hab ich geliebt die Sterne,*
*Ich fürchte vor der Nacht mich nicht.*

Sarah Williams,
*Der alte Astronom an seinen Schüler*

# 83

Am oberen Rand des Central Park, abseits der Zerstörung, schlugen Amy und Michael ihr Lager auf. Sie hatten fast eine Woche gebraucht, um einander zu finden; das Zentrum der Insel war durch unüberwindliche Trümmerberge blockiert. Am Morgen des sechsten Tages hatte Amy ihn rufen gehört. Dann war Michael aus dem Schutt hervorgekommen, eine geisterhafte Gestalt, von Asche bedeckt. Inzwischen wusste Amy, dass Alicia nicht mehr da war. Ihre Anwesenheit, ihr Geist – sie waren nirgends auf dieser Welt. Trotzdem – als Michael ihr erzählte, was passiert war, überwältigte sie die Realität, und sie saß auf dem Boden und weinte.

Und Peter?, fragte Michael vorsichtig.

Ohne aufzublicken, schüttelte Amy den Kopf. Nein.

Sie blieben drei Wochen, um sich auszuruhen und Vorräte zu sammeln. Michael kam langsam wieder zu Kräften. Gemeinsam zimmerten sie eine einfache Räucherhütte zusammen und stellten Fallen, um kleinere Tiere zu fangen. Anderswo im Park fanden sie verschiedene essbare Pflanzen, sogar ein paar Apfelbäume, voll von glänzenden Früchten. Michael befürchtete, das Wasser im Reservoir könnte mit Salzwasser verunreinigt sein, aber das war es nicht. Sie holten den Wasserfilter von der *Nautilus*, um es von Schwebstoffen zu reinigen. Von Zeit zu Zeit hörten sie das Donnern eines weiteren einstürzenden Gebäudes, gefolgt von einer Stille, die irgendwie umso tiefer war. In der ersten Zeit erschraken sie jedes Mal, aber irgendwann war es ein alltägliches Geräusch, das sie gar nicht mehr zur Kenntnis nahmen.

Die Tage waren lang, und die Sonne brannte. Eines frühen Morgens weckte sie ein krachender Donner. Ein Gewitter nach dem anderen fegte lärmend durch die Stadt, und als die Sonne schließlich wieder schien, war die Luft verändert. Der Park strahlte in funkelnder Frische, und der Staub war von den Blättern der Bäume heruntergewaschen.

In der letzten Nacht holte Michael die Flasche Whisky hervor. Er hatte sie in einem Apartmenthaus gefunden, in dem er nach Werkzeug und Kleidung gestöbert hatte. Der Verschluss war versiegelt, und das Glas war so dick von Staub bedeckt, dass es aussah wie von einer Schicht Erde umhüllt. Sie saßen am Feuer, und Michael kostete als Erster. »Auf abwesende Freunde«, sagte er, hob die Flasche und trank in tiefen Zügen. Sein Adamsapfel hüpfte, und er fing an zu husten, aber gleichzeitig machte er ein triumphierendes Gesicht.

»Oh, das wird dir schmecken«, keuchte er und reichte Amy die Flasche.

Amy nippte an der Flasche, um ein Gefühl für den Whisky zu bekommen, und dann legte sie den Kopf in den Nacken, wie Michael es getan hatte, und ließ die Flüssigkeit in den Mund laufen. Ein schwerer, rauchiger Geschmack erblühte auf ihrer Zunge, und kribbelnde Wärme strömte in ihre Nase.

Michael sah sie fragend und mit hochgezogenen Brauen an. »Du solltest dich vielleicht ein bisschen zurückhalten«, sagte er warnend. »Das ist ein hundertzwanzig Jahre alter Scotch, was du da trinkst.«

Sie nahm einen zweiten Zug aus der Flasche und genoss das Aroma noch intensiver.

»Es schmeckt … nach früher«, sagte sie.

Am Morgen brachen sie ihre Zelte ab und zogen nach Süden, durch den Park und dann die Eighth Avenue hinunter. Als sie am Wasser angekommen waren, luden sie die letzten Vorräte für Michael auf die *Nautilus*. Er würde zuerst nach Florida segeln, wo er noch einmal Proviant an Bord nehmen wollte, und dann würde er die lange Etappe bis zur brasilianischen Küste in Angriff nehmen und an ihr entlang bis hinunter zur Magellanstraße fahren. Dahinter käme noch einmal ein Stopp, um sich auszuruhen und zu verproviantieren, und dann würde es in den Südatlantik weitergehen.

»Bist du sicher, dass du sie finden kannst?«, fragte Amy.

Er zuckte unbekümmert die Achseln, aber sie wussten beide, wie gefährlich es war, was er da vorhatte. »Nach alldem hier – wie schwer kann es sein?« Er brach ab, sah sie an und fuhr dann in vorsichtigem Ton fort. »Ich weiß, du findest, du kannst nicht mitkommen …«

»Ich kann es nicht, Michael.«

Er suchte nach Worten. »Es ist nur … wie wirst du zurechtkommen? Ganz allein?«

Darauf wusste Amy keine Antwort, zumindest keine, von der sie annahm, dass sie ihm einleuchten würde. »Ich werde es müssen.« Sie schaute in sein trauriges Gesicht. »Es wird schon schiefgehen, Michael.«

Sie waren sich darüber einig, dass ein glatter Schnitt am besten wäre. Aber als der Augenblick des Abschieds da war, erschien es ihnen nicht nur töricht, sondern unmöglich. Sie umarmten einander und hielten sich lange fest.

»Sie hat dich geliebt, weißt du«, sagte Amy.

Michael weinte ein bisschen; sie weinten beide. Er schüttelte den Kopf. »Davon weiß ich nichts.«

»Vielleicht nicht so, wie du es wolltest. Aber so, wie sie es konnte.« Amy wich zurück und legte ihm eine Hand auf die Wange. »Vergiss das nie, Michael.«

Sie trennten sich. Michael kletterte hinunter ins Cockpit, Amy warf die Leinen los. Das Segel knallte einmal, und das Boot glitt davon. Michael winkte einmal über das Heck, und Amy winkte zurück. *Gott segne und behüte dich, Michael Fisher.* Sie sah zu, wie das Boot in der endlosen Weite verschwand.

Sie setzte ihren Rucksack auf und wanderte nach Norden. Als sie die Brücke erreichte, war es früh am Nachmittag. Eine kräftige Sommersonne glitzerte tief unten auf dem Wasser. Auf der anderen Seite machte sie Halt, um etwas zu trinken und sich auszuruhen. Dann setzte sie ihren Rucksack wieder auf und ging weiter.

Bis Utah waren es vier Monate.

Auf der Aussichtsterrasse des Empire State Building – eines der letzten intakten Gebäude zwischen Grand Central und dem Meer – stand Alicia und sah zu, wie die *Nautilus* den Hudson hinuntersegelte.

Für den Aufstieg hatte sie fast zwei Tage gebraucht. Zweihundertundvier Treppen, die meisten in völliger Dunkelheit – eine qualvolle Klettertour auf ihrer behelfsmäßigen Krücke und, wenn die Schmerzen zu stark wurden, auf Händen und Knien. Stundenlang hatte sie auf verschiedenen Treppenabsätzen gelegen, schwitzend und keuchend, und sich gefragt, ob sie weitergehen konnte. Ihr Körper war zerschlagen, ihr Körper war erledigt. Da, wo nichts wehtat, spürte sie nur eine schleichende Taubheit. Die Lichter des Lebens erloschen in ihr, eins nach dem andern.

Aber ihr Kopf, ihre Gedanken – die gehörten ihr. Nicht Fanning, nicht Amy. Wie sie aus dem U-Bahn-Tunnel entkommen war, wusste sie nicht mehr; irgendwie war sie ins Trockene hinausgeschleudert worden, aber der Rest bestand aus Bruchstücken und Einzelbildern. Michaels Gesicht im Gegenlicht der Sonne, seine Hand, die sich zu ihr herabstreckte. Das Wasser, das gegen sie prallte mit unermesslicher Wucht, groß wie die eines Planeten.

Die Willenlosigkeit ihres Körpers, der wie ein Spielball durch die Luft geschleudert wurde, und der erste unfreiwillige Atemzug, an dem sie beinahe erstickt wäre, sodass ihre Kehle sich instinktiv für einen zweiten Atemzug öffnete, der noch mehr Wasser in ihre Lunge sog. Schmerz, und dann das barmherzige Nachlassen des Schmerzes. Ein Gefühl des Zerstreutseins, bei dem Körper und Gedanken alle Klarheit verloren wie ein Funksignal bei zunehmender Distanz, das schließlich ganz verschwand.

Aufgewacht war sie unter höchst verblüffenden Umständen. Sie saß auf einer Bank mitten in einem kleinen Park mit ausgewucherten Bäumen und einem Spielplatz unter hohem, fedrigem Gras. Langsam erweiterte sich ihr Bewusstsein. Riesige Felswüsten aus Trümmern erstreckten sich an den Rändern des Parks, der wundersamerweise unberührt geblieben war. Die Sonne schien, und Vögel zwitscherten friedlich auf den Bäumen. Ihre Kleidung war durchnässt, und sie hatte Salzgeschmack im Mund. Sie spürte, dass es eine Zeitlücke zwischen den Ereignissen in ihrer Erinnerung und ihrer gegenwärtigen Situation gab, deren Ruhe ihr völlig anachronistisch erschien, anders als alles, was sie je erlebt hatte. Sie fragte sich dumpf, ob sie vielleicht tot war – ja, ob sie als Gespenst hier saß. Aber als sie aufstehen wollte und der Schmerz durch ihren Körper schoss, wusste sie, dass es nicht so war. Mit dem Tod wären doch alle körperlichen Empfindungen sicher zu Ende.

Und dann dämmerte es ihr. Das Virus war fort.

Nicht zu einem neuen Zustand mutiert wie bei Fanning und Amy, wo es ihre menschliche Erscheinung wiederhergestellt, aber alle anderen Eigenschaften unverändert gelassen hatte. Das Virus war nicht mehr in ihr. Irgendwie hatte das Wasser es getötet und sie dem Leben zurückgegeben.

Wie war das möglich? Hatte Fanning sie belogen? Aber als sie ihr Gedächtnis durchforschte, wurde ihr klar, dass er ihr nie ausdrücklich gesagt hatte, das Wasser werde sie töten – sie, die weder ganz Viral noch ganz Mensch war, sondern irgendetwas dazwischen. Vielleicht hatte er die Wahrheit gespürt, oder vielleicht hatte er es einfach nicht gewusst. Was für eine Ironie! Sie hatte sich vom Heck der *Bergensfjord* gestürzt, um zu sterben, aber anscheinend hatte das Wasser sie am Ende gerettet.

Am Leben zu sein. Die Welt in den richtigen Proportionen zu riechen, zu hören und zu schmecken. Im eigenen Kopf endlich allein zu sein. Sie atmete dieses Gefühl ein wie die reinste Luft. Wie erstaunlich, wie wunderbar und unerwartet. Schlicht und einfach wieder ein *Mensch* zu sein.

Fanning war tot. Die Ruinen der Stadt sagten es ihr als Erstes, aber dann auch die Kadaver, zusammengekrümmt und zu Asche zerfallend. Sie zog sich in einen zerstörten Laden zurück. Vielleicht suchten die anderen sie, vielleicht nicht, weil sie sie für tot hielten. Am Morgen des zweiten Tages hörte sie jemanden rufen. Es war Michael. »Hallo!« Das Echo seiner Stimme hallte durch die stillen Straßen. »Hallo! Ist jemand hier?« *Michael!*, antwortete sie. *Komm zu mir! Ich bin hier!* Aber dann merkte sie, dass sie die Worte nicht laut gerufen hatte.

Das war alles sehr verwirrend. Warum wollte sie ihn nicht rufen? Woher kam dieser Impuls, leise zu sein? Warum konnte sie ihm nicht sagen, wo sie war? Seine Rufe verklangen und verstummten schließlich ganz.

Sie wartete darauf, dass ihr klar wurde, was das zu bedeuten hatte, damit daraus ein Plan entstehen konnte. Die Tage vergingen. Wenn es regnete, stellte sie Töpfe vor den Laden, um die Tropfen aufzufangen; so konnte sie ihren Durst löschen, aber sie hatte nichts zu essen und auch keine Möglichkeit, etwas aufzutreiben, was ihr merkwürdig unwichtig vorkam: Sie war überhaupt nicht hungrig. Sie schlief viel – ganze Nächte hindurch, und manchmal auch tagsüber. In diesen langen, tiefen Bewusstlosigkeiten träumte sie Träume von faszinierender emotionaler und sensorischer Lebendigkeit. Manchmal war sie ein kleines Mädchen, das draußen vor der Mauer der Kolonie saß. Dann wieder war sie eine junge Frau, die mit Armbrust und Messern auf der Mauer Wache stand. Sie träumte von Peter. Sie träumte von Amy. Sie träumte von Michael. Sie träumte von Sara und Hollis und Greer und ziemlich oft von ihrem prachtvollen Soldier. Ganze Tage, ganze Episoden aus ihrem Leben spielten sich vor ihren Augen noch einmal ab.

Aber der großartigste dieser Träume war der Traum von Rose.

Er begann in einem Wald – neblig und dunkel wie ein Wald aus einem Märchen. Sie war auf der Jagd. Mit vorsichtigen, beinahe schwebenden Schritten bewegte sie sich mit schussbereitem Bogen unter dem dichten Blätterdach der Bäume. Um sich herum hörte sie die Laute und das Rascheln von Wild im Unterholz, aber zu sehen war nichts. Immer wenn sie herausgefunden hatte, woher ein bestimmtes Geräusch kam – das Knacken eines Zweiges, das Knistern von trockenem Laub –, bewegte es sich nach hinten oder zur Seite, als wollten die Bewohner dieses Waldes mit ihr spielen.

Sie kam aus dem Wald in ein offenes, welliges Grasland. Die Sonne war untergegangen, aber es war noch nicht dunkel. Je weiter sie ging, desto höher wurde das Gras. Es reichte ihr bald bis zur Hüfte und dann bis an die Brust. Das Licht – ein weiches, mattes Leuchten – blieb immer gleich und schien von nirgendwoher zu kommen. Irgendwo vor sich hörte sie ein neues Geräusch. Es war ein Lachen. Das fröhliche, sprudelnde Lachen eines kleinen Mädchens. *Rose!*, rief sie, denn sie wusste sofort, dass es ihre Tochter war, die da lachte. *Rose, wo bist du?* Sie stürmte voran. Das Gras peitschte ihr ins Gesicht und in die Augen. Verzweiflung erfasste ihr Herz. *Rose, ich kann dich nicht sehen! Hilf mir, dich zu finden!*

– Hier bin ich, Mama!

– Wo?

Alicia sah, dass sich rechts vor ihr etwas bewegte. Rotes Haar leuchtete auf.

– Hier drüben!, lockte das Mädchen. Sie lachte und spielte ein Spiel. Kannst du mich nicht sehen? Hier bin ich doch!

Alicia pflügte auf sie zu. Aber genau wie die Tiere im Wald schien auch ihre Tochter überall und nirgends zu sein, und ihre Stimme kam aus allen Himmelrichtungen.

– Hier bin ich!, sagte Rose. Such mich doch!

– Warte auf mich!

– Such mich doch, Mama!

Plötzlich war das Gras verschwunden. Sie stand auf einer staubigen Straße, die auf eine kleine Anhöhe hinaufführte.

– Rose!

Keine Antwort.

– Rose!

Die Straße lockte. Sie ging weiter und bekam allmählich ein Gefühl für ihre Umgebung; zumindest spürte sie, was für ein Ort es war – jenseits der Welt, die sie kannte, und doch ein Teil davon, eine verborgene Realität, auf die man einen Blick aus dem Augenwinkel werfen konnte, ohne dass sie jemals in dieses Leben herüberkam. Mit jedem Schritt ließ ihre Bangigkeit nach. Es war, als werde sie von einer unsichtbaren, durch und durch wohlwollenden Macht geleitet. Als sie den Hügel hinaufstieg, hörte sie noch einmal die fröhliche, ferne Musik des Lachens ihrer Tochter.

– Komm zu mir, Mama, sang sie. Komm zu mir.

Sie erreichte den Gipfel.

Und dort wachte Alicia auf. Was im Tal jenseits der Anhöhe wartete, sollte sie nicht sehen, auch wenn sie zu wissen glaubte, was es war. So, wie sie auch wusste, was die anderen Träume bedeuteten, die Träume von Peter und Amy und Michael und all denen, die sie geliebt hatte und von denen sie geliebt worden war.

Sie verabschiedete sich von ihnen.

Es kam eine Nacht, in der Alicia nicht mehr träumte. Sie erwachte mit einem Gefühl der Erfüllung. Alles, was sie hatte tun wollen, war getan, ihr Lebenswerk war vollendet.

Auf der Krücke, die sie sich aus einem Stück Holz gemacht hatte, humpelte sie durch die Verwüstung, drei Blocks weit nach Norden und einen Block nach Westen. Schon nach dieser kurzen Strecke keuchte sie vor Schmerzen. Am späten Vormittag begann sie mit dem Aufstieg. Als es Abend wurde, hatte sie den siebenundfünfzigsten Stock erreicht. Ihr Wasser war fast ausgetrunken. Sie schlief auf dem Boden eines Büros mit Fenstern, sodass die Sonne sie wecken würde, und im Morgengrauen kletterte sie weiter.

War es Zufall, dass es derselbe Morgen war, an dem Michael die Segel setzte? Alicia wollte es nicht glauben. Lieber glaubte sie, dass der Anblick der *Nautilus,* die da vor dem Wind davonzog, ein Zeichen war, das an sie gerichtet war. Konnte Michael sie fühlen? Spürte er auf irgendeine Weise, dass sie ihn aus der Höhe beobachtete? Unmöglich, aber der Gedanke gefiel Alicia trotzdem – dass er plötzlich erschrocken aufblicken könnte, als habe ihn eine Windbö angeweht. Die *Nautilus* verließ das Hafenbecken und nahm Kurs auf das offene Meer. Das Sonnenlicht glitzerte gleißend auf dem Wasser. Alicia umklammerte die Balustrade und sah zu, wie das kleine Boot immer kleiner wurde und schließlich im Nichts verschwand. *Ausgerechnet Michael,* dachte sie. Aber er war es gewesen. Er war derjenige gewesen, der sie gerettet hatte.

Ein hoher, oben einwärts gebogener Zaun stand auf der Balustrade und hatte die Plattform früher ringsum abgesichert. Ganze Abschnitte waren noch erhalten, aber nicht alles. Alicia hatte sich ein bisschen Wasser aufgehoben. Jetzt trank sie es. Wie gut er schmeckte, der gesammelte Regen. Tief im Innern spürte sie die Verbundenheit aller Dinge, das ewige Auf und Ab des Lebens – wie das Wasser, das als Meer begonnen hatte, zum Himmel hinaufgestiegen war und sich zu Wolken gesammelt hatte, um dann als Regen herabzufallen und sich in ihren Töpfen sammeln zu lassen. Jetzt war es ein Teil von ihr geworden.

Alicia setzte sich auf die Balustrade. Unten an der Außenseite war ein schmales Sims. Sie drehte sich auf der Balustrade herum und benutzte die Hände, um ihren kraftlosen Beinen über die Balustrade zu helfen. Mit dem Rücken zum Gebäude rutschte sie auf dem Beton nach außen, bis ihre Füße das Sims berührten. Wie machte man es? Wie sagte man der Welt Lebwohl? Sie atmete tief ein und ließ die Luft langsam wieder entweichen, und sie merkte, dass sie weinte. Nicht weil sie traurig war – nein, das nicht, auch wenn ihre Tränen etwas mit Traurigkeit zu tun hatten. Es waren Tränen der Trauer und des Glücks zugleich. Alles war getan und vorbei.

*Mein Liebling Rose.*

Sie stemmte sich mit den Handballen hoch und richtete sich auf. Der Abgrund sprang unter ihr zurück, und sie richtete den Blick zum Himmel.

*Rose, ich komme. Bald bin ich bei dir.*

Manche hätten gesagt, sie fiel. Andere würden sagen, sie sei geflogen. Beide hätten recht. Alicia Donadio – Alicia Blades, das Neue Wesen, Captain der Wache und Soldat der Expeditionstruppe – würde sterben, wie sie gelebt hatte.

Frei wie ein Vogel.


Es wurde Nacht.

Amy war irgendwo in New Jersey. Sie hatte die großen Straßen hinter sich gelassen und war ins wilde Hinterland vorgedrungen. Arme und Beine waren ihr schwer von einer tiefen, beinahe wohligen Erschöpfung. Als es dunkel wurde, schlug sie ihr Lager auf einer Wiese mit blinkenden Glühwürmchen auf, verzehrte ihr einfaches Abendbrot und legte sich unter die Sterne.

*Komm zu mir,* dachte sie.

Rings um sie herum und über ihr tanzten die kleinen Lichter

des Himmels. Ein kräftiger Vollmond stieg aus den Bäumen herauf und warf scharfe Schatten.

*Ich warte auf dich. Ich werde immer warten. Komm.*

Vollkommene Stille. Nicht einmal die Luft regte sich. Träge verstrich die Zeit. Dann spürte sie es in sich, zart wie die Berührung einer Feder:

*Amy.*

Am anderen Ende der Wiese, in den Ästen eines Baumes, sah und hörte sie eine Bewegung. Peter ließ sich herabfallen. Er hatte eben gegessen, ein Eichhörnchen oder eine Maus vielleicht, oder einen Vogel. Sie konnte sein Behagen spüren wie warme Wellen in ihrem Blut, die tiefe Befriedigung, die dieser Akt ihm gebracht hatte. Amy stand auf, als er durch die Glühwürmchen auf sie zukam. Es waren so viele, dass es war, als schwämmen sie beide durch ein Meer von Sternen aufeinander zu. *Amy.* Seine Stimme war der sanfte Wind der Sehnsucht, der ihren Namen atmete. *Amy, Amy, Amy.*

Sie hob die Hand, und Peter tat es auch. Der Abstand zwischen ihnen verringerte sich. Ihre Finger flochten sich ineinander, ihre Hände sanken herab, und Peters Handfläche schmiegte sich sanft an ihre.

*Bin ich ...?*

Sie nickte. – Ja.

*Ich bin ... dein? Ich gehöre dir?*

Sie spürte seine Verwirrung. Das Trauma war noch frisch, die Desorientierung. Sie krümmte die Finger, presste ihre Handflächen zusammen und schaute ihm fest in die Augen.

– Du bist mein, und ich bin dein. Wir gehören einander, du und ich.

Ein Zögern. *Wir gehören einander. Du bist mein, und ich bin dein.*

– Ja, Peter.

*Peter.* Er hielt den Gedanken einen Moment lang fest. *Ich bin Peter.*

Sie legte eine Hand an seine Wange.

– Ja.

*Ich bin Peter Jaxon.*

Ihre Augen schwammen in Tränen. Die mondhelle Nacht war fantastisch still, alles war in der Schwebe, und sie beide standen wie Schauspieler auf einer Bühne mit dunklen Kulissen im Licht eines einzigen Spotlights.

– Ja, der bist du. Du bist mein Peter.

*Und du bist meine Amy.*

Auf ihrem Weg nach Westen – und danach noch viele Jahre lang – sollte er jeden Abend so zu ihr kommen. Unzählige Male würde sich ihr Gespräch wiederholen, wie ein Gesang oder ein Gebet. Jeder Besuch war, als wäre es der erste; am Anfang hatte er nichts in Erinnerung, weder von den Nächten davor noch von den Ereignissen, die ihnen vorausgegangen waren, als wäre er ein ganz neues Geschöpf in der Welt und neugeboren jeden Abend. Aber allmählich, als die Jahre zu Jahrzehnten wurden, setzte der Mann in diesem Körper – sein wesenhafter Geist – sich wieder durch. Er sollte nie wieder reden, aber sie würden dennoch über vieles sprechen. Die Worte würden in der Berührung ihrer Hände fließen, wenn sie beide allein unter den Sternen waren.

Aber das sollte später kommen. Jetzt standen sie auf einer Wiese inmitten von Glühwürmchen unter dem Sommermond, und er fragte sie:

*Wo gehen wir hin?*

Sie lächelte unter Tränen.

– Nach Hause. Peter, mein Geliebter. Wir gehen nach Hause.


Michael hatte den Hafen hinter sich gelassen. Über dem Heck versank die Silhouette der Stadt. Der Augenblick der Entscheidung war da. Nach Süden, wie er es Amy gesagt hatte, oder in eine ganz andere Richtung?

Es war keine Frage.

Er wendete die *Nautilus* und ging auf Kurs Nordost. Der Wind war gut, der Seegang leicht, und das Wasser hatte eine sanftgrüne Farbe. Am nächsten Nachmittag umrundete er die Spitze von Long Island und flog hinaus auf das offene Meer. Drei Tage nach der Abreise von New York landete er auf Nantucket. Die Insel war faszinierend schön mit ihren langen, schneeweißen Stränden und der rauschenden Brandung. Gebäude gab es hier anscheinend keine, zumindest keine, die er sehen konnte; die Hand des Ozeans hatte alle Spuren der Zivilisation weggefegt. In einer geschützten Bucht ging er vor Anker, stellte die letzten Berechnungen an und stach im Morgengrauen wieder in See.

Bald veränderte sich das Meer. Es wurde dunkler und ernster. Er war in einer wilden Region, weit weg von allem Land. Aber er verspürte keine Angst, sondern Erregung und darunter das kribbelnde Gefühl, das Richtige zu tun. Sein Boot, die *Nautilus*, war solide; er hatte den Wind und das Meer und die Sterne, die ihn leiteten. Die englische Küste hoffte er in dreiundzwanzig Tagen zu erreichen, aber das würde vielleicht nicht gelingen. Es gab viele Variablen. Vielleicht würde es einen Monat dauern oder länger, und vielleicht würde er auch in Frankreich landen oder sogar in Spanien. Egal.

Michael Fisher würde finden, was da draußen war.

# 84

Fanning wurde sich seiner Umgebung nur langsam und stückweise bewusst. Das Erste war das Gefühl von kaltem Sand an seinen Füßen. Dann kam das Geräusch von Wellen, die sanft an ein ruhiges Ufer plätscherten. Wie viel Zeit verging, bis weitere Fakten zutage traten, war nicht zu sagen. Es war Nacht. Ein samtig schwarzer Himmel von unermesslicher Tiefe war von Sternen bedeckt, so dicht wie Puder. Die Luft war kühl und still wie nach einem Regentag. Hinter ihm, auf dem Gipfel einer steilen, von Seegras und Strandpflaume bewachsenen Anhöhe, standen Häuser. Ihre weißen Fassaden leuchteten matt im Licht des Mondes, der aus dem Meer aufstieg.

Er ging los. Seine Hosenaufschläge waren feucht; anscheinend hatte er seine Schuhe verlegt, oder er war ohne sie hier angekommen. Er hatte kein Ziel im Sinn, nur das Gefühl, dass Gehen etwas war, was die Situation erforderte. Die unerwartete Beschaffenheit seiner Lage, ihre biegsame Realität – es beunruhigte ihn nicht. Im Gegenteil: Alles fühlte sich unausweichlich an, und das war beruhigend. Wenn er versuchte, sich an irgendetwas zu erinnern, das sich ereignet hatte, bevor er hierhergekommen war, fiel ihm nichts ein. Er wusste, wer er war, aber seine persönliche Geschichte war frei von jeder narrativen Kohärenz. Er wusste, es gab eine Zeit, da er ein Kind gewesen war. Aber dieser Abschnitt seines Lebens war ihm wie alle andern als eine Ansammlung von emotionalen und sinnlichen Eindrücken mit einem metaphorischen Anteil bewusst. Seine Mutter und sein Vater zum Beispiel lebten in seiner Erinnerung nicht als Individuen, sondern als Gefühl von Wärme und Sicherheit, wie man es in einem warmen Bad empfindet. Die Stadt, in der er aufgewachsen war und an deren Namen er sich nicht erinnern konnte, war keine klar definierte staatsbürgerliche Einheit aus Häusern und Straßen, sondern der Blick durch ein Fenster auf sommerlich belaubte Bäume, auf die der Regen prasselte. Das war alles sehr eigenartig, nicht beunruhigend, sondern einfach unerwartet – besonders der Umstand, dass ihm sein erwachsenes Leben fast völlig unbekannt war. Er wusste, er war im Leben glücklich gewesen, aber auch traurig, und lange Zeit war er sehr, sehr einsam gewesen. Aber wenn er versuchte, die Umstände zu rekonstruieren, dachte er immer nur an eine Uhr.

Geraume Zeit wanderte er in diesem unvorhergesehenen und im Großen und Ganzen angenehmen Zustand des Nicht-Erinnerns auf dem breiten Sandstreifen am Rand des Wassers entlang. Der Mond hatte den Horizont hinter sich gelassen und auf seiner aufwärts geschwungenen Bahn innegehalten. Es war Flut, und zwar in auftrumpfendem Maß, und der Himmel war unendlich. Und irgendwann erkannte er eine Gestalt in der Ferne. Eine Zeitlang kam sie nicht näher, aber dann schob der Abstand sich zusammen wie ein Teleskop.

Liz saß im Sand, hatte die Arme um die Knie geschlungen und starrte hinaus auf das Wasser. Sie trug ein weißes Kleid aus einem durchscheinenden Stoff, leicht wie ein Nachthemd, und sie war barfüßig wie er. Unbestimmt erinnerte er sich, dass ihr irgendetwas zugestoßen war, etwas sehr Unglückseliges, aber er konnte nicht sagen, was es war; sie war fortgegangen, das war alles, und jetzt war sie wieder da. Er war glücklich, sehr glücklich, sie zu sehen, und auch wenn sie nicht erkennen ließ, dass sie seine

Anwesenheit bemerkt hatte, war er ganz sicher, dass sie ihn erwartet hatte.

»Liz, hallo.«

Sie blickte zu ihm auf, und in ihren Augen funkelte das Sternenlicht. »Ah, da bist du ja«, sagte sie und lächelte. »Ich habe mich schon gefragt, wann du kommst. Hast du mir etwas mitgebracht?«

Ja, das hatte er tatsächlich. Er hielt ihre Brille in der Hand. Wie merkwürdig.

»Darf ich sie haben, bitte?«

Sie nahm die Brille, wandte sich wieder dem Wasser zu und setzte sie auf. »So«, sagte sie und nickte zufrieden, »das ist viel besser. Verdammt, ich sehe ja nichts ohne das Ding. Diese ganze Schönheit war praktisch verschwendet an mich, wenn du die Wahrheit wissen willst. Aber jetzt kann ich alles prima sehen.«

»Wo sind wir?«, fragte er.

»Willst du dich nicht hinsetzen?«

Er ließ sich neben ihr in den Sand sinken.

»Das ist eine ausgezeichnete Frage«, sagte Liz. »Am Strand, würde die Antwort lauten. Dies ist der Strand.«

»Wie lange bist du schon hier?«

Sie legte einen Finger an die Lippen. »Na, ist das nicht komisch? Ich glaube, noch vor ein paar Minuten hätte ich gesagt, eine ganze Weile. Aber jetzt, da du hier bist, kommt es mir gar nicht so lange vor.«

»Sind wir allein?«

»Allein? Ja, ich nehme es an.« Sie schwieg, und ein boshafter Ausdruck trat in ihr Gesicht. »Du erkennst hier nichts wieder, oder? Schon gut; man braucht eine Weile, um sich zurechtzufinden. Glaub mir, als ich hierherkam, hatte ich keine Ahnung, was los war.«

Er sah sich um. Tatsächlich, er war hier schon gewesen.

»Ich habe mich immer gefragt«, sagte Liz, »was wäre passiert, wenn du mich in der Nacht geküsst hättest? Wie anders wäre unser Leben verlaufen? Natürlich, du hättest es leicht tun können, wenn ich nicht so betrunken gewesen wäre. Ich war eine selbstmitleidige Idiotin. Die ganze Sache war von Anfang an meine Schuld.«

Auf einen Schlag fiel es ihm wieder ein. Der Strand unterhalb des Hauses ihrer Eltern auf Cape Cod – da waren sie. An der Stelle, wo er vor langer Zeit das Leben hatte vorbeiziehen lassen, weil er nicht aussprechen konnte, was er tief in seinem Herzen wusste.

»Wie sind wir ... hergekommen?«

»Oh, ich glaube, ›wie‹ ist nicht die richtige Frage.«

»Was ist dann die richtige Frage?«

»Die Frage, Tim, ist: ›Warum?‹«

Sie schaute ihn konzentriert an. Es war ein Blick, der tröstlich gemeint war, als wäre er krank. Sie hatte seine Hand genommen, ohne dass er es wirklich gemerkt hatte. Ihre Haut war warm wie eine Tasse Tee.

»Es ist jetzt okay«, sagte sie. »Du kannst es herauslassen.«

Plötzlich war ihm, als stürze sein Verstand senkrecht in die Tiefe. Er erinnerte sich an alles. Die Vergangenheit stieg in ihm herauf und war vollständig. Er sah Gesichter, er wohnte in Tagen, er lebte in der Stunde seiner Geburt und in allen, die folgten. Ihm war, als müsse er ersticken; die Luft fand keinen Weg in seine Lunge.

»Mehr musst du nicht tun. Lass es heraus.«

Sie hatte die Arme um ihn geschlungen. Er zitterte und weinte Tränen, wie er sie in seinem Leben nicht geweint hatte. All seine Trauer, der Schmerz, die schrecklichen Dinge, die er getan hatte.

»Alles ist verziehen, mein Herz, mein Liebster. Alles ist verziehen, und nichts ist verloren. Alles, was du geliebt hast, wird zu dir zurückkommen. Darum bist du hier.«

Er stöhnte und bebte. Er schrie hinauf zum Himmel. Die Wellen rollten heran und wieder zurück in ihrem uralten Rhythmus, und die Sterne gossen ihr urzeitliches Licht über ihm aus.

*Ich bin hier,* sagte Liz, seine Liz. *Es ist vorbei, und alles wird gut werden. Oh, mein Liebster, ich bin hier.*

Es dauerte eine Weile. Es dauerte Tage, Wochen, Jahre. Aber das war nicht wichtig. Nicht einmal ein Lidschlag, und es wäre vorbei. Alles versank in der Vergangenheit, nur eines nicht – und das, das war die Liebe.

# XIII

## Der Berg und die Sterne

*Und dort kamen wir hervor*
*und erblickten die Sterne wieder.*

Dante Alighieri, *Inferno*

# 85

»Stell die Maschinen ab«, sagte Lore.

Rand starrte sie ausdruckslos an. Sie waren auf dem Maschinendeck. Die Hitze war erstickend, und die Luft pochte vom rhythmischen Dröhnen der Maschinen. Rands breite, nackte Brust glänzte von Schweiß.

»Bist du sicher?«

Sie hatten nur noch fünf Tonnen Treibstoff.

»Bitte«, sagte Lore, »diskutiere nicht mit mir. Es ist nicht so, als ob wir noch eine Wahl hätten.«

Rand hob das Funkgerät an den Mund. »Das war's, Gentlemen. Maschinen aus. Weir, schalte den Generator auf die Notversorgung – nur Bilgenpumpen, Licht und Entsalzung.«

Es knisterte, und dann kam Weirs Stimme aus dem Radio. »Hat Lore das gesagt?«

»Ja, das hat sie gesagt. Ich stehe vor ihr.«

Ein Augenblick verging, dann verstummte das Dröhnen, und man hörte nur noch ein leises elektrisches Summen. Die Glühlampen in den Drahtkäfigen über ihnen flackerten, erloschen und flackerten dann beinahe zögernd wieder auf.

»Und das war's?«, fragte Rand. »Wir liegen tot im Wasser?«

Darauf wusste Lore keine Antwort.

»Entschuldigung, ich hätte es so nicht sagen sollen.«

Sie wedelte unbestimmt mit der Hand. »Vergiss es.«

»Ich weiß, du hast dein Bestes getan. Das tun alle.«

Lore hatte nichts zu sagen. Sie waren zwanzigtausend Tonnen Stahl, die auf dem Ozean trieben.

»Vielleicht lässt sich noch was machen«, erwog Rand.

Lore kletterte durch das Schiff an Deck und die Treppe zur Brücke hinauf. Es war der Morgen ihres neununddreißigsten Tages auf See, und die Äquatorsonne glühte bereits wie ein Hochofen. Kein Lufthauch regte sich, und das Meer war spiegelglatt. Viele Passagiere campierten an Deck, zusammengedrängt im Schatten der Sonnendächer aus Segeltuch. Auf dem Kartentisch lagen die Bogen aus dickem, faserigem Papier, auf denen Lore ihre letzten Berechnungen angestellt hatte. Bei der Fahrt um Kap Hoorn waren sie gegen die Strömung fast nicht angekommen; die Maschinen waren mit voller Kraft gelaufen, und sie hatten sich trotzdem nur mit Mühe vorankämpfen können. Riesige Wellen waren über das Deck gebrandet, und alle hatten sich unkontrolliert übergeben. Schließlich hatten sie es geschafft, aber als Lore Tag für Tag beobachtete, wie die Treibstoffanzeigen sanken, wurde schmerzhaft klar, um welchen Preis. Sie hatten alles abmontiert, was entbehrlich war, und es über Bord geworfen: Teile der Schotten, den Ladekran – alles, um das Gewicht zu reduzieren und mit dem Treibstoff, den sie hatten, eine Meile mehr herauszuschinden. Es reichte nicht. Fünfhundert Meilen fehlten bis zum Ziel.

Caleb betrat die Brücke. Wie Rand trug er kein Hemd, und die Haut auf Schultern und Wangen war schuppig vom Sonnenbrand. »Was ist los? Warum stoppen wir?«

Lore stand am Ruder. Sie schüttelte nur den Kopf.

»O Gott.« Einen Moment lang war er verdattert. Dann hob er den Kopf. »Wie lange noch?«

»Wir können die Entsalzungsanlage noch ungefähr eine Woche laufen lassen.«

»Und dann?«

»Ich weiß es wirklich nicht, Caleb.«

Er sah aus, als müsse er sich hinsetzen. Er sah sich um und suchte sich einen Platz auf der Bank am Kartentisch. »Die Leute werden es rauskriegen, Lore. Wir können nicht einfach die Maschinen stoppen und ihnen nichts sagen.«

»Was soll ich ihnen sagen?«

»Wir könnten lügen, schätze ich.«

»Gute Idee. Warum lässt du dir nichts einfallen?«

Das Gefühl, gescheitert zu sein, überwältigte sie. Sie war allzu kurz angebunden. »Entschuldige«, sagte sie. »Du kannst nichts dazu.«

Caleb atmete tief durch. »Das ist okay, ich verstehe es.«

»Erzähl allen, es würde sich um eine kleine Reparatur handeln. Kein Grund zur Sorge«, sagte Lore. »Das dürfte uns einen oder zwei Tage Zeit einbringen.«

Caleb stand auf und legte ihr eine Hand auf die Schulter. »Es ist nicht deine Schuld.«

»Wessen denn sonst?«

»Im Ernst, Lore. Es ist nichts als Pech.« Sein Griff um ihre Schulter wurde fester, aber der kurze Druck spendete keinen Trost. »Ich geb's bekannt.«

Als er gegangen war, blieb sie eine Weile allein sitzen. Sie war erschöpft, schmutzig, besiegt. Ohne seine Maschinen war das Schiff seelenlos und unbeweglich wie ein Stein.

*Es tut mir leid, Michael,* dachte sie. *Ich habe getan, was ich konnte, aber es war nicht genug.*

Sie vergrub das Gesicht in den Händen.


Gegen Ende des Tages stieg sie in den Bauch des Schiffs hinunter. Sie traf Sara, die gerade aus Greers Kabine kam.

»Wie geht's ihm?«

Sara schüttelte kurz den Kopf: nicht gut. »Ich glaube nicht, dass es noch lange weitergehen kann.« Sie schwieg kurz und sagte dann: »Caleb hat mir von den Maschinen erzählt.«

Lore nickte halbherzig.

»Na, sag mir Bescheid, wenn ich irgendwie helfen kann. Vielleicht hat es einfach nicht sein sollen.«

»Du bist nicht die Erste, die das sagt.«

Als Lore nicht weitersprach, seufzte Sara. »Du musst versuchen, ihn zum Essen zu überreden. Ich habe ein Tablett neben seine Koje gestellt.«

Lore sah ihr nach, als sie den Gang hinunterging. Dann öffnete sie leise die Türe und trat ein. Die Luft roch nach ungewaschener Haut, nach Schweiß und Urin und saurem Atem und noch etwas anderem, das an gärendes Obst denken ließ. Greer lag mit dem Gesicht nach oben in seiner Koje unter einem Laken, das bis ans Kinn hochgezogen war. Seine Arme lagen parallel zum Körper. Zuerst dachte Lore, er sei eingedöst – er schlief jetzt die meiste Zeit –, aber als er sie hörte, drehte er das Gesicht zu ihr herum.

»Ich habe mich schon gefragt, wann ich dich sehe.«

Lore zog sich einen Schemel heran. Der Mann war der Schatten eines Schattens, eine mit Knochen gefüllte Hülse. Seine kränklich gelbe Haut war feucht und durchscheinend wie die inneren Schichten einer Zwiebel.

»Ich nehme an, du hast es schon bemerkt«, sagte sie.

»Kann einem ja kaum entgehen.«

»Versuch nicht, mich aufzumuntern, okay? Das tun viele, und es wird langsam langweilig. Aber was höre ich da – du willst nicht essen?«

»Scheint mir kaum der Mühe wert zu sein.«

»Blödsinn. Komm, du musst ein Stück heraufrutschen.«

Er war zu schwach, um sich auf seiner Matratze allein aufzurichten. Lore zog ihn hoch und klemmte ein Kissen zwischen seinen Rücken und das Schott.

»Gut so?«

Er lächelte – ein mattes, tapferes Lächeln. »Besser denn je.«

Auf dem Tablett standen ein Becher Wasser und eine Schale Porridge. Auf einem Tuch daneben lag ein Löffel. Sie breitete Greer das Tuch über die Brust und fing an, ihm den Porridge in den Mund zu löffeln. Stockend bewegte er Lippen und Zunge, als ob diese einfachen Handlungen eine ungeheure Konzentration erforderten. Trotzdem brachte er einen guten Teil herunter, bevor er abwinkte. Sie wischte ihm das Kinn ab und hielt ihm den Wasserbecher an die Lippen. Er trank einen kleinen Schluck, aber sie merkte, dass er ihr nur einen Gefallen tun wollte. Während sie ihn fütterte, hatte sie gesehen, dass am Fußende ein blutbeflecktes Becken stand.

»Bist du jetzt zufrieden?«, fragte er, als sie den Becher beiseitestellte.

Sie hätte beinahe gelacht. »Was für eine Frage.«

»Michael hat dich aus gutem Grund ausgesucht. Das ist heute nicht weniger wahr als vor neununddreißig Tagen.«

Plötzlich kamen ihr die Tränen. »Ach, verdammt noch mal, Lucius. Was soll ich denn den Leuten sagen?«

»Du sollst ihnen noch gar nichts sagen.«

»Sie werden es herausfinden. Wahrscheinlich wissen viele schon Bescheid.«

Greer deutete auf den Nachttisch. »Mach die Schublade auf«, sagte er. »Die oberste.«

Darin fand sie ein einzelnes dickes Blatt Papier, dreimal zusammengefaltet und mit Wachs versiegelt. Ein paar Sekunden lang starrte sie es nur völlig perplex an.

»Es ist von Michael«, sagte Greer.

Sie nahm es in die Hand. Es wog fast nichts – es war ja nur Papier, aber es fühlte sich nach sehr viel mehr an. Ein Brief aus dem Grab. Sie wischte sich mit dem Handrücken über das Gesicht. »Was steht drin?«

»Das geht nur euch beide etwas an. Er hat mir gesagt, du

sollst ihn erst öffnen, wenn wir auf der Insel sind. Das war ein Befehl.«

»Und warum gibst du ihn mir jetzt?«

»Weil ich glaube, du brauchst ihn. Michael hat an dich geglaubt. Er hat an die *Bergensfjord* geglaubt. Die Situation ist, wie sie ist, und ich werde dir nichts anderes weismachen. Aber es kann immer noch gut gehen.«

Sie zögerte und sagte dann: »Er hat mir erzählt, wie die Passagiere damals gestorben sind. Sie haben sich umgebracht, indem sie das Schiff verschlossen und die Abgase der Maschinen hineingeleitet haben.«

»Du solltest nichts überstürzen, Lore.«

»Ich will nur sagen, er wusste, dass es eine Möglichkeit ist. Er wollte, dass ich bereit bin.«

»So weit sind wir noch nicht. Bis dahin kann noch eine Menge passieren.«

»Ich wünschte, ich hätte dein Zutrauen.«

»Du darfst es gern benutzen. Oder Michaels. Gott weiß, ich habe mir seins oft ausgeliehen. Wir alle haben es getan. Wir wären sonst nicht hier.«

Sie schwiegen beide kurz.

»Müde?«, fragte Lore.

Seine Lider waren schwer. »Ein bisschen, ja.«

Sie legte eine Hand auf seinen Arm. »Du ruhst dich einfach aus, ja? Ich sehe später wieder nach dir.«

Sie stand auf und ging zur Tür.

»Lore?«

Sie drehte sich auf der Schwelle um. Greer schaute zur Decke.

»Tausend Jahre«, sagte er. »So lange dauert es.«

Lore wartete, aber er sagte nichts weiter. Schließlich antwortete sie: »Ich verstehe nicht.«

Greer schluckte. »Falls Amy und die andern scheitern. So lange dauert es, bis irgendjemand zurückgehen kann.« Er atmete tief ein und langsam wieder aus, und er schloss die Augen. »Ich sage das nur, weil ich später vielleicht nicht mehr da bin.«

Sie ging in den Gang hinaus und zurück auf die Brücke, und dort setzte sie sich an den Kartentisch. Am Himmel vor den Fenstern senkte sich der Abend herab. Eine Wolkenwand, dick und stark konturiert wie Ballen von ungesponnener Baumwolle waren von Süden her aufgezogen. Vielleicht hatten sie Glück, und es würde ein bisschen Regen geben. Sie sah zu, wie die Sonne in Richtung Horizont sank und ihre letzten Strahlen über den Himmel schickte, und plötzlich war sie müde. Armer Lucius, dachte sie. Und alle andern. Die Welt würde eine Weile auf sie verzichten können, dachte sie, und sie legte den Kopf auf den Tisch, schob die Arme als Kissen darunter und war kurz darauf fest eingeschlafen.

Sie träumte von vielen Dingen. In einem Traum war sie ein Kind und hatte sich im Wald verirrt, in einem anderen saß sie in einem Wandschrank fest, und in einem dritten trug sie irgendeinen schweren Gegenstand, den sie nicht absetzen konnte. Diese Träume waren nicht angenehm, aber es waren keine Alpträume. Jeder ging nahtlos in den anderen über, und so entwickelten sie nie ihre ganze Kraft – es gab keinen Höhepunkt, keinen Augenblick der Todesangst –, und manchmal wusste sie außerdem, dass sie träumte und dass die Landschaft, in der sie sich bewegte, harmlos symbolisch war.

Der letzte Traum in Lores neununddreißigster Nacht auf See war eigentlich kaum ein Traum. Sie stand auf freiem Feld. Alles war still, aber sie wusste, dass Gefahr im Anzug war. Die Farbe der Luft begann sich zu ändern; erst wurde sie gelb, dann grün. Die Härchen auf ihren Armen und in ihrem Nacken sträubten sich, als wären sie statisch aufgeladen, und ein starker Wind wirbelte um sie herum. Sie hob das Gesicht zum Himmel. Schwarze und silberne Wolken bildeten einen Strudel über ihr. Mit einer knatternden Explosion und beißendem Ozongeruch schlug ein Blitz vor ihr in den Boden ein und blendete sie.

Sie rannte los. Regenschleier fielen vom Himmel, während die wütenden Wolkenwirbel über ihr zu einem einzigen, fingerförmigen Konus gerannen. Die Erde bebte, und Donner krachte. Bäume gingen in Flammen auf. Das Unwetter verfolgte sie. Es würde sie davonfegen und vernichten. Der Finger berührte hinter ihr den Boden, und ein ohrenbetäubendes, animalisches Brüllen zerriss die Luft. Seine Kraft packte sie wie eine Faust, und plötzlich war der Boden unter ihren Füßen verschwunden. Aus weiter Ferne rief eine Stimme ihren Namen. Sie erhob sich in die Luft, flog höher und immer höher, wurde vom Angesicht des Planeten geschleudert …

»Lore, wach auf!«

Ihr Kopf fuhr vom Tisch hoch. Rand starrte sie an. Warum war er so nass? Und wieso war alles in Bewegung?

»Was zum Teufel machst du hier?«, schrie Rand. Regen und Seewasser schlug gegen die Scheiben. »Wir stecken hier in echten Schwierigkeiten!«

Als sie von der Bank aufstehen wollte, neigte sich das Deck zur Seite. Mit einem Knall flog die Tür auf, und Regen und Wind rauschten herein. Ein lautes Stöhnen kam aus den Tiefen des Schiffs, und das Deck legte sich auf die andere Seite. Lore stürzte, rutschte über den Boden und prallte gegen das Schott. Einen Moment lang sah es so aus, als würden sie einfach weiter kippen, aber dann kehrte sich die Bewegung um. Sie packte die Tischkante und zog sich hoch.

»Wann zum Teufel hat das angefangen?«

Rand klammerte sich an den Steuermannssitz. »Vor ungefähr einer halben Stunde. Von nirgendwoher.«

Die See schlug breitseits an das Schiff. Es blitzte, der Himmel erbebte, und riesige Wellen krachten über die Reling.

»Geh nach unten und starte die Maschinen«, befahl sie.

»Das kostet uns den Rest unseres Treibstoffs.«

»Geht nicht anders.« Sie schnallte sich auf dem Steuermannssitz fest. Wasser schwappte über den Boden. »Ohne das Steuerruder werden wir in tausend Stücke zerschlagen. Ich hoffe nur, wir haben noch genug Diesel, um hier durchzukommen. Wir brauchen alle Kraft, die du rausholen kannst.«

Rand ging, und Caleb kam aus dem Sturm herein. Er war bleich wie ein Gespenst – ob vor Angst oder weil er seekrank war, konnte Lore nicht erkennen.

»Sind alle unter Deck?«, fragte sie.

»Machst du Witze? Da unten ist ein Kreischkonzert im Gange.«

Sie zog den Gurt straff. »Es wird rau werden, Caleb. Jede Luke muss fest verschlossen sein. Sag den Leuten, sie sollen sich festbinden, so gut sie können.«

Er nickte grimmig und wandte sich ab.

»Und mach die verdammte Tür zu!«

Das Schiff krängte stark und fuhr hinunter in das nächste Wellental. Es legte sich gefährlich weit auf die Seite, bevor es wieder hinaufstieg. Da fast der gesamte Treibstoff aufgebraucht war, hatte das Schiff keinen Ballast mehr und war deshalb leicht zum Kentern zu bringen. Lore sah auf die Uhr: 05:30. Bald würde der Morgen heraufdämmern.

»Verdammt, Rand«, knurrte sie, »jetzt mach schon, mach schon …«

Die Zeiger der Druckmesser machten einen Satz. Das Steuerpult hatte wieder Strom. Lore übernahm das Steuerruder, packte den Gashebel und schob ihn auf volle Kraft. Der Kompass rotierte wie ein Kreisel. Quälend langsam drehte sich der Bug in den Wind.

»Komm schon, Mädel!«

Der Bug biss sich in die Wellen und hielt fest. Steil ging es ins nächste Tal hinunter. Gischt brandete über das Deck. Eine Sekunde lang war das Vorschiff völlig untergetaucht, aber dann stieg es wieder herauf, bäumte sich auf wie ein riesiges Tier.

»So ist es richtig!«, schrie Lore. »Zeig's der Mama!«
Und wieder tauchte sie in heulende Finsternis.

Volle zwölf Stunden lang tobte der Sturm. Immer wieder krachten riesige Brecher über den Bug, und Lore war jedes Mal sicher, dass das Ende gekommen war. Jedes Mal fuhr das Vorschiff senkrecht in den Abgrund, und jedes Mal kam es wieder herauf.

Der Sturm zog nicht ab, sondern hörte einfach auf. Gerade noch heulte der Wind und peitschte der Regen – und einen Augenblick später war alles vorbei. Es war, als wären sie einfach von einem Zimmer ins nächste gegangen; in dem einen herrschte wütender Tumult, in dem anderen eine nahezu vollkommene Ruhe. Mit verkrampften Fingern schnallte Lore ihren Gurt auf. Sie hatte keine Ahnung, was unter Deck los war, aber diese Frage interessierte sie im Moment auch nicht sonderlich. Sie war müde und durstig und musste dringend pinkeln. Sie hockte sich über den Topf, den sie im Ruderhaus stehen hatte, und ging dann hinaus, um den Inhalt ins Meer zu schütten.

Die Wolken waren aufgerissen. Eine Zeitlang blieb sie an der Reling stehen und betrachtete den Abendhimmel. Sie hatte keine Ahnung, wo sie waren; den Kompass hatte sie nicht mehr ablesen können, seit der Sturm angefangen hatte. Sie hatten ihn überlebt, aber um welchen Preis? Sie hatten fast kein Öl mehr. Unter dem Heck der *Bergensfjord* drehten die Schrauben sich leise und schoben sie durch die glatte See.

Rand kam aus der Hauptluke, stieg die Treppe herauf und stellte sich neben sie an die Reling.

»Ich muss zugeben, es ist wirklich schön hier draußen«, sagte er. »Komisch, dass es nach einem Sturm so ist.«

»Wie ist die Lage unter Deck?«

Seine Schultern hingen herab, und er hatte dunkle Augenringe und wirkte erschöpft. Irgendetwas klebte in seinem Bart – Erbrochenes vielleicht. »Die Bilgenpumpen arbeiten; wir dürften bald wieder trocken sein. Man muss es Michael lassen, der Kerl wusste, wie man ein Schiff baut.«

»Verletzte?«

Rand zuckte die Achseln. »Ein paar Knochenbrüche, habe ich gehört. Schrammen, Platzwunden. Sara kümmert sich darum. Zum Glück will eine Woche lang niemand etwas essen; unser Proviant wird nämlich knapp. Der Gestank da unten ist ziemlich übel.« Er sah sie kurz an und fragte dann vorsichtig: »Soll ich die Maschinen stoppen? Es ist deine Entscheidung.«

Sie überlegte. »Gleich«, sagte sie dann.

Eine Zeitlang standen sie schweigend nebeneinander und sahen zu, wie die Sonne an Steuerbord unterging. Die letzten Wolken drifteten auseinander, von violettem Licht hinterleuchtet. Backbords vor dem Bug hatte ein Bereich des Wassers angefangen zu brodeln: Fische jagten dicht unter der Oberfläche. Lore sah, wie ein großer Vogel mit schwarzen Flügelspitzen und einem gelblichen Kopf tief über dem Wasser dahinschoss, den Schnabel senkte und schnell und scharf zustieß. Er spießte einen Fisch aus dem Wasser, warf ihn hoch und verschluckte ihn, bevor er wieder in die Höhe stieg.

»Rand. Das ist ein Vogel.«

»Ich weiß. Ich habe schon öfter Vögel gesehen.«

»Aber nicht mitten auf hoher See.«

Sie lief ins Ruderhaus und kam mit dem Fernglas zurück. Ihr Puls raste, und das Herz schlug ihr bis zum Hals. Sie drückte die Okulare an die Augen und suchte den Horizont ab.

»Ist da was?«

Sie hob die Hand. »Still.«

Langsam drehte sie sich um sich selbst, bis sie nach Süden spähte. Dann hielt sie inne.

»Lore, was siehst du?«

Sie hielt das Bild noch ein paar Sekunden fest, um sicher zu sein. Allmächtiger, dachte sie und ließ das Fernglas sinken.

»Hol Greer herauf«, sagte sie.

Als sie ihn endlich an Deck geschafft hatten, wurde es dunkel. Lucius hatte anscheinend keine Schmerzen; der Teil lag hinter ihm. Seine Augen waren geschlossen, und er schien nicht zu wissen, wo er war oder was mit ihm passierte. Sara beaufsichtigte Caleb und Hollis, die als Träger arbeiteten. Andere hatten sich um sie herum versammelt, denn die Neuigkeit hatte sich auf dem Schiff verbreitet. Pim war mit Theo und den Mädchen da, Jenny und Hannah waren gekommen, Jock und Grace mit ihrem kleinen Sohn und die Männer der Besatzung, müde nach dem langen Kampf mit dem Sturm.

Sie trugen Lucius in den Bug und setzten die Trage ab. Lore hockte sich neben ihn und nahm seine Hand. Seine Haut war kalt und trocken und lag lose auf den Knochen.

»Lucius, ich bin's, Lore.«

Tief aus seiner Kehle kam ein leises Stöhnen.

»Ich muss dir etwas zeigen. Etwas Wunderbares.«

Sie schob die linke Hand unter seinen Nacken und hob behutsam seinen Kopf, damit er über den Bug schauen konnte.

»Mach die Augen auf«, sagte sie.

Seine Lider öffneten sich einen winzigen Spaltbreit, dann ein bisschen weiter. Es sah aus, als erfordere dieser winzige Akt seine letzten Kräfte. Alle standen schweigend da und warteten. Die Insel vor ihnen war jetzt klar zu sehen: Ein einzelner, üppig grüner Berg ragte vor ihnen aus dem Meer, und darüber leuchtete ein Kreuz aus fünf hellen Sternen im Dämmerlicht.

»Siehst du das?«, flüsterte sie.

Seine Brust atmete kaum noch, und sein Gesicht war vom Tod gezeichnet. Ein endloser Augenblick verging, während er sich bemühte, klar zu sehen. Schließich kräuselte ein kaum sichtbares Lächeln seine Lippen.

»Es ist ... schön«, sagte Greer.

# 86

Lucius Greer lebte noch drei Tage und erwarb so die Auszeichnung als erster Siedler auf der noch namenlosen Insel, der auf ihrem Boden starb. Er sprach nicht mehr, und man konnte wohl auch nicht sagen, dass er noch einmal sein volles Bewusstsein erlangte. Aber ab und zu sah Sara oder eine der anderen, die ihn pflegten, wie das Lächeln noch einmal erschien, als steige es aus einem glücklichen Traum herauf.

Sie begruben ihn auf einer von hohen Palmen umgebenen Lichtung mit Blick auf das Meer. Abgesehen von den Männern, die auf dem Schiff gearbeitet hatten, gab es nur wenige, die ihn kannten oder zumindest wussten, wer er war, schon gar nicht die Kinder, die nur unbestimmte Gerüchte über einen Sterbenden in einer Kabine gehört hatten und deren lärmendes Spiel man während der ganzen Zeremonie hören konnte. Niemand hatte etwas dagegen, denn es schien zu passen. Lore sprach als Erste, dann Rand und Sara. Sie hatten vorher beschlossen, dass jeder von ihnen eine Geschichte erzählen würde. Lore schilderte seine Freundschaft zu Michael, Rand gab die Geschichten wieder, die Greer ihm von seinem Leben in der Expeditionstruppe erzählt hatte, und Sara beschrieb den Tag, an dem sie Greer vor so vielen Jahren in Colorado begegnet war und was sich dort zugetragen hatte. Danach stellten sich alle in einer Reihe auf, und jeder legte einen Stein auf das Grab mit der schlichten Tafel, die Lore aus Treibholz zusammengezimmert hatte:

**LUCIUS GREER**
**Seher, Soldat, Freund**

Am nächsten Morgen benutzte eine kleine Gruppe zwei der Beiboote und kehrte zur *Bergensfjord* zurück, die tausend Meter weit draußen vor Anker lag. In dieser Frage hatte es Diskussionen gegeben – das Schiff enthielt eine Menge brauchbares Material –, aber Lore blieb fest, und als Kapitän hatte sie das letzte Wort. Wir lassen sie ausruhen, bestimmte sie. Michael würde es so wollen.

Tatsächlich hatte sie Michaels Brief erst am zweiten Tag auf der Insel geöffnet, als sie bereits ahnte, was er enthielt. Sie wusste nicht, warum – vielleicht hatte sie einfach ein Gespür für den Mann. So las sie ohne große Überraschung, aber mit dem angenehmen Gefühl, seine Stimme zu hören, die drei einfachen Sätze, die auf dem Papier standen.

*Schau achtern in Ladekammer Nr. 16.*
*Versenkt das Schiff.*
*Fangt neu an.*
     *Alles Liebe, M.*

Die Ladekammer enthielt eine Kiste Sprengstoff, ein paar Rollen Kabel und einen Funkzünder. Michael hatte Anweisungen zur richtigen Verteilung der Sprengladungen dazugelegt. Caleb und Hollis entrollten die Kabel in den Gängen, während Lore und Rand die Sprengladungen überall im Rumpf anbrachten. Die Treibstofftanks waren fast leer, aber voll mit leicht entflammbaren Dieseldämpfen. Lore schaltete die Gas-Luft-Mischer ein, öffnete die Ventile und befestigte die letzte Ladung.

Darüber, was als Nächstes geschehen würde, gab es keine weiteren Auseinandersetzungen: Das war allein Lores Aufgabe. Die Männer stiegen wieder in die Beiboote, und Lore unternahm einen letzten Rundgang durch das Schiff und seine stillen Kammern und Gänge. Dabei dachte sie an Michael, denn diese beiden, Michael und die *Bergensfjord,* waren ein und dasselbe für sie. Sie war traurig, aber auch voller Dankbarkeit für alles, was er ihr gegeben hatte.

Sie ging an Deck und nach achtern. Das Zündgerät war ein kleiner Metallkasten, zu dem ein Schlüssel gehörte, den sie an einer Kette um den Hals trug. Sie nahm ihn ab und schob ihn vorsichtig in das Loch. Rand und die anderen warteten unten in den Booten.

»Leb wohl, Michael.«

Sie drehte den Schlüssel um und rannte zum Heck. Unter ihr krachten Explosionen durch den Rumpf und näherten sich den Treibstofftanks. In vollem Lauf erreichte sie den Hecküberhang, machte noch drei lange Schritte und sprang.

Lore DeVeer, Kapitän der *Bergensfjord,* flog.

Sauber und fast ohne einen Spritzer tauchte sie ins Wasser ein. Um sie herum tat sich eine wunderschöne blaue Welt auf. Sie drehte sich auf den Rücken und schaute nach oben. Ein paar Sekunden vergingen, und dann strahlte ein Blitz an der Oberfläche auf. Ein gedämpfter Donner ließ das Wasser erbeben.

Ein paar Meter hinter den Booten tauchte sie auf. Die *Bergensfjord* hinter ihr stand in Flammen, und eine dicke schwarze Rauchwolke stieg zum Himmel. Caleb zog sie ins Boot.

»Das war ein schöner Sprung«, sagte er.

Sie setzte sich auf die Bank. Das Heck der *Bergensfjord* sank. Als sich der Bug aus dem Wasser hob und die massige, birnenförmige Nase ans Licht kam, erhob sich Geschrei am Strand. Die Kinder jubelten, entzückt von diesem wunderbaren Schauspiel. Als der Rumpf einen Fünfundvierzig-Grad-Winkel erreicht hatte, glitt das Schiff rückwärts ins Wasser und beschleunigte seinen

Untergang mit erstaunlicher Geschwindigkeit. Lore schloss die Augen; sie wollte den letzten Moment nicht mitansehen. Als sie sie wieder öffnete, war die *Bergensfjord* nicht mehr da.

Sie ruderten zurück zum Ufer. Als sie sich dem Strand näherten, kam Sara im Laufschritt über den Sand heran.

»Caleb, ich glaube, du solltest jetzt kommen«, sagte sie.

Pims Fruchtblase war geplatzt. Sie lag unter einem Sonnensegel zwischen zwei Bäumen auf einer der dünnen Matratzen, die sie von der *Bergensfjord* geholt hatten. Ihr Gesicht war ruhig, aber in der tropischen Hitze schweißfeucht. In den letzten paar Wochen war ihr Haar unglaublich dicht geworden, und seine Farbe war zu einem tiefen Kastanienbraun geworden, das in der Sonne rot leuchtete.

*Hey,* sagte seine Hand.

*Selber hey.* Sie lächelte. *Du solltest dein Gesicht sehen. Keine Sorge, es wird schnell gehen.*

Er sah Sara an. »Wie geht es ihr wirklich?« Er benutzte gleichzeitig die Gebärdensprache. Keine Geheimnisse, nicht jetzt.

»Ich sehe keine Probleme. Sie ist nur ein bisschen zu früh dran. Und sie hat recht; bei einer zweiten Entbindung geht alles viel schneller.«

Theos Geburt hatte ewig gedauert, beinahe zwanzig Stunden von der ersten Wehe bis zur letzten. Caleb war fast gestorben vor Sorge. Aber Theo war noch keine Minute auf der Welt gewesen, da hatte Pim schon strahlend verlangt, dass man ihn in ihre Arme legte.

»Bleib einfach hier und warte ab«, sagte Sara. »Hollis kann auf Theo und die Mädchen achtgeben.«

Caleb sah ihr an, dass da etwas war, das sie nicht aussprach. Er ging ein Stück weit beiseite, und Sara folgte ihm.

»Raus damit«, sagte er.

»Tja. Die Sache ist die. Ich höre zwei Herzen schlagen.«

»Zwei«, wiederholte er.

»Zwillinge, Caleb.«

Er starrte sie an. »Und das hast du bisher nicht gewusst?«

»Das kommt manchmal vor.« Sie streckte die Hand aus und drückte seinen Oberarm. »Sie ist stark. Sie hat es schon mal geschafft.«

»Aber nicht mit zweien.«

»Das ist nicht viel anders, abgesehen vom Ende.«

»Lieber Gott. Wie soll ich sie auseinanderhalten?«

Eine lächerliche Sorge, aber sie kam ihm als Erstes in den Sinn.

»Das wirst du schon lernen. Außerdem müssen sie ja nicht identisch sein.«

»Wirklich nicht? Wie soll *das* denn gehen?«

Sie lachte leise. »Du hast wirklich nicht die leiseste Ahnung, was?«

Sein Magen krampfte sich angstvoll zusammen. »Wahrscheinlich nicht.«

»Bleib einfach bei ihr. Die Wehen liegen noch weit auseinander, und im Moment kann ich eigentlich noch nichts tun. Hollis wird die Kinder beschäftigen.« Sie schaute ihn mütterlich an. »Okay?«

Caleb nickte. Er fühlte sich völlig überfordert.

»Braver Junge«, sagte Sara.

Er sah ihr nach, als sie zum Strand hinunterging, und kehrte dann unter das Sonnensegel zurück. Pim schrieb etwas in ihr Notizbuch. Es war eins, das er noch nicht gesehen hatte, säuberlich in Leder gebunden. Ein Fläschchen Tinte stand neben ihr im Sand, und daneben lag ein Stapel Bücher aus Hollis' Beständen. Pim blickte auf und klappte das Buch mit einem sanften Schlag zu, als er sich in den Sand setzte.

*Sie hat es dir gesagt.*

*Ja.*

Auch Pims Lächeln war fast ein Lachen. Caleb kam sich vor,

als habe er sich auf einer Party in ein falsches Zimmer verirrt, in dem jeder jeden und er niemanden kannte.

*Entspann dich,* sagte sie. *Es ist keine große Sache.*

*Woher weißt du das?*

*Frauen wissen so etwas.* Sie schnappte nach Luft, und ihr Gesicht verzerrte sich vor Schmerz. Caleb sah es ihren Augen an: Ihr unbekümmertes Benehmen war Tarnung. Seine Frau wappnete sich für das, was kommen würde. Stunde um Stunde würde sie sich weiter von ihm entfernen und sich dahin zurückziehen, wo ihre Kraft herkam.

*Pim? Okay?*

Ein paar Sekunden vergingen, dann entspannte ihr Gesicht sich in einem langen Ausatmen. Sie deutete mit dem Kopf auf den Bücherstapel. *Liest du mir vor?*

Er nahm das erste Buch in die Hand. Caleb war nie ein großer Leser gewesen; er fand es langweilig, sosehr sein Schwiegervater sich auch bemüht hatte, ihn dafür zu begeistern. Zumindest der Titel ergab Sinn, fand er: *Krieg und Frieden.* Vielleicht würde es wider Erwarten doch ganz interessant sein. Das Buch selbst war gigantisch; es schien zehn Pfund zu wiegen. Er klappte den Buchdeckel auf und blätterte zur ersten Seite. Sie war mit einschüchternd winzigen Buchstaben bedruckt, eine Wand aus Druckerschwärze.

*Bist du sicher?,* fragte er.

Pims Blick war strahlend, und sie hatte die Hände über dem Bauch gefaltet. *Ja, bitte. Es ist ein Lieblingsbuch meines Vaters. Ich will es schon seit Ewigkeiten lesen.*

Ihm graute davor, aber er wollte ihr unbedingt gefällig sein. Also setzte er sich in den Sand, nahm das Buch auf den Schoß und fing an, die Hände zu bewegen:

»Nun, sehen Sie wohl, Fürst: Genua und Lucca sind weiter nichts mehr als Apanagen der Familie Bonaparte. Nein, das erkläre ich Ihnen auf das Bestimmteste: Wenn Sie mir nicht sagen, dass der Krieg eine Notwendigkeit ist, wenn Sie sich noch länger erlauben, all die Schändlichkeiten und Gewalttaten dieses Antichrists in Schutz zu nehmen (wirklich, ich glaube, dass er der Antichrist ist), so kenne ich Sie nicht mehr, so sind Sie nicht mehr mein Freund, nicht mehr, wie Sie sich ausdrücken, mein treuer Sklave.‹«

Und so weiter. Caleb war restlos verwirrt. Anscheinend passierte gar nichts; es gab nur endlose Gespräche, die nirgendwo hinführten, vollgestopft mit Verweisen auf Orte und Personen, die er nicht annähernd überblicken konnte. Die Übersetzung in die Gebärdensprache war mühsam; viele Worte kannte er nicht, sodass er sie buchstabieren musste. Aber Pim schien es zu gefallen. In unvorhergesehenen Augenblicken seufzte sie leise vor Vergnügen oder riss erwartungsvoll die Augen auf, und manchmal lächelte sie über etwas, das vermutlich im Rahmen dieses Buches als Witz zu gelten hatte. Es dauerte nicht lange, und seine Hände waren müde. Pims Wehen gingen weiter; die Abstände zwischen ihnen wurden kürzer, und sie dauerten länger. Wenn sie kamen, hörte Caleb auf zu lesen und wartete darauf, dass die Schmerzen vorbei waren. Pim nickte ihm dann zu, und er las weiter.

Die Stunden vergingen. Sara schaute regelmäßig vorbei, nahm Pims Puls, betastete hier und da ihren Bauch und stellte fest, alles sei in Ordnung und gehe seinen normalen Gang. Als sie *Krieg und Frieden* sah, zog sie nur die Brauen hoch und bemerkte: »Viel Glück.«

Auch andere kamen vorbei: Lore und Rand, Jenny und Hannah und ein paar Leute, mit denen Pim sich auf dem Schiff angefreundet hatte. Am Nachmittag kam Hollis mit Theo und den Mädchen. Der Junge war unbeeindruckt; er setzte sich neben seiner Mutter auf den Boden und versuchte, sich Sand in den Mund zu stopfen, aber für die Mädchen war die Geburt einer neuen Verwandten ein langerwartetes, aufregendes Ereignis – wie ein Geschenk, das sie bald auspacken durften. In den Wochen auf dem Schiff hatten sie wenig Abwechslung gehabt, und Elle hatte große Fortschritte in der Gebärdensprache gemacht, sodass sie nicht mehr nur die einfachsten Sätze beherrschte. Sie plauderte mit Pim, ohne deren Leiden zur Kenntnis zu nehmen, aber Pim hatte anscheinend nichts dagegen – jedenfalls ließ sie sich nichts anmerken.

»Okay«, sagte Hollis schließlich und klatschte in die Hände. »Eure Tante braucht Ruhe. Lasst uns Muscheln suchen gehen, ja?«

Die Mädchen maulten, aber sie zogen ab. Theo ritt auf der Hüfte seines Großvaters. Pim schaute ihnen nach. *Sie hat so viel Ähnlichkeit mit Kate.*

*Welche meinst du?*

Sie überlegte. *Beide,* antwortete sie dann.

Der Nachmittag verblasste. Caleb spürte die Energie, die aus verschiedenen Richtungen unter das Sonnensegel strömte. Es hatte sich herumgesprochen: Ein Baby kam zur Welt. Irgendwann ließ Pim ihn mit dem Vorlesen aufhören. *Wir heben uns den Rest für später auf,* sagte sie, und das bedeutete: Jetzt bekommen wir ein Kind, und vorläufig passiert nichts anderes. Die Wehen wurden stärker. Sie waren jetzt lang und intensiv. Caleb rief nach Sara. Sie warf einen kurzen Blick auf Pim und sah ihn dann vielsagend an.

»Geh dir die Hände waschen. Und wir brauchen ein paar saubere Tücher.«

Jenny hatte einen Topf Wasser heiß gemacht. Caleb tat, was Sara ihm gesagt hatte, und kam zurück. Pim hatte angefangen, eine Menge Lärm zu machen, aber es klang anders als bei anderen Leuten – rauer und beinahe animalisch. Sara zog ihren Rock hoch und legte eins der Tücher unter ihr Becken.

*Kannst du pressen?*

Pim nickte.

»Caleb, setz dich neben sie, du musst übersetzen, was ich sage.«

Die nächste Wehe packte sie. Pim presste die Augen zu, zog die Knie hoch und drückte das Kinn auf die Brust.

»So ist es richtig«, sagte Sara. »Weiter so.«

Die nächsten Sekunden waren eine Qual für Caleb. Dann entspannte Pim sich. Sie rang nach Atem und ließ den Kopf in den Sand zurückfallen. Caleb hoffte auf eine kurze Erholung, aber praktisch sofort kam die nächste Wehe. Aus dem langen, trägen Nachmittag war ein Kampf geworden. Caleb nahm ihre Hand und schrieb auf ihre Handfläche: *Ich liebe dich. Du kannst das.*

»Es geht los«, sagte Sara.

Pim krümmte sich zusammen und presste. Sara hatte die flachen Hände unter ihr Becken geschoben, als wollte sie einen Ball fangen. Ein runder dunkler Haarschopf erschien, glitt wieder zurück und kam noch einmal zum Vorschein. Pim pustete stoßweise durch die gespitzten Lippen.

»Noch mal«, sagte Sara.

Caleb übersetzte, aber Pim beachtete ihn nicht. Es kam auch nicht mehr darauf an; ihr Körper hatte jetzt das Kommando übernommen, und sie befolgte nur noch seine Befehle. Sie packte Calebs Arm, um sich festzuhalten, richtete sich auf und grub ihre Finger in seine Haut, während ihr ganzer Körper presste.

Der Kopf kam wieder hervor, dann die Schultern, und mit einem glitschenden Geräusch rutschte das Baby heraus und in Saras Hände. Ein Mädchen. Das Baby war ein Mädchen. Sara reichte sie Jenny, die neben ihr kniete. Jenny schnitt sofort die Nabelschnur durch. Sie legte das Baby auf ihren Unterarm, umfasste sein Gesicht mit der flachen Hand und rieb den winzigen, blauhäutigen Rücken mit sanften, kreisförmigen Bewegungen. Die Luft unter dem Sonnendach roch rauchig mit einer süßen, beinahe blumigen Note.

Das Baby gab ein kleines, feuchtes Geräusch von sich. Es klang wie ein Niesen.

»Kinderspiel«, sagte Jenny und lächelte.

»Wir sind hier noch nicht fertig, Caleb«, sagte Sara. »Das nächste ist deins.«

»Du machst Witze«, sagte Caleb.

»Du musst dir deinen Unterhalt hier schon verdienen. Mach es wie Jenny.«

Pim krümmte sich wieder zusammen. Die letzte Presswehe strengte sie anscheinend nicht mehr so sehr an. Der Weg war jetzt frei. Ein einzelnes, langgezogenes Anspannen, und das zweite Kind war da.

Ein Junge.

Sara gab ihn Caleb. Die Nabelschnur, ein glitzernder Aderstrang, hing noch an dem Kind. Warm fühlte der Junge sich an, und seine Hautfarbe war stumpf, beinahe grau. Caleb legte seinen Sohn auf den Unterarm, wie Jenny es getan hatte, und fing an, ihm den Rücken zu reiben. Es war atemberaubend, wie leicht er war – erstaunlich, dass so ein kleines Ding zu einem Menschen heranwachsen konnte und dass nicht nur Menschen, sondern alle Lebewesen auf der Erde so anfingen. Caleb hatte das Gefühl, an einem Wunder teilzuhaben. Etwas Weiches, Feuchtes füllte seine Hand. Das Baby schnappte nach Luft, und seine Brust dehnte sich mit dem ersten Atemzug.

Ein Menschenleben hatte geendet, und jetzt hatten zwei neue begonnen. Pim, deren Gesicht vor Erleichterung glänzte, hielt bereits ihre Tochter im Arm. Sara schnitt die Nabelschnur des Jungen durch, wusch den kleinen Körper mit einem feuchten Tuch und wickelte ihn in eine Decke. Dann gab sie ihn Caleb zurück. Eine ganz unerwartete Sehnsucht durchströmte ihn: Er wünschte, sein Vater wäre da. Wochenlang hatte er dieses Gefühl im Zaum gehalten. Als er jetzt seinen Sohn in den Armen hielt, konnte er es nicht mehr.

Tränen liefen über sein Gesicht.

# 87

Das Mädchen nannten sie Kate, den Jungen Peter.

Zwei Monate waren vergangen. Die Freude über ihre Ankunft hatten die Siedler rasch beseitegeschoben, denn ihre nächste Sorge war es gewesen, sich auf der Insel häuslich niederzulassen. Jagdexpeditionen wurden organisiert, Früchte gesammelt, Fischernetze ausgelegt, Lianen geschnitten und Bäume gefällt, um daraus Unterkünfte zu bauen. Es war, als habe die Insel nur darauf gewartet, ihre Bedürfnisse zu erfüllen. Vieles hier war neu. Bananen. Kokosnüsse. Riesige, mit Hauern bewehrte Eber von teuflischer Niedertracht, mit denen nicht zu spaßen war, die aber Fleisch im Überfluss lieferten, wenn man sie erlegte. Im Dschungel, keine hundert Meter weit vom Strand entfernt, rauschte ein Bergbach in einem gleißenden Wasserfall aus der Höhe herab und füllte eine Felsengrotte mit so kaltem, frischem Wasser, dass einem der Kopf davon dröhnte.

Es war Hollis, der vorschlug, das erste Gemeindeprojekt solle eine Schule sein. Das leuchtete ein. Wenn ihre Zeit nicht strukturiert wurde, würden die Kinder wie wilde Mäuse durcheinanderlaufen. Hollis suchte einen Platz aus, stellte eine Baukolonne zusammen und machte sich an die Arbeit. Als Caleb beiläufig erwähnte, dass sie nur sehr wenige Bücher hätten, lachte der große

Mann. »Mir scheint, wir fangen in mehr als einer Hinsicht neu an«, sagte er. »Vermutlich werden wir selbst ein paar schreiben müssen.«

Schon bald verblasste die Erinnerung an ihr altes Leben. Vielleicht war das erstaunlicher als alles andere. Alles war neu: die Dinge, die sie aßen, die Luft, die sie atmeten, das Rascheln der Palmwedel im Wind, der Rhythmus der Tage. Es war, als sei eine Klinge auf ihr Leben herabgefallen und habe es in zwei Teile geteilt, in die Zeit davor und die Zeit danach. Immer waren Geister bei ihnen, die Geister der Leute, die sie verloren hatten. Aber zugleich hörte man überall, am Strand und im Dschungel, die Stimmen der Kinder.

Die Führungsverantwortung war ganz natürlich Lore zugefallen. Anfangs hatte sie abgewehrt: *Was verstehe ich denn von der Verwaltung einer Stadt?* Aber der Präzedenzfall war da; die Leute konnten nur schwer darüber hinwegsehen, dass sie der Kapitän des Schiffs gewesen war, und so genoss sie nicht nur den Respekt der Besatzung, die unter ihr gedient hatte, sondern auch den der Menschen, die sie wohlbehalten auf diese Insel gebracht hatte. Es gab eine Abstimmung, und trotz ihrer Einwände, die sowieso nur halbherzig klangen, wurde sie per Akklamation gewählt. Es folgte eine Diskussion über die Frage ihres Titels, und sie entschied sich für »Bürgermeisterin«. Sie stellte eine Art Kabinett zusammen: Sara sollte für medizinische Angelegenheiten zuständig sein, Jenny und Hollis bekamen die Aufsicht über die Schule, Rand und Caleb hatten den Bau der Wohnhäuser zu organisieren, Jock, der sich als guter Bogenschütze erwiesen hatte, würde die Jagdexpeditionen leiten und so weiter.

Sie hatten noch einen großen Teil der Insel zu erforschen. Sie war viel größer, als man auf den ersten Blick hatte vermuten können. Zwei Erkundungstrupps sollten den Berg in einander entgegengesetzten Richtungen umrunden. Rand führte die eine, Caleb die andere. Nach einer Woche waren sie wieder da und berichteten, die Insel liege nicht allein im weiten Meer, sondern sei anscheinend die südlichste einer Kette. Zwei seien von den hohen Klippen an der Nordküste aus zu sehen, und möglicherweise liege noch eine dritte in weiter Ferne. Spuren einer früheren Besiedlung hatten sie nicht gefunden. Das bedeutete nicht, dass es keine gab; vielleicht würden sie eines Tages einen Hinweis darauf entdecken, dass hier schon einmal Menschen gelebt hatten. Aber vorläufig vermittelte die Unberührtheit der Insel, ihre Wildheit und Wohltätigkeit, eine Atmosphäre der Einsamkeit.

Es war eine Zeit der Hoffnung. Nicht ohne Sorgen – es gab viel zu tun. Aber sie hatten angefangen.

Viele Wochen lang hatte Pim überlegt, was sie mit ihrem Buch tun sollte. Die Arbeit war fertig, die Worte waren poliert. Natürlich brach die Geschichte, die es erzählte, irgendwann ab, denn sie wusste ja nicht, wie sie enden würde. Aber sie hatte getan, was sie konnte.

Die Entscheidung, es zu vergraben oder auf ähnliche Weise zu verstecken, war langsam und ein wenig überraschend entstanden. Lange Zeit war sie davon ausgegangen, dass sie es eines Tages anderen Leuten zeigen würde. Aber von Tag zu Tag wurde klarer, dass dieser Text nicht für irgendwelche Lebenden gedacht war, sondern einem höheren Zweck zu dienen hatte. Sie schrieb diese Intuition demselben geheimnisvollen Einfluss zu, der sie veranlasst hatte, diese Zeilen überhaupt zu schreiben und sie so zu schreiben, wie sie es getan hatte. Eines frühen Morgens, nicht lange nach Calebs Erkundung der Insel, wachte sie von einer tiefen Ruhe erfüllt auf. Caleb und die Kinder schliefen. Pim stand leise auf, nahm das Buch und ihre Schuhe und ging hinaus.

Das erste Licht der Morgendämmerung kroch über den Horizont herauf. Bald würde die Siedlung erwachen, aber jetzt hatte Pim den Strand für sich allein. Die Welt fand Wege, mit einem zu sprechen, und man musste nur lernen, darauf zu hören. Einen Moment lang stand sie da, genoss die Stille und lauschte auf das, was die Welt ihr an diesem Morgen erzählte.

Sie wandte sich vom Wasser ab und machte sich auf den Weg in den Dschungel.

Ein Ziel hatte sie nicht; ihre Füße sollten sie tragen, wohin sie wollten. So wanderte sie unter dem dichten Blätterdach ungefähr parallel zum Strand, etwa zweihundert Meter weit im Landesinnern. Die Gegend hier war natürlich längst erforscht. Tau tropfte von den Blättern, und die aufgehende Sonne durchtränkte die Vegetation mit einem warmen grünen Licht. Der Boden wurde uneben und faltete sich immer wieder zu Felsengraten auf. Manchmal musste sie auf Händen und Knien bergauf kriechen. Von einem Höhenkamm aus sah sie unter sich eine sanfte Mulde, auf drei Seiten von rankenüberwucherten Felswänden umgeben. Wassertropfen, funkelnd wie Juwelen, perlten an der gegenüberliegenden Wand herunter und sammelten sich an ihrem Fuß zu einem Teich. Vorsichtig kletterte Pim hinunter. Der Ort erschien ihr neu und unentdeckt, und es war, als habe sie ein Heiligtum gefunden. Sie hockte sich an den Pool, schöpfte mit gewölbten Händen Wasser und trank. Das Wasser war sauber und schmeckte nach Stein.

Sie richtete sich auf und betrachtete die Umgebung. Hier war etwas, das spürte sie. Etwas, das sie finden sollte.

Ihr Blick wanderte über die Felswände ringsum und fiel auf einen schattigen, von dichter Vegetation überwucherten Bereich. Sie ging hin und entdeckte eine Höhle, deren Eingang von einem Lianenvorhang bedeckt war. Sie zog ihn zur Seite. Es war ein guter Ort – ja, ein idealer Ort –, um ihr Tagebuch zu verstecken. Sie schob die Hand in die Tasche ihres Kleides. Ja, da war eine Schachtel Streichhölzer, eine der letzten. Sie riss ein Streichholz an und hielt es in den Eingang. Die Höhle war klein, nur ungefähr so groß wie ein Zimmer in einem Haus. Das Streichholz brannte bis zu ihren Fingerspitzen herunter. Mit einer schnellen Bewegung des Handgelenks schüttelte sie es aus, zündete ein zweites an und folgte dem Lichtschein hinein.

Sofort erkannte sie, dass diese natürliche Formation eine Behausung war. Sie sah einen Tisch, ein großes Bett und zwei Stühle, alles aus rohbehauenem Holz, das mit Lianen zusammengebunden war. Andere Gegenstände, ähnlich primitiv hergestellt, übersäten den Boden: einfache Steinwerkzeuge, Körbe, aus getrockneten Palmwedeln geflochten, Teller und Becher aus ungebranntem Ton. Sie zündete ein neues Streichholz an und näherte sich dem Bett. Schatten erstreckten sich vor ihr, und das Licht fiel auf die Umrisse einer menschlichen Gestalt unter einer morschen Decke. Sie schlug sie zur Seite. Der Leichnam oder das, was davon noch da war – spröde Knochen, braun wie Holz, zusammengerolltes Haar –, lag gekrümmt auf der Seite, die Arme schützend um die Brust geschlungen. Ob es ein Mann oder eine Frau war, konnte Pim nicht erkennen. In die Wand neben dem Bett war eine Reihe von Zeichen eingeritzt, kleine Kerben im Fels. Sie zählte zweiunddreißig. Was bedeuteten sie? Tage? Monate? Jahre? Das Bett war zu groß für eine einzelne Person, und hier standen zwei Stühle, nicht einer. Irgendwo, wahrscheinlich nicht weit von hier, musste das Grab des zweiten Höhlenbewohners liegen.

Pim ging wieder hinaus. Dass es ihr bestimmt war, ihr Tagebuch hier zu verstecken, war offenkundig. Die Höhle war eine Lagerstätte der Vergangenheit. Aber sie brannte darauf, mehr zu erfahren. Wer waren diese Menschen? Woher waren sie gekommen? Wie waren sie gestorben? Sie stand am Rand des Wassers und spürte die Anwesenheit dieser verstummten Seelen. Pim ging an den Felswänden entlang um den Tümpel herum. Nach und nach, als hebe sich ein Schleier, traten weitere Artefakte zutage. Tonscherben. Ein Holzlöffel. Ein Kreis aus Steinen, in dem einmal ein Feuer gebrannt hatte. Auf der anderen Seite des Wasserbeckens stieß sie auf ein Gestrüpp mit dicken, wachsartigen

Blättern. Dahinter sah sie einen Schatten – eine runde Wölbung, die sich über den Boden erhob.

Es war ein Boot, genauer gesagt, ein Rettungsboot. Der Glasfaserrumpf war tief in die Erde eingesunken. Es verschwand fast unter wuchernden Ranken. Ein dicker Teppich aus Humus bedeckte den Boden, und darin wuchsen kleine Pflanzen. Wie lange lag es schon hier und versank langsam im Waldboden? Jahre, Jahrzehnte – vielleicht länger. Sie ging um das Boot herum und suchte nach Hinweisen. Aber sie fand nichts, bis sie am Heck angekommen war. Am Heckspiegel, teilweise versteckt unter der Vegetation, war eine Holzplakette angebracht, ausgebleicht, spröde und halb verrottet. Geisterhafte Lettern waren hineingekerbt. Pim sank in die Hocke und zog die Ranken zur Seite.

Eine Zeitlang rührte sie sich nicht, so überwältigend war ihr Staunen. Wie konnte das sein? Aber als die Minuten vergingen, erwachte ein neues Gefühl in ihr. Sie dachte an das Unwetter, an den machtvoll heulenden Sturm, der sie ans Ufer getragen hatte, als alles schon verloren schien. Vorsehung war ein zu geringes Wort; die Kraft, die hier am Werk war, reichte viel tiefer, sie war ein Faden, der das Gewebe aller Dinge durchzog. Nach einer Weile richtete sie sich auf und kehrte auf die Lichtung zurück. Sie verfolgte keine Absicht, sondern tat, was ihr Instinkt ihr befahl. Am Rande des Wassers sank sie noch einmal auf die Knie. In der stillen Oberfläche sah sie das Abbild ihres Gesichts: ein junges Gesicht, glatt und faltenlos. Sie wusste, das würde sich ändern. Die Zeit würde ihren Tribut fordern, wie sie es bei allen tat. Ihre Kinder würden heranwachsen; sie selbst und all die Menschen, die sie liebte, würden dahinschwinden und zu Erinnerungen werden, zu Erinnerungen an Erinnerungen, und schließlich zu nichts. Es war ein trauriger Gedanke, aber es machte sie zugleich auf eine Weise glücklich, die sie noch nicht kannte. Diese Insel der Zuflucht: Sie war für sie bestimmt. Sie hatte die ganze Zeit auf sie gewartet, damit die Geschichte von Neuem beginnen könnte. Das war es, was die Worte auf der Plakette ihr sagten.

Vielleicht würde es ihr irgendwann richtig erscheinen, den andern davon zu erzählen. Eines Tages würde sie sie zu dem Boot führen und ihnen zeigen, was sie entdeckt hatte. Aber jetzt noch nicht. Vorläufig würde dieser Ort – wie ihr Tagebuch und die Geschichte, die es erzählte – ihr Geheimnis bleiben wie diese Botschaft aus der Vergangenheit, geschrieben auf das Heck eines verlassenen Rettungsbootes.

**BERGENSFJORD**
**OSLO, NORWEGEN**

# 88

Carter hielt den Atem an, solange er konnte. Blasen stiegen an seinem Gesicht herauf, und seine Lunge schrie nach Luft. Die Welt über ihm schien meilenweit entfernt zu sein, obwohl sie tatsächlich fast in Reichweite war. Schließlich hielt er es nicht länger aus. Er stieß sich vom Grund ab, schoss zur Oberfläche und brach explosionsartig hinauf in den Sommersonnenschein.

»Noch mal, Anthony!«

Haley klammerte sich an seinen Rücken. Sie trug einen pinkfarbenen Bikini und eine kobaltblaue Schwimmbrille, mit der sie aussah wie ein riesiger Käfer.

»Okay!«, rief er lachend. »Eine Sekunde. Außerdem ist Riley an der Reihe.«

Haleys Schwester saß am Pool und ließ die Beine ins Wasser baumeln. Ihr grüner Badeanzug war einteilig; er hatte ein Rüschenröckchen, und auf dem einen Schulterträger saß ein Gänseblümchen aus Plastik. Sie trug orangegelbe Schwimmflügel. Carter konnte sie stundenlang immer wieder ins Wasser werfen, ohne dass es ihr langweilig wurde.

»Noch mal! Noch mal!«, verlangte Haley.

Rachel kam langsam aus dem Garten herüber. Sie trug Shorts und ein weißes T-Shirt mit Erdflecken, und auf ihrem Kopf saß ein breitrandiger Strohhut. In der einen behandschuhten Hand hielt sie eine Gartenschere, in der anderen einen Korb mit frisch geschnittenen Blumen in verschiedenen Sorten und Farben.

»Kinder, lasst Anthony doch Luft holen.«

»Das macht mir nichts«, sagte Carter. Er hielt sich am Beckenrand fest. »Es ist keine Mühe.«

»Siehst du?«, rief Haley. »Er sagt, es macht ihm nichts.«

»Weil er höflich ist.« Rachel streifte die Handschuhe ab und warf sie in den Korb. Ihr verschwitztes Gesicht glänzte in der Sonne. »Wie wär's mit einem Happen zum Lunch?«

»Was haben wir denn?«, fragte Haley.

»Mal überlegen.« Ihre Mutter runzelte theatralisch die Stirn. »Hot Dogs?«

»Ja! Hot Dogs!«

Rachel lächelte. »Dann ist das wohl entschieden. Hot Dogs also. Willst du auch einen, Anthony?«

Er nickte. »Ein Hot Dog geht immer.«

Sie ging ins Haus, und Carter stieg aus dem Pool und holte Handtücher für sich und die Mädchen.

»Können wir noch mehr schwimmen?«, fragte Haley, als er ihr das Haar trockenrubbelte. Es war blond mit ein paar kupferroten Strähnen. Riley hatte weiches, heidebraunes Haar. Es war ziemlich lang, und sie flocht es gern zu Zöpfen, wenn sie schwimmen ging.

»Kommt drauf an, was eure Mama sagt. Vielleicht nach dem Lunch.«

Sie machte große Augen. Das war ihre Art: Sie zog immer eine große Show ab, um zu bekommen, was sie wollte. Es war sehr komisch. »Wenn du ja sagst, muss sie auch ja sagen.«

»So läuft das nicht, und das weißt du. Wir werden sehen.«

Er wrang den letzten Rest Wasser aus ihrem Haar, schickte die beiden zum Spielen und setzte sich an den schmiedeeisernen Tisch, um zu Atem zu kommen und ihnen zuzusehen. Überall im Garten lag Spielzeug herum – Barbies, Stofftiere, ein buntes Spielgerüst aus Plastik, für das Haley inzwischen zu groß war, mit dem sie aber immer noch gern spielte. Die beiden taten dann so, als wäre es kein Kletterturm mit Rutsche, sondern etwas anderes, ein Kaufladen zum Beispiel. Haley war in die eine Richtung gegangen, ihre Schwester in die andere.

»Hey!«, schrie Riley. »Ich habe eine Kröte gefunden!«

Sie hockte auf dem Weg zum Gartentor.

»Wirklich?«, fragte Carter. »Komm, bring sie her und lass mich sehen.«

Sie kam zur Terrasse, die gewölbten Hände vor sich ausgestreckt. Ihre große Schwester folgte ihr.

»Das ist aber eine hübsche Kröte«, sagte Carter. Das fleckig braune Tier atmete schnell, und die Haut hing lose an seinen Seiten herunter.

»Ich finde sie eklig«, sagte Haley naserümpfend.

»Darf ich sie behalten?«, fragte Riley. »Ich würde sie Pedro nennen.«

»Pedro.« Carter nickte langsam. »Ein guter Name. Aber natürlich hat sie vielleicht schon einen. Daran muss man immer denken. Einen Namen, mit dem die anderen Kröten sie anreden.«

Das kleine Mädchen runzelte streng die Stirn. »Aber Kröten haben doch keine Namen.«

»Woher weißt du das? Sprichst du Krötisch?«

»Das ist Quatsch«, behauptete das größere Mädchen und zupfte am Hosenboden ihres Badeanzugs. »Hör nicht auf ihn, Riley.«

Carter beugte sich auf seinem Stuhl nach vorn, hob einen Finger und lenkte ihre Aufmerksamkeit auf sein Gesicht. »Ich werde euch beiden jetzt etwas Wahres erzählen«, sagte er. »Nämlich dies: Alles auf der Welt hat einen Namen. So kann es sich kennen. Das ist eine wichtige Lektion fürs Leben.«

Das kleinere Mädchen starrte ihn an. »Bäume auch?«

»Selbstverständlich.«

»Und Blumen?«

»Bäume, Blumen, Tiere. Alles, was lebt.«

Haley sah ihn von der Seite an. »Das hast du dir ausgedacht.«

Carter lächelte. »Keineswegs. Erwachsene wissen vieles. Das wirst du noch sehen.«

»Ich will ihn jedenfalls behalten«, sagte Riley hartnäckig.

»Kann sein. Und ich bin sicher, Mr Kröte würde es auch gefallen. Aber eine Kröte gehört ins Gras zu den anderen Kröten, die sie kennen. Außerdem, deine Mama würde einen Anfall bekommen, wenn sie wüsste, dass ich dir erlaubt habe, ihn zu behalten.«

»Ich hab's ja *gesagt*«, maulte Haley.

Carter lehnte sich wieder zurück. »Lauft jetzt los, ihr zwei. Ihr könnt eine Weile mit ihm spielen, und dann lasst ihn frei.«

Sie rannten davon. Carter zog sein Hemd über und setzte sich wieder. Im gesprenkelten Schatten der Lebenseichen schien die Sonne mild auf sein Gesicht, und in weiter Ferne hörte er das leise Rauschen des Verkehrs. Einige Zeit später kam Rachel durch die Hintertür heraus. Sie trug ein Tablett mit den versprochenen Hot Dogs. Für Riley gab es dazu Ketchup und Käse, für Haley Senf, für Carter alles. Für sich selbst hatte Rachel einen Salat gemacht. Sie ging noch einmal zurück in die Küche und kam mit Papptellern und einer Tüte Chips zurück, und schließlich holte sie die Getränke: Milch für die Mädchen und einen Krug Tee für die Erwachsenen.

»Riley hat eine Kröte gefunden«, bemerkte Carter. »Sie möchte sie als Haustier behalten.«

Rachel verteilte die Hot Dogs auf die Teller und legte Servietten dazu. »Natürlich möchte sie das. Ich nehme an, du hast nein gesagt.« Sie hob den Kopf und rief: »Kinder, kommt zum Essen!«

Sie aßen Hot Dogs und Chips und tranken Tee und Milch. Zum Nachtisch gab es Kirscheis am Stiel. Danach bauten die Mädchen allmählich ab. Riley machte nach dem Lunch normalerweise einen Mittagsschlaf. Haley sträubte sich, aber auch sie war noch nicht zu alt dafür, zumal nach einem solchen Vormittag, an dem sie stundenlang in der heißen Sonne im Pool herumgetollt hatten. Man versprach ihnen, dass sie später noch einmal schwimmen dürften, und scheuchte sie ins Haus. Carter trug Riley auf dem Arm, denn sie war schon halb eingeschlafen. Im Zimmer der Mädchen gab er sie an Rachel weiter, die ihr den feuchten Badeanzug aus- und ein T-Shirt und eine Unterhose anzog und sie dann ins Bett legte und zudeckte. Haley lag schon unter der Decke.

»So, jetzt schlaft, ihr beide«, sagte Rachel von der Tür aus. »Keine Albernheiten.« Mit leisem Klicken schloss sie die Tür. »Wenn ich es mir recht überlege«, sagte sie, »könnte ich selbst auch ein Stündchen schlafen.«

Carter nickte. »Dachte ich auch schon. Die Mädchen sind ganz schön anstrengend.«

Im Schlafzimmer tauschte er die Badehose gegen ein Paar alte Shorts ein, die er gernhatte. Sie waren weich von der Wäsche. Er legte sich auf das Federbett, und Rachel kam zu ihm. Er legte den Arm um sie und zog sie an sich. Ihr Haar verströmte diesen sauberen, süßen Duft, den er so liebte. Etwas Schöneres gab es praktisch nicht.

»Weißt du«, sagte sie leise, »ich habe nachgedacht.«

»Worüber?«

Sie zuckte an seiner Brust mit den Schultern. »Nur, wie wunderbar dieser Vormittag war. Der Garten ist so schön.«

Carter zog sie fester an sich und sagte, das Gleiche habe er auch gedacht.

»Ich könnte in Ewigkeit so weitermachen«, sagte sie.

Die Ewigkeit war das, was sie hatten. Bald atmete sie gleichmäßig; ihre Atemzüge waren lang und tief wie die Wellen an einem friedlichen Strand. Ihr Rhythmus bewegte ihn in seiner sanften Strömung und zog ihn mit sich.

So glücklich, dachte Carter und schloss die Augen. Endlich glücklich.

# XIV

## Der Garten am Meer

### 343 n. V.

*Des Sommers warmer Hauch kann diese Knospe*
*Der Liebe wohl zur schönen Blum' entfalten,*
*Bis wir das nächste Mal uns wiedersehn.*

Shakespeare, *Romeo und Julia*

# 89

Sie hatte sich eine Stelle mit Blick auf den Fluss ausgesucht. Die Erde war hier weicher, aber das war nicht der einzige Grund. Als der Morgen über dem Höhenkamm heraufdämmerte, fing Amy an zu graben. Der Pegel des Flusses war niedrig wie immer im Sommer. Dunst lag über dem Wasser wie Rauch. Erst sangen die Vögel, während sie grub, und als es heißer wurde, breitete Stille sich über das Land.

Ab und zu ruhte sie sich aus, und am Mittag war sie fertig. Am Flussufer wusch sie sich das Gesicht und trank aus den gewölbten Händen. Sie war schweißüberströmt in der Hitze. Eine Zeitlang saß sie auf einem Felsblock, um sich zu sammeln. Die Schaufel lag über ihr auf der Uferböschung. Im flachen Wasser sah sie die Silhouetten von Forellen, die sich hinter den Steinen versteckten. Vor der Strömung geschützt genügte ihnen ein kurzes Zucken der Schwanzflosse, um an Ort und Stelle zu bleiben. So lauerten sie auf die Insekten, die ihnen stromabwärts in die offenen Mäuler geschwemmt wurden.

Der Leichnam war in ein Laken gehüllt. Amy benutzte eine aus Holz gezimmerte Bahre und Seile, die mit Rollen an einem kräftigen Ast befestigt waren, um ihn hinabzulassen. Ihre Gedanken waren geordnet und ruhig; sie hatte jahrelang Zeit gehabt, sich auf diesen Augenblick vorzubereiten. Aber als die erste Erde auf das Laken prasselte, wallten doch Gefühle in ihr auf, für die sie keinen Namen hatte. Vielfältig waren sie, und sie kamen nicht aus ihrem Geist, sondern aus größerer Tiefe; sie waren beinahe physisch. Tränen mischten sich in den Schweiß, der ihr über das Gesicht lief. Schaufel um Schaufel verschwand der Leichnam und wurde eins mit der Erde.

Sie klopfte das Grab glatt und kniete davor nieder. Ein Grabzeichen würde sie nicht aufstellen; die richtige Gedenkfeier würde später stattfinden. Vielleicht eine Stunde verging; sie hatte kein Zeitgefühl, aber sie brauchte auch keins. Ihr Herz war schwer und voll. Als die Sonne die Bergkette berührte, drückte sie eine Hand auf die frisch aufgegrabene Erde.

»Leb wohl, mein Liebster«, sagte sie.

Peter war an einem Sommernachmittag gestorben. Schon lange hatte er geglaubt, dass es so kommen würde. Vier Tage zuvor war er am Abend nicht zurückgekommen. Es war nicht das erste Mal gewesen, dass seine Wanderungen ihn so weit weggeführt hatten, dass er es nicht schaffte, nach Hause zu kommen, bevor das Licht angezündet wurde. Aber als er am nächsten Abend immer noch nicht da war, machte sich Amy auf die Suche nach ihm. Sie fand ihn zusammengekrümmt unter einem Felsüberhang auf der anderen Seite des Tafelbergs, fest an die Wand gepresst. Er war nur halb bei Bewusstsein. Sein Atem ging schnell und flach, seine Haut war fahl, und die Hände fühlten sich trocken und kalt an. Sie hüllte ihn in eine Decke und hob ihn auf. Erschrocken stellte sie fest, wie leicht er war. Sie trug ihn nach Hause und brachte ihn hinauf ins Schlafzimmer. Die Fensterläden hatte sie schon geschlossen. Sie legte ihn ins Bett und kam zu ihm, hielt ihn in den Armen, während er schlief, und am nächsten Morgen spürte sie, dass etwas anwesend war. Der Tod hatte das Haus betreten. Peter schien keine Schmerzen zu haben; er schwand einfach dahin. Seiner Umgebung wurde er sich anscheinend nicht mehr bewusst. Die Stunden gingen vorüber. Sie ließ ihn nicht allein, nicht für einen Augenblick. Gegen Mittag wurde seine Atmung immer langsamer, bis sie kaum noch wahrzunehmen war. Amy wartete. Dann kam der Augenblick, als sie wusste, er war nicht mehr da.

Jetzt, da ihre Aufgabe erfüllt war, kehrte sie zum Haus zurück und machte sich ein einfaches Abendessen. Sie räumte die Küche auf und stellte ihr Geschirr weg. Die Stille der Ewigkeit hatte sich über die Zimmer gesenkt. Es wurde dunkel. Die Sterne kreisten über dem schweigenden Land. Sie hatte Vorbereitungen zu treffen, aber die konnten bis zum nächsten Morgen warten. Nach oben gehen wollte sie nicht. Diese Zeit war vorüber. Sie machte sich ihr Bett auf dem Sofa zurecht, rollte sich unter einer Decke zusammen und war bald fest eingeschlafen.

Das weiche Licht des Morgengrauens in den Fenstern weckte sie. Sie trat hinaus auf die Veranda und taxierte den kommenden Tag, und dann ging sie ins Haus und machte ihre Ausrüstung bereit. Sie hatte sich einen einfachen Rucksack mit einem Holzrahmen gebaut, und da hinein kamen die Sachen, die sie für ihre Reise brauchte: eine Decke, ein paar einfache Werkzeuge, Kleidung, Proviant für zwei Tage, ein Teller und ein Becher, eine Segeltuchplane, ein Seil, ein scharfes Messer, Wasserflaschen. Alles, was fehlte oder woran sie nicht gedacht hatte, würde sie unterwegs auftreiben können. Oben wusch sie sich und zog sich an. Im Spiegel über dem Waschtisch sah sie ihr Gesicht. Auch sie war gealtert. Sie sah aus wie eine Frau von vierzig, vielleicht fünfundvierzig Jahren. Graue, fast weiße Strähnen durchzogen ihr langes Haar. Fältchen fächerten an ihren Augenwinkeln nach außen. Ihre Lippen waren schmaler und blasser, beinahe farblos. Wie viel Zeit würde vergehen, bevor dieses Gesicht, ihr Gesicht, von einer anderen lebenden Menschenseele gesehen werden würde? Würde es überhaupt geschehen, oder würde sie diese Welt ungesehen verlassen?

Im Wohnzimmer setzte Amy sich ans Klavier. Seine Existenz hatte sie sich nie erklären können. Als sie und Peter vor all den Jahren im Farmhaus angekommen waren, hatte es hier gewartet, ein Geschenk aus dem Jenseits. Jeden Abend hatte sie darauf gespielt; die Musik war die Macht, die Peter heimrief. Jetzt hielt sie die Hände über die Tasten und wartete darauf, dass ihr etwas einfiel. Sie fing mit einem ruhigen Akkord an und ließ sich von ihren Händen führen. Helle Klänge erfüllten das Haus. In den Motiven der Musik lag alles, was sie empfand. Sie durchströmte sie in Wellen, auf und ab, kreiselte davon und kehrte zurück, eine Sprache aus puren Emotionen. *Ich bekomme nie genug davon,* hatte Peter immer gesagt. Er hatte sich hinter sie gestellt und seine Hände ganz sanft auf ihre Schultern gelegt, um die Musik zu fühlen, wie sie es tat: als eine Kraft, die von innen herausströmte. *Ich könnte dir ewig beim Spielen zuhören, Amy.*

Jedes Lied ist ein Liebeslied, dachte sie. Jedes Lied ist für dich.

Sie kam zum Ende. Ihre Hände schwebten still über den Tasten, und die letzten Töne klangen nach, verhallten und waren fort. Der Augenblick des Abschieds war da. Ein Kloß saß ihr in der Kehle. Sie sah sich ein letztes Mal um. Es war ein Zimmer wie jedes andere – einfache Möbel, ein vom langen Gebrauch geschwärzter Kamin, Kerzen auf dem Tisch, Bücher –, aber es bedeutete unendlich viel mehr. Es bedeutete alles. Hier hatte sie gelebt.

Sie erhob sich, setzte den Rucksack auf und ging zur Tür hinaus, ohne einen Blick zurückzuwerfen.

Kalifornien erreichte sie im Herbst. Die sonnenverbrannten Wüsten zuerst, dann die Berge, die aus dem Dunst aufstiegen und deren mächtige blaue Buckel über dem trockenen Tal aufragten. Sie sah sie zwei Tage lang, und dann begann der Aufstieg. Die Temperatur sank, und oben wartete kühles, grünes Waldland. Unter ihr flimmerten die Täler und Berge der hochgelegenen Mojave im Dunst. Der Wind wehte ihr wild und trocken ins Gesicht.

Endlich tauchte die Mauer der Kolonie auf. An manchen Stellen stand sie immer noch turmhoch, an anderen war sie eingestürzt, und grünes Gestrüpp erschwerte den Weg durch die Ruinen. Amy kletterte hinüber und wanderte ins Zentrum der Stadt. Hohe Bäume standen, wo früher keine gewesen waren, und die meisten Häuser waren nicht mehr da. Nur Schutt lag auf den Fundamenten. Aber ein paar größere Gebäude existierten noch. Sie kam zu dem, das Zuflucht geheißen hatte. Das Dach war eingebrochen, und die Wände bildeten eine leere Hülse. Sie stieg die Stufen hinauf und warf einen Blick durch ein Fenster, das wie durch ein Wunder noch nicht zerbrochen war. Es war staubverkrustet. Amy befeuchtete ein Tuch und wischte ein kleines Guckloch frei, bevor sie die Hände um die Augen wölbte und hindurchspähte. Unter dem freien Himmel war im Inneren ein Wald gewachsen.

Sie brauchte eine Weile, um sich zu orientieren, aber schließlich hatte sie den Stein gefunden. Er war ein kleines Stück weit in der Erde versunken, und viele der Namen, die hineingemeißelt waren, konnte man kaum noch lesen, weil sie fast verwittert waren. Aber einige Nachnamen konnte sie erkennen. Fisher. Wilson. Donadio. Jaxon.

Der Abend rückte näher. Sie nahm ihren Rucksack ab und holte das Werkzeug heraus: Meißel und Hohleisen in verschiedenen Größen, Hacken und zwei Hämmer, einen großen und einen kleinen. Eine Zeitlang saß sie auf dem Boden und betrachtete den Stein. Ihr Blick wanderte über die stoische Fläche, während sie ihren Angriff plante. Sie hätte bis zum nächsten Morgen warten können, aber der Augenblick schien der richtige zu sein. Sie wählte eine Stelle, griff zu Meißel und Hammer und fing an.

Am Morgen des dritten Tages war sie fertig. Ihre Hände waren blutig und wund. Die Sonne stand hoch am Himmel, als sie zurücktrat und ihr Werk begutachtete. Der Inschrift war die ungeübte Hand anzusehen, aber alles in allem war sie besser geworden, als Amy gehofft hatte. Sie verschlief den Rest des Tages und die ganze nächste Nacht, und am nächsten Morgen packte sie erfrischt ihre Sachen zusammen und stieg den Berg hinunter. Sie wanderte nach Westen, anfangs mit der Sonne im Rücken, später auf sie zu. Das Land war leer und geschichtslos, und es war unbelebt. Die Tage vergingen in windgepeitschter Stille, und eines Morgens hörte Amy das Meer. Blumenduft lag in der Luft. Das Geräusch, ein leises Tosen, schwoll an, und plötzlich erschien der Pazifik. Die blaue Fläche sah grenzenlos aus; es war, als schaue Amy auf einen ganzen Planeten. Weiß bekrönte Wellen brachen sich am Ufer. Durch ein Gestrüpp aus wilden Rosen und Seegras bahnte sie sich ihren Weg hinunter zu einem breiten Strand. Ihr war unbehaglich, aber zugleich empfand sie plötzlich einen starken Drang zum Weitergehen. Sie warf den Rucksack ab und zog Kleider und Sandalen aus. Als die erste Welle über sie hinwegrollte, hätte sie fast den Boden unter den Füßen verloren. Eine zweite packte sie, und statt Widerstand zu leisten, tauchte sie hinunter in das schäumende Wasser. Den Grund erreichte sie jetzt nicht mehr – so schnell war es gegangen. Aber sie hatte keine Angst, sondern empfand nur wilde, erschrockene Freude. Es war, als habe sie einen durch und durch natürlichen Zustand wiederentdeckt, in dem sie mit den Kräften der Schöpfung verbunden war. Das Wasser war wunderbar kalt und salzig, und sie brauchte Arme und Beine kaum zu bewegen, um sich über Wasser zu halten. Sie ließ sich frei in der Dünung treiben und tauchte dann wieder hinunter. Als sie unter Wasser die Augen öffnete, sah sie praktisch nichts außer verschwommenen Umrissen. Sie rollte sich auf den Rücken und schaute nach oben. Der funkelnde Sonnenschein prallte von den Wellen ab und bildete einen Strahlenkranz. Sie starrte hinauf zu diesem Himmelslicht und hielt den Atem an, solange sie konnte, und sie verbarg sich in dieser unsichtbaren Welt unter dem Meer.

Sie beschloss, eine Zeitlang hierzubleiben. Jeden Morgen ging sie schwimmen, und jeden Morgen wagte sie sich weiter hinaus. Sie stellte damit nicht ihre Entschlossenheit auf die Probe, sondern wartete darauf, dass sich ein neuer Impuls bemerkbar machte. Körperlich fühlte sie sich sauber und stark, und ihr Geist war reingewaschen von aller Sorge. Sie trat in eine neue Phase des Lebens ein. Tagelang saß sie nur da und schaute den Wellen zu, oder sie unternahm lange Spaziergänge am breiten Sandstrand. Ihre Bedürfnisse waren einfach, und sie hatte nicht viele; sie entdeckte einen Orangenhain und in seiner Nähe ein großes Feld mit Brombeersträuchern. Davon ernährte sie sich. Sie vermisste Peter, aber anders, als man jemanden vermisste, den man verloren hatte. Er war nicht mehr da, aber er würde immer ein Teil von ihr sein.

So zufrieden sie auch war, im Laufe der Monate wurde ihr doch klar, dass ihre Reise noch nicht zu Ende war. Der Strand war eine Wegstation, und hier konnte sie sich auf die letzte Etappe vorbereiten. Als der Frühling kam, löste sie ihr Camp auf und wandte sich nach Norden. Sie hatte kein Ziel im Sinn; das Land würde zu ihr sprechen. Das Gelände wurde rauer: felsige Vorgebirge, die atemberaubende Schönheit der kalifornischen Küste, hohe Bäume, die von den Salzwinden zu seltsam klauenförmigen Gewächsen gebogen worden waren, die schräg über die See hinausragten. Sie wanderte Tag für Tag. Die heiße Hand der Sonne lag auf ihren Schultern, und neben ihr rollte die Brandung heran und wieder zurück. Abends legte sie sich unter den Sternen schlafen, und wenn es regnete, spannte sie ihre Plane mit dem Seil zwischen die Äste eines Baumes. Sie sah alle möglichen Tiere: die kleinen – Eichhörnchen und Kaninchen und Murmeltiere –, aber auch größere, majestätischere Geschöpfe: Antilopen, Wildkatzen, sogar Bären, die als große, dunkle Gestalten schwerfällig durch das Gestrüpp tappten. Sie war allein auf einem Kontinent, den der Mensch erobert und dann verlassen hatte. Bald würde jede

Spur seiner langen Anwesenheit hier verschwunden sein, und alles wäre wieder neu.

Aus dem Frühling wurde Sommer, aus dem Sommer Herbst. Die Tage waren frisch und kühl, und abends machte sie Feuer, um sich zu wärmen. Sie war nördlich von San Francisco, aber sie wusste nicht genau, wo. Eines Morgens wachte sie unter ihrem Segeltuchdach auf und wusste, dass sich etwas verändert hatte. Sie trat hinaus in eine Welt aus weichem, weißem Licht und Stille. In der Nacht hatte es angefangen zu schneien. Dicke Flocken schwebten lautlos vom Himmel. Amy legte den Kopf in den Nacken und wandte ihnen das Gesicht entgegen. Schneeflocken hingen an ihren Wimpern und Haaren, und sie öffnete den Mund und schmeckte sie auf der Zunge. Eine Flut von Gefühlen überkam sie. Es war, als wäre sie wieder ein kleines Mädchen. Sie legte sich rücklings auf den Boden, streckte Arme und Beine aus und bewegte sie hin und her, um eine Gestalt in den Schnee zu malen: einen Schnee-Engel.

Jetzt verstand sie, welche Kraft es war, die sie nach Norden zog. Es war schon Frühling, als sie ankam, und selbst da war sie überrascht. Es war früh am Morgen, und dichter Nebel wehte durch den Wald. Das Meer, tief unter ihr am Fuße einer Steilklippe, war träge und dunkel. Im dämmrigen Licht unter den Bäumen erstieg sie einen Höhenkamm, und plötzlich übermannte sie ein Gefühl der Vollendung, das sie wie angewurzelt erstarren ließ. Als sie schließlich den Rest des Weges zurückgelegt hatte und auf eine Lichtung mit Blick auf das Meer hinaustrat, wollte ihr das Herz stehenbleiben.

Das Feld war bedeckt von dem üppigsten Blumenteppich, den sie jemals gesehen hatte – Hunderte von Blumen, Tausende, Millionen. Violette Iris. Weiße Lilien. Rosarote Maßliebchen. Gelbe Butterblumen und rote Akelei und viele andere, deren Namen sie nicht kannte. Ein leichter Wind war aufgekommen, und die Sonne brach durch die Wolken. Sie ließ ihren Rucksack zu Boden fallen und ging langsam weiter, und dann watete sie in ein Meer von Farben. Ihre Fingerspitzen streiften die Blütenblätter, und die Blumen neigten grüßend die Köpfe, als sie vorbeiging, und hießen sie willkommen. Gebannt von so viel Schönheit bewegte sich Amy zwischen ihnen. Straßen aus goldenem Sonnenlicht legten sich über das Feld, und in weiter Ferne, jenseits des Meeres, war ein neues Zeitalter angebrochen.

Hier würde sie ihren Garten anlegen. Sie würde einen Garten anlegen und warten.

# Epilog

## Der Millennialist

### INDO-AUSTRALISCHE REPUBLIK
### 186 Millionen Einwohner
### 1003 n. V.

*Die Vergangenheit ist niemals tot.*
*Sie ist nicht einmal vergangen.*

William Faulkner,
*Requiem für eine Nonne*

# 90

Dritte Internationale Tagung zur Nordamerikanischen
Quarantäne-Periode
Zentrum zur Erforschung menschlicher Kulturen und Konflikte
University of New South Wales, Indo-Australische Republik
16.–21. April 1003 n.V.
**Transkript: Plenarsitzung 1**

**Grußwort von Professor Dr. Logan Miles**
**Leiter des Instituts für Jahrtausendforschung an der University
of New South Wales, Direktor der Projektgruppe des Kanzlers
zur Erforschung und Rückgewinnung Nordamerikas**

Guten Morgen und herzlich willkommen, meine Damen und Herren. Ich bin hocherfreut, heute so viele angesehene Kollegen und geschätzte Freunde im Publikum zu sehen. Wir haben ein volles Programm, und ich weiß, alle hier brennen darauf, mit den Vorträgen zu beginnen. Deshalb will ich mich mit meinen einleitenden Bemerkungen kurzfassen.

Diese Tagung, unsere dritte, führt Forscher aus allen besiedelten Territorien und buchstäblich jedem einzelnen Forschungsgebiet zusammen. Unter uns befinden sich Wissenschaftler aus so unterschiedlichen Disziplinen wie Humananthropologie,

Systemtheorie, Biostatistik, Umweltingenieurwesen, Epidemiologie, Mathematik, Ökonomie, Folkloreforschung, Religionswissenschaften, Philosophie und so weiter und so fort. Wir sind eine bunt gemischte Versammlung mit einer Vielzahl von Methodologien und Interessen. Aber uns eint ein gemeinsames Ziel, das sehr viel tiefgründiger ist als jedes konkrete Forschungsgebiet. Ich hege die Hoffnung, dass diese Tagung nicht nur als Sprungbrett für innovative wissenschaftliche Kooperationen dienen wird, sondern auch als Anlass zur Reflexion – als Gelegenheit für uns alle, individuell und kollektiv die weitergehenden humanistischen Fragen zu betrachten, die der nordamerikanischen Quarantäne und ihrer Geschichte zugrunde liegen. Dies ist gerade jetzt besonders wichtig, da wir die Millenniumsmarke überschreiten. Das Projekt der Rückgewinnung Nordamerikas unter der Ägide des Transpazifischen Rates und der Vereinbarung von Brisbane tritt in seine zweite Phase.

Vor einem Jahrtausend erreichte die Geschichte der Menschheit beinahe ihr Ende. Die virale Pandemie, die wir als Große Katastrophe kennen, tötete mehr als sieben Milliarden Menschen und brachte die Menschheit an den Rand des Aussterbens. Einige unter uns vertreten die Auffassung, dieses Ereignis sei ein zufälliges Geschehen gewesen – die Art und Weise, wie die Natur die Karten neu mischt. Jede Spezies, so erfolgreich sie auch sein mag, trifft irgendwann auf eine Kraft, die stärker ist als sie, und so waren wir einfach an der Reihe. Andere postulieren, es habe sich um eine selbstverantwortete Verletzung gehandelt, die Konsequenz des räuberischen Angriffs der Menschheit auf die biologischen Systeme, die unser Dasein ermöglichten. Wir haben Krieg gegen den Planeten geführt, und der Planet hat zurückgeschlagen.

Doch es gibt auch viele – und ich zähle mich dazu –, die die Geschichte der Großen Katastrophe betrachten und darin nicht nur eine Erzählung über Leiden und Verlust, Arroganz und Tod sehen, sondern auch über Hoffnung und Wiedergeburt. Wie und wo das Virus zustande kam, ist eine Frage, die die Forschung noch zu beantworten hat. Woher kam es? Warum verschwand es wieder von der Erde? Ist es noch da und wartet nur? Vielleicht werden wir die Antworten niemals bekommen, und im letzten Punkt bete ich darum, dass wir sie nicht bekommen. Was wir aber *wissen,* ist, dass unsere Spezies entgegen aller Wahrscheinlichkeit standgehalten hat. Auf einer isolierten Insel im Südpazifik hat eine kleine Gruppe von Menschen überlebt und irgendwann die Saat einer wiedergeborenen Zivilisation über die südliche Hemisphäre verbreitet, und somit hat sie das zweite Zeitalter der Menschheit begründet. Es war ein langer Kampf gegen manche Bedrohung, und wir haben noch einen weiten Weg zu gehen. Die Geschichte lehrt uns, dass es keine Garantien gibt, und die Lektionen aus der Großen Katastrophe ignorieren wir auf eigene Gefahr. Aber das Beispiel unserer Vorfahren ist deshalb nicht weniger lehrreich. Unser Überlebensinstinkt ist unbezähmbar; wir sind eine Spezies mit einem unbezwingbaren Willen und der Fähigkeit zur Hoffnung. Und sollte noch einmal der Tag kommen, an dem die Kräfte der Natur sich gegen uns erheben, wird die Menschheit nicht lautlos abtreten.

Bis in die jüngste Zeit hinein war über unsere Vorfahren nur sehr wenig Substanzielles bekannt. Die Schrift sagt uns, dass sie von Nordamerika in den Südpazifik gereist sind und dass sie eine Warnung mitnahmen. Nordamerika, so hieß es, sei ein Land der Ungeheuer, und die Rückkehr dorthin würde von Neuem Tod und Verderben über die Welt bringen. Solange nicht tausend Jahre vergangen seien, dürfe kein Mann und keine Frau einen Fuß in dieses Land setzen. Dieses Gebot war ein zentraler Grundsatz unserer Zivilisation, in ein Gesetz gefasst von buchstäblich jeder staatsbürgerlichen oder religiösen Institution seit der Gründung der Republik. Bisher gab es keinen wissenschaftlichen Beleg zur Begründung dieser Forderung oder zumindest ihrer Quelle. Wir haben in dieser Frage sozusagen auf Treu und Glauben gehandelt. Aber sie ist der Kern dessen, was wir sind.

In den letzten paar Jahren hat sich vieles geändert. Die Entdeckung der alten Schriften, die wir »Das Buch der Zwölfe« nennen, hat neues Licht auf die Vergangenheit geworfen. Versteckt in einer Höhle auf der südlichsten der Heiligen Inseln hat dieser Text eines unbekannten Autors unserer gemeinsamen Überlieferung erstmals historische Glaubwürdigkeit verliehen, obwohl er die Geheimnisse unserer Herkunft noch vertieft hat. Verfasst im 2. Jahrhundert n. V. berichtet das »Buch der Zwölfe« über den epischen Kampf einer kleinen Gruppe von Überlebenden gegen ein Volk von Wesen namens »Virals« auf dem nordamerikanischen Kontinent. Im Zentrum dieses Kampfes steht das Mädchen Amy – das Mädchen von Nirgendwo. Mit einzigartigen körperlichen und geistigen Fähigkeiten ausgestattet führt sie ihre Gefährten – Peter, den Mann der Tage, Alicia Blades »von den Messern«, Michael den Cleveren, Sara die Heilerin, Lucius den Getreuen und andere – in den Kampf um die Rettung der Menschheit. Mit dieser Geschichte und ihren Personen sind natürlich alle vertraut. Kein Dokument unserer Geschichte war Gegenstand von so viel Forschung, Spekulation und in vielen Fällen auch entschiedener Skepsis wie dieses Manuskript. Sicherlich sind manche Elemente der Erzählung weit hergeholt und gehören eher in den Bereich der Religion als der Wissenschaft. Aber vom Augenblick seiner Entdeckung an sind sich fast alle darin einig, dass es sich um ein Dokument von außergewöhnlicher Bedeutung handelt. Dass es auf den Heiligen Inseln, der Wiege unserer Zivilisation, gefunden wurde, ist das erste handfeste Bindeglied zwischen Nordamerika und der Überlieferung, die uns fast ein Jahrtausend lang geformt und angeleitet hat.

Ich bin Historiker. Ich befasse mich mit Fakten, mit Belegen. Meine professionelle Überzeugung sagt mir, dass die Wahrheit über die Vergangenheit nur durch das Prisma des Zweifels und der geduldigen Forschung ans Licht kommen kann. Aber wenn

mich meine zahlreichen Reisen in die Vergangenheit eines gelehrt
haben, meine Damen und Herren, dann ist es dies: In jeder Legende steckt ein Element der Wahrheit.

Darf ich um das erste Dia bitten?

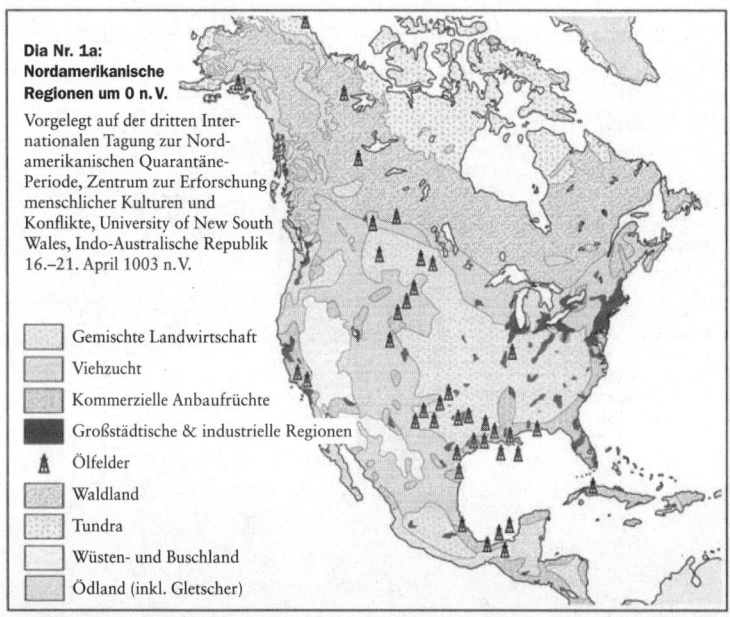

**Dia Nr. 1a:**
**Nordamerikanische**
**Regionen um 0 n. V.**

Vorgelegt auf der dritten Internationalen Tagung zur Nordamerikanischen Quarantäne-
Periode, Zentrum zur Erforschung
menschlicher Kulturen und
Konflikte, University of New South
Wales, Indo-Australische Republik
16.–21. April 1003 n.V.

Gemischte Landwirtschaft

Viehzucht

Kommerzielle Anbaufrüchte

Großstädtische & industrielle Regionen

Ölfelder

Waldland

Tundra

Wüsten- und Buschland

Ödland (inkl. Gletscher)

Seit unserer Rückkehr nach Nordamerika vor sechsunddreißig
Monaten hat man sehr viel über den Zustand des Kontinents vor
und während der Quarantäne-Periode in Erfahrung bringen können. Diese beiden nebeneinander zu sehenden Darstellungen zeigen
Nordamerika in sehr unterschiedlicher Form. Auf der linken Seite
sehen wir die Rekonstruktion des Kontinents, wie er sich in den
letzten Jahren des amerikanischen Imperiums präsentierte. Beide
Küsten wurden von Millionenstädten dominiert. Durch nicht nach-
haltige landwirtschaftliche Praktiken waren buchstäblich alle im
Inneren des Kontinents gelegenen Ebenen verwüstet worden. Massive Industrien, angetrieben durch fossile Brennstoffe, hatten weite

Landstriche im Wortsinne unbewohnbar gemacht und Böden und Gewässer mit Schwermetallen und chemischen Abfallprodukten verseucht. Zwar existierten noch ein paar wilde Landstriche, vor allem in den alpinen Bereichen des Appalachen-Hochlandes, an der nördlichen Pazifikküste und in der Intermontanregion West, aber es besteht kaum ein Zweifel daran, dass uns diese Abbildung einen Kontinent und eine Kultur zeigt, die sich selbst verzehrt.

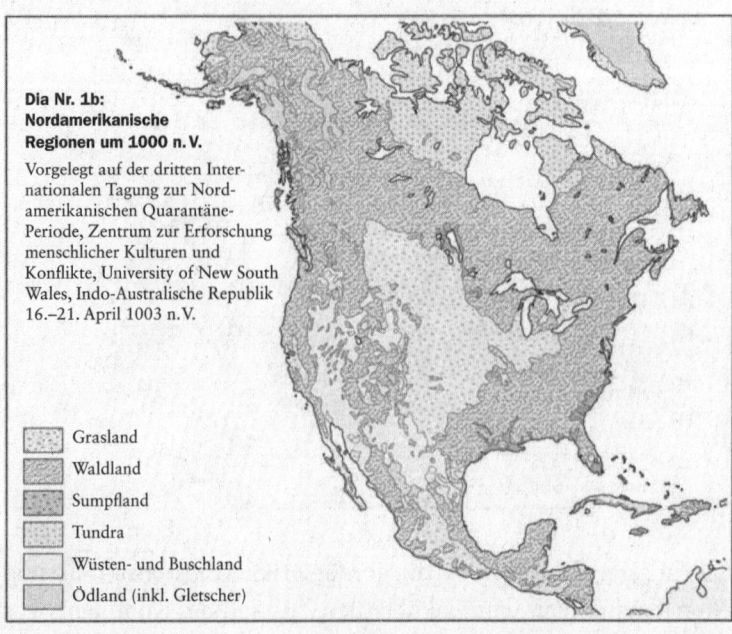

**Dia Nr. 1b:**
**Nordamerikanische**
**Regionen um 1000 n. V.**

Vorgelegt auf der dritten Internationalen Tagung zur Nordamerikanischen Quarantäne-
Periode, Zentrum zur Erforschung
menschlicher Kulturen und
Konflikte, University of New South
Wales, Indo-Australische Republik
16.–21. April 1003 n. V.

Grasland
Waldland
Sumpfland
Tundra
Wüsten- und Buschland
Ödland (inkl. Gletscher)

Auf der rechten Seite sehen wir Nordamerika, wie es sich jetzt präsentiert. Die Luftschifferkundung, durchgeführt von schwebenden Plattformen jenseits der Zweihundert-Meilen-Quarantäne-Grenze, hat eine jungfräuliche Wildnis gezeigt, die in ihrer organischen Vielfalt atemberaubend ist. Unberührte Wälder haben sich in Regionen ausgebreitet, wo einst riesige Städte und giftige Industriekomplexe standen. Verschwunden sind die gezähmten Felder der Ebenen im Innern des Kontinents, und an ihrer Stelle finden wir Grasland von einem unvergleichlichen biologischen Reichtum. Der größte Kontrast aber besteht darin, dass die Mehrheit der großen küstennahen Metropolen, darunter New York, Philadelphia, Boston, Baltimore, Washington DC, Miami, New Orleans und Houston, so gut wie verschwunden sind, verschlungen vom ansteigenden Meeresspiegel. Die Natur hat sich, wie es ihre Art ist, das Land zurückgeholt und die Überbleibsel der imperialistischen Macht weggewischt, die einst von diesen Gestaden ausging.

Machtvolle Bilder, wahrhaftig – aber kaum unerwartet. Unsere verblüffendsten Entdeckungen haben wir auf der Geländeoberfläche gemacht.

Das nächste Dia.

Diese mumifizierten Kadaver – der eine männlich, der andere weiblich – wurden vor dreiundzwanzig Monaten in einer trockenen Tiefebene am Fuße der San Jacinto Mountains in Südkalifornien gefunden. Ihr monströses Erscheinungsbild ist unübersehbar. Betrachten Sie die Verlängerung der Knochen vor allem an Händen und Füßen, die ein klauenartiges Aussehen haben, die geglättete Struktur der Gesichter, die zu einer beinahe fötenhaften Ausdruckslosigkeit führt, frei von jeder Persönlichkeit, die massigen Kiefer und den radikal veränderten Zahnbestand. Überraschenderweise aber haben genetische Untersuchungen ergeben, dass es sich tatsächlich um Menschen handelt – ein paramutationales Gegenstück zu unserer eigenen Spezies, ausgestattet mit den physiologischen Attributen der furchterregendsten Räuber der Natur. Diese Überreste, ausgegraben in einer Tiefe von knapp zwei Metern, wurden zwischen vielen anderen gefunden, was auf eine Art Massensterben schließen lässt, das sich vermutlich am Ende des 1. Jahrhunderts n. V. oder kurz davor ereignete – in demselben Zeitabschnitt also, den die Radiokarbondatierung für die Niederschrift des »Buches der Zwölfe« ermittelt hat.

Sind das die »Virals«, vor denen unsere Vorfahren uns gewarnt haben? Und wenn sie es sind, wie ist es zu diesen dramatischen Veränderungen gekommen? Auf diese Frage scheint es eine Antwort zu geben.

Nächstes Dia.

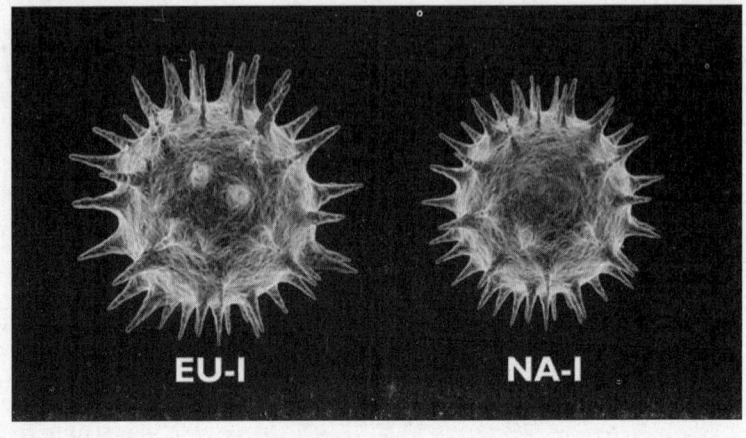

Links sehen wir die EU-1-Linie des GK-Virus, die dem Leichnam des sogenannten »gefrorenen Mannes« entnommen wurde, eines Polarforschers, der vor tausend Jahren an der Infektion verstarb. Das Virus, nehmen wir an, war der primäre biologische Auslöser der Großen Katastrophe, ein Mikroorganismus von solcher Robustheit und Letalität, dass er seinen menschlichen Wirt binnen weniger Stunden tötete und innerhalb von achtzehn Monaten die gesamte Weltbevölkerung ausrottete.

Ich möchte Ihre Aufmerksamkeit jetzt auf das Virus zur Rechten lenken, das aus dem Thymusgewebe einer der beiden im Los-Angeles-Becken gefundenen Leichname extrahiert wurde. Wir halten es inzwischen für einen Vorläufer der EU-1-Linie. Während das Virus auf der linken Seite eine beträchtliche Menge genetischen Materials von Vögeln enthält – präziser gesagt, von *Corvus corax,* dem gemeinen Raben –, ist dies bei dem rechten Exemplar nicht der Fall. Stattdessen finden wir genetisches Material, das diesen Organismus mit einer gänzlich anderen Spezies verbindet. Unsere Forscher haben den genetischen Urheber dieses Virus zwar noch nicht identifizieren können, aber er weist Ähnlichkeiten mit *Rhinolophus philippinensis* auf, einer Fledermausart, die als Großohr-Hufeisennase bekannt ist. Wir bezeichnen dieses Virus als NA-1 oder Nordamerika-1.

Wir können daher sagen, dass die Große Katastrophe nicht durch ein einzelnes, sondern durch zwei Viren verursacht wurde: eines in Nordamerika und ein zweites, davon abstammendes, das im späteren Verlauf überall sonst auf der Welt auftauchte. Aufgrund dieser Tatsache haben Forscher eine vorläufige Chronologie der Epidemie entwickelt. Das Virus erschien zuerst in Nordamerika und infiltrierte die menschliche Bevölkerung durch einen unbekannten Vektor, bei dem es sich aber aller Wahrscheinlichkeit nach um eine Fledermausart handelte. Zu einem späteren Zeitpunkt mutierte das Virus NA-1 durch Hinzunahme der DNA von Vögeln. Diese neue, zweite Linie, sehr viel aggressiver und lebensbedrohlicher, verbreitete sich in der Folgezeit von Nordamerika über den Rest der Welt. Warum die EU-1-Linie die durch NA-1 hervorgerufenen physischen Veränderungen nicht hervorrief, darüber können wir nur spekulieren. Vielleicht geschah es in manchen Fällen doch, aber im Großen und Ganzen herrscht die übereinstimmende Ansicht, dass es seine Opfer einfach zu schnell tötete.

Was bedeutet das für uns? Kurz und bündig gesagt: Die im »Buch der Zwölfe« beschriebenen Virals sind keine Fiktion. Sie sind nicht, wie mancherorts behauptet wurde, ein literarisches Mittel, eine Metapher für die räuberische Hemmungslosigkeit der nordamerikanischen Kultur in der Zeit v. V. Sie haben existiert. Sie waren Realität. »Das Buch der Zwölfe« beschreibt diese Wesen als Manifestation des Missfallens eines allmächtigen Wesens gegenüber der Menschheit. In dieser Frage muss jeder Einzelne von uns mit seinem Gewissen zurate gehen. Das Gleiche gilt für die Geschichte des Mannes namens Zero und der zwölf Kriminellen, die als ursprüngliche Vektoren der Infektion fungierten. Was mich betrifft, so kann ich sagen, die Geschworenen beraten noch. Inzwischen aber wissen wir, wer und was die Virals waren: gewöhnliche Männer und Frauen, die mit dem Virus infiziert waren.

Aber was ist mit der Menschheit? Was mit der Geschichte von Amy und ihren Gefährten? Ich wende mich jetzt dem Komplex der Überlebenden zu.

Das nächste Dia, bitte.

Jetzt wissen wir – und noch einmal muss ich sagen, das letzte Jahr war außergewöhnlich –, dass diese Sicht auf die Quarantäne-Periode unvollständig ist. Tatsächlich hat es nämlich Überlebende gegeben. Wie viele, das werden wir vielleicht niemals erfahren. Aber aufgrund der Funde des letzten Jahres halten wir es heute für möglich, ja, für sehr wahrscheinlich, dass ihre Zahl Zehntausende betrug, die in mehreren Communitys überall in der Intermontanregion West und in den Südlichen Prärien lebten.

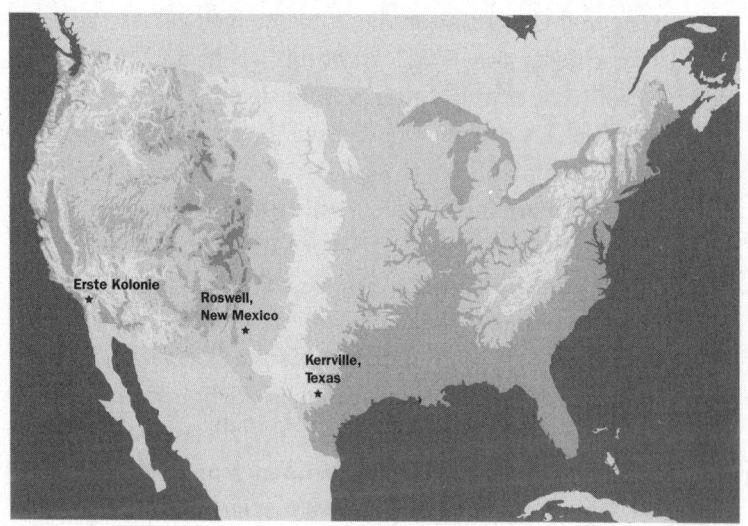

Wie alle hier sicherlich wissen, war es ein aufregendes Jahr für die Feldforschung – ein sehr aufregendes sogar. Die Ausgrabungen mehrerer neuentdeckter menschlicher Siedlungen im nordamerikanischen Westen tragen inzwischen Früchte. Ein großer Teil dieser Arbeit steckt noch in den Kinderschuhen. Dennoch halte ich es nicht für übertrieben, wenn ich sage: Was wir allein in den letzten zwölf Monaten entdeckt haben, signalisiert die radikale Neuformulierung unserer Konzepte für diese Periode.

In unserem Verständnis der frühen Quarantäne-Periode waren wir lange Zeit davon ausgegangen, dass es nach dem Jahr Zero zwischen dem Äquatorial-Isthmus und der Hudson-Grenzlinie keine menschlichen Bewohner mehr gab. Man nahm an, die Zerstörung der biologischen und sozialen Infrastruktur des Kontinents sei so vollständig gewesen, dass dieser Kontinent nicht mehr in der Lage gewesen sei, menschliches Leben, geschweige denn jede Art von organisierter Kultur zu ermöglichen.

In Größe und Organisation dieser Siedlungen gab es beträchtliche Unterschiede, von Bergdörfern mit ein paar Hundert Einwohnern bis zu einer großstädtischen Ansiedlung im texanischen Zentralgebirge. Aber in allen finden sich Belege für menschliches Leben, lange nachdem der Kontinent als entvölkert betrachtet wurde. Diese Communitys haben zudem eine Reihe von ausgeprägten Eigenschaften gemeinsam, vor allem eine klassische Survivalisten-Kultur, die paradoxerweise zugleich von einem tiefgreifenden Bewusstsein für die soziale Praxis des *Menschseins* erfüllt war. In diesen geschützten Enklaven gingen die Männer und Frauen, die die Große Katastrophe überlebt hatten, und Generationen ihrer Nachkommen ihrem alltäglichen Leben nach, wie Männer und Frauen es tun. Sie heirateten und bekamen Kinder. Sie bildeten Regierungen und machten Geschäfte. Sie errichteten Schulen und Anbetungsstätten. Sie bewahrten Aufzeichnungen ihrer Erlebnisse auf – ich rede hier natürlich von den allen Anwesenden bekannten Dokumenten wie »Das Buch Sara« und »Das Buch Auntie« –, und vielleicht suchten sie sogar den Kontakt mit ihresgleichen außerhalb der Mauern dieser isolierten Inseln der Menschheit.

Feldforschungsteams haben »Das Buch der Zwölfe« als Roadmap verwendet und damit drei solche Siedlungen identifiziert, die allesamt in diesen Schriften namentlich genannt werden. Dabei handelt es sich um Kerrville, Texas, Roswell, New Mexico, den Schauplatz dessen, was als »Roswell-Massaker« bezeichnet wurde, und die Community, die wir als die Erste Kolonie kennen und die sich in den San Jacinto Mountains in Südkalifornien befand.

Können wir das nächste Dia sehen, bitte?

Das Foto, das wir hier sehen, ist eine Luftaufnahme des Terrains der Ersten Kolonie, die wir für unsere momentanen Zwecke als »typische« menschliche Siedlung der Quarantäne-Periode bezeichnen können. Sie liegt auf einem trockenen

Plateau zweitausend Meter hoch, oberhalb der Küstenformation von Los Angeles, und ist am Westrand geschützt durch einen nochmals anderthalb Kilometer hohen Granitfels; die Siedlung selbst präsentiert sich ganz wie eine ummauerte mittelalterliche Stadt. Ihre Grundfläche beträgt etwa fünf Quadratkilometer, sie ist unregelmäßig geformt, und die äußere Umfriedung ist durch hohe Bastionen geprägt. Diese Befestigungsanlagen aus Stahl und Beton, die zwanzig Meter hoch waren, sind anscheinend etwa um die Zeit des Ausbruchs der Großen Katastrophe errichtet worden. Dies entspricht den Angaben im »Buch der Zwölfe«, in dem es heißt, die Erste Kolonie sei errichtet worden, um Kinder unterzubringen, die aus der Ostküstenstadt Philadelphia evakuiert worden waren. Außerhalb der Befestigungen besteht die Geländevegetation jetzt aus einer Mischung aus Bergwald und Hochlandwüstengestrüpp, aber Bodenproben, die innerhalb und außerhalb des Mauerrings genommen wurden, lassen darauf schließen, dass der Berg vor gerade einmal fünfzig Jahren durch einen Brand verwüstet wurde. Im ersten Jahrhundert der Quarantäne-Periode war das Terrain mit Sicherheit kahl.

Wie es aussieht, war die gesamte Siedlung von Batterien von Hochdruck-Natriumdampflampen umgeben. Wir nehmen an, diese Scheinwerfer wurden durch Protonenaustauschmembran-Brennstoffzellen gespeist, die durch ein unterirdisches Kabel mit einem Windkraft-Turbinenpark verbunden waren, der ebenfalls aus der Prä-Quarantäne-Periode stammte und zweiundvierzig Kilometer weiter nördlich im San Gorgonio Pass gelegen war. Seismische Aktivität hat den Nordhang des Berges inzwischen substanziell verändert, und die Hauptstromleitung, die die Erste Kolonie mit ihrer primären Energiequelle verband, haben wir noch nicht entdecken können. Wir hoffen aber, dass uns das beizeiten gelingen wird.

Innerhalb des Mauerrings finden wir mehrere voneinander abgegrenzte Zonen menschlicher Aktivität, die ringförmig um einen zentralen Kern angelegt sind. Der äußere Ring, dessen Ausgrabung am weitesten fortgeschritten ist, scheint als Vorfeld für die Verteidigungsanlagen gedient zu haben. In diesem Bereich haben wir eine Vielzahl von Artefakten bergen können, darunter in den untersten Schichten eine Anzahl konventioneller Feuerwaffen aus der Prä-Q-Periode, während in den oberen Schichten eher handgefertigte Waffentechnik zutage gefördert wurde, unter anderem Messer, Langbogen und Armbrüste. Diese Waffen waren zwar primitiver, aber überraschend anspruchsvoll entworfen und hergestellt; so waren Pfeilspitzen auf eine Dicke von nur fünfzig Mikron geschliffen, was nach unserer Überzeugung ausgereicht haben dürfte, um den siliziumkristallenen Brustpanzer eines infizierten Menschen zu durchdringen.

Weiter innen finden wir klar voneinander abgegrenzte Bereiche für Abwasserentsorgung, Gartenbau, Viehzucht, Handel und Wohnstätten. Gebäude im östlichen und nördlichen Quadranten innerhalb der Mauern haben anscheinend als Behausungen gedient, vielleicht für verheiratete Paare oder Familien. Bei dem bloßliegenden Fundament, das wir in der Nähe des Zentrums sehen, handelt es sich vermutlich um eine Art Schulgebäude aus der Prä-Q-Periode, das die Bewohner der Ersten Kolonie für eine Vielzahl von kommunalen Funktionen umgebaut haben. Wir nehmen an, dass dieses Gebäude, das größte der gesamten Anlage, als letzte Zuflucht für den Fall gedient haben könnte, dass der äußere Verteidigungsring der Kolonie durchbrochen wurde. Im Alltag jedoch wurde es anscheinend als kommunales Kinderheim oder Krankenhaus genutzt.

Für sich genommen sind diese Funde bemerkenswert genug. Aber es gibt noch mehr. Das »Buch der Zwölfe« benennt die Erste Kolonie als den Ort, von dem aus Amy und ihre Gefährten nach Osten reisten, wo sie schließlich Kontakt zu anderen Überlebenden aufnehmen konnten, unter anderem zu einer bewaffneten Einheit aus Texas, die sich als »Expeditionsbataillon« bezeichnete. Gibt es archäologische Belege für diesen Umstand?

Ich möchte Ihre Aufmerksamkeit auf den großen, offenen Bereich im Zentrum lenken, speziell auf das Objekt in der nordwestlichen Ecke.

Darf ich um das nächste Bild bitten?

Dieses Objekt, das wir den Stein der Ersten Kolonie nennen, befindet sich am Rand des zentralen öffentlichen Platzes der Siedlung. Der Stein selbst ist ein unauffälliger Granitblock in der Art, wie man sie überall im San-Jacinto-Massiv finden kann; er ist etwa drei Meter hoch und hat einen Grundflächenradius von vier Metern. In die Oberfläche gemeißelt finden wir drei separate Gruppen von Inschriften. Die erste, mit Abstand umfangreichste Gruppe beginnt mit einem Datum, 77 n.V., gefolgt von einer Liste, bei der es sich anscheinend um 206 Namen in vier

Spalten handelt. Wir können sehen, dass sie zu Familiengruppen mit insgesamt siebzehn Familiennamen zusammengefasst sind. Es besteht zwar Uneinigkeit in diesem Punkt, aber die Anordnung lässt zumindest darauf schließen, dass es sich hier um Individuen handelt, die bei einem einzigen Ereignis ums Leben gekommen sind, möglicherweise im Zusammenhang mit dem massiven Erdbeben, das etwa um diese Zeit in Kalifornien stattgefunden hat.

Darunter sehen wir eine zweite Gruppe von drei Namen, die ebenfalls lesbar sind: Ida Jaxon, Elton West und eine Person namens »Der Colonel«, anscheinend ein militärischer Anführer von einiger Bedeutung. Darunter steht das Wort »Unvergessen«. Wir können nur vermuten, dass diese Individuen in einer Schlacht gefallen sind, vielleicht während der Auseinandersetzung, in der das Schicksal der Kolonie selbst entschieden wurde.

Die dritte Gruppe indessen stellt die größte Herausforderung dar. Wie wir sehen, ist die Gravur sehr viel weniger kunstfertig ausgeführt, und die Witterung hat die Namen für das bloße Auge unleserlich gemacht. Bedeutsam ist, dass die Abnutzungsanalyse darauf hindeutet, dass diese Inschrift ungefähr auf das Jahr 350 n. V. zurückgeht und folglich angefertigt wurde, als die Siedlung längst verlassen war. Auch hier ist man sich uneins, aber nach der vorherrschenden Ansicht ist diese Inschrift wie die anderen eine Art Denkmal. Die digitale Aufarbeitung lässt allseits bekannte Namen hervortreten.

Das letzte Dia, bitte.

Diese Zwölf, lesen wir jetzt: Brad Wolgast, Lacey Antoinette Kudoto, Anthony Carter, Alicia Donadio, Lucius Greer, Michael Fisher, Sara Wilson, Hollis Wilson, Hightop Jones, Theo Jaxon, Mausami Patal und schließlich Peter Jaxon, geliebter Ehemann. Dann heißt es: Und er soll genannt sein der Mann der Tage für all die Tage, die er der Menschheit geschenkt hat.

Amy, das Mädchen von Nirgendwo, findet nirgends Erwähnung. Vielleicht werden wir nie erfahren, wer sie war, falls sie überhaupt existiert hat.

Es gibt noch vieles, das wir nicht verstehen. Wir wissen nicht, wer diese Menschen waren. Wir wissen nicht, welche Rolle sie bei der Vernichtung der als Virals bekannten paramutationalen Gattung gespielt haben, falls sie überhaupt etwas damit zu tun hatten. Und wir wissen nicht, was aus ihnen geworden ist und wie sie gestorben sind. Diese Tagung, so hoffe ich, wird uns die Tür zur Erhellung wenigstens einiger dieser Geheimnisse aufstoßen. Aber noch mehr wünsche ich mir, dass wir alle hier zu einem tieferen

THESE TWELVE

Brad Wolgast
Lacey Antoinette Kudoto
Anthony Carter
Alicia Donadio
Lucius Greer
Michael Fisher
Sara Wilson
Hollis Wilson
Hightop Jones
Theo Jaxon
Mausami Patal

Peter Jaxon, Beloved Husband

And he shall be called the Man of Days
For all the days he gave to humankind.

Verständnis der fundamentalen Fragen gelangen, die uns definieren. Geschichte ist mehr als Daten, mehr als Fakten, mehr als Wissenschaft und Gelehrsamkeit. Diese Dinge sind lediglich die Mittel zu einem größeren Zweck. Geschichte ist eben das: eine *Geschichte – unsere* Geschichte. Woher kommen wir? Wie haben wir überlebt? Wie können wir die Fehler der Vergangenheit vermeiden? Sind wir wichtig? Und wenn wir es sind, wo ist unser Platz auf der Erde?

Ich will die Frage noch anders formulieren: Wer sind wir?

In einem sehr realen und dringlichen Sinn ist die Erforschung der Nordamerikanischen Quarantäne-Periode weit mehr als die akademische Erkundung der Vergangenheit. Sie ist – und ich glaube, jeder hier im Saal würde sich diesem Gedanken anschließen – ein entscheidender Schritt zur langfristigen

Sicherung der Gesundheit und des Überlebens unserer Spezies. Sie ist umso dringlicher jetzt, da wir die langerwartete Rückkehr der Menschheit auf diesen gefürchteten, leeren Kontinent in Betracht ziehen.

# 91

Für Logan Miles, Professor für Jahrtausendforschung und Direktor der Projektgruppe des Kanzlers zur Erforschung und Rückgewinnung Nordamerikas, war es ein guter Vormittag. Ein sehr guter Vormittag, muss man sagen.

Die Tagung hat furios begonnen. Hunderte von Wissenschaftlern sind anwesend, und das Interesse der Presse ist ungeheuer groß. Noch bevor er an der Tür des Ballsaals angekommen ist, umgibt ihn eine Mauer aus Reportern. Was hat es auf sich, wollen sie wissen, mit den Namen auf dem Stein? Waren Amys zwölf Jünger reale Menschen? Was wird das für die Rückgewinnung Nordamerikas bedeuten? Wird sich die Gründung der ersten Siedlungen hinauszögern?

»Geduld, Leute«, sagt Logan. Blitzlichter explodieren vor seinem Gesicht. »Sie wissen, was ich weiß. Nicht mehr und nicht weniger.«

Er flüchtet aus dem Gedränge und entkommt durch einen Hinterausgang bei den Küchen aus dem Gebäude. Es ist ein angenehmer Herbstvormittag, trocken und mit blauem Himmel. Ein leichter Ostwind weht vom Hafen herein, und hoch über ihm schweben zwei Luftschiffe heiter-gelassen dahin, begleitet vom brummenden Vibrato ihrer großen Propeller. Bei diesem Anblick muss er immer an seinen Sohn denken. Race ist Pilot beim Air Service, und er ist gerade zum Captain befördert worden und führt ein eigenes Schiff – eine große Leistung, besonders für einen so jungen Mann. Logan bleibt einen Moment lang stehen, um die Luft zu genießen, bevor er um die Ecke des Gebäudes auf den zentralen Innenhof des Campus zugeht. Vor der Treppe lungern die üblichen Protestgruppen herum, vierzig oder fünfzig Leute, die ihre Plakate hochhalten: »NORDAMERIKA = TOD«, »DIE SCHRIFT IST GESETZ«, »DIE QUARANTÄNE MUSS BLEIBEN«. Es sind überwiegend ältere Leute – Leute vom Land, die an den alten Ansichten festhalten. Unter ihnen findet sich vielleicht ein Dutzend ammalitische Kleriker und eine Handvoll Jüngerinnen, Frauen in schlichten grauen Gewändern mit einem Strick um die Taille, die Köpfe kahl geschoren nach Art des Erlösers. Sie sind seit Monaten hier und kreuzen immer um Punkt acht Uhr morgens auf, als müssten sie dann ihren Dienst antreten. Anfangs hat Logan sie als ein bisschen lästig, ja, beunruhigend empfunden, aber mit der Zeit hat ihre Anwesenheit, zum Scheitern verurteilt, eine gewisse Lustlosigkeit erkennen lassen und ist jetzt leicht zu ignorieren.

Für den Weg zu seinem Büro braucht er zehn Minuten, und er ist erfreut und zugleich überrascht, als er das Gebäude praktisch leer vorfindet. Sogar die Abteilungssekretärin ist ausgeflogen. Sein Büro liegt im ersten Stock. In den letzten drei Jahren war er nicht oft hier; den größten Teil seiner Arbeit erledigt er jetzt im Capitol, und manchmal setzt er wochenlang keinen Fuß auf den Campus – seine Reisen nach Nordamerika gar nicht mitgerechnet, die ganze Monate verschlungen haben. Mit seinen Bücherwänden, dem riesigen Teakholzschreibtisch – ein Luxus zur Feier seiner Beförderung zum Vorsitzenden der Abteilung vor fünfzehn Jahren – und der allgemeinen Atmosphäre professoraler Zurückgezogenheit erinnert ihn das Zimmer immer daran, wie weit er es gebracht hat, aber auch an die merkwürdige Rolle, die ihm aufgezwungen wurde. Er hat so etwas wie einen Gipfel erklommen, aber von Zeit zu Zeit vermisst er doch auch sein altes Leben mit seiner geruhsamen Routine.

Er blättert eine Mappe durch – der Bericht eines Besetzungsausschusses, Examensurkunden, die seine Unterschrift erfordern, die Rechnung eines Caterers –, als jemand anklopft. Er blickt auf und sieht eine Frau in der Tür stehen. Sie ist dreißig, vielleicht fünfunddreißig Jahre alt und sieht hinreißend aus mit ihrem kastanienbraunen Haar, dem intelligenten Gesicht und den energischen nussbraunen Augen. Sie trägt ein dunkelblaues maßgeschneidertes Kostüm und Schuhe mit hohen, etwas wackligen Absätzen. An ihrer Schulter hängt eine abgenutzte Ledertasche. Logan hat das Gefühl, sie schon einmal gesehen zu haben.

»Professor Miles?« Sie wartet nicht auf seine Erlaubnis einzutreten, sondern schwebt ins Zimmer.

»Tut mir leid, Miss …?«

»Nessa Tripp, *Territorial News and Record.*« Sie bleibt vor seinem Schreibtisch stehen und streckt die Hand aus. »Ich habe gehofft, Sie haben eine Minute Zeit für mich.«

Eine Reporterin. Natürlich. Logan erinnert sich: Sie war auf der Pressekonferenz. Ihr Händedruck ist fest – nicht maskulin, aber dazu gedacht, professionelle Ernsthaftigkeit zu vermitteln. Logan wittert die Kopfnote ihres Parfüms, einen subtilen Blumenduft.

»Ich fürchte, ich werde Sie enttäuschen müssen. Ich habe heute einen ziemlich arbeitsreichen Tag, und ich habe eigentlich alles gesagt, was ich für diesen Vormittag zu sagen habe. Vielleicht rufen Sie meine Sekretärin an und vereinbaren einen Termin.«

Sie ignoriert diesen Vorschlag in dem vollen Bewusstsein, dass er ihr ausweicht. Niemand hier wird irgendetwas vereinbaren. Sie lächelt ein wenig kokett und lässt ihren Charme spielen. »Ich verspreche Ihnen, es dauert nicht lange. Ich habe nur ein paar Fragen.«

Logan möchte nicht. Der Umgang mit der Presse widerstrebt ihm sogar unter den förmlichsten Umständen. Schon oft hat er die Morgenzeitung aufgeschlagen und festgestellt, dass man ihn falsch zitiert oder seine Worte aus dem Zusammenhang gerissen hat. Aber er kann sehen, dass diese Frau sich nicht so leicht abweisen lässt. Am besten bringt er es rasch hinter sich und arbeitet dann weiter.

»Na ja, wahrscheinlich ...«

Sie strahlt. »Wundervoll.«

Sie setzt sich ihm gegenüber in einen Sessel und wühlt einen Notizblock aus ihrer Tasche, gefolgt von einem kleinen Aufzeichnungsgerät, das sie auf den Tisch legt. »Als Erstes habe ich mich gefragt, ob ich wohl ein paar persönliche Informationen von Ihnen bekommen könnte, nur so als Hintergrundmaterial. Ich habe sehr wenig über Sie finden können, und die Presseabteilung der Universität war keine große Hilfe.«

»Dafür gibt es einen Grund. Ich lege Wert auf meine Privatsphäre.«

»Das respektiere ich. Aber die Leute wollen etwas über den Mann wissen, der hinter der Entdeckung steht, nicht wahr? Die Welt schaut zu, Professor.«

»Ich bin wirklich nicht besonders interessant, Miss Tripp. Ich nehme an, Sie werden mich ziemlich langweilig finden.«

»Das glaube ich kaum. Sie sind nur bescheiden.« Sie blättert kurz in ihrem Notizblock. »Also, meinen Informationen nach sind Sie in ... Headly geboren?«

Eine unverfängliche Frage, um die Sache in Gang zu bringen. »Ja, meine Eltern haben dort Pferde gezüchtet.«

»Und Sie waren ein Einzelkind.«

»Richtig.«

»Klingt, als hätte Ihnen das nicht besonders gut gefallen.«

Offenbar hat ihn sein Ton verraten. »Es war eine Kindheit wie jede andere. Manches war gut, manches nicht.«

»Zu einsam?«

Logan zuckt die Achseln. »In meinem Alter verlieren solche Empfindungen ihre Schärfe, aber damals habe ich es wahrscheinlich so gesehen. Letzten Endes war es kein Leben für mich. Mehr gibt es dazu eigentlich nicht zu sagen.«

»Aber Headly ist ein sehr traditionslastiger Ort. Manche würden sogar sagen, rückständig.«

»Ich glaube, die Menschen dort würden es anders sehen.«

Sie lächelt kurz. »Vielleicht habe ich mich falsch ausgedrückt. Ich meine, es ist ein weiter Weg von einer Pferdezucht in Headly zur Leitung der Projektgruppe des Kanzlers zur Wiederbesiedlung. Wäre das nicht zutreffend ausgedrückt?«

»Vermutlich. Aber ich habe nie daran gezweifelt, dass ich studieren würde. Meine Eltern waren zwar Leute vom Land, aber sie ließen mich meinen Weg selbst bestimmen.«

Sie schenkt ihm einen warmherzigen Blick. »Ein Bücherwurm also.«

»Wenn Sie so wollen.«

Noch einmal unternimmt sie einen kurzen Ausflug in ihre Notizen. »Ja«, sagt sie dann, »hier steht, Sie sind verheiratet.«

»Da sind Ihre Informationen leider ein wenig überholt. Ich bin geschieden.«

»Ach? Seit wann?«

Bei dieser Frage fühlt er sich unbehaglich. Aber die Antwort ist aktenkundig. Er hat keinen Grund, sie für sich zu behalten. »Seit sechs Jahren. In aller Freundschaft. Wir sind immer noch befreundet.«

»Und Ihre Exfrau ... sie ist Richterin, ja?«

»Das war sie, beim sechsten Familiengericht. Aber dort ist sie nicht mehr.«

»Und Sie haben einen Sohn namens Race. Was macht der?«

»Er ist Pilot beim Air Service.«

Sie strahlt wieder. »Wie wunderbar.«

Logan nickt. Offensichtlich weiß sie das alles schon.

»Und was sagt er über Ihre Entdeckungen?«

»Wir haben eigentlich noch nicht darüber gesprochen, jedenfalls nicht in letzter Zeit.«

»Aber er muss doch stolz auf Sie sein«, beharrt sie. »Sein eigener Vater, verantwortlich für einen ganzen Kontinent.«

»Ich glaube, jetzt übertreiben Sie ein bisschen, oder?«

»Dann drücke ich es anders aus. Die Rückkehr nach Nordamerika – Sie müssen einräumen, dass das ziemlich umstritten ist.«

*Ah*, denkt Logan, *darauf läuft es also hinaus.* »Bei den meisten Leuten nicht. Zumindest, wenn man den Umfragen glauben kann.«

»Aber bei manchen ganz sicher. Bei der Kirche zum Beispiel. Was halten Sie von deren Opposition, Professor?«

»Was soll ich dazu sagen?«

»Sie haben doch sicher darüber nachgedacht.«

»Es kommt mir nicht zu, eine Stimme über eine andere zu stellen. Nordamerika – nicht nur der Ort, sondern die *Idee* dieses Ortes – steht seit einem Jahrtausend im Mittelpunkt des menschlichen Selbstbildes. Die Geschichte von Amy, wie immer die Wahrheit aussehen mag, gehört allen, nicht nur den Politikern oder der Geistlichkeit. Meine Aufgabe besteht nur darin, uns hinzuführen.«

»Und was halten *Sie* für die Wahrheit?«

»Es ist ohne Bedeutung, was *ich* dafür halte. Die Leute werden das Material selbst beurteilen müssen.«

»Das klingt sehr … leidenschaftslos. Desinteressiert sogar.«

»Das würde ich nicht sagen. Mir liegt sehr viel daran, Miss Tripp. Aber ich ziehe keine voreiligen Schlüsse. Nehmen Sie die Namen auf dem Stein. Wer waren sie? Ich kann Ihnen nur sagen, sie waren Menschen, sie lebten und starben vor sehr langer Zeit, und irgendjemand hielt genug von ihnen, um ihnen ein Denkmal zu setzen. Das sagt uns das *Material*. Vielleicht werden wir mehr erfahren, vielleicht nicht. Die Menschen können die Leerstellen ausfüllen, wie sie wollen, aber das ist Glaubenssache, keine Wissenschaft.«

Einen Moment lang wirkt sie perplex. Er ist kein hilfsbereiter Interviewpartner. Sie schaut wieder in ihre Notizen. »Ich würde gern noch einmal kurz zu Ihrer Kindheit zurückkehren. Würden Sie sagen, Sie kommen aus einer religiösen Familie, Professor?«

»Nicht besonders.«

»Aber ein bisschen?« Ihr Ton ist suggestiv.

»Wir sind in die Kirche gegangen«, sagt Logan. »Wenn Sie das meinen. Das ist in dem Teil der Welt kaum etwas Ungewöhnliches. Meine Mutter war Ammaliterin. Mein Vater war eigentlich gar nichts.«

»Das heißt, sie war eine Anhängerin Amys«, sagt Nessa nickend. »Ihre Mutter.«

»So war sie erzogen worden. Es gibt Glauben, und es gibt Gewohnheit. In ihrem Fall würde ich sagen, es war eine Gewohnheit.«

»Und Sie? Würden Sie sich als religiös bezeichnen, Professor?«

Jetzt ist sie beim Kern der Sache. Er verspürt wachsende Zurückhaltung. »Ich bin Historiker. Mir scheint, das ist mehr als genug, um mich zu beschäftigen.«

»Aber Geschichte könnte man auch als eine Art Glauben bezeichnen. Die Vergangenheit ist ja nichts, worüber Sie tatsächlich etwas *wissen* können.«

»Das würde ich so nicht sagen.«

»Nicht?«

Er lehnt sich zurück, um seine Gedanken zu sammeln. »Gestatten Sie mir eine Frage. Was haben Sie zum Frühstück gegessen, Miss Tripp?«

»Wie bitte?«

»Das ist eine einfache Frage. Eier, Toast, einen Joghurt vielleicht?«

Achselzuckend spielt sie mit. »Wenn Sie es wissen wollen: Haferbrei.«

»Und da sind Sie ganz sicher? Sie haben keinen Zweifel?«

»Nicht den geringsten.«

»Und letzten Dienstag? Auch Hafergrütze? Oder etwas anderes?«

»Wieso interessieren Sie sich für mein Frühstück?«

»Tun Sie mir den Gefallen. Letzten Dienstag. Das ist nicht lange her, und sicher haben Sie etwas gegessen.«

»Ich habe nicht die leiseste Ahnung.«

»Warum nicht?«

»Weil es nicht wichtig ist.«

»Mit anderen Worten, es ist der Erinnerung nicht wert.«

Sie zuckt wieder die Achseln. »Wohl nicht.«

»Gut, aber wie ist es mit der Narbe da an Ihrer Hand?« Er deutet auf ihre erhobene Hand, in der sie den Stift hält. Die Narbe, eine Reihe von blassen, halbkreisförmig angelegten Kerben, reicht von der Zeigefingerwurzel bis zum Handgelenk. »Woher haben Sie die? Sie sieht ziemlich alt aus.«

»Sie haben ein scharfes Auge.«

»Ich möchte nicht aufdringlich sein. Ich will nur etwas demonstrieren.«

Sie rutscht unbehaglich hin und her. »Wenn Sie es unbedingt wissen wollen – da hat mich ein Hund gebissen. Ich war acht Jahre alt.«

»Daran erinnern Sie sich also. Nicht an das, was Sie letzte Woche gegessen haben, aber an etwas, das vor so langer Zeit passiert ist.«

»Ja, natürlich. Ich hatte eine Heidenangst.«

»Das glaube ich gern. War es Ihr eigener Hund oder der eines Nachbarn? Oder ein Streuner?«

Ihr Gesichtsausdruck wird gereizt. Nein, sie ist nicht gereizt, sie fühlt sich entlarvt. Sie hebt die andere Hand und deckt die

Narbe damit zu. Die Geste ist unwillkürlich; sie bemerkt sie gar nicht – oder nur halb.

»Professor, ich weiß nicht, worauf sie hinauswollen.«

»Es war also *Ihr* Hund.«

Sie erschrickt.

»Verzeihen Sie, Miss Tripp, aber wenn es nicht Ihrer gewesen wäre, wären Sie jetzt nicht in der Defensive. So, wie Sie gerade Ihre Hand verdeckt haben? Das verrät mir noch etwas.«

Sie nimmt die Hand sehr bewusst weg. »Und das wäre?«

»Zweierlei. Erstens, Sie glauben, es war Ihre eigene Schuld. Vielleicht waren Sie beim Spielen allzu grob. Vielleicht haben Sie ihn geärgert, nicht absichtlich, oder nur ein bisschen. So oder so, Sie hatten einen Anteil daran. Sie haben etwas getan, und der Hund hat reagiert, indem er Sie gebissen hat.«

Sie zeigt keine Reaktion. »Und zweitens?«

»Sie haben nie jemandem die Wahrheit darüber gesagt.«

Ihr Gesicht verrät ihm, dass er ins Schwarze getroffen hat. Es gibt natürlich noch einen dritten Punkt, der unausgesprochen bleibt: Der Hund wurde eingeschläfert, vielleicht zu Unrecht. Trotzdem fängt sie einen Augenblick später an zu grinsen. *Dieses Spiel kann ich auch spielen.*

»Das ist ein guter Trick, Professor. Ich wette, Ihre Studenten sind begeistert davon.«

Jetzt ist er es, der lächelt. »Touché. Aber ein Trick ist es nicht, Miss Tripp, jedenfalls nicht nur. Es geht um etwas Bedeutsames. Geschichte ist nicht das, was Sie zum Frühstück gegessen haben. Das sind bedeutungslose Daten, vom Winde verweht. Geschichte ist die Narbe an Ihrer Hand. Es sind die Ereignisse, die eine Spur hinterlassen, eine Vergangenheit, die sich weigert, Vergangenheit zu bleiben.«

Sie zögert. »Sie meinen … wie Amy.«

»Genau. Wie Amy.«

Ihre Blicke treffen sich. Im Laufe des Interviews hat eine unterschwellige Verschiebung stattgefunden. Unerwartet hat sich eine Barriere aufgelöst – so fühlt es sich jedenfalls an. Logan fällt noch einmal auf, wie attraktiv sie ist – das Wort, das ihm in den Sinn kommt, ist das ziemlich altmodische »reizend« –, und er sieht, dass sie keinen Ring trägt. Bei ihm ist es eine Weile her. Seit seiner Scheidung hat Logan nur sporadische Frauenbeziehungen gehabt, und sie haben nie lange gedauert. Es ist nicht so, dass er seine Exfrau noch liebt; das ist nicht das Problem. Diese Ehe, das hat er inzwischen begriffen, war in Wirklichkeit eine Art hochkomplizierter Freundschaft. Er weiß nicht genau, was das Problem ist, aber er hat allmählich den Verdacht, dass er einfach zu den Leuten gehört, denen es bestimmt ist, allein zu sein, ein Geschöpf der Arbeit und der Pflicht und nicht viel mehr. Ist das Flirten der Journalistin nur Taktik, oder steckt mehr dahinter? Er weiß, dass er für sein Alter ganz passabel aussieht. Er schwimmt jeden Morgen fünfzig Längen, er ist immer noch mit vollem Haar gesegnet, er bevorzugt teure, gut geschnittene Anzüge und etwas knallige Krawatten. Er hat ein Auge für Frauen, und er wahrt immer eine gewisse Höflichkeit – er hält ihnen Türen auf, bietet ihnen seinen Schirm an, erhebt sich, wenn eine Frau den Tisch verlässt. Aber Alter ist Alter. Nessa nennt ihn »Professor«, und das ist die Anrede, die sich gehört, aber das Wort enthält auch die Erinnerung daran, dass er mindestens zwanzig Jahre älter ist als sie – technisch gesehen also alt genug, um ihr Vater zu sein.

»Tja«, sagt er und steht auf, »wenn Sie mich jetzt entschuldigen wollen, Miss Tripp – ich muss leider Schluss machen. Ich komme zu spät zu einer Lunchverabredung.«

Auf diese Eröffnung war sie offenbar nicht vorbereitet: Ein alltägliches Detail reißt sie aus einer komplexen Geistesverfassung. »Ja, selbstverständlich. Ich hätte Sie gar nicht so lange aufhalten dürfen.«

»Darf ich Sie hinausbringen?«

Sie gehen durch das stille Gebäude. »Ich würde mich gern noch weiter unterhalten«, sagt sie, als sie vor der Eingangstreppe stehen. »Vielleicht, wenn die Tagung vorbei ist?«

Sie holt eine Karte aus der Tasche und reicht sie ihm. Logan wirft einen kurzen Blick darauf – »Nessa Tripp, Feuilleton, *Territorial News and Record*«, dazu eine private und eine dienstliche Telefonnummer – und schiebt sie in die Tasche seines Jacketts. Wieder herrscht Schweigen zwischen ihnen; um es zu beenden, streckt er ihr die Hand entgegen. Studenten kommen an ihnen vorbei, einzeln und in Gruppen. Radfahrer schlängeln sich durch den Strom, wie die Wellen einen Pier umfließen. Die Luft schwirrt von jugendlichen Stimmen. Nessa lässt ihre Hand einen Augenblick länger als nötig in seiner, aber vielleicht hält auch er sie so lange fest.

»Tja. Danke für Ihre Zeit, Professor.«

Er sieht ihr nach, als sie die Treppe hinuntergeht. Unten dreht sie sich um.

»Eins noch. Nur der Vollständigkeit halber: Es war nicht mein Hund.«

»Nicht?«

»Er gehörte meinem Bruder. Sein Name war Thunder.«

»Aha.« Als sie nichts weiter sagt, fragt er: »Was ist denn aus ihm geworden, wenn ich fragen darf?«

»Ach, Sie wissen schon.« Ihr Ton ist beiläufig, fast ein wenig grausam. »Mein Vater hat ihn ›auf die Farm‹ gebracht.« Mit den Zeigefingern malt sie Anführungsstriche in die Luft.

»Das tut mir leid.«

Sie lacht. »Meinen Sie das ernst? Er war ein niederträchtiges Miststück. Ich kann von Glück sagen, dass er mir nicht die Hand abgebissen hat.« Sie schiebt den Riemen ihrer Tasche höher auf die Schulter. »Rufen Sie mich an, wenn Sie so weit sind, okay?«

Dabei lächelt sie.

Logan fährt mit der Straßenbahn zum Hafen. Als er im Restaurant ankommt, ist es fast ein Uhr. Die Empfangskellnerin führt ihn zu dem Tisch, an dem sein Sohn wartet. Groß und schlaksig wie er ist und mit seinem hellblonden Haar hat er Ähnlichkeit mit seiner Mutter. Er trägt seine Pilotenuniform – eine schwarze Hose, ein gestärktes weißes Hemd mit Schulterklappen und eine schmale dunkle Krawatte, die mit einem Clip an der Hemdbrust befestigt ist. Zu seinen Füßen steht der dicke Aktenkoffer, den er immer bei sich hat, wenn er fliegt, und der mit dem Wappen des Air Service geschmückt ist. Als er Logan sieht, legt er die Speisekarte aus der Hand und steht lächelnd auf.

»Entschuldige die Verspätung«, sagt Logan.

Sie umarmen einander – kurz und männlich – und lassen sich nieder. Sie kommen schon seit Jahren in dieses Restaurant. Von ihrem Tisch aus geht der Blick auf den Hafen. Vergnügungsboote und größere Schiffe pflügen durch das Wasser, das in der hellen Herbstsonne funkelt, und draußen vor der Küste stehen Reihen von Windturbinen, deren Propeller sich in der Brise drehen.

Race bestellt sich ein Chickensandwich und Tee, Logan ordert einen Salat und Wasser. Er entschuldigt sich noch einmal für seine Verspätung und dafür, dass sie bei ihrem ersten Treffen seit Monaten nur so wenig Zeit füreinander haben werden. Sie plaudern unbeschwert und entspannt – über die Zwillinge seines Sohnes, seine Reisen, die anstrengende Tagung und Logans nächste Reise nach Nordamerika, die für das Ende des Winters geplant ist. Die Atmosphäre ist vertraut und behaglich, und Logan entspannt sich. Er war zu lange fort und hat sich um das Vergnügen der Gesellschaft seines Sohnes gebracht. Er hat Gewissensbisse bei dem Gedanken an Race' Kindheit. Logan war zu oft abwesend gewesen, zu sehr abgelenkt von seiner Arbeit, und vieles blieb der Mutter überlassen. Dieser tüchtige, gut aussehende junge Mann in Uniform – womit hat Logan so jemanden verdient?

Als die Kellnerin ihre Teller bringt, räuspert sich Race und sagt: »Übrigens wollte ich mit dir über etwas reden.«

Der bange Unterton entgeht Logan nicht. Sein erster Gedanke, geboren aus der eigenen Erfahrung, ist der, dass es Schwierigkeiten in der Ehe gibt. »Selbstverständlich. Was hast du auf dem Herzen?«

Sein Sohn faltet die Hände auf dem Tisch. Jetzt ist Logan sicher, dass etwas nicht in Ordnung ist. »Die Sache ist die, Dad: Ich habe beschlossen, den Air Service zu verlassen.«

Logan hat es die Sprache verschlagen.

»Du bist überrascht«, vermutet sein Sohn.

Logan sucht hektisch nach einer Antwort. »Aber du bist doch so gern dabei? Du wolltest fliegen, seit du ein kleiner Junge warst.«

»Das will ich immer noch.«

»Warum dann?«

»Kaye und ich haben darüber geredet. Das viele Reisen ist schwer für uns, schwer für die Jungs. Ich bin dauernd weg. Ich verpasse zu viel.«

»Aber du bist gerade erst befördert worden. Zum Luftschiff-Captain. Überleg doch, was das bedeutet.«

»Ich habe es mir überlegt. Es ist nicht leicht, glaub mir.«

»Ist das Kayes Idee?«

Logan weiß, dass seine Worte vorwurfsvoll klingen. Er hat die Frau seines Sohnes gern – eine Kunstlehrerin an der Grundschule –, aber sie war ihm immer schon ein bisschen zu überspannt. Vielleicht, denkt er, kommt das daher, dass sie zu viel Zeit mit Kindern verbringt.

»Das war es zu Anfang«, sagt Race. »Aber je länger wir darüber gesprochen haben, desto mehr hat es mir eingeleuchtet. Unser Leben ist einfach zu chaotisch. Wir müssen es vereinfachen.«

»Aber es wird leichter werden, mein Junge. Mit kleinen Kindern ist es immer schwer. Du bist nur erschöpft, das ist alles.«

»Mein Entschluss steht fest, Dad. Du kannst mich nicht mehr davon abbringen.«

»Aber was willst du stattdessen tun?«

Race zögert, und Logan weiß, dass er jetzt zum Kern der Sache kommt. »Ich habe an die Ranch gedacht. Kaye und ich würden sie dir gern abkaufen.«

Er spricht von der Pferdefarm, die Logans Eltern gehört hat. Nach dem Tod seines Vaters hat Logan ein Viertel des Geländes verkauft, um die Erbschaftssteuer zu bezahlen, und aus Gründen, die er nicht genau benennen kann, hat er den Rest behalten, auch wenn er seit Jahren nicht mehr dort gewesen ist. Bei seinem letzten Besuch waren das Haus und die Nebengebäude heruntergekommen; sie waren baufällig und voller Mäuse, und in den Dachrinnen wuchs Unkraut.

»Wir haben etwas gespart«, sagt Race. »Wir zahlen dir einen anständigen Preis.«

»Ihr könnt sie von mir aus für einen Dollar haben. Darum geht es nicht.« Er betrachtet seinen Sohn einen Moment lang hilflos. Sein Ansinnen ist völlig unverständlich. »Aber ernsthaft? Das ist es, was ihr beide wollt?«

»Nicht nur ich und Kaye. Die Jungs sind von der Idee begeistert.«

»Race, die beiden sind vier Jahre alt.«

»So meine ich das nicht. Sie verbringen den halben Tag im Kindergarten. Ich bekomme sie in zwei von vier Wochen zu sehen, wenn ich Glück habe. Solche Jungs – die brauchen frische Luft und viel Platz unter freiem Himmel.«

»Glaub mir, Junge, das Landleben ist in seiner abstrakten Form sehr viel reizvoller.«

»Dir hat es nicht geschadet. Das kannst du als Kompliment nehmen.«

Logans Frustration wächst. »Aber was willst du da draußen anfangen? Du verstehst doch nichts von Pferden. Sogar noch weniger als ich.«

»Darüber haben wir nachgedacht. Wir haben vor, Wein anzubauen.«

Das ist ein Luftschloss, wenn er je eins gesehen hat. In großen Lettern steht darauf »Traumtänzerin Kaye«.

»Wir haben das Land untersuchen lassen«, fährt Race fort. »Es ist nahezu ideal. Trockene Sommer, feuchte Winter, der richtige Boden. Ein paar Investoren habe ich auch. Es wird nicht über Nacht gehen, aber vorläufig kann Kaye in der Township-Schule unterrichten. Ein Angebot hat sie schon. Wenn wir sparsam sind, sollten wir damit über die Runden kommen, bis der Betrieb läuft.«

Die Kritik, die dem Ganzen zugrunde liegt, bleibt natürlich unausgesprochen. Race will für seine Jungen da sein, ein wichtiger Teil ihres Lebens sein, wie Logan es für ihn nicht war.

»Und da seid ihr wirklich *sicher?*«

»Ja, Dad.«

Es wird kurz still, und Logan überlegt, was er sagen könnte, um sein einziges Kind von diesem lächerlichen Plan abzubringen. Aber Race ist ein erwachsener Mann, das Land liegt ungenutzt da herum, und er hat das Verlangen, für seine Familie etwas Wichtiges zu opfern. Was bleibt ihm übrig? Er muss einwilligen.

»Ich nehme an, ich kann den Anwalt anrufen, damit er alles in die Wege leitet«, räumt er ein.

Sein Sohn ist sichtlich überrascht. Erst jetzt wird Logan klar, dass Race damit gerechnet hat, er könnte nein sagen. »Im Ernst?«

»Du hast deine Argumente vorgetragen. Es ist dein Leben. Ich kann darüber nicht diskutieren.«

Sein Sohn sieht ihn mit ernsthaftem Gesicht an. »Ich habe das ernst gemeint. Ich will dir bezahlen, was das Land wert ist.«

Logan fragt sich: Was ist so etwas wert? Nichts. Alles.

»Zerbrich dir nicht den Kopf über Geld«, sagt er. »Das werden wir klären, wenn es so weit ist.«

Die Kellnerin kommt mit der Rechnung, und Race besteht in scherzhafter Laune darauf, sie zu übernehmen. Draußen wartet ein Wagen, der ihn zum Flugplatz bringen soll. Er bedankt sich noch einmal bei seinem Vater und sagt dann: »Wir sehen uns am Sonntag bei Mom?«

Logan ist einen Moment lang verwirrt. Er hat keine Ahnung, wovon sein Sohn redet, und Race bemerkt es.

»Die Party? Für die Jungs?«

Jetzt fällt es ihm wieder ein: eine Geburtstagsparty für die Zwillinge, die fünf werden. »Natürlich«, sagt er, verlegen über diesen Aussetzer.

Race winkt lachend ab. »Schon in Ordnung, Dad. Mach dir keine Gedanken.«

Der Fahrer steht in der Tür. »Captain Miles, ich fürchte, wir müssen jetzt wirklich los.«

Logan und sein Sohn schütteln einander die Hand. »Verspäte dich nur nicht, okay?«, ermahnt Race ihn. »Die Jungs freuen sich darauf, dich zu sehen.«

Als er am nächsten Morgen vom Schwimmen zurückkommt, sieht er Nessas Artikel in der Zeitung. Seite eins, unter dem Knick, neutral gehalten, wie es üblich ist: die Tagung, sein Eröffnungsvortrag, ein paar Worte über die Protestierer und die »aktuelle Kontroverse«, Passagen ihres Gesprächs in seinem Büro. Komischerweise ist er enttäuscht. Seine Worte wirken hölzern und eingeübt. Der Artikel hat etwas Oberflächliches, Steifes. Nessa beschreibt ihn als »professoral« und »reserviert«; beides trifft zu, aber es kommt ihm reduziert vor. Ist das alles, was er ist? Ist *das* aus ihm geworden?

In den nächsten zwei Tagen nimmt ihn die Tagung restlos in Anspruch – mit Panels und Meetings, Lunchterminen, abendlichen Empfängen, Drinks und Dinner. Der Augenblick seines Triumphs – und trotzdem ist er zunehmend deprimiert. Zum Teil hat das etwas mit Race und seiner überraschenden Eröffnung zu tun; der Gedanke, dass sein Sohn seine Erfolge aufgibt, um mitten im Nirgendwo ein karges Dasein zu fristen, gefällt ihm nicht. Headly ist nicht einmal eine richtige Stadt. Es gibt einen Kaufmann, eine Post, ein Hotel, einen Landhandel. Die Schule umfasst alle Klassen und ist in einem einzelnen, hässlichen Betonbau untergebracht; sie hat weder einen Sportplatz noch eine Bücherei. Er stellt sich Race mit einem breitrandigen Hut vor, mit einem verschwitzten Tuch um den Hals und Insekten, die um sein Gesicht summen. Er stößt einen Spaten in die unerbittliche Erde, während seine Frau und seine Söhne unsagbar gelangweilt im Haus herumkramen. Szenen eines Lebens in der Provinz: Logan hätte die Farm schon vor Jahren verkaufen sollen. Das Ganze ist ein schrecklicher Fehler, den er nicht mehr korrigieren kann.

Am Donnerstagabend sind seine Kongresspflichten beendet, und er kehrt in das Campus-Apartment zurück, in dem er seit seiner Scheidung wohnt. Es sollte wie so vieles im Leben vorübergehend sein, aber sechs Jahre später ist er immer noch hier. Das Apartment ist kompakt, ordentlich und ohne Charakter; die meisten Möbel hat er in den verwirrenden Anfangstagen der Trennung hastig eingekauft. Er macht sich etwas Einfaches zu essen, Pasta und ein bisschen Grünzeug, setzt sich damit vor den Fernseher, und das Erste, was er sieht, ist sein eigenes Gesicht. Die Bilder sind unmittelbar nach der Abschlussfeier der Tagung aufgenommen worden. Da ist er: Mikrofone schweben um seinen Kopf herum, sein Gesicht ist leichenhaft weiß im harten Licht der Fernsehscheinwerfer, und die Schrift am unteren Rand des Bildschirms besagt: »Fantastische Erkenntnisse«. Logan schaltet ab.

Er beschließt, Olla, seine Exfrau, anzurufen. Vielleicht kann sie ein bisschen Licht in die verwirrenden Pläne seines Sohnes bringen. Olla wohnt am Stadtrand in einem kleinen Haus, einem Cottage eigentlich, das sie mit ihrer Partnerin Bettina teilt, einer

Gartenbauarchitektin. Olla hat hartnäckig behauptet, diese Beziehung habe nicht schon während der Ehe bestanden, doch Logan hat den Verdacht, dass das nicht wahr ist. Aber es kommt nicht darauf an; in gewisser Weise ist er sogar froh. Ollas Beziehung zu einer Frau – dass sie bisexuell ist, hat er immer schon gewusst – hat ihm die Sache leichter gemacht. Es wäre schwieriger für ihn, wenn sie mit einem Mann verheiratet wäre, wenn ein Mann in ihrem Bett läge.

Bettina kommt ans Telefon. Sie gehen wachsam, aber herzlich miteinander um, und sie holt Olla. Im Hintergrund hört Logan das Zwitschern und Krächzen von Bettinas Käfigvögeln. Sie hat eine umfangreiche Sammlung davon – Finken, Papageien und Sittiche.

»Wir haben dich eben im Fernsehen gesehen«, fängt Olla an.

»Wirklich? Wie habe ich ausgesehen?«

»Ziemlich flott, ehrlich gesagt. Vertrauenerweckend. Ein Mann in Topform, Bette, findest du nicht auch? Sie nickt.«

»Das höre ich gern.«

Dieses lockere, entspannte Geplänkel. In gewisser Weise hat sich nur wenig geändert. Sie waren immer Freunde, die miteinander reden konnten.

»Wie fühlt es sich an?«, will Olla wissen.

»Wie fühlt sich was an?«

»Logan, sei nicht so bescheiden. Du hast ziemlich viel Aufsehen erregt. Du bist *berühmt*.«

Er wechselt das Thema. »Hast du zufällig in letzter Zeit mit Race gesprochen?«

»Ach, das.« Olla seufzt. »Ich war eigentlich nicht überrascht. Er macht schon seit einiger Zeit solche Andeutungen. Wundert mich, dass du es nicht hast kommen sehen.«

Noch etwas, das ihm entgangen ist. »Was hältst du davon?«, fragt er und fügt dann vorschnell hinzu: »Ich halte es für einen Riesenfehler.«

»Kann sein. Aber er weiß, was er will, und Kaye weiß es auch. Sie wollen es so. Wirst du ihnen die Farm verkaufen?«

»Ich hatte eigentlich keine Wahl.«

»Man hat immer eine Wahl, Logan. Aber wenn du meine Meinung hören willst: Du hast das Richtige getan. Das Anwesen steht schon zu lange leer. Ich habe mich immer gefragt, warum du es nicht abstößt. Vielleicht war das der Grund.«

»Damit mein Sohn seine Karriere wegwerfen kann?«

»Jetzt bist du zynisch. Es ist sehr schön, was du da tust. Kannst du es nicht einfach auch so sehen?«

Ihre Stimme klingt gleichmäßig und vorsichtig, und was sie da sagt, ist zwar nicht eingeübt, aber sie hat schon öfter daran gedacht. Logan hat schon wieder das verstörende Gefühl, dass ihm alle einen Schritt voraus sind und dass er als verfügbare Masse von denen gesteuert wird, die es besser wissen als er.

»Deine Gefühle sind kompliziert, das weiß ich«, fährt Olla fort. »Aber inzwischen ist viel Zeit vergangen. In gewisser Weise ist es nicht nur für Race ein neuer Anfang. Es ist auch ein neuer Anfang für dich.«

»Mir war nicht klar, dass ich einen nötig habe.«

Nach einer kurzen Pause sagt Olla: »Entschuldige. Das klang falsch. Ich will nur sagen, ich mache mir Sorgen um dich.«

»Warum machst du dir Sorgen um *mich*?«

»Ich kenne dich, Logan. Du kannst nicht loslassen.«

»Ich habe nur Angst, dass unser Sohn den größten Fehler seines Lebens begeht. Dass das alles lediglich eine romantische Laune ist.«

In der Stille, die jetzt folgt, sieht Logan vor sich, wie Olla in der Küche steht und den Telefonhörer ans Ohr hält. Die Küche ist ein behaglicher Raum mit ihrer niedrigen Decke und den Kupfertöpfen und den getrockneten Kräutern, die, mit Garn zusammengebunden, darunterhängen. Sie wird sich die Telefonschnur um den Zeigefinger wickeln, eine lebenslange Gewohnheit. Andere Bilder enthalten andere Erinnerungen: wie sie die Brille auf die Stirn schiebt, um etwas Kleingedrucktes zu lesen. Der rötliche Fleck, der auf ihrer Stirn aufleuchtet, wenn sie wütend ist. Die Angewohnheit, ihr Essen zu salzen, ohne vorher zu kosten. Geschieden, aber immer noch Hüter einer gemeinsamen Vergangenheit, des Archivs ihrer beider Leben.

»Ich möchte dich etwas fragen«, sagt Olla.

»Okay.«

»Du bist in allen Nachrichten. Du hast dein Leben lang dafür gearbeitet. So wie ich das sehe, bekommst du jetzt mehr, als du dir je hättest wünschen können. Freust du dich über *irgendetwas* davon? Denn es hört sich nicht so an.«

Eine eigenartige Frage. Ob er sich *freut?* Muss man das? »Darüber habe ich so noch nicht nachgedacht.«

»Dann wird es vielleicht Zeit, dass du es mal tust. Leg die großen Fragen für ein Weilchen zur Seite und lebe einfach dein Leben.«

»Ich dachte, das tue ich.«

»Das tut jeder. Du fehlst mir, Logan, und ich war gern mit dir verheiratet. Ich weiß, das glaubst du nicht, aber es stimmt. Wir hatten eine wunderbare Familie, und ich bin stolz auf alles, was du erreicht hast. Aber Bettina macht mich glücklich. Das *Leben* hier macht mich glücklich. Letzten Endes ist es nicht sehr kompliziert. Ich möchte, dass du es auch hast.«

Er weiß darauf nichts zu sagen; sie hat ihn hundertprozentig richtig eingeschätzt. Ob er gekränkt ist? Warum sollte er es sein? Was sie sagt, ist doch die Wahrheit. Plötzlich erkennt er, dass es genau das ist, worum Race ihn bittet. Sein Sohn möchte glücklich sein.

»Dann sehen wir dich Sonntag?«, fragt Olla und lenkt das Gespräch wieder auf sicheren Boden. »Vier Uhr – und sei pünktlich.«

»Das hat Race auch schon zu mir gesagt.«

»Weil er dich genauso gut kennt wie ich. Sei nicht beleidigt, wir haben uns inzwischen alle daran gewöhnt.« Sie schweigt kurz. »Wenn ich es mir recht überlege – warum bringst du nicht jemanden mit?«

Er weiß nicht, was er zu diesem sonderbaren Vorschlag sagen soll. »Das ist aber im Allgemeinen nicht gerade der Zuständigkeitsbereich von Exfrauen.«

»Im Ernst, Logan. Du musst irgendwo anfangen. Du bist prominent. Es gibt doch sicher jemanden, den du einladen kannst.«

»Gibt es aber nicht. Nicht richtig.«

»Was ist denn mit der – wie hieß sie gleich? Die Biochemikerin?«

»Olla, das ist zwei Jahre her.«

Olla seufzt – ein Ehefrauenseufzer, das Geräusch der Verheirateten. »Ich will doch nur helfen. Ich sehe dich nicht gern so. Es ist ein großer Augenblick. Du solltest ihn nicht allein erleben. Überleg's dir einfach, okay?«

Nach diesem Telefonat verfällt Logan ins Brüten. Die Sonne ist untergegangen, und das Zimmer liegt im Dunkeln. »So«? Wie ist er denn? Und »prominent« – das Wort klingt seltsam. Er ist nicht prominent, er ist ein Mann mit einem Job, der allein lebt, in einem Apartment, das aussieht wie eine Suite in einem Hotel.

Er schenkt sich ein Glas Wein ein und geht ins Schlafzimmer. Im Schrank findet er sein Jackett und in der äußeren Tasche Nessas Karte. Sie meldet sich beim dritten Klingeln und ist ein wenig außer Atem.

»Miss Tripp, hier ist Logan Miles. Störe ich Sie?«

Sie ist anscheinend nicht überrascht. »Ich bin gerade vom Laufen zurückgekommen. Geben Sie mir einen Augenblick Zeit, ja? Ich muss mir ein Glas Wasser holen.«

Sie legt das Telefon hin. Logan hört ihre Schritte und dann das Rauschen eines Wasserhahns. Hört er noch etwas – oder jemanden? Er hat nicht den Eindruck. Eine halbe Minute später ist sie wieder da.

»Freut mich, dass Sie anrufen, Professor. Haben Sie den Artikel gesehen? Vermutlich ja.«

»Ich fand ihn sehr gut.«

Sie lacht leise. »Sie lügen, aber das ist in Ordnung. Sie haben mir nicht viel Material gegeben. Sie sind ein verschlossener Mann. Ich wünschte, wir hätten länger miteinander sprechen können.«

»Tja, sehen Sie, das ist der Grund, weshalb ich Sie angerufen habe. Ich habe mich gefragt, Miss Tripp …«

»Bitte«, unterbricht sie, »nennen Sie mich Nessa.«

Er ist plötzlich aufgeregt. »Nessa, natürlich.« Er schluckt und springt ins kalte Wasser. »Ich weiß, es ist kurzfristig, aber ich habe mich gefragt, ob Sie nicht vielleicht Lust hätten, am kommenden Sonntag um vier mit mir auf eine Party zu gehen.«

»Aber Professor.« Sie klingt kokett und amüsiert. »Wird das ein Date?«

Logan weiß es sofort: Er macht sich lächerlich. Er weiß ja nicht einmal, ob sie überhaupt verfügbar ist. Absurd.

»Ich muss Sie warnen.« Er rudert zurück. »Es ist eine Geburtstagsparty für zwei Fünfjährige. Meine Enkel, genau gesagt.« Sehr raffiniert, denkt er, ihr zu sagen, dass du Großvater bist. Mit jedem Wort reitet er sich tiefer in die Tinte. »Zwillinge«, fügt er ziemlich sinnlos hinzu.

»Wird ein Zauberer da sein?«

»Wie bitte?«

»Ich habe Zauberer nämlich sehr gern.«

Macht sie sich über ihn lustig? Das Ganze war eine Schnapsidee. »Ich verstehe natürlich, wenn Sie keine Zeit haben. Vielleicht ein andermal …«

»Aber ich komme sehr gern«, sagt sie.

Der Sonntag kommt, ein strahlend sonniger Tag. Am Vormittag kauft Logan Geschenke für die Jungs – einen Hüpfball für Noa und für seinen Bruder Cam, den Intellektuelleren der beiden, einen Baukasten –, geht schwimmen, um seine Nerven zu beruhigen, und wartet dann, bis es so weit ist. Um drei Uhr holt er seinen Wagen aus der Garage – er ist wochenlang nicht benutzt worden, und Logan sieht bestürzt, dass er ziemlich verstaubt ist – und fährt zu der Adresse, die Nessa ihm genannt hat. Es ist ein großer, moderner Apartmentkomplex, drei Blocks weit vom Hafen entfernt. Nessa wartet am Eingang in einer weißen Hose, einem pfirsichfarbenen Top und flachen Sandalen. Das frisch gewaschene Haar trägt sie offen. Sie hat ein großes, in silbernes Papier gewickeltes Paket auf dem Arm. Logan steigt aus und hält ihr die Wagentür auf.

»Das ist sehr aufmerksam von Ihnen«, sagt er und schaut das Paket an. »Aber Sie hätten kein Geschenk mitbringen müssen.«

»Das ist ein Tetherball«, sagt sie strahlend und legt das Paket auf den Rücksitz zu den anderen. »Oder glauben Sie, sie sind zu klein dafür? Meine Neffen spielen stundenlang damit.«

Zum ersten Mal erwähnt sie ihre Familie, und Logan erfährt, dass sie ziemlich groß ist. Sie ist im Norden in einem Vorort aufgewachsen, in dem ihre Eltern immer noch wohnen. Ihr Vater ist dort Postmeister, und sie ist das vierte von sechs Kindern. Drei von denen, ihre älteren Schwestern und ein kleiner Bruder, sind verheiratet und haben eigene Familien. Also, denkt Logan, ist sie zwar allein, aber nicht unvertraut mit dem Leben, das er geführt hat, dem üblichen Leben mit Kindern und Pflichten und zu wenig Zeit. Logan hat bereits erwähnt, dass die Party bei seiner Exfrau stattfinden wird, und Nessa hat es kommentarlos hingehen lassen. Er fragt sich, ob das eine Reportergewohnheit ist, die eigenen Gedanken für sich zu behalten, damit andere mehr von sich preisgeben, aber dann ärgert er sich selbst über sein Misstrauen: Vielleicht ist das ohne Bedeutung für jemanden aus ihrer Generation, die in einer ethisch flexibleren Welt von ständig wechselnden Partnern aufgewachsen ist.

Die Fahrt zu Olla dauert dreißig Minuten. Sie unterhalten sich entspannt, und von der Tagung ist kaum die Rede. Er fragt nach ihrer Arbeit und will wissen, ob sie ihr Spaß macht, und sie bejaht. Es gefällt ihr zu reisen, neue Leute kennenzulernen, Dinge über die Welt zu erfahren und daraus Geschichten zu machen. »Das war immer schon so, schon als ich ein Kind war«, erzählt sie. »Ich konnte in meinem Zimmer sitzen und stundenlang schreiben. Kinderkram hauptsächlich, über Elfen und Schlösser und Drachen, aber je älter ich wurde, desto mehr interessierte ich mich für wirkliche Dinge.«

»Schreiben Sie denn immer noch Fiction?«

»Oh, ab und zu, nur zum Vergnügen. Jeder Reporter, den ich kenne, hat irgendwo einen halb fertigen Roman in der Schreibtischschublade liegen, der meistens ziemlich grausig ist. Es ist eine Art Krankheit, die wir alle haben – dieses Verlangen, irgendwie unter die Oberfläche zu kommen und so etwas wie den größeren Plan zu finden.«

»Halten Sie das für möglich?«

Sie schaut nach vorn aus dem Fenster und denkt nach. »Ich glaube, es gibt einen. Das Leben *bedeutet* etwas. Es besteht nicht nur daraus, dass man zur Arbeit geht und das Abendessen macht und den Wagen in die Werkstatt bringt. Meinen Sie nicht auch?«

Sie fahren durch einen Stadtrandbezirk: adrette, abseits der Straße liegende Häuser, Briefkästen, die am Straßenrand Wache stehen, Hunde, die im Garten bellen, als sie vorbeifahren.

»Ich nehme an, da würden die meisten Leute zustimmen«, sagt Logan. »Wir hoffen zumindest, dass es so ist. Aber es kann sehr schwer sein, es zu sehen.«

Seine Antwort scheint sie zufriedenzustellen. »Sie haben Ihren Weg, und ich habe meinen. Manche Leute gehen in die Kirche. Ich schreibe meine Storys, Sie erforschen die Geschichte. So groß ist der Unterschied nicht.« Sie schaut zu ihm herüber und blickt dann wieder hinaus in die Welt, die draußen vorbeizieht. »Ich habe einen Freund, der Romanautor ist. Er ist ziemlich berühmt; vielleicht haben Sie schon von ihm gehört. Der Mann ist völlig im Eimer – trinkt einen Liter Schnaps am Tag, wechselt kaum jemals die Kleider. Das ganze Klischee des leidenden Künstlers. Ich habe ihn einmal gefragt: Warum tust du das, wenn es dir damit so furchtbar schlecht geht? Denn mal im Ernst: Der Mann wird keine vierzig werden, wenn er so weiterlebt. Seine Bücher sind ebenfalls durch und durch deprimierend.«

»Und was hat er gesagt?«

»›Weil ich es nicht ertrage, es nicht zu wissen.‹«

Als sie ankommen, steht die Tür einladend offen, und in der Straße vor dem Haus parken zahlreiche Wagen. Eltern und Kinder verschiedenen Alters gehen auf das Haus zu, und die Kleinsten laufen voraus und schleppen ihre Geschenke; sie können nicht erwarten, dass sie geöffnet werden und der magische Inhalt ans Licht kommt. Logan war nicht klar, dass die Party so groß sein würde. Wer sind all diese Leute? Freunde der Zwillinge aus dem Kindergarten, Nachbarn, Kollegen von Race und Kaye mit ihren Familien, Ollas Schwestern und ihre Ehemänner, ein paar alte Freunde, die Logan wiedererkennt, aber seit Jahren nicht mehr gesehen hat.

Olla begrüßt sie, als sie hereinkommen. Sie trägt ein schlank geschnittenes Kleid, eine dicke, etwas plump aussehende Halskette und weder Schuhe noch Make-up. Ihr Haar, das schon mit Anfang vierzig ergraut ist, fällt ungebändigt auf die Schultern herab. Für immer verschwunden ist die Juristin in makellosem Kostüm und hohen Absätzen, und an ihre Stelle ist eine Frau mit einfacheren, entspannteren Gewohnheiten und Vorlieben getreten. Sie küsst Logan auf beide Wangen und schüttelt dann Nessa die Hand, und ihre Augen leuchten in kaum verhohlener Überraschung. Nie hätte seine Exfrau sich träumen lassen, dass er ihre Herausforderung annehmen würde. Nessa geht in die Küche, um etwas zu trinken zu holen, und Logan und Olla tragen die Geschenke in das Gästezimmer am Ende des Korridors, wo schon ein Berg von Paketen auf dem Bett liegt.

»Wer ist das, Logan?« fragt Olla begeistert. »Sie ist entzückend.«

»Du meinst, jung.«

»Das ist doch deine Sache. Woher kennst du sie?«

Er erzählt ihr von dem Interview. »Es war ein Schuss ins Blaue«, gesteht er. »Ich war überrascht, als sie ja gesagt hat. Bei einem alten Knacker wie mir.«

Olla lächelt. »Na, ich bin froh, dass du sie eingeladen hast. Sie scheint dich jedenfalls zu mögen.«

Im Wohnzimmer geht er zwischen den Erwachsenen umher, begrüßt die, die er kennt, und stellt sich denen vor, die er nicht kennt. Nessa ist nirgends zu sehen. Logan geht durch die Verandatür hinaus auf den großen, abschüssigen Rasen, der flankiert ist von kunstvoll angelegten Rabatten – Bettinas Werk. Die Kinder rennen nach irgendeiner geheimen Spielregel wie verrückt herum. Er entdeckt Nessa, die mit Kaye am Rande der Terrasse sitzt. Die beiden unterhalten sich angeregt miteinander, aber bevor er hingehen kann, packt Race ihn beim Arm.

»Dad, du hättest mir was sagen müssen«, sagt er mit boshaftem Entzücken. »Heiliger Strohsack!«

»Daran ist deine Mutter schuld. Es war ihre Idee, dass ich jemanden mitbringe.«

»Na, das hat sie gut gemacht. Und du auch. Jungs«, ruft er, »kommt und sagt eurem Großvater guten Tag.«

Die beiden lassen das Spiel sein und kommen herangetrabt. Logan sinkt auf die Knie und schließt die kleinen, warmen Gestalten in die Arme.

»Hast du uns Geschenke mitgebracht?«, fragt Cam strahlend.

»Selbstverständlich.«

»Komm, spiel mit uns.« Noa zerrt an seiner Hand.

Race verdreht die Augen. »Jungs, lasst euren Großvater erst mal zu Atem kommen.«

Logan schaut an seinen Enkeln vorbei und sieht, dass Nessa jetzt bei den Kindern ist. »Was denn, sehe ich aus, als ob ich zu alt wäre?« Er lächelt und erinnert sich an andere Partys, als Race noch klein war. »Wie sind die Regeln?«

»Wenn du abgeschlagen wirst, musst du stehen bleiben«, sagt Noa mit großen Augen, als verkünde er eine Entdeckung, die das Schicksal der Menschheit verändern wird. »Wenn alle stehen, hast du gewonnen.«

»Das müsst ihr mir zeigen.«

Die Party nimmt tosend ihren Lauf, angetrieben von der Energie der Kinder, die anscheinend unerschöpflich ist wie eine Maschine, die man nicht abschalten kann. Logan lässt sich so schnell wie möglich abschlagen, aber nicht Nessa: Sie schlägt Haken und duckt sich weg, bis sie sich quietschend ergeben muss. Ein Pferdeanhänger mit zwei Ponys fährt vor. Sie haben krumme Rücken und ein schütteres Fell, das aussieht wie von Motten zerfressen. Sie sind so zahm, dass sie aussehen, als ständen sie unter Drogen, und der Mann, der sie bringt, scheint unter einer Brücke zu wohnen. Trotzdem sind die Kinder entzückt. Cam und Noa dürfen als Erste reiten, während die anderen Schlange stehen, bis sie an der Reihe sind.

»Amüsieren Sie sich?« Logan kommt von der Seite auf Nessa zu und reicht ihr ein Glas Wein. Ihre Stirn ist schweißfeucht. Eltern heben ihre Kinder auf den räudigen Rücken der Ponys und machen Fotos.

»Ungeheuer«, sagt sie und lächelt.

»Sie haben so mühelos ihren Spaß. Die Kinder, meine ich.«

Nessa trinkt einen Schluck Wein. »Ihre Schwiegertochter ist hinreißend. Sie hat mir von ihren Plänen erzählt.«

»Und die gefallen Ihnen?«

»Gefallen? Ich finde die Idee fabelhaft! Sie sind doch bestimmt auch begeistert.«

Liegt es an der Stimmung des Nachmittags, dass er plötzlich so empfindet? Vielleicht nicht begeistert, aber ihm ist doch jedenfalls sehr viel wohler bei dem Gedanken daran. Ja, warum eigentlich nicht? Ein Weingut auf dem Land. Weite Flächen, kühle Morgendämmerungen, ein Nachthimmel, der vor Sternen explodiert. Wer würde sich das nicht wünschen?

»*Und* das Land bleibt in der Familie«, fährt Nessa fort und hebt das Glas, um ihm zuzuprosten. »Ein Stück Geschichte, oder? Für mich hört sich das an, als wäre es ganz nach Ihrem Geschmack.«

Die große Zeremonie fängt an: Die Geschenke werden ausgepackt. Die Jungen nehmen das eine kaum zur Kenntnis, während sie sich schon auf das nächste stürzen. Hamburger und Hot Dogs, Chips, Erdbeeren und Melonenspalten, Kuchen. Bald lassen manche Kinder die Köpfe hängen, kleine Streitereien flackern auf, Lider werden schwer. Der Abend kommt, und sie verabschieden sich. Ein paar Erwachsene bleiben noch und stehen mit ihren Gläsern auf der Terrasse. Alle scheinen Nessa als wichtigen Neuzugang anzuerkennen, besonders Bettina, die sie im Dämmerlicht im Garten herumführt.

Als sie gehen, steht draußen fast kein Wagen mehr. Nessa ist erschöpft und vielleicht ein bisschen beschwipst. Sie lehnt sich zurück, als sie abfahren.

»Sie haben eine wunderbare Familie«, sagt sie schläfrig.

Das stimmt, denkt Logan, die hat er wirklich. Seine Exfrau eingeschlossen, die trotz aller Differenzen in dieser späten Lebensphase als Kämpferin für sein Glück eintritt. Er fühlt, wie sich unter dem Einfluss des Tages eine lange Anspannung in ihm löst. Das Leben ist gar nicht so übel, und es besteht nicht nur aus Pflichten, wie er immer dachte. Während sie fahren, wandern seine Gedanken zur Ranch. Er hat bereits mit seinem Anwalt gesprochen, damit er die nötigen Papiere vorbereitet. Bald werden sein Sohn und seine Familie dort sein und das alte Anwesen mit neuem Leben und neuen Erinnerungen füllen.

»Ich dachte mir«, fängt er an, »vielleicht sollte ich hinausfahren und mir den alten Laden ansehen. Ich bin seit Jahren nicht mehr da gewesen.«

Nessa nickt verträumt. »Ich finde, das ist eine gute Idee.«

»Möchten Sie mitkommen? Es wäre nur für zwei Tage. Sagen wir, am nächsten Wochenende.«

Nessa hat die Augen geschlossen. Wieder ein Fehler: Er ist zu weit gegangen. Sie ist betrunken, und er hat die warmen Gefühle des Augenblicks ausgenutzt. Vielleicht ist sie eingeschlafen.

»Es könnte nützlich für Sie sein«, sagt er hastig. »Vielleicht schreiben Sie noch einen Artikel.«

»Einen Artikel«, wiederholt Nessa in neutralem Ton, und wieder vergeht ein Augenblick. »Nur damit ich Sie richtig verstehe: Sie wollen mit mir übers Wochenende wegfahren, um mir zu helfen, einen Artikel zu schreiben.«

»Ja, ich glaube. Wenn es das ist, was Sie möchten.«

»Halten Sie an.«

»Ist Ihnen schlecht?« Jetzt ist der schlimmste Fall eingetreten. Der Abend ist ruiniert.

»Bitte, halten Sie einfach an.«

Er hält am Straßenrand und rechnet damit, dass sie die Tür aufstößt und hinausspringt, aber stattdessen dreht sie sich zu ihm um.

»Nessa, ist alles in Ordnung?«

Es sieht aus, als wollte sie lachen. Bevor er noch ein Wort herausbringt, legt sie die Hände an seine Wangen, zieht sein Gesicht zu sich heran und drückt einen Kuss auf seine Lippen.

Am Dienstag essen sie zusammen zu Mittag, am Abend darauf sehen sie sich zusammen einen Film an, und am Samstag fahren sie früh am Morgen los. Die Stadt bleibt hinter ihnen zurück, und sie fahren weit hinaus, ins Herz des Landes. Es ist ein kühler

Morgen mit dicken weißen Wolken, aber es wird wärmer, als sie weiter nach Westen kommen, weg vom Meer.

Es ist gerade Mittag, als sie in Headly eintreffen. Die Stadt hat Fortschritte gemacht. An der staubigen Hauptstraße gibt es mehr Geschäfte als früher, und die Schule ist vergrößert worden. Ein neues Rathaus steht am oberen Rand des Platzes. Sie checken im Hotel ein – Logan hat zwei Einzelzimmer gebucht, denn er will nichts übertreiben –, und sie lassen sich einen Picknick-Lunch einpacken und fahren hinaus zur Ranch.

Der Anblick ist niederschmetternd. Das Land ist seit Jahren verwahrlost, von Unkraut überwuchert und verwildert; die Scheune ist eingestürzt, und viele der Nebengebäude ebenfalls. Das Haus sieht kaum besser aus; die Farbe ist abgeblättert, die Veranda fällt zur einen Seite hin ab, und die Regenrinnen hängen vom Dach herunter. Logan steht eine Zeitlang stumm da und betrachtet das alles. Das Haus war nie groß, aber wie alles, was man nach langer Zeit wiedersieht, erscheint es ihm wie eine geschrumpfte Version dessen, was er in Erinnerung hat. Was ihn stört, ist der heruntergekommene Zustand. Aber zugleich steigt eine Regung in ihm auf, die er seit Jahren nicht mehr verspürt hat: das Gefühl heimzukehren. Nach Hause zu kommen.

»Logan? Alles okay?«

Er dreht sich zu Nessa um. Sie steht nicht weit neben ihm. »Es ist seltsam, wieder hier zu sein«, sagt er und zuckt unsicher die Achseln. Aber das Wort »seltsam« wird der Situation kaum gerecht.

»Es ist eigentlich gar nicht so schlimm, weißt du. Ich bin sicher, sie kriegen das hin.«

Er will noch nicht ins Haus gehen. Sie breiten ihre Decke auf dem Boden aus und packen das Picknick aus: Brot und Käse, Obst, Rauchfleisch, Limonade. Sie haben sich eine Stelle ausgesucht, von der aus sie die verdorrten Hügel sehen können. Die Sonne brennt heiß, aber immer wieder ziehen Wolken über sie hinweg und spenden für kurze Zeit Schatten. Während sie essen, deutet Logan hierhin und dorthin und erzählt aus der Geschichte des Anwesens: von den Scheunen und Stallungen, den Koppeln und den Pferdeweiden, den Dickichten, in denen er als Kind viele Stunden verbracht hat, verloren in den Welten seiner Fantasie. Allmählich entspannt er sich. Der Kontrast zwischen dem, was er in Erinnerung hat, und dem, was er jetzt sieht, wird milder; die Vergangenheit strömt hervor und will erzählt werden – obwohl natürlich mehr hinter dieser Geschichte steckt.

Irgendwann kann er es nicht länger hinausschieben, er muss das Haus betreten. Er nimmt den Schlüssel aus der Tasche – jahrelang hat er unberührt in seiner Schreibtischschublade gelegen – und schließt die Tür auf. Dahinter liegt gleich das Wohnzimmer. Die Luft ist abgestanden. Ein paar Möbel sind noch da: zwei Sessel, Regale, der Schreibtisch, an dem sein Vater die Buchhaltung erledigt hat. Eine dicke Staubschicht liegt auf allem. Sie gehen weiter ins Haus hinein. Alle Küchenschränke stehen offen, als hätten hungrige Geister darin herumgestöbert. Trotz der schalen Luft dringen Gerüche in seine Nase, die einen Hauch der Vergangenheit in sich tragen.

Entschlossen gehen sie weiter ins hintere Zimmer, das Logan anzieht wie ein Magnet. Unter einer Plane erkennt man die unverwechselbaren Umrisse eines Klaviers. Er zieht sie beiseite, klappt den Deckel auf, und die Tasten kommen ans Licht, gelb wie Greisenzähne.

»Kannst du spielen?«, fragt Nessa.

Es ist das erste Mal, dass einer von ihnen etwas sagt, seit sie im Haus sind. Logan drückt auf eine Taste und ruft einen mürrischen Ton hervor. »Ich? Nein.« Der Ton schwebt in der Luft und ist dann verklungen. »Ich fürchte, ich war nicht absolut ehrlich zu dir«, sagt er und blickt auf. »Du hast mich gefragt, ob ich aus einer religiösen Familie komme. Meine Mutter war das, was man eine ›Amy-Träumerin‹ nennt. Kennst du diesen Ausdruck?«

Nessa runzelt die Stirn. »Ist das nicht ein Mythos?«

»Du meinst, hat die moderne Wissenschaft dieses Phänomen nicht neu definiert? In konventionellen Kategorien könnte man vermutlich sagen, sie war verrückt. Schizophren mit einem Hang zum Größenwahn. Das ist es mehr oder weniger, was die Ärzte uns sagten.«

»Aber du siehst das anders.«

Logan zuckt die Achseln. »Es ist eigentlich keine Frage, die man mit ja oder nein beantworten kann. Manchmal sehe ich es anders, manchmal nicht. Zumindest hat sie es ehrlich erworben. Ihr Mädchenname war Jaxon.«

Nessa ist sichtlich verblüfft. »Du kommst aus einer der Ersten Familien?«

Logan nickt. »Ich rede nicht gern darüber. Die Leute ziehen ihre Schlüsse.«

»Ich glaube, heutzutage würde kaum noch jemand viel daraus machen.«

»Oh, du würdest dich wundern. Hier draußen legen die Leute auf so etwas Wert.«

Nach einer kurzen Pause fragt Nessa: »Und dein Vater?«

»Mein Vater war ein einfacher Mann. *Geradlinig,* würde man sagen. Wenn er einer Religion angehörte, dann waren es Pferde. Pferde – und meine Mutter. Er hat sie sehr geliebt, auch als es schlimm wurde. Als sie heirateten, sagte er, war sie wie alle anderen Leute auch. Vielleicht ein bisschen frommer als die meisten, aber das war in dieser Gegend nicht so ungewöhnlich. Erst später bekam sie Anfälle. Visionen, Episoden, Wachträume – wie immer du das nennen willst.«

»Hat das Klavier ihr gehört?«

Nessas Intuition ist zutreffend. »Meine Mutter war ein Mädchen vom Lande, aber sie kam aus einer musikalischen Familie. Von frühester Jugend an war sie ziemlich gut. Manche meinten sogar, sie sei ein Wunderkind. Sie hätte richtig Karriere machen können, aber dann lernte sie meinen Vater kennen, und das war's. Sie waren in dieser Hinsicht sehr traditionell. Sie spielte immer noch manchmal, aber ich hatte das Gefühl, sie tat es mit gemischten Gefühlen.«

Er schweigt und holt tief Luft, bevor er fortfährt. »Eines Nachts wachte ich dann auf und hörte sie spielen. Ich war noch sehr klein, sechs, vielleicht sieben Jahre alt. Die Musik war anders als alles, was ich bis dahin je gehört hatte. Unglaublich schön, beinahe hypnotisch. Ich kann es nicht beschreiben. Sie nahm mich vollständig gefangen. Nach einer Weile ging ich die Treppe hinunter. Meine Mutter spielte immer noch, aber sie war nicht allein. Mein Vater war auch da. Er saß in einem Sessel und hatte das Gesicht in die Hände gelegt. Die Augen meiner Mutter waren weit offen, aber sie schaute nicht auf die Tasten oder sonst wohin. Ihr Gesicht war leer, ganz und gar ausdruckslos. Es war, als habe eine äußere Macht ihren Körper ausgeliehen, um damit eigene Absichten zu verfolgen. Es ist schwer zu erklären – und vielleicht erzähle ich es auch nicht richtig –, aber ich wusste instinktiv, dass die Person, die da Klavier spielte, nicht meine Mutter war. Sie war jemand anders geworden. ›Penny, hör auf‹, sagte mein Vater – nein, er flehte sie an. ›Das ist nicht real, es ist nicht real.‹«

»Das muss beängstigend gewesen sein.«

»Das war es auch. Da saß er, dieser stolze Mann, stark wie ein Bulle, absolut hilflos, tränenüberströmt. Es erschütterte mich bis ins Mark. Ich wollte nur raus und so tun, als wäre das alles nie passiert, aber dann hörte meine Mutter auf zu spielen.« Logan schnippt mit den Fingern, um seine Worte zu unterstreichen. »Einfach so, mitten in einer Phrase, als habe jemand einen Schalter umgelegt. Sie stand vom Klavier auf und marschierte an mir vorbei, als wäre ich gar nicht da. ›Was ist los?‹, fragte ich meinen Vater. ›Was hat sie denn?‹ Aber er gab mir keine Antwort. Wir folgten ihr hinaus. Ich wusste nicht, wie spät es war, aber es war spät, mitten in der Nacht. Sie blieb am Rande der Veranda stehen und schaute über die Weiden hinaus. Eine Zeitlang passierte gar nichts – sie stand nur da mit diesem leeren Gesichtsausdruck. Dann fing sie an zu murmeln. Ich verstand nicht sofort, was sie sagte. Es war der gleiche Satz, immer und immer wieder. ›Kommt zu mir‹, sagte sie, ›kommt zu mir, kommt zu mir, kommt zu mir.‹ Ich werde es nie vergessen.«

Nessa schaut ihn forschend an. »Was glaubst du, mit wem sie sprach?«

Logan zuckt die Achseln. »Wer weiß das schon? Ich erinnere mich nicht mehr, was danach passiert ist. Wahrscheinlich bin ich ins Bett gegangen. Ein paar Tage später geschah das Gleiche wieder, und mit der Zeit wurde es zu einem nächtlichen Ritual. *Ach, Mom spielt wieder um vier Uhr morgens Klavier.* Tagsüber wirkte sie ganz okay, aber dann änderte sich das auch. Sie war gehetzt, besessen, oder sie irrte benommen im Haus herum. Und sie fing das Malen an.«

»Das Malen?«, wiederholt Nessa. »Du meinst, Bilder?«

»Komm, ich zeig's dir.«

Er führt sie die Treppe hinauf. Drei winzige Schlafzimmer unter dem Dach, und in der Decke des Korridors ist eine Luke mit einer Schnur. Logan zieht sie herunter und schiebt die klapprige Leiter auseinander, die auf den Dachboden führt.

Sie klettern in den engen, niedrigen Raum hinauf. Die Bilder seiner Mutter, jeweils ein Dutzend hintereinander, erstrecken sich über eine ganze Wand. Logan sinkt auf die Knie und zieht das schützende Tuch herunter.

Es ist, als habe er die Tür zu einem Garten geöffnet. Die Bilder sind von unterschiedlicher Größe, und sie zeigen eine Blumenlandschaft. Die Farben brennen von einer fast übernatürlichen Helligkeit. Auf manchen sieht man Berge im Hintergrund, auf anderen das Meer.

»Logan, die sind wunderschön.«

Das sind sie wirklich. In Schmerz gefasst sind sie nichtsdestoweniger Schöpfungen von atemberaubender Schönheit. Er nimmt das erste und bringt es Nessa, und sie hält es in den Händen.

»Es ist …« Sie bricht ab. »Ich weiß nicht, wie ich es ausdrücken soll.«

»Unirdisch?«

»Ich wollte sagen, spukhaft.« Sie blickt auf. »Und sie sind alle gleich?«

»Unterschiedliche Perspektiven, und ihr Stil hat sich im Laufe der Zeit verbessert. Aber das Thema ist immer dasselbe. Die Wiesen, die Blumen, das Meer im Hintergrund.«

»Es sind Hunderte.«

»Dreihundertzweiundsiebzig.«

»Und wo, glaubst du, ist das? Ist es ein Ort, an dem sie gewesen ist?«

»Wenn ja, habe ich ihn nie gesehen. Mein Vater auch nicht. Nein, ich glaube, das Bild kam aus ihrem Kopf. Genau wie die Musik.«

Nessa denkt nach. »Eine Vision.«

»Vielleicht ist das der richtige Ausdruck.«

Sie betrachtet das Bild noch einmal. Es ist lange Zeit still.

»Was ist aus ihr geworden, Logan?«

Er atmet tief durch, um sich zu fassen. »Es wurde irgendwann zu viel. Die Anfälle, die Verrücktheiten. Ich war sechzehn, als mein Vater sie einweisen ließ. Er hat sie jede Woche besucht, manchmal öfter, aber ich durfte sie nicht sehen. Ich nehme an, sie war in einem ziemlich schlimmen Zustand. Als ich im dritten Jahr auf dem College war, hat sie sich umgebracht.«

Einen Moment lang sagt Nessa nichts. Und was gibt es da auch zu sagen? Logan hat auch nie die richtigen Worte dafür gefunden. Gerade noch da, im nächsten Augenblick fort. Und das alles weit in der Vergangenheit. Fast vierzig Jahre ist es her.

»Das tut mir leid, Logan. Es muss sehr schwer gewesen sein.«

»Sie hat eine Nachricht hinterlassen«, sagt er. »Sie war nicht sehr lang.«

»Was stand drin?«

Der Strick, der Stuhl, das stille Gebäude, als alle schlafen gegangen sind: Hier endet seine Fantasie. Er hat nie zugelassen, dass sie weiterging und den Augenblick des Todes umfasste.

»›Lasst sie ruhen.‹«

Sie kehren zum Hotel zurück, und dort, in Nessas Zimmer, schlafen sie das erste Mal miteinander. Sie tun es ohne Hast und ohne Worte. Ihr fester, glatter Körper ist etwas Außergewöhnliches für ihn, das wunderbarste Geschenk, das er jemals bekommen hat. Danach schlafen sie.

Es wird dunkel, als Logan von rauschendem Wasser geweckt wird. Die Dusche wird mit einem Ächzen abgedreht, und Nessa kommt in einem weichen Frotteemantel aus dem Bad. Sie hat ein Handtuch um ihr Haar geschlungen, und sie setzt sich auf die Bettkante.

»Hunger?«, fragt sie lächelnd.

»Viel Auswahl gibt es hier nicht. Ich dachte, wir gehen in das Restaurant hier unten.« Sie küsst ihn auf den Mund. Der Kuss ist kurz, aber ihr Gesicht bleibt noch einen Moment lang ganz nah. »Zieh dich an.«

Sie geht zurück ins Badezimmer, um sich zurechtzumachen. Wie schnell sich das Leben ändern kann, denkt Logan. Es gab niemanden, und jetzt gibt es jemanden; er ist nicht mehr allein. Ihm wird klar, dass er von Anfang an die Absicht hatte, die Geschichte seiner Mutter zu erzählen, denn nur so kann er erklären, wer er ist. Das ist es, was zwei Menschen einander geben müssen, denkt er: ihre Geschichte. Wie sonst können wir darauf hoffen, dass jemand uns kennt?

Er zieht Hemd und Hose an und will ins Nachbarzimmer gehen, um sich zum Essen umzuziehen, aber als er in den Korridor tritt, hört er, dass jemand seinen Namen ruft.

»Dr. Miles. Dr. Miles!«

Es ist der Hotelbesitzer, ein kleiner, tief gebräunter Mann mit rabenschwarzem Haar und nervösem Gebaren, der die Treppe heraufgesprungen kommt. »Telefon für Sie«, ruft er aufgeregt. Er ringt nach Atem und wedelt sich Luft zu. »Jemand versucht schon den ganzen Tag, Sie zu erreichen.«

»Wirklich? Wer denn?« Soweit Logan weiß, ist niemand darüber informiert, dass er hier ist.

Der Hotelier wirft einen Blick auf Nessas Zimmertür und sieht ihn dann wieder an. »Na ja, äh«, sagt er und räuspert sich befangen. »Sie ist jetzt am Apparat, und es wäre dringend. Bitte, ich zeige Ihnen den Weg.«

Logan folgt ihm nach unten, durch die Lobby und in ein kleines Zimmer hinter der Rezeption, wo ein großes schwarzes Telefon auf einem ansonsten leeren Schreibtisch steht.

»Ich lasse Sie allein.« Der Eigentümer verneigt sich knapp.

Logan nimmt den Hörer auf. »Professor Miles.«

Eine Frauenstimme, die er nicht kennt, sagt: »Dr. Miles, bitte warten Sie. Ich verbinde Sie mit Dr. Wilcox.«

Melville Wilcox ist der Grabungsleiter auf dem Gelände der Ersten Kolonie. Solche Anrufe kommen nur selten vor und erfordern jedes Mal beträchtliche Vorausplanung, denn nur wenn man eine Kette von Luftschiffen über dem Pazifik positioniert, was ein mühseliges und kostspieliges Arrangement ist, kann das Signal übermittelt werden. Was immer Wilcox will, es muss wichtig sein. Eine volle Minute lang knistert nur leeres Rauschen in der Leitung. Als Logan schon glaubt, die Verbindung sei abgebrochen, meldet Wilcox sich.

»Logan, können Sie mich hören?«

»Ja, ich höre Sie ausgezeichnet.«

»Gut. Ich versuche schon seit Tagen, die Verbindung aufzubauen. Sitzen Sie? Das wäre besser.«

»Mel, was ist los?«

Die Stimme klingt plötzlich aufgeregt. »Vor sechs Tagen hat ein unbemanntes Erkundungsluftschiff über der nordwestlichen Pazifikküste ein Foto gemacht. Ein *sehr* interessantes Foto. Haben Sie Zugang zu einem Bildempfänger?«

Logan sieht sich um. Zu seiner Überraschung steht einer in der Ecke.

»Geben Sie mir die Nummer«, sagt Wilcox. »Ich sage Lucinda, sie soll es Ihnen schicken.«

Logan holt den Hotelier, der ihm begeistert die Empfängernummer nennt und sich anbietet, das Gerät zu bedienen.

»Okay, sie senden jetzt«, verkündet Wilcox.

Das Empfangsgerät gibt einen Pfeifton von sich. »Die Verbindung ist hergestellt, glaube ich«, sagt der Hotelbesitzer.

Logan fragt Wilcox: »Warum sagen Sie mir nicht einfach, was es ist?«

»Oh, glauben Sie mir, es ist besser, Sie sehen es selbst.«

Nach einigem mechanischen Geklapper zieht der Apparat ein Blatt Papier von dem Tablett. Der Druckkopf fährt geräuschvoll hin und her, und ein zweites Geräusch dringt an Logans Ohr. Es kommt von draußen – eine Art rhythmisches Schlagen. Gerade ist ihm klar geworden, was er da hört, als Nessa hereinkommt. Sie ist zum Essen angezogen und sieht aufgeregt, ja, ein bisschen erschrocken aus.

»Logan, da draußen ist ein Lifter. Sieht aus, als wollte er im Vorgarten landen.«

»Und da wären wir«, verkündet der Hotelier.

Mit triumphierendem Lächeln legt er das empfangene Bild auf den Tisch. Es zeigt ein Haus von oben. Keine Ruine, sondern ein richtiges Haus. Es ist von einem Zaun umgeben, und auf dem Grundstück steht noch ein zweites, kleineres Gebäude, ein Abort vielleicht, und man sieht die sauber gepflanzten Reihen eines Gemüsegartens.

»Na?«, fragt Wilcox. »Haben Sie es bekommen?«

Da ist noch mehr. Auf dem Feld neben dem Haus sind Steine auf dem Boden zu Buchstaben angeordnet, so groß, dass man sie aus der Luft lesen kann.

»Was ist, Logan?«

Logan blickt auf. Nessa starrt ihn an. Die Welt, das weiß er, wird eine andere werden. Nicht nur für ihn. Für alle. Draußen vor den Mauern des Hotels schwillt der Lärm immer weiter an, als der Lifter zur Landung ansetzt.

»Das ist eine Botschaft«, sagt er und zeigt Nessa das Blatt. Drei Wörter. KOMMT ZU MIR.

# 92

Sechs Tage sind vergangen. Logan und Nessa sitzen in der Aussichtslounge und schweigen.

In einem Luftschiff vergeht die Zeit anders. Die Aufregung des Reisens verfliegt rasch, und an ihre Stelle tritt so etwas wie ein geistiger und körperlicher Winterschlaf; die Tage werden formlos, und das Schiff scheint sich kaum zu bewegen. Logan und Nessa sind die einzigen Passagiere und daher Gegenstand einer obszönen Verhätschelung durch eine Besatzung, die sie zahlenmäßig weit übertrifft. Sie verbringen die Zeit schlafend, lesend und Karten spielend. Abends, wenn sie in dem zu großen Speiseraum allein gegessen haben, suchen sie sich einen Film aus der Sammlung des Schiffs aus und schauen ihn allein oder mit Besatzungsmitgliedern an.

Aber jetzt kommt ihr Ziel in Sicht, und die Zeit rastet wieder ein. Das Schiff ist auf Nordkurs und gleitet in zweitausend Fuß Höhe an der nordkalifornischen Küste entlang. Turmhohe Klippen, umweht von den Schleiern des Morgennebels, mächtige Wälder mit uralten Bäumen, die unbezähmbare Größe des Meeres, wo es mit dem Land zusammenstößt – Logans Herz schlägt schneller, wie es das beim Anblick dieser wilden, unberührten Gegend immer tut.

»Ist es das, was du erwartet hast?«, fragt er Nessa.

Sie schaut hingerissen hinaus und hat seit dem Frühstück kaum ein Wort gesprochen.

»Ich weiß nicht genau, was ich erwartet habe.« Sie dreht sich zu ihm um, presst die Lippen zusammen und macht schmale Augen, als habe sie ein Problem zu knacken. »Es ist schön, aber da ist noch etwas anderes. Ein anderes Gefühl.«

Nicht lange danach erscheint die Plattform. Sie ragt hundert Meter über dem Meeresspiegel auf und sieht aus wie eine starre Konstruktion, aber tatsächlich schwimmt sie hier vor Anker. Das Luftschiff bewegt sich anmutig an seinen Platz und schmiegt seine Nase an den Dockingturm; Seile und Ketten werden hinabgelassen, und das Schiff wird langsam auf das Deck hinuntergezogen. Logan und Nessa gehen von Bord, und Wilcox kommt ihnen mit seinem wiegenden Gang entgegen – ein stämmiger Mann mit einem ungepflegten, grau gesträhnten Bart, dessen Gesicht und Arme von Sonne und Wind bronzebraun verwittert sind.

»Willkommen zurück«, sagt Wilcox, als sie einander die Hand schütteln. »Und Sie«, fährt er fort und dreht sich um, »Sie müssen Nessa sein.«

Wilcox kennt Nessas Rolle, aber Logan weiß, ihm ist nicht hundertprozentig wohl dabei; er findet, es ist zu früh, die Presse ins Spiel zu bringen. Aber das ist ein Teil von Logans Plan. Die Geheimhaltung ist nie so gut, wie sie sein sollte. Die Neuigkeit wird sich herumsprechen, und wenn das passiert, werden sie die Kontrolle über die Versionen verlieren. Er möchte Herr der Situation bleiben, indem er die Story einer einzigen Person gibt – einer, der sie vertrauen können.

»Müssen Sie essen, sich frisch machen?«, fragt Wilcox. »Der Vogel ist aufgetankt und startklar, wann immer es Ihnen passt.«

»Wie lange brauchen wir bis zu der Anlage?«, fragt Logan.

»Neunzig Minuten. Ungefähr.«

Logan sieht Nessa an, und sie nickt. »Dann sehe ich nicht, warum wir warten sollen«, sagt er.

Der Lifter wartet auf einer zweiten, etwas höheren Plattform. Die Propeller sind nach oben gerichtet. Sie gehen darauf zu, und Wilcox bringt Logan auf den neuesten Stand. Logans Anweisung entsprechend hat sich niemand dem Haus genähert, obgleich die Bewohnerin – es ist eine Frau – mehrmals bei der Gartenarbeit gesehen wurde. Wilcox' Team hat Ausrüstung ins Camp verlegt, um das Haus zu verpacken, wenn Logan es will.

»Weiß sie, dass sie beobachtet wird?«

»Zwangsläufig – bei all den Liftern, die da über ihr unterwegs sind. Aber sie lässt sich nichts anmerken.« Sie nehmen in dem Vogel Platz. Wilcox holt ein Foto aus der Mappe unter seinem Arm und reicht es Logan. Das Bild, aus großer Entfernung aufgenommen, ist körnig und zweidimensional, und es zeigt eine Frau mit einem Strahlenkranz aus weißem Haar, die vor einem Gemüsebeet kauert. Was sie trägt, sieht aus wie ein formloser, dicht gewebter Sack, und weil sie den Kopf gesenkt hat, ist ihr Gesicht nicht zu erkennen.

»Also, wer ist sie?«, fragt Wilcox.

Logan sieht ihn wortlos an.

»Ich weiß, was Sie denken.« Wilcox hebt nachsichtig die Hand. »Entschuldigung – aber das ist verdammt noch mal völlig unmöglich.«

»Sie ist die einzige menschliche Bewohnerin eines Kontinents, der seit neunhundert Jahren unbewohnt ist. Wenn Sie eine andere Theorie haben, höre ich sie mir gern an.«

»Vielleicht sind Menschen hierher zurückgekehrt, ohne dass wir davon wissen.«

»Möglich. Aber warum nur sie? Warum haben wir in sechsunddreißig Monaten sonst niemanden gefunden?«

»Vielleicht wollen sie nicht gefunden werden.«

»Aber sie hat kein Problem damit. ›Kommt zu mir‹ sieht doch aus wie eine geprägte Einladungskarte.«

Das Dröhnen der Liftermotoren übertönt ihr Gespräch. Ein Ruck, und sie sind wieder in der Luft und steigen senkrecht in die Höhe. Als sie hoch genug sind, hebt sich die Nase, und die Rotoren schwenken in die Waagerechte. Der Lifter beschleunigt und kommt tief über dem Wasser und dann über der Küste herein. Das Meer bleibt zurück. Unter ihnen sind nur noch Bäume, ein grüner Teppich. Der Lärm ist gewaltig, und jeder von ihnen sitzt in der Luftblase seiner eigenen Gedanken. Reden werden sie erst wieder nach der Landung.

Logan ist kurz davor einzudösen, als er spürt, dass der Lifter langsamer wird. Er richtet sich auf und schaut aus dem Fenster.

Farben.

Das ist das Erste, was er sieht. Rot, Blau, Orange, Grün, Violett in allen Variationen, vom Fuß der Berge bis zum Meer. Blumen bemalen die Erde mit einem Spektrum von Farben in einer prismatischen Vielfalt, die aussieht, als wäre das Licht selbst zerborsten. Die Rotoren kippen, und der Lifter beginnt mit dem Sinkflug. Logan reißt sich von dem Ausblick los und sieht, dass Nessa ihn anstarrt. Ihr Blick ist erfüllt von sprachlosem Staunen, und er weiß, es spiegelt sein eigenes wider.

»Mein Gott«, formen lautlos ihre Lippen.

Das Camp liegt in einer schmalen Senke, die durch eine Baumgruppe vor dem Blumenfeld abgeschirmt wird. Im Hauptzelt stellt Wilcox sein Team vor, ein rundes Dutzend Wissenschaftler, von denen Logan ein paar von früheren Forschungsreisen her kennt. Er macht Nessa mit der Gruppe bekannt, beschränkt seine Erklärungen aber darauf, dass sie als »Sonderberaterin« dabei ist. Die Bewohnerin des Hauses, erfährt er, arbeitet seit dem frühen Morgen in ihrem Garten.

Logan erteilt seine Anweisungen. Alle sollen hier warten, sagt er, und unter keinen Umständen soll jemand sich dem Haus nähern, bevor er und Nessa wieder da sind. In Wilcox' Zelt ziehen sie sich bis auf die Unterwäsche aus und schlüpfen in die gelben

Bioschutzanzüge. Es ist ein heller, heißer Nachmittag, und in den Anzügen werden sie schmoren. Wilcox verschließt die Handschuhe an den Handgelenken mit Klebstreifen und kontrolliert die Atemgeräte.

»Viel Glück«, sagt er.

Sie gehen zwischen den Bäumen hindurch auf das Feld. Das Haus ist ungefähr zweihundert Meter weit entfernt.

»Logan ...«, sagt Nessa.

»Ich weiß.«

Alles ist perfekt. Alles sieht ganz genauso aus, ohne die kleinste Abweichung. Die Blumen. Die Berge. Das Meer. Die Bewegung des Windes und der Einfall des Lichts. Logan blickt entschlossen nach vorn, damit ihn die machtvollen Emotionen, die in ihm aufsteigen, nicht überwältigen. In ihren klobigen Anzügen überqueren er und Nessa langsam das Feld. Das eingeschossige Haus sieht anheimelnd und adrett aus. Die breiten Bretter der Außenverkleidung sind grau verwittert, und es hat eine einfache Veranda und ein Grasdach, auf dem grüne Halme wachsen wie ein feiner Dunst.

Wie angekündigt, arbeitet die Frau im Vorgarten, der mit verschiedenfarbigen Rosensträuchern bewachsen ist. Logan und Nessa bleiben vor dem Lattenzaun stehen. Die Frau kniet auf der Erde und bemerkt sie nicht, jedenfalls lässt sie sich nichts anmerken. Sie ist uralt. Mit knorrigen Händen – die Finger sind krumm und steif, die Haut ist runzlig, die Knöchel geschwollen wie Walnüsse – rupft sie das Unkraut aus und legt es in einen Eimer.

»Hallo«, sagt Logan.

Sie antwortet nicht, sondern arbeitet einfach weiter. Ihre Bewegungen sind geduldig und konzentriert. Vielleicht hat sie ihn nicht gehört. Vielleicht ist sie schwerhörig oder taub.

Logan versucht es noch einmal. »Guten Tag, Ma'am.«

Sie hält inne wie jemand, der ein Geräusch in der Ferne gehört hat. Langsam hebt sie den Kopf. Ihre Augen tränen und sind ein bisschen gelblich. Sie blinzelt ihn vielleicht zehn Sekunden lang an und bemüht sich, ihren Blick zu fokussieren. Ein paar Zähne fehlen ihr, was ihrem Mund ein runzlig gekräuseltes Aussehen verleiht.

»Da habt ihr also beschlossen herzukommen«, stellt sie fest. Ihre Stimme klingt rau und rasselnd. »Ich habe mich schon gefragt, wann es wohl so weit ist.«

»Mein Name ist Logan Miles. Das ist meine Freundin Nessa Tripp. Ich hatte gehofft, wir können uns mit Ihnen unterhalten. Wäre Ihnen das recht?«

Die Frau hat sich wieder ans Unkrautjäten gemacht. Außerdem murmelt sie jetzt leise vor sich hin. Logan wirft Nessa einen Blick zu. Ihr Gesicht hinter der Plastikmaske ist schweißüberströmt wie sein eigenes.

»Hätten Sie gern ein bisschen Hilfe?«, fragt Nessa die alte Frau.

Die Frage scheint die Frau zu verwirren. Sie setzt sich auf die Fersen. »Hilfe?«

»Ja. Beim Jäten.«

Ihre Lippen kräuseln sich. »Kenne ich Sie, junge Lady?«

»Ich glaube nicht«, sagt Nessa. »Wir sind gerade erst angekommen.«

»Von wo?«

»Von weit her«, sagt Nessa. »Von *sehr* weit her. Wir haben eine weite Reise gemacht, um Sie zu sehen.« Sie deutet auf die Steine auf dem Feld. »Wir haben Ihre Nachricht bekommen.«

Die gelblichen Augen schauen in die Richtung, in die Nessa deutet. »Ach, das«, sagt sie dann. »Das habe ich vor langer Zeit gemacht. Weiß nicht mehr genau, warum. Aber Sie sagen, Sie wollen beim Jäten helfen. Das ist schön. Kommen Sie durch das Tor.«

Sie betreten den Garten. Nessa geht voraus, und sie kniet vor dem Rosenbeet nieder und macht sich an die Arbeit. Mit ihren dicken Handschuhen schiebt sie die Erde zur Seite, und Logan macht es ihr nach. Am besten, denkt er, lassen sie der Frau Zeit, sich an ihre Anwesenheit zu gewöhnen, bevor sie sie weiter bedrängen.

»Die Rosen sind hübsch«, sagt Nessa. »Was für eine Sorte ist das?«

Die Frau antwortet nicht. Sie bearbeitet die Erde mit einer Eisenkralle und interessiert sich anscheinend kein bisschen für ihre Besucher.

»Wie lange sind Sie denn schon hier?«, fragt Logan.

Die Hände der Frau halten einen Herzschlag lang inne und arbeiten dann weiter. »Habe heute früh am Morgen angefangen. Der Garten ruht nicht.«

»Nein, ich meinte, hier an diesem Ort. Wie lange wohnen Sie schon hier?«

»Oh, schon lange.« Sie reißt eine Pflanze aus, schiebt die grüne Spitze zwischen ihre Schneidezähne und knabbert daran wie ein Kaninchen. Mit unzufriedenem Schnauben schüttelt sie den Kopf und wirft das Kraut in den Eimer.

»Diese Anzüge, die ihr da tragt«, sagt sie. »Ich glaube, solche habe ich schon mal gesehen.«

Logan ist beunruhigt. War schon jemand anders hier? »Wann war das? Was glauben Sie?«

»Ich weiß es nicht mehr.« Sie spitzt die Lippen. »Ich glaube nicht, dass sie besonders bequem sind. Aber ihr könnt anziehen, was ihr wollt. Geht mich im Grunde nichts an.«

Die Zeit vergeht. Der Eimer ist fast voll.

»Ich glaube, wir haben Ihren Namen nicht mitbekommen«, sagt Logan schließlich.

»Meinen Namen?«

»Ja. Wie nennt man Sie?«

Anscheinend versteht sie die Frage nicht. Sie hebt den Kopf und späht zum Meer. Im ozeanischen Gleißen werden ihre Augen schmal. »Hier ist niemand, der mich irgendwie nennen könnte.«

Logan wirft Nessa einen Blick zu. Sie nickt vorsichtig. »Aber Sie haben doch sicher einen Namen«, drängt er.

Die Frau antwortet nicht. Sie hat wieder angefangen zu murmeln. Aber es ist kein Murmeln, erkennt Logan, sondern ein Summen. Geheimnisvolle Noten, beinahe tonlos, aber nur beinahe.

»Hat Anthony euch geschickt?«, fragt sie dann.

Wieder schaut Logan zu Nessa hinüber. Er sieht ihr am Gesicht an, dass auch ihr der Zusammenhang nicht entgangen ist. Anthony Carter, der dritte Name auf dem Stein.

»Ich glaube, ich kenne Anthony nicht«, sagt Logan vorsichtig. »Ist er hier in der Nähe?«

Die Frau runzelt die Stirn, weil diese Frage so absurd ist. Jedenfalls sieht es so aus. »Er ist vor langer Zeit nach Hause gegangen.«

»Ist er ein Freund von Ihnen?«

Logan wartet, aber sie sagt nichts mehr. Sie nimmt eine einzelne Rose zwischen Daumen und Zeigefinger. Die Blütenblätter sind welk, spröde und braun. Sie holt ein kleines Messer aus der Tasche ihres Kleides, schneidet den Stiel bei den ersten Blättern ab und wirft die welke Blüte in den Eimer.

»Amy«, sagt Logan.

Sie erstarrt.

»Sind Sie das? Sind Sie ... Amy?«

Sorgfältig und mit beinahe mechanischer Langsamkeit dreht sie den Kopf. Einen Moment lang mustert sie ihn ausdruckslos, und dann zieht sie die Stirn kraus, als sei sie verwirrt. »Ihr seid noch hier.«

Wo sollten sie sonst sein? »Ja«, sagt Nessa. »Wir wollten zu Ihnen.«

Sie sieht Nessa und dann wieder Logan an. »Warum seid ihr noch hier?«

Logan spürt die zunehmende Persönlichkeit in ihrem Blick, und ihre Gedanken nehmen immer klarere Formen an.

»Seid ihr ... real?«

Die Frage verblüfft ihn. Aber natürlich leuchtet es ein, dass sie sie stellt. Es ist die natürlichste Frage der Welt, wenn jemand so lange allein gewesen ist. *Seid ihr real?*

»So real wie Sie, Amy.«

»Amy«, wiederholt sie, und es ist, als koste sie das Wort auf der Zunge. »Ich glaube, mein Name war Amy.«

Wieder vergeht ein wenig Zeit. Logan und Nessa warten.

»Diese Anzüge«, sagt sie. »Die tragt ihr meinetwegen, nicht wahr?«

Was er als Nächstes tut, überrascht ihn selbst. Aber er tut es ohne das leiseste Zögern: Es erscheint ihm vorherbestimmt. Er zieht die Handschuhe aus und greift zu der Schließe, die den Helm festhält.

»Logan ...«, sagt Nessa warnend.

Er hebt den Helm über den Kopf und legt ihn auf den Boden. Der Geschmack der frischen Luft überflutet seine Sinne. Er atmet tief ein und füllt seine Lunge mit dem schweren Duft der Blumen und des Meeres.

»Ich glaube, das ist viel besser, nicht wahr?«, sagt er.

In den Augen der Frau stehen Tränen. Ihr Blick ist voller Staunen. »Ihr seid wirklich hier.«

Logan nickt.

»Ihr seid zurückgekommen.«

Logan nimmt ihre Hand. Sie wiegt fast nichts und ist erschreckend kalt. »Es tut mir leid, dass wir so lange gebraucht haben. Es tut mir leid, dass du allein warst.«

Eine Träne fließt über ihre faltige Wange. »Nach all der Zeit seid ihr zurückgekommen.«

Sie stirbt. Logan fragt sich, woher er das weiß, aber dann begreift er: die letzten Worte seiner Mutter. »Lasst sie ruhen.« Er hat immer angenommen, sie meinte sich selbst. Aber jetzt versteht er, dass diese Worte für ihn bestimmt waren, für diesen Tag.

»Nessa«, sagt er, ohne den Blick von Amy zu wenden, »geh zurück zum Camp und sag Wilcox, er soll sein Team zusammentrommeln und einen zweiten Lifter rufen.«

»Warum?«

Er dreht sich um und sieht sie an. »Ich will, dass sie hier weggehen. Mit ihrer ganzen Ausrüstung, bis auf ein Funkgerät. Sag ihnen das, und dann komm zurück. Ich wäre dir sehr dankbar, wenn du das für mich tun könntest. Bitte.«

Sie zögert und nickt dann.

»Danke, Nessa.«

Logan sieht ihr nach, wie sie über die Blumenwiese davongeht und zwischen den Bäumen verschwindet. So viele Farben, denkt er. So viel Leben überall. Er ist unfassbar glücklich. Eine Last ist von seinem Leben genommen.

»Meine Mutter hat von dir geträumt, weißt du.«

Amy hat den Kopf gesenkt. Tränen fließen über ihre Wangen wie glitzernde Flüsse. Ist sie glücklich? Ist sie traurig? Es gibt eine Freude, die so machtvoll ist, dass sie sich wie Trauer anfühlt, das weiß Logan. Aber auch das Gegenteil kann der Fall sein.

»Viele Menschen haben es getan. Dieser Ort, Amy. Die Blumen, das Meer. Meine Mutter hat Bilder davon gemalt, Hunderte von Bildern. Sie hat mir gesagt, ich soll dich suchen.« Er schweigt kurz und fährt dann fort: »Du warst es, die die Namen auf den Stein geschrieben hat, nicht wahr?«

Sie nickt kaum merklich. Die Trauer steigt aus der Vergangenheit herauf.

»Brad. Lacey. Anthony. Alicia. Michael. Sara. Lucius. Sie alle, deine Familie, deine Zwölf.«

Ihre Antwort ist ein Flüstern. »Ja.«

»Und Peter. Peter vor allem. ›Peter Jaxon, geliebter Ehemann‹.«

»Ja.«

Logan fasst ihr Kinn und hebt sanft ihr Gesicht hoch. »Eine

Welt hast du uns gegeben, Amy. Verstehst du? Wir sind deine Kinder. Deine Kinder sind heimgekehrt.«

Ein stiller Augenblick verstreicht – ein heiliger Augenblick, denkt Logan, denn in diesem Augenblick verspürt er eine Regung, die ihm völlig neu ist. Er fühlt eine Welt, eine Wirklichkeit, die sich über ihre sichtbaren Grenzen hinweg in ein endloses Unbekanntes ausdehnt. Und zugleich glaubt er, dass er – dass alle, die Lebenden und die Toten und die, die noch kommen werden – zu diesem größeren Dasein gehören, das die Zeit überdauert. Darum ist er hergekommen: als Agent dieses Wissens.

»Kannst du etwas für mich tun?«, fragt er.

Sie nickt. Ihre gemeinsame Zeit wird kurz sein, das weiß Logan. Ein Tag, eine Nacht, und vielleicht nicht mehr.

»Erzähl mir die Geschichte, Amy.«

# Dramatis Personae

## (in chronologischer Reihenfolge)

V.V., OHIO, CAMBRIDGE UND NEW YORK

**Timothy Fanning,** ein Student
**Harold und Lorraine Fanning,** seine Eltern
**Jonas Lear,** ein Student
**Frank Lucessi,** ein Student
**Arianna Lucessi,** seine Schwester
**Elizabeth Macomb,** eine Studentin
**Alcott Spence,** ein Taugenichts
**Stephanie Healey,** eine Studentin
**Oscar und Patty Macomb,** Elizabeth Macombs Eltern
**Nicole Forood,** eine Lektorin
**Reynaldo und Phelps,** zwei Kriminalpolizisten

N.V., REPUBLIK TEXAS

**Alicia Donadio,** eine Soldatin
**Peter Jaxon,** ein Arbeiter
**Amy Bellafonte Harper,** das Mädchen von Nirgendwo
**Lore DeVeer,** eine Ölhand
**Caleb Jaxon,** Peter Jaxons Adoptivsohn

**Sara Wilson,** eine Ärztin
**Hollis Wilson,** ihr Ehemann, ein Bibliothekar
**Kate Wilson,** ihre Tochter
**Schwester Peg,** eine Nonne
**Lucius Greer,** ein Mystiker
**Michael Fisher,** ein Entdecker
**Jenny Apgar,** eine Krankenschwester
**Carlos und Sally Jiménez,** werdende Eltern
**Grace Jiménez,** ihre Tochter
**Anthony Carter,** ein Gärtner
**Pim,** ein Findlingsmädchen
**Victoria Sanchez,** Präsidentin der Republik Texas
**Gunnar Apgar,** ein General der Army
**Ford Chase,** Stabschef der Präsidentin
**Der Maestro,** ein Antiquitätenhändler
**Foto,** ein Arbeiter
**Jock Alvado,** ein Arbeiter
**Theo Jaxon,** ein Kleinkind, Caleb und Pim Jaxons Sohn
**Bill Speer,** ein Spieler
**Elle und Merry (»Bug«) Speer,** Kate Wilson Speers und Bill Speers
  Töchter
**Meredith,** Victoria Sanchez' Lebenspartnerin
**Rand Horgan,** ein Schlosser
**Byron »Patch« Szumanski,** ein Schlosser
**Weir,** ein Schlosser
**Fastau,** ein Schlosser
**Dunk Withers,** ein Gangster
**Phil und Dorien Tatum,** ein Farmerehepaar
**Brian Elacqua,** ein Arzt
**George Pettibrew,** ein Ladenbesitzer
**Gordon Eustace,** ein Sheriff
**Fry Robinson,** sein Deputy
**Rudy,** ein Iowaner

**Die Frau des Opossum-Mannes,** eine Iowanerin
**Rachel Wood,** eine Selbstmörderin
**Haley und Riley Wood,** Rachels Töchter
**Alexander Henneman,** ein Offizier
**Hannah,** ein Teenager, Jenny Apgars Tochter

N.V., INDO-AUSTRALISCHE REPUBLIK

**Logan Miles,** ein Historiker
**Nessa Tripp,** eine Reporterin
**Race Miles,** ein Pilot, Logan und Olla Miles' Sohn
**Kaye Miles,** seine Ehefrau, eine Lehrerin
**Olla Miles,** Exfrau von Logan Miles
**Bettina,** eine Gartenbauarchitektin, Olla Miles' Lebenspartnerin
**Noa und Cam Miles,** Race und Kaye Miles' Zwillingssöhne
**Melville Wilcox,** ein Archäologe

# Danksagung

Vielen Dank und noch ein paar Ponys für die üblichen Verdächtigen: Mark Tavani, Libby McGuire, Gina Centrello, Bill Massey und die spektakulären Abteilungen – Lektorat, Marketing, Herstellung, Vertrieb und Presse – bei Ballantine, Orion und meinen vielen Verlagen überall auf der Welt. Ihr werdet alle einen größeren Stall brauchen.

Ich danke Ellen Levine, meiner Agentin und Freundin seit zwanzig Jahren: Du bist wirklich ein Schatz in meinem Leben.

Während der Arbeit an der »Übergang«-Trilogie habe ich mich der Fachkenntnisse zahlreicher Personen bedienen dürfen, und zwar auf allen möglichen Gebieten, von Epidemiologie bis zu militärischer Strategie. Ihnen allen gehört mein Dank, ganz besonders aber Dr. Annette O'Connor von der La Salle University, die mich von Anfang an in wissenschaftlichen Fragen beraten hat.

Zwar halte ich mich in Fragen von Geografie und Landschaft im Allgemeinen an den Grundsatz des strengen Realismus, aber das ist nicht immer möglich. Meine respektvolle Bitte um Verzeihung geht an die freundlichen Bürger von Kerrville, Texas, wo ich mir die eine oder andere Freiheit mit der Topografie herausgenommen habe. Gleichermaßen habe ich auch ein paar Änderungen am Houston Ship Channel und seiner Umgebung vorgenommen.

Zu Leslie sage ich noch einmal: Ohne dich, nichts.

Und schließlich geht mein besonderer Dank an meine Tochter Iris, die mich vor zehn Jahren herausforderte, diese Geschichte zu schreiben: über »ein Mädchen, das die Welt rettet«.

Mein Schatz, hier ist sie.